RURAL GOVERNANCE IN
ANCIENT CHINA

中国古代乡村治理

胡宗山 / 著

中国社会科学出版社

图书在版编目（CIP）数据

中国古代乡村治理：上、下册/胡宗山著. —北京：中国社会科学出版社，2024.4
ISBN 978 - 7 - 5227 - 3320 - 3

Ⅰ.①中⋯ Ⅱ.①胡⋯ Ⅲ.①乡村—社会管理—研究—中国—古代 Ⅳ.①D638

中国国家版本馆 CIP 数据核字（2024）第 057801 号

出 版 人	赵剑英
责任编辑	张　林
特约编辑	宋英杰
责任校对	李　莉
责任印制	戴　宽

出　　版	中国社会科学出版社
社　　址	北京鼓楼西大街甲 158 号
邮　　编	100720
网　　址	http://www.csspw.cn
发 行 部	010 - 84083685
门 市 部	010 - 84029450
经　　销	新华书店及其他书店

印　　刷	北京明恒达印务有限公司
装　　订	廊坊市广阳区广增装订厂
版　　次	2024 年 4 月第 1 版
印　　次	2024 年 4 月第 1 次印刷

开　　本	710×1000　1/16
印　　张	65.75
字　　数	1049 千字
定　　价	369.00 元(全二册)

凡购买中国社会科学出版社图书，如有质量问题请与本社营销中心联系调换
电话：010 - 84083683
版权所有　侵权必究

序

循证我国古代乡村治理的经纬
探究中华文明大国之治道

项继权[*]

中华文明源远流长、博大精深,尽管历经风雨,但绵延至今。其中,国家治理及其适应性变革无疑起到文明传承的支撑和关键作用。乡村治理现代化是国家治理现代化的重要组成部分。对于我国这样一个历史悠久的古代农业文明大国,乡村治理不仅是国计民生的重点,也是治国安民的根本。"学者研理于经,可以正天下之是非;征事于史,可以明古今之成败。""出乎史,入乎道。欲知大道,必先为史。"

正因如此,2014年10月13日下午,中共中央政治局就我国历史上的国家治理进行第十八次集体学习时,习近平总书记就强调,"历史是人民创造的,文明也是人民创造的。对绵延五千多年的中华文明,我们应该多一份尊重,多一份思考。对古代的成功经验,我们要本着择其善者而从之、其不善者而去之的科学态度,牢记历史经验、牢记历史教训、牢记历史警示,为推进国家治理体系和治理能力现代化提供有益借鉴"[①]。2022年7月15日,在中央政治局第三十九次集体学习时,习近平总书记再次强调,要"深入了解中华文明五千多年

---

[*] 项继权先生系华中师范大学政治与国际关系学院二级教授、博士生导师,中宣部文化名家暨"四个一批"人才及"万人计划"哲学社会科学领军人才,政治学与乡村政治学研究领域著名学者。

[①] 《牢记历史经验历史教训历史警示 为国家治理能力现代化提供有益借鉴》,《人民日报》2014年10月14日第一版。

发展史，推动把中国文明历史研究引向深入"。① 胡宗山教授这部《中国古代乡村治理》无疑是深入思考和研究中华文明、乡村治理及大国治道历史不可多得的力作。

《中国古代乡村治理》以制度政治学和治理政治学为学术视角，以制度衰败与国家治理互动关系为逻辑切入点，分上下两篇，重点从国家与农民关系、国家治理与乡村治理、乡村组织、编户管理、田制变迁、赋役治理、农民负担等方面对先秦至晚清的中国古代乡村治理演变进行了总体扫描，对乡村治理在古代王朝国家治理体系中的地位、功能、作用、效能进行了相应评估，并在系统分析中国古代乡村治理的体系构成、参与主体、治理内涵的基础上，重点探寻了影响中国古代乡村治理的主要变量和关键因素，总结了中国古代乡村治理发展变化的理性逻辑和一般规律。著作立足古代乡村治理，分析国家治理的变迁，给人们对于我国乡村治理及国家治理的互动变化、历史经纬提供了一个全方位、多视角、整体性的图景，深化了人们对乡村治理及中华文明大国治道历史的全面、深入和系统的理解。

我国古代乡村治理一直是学界关于我国乡村治理和国家治理研究关注的重点之一，著作、论文等各类成果丰硕。纵览迄今的研究，不难发现该著具有独到的视角和创新的分析。乡村治理是一项综合性事务，涵盖组织、制度、角色和运行等多个领域的内容。过往对乡村治理的研究，或从基层组织视角，或从农民负担视角，或从农业产业视角出发，研究视角相对单一，研究议题相对集中。该著作从历时性视角出发，对先秦至1840年之前的中国古代乡村治理进行了全面的综合性研究，内容既涵盖对乡村基层治理组织的梳理和研究，也包括对古代乡村田制变迁、乡村编户管理、赋役问题、农民负担等方面问题的研究。著作同时对历代农民负担进行了纵向比较研究，对不同地区的农民负担进行了对比研究。著作还对中国古代乡村治理的体系构成、内涵、主体、角色等进行了较为深入的研究，涵盖了古代乡村治理研究的主要问题领域。由此，在研究领域上著作具有显著的研究特色和较强的系统性、全面性及

---

① 习近平：《把中国文明历史研究引向深入，增强历史自觉坚定文化自信》，《求是》2022年第14期。

深入性。

《中国古代乡村治理》研究视野广阔而细致，具有历史纵深感和厚重感，有较强的宏观性、综合性和学理性。著作以史料为凭据、以证据为准绳，史论结合、论从史出。上篇述史，下篇论事，力图对决定中国古代乡村治理乃至国家治理的若干重大规律进行新的阐述。著作尤其关注从乡村治理效能的视角对自秦至清的王朝治理水平、治理成效等进行定性评价，试图探讨决定古代王朝兴衰循环的内在规律；著作以制度政治学和治理政治学为分析视角，尝试提出理性—权力—制度的三角分析框架，作为分析中国古代乡村治理发展演变的理论工具。在此基础上，著作提出了集权陷阱、专制漩涡、制度衰败等概念，用以解释两千多年的古代乡村治理和国家治理发展演变规律。著作以历史文献为研究基础，探讨了与乡村治理有关的多个重要历史议题，如赋役积累莫返之害、土地兼并和地权集中、皇权不下县、士绅自治、宗族自治等，并对不同时代的乡村治理制度、赋税制度、赋役负担等进行了纵览式、一体式的深入研究，展现了宽广的历史视野和精细的深刻分析。

作者在广泛浏览历史典籍、地方志和乡村治理等领域的研究专著和论文，充分借鉴学界现有成果的基础上，对中国古代乡村治理领域的基本规律和发展趋势以及若干重要议题提出了很多富有较强启发性的学术新概念和新观点，如集权陷阱、专制漩涡、制度衰败、名实分离等。尽管它们在逻辑和学理上还可以进一步深化，但立论有力，观点鲜明，仍然有助于我们更全面、更深入地思考古代乡村治理的规律。著作历史文献资料丰富，旁征博引，涵盖面广，悉心研究，显示作者下了很大功夫，尤其是对于明代折银问题的研究，并以此建立一套用以评估不同时代农民赋役负担的测算系统，可以说作者在研究方法和学术研究上做出了重要创新性贡献。

该著作在研究方法上强化量化分析与比较。相较既往研究，著作最大的特色是试图通过建立一套量化（折银）的测算系统，对不同时代农民缴纳的田赋和徭役以及其他实物税和货币税等进行深入的测算，并通过相关的图表予以展示，这是一种计量史学的研究分析视角，有助于更为精准地评估不同朝代、不同时代和不同地区农民所要承担的赋役负担。著作注重比较研究和案例研究。例如，在乡村治理政策制度和农民赋役负担上，著作既进行了不同朝代之间的比较，也开展了同一朝代不同时期的比较，既有江南与华北地区赋役水平的地域比较，也有同一地区不同府县之间的地域比较；著作力图做到点面结合，在进行宏观和历史阐述的同时，重点以宋明清时期的徽州府、苏州府以及其他部分府县为案例，开展案例研究，以求更准确地评估古代乡村治理的效能和农民赋役水平等细节性议题。

华中师范大学政治与国际关系学院是在原华中师范大学科学社会主义研究所、政治学研究院的基础上组建的，是全国政治学人才培养和学术研究的重镇，也是华中师范大学政治学世界一流学科建设主体单位之一。地方基层及乡村治理是学科研究的重点和特色。早在20世纪80年代初，随着政治学学科的重建及农村改革发展的需要，学院就着力恢复政治学学科，转变政治学研究方法。与此同时，鉴于农村改革及乡村组织和治理的深刻变化，张厚安教授明确提出"三个面向，理论务农"的理念，强调"走出校园书斋，面向社会，面向基层，面向农村，以理论服务农村改革"，并率领一批政治学者深入农村进行农村基层政权建设的社会调查和实证研究，由此创建"华中师范大学中国农村基层政权研究中心"。随着农村基层政权研究不断深入、研究范围和学术团队及学术影响的不断扩大，中国农村基层政权研究中心改建为中国农村问题研究中心，并成为教育部人文社会科学重点研究基地及享誉国内外的中国农村问题研究的学术重镇。回顾学院和学科农村研究的发展历程，华师农村研究团队在走向农村进行社会调查和实证研究的同时，一直关注和研究乡村治理的历史进程、结构方式及经验教训，出版了《中国农村基层建制的历史演变》（四川人民出版社1992年版）等著作，以介绍和总结中国乡村治理的历史经验，汲取传统乡村治理的精华，为新时期乡村治理的改革完善提供借鉴和启示。

经过四十多年的发展，学院农村问题研究已进入新老更替的时期。值得高兴的是，作为中年学者，胡宗山教授等迅速崛起，挑起大梁。其新著《中国古代乡村治理》以宽广的学术视野、扎实的史料基础、循证我国古代乡村治理的历史经纬，探究中华文明大国的治理之道，展示了系统全面的深入分析能力，提出了一系列具有创新性的研究判断和观点，无疑是华中师范大学政治与国际关系学院政治学和农村问题研究深化传承的创新力作,并将农村治理研究推进到一个新的高度,为新时代乡村治理建设及国家治理提供了历史借鉴和新的启示。

2023年2月8日于湖北武汉

总 目 录

导　言 …………………………………………………………（1）

上篇　中国古代乡村治理的历史变迁

第一章　先秦时期的乡村治理 …………………………………（7）

第二章　秦汉时期的乡村治理 …………………………………（73）

第三章　魏晋南北朝的乡村治理 ………………………………（117）

第四章　隋唐时期的乡村治理 …………………………………（141）

第五章　宋元时期的乡村治理 …………………………………（180）

第六章　明代的乡村治理 ………………………………………（285）

第七章　清代的乡村治理 ………………………………………（404）

下篇　中国古代乡村治理的历史透视

第八章　中国古代乡村的民间治理 ……………………………（457）

第九章　中国古代的国家治理与乡村治理 ……………………（492）

第十章　中国古代乡村治理的体系构成 ……………………（579）

第十一章　中国古代乡村治理的效能评估 …………………（658）

第十二章　中国古代乡村治理的制度逻辑 …………………（754）

结　语 …………………………………………………………（943）

附表附录 ………………………………………………………（947）

参考文献 ………………………………………………………（996）

后　记 …………………………………………………………（1013）

图 总 目

（上册）

图6—1　明苏州府赋役计值趋势 …………………………………（378）
图6—2　明苏州府赋役三项均值趋势 ……………………………（378）
图6—3　明苏州府亩均赋役趋势 …………………………………（379）
图6—4　六府赋役银总数比较 ……………………………………（384）
图6—5　六府亩均赋役银数比较 …………………………………（384）
图6—6　六县赋役银总数比较 ……………………………………（385）
图6—7　六县亩均赋役银数比较 …………………………………（385）

（下册）

图10—1　乡村治理要素谱系…………………………………………（587）
图11—1　历代王朝治理效能波动（前221—1911，
　　　　　北方）………………………………………………（687）
图11—2　治乱九种世代类型积年对比柱状图（前221—
　　　　　1911，北方）……………………………………………（688）
图11—3　治乱九种世代类型百分占比柱状图（前221—
　　　　　1911，北方）……………………………………………（688）
图11—4　三世类型积年对比柱状图（前221—1911，北方）……（689）
图11—5　三世类型百分占比图（前211—1911，北方）…………（689）
图11—6　三类治理效应对比柱状图（前221—1911，北方）……（690）

图11—7 三类治理效应百分占比图（前221—1911，北方）……（690）
图11—8 历代主要王朝国土面积（平方千米）……（696）
图11—9 历代官方统计人口比较……（698）
图11—10 人口史专家推算的历代人口数（万人）……（699）
图11—11 各主要王朝田地面积比较（亿市亩）……（721）
图11—12 人口史学者估算的历代王朝人口数量发展趋势（万人）……（721）
图11—13 历代官方人口统计数量演进……（722）
图11—14 历代王朝人口数增减率……（722）
图11—15 历代王朝人口增减趋势及增减率……（722）
图11—16 历代田赋收入总量（折今市石）……（723）
图11—17 历代亩均赋税（折市亩市升）……（723）
图12—1 理性与人类行为……（832）
图12—2 理性、权力与制度三角分析框架……（904）
图结—1 制度衰败与王朝灭亡……（946）

表 总 目

(上册)

表号	标题	页码
表1—1	西周、春秋战国至秦汉日食标准对照表	(41)
表1—2	战国时期人民日食水平	(70)
表2—1	秦人日常口粮标准	(99)
表2—2	战国至秦汉亩产量对照表	(111)
表4—1	唐代米价一览表	(165)
表4—2	中唐末建中元年正常五口之家赋役支出与田地收入比较	(169)
表5—1	宋代治田政策一览表	(203)
表5—2	文献中的宋代亩产量	(210)
表5—3	宋代米价、绢价表	(212)
表5—4	两宋时期徽州地区主客户比例	(216)
表5—5	两宋时期福州地区主客户情况	(216)
表5—6	元丰三年（1080），北宋全国主客户户数及人口情况	(217)
表5—7	两宋赋税列表	(221)
表5—8	南宋淳熙二年（1175），新安郡每亩田赋及折变	(234)
表5—9	新安郡六县与周边地区两税定额比较	(235)
表5—10	南宋淳熙二年（1175），新安郡上田夏秋税额官定折价与市场价比较	(236)
表5—11	宋代役法制度与应对	(244)

表5—12	宋代代役雇直	(245)
表5—13	福州府、县衙前、吏人、散从官数量演变情况	(246)
表5—14	福州府、县役人总数一览表	(247)
表5—15	淳熙年间福州田赋附加税及免役钱等亩均、户均总表	(264)
表6—1	明代粮食亩产水平	(306)
表6—2	明代地区平均税粮负担比较表（洪武二十六年，1393）	(307)
表6—3	明代地区平均税粮负担比较表（弘治十五年，1502）	(308)
表6—4	明代地区平均税粮负担比较表（万历六年，1578）	(310)
表6—5	明代苏、松、常、镇、嘉、湖、绍七府纳粮全国占比一览表	(315)
表6—6	明代米价列表	(317)
表6—7	各地一条鞭法实征规则暨标准	(321)
表6—8	青州府徭役一览表	(335)
表6—9	明代赋税折银标准一览表	(339)
表6—10	万明、徐英凯著：《明代〈万历会计录〉整理与研究》中各省米麦等折银价格表	(344)
表6—11	《万历会计录》中各直省府存留麦米折银数全国加权平均值（万历六年）	(347)
表6—12	正统至万历时期明代米麦折银简单平均数	(350)
表6—13	明代青州府、徽州府、严州府赋税结构	(352)
表6—14	明代青州府、徽州府、严州府赋税计银表	(355)
表6—15	嘉靖《徽州府志》所载各县均徭状况	(358)
表6—16	北方五省徭役负担情况	(362)
表6—17	嘉靖《徽州府志》所载嘉靖年间岁供名目及值银	(365)
表6—18	明清婺源县农民平均负担一览表	(370)
表6—19	明代苏州府赋役计值总数及均数	(377)
表6—20	明代南北部分府县农民赋役平均负担表	(383)

表6—21	明洪武年间每户每口每亩平均征粮额（米麦）	（387）
表6—22	明弘治年间每户每口每亩平均征粮额（米麦）	（389）
表6—23	明万历年间每户每口每亩平均征粮额（米麦）	（391）
表6—24	万历三十一年（1603）徽州府某县里长派使用银账	（397）
表6—25	天启二年（1622），歙县派征钱粮易知由单信息	（402）
表6—26	明代农民赋役负担府、县、户不同层级排序表	（402）
表7—1	清代中叶徽州田地价格	（418）
表7—2	清代粮价	（418）
表7—3	清初田赋科则	（423）
表7—4	明末清初各地丁银征收情况	（425）
表7—5	雍正元年至十年清廷核准各省地丁银纳征标准	（428）
表7—6	清代前中期各直省人丁、田地、田赋及其平均数	（436）
表7—7	清代中后期各直省人丁、田地、田赋及其平均数	（436）
表7—8	清代部分府县田赋平均数	（439）
表7—9	苏、松、绍三府清代赋役均数负担	（443）
表7—10	清代徽州农户每亩纳征计银趋势	（445）

（下册）

表9—1	唐玄宗时期的边境藩镇	（522）
表9—2	唐开元年间、元和年间北方部分节度使下辖县、乡、户数	（522）
表9—3	历代政区结构与县均户数、口数	（528）
表9—4	明万历六年各直省米麦、田赋银存留数及百分比	（534）
表10—1	中国古代乡村治理体系演变	（588）
表10—2	历代乡村组织所辖民户规模	（599）
表11—1	秦至清历代王朝治理效能一览表（前221—1911）	（677）
表11—2	历史文献所载历代王朝户数、口数、田地面积	（691）
表11—3	人口史专家推算的历代王朝人口数量	（699）
表11—4	历代田赋及财政收入	（705）
表11—5	历代粮食亩产量	（714）

表 11—6	历代赋税水平	(716)
表 11—7	历代服徭役年龄、人数、时长	(724)
表 11—8	宋元明清苏州府赋役征收情况	(728)
表 11—9	宋明清苏州府赋役负担平均数一览表	(733)
表 11—10	宋元明清松江府赋役负担	(737)
表 11—11	苏松二府明清赋役平均数与米麦平均数比较	(741)
表 11—12	宋元明清徽州府赋役负担	(743)
表 11—13	宋元明赋税比较（以湖州府六县一州为例）	(747)
表 11—14	宋元明湖州府一州六县人口田地	(749)
表 11—15	宋元明清湖州府六县一州赋税（役）平均数比较	(751)
表 11—16	清同治年间湖州府各县赋役银米均数表	(753)
表 12—1	古代部分朝代政权兴亡历时与原因	(756)
表 12—2	两宋岁入缗钱	(792)
表 12—3	历代人均田亩及粮食产量数	(814)
表 12—4	历代农户家庭收支表（皆为时亩时石）	(819)
表 12—5	明代官员年俸禄收入	(861)
表 12—6	嘉靖《徽州府志》所载嘉靖年间徽州府岁用项目支出	(867)
表 12—7	弘治《徽州府志》所载一府六县官属俸禄标准	(869)
表 12—8	明清俸银工食银比较	(875)
表 12—9	官员优免规则	(892)
附表 1	历代亩积	(947)
附表 2	历代容积	(949)
附表 3	历代重量	(951)
附表 4	古代粮食作物石均重量	(953)
附表 5	明万历年间河间府各县徭役各项征收	(955)
附表 6	明清每石（民）米折籴粜购等价格（平年）	(956)

目　录

（上册）

导　言 ………………………………………………………… (1)

上篇　中国古代乡村治理的历史变迁

第一章　先秦时期的乡村治理 ……………………………… (7)
 第一节　夏商的乡村治理 ………………………………… (7)
  一　先夏与夏代的国家治理体制 ………………………… (8)
  二　先夏与夏代的乡村生产生活 ………………………… (13)
  三　商代的国家治理和乡村治理 ………………………… (17)
 第二节　西周的乡村治理 ………………………………… (21)
  一　西周的国家治理体系 ………………………………… (21)
  二　西周的乡村治理 ……………………………………… (29)
  三　西周农民的生活 ……………………………………… (40)
 第三节　春秋战国时期的乡村治理 ……………………… (51)
  一　春秋战国时期的国家治理体系 ……………………… (51)
  二　郡县制与国家治理体系 ……………………………… (54)
  三　郡县制背景下的乡村治理体系 ……………………… (57)
  四　春秋战国时期的赋役治理 …………………………… (64)

第二章　秦汉时期的乡村治理 ……………………………… (73)
 第一节　秦代的国家治理体系 …………………………… (73)
 第二节　汉代的国家治理体系 …………………………… (78)

第三节　秦汉时期的乡里组织 …………………………………… (81)
　　一　乡里组织的设立 ………………………………………… (82)
　　二　乡官里吏的设置 ………………………………………… (83)
第四节　秦汉时期的乡村治理 …………………………………… (86)
　　一　秦汉的乡村治理职能 …………………………………… (86)
　　二　秦汉的赋役征收 ………………………………………… (90)
　　三　秦汉农民的生活 ………………………………………… (115)

第三章　魏晋南北朝的乡村治理 ………………………………… (117)
　第一节　魏晋南朝的国家治理体系 ……………………………… (117)
　第二节　魏晋南朝的乡村治理 …………………………………… (119)
　　一　魏晋南朝的乡村组织 …………………………………… (119)
　　二　魏晋南朝的赋役治理 …………………………………… (122)
　第三节　北魏的乡村治理 ………………………………………… (132)
　　一　北魏的乡里组织 ………………………………………… (132)
　　二　北魏的乡村治理 ………………………………………… (136)

第四章　隋唐时期的乡村治理 …………………………………… (141)
　第一节　隋唐的国家治理体系 …………………………………… (141)
　第二节　隋代的乡村治理 ………………………………………… (145)
　　一　隋代的乡里组织 ………………………………………… (145)
　　二　隋代的乡村治理 ………………………………………… (147)
　第三节　唐代的乡村治理 ………………………………………… (151)
　　一　唐代的乡村组织 ………………………………………… (151)
　　二　唐代的乡村治理 ………………………………………… (158)
　　三　唐代农民的生活 ………………………………………… (172)

第五章　宋元时期的乡村治理 …………………………………… (180)
　第一节　宋代的国家治理体系 …………………………………… (180)
　　一　中央集权的空前强化 …………………………………… (181)
　　二　相权的持续削弱与三省制的改革 ……………………… (182)

三　地方治理体系的新变革 …………………………………… (184)
　　四　"三冗"与北宋的国家治理体系 …………………………… (185)
　第二节　宋代的乡村组织 ………………………………………… (188)
　　一　北宋前期的乡里—乡村体制 ………………………………… (188)
　　二　北宋中期的保甲制 …………………………………………… (193)
　　三　北宋后期至南宋的保甲—户耆制 …………………………… (197)
　第三节　宋代的乡村治理 ………………………………………… (199)
　　一　宋代乡村的田制管理 ………………………………………… (199)
　　二　宋代乡村的编户管理 ………………………………………… (215)
　　三　宋代乡村的赋税管理 ………………………………………… (218)
　　四　宋代乡村的徭役管理 ………………………………………… (237)
　　五　宋代的助农之策 ……………………………………………… (258)
　　六　宋代农民的负担 ……………………………………………… (261)
　　七　宋代乡村生活 ………………………………………………… (267)
　第四节　元代的国家治理体系 …………………………………… (272)
　第五节　元代的乡村组织 ………………………………………… (275)
　第六节　元代的乡村治理 ………………………………………… (279)
　　一　元代的田地管理 ……………………………………………… (279)
　　二　元代的社会阶级 ……………………………………………… (280)
　　三　元代的户籍管理 ……………………………………………… (281)
　　四　元代的赋税管理 ……………………………………………… (282)
　　五　元代的徭役征发 ……………………………………………… (284)

第六章　明代的乡村治理 …………………………………………… (285)
　第一节　明代的国家治理体系 …………………………………… (285)
　　一　君主专制的空前加强 ………………………………………… (285)
　　二　制度"创新"的后果 ………………………………………… (288)
　　三　地方行政序列 ………………………………………………… (289)
　第二节　明代的乡村组织 ………………………………………… (290)
　　一　江南的乡村治理体系 ………………………………………… (290)
　　二　北方的乡村治理体系 ………………………………………… (294)

三　明代的里甲制 ……………………………………………（295）
　第三节　明代的乡村治理 ………………………………………（297）
　　一　明代乡村的田制管理 ………………………………………（297）
　　二　明代乡村的户籍管理 ………………………………………（301）
　　三　明代乡村的赋税管理 ………………………………………（304）
　　四　明代乡村的徭役管理 ………………………………………（327）
　　五　明代农民的负担 ……………………………………………（338）

第七章　清代的乡村治理 ……………………………………（404）
　第一节　清代的国家治理体系 …………………………………（404）
　　一　皇权进一步加强 ……………………………………………（404）
　　二　中央行政机构 ………………………………………………（406）
　　三　地方治理体系 ………………………………………………（408）
　第二节　清代的乡村组织 ………………………………………（409）
　　一　保甲制与里甲制 ……………………………………………（409）
　　二　乡村组织体系 ………………………………………………（411）
　第三节　清代的乡村治理 ………………………………………（415）
　　一　清代乡村的田制管理 ………………………………………（415）
　　二　清代乡村的户口管理 ………………………………………（420）
　　三　清代乡村的赋役管理 ………………………………………（421）
　　四　清代农民的负担 ……………………………………………（435）
　第四节　明清的乡村生活 ………………………………………（450）
　　一　诗歌中的乡村生活 …………………………………………（451）
　　二　小说中的农民生活 …………………………………………（452）

图 目 录

(上册)

图 6—1 明苏州府赋役计值趋势 …………………………………（378）

图 6—2 明苏州府赋役三项均值趋势 ……………………………（378）

图 6—3 明苏州府亩均赋役趋势 …………………………………（379）

图 6—4 六府赋役银总数比较 ……………………………………（384）

图 6—5 六府亩均赋役银数比较 …………………………………（384）

图 6—6 六县赋役银总数比较 ……………………………………（385）

图 6—7 六县亩均赋役银数比较 …………………………………（385）

表 目 录

（上册）

表1—1　西周、春秋战国至秦汉日食标准对照表……………（41）
表1—2　战国时期人民日食水平…………………………………（70）
表2—1　秦人日常口粮标准………………………………………（99）
表2—2　战国至秦汉亩产量对照表………………………………（111）
表4—1　唐代米价一览表…………………………………………（165）
表4—2　中唐末建中元年正常五口之家赋役支出与田地
　　　　 收入比较…………………………………………………（169）
表5—1　宋代治田政策一览表……………………………………（203）
表5—2　文献中的宋代亩产量……………………………………（210）
表5—3　宋代米价、绢价表………………………………………（212）
表5—4　两宋时期徽州地区主客户比例…………………………（216）
表5—5　两宋时期福州地区主客户情况…………………………（216）
表5—6　元丰三年（1080），北宋全国主客户户数及
　　　　 人口情况…………………………………………………（217）
表5—7　两宋赋税列表……………………………………………（221）
表5—8　南宋淳熙二年（1175），新安郡每亩田赋及折变………（234）
表5—9　新安郡六县与周边地区两税定额比较…………………（235）
表5—10　南宋淳熙二年（1175），新安郡上田夏秋税额
　　　　　官定折价与市场价比较………………………………（236）
表5—11　宋代役法制度与应对……………………………………（244）
表5—12　宋代代役雇直……………………………………………（245）
表5—13　福州府、县衙前、吏人、散从官数量演变情况…………（246）

表 5—14　福州府、县役人总数一览表 …………………………………（247）
表 5—15　淳熙年间福州田赋附加税及免役钱等亩均、
　　　　　户均总表 ………………………………………………（264）
表 6—1　明代粮食亩产水平 …………………………………………（306）
表 6—2　明代地区平均税粮负担比较表（洪武二十六年，
　　　　1393）……………………………………………………（307）
表 6—3　明代地区平均税粮负担比较表（弘治十五年，
　　　　1502）……………………………………………………（308）
表 6—4　明代地区平均税粮负担比较表（万历六年，
　　　　1578）……………………………………………………（310）
表 6—5　明代苏、松、常、镇、嘉、湖、绍七府纳粮全国
　　　　占比一览表 ………………………………………………（315）
表 6—6　明代米价列表 ………………………………………………（317）
表 6—7　各地一条鞭法实征规则暨标准 ……………………………（321）
表 6—8　青州府徭役一览表 …………………………………………（335）
表 6—9　明代赋税折银标准一览表 …………………………………（339）
表 6—10　万明、徐英凯著：《明代〈万历会计录〉整理与
　　　　　研究》中各省米麦等折银价格表 …………………………（344）
表 6—11　《万历会计录》中各直省府存留麦米折银数全国
　　　　　加权平均值（万历六年） ……………………………（347）
表 6—12　正统至万历时期明代米麦折银简单平均数 ………………（350）
表 6—13　明代青州府、徽州府、严州府赋税结构 …………………（352）
表 6—14　明代青州府、徽州府、严州府赋税计银表 ………………（355）
表 6—15　嘉靖《徽州府志》所载各县均徭状况 ……………………（358）
表 6—16　北方五省徭役负担情况 ……………………………………（362）
表 6—17　嘉靖《徽州府志》所载嘉靖年间岁供名目及值银 ………（365）
表 6—18　明清婺源县农民平均负担一览表 …………………………（370）
表 6—19　明代苏州府赋役计值总数及均数 …………………………（377）
表 6—20　明代南北部分府县农民赋役平均负担表 …………………（383）
表 6—21　明洪武年间每户每口每亩平均征粮额（米麦） …………（387）
表 6—22　明弘治年间每户每口每亩平均征粮额（米麦） …………（389）

表 6—23	明万历年间每户每口每亩平均征粮额（米麦）	（391）
表 6—24	万历三十一年（1603）徽州府某县里长派使用银账	（397）
表 6—25	天启二年（1622），歙县派征钱粮易知由单信息	（402）
表 6—26	明代农民赋役负担府、县、户不同层级排序表	（402）
表 7—1	清代中叶徽州田地价格	（418）
表 7—2	清代粮价	（418）
表 7—3	清初田赋科则	（423）
表 7—4	明末清初各地丁银征收情况	（425）
表 7—5	雍正元年至十年清廷核准各省地丁银纳征标准	（428）
表 7—6	清代前中期各直省人丁、田地、田赋及其平均数	（436）
表 7—7	清代中后期各直省人丁、田地、田赋及其平均数	（436）
表 7—8	清代部分府县田赋平均数	（439）
表 7—9	苏、松、绍三府清代赋役均数负担	（443）
表 7—10	清代徽州农户每亩纳征计银趋势	（445）

导　言

"治理"一词，中国古已有之。《荀子·君道》有云："（君主）然后明分职，序事业，材技官能，莫不治理。"① 此处的"治理"是指对国家事务的处理，也隐含有一定的价值判断，即好的、有效果、有效能的处理。

英文"governance"（治理）一词的词根是 govern，govern 源于拉丁文 gubernō 和更早的古希腊文 κυβερνω（steer、drive、govern），它们有"驾驶""操纵""控制"之义，词义演变的最终结果是，无论是作为动词的 govern，还是作为其名词形式的 governance，传统上皆具有"管理""统治""支配"等含义。②

1995 年，全球治理委员会在《我们的全球伙伴关系》中对"governance"（治理）作出了如下界定：治理是各种公共的或私人的个人和机构管理其共同事务的诸多方式的总和。它是使相互冲突或不同的利益得以调和并且采取联合行动的持续的过程。它既包括有权迫使人们服从的正式制度和规则，也包括各种人们同意或以为符合其利益的非正式的制度安排。③ 自此，governance 突破了"统治""管理"等传统含义，新含义的指涉范围更广泛，涉及的主体更多元，展示的原则更丰富，更加强调通过合作、自愿、协商与多向性方式开展管理活动。被赋予新内涵的 governance 开始在世界各地广泛传播开来，被迅速用于各类语言世界中。中

---

① 《荀子》，方勇、李波译注，中华书局 2015 年版，第 199 页。
② 《新英汉词典》，上海译文出版社 2000 年版，第 556 页。
③ 俞可平：《治理和善治：一种新的政治分析框架》，毛寿龙：《现代治道与治道变革》，俱载于《南京社会科学》2001 年第 9 期。

国学者曾用"治理""治道"等作为 governance 的中文译名，但最为广泛使用的还是"治理"，尤其是在中国共产党第十八次全国代表大会提出"社区治理""国家治理"的新概念，党的十八届三中全会决议提出"社会治理""国家治理体系和治理能力现代化"等新概念后，治理研究迅速成为中国社会科学界的一门显学。

治理与统治、管理联系非常密切，三者都需要以权力、权威作为支撑。但与统治相比，治理更强调非强制、非暴力的因素，重视治理对象的主动性、参与性。与管理相比，治理更强调多元化主体、谈判协商原则和互动合作进程。在社会管理领域，使用"治理"这一新概念，有利于广泛动员多方主体的参与，积极推动各主体良性互动，有利于调动各方积极性，提高治理的有效性，避免以往社会管理中权力主体相对单一、权力运行自上而下、治理效能低下的弊端。"多一些治理，少一些统治"是新世纪以来世界各国政治管理变革的一个重要发展方向。

显然，治理是一个当代性的学术概念，它所蕴含的多元性、合作性、民主性原则与传统政治语境中以暴力和控制为本质特征的"统治""管理"等是格格不入的，与皇权专制社会下的中国古代乡村社会的统治或管理也是风马牛不相及的。本书之所以使用"乡村治理"而非"乡村统治"或"乡村管理"，并非是为了赶时髦或食洋不化，而是在当前治理概念、治理事务研究泛化的时代新背景下，建立共同知识沟通平台的需要。

众所周知，当前中国党和政府治国理政的关键词是"治理"，在各类法律、法规、政策、文件中，既有国家治理、全球治理，亦有省域治理、市域治理；既有地方治理、基层治理，也有社区治理、乡村治理；还有经济治理、社会治理、生态治理、政治治理、安全治理，等等。"治理"概念在当代中国，无论是在学术界，还是在实务界，都已经被严重地泛化了，社会上时时处处言必称"治理"。"治理"概念的大众化、普适化决定了，凡是在论及与"管理""统治"相关的议题时，无论古今，无论中外，人们似乎不得不以"治理"一词予以替代或更新，才能建立起学术对话或沟通的语境。在严肃的学术意义上，具有现代性指向内涵的"治理"一词并不能被运用于指称古代中国的国家统治或社会管理，但为了构建学术沟通语境，又实在不能不使用"乡村治理"这一概念。

农业是人类文明的母体，乡村则是社会发展的基础。马克思说："农业劳动是其他一切劳动得以独立存在的自然基础和前提。""农业劳动不仅对于农业领域本身的剩余劳动来说是自然基础,而且对于其他一切劳动部门之变为独立劳动部门,从而对于这些部门中创造的剩余价值来说,也是自然基础。"恩格斯指出:"农民(到处都)是人口、生产和政治力量的非常重要的因素。"[1] 对乡村和农业的治理构成了人类社会治理的基础。

中国古代乡村治理固然是以皇权统治下的政府治理为主导,主要体现为国家力量在乡村社会行使田政、税政、户政、警政、刑政等统治功能,但同样有恤政、荒政等乡村公共服务领域的治理工作。同时,尽管古代中国没有形成制度化、系统化的乡村自治形态,但民间力量、社会主体仍在乡村治理中发挥重要的功能性影响,在局部地区和特定时段,甚至成为决定性的乡村治理角色。

乡村治理是中国古代国家治理体系的社会基础和物质依靠,是其不可或缺的重要构成部分。乡村治理体现国家治理效能,塑造国家治理走向,甚至决定历代王朝的治乱兴衰、命运浮沉。研究古代乡村治理的本质特征、影响因素、变化规律、体系效能及其演进趋势是总结中国历代王朝治理的经验教训,理解古代国家治理逻辑,探索古今治国之道,破解治理密码,跨越治理陷阱的不二选择和必由之路。

---

[1] 《马克思恩格斯全集》第 26 卷,人民出版社 1972 年版,第 28—29、22 页;《马克思恩格斯选集》第 4 卷,人民出版社 1995 年版,第 484 页。

上 篇

中国古代乡村治理的历史变迁

中国是一个超大型国家，在中华大地上，历代先人书写了百万年的人类史、一万年的文化史、五千年的文明史、四千年的国家史、三千年的编年史和两千年的大一统历史。与任何古老文明一样，中华文明深刻地植根于农业文明和乡村社会，乡村治理作为国家治理的重要支撑和基础性构成，具有悠久的历史，某种程度上，乡村社会先于国家而存在，先有乡村治理而后方有地方治理、国家治理。因为古代史料的缺乏，今人对古代乡村治理的具体细节还难以像对近现代治理那样熟悉了解，相关研究也难以形成清晰的脉络和面目。

中国古代乡村治理是古代国家治理的重要组成部分。相应地，基层治理组织、基层治理体制、基层治理功能是国家治理体系的有机构成。按照马克思主义史学传统观点，中国古代社会自五帝至晚清可划分为原始社会、奴隶社会、封建社会三个不同时期；按照传统中国史学观点，可划分为古国时期、王国时期、帝国时期或部落时代、封建时代、郡县时代。国家结构、国家体制在上层、中层即国家、地方层面变化明显，而在城乡基层领域，无论是组织、制度还是角色、功能都保持了相对稳定的演进趋势，尽管历经战乱天灾、改朝换代、制度变迁，但基层治理逻辑在总体上保持着渐进式稳步变迁的特点，与变化迅即的中上层国家治理逻辑产生鲜明的对比，从而在国家治理与基层治理中展现出非同一、不同步的中国乡村政治面目，宛如时代激流中屹立不动的坚石。

总体来说，以乡村基层组织为核心，在中国古代乡村社会，形成了国家行政权力间接控制与乡村社会自我治理相结合的乡村治理体制。它起源于奴隶社会的里邑、乡遂制，历经封建社会的什伍制、乡亭里制、宗主督护制、三长制、里保邻制、都保制、里甲制、保甲制。古代乡村基层组织的职能不仅有课税、征役、治安、守望、户政，还有劝课农桑、赈灾救济、兴办公益、推行教化等。治理组织、治理体制、治理功能三位一体，构成了中国古代乡村的治理格局。

第一章

先秦时期的乡村治理

先秦时期在广义上为夏、商、周"三代"甚至更早的五帝时代。就国家治理体系而言,五帝时代属于部落联盟时期,尚未产生完整意义上的国家。夏、商、周三代为王制时代,是真正的分封建国时代,有别于秦汉以后的名为"封建"实为君主专制的帝制时代。先秦时期的乡村治理是邦国式地方治理的基层构成部分,治理体制经历了从甸服制到国野—乡遂制的转变;在土地制度上,实行具有土地国有和集体所有性质的井田制;在赋税体制上,实行既演变又混合的"贡、助、彻",赋税标准总体上为什一制。进入春秋战国后,乡村治理体制彻底改变,乡遂制演化为乡里制,公田制转变为私田制,劳役地租变更为实物地租,什一税大幅增加到什三税、什五税甚至更高。

由于资料缺乏,夏、商时期乡村治理的组织、体制和互动细节,今天的人们已经很难征之于信了,对于西周、春秋战国时期乡村治理的了解主要来自《周礼》《左传》等传世文献,其中可能不乏后世知识分子想象、托言的成分,但无论如何,先秦时期的乡村治理已经在治理组织体系、赋税政策、国家、贵族(地方)与农民关系等方面形成了相对完整的制度,并对秦汉及之后的朝代产生深远的历史影响。

第一节 夏商的乡村治理

五帝时代的乡村治理面貌今天已经无征。夏代的治理体制大约为甸服制和九州制的演进或混合体系。夏代的乡村治理体系今人同样无法了解,很大的可能是表现为商代里邑制的早期状态,因为历史的发展是渐进的。商代的国家治理体制是内外服制，乡村基层体制为里邑制。夏商时期有较大的可能性实施井田制，尽管今天人们对井田制的认知主要来自《周礼》，定位于西周时期。

一 先夏与夏代的国家治理体制

根据司马迁的《史记》，中国古代完整清晰、前后相继地实现政权的世系更替开始于五帝时代。夏朝被认为是中国历史上第一个全国性的政权，作为奴隶社会的第一个王朝，夏朝的建立被看作中国四千年国家史的开端。由于没有发现能够直接载明五帝时期和夏朝历史的传世文献或出土文献，今天的人们对于五帝和夏朝的历史面目的了解只能从司马迁等人根据轶闻传说的总结中获得，《史记》等史书中对五帝时代、夏朝的记载只有寥寥数字，集中在世系变迁、中央层次的官职方面。例如，五帝时代，除了黄帝、帝尧、帝舜等称呼外，军队的高级官职以"云"命名，还设有"大监"。[1] 黄帝之后，典籍上说有官百名，但无从考证其具体官名，只曾记载对辅佐朝政、才德兼备的人有"八恺""八元"的美誉。帝舜时代，出现司空、司徒、共工、秩宗、典乐、纳言、大理等官名。苏秉琦先生认为，根据《尧典》记载，五帝时代已经形成一种雏形的国家。除了帝尧、帝舜等军事首长外，还有由四岳、十二牧（或曰群牧）组成的贵族议事会；有以司空为首的包括司徒、后稷、士（类似后之司寇）、工（百工）、虞、秩宗、典乐、纳言等部门官员的行政组织；有刑法（象以典刑、流宥五刑、鞭作官刑、扑作教刑、金作赎刑、眚灾肆赦、怙终贼刑）；有军队并有显赫的战功[2]。

但是，现有文献都缺乏五帝时代、有夏一代对基层社会和乡村治理的着墨。《史记》中记载："舜……一年而所居成聚，二年成邑，三年成都。"[3] 据此可以看出，当时似乎已经存在聚、邑、都的分别，合理推断，聚是村落，邑为小型城池，都则是更大一点的城市。邑是生产力发展到

---

[1] （汉）司马迁：《史记·五帝本纪》，中华书局1999年版，第5页。
[2] 白寿彝总主编，苏秉琦主编：《中国通史》第2卷《远古时代》，上海人民出版社2004年版，序言，第19页。
[3] （汉）司马迁：《史记·五帝本纪》，中华书局1999年版，第26页。

一定程度后，财产和生产聚集的产物，是筑城防卫的结果。都是扩大的、高级的城邑，是政权的统治中心所在，或至少是地区性的统治中心。聚、邑是原始社会的乡村主要居住地和场域载体。《淮南子·原道训》中说"昔者夏鲧作三仞之城"，①舜与鲧同时代，说明在五帝时代后期，城邑已经出现，因为原始公社逐渐解体，私有制开始出现，财产增加，需要筑城保卫财产和人民。

在考古学上，历史文献中的五帝时代被认为上限大约处于仰韶文化后期，下限处于龙山文化时代②，总体上位于新石器时代，实行的是原始氏族公社制度。当时的"国家"具有古国性质，实质是若干原始部落的联盟，黄帝、尧、舜、禹都是其中最大部落的酋长，其他部落臣服于他们。五帝时代尚未形成完善的中央政权，也没有（至少今天尚未发现）明确的前后相继的国号。在国家治理体制上，根据《史记·夏本纪》，五帝时代，特别是大禹时期，实行的是甸服制度。

所谓甸服制度，按照天子国都的距离远近，自内向外，每500里分为一服，依次为甸服③、侯服、绥服、要服、荒服，形成半径为2500里的同心圆辐射状结构。每服的区域功能定位不同。甸服500里范围内按每100里分为五层，作为天子采邑，直接管辖，每100里范围内百姓缴纳的贡赋不同。侯服分为三层，自近及远依次为分封给卿大夫的采邑、分封给为天子服务的小贵族的小国、分封给大的贵族的诸侯国。绥服的500里范围内实行中央的政令教化和振兴武力、保卫国土。要服的500里范围内自近至远分别为夷人区和相约遵守王法的区域；荒服的500里范围内是蛮人区和流放罪犯的区域④。

无论是五帝时代还是夏朝，能够实行有效管辖的国土面积都不太大，因此，上述自中央至地方的五服制的行政区划真正能够实施的范畴，可能仅限于前三个服，即约半径750千米范围之内，换算成平方千米约为56万平方千米，约相当于今天中原地区的三个省级行政区，差不多是以

---

① 《淮南子》，陈广忠译注，中华书局2012年版，第13页。
② 白寿彝总主编，苏秉琦主编：《中国通史》第2卷《远古时代》，上海人民出版社2004年版，序言，第18页。
③ 甸，在卜辞中称为"田"。
④ （汉）司马迁：《史记·夏本纪》，中华书局1999年版，第56页。

今山西南部、河南西北部为中心，向河南、山西、陕西、河北、山东五省作同心圆式的扩展。

夏代的人口有多少呢？马端临在《文献通考》中说，夏禹平水土为九州，人口 13553923 人，到举办涂山之会时，诸侯国共有万国①。人口数字如此精确，可信度当然存疑，只具参考意义。

传统上，夏朝被视为中国历史上第一个奴隶制国家，奴隶制是指一种建立在奴隶主阶级对奴隶阶级实行统治关系基础上的政治和社会制度。《礼记·明堂位》中说，"有虞氏官五十，夏后氏官百，殷二百，周三百"②。但是，《史记·夏本纪》没有系统记载夏朝的中央政权机构是如何设置的，更谈不上地方或基层的政权机构、官职名称或功能。根据不同时期的历史文献，夏朝的中央官员大概有六卿、稷、水官、牧正、大理、啬夫、遒人、六事、御、官占、太史令、天地之官、瞽。六卿是夏朝中央高级官员，稷是夏朝主管农业的官员，水官管理夏朝水利，牧正为夏朝管理畜牧，大理是夏朝治狱官，啬夫负责监察，遒人是宣令之官，六事是战时统兵武官，御为驾战车的军官，官占负责王朝的卜筮，太史令负责夏朝"图法"，天地之官掌管天文历法，瞽为夏朝乐师。

夏朝的地方侯伯主要由两部分人组成。一是同姓侯伯。禹当政后，分封家庭成员，形成宗族奴隶制方国，他们是夏政权的核心统治力量。二是异姓侯伯。那些承认夏王共主地位的部落被分封后形成异姓宗族奴隶制方国，要对中央王朝尽一定政治上和经济上的义务。尧子丹朱、舜子商均、殷商的祖先契等人都是被封的异姓方伯。方国君主也设有"庖正""牧正"等内外廷官员。在政治上，方国诸侯要定期觐见夏王，向之述职，表示臣属关系，有的还要到中央王朝任职；在军事上，方国必须随时为中央提供军队，配合中央征伐内外方国的需要；在经济上，方国要向中央王朝缴纳贡职，包括一些特殊的贡品或服务。③

如果从中央—地方关系和国家治理体系角度来看，夏朝的国家治理

---

① （宋）马端临：《文献通考》卷十《户口考一》，中华书局 2011 年版，第 263 页。
② 《礼记》，胡平生、张萌译注，中华书局 2017 年版，第 616 页。
③ 李学勤：《中国古代文明与国家形成研究》，云南人民出版社 1997 年版，第 360—369 页。

体制有较大可能是延续大禹时代的甸服制度和九州体制。

根据《尚书·禹贡》记载，大禹时代，将全国分为冀州、兖州、青州、徐州、扬州、荆州、豫州、梁州、雍州共九个州①，其中冀州是天子直接管理的王畿地区。夏代延续了九州的划分，并派九牧去进行治理，九牧是中央政府派遣的地方官，而非氏族部落的首领或诸侯。当然，对于甸服制和九州制，历史学者认为它们只是后世儒家知识分子对古代中国行政区划的一种想象，是建立在大一统的政治理想之上的，从尧舜禹时代到夏商并未真正实施，也不符合当时的历史事实和地理现实。②

由于文献无征，今人无法了解夏代的乡村组织结构和治理方式。如果按照殷商时期倒推，只能推测，大概率也是以里邑制作为乡村基层治理的主要形式。

在与乡村治理密切相关的赋役问题上，根据《禹贡》记载，夏代实行的是"任土作贡"制度，即各地出产什么，就向王朝贡纳什么。当时社会生产力水平较低，商品交换极不发达的程度决定了国家很难有更多的替代选择，采取实物贡纳在现实中更可行，也更容易为各地臣属的部落接受。《尚书·禹贡》中记载，"禹别九州，随山浚川，任土作贡"③，"别九州"是划分一级政区，确定地方政权序列，"随山浚川"是整理土地，疏通河流，为农业生产奠定条件，"任土作贡"则规定了贡纳的方式是根据出产实行实物缴纳。夏代的赋税称为贡，遗留有古代社会部落征服关系的色彩。夏朝的建立是黄河流域各部落之间彼此征战的结果，被打败的部落以贡纳的方式向胜利者缴纳赋税是历史发展的自然结果。《左传·宣公三年》中曾记载，"昔夏之方有德也，远方图物，贡金九牧，铸鼎象物"④，表明夏代时九州长官向夏王进贡物产金属。

《尚书·禹贡》详细描述了夏代贡纳制的具体内容，该贡纳规定相传为大禹制定，故称禹贡。它将九州土地按田力高下和肥瘠等次共分为九

---

① 《尚书》，王世舜、王翠叶译注，中华书局2012年版，第55—91页。
② 葛剑雄：《统一与分裂：中国历史的启示》，商务印书馆2013年版，第1—5页。
③ 李学勤主编：《十三经注疏·尚书正义·夏书·禹贡》，北京大学出版社1999年版，第132页。
④ 《左传》（中册），郭丹等译注，中华书局2012年版，第744页。

等，赋税也分为九个等级，赋税等级与田力等级并非一一对应，因为还要考虑到人力投入和农业生产技术等要素，如荆州的田力只排在第八等，但赋税排在第三等；雍州则"田第一，赋第六"，因为"人功少"；冀州赋税一等，田力五等，因是首都所在地，为天子服治田，只缴纳谷物，不贡他物；兖州田力六等，赋税九等，贡纳漆、丝；青州田力三等，赋税四等，贡纳盐、缔、海产品以及泰山所产的丝、麻、铅、松、怪石；徐州田力二等，赋税五等，贡纳五色土、五种颜色的山雉羽毛、峄山南面的优质桐树；扬州贡纳金、银、铜、玉石、兽齿、皮革、羽、毛等；其他各州也皆各有田力、赋税等级和贡纳物品类别。郑玄认为，赋之差，一井，上上出九夫之税，下下出一夫之税，平均一井税五夫。根据郑玄，上上的赋税是下下的九倍，但这一观点也被人们质疑。[①]

夏代的贡纳标准是多少呢？《孟子·滕文公》中认为，"夏后氏五十而贡，殷人七十而助，周人百亩而彻，其实皆什一也"[②]。意思就是国家按若干年的平均产量征收十分之一的实物税收，赋税的名称在夏商周时期分别称为贡、助、彻。夏代的"五十而贡"，指农民在耕种自己的50亩份地之外，还要耕种约5亩的共有地。份地与共有地的关系应该是夏代的井田制表现形式。夏、商、周三代实行分封制，部落或封君向夏王效忠，缴纳贡赋。在乡村地区，封君诸侯又代表夏王、国家与农民建立经济赋税关系，农民耕种共有地，并向封君诸侯交纳谷物及其他所出物产，本质上是以实物的形式向国家缴纳税赋。但是，孟子借古人之口批评夏代的"贡"制，认为贡是比较数年的收成得到一个平均数，但是问题在于，丰年到处都是，多征收些不算暴虐，却反而少收，荒年想肥田都不行，却要收足那个平均数不可。孟子认为这种不问丰歉都实行同一标准的贡纳方法不好，最好的方法是助田法，即藉田法，指借劳力来耕作，由劳动者到贵族的田地无偿劳动，从而得到一小块田自己耕种，具体形式就是八家为井而有公田的九百亩井田制；八家皆私百亩，但同养

[①] 李学勤主编：《十三经注疏·尚书正义·夏书·禹贡》，北京大学出版社1999年版，第132—157页。

[②] 《孟子》，方勇译注，中华书局2015年版，第90页。

公田；公事毕，后敢治私事。① 孟子的这种理解事实上是劳役地租，是否真是理想的也值得商榷。因为人的理性自私，必然导致农夫在耕种井田时先私后公，而不是相反，还有耕种井田时容易偷工减料，损公肥私，这就是典型的"公用地悲剧"。孟子希望通过道德主义来解决这一问题事实上是不现实的，相反，包干制的贡纳法却更符合经济学和人性的常识。

二 先夏与夏代的乡村生产生活

五帝时代属于原始社会阶段，以生产工具界分，其文明形态处于新石器时代晚期后段；以生产资料界分，属于部落公有制或者说是公社所有时代。由于生产力水平非常低下，剩余产品极为稀少，人们只能聚氏聚族而居，实行财产公有，以维持生活温饱，共同抵御恶禽猛兽和自然灾害。根据传说，当时即使是作为部落大酋长的五帝的生活水平也是比较低的。

《韩非子·十过》：

> ……昔者尧有天下，饭于土簋，饮于土铏。……（舜）作为食器。斩山木而财（裁）之，削锯修其迹，流漆墨其上，输之于宫以为食器。诸侯以为益侈，国之不服者十三。……禹作为祭器，墨染其外，而朱画其内，缦帛为茵，蒋席颇缘，觞酌有采，而樽俎有饰。此弥侈矣，而国之不服者三十三。②

《韩非子·五蠹》：

> 尧之王天下也，茅茨不翦，采椽不斫，粝粢之食，藜藿之羹；冬日麑裘，夏日葛衣；虽监门之服养，不亏于此矣。禹之王天下也，身执耒臿以为民先，股无胈，胫不生毛，虽臣虏之劳，不苦于此也。③

---

① 《孟子·滕文公上》，载于《孟子》，方勇译注，中华书局2015年版，第90—95页。
② 《韩非子·十过》，载于《韩非子》，高华平等译注，中华书局2015年版，第94页。
③ 《韩非子·五蠹》，载于《韩非子》，高华平等译注，中华书局2015年版，第700页。

韩非子对尧舜等人生活的描述是为其政治观点服务的，具有很大的臆想成分，但也在一定程度上帮助我们了解远古时代人民的生活水平。作为最高统治者的尧住的尚且只是茅草屋，吃的只是糙米饭，饮食器是竹碗土缶，何况普通百姓的生活。在中原地区，原始社会的农业经历了从渔猎采集农业到畜牧定居农业的转变；在生产工具上，经历了从旧石器、定型骨器到新石器、烧制陶器再到后期的青铜工具的转变；在耕作方式上，从旧石器时代的"刀耕农业"，发展到新石器时代早期的"锄耕农业"（火耕农业或初级耜耕，南方多为骨锹耕作），再发展到新石器时代晚期的犁耕（木犁）农业，农业生产力在缓慢地向前发展。

聚落是人们开展农耕生产和居住生活的主要单元，是原始社会乡村人民的基本生存空间。考古发现，早在距今9100—8200年的新石器时代早期，今湖南澧县的彭头山地区就出现定居农耕聚落。到了距今七八千年的新石器时代中期，在磁山·裴李岗、城背溪、河姆渡等文化遗址中的农耕聚落就由旧石器时代的"刀耕"进入"锄耕"或"初级耜耕"的农业阶段，石斧、石铲、石镰、石刀等生产工具体系健全，制作精致，农业生产较为稳定，农耕聚落规模进一步扩大，规划周密，布局有序，环境优越，形成以聚落为核心，平坦可耕种的沃野为周边的乡村生产生活格局。

到距今7000—6000年的新石器时代晚期前段，农业生产、陶器制造、家畜饲养等生产技术较前有显著的发展，农耕聚落形态呈现出圆形、向心、内聚的格局。陕西临潼的姜寨遗址外围有大壕沟，聚落内共有分成5个大的群落的100座房屋，并围出一个1400多平方米的中央广场，各群房屋的门均朝向中央广场，构成一个典型的圆形向心布局。这种布局遗风在今天福建地区的土楼中也看得到它的影子。环形向心布局既是安全防卫的需要，也是聚落共同体在文化精神上营造凝聚力的需要。根据考古学家的研究，姜寨一期聚落遗址中的5个群落应是5个大家族，整个聚落人口数量最多时为350—450人。

考古学家通过对姜寨遗址以及仰韶文化半坡遗址的分析认为，当时原始公有制背景下的农耕聚落的生产分工是以大家族集体耕作的形式进行土地的开垦、春耕翻地等生产环节，而播种、田间管理、收割等主要是以家庭为单位进行的。在农产品的分配和储存上，一部分作为家族公有集中储存,一部分分散到各个小家庭中储存和支配。消费主要以小家庭为单位进行,但也存在集体消费。在仰韶早期社会中,家庭与家族是最基本的二级单位,家族内的共有共耕关系和平均分配制度是家族共产制的保证。但各家族间仍然存在一定的经济差异,只是尚未构成贫富悬殊。这一时期的农耕聚落大体平等,尚未出现贫富、等级分化。[1]

到了距今5500—5000年的仰韶文化后期、红山文化后期、大汶口文化后期、屈家岭文化前期、良渚文化早期,农耕聚落进入中心聚落形态时期,西方称为神庙聚落期,这一时期的农耕聚落呈现出原始宗邑与村邑相结合的形态。《史记》中所说的舜"一年成聚,二年成邑"可能是这一进程的真实反映。到中心聚落时期,聚落规模扩大了,一个个聚落群出现,聚落间出现大小分化、主从和不平等关系。中心聚落成为贵族聚集地,具有政治、军事和宗教中心的地位和作用,建有太庙、大室、明堂等象征统治权的庙堂建筑物[2],并逐渐发展成城邑甚至都城。普通聚落进一步分化,绝大部分成为原始氏族时期的农村居住形态。中心聚落与普通聚落、城邑与村落是此后国野分离的雏形。

公元前4000—前3000年,中国史前的氏族共同体已由家族—宗族结构代替了原来的家族—氏族结构,随着父权及父权家族的出现,聚落内外的分化与不平等体现为家族、宗族间的分化和不平等。现有材料表明,公元前3000—前2000年,在黄河流域和长江中下游地区,贫富分化、财产占有不均发展为阶级分化和对立,国家形成的两个标志之一——阶级的存在已经具备,奴役制以及阶级结构和身份等级出现,城邑开始更多地诞生,今天考古发现的诸多城邑遗址表明城邑构成都邑国家——史前方国的物化形式,且在新石器时代晚期即龙山文化时代已经形成邦国林立的局面。人类社会由原始部落进化到方国的部落联盟阶段。[3] 龙山文化时期,人类已经熟练地饲养马、牛、羊、鸡、犬、猪,数量和私有程度大大发展起来。[4]

---

[1] 李学勤:《中国古代文明与国家形成研究》,云南人民出版社1997年版,第16—28页。
[2] 李学勤:《中国古代文明与国家形成研究》,云南人民出版社1997年版,第27—32页。
[3] 李学勤:《中国古代文明与国家形成研究》,云南人民出版社1997年版,第56—69页。
[4] 李学勤:《中国古代文明与国家形成研究》,云南人民出版社1997年版,第89—91页。

原始社会时期，乡村人民主要居住在地穴、半地穴式窝棚、房屋或少量的土墙茅屋建筑物，饮食衣着都极为简陋，医疗水平低下，人均寿命只有30余岁。

韩非曾设想，原始社会的上古之世"丈夫不耕，草木之实足食也；妇人不织，禽兽之皮足衣也。不事力而养足，人民少而财有余，故民不争。是以厚赏不行，重罚不用，而民自治"①。韩非描述的应是人民以渔猎采集农业为主的旧石器时代，他认为，上古的理想状态之所以演变成民争状态，是因为"人民众而货财寡，事力劳而供养薄"。为什么"人民众"呢？是因为"今人有五子不为多"②，将矛盾归咎于人口的增长。在经济学领域，对于究竟是人口增长压力导致技术创新和生产发展，还是因为工具改良和技术进步而促进人口增长一直存在两种不同的认知路径，一般来说，后一种更符合历史事实。《商君书·画策》中就提供了对上古之世的另一种解读：

> 神农之世，男耕而食，妇织而衣，刑政不用而治，甲兵不起而王。神农既没，以强胜弱，以众暴寡，故黄帝作为君臣上下之义、父子兄弟之礼、夫妇妃匹之合，内行刀锯，外用甲兵，故时变也。③

由于生产力水平极低，就算是在所谓的圣明的黄帝、尧舜时期，人民的生活也是非常艰难的，全家即便勉力耕作，恐怕也仅能食果腹衣蔽体而已，不可能"不事力而养足"，"民不争"事实上并不存在。

在疑古学派看来，中国有文字之前的历史都是大可质疑的，是历代经师们为政治和文化的需要，"层累地造就的"，历史上越早的人物，在文献中出现得越晚，因此"三皇五帝"甚至夏代的历史是否真实存在大可怀疑。考古学表明，夏代是真实存在的，河南龙山文化晚期的煤山类型—王湾三期文化晚期、新砦期文化、偃师二里头文化一二期在时间上

---

① 《韩非子·五蠹》，载于《韩非子》，高华平等译注，中华书局2015年版，第699—700页。

② 《韩非子·五蠹》，载于《韩非子》，高华平等译注，中华书局2015年版，第700页。

③ 《商君书·画策》，载于《商君书译注》，石磊、黄昕译注，黑龙江人民出版社2003年版，第122页。

可大致对应有夏一代从早期到晚期的历史存在，属于夏王朝的纪年范围，是夏文化的不同发展阶段①。

三 商代的国家治理和乡村治理

商王为了加强自己的统治，把自己打造成神的化身，并通过祭祀、占卜等形式强化王权存在的合法性，这就是殷商甲骨文流行并能够被后人发现的原因。作为世俗的王，商王拥有国家在行政、军队、司法等方面的一切大权，可以任免上至国相，下至一般官吏以及诸侯国的国君等几乎一切官吏。商王拥有对行政事务的处理权，对国家行政事务发出指令，要求全国臣民执行。例如，命令农业生产奴隶协力耕种农田，要求贵族打猎、监察臣僚等。商王是军队最高统帅，常亲自统率军队出征。商王对臣民握有生杀予夺大权，他的话就是商朝的法律。②

商朝的中央官职有相、尹、正等，还有管农业的小藉臣、小刈臣、小众人臣，管畜牧业的牧、刍正以及牛臣、牛正、多马亚、羊司及各类犬官，主管手工业的有司工、司空、百工以及师长、亚、马等军官。③《尚书·酒诰》篇中记载了商朝部分中央和地方行政官吏名称。商朝分为内服、外服。内服，是商王直接统治地区，可称为国畿，国畿内的官职包括有正、有事、宗工等，属于中央政权机构中的官名。

国畿之外按五百里向外延伸，分别为侯畿、甸畿、男畿、卫畿，属于外服。外服是由邦伯管辖的地区，属于地方政权机构，其首领称为邦伯，分为侯、甸、男、卫四个层次。诸侯邦伯被称为"殷边侯甸"，负有戍边之责，要及时向商代中央朝廷报告边境敌情，负有随商王出征、对敌作战的义务，还须向中央纳贡，纳贡原则是"因其地势所有而献之，

---

① 李学勤：《中国古代文明与国家形成研究》，云南人民出版社 1997 年版，第 287—317 页；中国社会科学院考古研究所编著：《中国考古学：夏商卷》，中国社会科学出版社 2003 年版，第 21—30、45—57 页。对于龙山文化晚期的煤山类型—王湾三期文化、新砦期文化、二里头文化一至四期与夏文化的关系，考古学家有不同的观点，但在总体上认为二里头文化一二期可对应夏朝的晚期。

② 李学勤：《中国古代文明与国家形成研究》，云南人民出版社 1997 年版，第 406—420 页。

③ 李学勤：《中国古代文明与国家形成研究》，云南人民出版社 1997 年版，第 421—433 页。

必易得而不贵"。① 商代中央与地方间的内外服国家结构制度上承夏代，下启周代，构成分封制奴隶社会国家治理体系的主要框架。商汤灭夏后，诸侯国共有三千余国，相较于大禹涂山之会时，减少了十分之七。

根据甲骨文上的记载，殷商时期已经初步具有城乡的区别。甲骨卜辞中有"邑""鄙""大邑商"等明文，邑有大邑、西邑、二邑、三邑、四邑、廿邑、卅邑乃至四十邑等记载，应该指的是城邑的大小和编号。在邑之外为鄙，有东鄙、西鄙。邑鄙之郊曰奠，有南奠、西奠。奠之外有封国，封国之爵有侯白男田，又称多田与多白。②

里邑制是殷商时期的基层治理制度，里、邑是基层行政组织，里君、里长是行使治理功能的基层官员。里君，是指街道的官长。

商代时人们的居住方式分为贵族和自由民两种。贵族阶级聚居于城郭之中，以"族"为单位，一个家族甚至一个宗族聚族而居。例如，鲁国曾在周初被分给"殷民六族……使帅其宗氏，辑其分族……"③ 其管理者的官职名称为"百姓"，百姓就是甲骨文中的"多生"，既是姓族的首领，也是基层的职官。族长在商朝的甲骨文中为族尹，此外还有束尹、演尹、贯尹等。"族"是商代贵族居住的基层单位，里或邑是自由民居住的基层单位。④

商代自由民阶级聚居于"邑"中，他们在甲骨文中称为"邑人"，在历史文献中称为"小民"或"小人"，是以地缘关系结合起来的普通劳动者，即平民，邑人有财产，有当战士的资格。甲骨文中常有以数字计算的邑，如"邛方征于我……三邑"⑤。里是居民聚居的单位，邑则是有围墙的小型城郭。里邑是一体的，《尔雅》中说，"里，邑也"⑥。《春秋公羊传》何休注中也说，"在田曰庐，在邑曰里。"⑦ 里君是里邑的基层管理者。

---

① 李学勤：《中国古代文明与国家形成研究》，云南人民出版社 1997 年版，第 432—434 页。

② 白寿彝总主编，徐喜辰等主编：《中国通史》第 3 卷《上古时代》，上海人民出版社 2004 年版，第 114 页。

③ 《左传·定公四年》，载于《左传》，郭丹等译注，中华书局 2012 年版，第 2104 页。

④ 晁福林：《夏商西周的社会变迁》，北京师范大学出版社 1996 年版，第 326—334 页。

⑤ 李学勤：《中国古代文明与国家形成研究》，云南人民出版社 1997 年版，第 473 页。

⑥ 《尔雅·释言》，载于《尔雅》，管锡华译注，中华书局 2014 年版，第 218 页。

⑦ 李学勤主编：《十三经注疏·春秋公羊传注疏》，北京大学出版社 1999 年版，第 360 页。

聚族而居是中国社会的传统特点，它决定了行政体系与宗法体系的高度融合，这种融合贯穿了自奴隶社会到封建社会的整个历史过程，也是中国古代乡村治理中的一个恒久不变的特点，反映了农业社会和宗法社会高度静止的历史特质。无论上层政治如何变化，作为基层社会的乡村治理结构始终没有发生根本变化。这点自商周以来便已经决定了。

里长的职责包括管理户籍，征收赋役，看护仓库、兵器和牲畜，主持祭礼等，其中最主要的职责是领导农业生产、狩猎和作战。殷商在康丁之前，兵制中占主要地位的是以部族为单位进行征兵、募兵，里君、里长在征兵中发挥着重要的作用，族众是基本的武装力量，他们平时进行"稼事"，开展农业生产，战时参加行军打仗。

谈论乡村治理，首先要明确国与野的分离。乡、村是在野之中才产生的。国为都，是较大的城池，是统治中心，既有天子之都，亦有诸侯之都。在侯服中，属于卿大夫的采邑、为天子服务的小国、诸侯的大国都有各自的行政统治中心：都、国、邑，即规模不同的城池。在都、邑之外则是广大的乡村，邑是都与野之间的过渡或连接点。

由于资料的缺乏，今天我们仍然无法了解殷商时期基层治理体制中城市与乡村之间存在哪些显著区别，只能笼统地得知，里邑制是殷商基层治理的主要形式，至于城市与乡村之间在基层官员和基层组织的称谓、官员和组织的设置、功能等方面的细节还无法掌握，对于城乡基层治理存在哪些相同点和不同点，还无法确切了解。

无论如何，有一点是可以确定的，在殷商的基层治理中，作为核心的治理组织以及角色的里长的功能是多方面的，包括协助统治者维护政权统治、发展地方经济、维护社区治安等多重功能，事实上，这种功能也贯穿了中国古代社会的始终。

历史典籍上没有关于商代土地制度的明确记载，人们对商代田制的理解多来自春秋战国甚至秦汉时期知识分子的描述，但它们是不是真实的历史记录，意见不一。很多人认为，井田制、大同社会等不过是孔子、孟子等大儒托古改制，劝谕当时的统治者，以宣传儒家政治理想，推行政治设计的一种手段而已，可能与历史真实大相径庭。在没有有力的证伪出现之前，人们可以暂且将井田制、村社集体、公田私田之分视为夏商周时期的土地制度来予以理解。如果《孟子》记载或想象属实的话，夏、商、周时期井田规模有可能分别是50亩、70亩和100亩。

对井田制的描述除了《孟子》外，还见诸其他一些古籍。例如，《诗经·大田》上说，"雨我公田，遂及我私"。《周礼·地官·小司徒》记载："经土地而井牧其田野，九夫为井，四井为邑，四邑为丘，四丘为甸，四甸为县，四县为都，以任地事而令贡赋，凡税敛之事。"① 《谷梁传·宣公十五年》中说，"古者三百步为里，名曰井田。井田者，九百亩，公田居一"。② 最早实行井田制是在夏代，最完备的阶段则是周代，后世文献的许多记载和描述都是以周代井田为对象的。对此，我们将在周代部分详细论述。商代井田制属于承上启下，由于商代传世文献无征，今天的人们同样无法了解商代的土地赋税制度。但出土的甲骨文中，田字除多作"井"字形外，还有6、8、12方块的形状，学者们认为，这些不同形状的方块，是当时土地划分的实况在文字上的反映③，被认为是井田制存在的证明。因为土地肥瘠不同，土地划分成方块，是为了定期在不同的农夫中重新分配，让他们轮换耕作，这是后世爰田的源起。在甲骨卜辞中曾出现过"耤"（藉），说明当时已有"藉田"，而且是集体耕作④。

商代考古遗址中常见的农业生产工具是用木、石、骨、蚌做成的镰、锄、铲和耒耜等。种植的主要农作物是黍和稷，以及稻、麦等。商代有了蚕桑和丝织物，畜牧业和渔猎业更加发达，商王用于祭祀的牛、羊最高时能够达到上千头。青铜冶金等手工业获得很大进展，到商代晚期，能够铸造出器形硕大、纹饰精美的各类青铜器。

赋役制度与田制密切相关，夏、商都实行井田制，但夏代中央政权与地方政权之间仍具有原始社会部落间臣服进贡关系的遗迹，《禹贡》中将地分为九等，但仍以贡纳实物地租形式征收国家赋税，"税夫无公田"。

---

① 李学勤主编：《十三经注疏·周礼注疏》，北京大学出版社1999年版，第279页。
② 李学勤主编：《十三经注疏·春秋谷梁传·宣公》，北京大学出版社1999年版，第204页。
③ 在最初的甲骨文中，田的形状为田。李学勤：《中国古代文明与国家形成研究》，云南人民出版社1997年版，第474页。
④ 郑学檬主编：《中国赋役制度史》，厦门大学出版社1994年版，第10页。

"殷人七十而助","助"即"藉","殷之助法,制公田,不税夫",① 可见商代的纳税方式是由农民集体耕作公田,实行劳役地租,即商代公田"藉而不税",这与夏代"贡而不藉"形成鲜明对照。

力役包括兵役和徭役。夏代的力役今天已经无法知晓。商代的力役征调分为外服和内服两个部分。对外服势力来说,当商王兴兵征伐之际,必须出兵助战,并提供一定的劳力用于开采矿石和田猎放牧。内服诸部族是商朝对外征伐的主要力量,并需要承担田猎、采矿、筑城、筑宫殿、运输等徭役。②

第二节 西周的乡村治理

夏、商、周名为三代,但在国家体制上能够与夏、商衔接的只有西周。今天的人们对西周时期的治理了解得更为详细,主要是因为在先秦时期遗留有诸多文献,两汉之际陆续有近古之人整理撰写一些两周的历史典籍,后世陆续又有零星的考古发现,从出土文献方面充实一部分史料。如前所述,尽管疑古派对此颇有疑问,但即便历史典籍中所记载的是想象中的古代社会面貌,即使它们挂一漏万,也至少能帮助今天的我们了解西周时期国家与乡村治理的吉光片羽。在乡村治理体系上,西周延续商代的里邑制,在国野—乡遂的体系内,将之发展到酂、里、邻制。在土地制度上,西周的井田制进入最完善的发展顶峰时代。在户籍制度上,常比大比制度已经建立。在赋税制度上,"百亩而彻",实行十税一的税率。

一 西周的国家治理体系

西周时期,在国家治理体系上实行的是分封制,即封邦建国。孔子说,"殷因于夏礼,所损益,可知也;周因于殷礼,所损益,可知也。"③周初的政体、祭仪、律法等在总体上继承商朝旧制。周武王分封的对象

---

① 汉儒郑玄的注释。参见郑学檬主编《中国赋役制度史》,厦门大学出版社1994年版,第10页。
② 郑学檬主编:《中国赋役制度史》,厦门大学出版社1994年版,第13页。
③ 《为政篇》,载于《论语·大学·中庸》,陈晓芬、徐儒宗译注,中华书局2015年版,第24页。

包括先圣王之后、姬姓家族以及功臣谋士。大规模的分封是从周成王时期开始的，由周公旦主持。但是对具体数字有不同说法，既有四百余国的说法，也有七十一国的提法。《荀子》中说周公立 71 国，其中姬姓 53 国，《左传》则说兄弟之国 15 个，姬姓之国 40 个。封国的规模有多大呢？与周王室有何关系呢？《周礼》中记载："凡建邦国，以土圭土其地而制其域：诸公之地，封疆方五百里，其食者半；诸侯之地，封疆方四百里，其食者参之一；诸伯之地，封疆方三百里，其食者参之一；诸子之地，封疆方二百里，其食者四之一；诸男之地，封疆方百里，其食者四之一。"① 事实上诸侯国的封地并没有这么大，《孟子》记载，"公侯皆方百里，伯七十里，子、男五十里"②，可能更接近现实。根据孟子的说法，土地不到五十里的，不能直接依附于天子，只能依附于诸侯，叫作附庸。这至少说明，在西周的国家结构中，同时存在三大系列关系：一是周王室—公、侯、伯、子、男—附庸，属于中央与地方的三级政治结构关系；二是周王室—王畿—六乡六遂，属于周王室直接管理地区的行政层级关系；三是周王室—诸侯封国—三乡三遂，属于分封体系下的行政层级关系。可见，西周的国家政治结构与行政层级异常复杂，多种政治关系并存。

分封制强化了西周中央政权与诸侯国的关系，是西周政治制度、治理体系的大发展。夏、商、周时期都有形式不同、规模不等的分封制，但夏、商部落联盟、方国联盟的特征更为明显，"天子诸侯君臣之分未定"，地方对中央的政治依附关系要弱于周代。经过周代商祚的政治大革命，具有论功行赏性质的分封提高了周天子之尊，极大地加强了周王室对诸侯国的控制。尽管如此，由周王室直接控制的王畿之地面积仍是很广大的，周襄王曾说"昔我先王之有天下也，规方千里以为甸服"，③ 即是说方圆千里内都是周天子的采邑。

中央层面如何治理国家呢？《周礼》中强调，要聚民、养民、安民：

---

① 李学勤主编：《十三经注疏·周礼注疏》，北京大学出版社 1999 年版，第 254 页。
② 《孟子》，方勇译注，中华书局 2015 年版，第 196 页。
③ 《国语·周语》，转引晁福林《夏商西周的社会变迁》，北京师范大学出版社 1996 年版，第 359 页。

> 以荒政十有二聚万民：一曰散利，二曰薄征，三曰缓刑，四曰弛力，五曰舍禁，六曰去几，七曰眚礼，八曰杀哀，九曰蕃乐，十曰多昏，十有一曰索鬼神，十有二曰除盗贼。以保息六养万民：一曰慈幼，二曰养老，三曰振穷，四曰恤贫，五曰宽疾，六曰安富。以本俗六安万民：一曰媺宫室，二曰族坟墓，三曰联兄弟，四曰联师儒，五曰联朋友，六曰同衣服。①

西周建立分封制以明确中央—地方权力结构关系，宗法制以明确宗族权利义务关系，井田制以明确土地贡赋关系，国野制以明确社会管理关系。乡村治理、基层政权、基层组织建立在分封制的国家结构体系中，但又与宗法制、井田制、国野制密切相关，处于四重复杂关系的整体制度网络之中。

与商朝不同，西周时期，经营各级宗族贵族所拥有土地的基层单位称为邑、里或书社。邑的范围小到十室，大到数百室，一般为二三十家。一个贵族往往拥有数十至数百邑。和邑相类似的基层单位则是书社。一般来说，一个书社大约 25 户，这与里的户数是一致的。《周礼·遂人》中说，五家为邻，五邻为里②，一里则为 25 户。

居住单位与经营单位是如何关联的呢？按照杨宽的说法，西周实行的是古代村社制，与之对应的是井田制。③

井田最早是什么时候出现的呢？杜佑在《通典》中说：

> 昔黄帝始经土设井以塞诤端，立步制亩以防不足，使八家为井，井开四道而分八宅，凿井于中。④

井田始于黄帝之说现在看起来很难得到有力的证据支撑，但一般认为，井田制形成于夏代，经商代发展，至西周达到最完善的阶段。在夏

---

① 李学勤主编：《十三经注疏·周礼注疏》，北京大学出版社 1999 年版，第 259—263 页。
② 李学勤主编：《十三经注疏·周礼注疏》，北京大学出版社 1999 年版，第 390 页。
③ 杨宽：《西周史》，上海人民出版社 2016 年版，第 200 页。
④ （唐）杜佑撰，王文锦等点校：《通典》卷三《食货三》，中华书局 1988 年版，第 54 页。

代时，可能并不一定即有井田的说法，但份地和共有地、私田和公田的区分形式应该已经具备雏形。

理民之道，安土为本。要安土就要建步立亩，正其经界。古代田地的面积是按平方步计算的，一亩田的形状似一垄地，宽一般为一步，一步或六尺（隋代及之前），或五尺（唐代及之后）。长为100步（周代以前）或240步（秦代及以后）。古代一尺折合今天厘米数，从商代的14—17厘米，演化到西周秦汉的23.1—23.9厘米，又至隋唐、五代的29.6—31.6厘米，再至宋、元、明、清的32—34.2厘米①，数量在增大，长度在变长。故西周、秦汉以来的一亩田地的面积数大约是今天一市亩（666.66平方米）的28.82%（先秦、汉武帝之前的西汉）、69.16%（秦、两汉）、78.86%（隋）、54.47%（唐）或92.16%—105%（两宋后）。

据后世文献，西周的井田制都以九百亩为单位，分成呈井字状的九块，号为一井，公田在内，私田在外，存在至少两种不同规格，即八户规模和九户规模。《孟子·滕文公》上篇说：

> 方里而井，井九百亩，其中为公田，八家皆私百亩，同养公田。公事毕，然后敢治私事，所以别野人也②。

在八户规格中，公田为八十亩，余下八百二十亩，每户一百亩，最后剩下的二十亩，每家分得2.5亩作为建造庐舍的宅基地。当然，如果公田是八十亩，那么赋率就不是十税一，而是百分之八了。

《周礼·小司徒》曾载：

> 乃经土地而井牧其田野：九夫为井，四井为邑，四邑为丘，四丘为甸，四甸为县，四县为都，以任地事而令贡赋，凡税敛之事。③

---

① 有关历代各类尺长的数据见梁方仲编著《中国历代户口、田地、田赋统计》，中华书局2008年版，第738—747页，以及丘光明、邱隆、杨平《中国科学技术史：度量衡卷》，科学出版社2001年版，但各家的标准有异。
② 《孟子》，方勇译注，中华书局2015年版，第91页。
③ 李学勤主编：《十三经注疏·周礼注疏》，北京大学出版社1999年版，第279页。

《通典·食货志》载：

> 周文王在岐，用平土之法，用为治人之道。地著为本，故建司马法：六尺为步，步百为亩，亩百为夫，夫三为屋，屋三为井，井十为通，通十为成，成十为终，终十为同，同方百里，同十为封，封十为畿，畿方千里。①

这是九夫、九户为一井的规格。在此规格中，即使公田只有八十亩，如果同样去掉宅基地二十亩，每户授田就只有九十亩左右了。

总的来说，一块井田的面积为九百亩，每八至十家为一井。户数不同，每户耕种的亩数也存在区别，一夫一妇佃田百亩是个大概的说法，少的可能只有九十亩，多的则又可能超过一百亩。因为还有另外一种说法，一夫一妇可在一百亩之外，再受田十亩，作为公田。这样一夫一妇共可耕田一百一十亩。② 当时的一百亩大约相当于今天的 31.2 亩，正适合当时家庭耕作的生产技术水平③。

井田制与周代邑里、书社土地的占有和分配联系紧密。杨宽先生认为，井亩制即为古代村社制的土地制度，主要耕地属于集体占有，有集体耕作的耕地，也有平均分配给各户使用的份地。份地是按劳动力平均分配的，有按一定年龄的还受制度。民年二十受田，六十归田。一夫一妇受田百亩，五口为一家，多于五口名曰余夫，余夫以率受田二十五亩。男年六十、女年五十无子者，官衣食之。④ 根据《文献通考》，周公相成

---

① （唐）杜佑撰，王文锦等点校：《通典》卷一《食货一》，中华书局 1988 年版，第 4 页。
② 李学勤主编：《十三经注疏·春秋谷梁传·宣公》，北京大学出版社 1999 年版，第 204 页。
③ 此说见杨宽《西周史》，上海人民出版社 2016 年版，第 202 页。根据万国鼎先生的研究，公元前 223 年以前的每亩面积相当于今天每亩的 28.82%，即西周时期的一百亩，相当于今天的 28.82 亩。见梁方仲编著《中国历代户口、田地、田赋统计》，中华书局 2008 年版，第 746—747 页。后吴慧先生认为杨宽先生所说的 31.2 亩当是指清代亩积，如换算成今天的市亩，与万国鼎先生先生所说的亩数是一样的。见吴慧《中国历代粮食亩产研究》，农业出版社 1985 年版，第 2 页。
④ 杨宽：《西周史》，上海人民出版社 2016 年版，第 203 页。

王时，西周共有人口 13774923 人，诸侯国 1773 国①。到周庄王十三年（公元前 684）时，全国共有人口 1184.7 万人，受田者有 900.4 万人。②

《孟子》中说，乡田同井，出入相友，守望相助，疾病相扶持，则百姓亲睦。③ 里、邑与井是融为一体的。前文《左传》中曾描述"三百步为一里，曰井田"，如果将庐舍建在田边，则确实是里井一体的。

小的村社也可称为里、邑，区别在于邑有大有小，里相对固定。无论里、邑，官长都称为里君。根据《考工记》《周礼·遂人》，井里之间有沟壑，作为自然隔离。当时的城邑筑有城墙以作保卫之用，而野人居住的村落其实也筑有泥墙保卫，称为"保"或"都"。在"保"或"都"的两头有门，叫作"闾"，"闾"旁有门房，叫作"塾"，父老和里正就坐在"塾"里，监督人们早晨外出耕田，傍晚回到"保"内。④

村社性质的井田制划分方整的井字（类似于今天的九宫格）是和统一治理如土地划分以及便于水利灌溉有关的。井田制和农村公社具有农业平均主义的色彩，但它的实施是与封建制、贵族制相适应的，周天子只是全国最大的贵族而已，国家直接面对的并不是耕作井田的农民，而是贵族，井田中的公田所出为封建领主即贵族占有，贵族再向天子进贡。可见，井田名义上是为村社宗族集体所有，但作为宗族长的贵族领主以宗族村社的名义实际控制着井田尤其是公田所出。问题在于，农民拥不拥有私田？农民对被授的份地有所有权吗？还是只有经营权？

对于公田、私田的所有性质和出产去向历来众说纷纭。童书业先生认为，公田似是指公室的田，私田是指贵族们和自由农民的田。那么，这个公室究竟是指什么？是指周王室，还是农民所在的村社？如果根据"公食贡，大夫食邑，士食田，庶人食力"的规则，公田的收入在理论上似乎是进贡给周王室或国君的。西周和春秋时土地大部分掌握在国君和贵族的手里，士以上都是贵族，他们是有土地的阶级，土地上的收入归

---

① （宋）马端临：《文献通考》卷十《户口考一》，中华书局 2011 年版，第 263 页。
② （宋）范晔：《后汉书·郡国一》，中华书局 1999 年版，第 2307 页。
③ 《孟子》，方勇译注，中华书局 2015 年版，第 91 页。
④ 杨宽：《西周史》，上海人民出版社 2016 年版，第 214 页。

田主所有，田主是不耕田的。庶人是平民，大部分没有土地，只是替贵族们耕田，吃的是自己的力气。①

中国古代社会进入夏代后，"天下为公"被"天下为私"替代，家天下的政治原则是所谓的"溥天之下，莫非王土；率土之滨，莫非王臣"②，据此，无论是夏、商、周时期，还是秦汉以后的历代王朝，全国土地都属于天子或皇帝所有，但由于天子、皇帝又是国家的代表，因此似乎又可以说所有土地都是国有的，中国古代没有明确的西方意义上的私有产权制度，所谓的土地私有制在至高无上的皇权面前其实是虚幻的，无法完全用今天的所谓公有、私有、所有权、产权等概念来分析中国古代的生产资料所有问题，因为中国古代根本没有公民权利这个概念。但是，夏、商、周与秦汉以后王朝在对土地的所有关系的具体实现形式上有所区别。

首先，无论是基于改朝换代的现实局面，还是治国安邦的政治经济需要，历代王朝建政之初，都必须把土地问题牢牢掌握在国家手中，通过授田将已经荒芜或无主田地大致平均分配给无地、少地农民，以涵养税基，汲取民力。授田、均田好似放水养鱼，又似播撒鱼苗养鱼，目的是激励农民垦殖土地，再向国家交纳税赋。王朝国家当然也能通过暴力方式在全国范围内重新平均分配土地，但土地是农民的命根子，这种做法无异于政治自杀，对于统治者来说，风险太大，可能引起土地"所有者"的反抗，酿成政治动荡，激发社会革命。因此，在相对较长的时间内，至少在一个王朝积年内，虽然不具西方意义上的私有产权概念，但中国古代的地主、商人、自耕农对所占有的土地还是拥有事实上的私有权或者说是准私有权的。夏、商、周之后，政府直接与农民发生赋役关联，夏、商、周时期，除了王畿地区和天子藉田外，政府是经由贵族阶级、邦国政府与农民、乡村发生经济关联的。商周时期井田制体系下的所谓公田、私田与后世的官田、民田还是有所区别的。井田制下的公田是共耕地，是农夫向天子的代表——贵族、邦国交纳劳役地租的凭借形式，在特定地区，它可能以农村公社的方式出现。私田则是国家、贵族授予农夫的份地，以换取农夫耕种公田。农夫对私田只有使用权，没有

---

① 童书业：《春秋史》，上海人民出版社2019年版，第49页。
② 《诗经·小雅·北山》，载于《诗经》，王秀梅译注，中华书局2015年版，第488页。

所有权，私田还要定期在本井中轮换，以平衡地力、水利等因素的影响。"田里不鬻"①，公田私田都不能自由买卖，这是与后世的根本区别。后世的民田虽在根本上仍为国家所有，但由于具有准私有权，可以自由买卖。

春秋战国以后，井田制瓦解，公田消失，贵族制消亡，实物地租取代劳役地租，国家权力全面下沉到乡村社会基层，作为农业生产单元的农民（地主和自耕农）直接面对国家。随着土地买卖和兼并的加剧，占有大量土地的大地主已经取代了贵族领主在经济上实质地控制了与之有经济依附关系的农民，只是在数量上无法完全替代农民作为代理人与国家发生关联②，仍有大量的自耕农直接与国家发生关联。春秋战国以后，在农业领域，形成了双重的经济关系轨道。一重是国家（通过郡—县—乡制等行政触角）—地主—佃农（包括部分自耕农）；一重是国家—自耕农。后者即是广大的、原子式的、马铃薯般的小农，时人常谓小农经济的汪洋大海，即为此意。

西周分封后形成家国同构，天子建国，诸侯立家，卿大夫则有采邑。耕作井田的农民与贵族虽为同宗，土地虽在形式上为宗族公社集体所有，但实为立家或有采邑的诸侯贵族卿大夫所有，需要受田后才能拥有土地。不过当时与后世私有化的一个区别在于土地不能买卖，农夫总是保证拥有一块土地，以保障基本生存，不至于流离失所。这与今天农村土地归村集体所有，土地的集体所有权与土地的农户经营权相分离有其相似之处。

对于耕作井田的农人来说，同一宗族的贵族即是国家代表，是谓家国同构。宗法制的存在使得农夫、野人在政治上、经济上、宗法上，全面依附于宗族中的贵族。贵族阶层对乡村基层的全面控制是商周时期乡村社会政治、经济、宗法三位一体治理关系结构的特点。

进入春秋战国时期，贵族制瓦解，乡村治理的三位一体结构随之崩

---

① "鬻"同"卖"，卖。《礼记·王制》，载于《礼记》，胡平生、张萌译注，中华书局2017年版，第262页。
② 有学者曾经统计，中国历史上大中地主所占有的土地只占全国土地的20%—30%，自耕农则占到50%—60%，剩下部分的土地则为那些身份在小地主与自耕农之间摇摆的农民所拥有。其实，地主与自耕农并非完全对应的、互斥的身份概念，破产的小地主往往退化为自耕农，能干、富裕的自耕农在田地扩大，雇用佃农后也会升级为地主。

塌。农民在政治上摆脱贵族，直接面对国家（帝王），在经济上或自给自足，或与地主形成雇用关系；在宗法上，宗族长老、乡村士绅取代贵族对农民形成施动关系。过去的政治、经济、宗法"三合一"体系被分解为三个独立的关系结构，底层的农人面对三个不同的治理主体。但长老、士绅一方面代表国家和贵族的行政权力角色，另一方面代表乡里社会的自治权利角色这一双重身份仍然延续下来，所不同的是，商周时期，贵族即代表周王室，诸侯世家即为国家，而西周之后，行政权力仅仅代表的是国家。在这一条件下，长老、士绅在乡村社会治理中的角色更加鲜明，地位更加持重。过去，贵族即世家，一些小的方国、邦国可能就是一县、一遂的面积，贵族靠前指挥，治理层级并不一定如《周礼》所记载的有那么多。从东周进入秦汉，郡县制取代封建制，天高皇帝远，行政官吏不再具有过去贵族的多重身份，也拉伸了管理层级，在此情况下，具有多重角色的长老、士绅在乡村社会治理中作用迅速上升，甚至在某些地区形成新的"三合一"结构，如果某位乡村精英人物既有乡官里吏的准行政资源，又是当地的地主或富商，拥有经济资源，且有秀才、举人身份，拥有文化资源，甚至同时还是某一宗族的族长或房头的房长，那么，其在当地乡村治理中的权重就在某种程度上类似于先秦时代的贵族了。

孟子、王莽等人试图均分土地的原始农业主义幻想事实上是不符合时代发展潮流的。但是，农村公社只是一种经营方式，并非土地所有方式，授（受）田的存在，表明夏、商、周时期土地仍是由国家（如周天子—贵族）所私有的，农村公社公有并不存在。只看到村社的集体经营，没有看到贵族领主对土地的占有，是一种不全面的观点。

二　西周的乡村治理

无论是在王畿还是诸侯国内，西周地域范围内的地方和基层地区，都有国野之分，就是今天的城乡划分。城堡、城邑统称为"国"或"都"，居住在城邑中的贵族和平民统称为"国人"。根据《周礼》，国方九里，旁三门，九经九纬，左祖右社，面朝后市。[①] 意思是说，国都方圆

[①] 李学勤主编：《十三经注疏·周礼注疏》，北京大学出版社1999年版，第5页。

九里，东西南北四个方向各有三道城门，共有十二道城门。城内南北向道路九条、东西向道路九条。城市（以中门为基点）的左边（东边）是宗庙，右边（西边）是社稷，面向的（南边）是朝廷，即君臣治政之处，后面（北边）是集市行刑之处。

在国、都之外的乡村地区，是“野”和“鄙”，其居民称为“野人”。随着时代的发展，国与野逐渐交错起来，往往国中有野，野中有国。在划分国野的基础上，西周在基层推行乡遂制度，国中为乡制，野中为遂制，王畿中有六乡六遂的设置，诸侯国中也有三乡三遂的设置。王城百里内为六乡，百里外为六遂。六遂自远郊抵达王畿，中间有公邑、家邑、小都、大都。[1]

相比殷商时期，西周的城乡基层组织设置已经大大进化，实现了城乡的分野。例如，在《周礼·地官司徒》中就有乡师/比长、遂人/土均的官职设置，分别对应的是城市与农村。城市，是指“国”，基层治理组织为族、闾、比。《周礼》记载：“令五家为比，使之相保。五比为闾，使之相受。四闾为族，使之相葬。五族为党，使之相救。五党为州，使之相赒。五州为乡，使之相宾。”[2] 进行此类基层组织设置的目的是“劝民”，其互联互保的目的是促使老百姓结成社会生活共同体，达到守望相助、出入相友的目的。农村，是指“野”，基层组织为酂、里、邻。《周礼》记载：“遂人，掌邦之野。以土地之图经田野，造县鄙形体之法。五家为邻，五邻为里，四里为酂，五酂为鄙，五鄙为县，五县为遂，皆有地域，沟树之。使各掌其政令刑禁，以岁时稽其人民，而授之田野，简其兵器，教之稼穑。”[3] 农村的治理体系设置目的与城市是相同的，既有编户齐民，便于行政权力下沉基层的目的，亦有促进基层邻里互帮互助的功能。

西周时期城市中的“乡”组织设置依次为：五家为比，五比为闾，四闾为族，五族为党，五党为州，五州为乡；官吏名称依次为比长、闾胥、族师、党正、州长、乡大夫，管理的户数分别为 5 户、25 户、100

---

① 李学勤主编：《十三经注疏·周礼注疏》，北京大学出版社 1999 年版，第 223、233 页。
② 李学勤主编：《十三经注疏·周礼注疏》，北京大学出版社 1999 年版，第 264 页。
③ 李学勤主编：《十三经注疏·周礼注疏》，北京大学出版社 1999 年版，第 390 页。

户、500 户、2500 户、12500 户。

农村中的"遂"组织设置依次为：五家为邻，五邻为里，四里为酂，五酂为鄙，五鄙为县，五县为遂；官吏名称依次为邻长、里宰、酂长、鄙师、县正、遂大夫，管理的户数分别为 5 户、25 户、100 户、500 户、2500 户、12500 户。

《周礼》中的乡遂体系

根据以上《周礼》记载，结合国野—乡遂制的研究，可将西周时期的城乡行政区划和全国地区的治理体系作如下整理：

城市地区的治理体系为：中央（周王室）（六乡）—封国（封君）（三乡）—乡（五州）—州（五党）—党（五族）—族（四闾）—闾（五比）—比（五家）。

农村地区的治理体系为：中央（周王室）（六遂）—封国（封君）（三遂）—遂（五县）—县（五鄙）—鄙（五酂）—酂（四里）—里（五邻）—邻（五家）。

值得注意的是，《周礼》中的记载具有理想化的程度，也可能是官方的制度设计，具体到乡村基层组织的实施中，不可能如此整齐划一，但是通过《周礼》中的记载可以看出，一闾约相当于一里，大约可以看成今天的行政村这个层级。

《周礼》又名《周官经》，将周朝的官职分为天、地、春、夏、秋、冬六个系列。天官主治，地官主教，春官主礼，夏官主政，秋官主刑，冬官主事，每个系列有 60 个官职，共 360 个。天官系列最高官职为大宰，地官为大司徒，春官为大宗伯，夏官为大司马，秋官为大司寇，皆设职位一个，级别为卿。当时的官吏禄秩的主要级别包括卿、中大夫、下大夫、上士、中士、下士、府、史、胥、徒等。六乡由司徒管理，六遂由遂人管理，但司徒级别较遂人为高。在六乡中，级别从高到低为大司徒（卿一人）、小司徒（中大夫二人）、乡师（下大夫四人）、乡老（二乡则公一人）、乡大夫（每乡卿一人）、州长（每州中大夫一人）、党正（每党下大夫一人）、族师（每族上士一人）、闾胥（每闾中士一人）、比长（五家下士一人）。小司徒、乡师、乡老辅助大司徒管理六乡。乡大夫则只管理本乡事务。两乡共公一人，西周时期设三公六卿，但三公一般为太师、太傅、太保，是与周王坐而论道的，并无正式官职，《周礼》

的这一记载表明，三公可能是管理六乡的大司徒（也是六卿之一）的顾问。

在六遂中，级别从高到低为遂人（中大夫二人）、遂师（下大夫四人）、遂大夫（每遂中大夫一人）、县正（每县下大夫一人）、鄙师（每鄙上士一人）、酂长（每酂中士一人）、里宰（每里下士一人）、邻长（五家则一人）。

乡、遂大夫分别为卿、中大夫。遂的管理者的行政级别较乡的管理者低一级，表明早在西周时期，城市的政治地位就高于农村。

当时的乡遂组织是与军队组织合二为一的，乡遂之下的官吏同时也是军队的各级军官。在国、都的乡制中，比、闾、族大约接近对应于当代中国城市中的居民小组、居民小区、居民委员会的层级，党、州、乡则接近对应于街道办事处、区（或不设区的县级市）、市。在鄙、野的遂制中，鄙、县、遂接近对应于现在农村地区的乡（镇）、县（市）、地区（地级市），酂、里、邻对应于现在的行政村、自然村落、村民小组。对于西周时期的城乡基层治理，《春秋公羊传·宣公十五年》的注疏中是这样描述的：

> 在田曰庐，在邑曰里。一里八十户，八家共一巷。中里为校室，选其耆老有高德者名曰父老，其有辨护伉健者为里正，皆受倍田，得乘马。父老比三老孝弟官属，里正比庶人在官之吏。民春夏出田，秋冬入保城郭。田作之时，春，父老及里正旦开门坐塾上，晏出后时者不得出，莫不持樵者不得入。五谷毕入，民皆居宅，里正趋缉绩，男女同巷，相从夜绩，至于夜中，故女功一月得四十五日作，从十月尽正月止。①

城乡治理组织的职责

乡遂制下的12类官职属于地官司徒系列，与基层有关的共有8类官职。其中，党正、族师、闾胥、比长是六乡体系中的基层官职，鄙师、

---

① 李学勤主编：《十三经注疏·春秋公羊传注疏》，北京大学出版社1999年版，第360—361页。

鄰长、里宰、邻长则是六遂体系中的基层官职。《周礼》对这8类官职的职责作了详细的规定，据之，我们可以较为详细地考察西周城乡尤其是乡村治理组织的功能职责。

党正的职责是，"各掌其党之政、令、教、治"，即掌管本党的行政、禁令、教化和治理。具体包括宣讲国家法令，纠察、告诫民众；当年终实行大祭祀时，在本党学校用乡饮酒礼会聚民众，根据年龄长幼排列座位次序，教育人们尊重长者；教民众有关礼节的事情，掌管有关戒令，加以纠禁以防越礼；执行上级征伐、田猎、巡守、劳役等事，根据相应制度政策治理有关政事；总结本党政事，向州长汇报施政业绩，记录人们的德行、道艺表现，监督族师对民众的校比、大校比。[1]

族师掌管本族的戒令政事。政事为邦政之事，如国家征收夫役。每月初一，族师要召集民众，向他们宣读国家法律条文，记录民众中那些孝顺父母、尊敬兄长、和睦姻戚和有学问的人。春秋祭神时，也这样做。依照国家的官吏校比法，率领所属四闾的长吏，按时会聚民众，调查、登记本族男女人数，查辨其中的贵贱、老幼、残废、有疾病和可胜任差役的人，以及民众的各种牲畜和车辆数。按照五家为比，十家为联；五人为伍，十人为联；四闾为族，八闾为联的原则，使其相互担保，相受寄记，有刑罚、喜庆、赏赐的事，共受共享，做到共同承担国家的职事，共同为国事服役，相互帮助丧葬。如果国家有征调民众参加征战、田猎、巡守、劳役的事，族师就需要把他们按军队编制进行编组，检查他们的兵器和器械，带着鼓铎和旗帜，带领他们向乡师报到，负责管理命令，执掌戒禁和刑罚。年终，应向上级总结政事，呈报政绩。

闾胥掌管本闾征发徭役、赋税的命令。按一年四季的时间要求清点本闾男女人数的多少，查清哪些是可以胜任力役的，哪些是可以免除的。凡春秋举行祭礼、征役、乡射礼或饮酒礼、丧事等事聚集民众的时候，以及官吏四季校比民众的时候，都要向他们宣读法律条文，并把民众中那些尊敬长者、及时施行、讲求信用、救苦济贫的人的事情记录下来。凡有乡射、饮酒等事，负责稽查、处罚那些失礼的人。

比长掌管本比的事务，使五家能够做到相互托付、和睦亲善，如果

---

[1] 《周礼》，徐正英、常佩雨译注，中华书局2014年版，第258—261页。

有一家发生犯罪或造谣滋事的,其他四家都要连带受到惩罚。如果本比有居民迁移到都城中或郊里,比长要跟随前往,把他们交付给当地官吏,表明他们没有犯罪或恶行。如果迁移到其他地区,要授给上路用的符节,以方便他们出行。如果迁移者没有由比长带领交付或没有符节,就要被拘留收押。

西周时期,农村地区的遂、县官制大致是这样的:六遂长官为遂人,"中大夫二人",可能是每一名中大夫(官职名)负责掌管三个遂;其下有遂师,"下大夫四人",为遂人的副职,每二人掌三个遂。其下,又有遂大夫,每遂中大夫一人。县正,每县下大夫一人。鄙师,每鄙上士一人。酂长,每酂中士一人。里宰,每里下士一人。邻长,五家则一人。此处的中大夫、下大夫、上士、中士、下士等,皆为官名,非爵名。如果用后世的州、府、县来作比喻的话,遂人的身份应为州牧或州长,遂师为其副手,遂大夫,相当于知府,掌一遂之政。县正,类似于后世的知县,鄙师,相当于后世的乡长或乡正。

鄙师、酂长、里宰都为官职名,表明他们可能有爵有禄,既是治理组织负责人,也属于体制性治理角色,与秦汉的乡官(吏)身份相同,与之相比,邻长无爵无禄,如同庶人在官者,即后世的职役身份。[①]

农村地区的鄙师在层级上大约与城市中的党正相对应,主要职责是掌管本鄙的政令和祭祀。在国家征调民众去服征伐、田猎、巡狩等劳役时,掌握相关的戒令,并按季节调查统计本鄙民众人数,察访他们表现的好坏而给予赏罚。每年夏历年终,要总结本鄙的政事向上级汇报。[②]

酂长的职责是掌管本酂的政令,按时季清查登记本酂的家庭户数和男女人口数,治理本酂的丧葬、祭祀等事。如果上级部门征调本酂百姓服役,就要带着旗鼓、兵器、甲胄等带领众人前往。到了每年检查农具、兵器和器械的时候,就与遂大夫一起进行统计。凡是上级颁布的命令,都要遵照执行。平时,要督导本酂民众按时耕作,稽查妇女从事织纺的工作绩效。

里宰的职责是掌管清查本里男女人数以及六畜、兵器的数量;管理

[①] 《周礼》,徐正英、常佩雨译注,中华书局2014年版,第200—201页。
[②] 《周礼》,徐正英、常佩雨译注,中华书局2014年版,第339—340页。

执行有关本里的政令。按照一年四季农时要求，在里宰治处组织本里民众有秩序地进行耦耕的搭配，互相帮助开展农耕；并按上级下达的指令，向民众征收财赋。

邻长掌管本邻的民众纠纷和托付之事；协助执行上级下达的政令。如果有本邻民众迁徙到其他地方，应跟随前往，将其交接给当地官吏。[①]

最初村社中的官吏应该是选举出来的，后来才演变为国君和贵族选派的。

西周的赋役制度

夏、商、周时期究竟是奴隶制社会还是农奴制社会，其实是有争议的。中国传统史学认为，商周确实存在奴隶，但为数很少，主要来源于战争中所俘获的外族俘虏。殷墟甲骨文中提到的"众人"都是平民，他们才是商代社会的主体。从殷墟帝乙、帝辛时期的墓葬来看，平民占了商代人口的82%—87%，奴隶只占3%左右。在殷墟另两个族邑墓地中的1001个人中，高等贵族仅为1人，中等贵族为22人，低等贵族为157人，奴隶较少，占总数的15.18%，平民人数最多，两个族邑共发现669人，占总人数的66.83%。可见，两个族邑内部的社会构成以平民为主。[②]

在诸侯贵族、士卿大夫之外的占社会主体的民众还是平民，既有国人，即城市居民，也有野人，即农村居民。相应地，对于井田制的集体土地即公田究竟是什么性质，也存在争议。它是国家或政府所有，用以作为缴纳地租田赋贡税的一种实物形式？还是诸侯或贵族私有，是贵族剥削农奴的生产成果的一种载体？但无论怎么说，井田制的存在说明在当时周朝流行的是贵族占有制下的家族公社、农村公社的平均分配土地。

西周乡村的赋税制度与井田制密切相连，"周人百亩而彻"，实行"十税一"的赋率。孟子认为，彻是助的外延，都属于力役形态。彻的对象是田亩而非直接的农产品，意思为彻取田亩上的一切农产品。"百亩而彻"是西周农民与贵族之间的赋税制度，实质是农民通过井田生产方式，

[①] 李学勤主编：《十三经注疏·周礼注疏》，北京大学出版社1999年版，第306—311、401—403页。

[②] 岳占伟：《从殷墟墓葬看商代的社会构成和性质》，《南方文物》2021年第5期。

以劳役地租的形式向贵族交纳赋税。每户农夫分得一百亩的"私田"（份地），同时要耕种十亩的公田（共耕地），这正符合什一税的标准。《礼记·王制》中清晰地记载了井田制下的乡村赋役规则：

> 古者公田藉而不税，市廛而不税，关讥而不征。林、麓、川、泽以时入而不禁，夫圭田无征。用民之力，岁不过三日。田里不粥，墓地不请。①

"十税一"的税率是普遍原则②，在具体实施中也要按土地的肥瘠分为不同的等级。《礼记·王制》规定：

> 制：农田百亩。百亩之分，上农夫食九人，其次食八人，其次食七人，其次食六人，下农夫食五人。③

意思是耕种百亩上等田的农夫，土地肥沃，收获丰厚，需要供养九人，百亩以下根据田地肥瘠程度，依次供养八人、七人、六人、五人。它们可以算作当时的赋役标准。

作为地方政府代表的贵族收纳赋税后，又是如何与代表天子的中央政府确定贡留比例，发生税收关系呢？前述《禹贡》规定了各地的赋税等级，但未载明九州"任土作贡"的比例。西周时期继续了按照土地等级制定纳贡财赋的做法，并对不同等级的地方政权纳赋标准作了具体规定。《周礼·地官·大司徒》记载，以土均之法，辨五物九等，制天下之

---

① 《礼记·王制》，载于《礼记》，胡平生、张萌译注，中华书局 2017 年版，第 262 页。

② 十税一的税率原则似乎一直执行到新中国成立后。据专家研究，1954 年河南省灵宝县全年粮食征购量为 55533826.5 斤，其中统购粮 38565892 斤，该县全年粮食统销量为 44479300 斤。若减去该县全县统销到城镇居民的粮食量，该县农民全年粮食统销量为 37574860 斤，全年农村粮食净征购量为 17958966.5 斤，农民人均净征购粮食总量为 57.91 斤。当年，农民人均粮食产量为 577.40 斤原粮，农民人均粮食净征购率为 10.03%。也就是说，1954 年灵宝县农民在粮食征购后的人均余粮为 519.49 斤，这种农民余粮标准远高于原定的免购点标准。参见高军峰《1954 年粮食统购统销政策及其调节效能再探——以河南省灵宝县为个案》，《郑州大学学报》（哲学社会科学版）2021 年第 1 期。

③ 《礼记·王制》，载于《礼记》，胡平生、张萌译注，中华书局 2017 年版，第 242 页。

地征，以作民职，以令地贡，以敛财赋，以均齐天下之政。① 说明，西周的赋税制度分为地方对中央、农民对贵族两个层级，地方对中央明显具有贡纳特征。

那么，诸侯向天子贡纳的标准是多少呢？《周礼·大司徒》中说：

> 凡建邦国，以土圭土其地而制其域。诸公之地，封疆方五百里，其食者半。诸侯之地，封疆方四百里，其食者参之一。诸伯之地，封疆方三百里，其食者参之一。诸子之地，封疆方二百里，其食者四之一。诸男之地，封疆方百里，其食者四之一。②

根据封国公侯伯子男政治等级的不同，确定赋税等级标准。公国封疆面积方圆500里，封君得食租税的一半，其余一半属天子。侯伯、子男级别的封国向天子贡纳的租税分别为三分之一和四分之一。大国贡重，小国贡轻。③ 这类似于后世的起解粮和存留粮比例。

前述介绍西周基层里君等职能时，涉及西周时期乡村治理的主要领域。《周礼·小司徒》较为详细地记载了西周时期乡村治理的主要内容，包括井田制、户口登记、徭役、兵役、赋税等相关内容。

在户口登记方面，小司徒之职是：

> 掌建邦之教法，以稽国中及四郊都鄙之夫家九比之数，以辨其贵贱、老幼、废疾，凡征役之施舍，与其祭祀、饮食、丧纪之禁令。④

通过对百姓贵贱、老幼、废疾情况的辨别，确认对哪些对象进行赋役的减免，并对百姓颁布祭祀、饮酒族食、丧纪方面的禁令。具体做法是：

---

① 李学勤主编：《十三经注疏·周礼注疏》，北京大学出版社1999年版，第250页。
② 李学勤主编：《十三经注疏·周礼注疏》，北京大学出版社1999年版，第254页。
③ 李学勤主编：《十三经注疏·周礼注疏》，北京大学出版社1999年版，第250、254页。
④ 李学勤主编：《十三经注疏·周礼注疏》，北京大学出版社1999年版，第274页。

>乃颁比法于六乡之大夫,使各登其乡之众寡、六畜、车辇,辨其物,以岁时入其数,以施政教,行征令。及三年则大比。大比则受邦国之比要。①

户口登记和检核是六乡大夫的责任,其内容包括各乡人数的多少、牲畜、车辇等财产物资,每年分春夏秋冬四个岁时登记数字,以便施行道德教化,执行征发法令。每三年对户口大检阅一次,天下邦国都要送交相应文书。

西周时期兵役征发的政策是:

>会万民之卒伍而用之。五人为伍,五伍为两,四两为卒,五卒为旅,五旅为师,五师为军。以起军旅,以作田役,以比追胥,以令贡赋。②

即从百姓中征发兵士,编制成军,每旅 500 人,每师 2500 人,每军 12500 人,六乡出六军,形成 7.5 万人的额制。西周的军伍与农耕密切相关,军士既要征伐打仗,又要承担田猎的役作任务,还要追捕盗贼,并依乡中家数施政征缴贡赋。根据后代儒家知识分子的注疏,西周卒伍在乡五家为比,以营农事,比长领之。出军每家一人,五人为伍,伍长领之。同样,在家为闾胥,在军为两司马;在家为族师,在军为卒长;在家为党正,在军为旅师;在家为州长,在军为师帅;在家为大夫,在军为军将,具有浓厚的耕战一体色彩。从军士承担的职能来看,西周的兵役与承担治安、行政管理等徭役任务存在混合的现象。

兵役和徭役征发的依据是什么呢?《周礼》中规定:

>乃均土地,以稽其人民而周知其数。上地家七人,可任也者家三人;中地家六人,可任也者二家五人;下地家五人,可任也者家

---

① 李学勤主编:《十三经注疏·周礼注疏》,北京大学出版社 1999 年版,第 275 页。
② 李学勤主编:《十三经注疏·周礼注疏》,北京大学出版社 1999 年版,第 276 页。

二人。①

意思是将田地肥力出产等分为上、中、下各等，确定不同等级的田地能够供养的人数，再据此考察各家有多少人可以承担力役。如一家有男女七人及其上，则授以上地，但是每家要出三人承担力役；六人的中地家，要出两个半人承担力役；五人的下地家，要出二人。上地具体指什么呢？《周礼·遂人》：

> 上地，夫一廛，田百亩，莱五十亩，余夫亦如之；中地，夫一廛，田百亩，莱百亩，余夫亦如之；下地，夫一廛，田百亩，莱二百亩，余夫亦如之。②

由于田地肥力不同，同一个标准下，每人受地田皆为百亩，但休耕田亩数有所不同，以作调节。

西周时期的力役负担不算太重，也有一定的人性化。

> 凡起徒役，毋过家一人，以其余为羡，唯田与追胥竭作。③

即是说，征发百姓役作，每家正卒不超过一人，其余的为羡卒，只承担田猎、逐寇捕盗任务。

关于服役年龄和免役规定，《周礼·乡大夫》记载：

> 国中自七尺以及六十，野自六尺以及六十有五，皆征之。其舍者，国中贵者、贤者、能者、服公事者、老者、疾者皆舍，以岁时入其书。④

---

① 李学勤主编：《十三经注疏·周礼注疏》，北京大学出版社1999年版，第277页。
② 李学勤主编：《十三经注疏·周礼注疏》，北京大学出版社1999年版，第392页。廛，指宅地，莱，指休耕地。
③ 李学勤主编：《十三经注疏·周礼注疏》，北京大学出版社1999年版，第278页。
④ 李学勤主编：《十三经注疏·周礼注疏》，北京大学出版社1999年版，第295页。

在古代，六尺指十五岁，七尺指二十岁，据此，农村地区的服役年龄是15—65岁，城邑地区为20—60岁。农民的服役时间与后世丁男相比要更早、更长一些，并且服役负担明显超过市民。哪些人可以免役呢？贵、贤、能、公、老、疾者可以优免力役，每年要按时做好记录。后世贵族、官员、士绅、读书人、老人、残疾人等可以有免役特权的渊源可能大致来自于此。

三　西周农民的生活

西周时期，农业生产力水平比夏商有所提高，但使用的农具基本上还是木、石、骨、蚌器，青铜农具较少，尚未使用铁制农具，生产力总体水平仍然处于较低状态。西周农作物种类较商代增加很多，大致可分三类：谷类有黍、稷、粟、禾、谷、粱、麦、稻、秬等；豆类有菽、荏菽、藿等；麻类有麻、苴、苎等①。

西周农民的口粮标准

西周时农民的生活水准，尤其是口粮标准是多少呢？《周礼·廪人》载：

> 廪人，掌九谷之数，以待国之匪颁、赒赐、稍食。以岁之上下数邦用，以知足否，以诏谷用，以治年之凶丰。凡万民之食食者，人四鬴，上也；人三鬴，中也；人二鬴，下也。若食不能人二鬴，则令邦移民就谷，诏王杀邦用。②

百姓食用，平均每人每月有四鬴可食，算是上等年成或大丰年；每人每月有三鬴可食，算是中等年成、中丰年；如每人每月只有二鬴可食，则属于下等年成的少俭年。若每人每月食用不足二鬴，就算是灾荒之年了，要采取"移民就谷"的措施，君主也要削减用度。"二鬴"是《周礼》所判断当时人的最低月均粮食消费水平。"二鬴"是多少呢？六斗四

---

① 白寿彝总主编，徐喜辰等主编：《中国通史》第3卷《上古时代》，上海人民出版社2004年版，第309页。

② 李学勤主编：《十三经注疏·周礼注疏》，北京大学出版社1999年版，第424—425页。

升。西周时期,人月食谷128升是最低要求。但周代的升比汉代的升容量略小,一升为187.6毫升①,那么,一龥为12006.4毫升,二龥为24012.8毫升,平均每天800毫升,即4汉升,以每升小米重量为0.32市斤计算②,每天标准为1.28市斤。依此标准,如"人三龥",每天标准为1.92市斤小米。"人四龥"为每日8升,折合今2.56市斤,这一标准是从事筑城等重体力劳动者的口粮水平。

将此标准与前文日食五升、日食三升标准相对照,拟表1—1:

表1—1　　　　西周、春秋战国至秦汉日食标准对照表

文献	标准	折合每日秦汉升数（200毫升）	折合每日毫升数	折合每日小米市斤数
《周礼》	人四龥,上也	8	1600	2.56③
	人三龥,中也	6	1200	1.92
	人二龥,下也	4	800	1.28
	少于人二龥,荒年	<4	<800	<1.28
《庄子》	五升之饭	5	1000	1.6
《墨子》	食五升	5	1000	1.6
	食三升	3	600	0.96
	食二升半	2.5	500	0.8
	食二升	2	400	0.64
	食一升大半	1.67	334	0.53
《秦律》	使者之从者	5	1000	1.6
	使者之仆	3.3	660	1.056
	城旦垣者及同等者	8.3	1660	2.656
	隶臣田者	5	1000	1.6
	城旦舂、舂司寇、白粲操土功	6.7	1340	2.144

与宋、元、明、清救荒口粮标准相比④

---

① 吴慧:《中国历代粮食亩产研究(增订再版)》,中国农业出版社2016年版,第54—55页。
② 如是大米,则每升大米重量为0.3市斤。
③ 每200毫升小米重量为0.32市斤,则每毫升小米重量为0.0016市斤。
④ 数据来源于杨双利《中国古代救荒口粮标准考论》,《农业考古》2021年第6期。

续表

朝代	执行或规定	所在时代升数	折合每日毫升数	折合每日小米市斤数
宋代	富弼	1（大）	702①	1.123
		0.5（小）	351	0.562
	司马光	2（大）	1404	2.246
		1（小）	702	1.123
	曾巩	2（壮）	1404	2.246
		1（幼）	702	1.123
	赵抃	1（大）	702	1.123
		0.5（小）	351	0.562
	徐宁孙	1（大）	702	1.123
		0.5（小）	351	0.562
元代	1287年	0.67（大）	671.9②	1.075
		0.33（小）	335.9	0.538
	1301年	1.5（大）	1504.4	2.407
		0.75（小）	752.2	1.204
明代	1394年《大明会典》	2（大）	2070③	3.312
		1（小）	1035	1.656
	1404年	0.33（大）	341.55	0.546
		0.2（小）	207	0.331
	1470年、1485年、1493年	1（大）	1035	1.656
		0.5（小）	517.5	0.828
	1587年	0.67（大）	693.45	1.110
		0.17（小）	175.95	0.282
	1617年	1	1035	1.656
清代		0.5（大）	517.5	0.828
		0.25（小）	258.75	0.414

---

① 宋代一升折合今702毫升，参见丘光明、邱隆、杨平《中国科学技术史：度量衡卷》，科学出版社2001年版，第378页。

② 元代一升折合今1002.9毫升，参见丘光明、邱隆、杨平《中国科学技术史：度量衡卷》，科学出版社2001年版，第398页。

③ 明代每升为今1035毫升，与清代同。丘光明、邱隆、杨平：《中国科学技术史：度量衡卷》，科学出版社2001年版，第411页。

可以看出，在春秋战国时期日食五升的正常标准，在《周礼》中低于中等水平，只能算是中下水平。而到了秦国，一般公务员也只能日食五升，地位更低的仆人口粮低于《周礼》中规定的荒年标准。秦代刑徒之人做重体力活，口粮标准也只能达到《周礼》中规定的"三鬴"水平。

表1—1列出宋、元、明、清四代救荒口粮，有的是实际执行标准，有的是政策规定，结合各代容积与今对比，可得出历代丰年、荒年口粮，以此了解古代百姓生存所需基本粮食标准。

如果用《周礼》中规定的荒年标准去适用后世的救荒口粮标准，在实践中基本上都达不到，或者只能在局部地区小范围赈济放粮。1394年明洪武定则中规定的救荒口粮标准较高，但在现实中难以执行，真正实施的标准远低于政策规定的。清代确定救荒口粮标准后，每天供应成人小米折合今0.828市斤，相当于414克，合清制11两，合今8.28两[1]。

那么，每人每天3升的口粮标准是一个什么样的生活水准呢？能够达到基本的生存要求吗？有关专家研究认为，从人体营养需要出发，在20世纪初中国的粮食消费结构下，人均口粮190.05公斤能够满足中国居民膳食营养需要的粮食数量，可以作为人均口粮安全的数量标准[2]。人均口粮190.05公斤折算每天粮食为1.04市斤，这是维持基本生存的最低水准。该190.05公斤的口粮结构包括小麦、稻米、马铃薯、甘薯、豆类五种，如折算为稻米，为145.14公斤，折合人均日口粮为0.795市斤大米，今天的大米当然是指可直接淘洗食用的精白米。另一数据为，在当前膳食营养条件下，人均口粮为135公斤，而当前全国小麦平均亩产为400—500公斤，水稻平均亩产750公斤。[3]

古人日均食3升，折算今为0.96市斤，看起来此数较今天为大。但古代一般百姓所食皆为粝米（粗米），根据《秦律·仓律》，如果再将粝米舂碾成毇米（粺米、精米），还要考虑10∶8的换算率，日食3升的粝米相当于0.768市斤精米，略低于维持基本生存线的口粮安全标准。日均

---

[1] 清代一两37.3克。
[2] 梁姝娜：《中国居民人均口粮需要量分析》，《东北师大学报》（哲学社会科学版）2014年第6期。
[3] 金国强：《关于经济发达地区确保口粮安全的思考》，《湖南农机》2014年第8期。

5升粝米（今1.6市斤），换算成精米，为1.28市斤，超过0.795市斤的安全系数，但战国时服刑的罪犯中只有强劳动"隶臣田者"才能日食5升，最高强度的劳动"城旦垣者"日均口粮为2.656市斤，换算成精米为2.12市斤，普通百姓日常并不能达到此标准。《秦律》中规定，秦国的普通公务员"使者之从者"每天的口粮标准为1.6市斤粝米，换算成精米为1.28市斤，"使者之仆"则为1.056市斤粝米[1]，换算成精米为0.84市斤，刚刚维持生存，尚谈不上温饱。

另外需要注意的是，前述0.795市斤的主食标准是在现代奶、蛋、肉、蔬菜等相对均衡完善膳食结构条件下制定的，古代的膳食营养成分远远无法和今天比较。事实上，根据联合国粮食及农业组织（FAO）数据，我国在2000—2009年，各年人均口粮供给量平均超过220公斤[2]，人均每天超过1.2市斤，如倒折成古代的粝米，人均超过1.6市斤。

与新中国成立后相比。以湖北省麻城县为例，1953年，麻城农民年人均口粮454斤大米，日均1.24斤。1959年龟山乡人均口粮为305斤，每月仅为25.4市斤，每天每人只有8.47两，即使如此，也相当于秦代普通公务员的口粮标准。

1959年粮食供应最困难时期，麻城县城镇人口人月均供应标准为34.1市斤，相当于每天1.14市斤；1960年每月标准为29.7市斤，每天0.99市斤；1961年月标准为26.9市斤，每天0.897市斤；1962年标准为人均26斤，每天0.867市斤。事实上，这一标准是当年困难时期全国城镇人口通行的标准。

在粮食供应最紧张的时候，政府在农村实行计划用粮，将人均日口粮标准分为五级，一级为男女全、半劳动力，15—49岁，每人每天14两（16两制），相当于每天0.875市斤，即每天不到今天的9两。二级为13—14岁和50—60岁，每人每天11两（16两制），相当于0.6875市斤，每天不到今7两。三级为9—12岁和60岁以上，每人每天10两（16两

---

[1] 参见本书第二章第四节表2—1"秦人日常口粮标准"。
[2] 转引自梁姝娜《中国居民人均口粮需要量分析》，《东北师大学报》（哲学社会科学版）2014年第6期。

制),相当于0.625市斤,每天今6两略多。四级为5—8岁,每人每天8两(16两制),每天相当于今5两。五级为1—4岁,每人每天5两(16两制),相当于今3两略多。①

二者相比,农村地区人均口粮供应标准低于城镇地区。1965年以后,麻城城乡人均口粮供应水平逐年增加,恢复到20世纪50年代初水平。

1965—1977年,山东滕县农民人均口粮分别为379.5斤、366斤、322斤、340斤、332斤、334斤、299斤、375斤、393斤、350斤、404斤、430斤、396斤。将人均总口粮平均到每天,十三年间有6年每天平均不到1斤粮食,其他7年也只是略多于1斤,而且这1斤口粮中多数是秋季收获的粗粮,特别是以地瓜干、地瓜为主。在冬季和春季,社员生活基本是以吃青菜为主,以吃粮食为辅②。

进入20世纪80年代,随着家庭联产承包责任制的实施,粮食产量连年增加,人均口粮消费水平也不断攀升。1978年,全国人民平均口粮为原粮481.4市斤,其中农村每人492.6市斤,城市每人419.7市斤,同年全国人民每月消费粮食(成品粮)32.4市斤(应为精米),其中城市每人月食28.27市斤,农村每人月食33.18市斤③。到1985年,我国农村居民人均口粮消费量为514市斤原粮,折合精米为416市斤④,每月34.7市斤。此后,随着膳食结构的改进,主食消费量不断减少,到2007年已下降到原粮399市斤⑤,折合精米为323市斤,每月26.9市斤。

那么,以西周时期百亩之田供养平均数的七人计算,共需要多少石粮食才能维持基本生活呢?

《庄子·天下》中说"请欲固置五升之饭足矣"⑥,说明先秦时期每人每日食米五升是公论⑦。不过,当时的五升相当于今天的一市升,一市

---

① 张正耀:《小小粮票见证时代大发展》,《档案记忆》2019年第9期。
② 王其科:《"文革"时期农村粮食两次分配及社员生活情况考察——以山东省滕县为考察对象》,《山东农业大学学报》(社会科学版)2016年第3期。
③ 吴慧:《中国历代粮食亩产研究》,中国农业出版社2016年版,第103页。
④ 按出米率81%计算,该数据来源于吴慧中原粮与成品粮之比。
⑤ 范华胜:《我国居民口粮消费分析及粮食产业对策研究》,《粮食问题研究》2012年第3期。
⑥ 《庄子·天下》,载于《庄子》,方勇译注,中华书局2010年版,第576页。
⑦ 吴慧:《中国历代粮食亩产研究》,农业出版社1985年版,第50页。

升小米重1.6市斤，一个月合小米粗米48市斤，精米40市斤。每人每日食米5升，按粟谷与粟米（小米）的出米率为60%计算，每天需要粟谷8.33升，则全年需要30石，7人就需要210石粟谷。那么，西周时期田地的平均亩产量是多少呢？

《礼记·王制》：

> 古者以周尺八尺为步，今以周尺六尺四寸为步。古者百亩，当今东田百四十六亩三十步。[①]

六尺四寸为步的是东田的亩积，面积为周亩的64%，当时齐国的亩是东亩。根据管仲的说法，当时齐国平均一亩可产粮食一石，以此合理推算，一周亩的平均产量应该是1.56石。那么，一个耕种百亩中等田农夫每年收获粮食156石，如果按照日食米5升的标准，光口粮都供应不上了，更谈不上有剩余产品了，其家庭收支赤字为-54石（156石-210石=-54石）。如果将每人日食米5升的数据更改为4升标准，则每人每年需要粟谷24石，7人需要168石，口粮仍稍有欠缺。如果改为3升，才能稍有30石粟谷的盈余。

西周农户家庭的收支平衡点

这就是说，在西周时期的农业生产力水平下，在百亩供食七人的税赋水平下，一个农户家庭从事农业耕作收支的盈亏平衡点是每人日食米3—4升，但是如果加上农户在祭祀、社交、服装以及农业投入等方面的开支，西周的农户家庭必然是赤字状态。那么，它们大概需要多少开支呢？我们可以根据李悝在战国时魏国的计算来倒推一个大概数据。根据李悝的描述，除了吃饭外，一个五口人的农民家庭每年的支出包括祭祀社交300钱，穿衣1500钱，合计1800钱，还没计算看病医疗的费用。当时每石粟谷为45钱，1800钱需要卖谷40石，但在供养七人的赋税标准下，农民无谷可卖，这样40石就成为西周时期日食3升左右口粮七人家庭的收支赤字的主要部分。

此外，家庭成年男性被征召服兵役、力役等各类徭役和临时性杂派，

[①] 《礼记·王制》，载于《礼记》，胡平生、张萌译注，中华书局2017年版，第285页。

也会耽误农时,给农民经营带来损失。以一个五口之家的核心家庭为例,结构为三男两女:假定父亲45岁,母亲43岁,长子20岁,长女16岁,次子12岁。在男耕女织的农村生产模式中,假如两位成年男性承担家庭80%的农业生产活动或者带来家庭总收入的80%,女性占20%,如果简单地按照时间计算,一个丁男平均每年服役30天,对家庭造成的收入预期损失可能达到6.7%以上。

以上两项相加,农户的年赤字预计可能达到−42.68石粟谷以上。

对于在农田上的潜在的赤字和因服役带来的预期损失,农户只能通过其他非田收入予以弥补。例如,通过纺纱织布、养殖六畜、农闲时打零工、从事商业活动等以提高家庭总收入,以维持全家收入支出平衡。如果无法实现收支平衡,农户只能通过举债去应对诸如突发疾病或重症、家庭成员死亡、自然灾害等带来的突发挑战。如果无法做到长期收支平衡,只能举债度日,或者长期积债,而又看不到改善希望,政府、地主等特定关系人的催缴无改进希望,农民只能通过农民理性,即机会主义行为,如荫附、隐匿、逃亡、关说、抗租、抗税、自残等手段来争取生存下去。所有希望破灭后,就有可能被教唆或裹胁参与武装暴动,以起义方式谋求改变乡村治理现状和自身命运。

西周的乡村生活

西周初年,统治者以德修天下,礼治百姓,实行什一之税,对民力汲取适度,加之授田充分,虽然田地出产有限,但人民生活水平基本能够维持温饱,由此出现中国历史上第一个治理盛世——"成康之治"。可惜,好景不长,西周中期起,统治者压迫日益加剧,井田制的弊端日益显现,农民负担日重,生产积极性消耗殆尽。昭公之后,大乱五世,君子下从征役,不得养其父母。到西周末期,大量农民不堪井田之负,纷纷逃离他乡,或私垦避税,或佃租私人田地,这就是《硕鼠》中说的:"逝将去汝,适彼乐土!"通过对《诗经》中相关诗歌的解读,我们可以对西周井田制背景下的乡村生活和乡村治理有所认识。《诗经·周颂·载芟》:

> 载芟载柞,其耕泽泽。千耦其耘,徂隰徂畛。侯主侯伯,侯亚侯旅,侯彊侯以。有嗿其馌,思媚其妇,有依其士。有略其耜,俶载南亩。播厥百谷,实函斯活。驿驿其达,有厌其杰。厌厌其苗,

绵绵其麃。载获济济，有实其积，万亿及秭。为酒为醴，烝畀祖妣，以洽百礼。有飶其香，邦家之光。有椒其馨，胡考之宁。匪且有且，匪今斯今，振古如兹。①

这首诗是周王春天藉田时祭祀社稷的乐歌，描绘了千人同耕井田的盛况，叙述了从耕耘到收获的全过程，诗中洋溢着欢快喜悦的情绪，类似描述周王带领官员和农夫播种百谷，大规模农耕的诗或吹嘘丰收景象的诗还有《良耜》《噫嘻》《丰年》等几首，它们夸张和粉饰的成分显而易见，但还是能够在一定程度上反映西周原始村社的农耕和丰收场景。真正能够反映西周劳动人民生产生活场景和生活水准的当是《诗经》中那些具有讽喻性的《国风》类诗歌。如《诗经·豳风·七月》云：

七月流火，九月授衣。一之日觱发，二之日栗烈。无衣无褐，何以卒岁？三之日于耜，四之日举趾。同我妇子，馌彼南亩，田畯至喜。

七月流火，九月授衣。春日载阳，有鸣仓庚。女执懿筐，遵彼微行，爰求柔桑。春日迟迟，采蘩祁祁。女心伤悲，殆及公子同归。

七月流火，八月萑苇。蚕月条桑，取彼斧斨，以伐远扬，猗彼女桑。七月鸣鵙，八月载绩。载玄载黄，我朱孔阳，为公子裳。

四月秀葽，五月鸣蜩。八月其获，十月陨萚。一之日于貉，取彼狐狸，为公子裘。二之日其同，载缵武功，言私其豵，献豜于公。

五月斯螽动股，六月莎鸡振羽，七月在野，八月在宇，九月在户，十月蟋蟀入我床下。穹窒熏鼠，塞向墐户。嗟我妇子，曰为改岁，入此室处。

六月食郁及薁，七月亨葵及菽，八月剥枣，十月获稻，为此春酒，以介眉寿。七月食瓜，八月断壶，九月叔苴，采荼薪樗，食我

---

① 《诗经·周颂·载芟》，载于《诗经》，王秀梅译注，中华书局2015年版，第775—778页。

农夫。

　　九月筑场圃，十月纳禾稼。黍稷重穋，禾麻菽麦。嗟我农夫，我稼既同，上入执宫功。昼尔于茅，宵尔索绹。亟其乘屋，其始播百谷。

　　二之日凿冰冲冲，三之日纳于凌阴。四之日其蚤，献羔祭韭。九月肃霜，十月涤场。朋酒斯飨，曰杀羔羊。跻彼公堂，称彼兕觥，万寿无疆。①

这首诗叙述了西周农民一年到头的繁重劳动和艰苦生活，透露出贵族和农民生活的悬殊，鲜明地反映出当时的阶级关系。诗中传递出许多西周井田制和劳役地租的信息。首先，当时主要还是使用耜耕，犁耕并不普遍，反映当时农业劳动生产力仍处于低下的水平。其次，当时有田官，田官意味着当时的土地具有国有性质，田官要来监督公田部分的耕作。农民生活艰苦，"无衣无褐，何以卒岁？"连粗布短衣都没有，如何过冬费思量。把这一句与上文的《载芟》相对照，可以看出，这才是西周乡村百姓生活的真实状况。"女心伤悲，殆及公子同归"，乡村少女担心贵族公子的强抢，反映的是当时的阶级关系。"载玄载黄，我朱孔阳，为公子裳。……取彼狐狸，为公子裘。二之日其同，载缵武功。言私其豵，献豜于公"，为公子做衣裳，这应属于共耕地上应尽的义务——劳役地租。打来小猪自己吃，大猪送到官府上，说明又兼具实物地租、贡品的混合成分在内。"嗟我农夫，我稼既同，上入执宫功。"农夫又要为贵族和官府服徭役。这首诗虽然不如《硕鼠》那么有强烈的爱憎情绪，但在平静中的咏叹中把当时藉田制下的国家与农民关系反映得非常全面，是了解两周时期乡村生活和治理的非常好的案例。此外，像《魏风·葛屦》中缝衣女工对贵族夫人的讽刺，《魏风·陟岵》中对服役在外的征夫思念家中亲人的描写都是这一时期乡村农民生活以及阶级关系、官民关系的真实写照。《唐风·鸨羽》控诉繁重的徭役给人民带来巨大的痛苦，诗人三咏三叹，直指"王事靡盬，不能蓺黍稷，父母何怙？父母何食？

---

① 《诗经·豳风·七月》，载于《诗经》，王秀梅译注，中华书局2015年版，第299—307页。

父母何尝?"质问"悠悠苍天,曷其有所?曷其有极?曷其有常?"① 另一首《豳风·东山》描述的则是常年在东山服兵役的士兵归途中对家园和妻子的绵绵思念。② 《魏风·伐檀》《魏风·硕鼠》更是直接指斥统治者不劳而获,霸占人民劳动果实,思想性和艺术性兼备,成为千古名篇。《诗经·魏风·伐檀》:

坎坎伐檀兮,置之河之干兮。河水清且涟猗。不稼不穑,胡取禾三百廛兮?不狩不猎,胡瞻尔庭有县貆兮?彼君子兮,不素餐兮!

坎坎伐辐兮,置之河之侧兮。河水清且直猗。不稼不穑,胡取禾三百亿兮?不狩不猎,胡瞻尔庭有县特兮?彼君子兮,不素食兮!

坎坎伐轮兮,置之河之漘兮。河水清且沦猗。不稼不穑,胡取禾三百囷兮?不狩不猎,胡瞻尔庭有县鹑兮?彼君子兮,不素飧兮!③

《诗经·魏风·硕鼠》:

硕鼠硕鼠,无食我黍!三岁贯女,莫我肯顾。逝将去女,适彼乐土。乐土乐土,爰得我所。

硕鼠硕鼠,无食我麦!三岁贯女,莫我肯德。逝将去女,适彼乐国。乐国乐国,爰得我直。

硕鼠硕鼠,无食我苗!三岁贯女,莫我肯劳。逝将去女,适彼乐郊。乐郊乐郊,谁之永号?④

---

① 《诗经·魏风·葛屦》《诗经·魏风·陟岵》《诗经·唐风·鸨羽》,载于《诗经》,王秀梅译注,中华书局2015年版,第207—208、213—214、234—236页。

② 《诗经·豳风·东山》,载于《诗经》,王秀梅译注,中华书局2015年版,第310—314页。

③ 《诗经·魏风·伐檀》,载于《诗经》,王秀梅译注,中华书局2015年版,第216—218页。

④ 《诗经·魏风·硕鼠》,载于《诗经》,王秀梅译注,中华书局2015年版,第218—220页。

第三节 春秋战国时期的乡村治理

春秋战国时期是大变之世、大争之世，周代的国家治理体制和治理内涵发生根本性变革，乡村治理体系随之相应变化，但在总体上仍保持着商周以来的延续性，里邑制逐步向乡里制过渡，乡承上启下，取代里成为基层治理的最主要单元；郡县体制下的乡里什伍制取代鄠里邻制成为乡村治理的基本体系；编户齐民制度更趋严密，乡村组织的户籍管理、治安管理的功能越来越强大，国家与农民关系发生质的变化，私田逐渐发展并最终取代公田，实物地租因而取代劳役地租，成为国家与农民间赋税关系的主要形式，赋税标准越来越高，各诸侯国为争夺天下，普遍实施重赋苛敛，对乡村资源过度甚至无限汲取。

一 春秋战国时期的国家治理体系

西周之后、秦朝之前的中国历史经历的是春秋（公元前770—前476年）、战国（公元前475—前221年）两个时期。春秋战国时期与东周时期（公元前770—前256年）高度重合，是中国历史上的大变局时代，处于所谓大变之世、大争之世。

所谓大变之世，首先是指在中央—地方权力关系上，由半集权制向分权制转变。周平王东迁洛邑之后，周王室直接控制的领地开始缩小，自身实力迅速下降，对各诸侯国的统治力、威慑力、控制力式微。东周在国家政治体制上，逐渐由过去的半集权制向地方分权制转变，诸侯国不断发展壮大，独立性越来越强，到春秋中后期，从事实上的权力关系看，东周已经不再是一个统一王朝，而是已经演变成为一个诸侯国家体系，各诸侯国已经发展为独立国家。周王室的中央权威受到严重削弱，仅具礼仪象征。同时，诸侯国之间的战争兼并程度加剧，先后出现"春秋五霸""战国七雄"等诸侯霸主国。

在国家政治结构上的大变，指由分封制向郡县制转变，多个诸侯国内开始出现由王国中央政府直接管辖的行政单元——县、郡。世袭的官职为任命的官职所替代，传统的领地分封制范围越来越小。但是，到战国时分封制仍然存在，只是性质发生了变化，被分封的封君不再有西周时期的独立行政权，封地必须执行国家的统一法令。

在土地关系上的大变，指由井田制向私田制转变，由领主经济向地主经济转变。井田制的实质是土地公有（国有），但至春秋早期，土地国有制开始受到破坏，私田登上历史舞台，呈现替代井田的趋势。一方面，私垦行为大量出现，私田越来越多，由于私田不用交纳赋税，巨商大贾都愿意购买私有土地，拥有私权的田主、地主越来越多，他们大量招募逃亡农民耕种，只向他们征收一定的地租。另一方面，井田制实行劳役地租，农民负担沉重，两相比较，农民们不愿意忍受贵族剥削，纷纷逃亡去耕种私田，井田制名存实亡，直至最后被废除。土地私有后，土地买卖成为普遍现象，兼并程度日益加剧。土地制度的变化决定了赋税制度必须改革，否则统治者无法征纳足够的财富。

在此背景下，"藉田以力"的劳役地租向"相地衰征"的实物地租转变。公元前594年，鲁国的"初税亩"政策标志着"履亩而税"的实物地租正式实施。公元前538年，楚国令尹子木整顿田制和军赋，创立"量入修赋"的制度，即根据收入的多少征集军赋。这一制度承认土地私有，是对井田制的巨大冲击。公元前408年，秦国效仿中原各国，实行实物地租性质的"初租禾"，按田亩的多少征收禾租。[①] 地租形态的转变意味着农民受压迫剥削程度有所减轻，有了更多的人身和经济自由，劳动生产积极性有所提高，这无疑是有利于经济社会发展的。

在宗法关系上的大变，指由贵族宗法制向家族宗法制转变。随着分封制和领主制的瓦解，宗法制也迎来新变化。姓、氏分离，古老家族、大家族被更小的聚族而居的氏族代替，宗法关系中的人身依附关系开始减弱。

在社会管理上，由国野制向城乡制转变。随着经济的发展，城邑聚居程度大大提高，市镇进入大发展时期，城市与农村差距开始拉大，过去国与野界限不太明确的国野制被城乡二元区分的城乡制代替。春秋时期，周王还得到一定程度的尊重，周礼也在一定程度上被遵守，但进入战国以后，变化大大加快，出现"邦无定交，士无定主"的现象。后两种转变相对前两种转变更为缓慢一些。

---

① 杨宽：《战国史》，上海人民出版社2016年版，第171页。

在阶级关系上的大变,指传统贵族阶级式微,新生阶级,如地主、工商阶级势力得到发展。春秋之前,士以上(包括士、大夫、卿、公、诸侯国君)是贵族阶级,有土有权。庶民工商则是平民阶级,庶民是农民,也有学者认为他们是农奴,通过贵族的授田进行耕种,但要向贵族缴纳实物或耕种公田,因而他们是无土无权的。平民之下有奴隶阶级[①],奴隶阶级数量很少,主要来源是俘虏或罪犯,没有人身自由。随着井田制的瓦解,贵族制的削弱,土地可以买卖,私田出现,过去的贵族田主被后来的新生的地主逐渐代替。随着经济交往的发展,工商阶级在发展壮大。

经济是历史的重心,农业则是文明的曙光。大变局是以生产力的发展和经济进步为推动力的。铁器的发明,牛耕的使用,水利灌溉技术的发展,耕作技术的进步大大提高了农业生产效率,使诸侯国的开拓新疆土能力显著增强,对原有的生产关系和所有制形态产生巨大冲击,也催生了新兴的地主、工商阶级,使原有的贵族阶级削弱瓦解,农民阶级则从公田村社中解放出来,一部分变成自耕农,一部分成为佃农、雇农,乡村社会的阶级关系发生巨大变化。

大变局与春秋时代的制度变迁密切相关。魏、赵、韩、齐、秦、燕等国先后变法,加剧了大变局的发展。各国为何变法?根本目标是为了争夺天下,争夺霸权。由此,春秋战国时期又是中国历史上少有的大争之世。

大争之世的规则是丛林法则,弱肉强食,适者生存,弱小的诸侯国被不断吞并,大国变强,强国称霸。春秋开始时,大大小小的诸侯国还有1200个,但到战国快结束时,仅剩十多个。根据春秋左传记载,242年中,弑君三十六,灭国五十二,诸侯四处逃亡不能保存江山社稷者不计其数。"三皇以道治,五帝以德化;三王由仁义,五霸以权智;无制令刑罚谓之皇,有制令刑罚谓之帝;赏罚诛恶,诸侯朝事谓之王;兴兵众约盟誓,以信义矫世谓之伯"[②],要想称霸,必须增强国力,兴兵结盟,靠权力和智慧取胜。从春秋五霸到战国七雄,强者和霸主都经历变法,通过创新国家治理体制和基层治理体制,更大范围地集聚资源,更高程

---

① 童书业:《春秋史》,上海人民出版社2019年版,第8—9页。
② (汉)桓谭:《桓子新论》,上海中华书局据问经堂本校刊。

度地配置资源，不但应对大国激烈竞争的需要，也推动时代的剧烈变迁。

随着郡县制在一些诸侯国内的实施，原有的国野—乡遂制开始受到冲击，春秋战国时期的东周国家治理体系呈现出二元性特点，在诸侯国内，层层分封制和郡县行政制同时并存，由此形成两个系列并存的国家治理体系：

（1）中央（周王）—诸侯国（封君）—乡（大司徒、小司徒，卿、大夫）、遂（遂人，中大夫）—州（州长，中大夫）、县（县正，下大夫）—党（党正，下大夫）、鄙（鄙师，上士）—族（族师，上士）、酂（酂长，中士）—闾（闾胥，中士）、里（里宰，下士）—比（比长，下士）、邻（邻长）。

（2）中央（周天子）—诸侯国（国君）—郡（郡守）—县（县令）—乡（有秩、啬夫）、亭（亭长）—里（里正）—什（什长）—伍（伍长）。

二　郡县制与国家治理体系

"大争"局面决定了国家治理体制的剧烈变化，也决定了基层治理和乡村治理体制的进一步发展演进。因此，研究春秋战国时期的乡村治理，要将乡村治理体制的变化与大变、大争的时代特点结合起来，还要看到新生的郡县制对国家政权结构的影响，一体考量。

西周时期虽然分封了几十个诸侯国，但许多诸侯国之间并非直接接壤，仍然存在很多处于蛮荒状态的原林野地。例如，郑国在西周、东周之交东迁到今天的郑州附近，是通过"斩之蓬蒿藜藋而共处之"的。在春秋末年，宋国与郑国之间还有隙地六邑，两国都不占有[1]。进入春秋时代后，诸侯国纷纷扩张势力，扩大疆土，填补国与国之间的"缝隙"，在开荒垦野之地新设行政区，使之成为诸侯国君直接统治区域，新设的行政区以县、郡冠名，与以前的大小封国或封邑完全不同。随着郡县的普遍建立，西周时期的"分土而治"演变成为春秋时期的"分民而治"[2]，直接管辖的郡县在国土面积中比例逐步扩大，诸侯国对内政外交的控制

---

[1]　童书业：《春秋史》，上海人民出版社2019年版，第79页。
[2]　葛剑雄：《统一与分裂：中国历史的启示》，商务印书馆2013年版，第30页。

力进一步加大,独立性越来越强。

郡、县的名称,早在西周就已经出现。例如,《周礼》中曾记载"五鄙为县,五县为遂"。当时县是指国都郊外地域的区划,是统治"野"人的。县也有城垣,大的约为国都的三分之一,小的约为九分之一,这应该是指县城,本质上是城镇。另有一种说法是,国都之外九千家为一县,这应该是指作为一级行政区划的"县"。从后述县邑人口规模来看,一个县城之内不可能有如此多的户数,它只能是包括县城之外的广大乡村人口在内的。可见,县、郡最初为国都之外的地区的统称,后来演化为一级地方行政区划。

县的设置

作为新型地方政权机构和行政区划的"县"最早是在楚国、秦国等诸侯国出现的。[①] 楚国县制创立于春秋初年,公元前738年(另一说为公元前704年),楚武王熊通灭掉权国后,改设为权县,由楚王派人担任权县县尹(公),县尹(公)是权县的最高行政长官,负责权县的一切行政事务,并向楚王和中央政府直接负责,不世袭,由楚王和中央政府根据需要随时任命。[②] 公元前688年,秦武公攻灭邽、冀两地的戎族,将其所在地区设为县属。第二年,又把杜、郑两国并为县属。[③]

春秋战国时期的县主要有三种设置方式。第一种是大国攻灭小国后,改国为县或改造旧都为县。例如,前述楚武王灭权国后设权县,楚文王并申、息二国为县,后楚国又灭陈为县,还有那处、蔡、郧共7个县。另外,楚国还改建边境上小国的旧都,设立了6个县:商、期思、叶、沈、寝、白;由边境上的别都改建了4个县:武城、析、东二不羹、西二不羹。以上17个楚县设置在楚国边境地区,所起的是边防重镇的作用。县有征赋制度,就拥有强大的兵力,申、息之师就是楚军主力之一。除了驻军外,县治所在地修筑了城墙,城内有市,形成一个相对封闭的地缘堡垒,成为所在区域的政治、经济、军事中心。

第二种是由封邑发展而来。例如,晋国的温县是由周襄王赏赐给晋

[①] 童书业:《春秋史》,上海人民出版社2019年版,第78—80页。
[②] 权县县治在今湖北省荆门市沙洋县马良镇汉江与竹皮河交汇处附近。
[③] (汉)司马迁:《史记·秦本纪》,中华书局1999年版,第131页。

文公的封邑温地改设而来。晋国的县大多是大夫的封邑，还有一些小县是从大县中分出去设置的，作大夫的封邑。到公元前4世纪，晋国已经设置了49个县，大多数是原来大夫的封邑。

第三种是在政治改革中由乡鄙改设。齐国管仲改革内政时，实行国鄙制，在鄙野地区，以三十家为邑，邑设有司；十邑为卒，卒设卒帅；十卒为乡，乡设乡帅；三乡为县，县设县帅；十县为属，属设大夫。①

县的来源渠道不一，规模大小和管辖权也不相同。对于由小诸侯国改设而来的县来说，由国君和中央政府直接管辖，大大增强了诸侯国的中央集权能力和资源配置能力。楚国的申、息、陈、蔡等县很大，楚国的县长甚至称公。楚国申、息两县的兵力已经足以与晋国这样的大国开战，其规模和实力可想而知。春秋后期，楚国的大县兵力达到千乘之多，晋国的县比楚国的要小，有的仅为楚县的十分之一，但每县有兵车百乘，田亩超过十万亩，楚国的县所占有的土地亩数与之相比应该更多。到战国时期，县的规模更大，如赵国就出现"万家之县"。齐国的县制很特别，既有相当于邑大小的县，一般只有30户，也有千户以上的大县。总的来说，楚县最大，齐县最小，秦县大小介于楚晋之间，吴国在春秋晚期效仿晋楚创立县郡制度。②

郡的设置

郡，最早出现在春秋末期的晋国，原是设置于诸侯国新得到的边境蛮荒之地。最初，郡管辖的面积比县大，却隶属于县。《说文解字》中对郡的解释是："周制：天子地方千里，分百县，县有四郡。"③鲁哀公二年（前493），晋国赵鞅在誓词中曰："克敌者，上大夫受县，下大夫受郡，士田十万"④，说明郡的地位比县低。随着历史的变迁，郡县关系反转，

---

① 关于县的设立，系参见张厚安、白益华主编《中国农村基层建制的历史演变》，四川人民出版社1992年版，第12—15页。另外，增渊龙夫、西嶋定生、杨宽等学者认为，春秋的县与战国的县还是存在区别的，春秋原先实行县大夫世袭制，战国秦汉郡县制的形成，是由于小农经济的广泛出现、世袭贵族统治体制的瓦解和君主集权政体的产生。尤其是一些由国君直属的承担边地军事重镇角色的县尹仍由显要世族中人轮流充任，也有些是父子相传的。如楚国的申县、晋国的原县。见杨宽《战国史》，上海人民出版社2016年版，第245页，注①。

② 童书业：《春秋史》，上海人民出版社2019年版，第80—85页。

③ （汉）许慎著，柴剑虹、李肇翔主编：《说文解字》，九州出版社2001年版，第363页。

④ 《左传·哀公二年》，载于《左传》，郭丹等译注，中华书局2012年版，第2229页。

故《说文解字》中又说,《春秋传》曰：上大夫受郡。至秦初置三十六郡，以监其县。① 郡之下开始设县，郡治也设在郡中最重要的县邑之内，郡县两级制成为各诸侯国的地方治理体制。战国时期，除了齐国设有五都之制，没有设郡，其他诸侯国都先后推行郡县制。小郡有10多个县，大郡有30多个县。

郡县制与诸侯国的治理

郡的长官为郡守，县的长官为县令，皆由国君直接任免。春秋早期，楚国的个别县令是世袭的，但总体上，郡县长官不再实行世袭制，而是由国君挑选任命，实行流官制。郡县的政治、经济和军事权力由国君直接掌管，极大增强了诸侯国的中央集权能力，有利于中央政府的资源汲取、调动和配置。分封制过渡到郡县制是春秋战国时期各诸侯国互相竞争、争夺霸权的必然要求和自然结果。

秦国推行郡制时间较晚，但郡县制成就最大，秦孝公任用商鞅变法，一个重要的举措就是在全国普遍推广县制。秦国在秦献公时已经设立了4个县，商鞅变法中又将许多乡、邑、居民聚落合并为县②，共设立了41个县③。根据《汉书》记载，所辖一万户以上的县的长官称"令"，俸禄为600—1000石，一万户以下的称为"长"，俸禄为300—500石。"令""长"之下都设有县丞、县尉的官职，协助管理政事、兵事、治安等。秦惠王时，秦国向别国学习，开始设立郡。战国后期，为适应不断剧烈增长的扩张战争需要，秦国每攻克一个地方就设立一个郡，在统一全国过程中共设立了36个郡，后扩大到40多个。④ 郡县制的普遍推行是秦国迅速发展壮大并最终统一六国的一个重要的制度上的原因。

三 郡县制背景下的乡村治理体系

春秋战国时期，各国城乡地区的管理体制继续沿用西周以来的乡遂

---

① （汉）许慎著，柴剑虹、李肇翔主编：《说文解字》，九州出版社2001年版，第363页。
② 据《史记》正义，一乡为12500户。见司马迁《史记·秦本纪》，中华书局1999年版，第146页。
③ 《史记》中另一处所载为31个县。见司马迁《史记·商君列传》，中华书局1999年版，第1766页。
④ 杨宽：《杨宽古史论文选集》，上海人民出版社2003年版，第84—93页。

制度，但具体内容及其下政权机构的层次与内涵开始发生较大的变化。最大的变化在于，西周的乡遂是与分封制、领主制相关联的，春秋战国时期的乡遂制度和乡村治理体系则在郡县制发展演进的历史洪流中不断更新，更趋严密，服务中央集权的能力显著增强，尤其是服务耕战一体的军政功能、编户齐民的行政功能的能力得到前所未有的提高。

春秋战国时期的城乡层级

春秋战国时期，京师、国、都、邑构成城镇体系的四层等级。天子所居的首都叫"京师"①，诸侯所居的首都叫"国"，大而有城垣宗庙的城池叫"都"，是大夫的封邑或重要城镇，人民聚居的地方叫"邑"，大小范围不定，有的有城墙，有的没有。国、都以外的地方统称"鄙"，鄙中有邑和县②，二者是差不多的组织。城外有郭，郭是指外城。

春秋时期，一般诸侯国的国都周长不超过5里，每面长900丈，卿大夫的都邑只有国都的三分之一、五分之一甚至九分之一大。③ 春秋战国时期的人口数目很难考证，根据童书业先生的推测，当时最大的都邑不过1万—2万户（一户平均大致五口），最小的县邑或许有不满百户以至于只有十户的。中等的都邑，大致在几百户以至一二千户。④ 总之，一般的邑住户不超过1000户，最少的只有10户，普遍的是100户。

战国时期，城郭的规模急剧扩大，千里之城、万家之邑相望，三里之城、七里之郭成为普遍现象，万家之县、万家之邑到处存在。一般来说，郡城的规模要比县城大一倍以上，国都的规模又比郡城大一倍以上。

城外郭内的地方叫"乡"，郭外叫"郊"，郊外为"遂"。地方上的小组织则有"邻""里""乡""党""州"等。可见，春秋战国时期的乡村属于"鄙"的一部分，是鄙中邑和县之外的郊和遂的广大区域。

郡县制与乡遂制

从西周初期至春秋时期，天子的王畿和诸侯的封国都实行乡遂制度，乡遂制度是当时社会的主要结构。根据杨宽先生的研究，春秋时期各国

---

① "京"是高大的意思，"师"是军队驻扎地方的专称。
② 此处的"县"不同于郡县制中作为一级政权机构的"县"。
③ 《左传·隐公元年》，载于《左传》，郭丹等译注，中华书局2012年版，第8页。
④ 童书业：《春秋史》，上海人民出版社2019年版，第78页。

继续保留乡遂制度，但根据本国实际情况进行乡遂的设置。

由于县的崛起，乡村基层组织开始隶属县级政区。在新产生的郡县制度体系中，县以下的乡村基层组织为乡（亭）、里、什、伍。"亭"与"乡"同级别，设在城镇和交通要道地区。"伍"指五户家庭，"什"指十户家庭。一般来说，一"乡"（亭）管理十个"里"，一"里"管理十个"什"，即一百户。

主管乡政的官吏为三老（1人）、有秩（1人）或者啬夫（1人）。三老的职责是主持乡政，负责思想道德和风气教化。有秩或啬夫的职责是主管诉讼、刑狱，征收租税，征发徭役。有秩和啬夫的区别在于乡的大小。居民满5000户的乡，设有秩，不满5000户的乡，则设啬夫。

主管亭政的官吏为亭长（1人）、亭啬夫（1人）、亭佐（1人）、校长（1人）、亭卒（若干人）。亭长主持一亭政务。亭啬夫的职能是主管诉讼、刑狱，征收租税，征发徭役，此外还要管理交通，负责传递政府文书。亭佐辅助亭长工作。校长负责缉捕盗贼。亭卒负责早晚开闭亭门，追捕盗贼。

里的长官为里正（1人），什、伍皆设什长、伍长，各1人。他们的工作具体细微，主要是负责落实执行乡、亭交办的事务，或者配合乡亭工作。

总的来说，春秋战国时期的乡、亭、里或乡、连、里、轨等基层组织的职能主要包括以下方面：一是维护社会治安。既包括监督人民，揭发"奸人"，举报连坐违法事件，防止人民群众反抗，也包括及时上报刑事治安事件，并协助查清原因。二是监督户口。如发现存在人口逃亡和隐匿情况，乡里组织要及时报告。三是征收租税和摊派徭役，防止农民逃避徭役，漏缴租税。四是协助征兵，向县师输送兵源，协助官府举行军事训练等。五是组织农民开展农业生产，劝课农桑。

齐国的国鄙制

春秋时期，在基层治理体系中实行乡遂制最具代表性的诸侯国是齐国，以国鄙制而闻名。齐桓公在位时，管仲在齐国实行"叁其国而伍其鄙"的政策。国指城市，鄙指乡村，分别对应乡与遂的制度设计，目的是"定民之居，成民之事"。国分为21个乡，每乡约2000户，其中工商之乡6个、士农之乡15个。士农之乡和《周礼》中的"六乡"一样，是将居民的乡里组织和军队的编制结合起来的。以五家为一轨，每家抽一人入伍，共五人为伍，由轨长统率；十轨为一里，共50人为一小戎，由里有司统率；四里为一连，共200人为卒，由连长统率；十连为一乡，共2000人为旅，由乡良人统率；五乡为一帅，共10000人为军，由五乡之帅统率。十五士农之乡编制成三军，共30000人，分为上、中、下三军。中军由齐桓公亲自统率，上、下两军分别由上卿国子、高子统率。当时齐国主要军队就是这三军，全部由十五士农之乡居民编制而成。[1]

齐国在鄙野地区，以30家设为一邑，邑设有司；十邑为一卒，卒设卒帅；十卒为一乡，乡设乡帅；三乡为一县，县设县帅；十县为一属，属设大夫。全国共设五属，分设五位属大夫。这与《周礼》中有关"六遂"的组织，在性质上是相同的。齐国的"五属"居民和《周礼》中的"六遂"居民一样，是农业生产的主要担当者。当时齐国主张按土地等级征赋，平均分配耕地，减轻徭役而不夺民时，不略取家畜等，这是对"五属"居民的安抚措施，目的是发展农业生产。齐国"叁其国而伍其鄙"的政策，是巩固其原有的"国""鄙"分治制度的，基本上和《周礼》中的乡遂制度是相同的。[2]

兵农合一与耕战一体

进入战国后，一些主要诸侯国乡村治理体系中的一个重要的特点是，突破了西周和春秋早期以"国人"即六乡为常备兵源、以"野人"即六遂为"师田行役"，随从服军队劳役的传统做法，而是开始将"野人""庶人"纳入军队兵源，逐步使军事组织与基层治理组织合二为一。由此，乡遂基层治理组织所管辖的"国人""庶人"都成为国家军队征兵和常备兵的主要兵源，乡、遂及亭、里、连、轨等基层组织成为诸侯国管理基层、征发兵役的重要支撑。有清代学者认为，从"乡田有兵赋，无田税"来看，乡遂制度是一种兵农分治的制度，类似于后世的军事屯田制[3]。但根据《周礼》的规定，以及从春秋末期至战国时期各国对乡遂之下城乡居民实行的管理来看，各国逐渐开始在乡遂基层建立兵农合一、

---

[1] 杨宽：《西周史》，上海人民出版社2016年版，第431—432页。
[2] 杨宽：《西周史》，上海人民出版社2016年版，第432页。
[3] 杨宽：《西周史》，上海人民出版社2016年版，第447—448页。

耕战一体的体系。尤其是进入战国时期后，为了募集兵源，扩充军队，提高国家竞争力，各诸侯国纷纷实行奖励耕战之策。秦国是实行兵农合一、耕战一体最具代表性的诸侯国，以什伍制闻名。

秦国的什伍制

在诸侯国中，基层管理体系最完备、职能最健全的是秦国。为了适应争战称霸的需要，商鞅变法中，秦国在全国范围内推行县制，对县以下的乡村治理也进一步加强。在乡（亭）里之下，编户齐民，什伍连坐。

秦国的什伍制早在秦献公时便已实施。秦献公十年（前375），实行"为户籍相伍"政策，对城乡百姓实行编户齐民。"编户"是指由官府以五家为一单位编制户籍册，男女老少的年龄、性别、家庭关系等都要明确登记在册，五家互保，以便政府管理和征派徭役。编户是国家对基层和百姓进行行政管理的基础。"齐民"意味着废除原宗法体制下贵族、长老、族长等对土地、财产和人力所拥有的特权，强调城乡所有百姓都是国家的臣民，在法律面前都是平等的。编户齐民制度打破国、野的分立，打击了影响国家权力集中行使的地方特权，加强了国家对老百姓的控制，有利于中央政府掌控全国人力物力资源，加强中央集权。

商鞅变法时将户籍管理、什伍制和连坐法结合起来，在户籍的基础上实行连坐联保制，规定五户为一伍，十户为一什。官府规定，对"奸人"要告密，不告密的要腰斩，告密的给予奖励。如果一家藏"奸"，同在伍、什之家的都要犯罪连坐。凡旅客借住旅馆，一定要有凭证。商鞅变法时颁布的连坐法一直沿用到秦灭亡后才废除。什伍连坐制的目的在于镇压百姓的反抗，加强治安管辖，获得稳固的后方。编户齐民和什伍连坐的新法实施十年后，秦国"秦民大说（悦），道不拾遗，山无盗贼，家给人足。民勇于公战，怯于私斗，乡邑大治"[1]。什伍连坐制是后世保甲制度的雏形。

什伍制仅是商鞅变法中秦国革新乡村治理体系的一个环节。为了实行兵农合一、耕战一体，秦国在商鞅变法时还实行了一系列改革举措。

——废井田，开阡陌，废除贵族圈占和划分田地的标志，实行按户授田制度。每个劳动力由官府授田一百亩，每亩面积为240平方步，鼓励

---

[1] （汉）司马迁：《史记·商君列传》，中华书局1999年版，第1766页。

老百姓开垦荒地，这就是"制土分民之律"。农民按照受田之数，每年缴纳定量地税、户赋（人头税），并应征兵役，服徭役。授田予民是为了实现耕战一体，使农民入则为民、出则为兵，成为"农战之民"。[1] 为什么要拆除井田中的阡陌呢？因为原有的道路、界限是按照一亩100平方步标准的小亩设立的，现在改行240平方步一亩的大亩，自然要重新划分田界。大亩亩积是原小亩的2.4倍，小亩100亩相当于大亩的41.67亩，但征收赋税仍按百亩计算，这就变相降低了赋税2.4倍，可以吸引更多农民前来耕种。

——实行耕战制度，鼓励百姓上战场立军功，凡有军功者，按功劳大小赏赐，明确规定斩首一个赏爵一级或给予50石俸禄的官职，赏田一顷（100亩），益宅九亩[2]。这就把提升官爵与立军功结合起来，使秦国获得了源源不断的兵源。政府鼓励百姓努力耕织，生产多的可以免除徭役，同时打击经商之人和懒惰懈怠之人。

——实行分家析产制，如一家户主有两个或两个以上的儿子，儿子到达一定年龄后，要分财分居，禁止父子兄弟同室居住，否则要受到惩罚。其目的在于确立以小家庭为单位的土地财产所有制，使各自能够独立谋生，提高生产的积极性，也为奖励耕战、鼓励上战场立军功确立前提条件。

——重新确立以军功为标准的爵位等级制度，剥夺领主贵族的世袭特权，废除世卿世禄制度。[3] 这对传统的贵族阶级是一个沉重的打击，但有利于调动新兴阶级——地主阶级的积极性，使秦国更多的普通百姓能够通过个人努力实现封爵拜官的梦想，可谓是"王侯将相，宁有种乎"的制度依据。

乡村治理体系变革与大争之世

在西周、春秋早期的乡遂制中，国野分治、分离的色彩仍很浓厚。其时，居住在国都中的"国人"是贵族的下层，属于"士"的阶层，具

---

[1] 杨宽：《杨宽古史论文选集》，上海人民出版社2003年版，第21—23页。
[2] 《商君书·境内》，载于《商君书译注》，石磊、黄昕译注，黑龙江人民出版社2003年版，第132页。后来对这一规定进行了修正，因秦国对外战争太多，没有那么多的官职爵位赏赐。到秦昭王时，斩首五个也只能当个"隶五家"的官吏，即编户一伍之长。
[3] 杨宽：《战国史》，上海人民出版社1955年版，第98—100页。

有国家公民的性质,有公民的政治权利,可以被选拔为低级官吏,也要承担服兵役、纳兵赋的责任。当时各诸侯国的军队,以贵族为骨干,"国人"中的"士"为主力,成为兵车上或兵车下的甲士。吕思勉先生强调,"士则战士,平时肆力于耕耘,有事则执干戈以卫社稷者也"。"士"这个阶层从小就要学习农业生产。因为士大多参与农业生产,大规模的军事演习就必须于农闲时举行。《周礼》中没有"六遂"的军队,说明当时军队的主力是由"六乡"的国人承担的。"六遂"在军队中起的是配角的作用,居住在鄙野地区的农民,有的作为徒卒随从兵车作战,有的在军队中承担劳役。[①]

春秋时期乡遂基层的治理体制是与诸侯国的军事体制密切相关的,城市居民在军队中担当主力士兵,农村居民则担当徒卒或劳役等次要工作,但都服务于国家的征战需要。军事组织与乡里组织密切结合,一方面是沿袭氏族制末期的老习惯,另一方面是为了便于训练指挥和加强团结。同伍之人,既是战友,也是乡党,他们世同居,居同乐,少同游,行同和,死同哀;祭祀同福,死丧同恤,祸灾共之,能够做到"守则同固,战则同强"。

春秋时期,诸侯国军队的主要来源仍是"国人"和六乡居民。为了加强"国人"的战斗力,官府很注意对他们进行教育和训练,许多"礼"的举行就是为了加强团结,提高兵士的战斗技能的。在"乡"中所以特别要举行"乡饮酒礼"和"乡射礼",目的即是如此。[②]

春秋时期,各国农业生产的主要担当者称为"庶人"。从西周时期起,庶民要在"藉田"上从事集体劳动,统治者在"藉田"上举行"藉礼"之后,要"庶人终于千亩"。鲁国在实行"初税亩"以前,"藉"仍是对庶人的主要剥削办法,这又和《周礼》中所载的"六遂"居民要"合耦于耡"基本上相同。

春秋战国时期是大变之世,由于国人、庶人的叛离、逃亡,西周时期建立起来的以宗族贵族部队为主,以国人为主力军,以庶人为配合作

---

① 杨宽:《杨宽古史论文选集》,上海人民出版社2003年版,第71页;《西周史》,上海人民出版社2016年版,第428—429页。
② 杨宽:《西周史》,上海人民出版社2016年版,第429—430、760—817页。

战力量的旧有的军事组织体制在新的时代不断遭到削弱，最终瓦解。晋平公时，晋国已经"公乘无人，卒列无长"。为适应弱肉强食丛林世界的竞争需要，诸侯国的兵源制度和军事体制不得不与时俱进，过去以"国人"为主力的兵源体制不得不让位于以"庶人""野人"为主体的兵农合一、耕战一体体制，而要做到这一点，就需要通过新兴的郡县—乡里—什伍体系，加大编户齐民力度，增强对基层人、财、物的汲取和整合力度。可以说，在"大鱼吃小鱼，快鱼吃慢鱼"的战国大争时代，哪个诸侯国对国家资源的征发、整合更有力甚至更无情，就更有可能在竞争中取胜。这既是残酷权力竞争的逻辑需要，也是历史现实的无情写照。

随着郡县制的实行，新的军事组织——郡县的军队很快取代了原有的六乡军队。县具有一套征赋制度，赋包括军备和军役在内。到春秋后期，县的军队已经成为有力的作战力量。出于国防的需要，郡守被赋予征召本郡壮丁作战的权力。进入战国时期，随着郡县制的普遍推行，郡县成为征兵的基本单位，征兵制度也推广到各诸侯国全国范围内。除征兵外，战国时各国还建立了常备兵制度。无论是征兵还是常备兵，其基础都是数量丰富的且具有一定人身自由的农民阶级的存在。由于农民已经从井田和领主封地的束缚中脱离出来，被编入国家的户籍之中，[1] 农民由农奴变成了自耕农、佃农，由"贵族的人"变成了"国家的人"，就使国家军队拥有了源源不断的丰富兵源，对农民管理方式的改变是这一变化发生的主要原因。

四　春秋战国时期的赋役治理

与土地制度的剧烈变革趋势相适应，春秋战国时期许多诸侯国的赋税制度也发生了剧烈的变化，重新塑造了国家与农民的关系。赋税治理对各诸侯国乡村基层治理的过程和效果产生直接影响，各国在赋税、土地政策制度方面的差异成为影响彼此国力发展和国家竞争的重要因素，也在很大程度上决定了各诸侯国在大乱、大争之世的兴衰存亡。

履亩而税

"履亩而税"是指在王畿地区放弃劳役地租，改征实物地租。周宣王

---

[1] 杨宽：《战国史》，上海人民出版社1955年版，第114—117页。

（公元前828—前782年在位）即位后，宣布"不藉千亩"，放弃借助民力共耕王畿公田的制度，改为按田亩数向王畿农民征收实物地租。

初税亩

鲁宣公十五年（公元前594），鲁国实行"初税亩"政策，对公田以外原不征税的私田和交给农民辟垦的国有土地计亩征税。鲁国实行"初税亩"其实是无奈之举，鲁宣公对老百姓没有多少恩信可言，农民不愿意在公田上尽力耕种①，故而才改变征收方式。"初税亩"制度最初实行劳役地租和实物地租双轨并行政策。劳役地租是指统治者继续执行井田制原则，"八户共耕百亩"，对原井田（公田）上耕种的农民按照十分之一的标准征收劳役地租。实物地租是指统治者对公田之外的私田征收实物赋税，标准是每亩出产量的十分之一。最初只有公田才交纳租税，农民自己的份地和一部分草地、森林、荒地上是没有税收的，因而农民才愿意去垦荒。"初税亩"实施意味着对所有土地田亩都要征税，且以收成最好的一块私田作为标准，扩大了统治者征收赋税的范围，增加了国家的税源和收入，虽然相比私地免税时代，农民负担有所加重，但由于农民的经营范围和田亩增多，所得收入较以前更多，在时间和经营上更为自由，农民生产积极性进一步提高。"初税亩"实施一段时间后，双轨变成单轨，不论公田、私田，全部按亩征收实物地租，至此，劳役地租退出历史舞台。

鲁成公元年（公元前590），为了防备齐国的进攻，鲁国作丘甲，改革军赋的征收制度。周代的基层治理体系是九夫为井，四井为邑，四邑为丘，四丘为甸，四甸为县，四县为都。作丘甲，是指每一丘（144户）通出马一匹，牛三头，由丘中各家按所耕田数分摊。四丘为一甸六十四井，共出战车一乘，马四匹，牛十二头，甲士三人，步卒七十二人。② 鲁哀公十二年（公元前483），鲁国废除以丘为单位征收军赋的政策，开始"用田赋"，按田亩数征收军赋。新征的田赋是原丘赋的两倍，即一丘的144户农民既要根据家中资产情况出一马三牛，又要根据田地收入，出一

---

① 李学勤主编：《十三经注疏·春秋公羊传注疏》，北京大学出版社1999年版，第359页。
② 《左传·成公元年》，载于《十三经注疏·春秋左传正义》，李学勤主编，北京大学出版社1999年版，第683—684页。

马三牛,这是"别赋其田",故称为田赋。但孔子对鲁国的这一做法并不赞同,认为"君子之行也,度于礼,施取其厚,事举其中,敛从其薄",原有的丘赋标准足够国家所用,现在加倍征税,是改法重赋的行为,故而孔子在《春秋》中用"用田赋"来暗表讥讽,意思是旧不用,今用之。①《司马法》介绍了国家征兵的原则:六尺为步,步百为亩,亩百为夫,夫三为屋。屋三为井,四井为邑,四邑为丘。古者用兵,天子先用六乡,六乡不足取六遂,六遂不足取公卿采邑及诸侯邦国。若诸侯出兵,先尽三乡三遂,乡遂不足,然后总征境内之兵。②

相地衰征

公元前685年,齐桓公任用管仲为相,实行"相地而衰征"的赋税制度,即根据土地的好坏和产量的高低来征收实物田赋。"相地衰征"政策是以管仲的"井田均畴"政策为基础的。管仲在齐国改革时,废除了八家共耕百亩的井田制度,将井田上的九百亩土地大体平均分给原耕种者,再实行"相地衰征"。具体措施是"赋禄以粟,案田而税。二岁而税一,上年什取三,中年什取二,下年什取一。岁凶不税,岁饥弛而税"③。即征收粟米作为实物赋税,根据田亩数征税;两年征税一次。上等年成征十分之三的税,中等年成征十分之二,下等年成征十分之一。饥荒年不征税,等饥荒缓解后再征。显然,相地衰征是一条较为先进且公平的赋税制度。齐恒公之所以能够称霸天下,与当时管仲改革内政外交,增强国家实力不无关系。

作爰田

鲁僖公十五年(公元前645),晋惠公在被秦国释放回国后,实行"爰田"制度。爰,指易,更改;爰田就是改革原来的井田疆界,把公田分给国人和庶民,让他们长期耕作,即"分公田之税应入公者,爰之于

---

① 《左传·哀公十二年》,载于《十三经注疏·春秋左传正义》,李学勤主编,北京大学出版社1999年版,第1663页。

② 《左传·成公元年》,载于《十三经注疏·春秋左传正义》,李学勤主编,北京大学出版社1999年版,第683—684页。

③ 《管子·大匡》,载于《管子全译》,谢浩范、朱迎平译注,贵州人民出版社1996年版,第288页。

所赏之众"。① 百姓受田的原则是,"上田夫百亩,中田夫二百亩,下田夫三百亩,岁耕种者为不易上田,休一岁者为易中田,休二岁者为再易下田。三岁更耕之,自爰其处"②。在原井田制下,各家耕作的份地,无论上、中、下都是一夫(家)百亩,此后各家轮流耕作,"三年爰土易居",定期重新分配田地和住所。实行爰田制后,分上、中、下田时,打破原来的井田界限,每家各分一百或二百或三百亩,每年都耕种的是不交换(轮换)的上等田,耕一年休一年的是可以轮换的中等田,耕一年休二年轮换的是下等田。虽然也是三年轮流耕作,但只是轮换自家的田地。由于各家所分的耕地面积不同,田界需重新划分,即"易其疆畔"。获得"爰田"的百姓要按田亩多少交纳军赋。③

晋惠公之所以要"赏众以田",是为了争取晋国人接纳自己回国,是一种被动行为,但在本质上与管仲在齐国的"井田均畴"改革相同,都是废除井田制,实行土地私有,按亩征收实物赋税的做法。

初租禾、制辕田

秦简公七年(公元前408),秦国实行"初租禾"④,废除井田制上的公田和藉法,按各户实际占有土地面积征收实物赋税。到商鞅变法时,废井田,开阡陌,制辕田。⑤ 辕田,即爰田,是可以轮换、交换的田地。不过,秦国的爰田并非"爰土易居",而是"自爰其处"。井田废除后,所有田地被政府按每户百亩的标准授予农户,农民可以长期固定地拥有该片耕地,并自行在其上轮换耕作。爰田的规则是,上田不易,中田一易,下田再易,爰田而不易居⑥。从井田到爰田,从"爰土易居"到"自爰其处"的转变表明,由春秋战国时期开始,建立在个体化农户基础上的小农经济逐渐成为中国古代社会农耕经济的主流。

秦孝公十四年(公元前348),秦国实行"初为赋"的军赋改革,⑦

---

① 《左传·僖公十五年》,载于《十三经注疏·春秋左传正义》,李学勤主编,北京大学出版社1999年版,第378页。
② (汉)班固:《汉书·食货志上》,中华书局1999年版,第945页。
③ 曾国祥主编:《赋税与国运兴衰》,中国财政经济出版社2013年版,第38页。
④ (汉)司马迁:《史记·六国年表第三》,中华书局1999年版,第565页。
⑤ (汉)班固:《汉书·地理志下》,中华书局1999年版,第1310页。
⑥ (汉)班固:《汉书·地理志下》,中华书局1999年版,第1311页。
⑦ (汉)司马迁:《史记·六国年表第三》,中华书局1999年版,第586页。

以户为单位计人口征收军赋，亦称"口赋"。秦国规定："民有二男以上不分异者，倍其赋。"① 这种"舍地税人"的军赋是后世人头税的起源。从此，田租（土地税）和口赋（人头税）成为中国古代社会两种由国家征收的最重要的税收。

当时秦国的赋税标准是多少呢？《秦律十八种·田律》记载："入顷刍藁，以其受田之数……顷入刍三石，藁二石。"② 意思是农民应按受田数量缴纳赋税，每顷地（一百亩）③ 应纳刍（粟）三石，藁（草料）二石作为军赋。

战国时农民的赋役负担

战国时期，耒、耜、犁、铁、耨、铚、锄等铁制农具大量使用，有利于大量荒地的开垦，也大大提高了耕作效率。牛拉铁犁的耕作方式得到推广，使用畜力的牛耕生产效率比使用人力的耦耕提高了很多，加上各国开凿河渠，兴修水利工程，以及施肥、除草、扑杀虫害等农业技术的进步，共同推动农业生产力进入快速发展时期，亩产量提高很多，平均能够达到 1.5 石以上，少数好田甚至能达到 3—4 石。

战国后期，各国已经普遍实行按亩征税的实物赋税制度。田多者多征，出产的粮多者多征，田少者少征，出产的粮食少者少征。田赋的形式是实物，即粮食如粟、麦、稻、米等，以及田地上所出产的相关农产品，如绢、麻、草料、茶叶等。

战国时农民负担普遍较重。魏国在李悝变法时，"今一夫挟五口，治田百亩，岁收亩一石半，为粟百五十石，除十一之税十五石，余百三十五石"，说明当时魏国农田的亩产量是 1.5 石，田税税率是 10%，平均每亩一斗五升。其中，食用，一个人一个月要一石半，五个人一年要 90 石粟，还剩 45 石，卖掉其中的 30 石，得到 1350 钱（每石 45 钱），祭祀等用去 300 钱，还剩 1050 钱。穿衣，一个人大致用 300 钱，五个人全年用 1500 钱，还差 450 钱，疾病死丧的费用以及应上交的赋税还没有计算在

---

① （汉）司马迁：《史记·商君列传》，中华书局 1999 年版，第 1765 页。
② 《睡虎地秦墓竹简》，文物出版社 1990 年版，第 21 页。
③ 春秋以后的秦国以六尺为步，240 平方步为一亩，当时秦国一尺为 23.1 厘米，则一亩为 461.04 平方米，相当于今天的 0.6916 亩，则一百亩约相当于今天的 69.16 亩。

内。这就是农民经常贫困,没有勤勉耕种的心思,致使谷物买进太贵的原因。①

更重要的是,即使每亩产1.5石粟谷,按照一家每人每月一石半的口粮谷标准,每天每人的口粮米标准只有3升(米谷比率是0.6),大大低于当时"日食五升"(折合今1.6市斤)粗米的普遍标准。尽管考虑到妇女、儿童的食量要小于成年男性,但此数据仍然说明,战国时期的农民仍然挣扎在温饱甚至死亡线上。因为"日食米三升",相当于今每天0.96市斤,即使在古代,也是仅够活命的。梁代时的江革,为北魏人抓获后,"日给脱粟三升,仅余性命"②,秦代从事一般劳作的囚犯的口粮标准也是日食三升,对统治者来说,他们只要维持不死就够了。

当然,还有另外一种可能性,就是李悝或者《汉书·食货志》忽略了作为原粮的粟谷与作为每日口粮的粗米之间(10∶6)的换算问题,认为粟谷一石半就可以维持温饱,但事实上,真正的日口粮米只有3升,折合为今0.96市斤。以李悝前此计算,即使每日每人口粮维持在3升(折合今0.96市斤,以当时魏国容量计为1.08市斤)这一低水平,差450钱,需要再卖谷10石以弥补,只剩下5石谷,值225钱,这是每个农民家庭每年收支的盈余,但这一盈余没有算上农民所交的人头税。

此后,魏国田税增加到什三税,晋国为什五税,齐国为什六税,赋税分别为亩产量的30%、50%和60%,秦国则20倍于古,那就是200%征收。还有其他各类苛捐杂税,真正是"苛政猛于虎"。

《周礼》中叙述载师之职时说:"凡宅不毛者,有里布;凡田不耕者,出屋粟;凡民无职事者,出夫家之征"③,要对不树、不耕、无职者分别进行二十五家的布泉之罚、三家的税粟之罚、一家百亩之税之罚。虽然其目的在于劝农从事耕、树、畜、蚕四事,但说明当时已经形成布泉、税粟、力役等税种的雏形。战国时,力役之征成为独立概念,形成了赋、税、力役(兵役和徭役)的"三征"税收结构。税是田税以及工商衡虞

---

① (汉)班固:《汉书·食货志》,中华书局1999年版,第948页。卖粮30石,得1350钱,说明当时魏国每石粮价为45钱。
② (唐)姚思廉:《梁书·江革传》,中华书局1999年版,第364页。
③ 李学勤主编:《十三经注疏·周礼注疏》,北京大学出版社1999年版,第338—339页。

之税，赋为口赋，计口发财之义。税用来供应郊社宗庙祭祀、奉养天子、百官俸禄及杂事之费。① 这一结构成为后世长期沿用，是国家和人民（农民）之间经济关系纽带的有力体现。

战国时期，乡村百姓的收入支出情况可以从《墨子·杂守篇》中得到一定的印证，墨子对守城者的口粮标准进行了分析：

> 斗（半）食，终岁三十六石；参食，终岁二十四石；四食，终岁十八石；五食，终岁十四石四斗；六食，终岁十二石。斗（半）食食五升，参食食参升小半，四食食二升半，五食食二升，六食食一升大半，日再食。救死之时，日二升者二十日，日三升者三十日，日四升者四十日，如是而民免于九十日之约矣。②

战国时期人民每日两餐，其口粮标准及折合米市斤情况见表1—2，其中每一石（20000毫升）粟重量为今27市斤，每一石小米32市斤。

表1—2　　　　　战国时期人民日食水平

国家	月口粮谷标准（石）	月口粮谷标准（折合今市斤）	米谷比率	日口粮米标准（斗）	日口粮谷（市斤）	日口粮米（市斤）
魏国	1.5	44.37③	6∶10	0.3④	1.48	0.887⑤
齐国	2.5⑥	69.86⑦	6∶10	0.5	2.33	1.397

---

① （汉）班固：《汉书·食货志》，中华书局1999年版，第945页。
② 《墨子·杂守篇》，载于《墨子》，方勇译注，中华书局2011年版，第577页。
③ 现传世或出土文物中没有魏国的标准量器，专家根据对魏国铜钟、铜盉等文物容量的实测，每一石容量有三个不同数据，三者平均，魏国每石容量为21913毫升，再根据标准石的容量20000毫升粟谷为今27市斤，小米为今32市斤，可计算出魏国每石粟谷折合为今29.58市斤，小米折合为今35.96市斤，略高于秦汉标准石。
④ 日口粮米标准（斗）计算公式为，日口粮米标准（斗）＝月口粮谷标准（石）÷30天×米谷比率。
⑤ 日口粮米计算公式为：日口粮米（市斤）＝日口粮米标准（斗）×2.958斤/斗。
⑥ 《管子·禁藏》："富民有要，食民有率，率三十亩而足于卒岁。岁兼美恶，亩取一石，则人有三十石。"一年30石，则每月2.5石。载于《管子全译》，谢浩范、朱迎平译注，贵州人民出版社1996年版，第663页。
⑦ 齐国量器存世文物为铜量和陶量，综合二者容量，齐国一石为20700毫升，则齐国一石粟为27.945市斤，一石小米为33.12市斤。齐国、魏国实物见本书附表2"历代容积"。

续表

国家	月口粮谷标准（石）	月口粮谷标准（折合今市斤）	米谷比率	日口粮米标准（斗）	日口粮谷（市斤）	日口粮米（市斤）
《墨子·杂守篇》	5	135	6∶10	1①	4.5	2.7
	3.35	90.45②	6∶10	0.67	3.02	1.81
	2.5	67.5	6∶10	0.5	2.25	1.35
	2.01	54.27	6∶10	0.4	1.81	1.09
	1.65	44.55	6∶10	0.33	1.485	0.89
	1.01	27.27	6∶10	0.2	0.91	0.55
	1.5	40.5	6∶10	0.3	1.35	0.81

统治者如何合理确定赋税水平呢？什一税被古代儒家知识分子视为圣王之法。《春秋公羊传》：

什一者，天下之中正也。多乎什一，大桀小桀，寡乎什一，大貉小貉。……什一行而颂声作矣。③

如果田赋征收超过十分之一，君主将被视为夏桀一样的暴君，十取四五，是大暴君，十取二三，是小暴君；但如果少于十分之一，也不合乎尧舜之道，是野蛮人的做法。鲁国实行初税亩，虽然也是什一之税，但因确定的亩产量的标准是收成最好的一块田而不是平均数的中田，违反了什一之税的原则，故为《春秋》所讥讽。

儒家的先贤对统治者汲取民力有过很多警示。孔子说，"道千乘之国，敬事而信，节用而爱人，使民以时"④，强调取民有度，不能耽误农

---

① 《墨子》中没有明确口粮标准是粟还是小米，但根据秦律仓律中的规定"粺米半斗"等内容，可以作出合理推测，凡是规定每日口粮标准，其单位应是"米"，故此处每日食米5升（按粟米计算）。

② 每石粟、小米重量标准按每20000毫升分别为27市斤、32市斤计算。

③ 《春秋公羊传·宣公十五年》，载于《春秋公羊传》，黄铭、曾亦译注，中华书局2016年版，第452—453页。

④ 《论语·学而篇》，载于《论语·大学·中庸》，陈晓芬、徐儒宗译注，中华书局2015年版，第9页。

时。孟子说，"有布缕之征，粟米之征，力役之征。君子用其一，缓其二。用其二而民有殍，用其三而父子离"，① 意思是对于布帛、粮米、力役三种赋役，要只征纳其中的一种，以宽泛涵养民力，否则就会导致民穷人困。荀子也说："县鄙将轻田野之税，省刀布之敛，罕兴力役，无夺农时，如是，则农夫莫不朴力而寡能矣。"② 正因如此，《汉书》警告说："民三年耕，则余一年之畜。衣食足而知荣辱，廉让生而争讼息"③，直接告诫统治者要轻徭薄赋，否则就会侵蚀民力，造成百姓生活困顿。

国家无休止的力役是破坏农业生产的罪魁祸首。可惜统治者并未如此考虑问题，为了争夺江山，逐鹿天下，统治者横征暴敛，不加节制地汲取乡村资源。战国时期，各国农民普遍都要服兵役，并征调妇女、儿童服役，如守城、运送军用物资等。楚国一家平均五口人，几乎家家有一人服兵役。魏国人口不足300万，军队有70万，秦赵两国几乎一半男子服兵役。除兵役外，百姓还要承担其他力役，如修建宫殿、陵墓、城墙、大小水利工程以及运送军粮、草料等，甚至一年中有几个月不能回家，严重影响农业生产。沉重的劳役使成千上万的农民失去土地，甚至家破人亡。④

---

① 《孟子·尽心下》，载于《孟子》，方勇译注，中华书局2015年版，第296页。
② 《荀子·王霸篇》，载于《荀子》，方勇、李波译注，中华书局2015年版，第187页。
③ （汉）班固：《汉书·食货志》，中华书局1999年版，第947页。
④ 曾国祥主编：《赋税与国运兴衰》，中国财政经济出版社2013年版，第40—43页。

第 二 章

秦汉时期的乡村治理

经过春秋战国时期的大分化、大组合,夏、商、周时期建构的分邦建国的政治格局彻底终结,中央集权代替央地分权,郡县制代替分封制,王制时代落幕,帝制时代兴起。秦汉时期的乡村治理总体保持商周以来乡里体系的稳定,大体延续战国以来在授田均田、编户齐民、行政治安管理、赋税劳役等方面的变革结果,但在实施方式和资源汲取程度上存在不同的政策取向。

第一节 秦代的国家治理体系

六王毕,四海一。秦始皇统一六国之后,称皇帝,废分封,行郡县,车同轨,书同文,度同制,行同伦,礼同俗,加强中央集权,统一度量衡,推动地区交流,促进社会融合,国家治理体系基本形成,并为后世所效仿,所谓"百代皆行秦政"。

秦朝的国家治理体系相较夏、商、周时期,实现了彻底的革命。最具革命性的一点就是国家治理体系是以大一统为内核和目标的,即致力于在全国形成一体化、整体性的政治、经济、社会和文化体制。这种大一统的国家治理体系是通过以下制度和行动完成,建立基本框架的。

一是实行皇帝制。秦王嬴政统一全国后,国号仍沿用"秦",国都仍定于咸阳。但他对自己的称呼改变了,他认为自己"德兼三皇,功过五帝",故不再称"王",自称"皇帝"。称皇帝不是简单的名号更改,而是为了提高最高统治者的个人权威,加强中央集权。

秦代之前，对最高统治者的称谓有皇、帝、王、伯①。桓谭论道："夫上古称三皇、五帝，而次有三王、五伯，此天下君之冠首也。"那么，它们之间有何区别呢？"三皇以道理，而五帝用德化；三王由仁义，五伯以权智。"所以，"无制令刑罚谓之皇；有制令而无刑罚谓之帝；赏善诛恶，诸侯朝事谓之王；兴兵约盟，以信义矫世谓之伯。"② 三皇是所谓的天皇、地皇、人皇，顺应天道，无为而治，故无所谓制度刑罚。到了黄帝、颛顼、喾、尧、舜时代，开始建立国家政权，制度初具，但仍强调以道德感化人民，五帝都是当时道德教化的模范，敬业治国的典范。夏、商、周的开国君主禹、汤、文王则以仁义治天下，故能开创王业。到了春秋时期，齐桓公、宋襄公、晋文公、秦穆公、楚庄王既有实力，也有智慧，故能称霸诸侯，协治天下，受到天子的褒奖。

从皇、帝到王、伯，名称各异，对国家的控制力和政治权威也不一样。从石器时代的皇、帝到铜器时代的王、伯，最高统治者对国家的控制能力和权力集中的程度呈现由低到高又曲折发展的过程。在三皇五帝的部落联盟时代，皇与帝以仁德感化教诲人民，既是历史发展的结果，也是当时国家治理能力的客观限制。到了夏、商、周的邦国封建时期，中央政府对全国的控制相较远古时期大大增强，但至多只能算是半集权。由于分封制的存在，地方诸侯、贵族、封邑构成了一个个潜在的挑战中央政府（王室）权威的政治单元。无论是商王还是周王对全国的有效统摄一要建立在自身强大实力的基础上，一旦王室生乱衰微，对诸侯的控制力便会下降，地方政权的向心力、效忠性就将大大减弱。二要形成建立在礼制和文化基础上的政治秩序。当王室实力削弱时，既存的政治秩序还能维持一段时间的政治权威。为什么周公要制礼，为什么孔子要尊礼，就是希望通过政治文化来弥补政治实力的不足。到了春秋五霸时期，周王室的政治实力急剧衰落，先祖之德也衰退得差不多了。进入战国时期，更是"礼崩乐坏"，实力成为横行一切的通行证。秦始皇实行皇帝制，虽是法家思维，但同样蕴含着提高皇帝政治权威、政治伦理的儒家

---

① 伯，此处通"霸"。五伯即五霸，指春秋战国时期的诸侯霸主。
② （汉）司马迁：《史记·秦本纪》，中华书局1999年版，第146页，注⑩正义。《桓子新论》中的表述略有不同，见本卷第53页脚注②。

道理。越是大一统，越是要求全国只能有一个政治中心、一个权威象征。皇帝制强调，皇帝具有至高无上、不受限制的绝对权力，他的话就是法律，他的意志就是国家的意志，他的行动就是国家的行动，生杀予夺之权全集于一人之手。

为确保皇帝意志的执行，在皇帝之下，设立了一套中央政权机构，即"三公九卿"制度。"三公"指丞相、太尉、御史大夫，分掌行政、军事和监察，协助皇帝管理国家。为保证皇帝权威，"三公"之间互不统属，"三公"都直接向皇帝负责。战国时期的"相"不仅有总揽政事之权，还有兼行军政之权，可以带兵打仗，担任三军统帅。秦统一后，为了避免相权对皇权构成威胁，丞相被除去兵权，还分设左右丞相来限制其权力，并虚设总领全国兵事的太尉①以及立御史大夫，并列"三公"。"九卿"，即廷尉、治粟内史、奉常、典客、郎中令、少府、卫尉、太仆、宗正。其职责分别为：廷尉，掌司法；治粟内史，掌国家财政税收；奉常，掌宗庙祭祀礼仪；典客，处理国内少数民族事务和对外关系；郎中令，掌管皇帝的侍从警卫；少府，掌管专供皇室需要的山海地泽收入和官府手工业；卫尉，掌管宫廷警卫；太仆，掌宫廷车马；宗正，掌皇帝宗族事务。无论"三公"还是"九卿"，均由皇帝任免调动，一律不得世袭。②

因此，秦朝的中央集权首先是将权力高度集中到皇帝之手，国家的治理体系从邦国时代进化到帝国时代，最高统治者从部落时代共享天下的共主、邦国时代为宗法家族之长的君主发展到一家之私绝对专权的皇帝。权力集中形式从君主的半集权、分权甚至无权，发展到中央政府集权、君主高度专权，最终的结果是国家体系从封邦建国进化到天下一统。皇帝制是天下一统、中央集权的国家治理体系的核心制度。只有皇帝这个最具实力的政治角色、最有凝聚力和向心力的政治权威，国家治理的集中统一性才能得到贯彻，才能更广泛高效地整合国内外一切资源去实

---

① 有学者研究认为，秦朝虽然有太尉的职名，但从未有人真正担任过，最大的可能是皇帝故意虚设太尉之职以分丞相之权，实际兵权掌握在皇帝自己手中。见林剑鸣《秦汉史》，上海人民出版社 2003 年版，第 93—95 页。

② 史仲文、胡晓林主编，佟建寅、舒小峰著：《中国全史·中国秦汉政治史》，人民出版社 1994 年版，第 1—4 页。

现国家的战略目标。皇帝的权力和权威是之前的三皇五帝、三王五伯远远不能比拟的。

二是废除分封制，实行郡县制。郡县制虽然在春秋战国时期开始发展起来，但是与分封制并存不悖，郡、县与封国、封地在各诸侯国同时存在。战国时期秦赵等国新封的封君，只享有在封地内征收税赋的权利，且仅能分割其中的一部分，封君不掌握封地的行政权和兵权，封地内的行政组织也采用郡县官僚体制。可见，即使战国时期分封制仍然存在，但其根本性质和政治影响已经不能与西周、春秋时期相提并论。在各国互相兼并，最终六国归秦的进程中，旧贵族、旧封国被自然淘汰了。

秦始皇认为周朝丧国的重要原因是实行分封制，统一六国后，他采纳李斯的建议，"不立尺土之封，分天下为郡县"，[①] 废除分封制，改行郡县制，郡、县成为秦朝两级地方行政机构。秦初，全国共分为三十六郡，后增加到四十八郡[②]。

郡的官职包括郡守、郡尉、郡监（监御史）。郡守是一郡最高行政长官，掌全郡政务，直接受中央政府节制。郡尉，辅佐郡守掌管全郡军事。郡监，掌监察工作。郡以下设县，令、长为一县之首，掌全县政务，受郡守节制。县令下设尉、丞。县尉负责全县军事和治安；县丞是县令或县长的助手，掌全县司法。同时在边疆少数民族地区设道，道与县同级，官制大体相同。

事实证明，郡县制有利于维护中央集权。郡作为一级地方单位，面积大小适中，财力自给自足，军力仅可维持治安，自保有余，反叛不足，且郡守并非世袭，还需回避任职和流动交换，故难以对中央政府构成威胁。秦代最多时有四十多个郡，两汉时最多有 105 个郡国，各郡各自为政，力量分散，国家治理体系中形成强干弱枝的局面，朝廷不需要担心强藩再现。

郡、县长官均由中央政府任命，在县之下的行政层级是乡（亭）、里，乡官、亭长、里正由乡里公举，官府任命。从里、乡、县、郡直至中央，统一的全国行政管理体系初步形成。秦始皇建立的这一套封建专

[①] （汉）班固：《汉书·地理志》，中华书局 1999 年版，第 1244 页。
[②] 关于秦朝最终设立了多少个郡，有 41、42、48 等多种说法。

制的政治体制,对后世的影响极大。后来各个封建王朝所实行的政治体制,大体上是在秦制的基础上逐步演变的。

分封制虽然作为制度被废除,秦始皇不给无功的宗族贵族爵位,也不立子弟为王,但秦朝并非没有分封之事,秦始皇仍继续推行二十等爵制度,继续沿用战国以来秦国实行的食租税的分封制度,不断分封功臣名将为列侯,只是坚持不分封诸子为王,以维护中央集权的政治体制,杜绝可能威胁皇帝的政治势力,因为皇子为王,又有封地,将会构成对皇帝的最大威胁。这一点,后来在西汉的"七国之乱"一事上得到了验证。

三是统一文字、度量衡和风俗习惯。首先是书同文。殷商以降,文字逐渐普及。作为官方文字的金文,形制比较一致,但春秋战国时期的兵器、陶文、帛书、简书等民间文字,则存在区域差异。这种状况妨碍了各地经济、文化的交流,也影响了中央政府政策法令的有效推行。秦统一天下后,秦始皇下令李斯等人进行文字的整理、统一工作。李斯以战国时秦人通用的大篆为基础,吸取齐鲁等地通行的蝌蚪文笔划简省的优点,创造出一种形体匀圆齐整、笔划简略的新文字,称为"秦篆",又称"小篆",作为官方规范文字,同时废除其他异体字。

其次是度同制。战国时期,各国的度量衡制度和货币制度很不一致。秦统一后,规定货币分金和铜两种:黄金称上币,以镒(秦制20两为一镒)为单位;铜钱为下币,统一为圆形方孔,以半两为单位。金币主要供皇帝赏赐,铜币才是主要的流通媒介。秦始皇以原秦国的度、量、衡为单位标准,淘汰与此不合的制度。秦廷在原商鞅颁布的标准器上再加刻诏书铭文,或另行制作相同的标准器,刻上铭文,发到全国。与标准器不同的度、量、衡一律禁止使用。车同轨是度同制的典型表现。秦统一之前,各国度量衡不同,道路宽窄和马车车轴的宽度也不相同。秦始皇完成统一之后,立即修建了三条驰道,加强秦朝不同地域之间的沟通、交流。秦朝还规定马车的轴宽是六尺,这样一车即可以走遍全国。

再次是行同伦,即端正风俗,建立起统一的伦理道德和行为规范。在这方面,秦王朝也给予相当的重视。比如,秦始皇二十八年(公元前219),秦始皇来到泰山,这里原是齐国故地,号称"礼仪之邦",秦始皇就令人在泰山所刻的石上记下"男女礼顺,慎遵职事,昭隔内外,糜不清净，施于后嗣"，予以表彰。而秦始皇三十七年（公元前210）在会稽刻石上留的铭文，则对当地盛行的淫泆之风大加鞭答，以杀奸夫无罪的条文来矫正吴越地区男女之大防不严的习俗。①

最后是内治外征，扩大版图，加强控制。秦统一六国后，为镇压各国反抗，秦始皇下令销毁全国兵器，铸为十二铜人，还把原六国贵族和巨商大贾迁移到咸阳居住，便于监视。秦始皇修筑了以咸阳为中心的驰道，其中直达北方地区的直道，对于迅速快捷调动军队起到很大作用。在军事上，秦始皇北修长城，抵御匈奴；南修灵渠，征服东南和岭南地区的少数民族，在其地设立郡县。在文化上，他通过焚书坑儒，加强了思想控制。②

以上种种举措，都是为了服务于建立大一统的、中央集权的尤其是皇帝高度专权的国家治理体系。尽管秦"二世而亡"，但秦朝的国家治理体系和政治、经济、社会各方面的基本制度却被后世继承下来，从秦汉至明清一直得到执行。历代统治者在总结正反两方面经验教训的基础上，不断修改完善秦朝的制度和治理体系。

第二节　汉代的国家治理体系

"汉兴，因秦制度，崇恩德，行简易，以抚海内。"③西汉基本沿用秦朝的治理体制。西汉初年实行无为而治的黄老之学，目的是与民休养生息，恢复经济，发展生产。因此，没有对秦政有过多的删减增添，只是在地方上实行了郡国并行制，在实行郡县制的同时实行封国制。刘邦建立汉朝的过程中，迫于形势，先后分封8位异姓诸侯王。刘邦对异姓王始终保持警惕，制造种种借口，最终翦除了7个异姓诸侯王。西汉建立后，刘邦大封同姓诸侯王，并与众人约定，"非刘氏不得王，非有功不得侯，不如约，天下共击之"④。但让刘邦没有料到的是，西汉没有亡在韩

---

① （汉）司马迁：《史记·秦始皇本纪》，中华书局1999年版，第173、186页。
② 参见白寿彝总主编《中国通史》（修订本）第4卷，上海人民出版社2004年版，第173—222页。
③ （汉）班固：《汉书·地理志》，中华书局1999年版，第1245页。
④ （汉）班固：《汉书·周亚夫传》，中华书局1999年版，第1593页。

信、英布等异姓诸侯王手中,却祸起萧墙,差点被同姓诸侯王推翻中央政权。刘邦死后,同姓诸侯王的势力迅速膨胀起来,走上与中央政府对抗的道路,爆发了"吴楚七国之乱",对西汉的中央集权造成极大威胁。刘邦之所以没有汲取两周分封的历史教训,是因为他错误地认为,秦朝之所以"二世而亡"是因为农民起义爆发后,没有同姓诸侯王拱卫中央。殊不知,秦朝灭亡的根本原因是严刑峻法,对人民过分剥夺,导致官逼民反,与有没有同姓诸侯护卫并无关系。

尽管刘邦对封国进行了诸多限制,但公元前 202 年西汉刚建立时,朝廷直接控制的郡和内史只有 14 个,封国则有 10 个,其所占面积超过全部国土的一半;至公元前 195 年的汉十二年时,直属的郡级行政单位增加到 16 个,封国 10 个;汉文帝前元元年(公元前 179)时,西汉共有 19 个郡、11 个封国;到后元元年(公元前 163)时,中央政府控制的郡级单位增加到 21 个郡,封国为 10 个;汉景帝后元元年(公元前 143)时,西汉共有京畿区、40 个郡和 25 个封国;汉武帝元封三年(公元前 108)时,共有京畿区的两个部分、约 48 个郡和 18 个封国,不过此时封国面积已经变得很小了;到汉哀帝元寿元年(2)时,共有 83 个郡级单位、20 个封国。[①] 封国的统治者诸侯王为皇族亲贵,拥有多项特权,朝廷的限制到了封国往往形同虚设,最终形成尾大不掉之势。对于这一点,西方史学家也有类似的评判,他们大多认为,行政的本领并非在于把国家分成属国,而应是把它置于中央统治之下。[②]

汉文帝、景帝时期,为加强中央集权,西汉朝廷曾采纳贾谊、晁错等人的建议,先后采取"分地""削地"的办法削弱诸侯国的势力,但收效甚微,缓不济急,不得不采取强力手段"削藩",诸侯王与中央政府的矛盾最终通过武力解决。"七国之乱"后,中央政府命令诸侯国不能再直接管辖封国,由朝廷任命封国官员,改封国丞相为相,废除封国的御史大夫、廷尉等官职,就是为了遏制诸侯王势力的发展。汉武帝时期采取

---

① [英]崔瑞德、鲁惟一编:《剑桥中国秦汉史》,杨品泉等译,中国社会科学出版社 1992 年版,第 117—149 页。梁方仲编著:《中国历代户口、田地、田赋统计》,中华书局 2008 年版,第 19—25 页,甲表 3。

② [英]崔瑞德、鲁惟一编:《剑桥中国秦汉史》,杨品泉等译,中国社会科学出版社 1992 年版,第 82 页。

主父偃的"推恩令"建议，命诸侯王分割封地，分封弟子为列侯，由朝廷任命，使之隶属于中央直属的郡管辖。这一釜底抽薪之法使诸侯王封地大大缩小，直属于中央的郡则大为增加，由汉初的14个增加到80多个，诸侯王再也无法对中央构成威胁，西汉朝廷的中央集权得到了巩固和加强。但终两汉之世，郡、国始终双轨并行。检阅《汉书·地理志》中对各郡沿革的记载可知，大部分郡都有过为封国的历史，或仍然与封国交错存在，《汉书》共对20个封国作志。至汉平帝时，西汉共有郡、国103个，县、邑1314个，道32个，侯国241个，全国人口59594978人。①《后汉书》中也对郡、国并列作志。

从汉武帝时期开始，西汉的皇帝集权进一步加强，原三公九卿制度的内涵发生了很大变化。丞相一职在汉哀帝时被更名为大司徒。太尉在汉武帝时期被裁撤，后置大司马以代其职能。御史大夫在汉成帝时更名为大司空，后又复改复置。西汉还沿用上古官名，设立太师、太傅、太保，作为荣誉性官职，其中太师地位最崇，位于三公之上。至于九卿，其官名及品秩变化更大。

汉武帝为加强皇权、削弱相权，实行"内外朝"制，利用内朝去平衡以丞相为首的外朝。内朝，又称中朝，由皇帝的近臣如侍中、常侍、给事中、尚书等低级事务性官员组成。外朝官包括丞相以下的正规职官，为法定的正规机构。内朝一开始只是协助皇帝处理政务，主要承担掌管文书、传达皇命等事务性工作，但因为内朝官员是皇帝亲信，在皇权的有意栽培下，内朝的权力扩大，逐渐获得讲议朝政、奉诏治事以及召开决策会议的权力。内朝中的尚书台成为魏、晋、隋、唐尚书省的渊源。

西汉军权由皇帝亲自掌握，高级将领多为皇帝亲信或亲戚担任。为提高内朝地位，汉武帝设立大将军一职作为皇帝宿卫统领，统管内朝，并给亲信将领加上侍中或给事中的头衔，允其参与中枢决策。在皇帝的加持下，大司马、大将军权势一度超过丞相。内外朝制度有利于平衡相权，但也为宦官、外戚专权提供了制度便利。内朝中的侍中、尚书、将军与皇帝关系最为亲密，通过狐假虎威，极易变为朝政的主宰。宦官、外戚之所以为害两汉政局，与内朝的设立不无关系。

---

① （汉）班固：《汉书·地理志》，中华书局1999年版，第1231—1309页。

在皇权的打击下,西汉相权不断削弱,到汉武帝时期,丞相一职早就没有汉初萧何、曹参和周勃时代的权势,某种程度上,丞相一职已经成为高危职业。据统计,在汉武帝统治的50余年中,曾有12人任丞相,得以善终的只有7人,其他5人或自杀,或下狱死,或被腰斩。

秦朝时设有监御史,监察各郡。汉兴以后废止监御史之职,只是派丞相史分刺各州,没有设立常任官。汉武帝元封六年(公元前106),西汉将全国分为13个州(部),设立刺史13人,每年春天到各州(部)巡视。当时的州或称部,是为划分监察区而确定的临时性区划。"刺"指检核问事,史指御史,"刺史"是监察御史的意思。汉武帝平定朔方、南越、交阯后,在新设之郡置刺史之职,不同于原有郡守之职。汉成帝时将刺史更名为牧,俸禄由过去的600石提高到2000石,与郡太守相同。此后,东汉光武帝复设刺史12人各主一州监察之事,时间改为每年八月。[①] 当时在京兆之外共有12州,每州为一监察区。西汉末年,州刺史由监察官向地方官转化。东汉初年,州刺史开始有了固定驻地,权力扩大,可领兵作战,发展成为地方行政长官。州也由监察区发展成为正式的地方行政单位,原有的郡、县二级地方行政体系演变为州、郡、县三级地方行政体系。

对"七国之乱"的镇压使西汉王朝消除了汉初国家治理中最大的威胁——封国,但在两汉400多年的时间内,中央集权的国家治理体系仍受到外戚、权臣、宦官、豪强地主等诸多政治势力的巨大冲击,西汉更是直接被外戚出身的王莽夺权篡位。到西汉末年,随着土地兼并的加剧,地主豪强和富商巨贾的势力越来越大,横行一方,对地方官府行使治理权力形成很大的消极影响。东汉的开国皇帝刘秀就是出身豪强,他率领地主武装参加农民起义,最终夺取全国政权,地方豪强的作用由此可见一斑。

第三节 秦汉时期的乡里组织

秦汉时期,县以下的基层治理组织进一步完善,乡、亭、里得到设

---

① (宋)范晔:《后汉书·百官五》,中华书局1999年版,第2469—2471页。

立，里之下的居民则按什伍编制，形成了机构完整、制度健全、职能广泛的乡村治理格局。

一　乡里组织的设立

秦汉时期，"乡"成为一级正式行政机构。从此，"乡"专指处于县之下、里之上位于郊野农村地区的一个行政层级，其含义与乡遂制中的"乡"的意思已经相去甚远。乡遂制中的"乡"是对国、都、邑等城镇地区的统称、泛称，与统称鄙、野、村等农村地区的"遂"相对应。据专家研究，乡有城有郭，作为治所①，此处的城郭应当是指小集镇。

《秦律十八种》中的《仓律》中曾记载："县啬夫若丞及仓、乡相杂印之。"《效律》中则云："其他冗吏、令史掾计者，及都仓、库、田、亭啬夫坐其离官属于乡者，如令、丞。"②说明在秦国之时，县之乡已经有乡级组织的存在。

西汉时，"大率十里为一亭，亭有长。十亭一乡，乡有三老、有秩、啬夫、游徼。三老掌教化。啬夫职听讼，收赋税。"③东汉时，又设乡佐，"乡佐属乡，主民，收赋税。"④说明，乡的作用职能，是行政性质的。

"亭"原是指供旅客行人停留宿食的地方。秦法规定，十里设一亭，后发展成为与乡同级别的农村基层行政单位。亭设于城镇，交通方便，但职责范围比乡广泛，官吏也比乡多。亭类似于今天的镇，汉高祖刘邦曾经在秦末担任亭长。

西汉时期，乡亭数量开始增多。每个县管辖20个左右的乡和亭。乡亭的数目很大，西汉平帝时，全国已经有乡6622个，亭29635个，平均每县管辖的乡超过4个。东汉永兴时全国有乡3681个，亭12443个，平均每县管辖的乡超过3个。

亭的种类也很多，有设在长安、洛阳等大都市的街亭，也有设于县城的都亭，更多的则是设在农村市镇的乡亭。根据《汉书》记载，十里

---

① 严耕望：《中国地方行政制度史甲部：秦汉地方行政制度》，长达印刷有限公司1997年版，第57页。
② 《睡虎地秦墓竹简》，文物出版社1990年版，第25、75页。
③ （汉）班固：《汉书·百官公卿表》，中华书局1999年版，第624页。
④ （宋）范晔：《后汉书·百官五》，中华书局1999年版，第2474页。

一亭,十亭一乡,说明西汉时的亭有成为乡之下机构的趋势,且乡的面积也在方圆百里左右。但同一处史料记载,当时的县普遍方圆百里,[①] 这与乡的规模存在冲突之处,《后汉书》中记载,"十里为一乡"。[②] 所以当时的亭、乡之间究竟是何关系?亭只是交通馆驿、治安机构还是正式的与乡并列的地方行政单位,还需要进一步考证。

在乡和亭之下,一般设十个里。城邑和乡村都设有里。有学者认为"里"主要存在于城市地区,且主要为一种户口编制单位,恐怕并不符合历史事实。[③] 在《周礼》中对鄙野地区的基层组织设置为邻、里,明确记载"五邻为里",在城市则为比、闾,规定"五闾为里",[④] 自西周时期开始,里已经成为城乡基层稳定的一级组织。

城镇地区的里,经过一定的规划,室居枇比,门巷修直,设有里门。农村地区的里则保持农村聚落的自然形态,大多成散布状。里内居民按什伍编制,一里辖十什,管一百户。里的负责人为里正或里魁,一什有两伍,管十户。什有什长,伍有伍长。乡村的里、什、伍各户所居较为分散,不像城中之里那样整齐。此外,根据《后汉书》索隐,在设十里为一亭的同时,还五里设一邮,邮间相距二里半,司奸盗。[⑤]

二 乡官里吏的设置

秦汉的乡里组织体系是以乡官里吏的任命为基础的。不同于先秦时期乡里官吏具有较强的宗族氏族特点,秦汉的乡部或乡廷是王朝国家的最基层的行政组织,有秩、啬夫等乡政主持者则享受国家俸禄,具备体制内身份,且有一定的职业晋升机会。

乡官的设置

汉朝乡官的设置较为完备,要求从阅历丰富的年老退休官吏和儒生中选用。乡官主要有 5 种,但并非所有乡职在每个乡都是满额,具体设置与否以及设置的职数要根据乡的面积大小、户数规模等确定。

---

① (汉)班固:《汉书·百官公卿表》,中华书局 1999 年版,第 624 页。
② (宋)范晔:《后汉书·百官五》,中华书局 1999 年版,第 2475 页。
③ 任重、陈仪:《魏晋南北朝的里》,《西安交通大学学报》(社会科学版) 2003 年第 2 期。
④ 李学勤主编:《十三经注疏·周礼注疏》,北京大学出版社 1999 年版,第 264、390 页。
⑤ (宋)范晔:《后汉书·百官五》,中华书局 1999 年版,第 2475 页。

（1）三老。三老是乡政的主持者，每乡一人。多为五十岁以上、品德高尚的宗族长者，由邻里公举。刘邦治理关中的时候，在每乡设三老一人，并在乡三老中选择一位为县三老，作为县令的顾问，免除徭役，每年十月还赐给三老酒肉①。"三老掌教化。凡有孝子顺孙，贞女义妇，让财救患，及学士为民法式者，皆扁表其门，以兴善行。"② 三老有时也参与诉讼、处理冤狱等司法方面的工作。

县也有三老，是从乡三老中选拔的，协助县尉工作，不用服兵役、徭役。有学者认为，三老只是荣誉性职务，真正掌握乡政的是由县廷任命的有秩（啬夫）。

（2）有秩（啬夫），每乡一人。主要职能是管理诉讼、掌管司法、征收赋役，掌握实权。5000户以上的乡设有秩一人，由郡守任命，俸禄较高，为一百石。5000户以下的乡设啬夫一人，由县令任命，俸禄较少。

（3）游徼，是专管本乡社会治安的官吏，主要任务是在乡内流动追捕盗贼。

（4）乡佐，是有秩、啬夫的助手，协助征收赋税，办理讼狱。乡佐并非每个乡都设，大乡才设乡佐。例如，根据汉墓简牍，西汉海西县有14个乡，但乡佐才有9个。开阳县有5个乡，乡佐只有2个。

（5）孝、悌、力田，指三个负责思想教育、道德感化的小吏，汉文帝时根据农村户口规模常态性设立，职数根据本乡人口总数酌情确定，并非每乡都设立这三个岗位。

1993年在江苏连云港东海县尹湾村出土的汉墓简牍证实了历史记载与出土文献对县乡官员职数品秩的记载基本相符。据简牍，当时的西汉东海郡共有38个县邑国、170个乡，设有县三老38人，乡三老170人，乡有秩25人，乡啬夫137人。这说明三老、有秩、啬夫确属乡官，三老每乡都有，但大乡才设有秩，小乡只设啬夫。东海郡共有游徼82人，每县都有，最多6人，最少1人，这似乎说明，游徼也并非每乡都设，而是带有县廷派出机构或巡回机构的性质。简牍还表明，当时东海郡的孝、

---

① （汉）班固：《汉书·高帝纪》，中华书局1999年版，第24页。
② （宋）范晔：《后汉书·百官五》，中华书局1999年版，第2474页。

悌、力田各120人，共360人，平均每乡2.1人。①

乡在秦汉法律中称为乡部，行使基层行政和治安管理职能。例如，《二年律令·户律》规定，乡部对庶人未受田宅者，要以先后次序编户。对那些代户、贸然卖掉田宅的人，乡部不得为其定籍。② 每年八月，乡部啬夫、吏、令史等人要共同察看户籍，并誊录副本藏于县廷。

亭官的设置

亭官的种类比乡官更多，说明亭的属性较为复杂，可能兼具馆驿交通、治安防范和基层治理的多重功能。

（1）亭长，亭政的主持者是亭长，每亭一人。职责比三老复杂，包括主教化、断讼狱、缉盗贼、劝农桑等，涵盖农村治理的方方面面。

（2）亭佐，辅助亭长工作，负责收取赋税、征发徭役等。

（3）校长，负责治安防御、缉捕盗贼。

（4）亭父，汉朝时为5人，负责开闭亭门、卫生等杂务。

（5）求盗，负责追捕盗贼。

（6）亭侯，侦察人员。

（7）鼓武吏，武职人员，负责击鼓报警、追捕盗贼。

以上人员设置是就一般情况来说的，各亭并不必然都有如此之多的岗位设置，人数也不完全相等。前述尹湾村汉墓简牍表明，当时的东海郡共有亭长688人，最多的海西县有亭长54人。有专家认为，亭与乡里无隶属关系，是属于治安系统的基层组织，是都尉、县尉的派出机构。③但这又与乡官中的游徼职能发生重叠，且与出土文献中所记载的实际情况不符。以海西县为例，全县14个乡，有亭长54人，无论是从官民比还是从当时的生产力水平和治理水平来看，亭都不能被单纯地看作类似于今天的乡镇派出所，何况每个亭还有为数不少的工作人员。一种可能是，亭是介于乡、里之间的功能性机构，类似于20世纪80年代后在广东、广西部分地区流行的乡镇与行政村之间的管理区。亭负责维护法律和秩序，兼管邮亭，邮亭设邮人，由乡官提名，县廷同意。亭既具有今天派出所

---

① 卜宪群：《秦汉官僚制度》，社会科学文献出版社2002年版，第319—325页。
② 《张家山汉墓竹简》，文物出版社2006年版，第53页。
③ 林剑鸣：《秦汉史》，上海人民出版社2003年版，第105—106页。

的功能，又是官办的驿站，负责邮差和馆驿。

里吏的设置

（1）里正，为一里之长，每里1人，掌管全里政务，上传民情民意，下达乡亭政事要求。里正人选由乡有秩（啬夫）提名，县令批准。里的政务包括教化、缉盗、监视居民、组织农业生产、处理公共事务。尹湾村汉墓简牍表明，西汉东海郡共有2534个里。

（2）闾佐，是里正的副手，辅助里正工作。

（3）父老，类似于现代的顾问，多由退休官员或德高望重者担任，参与乡里重大事务。

（4）社宰，负责组织祭祀等公共活动。

（5）里监门，即里门的门卫，有时协助里正办理杂事，多由低贱者担任。

以上出土文献与历史文献的比对说明，县、乡、亭、里之间的对应关系并非史书记载中那样整齐划一。东海郡共有38个县邑国、170个乡、688个亭、2534个里的史实表明[1]，前述认为亭是与乡并列的基层组织的提法是不正确的，史书所说的十里为一亭、十亭为一乡的说法也可能是错误的。

什伍长的设置

每什设什长1人，每伍设伍长1人，协助里正处理涉及本什、本伍事宜。

第四节　秦汉时期的乡村治理

一　秦汉的乡村治理职能

秦汉时期的乡村治理包括户籍管理、治安管理、土地管理、赋税管理等主要职能，通过编户齐民制、什伍连坐制、乡举里选制、赋役制等制度来管理。需要说明的是，秦统一全国后二世而亡，只存在短短的十五年，故对秦代制度规定的了解多来源于秦国的相关文献记载。

（1）编户齐民制。秦汉时期的户籍管理制度发展完善了春秋战国时

---

[1]　卜宪群：《秦汉官僚制度》，社会科学文献出版社2002年版，第319—325页。

期的户籍制，要求以里为单位对家庭成员的姓名、性别、年龄、爵位、田地数量、财产状态等编制在册，作为征收田赋、徭役的基础和依据。汉代一般在每年秋八月进行人口调查，编造户籍。户籍管理的册子称为"傅籍"，而赋税的征收，如盐税、铁税等，是由国家专设的官吏办理，大部分与普通百姓密切相关的赋税如地税、口赋和酒税是由乡官负责经收的。秦汉律法规定，人人都必须登记入籍，隐瞒登录者当论罪受罚。凡登记在国家户籍上的人口统称为"编户民"，编户民不得随意迁徙，如果非法迁徙，谓之"亡命"。国家对逃脱名籍的亡命之徒进行严惩。国家规定出游之人必须持"符"，类似于今天的介绍信或通行证，没有"符"的游民将受到严厉惩罚，这种做法的目的是加强对编民的控制，防止编民脱籍流亡。[①] 汉初《二年律令·户律》中规定，百姓要自行申报年龄，田宅情况应当向县官禀告。而诈代其户者，要处以城旦之罪的罚款，没收田宅。禁止有田宅者附令人名，那些允许他人附名田宅者，"皆令以卒戍边二岁，没入田宅县官"。[②]

（2）什伍连坐制。什伍起源于齐国，为管仲所创，是秦汉时期的治安管理制度，建立在什伍制的基础之上，要求一家有违法行为，同什、同伍的人家都要检举告发，否则就犯连坐之责，且处罚非常严重，包括什长、伍长在内都要受到腰斩以下的重罚。相反，如果能够告发坏人，则可以受到晋爵的奖赏。

（3）乡举里选制。包括两个方面，一是作为汉朝官吏选拔"察举征辟""举孝廉"制度的一个环节，乡里组织对中央和地方的高级官吏选拔负有举荐的义务，要把孝廉之士向上推荐。二是乡亭里长的人选，需要经过乡里基层选举协商。例如，乡官要从阅历世事多的年老退休的官吏和儒生中选用。

秦汉时期的乡村治理具有四个方面的职能。

（1）征收赋税，征调徭役。征收田赋捐税，征调力役、兵役是封建国家统治百姓的重要形式，也是秦汉时期乡村治理的主要职能之一。秦

---

① 史仲文、胡晓林主编，冷鹏飞著：《中国全史·中国秦汉经济史》，人民出版社 1994 年版，第 72 页。

② 《张家山汉墓竹简》，文物出版社 2006 年版，第 53 页。

汉的徒役征发和赋税收缴都需要通过乡村治理组织如乡三老、啬夫、亭长等完成，基础是通过"傅籍"和乡亭里长对邻里人际关系的掌握。可见，乡村治理的一个重要职能是为国家服务的，是行政权在乡村社会的延伸，在这个意义上，并不存在"皇权不下县"的说法。担任泗水亭长的汉高祖刘邦就曾经奉令为沛县押送役徒至骊山服役，他在许多役徒逃走后干脆放掉了所有人，没有走的人都跟着他占山落草，成为后来起事的骨干，而他起事之所以能够具有号召力，得到以萧何、曹参等人为核心的沛县父老的支持，与他担任亭长时积累的乡里人脉资源是分不开的。

（2）劝导乡里，教化乡民。通过一定的意识形态对公民进行思想政治教育是国家统治职能的另一个重要体现，古今中外概莫能外。对乡村社会来说，道德教化兼具统治和公共事务的双重功能，一方面有利于巩固王朝国家的中央集权制度，维护现存政权的统治，另一方面也有利于在乡村社会形成稳定的社会秩序和良善的社会风气。尽管秦汉时期的统治指导思想并不相同，但教化的实施必须依靠退休官吏和基层知识分子，这是为什么他们能够成为三老、亭长、父老等乡村精英人物的重要原因。

（3）缉捕盗贼，维护治安。通过乡亭里官吏的职责设置可以看出，维护社会治安是乡里事务的一个重要组成部分。什伍连坐法也要求什长、伍长在维护基层治安方面发挥核心作用。云梦秦简中就规定，若有盗贼杀人，被害者发出呼救，同伍之家都要相救，四邻不在家可不追究责任，如在家必须来救，否则要受到惩罚。什长、伍长则不同，纵使不在家，也要问罪。

张家山汉墓出土的竹简《二年律令·户律》中规定："自五大夫以下，比地为伍，以辨券为信，居处相察，出入相司。有为盗贼及亡者，辄谒吏、典。田典更挟里门钥，以时开；伏闭门，止行及作田者；其献酒及乘置乘传，以节使，救水火，追盗贼，皆得行，不从律，罚金二两。隶臣妾、城旦舂、鬼薪白粲家室居民里中者，以亡论之。"[①] 表明，汉初法律对乡村基层的编户和治安管理非常严格。出入要有凭证，日常出行要结伴，遇有盗贼要及时报告。对里门的管理非常规范，既严格出入，

---

① 《张家山汉墓竹简》，文物出版社2006年版，第51页。

也在发生突发事件时便宜行事。

（4）劝课农桑，修路济贫。乡村治理中，除了完成国家任务外，还有大量的社会公共事务、公益事业需要乡村社会通过自组织去实施完成。古代社会以农为本，视农业生产为正途。不管是三老，还是里长，都负有劝导乡民务正业、治生产的职责。同时，乡村中还有诸如修路筑桥、抚贫济弱等公共事务和公益事业，都需要乡村治理组织来完成。

秦国比较重视农耕生产。《廐苑律》中规定，"以四月、七月、十月、正月膚田牛。卒岁，以正月大课之，最，赐田啬夫壶酉（酒）束脯，为旱〈皂〉者除一更，赐牛长日三旬；殿者，谇田啬夫，罚冗皂者二月。其以牛田，牛减絜，治（笞）主者寸十。"① 在每年四月、七月、十月、正月评比耕牛，满一年，在正月举行考核，成绩优秀的，赏赐田啬夫酒一壶，干肉十条，免除饲牛者一次更役，赏赐牛长资劳三十天；成绩低劣的，申斥田啬夫，罚饲牛者资劳两个月，如果用牛耕田，牛的腰围减瘦了，每减瘦一寸要笞打主事者十下。

郡县制实施后，乡亭既非一级行政单位，也不是后世所称的自治单元，而是县的附属和派出机构，可称为行政末梢，类似于今天的城市街道办事处。乡官中的三老虽然是乡举里选，但有实权的有秩和啬夫则是国家的行政官员，分别由郡守和县令任命，且享有俸禄。

为加强国家对基层的控制，秦朝的乡啬夫任命本乡的邮人和里典，也要征得县廷的同意。汉朝每年八月举行案比，由县廷负责，将全县男女老幼分批召集到县府廷中，由主吏根据户簿查验户籍，检算人口。还有另外一种情况，有些县官体恤下情，直接派人或亲自下乡，会同乡啬夫、里正到各乡、里实地查核②。以上信息表明，在郡县制的地方治理体系中，乡村治理是其中一个重要环节。"皇权不下县"指中央政府任命的官员只到县一级，正式的行政单位止于县一级，但国家意志、朝廷意志仍然是通过法律、通过官员任命等在乡村社会予以贯彻。乡、亭、里仍然属于国家的行政体系之列，尽管它具有特殊性。另外，代表乡村社会的三老、父老也在道德教化、协调宗族邻里中发挥重要作用，他们和代

---

① 《睡虎地秦墓竹简》，文物出版社1990年版，第22—23页。
② 邢义田：《治国安邦：法制、行政与军事》，中华书局2011年版，第211—212、324页。

表国家的征兵征税、执法安民的乡官里正形成互补,成为乡村治理中两种不同的治理主体和民间领袖。乱世之时,源自行政机构的权威下降,此时,来自乡土的父老力量的支持就成为退则保境、出则争雄的至关重要的因素。刘邦之所以能够发展壮大,来自沛县父老的支持是一个关键因素。

汉文帝、汉景帝都十分重视农业生产,二人曾多次下诏劝课农桑,按户口比例设置三老、孝、悌、力田若干员,经常给予他们赏赐,以鼓励农民发展生产,还通过各种税收优惠政策鼓励人民开荒。[1] 文景之治之所以成为中国历史上的盛世之一,根本原因在于农业生产的稳定和发展。古代社会,农业是国家之本,乡村治理则是国家治理最重要的基础。

二 秦汉的赋役征收

赋役是国家与人民关系的重要表现形式,官民矛盾则是赋役轻重的晴雨表。秦汉的赋役水平经历了由重到轻的剧烈变化。秦代遵循战国以来重赋苛役的传统,征敛无度,最终因暴政亡国。汉代汲取秦二世而亡教训,轻徭薄赋,官民矛盾较为缓和,国家和乡村治理相对成功。

秦代的赋役制度

古代国家赋税的基础是土地制度。商鞅变法后,秦国废除井田制,实行土地私有制。同时,官府手中也掌握大量田地,作为军功赏田,或者分配给无地、少地农民耕种,以收取租赋。这与后世的民田与官田并存的格局是类似的。秦统一后,将百姓称为"黔首",要求黔首自实田,陈报亩数。

秦朝灭亡源于暴政是历代共识,暴政是如何体现的呢?可用八个字概括:严刑峻法,横征暴敛。二者互为表里,严厉的刑法才能保证高额赋役得以执行;而暴敛得来的赋税供统治者骄奢淫逸,豢养大量的军政人员,维护国家暴力机器对内镇压人民反抗、对外开疆拓土。秦代的赋役究竟高到什么程度呢?

---

[1] 赵云旗:《从战乱到盛世:西汉文景之治41年》,《经济参考报》2008年12月12日。

历史典籍记载，秦始皇即位后，对百姓"收泰半之赋，发闾左之戍"①，收取的田赋为出产量的三分之二，征发的戍卒占一半。三分之二的田赋意味着66.67%的税率，"发闾左之戍"意味着最高时全国超过一半的人在服徭役。其结果是，天下男子竭力耕种尚不足以粮饷自给，天下女子竭力纺织尚不足以供应穿着。

董仲舒激烈批评秦国的暴敛，认为"古者税民不过什一，其求易共；使民不过三日，其力易足。民财内足以养老尽孝，外足以事上共税，下足以畜妻子极爱，故民说从上。"但是，秦国用商鞅之法，改帝王之制，废除井田，准许百姓买卖土地，结果是富者田连阡陌，贫者无立锥之地。官府又独占山林河流湖泽资源，百姓怎能不穷困？根据他的阐述，"又加月为更卒，已，复为正一岁，屯戍一岁，力役三十倍于古；赋，盐铁之利，二十倍于古"②。当时秦国的成年男子需要轮流服一个月的兵役后，一生中还要再戍守京都一年，驻守边境一年，一生所服的劳役是古代的30倍③；田租口赋、盐铁的利润是古代的20倍。秦代的老百姓一年所承担的各项支出是过去时代的20多倍，百姓耕种豪民之田，需要交纳亩产量一半的谷租。秦末诸侯并起，战乱导致百姓无法耕种，每石米高达一万钱，出现了大饥荒和人吃人的现象，全国人民死亡过半④。

有学者质疑历史文献中的记载是否有夸大之处，尤其是董仲舒的说法似乎过于夸张。因为即使按照董仲舒所想定的理想赋役标准，统治者

---

① （汉）班固：《汉书·食货志》，中华书局1999年版，第949—950页。秦国早期征发的戍卒是犯有过错的官吏、入赘的女婿、商人，后来尝试增加到曾做过商人的人、父母做过商人的人、祖父母做过商人的人。等这些人都已经全部被征发完毕后，又开始到闾里征发平民。一说为先征发居住在闾门左侧的，然后再征闾门右侧的，也就是全民皆兵，只是还没有轮到右侧的时候，秦国就灭亡了。另一说为秦时富者居闾右，贫者居闾左。秦役戍多，富者役尽，就开始征发居住在闾门左侧的贫弱之民了。见（汉）司马迁《史记·陈涉世家》，中华书局1999年版，第1568页注①索隐。

② （汉）班固：《汉书·食货志》，中华书局1999年版，第956—957页。

③ 董仲舒所言的"使民三日"意思不甚明确，不知是每年三日还是每月三日。如每月三日，应意为"什一之税"的劳役版，即一月三十天之中，百姓为国家服役三天；一年为30天。但据贡禹所言，"使民三日"是指每岁不过三日。见（汉）班固《汉书·贡禹传》，中华书局1999年版，第2301页。

④ （汉）班固：《汉书·高帝纪》，中华书局1999年版，第28页。另一说为，汉初，每石米价钱五千。见（汉）班固《汉书·食货志》，中华书局1999年版，第950页。

每年使民不过 3 日，以一个成年男子一生大约要服役 40—45 年计算（丁男承担劳役的时间段一般是 20—60 岁，或者 18—58 岁，秦国可能早至 16—17 岁，但总体上不会超过 45 年），则理想中的状态是，一名成年男子一生之中承担劳役的时间为 120—135 天。如果按照董仲舒所描述的那样，一个丁男生活在行暴政的秦国，一生要服劳役的时间总共为 1920—2070 天（30 天×40 年＝1200 天或 30 天×45 年＝1350 天，再加上两个 360 天），但这也仅为理想劳役天数的 15—16 倍，远远没有达到"力役三十倍于古"的说法。汉书中和董仲舒的说法或许缺乏翔实的资料作为支撑。为考证秦国的赋税标准，可以诉诸出土文献，可惜的是，无论是历史典籍还是出土文献都没有关于秦国田赋劳役标准的一手史料。

湖北云梦出土的《睡虎地秦墓竹简》的主体内容是秦国的法律条文。在《秦律十八种·田律》中对秦国赋税的记载有以下内容："入顷刍藁，以其受田之数；无垦不垦，顷入刍三石，藁二石。刍自黄禾及履束以上皆受之。"[1] 根据受田的亩数，无论是否开垦，每顷田地要交纳刍三石，藁两石。刍藁指饲草禾秆，用于马牛饲料，此处所征的应是军赋，不过它是作为田赋正税的附加税存在的，后世王朝的赋税结构中都有缴纳草料作为附加税的规定。在湖南里耶出土的秦简中则有"户刍钱"的记载，如"户刍钱三百""户刍钱六十四"[2]，这表明，秦的田赋附加税是刍藁税，包括田刍和户刍两个部分，睡虎地秦简所规定的是田刍，里耶秦简记载的是户刍。这一税收结构是与汉代一致的，或者说，被汉代继承。

秦国的田赋是如何征收的呢？《商君书》云："訾粟而税，则上壹而民平。"[3] 意思是根据农民收入粟谷的多少来征收田赋，那么，国君的赋收政策就统一了，农民承担的赋税就公平了。但是，究竟是实行多少的比例呢？是执行夏、商、周以来的什一税，还是什五税，或者如前所述，为三分之二的税率？根据里耶秦简 8—1519 支简所载系列内容的综合测算

---

[1]《睡虎地秦墓竹简》，文物出版社 1990 年版，第 21 页。

[2] 陈伟主编：《里耶秦简牍校释》第 1 卷，武汉大学出版社 2012 年版，前言第 7—8、179、286 页。

[3]《商君书·垦令第二》，载《高亨著作集林·商君书注译》，清华大学出版社 2004 年版，第 378 页。

表明，当时秦国实行税田制，税田制是西周井田制的残余，该块田地面积为每户家庭授田面积的 8.52%，由农户耕种，但所产全部作为田赋交纳官府。当时湖南迁陵县的税田平均亩产量为 1.5 石，合今天约 86.4 市斤。里耶秦简所载表明，当时迁陵平均每亩田赋有两个数据，分别是每亩 1.33 斗和 1.22 斗①，此数据与平均亩产量 1.5 石相除，分别为 8.87%、8.13%，或许其平均数 8.5% 就是当时秦国田赋的真实税率，若确实如此，则其所遵循的税率甚至低于"十税一"的标准。此时的迁陵县属原楚国之地，亩制当属小亩，亩积相当于 0.2882 市亩。秦简中还记载，当时的米价为一石 140 钱。但秦的米价很不稳定，据《史记》记载，秦始皇三十一年（公元前 216）时，秦国曾出现一石米价格为 1600 钱的情况。②

跳出里耶秦简的个案，如果一般地考察秦代的田赋水平，一要看亩均产量，二要看亩均税额，三要看税率，税率为亩均税额与亩均产量之比。一般认为，附加税的标准与正税相同。③ 如以此推算，秦代的一顷（100 亩）征收田赋 5 石，则每亩税额为 5 升。那么，秦代的亩均产量是多少呢？吴慧先生将秦汉平均亩产量确定为相同的 2.82 石，那么，以汉代亩均 3 石计算，则秦代亩均产量也可确定为 3 石。这样，税率就仅为 1.67%，相当于六十税一，大大低于汉代的三十税一。1.67% 的税率不仅与历史记载所描述的秦国重赋情形反差巨大，就是与里耶秦简中所记载的 8.5% 的税率也相差很大，由此可以反证当时顷入五石的税率标准可能性不大，无论是小亩情形下还是大亩情形下。秦代上接战国时期，下连西汉时期，从税收政策的连贯性来看，既不可能达到 66% 以上的幅度，也不可能低到 1.66%（大亩）至 3.33%（小亩），较大的可能性还是 10% 的税率。

就正税而言，秦是否达到亩产三分之二甚至二十倍于古的水平，值得进一步推敲。与儒家知识分子推崇为"天下之中正"的什一税对比，

---

① 陈伟主编：《里耶秦简牍校释》第 1 卷，武汉大学出版社 2012 年版，前言第 7—8、345—347 页。

② （汉）司马迁：《史记·秦始皇本纪》，中华书局 1999 年版，第 178 页。

③ 郑学檬主编：《中国赋役制度史》，厦门大学出版社 1994 年版，第 26 页。

秦的田租口赋如果是其 20 倍，则意味着赋税是田亩产量的 200%，那表明以农耕为主业的农民即便倾家荡产也无法缴足税赋。古代乡村的产业形态是男耕女织，一个农户家庭可以通过女性成员的纺织来增加收入，但女织只能略为贴补家用，承担家庭支出和家庭成员生活开支的主力还是农业产出。如果田地赋税达到 200%，那农耕收入透支一倍以上，农民全家生活都无法得到保障了。

秦代法律规定，成年男子必须为国家服力役和兵役。开始服役的年龄，即傅籍年龄，秦时为 17 岁，免除徭役的年龄一般认为是 60 岁。秦国的服徭役年限为 43 年（17—60 岁），显然大大超过了古制规定的 33 年。

古制，一般被认为是西周之制，但也可能从未存在，因为《周礼》中也无明确规定服役的年龄。后世儒家文本中所提到的古制开始服役年龄是 20—23 岁，也许是后人托古虚构，目的是劝喻统治者爱惜民力，实行仁政，但直到西汉文景时代才真正按此标准实施。"古者二十而傅，三年耕有一年储，故二十三而后役之。"① 傅，指傅籍，指到了 20 岁就要把男子登记在户口簿上，作为给公家征发徭役的依据，由于还需要耕作三年，所以按照古制，男子实际服徭役的年龄是 23 岁。免除徭役的年龄为 56 岁，因为男子到了 56 岁就衰老了，就免为庶民，使归乡务农。故此，未满 23 岁的为弱，超过 56 岁的为老。

秦国百姓所服的力役包括戍、漕、转、作四个主要方面。戍，是指服兵役，对外作战，戍守边疆。如果是在某一地区固定守卫，还要同时在当地兼作建筑劳作。漕是指担任漕运上的力役。转是指陆地上的运输力役。作是指承担建筑力役工作。秦统一天下后，没有缓刑罚，薄赋敛，轻徭役，贵仁义，而是"循其故俗"，"行十余年"，"丁男披甲，丁女传输"，② 男女齐上阵，全民皆役，民不聊生。

秦国法律中对徭役的管理是十分严格的。《徭律》中规定："御中发征，乏弗行，赀二甲。失期三日到五日，谇；六日到旬，赀一盾；过旬，

---

① （汉）班固：《汉书·高帝纪》，中华书局 1999 年版，第 27 页，孟康曰、如淳曰、师古曰之注。

② （汉）班固：《汉书·严安传》，中华书局 1999 年版，第 2122—2123 页。

赀一甲。"① 为朝廷征发徭役，如耽搁不加征发，应罚甲二副。迟到三至五天，斥责；六到十天，罚盾一面；超过十天，罚甲一副。当时的一甲值1344 钱②。此外还对承担徭役的农民修筑的城墙、宫舍的质量保证问题作出规定，出现问题的不但要重新服役维修，而且要予以惩罚。不过，从法律对徭役惩罚的标准来看，似乎当时秦国农民每年服力役的最长时间应不超过一个月。

当然，尽管以上历史典籍和出土文献中对秦国徭役的记载有落差，但由于无法掌握全面资料，故无法断定秦国力役负担处于何种水平。法律规定只是一方面，在现实世界中，政府往往只会加码执行，从对秦代政策的具体执行来看，肯定是大大超过法律规定水平。例如，按秦国时的《徭律》，征发徭役未能及时到达，主要措施是罚款，但到了秦二世时代，就演变为要砍头。害怕被杀头成为点燃陈胜、吴广起义的导火索。

在秦统一之前，曾经征发 15 岁的少年参加长平之战③。统一之后，秦始皇北伐匈奴，南征百越，修长城，筑直道，建宫殿，修皇陵，都需要大规模征发民力。有学者估计，秦统一后全国约有人口 2000 万人，丁男不过 400 万人，服各类力役人数每年不下 300 万人，如以此计算，服力役者达到丁男总数的 75%，占全国总人口的 15% 以上。④

沉重的徭役负担，加上严酷的刑罚产生的结果是"天下苦秦久也"，农民纷纷起来反抗。连秦国的统治者冯去疾、李斯等人都承认，"盗贼"多的原因是"戍、漕、转、作事苦，赋税大也"⑤，秦廷对百姓的征发可以用"赋敛愈重，戍徭无已"来形容⑥。司马迁对秦暴政的描述是"法令诛罚日益刻深，群臣人人自危，欲畔者众"，连大臣们都恐惧不已，可见秦代苛政之重。对秦国作出横征暴敛的定性，如同对汉初作轻徭薄赋的定性一样，是毫无疑问的，问题只是如何通过具体的量化数据予以衡

---

① 《睡虎地秦墓竹简》，文物出版社 1990 年版，第 47 页。
② 陈伟主编：《里耶秦简牍校释》第 1 卷，武汉大学出版社 2012 年版，前言第 4 页。
③ （汉）司马迁：《史记·白起列传》，中华书局 1999 年版，第 1833 页。
④ 范文澜：《中国通史简编》，人民出版社 1994 年版，第 18 页。郑学檬主编：《中国赋役制度史》，厦门大学出版社 1994 年版，第 38 页。
⑤ （汉）司马迁：《史记·秦始皇本纪》，中华书局 1999 年版，第 192 页。
⑥ （汉）司马迁：《史记·李斯列传》，中华书局 1999 年版，第 1987 页。

量,其横暴的程度又究竟有多高。

除田赋和力役外,秦代的赋税结构中还包括人头税。秦代征收的人头税称为口赋,原则是"吏到其家",以户为单位进行,计口出钱,故口赋又称户赋。后世的口赋起征标准不一,有的是三岁,有的是七岁,有的是十四岁,不分男女。秦代口赋起征的年龄标准是多少?史无明文,一口征收多少?也没有资料。一般推测,应当不会少于汉代的算赋,即每人120钱,五口之家则为600钱。

如以里耶秦简中一石米值140钱的标准计算,600钱相当于4.29石米的价格,换算成粟谷相当于2倍重量,即8.58石,需要用大亩2.86亩、小亩5.72亩的产出来予以交纳。假定五口之家有田百亩,如为小亩,每年产粮共150石,口赋之征换成田赋税率,约为5.72%,如为大亩,约为2.86%。如果假定田赋为百亩5石,将口赋与田赋加并计算,则百亩共需缴纳13.58石,如为小亩,税率为9.05%,如为大亩,税率为4.53%。如以迁陵的田赋率计算,则口赋田赋合计为税率14.22%,如以10%的一般田赋率计算,则共为15.72%(小亩)。

如果用李悝所说的"石三十"或秦律中所说的"公食当责者,石三十"[①]的米价标准,则五口之家有田百亩需要卖谷20石,那么,口算二赋加上田赋共需25石,如为小亩,税率达到16.67%,如为大亩,税率为8.33%。如以迁陵的田赋率计算,口算二赋加上田赋合计为税率21.83%(小亩)。

秦代农民的负担

在以上繁重严苛的赋役制度下,从秦国至秦代,乡村农民遭受何种程度的盘剥,承担何种水准的负担?他们的日常生活又是怎样的呢?我们可以从生活水准来判断秦国至秦代时百姓的负担。睡虎地秦墓竹简《秦律十八种·仓律》规定:

> 【粟一】石六斗大半斗,舂之为粝米一石,粝米一石为糳米九斗,九【斗】为毇米八斗。稻禾一石,为粟廿斗,舂为米十斗;十

[①] (汉)班固:《汉书·食货志》,中华书局1999年版,第948页。《睡虎地秦墓竹简·司空律》,文物出版社1990年版,第53页。

斗粲，毇米六斗大半斗。麦十斗，为麫三斗。菽、荅、麻十五斗为一石。稟毇䵂者，以十斗为石。①

粝米是舂碾脱壳但未精舂的糙米，但应残留些谷壳。糳米、毇米都是指舂过的精米②，但二者应该还是有细微的区别。糳米是指粗米，指进一步舂碾去掉谷壳后只剩下米胚，毇米是指淘洗后可直接蒸煮食用的最精的米，䵂米与毇米是一样的。尽管一般将糳米也称为精米，但它应是指仍留有米胚的米。粲，上等白米，粟之精凿者③。粟谷一石六又三分之二斗，舂成粝米一石，粝米一石舂成糳米九斗，糳米九斗舂成毇米八斗。稻重一石，共稻谷二十斗，舂成米十斗，十斗的粲，舂成毇米六又三分之二斗。麦十斗，出麦壳屑三斗。大豆、小豆、麻以十五斗作为一石。领取毇䵂细米的，以十斗为一石。据此，可得出如下米率换算公式：

（1）粟谷 16.67 斗 = 粝米 10 斗 = 糳米 9 斗 = 毇米（䵂米）8 斗
（2）稻谷 20 斗 = 粲米 10 斗 = 毇米 6.67 斗

《仓律》中对当时罪犯的口粮标准是这样规定的：

> 隶臣妾其从事公：隶臣月禾二石，隶妾一石半，其不从事，勿稟。小城旦隶臣作者，月禾一石半石；未能作者，月禾一石。小妾舂作者，月禾一石二斗半斗；未能作者，月禾一石。婴儿之毋母者各半石；虽有母而与其母冗居公者亦稟之，禾月半石。隶臣田者，以二月月稟二石半石，到九月尽而止其半石。舂，月一石半石。隶臣妾城旦高不盈六尺五寸，隶妾舂高不盈六尺二寸，皆为小；高五尺二寸，皆作之。小隶臣妾以八月傅为大隶臣妾，以十月益食。④

---

① 《睡虎地秦墓竹简·仓律》，文物出版社 1990 年版，第 29—30 页。
② 夏征农主编：《辞海》，上海辞书出版社 1999 年版，第 4141、5183 页。
③ 夏征农主编：《辞海》，上海辞书出版社 1999 年版，第 5176 页。
④ 《睡虎地秦墓竹简·仓律》，文物出版社 1990 年版，第 32—33 页。

《仓律》中还规定：

> 城旦之垣及它事而劳与垣同等者，旦半夕参，其守署及为它事者，参食之。其病者，称议食之，令吏主。城旦舂、舂司寇、白粲操土功，参食之；不操土功，以律食之。……
> 免隶臣妾，隶臣妾垣及为它事与垣等者，食男子旦半夕参，女子参。
> 食饿囚，日少半斗。①

古人一日两餐，旦半夕参，是指早饭半斗，晚饭三分之一斗。少半斗为三分之一斗。

《传食律》规定：

> 御史、卒人使者，食粺米半斗，酱四分升，菜羹，给之韭葱。其有爵者，自官士大夫以上，爵食之。使者之从者，食粝米半斗；仆，少半斗。不更以下到谋人，粺米一斗，酱半升，菜羹，刍藁各半石。上造以下到官佐，史无爵者，及卜、史、司御、寺、府，粝米一斗，有菜羹，盐廿二分升二。②

根据以上规定，我们可通过表2—1了解一下秦人日常口粮标准，相关换算标准为：③

（1）粟谷16.67斗 = 粝米10斗 = 糳米9斗 = 毇米（粺米）8斗
（2）稻谷20斗 = 粲米10斗 = 毇米6.67斗
（3）秦时每石（古100升，今20000毫升）粟重量为今27市斤，每石小米重量平均为今32市斤④。

---

① 《睡虎地秦墓竹简·仓律》，文物出版社1990年版，第33—34页。
② 《睡虎地秦墓竹简·传食律》，文物出版社1990年版，第60—61页。
③ 斜体部分为历史文献中的原文，其他内容据换算所得。
④ 秦时每一石（20000毫升）粟谷重量为今27市斤，小米重32市斤。见吴慧《中国历代粮食亩产研究（增订再版）》，中国农业出版社2016年版，第329页。

表 2—1　　　　　　　　　　秦人日常口粮标准

秦人身份	月口粮谷标准（石）	月口粮谷标准（折合今市斤）	米谷比率	日口粮米标准（斗）	日口粮谷（市斤）	日口粮米（市斤）
御史、卒人使者	3.125	84.375	4.8∶10	"粺米半斗"(0.5)	2.81①	1.6②
使者之从者	2.5	67.5	6∶10	"粝米半斗"(0.5)	2.25	1.6
使者之仆	1.65	44.55	6∶10	"少半斗"(0.33)	1.485	1.056
隶臣从事公	"禾二石"	54	6∶10	0.4	1.8	1.28
隶妾从事公	"一石半"	40.5	6∶10	0.3	1.35	0.96
小城旦隶臣作者	"一石半石"	40.5	6∶10	0.3	1.35	0.96
小城旦隶臣未作者	"一石"	27	6∶10	0.2	0.9	0.64
小妾舂作者	"一石二斗半斗"	33.75	6∶10	0.25	1.125	0.8
小妾舂未作者	"一石"	27	6∶10	0.2	0.9	0.64
无母婴儿	"半石"	13.5	6∶10	0.1	0.45	0.32
隶臣田者	"二石半石"	67.5	6∶10	0.5	2.25	1.6
隶臣田者	"二石"	54	6∶10	0.4	1.8	1.28
隶臣妾舂者	"一石半石"	40.5	6∶10	0.3	1.35	0.96
城旦垣者及同等者	4.15	112.05	6∶10	"旦半夕参"(0.83)	3.735	2.656
守署及它事者	3.35	90.45	6∶10	"参食之"(0.67)	3.02	2.144
城旦舂、舂司寇、白粲操土功	3.35	90.45	6∶10	"参食之"(0.67)	3.02	2.144

①　日口粮谷（市斤）的计算公式为：日口粮谷（市斤）＝日口粮米标准（斗）÷米谷比率×每斗谷重量今市斤数。此处的"每斗谷重量今市斤数"取值为每斗粟重量为今 2.7 市斤，即每升粟重量为今 0.27 市斤。

②　日口粮米（市斤）的计算公式为：日口粮米（市斤）＝日口粮米标准（升）×（每石米重量今市斤数÷100 升）。此处的"每石米重量今市斤数"取值为每石小米重量为今 32 市斤，即每古斗为今 3.2 市斤，每古升为今 0.32 市斤。本列皆按小米重量计算，未按粟米重量计算，下各行同。

续表

秦人身份	月口粮谷标准（石）	月口粮谷标准（折合今市斤）	米谷比率	日口粮米标准（斗）	日口粮谷（市斤）	日口粮米（市斤）
免隶臣妾，隶臣妾垣及为它事与垣等者	4.15	112.05	6∶10	"旦半夕参"（0.83）	3.735	2.656
	3.35	90.45	6∶10	"参食之"（0.67）	3.02	2.144
食饿囚	1.65	44.55	6∶10	"日少半斗"（0.33）	1.485	1.056

不合理之处在于，饿囚的每天口粮标准比一般罪犯还要高些。

汉代的赋役征收

汉代的赋役结构为田赋、徭役和更赋、人头税、算缗钱、算车船与税民资、关税和市租、牲畜税和收益税以及江湖陂泽税和海租。汉代田赋是历代最轻的，长期为十五税一、三十税一，但人头税并不低。在汉武帝征伐时期，徭役和杂税的汲取也是非常高的。汉代收的田税很轻，但百姓向地主交的地租并不低，轻赋并不能杜绝贫富分化，也难抵御大灾之年出现饥荒和人相食现象。

（1）汉代的田制。汉初实行授田制。张家山汉墓竹简《二年律令》中的《田律》规定："田不可田者，勿行；当受田者欲受，许之。"[①] 意思是授田不可授那些无法种植谷物的田地，但如果应当受田者坚持要受这些田，也可同意。对那些不能垦殖的田，农民要申请交回，只要不请求补偿的，都同意交回给政府。农民不得侵占邑中道路、溪水旁的小路以及树木间的小路，或者将之开垦成田地，违者罚黄金二两。在制度上，《田律》规定每亩为240平方步："田广一步，袤二百卌步，为畛，亩二畛，一佰道；百亩为顷，十顷一千道，道广二丈。"[②] 但是，汉初同时还存在100步的小亩，大亩是否普遍应用，可能需要结合具体情况加以

[①] 《张家山汉墓竹简》，文物出版社2006年版，第41页。
[②] 《张家山汉墓竹简》，文物出版社2006年版，第42页。

判断。

《二年律令·户律》中规定了各等级官员及庶民授田的标准。

关内侯95顷，大庶长90顷，驷车庶长88顷，大上造86顷，少上造84顷，右更82顷，中更80顷，左更78顷，右庶长76顷，左庶长74顷，五大夫25顷，公乘20顷，公大夫9顷，官大夫7顷，大夫5顷，不更4顷，簪褭3顷，上造2顷，公士1顷半顷，公卒、士伍、庶人各一顷，司寇、隐官各50亩。不幸死者，令其后行择田，乃行其余。它子男欲为户，以为其⊠田予之。其已前为户而毋田宅，田宅不盈，得以盈。宅不比，不得。①

《户律》还对相应等级的住宅规格进行了规定，一宅的标准面积是方三十步。

（2）汉代的田赋。西汉统治者汲取秦因暴政二世而亡的教训，加之汉初民力国力太穷，实行轻徭薄赋政策，田赋收取十五分之一和三十分之一。统治者量入为出，带头省吃俭用，从天子到诸侯，都力图自给自足，不向国家伸手。②

汉高祖刘邦在争夺天下时，非常注意通过减轻赋税来争取民心。他曾免除蜀郡、汉中郡百姓二年赋税，关中地区凡从军的士卒，免除家中租税、劳役一年。③ 登基后，刘邦约法省禁，轻田租，什五而税一，量吏禄，度官用，以赋于民④。汉高帝十一年（公元前196），刘邦下诏减免赋税。他认为当时献赋没有章程，有的官吏多收赋税作为献费，诸侯王征收得更多，百姓十分痛恨此事。于是下令诸侯王、通侯都在十月朝见时纳献费，各郡纳献费都要以人口实际数计算，每人一年六十三钱，用来缴纳献费。汉高帝十二年（公元前195），刘邦下令从军入蜀郡、汉中郡，平定关中的人全部免除终身赋役。⑤

汉惠帝时，"减田租，复十五税一"⑥，说明汉高祖在位期间，曾经提

---

① 《张家山汉墓竹简》，文物出版社2006年版，第52页。
② （汉）班固：《汉书·食货志》，中华书局1999年版，第950页。
③ （汉）班固：《汉书·高帝纪》，中华书局1999年版，第24页。
④ （汉）班固：《汉书·食货志》，中华书局1999年版，第950页。
⑤ （汉）班固：《汉书·高帝纪》，中华书局1999年版，第51—52、57页。
⑥ （汉）班固：《汉书·惠帝纪》，中华书局1999年版，第63页。

高田赋税率，但汉惠帝即位后很快恢复原来的税率，使"十五税一"的标准一直保持到汉文帝时，即使在吕后当政时也未见改变。

汉文帝二年（公元前178），鼓励农民交纳粟谷给边境军队以获得爵位奖励或免除刑罚，并免除一半租税。这意味着此时的田赋标准已经降低到"三十税一"。汉文帝三年（公元前177），免除晋阳、中都百姓三年的租税。汉文帝十二年（公元前168），再次免除全国农民一半的租税。第二年（公元前167），再次下令免除全国百姓田地的租税。[1] 此次田赋全免持续了十一年，一直到汉景帝元年（公元前156），才恢复征收一半的田租（三十税一）[2]。文景时期应该是中国历史上租税最轻的时期。

景帝之后，"三十税一"成为西汉朝廷征收田赋的法定税率，成为"汉家经常之制"，轻徭薄赋也成为汉末乱世人心思汉的一个重要原因。

到了武帝时期，由于"外事四夷，内兴功利"，汉初轻徭薄赋、节俭慎用的风气一去不返了，相反，"役费并兴，而民去本"。为此，董仲舒上疏督促武帝重农，薄赋敛，轻徭役，宽民力。但在汉武帝死后，功费愈甚，天下虚耗，甚至再次出现人相食的现象[3]。汉武帝末年，悔征伐之事，下诏要致力农业，任命赵过为搜粟都尉，向老百姓教授、推广一亩三圳的代田法，提高耕作技术，每亩比不用此法的增加产量一斛甚至二斛以上[4]。昭宣时期，农业生产颇有恢复，百姓安心务农，每年收入丰盛，但谷价却低至每石五钱，出现谷贱伤农现象。其后逢水旱灾年，也会出现谷价高于三百钱一石以及饿殍遍野、人相食的惨象。不过，到了西汉末年，官府收藏很多，百姓资财虽不及文景时期，但人口已经达到历史上前所未有的水平。

王莽篡位后，下令将天下官田更名为王田，奴婢视为私人所有，都不许买卖。家庭男子人口不满八个的，田超过一井的，都要把多余的田分给九族乡党。违反法令的，规定要处死，但又没有具体的制度来确定，官吏以此作奸，天下怨声鼎沸，被处罚的人相当多。王莽末年，"刑罚深

---

[1] （汉）班固：《汉书·文帝纪》，中华书局1999年版，第86—87、90—91页。

[2] （汉）班固：《汉书·景帝纪》，中华书局1999年版，第101页。《汉书·食货志》记载有所不同："孝景二年，令民半出田租，三十而税一也。"见同书第955页。

[3] （汉）班固：《汉书·食货志》，中华书局1999年版，第956—957页。

[4] （汉）班固：《汉书·食货志》，中华书局1999年版，第958页。

刻,它政悖乱,民俞贫困……北边及青徐地人相食,雒阳以东米石二千"。真正是盗贼群起,民不聊生。面对饥饿现象,王莽竟然荒唐到派遣官员教民煮木为酪,这怎么能食用呢?① 结果是,进入关内的数十万流民,饿死者十之七八。王莽也在羞愧难当中走向灭亡。

刘秀建立东汉政权后,因战争需要,曾改行"什一之税",但6年之后改回到"三十税一"的旧制。② 汉章帝时,秦彭改革税制,"亲度顷田,分别肥瘠,差为三品"③,将田地根据肥力分为上、中、下三个等级,确定不同肥力田地的亩产量,再据此确定税率,这种做法更加合理,为东汉政府在全国推广,也为后来曹操正式颁布统一的田税亩定额奠定了基础。④

按照"三十税一"政策,汉代的百姓每亩需要缴纳多少田赋呢?这就涉及田赋是浮动征收还是固定征收。按照百分制的原则,在理论上,应该由官府每年测量农民田地实际产量,再按照3.3%的比例征收土地税,但这种操作在现实中是不可行的,只能是根据各地正常年份的大致产量,因为就算是在同一地区,不同农户因田力、耕作水平等因素,每一亩田的产量也是不同的。晁错在向汉文帝上书中说,"百亩之收不过百石",这个产量甚至还低于两百多年前魏国的亩产一石半的水平,因此,每亩一石应该是指当时西汉核定的全国的平均亩产量,并作为征收标准。"三十税一",意指每亩收税3升。汉武帝时期,将西汉初年的小亩(百步为亩),改为大亩(240步为一亩)⑤,那么,是否还是征收3升呢?如果计产征收,大亩的产量应为2.4石,则大亩每亩应征收7.92升,如果不计产,保持汉初每亩3升固定标准,则实际税率仅为1.25%,差不多是百税一了。

汉代也征收田赋的附加税——稿(槁)税。例如,萧何在向刘邦进

---

① (汉)班固:《汉书·食货志》,中华书局1999年版,第959—962页。
② (宋)范晔:《后汉书·光武帝纪》,中华书局1999年版,第33页。
③ (宋)范晔:《后汉书·秦彭传》,中华书局1999年版,第1668页。
④ 郑学檬主编:《中国赋役制度史》,厦门大学出版社1994年版,第42页。
⑤ 根据张家山汉墓出土竹简《二年律令·田律》,汉初已经实行240平方步的大亩,则此问题须待进一步研究,其时,大小亩并行。可能大亩只是一种制度规定,并未真正推广。否则,如以晁错所言,百亩只收百石,如果都是240步的大亩,岂不相比战国,亩产量反而大大倒退?

言的时候提到"毋收稿",贡禹则指出百姓"已奉谷租,又出稿税"。①1973年湖北江陵凤凰山汉墓出土的简牍表明,当时百姓所交的附加税与秦代一样,分为刍、稿(槀)两种,刍可以折色为稿,同时,刍稿之征还分为"户刍"和"田刍"两种。②《二年律令》中规定了稿税—田刍的标准。"每顷入刍三石,上郡地恶,顷入二石;槀皆二石",而且要求缴纳当年出产的,不能交陈刍陈槀;凡是不服从法令的,罚黄金四两。可见,汉初的刑罚还是比较严酷的。如果本县一年的饲草和禾秆够用,那么农民就不用交实物,每顷田交纳55钱即可,折价是刍一石当15钱,槀一石当5钱。户刍的标准则是,"卿以下,五月户出赋十六钱,十月户出刍一石,足其县用,余以入顷刍律入钱"③,这样算起来,每户每年要出实物1石,刍稿钱31钱。

（3）汉代的徭役。汉初,秉承秦制,男子服徭役的起始年龄为17岁,后在汉律中改为23岁。汉文帝时,为减轻百姓负担,规定徭役减至每3年服役一次④。汉景帝二年（公元前155）,将开始服徭役的年龄定为20岁,免除徭役的年龄为56岁。与古制相比,多了3年,但比秦代少了7年,农民负担有所减轻。其后,徭役起始年龄又恢复到23岁。

《二年律令·傅律》中规定,大夫以上年五十八,不更六十二,簪袅六十三,上造六十四,公士六十五,公卒以下六十六,皆为免老⑤,意指年高免服徭役。而《汉旧仪》中则云:"秦制二十爵,男子赐爵一级以上,有罪以减,年五十六免。无爵为士伍,年六十乃免者,有罪各尽其刑。"⑥可见,汉初制度对徭役年龄的规定是复杂变化的。在傅籍问题上规定,民产子五人以上,男子皆傅,即登记在册,预备服役。身高不足六尺二寸以及天生残疾丑恶者,算作废疾之人,可免傅籍。爵位为不更以下者之子年满二十岁,大夫以上至五大夫之子及小爵不更以下至上造

---

① （汉）司马迁:《史记·萧相国世家》,中华书局1999年版,第1614页;（汉）班固:《汉书·贡禹传》,中华书局1999年版,第2305页。
② 郑学檬主编:《中国赋役制度史》,厦门大学出版社1994年版,第44—46页。
③ 《张家山汉墓竹简》,文物出版社2006年版,第41—43页。
④ （汉）班固:《汉书·贾捐之传》,中华书局1999年版,第2137页。
⑤ 《张家山汉墓竹简》,文物出版社2006年版,第57页。
⑥ 《汉旧仪》卷下,载《丛书集成新编》第28册,新文丰出版公司1985年版,第7页。

年满二十二岁，卿以上之子及小爵大夫以上年满二十四岁的，都要傅籍。公卒及士伍、司寇、隐官之子，都要当士伍。①

汉初，执行秦律，"月为更卒，已，复为正，一岁屯戍，一岁力役"②。每个傅籍的成年男子每年要在郡县轮流服役一月，称为更卒。后来废除更卒之制，改为正卒之制，即每个丁男一生之中要在边境屯戍一年，服力役一年，这是为中央政府服务的。汉文帝时，采纳晁错的建议，募民在边境要塞地区定居，可在当地就近服役，代替了"一岁而更"的"远方之卒"③。

汉文帝时期起，徭役制度逐渐常态化。汉代的徭役制度是兵役和力役一体。男子服兵役的年龄段是23—56岁，一生要服兵役2年。先在郡（国）县当步兵或骑兵一年，再到中央当一年卫士，如果家在边疆地区，就在当地参加屯戍。在中央和地方的各类戍卒还要参加建城筑宫、修路开渠、运输粮草等力役工作。以上称为内徭。此外还有外徭，即一生中要戍边三日。内外徭完成后回家参加农业生产。

汉代百姓在本地的更卒之役可亲身服役，"戍边三日"如果人人亲往，在路上时间旅费消耗过高，还要耽误农时，经济上很不划算，故绝大部分百姓对三日戍边之役事实上是通过"出钱三百入官，官以给戍者"，由官府雇人服役的形式完成的，称为过更。还有一些百姓，因其他各种原因无法服一月之役的，需要交纳免役费二千钱，称为践更，这个费用是非常高的。践更和过更所需交纳的代役金都称为更赋④。

（4）汉代的人头税。汉代的人头税包括算赋和口赋两种。算赋应是军赋的一种。汉高帝四年（公元前203），"初为算赋"，年龄在15—56岁的百姓每人要出120钱算钱以治库兵车马。⑤汉惠帝六年（公元前189），规定"女子年十五以上至三十不嫁，五算"，即征收600钱的算

---

① 《张家山竹墓汉简》，文物出版社2006年版，第58页。
② （汉）班固：《汉书·食货志》，中华书局1999年版，第957页。但中华书局版断句似有问题。从上下文看，断为"已，复为正，一岁屯戍，一岁力役，三十倍于古"可能更为妥当。
③ （汉）班固：《汉书·晁错传》，中华书局1999年版，第1753—1755页。
④ 转引自曾国祥主编《赋税与国运兴衰》，中国财政经济出版社2013年版，第61页。（汉）班固：《汉书·昭帝纪》，中华书局1999年版，第161—162页，如淳曰之注。
⑤ （汉）班固：《汉书·高帝纪》，中华书局1999年版，第33页。标准见如淳曰之注。

赋，目的是通过这种变相的高额税赋促进民间婚姻，繁殖人口。《汉律》还规定，"贾人与奴婢倍算"①，抑商禁奴的导向明显。汉文帝时，将算赋减至每人每年 40 钱。至景帝、武帝时又恢复到 120 钱。汉武帝建元元年（公元前 140），出台尊老之政，"年八十复二算，九十复甲卒"，凡家有年满 80 岁之人，可免除二口的算赋，家有 90 岁之人，可免除一子服役。② 汉宣帝甘露二年（公元前 52）再次减至 90 钱。汉成帝建始二年（公元前 31），减至 80 钱。

口赋起征于何时无明确记载，一般认为可能起源于汉武帝年间。根据《汉旧仪》，口赋的征收年龄段是 7—14 岁，标准是每人 23 钱。其中，20 钱供养天子，3 钱是武帝用来贴补车骑马之用。武帝时期，征伐四夷，重赋于民，口赋一度改为 3 岁起征，百姓重困，甚至出现小孩一出生就被杀掉的惨剧。汉元帝时，贡禹上书建议将口赋恢复到 7 岁起征，算赋提高到 20 岁起征。后 7 岁起征的建议被汉元帝采纳。③ 算赋是成年人的人头税，口赋则是未成年人的人头税。但在特殊年份，如汉武帝时期，将口赋征收年龄向下延伸到 3 岁，向上延伸到 90 岁，百姓负担还是较重的。

由上可见，汉代的人头税是比较高的。如前文所述，汉代的谷价低时仅为每石 5 钱，大荒之年高于 300 钱。即便以一石谷值 50 钱计算④，一个五口之家，其中三个成年人，那么算赋需要缴纳 360 钱，口赋 46 钱，共为 406 钱，仅人头税就需要卖谷 8 石才能支付。

（5）汉代的其他税费。汉代还曾征收算缗钱、算车船与税民资、关税和市租、牲畜税和收益税。绝大部分都是在汉武帝时期开始征收的，目的是北征匈奴用兵需要。对于卿以上所自田户田，不收租税，也不用出顷刍稾。

（6）汉代的赋税水平。汉代的赋税水平究竟如何？汉代是否真的是

---

① （汉）班固：《汉书·惠帝纪》，中华书局 1999 年版，第 67 页，及应劭曰之注。
② （汉）班固：《汉书·武帝纪》，中华书局 1999 年版，第 112 页。
③ （汉）班固：《汉书·贡禹传》，中华书局 1999 年版，第 2304—2307 页。
④ 根据前文李悝的计算，战国时魏国每石粮粟价格为 45 钱。蒙文通先生认为，汉代的谷价应在每石 100 钱上下。见蒙文通《中国历代农产量的扩大和赋役制度及学术思想的演变》，《四川大学学报》1957 年第 2 期，第 38 页。

一个轻徭薄赋的理想国？普通百姓的收支水平到底是一种什么状况？我们可以战国时期李悝对魏国农民的亩产与生计关系为模板计算，一个五口之家，治田百亩，岁收亩一石半，每年可收粮 150 石，去掉"三十税一"的 5 石、人头税的 8 石，剩 137 石。其中，食用，一个人一个月要 1.5 石[1]，五个人一年要 90 石粟，还剩 47 石，折算为 2350 钱，即为家庭田地收入总数。宗祠用 300 钱，穿衣，一个人大致用 300 钱，五个人全年用 1500 钱，仅剩 550 钱，而农田上的耕牛、种子、肥料支出，人情花费、服役旅费开支、疾病死丧费用等尚未计算在内。可见，即便在农民负担最轻的文景年间，普通农民全年收入也仅仅维持温饱，而这还需要靠家庭的另外一些收入予以补充支撑，如豢养鸡鸭鹅、猪牛羊等，女性从事纺织，男性在农耕之余再从事砍柴、打零工等副业来贴补家用。以上仅指自耕农，如果是佃户，还要向田主交纳 50% 的地租，即 75 石粮粟，那肯定是入不敷出了。

研究古代租赋时的一个核心问题是历代亩产量，而弄清亩产量的前提是亩积问题。根据梁方仲先生《中国历代户口、田地、田赋统计》一书中所载的万国鼎、王达等人的研究，周代与汉武帝之前的西汉的亩为小亩，每亩步数为 100 步，仅相当于今天一亩的 0.2882 亩，而秦亩及汉武帝之后的汉亩为大亩，步数为 240 亩，相当于今天一亩的 0.6916 亩，大亩亩积是小亩的 2.4 倍。但吴慧认为，西周的亩积为今 0.3726 市亩，战国时除秦国外，亩积为 0.3276 市亩，它们都属于周亩体系，但战国时已经有所缩小，此外，战国时的齐国实行的是东亩，亩积为今 0.2385 亩。还有一个数据值得注意，就是晚周及秦汉的一石为 120 斤，当时的一斤约为今天的 0.48 市斤，一石相当于今天的 57.6 斤，一升相当于今天的 0.576 斤。在以上不同朝代之间进行亩产量及粮价换算时，须小心行事，否则容易得出先秦亩产量比明清亩产量还要高得多的荒唐结论来。[2]

关于历代亩产量的历史文献记载有以下史料。

---

[1] 一般来说，大男每月食粮需 2.5 石，大女 2 石，儿童 1.5 石。另有一顿饭的标准为五升之饭（指的是未经加工的谷物，如粟、麦、米），则一日二餐，一月为 3 石。由于度量衡标准不一，故说法各异。

[2] 梁方仲编著：《中国历代户口、田地、田赋统计》，中华书局 2008 年版，第 746—747 页。

《管子·禁藏》：

　　富民有要，食民有率，率三十亩而足于卒岁。岁兼美恶，亩取一石，则人有三十石。①

《管子·治国》：

　　常山之东，河汝之间，……四种而五获，中年亩二石，一夫为粟二百石。②

《管子·轻重甲》：

　　一农之事终岁耕百亩，百亩之收不过二十钟。③

《管子·轻重乙》：

　　河淤诸侯，亩钟之国也。④

《论衡·率性篇》：

　　魏之行田百亩，邺独二百。西门豹灌以漳水，成为膏腴，则亩收一钟。⑤

---

① 《管子全译》，谢浩范、朱迎平译注，贵州人民出版社1996年版，第663页。
② 《管子全译》，谢浩范、朱迎平译注，贵州人民出版社1996年版，第598页。吴慧认为，这里所说的"石"指的是汉代的大石，"二石"粟合小石3.333石，比荀悦所说的3石，又有提高。这里所说的亩产，是"四种而五获"，即复种的产量。
③ 《管子全译》，谢浩范、朱迎平译注，贵州人民出版社1996年版，第974页。
④ 《管子全译》，谢浩范、朱迎平译注，贵州人民出版社1996年版，第984页。每钟四百钱。
⑤ （汉）王充：《论衡·率性篇》，载于《论衡校释》，黄晖撰，中华书局1990年版，第81—82页。

《史记·河渠书》：

（郑国渠）渠就，用注填阏之水，溉泽卤之地四万余顷，收皆亩一钟。①

《淮南子·主术训》：

一人跖耒，而耕不过十亩。中田之获，卒岁之收，不过亩四石。②

仲长统《昌言·损益》：

今通肥饶之率，计稼穑之人，令亩收三斛，斛取一斗，未为甚多。③

以上史料表明，战国时期中原地区水利灌溉条件较好、肥沃地区的农田，每亩产量可达到一钟，即六石四斗。但同为战国时期的李悝在叙述魏国的亩产量时，认为只有一石半，二者相距太大。在《管子》中，在复种的情况下，亩产量也只有二石，即使加上可能的大小亩、大小石因素，这些数据也值得怀疑。一般来说，战国时期实行的是100步的小亩，即便加上水利因素，也不至于有如此大的差距。如果再将小亩折算成大亩，其亩产量将达到惊人的18.56石，折算成亩产相当于1069市斤，这几乎是不可能的。目前我国北方地区小麦亩产量只在800—1000斤，两千多年前不可能达到此水平，何况即便按大亩计算，当时的一亩也只有今天一亩的69.16%。此处不是钟与斛之间的换算有问题，就是原始记载有问题。对诸如《管子》《论衡》一类非历史典籍而带有政论性质的著作

---

① （汉）司马迁：《史记·河渠书》，中华书局1999年版，第1197页。
② （汉）刘安等：《淮南子·主术》，载于《淮南子全译》，许匡一译注，贵州人民出版社1993年版，第520页。吴慧认为，这里所说的亩和石，指的是大亩和大石。大亩10亩，中等条件下年产40石，亩产4石。一大石谷合小石谷为2.77石。这是南方稻谷的亩产。
③ 引文见（宋）范晔《后汉书·仲长统传》，中华书局1999年版，第1117页。

中所提供的数据,需要进行严谨的推算,不能简单地将其视为真实数据,有时政论家们为了达到自己的目的,可能会夸大或缩小某些数据为己所用,也不能排除他们在写作时使用了一些道听途说、没有确实依据的数据。在《管子》中,对于亩产量的表述前后就相差很大。即使这些数据是真实的,也只是作为极少数丰产田存在的特例,并非当时普遍的、平均的亩产量和农业生产水平的真实体现。

由于对历史资料中各种亩制的计算和运用的理解不一,致使后世学者对历代亩产量的真实数据及其可能性存在较大争议,为此,特列出表2—2,以梳理出战国至两汉时期不同历史资料中所描述的亩产量与亩制的关系以及换算成今天亩产量的水平高低。

即便以赋役最低的汉文帝时期来计算,汉代的赋税总体水平也并不低。司马迁曾经称赞汉文帝时期,"百姓无内外之繇,得息肩于田亩,天下殷富,粟至十余钱,鸣鸡吠狗,烟火万里,可谓和乐者乎!"① 如果此处的粟至十余钱,是指每石粟的价格,那么,即便在文帝时期,将算赋减至每人每年40钱,负担也是不低的。即便以每石粟15钱计,每人也需要2.66石粟才能交清算赋。

如果遇到类似汉武帝开疆拓边、北击匈奴或者水旱灾荒等特殊年份,农民就会民不聊生,因为脆弱的小农经济是很难经受天下大变冲击的。事实上,从汉武帝时期开始,农民的财政负担就急剧加重,除了武帝增收的诸多赋税项目外,官府对盐铁的专卖,更是对农民造成巨大的负担。到了武帝末年,不少破产农民沦为无地可耕的流民,人数有200万人之多。这就是为何文景之后,一有灾荒,就会粮价飞涨、冻馁遍地甚至"人相食"的原因。

西汉平帝元始二年(2),全国共有田亩827053600亩,当时每户平均口数为4.87人,每户平均亩数为67.81亩。按亩产3石计算,家庭年收粟谷为203.43石,折合今5492.6市斤,按每石值100钱计算,一个西汉末年的普通农户家庭所收粮食共值20343钱。如果将田上收入计为家庭总收入的80%,那家庭年总收入为25429钱。如按前述公式将各项必要开支以及向官府交纳的赋、役、税去掉后,也仅仅略有盈余,如果米

---

① (汉)司马迁:《史记·律书》,中华书局1999年版,第1083页。

表2-2 战国至秦汉亩产量对照表

时代/地区	亩积	折今市亩	产量	每石值钱	折算大亩亩产	大亩亩产折今市斤数（一）	大亩亩产折今市斤数（二）④	大亩亩产折今市亩亩产	资料来源
齐国	东亩②	0.2385市亩	1石（平均）		2.9石③	167.04斤	80.26斤④	116斤⑤	《管子·禁藏》
	东亩	0.2385市亩	6.4石		18.56石	1069斤	513.6斤	742.6斤	《管子·轻重乙》
魏国	周亩	0.3276市亩⑥	6.4石		13.5石	777.6斤	410斤	592.8斤	《论衡·率性篇》
秦国	240方步	0.6916市亩	6.4石		6.4石	368.64斤	172.8斤	249.9斤	《史记·河渠书》

① 对亩产量的计算有两种折算方法，一是按照万国鼎的标准，秦汉一斤相当今0.48市斤，一石为今57.6市斤。二是按照每石容量的实物，换算成相应的重量。例如，每秦汉一石今为20000毫升，相同容积的粟积重27市斤，每石小米重32市斤，每石水稻重24市斤，每石大米重30市斤。再以此为标准进行计算，从而得出两个不同的数值。本处以统一以每石粟容重量为27市斤为计算标准。齐国每升折合今205毫升，魏国取西魏下官钟容积，每升折合为今225毫升。有关数据见丘光明、邱隆、杨平《中国科学技术史·度量衡卷》，科学出版社2001年版，第123、136—140页。

② 吴慧认为，周代的"东亩"每百亩约合2.97—23.85市亩，主要实行地区是齐国。见吴慧《中国历代粮食亩产研究》，农业出版社1985年版，第7、11页。"古者以周尺六尺四寸为步，今以周尺六尺为步"《礼记·王制》。《礼记》，胡平生、张萌译注，中华书局2017年版，第285页。但此处折合东亩面积为2.9市亩，古者百亩，当今东田百五十六亩三十步。面积为0.3726市亩，比战国时期周亩（0.3276市亩）面积要大一些。

③ 240方步的大亩面积是吴慧视为秦汉小亩的240方步为东亩面积0.2882市亩，比战国时期周亩的0.3276市亩的大亩面积为战国时周亩的2.11倍。

④ 计算公式如：大亩亩产折今市斤数＝大亩亩产（2.9石）×27斤粟÷200毫升（齐国每升折今容量）下同。

⑤ 计算公式为：大亩亩产折今市斤＝大亩亩产市斤数×（今1市亩面积为240方步大亩面积比例）。下同。

⑥ 吴慧认为，周亩的亩面积也存在一个变化的过程，西周至春秋时期大约为今0.3726市亩（八尺为步，步长19.7厘米），战国时期有所缩小，应为0.3276市亩（六尺为步，24.63厘米一尺）。在使用《汉书·食货志》中魏国的"一夫百亩"百亩地时，宜以一亩为0.328市亩。故本书此处暂未采用万国鼎先生所持周亩为0.3726市亩之说，因只有0.3276市亩才能与秦汉时东亩形成100∶64的比例关系。东田则要另外计算。见吴慧《中国历代粮食亩产研究》，农业出版社1985年版，第13页。

续表

时代/地区	亩积	折合市亩	产量	每石值钱	折算大亩亩产	大亩亩产折合市斤数（一）	大亩亩产折合市斤数（二）	大亩亩产折合市亩亩产	资料来源
豫中	周亩	0.3276市亩	2石		4.22石	243斤	113.94斤	164.7斤	《管子·治国》
	周亩①	0.3276市亩	1.5石	45钱	3.17石	182.59斤	85.59斤②	123.8斤③	《汉书·食货志》
魏国	200方步	0.5763市亩	1.5石	45钱	1.8石	103.68斤	54.7斤	79.09斤④	李悝言

① 蒙文通先生认为，是错所说的百亩百石是指东田，李悝时的魏国百亩百石是指周亩，刘安说的中田亩四石是指汉代大亩。见蒙文通《中国历代农产量的扩大和赋役制度及学术思想的演变》，《四川大学学报》1957年第2期，第33—34页。

② 战国时期的周亩（折合0.3276市亩）与秦国改制后的大亩（折合0.6916市亩）面积比例是1:2.11，与今市亩之比是1:3.05。如按第二种方式测算，战国时期魏国的农业生产水平相当于今一市亩产要么123.8市斤。

③ 本书对《汉书·食货志》中魏国亩产认定的一石，为今20000毫升，吴慧中，是将此处的一石认定为汉代的大石，一石合0.333市石，一市石则认定为123.8市斤而非本书所用的原则。根据现代学者的研究，石在汉代非正常使用的两种制度，汉代官方颁发的专用量器，这可作为计算历代石与小石的说法并充分，故本书未采用。例如，小石为27市斤（一石），大石为30市斤。吴慧中认定汉代2000毫升为20000毫升，这是流行于民间，即一斗合今2000毫升，如此，则十斗一斛（石），作为容量单位而重量单位的一石相当于20000毫升。吴慧中认定汉代2000毫升为20000毫升，中国农业出版社2016年版，第116、329页；丘光明、邱隆、杨平《中国科学技术史：度量衡卷》，科学出版社2001年版；王先生《中国历代粮食亩产研究》（增订再版），中国农业出版社2016年版，第262—266页。

④ 本书对魏国亩产不同于王曾瑜先生、王先生在讨论魏李悝时认为的一魏亩等于今0.5763今亩，并推知当时每市亩约产栗5斗，约合67.5市斤。见王曾瑜《锱铢编》，河北大学出版社2008年版，第35页。其实，王先生既认为5斗等于67.5市斤，而1市亩约产栗应为2.6石（1市亩/市亩产量=0.5763市亩/1.5石），而非5斗，此处当有误。另外，王先生认为5斗等于67.5市斤，说明现认为一石为135市斤，而本书则是根据不同时期的容器实际测量容量换算当时每石实际重量，根据附表可知，当时魏国容器每石为22500毫升，为秦汉标准容器20000毫升的1.125倍，故魏国每石栗实际重量当为27×1.125=30.375市斤，为秦汉中数据皆按此依据进行测算。

续表

时代/地区	亩积	折合市亩	产量	每石值钱	折算大亩亩产	大亩亩产折今市斤数（一）	大亩亩产折今市斤数（二）	大亩亩产折今市亩亩产	资料来源
秦国（迁陵）	240方步	0.6916市亩	1.5石	140钱（米）	1.5石	86.4斤	40.5斤	58.6斤	《里耶秦简》
汉文帝	100方步[1]	0.2882市亩	1石[2]		2.4石	138.24斤	64.8斤	93.7斤	《汉书·食货志》
汉景武	240方步	0.6916市亩	4石		4石	230.4斤	108斤	156.2斤	《淮南子》
东汉末	240方步	0.6916市亩	3石	100钱[3]	3石	172.8斤	81斤	117.1斤	仲长统

[1] 《二年律令·田律》中表明，汉初田制每亩为240方步，但其时大小亩并存。晁错所言可能为小亩。
[2] 对于晁错所言，方家有不同解读。荀悦在《前汉纪》中将晁错所言"百亩之收不过三百石"中的石乃是大石，并且认为这个石指的是"米"，而不是原粮。荀悦所说的3小石粟，合大石粟为1.8石，折米打六折约为1.08大石，也就是亩米约一石。当代研究者吴慧则认为，所说的石乃是大石，方家所言更正为"百亩之收不过三百石"，而不是三石。晁错所言可能有悟"三百石"之误。有研究者认为，晁错所悟，不过三百石，不过百石，乃是"不过三百石"之误。这样也可和荀悦"三百石"之说相契合。
[3] 蒙文通先生的估算。

价下跌为50钱,则农户家庭仅能维持温饱,如果亩产量降到2石,则无论农户如何节约开支,大概率都会陷入家庭财政赤字之中。对此,可进一步参见表12—4中的相关测算。

可见,汉代赋税水平虽比"暴秦"确实下降不少,与其他朝代相比,田赋徭役算是最低的,但如果加上人头税及其他杂税杂征,赋役总量并不算低。如果与百姓实际收入支出和生活水平相比,汉代的盛世也仅仅存在于文景、昭宣年间。长期以来,"轻徭薄赋"的判断掩盖了汉代总体赋税水平中等偏上的事实,或许,对汉代赋税的正确表述应是"薄赋轻徭重税"。

秦汉赋役的总体特点是"役重于赋"。秦的军赋、口赋重于地租,徭役又远远重于租赋。春秋战国后,劳役地租向实物地租演进,但争霸的需要决定了诸侯国仍将对臣民百姓人身的控制作为国家竞争的重要手段。无论是征发兵役力役,还是征收口赋都反映了"税人"仍重于"赋地"的治理思维。尤其是秦代的徭役,名目繁多,人多面广,年早期长,征调急促,督责苛严,对人民的奴役达到史无前例的程度,对民力的过度汲取既是秦国一统天下的重要原因,也是它二世而亡的惨痛教训。西汉统治者汲取秦亡教训,实行轻徭薄赋政策,有力地安定人心,促进农业生产的恢复和发展,乡村社会繁荣之景重现。但汉代的人头税及其他杂税加派并不低,再加上当时的生产力水平低下,农民辛苦一年也仅能维持温饱。一有天灾战乱等大变,百姓仍免不了陷入民不聊生境地。从乡村治理的角度来看,两汉对民力汲取远远小于秦代,统治者知进退、能自律,劝农务本措施有力,官民矛盾缓和,在国家与农民的关系处理上成为后世的典范,乡村治理相对而言是较有成效的。

但真实的历史或许是,"暴秦"在平常的岁月中,也许百姓负担不一定像后世儒者渲染的那样沉重,而汉代在南征北伐的过程中,其残暴程度或许并不比"暴秦"温柔多少,秦代在治理上的最大问题可能在于徭役太重、太频繁,让老百姓喘息的机会都没有。

宋人说过,民不苦重赋,而苦重役。因为赋与生产有关,剥削的只是部分农产品,产得多,交得多,也会有负担,但总归有希望通过勤劳苦作提高总产量,余下更多的部分用于家庭的生活。但徭役就不同了,它是对农民人身和自由的全部占有,让人逃无可逃,尤其是各种加派杂税，政出多门，名目繁多，逼得农民只有逃亡才能躲避。

三 秦汉农民的生活

秦代赋役繁重，人民生活苦不堪言。西汉初期，与民休息，轻徭薄赋，但武帝之后，因连年用兵，百姓负担再次加重，虽有宣昭时期二次休养生息，但此后至西汉末年人民生活越来越艰难。东汉初期，农民负担有所减轻，生活有所好转，但进入中后期，农民负担再次跌入周期循环陷阱，百姓生活日益困顿，乡村走向衰败。东汉末年，中枢治理日益混乱，王朝政治越来越腐败，农民不堪剥削压迫，起义蜂起，诸侯争相割据，天下大乱，出现"白骨露于野，千里无鸡鸣"的惨景，乡村人民生活在困顿中勉力挣扎。

班固曾在《汉书》中评价汉代的民歌："感于哀乐，缘事而发"，说明除了史书、文集、奏议等，文学作品同样是一个时代历史的有力映照。汉乐府诗所记载的诸多民歌就是对秦汉乡村社会生活，以及国家与农民关系的形象描述。例如，汉乐府诗《十五从军征》突出反映了徭役、兵役带给劳动人民的苦难，虽然文学用词略有夸张，农民服役并非都是"八十始得归"，但秦汉赋役制度在实际执行中，肯定是大大超过50岁免役的时限，诗歌表述的是当时底层人民的情感心理和生活状况，反映的则是秦汉农民重役远征的乡村治理面貌。

十五从军征　佚名

十五从军征，八十始得归。
道逢乡里人：家中有阿谁？
遥看是君家，松柏冢累累。
兔从狗窦入，雉从梁上飞。
中庭生旅谷，井上生旅葵。
舂谷持作饭，采葵持作羹。
羹饭一时熟，不知贻阿谁！
出门东向看，泪落沾我衣。

无名氏所作的《饮马长城窟行》的主要内容是妻子思念远在他乡长

期服役的丈夫，从闺怨的角度侧面反映汉代沉重的徭役负担给百姓生活和情感带来的困扰。

> 青青河畔草，绵绵思远道。
> 远道不可思，宿昔梦见之。
> 梦见在我傍，忽觉在他乡。
> 他乡各异县，辗转不相见。
> 枯桑知天风，海水知天寒。
> 入门各自媚，谁肯相为言。
> 客从远方来，遗我双鲤鱼。
> 呼儿烹鲤鱼，中有尺素书。
> 长跪读素书，书中竟何如。
> 上言加餐食，下言长相忆。

相比古代，汉代徭役服役时间长，服役地点远，正因如此，《盐铁论》中说：

> 徭役远而外内烦也。古者，无过年之繇（徭），无逾时之役。今近者数千里，远者过万里，历二期。长子不还，父母愁忧，妻子咏叹，愤懑之恨发动于心，慕思之积痛于骨髓。[1]

《桓帝初天下童谣》反映了东汉大肆征发士卒，农村男丁被征调一空，只留下妇女在家收割农作物，农业生产遭受破坏的客观现象以及官僚贵族可避役，劳动人民却不得不服役的社会不公现实。诗中写道：

> 小麦青青大麦枯，谁当获者妇与姑。丈人何在西击胡。吏买马，君具车，请为诸君鼓咙胡。

---

[1] （汉）桓宽撰，陈桐生译注：《盐铁论》，中华书局2015年版，第468页。

第 三 章

魏晋南北朝的乡村治理

从184年黄巾军起义至581年隋朝统一全国的近400年间,中国历史进入急剧转变时期,虽然西晋曾短暂统一过全国,但分裂、动乱、战争是这一时期最大的主题。其间,从三国分裂到西晋统一,从西晋东渡到北方分裂为五胡十六国,从北魏统一北方,到东晋南朝与北魏北朝的南北对峙,从北魏再度分裂为西魏东魏,又被北周、北齐代替,到东晋相继变迁为宋、齐、梁、陈四个政权,真是"你方唱罢我登场"。汉隋之间的360年里,受到农民起义、争霸战争、少数民族入侵、南北战争、央地关系、民族关系以及政权频繁更替的影响,地方行政区划频频变化,各级政权组织五花八门,行政管理极度混乱,难以形成统一健全的国家治理体系。乡村治理体系受到战乱的严重冲击,难以维持下去,具有豪强割据性质的坞堡制一度在部分地区替代传统乡里制,并对国家与农民关系、土地赋税政策产生巨大影响。但是乡里制仍在顽强地发展演进,"村"作为新的组织形式越来越普遍地出现在基层治理体系中,乡村治理格局在经历南朝、北魏等地多种形态的新变化后,为隋唐乡里体制的再次繁兴奠定了基础。

第一节 魏晋南朝的国家治理体系

东汉末年,天下大乱,国家治理体系经受军阀、权臣、内侍等政治势力以及农民起义、争霸战争的多方冲击,百孔千疮,难以维持既有形态,开始发生新的演变。

首先,在地方治理体系上,随着州作为监察区转变为行政区,秦汉以来的郡、县二级地方行政机构转变为州、郡、县三级体制，管理成本上升，官僚冗员增加。为进一步加强皇权，提高对地方的控制力，魏国开始在一些重要的州或战略要地设立都督，代表中央统揽军政，镇抚地方。都督与州刺史军政分立，但政治地位高于州刺史，若持使节，可以诛杀州郡长官。西晋时，都督制进一步发展成为设于州之上的常设性地方行政机构，都督多由皇室子弟担任。部分都督因拥有多个州的军事大权，又兼任一些重要的州的刺史，势力强大，更易干预中央政治，对中央集权构成威胁，中央、地方冲突进一步加剧。

其次，受各种因素影响，地方行政单位的设立日益繁多，出现"百室之邑设州，三户人家设郡"的现象。到南北朝末期，全国共设州近300个，设郡700—800个，有时甚至近千个。一些州刺史加军号也可以领兵，行政机构内部纷纷增设岗位职数，多个行政系统并行，彼此干扰冲突。[①]另外，因长时间战乱，"白骨露于野，千里无鸡鸣"，全国人口急剧下降。根据《晋书·地理志》，汉桓帝永寿三年（157）时，全国人口为5648万余人，但是经过多年战乱，到刘备章武元年（221），蜀国人口只有90万人，孙权赤乌五年（242），东吴人口只有240万人。据史书记载，263年时，蜀国只有94万人，魏国只有443万人，280年时的东吴也只有230万人。[②] 到太康元年（280）西晋灭吴后，加上蜀吴，全国人口总共也只有1616万余人[③]，120年间，全国人口总量下降七成以上。百姓少，官员多，官民比极度失调，"十羊九牧"现象极其严重，百姓不堪重负。

最后，魏晋南朝的中央政治制度逐渐由秦汉时期的三公九卿制向三省分立制方向发展。秦汉时辅佐皇帝处理政务，为主管文书、传达起草诏令而设的具有秘书处性质的尚书台（省）的权力越来越大，发展成为中央政府的正式权力机构，此外，掌拟诏令的中书省、审定诏令的门下省相继设立。尚书原本是秦汉少府的小官，在汉武帝加强皇权、分设"内外朝"的集权进程中，尚书由过去的事务性小官发展成为权力性重

[①] 严耕望：《中国地方行政制度史甲部：秦汉地方行政制度》，长达印刷有限公司1997年版，第6—7页。

[②] 参见梁方仲编著《中国历代户口、田地、田赋统计》，中华书局2008年版，第6—8页。

[③] （唐）房玄龄等：《晋书·地理志》，中华书局1999年版，第267—268页。

臣，至三国时已经脱离少府，尚书台成为全国政务的总汇机构，类似于今天的中央办公厅。为削弱权力越来越大的尚书台，魏国增设中书令（省），西晋进一步增设门下省，以分权尚书台。至此，尚书、中书、门下三省并立局面开始形成，标志着中央政府权力进一步向皇权集中，相权受到更大的削弱。

在分封问题上，西晋重复了西汉的错误。晋武帝司马炎错误认为曹魏宗室力量弱小是它被司马氏取代的原因，于是大封宗亲为王，以郡为国，将封国分为大国、次国和小国。封王因是宗亲，多兼任都督，建立王国军队，势力日益壮大，不但未能拱卫皇室，反而纷纷争夺最高权力，最终酿成"八王之乱"。

两晋南北朝时期，源自东汉中期的门阀世族对地方政权的把持和垄断日益严重，进而发展到干预中央政权运行，甚至在废立国君中发挥重要影响，世族专政使皇权受到很大削弱。

第二节　魏晋南朝的乡村治理

一　魏晋南朝的乡村组织

经过春秋战国时期的演变，到了秦汉时期，乡里制已经发展成较为健全完善的农村基层管理制度，乡村民众以邻里为行政区分，以宗族为血缘区分，相对集中地居住在一地，形成乡村聚落，它们大多以聚、丘、里为名，一般称为里居。[1]

三国时期，长年战乱使秦汉以降的里居体系和乡里制度受到极大破坏，百姓流离失所，原有乡里制度名存实亡。为在乱世之中保护自身安全，定居一方的普通百姓不得不加大聚族而居的程度，通过掘沟据垒御寇自卫。地主豪强、地方军阀则筑墙挖洞、积粮屯聚，建成一个个军事堡垒，退则保境安民，进则争霸天下。遍地开花的坞堡壁垒取代了原有的乡里制度，在频繁战乱的局面下，国家对社会的控制力全面下降，特别是对居住于坞堡壁垒中，依附于地主豪强、地方军阀的普通民众来说，国家事实上失去对他们的管辖能力，既有的农村基层治理体系已经无法

---

[1]　汤勤福：《魏晋南北朝乡村聚落的变迁》，《中州学刊》2020年第8期。

正常运转，国家对自耕农和地主在田赋地租、徭役兵役等方面的征收和管理功能处于瘫痪状态。总之，由动乱和战争催生的割据一方的地方豪强的存在是原有乡村治理体系失灵的重要原因。

西晋统一全国后，着手破除原有乡村治理体系失灵困局，力图恢复秦汉以来的乡里制度，修复健全农村基层管理体系。为此，西晋要求老百姓集中定居，以便更好地收取赋税，加强管控。

西晋政府规定，500户以上的县设乡。其中3000户以上的设2个乡，5000户以上的设3个乡，万户以上的设4个乡。每乡置啬夫1名。不到1000户的乡设治书史1人，超过1000户的设史、佐各1人，正1人；5500户以上的设史1人，佐2人。乡以下设里，每100户设里吏1人，如果地广人稀，根据实际情况设置里吏，但不能少于50户。1000户以上的乡设校官掾1人。每个县都设方略吏4人。[①] 另外，采取措施，招安地方豪强，安抚居住在坞堡壁垒中的原有民众，并拆毁了一部分坞堡。此后，由于"八王之乱"延续了16年，刚刚恢复的乡里制度再次遭到严重打击，坞堡再次发展起来。

据《宋书》，南朝时的宋在县、乡、里、什、伍的设置和官吏职数、职能上循秦汉旧制，没有变化，组织系统仍是五家为一伍，二伍为一什，十什为一里，一里为百户，里上有乡。伍、什、里分别由伍长、什长、里魁管理。乡佐、有秩主赋税，三老主教化，啬夫主争讼，游徼主奸非。[②] 当然，对于《宋书》的这一记载，不少学者表示怀疑，认为并不完全符合当时大动荡、大变迁后的南朝政治现实，仅可视为复古先朝旧制的理想化记载，现实基层组织设置或许并非如此。但到南朝齐、梁时期，乡村治理中产生一个新的现象，出现了"村长""村司"[③]，村、里并行，"村"这一组织形式开始正式登上历史舞台。

村，指村落，来源于"聚"，《史记》记载："舜……一年而所居成聚。"[④] "村"的原字"邨"比较古老。根据日本学者宫川尚志的研究，

[①] （唐）房玄龄等：《晋书·职官志》，中华书局1999年版，第482页。
[②] （梁）沈约：《宋书·百官志》，中华书局1999年版，第827页。
[③] （梁）萧子显：《南齐书·海陵王纪》，中华书局1999年版，第54页；（唐）姚思廉：《梁书·武帝中》，中华书局1999年版，第39页。
[④] （汉）司马迁：《史记·五帝本纪》，中华书局1999年版，第26页。

村原字是邨，最早可追溯到《三国志·郑浑传》，说明在三国时期已经出现"村"了。中国学者经过进一步研究，认为早在东汉中后期，村（邨）已经出现在中国了，但更大规模的以村为名的居住聚落的出现是在魏晋南北朝时期。[①] 有学者认为，村起源于自卫性集团，与坞堡壁垒并存，互相转化。

村本属于里的下一层建制，是指与城市里坊相对应而又相分离的、农村百姓聚居的相对集中的聚落，类似于今天的自然村，从行政建制来讲则是指村民小组。村有可能是从"邻"发展而来，但人口规模远远大于五家为邻的邻。

魏晋南朝较长时期内的乡村典型组织形式是坞堡壁垒，在政局稳定时期则恢复为乡里制度，但民众居住以聚落为主。[②] 南朝时期的村与里之间究竟是何关系？在民间，或许村、里并存混称，因为在"村司"存在的同时，也有"里司"一词[③]，村、里也常通用[④]。但村作为一个新出现的基层组织，也可能在相当长的一段时间内，在层级上仍处于里之下，甚至有可能村下有里，在有些地区，也有可能村、里分离，尚无定论。村的户数规模也无定数，官府也没有明确规定，既可能有百户的大村，也可能有十户的小村。

乡、村、里是中国古代乡村治理中三个至关重要的组织或区划。里最古老，殷商时期就已经出现。乡，西周时期原指城市地区，经过春秋战国的大变革，到秦汉时期演化为农村地区的一级区划建制。乡、里在唐朝之前是乡村治理的稳固的两级体系，但从唐初开始，"村"加入进来，也取得与乡并列的资格，使乡—里、乡—村都成为乡村社会普遍流行的说法，至明清后，又加入进来乡—都，但事实上在古代中国，"村"从未取得正式的乡村治理组织的身份，直至晚清、民国时期兴起乡村自治运动后，"村"才正式成为乡之下的一级行政组织。二者相比，"乡里"

---

① 汤勤福：《魏晋南北朝乡村聚落的变迁》，《中州学刊》2020年第8期。
② 汤勤福：《魏晋南北朝乡村聚落的变迁》，《中州学刊》2020年第8期。
③ （唐）姚思廉：《梁书·安成康王传》，中华书局1999年版，第233页。（唐）李延寿：《南史·陈本纪》，中华书局1999年版，第169页。
④ 吴海燕：《东晋南朝乡村社会组织与管理的变迁》，《河南机电高等专科学校学报》2003年第2期。

既是现实中的乡村社会组织体系,也是具有悠久历史的文化学称谓,而"乡村"则仅具有文化和历史学含义。

东晋南朝时的乡里制度与秦汉时期相比,有两个不同的特点。一是什伍连坐法更加严厉。一人犯法,全村废业,一人受罚,连坐者数十人。不仅同伍同什的人要受到惩罚,还要株连到数十人,把连坐扩大到同村同里了。但严刑峻法的结果是加大农民逃亡程度,因为同什同伍的人的违法犯罪无法受控,其他乡邻为逃避处罚,不得不逃亡。二是里伍等级更加森严。这个时期的里伍制又被称为符伍制。士人具有免役特权,如果同伍中有人犯法,士人受到株连时,可用奴隶代罚或出钱赎罚。①

二　魏晋南朝的赋役治理

土地和人民是天下之本,也是历代统治者治理国家所要正确处理的两个基本要素,其核心问题则在于一舍一取。舍,就是能否充分授田于民,是与民争利,还是爱民如子;取,则是赋敛征收有度还是无度。从三代至秦汉,赋敛问题上,既有西周什一而税、用民不过三日以及西汉初年轻徭薄赋的正面典型,也有商纣王、鲁宣公、秦国国君赋敛无度,侵削民力,最终亡国的反面教训。东汉初年,光武帝刘秀实行正确的赋役政策,田租三十税一,减轻算赋。到汉明帝即位后,"天下安平……百姓殷富……粟斛三十""民无横徭,岁比登稔……草树殷阜,牛羊弥望,作贡尤轻,府廪还积"。② 可惜好景不长,汉安帝年间,东汉由盛转衰,至东汉末年,官府用度不足,战争灾荒交替,谷价由每斛20钱涨至50万钱。人民饥馑相食,白骨露于野,长安尽空,关中无复行人。皇帝逃离长安,一路上穿破衣,吃野菜,到了洛阳。宫闱荡涤,百官披荆棘而居,惨况空前。究其原因,除了连年遭受旱蝗重灾这一不可抗力外,根本在于汉桓帝、汉灵帝以降,不行君子之道,卖官鬻爵,贪财争利,法度紊乱,征取民力过甚。何谓君子之道?"天之所贵者人也,明之所求者学

---

① 张厚安、白益华主编:《中国农村基层建制的历史演变》,四川人民出版社1992年版,第29—30页。

② (宋)范晔:《后汉书·明帝纪》,中华书局1999年版,第79页;(唐)房玄龄:《晋书·食货志》,中华书局1999年版,第506页。

也，治经入官，则君子之道焉。"① 人是君子之道第一要务，君子之道就是要求统治者顺应自然规律执政，秉持中正之道治民，克己爱民，赋敛有度。古代哲贤在作《食货志》时，无不将轻徭薄赋、什一而税作为施行古王圣法的中正之道，奉为秉政治民的金科玉律。《晋书·食货志》：

> 昔者先王量地以制邑，度地以居民，因三才以节其务，敬四序以成其业，观其谣俗而正其纪纲。……若乃一夫之士，十亩之宅，三日之徭，九均之赋，施阳礼以兴其让，命春社以勖其耕。……若乃上法星象，下料无外，因天地之利，而总山海之饶，百亩之田，十一而税，九年躬稼，而有三年之蓄，可以长孺齿，可以养耆年。因乎人民，用之邦国，宫室有度，旗章有序。朝聘自其仪，宴飨由其制，家殷国阜，远至迩安。救水旱之灾，恤寰瀛之弊，然后王之常膳，乃间笙镛。商周之兴，用此道也。②

东汉末年，战乱频仍，人口锐减，土地荒芜，正常的赋税系统遭到破坏，逐鹿天下的各路军事集团都陷入无兵可募、无粮可征的境地。为了解决军粮急需，曹操、袁涣、刘馥等人招募流民降卒利用抛荒地屯田，以积谷强兵。秦汉在历史上都曾实行过屯田，汉代在边疆地区进行过军屯，以保障边境守军粮草。曹魏汲取历史教训，军民屯并举，屯田地点遍及辖区各地，取得的屯田成就最大，效果最为明显。曹魏对屯田实行分谷制，军屯、民屯的征收率分别为60%和50%。③

曹魏集团统一北方后，改革汉代实行的估产定率征收田赋旧制，实行定产定额田赋制。建安九年（204），曹操发布《收田租令》：

> 有国有家者，不患寡而患不均，不患贫而患不安。袁氏之治也，使豪强擅恣，亲戚兼并；下民贫弱，代出租赋，衒鬻家财，不足应命；审配宗族，至乃藏匿罪人，为逋逃主。欲望百姓亲附，甲兵强

---

① （唐）房玄龄：《晋书·食货志》，中华书局1999年版，第505页。
② （唐）房玄龄：《晋书·食货志》，中华书局1999年版，第505—506页。
③ 曾国祥主编：《赋税与国运兴衰》，中国财政经济出版社2013年版，第83—86页。

盛，岂可得邪！其收田租亩四升，户出绢二匹、绵二斤而已，他不得擅兴发。郡国守相明检察之，无令强民有所隐藏，而弱民兼赋也。①

如前所述，根据仲长统所言，东汉粮食平均亩产量为三石左右（合今172.8市斤），曹魏每亩收田赋四升，税率为1.33%，是百税一，大大低于汉代三十税一的标准。

此外，曹魏集团还免除了刍稾等田赋附加税，将算赋、口钱的人头税变更为户调制，对农户手工业产品按户征税，并实行计资而税的"九品相通法"，将纳税户分为上下九等，按户评资，据以征税。绢、绵取代了原来沉重的算赋、口钱，农民也可以通过非田收入，以织助耕，用手工业品来补贴赋税支出，赋税征收类别就与农民的生产结构相适应，符合当时的乡村社会生产实际情况。

尽管当时尚在战乱年代，农业生产力还在恢复之中，但定额田租的实施意味着增产不增税，降低了田赋税率，还可使农民免去估产时遭受的额外盘剥，农民负担有较大程度的下降，生产积极性被充分调动起来，农业生产很快得到恢复和发展。

西晋统一全国后，屯田制被废除，实行占课田制。占田是一种土地登记制度，由国家对民户占有的各类土地在一定时期内进行登记。西晋时期政府规定，民户男子一人可以占70亩，女子30亩，每户占田最高限额100亩。诸王和品官也要进行土地登记，但贵族和官僚占田标准大大高于民户，第一品官可占50顷（5000亩），最低的第九品也可占10顷（1000亩），并规定了官僚地主的佃客数量。第一、二品官佃客不能超过50户，第三品不能超过10户，第四品7户，以下依次为5户、3户、2户，第八、九品一户。② 占田制并未能限制豪族地主广占良田，未能抑制土地兼并，但总的来说，还是有利于吸引农民开荒种地，扩大耕地面积，发展农业生产。

课田是西晋的田赋征收制度。每家占田百亩，以其中的七十亩为课

---

① （晋）陈寿：《三国志·魏书·武帝纪》，中华书局1999年版，第19页，注①。
② （唐）房玄龄：《晋书·食货志》，中华书局1999年版，第512—513页。

田，即"其外丁男课田五十亩，丁女二十亩，次丁男半之，女则不课"①。田赋征收方法实行九品相通制度，郡县政府根据中央政府责成征收的数额，在本地区实行评资，将民户财产数量分为九等，确定每等户应纳税额，依等征税，"凡民丁课田，夫五十亩，收租四斛，绢三匹，绵三斤"②，平均每亩田租为8升，是曹魏时的2倍。

西晋的户调标准为，家有丁男的农户，每年缴纳绢3匹，绵3斤③。生女或者生第二个男丁的交半数。边境地区的郡交三分之二，更偏远的地区交三分之一。男女年纪在16—60岁的为正丁，13—15岁、61—65岁为次丁，12岁以下、66岁以上为老小，不需服役。④

317年晋室南渡后，占课田制无法实施，原行于西晋的赋役制只能随之废弃。东晋咸和五年（330），晋成帝下令测量民田亩产，规定田赋为十分之一，每亩税率为米3升。晋哀帝隆和元年（362），田租减至每亩2升⑤。到孝武太元二年（377），废除度田收租之制，王公以下每人收税三斛，只免除服徭役之人。到了太元八年（383），又增加税米，每口5石，此政策一直实行到东晋灭亡。⑥

根据吴慧先生的研究，三国年间，平均每大亩（240平方步）产米不到三石（斛），产稻为每亩6.4石。当时西晋的产量为每小亩（100平方步）2.976石。东晋时的大亩积又超过两汉和西晋时的大亩，为其1.125

---

① （唐）房玄龄：《晋书·食货志》，中华书局1999年版，第512页。

② （唐）徐坚等：《初学记》，中华书局1962年版，第657页。

③ （唐）房玄龄：《晋书·食货志》，中华书局1999年版，第512页。

④ 按谷米比10∶6计算，需要5升稻谷才能舂出米3升。则当时东晋核定的平均亩产为0.5石。

⑤ 有人认为，3升为3斗之误，2升为2斗之误，理由是《隋书·食货志》此处记载为"其田，亩税米二斗"，见（唐）魏徵《隋书·食货志》，中华书局1999年版，第457页。此据有可辩之处。《隋书》成书比《晋书》早，但《隋书·食货志》等十志成书则比《晋书》晚，二书编撰时间都在唐初，时间线互相交叉，当不至于出现"二升""二斗"这么大的数据差距。《隋书·食货志》之记是对东晋及南朝时期田粮赋役的笼统叙述，所述"亩税米二斗"并无指明是哪个朝代。《晋书》中对亩税三升、二升的记载，不仅出现在《食货志》中，也分别出现在《成帝纪》《哀帝纪》中，故《晋书》所载更为可信，至少有二重证据。况且《隋书·食货志》中所载与《晋书·食货志》中所载本就有多处差异，如在对品官佃客的数量限制的记载上，二者就差距颇大。见（唐）房玄龄《晋书》，中华书局1999年版，第113、132页。

⑥ （唐）房玄龄：《晋书·食货志》，中华书局1999年版，第512—514页。同书记载"废度田收租之制，公王以下口税米三斛"的时间为太元元年秋七月，见第146页。

倍，相当于今天的 0.778 市亩。东晋大亩每亩产米 3.266 石，折算每亩产稻谷 6.99 石。①

现在需要讨论的核心问题是，如何看待两晋的赋税政策？当时农民的赋税压力究竟大不大？要讨论这一问题，首先需要明确两个基本前提，一是西晋与东晋的主流亩积究竟是 240 平方步的大亩还是 100 平方步的小亩？二是史籍记载的某些数据，如亩产量达数十斛（石）是否属实？史籍中记载的亩税标准是否有误？

吴慧先生认为，西晋和东晋的课田指的是小亩，理由是如按大亩算，一个家庭耕种百亩，是种不过来的。此说可商，自商鞅变法，后经汉武帝时改小亩为大亩，240 平方步为一亩已经成为两汉的主流亩积，在多处史籍和学者的研究成果中，皆认为两汉至清，240 平方步为一亩的规制一直没有改变，但历代尺的长度有所变化，故在具体面积上，百步一亩相当于今市亩的 28.82%，秦至两汉的 240 平方步一亩约为今市亩的 69.16%，北魏一亩合今 0.76 市亩，唐一亩为今 0.783 市亩。② 晋武帝时期的傅玄上疏时明确说道，"古以步百为亩，今以二百四十步为亩，所觉过倍"。政府虽然允许百姓占田百亩，但并非所有农户都可以占田百亩，吴慧先生认为一家最多可占田二百亩并不一定能够发生。政府课田只有七十亩，对农民来说，有广种薄收和精耕细作两种策略，多占田亩提高每户粮食总产量以缴纳税收也是可能的。因此，本书倾向于认为，魏晋的田亩应是大亩，面积为今市亩的 77.8%。即使这样的面积，在魏初能够亩产几十石（斛）也是很难想象的。秦汉一石为 120 斤，折合为今 57.6 市斤，如傅玄所说，即使每亩产 20 石，也将近 1152 斤，这是按重量计算的；如果按照容量计算，秦汉每石（2000 毫升）粟谷的重量为 27 市斤，20 石（斛）的亩产量也会达到 540 斤，这也是一个非常高的数字，

---

① 吴慧：《中国历代粮食亩产研究》，农业出版社 1985 年版，第 142—145 页。当时稻的出米率很低，大致是 46.7%，稻三石折米一石四斗，粟的出米率较高，应在六成左右。《九章算术·粟米》："粟率五十，米率三十"。居延汉简中也有同样的记载，"粟一斗，得米六升"。说明，原粟的出米率为 60%。稻谷的出米率是多少呢？唐时规定稻谷一斗五升，当粟一斗。与上述吴慧所言也还存在差距。

② 梁方仲编著：《中国历代户口、田地、田赋统计》，中华书局 2008 年版，第 746—747 页；陈连洛、郝临山：《中国古代田亩步制与亩积考》，《山西大同大学学报》（社会科学版）2010 年第 4 期。唐亩与今市亩之比另一换算标准为一唐亩＝0.5447 市亩，见附表 1。

折合今市亩每亩产量为710市斤，接近今天的产量。即使在21世纪的今天，北方农村平均亩产小麦也仅为800—1000斤，何况在1800年前的魏晋，因而这一数字是值得怀疑的，或者并非常态，而是特殊高产。如果按照吴慧先生的计算，东晋时每大亩产米3.266石，按每石57.6市斤，折合为今188.12斤，按每石容积为30斤大米，也达到97.98市斤，如按稻谷与稻米10∶6计算，分别为313.53斤和163.3斤稻谷，如按10∶4.67计算，则分别为402.83斤和209.81斤稻谷。前者是一个极高的数字，后者的产量也并不低。要知道，根据《黟县志》记载，安徽黟县在新中国成立前粮食平均亩产单产仅为201市斤，1952年，单产280市斤，到1985年，粮食单产也仅为604市斤[①]。

贺昌群先生认为《晋书·食货志》中记载东晋哀帝时"亩税米三升"应为"三斗"之误，对此，蒙文通先生认为数字太大，吴慧先生则认为是有可能的。此处记载确有可疑之处，也令人难以辨清。如从上文"十分之一"，似乎亩税三斗是合理的，因为亩收不可能只有三斗，但如是亩税三斗，数字确乎太大，相当于西晋时的亩税8升的3.75倍，作为全国性的政策，差距如此之大，难以想象。吴慧先生为了解释这个问题，引入大小亩概念以及稻谷、粟米之间的差距，但是否有说服力，仁者见仁，智者见智。亩收三斗也不能与下文"哀帝即位，乃减田租，亩收二升"文意相衔接。看来，这个问题不是简单的史籍舛误问题，要结合晋成帝即位后，东晋的政局判定。据《晋书·成帝纪》，从咸和元年（326）起，东晋境内连年发生水灾、旱灾、地震，又遭遇内乱，咸和五年（330）夏五月，"旱，且饥疫"[②]，在这种情况下，粮食亩产量能否达到三石是值得怀疑的，如亩征三斗，固然有缓解政府财政困难的必要，但在灾情不断的情况下，还将亩税提高三四倍，将会直接刺激百姓，激发民变，可能性不大。据此，本书认为，《晋书·食货志》中的"亩收三升"应该是没有错误的，符合当时的历史现实。

东晋太元年间以人口而不是以田亩来征收田租的制度是非常荒唐的，世家地主人口少，占地多，农民占地最多不过百亩，全家至少五六口人，

---

① 《黟县志》，光明日报出版社1988年版，第147、154页。
② （唐）房玄龄：《晋书·成帝纪》，中华书局1999年版，第109—113页。

按口征税的政策有利于世家，而极不利于普通农户，结果是把沉重田赋负担全压到农民头上。每口每年征收 5 石税米，以每户 5 人计算，需要 25 石米，按谷米 10∶4.67 折算稻谷，需要 53.53 石稻谷才能完税。根据东汉末年亩产 3 石的标准衡量，百亩之田的平均征税率达到了 17.84%，已经接近前文所述暴君的标准了。如农户全家只有 70 亩田，税率就上升到 25.5%。西晋实行课田制时，每亩征粟 8 升，70 亩课田的征收总量为 5.6 石，折合粟米为 3.36 石。二者相比，东晋太元八年（383）的政策使农民负担较西晋开国时增加了 9.56 倍，远高于曹魏。

人均 5 石税米可称得上是暴敛，看起来是不可思议的，因为这个计算标准是以五口之家的农户占田百亩计算的，事实上，当时绝大部分农民很难足额拥有这么多田亩。但政府规定，无论农民是否占足田亩，每年都必须按一夫一妇课田 70 亩的税率缴纳租税，一点也不能少。[①]

从当时的亩产量来看，根据傅玄所奏，魏国时每亩亩积为 240 平方步的旱田能收谷十几斛，水田收几十斛[②]，到了西晋时期，亩税增加，农田修整不力，每亩只能产谷几斛甚至更少，有的农夫所收获的都不够偿还种子。[③] 一般来说，一斛相当于十斗，即一石，但当时魏国的亩产应该不可能达到如此之高的水准，西晋亩产几斛也算是较高的水准。在这种情况下，向百姓征收人均 3—5 石的米粮，其田税负担是很重的。对此问题的合理解释是，当时西晋政府并不是对所有的田征税，在占田和课田之间形成一个差额，差额部分不征税，但即使按百亩计算，也是高得离谱，可以说是仅次于秦国的太半之赋（三分之二）田赋率了。

南朝各代，土地分公田和私田两类。公田数量不多，主要有三类：（1）各乡各村的官地官田，多用于分配给贫穷无地的农民。（2）军屯田，用于军粮开支及赡养贫民。（3）县公田，收入用于县令开支。南朝的私

---

① 曾国祥主编：《赋税与国运兴衰》，中国财政经济出版社 2013 年版，第 104 页。

② 这个数据太高了，可能当时所用的斛的量比与今天有异。根据沈括《梦溪笔谈》和姚鼐《惜抱轩集笔记》所载，西汉以来大抵计米以石权，计粟以斛量。至宋代时官方颁布法令，规定五斗为一斛，两斛为一石。沈括还在书中谈到，"汉之一斛，亦是今之二斗七升"。参见梁方仲编著《中国历代户口、田地、田赋统计》，中华书局 2008 年版，第 717—718 页及注①。

③ （唐）房玄龄：《晋书·傅玄传》，中华书局 1999 年版，第 872 页。

田主要为大族势家所占。①

南朝宋、齐、梁、陈四代,军国所需要置办的各类物品,都是根据各地出产征收,临时折算,没有恒定的法令。各州郡县,也是根据出产物品自行制定标准数量,作为征赋。在赋役规则方面,相较东晋时期,赋役水平有所增加。《隋书·食货志》载:

> 丁男调布绢各二丈,丝三两,绵八两,禄绢八尺,禄绵三两二分,租米五石,禄米二石。丁女并半之。男女年十六岁已上至六十,为丁。男年十六,亦半课,年十八正课,六十六免课。女以嫁者为丁,若在室者,年二十乃为丁。其男丁,每岁役不过二十日。又率十八人出一运丁役之。其田,亩税米二斗。②

魏晋南朝时期,战乱频繁,百姓徭役负担沉重。三国时期的东吴,强者为兵,羸者补户③,青壮年被征去当兵打仗,只剩下老弱病残在家耕田,农业生产大受影响。很多人家因此不敢养男孩④。西晋统一全国后,兵役有所减轻。十六国期间,后赵石季龙时对徭役优免特权的人家实行"三五"发卒法,五丁取三,四丁取二,后来发展到征发四十余万人营造宫室,命令黄河之南四个州备齐征南军队的装备,并、朔、秦、雍州整肃西征军队的资粮,青、冀、幽州人民都按"三五"发卒原则征兵,各州制造兵器的人达到50万人。当时人民不仅要服兵役,还要负担军需用品。石季龙为准备南征,命士五人出车一乘,牛二头,米十五斛,绢十匹,置办不足者斩首。结果是,老百姓十家中有七家失去家业,17万船夫被水吞没或为猛兽所害,只剩下三分之一。⑤ 如此苛政导致百姓不得不卖儿鬻女,或者自杀以避税。后汉刘渊更是"扫地为兵",所有人民皆征为军士。前燕实行户留一丁、余皆为兵的政策,后改为"三五"发兵⑥。

---

① 孙翊刚主编:《中国农民负担简史》,中国财政经济出版社1991年版,第74—75页。
② (唐)魏徵:《隋书·食货志》,中华书局1999年版,第457页。
③ (晋)陈寿:《三国志·陆逊传》,中华书局1999年版,第993页。
④ (唐)房玄龄:《晋书·王濬传》,中华书局1999年版,第795页。
⑤ (唐)房玄龄:《晋书·石季龙载记》,中华书局1999年版,第1851—1853页。
⑥ (唐)房玄龄:《晋书·慕容儁载记》,中华书局1999年版,第1899页。

东晋、宋、齐兵制为有事征民为兵，无则散而为农。东晋时曾调发奴隶为兵。当国家打仗时，人民的兵役负担就急速沉重起来。宋曾五丁取三，齐曾三丁取二，并且要求远郡丁男一人交米五十斛，但交米后，仍须服役。百姓不得不依附豪强，或注籍诈病，但官府又检查强索。

三国时农民的劳役负担也很重。曹魏明帝修建宫室时，曾征发农夫三四万人，其结果是"丁夫疲于力作，农者离其南亩，种谷者寡，食谷者众，旧谷既没，新谷莫继。斯则有国之大患，而非备豫之长策也"①，因力役繁多，曹魏时期的力役有"百役"之称②。

吴国农民家有五人，服役者三人，后改为三人中二人服役。西晋的劳役负担相对较轻。后赵、后燕的劳役负担异常沉重，动辄征发几十万人修筑宫室，从事军事运输，且调发无时，害民无度。

东晋的徭役制度继承西晋，十三岁为半丁，十六岁为全丁，服役年龄早，服役时间长，力役沉重，名目繁多，一年到头都有，"殆无三日休停"，结果是"仓庾虚耗，帑藏空匮"，百姓"残刑剪发，要求复除，生儿不复举养，鳏寡不敢妻娶"。东晋孝武初年，范宁上疏建议，20岁为全丁，16—19岁为半丁。范宁认为：

> 礼，十九为长殇，以其未成人也。十五为中殇，以为尚童幼也。今以十六为全丁，则备成人之役矣。以十三为半丁，所任非复童幼之事矣。岂可伤天理，违经典，困苦百姓，乃至此乎！今宜修礼文，以二十为全丁，十六至十九为半丁，则人无夭折，生长滋繁矣。③

根据古礼，十五岁夭折称为中殇，十三岁还是儿童，却要服役，这是伤天害理之事。孝武帝听后的反应是什么呢？"帝善之"④，但没有下文了，从后世史书记载来看，应该没有被采纳。

---

① （晋）陈寿：《三国志·王朗附肃传》，中华书局1999年版，第313页。
② （晋）陈寿：《三国志·高堂隆传》，中华书局1999年版，第530页。
③ （唐）房玄龄：《晋书·范宁传》，中华书局1999年版，第1322页。
④ （唐）房玄龄：《晋书·范宁传》，中华书局1999年版，第1320—1322页。

南朝宋代时，农民负担很重。宋文帝元嘉三年（426），始兴太守徐豁上表奏曰：

> 郡大田，武吏年满十六，便课米六十斛，十五以下至十三，皆课米三十斛，一户内随丁多少，悉皆输米。且十三岁儿，未堪田作，或是单迥，无相兼通，年及应输，便自逃逸，既遏接蛮、俚，去就益易。或乃断截支体，产子不养，户口岁减，实此之由。谓宜更量课限，使得存立。今若减其米课，虽有交损，考之将来，理有深益。①

尽管当时的斛是斗斛，容量较小，一斛约为后来的半斗，即五升，但十三岁以上就要课米三石，确实也太高了。

同为地方大员的王弘对农民赋役过重及其危害有着同样清醒的认识，任地方官时即"省简赋役，百姓安之"②。元嘉六年（429），王弘上言力主减免赋役：

> 旧制，民年十三半役，十六全役。当以十三以上，能自营私及公，故以充役。而考之见事，犹或未尽。体有强弱，不皆称年。且在家自随，力所能堪，不容过苦。移之公役，动有定科，循吏隐恤，可无其患，庸宰守常，已有勤剧，况值苛政，岂可称言。乃有务在丰役，增进年齿，孤远贫弱，其敝尤深。至令依寄无所，生死靡告，一身之切，逃窜求免，家人远讨，胎孕不育，巧避罗宪，实亦由之。今皇化惟新，四方无事，役召之宜，应存乎消息。十五至十六，宜为半丁，十七为全丁。③

与范宁诉之于古法天理不同的是，王弘更多地论述了十三岁服役在实际役政中的后果。二人都指出了役龄过早对于国家的危害，不过范宁

---

① （梁）沈约：《宋书·徐豁传》，中华书局1999年版，第1508页。
② （梁）沈约：《宋书·王弘传》，中华书局1999年版，第862页。
③ （梁）沈约：《宋书·王弘传》，中华书局1999年版，第867页。

提高役龄的主张要更激进一些,而王弘更温和些,统治者更易于接受,其结果是,宋文帝"从之"。

元嘉八年(431)三月,宋文帝下诏强调"宜存简约,以应事实。内外可通共详思,务令节俭",同年闰六月,"遣侍御史省狱讼,申调役"①。宋文帝重视农业生产,多次下诏劝农重耕,减免百姓租税徭役及所欠政府债务,振恤老弱孤寡及贫疾灾民。宋文帝时期,"兵车勿用,民不外劳,役宽务简,氓庶繁息"②,农民负担在东晋南朝时最轻,经济繁荣,社会安定,国力强盛,在历史上被称为"元嘉之治"。

梁代武帝时,大兴劳役,男丁不足,竟役及女丁。由于力役繁重,百姓或逃亡他乡,或依附世族,男子自残身体,女子怀孕堕胎,想方设法躲避徭役,"苛政猛于虎"之说确实是历史上徭役繁重的真实写照。

第三节 北魏的乡村治理

一 北魏的乡里组织

北魏是少数民族当政的政权,其国家治理体系具有强烈的胡汉杂糅色彩,"胡汉分治"是其政治体制的最大特点。"胡汉分治"是指管理汉人采用中原传统办法,管理以拓跋为主体的鲜卑各族仍保留分部制。将鲜卑贵族分为六部,将其他少数民族分为八部,保留宗族部落的血缘组织形式,继续实行部落制管理体系。部落首领是各族的酋长和宗主,对所部之民具有生杀赏罚的大权,对朝廷则负有从军、调配资源、交纳贡赋的义务。鲜卑贵族征服中原地区后,北魏政府保留了原有的州、郡、县三级地方行政机构,分别设刺史、太守和令长。为加强鲜卑人统治,北魏规定各级主管必须有鲜卑贵族一人,这就造成了在北魏的州刺史、郡太守和县令这三个岗位上出现三人同任一官的现象,其中,鲜卑宗室一人,异姓两人。

西晋统一全国的统治时间只有三十多年,西晋灭亡后,北方社会又

---

① (梁)沈约:《宋书·文帝纪》,中华书局1999年版,第54—55页。
② (梁)沈约:《宋书·列传十四》,中华书局1999年版,第1015页,沈约之语。

陷入军阀混战的局面。在这种情况下，东汉末年发展起来的坞堡壁垒再次兴盛。北方黄河流域的汉族地方豪强，聚集宗族乡亲，构筑坞堡，实行武装割据。坞堡的首领为坞主或垒主，坞堡内的居民为同族乡亲或少部分异姓农民。游离于国家正式行政体系之外的"土围子"成为战乱年代北方基层治理的主要单元。北魏建立后，为了稳定政治秩序，不得不承认世家大族和地方豪强即坞主们对宗族、乡里的控制和统治权利，并任命坞主为宗主，以督护百姓，统领所依附的人口，这就是北魏在地方基层的宗主督护制。

实行宗主督护制是北魏政权基于现实的暂时的政治妥协。坞堡壁垒在战乱时期固然可以保境安民，但在和平时期却极易成为地方豪强统治乡里、对抗政府的封建堡垒和"独立王国"，坞主俨然成为为政一方的"土皇帝"。在坞主治下的坞堡壁垒是以宗族为基础建立起来的集经济、政治、军事于一体的社会团体。在地理形态上，或临山据险建堡，或平地掘沟筑墙，形成自成一体、闭门据守的防御体系。在经济上，坞堡内有山林、田地、牧场、作坊等，可以从事种植、养殖、手工业制造等产业，经济上做到自给自足。在人口规模上，一个坞堡少则几百家，多则上万家。大小坞堡相连，守望相助，甚至连州跨郡，完全取代原有乡里制度和治理体系。在军事上，坞堡内有属于坞主的武装部队，平时生产，战时打仗，称为部曲。除了部曲外，坞堡内还有佃客和奴婢。佃客是专门从事农业和手工业的农民，他们因承担不了国家繁重的赋役，被迫投到坞堡内，部曲和佃客都不入国家户籍，只入坞主家籍。他们要向坞主缴纳所获农产品的一半，并服更重的劳役。坞堡内还有一部分依附于坞主的自耕农和小地主。在宗主督护制下，宗主行使基层政权的职能，向地主和自耕农征发租调力役。

北魏孝文帝太和十年（486）起，北魏对基层治理体系进行改革，取消宗主督护制，出台均田制、三长制和州郡制。该年，朝廷初立党、里、邻三长，并任命定户籍大使，负责核定民众户籍。[①] 太和十四年（490），宣行条制，隐口漏丁，即听附实，要求清查户籍人口，并强调，对攀附

[①] （北齐）魏收：《魏书·高祖纪》《魏书·阎毗传》，中华书局1999年版，第109、1228页。

豪强、欺凌弱小者治罪。① 北魏推行的邻、里、党三长制规定，每5户百姓设一邻长，每5邻设一里长，每5里设一党长。党隶属于县。邻长、里长、党长都从当地有能力、办事认真的人中选出担任，实际上大部分三长都是以前的宗主。三长的职责是负责检查和审核本党、本里和本邻的户籍，征收赋税，征发徭役、兵役。北魏政府在全国设立38个州，裁撤镇戍，编制户籍，实施均田令。过去的镇府、护军府向州级机构转变，所有户口归国家管理，加强了国家对基层的控制，杜绝了宗主尾大不掉，对中央政府构成威胁的可能性。至此，北魏形成了中央、州、郡、县、党、里、邻的分层治理体系。

北魏城市基层实行的是与农村地区不同的乡里制度。根据北魏墓志数据，北魏时期洛阳的行政组织与全国其他地区一样，实行州、郡、县、乡、里体系。② 出土的北魏墓志显示，在县与里之间还存在乡一级的行政建制。在数百通墓志中，大约有30通反映的是北魏洛阳县下辖乡，其中以都乡为主，兼及他乡。都乡是当时洛阳县的首乡，北魏其他县亦有都乡。都乡是指城内县廷所在地的那个乡，类似于今天县政府所在的城关镇，都乡和一般的乡之下都辖有里。这说明北魏迁都洛阳前后，地方基层开始出现向类似西晋乡里制复归的倾向，但难以确证是否普遍实行，不过有一点可以确认的是，在都城洛阳并未实行三长制，而实施的是以里坊制为核心的乡里制。③ 对于北魏后期全国范围内的乡村是否普遍实施三长制，侯旭东教授有不同看法，他认为北魏的乡村地区普遍存在乡里制度，官方县以下的行政建制，一是"三长"，二是"乡里"，户籍文书中用"三长"，表示籍贯用"乡里"。从北魏太和年间开始，各地乡村普遍设立乡里，百姓聚居的村落被划入具体的乡里之中，村民个人也都从属于特定的乡里，"乡里"在史书中也可见到。④

据此，我们可以对北朝的城乡基层治理体系作如下归纳：386—486

---

① （北齐）魏收：《魏书·高祖纪》《魏书·尧暄传》，中华书局1999年版，第113、645页。
② 周胤：《北魏洛阳城之"里""坊""乡"空间再探》，《历史教学》2020年第12期。
③ 张金龙：《北魏洛阳里坊制度探微》，《历史研究》1999年第6期。
④ 侯旭东：《北朝里制与村民的生活世界——以石刻为中心的考察》，《历史研究》2001年第6期。

年，传统的秦汉乡里制遭到破坏，北魏的基层治理是宗主督护制。自486年开始，北魏在广大乡村地区实施三长制，但在洛阳等大城市仍实行的是乡里制，其核心是里坊制。同时，乡村地区也存在乡里制度。

在城市，北魏政府通过构筑里坊，加强基层治安管理。据《魏书》，北魏世宗时期的501年，北魏政府征发5万人花了40天时间修筑了洛阳城323个坊墙，每坊周长1200步。这5万人是那些三正免役的男丁。[1]洛阳的里坊类似于今天城市中的街区，坊中有寺庙、官署、民居。如果按每边300步，周长1200步，每步约1.3米（古人每步指左右脚各迈一次）计算，每坊面积约15.2万平方米，每里约辖户数400户。每里有里正8人，吏16人，门士32人，共56名管理人员。[2]

三长制的首倡者是北魏名臣李冲，他认为自古以来以三正治民，应该予以恢复，于是提出创建三长制并向朝廷上奏，并得到主政的文明太后的支持。她认为，"立三长，可以课有常准，赋有恒分，苞荫之户可出，侥幸之人可止，何为而不可？"[3] 可见，北魏之所以要实施三长制，是为了通过编户齐民，加强对基层社会的控制，更准确地统计核查人口，配合均田制，收缴田赋地租，推行徭役、兵役的实施，减弱宗主督护制的负面影响。实行三长制之前，存在民众隐匿、冒名顶替之事，经常出现50家、30家共享一户名头的情况。[4] 邻、里、党的组织设置健全了北魏基层治理，也削弱了宗主对乡里的控制。尽管三长大多由过去的宗主担任，但最大的党才125户，也就是说，一个党长最多控制125户，与过去坞堡主相比，完全不可同日而语，而且三长都要被纳入县之下的国家行政治理体系之中，要服从官府命令。三长与秦汉时的乡官里吏相比，待遇与权力也大大缩水。秦汉的乡官里吏有俸禄，算是国家治理体系内的职位，而三长没有俸禄，只能享受免除徭役的待遇，但邻长只能免除本人徭役，里长可免两人，党长可免三人。三长还负有赡养孤老贫疾之人，供给灾民粮食等义务。当然，这应该是在官府的组织下，由三长具

---

[1] （北齐）魏收：《魏书·世宗纪》《魏书·广阳王嘉传》，中华书局1999年版，第131、288页。
[2] 张金龙：《北魏洛阳里坊制度探微》，《历史研究》1999年第6期。
[3] （北齐）魏收：《魏书·李冲传》，中华书局1999年版，第795—796页。
[4] （北齐）魏收：《魏书·李冲传》，中华书局1999年版，第795页。

体来实施，三长们个人肯定无法负担。

三长制实施的同时，北魏改革赋税征收制度，将过去以宗主大户为单位改变为以小"家"为单位，一夫一妇即算作一"家"，这样就使大量部曲、佃客、自耕农及小地主纷纷脱离宗主，离开坞堡，重新成为官府控制下的编户，赋税也直接交给国家。三长制、户籍制和均田令的实施，使地方豪强控制农户的弊病终于消除，北魏的户数和人口数都有显著增长，国家财政状况大为改善。①

西魏时期，为裁撤冗员，544年，苏绰建议"减官员，置二长，并置屯田以资军国"，将过去的三长简化为二长（里长、党长），25家为一闾里，100家为一族党。②

二　北魏的乡村治理

北魏统一中国北方地区后，曾迁移十余万家充京师，各给耕牛，计口授田，并设立机制劝课农桑，以农业收入多少进行考核，但因战争频繁，农业生产发展仍较为缓慢。孝文帝时，对土地制度和赋税制度进行了全面改革，创立均田制、三长制和新租调制。北魏太和九年（485），魏孝文帝下诏均给天下民田：

> 诸男夫十五以上，受露田四十亩，妇人二十亩，奴婢依良。丁牛一头受田三十亩，限四牛。所授之田率倍之，三易之田再倍之，以供耕作及还受之盈缩。诸民年及课则受田，老免及身没则还田。奴婢、牛随有无以还受。③

北魏政府授给农民的田包括露田、倍田、桑田、麻田。露田意为不栽树的田，是正额田。倍田是较为贫瘠的田，供休耕轮换之用，一般是正额田的一倍，需要休耕两年才能耕种一年的田则另给两倍量的倍田，

---

① 张厚安、白益华主编：《中国农村基层建制的历史演变》，四川人民出版社1992年版，第29—30页。
② （唐）李延寿：《北史·苏绰传》，中华书局1999年版，第1475页；鲁西奇：《制度的地方差异性与统一性——隋代乡里制度及其实行》，《中国社会科学》2017年第10期。
③ （北齐）魏收：《魏书·食货志》，中华书局1999年版，第1905—1906页。

作为还受田的储备。百姓到了应该课税的年龄就可以受田，到了免除徭役税赋的年龄以及去世后就要还田。农民对于露田和倍田只有使用权。以上应还之田，不得种植桑榆枣果。

初受田的人，每位男子授桑田二十亩，种植蔬菜、桑树、枣树和榆树。不能种菜、桑的地方，每男授田一亩种植榆树、枣树。以上限三年种毕，不然就要收回土地。桑田是世业田，去世了也不用归还，归后代拥有。产麻布的地方，男子到了征税年龄，每人另外授田十亩，妇女五亩，还受规则同露田。此外，还对奴婢、残疾、老人和寡妇的授田做出了规定。

凡是新来居民，每三口人给一亩地以建造房屋。各地官员在任职地区分配公田，刺史十五顷，太守十顷，治中、别驾各八顷，县令、郡丞各六顷。离职则将公田交给接任者。如果转卖公田，要依法处置。所有分配、归还田地的事宜集中在正月办理。①

北魏初年，以牧业为主，朝廷征缴的税赋以牲畜为主。北魏太宗永兴五年（413），规定"诸州六十户出戎马一匹"②。到泰常三年（418）九月，"诏诸州调民租，户五十石"。泰常六年（421）二月，规定"调民二十户输戎马一匹、大牛一头"，三月又规定，"制六部民，羊满百口输戎马一匹"③。税赋比8年前增加了好几倍，不过这其中的一个因素是当时立宗主督护体制，"民多隐冒，五十、三十家方为一户"④。即使到了孝文帝延兴三年（473）七月时，北魏朝廷仍然下诏要收取黄河以南六州之民每户绢一匹，绵一斤，租三十石。同年十月，朝廷要求各州郡十丁取一征兵，以跟从太上皇帝南征，每年还要另收租五十石，以备军粮。⑤

太和八年（484）之前，北魏的田赋标准是，每户征收粟二十石、帛二匹、絮二斤、丝一斤；此外，还要缴帛一匹二丈，交到州库，作为调外之费⑥，相当于损耗。征收的办法是实行九品混通法，类似于前代的九品相通法，由地方官召集三老，对本地农户家庭按贫富情况分为九品

---

① （北齐）魏收：《魏书·食货志》，中华书局1999年版，第1905—1907页。
② （北齐）魏收：《魏书·太宗纪》，中华书局1999年版，第35页。
③ （北齐）魏收：《魏书·太宗纪》，中华书局1999年版，第39—40页。
④ （北齐）魏收：《魏书·李冲传》，中华书局1999年版，第795页。
⑤ （北齐）魏收：《魏书·高祖纪》，中华书局1999年版，第93—94页。
⑥ （北齐）魏收：《魏书·食货志》，中华书局1999年版，第1905页。

（九个等级），再根据本县赋税总额按品级高下分摊，品级高的家庭所分摊的田赋总额多，品级低的少，而本地赋税总额是根据国家的平均定额确定的。到太和八年（484）时，每户增加帛二匹，粟二石九斗，作为官员俸禄。后来又将调外每户交纳的帛增至二匹。按户而不是按亩征收赋调，在政策设计上显然是极有利于有荫附和部曲的豪强之家，对普通农民来说，以上负担重到无法想象，越是如此实施，农民的逃亡、荫附就越加严重，实在逃不掉只能起而反抗。北魏孝文帝改革之前，农民起义不断，国家税收也难以征收，改革势在必行。

太和十年（486），孝文帝采纳李冲的建议，改宗主督护制为三长制，编造户籍，实行新的租调制。李冲的建议是：

> 其民调，一夫一妇帛一匹，粟二石。民年十五以上未娶者，四人出一夫一妇之调；奴任耕，婢任绩者，八口当未娶者四；耕牛二十头当奴婢八。其麻布之乡，一夫一妇布一匹，下至牛，以此为降。大率十匹为公调，二匹为调外费，三匹为内外百官俸，此外杂调。民年八十已上，听一子不从役。孤独癃老笃疾贫穷不能自存者，三长内迭养食之。[①]

刚开始实施的时候，百姓都认为还是不如执行原来的旧法为好，那些大量兼并土地的豪强更加不愿意。但新法实施后，减轻了百姓负担达到十多倍，不久全国百姓都接受了。

在徭役方面，北魏太和年间以前，劳役繁重，征调没有一定之规，且时间不固定，对农业生产影响很大，抛荒田很多。北魏延和三年（434），太武帝下诏曰：

> 故频年屡征，有事西北，运输之役，百姓勤劳，废失农业，遭离水旱，致使生民贫富不均，未得家给人足，或有寒穷不能自赡者，朕甚愍焉。今四方顺轨，兵革渐宁，宜宽徭赋，与民休息。其令州郡县隐括贫富，以为三级，其富者租赋如常，中者复二年，下穷者

---

① （北齐）魏收：《魏书·食货志》，中华书局1999年版，第1907页。

复三年。①

让地方官访贫问富,然后对贫穷者免除2—3年的赋税,设想很好,可惜在实践中难以实行。

北魏孝文帝太和元年(477),朝廷下诏要求"宜简以徭役……若轻有征发,致夺民时,以侵擅论"②,开始逐渐减轻徭役。同年十月,下诏规定七十以上的老者,家中可免除一人的徭役。太和四年(480)四月,赐天下贫人一户之内无杂财谷帛者廪一年③。

太和二十年(496),规定"司州之民,十二夫调一吏,为四年更卒,岁开番假,以供公私力役"④,是指在十二个男丁中,征调一人为吏,担任四年的更卒,每年可轮番休假,以供给公私劳役。这是后世职役制力役的雏形。

北魏宣武帝正始元年(504),朝廷下诏各州蠲停徭役,不得横有征发⑤。

北魏的均田授田制是古代授田制度新的发展阶段,是继先秦井田制之后中国田制的又一次革新。北魏针对汉末魏晋以来豪强地主兼并垄断土地的弊端,作出一定程度的平均土地之举,有利于减少百姓荫附豪强的情况,培育更多的自耕农,恢复农业生产,不但为政府财政提供了规模庞大的赋役基础,还在一定程度上削弱了世家地主的势力,有利于北魏政权巩固和社会稳定。在实施中,注意维护鲜卑贵族和中原世家的利益,减少了均田制推行的阻力,对后世及隋唐两代实施均田之法产生了积极的影响。

武成帝三年(564),北齐颁布均田令规定,一夫受露田八十亩,妇四十亩,丁牛一头,受田六十亩,限止四牛。又每丁给永业二十亩,为桑田。命人居十家为比邻,五十家为闾里,百家为族党。男子十八以上、六十五以下为丁,十六以上、十七以下为中,六十六以上为老,十五以

---

① (北齐)魏收:《魏书·世祖纪》,中华书局1999年版,第56页。
② (北齐)魏收:《魏书·高祖纪》,中华书局1999年版,第96页。
③ (北齐)魏收:《魏书·高祖纪》,中华书局1999年版,第97、100页。
④ (北齐)魏收:《魏书·高祖纪》,中华书局1999年版,第122页。
⑤ (北齐)魏收:《魏书·世宗纪》,中华书局1999年版,第133页。

下为小。率以十八受田,输租调,二十充兵,六十免力役,六十六退田,免租调。在赋税方面规定,率人一床,调绢一匹,绵八两,凡十斤绵中,折一斤作丝,垦租二石,义租五斗。牛调二尺,垦租一斗,义租五升。①

北周时,授田制的规定是,有室者,田百四十亩,丁者田百亩。凡人自十八以至六十有四,与轻癃者,皆赋之。赋税的规定是,有室者,岁不过绢一匹,绵八两,粟五斛;丁者半之。其非桑土,有室者,布一匹,麻十斤;丁者又半之。丰年则全赋,中年半之,下年一之,皆以时征焉。若艰凶札,则不征其赋。徭役的规定是,凡人自十八以至五十有九,皆任于役。丰年不过三旬,中年则二旬,下年则一旬。凡起徒役,无过家一人。其人有年八十者,一子不从役,百年者,家不从役。废疾非人不养者,一人不从役。若凶札,又无力征。②

以上可见,均田授田的政策思路从北魏延续到北齐、北周,对隋、唐也产生直接影响。而北周的赋税标准和服役条件更是具有很大的人性化,如果确实予以实施,绝对可算是史上最为人性化的税民役农之政了。

---

① (唐)魏徵:《隋书·食货志》,中华书局1999年版,第457页。
② (唐)魏徵:《隋书·食货志》,中华书局1999年版,第460—461页。

第 四 章

隋唐时期的乡村治理

经过东汉末年至南北朝时期近400年的大分裂、大动荡，土地荒芜，人口下降，动乱频仍，无论是国家治理体系，还是乡村社会组织都受到极大的破坏。天下大势，分久必合，命运之道，否极泰来，统一、和平、稳定既是历史发展的大趋势，也是广大乡村人民的迫切愿望，乱世之后迎来治世、盛世是历史周期循环的必然结果。隋唐两朝在汲取400年历史经验教训的基础上，从国家治理到乡村治理，进行了多方位的制度创新，使古代中国进入一个繁荣稳定的新时期。隋朝统一全国后，革故鼎新，废除北周官制，整肃从中央到地方的政权建置，重建国家治理体系。唐朝总体继承隋制，加以改革完善，中央集权进一步发展，国家控制社会能力大大增强。

第一节 隋唐的国家治理体系

隋代周后，为加强皇权，建立皇帝八玺制度，分别用于不同场合。官制上，全面建立三省六部制，在地方实行郡县二级行政区划，地方官须实行籍贯回避。选官上设立开科取士制，军事上完善府兵制，在城乡基层恢复实行保、闾、族三级制。

隋代的三省六部制，事实上为五省：尚书、门下、内史、秘书、内侍，但尚书、门下、内史三省为主管全国政令的核心机构，其中尚书省又是核心中的核心。尚书省下设吏部、礼部、兵部、民部、刑部、工部六部。尚书省置令1人，左右仆射各1人，分别分管吏礼兵、刑民工三部事。各部设尚书1人，下设6侍郎。至此，六部尚书分掌全国政务的制度开始定型，一直沿用到清朝灭亡。此外，中央官制中还设有三师、三公的尊崇性职务，级别为正一品。在五省之外，设有御史台、都水台以及太常、光禄、卫尉、宗正、太仆、大理、鸿胪、司农、太府九寺，还有国子、将作二寺（监）等机构。

如前所述，东汉末年至隋朝的地方政权机构较为混乱，南北朝滥立州、郡、县名目，民少官多，财政开支大，百姓负担重。583 年，隋文帝简化地方官制，废除郡作为一级地方政权的设置，只保留州、县两级政权。隋炀帝时改州为郡，其时全国共有 190 个郡，1255 个县。

唐朝的国家治理体系总体上继承隋朝，但有进一步的修正、完善和发展。在皇权上，军国大事皆由皇帝决定。皇帝的决定通过诏敕下达有关部门。诏敕的形式共 7 种：册书、制书、慰劳制书、发敕（手诏）、敕旨、论事敕书、敕牒。其中，册书、制书最为隆重、重要，发敕（手诏）最为常用。诏敕若涉军国大事，必须用皇帝之玺。[①]

唐初从隋旧制，唐高祖时期设三公、六省、九寺等中央官职。六省中属于外朝，发挥实际核心政务功能的三省为尚书省、中书省、门下省。唐初，三省长官为"真宰相"[②]，三省长官分别为左、右仆射各 1 人，侍中 2 人，中书令 2 人。左、右仆射为从二品，侍中、中书令为正二品[③]。

---

① 史仲文、胡晓林主编，谢保成著：《中国全史·中国隋唐五代政治史》，人民出版社 1994 年版，第 41 页。

② 意为名副其实的、真正任职办事的宰相。但唐的真宰相之意与宋的真宰相之意稍有不同。唐朝的三省长官在唐初确实是名实相符，只有三省长官为宰相，但已经是多人多相，与秦汉有很大不同，这是皇帝分割相权的举措之一。到了唐太宗时期，经常以其他官职担任宰相一职，如参议得失、参知政、平章事等，这样，宰相一职成为泛称而非特指，即不以一职名官。秦汉时的丞相只有一人，是特指，三省制时增加到至少六人，唐太宗后增加到多人。唐中期之前，尚书省左右仆射曾称左右丞相，侍中曾称左相，中书令曾称右相（《旧唐书·职官志》，第 1217—1221 页）。唐开元后，常以宰相之名领他职，看起来是重视某项工作，但实际上是使宰相一职地位降低。例如，节度使、大学士、盐铁转运使甚至延资使都曾称为宰相（《新唐书·百官志》，中华书局 1999 年版，第 778 页）。北宋后，三省最高长官只能虚称宰相，真正任职办事的宰相是三省副职长官以及侍郎一类的，但也称为宰相。正因如此，《新唐书》称：宰相一职，虽佐天子总百官，治万事，任重矣。然自汉以来，位号不同，而唐世宰相，名尤不正（《新唐书》，第 777 页）。如果唐代的宰相们活到北宋，看到对宰相职务的操作，岂不是更要被气死？正因如此，到南宋孝宗乾道八年，正本清源，改左右仆射为左右丞相，删去三省长官虚称（《宋史·百官志》，第 2525 页）。

③ 新旧唐书对侍中、中书令的品秩记载不一。《旧唐书》记为正三品，《新唐书》记为正二品。原因在于，武德年间侍中、中书令皆定为正三品，大历二年都升为正二品。见《旧唐书·职官志》，第 1222、1257、1261 页，《新唐书·百官志》第 793、796 页。

中书省、门下省是决策机构，中书省负责草拟诏令，门下负责检查核准。尚书省管执行。

三省长官议事决策的核心地点是政事堂，类似于清代的军机处。三省长官平时在本省办公，到政事堂议政时称为宰相，参与决策，拟订初步意见后，交由皇帝审定。唐初，政事堂在门下省，后转移到中书省。唐玄宗时，政事堂改为中书门下，政事印改为"中书门下之印"。正堂为宰相议政和办公之所，后院设吏、枢机、兵、户、刑礼五房，"分曹以主众务"，为处理各项事务的秘书机构。至此，政事堂制度进一步完备，成为宰相决策和日常办公的重要权力机构，宰相也不再回本部门主持工作了。

三省之中，尚书省是中央行政管理的执行中枢，掌政令，领百官。唐太宗曾经强调，"尚书省，天下纲维，百司所禀，若一事有失，天下必有受其弊者"[1]，说明尚书省在国家治理体系中的重要性。尚书省设尚书令1人，正二品，为最高长官。唐太宗曾担任尚书令，故唐代在实际中未再设这一职务，而是以左右仆射为实际长官，各设1人。尚书省统吏部、户部、礼部、兵部、刑部、工部六部。各部长官为尚书，各设1人，次官为侍郎，各设2人。六部内各领四司。

尚书省之外，负责行政事务的机构为九寺、五监以及秘书、殿中二省。

在地方官制上，唐高祖称帝后，下令改郡为州，改太守为刺史。后又通过增设州县名目来安置隋末割据的群雄，唐初的州县数比隋多了一倍。唐太宗时，州、县二级体制向道、州、县三级制演变。边疆地区，在隋朝都督、都护制中又增加了羁縻府、州制的内容。

道，在唐代最开始类似于汉代的州，是指监察区。627年，唐廷将全国划为10个道，作为监察区划，不定期遣使分道巡察，但不设专职官员。到了733年，增加为15个道，每道置采访使1人，职责为监察官。其后，道逐渐干预地方政务。

州，按户口多少分为上、中、下三等，又按其地位轻重分为京、辅、雄、望、紧若干等。京州为京都或陪都所在地，后改称府。辅州以下，

---

[1] （后晋）刘昫等：《旧唐书·戴胄传》，中华书局1999年版，第1709页。

主要是为限定官员转迁次序而设。639年，全国有358个州。740年，缩减为328个州。州的长官称为刺史，上州从三品，中州正四品上，下州正四品下。

县，京城诸县为京县，京郊诸县为畿县，其他地区按户口多少分为上、中、中下、下四等。为官吏转迁，又分赤、畿、望、紧若干等。639年，全国有1551个县。到740年，增至1573个县。县的长官为令，京县县令为正五品上，畿县为正六品下，其他县的县令为从六品至从七品。设县丞1—2人，为县令之副。①

唐朝对内地的州县统治属于直接统治，其州可称为正州，与边疆少数民族地区的羁縻州相对而言。唐高宗至玄宗期间，在边疆地区陆续设置了安西、安北、单于、安东、安南、北庭都护府，统管归附的各族部，有大都护府、上都护府之分。都护府统领归附的各族部，主要通过羁縻州来实现。根据规模大小，羁縻州可分为都督府、州、县三个层级，较为普遍的是州。有别于对正州的直接统治，唐朝政府对羁縻地区采取的是间接统治的方式，都督、刺史由边疆少数民族地区首领、头人担任（亦有部分汉人首领），为世袭制，在羁縻州之下，仍领有县，县令同样由少数民族首领担任。羁縻州分为有版与无版两种。有版指向户部上报户口，无版则不上报。但是，有版的羁縻州少。羁縻地区的内部事务由当地部落自治，中央政府不征纳税赋，但部落要忠于中央政府，对中央政府进贡，按照要求提供军队物资。据统计，自唐高宗至玄宗期间，唐朝共设立各类羁縻府州856个。羁縻州制是具有古代民族区域自治性质的治理方式。

为防御突厥、吐蕃等的威胁，唐高宗至玄宗时期，在边疆地区设立藩镇，实行节度使制度，屯驻兵力。藩镇本是军事建制，与作为行政建制的州、县是两个系统，但作为藩镇统治的节度使官阶高、威望大，对州刺史和县令行使监督职能，州县又在财政上依附于藩镇，种种因素导致藩镇凌驾于州之上，成为州之上的事实上的一级管理机构。一开始，作为节度使的军事统帅都选用的是忠厚名臣，不久任，不遥领，也不兼

---

① 以上参见史仲文、胡晓林主编，谢保成著《中国全史·中国隋唐五代政治史》，人民出版社1994年版，第47—48页。

任。但到了唐玄宗开元中后期，久任、遥领和兼任现象变得普遍起来。

唐代共设立10个节度使，其中安禄山一人兼任平卢、范阳、河东三镇节度使。节度使掌握边疆地区军政、民政、财经大权，极易形成尾大不掉、威胁中央集权之势。安史之乱就是由安禄山、史思明这两位北方节度使发动的。安史之乱平定后，节度使制度并未废除，反而得到进一步发展，北方藩镇大多成为事实上的割据政权。藩镇在境内可以招募兵士，练兵修城，自收租税，自定法令，自用文武官吏，俨然成为独立王国。唐中期以后，对北方藩镇仅具名义上的统治权，到了中后期，北方藩镇进入全盛时期，截至883年第二次收复京师之时，全国大约有50个节度使，① 藩镇覆盖范围自河北、山东扩展到河南、江淮，此起彼伏，形成割据局面，最终成为唐朝灭亡的重要因素，五代十国中的许多政权都起源于唐后期的藩镇。

第二节　隋代的乡村治理

一　隋代的乡里组织

隋代的乡村治理体系上承北齐。尽管北魏自太和十年（486）开始实施三长制，但乡里制并未完全消失。到北齐时期，由于皇帝刑罚酷滥，官职奸坏，豪党兼并，户口存在许多隐漏现象。再加上魏齐旧制，未娶妻者可减免一半租调，所以仅阳翟一郡，数万户人家，大多数没有妻室，当时的户口租调，百分之六七十已经征收不到。② 可见，当时户制紊乱、田制破坏、赋役无征的情况已经非常严重，此种情形必然导致国家财政紧张，供应不足。为此，北齐政权一方面通过缩减官员俸禄，减免日常军粮供应，合并减免州、郡、县的镇戍岗位等手段节省财政开支，另一方面加强屯田，提高粮食生产。564年，北齐政权厘定乡村基层组织，命令10户人家组成比邻，50家为闾里，100家为族党；明确男子18—65岁为丁，16—17岁为中，66岁以上为老，15岁以下为小。以此为基础，实

---

① ［英］崔瑞德、［美］史乐民编：《剑桥中国宋代史》上卷，李永等译，中国社会科学出版社2020年版，第39页。
② （唐）魏徵：《隋书·食货志》，中华书局1999年版，第458页。

行授田。都以18岁受田，承担租调赋税，20岁服兵役，60岁免力役，66岁退田，免租调赋税。①

隋代开国后，颁布新令，命令在原西魏北周地区以五家为一保，设保长，五保为一闾，四闾为一族，各设闾正、族正。在畿外地区（北齐故地），设置里正、党长，层级分别与闾正、族正相当。可见，隋代乡村地区的基层组织在县以下为党、里、保。五家为一保，五保为一里，四里为一党，一党约100户，与北魏三长制的继承关系非常明显。② 589年，隋文帝制书确定每500户为一乡，设乡正一人，管理民间诉讼，每100家为里，设里长一人。③ 第二年，虞庆则等人从关东诸道巡视归来后，上奏认为，管500户的乡正专理词讼，给百姓造成很大不便，且存在个人爱憎偏私、公然纳贿等行为。朝廷随后废除乡正之设。④

隋大业五年（609），全国共有1255个县，每县平均有7097户，但京兆、河南、荥阳、东郡、清河、北海、鲁郡等北方核心地区每县平均都在万户以上，南方地区则从两三千户至八九千户不等。⑤

隋朝的乡党建制，县以下依次为党（100户）、里（25户）、保（5户），设立乡之后，则为乡（500户）、里（100户），但在里之下，是否仍有保、邻之设，所辖户数多少，暂未可知。

关于隋代乡村治理体系的一个重要问题是，隋是否曾废除乡官一职？乡官是指县以下乡、党、闾、里一类官职，还是州刺史自行辟用当地人为属官的制度？历来看法不一。古人基本倾向于前者，20世纪以来的史家多为后者，至今未有定论。⑥

---

① （唐）魏徵：《隋书·食货志》，中华书局1999年版，第459页。
② 鲁西奇认为，隋代的保、里、党设置仅存在于隋代境内的原山东北齐故地。所谓"畿外"是沿用北齐旧制之文。见鲁西奇《制度的地方差异性与统一性——隋代乡里制度及其实行》，《中国社会科学》2017年第10期。
③ （唐）魏徵：《隋书·高祖纪》，中华书局1999年版，第23页。《隋书·李德林传》，中华书局1999年版，第802页。鲁西奇同样认为，隋代在589年实施的乡里制仅针对江南原陈国故地，见上文。
④ （唐）魏徵：《隋书·李德林传》，中华书局1999年版，第807页。（唐）杜佑撰、王文锦点校：《通典·食货三·乡党》，中华书局1988年版，第63页。
⑤ 梁方仲编著：《中国历代户口、田地、田赋统计》，中华书局2008年版，第104—110页。
⑥ 罗志田：《隋废乡官再思》，《社会科学研究》2015年第1期。

废除乡官的史料来源于《隋书·百官志下》①，对此，侯旭东教授认为，《隋书》中作"州县、乡官"断句，是重大失误，正确的应该是"州县乡官"，因为废除州县乡官是重大事件，但《隋书》中其他地方都没有相关记载。②

如果取古文不断句的记载，如何理解"罢州县乡官"呢？如果是"州、县、乡之官"，上文已经证明不合理。那么所谓"州县乡官"是不是指州县机关中的乡官呢？如果联系《隋书》中所谓"开皇十五年，罢州县乡官"的上下文，不难看出，正是如此。此处的"乡官"应是指州郡县长官自行任命的用以协助处理事务的属吏，只是以"乡官"称呼而已。595年，撤销乡正的司法职能，但仍保留乡的建制，多则文献史料和隋朝墓志也表明，终隋一代，乡正（长）的职位仍在，例如，孙长迁曾任隋清德乡长，刘世龙曾任隋晋阳乡长。③ 隋代存在乡级组织是毫无疑问的。只不过，由于隋代政权与北魏、西魏、北周的历史渊源，在乡里制演变的过程中，基层组织名称仍然遗有北魏党、里、邻三长制的痕迹。还有一个合理的推断是，同样记载隋代的基层组织设置，《通典·食货三·乡党》中并未记载隋开皇十五年（595）废除州县乡官之事，说明彼乡官并非是此乡官（乡正）。至此，隋代的乡村治理组织又有所调整，即将党里合并为里，里上设乡，作为县的下一级组织。过去的县、党、里、保转变为县、乡、里、保，乡里制正式确立。

二 隋代的乡村治理

隋代的均田制

在田制上，隋代继续实行均田制。隋代对丁亩的规定与北齐类似，有所微调。普通农户家庭从官府所受的土地包括露田、桑田和园宅地。丁男、中男永业露田实行的是后齐的制度。一夫（不分丁男、中男）受

---

① （唐）魏徵：《隋书·百官志》，中华书局1999年版，第537—538页。
② 侯旭东：《〈隋书〉标点勘误及校勘补遗四则》，《中国史研究》2001年第2期。
③ 张国刚：《唐代乡村基层组织及其演变》，《北京大学学报》（哲学社会科学版）2009年第5期。罗新、叶炜：《新出魏晋南北朝墓志疏证》，中华书局2005年版，第356、375、386、481—482、485、452页。

露田八十亩，妇女受露田四十亩①，奴婢和普通农民相同。丁牛一头六十亩，最高额度是四牛。露田有还有受。桑田，每个丁男可受田二十亩，要种桑树五十棵，榆树三棵，枣树五棵，桑田是永业田，不须归还。不适合种桑的地区，授给麻田，规定和桑田一样。园宅地，三口人给一亩，奴婢则五口给一亩。②

一个五口人的核心家庭最多可授田 140 亩，其中露田 120 亩，桑田 20 亩。如果一户有 2 个以上的丁男、中男或妇女，一般就高不就低，小夫妻结婚后需要另行立户方可获得授田。但以上授田标准是理想状态的最高限额，由于官僚地主占地太多，官府也需要掌握一部分官田，尽管统治者想继续北魏以来的均田制度，但事实上隋朝大多数地区农民的受田数并未足额。隋开皇十二年（592）冬，全国人口增多，京辅及三河地区地少人多，百姓衣食不能保证。有人议论，把田少人多的狭乡中的民户迁到田多人少的宽乡。皇帝派遣使臣到各地平均田地，但效果不佳，狭乡每丁仅有田二十亩，老少人口田亩更少。

对于贵族官僚，从诸王以下至都督，都授给永业田，数量存在差别。在京官员授给职分田，一品者给田五顷。每品以五十亩为一级差，至五品官，可受田三顷，六品二顷五十亩。之下每品仍以五十亩为级差，到九品官，受田一顷。地方官也各有职分田，同时又授给公廨田，以作公务支出所用。

隋代继续实行均田制，在一定程度上限制了地主豪族对土地的任意兼并，虽然授田额不足，但有利于缩小土地差距，使绝大部分农民有可耕之地，调动了农民生产的积极性。

隋代的田赋征收

《隋书·食货志》中记载了隋代的田赋标准：

---

① 对于北魏、隋、唐的授田之数，各家有不同看法。有的认为一夫就是指一夫一妇的家庭（吴慧：《中国历代粮食亩产研究（增订再版）》，中国农业出版社 2016 年版，第 176 页注①），一夫的授田额就是一户之数。有的则认为要将一夫、一妇加起来。例如，北魏田制一夫露田 40 亩，妇女露田 20 亩，则一户共为 60 亩。隋代一夫露田 80 亩，妇女 40 亩，一户共为 120 亩。唐代丁男、中男 100 亩，单独立户加 20 亩，有夫有父之妇女不授田，故一户为 120 亩。

② （唐）魏徵：《隋书·食货志》，中华书局 1999 年版，第 459—461 页。

> 丁男一床，租粟三石，桑土调以绢绝，麻土以布绢。绝以匹，加绵三两。布以端，加麻三斤。单丁及仆隶各半之。未受地者皆不课。有品爵及孝子顺孙义夫节妇，并免课役。①

一夫一妇受露田 120 亩，需要交纳粟谷 3 石，这个田赋的税率是多少呢？这就需要结合隋代的亩积、亩产量予以研究。

隋代的每亩面积相当于今 0.7779 市亩，隋代的亩产量史书几乎没有记载，假设隋代亩产水平与南北朝时持平，则可以北魏（北方）和南朝（南方）的亩产为依据进行合理框算，如后文所附表格，东晋至南朝时平均每亩（以当时的亩积）可产粟谷 68600 毫升，北朝则为 68650 毫升，两者折合为今市亩，每亩产量分别为 90632.84 毫升、80725.3 毫升，假设南北各占一半，则隋代每亩平均产量折合今为 85679.07 毫升，乘以 0.7779，则为 66649.75 毫升。隋代每石容量为 60000 毫升，则每隋亩产量为 1.11 隋石。一夫受田 120 亩，如果都是正常年份、肥力中等的田地，可产粟 133.2 石，田租为 3 石，则田租率为 2.25%，相当于四十五税一的汉代标准。

北魏一户受露田 60 亩，交粟 2 石，帛一匹；隋一户受露田 120 亩，交粟 3 石，绢一匹加绵 3 两，与北魏相比，农民田租负担略有减轻。

隋代农户还要承担义仓之征。义仓始创于隋文帝开皇五年（585），本为民间互助性质的储备粮仓，后被隋政府收归县级专仓管理。义仓之征随之成为固定的征税种类。农户按户等交纳义仓粮食，上户一石，中户七斗，下户四斗。②

隋代的徭役征发

在徭役方面，隋代规定，10 岁以下为小，17 岁以下为中，18 岁以上为丁，需要服役。60 岁以上为老，免役。为加强对太行山以东地区奸诈取巧之徒逃避赋役行为的打击，隋文帝要求各州县朝廷"大索貌阅"，即大规模地核查户籍人口，凡发现户口不实的，里正党长要发配到远方。通过核查，账面新进 443000 丁男，人口新增 164 万多。其后高颎又建议

---

① （唐）魏徵：《隋书·食货志》，中华书局 1999 年版，第 461 页。一端为五丈。
② 孙翊刚主编：《中国农民负担简史》，中国财政经济出版社 1991 年版，第 140 页。

由中央"输籍定样",即确定划分户等的标准,颁发到各州县执行,并要求每年正月初五,由县令出查,百姓每300家到500家为一团,依定样确定户等,写成定簿,即称"输籍之法"。① 大索貌阅和输籍定样的新政策实施后,大量漏隐、逃亡的农民转为国家编户,户籍制度进一步完善,国家赋税收入大大增加。

隋文帝登基后,废除了东京的劳役,免除了入市的税赋,但徭役方面仍因袭北周旧制,服役的丁夫分为十二个番次,工匠则为六个番次,以应对平叛、迁都、修建新宫殿等的需要。开皇三年(583),因迁入新宫殿,隋文帝下令酌减赋役,"令军人以二十一成丁,减十二番为每岁二十日役,减调绢一匹为二丈"②。

开皇九年(589),因江南初定,隋文帝下令免赋税十年,其他各州,免除当年租赋。十年,因天下无事,徭赋更加宽免,"百姓年五十者,输庸停防"。

开皇十二年(592),因"库藏皆满",隋文帝下诏曰:"河北、河东今年田租,三分减一,兵减半,功调全免。"③

隋文帝夺得政权后较为节俭,注意宽恤民力,隋初百姓负担不重。但到隋炀帝上台后,虽然将男子成丁年龄改为二十二岁,并免除妇女、奴婢部曲的课税,但徭役暴涨。隋炀帝光修建东都,就每月役使壮丁二百万人,对辽、碣之地用兵后,增置军府,重复后汉刘渊的苛政——扫地为兵。后来又兴众百万,北筑长城,死者太半,丁男不够征用了,就征发妇女服役。至于杨广修运河、造龙舟、幸江都,骄奢淫逸,耗费民脂民膏,罪恶更是罄竹难书④。隋朝末年,过重的徭役导致的结果是:

> 百姓废业,屯集城堡,无以自给。然所在仓库,犹大充牣,吏皆惧法,莫肯赈救,由是益困。初皆剥树皮以食之,渐及于叶,皮叶皆尽,及煮土或捣藁为末而食之。其后人乃相食。⑤

---

① (唐)魏徵:《隋书·食货志》,中华书局1999年版,第462页。
② (唐)魏徵:《隋书·食货志》,中华书局1999年版,第461页。
③ (唐)魏徵:《隋书·食货志》,中华书局1999年版,第461—462页。
④ (唐)魏徵:《隋书·食货志》,中华书局1999年版,第465—467页。
⑤ (唐)魏徵:《隋书·食货志》,中华书局1999年版,第467页。

隋炀帝荒淫无度，骄怠暴政，对老百姓造成了最直接的祸害：

> 六军不息，百役繁兴，行者不归，居者失业。人饥相食，邑落为墟，上不之恤也。①

天下百姓民不聊生，纷纷揭竿而起，各地"盗贼"蜂起，农民起义此起彼伏，一时之间，全国大乱，失尽人心的杨广不但自己身首异处，隋政权也二世而亡。经过激烈角逐，原隋代官僚贵族李渊集团夺得天下。

第三节 唐代的乡村治理

唐代对乡村基层组织治理体制和体系进行了重大变革，乡的作用功能开始下降，秦汉的乡官里吏制向乡虚里实制转化，里正代替乡吏在乡里体系中发挥实际作用，其上值府县机关开启了后世职役化的先河。唐代的田制、税制如均田制、租庸调制、两税法等既上承北魏、北齐、隋各代，又在中唐时发生新的变化，并对宋、元、明、清各代产生深刻影响。

一 唐代的乡村组织

唐代的乡村治理中最值得注意的地方是，自唐中期以后，秦汉以来流行的"县—乡—里"组织体系中嵌入了"县—乡—村"组织体系，"村"在"里"之下或之外，也成为乡村治理的基础组织之一。

唐代乡村治理组织体系的变迁

唐初沿用隋制，但此后有所更新发展。对于唐代的乡村治理体系，多个历史典籍中皆有记载。例如，《旧唐书》中记载："百户为里，五里为乡，两京及州县之廓内分为坊，郊外为村。里及村、坊皆有正，以司督察。四家为邻，五邻为保，保有长，以相禁约。"② 《通典》中记载：诸户以百户为里，五里为乡，四家为邻，五邻为保。每里置正一

---

① （唐）魏徵：《隋书·炀帝纪》，中华书局1999年版，第65页。
② （后晋）刘昫等：《旧唐书·职官志》，中华书局1999年版，第1246页。

人，若山谷阻险、地远人稀之处，听随便量置。在邑居者为坊，别置正一人，掌坊门管钥，督察奸非，并免其课役。在田野者为村，别置村正一人。其村满百家，增置一人，掌同坊正。其村居如满十家者，隶入大村，不须别置村正。① 唐朝的村，有的也有村门，村正掌管村门钥匙，晨开夜闭。

根据以上记载，可以合理推断，当时的村、里存在三种设置情形。第一种，一个村达到一百户，村就是里，村正就是里正，同时增设一个村正作为副手。第二种，在一定范围内存在一个超过十户，但远远不够百户的大村和几个户数更少的村，它们以最大的村为中心村，共同组成一个里。中心村设村正，其他小村不设村正，里设里正。第三种，没有大村，只有若干个小村，它们共同组成里，设有里正，而各小村不设村正。

如果理解当时里、村的这种关系呢？可以用今天行政村与自然村的关系来类比理解。里相当于今天的行政村，既是地理区划单位，亦是百姓居住单位。里正相当于今天行政村的村委会主任，同时，增设一名村正作为里正的副手。村相当于今天的自然村，村正是自然村的村民小组长。在今天北方平原地区，普遍存在一个大的自然村就是一个行政村的情况，这种情形下的村是一种村集。在城市，也存在一个大型小区就是一个社区的情况。唐朝的坊类似于今天的小区，里相当于社区。②

唐代县以下治理体系，为乡（500户）、里（100户）、保（20户）、邻（4户），层级、户数规模相比隋代已经发生变化。

唐时乡的规模一般为500户，这个规模的乡已经不算小了，在部分地区相当于一个小县。相较隋代，唐代县的规模缩小很多。唐太宗贞观十三年（639）时，全国各道每县平均户数为2201户，除少数州府的都县外，很少有县均超过5000户的。关内道的丹州5个县，县均户数为638.8户，绥州5个县，县均为632.6户，鄜州5个县，每县平均只有

---

① （唐）杜佑撰，王文锦等点校：《通典·食货三·乡党》，中华书局1988年版，第64页。
② 鲁西奇：《唐代乡里制度再认识》，《中国文化》2018年第2期。鲁西奇认为，村正与里正平级，我们则认为，这要视情况而定。在一个大村就是一个里的情况下，二者平级，但小村的村正显然级别低于里正。因为几个小村才能共同形成一个里。此处提法的关键是"增置一人"，说明村正是增加的，那么原来的显然是里正。

340.6 户。不过，到了天宝元年（742），全国各道县均户数又上升到 5715 户，[1] 反映出人口的繁荣。

但是，由于传统中国并非一个均质社会，制度中的规定落实到现实生活中会发生很大变异。例如，在京畿等人口密度大的地区，一个县辖乡的规模就非常大。唐初时，万年县有 45 个乡，长安县有 59 个乡。到了盛唐的天宝年间，长安县增加到 79 个乡，万年县则为 62 个乡。当时的京畿县辖乡总数 592 个，平均辖乡 27 个，远超其他地区。[2] 根据史料，唐朝在敦煌曾设立 13 个乡，乡之下的里数量更多。吐鲁番出土的唐朝簿籍、文牒中，可发现 10 多个乡名、20 多个里名，有的文中还出现里正的称谓。[3] 据不完全统计，唐开元年间（713—741）时，全国各道总计有乡 12652 个，元和年间（806—820）时，有乡 7138 个。[4]

唐朝在废除乡长、乡佐后，乡官以耆老（父老）为首，以里官具体负责乡里事务。乡务由五位里正轮流值班负责。

唐朝城镇的基层组织是里、坊。长安、洛阳两个京城和各州城、县城的居民，都按坊居住、管理。各坊建有坊墙、坊门。每坊设坊正一人，掌管坊门钥匙，负责早晚开关坊门。唐朝里坊实行宵禁制度，坊门按时开关，违者要受到处罚。唐朝长安城南北有 14 条街，东西有 11 条街。除宫城、皇城、衙署、寺观之外，城内还有东西两市，剩下的就是规模庞大的居民区。居民区共有 108 坊，以朱雀大街为中线，分为街东、街西，各 54 坊分别归万年县、长安县管辖。各坊面积不一，一般南北长为 500—838 米，东西宽为 550—1125 米。每座坊的四周都筑有围墙，大坊一般开四个门，内设十字街，小坊则开东西二门，设一横街，街宽都在 15 米左右。十字街将一坊分为四区，在每一区内都还有一小十字巷，把整座坊分成 16 个小块，分布着民宅、官邸、寺院和道观等。长安城中的一坊有多少户呢？根据《旧唐

---

[1] 梁方仲编著：《中国历代户口、田地、田赋统计》，中华书局 2008 年版，第 110—133 页。
[2] 武伯纶：《唐万年、长安县乡里考》，《考古学报》1963 年第 2 期；徐畅：《何以善治？唐代京畿县乡的权力结构与社会治理》，《文史哲》2021 年第 4 期。
[3] 王永曾：《试论唐代敦煌的乡里》，《敦煌学辑刊》1994 年第 1 期。
[4] 梁方仲编著：《中国历代户口、田地、田赋统计》，中华书局 2008 年版，第 134 页，甲表 27。

书·五行志》记载，唐开元八年（720），因暴雨成灾，"京城兴道坊一夜陷为池，一坊五百余家俱失"①，说明，一坊约500户，一些大坊可能高达七八百户。但如果是官邸、寺院所在的坊，户数就要少得多。可见，原有百户为里之说在大都市有所不同。以长安来说，坊与里并不完全对应，既有超过百户的坊，也有少于百户的坊，在这种情况下，一个大坊可能划分为几个里，也存在几个小坊共同形成一个里，居住单元与编户单元之间的关系比农村地区更为复杂。

通过考察扬州地区出土的墓志，中唐后期扬州乡村地区的建制是县—乡—里，城郭地区的基层建制则为县—坊—里，或县—里—坊。里坊常常混用，同一个地名，在甲墓志中称为坊，乙墓志中则称为里，如会义坊（里）②、常乐坊（里）、仁风坊（里）③。还存在另外一种现象，坊在里之上，如《鲁君墓志》中记载，"扬州海陵县祯实坊常乐里"，但同为"祯实坊"，在另一则墓志中则为"祯实里"。出现此种情况的可能性有二：一是时人不分坊、里；二是当时的里、坊，存在类似于今天的行政村、自然村之别，祯实村既可以指祯实行政村，也可以指祯实自然村。祯实坊可能既指大的坊里，其下包括常乐里、祯实里，也指祯实坊之下的小的祯实里，在单独使用时简指，如用"祯实坊祯实里"似乎过于烦琐，墓志作为民间文书，不须如此严谨。出土文献进一步表明，随着城市的发展，同一个地名，由原在乡村地区的村发展为里，如初唐时的"育贤村"至盛唐时已成为"育贤里"。④

由上可见，唐中叶以前，在城乡分别形成乡、里、坊和乡、里、村、保、邻的治理结构。村、坊并不完全是居住单位，因为已经设立了村正、坊正作为管理人员。各保、邻也分设保长、邻长或保正、邻正。从管理

---

① （后晋）刘昫等：《旧唐书·五行志》，中华书局1999年版，第941页。
② 例如，长庆四年（824）的《臧遹墓志》中为"会义坊"，6年之后的大和四年（830）的《张吴氏墓志》中为"会义里"。陈彝秋：《唐代扬州坊里考略》，《扬州大学学报》（人文社会科学版）2000年第2期。
③ 扬州江阳县仁风坊（里）的混用最具代表性。贞元八年（792）的《李崇墓志》中为"仁风里"，大中元年（847）的《刘举墓志》中为"仁风坊"，大中六年（852）的《董氏内表弟墓志》中为"仁风里"，咸通十年（869）的《韩俊墓志》中又为"仁风坊"，同为咸通年间的另一则墓志，又为"仁风里"。
④ 陈彝秋：《唐代扬州坊里考略》，《扬州大学学报》（人文社会科学版）2000年第2期。

层级上看,保、邻成为村之下的层次,类似于今天农村地区的湾、落,城市小区的楼栋、门栋。

总之,自从东汉中期作为聚落的名称出现后,至隋唐时期,"村"开始从地域性单位向制度性、组织性单位演变。唐中期至五代期间,村取代里,不但成为居民居住的地理单元,也成为乡之下的户籍赋役管理单元,最终成为农村基层行政管理组织之一。张国刚先生通过考察唐开元前后的墓志和朝廷公文得出结论,开元前,介绍墓主籍贯,一般称为某某乡某某里,但开元之后特别是安史之乱后,则多称为某某乡某某村。① 当然,这种取代也是一个渐进性的过程,于阗文书表明,在中唐的791年,新疆于阗地区仍然存在"里"的建制,并没有完全由"村"代替"里"。②

唐代的乡里职能与官吏职责

唐朝乡里基层组织的主要职能包括四个方面,一是执行人口编译检查,开展编户登记、授田、征收赋税劳役等工作。二是劝课农桑,督促农民开展农业生产。三是维护基层治安,检举纠正乡村社会中的违法行为。四是开展慈善救济活动,"老吾老以及人之老,幼吾幼以及人之幼",照顾抚恤农村中的老弱病残以及鳏寡孤独者。

乡官里吏是如何设置的呢?《通典》规定:"大唐凡百户为一里,里置正一人,五里为一乡,乡置耆老一人,以耆年平谨者,县补之,亦曰父老。贞观九年,每乡置长一人,佐二人,至十五年省。"③《册府元龟》记载:"唐制,百户为里,里置正;五里为乡,乡置耆老,亦曰父老。五代因之。"④ 可见,唐朝曾经设立过乡长、乡佐,但不久便撤销了。撤销后设置耆老,但显然,耆老类似于秦汉旧制中的"三老",可能主要是管风俗教化的,不会承担乡中的实质性具体工作。事实上,在641年(贞

---

① 张国刚:《唐代乡村基层组织及其演变》,《北京大学学报》(哲学社会科学版)2009年第5期。
② 张铭心、陈浩:《唐代乡里制在于阗的实施及相关问题研究》,《西域研究》2010年第4期。
③ (唐)杜佑撰,王文锦等点校:《通典》卷三三,职官十五,中华书局1988年版,第924页。
④ (宋)王钦若等编修:《册府元龟》卷七○一,令长部,总序,中华书局影印本1960年版,第8358页。

观十五年），废除乡长、乡佐后，[①] 乡级行政管理改由乡辖各里里正轮流值班，共商共管。每乡耆老一人，应当是指在641年废除乡长、乡佐一职之后，否则，就谈不上"五代因之"。

由于乡官缺位，县以下的乡村治理工作主要由里正、村正、坊正、保正、邻正承担。五正之中，里正是权力性吏员角色，直接负责基层行政管理。村正、坊正参与征收赋役，协助行政管理，但主要职责是维持基层治安，检举村坊违法行为，调解邻里纠纷。保正、邻正负责检查、检举与纠正基层治安和违法行为，不负责基层行政事务。五正都肩负维护基层治安、纠正违法行为的任务。

废除乡长、乡佐后，里正在唐朝的乡村治理体系中承担核心角色，是乡里政权的实际管理者。根据唐朝官制，里正的职能是掌案比户口，课植农桑，检察非违，催驱赋役。几乎负责所有的基层行政事务工作，以上四个方面的乡村治理职能，都主要由里正直接负责或牵头负责。

唐朝对里正实行上值制度，里正需要早出晚归，到附近的州县衙中当差，汇报乡里民情，听取县司政令安排，协助处理事务性工作。至于到较远处的州县衙中是否驻夜，暂未可知。唐代王梵志诗云："当乡何物贵，不过五里官。县局南衙点，食并众厨餐。文簿乡头执，馀者配杂看。差科取高户，赋役数千般。处分须平等，并橛出时难。职任无禄料，专仰笔头钻。管户无五百，雷同一概看。愚者守直坐，黠者驱驱看。"[②] 表明当时里正上值的情形是，早上到县衙南门点名报到，中午大家一起享受工作餐。对里正的考核也是由上级县司负责的。

正因为在基层治理中角色如此吃重，也使得里正在唐朝的国家治理体系中始终处于较为尴尬的角色，这可能也是来自乡里，但又要服务国家的所有乡官里吏们的共同困境。例如，在授田课役中，里正虽然不能代替县官起决定性作用，但既可以秉公执法，也可以在"造簿"和协助执行的过程中上下其手。如果秉公执法，上下都会满意，如果上下其手，可能获益者满意，县廷和乡党不满意。唐朝前期，政治清明，田地充足，赋税负担较轻，官民矛盾不大，里正的工作难度较小，其角色形象尚属

[①] （后晋）刘昫等：《旧唐书·太宗纪》，中华书局1999年版，第30、36页。
[②] 资料来源：古诗词网，https://shici.com.cn/poetry/0x38254870。

正面。到了唐中后期，土地兼并加剧，均田制度日益败坏，授田不足，农民赋税负担加重，很多农民逃离家乡。对此，政府实行"摊逃法"，将逃亡农户的赋役摊派给其原籍邻户，这种经济上的连坐之法激化了官民矛盾，也加大了里正等乡官与百姓的矛盾，加剧了乡村治理的难度。里正一方面作为国家行政权力的执行者，不得不按法课役，依法案比户口，维持治安；另一方面作为乡里乡亲，在人情社会中又经常处于两难境况。唐诗中有不少诗篇就是以里正等基层官员为讽刺对象的，如著名的《三吏》《三别》等。

唐代法律对里正等乡官里吏们的管理非常严格，里、村、坊、保、邻五正在法律上都肩负着管理责任和违法连带责任。例如，里正在统计核查户口中如有脱漏或谎报丁男年龄等不实之处，每脱漏一人要鞭笞40下，三人罪加一等，超过杖刑100大板，每十人加刑一等，直至判处徒刑三年为止；在征发赋役中出现脱漏增减，每错讹一人判处里正流放一年，二人罪加一等，十五人流放三千里。如果里正部领的属下中出现出征的战士冒名相顶替的，里正没有发觉，被冒代一人，里正要被笞打50下，多一人罪加一等，满九人，判处二年徒刑。① 如果在本乡本里区域内发现偷盗及纵容偷盗行为的，如果是一人，里正、坊正、村正要笞打50下，如果是四人及以上，罪加一等，里正等人要被笞打60下；所管辖的地界内有一人做强盗的，里正等人也要被笞打60下。私铸钱币者，私铸者处死，五正皆要受到连坐处罚。对同居家口的制造蛊毒害人者，里正、村正、坊正知情但不纠正的，判处流放三千里。②

里、村官员是如何任命的呢？《通典》中记载："诸里正，县司选勋官六品以下白丁清平强干者充。其次为坊正。若当里无人，听于比邻里简用。其村正取白丁充，无人处，里正等并通取十八以上中男、残疾等充。"③ 这说明，里正是由县廷选择那些没有正式官职的六品以下官员和精明强干的普通丁男担任。从本里选择，如果本里无人，可从邻里选用。

---

① 《唐律疏议》卷一二《户婚》卷一六《擅兴》。见曹漫之主编《唐律疏议译注》，吉林人民出版社1989年版，第460、463、584页。

② 《唐律疏议》卷一八，卷二〇《贼盗》。见曹漫之主编《唐律疏议译注》，吉林人民出版社1989年版，第639、710页。

③ （唐）杜佑撰，王文锦等点校：《通典·食货三·乡党》，中华书局1988年版，第64页。

村正则由普通百姓担任。如果还没有合适人选，则由里正从十八岁以上的中男[①]、残疾人中选择担任。里正、坊正、村正可以免征力役。

根据唐代历史典籍记载，结合出土文献，担任里正的人需要具备一定的社会条件，可能要接受县廷的审核挑选，从形式上虽多为下等户和普通人，但大多是小地主和富裕农户，有一定的文化和管理水平，在乡里中的社会地位相对较高。不过，里正这一职务不能纳入国家行政官员行列，虽是乡官，实为色役，在有些地方可能还是人们不愿意干的苦差事[②]，身份地位都有一定的尴尬与无奈之处。里正比村正任务更繁重，职权与责任更大，任职条件更高。

唐代的乡里不仅是户口编排单位和赋役征收单位，也有明确的地域范围和区划。根据对唐朝墓志的研究，唐开元年间是基层乡里制度转变的关键时期，在此之后，县、乡、里的层级结构逐渐被县、乡、村替代。随着户口的增长，乡和村的人口都在扩张，村与里的法定户数差别日渐缩小，村的独立性增强，唐代后期，村的作用越来越大，最终取代里成为乡村基层行政管理组织。到五代时期，乡、村成为县司下属的基层组织。[③]

二　唐代的乡村治理

唐代乡村的户籍管理

户籍管理是唐代乡村治理的基础功能和主要内容之一。户籍管理分为人口登记、户籍编制、户口检查。

唐代根据年龄大小，将人分为黄、小、中、丁、老五种。《旧唐书·食货志》记载："男女始生者为黄，四岁为小、十六为中、二十一为丁、

[①] 唐朝对中男的规定是16—20岁，丁男为21—59岁，天宝年间更改为中男18—21岁，丁男22—57岁，不同于隋及北齐。(后晋) 刘昫等：《旧唐书·食货志》，中华书局1999年版，第1407—1408页。

[②] 孔祥星：《唐代里正——吐鲁番、敦煌出土文书研究》，《中国历史博物馆馆刊》1979年辑。

[③] 鲁西奇：《唐代乡里制度再认识》，《中国文化》2018年第2期；鲁西奇：《中国古代乡里制度研究》，北京大学出版社2021年版，第419页。不过，在明清实行里甲制后，至少在南方地区，乡里制仍是主要的行政组织系列，村并未成为治理组织，主要还是自然聚落的名称，相当于今天的自然村、湾落。

六十为老。"天宝三年（744），又修改为十八为中男，二十二为丁。广德元年（763），规定二十三成丁，五十八为老①。不同年龄的人丁在授田、课役、抚恤上有相应的标准。有唐一代，朝廷总体上采取恤民保民之策，不断提高丁男年龄，降低丁老年龄，还曾采取放丁之策。例如，天宝元年（742），为减少户高丁多但父母仍健在却别籍异居的现象，要求州县勘查，如果一家之中，有超过十个丁男的，可以减免两丁的赋役，五丁到十丁的，减免一丁，目的是要求同籍共居，以敦风教。到广德元年（763），进一步优待为一户之中，三丁放一丁。②

除了年龄之外，唐代的户籍分为"编户"和"非编户"。编户就是有自由、有正当权利的自然人。非编户只能依附于编户，不享有民众的待遇。非编户通常是奴婢、杂役等社会地位低下的人以及乐师、工匠等。在录入户籍时，不仅要登记人的名字、住址等基本信息，还要登记身高、样貌以及身上的明显特点，以便官府识别查证，称为"貌阅"。除此之外，如果此次户籍统计与上次有所差别，如生、死、逃等，还要验证并加以标记。田产、房屋也是户籍登记的内容。核查时会检查亩数、位置，还会标明其分类如世业田、口分田等。

在基层户籍管理上，唐代规定："将天下户分为九等，三年一造户籍，凡三本，一本留县，一本送州，一本送户部。常留三比在州县，五比送省。仪凤二年二月敕，自今以后装潢省籍及州县籍也。"③《新唐书》记载："凡里有手实，岁终具民之年与地之阔狭，为乡帐。乡成于县，县成于州，州成于户部。又有计帐，具来岁课役以报度支。"④ 这表明，户籍的统计与管理是自下而上进行，经过手实、乡帐、计帐、户籍四个步骤才完成的。

手实是指编户自行呈报的关于本户户口资产的表册文书，内容包括

---

① 《旧唐书》《新唐书》天宝三年和广德元年的相关记载不一。《旧唐书》对天宝三年记载为二十二成丁，《新唐书》为二十三以上成丁。《旧唐书》对广德元年记载为二十三成丁，五十八为老。《新唐书》则记载，男子二十五为成丁，五十五为老。见《旧唐书·食货志》，第1408—1409页，《新唐书·食货志》，第884—885页。

② （后晋）刘昫等：《旧唐书·食货志》，中华书局1999年版，第1407—1409页。

③ （唐）杜佑撰，王文锦等点校：《通典·食货三·乡党》，中华书局1988年版，第64页。

④ （宋）欧阳修、宋祁：《新唐书·食货志》，中华书局1999年版，第882页。

户主、户内人口的姓名、年龄、田地、房屋、财产、赋役等项目，每年编报一次，它是政府编造户籍的根据。负责收缴或代填手实的是里正。《唐律疏议》规定："里正之任，掌案比户口，收手实，造籍书。"① 每年年末，里正根据手实编造乡帐，统计本乡人籍，上报至县。县整理汇集后上报给州，最后由各州呈报给户部统一造册。

手实、乡帐、计帐一类基础工作每年都要进行，在此基础上，三年统计一次人口，编造或更新户籍。《唐会要》记载："开元十八年十一月敕诸户籍三年一造，起正月上旬，县司责手实计帐，赴州依式勘造。乡别为卷，总写三通。其缝皆注某州某县某年籍，州名用州印，县名用县印。三月三十日纳讫，并装潢一通，送尚书省。州县各留一通。所须纸笔装潢，并皆出当户内口，户别一钱。其户每以造籍年预定为九等，便注籍脚。有析生新附者，于旧户后，以次编附。"② 意思就是三年一统计，县里统计完自己留一份，再做一份装订好后盖上印上交，州里也是如此，一直送到户部。

户籍编制好后，每隔数年还要核查，即进行"人口普查"。初期年限不定，一般是三年到六年一次，后来规定为三年一次。核查人口在两汉时称为案比，唐朝根据核查周期，分为三比、五比。三比是指三年核查一次，五比是指五年核查一次。三比的结果留在州县，五比送到尚书省，留户部。③

唐代乡村的授田

唐代继续北魏、北齐、隋代以来的均田制、授田制。唐制规定，丁男、中男授田一顷（100亩），笃疾、废疾者授40亩④，守寡的妻妾30

---

① 《唐律疏议》卷一二《户婚》，见曹漫之主编《唐律疏议译注》，吉林人民出版社1989年版，第460页。

② （宋）王傅：《唐会要》卷八十五《籍帐》，中华书局1955年版，第1559页。

③ 唐朝最鼎盛时期的人口共有多少呢？因学者考虑到佃农、隐户、奴仆、士兵、僧道、外族等不纳入户口统计的人而对唐朝人口峰值有不同看法。根据《新唐书》记载，天宝年间，全国有900多万户，人口为6300多万人。现代学者则有7000万、8000万、9000万人之说，个别学者甚至认为超过1.4亿人。

④ 唐代对于"三疾"的划分标准是：诸一目盲、两耳聋、手无二指、足无三指、手足无大拇指、秃疮无发、久漏下重、大瘿肿，如此之类，皆为残疾；痴哑、侏儒、腰脊折、一肢废，如此之类，皆为废疾；恶疾、癫狂、两肢废、两目盲，如此之类，皆为笃疾。唐书中没有说残疾者授田多少，但从里正、村正等皆可从残疾者中选用可推断，残疾应可授田一百亩。见［日］仁井田陞《唐令拾遗》，栗劲等编译，长春出版社1989年版，第136页。

亩。如果是单独立户者加 20 亩。所授之田，十分之二为世代继承的世业田（永业田），十分之八是口分田。世业田在本人死后由本户人所继承；口分田在其死后由政府收回，分给他人。如果按照以上规定足额授田，则五口之家可受田 120 亩。

唐初之所以能够每丁男授田一百亩，是因为经过三国两晋南北朝的大动荡，全国人口普遍下降，人均田地面积到隋初大幅增加。609 年时，全国人口仅为 4601.9 万人，田地则达到 55.85 亿亩，每户平均亩数达到 627.04 亩，每口平均亩数高达 121.37 亩[①]。到 726 年时，全国仍有田地 14 亿亩，人均为 34.78 亩。[②]

唐高祖武德七年（624），确定测量田亩的制度，以 5 尺为一步，宽一步、240 平方步为一亩，100 亩为一顷[③]。亩制由过去的 6 尺为一步，改为 5 尺为一步，是中国历史上田制的重大改革，五尺为步一直延续到清末。当然，由于历代尺的长度不一，造成历代亩积大小有异，这是我们在计算田亩产量时需要予以注意换算的，且不同的学者所取的历代度量衡标准也不统一，结果造成即使是运用同样的原始文献数据，但所得出的亩积、亩产数量是存在一定差异的。

吴慧先生认为，唐代应以一百方步的小亩来计算亩积和实际授田数才合理，唐代丁男、中男授露田 80 亩，名义上是 240 步的大亩 80 亩，但事实上是小亩的 80 亩，折合真正的大亩只有 30 多亩，唐代百步小亩的 80 亩相当于汉代的 62.856 亩，因此，自秦汉至唐，农户耕种的田地面积并无大的变化，计算唐代亩产应以一百步的小亩为单位。

[①] 当然，这一数据可能存在夸大或误差，故在本书后文的历代人均、户均面积计算时没有纳入进来。

[②] 梁方仲编著：《中国历代户口、田地、田赋统计》，中华书局 2008 年版，第 8—9 页。但当时的人均 34.78 亩仅相当于今天的 18.94 亩。

[③] 唐朝时的一尺为多长呢？一说约为今天的 30.6 厘米，一亩长为 240 步，约为 367.2 米，宽为 1.53 米，则一亩田地的面积为 561.82 平方米，相当于今天一亩面积 666.66 平方米的 84.27%。另一说为吴慧先生的意见，唐时的大亩面积折今 0.5437 市亩，计算依据是用以调钟律并用均田、度地的唐尺，每尺长 24.578 厘米的小尺；吴著同时还认为唐朝并存百步的小亩，面积为 151.29 平方米，约为汉小亩的 78.3%，折合为 0.227 市亩。见吴慧《中国历代粮食亩产研究（增订再版）》，中国农业出版社 2016 年版，第 168—169 页。

唐代粮食的亩产量

唐代的亩产是多少呢？《资治通鉴》：

> 元和七年……四年之间，开田四千八百顷，收谷四十余万斛。①

平均每唐亩产谷 0.83 唐石。

《新唐书·黑齿常之传》：

> 乃斥地置烽七十所，垦田五千顷，岁收粟斛百余万。②

平均每唐亩产粟 2 唐石。

《新唐书·食货志》：

> 乃以韩重华为振武、京西营田、和籴、水运使，起代北，垦田三百顷……因募人为十五屯，每屯百三十人，人耕百亩……垦田三千八百五十余顷，岁收粟二十万石。③

平均每唐亩产粟 0.52 唐石。如按吴慧所言，此为休耕地，则平均亩产为 1.04 唐石。

《新唐书·崔弘礼传》：

> 迁河阳节度使，使治河内秦渠，溉田千顷，岁收八万斛。④

平均每唐亩产粮 0.8 唐石。

---

① （宋）司马光编撰：《资治通鉴》，十五，唐纪，卷239，中华书局2009年版，第10080页。该版本的记载为，"四年之间，开田四千八百顷，收谷四千余万斛，岁省度支钱二十余万缗"。但如为"千"，平均每唐亩产粟83石，数字高到不可能。通常的版本中，"四"之后有字缺损，如只为四，亦不可能，0.083石，一亩只产8.3升，不太可能。故学界一般认为，"四"之后缺损的字应是"十"，即4800顷，收谷40余万斛，平均每亩超过0.83石，比较符合常理。
② （宋）欧阳修、宋祁：《新唐书·黑齿常之传》，中华书局1999年版，第3286页。
③ （宋）欧阳修、宋祁：《新唐书·食货志》，中华书局1999年版，第902页。
④ （宋）欧阳修、宋祁：《新唐书·崔弘礼传》，中华书局1999年版，第3925页。

第四章　隋唐时期的乡村治理　/　163

通过以上史料可以看出，唐代不同时期的不同地区，粮食亩产量基本在 0.8—2 石，但 2 石应该是较为少见的，综合其他一些史料可以得出结论，唐代北方地区每亩平均产粟一唐石上下，即 6 万毫升，相当于今 81 市斤①。

以上产量相比汉代亩产量有无增加呢？这就与怎么看待唐代亩积有关。吴慧先生坚持认为，唐代每亩产量一石左右，指的是小亩，理由是汉时的百步小亩就已经每亩亩产为三石。但其实到东汉年间，已经很少使用小亩的概念了，仲长统之言的亩产三石肯定不是指小亩，否则换算成汉代 240 步的大亩亩产将达到 7.2 石，这个数据太高了。

吴慧先生认为唐代亩产量为 3.81 石，合今制为每市亩产 334 市斤②，但这个数据过高而显得不真实。以同为北方地区的陕西户县为例③，户县在民国年间，粮食亩产只有 200 市斤左右；1949 年，全县粮食作物亩产只有 153.2 市斤，其中，小麦亩产 146.9 市斤；20 世纪 60 年代，全县粮食作物平均亩产仅为 211.5 市斤，小麦平均亩产也只有 239 市斤；70 年代粮食作物平均亩产才达到 378.9 市斤，小麦平均亩产才达到 397.6 市斤。④ 可见，在汉唐时期谷物产量如果换算成今天的市亩不可能达到如此高的数字。

吴慧先生之所以这样坚持，可能是为了将其汉代小亩亩产三石的观点延续下来。但事实上，唐代亩产是否比汉代有所增长，要看如何计算唐亩的亩积及其与汉亩的比值。如本书附表 2 "历代容积"中所展示的那样，在唐石的容量为汉石的三倍（60000 毫升：20000 毫升）的前提下，存在如下四种情况：

（1）唐亩是 240 平方步的大亩，五尺为一步，每尺长度为 30.6 厘米，则唐大亩面积为今 0.8427 市亩，汉大亩面积为唐大亩面积的

---

①　可参见吴慧《中国历代粮食亩产研究（增订再版）》，中国农业出版社 2016 年版，第 169—171 页。

②　参见吴慧《中国历代粮食亩产研究（增订再版）》，中国农业出版社 2016 年版，第 169—171 页。

③　现为陕西省西安市鄠邑区。

④　参见户县地方志编纂委员会编著《户县志》，三秦出版社 2013 年版，第 168、173、175—177 页。

82.07%（0.6916÷0.8427=0.8207），经用每市亩毫升粟谷为转换物折算，唐代大亩产量相比汉代大亩减少了17.93%。

（2）唐亩是240平方步的大亩，五尺为一步，每尺长度为24.578厘米，唐大亩面积为今0.5447市亩，汉大亩为唐大亩面积的1.2697倍（0.6916÷0.5447=1.2697），经用每市亩毫升粟谷为转换物折算，唐代大亩产量相比汉代大亩增长了26.97%。

（3）唐亩是100平方步的小亩，六尺为一步，每尺长度为24.578厘米，唐小亩面积为今0.3241市亩，汉小亩面积为唐小亩面积的88.92%（0.2882÷0.3241=0.8892），经用每市亩毫升粟谷为转换物折算，唐代亩产量相比汉代减少了11.08%。

唐代亩产比汉代不增反减，这是不符合吴慧认定的后代亩产只会比前代高的要求。那怎么办呢？只能设定唐小亩的面积要小于汉小亩。由此出现第四种情况。

（4）唐亩是100平方步的小亩（先秦古制），五尺为一步（唐代新制），每尺长度为24.578厘米，唐小亩面积为今0.2269市亩，汉小亩面积约为唐小亩面积的1.2702倍（0.2882÷0.2269=1.2702），经用每市亩毫升粟谷为转换物折算，唐代小亩产量相比汉小亩增长了27.02%。

比较（2）、（4）两种情况，数据几乎相等，但显然（2）更为合理。唐小亩不是按照古制的六尺为步，而是与唐大亩相同的五尺为步，否则无法自圆其说。这看起来似乎也行得通，唐代改制，要么是五尺一步，要么是六尺一步，不可能大亩是五尺，小亩是六尺。但吴著中又说，唐代在以二百四十步为亩的大亩存在的同时，百步为亩的小亩概念并未消失，就此而言，百步小亩应该在面积上保持着与秦汉相同的亩积（今0.2882市亩），但为何到了唐代又会缩小？按照吴著的说法，汉武帝之后一直存在大小亩的区别，并延续到唐代，并且在实际的授田中，是用小亩授田、小亩计算亩产的。真的是这样吗？是历史上实有其事，还是只是作者的一种想象？在前面大小石问题上，今天已有专家证明，小石并非独立的量制系统，只是民间提法，不影响大石的法定地位。如果自汉至唐，都是实际使用小亩小石去授田量田、计算亩产，那为何汉武帝时期改革了一次亩制（改100方步为240方步），唐代又改革了一次（改六尺一步为五尺一步）？并且，改了以后还不怎么执行，还是用原来的小亩？这在逻辑上并不合理，应该不符合历史真实。小亩小石的概念自西汉末年以后应该渐渐就消失了，至少在官方登记系统中已经不存在了。据上，本书认定唐代一亩亩积为今 0.5447 市亩，亩产唐石一石，合今 60000 毫升更为合理，如以粟谷计算，则为 81 市斤左右，如折合成今市亩亩产量为每亩 148.7 市斤，与东汉末年的每市亩亩产量 117.1 市斤相比，亩产量增长了 26.99%。如果每唐亩产量为 0.8 唐石，则产粟谷为 64.8 市斤，折合市亩产量为每亩 118.9 市斤，与东汉末年持平。可见，唐代的粮食产量相对汉代而言，并无显著增长。

唐代的米价

唐代不同时期的米价大致是多少呢？根据蒙文通先生转引的庞石帚教授对唐代历史文献的研究，现列举如下（见表4—1）：

表4—1　　　　　　　　　唐代米价一览表

时间	地区	单位	米价	平均每斛（石）	资料来源
贞观四年（630）		米斗	3 钱	30 钱	《新唐书·魏征传》
贞观十六年（642）	全国	粟斗	3—5 钱	30—50 钱	《贞观政要》
乾封元年（666）		米斗	5 文	50 文（钱）	《通典》
开元十三年（725）	东都	米斗	10 钱	100 钱	《旧唐书·玄宗纪》
开元十三年（725）	青齐	米斗	5 钱	50 钱	《旧唐书·玄宗纪》
开元二十八年（740）	京师	米斛	200 钱	200 钱	《新唐书·食货志》
天宝五年（746）	青齐	米斗	130 钱	13 钱	《新唐书·食货志》
天宝五年（746）	青齐	米斗	3 钱	30 钱	《新唐书·食货志》
肃宗年间（756—762）		米斗	1500 文	1.5 万文（钱）	《旧唐书·肃宗纪》
代宗立时（762）	京师	米斗	1000 钱	1 万钱	《新唐书·刘晏传》
广德年间（763—764）	关中	米斗	1000 钱	1 万钱	《新唐书·五行志》
广德二年（764）	京城、关辅	米斗	1000 文	1 万钱	《旧唐书·代宗纪》
永泰元年（765）	京师	米斗	1400 钱	1.4 万钱	《旧唐书·代宗纪》
大历四年（769）	京师	米斗	800 文	8000 文	《旧唐书·代宗纪》
大历六年（771）		米斛	1 万钱	1 万钱	《旧唐书·代宗纪》
建中元年（780）		米斗	200 钱	2000 钱	李翱
贞元年间（785—805）		米斗	150 钱	1500 钱	《通鉴》

续表

时间	地区	单位	米价	平均每斛（石）	资料来源
贞元末年（805）	淮南诸州	米斗	37—50 钱	370—500 钱	陆宣公奏议
	京兆		70 钱	700 钱	
元和年间（806—820）		米斗	<50 钱	500 钱	李翱

上述米价暴涨极贵的时段一般是战争期间或遭遇大旱大涝等自然灾害时，而米价较贱则在连年丰收之时，一般晚唐后期，一斗米的价格在370—700钱较为正常，少于此数可能谷贱伤农，大于此数，则造成百姓饥荒。①

唐代的赋役

唐代的赋役之法是租庸调制。《旧唐书·食货志》载：

> 赋役之法：每丁岁入租粟二石。调则随乡土所产，绫绢絁各二丈，布加五分之一。输绫绢絁者，兼调绵三两；输布者，麻三斤。凡丁，岁役二旬。若不役，则收其庸，每日三尺。有事而加役者，旬有五日免其调，三旬则租调俱免。通正役，并不过五十日。②

从魏晋南北朝经隋至唐，田租制度总的趋势是从计亩输租发展到计户输租，再到计丁输租。后至宋元明清终于定型为按亩输租。按亩输租

---

① 上述材料引自蒙文通《中国历代农产量的扩大和赋役制度及学术思想的演变》，《四川大学学报》1957 年第 2 期，第 45—47 页。

② （后晋）刘昫等：《旧唐书·食货志》，中华书局 1999 年版，第 1407—1408 页。《新唐书》记载的赋役标准略有差异，如"岁输绢二匹""有事而加役二十五日者免调"与《旧唐书》不同，并增加了"稻三斛""非蚕乡则输银十四两"等内容。（宋）欧阳修、宋祁：《新唐书·食货志》，中华书局 1999 年版，第 881—882 页。但《新唐书》中不同部分的记载受到历代学者的质疑，认为不合逻辑，可能是后人妄加。另外，据学者考证，参考唐代其他史籍，布加五分之一，应为布加四分之一，即二丈四尺。见陈勇、黄修明《〈新唐书·食货志〉所载"租庸调"新考》，《江西师范大学学报》（哲学社会科学版）2005 年第 4 期。根据唐《仓库令》，唐代"稻"与"粟"的折纳比例为 1.5∶1。见张新国《〈新唐书·食货志〉所载唐代租调税法辨正》，《古籍整理研究学刊》2015 年第 5 期。

显然是合理的,有地才有租,符合以产定租原则,但唐代的每一丁租二石的政策有其不合理之处,即无论丁男是否受田,都要交纳这一标准的田赋。事实上,根据敦煌和吐鲁番出土的文书,很多丁男受田不足,根本达不到100亩的标准,但同样要交纳标准田赋。只不过在偏远的西州(今吐鲁番地区),因人多地少,平均每户垦田不足10亩,所以该地区的丁租定为每丁6斗。①

租庸调建立在均田制的基础上,原则是有田则有租,有家则有调,有身则有庸,在授田充分的情况下,算得上是轻徭薄赋,有利于生产发展,社会稳定。唐代每户授田100—120亩,与隋代大致相同,但缴纳的田赋比隋代少一石,以亩产一石计,每户每年收获原粮100石,田赋为2石,税率为五十税一,相较前代,田赋负担进一步下降。成丁年龄在隋代的基础上进一步放宽。763年,唐代规定23岁成丁,58岁为老,丁男的服役时间比隋代缩短了三年。对于临时加役的丁男,如果超过15天,可以免除调,超过30天,则租调全免。全年的临时加役和正役加在一起不超过50天。

唐代正税虽然较低,但地税和户税负担并不轻。地税,指义仓的征缴。隋代始创义仓,唐高祖武德元年(618)设置社仓。贞观二年(628),建立义仓,储粮于州县以备灾年之用。义仓的粮食来源于田地收入,自王公至一般农民,每年秋天每亩交纳粟(或谷、稻、麦)二升到义仓作为储备粮。唐高宗永徽二年(651)又规定,义仓按户差等出税,上上户粟五石,其他户差各按等出税。到开元年间,义仓之租已经变成国家税种。在高宗、武后数十年间,义仓中的粮食不能挪作他用,但到中宗神龙年间,由于朝廷财政困难,挪用义仓收入,把多年积储全部用光。代宗大历元年(766),朝廷又征收青苗钱,每一亩青苗,征税15钱,此外又有地头钱,每亩20钱,二者相加,通称"青苗钱",每亩共为35钱(文)。②

户税始于武德年间,朝廷将全国民户按资产分为上、中、下三等征税,后来改为上上、下下九等。到天宝年间,九等户(下下户)税220

---

① 郑学檬主编:《中国赋役制度史》,厦门大学出版社1994年版,第185—187页。
② (宋)欧阳修、宋祁:《新唐书·食货志》,中华书局1999年版,第885页。

文。到大历四年（769）规定，上上户（一等户）4000 文，其下每一户等间距为 500 文，至中中户（五等户）2000 文，下中户（八等户）700 文，下下户（九等户）500 文①，负担较天宝年间增长一倍。

大历四年（769）后，如以五口之家、授田百亩的五等户计算，每年地税负担为 2 石原粮、2000 文钱，折算货币为 1.8 万钱，折算原粮则为 2.25 石。

地税、户税成为唐代国家税种后，在财政中的比重日益提高。全国每年地税收入为 1240 余万石，为租粟收入的一半，户税收入每年为二百余万贯，约为绢布收入的三分之一。

唐代的徭役包括正役、杂徭和色役。正役的服役者是 21—60 岁的成丁男子，每年服役时间为 20 天，从事土木营建、运输及其他差役。杂徭则是不定期的临时征发性力役，具体指哪些工作不明确，但时间上规定不超过 30 天，可以根据服役时长免除调租。色役始见于唐代，主要是从事为官衙和官吏的服务工作，包括保卫、膳食、秘书、值班、马车夫、随从、看护等，由官府签派人户轮流充当，也可以纳资代课。

与历代乡村社会一样，除了承担赋役外，因经营诸如纺织、畜牧、采集、园艺等副业，唐代农民还须向国家缴纳盐、茶、酒税等各类杂税，并上缴当地物产，国家财政困难时，政府甚至对漆、竹、木等也要征税。此外，租庸调还要征收附加税，称为"运脚"或"脚直"，由交税者承担，税率为原粮一石，加征一升，税率为 1%。

唐代农民的负担

唐代农民的负担处于什么样的水平呢？由于有唐代米价作为一般等价物的参考，我们可通过表 4—2 予以进一步了解。以建中元年（780）中等户五口之家，授田 120 亩，亩产一唐石②为例。

---

① （后晋）刘昫等：《旧唐书·食货志》，中华书局 1999 年版，第 1407—1409、1431—1436 页。

② 唐均田制规定："丁男、中男给一顷……若为户者加二十亩。"见（后晋）刘昫等《旧唐书·食货志》，中华书局 1999 年版，第 1407 页。但《新唐书》则无为户者加二十亩之说。

表4—2　　中唐末建中元年正常五口之家赋役支出与田地收入比较

类别	赋役标准	赋役年额	年额折算钱额
租	每丁岁入租二石	粟 2 石	2000 钱①
调	绢绫䌷各二丈②	绢（绫、䌷）2 丈	1666.5 钱③
	绵三两	绵 3 两	849.92 钱④
岁役	役二旬		
	庸绫（绢、䌷）60 尺	绫（绢、䌷）6 丈	4999.5 钱
地税	五等户 3 石⑤	粟 3 石	3000 钱
青苗钱	每亩 35 文	4200 文	4200 钱

① 根据表4—2，公元780年时，每石米为2000钱，按米粟价格2∶1比值，同年每石粟谷价格应为1000钱。

② "绢绫䌷各二丈"的意思为绢、绫、䌷三种织物任意交纳其中的一种为调即可，标准是二丈长。在三种织物中，绢是最主要的，绫、䌷数量极少，并不重要，一般不构成单一调物，大多在一州内与绢布兼纳。见李锦绣《唐代财政史稿》，北京大学出版社1995年版，第425页。

③ 780年时，绢三匹值一万钱，则每匹（四丈）绢值3333钱，一丈为833.25钱。绢的价值变化是，贞观初年，绢一匹易米一斗。其时，米每斗值4—5钱，按一匹等于四丈计算，则一丈绢仅值1—1.2钱。开元十三年（725），绢一匹210钱。天宝年间，绢一匹值200钱，则一丈为50钱。建中元年（780）初定两税时，绢三匹为一万钱。贞元四年（788）后，物价愈下，一匹绢价值3200钱，一丈为800钱，后绢一匹降为1600钱，一丈为400钱。到陆贽上书时，"万钱为绢六匹"，一丈为416.66钱。到820年前后，建中定两税"当时为绢二匹半者为八匹，大率加三倍"，说明到元和末年，绢一匹只值1031钱，一丈为325.375钱。见《新唐书·食货志》第883—884、888、890、893页及《通典·食货典·历代户口盛衰》，第149—153页。

④ 据成书于唐天宝初年间的《夏阳侯算经》所载，天宝初年，绵三两约值510文钱左右。但同期，按《新唐书》，绢一匹为200钱，米一斗为13钱，与《夏阳侯算经》差距较大，似乎有十倍差距，如以《新唐书》为信，则绵三两应不值510文钱，取51文钱更合理，那么，根据绢绵同比例通货膨胀，到建中元年（780）时，绵三两应为849.92钱。附：《夏阳侯算经》卷下说诸分章载有米"每斗粜钱一百三十五文"、丝"每两一百七十文"、绢"一匹值一贯三百六十六文四分七厘八毫九丝四忽"三种价格。租粟二石，价二贯七百文，绢价三种，取其中以匹三贯计，调绢三丈，值一贯五百文。绵不及丝，姑且以等价计，绵三两，值五百一十文，绢绵合加，其调值二贯零十文。即使绢价按最高价匹四贯三百六十六文计，调值也仅二贯六百九十三文，因此可见租值与调值约相等，而租略高，这大体符合唐前期的征赋实际。以上转引柳斌《〈旧唐书〉〈新唐书〉租庸调数额考》，《浙江师大学报》（社会科学版）2000年第3期。但该书中所记绢价与《新唐书》中所记差距较大。另外，根据李锦绣先生的测算，唐代绢、绵、粟、麻、布之间的折纳关系是：麻一斤＝绵一两＝粟一斗＝布五尺＝绢四尺。根据表4—2，粟一斗为100钱，绵一两为283.3钱，绢四尺为333.3钱。因粟、绢都有明确记载，但二者数值相差太大，故李著中的公式仅为参考。见李锦绣《唐代财政史稿》，北京大学出版社1995年版，第435页。

⑤ 地税史载仅有上上户五石之说，其余各等无明确记载，如依五斗为一差级，则中中户为三石。如仍按贞观年间亩纳二升旧制，则中等户120亩之家地税为2.4石。

续表

类别	赋役标准	赋役年额	年额折算钱额
户税	五等户 2000 文	2000 文	2000 钱
附加税	百分之一	10 文	10 钱
赋役支出合计			18725.92 钱
户年田地收入		120 唐石粟	120000 钱
赋役占田入比例			15.6%

值得注意的是，以上120石粟的田地收入是指授田满额的情况，但事实上唐代许多家庭实有田地并没有达到这一足额数字，但租庸调标准则照交不误，并无减少。其他杂徭、色役、杂税因无固定标准，无法统计，未予计算。

随着人口增加，土地兼并加剧，均田制遭到破坏，授田不足甚至失去土地的课户仍要定额缴纳租庸调，不得不大量逃亡他乡避税，再加上户籍失修，造成无田者纳税、有田者却不缴租的不正常现象，到唐中期以后，再按原有户籍征收税赋已经难以实施，唐初制定的租庸调制在土地集中、均田破坏的新形势冲击下已经无法继续运行，税法改革势在必行。

唐德宗建中元年（780），宰相杨炎建议实行"两税法"，其内容是：

> 户无主客，以见居为簿。人无丁中，以贫富为差。行商者，在郡县税三十之一。居人之税，秋夏两征之。各有不便者，三之。余征赋悉罢，而丁额不废。其田亩之税，率以大历十四年垦数为准。征夏税无过六月，秋税无过十一月。①

新的税制把过去以征收米粟、绫绢等实物为主的旧的租庸调制改为以征收银钱为主的新税制。新税制不分主户、客户，而是将所有在当地居住的有资产、土地的人家按照丁壮数和财产多少定出九个等级（户等），据此征收户税和地税，田税按照大历十四年（779）垦田的数额确

---

① （后晋）刘昫等：《旧唐书·食货志》，中华书局1999年版，第1410页。

定,其他征赋都废除,只有丁额不废。没有土地的商人,交总资产的1/30。一年分夏、秋两季征收,夏税限六月纳毕,秋税限十一月纳毕①,故称"两税法"。

夏秋两季收税在此之前就已经有过实施,而"两税法"最大的改革之处在于,一是不分主客户,一律按现住人户确定征税对象。二是按照贫富状况确定征税。三是以最新的上一年度垦田数为田税税基。以上做法能够应对土地占有情况变化、农户逃亡致户籍不确等新问题,保证官府尽可能足额征税。两税法的另一个创新是改实物征税为货币征税,颇有历史前瞻性。

"两税法"刚提出时,政府中掌管赋税的人感到不便,反对执行,认为租庸之令已经实行四百余年,旧制不可轻易改动,但唐德宗赞成并下诏实施,天下人也感到很方便。税法实施后,百姓不必编户而自愿定居,人民赋税不增而财政收入增加很多,不造户籍却能得到真实数字,贪官不用惩戒也无法作奸谋利,财政大权从此才尽归于朝廷。②

两税法依贫富分等征税,遭到贵族、庄园主和免课户等特权阶层的强烈反对,实行不到30年就被迫多次改货币计征为折纳实物,最后形成货币与实物征收并存的局面。在实施过程中,由于户等长期不变,造成征税额与穷富情况不相适应,导致变相加重穷户负担,而富户则占了便宜。一些地方官员还在两税之外额外征税,人民负担不断增加。

总的来说,两税法的设计初衷是在没有增加每户税收负担的前提下,按实际居住、垦田情况征税,有效应对隐田、逃亡现象,使国家财政收入大幅增加,无疑是有利于社会经济发展和国家财力增长的,故此法虽然在唐朝完全实施只有30多年,但此后一直被五代和宋朝沿用。两税法以资产税代替战国以来的人丁税,是中国赋税史上的重大改革,奠定了唐代中叶至明代中叶中国古代税制的基础。

---

① (后晋)刘昫等:《旧唐书·食货志》,中华书局1999年版,第1409—1410页。大历四年(769),唐代宗就曾下诏试图改革税制,定天下百姓及王公以下者每年税钱,力度很大。将全国编户分为九等,最高的上上户每年税钱4000文,最低的下下户500文。官员,一品官按上上户标准缴税,九品按下下户标准纳税,其他各品皆按对应户数缴税。

② (后晋)刘昫等:《旧唐书·杨炎传》,中华书局1999年版,第2323页。史书中如此记载,但从其实施过程与结果来看,两税法仍然存在诸多弊端与争议。

唐朝的乡村治理中，另一个重要的项目是检查课役户与非课役户。课役指的就是此人能否从事徭役与上交赋税。里正一般到每家每户去，从年龄、身体状况等方面来判定，然后将其标定为课役户或者非课役户。经过武周一朝改革，其内容更加细致翔实，重要的数字还会大写，以免被随意篡改。

三　唐代农民的生活

唐代被视为中国封建社会的模范王朝之一，曾经历了自贞观之治至开元盛世的长时期治世，持续时间长达120多年以上，后世只有清代的康雍乾盛世可与之媲美。即使如此，由于生产力发展水平以及封建剥削制度的存在，盛世时纵然"忆昔开元全盛日，小邑犹藏万家室"，广大农民的生活仍然是非常艰苦的。安史之乱后，大唐王朝由盛转衰，租庸调制衰败，两税法兴起，农民赋役负担加重，生活水准进一步下降。

唐代农民生活状况和乡村社会情景在唐诗中曾得到形象的描述和深刻的反映，代表性诗人有杜甫、白居易、李绅等人。

伟大的现实主义诗人杜甫的诗反映了唐朝由盛转衰的过程，被称为"诗史"，尤其是"三吏""三别"系列作品细致地刻画了唐代天宝年间安史之乱给社会带来的影响，艺术地再现了民间疾苦，尤其是乡村人民的苦难状况，是以诗歌形式出现的唐代《史记》。

新安吏[①]

客行新安道，喧呼闻点兵。借问新安吏："县小更无丁？"
"府帖昨夜下，次选中男行。""中男绝短小，何以守王城？"
肥男有母送，瘦男独伶俜。白水暮东流，青山犹哭声。
"莫自使眼枯，收汝泪纵横。"眼枯即见骨，天地终无情！
我军取相州，日夕望其平。岂意贼难料，归军星散营。
就粮近故垒，练卒依旧京。掘壕不到水，牧马役亦轻。
况乃王师顺，抚养甚分明。送行勿泣血，仆射如父兄。

---

① 本小节所有古诗词皆来源于：《古诗词网》，网址：https://m.gushici.net。

相对于前代王朝,唐代农民成丁时间晚,服役总体时限短,但《新安吏》表明,由于连年战争,百姓服兵役的实际年龄不断下探,现实状况与纸面上的制度规定已经严重不符。官府明确遴选中男(18—21岁)服兵役徭役,并下发正式公文(府帖),可见史书中所记载的服役年限不可能得到执行,放丁之制恐怕也难以实施。

石壕吏

暮投石壕村,有吏夜捉人。老翁逾墙走,老妇出门看。
吏呼一何怒!妇啼一何苦!听妇前致词:三男邺城戍。
一男附书至,二男新战死。存者且偷生,死者长已矣!
室中更无人,惟有乳下孙,有孙母未去,出入无完裙。
老妪力虽衰,请从吏夜归,急应河阳役,犹得备晨炊。
夜久语声绝,如闻泣幽咽。天明登前途,独与老翁别。

《石壕吏》作为三部曲中的第二部,进一步描述了唐代官府将中男之役延伸到全家男丁的社会现实。老妪一家三丁都已经为国服役,戍守城郭,其中两个儿子甚至已经战死疆场。从"老翁逾墙走"可以看出,当时官府征役强行抓人,已经不分老少妇女了,本来县吏要抓儿媳去的,但老妪请求代去河阳应役,到部队承担炊事工作。

《新婚别》塑造了一个深明大义的新娘子形象,但也反映了当时的离人之苦,这与秦汉以来的普通百姓因服役带来的感情冲击和情感思念是一脉相承的。其中的"嫁女与征夫,不如弃路旁",虽有怨言,但也是当时民间的普遍情绪,但最终新娘对新郎说"勿为新婚念,努力事戎行!"并表示"罗襦不复施,对君洗红妆",愿洗去铅粉,为丈夫坚守,虽然"人事多错迕",但还是"与君永相望",既深明大义,又情深意长。

《三吏》《三别》完全可以当一组完整的叙事长诗来看,官府征役,成丁自不必说,"三男邺城戍",老妪都要上阵,"急应河阳役",虽然在《石壕吏》中,"老翁逾墙走",但到了《垂老别》中,"子孙阵亡尽,焉用身独完?投杖出门去,同行为辛酸"。仍然免不了要去服役,其结果是汉乐府诗中的"十五从军征,八十始得归"这一相同的场景在几百年后再次上演,甚至连归来恐怕也无法实现,"孰知是死别?且复伤其寒。此去必不归，还闻劝加餐。"老妻自然无限伤感，因老翁一去可能再也回不来了，再也见不上面了。

将《三吏》《三别》作为一个系列来看，可知尽管在战争时期，但唐代官府对百姓的盘剥也到了无以复加的地步，征役达到全家"一锅端""连根挖"的境地，这与五胡十六国时期后赵石季龙的"三五发卒"、后汉刘渊的"扫地为兵"等暴政相比，也是"不遑多让"。

"吏呼一何怒？"是否情有可原，是否只是在履行岗位责任呢？朝廷征兵是否迫不得已呢？当时的李唐王朝为了打败叛军，大量补充兵员，征发徭役承担后勤工作是完全必要的，但县吏在征役时也要人性化关怀，"捉人""呼""一何怒""啼""一何苦"等表明，县吏执法时粗暴蛮横。朝廷征兵固然是必需的，但官军之所以惨败，全因人祸，唐肃宗猜疑前线将领，为防止权臣坐大，唐肃宗竟然不设统帅去统一指挥，却派遣宦官充当监军，干涉军队决策，干扰部队作战，60万唐军分属10个节度使或兵马使，各路兵马各自为战，邺城的大溃败全因中枢治理的荒诞不经。

除代表性的《三吏》《三别》系列外，杜甫反映乡村生活和百姓困苦的诗作还有《遭田父泥饮美严中丞》《兵车行》《羌村三首》《岁晏行》等。

岁晏行

岁云暮矣多北风，潇湘洞庭白雪中。渔父天寒网罟冻，莫徭射雁鸣桑弓。

去年米贵阙军食，今年米贱大伤农。高马达官厌酒肉，此辈杼轴茅茨空。

楚人重鱼不重鸟，汝休枉杀南飞鸿。况闻处处鬻男女，割慈忍爱还租庸。

往日用钱捉私铸，今许铅锡和青铜。刻泥为之最易得，好恶不合长相蒙。

万国城头吹画角，此曲哀怨何时终？

《岁晏行》指出农民困苦的根源在于谷贱伤农，官府盘剥，贫富悬殊,直指"处处鬻男女"以还官府租庸的人间惨象。

白居易是唐代另一位关心农民和底层人民的现实主义大诗人。他描写农业、农村和农民的诗主要有《观刈麦》《杜陵叟》《村居苦寒》《别州民》等。

观刈麦

田家少闲月,五月人倍忙。夜来南风起,小麦覆陇黄。
妇姑荷箪食,童稚携壶浆,相随饷田去,丁壮在南冈。
足蒸暑土气,背灼炎天光,力尽不知热,但惜夏日长。
复有贫妇人,抱子在其旁,右手秉遗穗,左臂悬敝筐。
听其相顾言,闻者为悲伤。家田输税尽,拾此充饥肠。
今我何功德?曾不事农桑。吏禄三百石,岁晏有余粮,
念此私自愧,尽日不能忘。

《观刈麦》形象地描绘了妇姑、童稚、丁壮全家老少齐上阵去割麦的乡村社会夏收农耕的场景,诗中的"田家少闲月"之句,是对农民辛苦劳作的客观反映。该诗表达了对农民的同情,尤其是看到贫妇人抱子捡穗,了解到原因在于"家田输税尽,拾此充饥肠"后,作者反思自己不事农桑,却"吏禄三百石,岁晏有余粮",内心既感到惭愧,又对乡村人民辛苦劳作的场景整日整夜念念不忘。

杜陵叟

杜陵叟,杜陵居,岁种薄田一顷余。三月无雨旱风起,麦苗不秀多黄死。

九月降霜秋早寒,禾穗未熟皆青乾。长吏明知不申破,急敛暴征求考课。

典桑卖地纳官租,明年衣食将何如?剥我身上帛,夺我口中粟。

虐人害物即豺狼,何必钩爪锯牙食人肉?不知何人奏皇帝,帝心恻隐知人弊。

白麻纸上书德音,京畿尽放今年税。昨日里胥方到门,手持敕牒榜乡村。

十家租税九家毕，虚受吾君蠲免恩。

在《杜陵叟》中，白居易沉痛地叙述了杜陵叟这位老农田薄少收，却被长吏里胥急敛暴征、强征租税的情况，虽然皇帝下令蠲免租税，可惜敕牒下达的时候，十家中有九家已经缴纳完租税了，皇帝的恩赐白白浪费了。但事实上，在封建王朝中，这不过是一场"免的白免，催的照催"的吃人双簧戏而已。全诗叙事生动，感情倾向明显，充满对官府腐败的控诉，对农民不幸的同情。

别州民

耆老遮归路，壶浆满别筵。甘棠无一树，那得泪潸然。
税重多贫户，农饥足旱田。唯留一湖水，与汝救凶年。

《别州民》是白居易离开任职多年的杭州时所作，作者在惭愧的心境中犀利地揭露了当时的现实，中唐时期，在"税重"与"旱田"的双重压迫之下，处处是贫户、饥民的艰辛世道与凋敝境况。

此外，白居易的《村居苦寒》中有"回观村闾间，十室八九贫""乃知大寒岁，农者尤苦辛"等诗句，《轻肥》中将"是岁江南旱，衢州人食人"的惨景与宦官"食饱心自若，酒酣气益振"的豪奢生活进行鲜明的对比，表达了对广大农民的同情，对官宦贵族的鞭挞。大众熟知的《卖炭翁》生动地描绘了官府强买百姓物资的场景，这就是秦汉至宋一直盛行的和买政策，一车千余斤的上好木炭，竟然只值半匹红绡一丈绫，白居易没有直斥官府的霸道行为，但通过对卖炭翁在天寒地冻中辛劳和委屈的极力铺陈，隐喻地表达了对官府的不满。

文学作品总是给人以感染的力量，历史典籍中的记载虽然详细精确，但很多时候只是史实和数字的抽象记载，而诗词歌赋通过形象生动的艺术描述，在今人和古人之间建立起情感的共鸣，能够让人更加具象地感受到古代人民的生活场景和困苦状况，有助于今人更深切地理解古代乡村治理的真实情况。

唐诗中反映农民疾苦的还有三首名诗：张籍的《野老歌》和李绅的《悯农》诗二首。

野老歌

老农家贫在山住，耕种山田三四亩。苗疏税多不得食，输入官仓化为土。

岁暮锄犁傍空室，呼儿登山收橡实。西江贾客珠百斛，船中养犬长食肉。

张籍此诗诗句直白，艺术性并不是很高，但对唐代农民负担的事实反映非常明确。农民因为苗疏税多，没有足够的食物，只能上山收橡果为食，而豪商巨贾在船中养狗，狗竟然还能够吃到肉，这与杜甫的"朱门酒肉臭，路有冻死骨"有异曲同工之妙。

悯农二首

春种一粒粟，秋收万颗子；四海无闲田，农夫犹饿死。

锄禾日当午，汗滴禾下土，谁知盘中餐，粒粒皆辛苦。

李绅此诗揭露的一个事实是，四海无闲田，农民终年辛苦劳作，但种粮食的农夫自己却没有粮食吃，都快要饿死了，为什么会这样呢？诗中没有明说，但世人都知道，根本原因在于官府赋税太高。

此外，姚合的《庄居野行》、王建的《田家行》、张碧的《农父》、韦应物的《观田家》、聂夷中的《伤田家》都是反映农民困苦生活的重要诗作。

庄居野行

客行野田间，比屋皆闭户。借问屋中人，尽去作商贾。

官家不税商，税农服作苦。居人尽东西，道路侵垄亩。

采玉上山颠，探珠入水府。边兵索衣食，此物同泥土。

古来一人耕，三人食犹饥。如今千万家，无一把锄犁。

我仓常空虚，我田生蒺藜。上天不雨粟，何由活烝黎。

《庄居野行》描写的是唐廷重商轻农的后果，"官家不税商，税农服作苦"，政策原因致使农民弃农经商，其结果是"如今千万家，无一把锄犁"，无人农耕。古代中国的儒家知识分子历来强调，务农是国之根本，商业则被视为末业，故重农抑商是大部分王朝的既定政策。今天我们知道，对一个国家来说，农业、工业、商业都应协调发展，过于压抑某一产业是不利于经济增长和长治久安的。无论是重农抑商还是重商轻农都是政策失当。本诗当然是站在强调农业是国本的角度来看待这一问题的，诗中最后两句为农民鼓与呼，体现了站在农民立场说话的诗人情怀。

田家行

男声欣欣女颜悦，人家不怨言语别。五月虽热麦风清，檐头索索缲车鸣。

野蚕作茧人不取，叶间扑扑秋蛾生。麦收上场绢在轴，的知输得官家足。

不望入口复上身，且免向城卖黄犊。回家衣食无厚薄，不见县门身即乐。

农父

运锄耕劚侵星起，陇亩丰盈满家喜。
到头禾黍属他人，不知何处抛妻子。

观田家

微雨众卉新，一雷惊蛰始。田家几日闲，耕种从此起。
丁壮俱在野，场圃亦就理。归来景常晏，饮犊西涧水。
饥劬不自苦，膏泽且为喜。仓禀无宿储，徭役犹未已。
方惭不耕者，禄食出闾里。

咏田家/伤田家

二月卖新丝，五月粜新谷。医得眼前疮，剜却心头肉。
我愿君王心，化作光明烛。不照绮罗筵，只照逃亡屋。

以上四首诗，《田家行》描述了一幅乡村丰收景象，但农民却只愿能够减轻税赋,不至于吃官司就满足了,真是一种卑微到令人心酸的心态。《农父》描述,农民虽然丰收了,但由于赋税高企,禾黍仍有可能被他人拿去,落得抛妻别子的下场。《观田家》告诉人们,春耕时节田家辛苦劳作,但却遭遇剥削压迫,粮仓中已经无粮了,徭役还无尽无休,道尽了农民的艰辛和官府对农民的盘剥。《咏田家》描绘了农民被迫在青黄不接之际去借高利贷的痛苦感受,借贷行为宛如割肉医疮,明知不可为而为之。作者呼吁君王关注贫苦农民,但通过"绮罗筵"与"逃亡屋"的对比,深刻地反映了当时阶级分化、贫富差距的社会事实,讽刺正是官府的行为造成了农民的疾苦。

历代文艺作品都以艺术的形式描绘乡村农民的艰难困苦生活,同情、哀伤、愤怒是这些咏田悯农诗的共同情感特点,借机讽喻官府和向君王纳言进谏则是其政治目的。问题的本质仍然在于如何正确有效地处理国家与农民的关系,如何在维护国家政权稳定和国家治理体系正常运行的同时,最大程度地减轻农民的负担,兼顾乡村社会的有序发展。如果汲取民力过分,就会导致民力枯竭,甚至官逼民反。农民的逃亡和起义都是乡村治理失败的必然结果。乡村治理的失败、乡村社会的破产最终也会导致国家治理的破产和王朝政权的垮台。"民可载舟,亦可覆舟",乡村治理与国家治理之间的关系就是官民关系在治理领域的直接展现。

第 五 章

宋元时期的乡村治理

亲历晚唐至五代分裂动荡惨痛局面的北宋开国统治者，汲取唐朝灭亡、五代频更教训，制定多项革新措施，力图防患未然，从制度设计上优化国家治理体系。制度创新的核心仍然是加强中央集权，削弱、杜绝一切有可能对皇权构成威胁的潜在要素。"祖宗之法"是两宋政治理念的核心思想，实质是"以防弊之政，为立国之法"，达到"事为之防，曲为之制"，从叠床架屋的多重机构设置，程序繁多的决策设计，到名实不符的官职制度，目的就是使问题复杂化、手续烦琐化，使上下左右各部门、各岗位之间互相牵制，无人能专，削弱中枢治理中的相权、兵权和地方治理中的兵权、财权，把权力集中在君主手中、中央朝廷手中，实现强干弱枝、强君弱臣。权力的治理手段是"崇文抑武"，甚至"以文驭武"，结果造成"三冗"泛起，导致有宋一代始终守内虚外，积贫积弱，终为外族所灭。"冗官、冗兵、冗费"的国家治理弊端直接导致两宋朝廷对乡村治理的消极影响，对乡村资源过度汲取的结果是，尽管两宋人民创造了辉煌的文明，但基层人民难以更多地享受文明的成果。

第一节 宋代的国家治理体系

北宋最重要的国家治理革新是通过制度创新消除唐中后期以来军伍权臣独大、地方藩镇割据对皇权和中央的巨大威胁。宋太祖赵匡胤之所以能够黄袍加身，全赖其掌有军权。为了消除下一个"黄袍加身"的可能性，他一即位就通过"杯酒释兵权"，没收重要将领的兵权，杜绝权臣对最高权力的觊觎之心。北宋改革旧制，把过去节度使兼领的"支郡"

收归中央直接管辖，上收藩镇的财政权和司法权，剥夺节度使和藩镇的兵权；任命文臣为知州，后来又设州通判作为副职制约知州。通过缩小领地，上收兵权、财权和司法权，节度使和藩镇的势力被彻底铲除，再也无力与中央对抗。

一　中央集权的空前强化

在中央—地方关系上，北宋朝廷"收乡长、镇将之权悉归于县，收县之权悉归于州，收州之权悉归于监司，收监司之权悉归于朝廷"，做到"以大系小，丝牵绳连，总合于上"，① 皇帝集权空前强化，中央政府对地方的指挥和控制能力大大增强，形成"强干弱枝"的国家治理体系，晚唐、五代以来形成的君弱臣强局面彻底改变。

北宋同时改革军事体制和官僚体制，加强皇帝集权。在军事方面，通过四种做法加强皇帝对军权的直接掌控。

一是取消禁军统帅权，由皇帝直接指挥。为防止出现第二次"陈桥兵变"，宋太祖废除全国最精锐的武装力量——禁军主帅殿前都点检一职，改由皇帝亲任禁军统帅，再将全部禁军分为三个部分，任命"三帅"分统，他们互不隶属，各自只对皇帝负责。

二是改革国家军事体制，实行统兵权与调兵权分离。北宋规定"三帅"无调兵权和发兵权，调兵权和发兵权由新设定的枢密院负责，但枢密院并无统兵权，枢密院调兵发兵要通过皇帝下旨。这样就将全国军队的统帅权完全集中到皇帝一个人手中。

三是在军事上强干弱枝，以中制外，着力加强京畿地区的兵力部署。北宋朝廷将重兵屯聚京城，以防止外省兵头反叛或联合反叛，使京城军队与外省军队"内外相维"，形成彼此制衡之势。同时从地方的镇兵中挑选精壮者补充到中央直辖的军队即禁军中，加强禁军训练水平和装备水平，地方军队实力大为削弱，根本无力反抗中央。作为中央军的禁军兵数在宋仁宗年间达到最高，为82.6万人，而作为地方军的厢兵在宋神宗年间约23万

---

① 史仲文、胡晓林主编，赵绍铭著：《中国全史·宋辽金夏政治史》，人民出版社1994年版，第12—13页。

人，很少进行正规军事训练，只负责后勤工作，战斗力很弱。①

四是实行兵将分离。朝廷颁布更戍法，要求士兵经常换防，"不使上下人情习熟"，人为造成兵不识将，将不识兵，兵无常帅，帅无常师，"将不得专其兵"的局面，消除手握重兵的将领对皇权的威胁。

宋太祖对官僚机构的改革，主要包括：一是中央实行"二府三司制"，削弱相权，加强皇权。"二府"是指东府、西府。东府为中书门下政事堂，长官为同平章事，行使宰相职权，管理民政。西府为掌管军事的枢密院，长官称为枢密使。二府是当时最高行政机关。三司是指盐铁、户部、度支三司，其长官称"三司使"，负责国家财政事务。通过"二府三司制"，原由宰相一人掌管的三权被分割开来，军政大权归枢密院掌握，财政大权归三司使掌握，宰相只有管理民政的权力。三权分立后，相权被大大削减。枢密使与宰相地位相当，后来又增设参知政事，作为宰相副手，并增设多人，以分散宰相权力。

二是实行职官的官、职、差遣三者分离的制度。官、职皆无实权，只有差遣有办事实权。三省、六曹、二十四司，虽然任命了正官，但如果没有皇帝命令不能主管本部门的工作。其结果是造成了有宋一代的官场怪现象：中书令、侍中、尚书令不能干预朝政，侍郎、给事不担任三省之职，谏议官没有言事之责，起居官不记注，而仆射、尚书、丞、郎、员外等，虽然担任了某个部门的官职，但不知道自己的职责者，十成之中有八九成。② 宋初这样做的目的，就是要故意制造乱象，以皇帝的临时性命令代替国家建立的正式官制，以达到集中皇权、提高皇帝权威的目的。

三是改革科举考试制度，禁止新科进士向主考官谢恩，防止新老官员通过门生故吏关系结成政治派别。此后实行殿试，由皇帝亲自录取进士，通过树立"天子门生"概念，加强皇权对知识分子官僚的笼络。

二　相权的持续削弱与三省制的改革

北宋的中央官制沿袭唐朝制度。"三师""三公"不常置，从北宋开

---

① 白钢主编：《中国政治制度史》，社会科学文献出版社2007年版，第464页。
② （元）脱脱等：《宋史·职官志》，中华书局1999年版，第2523—2524页。

国到宣和年间都没有任命。但到了宋徽宗宣和末年（1125），"三公"加在一起任命了18人，"三少"则不计其数。宰相不专任三省长官，而是以同平章事为真宰相的任职，意思是指实际办事的宰相，没有常任人选，一般由三省的侍郎担任，如果有两名宰相，则分日轮流执印。①

北宋在中央仍设尚书、门下、中书三省。其中尚书省、门下省并列于外，中书省列为禁中，设政事堂，与枢密院对掌文武二柄，号为"二府"。三省最高长官分别为侍中、尚书令、中书令，但他们空有宰相之名，并无宰相视事之实，只是个闲职，不能实际管事。北宋与唐朝一样，三省最高长官徒有宰相虚名，真正行使宰相职权的是地位品秩低的左右仆射或侍郎，为了提高这些官小权大的侍郎们的权威，朝廷给他们加上宰相虚称，以同平章事、参知政事一类的名义行事。唐朝中前期，三省尚能各行其事。北宋建立后，中书省成为最高行政机构，政事堂成为决策核心，三省名义上虽然始终存在，但已经混同为一省。再加上枢密院、三司、参知政事等机构或官职设立后，中书省长官的宰相权力大大削弱缩小，三省制度事实上已经名存实亡。②

北宋前期，中书门下的长官为正宰相，亦称"同中书门下平章事"，副宰相称"参知政事"，后来参知政事与正宰相基本无差别，使正宰相事权更为分散。宋太宗后，一相四参或二相二参是常事，相权被进一步削弱。

---

① （元）脱脱等：《宋史·职官志》，中华书局1999年版，第2523—2539页。
② 宰相一职是最敏感、最复杂的官位。相权对君权最具威胁，尤其是掌握了军政、民政、财政大权的相国一类职务直接构成威胁，如两汉末年。其次是大司马、大将军、节度使一类的武将。文武结合一身的权臣更是皇权的最大威胁。正因如此，历来皇权将防范相权作为大事，不断从制度上予以侵削。皇权对相权不满意，但又离不开，不得不采取种种变通诡道来对付相权。例如，汉武帝设内外朝以削弱丞相政治影响；东汉末年至魏晋南北朝直至隋唐，设三省制，三省长官称宰相，但同设多人，互相牵制，且其品秩没有秦汉丞相高，以小制大，以低制高，官小权重。隋唐三省最高长官可称宰相，但到北宋，三省最高长官只能虚称宰相，真正行使宰相之职的则是三省副职，加了一个宰相的名头行事。其后，又置二府三司分割相权，置参知政事，分散相权，在制度设计上，通过多机构、多职能、多人、多相等手段，改变秦汉宰相权重局面。到了明代，干脆直接取消，而以内阁制取代，事实上把汉武时代的内外朝以及历史上的秘书监恢复了，并以宦官形成牵制。内阁成为皇帝的秘书处，且分内秘和外秘。通过种种制度设计，皇帝集权一步步提高，确实在一定程度上杜绝了相权对皇权的威胁。但权力平衡是颠扑不破的真理，皇权缺乏制衡后，走向其反面，统治者个人素质影响国家治理的权重大大加强。制度设计不可能是十全十美的。

宋神宗元丰年间对名实不符的三省制进行了一定改革。三省仿《唐六典》制度，中书省取旨，门下省审复，尚书省执行。三省分班奏事，权归中书。改革官制，以尚书令之左右仆射为宰相。左仆射兼门下侍郎，行侍中之职；右仆射兼中书侍郎，行中书令之职。尚书省下六部及内属机构官吏都实际任事。撤销徒有虚名的官职，重新编制二十五个官阶，官员按官阶领取俸禄。省并机构，三司使并入户部，审刑院并入刑部，审官院并入吏部，礼仪院并入礼部等。后几经演革，宋孝宗乾道八年（1172），改左右仆射为左右丞相，并担任侍中、中书、尚书令，正一品①，算是使三省长官与宰相之间名实相符。

三　地方治理体系的新变革

北宋的地方行政层级是路—州（府）—县。宋太宗统一南北方后，鉴于全国州的数量达到三百余个，管理幅度太大，不得不在州县之上再设置一级地方政府：路。路的职能分散在转运司、提刑司和提举常平司之中。路是州县之上的准高层政区。其中，转运司最为重要。几经变迁，北宋崇宁四年（1105），北宋全国共设24路。南宋偏安江南，国土面积缩小，路的数量随之减少。南宋绍兴十二年（1142），全国共设16路，嘉定元年（1208），改为17路。路之下的统县政区有府、州、军、监四种。州是继承前代而来，但规模略小。府是地位特殊的州，包括首都、陪都和与皇帝有关的州。军与军事并无必然关系，只是指下等州。监是指管理采矿、冶炼等专门机构，领县后同下等州。县级政区除了县外，还有隶属于府州的军、监和寨、尉司。② 路的设置是中国地方区划史上的重大事件之一，今天中国诸多省份名称来源于当年路的设置，如广东来源于"广南东路"、湖北来源于"荆湖北路"。

北宋前期，国家治理体系层级为中央—路—州（府、军、监）—县（军、监、寨、尉司）—乡—里（村），中后期乡—里为乡—都—保所替代，其间又曾出现乡—管—里（村）等，体系异常繁杂。

---

① （元）脱脱等：《宋史·职官志》，中华书局1999年版，第2523—2539页。范文澜主编，蔡美彪等著：《中国通史》第五册，人民出版社2015年版，第181页。

② 周振鹤：《中国地方行政制度史》，上海人民出版社2005年版，第112页。

四 "三冗"与北宋的国家治理体系

北宋国家治理体系的最大问题在于通过妥协赎买的方式来杜绝可能产生的挑战颠覆赵家政权的危机，通过多重相互制约的官僚体系来保证皇帝牢牢掌握最高决策权，多头管理、相互制约使得北宋的官僚体系、军队体系非常庞大，而供养官吏、将兵耗费巨额国家财政收入，造成北宋的"三冗"现象：冗官、冗兵、冗费。北宋统治者为了加强君主专权，巩固中央集权，分散中枢治理体系中的相权、军权、部权和地方治理体系中的节度使牧民权，削弱宰相、将军和各部长官坐衙视事的实权和封疆大吏们统兵驭民的实权，实行官位、职事分离原则，有官有位者有尊荣，但不具体负责，有职有权者具体办事，但政治地位不高，与职权责任不符，最终形成独具宋代特色的"官、职、差遣颁授"制度。但该制度长期推行的最大弊端是导致北宋机构、官位重复设置，官僚体系庞杂臃肿、叠床架屋，官员队伍不断扩大，员额不断增多，成为北宋"三冗"痼疾的一个制度根源。尽管存在大量的冗官，人浮于事，宋廷还实行职役制，通过榨取百姓的人力资源来支撑基层治理体系的运转。

宋真宗景德年间（1004—1007），"宗室、吏员受禄者"共9785人，到四十余年后的宋仁宗皇祐年间（1049—1054），就翻了一番，达到17300余人。根据包拯的观察，当时北宋全国共有州郡320个，县1250个，而一州一县官职素有定额，大概用吏不过五六千员就足够了，现在的官吏总数已经是治理国家实际所需的三倍有余，纳税户口"有常数"，并没有多少变化，土地的产出甚至还不如以往，但朝廷的财政收入却增长了一倍有余，原因在于：

> 盖祖宗之世所输之税，只纳本色。自后以用度日广，所纳并从折变重率暴敛，日甚一日，何穷之有？[1]

---

[1] （宋）包拯：《包孝肃奏议集》卷一《论冗官财用等》，载《景印文渊阁四库全书》第427册，台湾商务印书馆1983年版，第92—93页。

显然，问题的根源在于北宋官府为了应对日益加剧的财政危机，在正税之外，玩起折变的把戏，其实，除了折变，还有和买、脚耗等各种榨取民力的花样伎俩。折变也好，和买也罢，皆由官府指定，折什么？怎么折？都由官府决定，官府当然会出台对自己有利的规定。比如，江淮两浙的赋税，本来该交小麦，每斗小麦折税34文，发运司衙门却要求以小麦折钱，每斗折钱94文，民众的负担变成了原来的三倍。陈州小麦每斗市值50文，百姓折变缴税时就变成了要按每斗140文缴纳现钱，相当于多交1.8倍的实物或等量制钱。① 北宋官府为什么会巧立名目，竭取民力，导致"生灵之重困"呢？深层次的原因正如包拯所言——"用度日广"，而要解决问题，就必须精兵、简政、罢事、节费：

> 冗吏耗于上，冗兵耗于下，欲救其弊，当治其源，在乎减冗杂而节用度。若冗杂不减，用度不节，虽善为计，亦不能救也。……谓设官太多也，则宜艰难选举澄汰冗杂；谓养兵太众也，则宜罢绝招募拣斥老弱；土木之工不急者，悉罢之，科率之出无名者，并除之。省禁中奢侈之僭，节上下浮枉之费，当承平之代，建长久之治。②

宋神宗年间元丰改制失败后，北宋吏治彻底走向腐败，宋徽宗即位八年，官员就比以前增加了十倍③，即以仁宗年间的2万官员论，至此也达到20万余人。宋初，太祖赵匡胤奉行"省官益俸"思想，目的是优待士大夫，实现高薪养廉，减少唐末五代以来因官吏剥削百姓，加剧社会矛盾的现象，因而北宋官员俸禄相较其他朝代更为优厚。但北宋俸禄制度同样存在高低差距悬殊的问题，特别是官与吏之间差别更大，除部分地方长吏外，一般官府吏人"廪给不均"，州县吏则"无常俸"，吏人无禄的制度结果是为胥吏鱼肉百姓、贪污纳贿提供了道德上的"正当性"

---

① （宋）包拯：《包孝肃奏议集》卷七，《请免江淮两浙折变》《请免陈州添折见钱》，载《景印文渊阁四库全书》第427册，台湾商务印书馆1983年版，第144—147页。
② （宋）包拯：《包孝肃奏议集》卷一《论冗官财用等》，载《景印文渊阁四库全书》第427册，台湾商务印书馆1983年版，第93页。
③ 孔令纪等主编：《中国历代官制》，齐鲁书社1993年版，第188页。

和制度上的"合理性"。"益俸"加剧了百姓的负担,"省官"不但使闲官、冗官数量增多,还加剧政府财政危机,加重百姓负担。① "高薪养廉"的效果如何呢?仍然是"良吏实寡,赇取如故",正因如此,"议者不以为善"。②

北宋兵丁数额同样逐年增加。宋太祖建国初期禁军、厢军为22万人,到开宝年间(968—976)增加到37.8万人,宋太宗至道年间(995—997)总兵额为66.6万人,宋真宗天禧年间(1017—1021)为91.2万人。宋仁宗时,为对西夏用兵和加强对内镇压,各路广募兵丁,禁军激增至80多万人,皇祐元年(1049)总计达140万人,为宋代的最高数字。宋仁宗时蔡襄作了一个统计,全部厢、禁军每年开支4800余万贯,占宋朝政府全部财政收入的六分之五。③

冗官、冗兵必然导致冗费,政府支出剧增,赤字频现,财政危机不可避免。据《宋史·食货志》载,宋真宗天禧末年(1021)全国收入1.5085亿余贯,支出1.2677亿余贯,尚有盈余,到了宋仁宗皇祐元年(1049),全国收入1.2625亿余贯,全部支出,没有盈余。到宋英宗治平二年(1065),全国收入1.1613亿余贯,支出1.2034亿余贯,非常支出1152万余贯,竟亏短1500万贯。④ 国家财政年年亏短,不断"支诸宿藏",以致"百年之积,惟存空簿"。宋朝的财政危机日益加深。北宋中期的冗兵、冗官和各种耗费,也激化了各种矛盾。有的州府规定农户把夏税的粮麦折钱缴纳,仅夏税一项,经过折变,农民的负担就增加了三倍。在陕西地区,因对西夏战争,几年之内,钱、帛、粮、草的征收数额从每年1978万贯增加到3390万贯,所增数额是惊人的。⑤

在"冗官、冗兵、冗费"的共同作用下,北宋的国家财政必然要走向崩溃,为了挽救日益紧张的财政局面,官府对百姓的掠夺榨取日甚一

---

① 孔令纪等主编:《中国历代官制》,齐鲁书社1993年版,第233—235页。
② (元)脱脱等:《宋史·食货志》,中华书局1999年版,第2920页。
③ 以上参见史仲文、胡晓林主编,赵绍铭著《中国全史·宋辽金夏政治史》,人民出版社1994年版,第75—77页。
④ (元)脱脱等:《宋史·食货志》,中华书局1999年版,第2919页。
⑤ 以上参见史仲文、胡晓林主编,赵绍铭著《中国全史·宋辽金夏政治史》,人民出版社1994年版,第83页。

目,即使是王安石变法,也以增加政府收入为主要目标,而不是为了减轻人民负担。北宋赋税繁多,职役严苛,力役困重的根本原因在于国家治理体系尤其是中枢治理和地方治理体系在开国之初就存在根本性制度设计缺陷,而这一制度设计又是为了实现更高的治理目标——确保皇位稳固和中央集权,由此就不得不以过度汲取民间资源,榨取民力,使百姓不堪苛捐杂役之重为代价,但其最终结果必然是造成国家治理与乡村治理间的矛盾越来越不可调和,官民关系急剧紧张。相比其他朝代,北宋在立国之初开始爆发民变,农民起义、兵丁起义贯穿于两宋三百多年历史全过程,几乎每年都有[①],说明北宋的国家制度衰败时间提前,乡村治理不可逆转地日益走向混乱、破败和失能。

第二节 宋代的乡村组织

两宋是乡村治理体系发生巨大变迁的时代,对此后一千年间的中国古代乡村治理产生重大影响。两宋乡村治理的最大特点是行政管理、治安管理双轨并行,并且经历了从乡官制向职役制转变的进程。乡官村吏的社会地位下降,成为被动性的职役,当差成为社会义务。

与隋唐相比,宋代的乡村治理体系复杂,内涵丰富且几经变迁。乡里制度、职役制度和保甲制度是两宋王朝用以加强乡村治理的三种主要方式。总体上,两宋的乡村治理体制经历了乡里—乡村制、保甲制、保甲—户耆制三个阶段。

一 北宋前期的乡里—乡村体制

唐中期以后,"村"逐渐取代"里",但经五代至北宋开国,"里"作为农村地区基层行政管理组织仍然存在,只不过由过去的主角演化为配角。目前,没有发现官方典籍中对宋代乡村治理组织如何设置的明确

[①] 北宋早期、中期的农民和士兵起义有:993—995年王小波、李顺领导的四川农民起义;997—1000年王均在四川领导的兵丁起义;1007年陈进在广西宜州、柳州领导的农民起义;1043年王伦领导的山东、江苏、安徽等地的士兵起义。1043年,张海等人在陕西领导农民起义,得到邵兴领导的士兵起义响应;1044年,保州禁军起义;1047—1048年,王则在贝州(今河北清河)领导士兵、农民起义。

记载，但通过《云麓漫钞》《三山志》等两宋文献、地方志与墓志可以得知北宋乡村组织的变迁。

北宋前期乡里组织的兴废变迁

北宋建国之初，乡里制仍然存在。"里正、户长掌课输，乡书手隶里正"①，说明县之下仍有乡、里。宋初沿用唐朝制度，乡官虚置，里正轮流主管乡务，乡村基层管理体制形成乡虚里实之势。同时沿用五代之制，在各乡增设乡书手（类似于会计或秘书），乡书手隶属且协助里正，也在县衙当差，负责整理登记各乡户口赋役的账目。里村设耆长，编组弓手、壮丁为其下属，负责缉拿盗贼、巡查治安。耆长之设沿用的是后周制度，以每耆约三十户为标准，逐村逐里设立。

宋太祖开宝七年（974），废乡，分为管②，每管置户长一人，主催征赋税。管所辖的户数约为几百户，但小于乡，大于里，每管包括十余个村，形成乡—管—里（村）的治理层级，里正、乡书手在县衙当值，户长、耆长在乡村负责日常征发赋役与乡村治安。

相比唐朝的五正，宋初新设的乡书手、户长、耆长是基层社会治理发展的需要，由于乡官虚置，里正代行乡官职能，又要到县廷当值。到了北宋初期，里正开始成为州县衙门的常驻职役，不再负责乡村催征赋税等具体工作，在此情形下，增设以上三职，是历史的必然。宋代改革唐代里正一身兼负行政、治安双重管理任务的旧制，以划乡设户，增设户长、耆长代之，表明朝廷开始产生了推动行政、治安双重治理体系并行发展的政治意图，它与此后的保甲法应该具有渊源关系。③

宋仁宗至和元年（1054），废除在县廷当值的里正一职，仍保留乡书手以掌管各乡账目。同时，增加户长的职责，耆长也加入征收赋役的工作中。至此，北宋县以下的乡村治理体系再次变迁，此前的乡—里（村）二级制已经被虚置，仅具地理单元意义，真正行使行政、治安等治理功能的单元变成了管（户长）—耆（耆长）二级制。从形式上看，主管征

---

① 淳熙《三山志》卷一四，版籍类五。资料来源：《国学导航》网站，http://www.guoxue123.com/shibu/0301/00ssz/018.htm。

② 此记载见于《两朝国史·志》，转引自鲁西奇《中国古代乡里制度研究》，北京大学出版社2021年版，第492—493页。

③ 鲁西奇：《中国古代乡里制度研究》，北京大学出版社2021年版，第487—526页。

发赋役的"管"的户数规模比"乡"（500户）小，比"里"（100户）大，负责治安的"耆"（30户）的规模则比"里"小，有的比"村"大，有的可能比"村"小。"管—耆"嵌入"乡—里"体制之中，发挥实际治理功能。

到了宋神宗熙宁五年（1072），为推行保甲制，又罢除户长一职，使行政管理职能融入治安管理职能之中。

尽管宋代乡之下的基层组织和区划变动频繁，但由于行政功能很早就被虚置，反而使乡作为县之下的行政区划单元保持着稳定的形态，无论是保甲制还是户耆制，都是在乡内实施。随着经济的发展，人口的增加，宋朝的乡、里户数规模都超过隋唐时期的500户、100户的规模。[①] 南宋推行经界法，要求各保绘制地图，画出山水田畴、道路桥梁、寺观民居等，注明田地亩数、四至疆界、丁口人数、产业等数据，再将各保之图汇成一都保之图，进而汇成一乡、一县之图。[②] 经界法不但稳定了乡界，也稳固了乡作为县下最大的乡村治理地理单元的地位。

检视文献记载发现，乡、里（村）构成宋代县之下的基本层级，但在不同地区，对乡之下的农村基层组织的称谓存在差异，有称"里"者，有称"村"者，还有称"社"、称"都"者；既有乡之下"邨""里"并行者，也有乡下仅有"里""社""村（邨）"者。例如，在1076年纂修的宋《长安志》中，京畿长安地区的万年县，共有7个乡，共管296个村（邨），2个里，但长安、奉天、好畤、咸阳、武功等12个县，乡之下只有"里"，没有"村"，并出现一个乡之下，只有一个里的现象。周至县乡之下只有"社"，临潼、醴泉等10县，乡之下只有村（邨）。1169年纂修的《乾道四明图经》所载鄞县各乡，共有13个乡，共管里13个，村20个，其中武康乡、东安乡各只管1个里，其余11个乡皆为里—村或里—社二布局，此时的里，有可能是乡所在集镇的基层组织。1175年修的《新安志》所载六县又有不同，歙县、休宁、婺源、绩溪、黟县五县

---

① 参见赵秀玲《中国乡里制度》，社会科学文献出版社2002年版，第25—26页。
② 转引自王旭《论宋代基层区划：乡的边界及其划界原则》，《历史地理研究》2020年第2期。

乡下只有"里"。例如，宋代黟县共设4乡20里，① 而祁门县，乡之下则只有"都"。1182年修的淳熙《三山志》中所载闽县、连江、长溪、宁德等12县，乡下只有"里"，没有其他。1185年修的《淳熙严州图经》中所载的建德县、淳安县，乡下也仅为"里"。滁州的基层建制则为乡—里—都—保。②

根据地方志资料可以发现，皖南、福建山区乡之下建制几乎全都是"里"，极少数为"都"，北方平原地区，乡之下则"村""里""社"并行。总的来说，乡作为县之下的一级基层组织建制，至北宋已经非常稳固，在乡之下的基层组织，其称谓则存在较大的地域差异，甚至同一地区、同一县、同一乡也有不同的规定。

进入南宋后，里的地位急剧下降，都则成为最重要的基层组织，南宋中期后，乡都制在两浙、江东、江西等路已经广泛推行。虽然不少地区的方志中仍保留里名，但绝大多数只是历史名称的遗存而已③，说明里已经由行政组织退化为地理单元名称。

乡、里、村在治理中的功能角色

对王安石变法之前的宋代乡—里、乡—村制的一个较大的争议是，如何看待乡与里、村在国家治理体系中的角色？乡仅仅是一级地理单元，还是一级行政管理实体？是否行使如编制户籍、统治人口、征发赋税、劝课农桑等功能？

唐贞观年间废除乡长、乡佐，乡的行政管理职能虚置，改以里正轮流管理乡务，里正上承县廷，下至里邻，负责编户管理、赋役征发、治安维护工作，在乡村治理中发挥核心作用。村正、坊正等协助里正工作，主要负责维护基层治安。

宋初沿用此一旧制。随着里正职役的县役化，974年，北宋废乡分管，另置户长、耆长代替原里正、村正等行政管理职能，乡的地位进一步下降。这似乎意味着两宋行政区划中应该不再有乡级建制，但事实上在宋代史籍

---

① 黟县地方志编纂委员会编：《黟县志》，光明日报出版社1988年版，第42页。
② 以上地方志中所载乡里的相关资料系参见谭景玉《宋代乡村组织研究》，山东大学出版社2010年版，第46—61页。
③ 夏维中：《宋代乡村基层组织衍变的基本趋势》，《历史研究》2003年第4期。

和地方志中，无一例外都载有"乡"，乡—里（村）仍被视为两宋基本的行政地理层级，时人记载籍贯仍主要用乡—里、乡—村等表述。

原因可能有二：其一，974年所谓废乡主要是废除乡催征赋税的行政职能，并未废除乡级地理建制。"乡书手"一职的存在说明"乡"并未真正废除。

其二，秦汉以来的乡、里行政组织被虚置后，仅具地理单元意义，但因具有历史传承性，广为知晓，故在行使户籍田籍登记、赋税征发、地理方位记载、邮寄等数据采集功能时仍被沿用。

有学者认为，乡在北宋仍是实施财税稽征的单项行政建制，管则是开宝七年（974）后新的基层行政建制。① 但"行政建制"这一提法并不准确，容易产生歧义。如果谈建制，且是国家行政体系的建制，必须要有常设性组织，但自唐至宋，乡并无常设组织。乡书手一职隶属里正，行使的是协助里正登记管理赋役文书的技术性功能，无权力性功能。唐代，乡至少还有耆老作为象征性乡官，宋初的乡，连乡官都被废除。

可见，乡在宋初已退化为地理单元，已经不存在乡级组织。1054年里正废除后，乡、里都退化为不具常设组织的地理单元。乡村中原有的行政组织被管、耆代替，王安石变法后又被都、保代替，其后至南宋又几经废置。可见，终两宋之世，县以下曾存在乡—里（村）、乡—管—里（村）—耆（村）、乡—都保—大保—保三套组织体系。三套体系中，乡作为一级建制最为稳固，但一直不是行政组织，只具地理单元意义。里则由地理单元与行政组织合一退化为单一的地理单元。管成为行政组织后，在部分地区也具有地理单元化趋势。都、保经北宋中期至南宋一直作为治安组织、行政组织存在，此后又渐具地域化趋势，逐渐成为乡之下，与里、村并行的地理单元。

有宋一代，乡与里、管、都俱不存在行政统属关系，在征发赋役、编户管理、维持治安等行政职能上，都由里正、户长、保正长等职役直

---

① 郑世刚：《宋代的乡和管》，载邓广铭、漆侠编《中日宋史研讨会中方论文选编》，河北大学出版社1991年版，第246—259页；转引自贾连港《宋代乡村行政制度及相关问题研究的回顾与展望》，《中国史研究动态》2014年第1期。相关讨论亦可见王棣《宋代乡里两级制度质疑》，《历史研究》1999年第4期。

接上承县廷，下经耆长、保长、甲头等达民户。在这个意义上，北宋的行政管理层级在前期为县—里，中期为县—管—耆，熙宁变法后则一度演化为县—都保—大保。

城市基层的厢坊治理体系

北宋城市的基层建制相比唐朝五代，也发生重大变化，表现在"坊"之上，增加"厢"作为一级组织，形成厢—坊二级体制。

北宋初期，京城开封旧城和新城共设八厢，后增至十九厢。南宋京城临安也设置了四厢。每厢设公事所，置厢官4人，厢吏名目繁多，包括都所由、所由、街子、行官、厢典，其人数根据本厢户数多寡确定。除各厢的都所由一职由开封府下属左右军机关差虞侯担任外，其他厢吏均由招募而来。厢类似于今天城市里的街道办事处。

厢之下为坊，宋初东京旧城、新城八厢之下共辖121个坊。每坊设坊正一人，职权同乡村的里正。坊下为户，设户长管理居民。宋时的坊墙被拆除，市民可面街而居，开设店铺。

为维护城市治安，两宋派军队担任巡检，在厢坊间巡逻。巡检按厢设立，每厢设巡检一人，厢内设若干军巡铺。开封每坊巷三百步许设军巡铺屋一所，铺兵五人。临安的铺屋最高时达232铺，共差禁军673人。军巡铺的任务主要是，夜间报时，防盗，管理灯光，解送人犯，报告治安，等等。

厢坊吏员除配合禁军巡检外，作为基层政权组织，还有维护基层秩序，加强社会治安，处理本厢坊居民间刑事、民事方面的矛盾冲突，协助追捕、寄禁人犯，组织防火救火，管理供水等工作。[①]

二 北宋中期的保甲制

宋神宗熙宁三年（1070），王安石主持变法，实行的青苗、募役、保甲三法与乡村基层治理都密切相关，但结果是毁誉参半，时人多认为他是奸臣，变乱天下之人，新法赋敛愈重，导致士夫沸腾，黎民骚动，对百姓危害极大。[②] 但明清后，对王安石的评价逆转，认为他具有改革家的

[①] 以上内容参见张厚安、白益华主编《中国农村基层建制的历史演变》，四川人民出版社1992年版，第48—50页。

[②] （元）脱脱等：《宋史·王安石传》，中华书局1999年版，第8464页。

精神。其实，王安石以力生财、以财供费的改革方向是正确的，强兵富国的本意值得称道，但改革派对新法在实施中产生的负面效果未能及时纠正，王安石提拔用来执行新法的许多官员存在问题，某些改革举措超越时代，加上保守势力阻挠，致使功败垂成，未能达到预期目标。

保甲制改革的兴起与废弃

王安石变法的重要内容之一是推行保甲法。熙宁三年（1070），司农寺颁布《京畿保甲条例》，第二年，保甲法先在京畿地区实施"以家联保"，以10户组成一保，选择主户中"物力最高"、有才干能力的人即最大的地主富户担任保长[①]；50家为一大保，选择一人为大保长；十大保为一都保，选择为百姓信服者为都保正，再设一人为副保正。主客户两丁以上，选一人为保丁，训练武艺。每一大保逐夜轮差五人巡警，遇有"盗贼"，要报大保长追捕。同保内有犯"强窃盗、杀人、谋杀、放火"等案，知而不告，连坐治罪。保内如有"强盗"三人以上居住三天，同保邻人员不知情也要治罪。熙宁六年（1073），保甲法在全国实施，政策有所微调。以五户为一保，五小保为一大保（25户），十大保为一都保（250户），相比试行的时候减半了。虽号称保甲法，但就基层组织而言，似乎并未见到甲的设立，只有保，因为在这一体系中，保已经是最小的组织单位了。就此而言，北宋的保甲法内涵与清代保甲制有所不同。

保甲是乡兵，具有民兵性质，目的是"以丁联兵"，"与募兵相参"。保甲法采取"上番"和"教阅"两项措施。上番，是指主户保丁轮流到各地巡检司和县衙接受军事训练，十天一轮换，他们要在巡检的管辖下，"教习武艺"，"出入巡警"。保甲上番后，巡检司下原有的军士大部裁撤，只留下少量军士供役使。保丁上番是强制性的，违者将受到惩处，"私逃亡，杖六十，计逃日补填。酉点不到，不赴教阅，许小杖科决，不得过七十"。同时也有一定的补贴，保丁每人每天可得口食米三升，盐菜钱十文，都、副保正可另外得钱七千文，大保长三千文。

教阅是指保丁集中接受军事训练，分为集教和团教。大保长每十人编为一组，由禁军教头一人对之进行训练，是为"集教"。大保长学成军事技能后，回乡转任教头，将同一都保相近者分为五团，由大保长对保

[①] 主户是指有田地的税户，客户是指无田地的佃户。

丁实行"团教"。

废除户长后，熙宁七年（1074），规定由相邻的二三十家排比成甲，从保丁中挑选甲头，负责征催税赋苗役。可见，北宋的甲是负责赋役事宜，尽管其负责人来源于保丁，或者至少可以说，甲是赋役、治安二职合一的组织。熙宁八年（1075），废除耆长之设，令保正、大保正管原耆长之事，另募承帖人，充任壮丁之事。

保甲法与先秦至汉的什、伍制以及北魏的党、里、邻制在形式层级上有传承的印记，复兴且加强了过去的连坐互保之法。但过去的保坐制是与乡里制并行的。王安石变法后以治安互保体制代替行政管理体制，以基层社会组织代替基层行政组织，混淆了乡村治理中两种不同的体系序列，致使终宋一代，基层组织废置反复无常，乡村治理体系混乱不堪。

据《宋会要稿》记载，保甲法实施后的熙宁九年（1076），全国"义勇、保甲民兵"达718万人，其中民兵保甲有693万余人，形成一支庞大的基层武装力量。保甲法的实施固然有利于一定程度上节约军费，维护基层秩序，尤其是保护地主和富户的利益，使"富者逸居而不虞寇盗"，但带有强制性的"上番""教阅"制度在现实中对老百姓的生活造成很大侵扰伤害，不仅严重影响家庭的农业生产，保丁们还经常受到保正、保长、巡检、巡检指使、勾当们的欺凌和勒索。有些保丁自毁肢体，以求免于教阅，逃亡的事件更是层出不穷。到后来，百姓视保甲司为虎狼司，纷纷起来反抗，抓指使，驱巡检，攻击提举司官员，官民矛盾尖锐[①]。受过军事训练的保丁，一旦遭逢变故，极易由丁变盗，为害乡里。到宋神宗末年，"诸路盗贼蜂起，皆保甲为之，本欲御寇，乃自为寇，善良受患，恶少得志"[②]。

司马光当政后的元丰八年（1085），保甲法首先被废除，此后半年之内，方田均税法、市易法、保马法等相继被废。宋哲宗元祐元年（1086），废除免役法，恢复差役法，此后又废除青苗法。

---

① （宋）李焘：《续资治通鉴长编》卷361，王岩叟言，中华书局2004年版，第8642—8643页。
② （宋）李心传：《建炎以来系年要录》卷96，绍兴五年十二月丙午，中华书局1988年版，第1585页。

保甲制改革的反思

任何改革的成功，都必须依赖于两个必不可少的要素。一是制度设计本身是否周全，符合经济政治情势，既有针对性，能够对症下药，又有系统性，避免留下后遗症。这就需要在一定范围内进行试点，如同当代的农村经济改革一样。二是须有得力之人鼎力执行政策制度。任何定于庙堂的法令政策在实践中执行肯定会将疏漏的一面充分展现出来，或者有很多无法兼顾或预料到的现象，这就需要能臣干吏充当大将和先锋冲锋陷阵，并在实施中匡正其不足。可惜的是，这两点在王安石熙宁变法中都未能做到，熙宁变法更像是一场为了满足宋神宗进取急切之心的新制度展示表演赛，在制度设计尚不周全，实施利弊尚未评估，变法大将尚未脱颖而出等准备尚不充分的情况下就急匆匆上马了。事实上，连王安石自己也承认，"唯免役也，保甲也，市易也，此三者，有大利害焉。得其人而行之则为大利，非其人而行之则为大害，缓而图之，则为大利，急而成之，则为大害"[①]。其中的关键问题是缺乏从价值观上根本认同变法的各层级官吏，从中枢到地方，大部分人的思想观念尚未转变过来，或者有此超前理财意识，变法的必要性、可能性、利与弊、得与失等问题还没有经过充分的讨论就快速上马，变法的思想基础、组织基础、社会基础尚未稳固，如果再没有有力的吏治作为支撑，免役法、青苗法、市易法等积极先进的一面难以得到展现或产生功用，而其存在弊病的一面就极有可能被地方官僚、胥吏们加以充分利用，以谋取政治、经济等各方面的利益。

不幸的是，宋神宗、王安石都急于求成，急于通过拒谏贬斥打击保守派，通过超常擢拔鼓励行动派，但很多行动派打着变法的幌子，却急于捞取个人的政治资源，此类人，前有吕惠卿，后有蔡京，都是伪装变法支持者，实则是为了捞取政治资本，实现个人升迁。地方官吏更是出于地方和个人利益需要，用机会主义行为、理性主义原则来对付新法，结果导致新法之利时人没有多少肯定，而新法之弊却被大大放大，招致保守派反击就在所难免了。青苗法本无科配（强制摊派贷款），但地方官为了体现变法政绩，急功近利，强制要求辖下乡民根据任务摊派青苗钱，

[①] （宋）王安石：《临川先生文集》卷四一，《上五事劄子》，中华书局1959年版，第440页。

本来是用于助民惠农的好政策，变成了扰民取民的坏政策，但其始作俑者都是那些精明练达的地方官吏。与之相比，苏轼虽然在很多方面并不赞成如此早地实施新法，但在担任地方官时，他积极实践新法，且灵活运用，用法便民。正因如此，元祐年间司马光废除免役法时，苏轼又持反对态度，因为他在治理实践中看到了免役法虽有弊，但亦有利，只要去掉其中一些有问题的规定，实施起来是有利于减轻人民负担的，是能够产生正向作用的。

三　北宋后期至南宋的保甲—户耆制

终两宋之世，乡里—乡村体制在制度上仍未被废除，但自1054年以后，真正在基层执行的先是户耆二级制，后为保甲多级制，自宋哲宗至南宋年间，则为保甲—户耆交替混杂时期。1085年保甲法废除后，保长、保正的岗位依然保留，保甲功能仍在实施，甚至有学者认为，此时的都保已经由基层治安转变为乡级行政机构，县—乡—都—保形成乡村统治体系。[①] 但在新法、旧法的政治博弈中，乡之下的基层吏员职位设置变迁复杂，功能废置频仍，直至南宋时期，仍几复几罢。

元丰后乡村组织的数复数罢

宋神宗元丰八年（1085），北宋朝廷在乡村恢复设立耆长、户长、壮丁，废除过去以保长代耆长、催税甲头代户长、承帖人代壮丁的旧制。

宋哲宗元祐元年（1086），恢复户长催税的制度。

绍圣元年（1094），恢复耆长、户长、壮丁的雇募之法，不准以保正长、保丁充代。

不久又恢复元丰年间的规定，以保正长代耆长，甲头代户长，承帖人代壮丁。[②]

绍圣二年（1095），有司建议，因都保正、副保正相比耆长事责已经减轻，又有承帖人受行文书，大保长苦无公事。元丰年间本制规定，一都之内应役共十人，除了都、副保正外，八保各差一大长。如果现在常

[①] 吴泰在《宋代"保甲法"探微》中持此说，参见贾连港《宋代乡村行政制度及相关问题研究的回顾与展望》，《中国史研究动态》2014年第1期。

[②] （元）脱脱等：《宋史·食货志》，中华书局1999年版，第2901页。

年差遣二位大保长分催十保税租、常平钱物，征一次税替换一次，就不需要轮换更替保丁充任甲头了。都保所雇承帖人，必须选在本保，雇钱全由官府支给，一年一替。皇帝听从建议，诏令废除甲头之职，雇大保长等催税。所雇保正的钱额比照耆长，保长比照户长，保正长有不愿就雇的，仍用旧法招募纳税户充任耆长、户长、壮丁。

绍圣三年（1096），皇帝下令，各县不许以催税拖延追责甲头、保长，不得要求保正长、保正副办理杂事。在任官员以需要承帖人为名，占用当值的，以坐赃罪论处。所管催督租税，州县官如果擅自要求服役者赔付的，以违法论罪。① 如果上述政策切实得当实施，对于保正长等人来说，将会减轻很大的负担。

南宋恢复北宋保甲制，以五户为一小保，五小保为一大保，十大保为一都，保设保长、都设保正副为负责人，东南地区又以十户或三十户为一甲，设甲头催税。但保甲的税政功能仍时兴时废。

宋高宗建炎元年（1127），取消用户长催税的办法，恢复甲头以催税。绍兴七年（1137），又恢复用大保长催税之制。1139 年，令保正长专管防火防盗之事，不得承担行政事务及征税课役。1140 年，以耆户长雇钱充总制窠名。1141 年，复拘壮丁钱充。1162 年，恢复由保甲催税。

宋孝宗乾道二年（1166）取消保甲催税，1168 年，又恢复，1172 年，再次取消保甲催税。②

宋宁宗嘉泰四年（1204），朝廷命令在全国实行保伍法，第二年下令在各地措置保甲，力图增兵强军，为伐金做准备。

1254 年，宋理宗下令"排保甲，行自实法"③，要求民户排定保甲，自报实占田亩数，同保甲民户互相监察，但此规定第二年即废除。

职位废设与变法斗争

根据以上乡村组织、职位的废设变迁不难看出，自王安石变法之后，

---

① （元）脱脱等：《宋史·食货志》，中华书局 1999 年版，第 2900—2903 页。
② 资料来源于赵彦卫《云麓漫钞》卷一二，中华书局 1996 年版，第 219—220 页；淳熙《三山志》卷一四，中华书局 1990 年版，第 7898 页。以上转引自鲁西奇《中国古代乡里制度研究》，北京大学出版社 2021 年版，第 487—488 页。
③ （元）脱脱等：《宋史》，中华书局 1999 年版，第 494—495、573 页。自实法又称手实法，是南宋后期整顿田赋的一项措施，指由民户自报实占亩数，同保甲民户互相监督。

基层组织的设置就卷入新法、旧法的政治斗争之中。变法之前的旧法中，乡里制已经极大虚置，户长—耆长的两级管理成为实际治理体系。但新法为推行巩固保甲制，不但废除户长、耆长、壮丁之设，以保长、大保长、保正予以替代，而且进一步废除原有户长课税，耆长、壮丁管治安的规定，由保长（保正），有时由甲头催税，使保甲制集催赋征税、缉盗治安于一体。北宋神宗至南宋近一百年间基层组织几废几置的线索明显，凡是支持新法的就兴保甲，废户耆，反对新法的兴户耆，抑保甲。新法的基层吏员设置是保正副、大小保长、甲头、承帖人。旧法的设置则为户长、耆长、壮丁。新法以免役、募役为主，强调以钱买役，旧法则以差役为主，实行轮流摊派制。

第三节　宋代的乡村治理

尽管朝代各异，但封建时代的乡村治理内容总体而论，无非是授田分田，征收赋税，征发徭役，劝课农桑，维持社会治安，缉捕盗贼，守望相助，抚幼助老，振恤行善，共可分为行政、治安、劝农、公益四个主要部分。有的朝代，如北宋以后时代，基层的保甲治安角色加重，而在此前的东周秦汉，什伍制下的连坐互保程度也较高。

一　宋代乡村的田制管理

唐中期后，均田制遭到破坏，对百姓授田不足，原有田制已经无法维持，土地买卖、兼并现象继续发展。租庸调制改为两税法意味着均田制已经无法执行，政府也无法再开展大规模的均田授田之举，不得不默认现有的土地所有格局。五代各国遵循唐中后期土地赋役制度，未作重大修改，只是在课税时间、标准、方法等税制方面根据时势及财政需要调整更新。后周显德五年（958），朝廷赐各道《均田图》，作为核定民租的依据，并派人下到各州检查核准。

北宋的土地所有状况

北宋沿袭唐后期和五代以来的土地政策，"不立田制""不抑兼并"，支持土地私有，对民间土地买卖不加干预，土地兼并进一步加剧。宋太宗至道二年（996），陈靖上言建议恢复均田旧法，对农民授田。上田每家授百亩，中田一百五十亩，下田二百亩，五年后收租，只计一百亩。一家如有三个丁男，增加授田数。此外还根据丁数授给"室庐、蔬韭及桑枣、榆柳种艺之地"，"三丁者五十亩，不及三丁者三十亩"①，但并未得到执行。不过政府鼓励农民垦田，各州县偏僻地区土地，允许百姓申请租佃为永业田，免除三年田赋，三年后也只缴纳三分之一。②

北宋的土地所有局面是这样的：官员、地主占据全国大部分的土地。大地主一般占有土地达到几十、上百顷，租有佃客几百甚至上千户，在编户中是一等户。中、小地主占田只有十几顷或者几顷。自耕农一户多不过几十亩，少只有三五亩。佃农没有土地，只能租种他人田地。租佃制成为地主剥削的主要形式。宋真宗景德年后，"四方无事，百姓康乐，户口蕃庶，田野日辟"③。到宋仁宗时，有人上书说赋役不均等，田制没有确立，于是皇帝下诏限田：

> 公卿以下毋过三十顷，牙前将吏应复役者毋过十五顷，止一州之内，过是者论如违制律，以田赏告者。④

但是，限田令在实际中无法实施，"任事者终以限田不便，未几即废"⑤。宋初通行的剥削方法是分成收租，最高地租率占收获的五成以上。北宋田地粟谷的亩产量平均能达到两石⑥，据此，上等田的地租每亩达到一石，中等田为五斗。田租并非佃客的全部成本，佃客租用地主的"犁牛稼器"也要付租。如果把佃农的田地收获看作十成，其受剥削率总共是多少呢？田租平均可占四成，牛、农具之租各占二成，佃农只剩下了二成作为口粮维持温饱，剥削率高达百分之八十。⑦ 这样的剥削率能否让

---

① （元）脱脱等：《宋史·食货志》，中华书局1999年版，第2787页。
② （元）脱脱等：《宋史·食货志》，中华书局1999年版，第2786页。
③ （元）脱脱等：《宋史·食货志》，中华书局1999年版，第2788页。
④ （元）脱脱等：《宋史·食货志》，中华书局1999年版，第2788页。
⑤ （元）脱脱等：《宋史·食货志》，中华书局1999年版，第2788页。
⑥ 南方太湖流域最高亩产能达到六石稻谷，明州地区（今宁波）亩产也能达到六七石稻谷的最高纪录。吴慧：《中国历代粮食亩产研究（增订再版）》，中国农业出版社2016年版，第177页。
⑦ 范文澜主编，蔡美彪等著：《中国通史》第五册，人民出版社2015年版，第94—97页。

佃农维持基本生存呢？以北宋的生产水平和生活水平，一个五口之家一年口粮当在 2500 斤左右，其他生活费用如穿衣、食盐等，以及生产费用如种粮、农具、饲料（按对分制佃户应有耕牛，否则要另付牛租）等，折合粮食也应有 1000 斤左右。依此估算，五口之家一年的基本费用在 3500 斤粮食左右。按照上面的剥削率计算，要维持这样的基本生活，五口之家每年需要收获 17500 斤粮食，这需要租种 87.5 亩田地才能维持温饱，这已经接近唐初丁男人均授田 100 亩的标准。[①]

问题在于，唐中期后，均田法已难以执行，人均授田不足。实行两税法后，又出现民户逃亡、隐田漏税的现象。到北宋年间，每户实际占有田地两极分化，差别太大，除地主外，自耕农所有土地已经大大低于户均百亩标准。数据显示，后周世宗显德六年（959），全国每户平均亩数为 47.01 亩，虽然到了北宋太祖开宝九年（976），达到 95.56 亩，但此后迅速下降，1006 年时，户均亩数下降到 25.08 亩，1053 年时，进一步下降到 21.13 亩。此后虽有所上升，但都在户均 30 亩左右。至于佃户，生计更为艰难。为了逃避赋役，民户纷纷逃亡。

两宋的治田之策

北宋开国后，乡村治理中的一个重要任务就是清查户口、清查田亩，力争使实有田地与田税相符，解决逃田问题。太宗、真宗两朝屡次下诏均田税，即民户十家为保，如果有一家逃亡，其税即由其他九家均摊，二家、三家逃亡亦如此。但这种做法治标不治本，不是着眼抑制土地兼并，以保田均田为目标，只管以强迫连坐手段收取田赋，维护官府利益，既加重了未逃亡邻户的负担，又纵容了获得逃田的兼并之家通过隐田少交田赋。这种极不公平的做法既未能解决隐田问题，又加剧了税负不均。

至道元年（995），开封府上报，京畿十四县在该年二月以前已经逃亡 10285 户，其中多有坐家申逃及买逃户桑土的，不全额纳税，以本户挟用佃户诡名，试图逃避官租的，还有占用耕地冒充佃户，在附近居住却谎称是远处来的佃户或妄称是逃户，以及用逃籍的人户担保自己租税的。朝廷不得不派十四人分头检查，限百姓一月内自首，不征所隐瞒的税赋，

---

① 史仲文、胡晓林主编，鲁亦冬著：《中国全史·中国宋辽金夏经济史》，人民出版社 1994 年版，第 33—34 页。

命令下达后回乡恢复耕种的人很多。①

宋仁宗时，试行千步方田法，试图通过清丈田亩，制止漏税，也终因豪强兼并之家的抵制而草草结束。宋英宗治平四年（1067），曾经规定逃田三十年者免除税收的十分之四，四十年以上免除十分之五，五十年以上免除十分之六，一百年以上则免除十分之七；租佃十年的交纳五分，二十年交纳七分，作为法令。②

到北宋中期，隐田漏税的问题不但未能解决，反而愈演愈烈。宋真宗景德年间，农民四户人家才有耕田一顷，可见全国隐田数量之多。从皇祐（1049—1054）中期到治平（1064—1067）中期，不到20年的时间内，全国垦田数从228万余顷激增至440余万顷，显然，并非真的是开垦了那么多的荒地为田，而是把原有的隐冒之田、闲置之田根括出来了。隐田过多造成朝廷的两税收入不断减少。据统计，从真宗景德年间到仁宗皇祐年间的50年时间里，全国垦田增加40.7万顷，岁入之谷却减少了71.8万余石。③ 事实上，宋英宗治平三年（1066），北宋田地面积已经超过4.4亿亩，达到两宋三百余年中的最高值。④

南宋初年，因宋金战争，逃田现象再次严重起来。没有农民种田纳粮，皇朝的一切无法运转，基业国本就会动摇。对历代政府来说，劝农安土、垦田纳税都是乡村治理的头等大事。农民逃田的原因主要有二：战争年代，百姓逃亡以避兵祸；和平年代，百姓逃亡以避赋役。诱民垦田、按籍括田由此成为两宋乡村治理的重要任务。两宋政府的主要做法可以说是软硬兼施，垦辟、根括、治闲、限田、免租等多措并举。

宋室南渡后，饱受战乱的南方地区民户逃亡严重，户籍残破，田籍失真，税赋无依。为整理田赋，南宋朝廷复兴保甲法，又通过结甲自实，打量画图，实施经界法。打量画图是指，划定小保、大保、都保直至各乡边界、道路，测算登记各保、都、乡的田地、民户、资产等数据，填写整理成砧基簿，再画出土地的地形图（后世鱼鳞图前身）作为附件。

---

① （宋）马端临：《文献通考》卷四，《田赋考四》，中华书局2011年版，第92页。
② （元）脱脱等：《宋史·食货志》，中华书局1999年版，第2790页。
③ 史仲文、胡晓林主编，鲁亦冬著：《中国全史·中国宋辽金夏经济史》，人民出版社1994年版，第78页。
④ 梁方仲编著：《中国历代户口、田地、田赋统计》，中华书局2008年版，第12页。

砧基簿由户主、保正长签字画押后上报,再由上级官员复查核实,作为田地交易、征收赋税的基础。每县造砧基簿三本,一本留县,一本存州,一本纳转运司。"结甲自实"通过"推排法"实施,要求在农闲时,由民户自行估算田地资产,排定等级,并由左邻右舍、本甲联户互相检纠是否属实,以制作"甲账",在此基础上,制作州县人户产业簿,三年一更新。打量画图与结甲自实是两种不同的经界法路径,实施手段有异,前者以地为主,以人从地;后者则是以人为主,以地从人,但二者都需要依托都、保、甲的基层组织才能完成,证明乡村基层组织在乡村治理中的基础性功能无论在哪个环节都不可或缺。

表 5—1　　　　　　　　宋代治田政策一览表[①]

政策类型	实施时间	政策举措
劝农	太平兴国（976—984）中	设立县农师
	端拱初（988）	皇帝亲耕藉田
	仁宗时	
	景德二年（1005）	买牛造犁给农民
	景德三年（1006）	设兼职的劝农使
	大中祥符四年（1011）	分发稻种（占城稻）
	大中祥符七年（1014）	选医牛古方,颁之天下,以应对牛疫
	天禧四年（1020）	下令各路设劝农使、劝农副使
	熙宁二年（1069）	分遣诸路常平官,专领农田水利
		鼓励种桑,种桑不增赋,按成活多少减免租赋,不足者罚
	神宗年间	兴修水利田,开废田,不能给役者,贷以常平钱谷;流民买耕牛者免征
	绍兴二年（1132）	两浙路收买牛具,贷淮东人户
连坐	端拱初	搜索于邻里亲戚之家,益造新籍
	熙宁二年（1069）	民占荒逃田若归业者,责相保任,逃税者保任为输之
限息	端拱初	出息不得逾倍
不准先逋		未出税毋得先偿私逋

[①] 资料来源:(元)脱脱等:《宋史·食货志》,中华书局 1999 年版,第 2783—2811 页。

续表

政策类型	实施时间	政策举措
许永业田	淳化五年（994）	凡州县旷土，许民请佃为永业，蠲三岁租，三岁外，输三分之一
限田	仁宗即位初（1022）	公卿以下毋过三十顷，牙前将吏应复役者毋过十五顷，寺观毋得市田[1]
限田	政和（1111—1118）中	品官限田，一品百顷，以差降杀，至九品为十顷。限外之数，同编户差科
限田	政和七年（1117）	内外宫观舍置田，在京不得过五十顷，在外不得过三十顷，不免科差、徭役、支移
免租除税	大中祥符六年（1013）	免诸路农器之税
免租除税	大中祥符七年（1014）	免百姓买卖耕牛的交易税
免租除税	天禧初年（1017）	遣官就田阅视，定蠲免数
免租除税	绍兴六年（1136）	减江东诸路逃田税额
免租除税	乾道七年（1171）	诏两淮更不增赋
治闲田	天圣初年（1023）	民流积十年者，其田听人耕，三年而后收赋，减旧额之半；流民能自己重新种田，政策相同；流民自己限百日复业，免除赋役，五年则减旧赋十分之八，期尽不至，就分配给他人耕种
治闲田	绍兴三年（1133）	募佃闲田，三等定租
治闲田	绍兴五年（1135）	归业之民，其田已佃者，以附近闲田与之，免三年租税
辟垦新田	嘉祐（1056—1063）中	唐守赵尚宽假牛犁、种食以诱耕者，劝课劳来。引民二十余户，引水溉田几数万顷
辟垦新田	绍兴五年（1135）	立守令垦田殿最格，根据垦田成绩确定官员考核等级
治逃田	治平四年（1067）	逃田三十年者免除税收的十分之四，四十年以上免除十分之五，五十年以上免除十分之六，一百年以上则免除十分之七；租佃十年的交纳五分，二十年交纳七分
治逃田	绍兴三年（1133）	二年外许人请射，十年内虽已请射及充职田者，并听归业

---

[1] 限田之制其实都没有得到执行或被废除。

续表

政策类型	实施时间	政策举措
招种荒田	熙宁元年（1068）	登记汝州四县荒田，召人耕种，五年内不把他们登记到各县户簿中，五年后才入籍，这样五年内就没有差役课税
	绍兴二十七年（1157）	招蜀人入京西淮南种官田，相度支给牛、种，八年偿，边免租十年，边半之，满三年与其业
		离军听差之人，授以江、淮、湖南荒田，人一顷，为世业。所在郡以一岁奉充牛、种费，仍免租税十年，丁役二十年
治欺隐	绍兴十二年至十八年（1142—1148）	以李椿年、王铁措置江南经界
	淳祐十一年（1251）	信、常、饶州和嘉兴府举行经界
卖官田	绍兴元年（1131）	诏尽鬻诸路官田
	绍兴五年（1135）	诏诸官田比邻田租，召人请买，佃人愿买者听，佃及三十年以上者减价十之二
	绍兴二十六年（1156）	买官田者免物力三年至十年。一千贯以下免三年，一千贯以上五年，五千贯以上十年

据《宋史·食货志》记载，南宋政府较大规模地推行经界之法有两次，第一次是在绍兴十二年（1142）至十九年（1149），委任李椿年、王铁在平江府试行。十九年，郑克在四川实行经界法。绍兴二十七年（1157），完成措置经界之事，土地得到丈量，赋税之额重新确定。朱熹很推崇经界法，认为泉、漳、汀三州没有实施经界存在很大害处。绍熙元年（1190），朱熹担任漳州知州时，准备在漳州实施，但因贵家豪族反对无法实施。淳祐十一年（1251），信、常、饶三州和嘉兴府举行经界。[1]

早期，经界法通过自实法实施，由民户自行申报，散漫，难以集中，效率不高，且容易出现欺瞒，所以朱熹反对自己申报。推排法由官府监督，乡都实施，不但丈量本户田地，而且参考与四邻土地边界状况，通过打量画图，稽核田地多少，更加准确客观，不易欺瞒，且乡都差役都

---

[1] （元）脱脱等：《宋史·食货志》，中华书局1999年版，第2794—2801页。

在本乡本土，对主佃关系、隐冒等情形较为清楚。普通百姓是欢迎措置经界，以减轻赋役负担的，但豪族地主往往采取措施买通官吏，上下其手，试图少征赋税。咸淳三年（1267），司农卿兼户部侍郎对如何做好经界上书建议，后被皇帝采纳，下令各路漕、帅施行。

> 盖经界之法，必多差官吏，必悉集都保，必遍走阡陌，必尽量步亩，必审定等色，必纽折计等，奸弊转生，久不讫事。乃若推排之法，不过以县统都，以都统保，选任才富公平者，订田亩税色，载之图册，使民有定产，产有定税，税有定籍而已。①

南宋政府"措置经界"的目的是清理土地占有状况，抑制诡名挟户，解决流民、荒田等难题，使土地与民户结合，百姓有稳定的财产，固定的赋役，并能实现以产定税，产税均平。②

农民与田地

田制治理、编户治理与赋役治理密切相关，但对作为统治对象的农民来说，田制的崩坏、编户的缺损、赋役的不公、吏治的腐败等，他们根本没有能力改变或干预，只能以自己的理性主义行为，出自本能地去适应和应对，农民应对乡村治理制度与政策肯定是一种从自身利益出发考量的利己主义行为，无可厚非，由此导致种种机会主义现象，诸如自古以来皆有的荫附、诡寄、隐冒等行为。例如，一家有兄弟三人，长大后就分开居住，只把田亩聚税在某一个兄弟之家，其他两个兄弟放弃自己的耕地，抛荒到外地去了，县府每年按照所丢弃的土地免除其田赋，但事实上另外兄弟二人隐藏在其他地方，冒名佃田耕作。这就很有意思了，为什么农民宁愿佃田耕作，却放弃自己原有的田地？难道交给官府的田赋还要比交给田主的田租还要高吗？应该不是这样的，农民所逃的应是徭役。因为政府的徭役是按照户籍征发的，客户户籍不在，有的田

---

① （元）脱脱等：《宋史·食货志》，中华书局1999年版，第2800页。
② 周曲洋：《结甲自实与打量画图：南宋经界法推行的两种路径》，《学术研究》2021年第7期；梁建国：《南宋乡村区划探析——以都保为中心》，《烟台大学学报》（哲学社会科学版）2006年第1期。

主还可以优免不用服役,当时也没有身份证和户口查验系统,农民可以冒名当佃客,宁愿交纳重租给田主也不愿给政府服徭役,说明徭役对于农民的伤害是很大的。如果政府不解决徭役问题,只关注减免田赋,是治标不治本的。

为什么农民愿意去当佃户?因为根据当时的法律,请田户(应是指新佃户)五年内科役皆免。但汝州四县的客户不到一二年便被旧户纠扰,与之同役,于是又开始逃亡,致使田地荒芜。① 但即使当佃户,仍逃不过赋役征发。乾道四年(1168),鄂州知州李椿奏报说,即使处于江南的鄂州,也有很多荒田,那些申请佃种者开垦时间不长,政府便对之征税,官吏查田追缴,百姓不胜其扰,纷纷逃亡。他建议请民耕种,免税三年,三年后就给佃种者当永业田,纳三分租,再纳青苗钱一分,过三年增加一分,再过三年后全额缴税,从外逃亡回来的农民另外授予荒田耕种。② 李椿此奏应该是被批准了,《宋史·李椿传》说他知鄂州时,"请行垦田,复户数千,旷土大辟"③。淮河沿岸一带,因兵事荒残,政府未征收租税,老百姓复业和立户的人虽然多,但在官府登记的只有十分二三,主要是百姓都担心初始无税,几年后税负加重。④ 百姓的这种心理是影响其耕作和纳税积极性的重要原因。

北宋政府是怎么应对农民的机会主义行为呢?一个办法是硬办法,通过连带责任,即使这两兄弟跑了,他们的赋役也要在乡的那个兄弟承担。这种连带责任显然是不公平的,但对于政府来说也是无可奈何之举,因为官府没有现代监测手段,只能通过勒索亲情的连坐试图讨回赋役,有的有效,但有的无效。例如,如果两个兄弟真的一去不归,或联系不上,剩下的这个兄弟就苦不堪言,时间一长,他这一家也跑了,连坐只会加剧逃亡隐冒行为。

在不少朝代,以户纳粮,以丁纳赋纳役,而不是以田亩。同时,实际授田数与应征田数之间存在差距。例如,官府表面上每家授田 100

---

① 权京西转运使谢景温言,见(元)脱脱等《宋史·食货志》,中华书局 1999 年版,第 2790 页。
② (元)脱脱等:《宋史·食货志》,中华书局 1999 年版,第 2796 页。
③ (元)脱脱等:《宋史·李椿传》,中华书局 1999 年版,第 9410 页。
④ (元)脱脱等:《宋史·食货志》,中华书局 1999 年版,第 2796 页。

亩，就按 100 亩的标准数征收田赋和徭役，但该家实际所受之田并没有 100 亩，可能只有七八十亩；或者一开始确实有 100 亩，后来因各种原因卖了一部分土地，只剩下六七十亩，但政府仍然按照 100 亩征税。此外，还存在田的肥力差别、亩产高低、种田水平等因素，结果导致亩产不等。

软办法是赦免赋役。例如，既往不咎，逃田者回来后可免除税收，鼓励农民回乡耕田。以上问题出现的原因在于制度漏洞。本身以丁定役就是不公平的，这些问题直到清代实行摊丁入亩才彻底解决。再加上士绅阶层有不当差、不纳粮的优免特权，为他人荫附提供了条件。但以田定役存在很大的技术难题，即在古代的地方治理、乡村治理水平下，要精准地、动态地监控田地亩数、收成及其所有者，是存在较大的困难的，尽管土地是不动产，但是数目字管理本身是中国传统社会的一大弱项。

对土地集中，贫富不均，豪强权势与升斗小民在资产、田亩、赋役方面的不均衡的危害，南宋理宗时曾任殿中侍御史的谢方叔作过深刻的分析：

> 豪强兼并之患，至今日而极，非限民名田有所不可，是亦救世道之微权也。……夫百万生灵资生养之具，皆本于谷粟，而谷粟之产，皆出于田。今百姓膏腴皆归贵势之家，租米有及百万石者；小民百亩之田，频年差充保役，官吏诛求百端，不得已，则献其产于巨室，以规免役。小民田日减而保役不休，大官田日增而保役不及。以此弱之肉，强之食，兼并浸盛，民无以遂其生。①

事实证明，在以地定赋的基本赋税制度下，要解决田税漏交少交现象，要么通过经济革命，平均地权，再次实行均田制，减少地主、佃户比例，扩大自耕农在农户中的比例，使自耕农户均授田恢复到 80—100 亩水平，要么通过政治革命，废除官户、形势户等享有不纳税特权阶层的优待，以使大地主、大庄园主囤积土地无利或少利，缓解土地兼并程度。

---

① （元）脱脱等：《宋史·食货志》，中华书局 1999 年版，第 2799 页。

如果做不到这两点，结果必然致使普通百姓生计艰难，一遇天灾人祸，就会饥寒交迫、流离失所，极易爆发对抗官府、要求均田免粮的反叛行为。历代农民起义均以不纳粮、均田地、均贫富为诉求，正是上述逻辑演绎的必然结果。北宋时期，王小波、李顺起义，钟相、杨幺起义皆以"均贫富"为口号不是偶然的，它反映了北宋田制的重大缺陷所导致的社会两极分化的消极后果。

宋代的田价、亩产量与米价

宋代的田价如何呢？《宋史·食货志》记载了隆兴二年（1164），绍兴有低田二万余亩，本亦湖也，百姓交佃，亩值才两三缗。[①] 南宋乾道二年（1166）时，户部侍郎曾怀奏报：

> 江西路营田四千余顷，已佃一千九百余顷，租钱五万五百余贯，若出卖，可得六万七千余贯。[②]

以此计算，南宋早期江南每亩营田价格约为352文钱，还抵不上当时一斗米的价格。南宋建炎元年（1127）时，没收蔡京等人的庄园充作官田，后因官府用度不足，又命令出售官田。此后为和籴需要，又曾一度回购官田。宋廷的行为倒像个经济人，经营国家资产，同时又发挥政府公权力功能，通过常平仓等手段调节市场物价。只是当时田价很低，农民买田积极性不高。

宋代粮食亩产量南北差异较大。根据宋时文献记载，南方地区种植水稻，土地较肥沃的地区产量较高，亩产稻谷四石或出米二石，最高的可达到5—7石。例如，宁波地区亩产可达6—7石稻谷。北方亩产原粮二石，无论是一年一熟单种粟，还是一年粟麦两熟[③]。但是也有很多文献记载，时亩产量在一石上下或略高于一石，最少的地区如汝州，每宋亩粟的产量只有3斗多一点。在叙述北宋的粮食亩产量时，宋真宗推广占城

[①] （元）脱脱等：《宋史·食货志》，中华书局1999年版，第2803页。
[②] （元）脱脱等：《宋史·食货志》，中华书局1999年版，第2807页。
[③] 吴慧：《中国历代粮食亩产研究（增订再版）》，中国农业出版社2016年版，第175—183页。

稻是不得不提的一个重要事件。据《宋史·食货志》记载：

> 大中祥符四年……帝以江、淮、两浙稍旱即水田不登，遣使就福建取占城稻三万斛，分给三路为种，择民田高仰者莳之，盖旱稻也。内出种法，命转运使揭榜示民。……稻比中国者穗长而无芒，粒差小，不择地而生。①

与原南方地区的粳稻相比，占城稻耐旱耐瘠，种植面积广，总产量高，价格也便宜，但米质较差。占城稻在中国南方地区更大面积的推广据说获得了前所未有的高产量②，但它对北宋田亩总量、粮食总产量和亩产量的提高究竟有多大贡献，史书中并无明确的量化记载。

表5—2　　　　　　　　文献中的宋代亩产量③

时期	地区	文献记载内容	言者或作者	文献
仁宗时	苏州	中稔之利，每亩得米二石至三石	范仲淹	《答手诏条陈十事》
端拱年间		亩约收三斛	陈尧叟	《宋史·食货志》
咸平中	汝州	垦地六百顷，导汝水溉灌，岁收二万三千石④		《宋史·食货志》
治平三年	河北	屯田三百六十七顷，得谷三万五千四百六十八石⑤		《宋史·食货志》
熙宁三年	渭源城至秦州成纪	良田不耕者无虑万顷，治千顷，岁可得三十万斛⑥	王韶	《宋史·食货志》
熙宁七年	熙河四州	大约中岁亩一石	吴充	《宋史·食货志》

---

① （元）脱脱等：《宋史·食货志》，中华书局1999年版，第2788页。另一说为大中祥符五年（1012）。
② ［英］崔瑞德、［美］史乐民编：《剑桥中国宋代史》上卷，李永等译，中国社会科学出版社2020年版，第131页。
③ 部分文献转引自吴慧《中国历代粮食亩产研究（增订再版）》，中国农业出版社2016年版，第177—179页。
④ 每宋亩产量为0.383石。
⑤ 每宋亩产量为0.966石原粮，应为粟或麦。
⑥ 每宋亩产量为3石原粮，应为粟或麦。

续表

时期	地区	文献记载内容	言者或作者	文献
绍兴五年	嵊县	学田六亩收租八石一斗,亦有八亩收租六石四斗八升①		《越中金石记》
景定三年	绍兴府	学田三亩收租三石		《两浙金石记》
淳熙年间	绍兴府	每亩出米二石	朱熹	《奏救荒事宜状》
淳熙年间	徽州府	上田产米二石	罗愿	《新安志》
理宗时	休宁	每亩一石五斗	程珌	《洺水集》
淳熙年间	鄂州	膏腴田亩收谷三斛 下等田亩收谷二斛	王炎	《双溪集》
	桂阳军	亩收米一石	陈傅良	《止斋文集》
建炎二十九年	两浙	官庄田四万二千余亩,岁收稻麦等四万八千余斛②		《宋史·食货志》
景定四年	两浙、江东西	得一千万亩之田,则岁有六七百万斛之入③		《宋史·食货志》
绍兴六年	四川	吴玠治废堰营田六十庄,计田八百五十四顷,岁收二十五万石④		《宋史·食货志》
绍兴十五年	四川诸州	垦田二千六百五十余顷,夏秋输租米二十四万一千余石⑤		《宋史·食货志》

北宋时期的一亩面积相当于今 0.8874 市亩,一石容量折合今 70210 毫升,相当于今 0.7021 市升。如果以亩产粟谷一石(宋石,70210 毫升)计算,折合成今天的市亩,宋代的粮食生产水平是每市亩 106.81 市斤⑥,

---

① 按 50% 的田租比例,则每宋亩产米为 2.7 石、1.62 石,再按 50% 的出米率,倒算为每宋亩产稻谷为 5.4 石、3.34 石。
② 每宋亩产量为 1.14 石稻麦。
③ 每宋亩产量为 0.65 石稻谷。
④ 每宋亩产量为 2.93 石稻谷。
⑤ 按照以上计算方法,测算出每宋亩产量为 3.64 石稻谷。
⑥ 如按亩产二石计算,每宋亩产粟为 70210 毫升 × 2 = 140420 毫升,相当于今 1.4042 市石。按每 20000 毫升容量为 27 市斤计算,每宋亩粟产量为 189.567 市斤,则宋代的粟的亩产量为每市亩 213.62 市斤。如按亩产一石计算,则每宋亩为 94.78 市斤,每市亩为 106.81 市斤。同理换算,当稻谷亩产二石时,每宋亩稻谷产量为 7.021 × 26 市斤(每 20000 毫升稻谷重量为 26 市斤)= 182.546 市斤,每市亩稻谷产量为 205.7 市斤;稻谷亩产四石时,上述数据则翻番。

低于汉唐的水平。如果以亩产二石计算，则为每市亩213.62市斤，比亩产一石（唐石，6000毫升）时的唐代亩产水平——每市亩亩产量148.7市斤增长了43%以上①。宋代太湖地区水稻的亩产量在全国保持较高的水平。据专家研究，以太湖地区而言，唐代亩产稻谷276市斤，宋代增至450市斤，比唐代增加63%；当时太湖地区的亩产稻米平均约2.5石（折450市斤），而今河北、河南、湖北、湖南、安徽、浙东、福建等地亩产平均约1.5石（折269市斤），只及太湖地区的60%，太湖地区的高产水平从两宋一直延续到明清和现代，这与该地的自然条件、水利条件以及优异的栽培技术都有很大的关系。②

可见，评估历代农业生产水平和亩产量的增减情况，取决于不同时期文献记载中所展示的信息的真实性、准确性。不同学者之所以对同一史实有较大异议，在于大家所依赖和使用的文献存在很大差异。以上各种计算，都是今人的一种理解，是否完全符合历史事实，尚须进一步讨论和研究。

两宋的米、绢价格如何？据蒙文通先生转介冯汉镛教授的研究，同时综合其他各类研究及史料文献，可列表5—3③：

表5—3　　　　　　　　　宋代米价、绢价表

时间	地区	单位	米价	平均每斛（石）	资料来源
宋太宗（979）	河东	米斗	十余钱	百余钱	司马光

---

① 本书对宋代单位亩产量所取标准与吴慧先生所著同，因宋代历史文献所记大致如此，但在石的容量上及亩积上与吴慧先生所著有较大差异，导致对宋代亩产量与前代相比是增长还是下降，有完全相反的结论。本书所取亩积是按照宋尺长31.4厘米，五尺为步，240平方步的标准计算。容量按每宋升为今702.1毫升计算，宋代文献中所载各类宋石的容量当为此数据。吴慧先生在《中国历代粮食亩产研究》第178页中所言"看来一石是公认的数字，此数合汉量。亩产只为1.072石，是够低的了"。在第179页中所言"即便按中田亩产粟麦二石而不是单按一石计算，合汉量是2.14石，仍低于汉时产量很多"。此话仍不可理解。难道宋一石与汉一石容量相等甚至小于汉一石吗？为什么不直接转换成公制毫升，以免把简单的问题搞得愈益复杂。

② 游修龄：《宋代的水稻生产》，《中国水稻科学》第1卷（试刊）1986年第1期。

③ 蒙文通：《中国历代农产量的扩大和赋役制度及学术思想的演变》，《四川大学学报》1957年第2期，第51页；程民生：《宋代物价研究》，人民出版社2008年版，第121—267页。

续表

时间	地区	单位	米价	平均每斛（石）	资料来源
大中祥符（1008—1016）	襄许荆南等州	米斛	300钱	300钱	《续资治通鉴长编》
天圣四年（1026）	荆湖江淮四路	米斗	70—100文	700—1000文（钱）	《宋会要》
庆历四年（1044）	江淮、两浙路	麦斗	34文	340文（钱）	《包孝肃奏议集》
	陈州		50文①	500文（钱）	
熙宁三年（1070）	河朔	米斗	70—80钱	700—800钱	《宋史·食货志》
元丰、元祐年间（1078—1094）		米斗	40—50钱	400—500钱	司马光
元祐五年（1090）	杭州	米斗	60—95文	600—950钱	苏轼
	苏州		95文	950钱	
宣和四年（1122）		米硕	2.5—3贯	2500—3000钱	《宋史·食货志》
南宋初（1127年后）	浙西平江	米斗	500钱	5000钱	《挥尘录》
绍兴元年（1131）	浙西	米斗	600钱	6000钱	张守
绍兴二年（1132）	常润苏秀等州（大丰收）	米斗	200钱	2000钱	熊克《中兴小纪》
绍兴五年（1135）	两浙	米斗	700钱	7000钱	《建炎以来系年要录》
绍兴十三年（1143）	荆湖（丰稔年）	米斗	6—7钱	60—70钱	《宋史·食货志》
乾道三年（1167）		米斗	120—130钱	1200—1300钱	《宋会要辑稿·食货》
乾道四年（1168）		米石	2500文	2500钱	《宋史·食货志》
乾道六年（1170）		米	60—70钱	600—700钱	《入蜀记》
			300钱	3000钱	《宋会要辑稿·食货》
乾道七年（1171）	处州	米石	2贯900文	2900钱	《宋会要辑稿·食货》
淳熙四年（1177）	江浙州郡	米石	2贯500文	2500钱	《宋会要辑稿·食货》
淳熙五年（1178）	东南各地	米斗	300文	3000钱	《宋会要辑稿·食货》

① 陈州农民当时缴税大小麦每斗以实物折纳现钱为100文，再加上脚钱20文，仓耗等20文，最终每斗要交纳140文，而当时市场上每斗小麦才值50文，农民折纳现钱增税近2倍。本来通过多重折纳，农民就已经损失惨重，如果地方官吏再进行非法折纳，不许农民交纳实物，只收取现钱，农民就更加苦不堪言了。两宋朝廷也曾下令禁止违规折纳，但令不行，禁不止，无法阻止非法折纳盘剥掠夺农民现象的发生，究其根源，折纳本身就存在制度缺陷，为地方官吏寻租提供了制度空间，也反映了实物地租、货币地租并行的结构性矛盾。

续表

时间	地区	单位	米价	平均每斛（石）	资料来源
淳熙六年（1179）	南康军			2000 钱余	《朱熹集》
	建昌县	米升	10 文	1000 钱	
淳熙九年（1182）	两浙（旱灾）	米石	4 贯	4000 钱	《朱熹集》
	衢州	米升	40 文	4000 钱	
	广德军建平县		12—18 文	1200—1800 钱	曹彦约《昌谷集》
淳熙中	江浙（大丰收）	米斗	150—160 钱	1500—1600 钱	
淳熙十三年（1186）	福建邵武	稻斗	15 钱	150 钱	《朱熹集》
淳熙年间	福州	米斗	460 文①	4600 钱	《淳熙三山志》

时间	地区	单位	绢价	平均每匹	资料来源
咸平初年	广南西路	布匹	150—200 钱	每匹 150—200 钱	《宋史·食货志》
咸平年间（998—1003）	中都开封	绢匹	1200—1300 钱	每匹 1200—1300 钱	杨时《龟山集》②
大中祥符初	京西路颍州	绢匹	1 贯	每匹 1000 钱	王辟之《渑水燕谈录》③
大中祥符八年（1015）	开封	绢匹	1 贯④	每匹 1000 钱	《宋会要辑稿·仪制》
	河东路并州		1 贯 200 文	每匹 1200 钱	《宋会要辑稿·食货》
庆历四年（1044）后	登州、莱州	布端	1360 钱	每匹 2720 钱	《宋史·食货志》
	沂州		1100 钱	每匹 2200 钱	
皇祐三年（1051）		绢匹	1 贯 750 文	每匹 1750 钱	《续资治通鉴长编》
皇祐年间（1049—1153）	淮南舒州	绢匹	700 钱	每匹 700 钱	吕南公《灌园集》
熙宁初（1067 年后）	京东	绢匹	1000 钱	每匹 1000 钱	《宋史·食货志》
熙宁三年（1070）	京东	绢匹	1500 钱	每匹 1500 钱	
元丰四年（1081）	陕西	川绢匹	2000 钱	每匹 2000 钱	《续资治通鉴长编》
		河北山东绢匹	2200—2300 钱	每匹 2200—2300 钱	
元丰间（1078—1085）	两浙	绢匹	一贯二三百文	每匹 1200—1300 钱	郑獬《郧溪集》

① 此为折纳价格，市价应该远远低于此数。
② 杨时：《龟山集》卷 4《论时事》，第 1125 册，第 131 页。
③ 王辟之：《渑水燕谈录》卷 9《杂录》，第 114 页。
④ 北宋时文武官员出朝辞谢赏赐的绢绸时，可按每匹 1 贯钱计值。

续表

时间	地区	单位	绢价	平均每匹	资料来源
元祐七年（1092）	扬州江都县	绢尺	二十八文一分	每匹1180.2文钱	《苏轼文集》
建中靖国元年（1101）	淮南路无为军	绢匹	一贯四五百文	每匹1400—1500钱	《续资治通鉴长编拾补》
大观元年（1107）		绢匹	2贯以上	每匹超过2000钱	《宋会要辑稿·刑法》
宣和七年（1125）	两浙	绢匹	2贯300—400文	每匹2300—2400钱	杨时《龟山集》
绍兴元年（1131）	南方各路	绢匹	2000文	每匹2000钱	《建炎以来系年要录》
绍兴四年（1134）	江西	绢匹	8贯半至10贯	每匹8500—10000钱	《宋会要辑稿·食货》
	两浙		4贯500文	每匹4500钱	《建炎以来系年要录》
绍兴十八年（1148）	江东路	绢匹	2贯足	每匹2000钱多	《新安志》
绍兴二十六年（1156）	江南诸州	绢匹	市价不过4贯	每匹不到4000钱	《建炎以来系年要录》
淳熙七年（1180）	南康军	绢匹	3贯文足	每匹3000钱多	《朱熹集》
淳熙十五年（1188）		绢匹	4贯	每匹4000钱	周必大《文忠集》
绍熙初（1190年后）	漳州	绢匹	3贯	每匹3000钱	《朱子语类》

二 宋代乡村的编户管理

土地和人口是农业社会时代构成国家实力的两大核心要素。土地和人口互为依归，缺一不可，土地是农民的命根子，农民则是土地的点金石。任何时代的国家治理必须有能力使二者密切结合，形成同频共振效应。有土无民，荒田连天，国家无从征税收赋；有民无土，贫富不均，极易引发百姓反抗；如果百姓逃亡，无人耕田，国家既征收不到田赋丁税，也无人服徭役、兵役。古代的乡村基层组织，必须在国家的统一指挥下，兼具控制土地和人口的双重功能，因为"赋"和"役"是封建国家汲取民力的两个主要来源，乡村治理作为国家治理体系的最基本单元，必须能够应对基层社会变动不居的现实,服务于国家的编户管理和土地管理,以为赋役征发奠定基础。

北宋开国后,订立户籍,以土地资产的拥有状况将编户分为主户和客户两类。主户共分为五等,其第一、二、三等户为"上户",分别对应大、中、小地主。第四、五等户为"下户",主要对应自耕农、半自耕农和无产税户。客户中,除少数寓居外地的小工商主外,主要是乡村的佃农,他们只交纳身丁税和负担徭役。980—1099年,北宋客户户口数占全国总户口数平均为34.5%,客户人口则平均占32.6%,都在三分之一左右。一般来说,客户没有土地,也不需直接向政府缴纳田赋。客户中的大多数是佃农,也有一部分失业的贫民。客户对主户不但有土地上的主佃关系,社会地位也较主户低得多,并对主户具有依附关系。客户具有流动性,且较贫困。[1] 不过在皖南地区,客户比例要小得多,反映皖南地区农村租佃关系的特殊结构。

表5—4　　　　　两宋时期徽州地区主客户比例

年代	主户户数	主户口数	客户户数	客户口数	客户户数占比(%)	客户口数占比(%)
天禧中	121105	183528	6098	8764	4.79	4.56
元丰中	103116		2868		2.71	
宝庆三年（1227）	124747	207150	10195	24614	7.56	10.62

表5—5　　　　　两宋时期福州地区主客户情况[2]

时代	主客户总数	主户数	客户数	主客丁总数	主丁数	客丁数
开国初	259290	170137	89153	386162	258591	128571
淳熙九年（1182）	321284	211590	109692	579177	392327	186850

---

[1] 梁方仲编著:《中国历代户口、田地、田赋统计》,中华书局2008年版,第10—12、180—183页。对于北宋年间农民主户、客户以及地客、佃客、浮客等问题,学界亦存有不同意见。主客户之间的关系也异常复杂,并非一两句论断或一两条标准可以涵盖全貌的。

[2] 数据来源:(宋)梁克家:《淳熙三山志》卷一〇,版籍类一,《国学导航》网站,网址：http://www.guoxue123.com/shibu/0301/00ssz/014.htm。

表5—6　　元丰三年（1080），北宋全国主客户户数及人口情况①

主户数	客户数	主客户数	主户口数	客户口数	口数合计	丁数（主户）	丁数（客户）	丁数合计
10109542	4743144	14852684	23426994	9876895	33303889	12284685	5562188	17846873

宋代规定每三年修造一次丁产簿（又称五等簿），记载各等主户的资产和丁男数目，作为征收赋税和科派力役的依据。

宋太祖时期，朝廷课民种植，对各等户主提出植树要求。北宋允许并鼓励百姓垦荒，开垦的土地登录在国家版籍上后，百姓只要按章纳税，便可拥有所开垦的土地。

宋朝的城镇户口单列，称为坊郭户，也分为主客户，主要是根据有无固定财产（如房产、店铺等）来划分。主户根据财产多少分为十等。②

主客户在户籍中的比例在一定程度上反映了当时的土地所有制关系。北宋初年，全国各道府州军客户占总户数的百分比为41.7%，但各地分布不均。1023年，宋朝统计全国的客户，共有375万多户，594万多口，分别占全国总户数的37.9%和总口数的23.4%。到北宋末期，客户占全国总户数的比例下降为32.7%，但占人口总数的比例始终维持在30.0%以上。③ 总的来说，在经济比较发达的地区，主户所占的比例较大，通常能达至80%—90%，如苏州主户比例占总户数为79%，杭州为87%。在经济比较落后的地区，主户所占比重就只有25%，甚至不到17%。④ 剑南道的嘉州主户比例只有20%，维州只有14%，而昌州、普州甚至只有9%。山南道的巴州主户只有12%，忠州只有11%。⑤

从主客户相加的总人口数来看，北宋首次突破一亿人大关。据人口史专家测算，到北宋末年的宣和六年（1124），全国人口达到1.26亿人

---

① （宋）马端临：《文献通考》卷一一《户口考二》，中华书局2011年版，第298—299页。
② 白寿彝总主编：《中国通史·五代辽宋夏金时期》（修订本第七卷上册），上海人民出版社2004年版，第241—242页。
③ 梁方仲编著：《中国历代户口、田地、田赋统计》，中华书局2008年版，第180—185页，甲表33。
④ 白寿彝总主编：《中国通史·五代辽宋夏金时期》（修订本第七卷上册），上海人民出版社2004年版，第242页。
⑤ 梁方仲编著：《中国历代户口、田地、田赋统计》，中华书局2008年版，第188—197页。

以上，远超汉唐。南宋国土面积虽然比北宋约减少五分之二，1162 年时的人口仍然达到 6450 万人左右。①

三 宋代乡村的赋税管理

宋代赋税制度，沿用唐、五代以来的两税法，但仍然保留实物缴纳、货币折纳并行的内涵，正因为有折纳存在，导致百姓负担繁重。两宋赋税，名目繁多，变化多端，多征复征现象严重，有人谓之有十征之弊，即重复征收的税项达到十次。

宋代赋税种类

据《宋史·食货志》载，宋代赋税共有五大类，所需缴纳的实物多达几十种，尤其是有"支移""折变"的规定，为贪官污吏上下其手、鱼肉作奸提供了制度便利，人民不堪其扰。

> 宋制岁赋，其类有五：曰公田之赋，凡田之在官，赋民耕而收其租者是也。曰民田之赋，百姓各得专之者是也。曰城郭之赋，宅税、地税之类是也。曰丁口之赋，百姓岁输身丁钱米是也。曰杂变之赋，牛革、蚕盐之类，随其所出，变而输之是也。
>
> 岁赋之物，其类有四：曰谷，曰帛，曰金、铁，曰物产是也。谷之品七：一曰粟，二曰稻，三曰麦，四曰黍，五曰穄，六曰菽，七曰杂子。帛之品十：一曰罗，二曰绫，三曰绢，四曰纱，五曰绝，六曰绸，七曰杂折，八曰丝线，九曰绵，十曰布葛。金铁之品四：一曰金，二曰银，三曰铁、镴，四曰铜、铁钱。物产之品六：一曰六畜，二曰齿、革、翎毛，三曰茶、盐，四曰竹木、麻草、刍莱，

---

① 根据吴松弟等人的测算，1109 年时，北宋人口数应为 11275 万人，1124 年时为 12600 万人。事实上，对北宋末年人口数存在争议，根据官方史书记载，1110 年时，北宋人口为 4673 万多人。关于北宋末年全国人口数，可参见梁方仲编著《中国历代户口、田地、田赋统计》，中华书局 2008 年版，第 176—177 页。但人口史学者估计远多于上数，葛剑雄对各个朝代人口的估量都远远高于正史中所记载的数字。例如，据《隋书》，隋大业五年（609），全国人口数为 4601.9 万人，葛剑雄则估计为 5600 万—5800 万人；根据《通典·食货七》记载，唐天宝年间的 755 年全国人口数为 5291.9 万余人，而葛剑雄教授的计算值则为 7000 万人左右。见葛剑雄《中国人口史》第 1 卷，复旦大学出版社 2002 年版，第 200—204 页；吴松弟《中国人口史》第 3 卷，复旦大学出版社 2002 年版，第 349、352、359 页。

五曰果、药、油、纸、薪、炭、漆、蜡，六曰杂物。

其输有常处，而以有余补不足，则移此输彼，移近输远，谓之"支移"。其入有常物，而一时所须则变而取之，使其直轻重相当，谓之"折变"。其输之迟速，视收成早暮而宽为之期，所以纾民力。①

北宋田赋标准

北宋法令规定是向土地所有者按亩收税。每年夏秋各收税一次，又叫"夏税秋苗"。税苗按亩征收粮食，标准南北有异。北方各地大致是中等田每亩收获一石，输官税一斗。江南福建等地，亩税三斗。夏税收钱，或折纳绸、绢、绵、布、麦等。税额依上、中、下田，分等第按亩规定，各地也有较大差别。②据乾隆《苏州府志》记载，宋初苏州府田地分为中下两类，中田每亩夏税钱为四文四分，秋米八升，下田每亩夏税钱三文三分，秋米七升四合。另一种说法是亩税一斗。公田每亩起租为七斗一升四合至一石五斗。③康熙《婺源县志》记载了五代和宋代婺源县的岁赋科则：上田每亩税钱42文，苗米4升2合；中田每亩税钱40文，苗米4升；下田每亩科钱38文，苗米3升8合。④

南宋的田赋在《宋史·食货志》中有如下记载：

（绍兴三年）十月，募佃江东、西闲田，三等定租：上田亩输米一斗五升，中田一斗，下田七升。⑤

如果按照宋代亩产稻谷四石或米二石计算，田赋米一斗，相当于二十税一；如果是北方地区，亩产粟谷二石，折米一石，相当于十税一，也是古代中正之法的税率，田赋算是比较低的。

但并非所有地区都是这样，绍兴十九年（1149），郑克在四川推行经界法的时候，"颇峻责州县，所谓'省庄田'者，虽蔬果、桑柘莫不有

---

① （元）脱脱等：《宋史·食货志》，中华书局1999年版，第2815页。
② 范文澜主编，蔡美彪等著：《中国通史》第五册，人民出版社2015年版，第41页。
③ 乾隆《苏州府志》卷八《田赋》。
④ 康熙《婺源县志》卷七《食货》。
⑤ （元）脱脱等：《宋史·食货志》，中华书局1999年版，第2793页。

征,而邛、蜀民田至什税其伍"①。税率高达十分之五,不但达到古人所说的大暴君标准,就连宋高宗都认为,"若下田受重税,将无以输"②。

绍兴三十年(1160),"初令纯州平江县民实田输税,亩输米二升四合"③。如以亩产米二石计算,则田赋率只有1.2%,相当之低。

假如北宋和南宋一样,也是平均每亩地缴纳田赋一斗,相当于中等地区亩产量的十分之一左右,那么这对大多数地区来说,负担并不算重。问题在于,到北宋末年,随着土地兼并的加剧,拥有自己土地的自耕农在全国所占比例已经不超过10%,占农户九成以上的佃户的生计是非常艰难的。在税法上,宋朝继续实行两税制,夏季多征收现钱,秋季多征收谷物,因此有"夏税秋苗"之说。但宋朝的两税专指田税。宋高宗时,广州州学教授林勋指出,"宋二税之数,视唐增至七倍"④,可见,宋代农民的税负已经日益沉重。

两税以外,另有身丁税、各种杂税、附加税和徭役。这些税中的多数,主户和客户都要缴纳,但官户有时可以免除科配。宋代20—60岁的男子为丁,每年要交纳身丁钱。各地身丁钱数量不等,北宋初年一般为数百文,折合粮食数斗至一石。有些地方身丁钱的收入甚至超过夏税。真宗年间,两浙、福建、荆湖、广南等路身丁钱即达每年45万贯。⑤ 为了减轻身丁钱这种人头税负担,农民不愿育儿,甚至杀死初生婴儿,这种现象与过往朝代别无二致,丁口之赋确实是抑制人口繁育、阻碍社会发展的弊政。

实物折纳成货币缴纳征收,如果没有严密周全的制度规定并得到严格执行,就无疑是对农民的二次剥夺。事实上,历朝历代都曾同时实施过实物地租和货币地租,但二者间的换算标准——折纳往往成为掠夺人民的"利器"。宋大中祥符元年(1008),知袁州何蒙上言请求本州二税

---

① (元)脱脱等:《宋史·食货志》,中华书局1999年版,第2794页。
② (元)脱脱等:《宋史·食货志》,中华书局1999年版,第2795页。
③ (元)脱脱等:《宋史·食货志》,中华书局1999年版,第2795页。
④ (元)脱脱等:《宋史·林勋传》,中华书局1999年版,第9867页。
⑤ 史仲文、胡晓林主编,鲁亦冬著:《中国全史·中国宋辽金夏经济史》,人民出版社1994年版,第79页。

以金折纳，宋真宗的回答是，"若此则农废业矣"。不许①。说明皇帝的头脑是清醒的，也说明帝王理性与官僚理性间存在巨大张力。上有政策，下有对策，令不行禁不止自古皆然。当时的货币有铁钱、铜钱、银、金，即使是用铜钱征纳，对普通民众来讲都是巨大压力，因为金属等级越高，折纳得越多，对百姓盘剥越严重。

表5—7　　　　　　　　　　两宋赋税列表②

种类	税目	标准	实施时间	征收范围	征收总额
农税	田税正税（夏秋二税）	中田夏税钱四文四分，秋米八升	北宋初	两浙路	
		下田钱三文三分，米七升四合			
		夏税钱中田四文四分，米八升，下田亩三文七分，米七升四勺	太平兴国五年（980）	福州	
		夏税每亩一二百文，秋粮米亩二斗二升		徽州五县	
		夏税上田亩42文，中田亩40文，下田亩38文		婺源县	
		夏税每亩十至七文		鄱阳县	
		中田米一斗，下田米七升	绍兴三年（1133）		
		苗税亩2.25斗，米2.4斗	绍兴二十三年（1153）	青阳县	
		合输六色亩输四五斗		两浙州县	
		多者钱五文，米一斗五升，少者钱四文，米一斗以下，最少者钱一分，米合勺	绍兴十九年（1149）后	福州	

---

① （元）脱脱等：《宋史·何蒙传》，中华书局1999年版，第7716页。
② 孙翊刚主编：《中国农民负担简史》，中国财政经济出版社1991年版，第156—161页；曾国祥主编：《赋税与国运兴衰》，中国财政经济出版社2013年版，第170—183页；郑学檬主编：《中国赋役制度史》，厦门大学出版社1994年版，第338—384页；（元）脱脱等：《宋史·林勋传》，中华书局1999年版，第2813—2833页；《淳熙三山志》卷第十，版籍类一；臧健：《南宋农村"生子不举"现象之分析》，《中国史研究》1995年第4期；（宋）李焘：《续资治通鉴长编》卷三七七、卷二八二；《淳熙新安志》卷二《贡赋》；汪圣铎：《北宋两税税钱的折科》，《许昌师专学报》（社会科学版）1989年第2期。

续表

种类	税目	标准	实施时间	征收范围	征收总额
农税	正税加耗①	正税外每石加耗米三四斗至七斗	南宋绍兴年间（1131—1162）	清江县	
		每石增纳五六斗	乾道五年（1169）	秀州	
	助军米	资产十万之户，月纳军粮米八九斗至一石，每斗只给钱270文②	绍兴二年（1132）		
	农器税	每亩一文五分	大中祥符三年（1010）免		
	斛面	标准器高量③			
		擅造大于标准量器的收粮斛斗升，一石正苗增至一石至三石不等④	绍兴二十一年（1151）	湖南州县	
	畸零	纳二税时每贯收朱墨钱20文，不成贯者收15文，不成百者免	乾道至淳熙六年（1165—1179）		
		后改为100文收2文；每100增2文，至700文收15文	淳熙六年（1179）		
	牛革筋角税	每租20石，缴纳牛皮1张，折钱千钱	北宋初（960年后）	中原地区	
		每租200石，缴纳牛皮1张，折钱1500		川蜀地区	

---

① 宋代的二税加耗有明耗、暗耗、正耗等名目，此外还有头子钱，见下文。

② 当时每斗米价600—800文。

③ 标准器高量其实就是增高斛、斗、升等收粮标准器的截面，超标准收取税粮，它是"高下斗面"的一种表现形式。"高下斗面"是地方官吏、仓场在民户缴粮时的猫腻之举。对关系好或行贿的缴税者，收粮吏会降低斛面、斗面、升面，缴税者就可以少交一点，对关系一般或索取不到贿赂的，官吏就会增高斗面，甚至要求堆成高耸状，这就是标准器高量，结果给农民造成加征。类似猫腻是收粮吏的自由裁量权，如国家无明文严禁，必然被腐败胥吏用于寻租。

④ 擅造大于标准的收粮量器类似于过去常批判的地主"收租大斗进，放粮小斗出"行为，是胥吏榨取民力的另一种形式，比高斗面更加恣意妄为，甚至可说是有组织、有计划的系统违法，因为制造非标准量器是很大的犯罪行为，至少得到地方正堂官的支持或默许才敢如此行事。

续表

种类	税目	标准	实施时间	征收范围	征收总额
农税	进际税	耕地：每十亩虚增六亩，每亩纳绢3.4尺，米1.5斗	北宋至南宋初		
		桑地：每十亩虚增八亩，每亩纳绢4.8尺	南宋乾道二年（1166）减半		
	头子钱	以两税为基数，每贯加7文，每匹加10文，丝绵1两、茶1斤，秆草1束，各交1文	开宝六年（973）	川陕	
		每贯增至23文	政和四年（1114）		
		每贯增至43文	高宗绍兴年间		
		每贯增至53文	乾道元年（1165）		
	和籴①	税粮一石，和籴一石			
	义仓	二税每岁每石别收一斗	乾德初（963）		
		上三等户缴粟，二斗别输一升	庆历初（1041）		
		税米二石而输一斗，缴税不及一斗者免	熙宁十年（1077）		

---

① 类似于前朝义仓纳米性质，本应为自愿，但至宋也演进为必须征纳的义务，变相成为赋税。

续表

种类	税目	标准	实施时间	征收范围	征收总额
农税	和买	绢一匹 1500 钱①	熙宁三年（1070）		
		绢一匹折 900 钱②	大观初（1107）	江西路	

① 此处的"绢一匹 1500 钱"就是王广渊向农民放贷超额收取的和买数额，官府向农民借贷 1000 钱，还贷时就要还 1500 钱，名义上却都是以绢一匹作为单位。

② 北宋在和买时曾经以盐作为等价物，折算绢绸。大观初（1107），江西十郡和买数较多，请求朝廷全数预支一年蚕盐，作为预买钱，在十二月发给，标准是一匹给盐 20 斤，折钱 900，但即使这样，政府的盐也不足，不得不由发运司登记欠账以后补发。政府预买（贷款）给农民是每斤盐值 45 钱，交税时要交绢一匹。问题是官府发的不是实盐，只是盐钞，而盐钞在不断贬值。如果农民在此期间，将盐钞卖还给官府（北宋一度禁止私商卖盐，盐只能官买官卖）或者作为货币等价物（准货币）在市场交易流通，那么就会面临贬值损失，每斤票面上值 45 钱只能按每斤 21.55—30.17 钱或者以同等盐钞回卖给官府（因"东南旧法，盐钞一席毋上三千五百，西盐钞一席毋过二千五百，尽买入官"）或交易，农民损失在 1.5—2 倍。而 1108 年和买时，每斤盐按 51.72 钱计算，则上述农民损失数据上升到 1.7—2.4 倍。

北宋政府在 1048 年开始发行盐钞时，每席盐值 6000 钱。1070 年和买时，绢一匹折钱 1500 钱。1077 年时，官府按每席盐 3400 钱收买，每斤盐价值 29.31 钱。同年如以 2500 钱的盐钞计，则更便宜，仅为每斤 21.55 钱。1107 年和买时，绢一匹相当于盐 20 斤，折 900 钱，则每斤盐在和买中值 45 钱。1108 年和买时，按盐法计算，每匹绸绢等于 1000 钱，共六匹，相当于盐一席，则每斤盐值 51.72 钱。用盐钞作等价物，或者折盐对民户来讲是吃亏的。宋代，席是重量单位，一席大者重 220 斤，小者 116 斤，本书以 116 斤为一席计算。盐钞由过去的盐引演变而来，盐钞代表实钱，官府发钞有一定限制，当盐价下跌时，官府对盐钞敛而不发，以涨盐价，当盐价上涨时，如超过每斤 40 钱时，则大发库存盐以平抑市场，压降商人利润，目的是使盐价维持在一个较平稳的水平，盐钞币值也保持相对恒定。当盐价与钞价低落时，政府停售食盐并收买盐钞，反之则发售食盐并投入盐钞，平抑食盐与盐钞的市价。

宋代盐制，食盐官卖私卖几反几复，前后政策不一。庆历八年（1048），范祥在陕西首先推行盐钞法，允许盐商以四贯八百钱购买一帖盐钞，至解池取盐 200 斤，任其私卖，官府得钱用以补充边关防卫，省却了数十郡搬运之劳。其时钞面每斤盐 24 钱，卖向市场则高低不等。为平抑盐价高低，又在京师设置都盐院，由陕西转运司派遣官员负责。京师食盐，每斤不足 35 钱，则敛而不发，以涨盐价；过 40 钱，则大发库盐，以压商利，使盐价有常。但熙宁六年（1073）熙河之役后，钞溢额，钞溢额故盐价贱，钞价贱故粮草贵。于是，"盐法不得不改，官卖不得不罢"。盐价用盐钞计算，价格不断上升，最高上升到每席（116 斤）值钞 6000 钱。而"东南旧法，盐钞一席毋过三千五百，西盐钞一席毋过二千五百，尽买入官"。这样，官府实行官卖的话，须由官府对东南盐一席贴纳钱二千五百，西盐一席贴纳钱三千，才能维持收支平衡，否则百姓根本不去官场买盐。为此，北宋政府打击私人买卖盐，"有买卖私盐者，重赏募人告，以犯人家财充赏。民买官盐，食不尽，留经宿者，同私盐法，民间骚怨"。但官府卖盐价格高，百姓不愿买。盐钞每席过去值六千，到 1077 年时才值二千有余，贬值厉害，商人不再愿意去边郡买盐钞，边关粮食储备面临不足。王安石去职后，在沈括的建议下，在孟、陕、同、华、解、河中六州府、陈留等十一县废除官卖，允许私盐通商，允许东南盐每席加 2500 钱出售，西盐每席加 3000 钱出售，其他地区依旧官卖。但政府强行命令增加盐价后，老百姓不肯买，官府又强行要求百姓买官盐，并根据家庭财产贫富摊派数额。如果谁家买卖私盐，被人告发，给予告发者重赏，甚至将犯人家财赏给他。买的官盐如果吃不完，留下囤积，按私盐法治罪。后来，将旧法东南盐钞委官于在京等七处置场，按每席三贯四百进行收买。见（宋）李焘《续资治通鉴长编》第 20 册，中华书局 1995 年版，第 6869—6873 页；（宋）沈括《梦溪笔谈·官政一·盐钞法》，中华书局 2012 年版，第 144 页。

第五章　宋元时期的乡村治理　/　225

续表

种类	税目	标准	实施时间	征收范围	征收总额
农税	和买	绢一匹只给 200 钱，每两又补纳 200 钱	宣和三年（1121）纠正	江东路	
		䌷绢六匹以盐一席折钱 6000	大观二年（1108）		
		市例钱 40	政和（1111）初罢	两浙	数万缗
	折帛钱	2000 钱，3000 钱，6000 钱，10000 钱	南宋初年（1127）		1700 余万缗
	支移脚钱	按户等一百里至三百里①			
		每斗十八钱	元祐年间（1086—1093）	陕西	
		每斗五十六钱	崇宁（1102—1106）中		
		每石贴三斗七升	绍兴元年（1131）	广德县	
	折变（科）	绢每匹折 300 文	咸平元年（998 年稍后）		
		绢每匹折 650 文	天圣五年（1027）		
		䌷每匹折 1110 文	康定年间（1040—1041）	湖南遂宁诸县	
		小绫每匹折变 1660 文②	庆历四年（1044）	江淮、两浙	
		官䌷每匹折变 2850 文			
		小麦每斗折变 94 文			
		小麦每斗折变 140 文			
		布每匹折 200 文	皇祐五年（1053）	广南西路	
		绢每匹折 4000 文	庆历六年（1046）		
		绢每匹折超过 3000 文	至和元年（1054）		

① 支移是指民户缴纳赋税时须将粮米、䌷绢等实物交至指定的官仓处，按北宋政府规定，一二等户支移距离是三百里，三四等户支移二百里，五等户一百里。但在现实生活中，为避免长途跋涉支移的麻烦，很多民户只能选择支付现金给官府，以折抵运费，也有纳税户携带银钱，去官仓附近花钱购买实物用于征缴，用来减少物流的开支。随着历史演变，支移后来成为两宋加税名目之一。

② 以下参见（宋）包拯《包孝肃奏议集》卷七《请免江淮两浙折变》，载《景印文渊阁四库全书》第 427 册，台湾商务印书馆 1983 年版，第 144—146 页。当时淮南、两浙市场价小麦每斗 34 文，江淮、两浙有司通过不合理折变，多收农民 1.76 倍有余的税赋。陈州市场价小麦每斗 50 文，折变后征收 140 文，多收农民 1.8 倍的税赋。

续表

种类	税目	标准	实施时间	征收范围	征收总额
农税	折变（科）	绢每匹折 500 文①	嘉祐（1056—1063）中	冀州南宫县	
		绵每两折 30 文			
		绢每匹折 1400—1500 文	熙宁十年（1077）		
		绢每匹折 1300 文	元丰二年（1079）		
		绸一匹折 320 文	元祐元年（1086）	川蜀	
		绢一匹折 300 文			
		丝绵一两折 10 文			
		绢一匹折钱 2.3 万	宣和三年（1121）		13500 匹，折米 27000 石
		绢一匹折 1700—1800 钱	元祐年中	成都	
		绢一匹折 770 钱		徽州	
		绸一匹折 731 钱			
		布一匹折 350 钱			
		绵一两折 62.5 文			
		绢一匹折 5000 文	建炎四年（1130）	东西川	
		绢一匹折 5000 文	绍兴二十六年（1156）		
	预征（预借）	夏税䌷绢一半	绍兴六年（1136）	江、浙	
		最多有预借到 6 年以后的	淳祐八年（1248）		
	身丁钱	每丁输 100 钱	太平兴国五年（980）	福州	
		每丁输 200 钱	淳化五年（994）	苏州	
		每丁输 695 钱		睦州	
		每丁输 594 钱		处州	

① 刘挚担任南宫县令时认为折科不合理，后告于朝，三司使包拯奏从其议，从此绢匹为钱 1300 文，绵两为 76 文，民欢呼至泣下，曰："刘长官活我！"见（元）脱脱等《宋史·刘挚传》，中华书局 1999 年版，第 8671—8672 页。

续表

种类	税目	标准	实施时间	征收范围	征收总额
农税	身丁钱	每丁交360文	钞法既行之后（1048）		
		三丁科绢一匹	大观中	湖州	
		四丁科绢一匹	宣和中	武康县、乌程县	
		五丁科绢一匹		湖州、长兴县	
		七丁科绢一匹	乾道八年（1172）	乌程县	
	蚕盐钱①（丁盐钱）	每斤100文，后增至350文			
		每丁每斗166文		两浙	
		每丁200文		宜兴县	
	丁绢		皇祐（1049—1054）中		
		三丁纳绢一匹	大观中		
		每丁输绢一丈，绵一两			
		一半折绢，一半纳现钱	建炎三年（1129）		
	宅税				
	地税				
	茶课				
	盐课				
商税	过税②	千钱二十			
	住税③	千钱三十			

① 五代至南宋，根据食盐专卖制度，官府在农村实行按户配售食盐，收取盐钱。起初规定每斤蚕盐折钱100文，但改为以粮输纳后，100文折缴小麦2斗5升，再以麦价按每斗140文计算，套折后百姓每斤蚕盐就要缴350文，变相牟利于民。明道二年（1033），范仲淹为江淮安抚，根据现在盐价，在春耕时配给主户食盐食用，等夏税时一齐交纳盐钱，这就是后世的"蚕盐"。两浙须纳身丁钱者，在未行钞法之前，每年计算丁口，官府配发蚕盐，每丁给盐一斗，需交钱166文，称为丁盐钱。皇祐（1049—1054）中，允许百姓以绢折纳，称为丁绢。庆历元年（1041）行销海盐后，官府不再向农民分配食盐，却仍旧向农民收取盐钱，蚕盐由此演变为赋税之一。

② 指货物流通税。

③ 指商品交易税。

续表

种类	税目	标准	实施时间	征收范围	征收总额
商税	力胜钱①	按载重量收取			
	常税名物				
	市舶课②（抽解）	十分之一，最高十分之三四			
	市舶课（抽买）				
	至道年间（995—997）年合计				400万贯
	天禧末年（1021）				840万贯
	其后				800万贯
杂税	上供钱				
	免行钱				
	河渡钱				
	房屋税	每间屋纳绢1.3丈			
	枯骨税				
	竹木税				
合计	北宋初				1600余万贯
	至道末				7089.3万贯
	天禧五年（1021）				6453万贯
	北宋末				6000余万贯
	绍兴二十七年（1157）				6000余万贯
	淳熙十四年（1187）				8000万贯

---

① 指水路流通税。
② 指对外贸易税。

重赋与农民负担

两宋税赋种类繁多，结构复杂，正税、附加税、临时收费、和买、折变等同时存在。在田税系列中，和买、折变、折帛钱是两宋官府榨取民力的重困之赋，如同衙前、里正、弓手是徭役重困一样。和买、折变前代即有，但至宋发展至顶点，折帛钱始于南宋初年，是将北宋以来的和买绢税赋化，使之成为加税之一。不合理的和买、折变比例以及畸高的折帛钱使两宋人民的赋税负担在历代王朝中排在前列。

除了和买、折帛钱、折变（科）之外，支移、预征、蚕盐、和籴、义仓、加耗、畸零、斛面、免役钱等各种名目的税费都是官府压榨百姓的手段。其中有的是正税附加，有的纯属临时收费。由于政府征发没有外在力量限制，任意性太大，制度规定不严不细，缺乏刚性制度约束，根本无法杜绝官府自身和地方官吏的逐利冲动，其结果是，临时收费通过制度追加更名，逐渐合法化，演化为正式税种，如和买绢成为折帛钱，免役钱成为正式税种，对百姓多次重复征税；有的成为胥吏鱼肉乡民的制度入口，如折变、畸零、斛面、蚕盐等，为吏治腐败打开方便之门。

北宋王朝虽然文化发达，商品经济繁荣，政治上相对宽松，文人士大夫享有较优裕的生活，但对普通百姓来说，绝不是什么"岁月静好"，百姓遭受的压迫和剥削程度是非常高的，普通百姓生活异常困苦，只是他们没有多少话语权，历史上留不下他们的苦难心声，他们只能以兵变、民变反抗官府的盘剥。与其他朝代相比，北宋开国不久，就爆发了农民起义，就是在今天某些人推崇备至的宋仁宗时代，也多次爆发农民起义、士兵起义。

和买

和买源于先秦，是指官府向百姓购买绢绸、木材、牲畜等实物，但此后变成政府强买百姓货物的弊政。北宋早期，因战争需要，由官府向百姓预先支付钱额，等百姓农收后，可在缴纳两税时一同纳还官府，因此两宋的和买又称为预买。宋太宗太平兴国中，马元方建议在春乏青黄不接之时，由政府贷款于民，至夏秋时再纳绢于官，目的是避免百姓向私人借贷，遭受盘剥之苦。如果当年蚕事不登（丰收），可以用大麦、小麦折纳，且免除仓耗和头子钱。显然，在早期，这是一项利农惠民的德政。《续资治通鉴长编》记载，大中祥符九年（1016）的一次和买："时青、齐间绢直八百，绸六百，官给绢直一千，绸八百，民极以为便。"①可惜不久德政变成了弊政，和买演化为低价买进，高价折出，此后进一步形成免费强买局面，变相成为赋税。

在宋仁宗嘉祐年间（1056—1063）以前，杭州每年和买绢不过20万匹，到熙宁年间（1068—1077）郑獬任职杭州知府时，已经达到28万匹，每匹给钱1贯不到，而当时绢价已经超过1000钱，其后发运司增市10万匹，每匹给钱1100文不到，两浙路最后共增50万匹。他发问道，一州之地，不知所出绢几何？今官所取乃44万匹，又有正税绢20余万匹，如此是杭州之民尽不得衣帛。当时杭州之民输绢一匹，费钱一千二三百文，他建议，额定和买28万匹即可，依旧送纳所增10万匹，只纳原钱1100文不到。②

崇宁年间（1102—1106），江西和买绸绢每年50万匹，开始是钱、盐三七分预给。盐钞法实施后，不再给盐，命令全部给钱，但最后官府一分钱也没有支付，这种情况持续五年后就常态化了，对百姓造成了严重的伤害。可能就是从这时起，和买开始部分演变为定额税。到南宋初期，完全演变为定额税，官府不再支付和买本钱。

和买在演变过程中又与政府贷款结合起来，成为官府牟利的手段。例如，京东转运使王广渊被称为言利小人，向百姓和买绸绢时，本就增加数额强行摊派，贷一千钱要百姓缴绢一匹，后来和买绢和税绢，每匹都让百姓缴钱一千五百。这就是低价借贷，高价还贷，二者间差额五百，相当于利息五分，以此夺利于民。御史程颢欲弹劾王广渊，因王安石保护而未能成功。

南宋年间（1127—1279）也是如此，和买成为一项税收后，百姓要完成和买的定额任务，不得不向官府愿请预买钱，也就是说，向政府贷款来纳税。但是"预买之息，重于常平数倍"，因而允许民户愿请预买钱被有识之士称为聚敛之术。和买演变为定额税后，一般按人户家业钱额、税钱额摊派，某些地区还适当参照户等。四川自宋神宗时，规定乡村上

---

① （宋）李焘：《续资治通鉴长编》卷八六，中华书局2004年版，第1969页。
② （宋）郑獬：《乞罢两浙路增和买状》卷一二《郧溪集》，载《景印文渊阁四库全书》第1097册，台湾商务印书馆1983年版，第219—220页。

三等户摊派和买，四、五等户不用和买。南康军（今江西星子）每税钱430文，起敷和买绢1匹。婺州（今浙江金华）某些县人户自30贯家业钱以上，需要交纳和买。官户和乡村上户往往采取诡名子户的办法，即将一户分成数户以至于数十户，以降低户等，向乡村下户转嫁和买负担。绍圣元年（1094），因两浙丝蚕薄收，和买之税向下延伸，四等下户也要输钱缴税。其结果是，在不少地区，和买额超过夏税额，成为重赋。坊郭户中有的人家预买数达到四五百匹，兴仁府万延嗣户家资产为14.2万缗，每年需交纳预买绢绸千余匹。政府为了解决这个问题，不允许地方政府向百姓贷发预买钱，崇宁（1102—1106）中，要求各路预买，根据乡民、市民家财和能力高下分等平均摊派，川峡路取元丰年间（1078—1085）最多一年的数据为限额，以前不给预买钱的地区仍旧不变。①

在有些地区，官府贷给预买钱时，按照绢一匹200钱标准执行，但当农民纳绢时，官府却以每匹应重十三两为由，多征200钱，因为按规定农民所纳绢每匹重十二两，官府就以重量不够，要额外多征一两（200）钱，以此计算，官府通过和买（预买），每匹可从农民身上榨取12倍的利息。因为如按照每一两绢值200钱的标准，官府和买时应该按照2400钱（12两×200钱=2400钱）的价格发给农民预买钱，现在只给了200钱，岂不是榨取了12倍的民脂民膏。即使不按每两值200钱的标准计算，官府在农民纳绢时多征之钱也达到了100%的利息，较之熙宁年间王广渊五分之息翻了一倍。

折帛钱

折帛钱由宋初的和买绢发展而来，宋徽宗年间，官府不付钱却照样征收盐、绢，和买绢变成变相课征。建炎三年（1129），因缺少现钱，南宋朝廷规定，各路上供、和买、夏税绸绢，在交纳实物之外，还须每匹折输钱2000以助官用，称折帛钱，正式成为杂税之一。同年五月，皇帝下诏每年向百姓预买绵绢，到秋收时给付物品钱。同时又命令江浙和买绢减价四分之一，仍然给现钱，违者绳之以法。显然，官府和买的实质就是夺利于民。绍兴元年（1131），南宋官府两浙夏税及和买的绸绢160余万匹中，已经一半要求百姓缴纳现钱，标准是每匹绸绢价格2000钱。

---

① （元）脱脱等：《宋史·食货志》，中华书局1999年版，第2835—2841页。

绍兴二年（1132），江、淮、闽、广、荆湖等路的上供丝帛，按两浙路同等比例折钱。

据上可见，到了南宋，和买绢已经演变成折帛钱，并汇入夏税正税中，开始折变化。夏税折变、和买折帛合二为一，逐渐税赋化。

折帛钱标准系南宋官府核定，普遍高于市价。农民在交纳折帛钱时，须以铜钱、银两等货币缴纳，标准大大高于市价，造成百姓负担日渐沉重。淳熙年间，新安郡上田夏税额200文钱，需要折变为实物，杂钱也折变为实物，并同缴纳实物[①]。根据前文，凡缴纳实物，折变之值总是低于市价的。新安郡每匹绢只折钱770钱，而每匹绢的市场价早就达到4000钱，相差5—6倍以上。

因折变容易上下其手，故一开始官府较为慎重，折变不多。例如，绍兴三年（1133），两浙和买物帛时，考虑到下户艰于得钱，规定物帛总量的十分之七缴纳实物，十分之三缴纳现钱。江西洪州原先和买按十分之二折钱，每匹3000钱。绍兴四年（1134），户部定为十分之三缴纳现钱，每匹绸绢按6000钱以上缴纳。殿中侍御史张致远上奏说，江西残破，之前每匹输钱不到5000，已经比过去增加一半，每匹比两浙的价格也多了1500钱，现在的做法是乘民之急加倍敛财于他们。后来皇帝下令江西和买绢匹折输钱降到每匹6000以下，如果愿意缴纳实物的也可以。该年冬天，命令江浙民户都要缴纳折帛钱，原因在于宫廷机关开支和战争费用日益增长，要求民户输绸者全折为现钱，输绢者半折交纳现钱，每匹涨到近5200钱。

绍兴十一年（1141），宋高宗同意江浙折帛钱以十分为率，绸折六分，绢折三分，绵折五分；绸绢匹八千，绵每两五百，以宽民力。涨到八千，还说是以宽民力，在此之前的价格肯定更高。江浙民户输绸由以前的全部交现钱下降到十分之四缴纳实物正色，十分之六交现钱，绢由过去一半交现钱降到十分之三交现钱，负担还是有所减轻。

绍兴十七年（1147），南宋官府减折帛钱，江南每匹为6000钱，两

[①] 在各地夏秋正税及和买绢总量中，缴纳现钱和缴纳实物各自所占的比例是变化的，有时五五分，有时三七或四六开，主要取决于官府的意愿和财政状况。如果政府急需用现钱度过财政危机，就会提高缴纳现钱在上供丝帛及和买中的比例，南宋朝廷对各路的折分比例规定也不统一，详见下文。

浙为 7000 钱，和买为 6500 钱；绵，江南为 300 钱，两浙为 400 钱。庆元元年（1195），临安、余杭二县出现和买科取之弊，地方官绢折价高得离谱，户部侍郎袁说友建议不分等则，一律定为每匹 24000 钱。这还是纠正以后的标准，之前的标准可想而知。①

折变

折变，又称折科或折纳，是指唐宋时赋税所征钱、物改征他物的措施，一般分为以物折物、以物折钱、以钱折物三类。通过不合理的折纳，古代封建王朝官府可加倍榨取民力，剥削人民。折纳本应公正合理，并用平估，使其值轻重相当，无论是物折钱还是钱折物，应该与当时的市场价大略相当，但由于折纳话语权掌握在政府手中，是否折纳？何物折何物？以何种价格折纳？怎么折纳？以何为基准？都由官府说了算，百姓根本没有议价权。如果是以物折钱或者是需要百姓缴税时交纳现钱，那么官府往往折价超过当时的市场价，其做法是，如纳麦在六月，州县串通市司在五月先减麦价至原市场价的三至四成，待到六月折价时再按市场价折变，无形中增加百姓负担。包拯奏折中所说的淮南、两浙、陈州的征收价都远远超过市场价，就是对百姓明目张胆的掠夺。

如果是以钱折物或者是需要百姓缴税时交纳实物，官方折价就会低于市场价。例如，大观二年（1108）京西路以盐钱、杂钱折变物料，孟州温县小麦实价每斗为 120 文，折变时只作 52 文。颍州汝阴县（今安徽阜阳）实价 112 文，折变只有 37 文。陕西路粮价，大观四年（1110）已数倍于往昔，折变却仍用熙丰之价，税赋增加了六七倍。南宋乾道三年（1167）前，东南地区居民交纳税绢常年用钱四贯可纳绢一匹，但到了乾道三年，官府百般刁难，竟然增加到六贯。增加的 50% 就是官府折变剥夺的结果②。当时的折帛钱自绍兴年起征至淳熙年中官价一直是每匹 6 贯，而绍兴十八年（1148）江东转运司规定一般折变时估绢每匹 1 贯 800 文。淳熙年间（1174—1189）福州税钱折科仍用绸匹 650 文、布匹 244 文、麦斗 47 文的旧制标准，而转运司所定一般折变月估中价为绸匹 4 贯、

---

① （元）脱脱等：《宋史·食货志》，中华书局 1999 年版，第 2838—2841 页。
② 见（清）徐松辑《宋会要辑稿·食货》，第 162 册，食货 70 之 59，中华书局 1957 年版，第 6399 页下。

布匹1贯600文、麦斗430文。① 市场价与官定折变中价相差3倍、6倍、9倍之多，折变对人民造成的掠夺由此可见一斑。无怪乎包拯曾连上四折请求皇帝免除江淮两浙折变，而当时的江淮两浙折变尚未达到6倍，更遑论9倍。

新安郡的重赋

表5—8　南宋淳熙二年（1175），新安郡每亩田赋及折变②

田等	夏税额	税钱折变	三色杂钱复折变	折变后税额	秋税额
上田	200文	绸4寸 绢1尺3寸 布1尺 绵3钱 三色杂钱79文	绢4尺3寸 绵4钱5分 麦1升2合	绸4寸 绢5尺6寸 布1尺 绵7钱5分 麦1升2合	米2斗2升 耗米4升4合 盐钱12文 义仓2升2合
中田	150文	绸3寸 绢1尺2寸5分 布5寸 绵2钱 三色杂钱60文	绢3尺4寸 绵3钱 麦9合	绸3寸 绢4尺6寸5分 布5寸 绵5钱 麦9合	米1斗7升7合 耗米3升5合 盐钱9文 义仓1升9合
下田	100文	绸1寸2分 绢1尺5寸 布2寸5分 绵1钱 三色杂钱39.75文	绢2尺2寸 绵1钱5分 麦6合	绸1寸2分 绢3尺7寸 布2寸5分 绵2钱5分 麦6合	米1斗3升3合 耗米2升7合 盐钱6文 义仓1升3合

新安郡当时的赋税异常沉重，远远高于邻近地区。当时周边地区也是按照上、中、下三等田缴纳两税，但每亩标准要低得多。新安五县的夏税钱额是最低的开化县的30—40倍，秋粮米是最低的鄱阳县的7—9倍，新安赋重可见一斑。

---

① （宋）梁克家：《淳熙三山志》卷一七，财赋类。资料来源：《国学导航》网站，网址：http://www.guoxue123.com/shibu/0301/00ssz/021.htm。

② （宋）罗愿：《淳熙新安志》卷二，贡赋。

表5—9　　　　　　新安郡六县与周边地区两税定额比较

地区	夏税钱（文）	秋税米（斗）
太平	9—12	1.39—1.5
浮梁	14—24	0.33—0.55
旌德	40—60	1.4—1.88
开化	4.8—7	0.3—0.44
石埭	8—12	0.65—1.17
乐平	9—13	0.28—0.38
鄱阳	7—10	0.2—0.4
婺源	38—42	0.38—0.42
歙县、休宁、祁门、绩溪、黟县	100—200	盐钱6—12文 米共1.73—2.86斗

据淳熙《新安志》记载，新安郡赋重的历史原因在于唐末歙州刺史陶雅所增，陶雅为了固宠于南吴王杨行密而增税，其后相沿成习。南宋淳熙时新安郡上田亩产米二石，田主收十分之六七，夏秋之税度用2800钱。当时米价每石2500钱，每亩产2石米，收入5000钱，假设田主收十分之七，为3500钱，去掉夏秋税度用2800钱，仅剩700钱，赋税占去田上毛收入的56%，如再加上免役钱或代役钱①，以及服力役、夫役所耽误的农时或折算的钱数，官府对农民的剥夺比例将达到农民总收入的60%以上。在这种情况下，农民的贫困是不可避免的。

新安郡除婺源外五县的两税虽然是相邻各县的几十倍之多，但毕竟上田夏税只有200文，秋粮米折算市场价也只有700余文，为什么《新安志》中会说夏秋税度用会达到2800钱呢？这里面就存在一个折变的问题。

---

① 根据下文苏轼等人的说法，实行免役法后，农村下户需要承担的免役钱一般至少在三百文以上。两浙路征收的役钱最少，在熙宁六年（1073）时，第五等的下户平均每户也要承担五六十文的役钱。至于第四等户及其他路的役钱标准，必然高于五六十文每户。本处假定第四等户每年免役钱100文，每户自耕田20亩，平均每亩5文免役钱计算。如按淳熙《三山志》所载，福州各县根据税钱计算免役钱，每纳税钱1文，需要交纳免役钱11—24文不等。当时福州每亩田赋夏税钱为4文，则免役钱为44—96文不等。如以11—24文的中位数约18文计算，则福州每亩需纳免役钱为72文。

我们来看一下当时的绢市场价。乾道六年（1170）市场上绢价每匹4贯钱，即4000文。每匹为四丈二尺，即42尺，即每尺绢市价为95.23文钱。绸的价格基本与绢相当，布则为绢的一半。绵当时的市场价是多少呢？程民生教授认为是500文。天圣七年（1029），每两绵市值85文；元丰年间，莱州绵市场价是每两100文。绍兴十一年（1141）时，江浙每两绵折价500文，与市价相当。另淳熙年间，台州下等不中粉药绵，每两市值100文[①]。淳熙四年（1177），江浙州郡每石米2500钱，每斗米为250钱，麦价应为其一半，每斗125文。

以上田为例制表5—10。

表5—10　　　南宋淳熙二年（1175），新安郡上田夏秋税额官定折价与市场价比较

上田税钱折变	按市场价的上田税钱折变（文）	钱帛折变后	按市场价的夏税折变后税额（文）	上田夏税额（文）	上田秋税额	按市场价的上田秋税额（文）
绸4寸	0.4×95.23＝38.09	绸4寸	38.09		米2斗2升	2.2×250＝550
绢1尺3寸	1.3×95.23＝123.8	绢5尺6寸	533.29		耗米4升4合	0.44×250＝110
布1尺	47.62	布1尺	47.62		盐钱12文	12
绵3钱	0.3×500＝150	绵7钱5分	375		义仓2升2合	0.22×250＝55
三色杂钱79文	79	麦1升2合	0.12×125＝15			
合计	438.51文		1009文	200文		727文

新安郡上田夏税额本为200文钱，但经过折变后所交的绸绢绵麦实物如果再换算到市场上价值为1009文钱，是夏税定额的5倍多，即使按照市场价折算，新安五县每亩上田夏税、秋税合计也只有1736文钱，远远没有达到《新安志》中所说的夏秋税用度为2800钱的数额，根本的奥秘

---

① 程民生：《宋代物价研究》，人民出版社2008年版，第249—250页。

在折变，2800 钱的农民实际支出与 1736 钱的市场价折算二者相比的差额为 1064 钱，就是折变所导致的增额，或者说是官府所额外剥夺的农民膏腴。

当时新安郡旧制，绢每匹折钱 770 文，䌷每匹折钱 731 文，布每匹折钱 350 文，绵每两折钱 62.5 文。以官定折价为标准，对上田夏税进行计算，得到每尺绢为 18.33 文，每尺䌷为 17.4 文，每尺布为 8.33 文，每钱绵为 6.25 文，再代入折变后税额，分别得到䌷 4 寸为 6.96 文，绢 5 尺 6 寸为 101.65 文，布 1 尺为 8.33 文，绵 7 钱 5 分为 46.88 文，共为 163.82 文，如加上麦 1 升 2 合为 15 文（此项为非折变项，影响最终计算结果），共为 178.82 文，接近上田夏税额 200 文的额定标准。只以夏税官定折价与市场价相比较，绢䌷布绵四项相差 5.2—8 倍，这应该是后来乾道六年（1170）地方官申请将所折之绢减半的原因。①

四 宋代乡村的徭役管理

宋代沿袭募兵法，组成禁军和厢军，农民不需服兵役，但需要承担徭役。官户是在任品官之家，已经在为国家效力，照例不再承担徭役。所以，徭役全由民户承担。

北宋前期，徭役分为职役和夫役两种，乡村职役以轮差为主。到宋神宗熙宁年间（1068—1077）王安石变法时，差役制改为免役制，上中下五等户皆需出数量不等的免役钱，由官府募人服役。宋哲宗元祐年间（1086—1093），废除免役法，恢复差役制。到绍圣年间（1094—1097）哲宗亲政后，又改差为募，之后或差募并行，或名募而实差，南宋中后期还出现了新的服役形式——义役制。

差役制

差役制指职役由国家无偿征调，北宋前中期的太祖、太宗、真宗三朝实行差役制。差役中的职役是指由农村一、二、三等户即大中小地主，被国家征调承担州县官衙和乡村基层公务的职役。夫役是农民被国家调发服劳役。自唐代实施两税法后，原来代表力役的庸钱已经被并入两税

---

① （宋）罗愿：淳熙《新安志》卷二《贡赋》。

征收，按说不应再征发农民服力役，但整个两宋时期，力役仍然存在。①根据马端临的说法，宋代对力役的重复征收达到五次，两税中已含力役钱是第一次，服差役（免役钱）是第二次，南宋后耆户长、保正的雇役钱废除不给是第三次，合丁钱是第四次，边关有急事征发夫役是第五次。布缕之征亦是重复征收三次，有折税、有和（预）买，四川有激赏，东南有丁绢。谷粟之征，有税米、有义仓、有和籴，而斛面、加耗的缴纳还没有算进去就已经是重复征收三次。力役、布缕、谷粟三征加在一起总共是重复征收达十次，老百姓怎么能不贫困？②

  1. 夫役。夫役又称杂徭，是官府征发的临时性力役，服役项目很杂，包括修桥筑路，疏通河道、沟渠，修理官员府第。两宋夫役分为"春夫""急夫"两种。"春夫"是指在春季农闲时征发丁男承担的劳役。"急夫"是指突发性、临时性征调的劳役。神宗熙宁实施免役后，夫役转化为税，纳入免役钱计算。南宋时，官府大小劳作无不役使农民，加上富户避役、官吏作奸，夫役成为职役之外压在农民身上的另一沉重负担。

  2. 职役。职役由乡村上户承担，由于官户和许多形势户③享有免役特权，考中进士的人家以及僧、道、女户、单丁户也可免役，实际承担差役的人户较少，差役负担也比较重。例如，在一个三千户的城邑中，按照五等分类，中等以上可以担任职役差遣者约千户，其中官户、形势户、衙前将吏不少于一二百户，他们可免差遣；州县乡村各种服色役的人又不少于一二百户；这样一来，能够服职役的总共只有六七百户，二至三年内就会轮差一遍，这对民户来讲，是个很大的负担。为逃避服役，有的主户将田地卖给不用服役的形势户，以假充佃户以避徭役。为此，宋真宗乾兴初年（1022），立限田法，形势户如果敢于隐并他人户田被人告发的，奖励告发者所隐瞒田数的三分之一。有的冒充出家人以免徭役。

---

  ① 苏轼曾经给宋神宗上书，论及两税法中已经包含力役，担心后世不幸有聚敛之臣，庸钱不除，差役仍旧。似乎正是在暗讽王安石。
  ② （宋）马端临：《文献通考》卷一一《户口考二》，中华书局2011年版，第309页。
  ③ 形势户亦称"形势之家"。唐、五代时，"形势"一词泛指地方上有势力的豪富之家。宋代专指现任文武职官和服差役的州县豪要人户。宋朝的形势户包括官户和充当州县衙门的公吏、乡里基层政权头目的上户。其中官户占少数，吏户占多数。形势户包括官户和职役户两个部分，其中虽任差役，但系中产以下的贫户弱者和原任官僚，现又子孙孤贫不济者均不在内。乡村上户在服差役期满后仍降为平户。宋代规定，形势户纳税须比平户早半月，违者加重处罚。

有的为了避免成为上等户,或弃田与人,或亲族分居,或逼祖母改嫁,与亲母分居。到北宋中期,职役已成为富裕农户的沉重负担,朝廷已经很难在不侵害其统治基础的情况下把差役法继续推行下去。为减轻百姓徭役负担,北宋朝廷曾多次发布命令,采取多种方法裁减役数。宋仁宗景祐年间(1034—1037),试行募人充役之法。庆历年间(1041—1048),命令部分地区裁减役人,如人手不够,以厢兵代替。其间,范仲淹执政,认为天下县多是造成徭役多百姓贫穷的原因,准备先废并河南的部分县,再接着废除其他州,但最后没有实行。王逵在担任荆湖转运使期间,同意百姓以钱免役。宋仁宗至和中期,实行五则法,将应担任州县衙前之职的乡户视资产多寡登记,分为五则,按其役轻重配比,即第一等重役配比第一等户。按照每一等役五备五十、十备一百的标准登记,以便提供十倍候选役使。同时设宽恤民力司,遣使下巡,裁损州县力役共 23622 人。① 这些都是王安石变法前的积极探索。

职役分为州县役(吏役)和乡役两大类:

(1)衙前、承符、手力、人力、散从官等,属于州县役。根据来源划分,衙前分为乡户衙前、押录衙前、长名衙前三类。衙前担任的职位自低到高依次是客司、通引官,优秀的可担任衙前职员(衙职)。衙职包括都知兵马使、左、右都押衙、都教练使、左、右教练使、散教练使、押衙、军将。又有中军、子城、鼓角、宴设、作院、山河等使,各级别衙职一般是三年期满出职。都知兵马使是衙职升迁的最高级别,一个州府一般只有一人,三年年满后可出职成为官员。客司则分知客、副知客、军将。通引司置行首、副行首、通引官。以上名称在唐末、五代时是军队将领名称,至北宋成为官府机关胥吏——衙前职员的职务名称,可称为衙将、衙校、衙吏、衙前将吏等,但其并非官职,更非军职,只能算是吏职。北宋的衙前之职主要负责场务、仓库、馆驿、河渡、纲运等工作。②

宋太祖建隆年间(960—962)以后,同时招收投名衙前,但只有乡户衙前、押录衙前才能主持管押官府财物,押送纲运,迎送过往官员,

---

① (元)脱脱等:《宋史·食货志》,中华书局 1999 年版,第 2879—2881 页。
② 张晨光、杨园章:《北宋泉州衙前将吏王习墓记考释》,《文物春秋》2018 年第 3 期。

其承担者必须是家庭财产达到 200 贯的"高资"即一等户大地主。当衙前缺额时，就抽调差役年满的押录、里正。押录服役三年，里正二年，在替限内，各管重难役一次。考虑到重难之役服务时间很长，有功劳，担任都知兵马使级别的通过测试才干，如果官府机关有缺编，就可以从承担重难之役的人中实录补官。

担当衙前职役者可免科配、折变，并授予官衔，三年一升，最高可到都知兵马使。但衙前岗位责任重，风险大，官物如有损失，衙前要负责赔补，征收不足，也要垫付。在实际执行过程中，承役衙前的上户计算依据非常随意，甚至将农户家庭的生活用具如簸箕、扫帚等都计算进去，无形中使很多下户也被划进衙前这一本由上等户才承担的职役服务对象之列，这是衙前一役成为北宋重役之首的原因之一。正如苏轼所言：

> 科役之法，虽始于上户，然至于不足，则递取其次，最下至于家赀及二百千者，于法皆可科。自近岁以来，凡所科者，鲜有能大过二百千者也。夫为王民，自瓮盎釜甑以上计之而不能满二百千，则何以为民。今也，及二百千则不免焉，民之穷困亦可知矣。①

衙前保管"官物"、押送纲运，看似风光，但运送官物、征收赋税都负有连带责任，如财物丢失，衙前需要赔偿。《水浒传》中，保正出身的晁盖智取生辰纲，身为殿司制使官的杨志丢失花石纲、生辰纲，"逼上梁山"，人物虽为虚构，情形却是北宋社会历史的真实反映，北宋朝廷在江南通过花石纲盘剥百姓，成为历史上方腊农民起义的导火索。里正等基层职役如果催缴不到赋税，同样需要代缴，这招致里正索税如狼似虎。

衙前虽然在服役过程中拥有一定的特权或职务便利，但对应役人来说，利弊相较，弊病、负担远远大于所获利益，最终结果是，衙前成为人人谈虎色变、争相逃避的第一恶役。许多上户人家即使五谷丰登，也不敢储蓄存粮，相反却想办法消耗家产，唯恐超过 200 贯被征为衙前，穷人见此情况，也不敢发家致富，道理相同。

---

① 苏轼：《上韩魏公论场务书》，载曾枣庄、刘琳主编《全宋文》第 87 册，上海辞书出版社、安徽教育出版社 2006 年版，第 311—312 页。

承符、手力、人力、散从官等职役的任务是在州县官府机关中承担各类杂务，供官吏驱使跑腿。

（2）里正、户长、乡书手。属于乡役，职责是代官府"课督赋税"。户长是里正的副手，乡书手助里正办理文书。里正向农民索税，可以捕人送县鞭打，又称"脂膏"，因为可以利用职权，从中贪污勒索。宋朝法定里正由一等户轮流充当，户长由二等户、乡书手由三等户充当。

（3）耆长、弓手、壮丁。耆长、壮丁属于乡役，弓手属于州县役，职责是"逐捕盗贼"，即帮助官府镇压农民的反抗。耆长由二等户轮充。弓手、壮丁由三等户轮充，属耆长指挥，弓手需自备衣装弓弩，但有时也从四等户中抽取"壮丁"，壮丁全供驱使。宋仁宗年间（1023—1063），弓手差役下移，由上户、中户承役向下户转移，总数最多时超过19万人，大县之中达到一两千人，一万户人家中就要抽出弓手五百人之多。陕西百姓家中如有三丁，要出一丁担任弓手。其结果是，"被差之民，如人人有丧，户户被掠，号哭之声弥天，旦野天地为之惨凄，日月为之无色"。[①]

由上等户承担的职役享有一定的权势，一些人可以借此改变其政治和经济地位。尽管如此，许多富裕民户却不愿意应役。因为绝大多数人应役完全没有任何报酬，既无月银，又无口粮，所需生活费用全靠自家供给，弓手还要自备衣装弓弩。充任职役的人往往是家庭中最强壮的劳动力，有些不太富裕的农户"困于久役"，甚至会"破坏家产"。[②]

州县之役并非宋代的新发明。早在唐代，乡务就由五里官轮值，还有一部分里正被派到州县机关去上值，处理一些技术性公务或打杂，称为色役。唐代徭役沉重，色役相对轻松，且可以免徭役，唐中期以前，还是有很多乡民愿意承担色役，在唐高宗、武则天时甚至出现色役伪滥现象。但自北宋开始，州县役就成为服役农民家庭破产的罪魁祸首，在

[①] 有关说法参见漆侠《王安石变法》，上海人民出版社1979年版，第133—144页；《温国文正司马公文集》卷31"义勇第二札子"。转引陶绪《北宋差役与乡村下户——兼析"下户半曾差作役"》，《益阳师专学报》1991年第6期。

[②] 以上参见史仲文、胡晓林主编，鲁亦冬著《中国全史·中国宋辽金夏经济史》，人民出版社1994年版，第79页；范文澜主编，蔡美彪等著《中国通史》第五册，人民出版社2015年版，第43—45页。

两宋,以衙前、里正、弓手祸害最重,在明代,以里甲坐办为害最大。

乡村治理的功能是由制度设计决定的,今人指责北宋基层官吏是统治者的爪牙、帮凶,里正由地方富户担任,也是官府以民制民之策,而出身乡里的里正亦民亦吏,却又半民半官,夹在皇权酷令与乡里人情的夹缝中求生存,避役成为大多数乡户的选择,甚至出现父子二人将为衙前役者,父自缢而死以使子免役的人间惨剧。《水浒传》第 22 回中作者曾借宋江之事感叹,原来故宋时,为官容易,做吏最难。① 其实,两宋时期官吏互相勾结,宋江杀人,事实清楚,证据确凿,却因为官官相护,朋友关照,直接从郓城县逃脱。当时最难的其实是服役衙前、里正的乡村户们,他们无人照顾,却要遭受官吏的盘剥、欺凌,甚至赔付财物,所以时人谓衙前之役最重,其次里正。而衙前、里正恰恰又是由地主、富农等担任,在这个意义上,北宋官府似乎未将地主阶级视为自己人。

如果衙前重役确实是由地主、富农等上户承担,似乎也不必激起人们那么多的同情,关键在于,由于基层腐败,衙前之役由高资户承担的制度规定并未落到实处,在实际差点中,往往硬凑贫苦人家资产,强令差充,也就是说,真正承担衙前重役的多为中下等户。郑獬在《论安州差役状》中揭露,每当差点衙前时,由州县差人依条评估民户家产,达到 200 贯以上的就定为衙前。小吏把农民在家之物甚至鸡犬、箕帚、勺子、筷子等只值一两钱的物品都随便充作 200 贯。到了衙前,又为吏胥欺凌,耗费达到上百贯,才能谒见长官。押运官物上京或至别州所动用的钱物一次需三五十贯。而主管本处酒务一类的工作是最大的弊政,主管一次,就要耗费一千余贯,结果是"全家破坏,弃卖田业,父子离散"。如果家中有一丁主管场务,遇到命令押送纲运,又要令其他家人看场坊,往往是一家作衙前,需用三个丁男才能充役,结果是本家务农全无人主管,如失陷官物,更要赔偿。在湖北路,这种情况很普遍。② 苏辙曾对差役法恢复后农民衙前之役花费作过计算,每年要达到 36 贯之多。多处资料表明,衙前对宋代农民来讲确实是"苛政猛于虎"。据刘安世统计,熙

---

① (明)施耐庵、罗贯中:《水浒传》,人民文学出版社 1997 年版,第 283 页。
② (宋)郑獬:《论安州差役状》卷一二《郧溪集》,载《景印文渊阁四库全书》第 1097 册,台湾商务印书馆 1983 年版,第 223—224 页。

宁改革前，全国役人总数为536000余人，另有人估计，当时全国衙前总数当为69680多人。①

免役制

免役制也称募役制。免役法规定：民户不再服役，由州县官府出钱雇人应役；各州县预计每年雇役所需经费，由民户按户等高下分摊；上三等户分八等交纳役钱，随夏、秋两税交纳，称为"免役钱"；原来不承担差役的官户、女户、僧道、未成丁户、坊郭户等，按定额的半数交纳役钱，称为"助役钱"；乡村四等以下户和城市六等以下户不纳；各路、州、县依当地差役事务繁简，自定额数，供当地费用，定额以外另加十分之二缴纳，称"免役宽剩钱"，由各地存留备用。实行此法，原官府差役依旧有人充当，官府又由此增加一笔收入，特别是原来享受免役特权的人户也不得不交纳助役钱。所以，所收各种役钱往往超过实际雇役的费用。但免役法剥夺了特权阶层的利益，遭到既得利益集团的反对。

任何制度最初设计时，自有其合理之处，但随着时间的变化，总有制度不能解决的意外情况出现，或者制度本身仍然存在漏洞，不能做到十全十美，为人的机会主义行为所乘；或者在执行时受到人性的对冲，渐而越来越失去其最初的合理性，甚至走到制度设计的反面。制度执行的最大敌人就是人性。北宋的役法即是如此，法律对命官、形势户的优免特权不但有违社会公正，还成为役法执行秩序败坏的根源，这主要是由于役法本身存在设计缺陷。士绅一体当差、一体纳粮直至清代雍正年间才变为现实，也在很大程度上促进社会公平，维持役法秩序。《宋史·食货志》：

> 役有轻重劳佚之不齐，人有贫富强弱之不一，承平既久，奸伪滋生。②

总结归纳两宋役法的缺陷，可形成表5—11。

---

① 陶绪：《北宋差役与乡村下户——兼析"下户半曾差作役"》，《益阳师专学报》1991年第6期。
② （元）脱脱等：《宋史·食货志》，中华书局1999年版，第2879页。

表 5—11　　　　　　　　宋代役法制度与应对

制度	役法（及缺陷）	农民应对之策	朝廷应对/反制之策
原始制度设计	命官、形势户占田多但免役	制造假合同把田卖给形势户，冒充佃户身份	乾兴初，立限田法，举报者奖励三分之一代持之田
	衙前将吏可免里正、户长		
	军地小，但差役与郡同		诏裁损役人
			州县登记丁产、役使，并公示
	衙前主官物包赔	自残避役；孀母改嫁；亲族分居；非命求死；弃田卖田	景祐中，募人充役
	衙前里正役重		韩琦：罢里正衙前当差，通县计户等，最高者一户为乡户衙前
			行五则法，以产钱定役重轻，差乡户衙前，十番役使
	役重类繁	自残避役；出家避役；冒隐避役、逃亡避役；转为工商；为盗贼	出家者须落发为僧乃听免役；禁诸县非捕盗毋擅役壮丁；裁损役人；核对赋役，下令裁减
	科役不均		以乡村、坊郭户均差
治理结构	天下县多致役蠹民瘠		废县
创新制度	输钱免役		禁止；禁役乡户为长名衙前
	增设免役钱		当役人户以等第出免役钱①，统计州县雇值总数，按户等均取
	增设助役钱		坊郭等第户及未成丁、单丁、女户、寺观、品官之家，旧无色役者出助役钱
	增设免役宽剩钱		雇值用足后增取二分，备水旱欠阁，谓之免役宽剩钱

---

①　免役钱虽为制度创新，但一出世就被地方官"玩坏了"，弊端丛生。一是地方官强迫超额收取，超升等第。例如，两浙收取助役钱达 70 万文，最多的一户达到 30 万文钱。地方官多收超收以取得"政绩"，使免役法在实施中遭遇诟病。二是为多收免役钱，不符合事实地提升户等，如酸枣县将下户升入上户，致使四等以下户免输役钱的规定名存实亡。三是政策"一刀切"，百姓必须输钱免役，不能实在服役。其结果是，激起农民上访。如东明县民数百人到开封府、御史台等地上诉，还冲入王安石私人府第。宋神宗就此问王安石，安石说百姓聚众是因为煽动的人说缴的免役钱很多，肯定有剩余的，如果聚众告状就可以免缴；如果现在减免役钱，那就仍旧让他们去服役。皇帝采纳他的建议。

代役钱

既然有免役法、助役法，那么雇人代役就是自然之选。代役分为私人雇请和官府雇请两种方式。既然代役，就需要由应役者支付代役钱，或称雇直（值）。雇直计算有按日、按月、按事三种主要方式，名目有役人雇食钱（即工钱，是一个常数）、闰月雇食钱（闰年才有）、差出食钱（相当于出差补贴）、官员接送雇人钱（按程计算）以及拨还代役衣粮请受钱（是针对代役军人的额外补贴，先由转运司发放，再由管理役钱的常平司拨还转运司，故有此称）。① 不同役种有不同计算方式、发放方式、雇直标准、种类等。通过表5—12，我们可以对两宋的代役雇直情况有一个直观的了解。

表5—12　　　　　　　宋代代役雇直②

雇役岗位	任务性质	代役雇直	支付周期	服役地区	年份
弓手	日常雇直	4000钱	月	彭州	熙宁九年（1076）
土丁	日常雇直	3500钱	月	成都路	淳熙中
管勾公使	日常雇直	3000钱	月	许州	熙宁四年（1071）
手分	日常雇直	2000钱	月	建康府	
手分、斗给、库子	临时加派	300钱	日		
管押	代押	100000钱	次	闽、广市舶物押京	熙宁四年（1071）
洪子	日常和雇	2000钱	月	庆元府	南宋
弓手	日常雇直	30—40贯	年		元祐年间（1086—1094）
承符、散从、手力	日常雇直	30贯	年		
耆长		15贯	年		

两宋时全国役人超过53万多人，那么各州府县的职役结构和人数是何种状况呢？淳熙《三山志》较详细记载了福州府县的职役情况。福州的衙前之役，与其他地区并无区别（见表5—13），其他各类职役可参见表5—11、表5—12。

---

① 黄敏捷：《两宋代役人论析》，《史学月刊》2020年第9期。
② 黄敏捷：《两宋代役人论析》，《史学月刊》2020年第9期，第64—65页及注释；王棣：《北宋差役的变化和改革》，《华南师范大学学报》（社会科学版）1984年第2期；（元）脱脱等：《宋史·食货志》，中华书局1999年版，第2897页。

表5—13　　福州府、县衙前、吏人、散从官数量演变情况①

年代	衙前	年代	吏人	年代	散从官、步奏、承符
雍熙三年（986）	541人（衙前并使院诸色公人）	天圣八年前（1030）	234人②	雍熙三年（986）	200人
咸平年（998—1003）	254人③	天圣八年（1030）	204人	咸平年间（998—1003）	122人
治平元年（1064）	228人④	熙宁七年（1079）	200人	嘉祐八年（1063）	100人以上
熙宁三年（1070）	244人⑤	元丰二年（1079）	184人	治平元年（1064）	100人
熙宁四年（1071）	行募法，令民出免役钱	元祐初（1086）	184人	熙宁七年（1074）	110人
熙宁七年（1074）	154人⑥	绍圣年间（1094—1098）	181人	元丰三年（1080）	105人
熙宁八年（1075）	151人⑦	建炎元年（1127）	121人	元祐年间（1086—1094）	107人
熙宁九年（1076）	126人⑧	建炎三年（1129）	81人	绍圣年间（1094—1098）	99人
元丰三年（1080）	125人	淳熙年间（1029）	100人⑨	建炎元年（1129）	66人
元丰四年（1081）	免差年满押录			淳熙年间（1174—1189）	66人

---

① （宋）梁克家：淳熙《三山志》卷一三，版籍类四；卷一四，版籍类五。《国学导航》网站，网址：http：//www.guoxue123.com/shibu/0301/00ssz/017.htm。

② 吏人员额根据州府主户规模确定，共为234人，其中，本州使院、书表司、勾院204人，州院30人。

③ 咸平年间，福州主户3万户以上，衙前诸色公人共存留350人。内衙前都押衙以下，军将、通引官、客司、厅子共120人。

④ 其中乡户衙前以56人为额，押录衙前55人，长名衙前60人，客司、通引官57人，共228人。

⑤ 该年乡户衙前增加到72人，则衙前总数增加了16人。

⑥ 其中，长名衙前117人，他们皆属情愿投名，不请雇钱。雇募衙前37人，这37人中，主押纲运、搬请官物33人，主管馆驿的为4人。

⑦ 该年减罢方山、太平、小若三驿专知三人，存留渔溪一驿，每岁增支庸钱；则雇募衙前减少到34人。

⑧ 该年裁减长名衙前25人，存92人。

⑨ 包括职级20人，前行40人，后行40人。

续表

年代	衙前	年代	吏人	年代	散从官、步奏、承符
元祐初（1086）	罢募法，改招税户投充				
绍圣初（1094）	复熙宁法				
建炎元年（1127）	83人①				

其他各类服役人数额前后演变不一，至淳熙年间《三山志》编纂时形成的最终州县役人定额，可参见表5—14。

表5—14　　　　　　福州府、县役人总数一览表②

衙前	83人	
吏人	100人	
散从官、承符等	66人	
贴司	50人	
造帐司人吏	4人	
左、右司理院虞候	80人	
杂职	11人	
斗子	31人	
拣子	7人	
栏头	30人	
解子	25人	
医人	15人	州3人，12县各1人
渡子	15人	各县总加
押司、录事	136人	等第户差选谙吏道者充
弓手等捉盗贼	800人	12县总加，中等户拣差，专捉盗贼，不许别有差使
县贴司	315人	各县总加

---

① 建炎元年，额减三分之一。州，125人减去42人，定83人为额；其中53人为客司，53人中17人权募，或充诸厢虞候及非泛差使；另有10人为通引官，10人分押衙，10人升职员。

② （宋）梁克家：淳熙《三山志》卷一三，版籍类四；卷一四，版籍类五。

续表

县手力	516 人	建隆以来，差第二、第三等户，掌追催公事，兼催城、郭征科，二年替
耆长	444 人①	各县总加
壮丁	1592 人	各县总加
乡书手	62 人	各县总加
保正、副	834 人②	各县总加
大保长	3555 人	各县总加
催甲税头	5211 人	各县总加
承帖人	829 人	各县总加
合计	14811 人	

免役法改革的争论

在王安石变法中，免役钱成为朝廷新旧两派争论焦点，从总体上来看，变差为雇是符合历史发展趋势，也是在根本上解决此前役法制度缺陷的不二选择，苏轼虽然是保守派代表之一，对这一点却持中正之论。但是，如果免役法缺乏严密的配套措施，地方官员如果违背立法本意，不是立足于恤民，而是为了聚敛，那将会导致无休无止的纷争，其最终结果必然是伤农过甚。

支持与反对免役法的观点可列举如下。

监察御史刘挚认为，免役法在执行过程中存在的弊端有：要求民户都缴纳免役钱；不按照规定时间升降户等，规定的期限紧迫，旧役法上户役重，下户役简轻，现在一律按物力划等级出钱，有利上户，而下户负担加重；免役法只能交钱，不能交实物；赋税可以减免缓期，而免役钱不能免减；招雇的役人有浮浪奸伪之人，容易出现监守自盗之辈；弓手、耆、壮等辈，遇贼就逃跑，只会欺压百姓；坊郭十等户出助役钱不合理，因遇有紧急情况需向他们征调用度；其实也有乡户愿意做长名衙

---

① 此为熙宁七年数据，因其后耆长几度废置，差募并行，未记载其他年份数据。元祐元年，户长 130 人，耆长 443 人，壮丁 1614 人。

② 此处的保正、副及大保长、催甲税头、承帖人皆指的是绍圣元年各县数据。

前的，却"一刀切"出钱雇役。①

刘挚等人的意见反映上去后，宋神宗要求王安石对坊郭及官户等的助役钱不要减，税户升等的事再稍作纠正。王安石不同意，认为朝廷立法应当取其宗旨，不能受到短视之人议论的影响。

同为御史的杨绘认为免役法的好处有一，坏处有五。好处是，按田产或资产数量征收役钱，更加公平，即使同为一等户，也因财产数有别拉开了役钱距离。五个坏处是，其一，普通百姓专门种田种地，生不了钱，但却要他们缴免役钱（货币化缴纳），这对百姓是不公平的。其二，靠近边境的州军中，应募服役者不是本地人，奸细难防。其三，各地田税不同，难以统一以田税钱为基数征收免役钱。其四，耆长不宜雇役，否则难以除盗。其五，衙前雇人服役，容易使官府财产流失。

苏轼强调，自古役人，必用乡户，而江浙雇役是从全国召募。单丁、女户是天下百姓中最为穷困的，历朝历代免役，现在却要服役，这都是不合理的；杨炎实施两税法以来，两税钱中本来就包括差役之钱，现在重复征收，同样不合理。②

刘挚和杨绘所谈的几点确实切中免役法在具体实施中的设计缺陷，如果双方都对事不对人，抛弃政争意气，完全可以通过二次制度创新，堵上制度漏洞，使之更加完善。

沈括在被问到如何看待免役令时说道，认为此法不适当的人是那些习惯于免于服役特权的士大夫和城市市民，对此不足以怜悯他们。只有那些贫穷寒微人家本来不用服役，现在就要求他们出免役钱，应该加以考虑。如果能够放宽政策，全部免除他们的役钱，就好了③。沈括此说应该是至中至正之论。范镇等反对派认为青苗法、免役法等都是与民争利，养民而尽其财，如同养鱼就抽干池中之水④。王安石认为应开源，司马光则认为应该节流，是两种根本不同的理财思路。

曾布则对刘挚、杨绘所言逐条批驳，认为京畿上等户完全免除衙前

---

① （元）脱脱等：《宋史·食货志》，中华书局1999年版，第2883—2887页。
② （元）脱脱等：《宋史·苏轼传》，中华书局1999年版，第8642—8644页。
③ （元）脱脱等：《宋史·沈括传》，中华书局1999年版，第8536页。
④ （元）脱脱等：《宋史·范镇传》，中华书局1999年版，第8628页。

之役，花费减少了十分之四五，中等户费用减少了十分之六七，下等户专充壮丁，且不缴一钱，费用减少了十分之八九。上户所减的花费少，下户所减的多，不存在优待上户、虐待下户之说。诽谤新役法是聚敛钱财也叫人难以理解。升降户等是依法而行，出差错是中央部门和地方之间信息不对称所致，并非是为了多收雇役钱。旧役法也允许雇人充役，耆长、壮丁是最轻的役，由乡户轮流充当，不再雇募。现在的免役法规定，百姓可以选择缴现钱或者缴粮食来缴纳免役钱，算是想得很周全了。过去百姓服役，遇有灾荒饥馑也不能免役，免役钱为何非得像赋税那样减免？役钱之所以要稍有赢余是为了备灾备荒所用，剩下的用于兴修农田水利，增加官吏俸禄。两浙路百姓每户所缴役钱只是京畿的一半，而京畿役钱并无多少剩余，因此两浙不存在多征役钱讨好上司以求奖赏。[①]

纵观上述两派相关争论可见，免役钱经过百姓抗争、皇帝督促后，进行过多次修正，已经趋近完善。例如，百姓可以选择缴现钱，也可以选择缴实物（粮食），税户升等之事在地方上肯定有猫腻，但在宏观制度上是合理的、必要的。边境、耆长、衙前在雇人应役中肯定存在一些特殊情况或弊病，但可以通过继续完善制度予以解决。例如，加强对应募者的背景审查，日常加强监督，实施担保制度等。至于征收免役钱的定额依据，在实施中有的地方是根据田税，有的地方是根据民户财产，后来朝廷准许百姓选择其中一项作为依据缴纳。当时官府规定，两浙坊郭户家产不足 200 贯的，乡村户家产不足 50 贯的，可以不用交纳免役钱，后来乡村户不满 50 贯的也不免交了。有官员认为坊郭户免输法太优待，有官员认为广西一路户口 20 万，民出役钱至 19 万贯，平均每户将近 950 文钱。

倒是有一个难题可能难以解决，就是各地免役钱总额及户等标准，地方官具有较大的自由裁量权，地方官有着多收、超收免役钱的冲动，一可以改善地方财政，甚至可以借机鱼肉，中饱私囊；二可以展示政绩，获得较好的考成结果。特别是当王安石将推行新法的力度作为地方官员考核的重要标准后，不少投机分子为求升迁拼命多征免役钱，而王安石为了培植新党势力与旧党抗衡，在用人上不能做到"丁是丁，卯是卯"，

[①]（元）脱脱等：《宋史·食货志》，中华书局 1999 年版，第 2884—2885 页。

所用非人，在一定程度上助长了地方的谎报虚报行为，这反过来又成为旧党攻击新法的借口。可见，王安石的政策路线虽然是符合时代发展要求的，但偏颇的用人观和拙劣的政争技巧最终使好事不能取得好的结果，好制度不能按照设想在基层实施，改革不得不半途而废。

就免役法而言，朝廷也知道其利弊同在，为兴利除弊，北宋朝廷由中枢派人会同地方官共同商量确定数额，有争议者交皇帝裁决。政府还派遣察访使到全国各路督促推行修改免役法，惩处不按章办事的地方官。也有官员因为实施免役法而受到皇帝诏书褒奖的。例如，权江西提刑提举金君卿首先招募卸任官员押送钱帛纲到京城，而非派遣乡户充当衙前，费用减少了十分之五六，结果代理提刑改为正式提刑。对于如何更合理地评估百姓资产以确定户等，在具体执行中必然存在官员借机寻租多报或少报，百姓或找关系，或贿赂，或隐匿等行为。吕惠卿等人在地方实施手实法，即由民户自行申报，由官府审核，鼓励邻居举报。但后来此法被废除，因为被攻击是助长告状举报的歪风。①

宋神宗时期之所以要实行免役法，是皇帝考虑到此前农民差役太苦，负担太重，尤其是衙前之役对农民来说苦不堪言，但免役钱又取之于民，如果征收过多，同样会为害于民，那么改差役为免役无异于换汤不换药。在实施过程中，又出现增加十分之二免役宽剩钱的问题，虽然有助于提高政府收入，缓解俸禄压力，但宽剩钱毕竟还是取于民，再加上王安石在执行过程中未能阻止敛财小人的乱为，颇为各方非议，致使该法最终被废除，十分之二的免役宽剩钱是被攻击的焦点之一。

宋哲宗继位后，旧党得势，司马光上书陈述免役法之弊端。他认为过去实施差役法时破产的，只有担任衙前之役的乡村户，因为他们不善办事。那些长名衙前，处事精熟，往往致富，何来破产？免役法有五害，不但加重了贫苦民的负担和地方官的不法行为，也提高了上等户的负担。上等户过去服役固然有时需要包赔，但可以轮流休息，现在出钱比过去多，却年年无休息。② 其实，司马光在宋英宗时期就上奏建议试行募役法，可称为免役法的最早实践者之一。在王安石变法前，张诜在为越州

---

① （元）脱脱等：《宋史·食货志》，中华书局 1999 年版，第 2883—2887 页。
② （元）脱脱等：《宋史·食货志》，中华书局 1999 年版，第 2889—2891 页。

通判时曾经登记百姓户籍，收取役钱，雇人充役，以缓解百姓衙前之役的痛苦。王逵担任荆湖转运使时，允许百姓交钱免役。[①] 司马光执政后废除免役法，恢复熙宁变法前的差役法，但新的差役法并未恢复过去只由上等户服役的规定，而是将五等户皆纳免役钱改为乡村五等户都要服役，使差役变成了轮差之法，当然，其时差募并行，不愿亲身服役的农户也可雇人代役。

其后北宋官员对于要不要废除免役法进行了激烈的辩论。免役法成为新旧两党党争的磨芯之一，沈括、苏轼等人最初都反对免役法，但在其修改完善后，又转变立场，支持保留免役法，说明他们是真正的君子，对事不对人，可惜，又被得势的旧党不容。在一线推行过免役法的人认为，改差为雇后，差役总任务下降，像开封府光衙前就减了数百人，百姓都很高兴。

苏辙反思免役法说，过去担心衙前应雇的都是游手好闲之人，实行十余年后，发现应雇的人并没有大的损害，并没有超过过去乡户当值衙前的危害。天下人之所以认为新法带来痛苦，是因为农民每年都要缴纳役钱是一件困难的事。坊郭户过去苦于被强行摊派，现在与乡村户一同出役钱，免摊派，是很适当的。但因收钱太多，不能长久实行，应该将偏高定额核减至适中定额，可见苏辙总体上是支持免役法的。[②] 苏辙认为，元祐后，差役、雇役反复。过去行雇役法，上、下两个等级的人户"不免咨怨"，而对中等户来说，雇役是最方便的。现在废除雇役，上下二等户当然欢迎，但中等户则反而受害。行雇役法时，中等户每年只需出役钱3贯，10年只有30贯。但恢复差役法后，农民在官府服役，一年就要花费36贯，二年役满就要花费70余贯。罢役回乡后，宽乡可以轮休三年，狭乡不到一年。二者相比，差役五年的花费是雇役十年的两倍。"如此条目，不便非一，故天下皆思雇役而厌差役，今五年矣。"[③]

苏轼的观点与其弟相同，"极言役法可雇不可差，第不当于雇役实费

---

① （元）脱脱等：《宋史·张诜传》，中华书局1999年版，第8532页；《宋史·食货志》，第2880页。

② 苏辙此说表明，在很多地区，农民并不能二选一，用实物交纳役钱。

③ （元）脱脱等：《宋史·苏辙传》，中华书局1999年版，第8659页。

之外，多取民钱，若量入为出，不至多取，则自足以利民"①。李常也说，推行差役法的诏令下达后，老百姓听说不用再缴纳免役钱，都很高兴，但推行久了后，大家才发现不缴钱有其害处，就是有利上等户，如上户极等户过去有缴100—300贯的，现在仅被差当弓手，再雇人服役，每年不过用钱三四十贯。中下户过去缴钱不过二三贯，现在雇人代服承符、散从之役，不下三十贯。差役法有利于上户，不利于其他二三四等户。苏轼、上官均等人都持类似的观点。②

可见在免役法、差役法交替过程中，又出现许多制度上的漏洞。因为朝廷虽然恢复了旧的差役法，却又允许民户雇人代为服役。这就导致过去已经按照家户财产确定的免役钱标准和庞大的征收数据形同废纸。差役法是根据最初的标准确定各等级户的差役义务，有利于上户，不利于中下户。因为上户担任衙前数量有限，大部分上户只需承担弓手等，他们完全可以雇人服役，不但免除当役之苦，而且费用比过去节约好多倍。中下户则恰好相反，费用增加了好几倍。保守派的刘挚等人仍坚持弓手、衙前、边境等要用乡村户、本地人，不能雇人服役，理由是雇役以后，盗贼充斥，因为流浪懒惰的那些人不能履行弓手、耆壮之责，无法缉捕盗贼。但刘挚的说法被苏辙、上官均等人已经证伪了。

免役法虽然在整体上被得势后的旧党废除，但很多雇役的规定仍然保留了下来，元祐年间（1086—1094）恢复的差役法其实是差役、助役（雇役）并行的役制。元祐三年（1088），三省上言建议：

> 朝廷审定民役，差募兼行，斟酌补除，极为详备；而州县不尽用助役钱募人，以补频役之地。③

三省上言中列举了一些可以募役的纲目，如户少无与更代，卸役不及应闲年数，即用助役钱募人代役以足之。狭乡之县役人，除衙前州胥许雇，壮丁直差不雇外，凡州县役人皆许招募。弓手官雇，遴选次序依

---

① （元）脱脱等：《宋史·食货志》，中华书局1999年版，第2895页。
② （元）脱脱等：《宋史·食货志》，中华书局1999年版，第2895—2900页。
③ （元）脱脱等：《宋史·食货志》，中华书局1999年版，第2899页。

次是曾担任过弓手、武勇有雇籍者、他役人。重役人应替而愿仍就募者，可以雇钱受役。就募者须有税产，手艺人应募须有资产人二户作保，有门荫而赎罪的以及曾犯徒刑以上罪的，不得应募。从役项来看，衙前、州胥可以雇役，弓手则官雇，壮丁则不许雇役，只可亲身服役，由乡户轮充。地少人多之乡州县役人皆许招募。

宋哲宗亲政后，又恢复了免役法，条文一律用元丰八年（1085）现成规定，但规定宽剩钱不得超过役钱的十分之一。役钱收取的定额取过去三年雇钱的实际支用数，斟酌着取一年的平均数，确立为每年定额，据此收取。

政和元年（1111），巩州的宽剩钱数量巨大，有官员上奏要求查清多收免役钱的原因，皇帝准奏，说明自宋神宗、哲宗到徽宗，帝王还是比较注意节恤民力的，宋神宗还曾经要求官户缴纳一半标准的免役钱。绍圣年间（1094—1098）恢复雇役之法，至南宋建炎初年（1127）再次废除。官户可以享受免差役的待遇，但有一定的限制，品官本人死亡后的子孙享受的优待减半，荫尽的子孙差役同民户。太学生等可雇人充役，单丁、女户、孤幼户一律免除差役。总首、部将免保正、长差役。

为了防止应募者与官府勾结，祸害百姓，朝廷规定，已经有了招募来的人，官府不得再追寻应役者本人。宋高宗在河朔的时候亲眼看到民间的苦难，感叹县令太不称职，致使许多百姓一次充役，即使全家破产，所以执政时讲究役法务求完备，以免伤民。

南宋乾道五年（1169），处州松阳县提倡义役，由百姓集体捐出田谷，帮助役户轮流充役。义役实际上是一种变相的雇役或免役法，只不过是由民间组织实施的。乾道十一年（1175），御史谢谔认为，如果百姓不愿实行义役，应该允许其本人服差役。皇帝同意。朱熹认为义役有四个不完善之处：

> 或以材智把握，而专义役之利；或以气力凌驾，而私差役之权。是以虐贫优富，凌寡暴孤。义役之名立，而役户不得以安其业；雇役之法行，而役户不得以安其居。①

---

① （元）脱脱等：《宋史·食货志》，中华书局1999年版，第2905页。

淳熙五年（1178），有官员上奏要求提举官每年检查各县推行差役是否适当，根据诉讼多少判定优劣，命令役户轮流管理以避免作弊，设置专门的雇募人以执行官府的规定，做到公私两便，这样义役就能站稳实施了。[①]

人们经常指责保守派是站在地主富户的立场上反对免役法的，这就涉及如何看待上等户的负担问题，对此，仁者见仁，智者见智。保守派的最大代表司马光早在宋英宗时期就承认"置乡户衙前以来，民益困乏，不敢营生。富者反不如贫，贫者不敢求富"。冯京则认为"修差役，作保甲，人极疲劳"。当皇帝强调，百姓皆以免役为喜，因为可以出钱而不用服役，也没有追呼刑责之虞后，文彦博强调，不能因改革祖宗法制失去人心。宋神宗说，士大夫确实对更改法制不悦，但是对于百姓来说，有什么不恰当的吗？文彦博强调，陛下是与士大夫治天下，非与百姓治天下。[②] 显然，在对待士大夫、地主富户等上户的问题上，宋神宗与保守派大臣的观点是不同的，神宗更多是想减轻百姓的负担。

到宋哲宗绍圣年间（1094—1098）再次恢复免役法后，差役法、免役法、差募并行三种不同的服役体制已经在北宋轮行一遍。一般来说，在经济发达地区，乡村上户更欢迎免役法，因为在江南等经济发达地区，商品经济更为发达，农民劳动力货币化渠道更为通畅，以钱雇役更为便当，且能获得比较收益。而在经济不发达地区，如广大北方地区，乡村上户更欢迎差役法，因为一是可以将役负转嫁给佃户，二是北方商品经济不如南方发达，以货币（钱）雇役对乡村户不太便利。当然，无论是在南方的发达地区还是北方的不发达地区，对于广大下户来说，差役也好，免役也罢，都是很重的负担。事实上，北宋役法尽管反复更替，但从普通的下户百姓角度来看，负担似乎并未减轻多少，亲身服役占用农业生产时间，加重劳役成本和包赔责任，雇人代役对于普通下户来说也同样是难题，因为除了售卖米麦农产品外，他们缺乏生钱之道，难以支付同样沉重的免役钱负担。何况下户还有承担前线作战的兵役和建筑、运输等重力役。

实行免役法后，农村下户需要承担的免役钱是多少呢？熙宁四年

[①] （元）脱脱等：《宋史·食货志》，中华书局1999年版，第2879—2906页。
[②] （宋）马端临：《文献通考》卷一二《职役考》，中华书局2011年版，第345—347页。

(1071)十月九日邓绾就已说过,下户的役钱为一千文至二三百文。哲宗元祐四年(1089),苏轼也说,贫下之人,无故出三五百钱。邓苏二人所说的,都是一料的数字,全年役钱数是此两倍。两浙路征收的役钱最少,在熙宁六年(1073)时,第五等的下户平均每户也要承担五六十文的役钱。至于第四等户及其他路的役钱标准,必然高于五六十文每户。熙宁元丰年间(1068—1085),一般米价是每石四五百文,下户役钱多者出一二贯,相当于出三四石米,少者出五六十文,也等于出一二斗米。①

北宋初年所实施的差役法行久生弊,致民破产,地少人多的地区百姓终年不停服役,王安石变法实施免役法,立法本意是好的,但执行时走样,具有简单化、"一刀切"的缺点,没有做到因地制宜,制度弹性不足,人文关怀欠缺,遂成为困扰百姓的弊政。或许可以说,差役、免役在制度上各其优缺,在实施时应根据实际情况不断纠错、调整和完善。"差之为善则以差为法,免之为善则以免为法,互有所得,不可偏废",应当"录长遗短,舍害取利,相辅而用之"。② 对此,经历了免役法与差役法政争与实践的苏轼的观点更为公正。

> 差役、免役,各有利害。免役之害,掊敛民财,十室九空,敛聚于上而下有钱荒之患。差役之害,民常在官,不得专力于农,而贪吏猾胥得缘为奸。此二害轻重,盖略等矣。③

王安石变法时,苏轼与司马光等人同属保守派阵营,都反对免役法,司马光当政后欲废除免役,征求苏轼的意见时,他的态度转变了,反对骤然废除已经实施十余年的募役之法。原因是:

> 法相因则事易成,事有渐而民不惊。三代之法,兵农为一,至秦始分为二,及唐中叶,尽变府兵为长征之卒。自尔以来,民不知兵,兵不知农,农出谷帛以养兵,兵出性命以卫农,天下便之。虽

---

① 朱瑞熙:《关于北宋乡村下户的差役和免役钱问题》,《史学月刊》1964年第9期。
② 华镇:《云溪居士集》卷十八《役法论》。
③ (元)脱脱等:《宋史·苏轼传》,中华书局1999年版,第8645页。

圣人复起，不能易也。今免役之法，实大类此。公欲骤罢免役而行差役，正如罢长征而复民兵，盖未易也。[①]

苏轼此论，说明农与役之间存在职业区分，募役法使农民专心务农，而使力役、差役半职业化，符合自古以来的发展趋势。可惜的是，唐代以来基层公务治理的职役化趋势未能就此改变，免役与差役之争只不过是用何种方式榨取民力，榨取程度多少为宜而已，在根本上无法逆转国家治理与乡村治理间的尖锐矛盾，这一矛盾一直延续下去，直至明、清。

北宋初期差役法的问题在于役种繁多，且苦乐不均，欠缺公平性。如同赋税种类繁杂一样，宋代职役名目繁多，严重挤压农民务农时间，提高了务农成本，不利于农业生产，在乡村社会中占据主体地位的中上户服役过重，导致乡村社会积极性受到挫伤，基层发展动力受到抑制。职役繁多的原因在于北宋治理体系具有"冗官、冗兵、冗事"的体制缺陷，政府未能做到精兵简政，只能通过榨取民力，让百姓协助支撑庞大管理体系的日常运行。在政策制度层面，衙前、里正等重役的服役对象涵盖面不是十分广泛，官户、形势户等被排除在外，下等户也不用服役。尽管在实际操作中，中下等户事实上已经在广泛服役，但从国家制度层面，如何将中下户服役事实转化为制度规定，需要通过法律变更予以正名。熙宁年间开始就出现"钱亦纳，役亦差"的现象，经过神宗、哲宗年间役法的曲折改废，差募兼行的结果是，百姓又被双份榨取，既要亲身服役，又要交免役钱。到了南宋年间，免役钱干脆被并入经总制钱项下，演变为百姓必须缴纳的固定税赋了，如同两宋年间前文所述那些师出无名的临时性收费项目，最后却登堂入室，堂而皇之成为正宗税源一样。这一切之所以发生，根本原因在于封建专制权力没有受到任何限制，官府作为利己的"国家人"具有无限扩张利益需求的冲动，而无须自我约束。

总体来看，北宋役法改革几经反复，但无论是差役、募役还是差募并行，都是治标不治本，本是什么？就是职役的源头——"公事"，公事为什么这么多？根源在于两宋冗繁的治理体系和过多的优免特权。如果不从精

---

① （元）脱脱等：《宋史·苏轼传》，中华书局1999年版，第8645页。

兵简政出发，不从改革优免特权出发，不把公事减少到民力能够承担的程度，只是单纯扩大服役对象或者改差为雇，无异于缘木求鱼，无法从根本上减轻农民负担，宽省民力，其结果，正如马端临所说的那样：

> 差役，古法也，其弊也，差设不公，渔取无艺，故转而为雇。雇役，熙宁之法也，其弊也，庸钱白输，苦役如故，故转而为义。义役，中兴以来，江浙诸郡民户自相与讲究之法也，其弊也，豪强专制，寡弱受凌，故复反而为差。盖以事体之便民者观之，雇便于差，义便于雇，至于义而复有弊，是未如之何也已。①

可见，役法改革纯属技术性改革，结果是循环往复而未能在根本上解决问题。何况，王安石役法改革的一个初衷本就是理财，以增加政府收入为目标的职役改革，当然更无法起到宽省民力的作用。在这个意义上，人们不能将变法失败之责完全归结为保守派的反对与破坏，包括免役法在内的新法无论是在制度设计上，还是在实施原则以及执行过程中存在的内在缺陷同样是变法失败的原因所在。

五　宋代的助农之策

王安石为了改变北宋积贫积弱局面，除了实行保甲法、保马法之外，还着力在经济上予以改革，推行青苗法，给农户发放小额贷款；推行农田利害条约，开垦废田，兴修水利；实行方田均税条约，解决隐田避税现象。

青苗法

青苗法是指，以常平仓、广惠仓的储粮折算为本钱，在夏秋未熟之前，借钱给居民，主要是农民。贷钱以酌中粮价折合，收成后加息十分之二还粮或还钱，每年夏秋两次随两税还纳。为防止借户逃亡，由五户或十户以上结成一保，由第三等以上户（地主或富裕农民），充作"甲头"。客户借钱，更须主户作保。借钱按户等限定额度，一等户十五贯，二等户十贯，三等户六贯，四等户三贯，五等户只一贯。结果是越贫困的农户借额越少，地主富户反而较多。为解决这一问题，又制定"抑配"

---

① （宋）马端临：《文献通考》卷一三，《职役考二》，中华书局2011年版，第380页。

之法，即强行要求富户借贷交息。①

青苗法最初执行自愿原则，但地方官为追求新法政绩，常常强迫不需要者借贷，进而强迫坊郭户也要借贷青苗钱，甚至出现过州县官吏发放常平钱不出本，就要求百姓出利息之事，②可见，上面的政策到基层实施常常走样，自古皆然。保守派反对青苗法，这是一个主要的口实。对变法派强调的百姓既可以贷青苗钱，也可不贷，听凭自便的观点，司马光反驳说，愚昧的人只知道贷款的好处，不知道还债的痛苦，平民对外借钱取息，还可以蚕食贫穷的下户人家，何况县官贷青苗钱还有官府督责的权威，富人在向穷人借债的时候也没有强迫，但结果是借钱的穷人还不了本息③。但是，王安石认为，只要借贷人自愿，贷青苗钱给坊郭户也没有什么害处④。

反对派另一个有力的攻击借口是十分之三以上的利息相当于是高利贷，而民间纷纷传言，说是天子在放高利贷。韩琦认为，青苗法的实际利息并非二分，而是四分，超过《周礼》规定的一倍。青苗法的立法目标本应是惠及小民，避免富人趁百姓急难借钱加倍勒索利息，官府不要试图从中获利，但现在一等户以下都规定了借钱数额，如果没有强迫借钱之令，上等户肯定不愿意向官府借钱，下等户和无产业户虽然愿意借，但是将来必定难以偿还，因此，他认为青苗法有很大隐患，使得上下之人都很惶惑。⑤

与高利贷百分之百的利率相比，青苗法的贷款利息为20%，确实不高，但由于分夏秋两季贷款，在实施过程中，又存在人为加息现象，实际利率并不低。例如，青苗法在河北实施时，"……兼并之家，今令多借之钱，一千令纳一千三百"，利息达到30%。其实，青苗法在最初策划的时候，李常曾经建议不要收取利息，⑥但未被采纳。青苗法在盘剥富户的同时，也严重盘剥了真正需要贷款的贫困户，甚至有人指责青苗法蜕变

---

① 范文澜主编，蔡美彪等著：《中国通史》第五册，人民出版社2015年版，第150页。
② （元）脱脱等：《宋史·李常传》，中华书局1999年版，第8726页。
③ （元）脱脱等：《宋史·司马光传》，中华书局1999年版，第8612页。
④ （元）脱脱等：《宋史·食货志》，中华书局1999年版，第2870—2895页。
⑤ （元）脱脱等：《宋史·食货志》，中华书局1999年版，第2869页。
⑥ （元）脱脱等：《宋史·李常传》，中华书局1999年版，第8726页。

为官府辗转放高利贷、收取利息的苛政。

王安石实行青苗法的主要目的，一是迫使富户出息，从富户手中敛财。二是与地主富户和民间高利贷者争夺部分金融利益，二者目的都是为北宋朝廷牟利，达到理财兴国目的。王安石是从为政府理财的角度来看待问题的，保守派则是从利农助民的角度看待问题，王安石强调的是开源，司马光等人则强调节流。司马光还担心，青苗法不但有近患，更有远忧。抑配强迫借贷和贫富相保的政策将会导致"贫者既尽，富者亦贫。十年之外，百姓无复存者矣"[1]。作为儒家的道德楷模，司马光是以父母对子女之心来看待官府的保民爱民之责的，与王安石将百姓和社会作为财源是完全不同的价值观和方法论。

苏轼认为，常平法在救济百姓方面已经很完备了，不宜再实行青苗法，青苗法现在虽然禁止抑配（强行摊派），但数世之后，难保暴君污吏不会胡作非为。现在坏常平而言青苗之功，亏商税而取均输之利，太过分了。

司马光、文彦博、韩琦等人多次向宋神宗陈述青苗法的扰民之害，欧阳修等人则在地方阳奉阴违，不愿推行青苗法。宋神宗面对支持、反对两派，也是迟疑不决，于是派宦官去做社会调查，但保守派说，二位宦官与王安石交好，回来告诉皇帝老百姓都说青苗法政策好，没有强迫借贷。

熙宁三年（1070）正月，宋神宗"诏诸路散青苗钱禁抑配"[2]，同时禁止阻挠自愿借钱。禁止抑配之后，青苗法事实上已经无法实现其立法目标了。宋哲宗元祐元年（1086），青苗法被废除。[3]

《农田利害条约》

《农田利害条约》与青苗法同时实施。"条约"鼓励各地开垦废田，兴修水利，建立堤防，修筑圩坝，以利农业生产。如工程浩大，民力不足，可依青苗法，由官府借钱，许延期作两限或三限送纳（一限半年）。

---

[1] （元）脱脱等：《宋史·司马光传》，中华书局1999年版，第8613页。
[2] （元）脱脱等：《宋史·神宗本纪》，中华书局1999年版，第183页。
[3] 作为守旧派的代表，司马光无视新法中的积极因素，全面反对新法。司马光曾写信给王安石，攻击王安石变法是"侵官、生事、征利、拒谏"，致使"天下怨谤"。司马光还上疏朝廷，列举新法在六个方面的过失：一是青苗钱，使民负债，官无所得；二是免役敛钱，养浮浪之人；三是置市易司，与民争利；四是"侵扰四夷"（指熙河之役），得少失多，五是保甲扰民；六是兴水利劳民费财。司马光的奏疏，几乎涉及王安石所有的措置，对变法发动了全面的攻击。

官府借钱不足，允富户出钱借贷，依例出息，由官府计账催还。青苗法与《农田利害条约》，相互为用，朝廷由此又可剥削取利，但为农田兴利，对推动生产的发展还是有益的。①

为抑制日益严重的土地兼并，解决隐田避税现象，熙宁五年（1072），司农寺制定方田均税条约，颁布执行。条约规定每年九月由县官丈量田地，以东西南北各千步为一方，共 41 顷 66 亩 160 步，根据肥瘠程度，将土地分为五等，规定各等税额。丈量后，于次年三月向民间公布，分发方帐、庄帐、甲帖、户帖四种土地帐帖，作为"地符"，分家析产、典卖割移都以丈量后的田亩为准，由官府登记，发给契书；诡名挟佃者，都要合并改正；各县的税数以最初的定额为限，不得使用合零就整等手段超溢旧额；荒地归耕佃之家，不再追查；瘠卤不毛之地，允许佃种，皆不立税。到 1085 年，先后在开封府界、京东、陕西、河北、河东五路，丈量出大量隐漏的田产，为宋王朝增加了大批的税收。②

六　宋代农民的负担

从士大夫或文学家的角度来看，宋代尤其是北宋似乎是文人天堂，有人甚至以"风雅宋"来形容宋代的文化情调、市井生活，特别是歌颂宋仁宗的仁者之治，认为在仁宗时期的国家治理尤其是中枢治理似乎具有现代政治的某些要素，在诸多决策方面，形成了皇帝与大臣的"共治"，有的描述仁宗时期朝堂生活的著作就称为《共治时代》。中国历史上恐怕很难谈得上"共治"，如同公元前 841 年的"共和"也并非是真的共和一样。从国家治理来看，仁宗的谦逊、克制不如说是懦弱、昏愦。仁宗御极四十年，确实内外总体和平，社会稳定，文治灿烂，但对于北宋国家体制中的诸多弊端，如田制、役法、"三冗"现象未能更早予以改革，将矛盾都累积到后朝，不能不说与他逃避矛盾，没有勇气直面改革有关。即使在仁宗时期，兵变、民变也此起彼伏。仁宗并非从善如流，

---

① 范文澜主编，蔡美彪等著：《中国通史》第五册，人民出版社 2015 年版，第 150—151 页。

② 史仲文、胡晓林主编，鲁亦冬著：《中国全史·中国宋辽金夏经济史》，人民出版社 1994 年版，第 116 页。

只是他不如一般暴君那样与大臣激烈对抗，而是采取软磨硬拖的方式来表达自己的不同意态度而已。

从艺术的角度来讲，北宋文学、美术、书法等确实光辉灿烂，但由于中枢治理百弊丛生，官府为了养官、养兵、养贵族，甚至赎买对辽、夏的和平，不得不以日益榨取民力为代价。有宋一代，百姓负担异常沉重，两宋基层百姓的生活压力在古代历史上不说是最高的，至少也能名列三甲，前文所述，北宋不立田制，在王朝中前期就出现土地兼并现象，客户所占比例越来越高，加之田赋及其附加、徭役、职役繁重，两宋百姓生活悲惨。

我们可以福州府一个五口之家的主户农民为例，来合理匡算宋代农民的繁重负担。

淳熙九年（1182），在福州的垦田总数中，民户拥有的共为3530872亩，园林、山地、池塘、陂堰等中，民户所有数为4678992亩，其时福州共有主客户321282户，其中主户211590户，客户109692户，主客丁共有579177人，其中主丁为392327人，客丁为186850人。根据以上数据，淳熙九年（1182）时，福州每位主户家庭平均所有的民田是16.68亩，每位主丁所有的民田约为9亩；园林、山地等，每位主户家庭平均所有约为22.11亩，每位主丁所有约为11.93亩。

太平兴国五年（980），确定中田田赋为每亩4文4分，米8升；下田每亩3文7分，米7升4勺。园，每亩10文。丁，每人交纳100文。全州总为：夏税钱15063206文钱，米102528.468石。绍兴十九年（1149）行经界法后，根据田等征税，多者每亩钱5文，米1斗5升，少者钱1分，米仅合勺，不过一般还是维持每亩钱4文以下，米1斗以下的标准。淳熙年间，全府每年征收夏税钱约为8148贯，秋粮米111002石左右，加上盐、役等各类征收，总数每年达到70万贯钱。在8148贯中，以3690贯作为折科，物帛是，绸1000匹，䌷布10000匹，小麦1500石，折变标准是绸每匹原折产钱650文，䌷布每匹原折产钱244文，小麦每斗原折产钱47文，计算后为3795贯，与3690贯折科数相差105贯。[①]

[①] （宋）梁克家：淳熙《三山志》卷第十，版籍类一；卷第十一，版籍类二；卷十三，版籍类四；卷十七，财赋类。

当时官庄田共有 190.3 亩，租课钱为 10200 文，说明每亩官庄田每年的租金及田赋为 53.6 文。官庄园林、山地、池塘、陂堰等共为 157084.2 亩，租课钱 55547 文，每年每亩租金及田赋仅为 0.35 文。但是各县租课钱相差较大。以田来说，怀安县平均每亩租课钱为 375 文；古田县每亩 34 文，另加米一斗；宁德县每亩 29.85 文，另加米一斗；长溪县官庄田租课钱每亩仅约 2 合米。园地租课钱各县差异也极大，闽县每亩高达 441 文；福清县则仅为 2.12 文，另加大麦 3.1 斗；怀安县为每亩 38.7 文；长乐县 92036 亩园地，仅收租课钱 1110 文，每亩租课仅为 0.012 文，几乎相当于白种。

乾道八年（1172），福州所没官田、园、屋舍面积总计为 199665 亩，已卖 42388 亩，得钱 28587 缗；未卖 157277 亩。[①] 据此可知，当时福州的没官田及园、屋舍价大约为 674 文一亩，价格相当低廉。

根据以上总数，我们假定一个主户自耕农家庭共有五口人，父母和三个孩子（二子一女），其中男丁 2 人，分别为父亲、长子、次子、女儿未成年。[②] 五口之家，男丁 2 人，全家有田 18 亩。首先来看全年田地收入，当时南宋每亩水田可产米 2 石，当时米每石为 2750 文钱，那么全家每年田上收入为 36 石 × 2750 文 = 99000 钱，即 99 贯。如果加上 20% 的非田收入，那么全家年收入可达 118.8 贯钱。

五口之家，有田 18 亩的自耕农需要交纳多少赋税和役钱呢？以南宋年间福州普遍每亩每年田赋钱 4 文、米 1 斗为标准计算，共计折现钱（按米的市场价）为 279 文[③]，18 亩通计，全年需交纳正税 72 文钱、米 1.8 石，折钱 4950 文，二者相加两税正税 5022 钱。正税外，各类附加税及役钱可参见表 5—15。

---

① （宋）梁克家：淳熙《三山志》卷第十，版籍类一。

② 五至七口之家是宋代下层人民一般家庭的人口数。苏轼曾经援引王天麟言："岳鄂间田野小人例只养二男一女，过此辄杀之……"这就是民间的"生子不举"现象。农民之所以采取极端手段自我限制生育，根本原因在于政府征收身丁钱（人头税），加上农业生产力水平低，子女过多会加剧家庭贫困。有关研究参见臧健《南宋农村"生子不举"现象之分析》，《中国史研究》1995 年第 4 期。

③ 如与前述同为淳熙年间的新安郡田租相比，福州亩纳正税要低很多，前述新安郡上田每亩夏秋两税所交钱帛如按市场价折钱共为 1736 钱，如按《新安志》所载则为 2800 钱，后者当为绢帛等折变后增的百姓真正负担。

表 5—15　淳熙年间福州田赋附加税及免役钱等亩均、户均总表①

附加税	征纳标准	本次亩均取值	18 亩合计	18 亩合计折现钱（市场价）（文）
正税加耗	每石加耗米三至七斗	每石加五斗	9 斗	2475②
助军米	资产十万之户纳	0	0	0
农器税	每亩一文五分	每亩一文五分	27 文	27
斛面	一石正苗增至一石至三石	每石加一石	1.8 石	4950
畸零	每 100 文收 2 文，每 100 增 2 文，至 700 文收 15 文	按田赋每亩 2 文收	2 文	2
牛革筋角税	每租 200 石，缴纳牛皮 1 张，折钱 1500 文	按 1.8 石等比例缴纳	13.5 文	13.5
进际税	耕地：每十亩虚增六亩，每亩纳绢 3.4 尺，米 1.5 斗	耕地：每十亩虚增六亩，每亩纳绢 3.4 尺，米 1.5 斗	虚增 10.8 亩，纳绢 10.8 × 3.4 = 36.72 尺；米 10.8 × 1.5 = 16.2 斗	36.72 × 83.33 文/尺 = 3060，16.2 × 275 文/斗 = 4455
头子钱	每贯增至 53 文	同比例分摊	72 × 0.053 = 3.82 文	3.82
和籴	税粮一石，和籴一石	同比例分摊	1.8 石	4950
义仓	税米二石而输一斗，缴税不及一斗者免	同比例分摊	0.9 斗	247.5

---

①（宋）梁克家：淳熙《三山志》卷一七，财赋类。同时根据前表所列全国各地附加税标准套入计算。本表计算原则，是根据正史和《三山志》明确记载的予以计算，如无明确计算，则按福州最近时间、最近地区的附加税征收标准进行类比计算，因资料缺乏，不可能做到精准明确，部分附加税，如助军米、折帛钱等或超出户等，或因无具体的亩均标准，只能弃而不计，作零处理，故该表数据只能是供参考比对。

② 史书没有明确记载淳熙年间福州地区每石米的市场价格，而准确计算米帛的市场价对于我们理解当时农民的负担至关重要。《三山志》所记载的淳熙年间米斗 460 文是折纳价，与真实的市场价差距颇大，综合淳熙年间前后及与江浙福建周边地区综合比对，去掉丰年、灾年等影响因素，本书认为，淳熙年间每石米的市场价格当在 2500—3000 钱，本书取其中间数为每石米市场价 2750 钱进行计算。同样，绢每匹高者为 4 贯，低者为 3 贯，取中间数 3500 钱计算。

第五章　宋元时期的乡村治理　/　265

续表

附加税	征纳标准	本次亩均取值	18亩合计	18亩合计折现钱（市场价）（文）
折帛钱	0	0	0	0
支移脚钱	每石贴三斗七升	同比例分摊	6.66斗	1831.5
身丁钱	每丁100钱	后诏放	0	0
	七丁科绢一匹	本户2丁	0.286匹绢	1001
丁盐钱	每丁200文	本户2丁	400文	400
合计				23416.32
免役钱	免役钱缴纳标准不同	以每纳钱1文，两科缴纳18文①	72×18=1296文	1296
物力钱②	每值1贯，两科共缴纳6文	以第四等户家资40贯计③	240	240
总计				24952.32

以上附加税为24952.32钱，平摊到18亩田，则亩均为1386.24钱，加上279钱正税，每亩须向官府缴纳1665.24钱。此数如与同为淳熙年间的新安五县亩均2800钱的相比要少不少，但新安五县仅仅是夏秋两税用度，并未包括役钱等杂费。与新安五县上田夏秋两税折算市场价的1736钱相比，也有所差距，但福州此处匡算并未计算和买、折帛等杂税在内。

从纯田收入看，福州每亩田产米2石，每石2750钱，收入为5500钱，正税、附加税、役钱等项相加，共约为每亩1665钱，农户每亩交给

---

①　闽县、侯官县是每纳钱1文，两科缴纳24文，其他各县有12.6文、16.14文、12.86文、11.48文、15.82文、13.7文等各类标准。今取11—24文的中位数18文计算。

②　淳熙《三山志》记载福州当时征缴物力钱。

③　绍兴府家业钱达38.5贯，算四等户。其下，算五等户。北方的定州安喜县四等户家业为24贯。南宋末年在徽州是按照税钱划分户等，缴纳税钱不满一贯的为四、五等户。福建路也是按照税钱划分户等。极等户产钱也不过五贯。如按18亩、每亩4文税钱共72文的标准，肯定是四等户。但四等户的物力钱是多少并不明确。再反过来套用绍兴府的家业钱划分户等标准，假定福建路四等户标准为家产在40贯以上。见王曾瑜《宋朝划分乡村五等户的财产标准》，载《宋史研究论文集·中华文史论丛增刊》，上海古籍出版社1982年版，第33—56页；王曾瑜《涓埃编》，河北大学出版社2008年版，第244—270页。

官府的赋役费用占收入的30%，大大超过十税一的标准，这还不包括农民所服的力役、夫役所耗费的时间成本和金钱成本。

另外，当时福州十二县全年的两税、商税、盐课、牙契、房租以及官稍、兵给与正供，加上州官吏、宗子、诸军俸料、赏给与凡州之费，全部加在一起，每年费用为70万贯钱，当然全部取自百姓，而其时福州共有主客户321284户，以平均而论，每户须交税钱为2.18贯。如只计算主户，则每户为3.3贯，相当于一石二斗白米之价。

我们再将福州府与苏州府进行比较，不难发现，福州府的人均负担是小巫见大巫了。北宋大中祥符年间（1008—1016），苏州府每年缴纳夏税丁身盐钱16252贯946文，绢54487匹，绸2714匹，白粳米313769石。元丰三年（1080），苏州府共缴纳帛80000匹，米349000斤，纩（丝绵）25000两，免役钱85000缗。到了南宋淳熙十一年（1184），缴纳米343257石，夏税折帛钱439356贯，上供诸色钱1231209贯。如以每石米价3贯计算①，则该年苏州府上缴总数为2700336贯，约为福州府的4倍。该年苏州府共有173042户，298405人，平均每户15.61贯，人均9.05贯。宝祐五年（1257），年征米303808石，自此形成定额，官民之害由此始。景定元年（1260）后，每年实征税356556贯，米283951石。② 苏州重税，并非始于明洪武年间，而是其来有自。

新安五县和福州十二县农户家庭须向官府缴纳的赋税、役钱等数额表明，宋代农民的负担相当沉重。更重要的是，相比其他朝代，宋代官府为了解决"三冗"之需，汲取民力花样层出不穷，逐渐沦为制度性现象，在不良官场风气的影响下，宋代官吏剥夺民力、鱼肉乡民自然是不择手段、毫不收敛，以至于到了南宋时期，竟多次由皇帝下令予以制止。淳祐十一年（1251）九月，皇帝下敕说：

> 监司、州县不许非法估籍民产，戒非不严，而贪官暴吏，往往不问所犯轻重，不顾同居有分财产，壹例估籍，殃及平民。或户绝

---

① 淳熙年间，江浙一带的米价自丰年的不到2贯到灾害之年的4贯，综合这一时期的其他米价数据，取其中间数，每石米为3贯市值，应当是适宜的。

② 乾隆《苏州府志》卷八《户口》《田赋》。

之家不与命继；或经陈诉许以给还，辄假他名支破，竟成干没；或有典业不听收赎，遂使产主无辜失业。①

景定元年（1260）九月，皇帝再次敕曰：

州县检校孤幼财产，往往便行侵用，洎至年及陈乞，多称前官用过，不即给还。自今如尚违戾，以吏业估偿，官论以违制，不以去官、赦、降原减。②

地方官侵夺孤幼财产，竟然需要皇帝下诏揭露制止，这说明古代中国的地方治理有多黑暗，贪官污吏巧取豪夺百姓资产的现象又是多么严重。

七　宋代乡村生活

宋代文学艺术发达，诗人词家遍出，描绘乡村生活的作品不胜枚举，既有展示恬静乡村风光的，也有描述农民艰苦辛酸生活的，或是在对乡村生活白描式的描绘中展现农民辛苦劳作场景的。北宋诗人梅尧臣和南宋诗人范成大是关注、咏叹乡村生活较多的现实主义诗人。

村豪③

日击收田鼓，时称大有年。烂倾新酿酒，饱载下江船。
女髻银钗满，童袍毳氍鲜。里胥休借问，不信有官权。

梅尧臣的这首《村豪》直白形象地描写了乡村田主富豪的奢侈生活，鞭挞了古代"土豪劣绅"的骄横，揭露了宋代乡村苦乐不均、贫富悬殊的客观现实，有助于人们了解宋代农村的主客户关系和阶级分化状况。

---

① （元）脱脱等：《宋史·食货志》，中华书局1999年版，第2800页。
② （元）脱脱等：《宋史·食货志》，中华书局1999年版，第2800页。
③ 以下诗词资料来源于"古诗词网"，网址：https://m.gushici.net/shici/07/50232.html。

陶者

陶尽门前土，屋上无片瓦。十指不沾泥，鳞鳞居大厦。

《陶者》这首只有二十个字的绝句，短小但精练，微言却富有大义，对比鲜明，情感强烈，极见梅尧臣的诗词功底。《村豪》从侧面反映贫富悬殊现象，《陶者》则直面贫富差距，高度同情制陶人，直接讽刺了着锦衣玉食、住明堂大厦的不劳而获者。

蚕妇

昨日入城市，归来泪满巾。遍身罗绮者，不是养蚕人。

与《陶者》有异曲同工之妙的是张俞的《蚕妇》，该诗别出心裁，并未直接描写蚕妇之辛，而是以蚕妇到城中卖丝看到罗绮者后"泪满巾"的景象，既讽刺了罗绮者，又表达了对劳动人民的强烈同情。历史上以"蚕妇"为主题或与之有关的诗作还有很多，南宋大诗人陆游也写过多首，但以张俞的这首最为有名，原因即在于不但表现手法巧妙，而且情感深沉。

宋代新乐府性质的现实主义诗作与唐代新乐府诗有所不同。王维、孟浩然等人的田园诗关注的是田园风光，将静谧的乡村风景与诗人心境合二为一，田园风光不过是诗心的景象化表现，农民的具体生活和民间疾苦是没有被纳入进来的。唐代新乐府诗中对乡村生活和农夫疾苦的描述是通过《农家词》《田家词》一类的专门性体裁进行的，诗中少有对田园风光的描写，故在传统上不被视为田园诗。宋代的诗人们力图将田园风光的描绘和乡村民生疾苦的叙事融汇到一起，其代表人物是范成大，他的《四时田园杂兴》共有五组60首诗，分咏春日、晚春、夏日、秋日和冬日的田园生活，是古代田园诗的集大成者。范成大的五组诗在描写乡村风光、农耕劳作的同时，巧妙将农民的辛劳、委屈和官府的催税等穿插进来，表达了对底层人民的同情和官府政策的不满，实现了写景、记事、抒情三者的交融。

四时田园杂兴（夏日）

梅子金黄杏子肥，麦花雪白菜花稀。日长篱落无人过，唯有蜻蜓蛱蝶飞。

五月江吴麦秀寒，移秧披絮尚衣单。稻根科斗行如块，田水今年一尺宽。

二麦俱秋斗百钱，田家唤作小丰年。饼炉饭甑无饥色，接到西风熟稻天。

百沸缫汤雪涌波，缫车嘈嚷雨鸣蓑。桑姑盆手交相贺，绵茧无多丝茧多。

小妇连宵上绢机，大耆催税急于飞。今年幸甚蚕桑熟，留得黄丝织夏衣。

下田戽水出江流，高垄翻江逆上沟。地势不齐人力尽，丁男长在踏车头。

昼出耘田夜绩麻，村庄儿女各当家。童孙未解供耕织，也傍桑阴学种瓜。

这首诗的信息非常丰富，"寒""单"等句是对农民辛苦劳作的实景式描述，"斗百钱"即每石麦值 1000 钱，就可以看作丰年，说明了当时粮价与农民收入的关系。"小妇连宵上绢机""丁男长在踏车头"表明当时的乡村生产模式是男耕女织，白天耘草，晚上搓麻，连夜织绢，主业副业并行增加收入才能应付租税和家庭开支，而且是全家老少齐上阵，小孩子也早早在学习种瓜，真是"穷人的孩子早当家"。"大耆催税急于飞"是指当时的耆户长或甲头们正在执行催缴任务。但是，当时农民生活尚过得去的原因是遇到了小丰年和蚕桑熟，才可能维持日常温饱，一旦遇上荒年，日子就没有那么好过了。

在《催租行》和《后催租行》中，范成大诗风大变，直面现实，通过白描的方式将胥吏催租敲诈的贪婪腐败和百姓无力应对敲竹杠的窘迫无奈刻画得入木三分。

催租行

输租得钞官更催，踉跄里正敲门来。

手持文书杂嗔喜，我亦来营醉归耳！

床头悭囊大如拳，扑破正有三百钱。

不堪与君成一醉，聊复偿君草鞋费。

后催租行

老父田荒秋雨里，旧时高岸今江水。佣耕犹自抱长饥，的知无力输租米。

自从乡官新上来，黄纸放尽白纸催。卖衣得钱都纳却，病骨虽寒聊免缚。

去年衣尽到家口，大女临歧两分首。今年次女已行媒，亦复驱将换升斗。

室中更有第三女，明年不怕催租苦。

《后催租行》中的"黄纸放尽白纸催"告诉人们，地方官"上有政策，下有对策"，漠视中央政府禁令，强征农民税收的行为古已有之，历朝历代概无例外。当然，也有人强调，黄纸、白纸不过是封建统治者搞一面敕免，一面征税，唱的双簧戏而已。

除了以上几首重要诗作外，翁卷的《乡村四月》、杨万里的《悯农》、王炎的《南柯子·山冥云阴重》都是咏农的佳作。

乡村四月

绿遍山原白满川，子规声里雨如烟。乡村四月闲人少，才了蚕桑又插田。

悯 农

稻云不雨不多黄，荞麦空花早着霜。已分忍饥度残岁，更堪岁里闰添长。

《乡村四月》上半部写乡村景色风光，下半部叙四月农事，先景后事，娓娓道来，道出了农家的苦累。杨万里的《悯农》虽然不如唐代李绅同名诗那么广为人知，但同样开门见山，一上来就描绘因天旱霜冻，农作物歉收的凄惨景象。此景并非"明月松间照，清泉石上流"式的山村美景，也不是"采菊东篱下，悠然见南山"式的田园牧歌，而是对农夫不利的恶景，在这样一个歉收的恶年，农夫们不得不忍饥挨饿度过一年中剩下的几个月，不料今年却又是闰月，挨饿的时间又要多上三十天了。

南柯子·山冥云阴重

山冥云阴重，天寒雨意浓。数枝幽艳湿啼红。莫为惜花惆怅对东风。

蓑笠朝朝出，沟塍处处通。人间辛苦是三农。要得一犁水足望年丰。

王炎这首《南柯子·山冥云阴重》一反宋词以瑰词丽语营造诗情画意的主流风格，沉郁理性地奉劝时人不要惜花伤春，而要看到农民的辛苦劳作。王炎以词言志，表达了对乡村人民的深刻同情。

宋代诗词各有分工，诗言志，词抒情。彰显批评理性、讽喻时政的功能主要由诗这种文学体裁来担任，像王炎《南柯子》一类主题为悯农、咏农的词作在宋词中并非主流，更多的是类似于苏轼的《浣溪沙》和辛弃疾的《清平乐·村居》等词作，皆以描写田园风光和农家生活为主调，只间或流露出作者的情感。据不完全统计，苏轼以《浣溪沙》为词牌共作词至少52首，其中徐州五首和黄州五首都是系列组词，在徐州任职时创作的五首《浣溪沙》都是描述乡村景色和乡野生活的。

浣溪沙·软草平莎过雨新

软草平莎过雨新，轻沙走马路无尘。何时收拾耦耕身？
日暖桑麻光似泼，风来蒿艾气如薰。使君元是此中人。

浣溪沙·簌簌衣巾落枣花

簌簌衣巾落枣花，村南村北响缫车，牛衣古柳卖黄瓜。
酒困路长惟欲睡，日高人渴漫思茶，敲门试问野人家。

与梅尧臣、范成大等人相比，苏词描述的多为闲适温暖的村野景象，词中也涉及耕纺耘织等农事，却似乎少见对农夫"野人"的伤悯之情，但并非就可以得出结论，认为苏轼不关心劳动人民，事实上，从前述役法的争论中可以看出，苏轼非常关心差役带给农民的沉重负担，他的诸多立场都与此有关。苏词《浣溪沙》所体现的恬静古典风格，更可能是由诗人达观积极的人生态度所决定的。

清平乐·村居

  茅檐低小，溪上青青草。醉里吴音相媚好，白发谁家翁媪？
  大儿锄豆溪东，中儿正织鸡笼。最喜小儿无赖，溪头卧剥莲蓬。

辛弃疾的这首词以农户家庭成员活动为切入点，以白描的方式，寥寥几笔就描绘出了一家五口在春日乡村的生活剪影，有趣中又含蓄地透露出乡人的辛苦：大人们可能已经下田干活了，半大的孩子们都在锄豆织笼，也许只有白发的翁媪和无赖的小儿才能开心悠然地享受生活。

第四节　元代的国家治理体系

元代是中国历史上第一个由少数民族统治的全国性政权。少数民族传统部曲奴隶式治理体制与中原汉族已经施行上千年的中央集权与地方分层治理结合的国家治理体制之间存在极大张力，产生激烈碰撞。同为少数民族政权的辽朝的国家治理实行"国制"[①]、汉制两个系统并行，金朝迁都燕京后全用汉制。元朝制度基本沿袭金宋旧制，但也保存了部分蒙古旧制，在国家治理的诸多方面划分民族等级，实施民族压迫。

为加强统治，灭金后，蒙古统治者任用汉化的契丹贵族耶律楚材等人，保留农田，维持金朝旧地的农业、手工业和商业生产，设立十路课税使，沿用中原赋税制度，选择汉儒征税，并订立赋税制度，加强集权，限制蒙古贵族权力。

忽必烈自立为汗后，推行"汉法"，改革旧制。他依据汉族封建王朝传统，称皇帝，铸"皇帝行宝"及宣命玉玺和金玺，将诸王印章分为六等，区分蒙古贵族等级，提高皇帝权威；建立年号（中统），设中书省、行中书省，任命丞相、平章政事、参知政事等官职。1271 年，忽必烈采

[①] 即契丹固有的制度，辽朝实行蕃汉分治，国制治契丹，汉制待汉人。

纳汉臣建议，建国号为"大元"，仿汉制制定朝仪，建立皇太子制度。灭宋后，忽必烈在汉人官员的辅佐下，建立中央、地方官制，修订法律，建立司法制度。不过，元代的诸多政治制度中仍保留有一定的蒙古旧制。

在中央官制上，金代罢中书、门下两省，实行一省制，以尚书省总揽政务。元初实行一省多相，后改为两省多相，最终以中书省取代尚书省。

元代中央政府设中书省、枢密院、御史台、宣政院，四个系统互不统属，都直接对皇帝负责。中书省总理全国政务，下设吏、户、礼、兵、刑、工六部。中书省以皇太子兼中书令，如果太子空位则为虚衔。中书省设左右丞相、平章政事、左右丞和参知政事为宰辅，由左右丞相实际主管省务，右丞相地位高于左丞相，原则上只用蒙古人，南人不得进入中书省担任宰辅。1303年，确定左、右丞相各一员，平章二员，左、右丞各一员，参知政事二员，定为八府[①]。各部设尚书、侍郎分理政务。

枢密院是全国最高军事机关，掌管宫廷警卫、边疆守卫、军事训练、军队调动、将领升降选罢等，设知院、同知等官。中央和地方与军务有关的部门或工作皆受枢密院调度安排。枢密院最高长官为枢密使，也由皇太子兼任。枢密院初设枢密副使为实际负责人，后增设知枢密院事（知院）为实际最高长官，其下有同知枢密院事、枢密副使、佥书枢密院事等职。知院、同知以蒙古人为主，参用色目人，副使以下，参用汉人。枢密院派出的地方机构为行枢密院，几经罢设后只作为临时性指挥机构。[②]

御史台为最高监察机关，负责向皇帝谏言，纠察百官善恶，兼负追理财赋责任，下设殿中司和察院。宣政院前身为总制院，是元代特有机构，负责管理全国佛教事务，统领吐蕃的政务和军事。

元初先后设中书左右部、制国用使司、尚书省，作为专管财赋的机构，后皆撤销，并入中书省。

在地方官制上，元代最大的创新是设置行省。省本是中央的中枢机关名称，为何变成地方行政建制呢？起因在于金代曾派遣尚书省臣到地

[①] （明）宋濂等：《元史·成宗本纪》，中华书局1999年版，第303—304页。
[②] 白钢主编：《中国政治制度史》，社会科学文献出版社2007年版，第592页。

方统领军政，称为"行尚书省事"。元代建国后，在中央设立中书省的同时，沿用金代旧制，派遣中书省臣到地方执政，称为行中书省，此后其简称"行省"成为固定官称，并演化为地方行政区划的名称，沿用至今。元代共设十一个行省，分统除中书省直辖各路之外的各大地区，形成了"都省握天下之机，十省分天下之治"的行政区划格局，行省为一级政区，各省长官为平章政事。

行省下设路、府、州、县四级政区，按人口多寡、土地广狭分为上、中、下三等。路设总管府，隶属于行省。路领州、县，州领县。府或隶属于路，或直属于省，下领州、县或只领县。州隶属于路、府，有些直隶于省，有些则无属县。路、府、州、县皆设达鲁花赤一人，为最高长官，由蒙古人担任，享有特殊地位，但通常不实际管事，称为"监临官"。行省还在一些边远地区、民族地区特设宣慰司、招讨司以及行枢密院、行御史台等机构。

李璮之乱后，为消除金末以来中原地区形成的兵权民权集于一身的大小汉族世侯叛乱的可能性[1]，忽必烈采取一系列加强中央政府专制集权，削弱地方势力的举措。一是在各地实行兵民分治制度，避免地方长官集军政、民政大权于一身，过去各路的军民总管转变为只理民政的路总管。二是立迁转法，收缴世侯符节，要求易地为官，废除各地管民官世袭制度。三是解除汉地世侯家族兵民之权聚于一门者的职权，诸侯总兵子弟不得再从事军队工作。四是立枢密院，统领侍卫亲军和各地蒙古、汉军万户，将军权集中在中央政府手中。[2]

蒙古统治者在社会治理方面最具民族分化、歧视和压迫的做法是将全国居民分为蒙古、色目、汉人、南人四等。蒙古人为国族，色目为原西北地区各民族。汉人指淮河以北原金国境内汉族等各民族人民。南人

---

[1] 世侯制度是指辽宋金元时期管理北方汉族武装首领的特殊制度。成为世侯的既有勋爵功臣、军伍将领，也有地方豪强。辽代时，世侯指汉人佐命功臣及汉人世豪；宋朝指常胜军；金朝指猛安谋克、九公封建；元代指汉人万户、千户及百户。中央政权或出于统治力量不足，或出于政治笼络，允许世侯在当地设置公府，任命官吏，征敛赋税，赏罚号令，子孙可世袭官爵。某种意义上，世侯制度是汉族版的土司制。

[2] 白寿彝总主编：《中国通史·元时期》（修订本第八卷上册），上海人民出版社2004年版，第256—258、412—413页。

地位最低，又被称为蛮子，指原南宋地区的臣民。不同身份的居民在国家政治、经济中享受的权利是不平等的，蒙古族地位最高。

第五节　元代的乡村组织

元代的基层行政制度，在乡村为乡都制，在城市为隅坊制。在构成一乡或一都的自然村中，建立"社"，劝课农桑，个别地区实行甲制。

乡都制

乡都制，是指将县以下行政区划分为乡、都两级，但在有的地方尤其是北方地区，也存在乡、都属于同一层级的现象。乡设里正，都设主首。里正任务是催办钱粮赋役，纠察违法行为，主首协助里正催督差税以及管理乡村杂事。根据元代典籍，各乡除置里正外，还置乡司（乡书手），在县衙办事，掌管赋税籍帐，并向各乡里正、主首发放税引催征，在里正缴纳赋税后，再负责验数计核。①

里正、主首一般各有多少呢？根据元代史料，以江西省为例，每一乡设里正一名。每都的主首职数不同，一般上等都设四名，中等都设三名，下等都设二名。里正、主首如何产生呢？由本乡本都民户自行推举产生。乡里正、都主首皆是职役，故由本乡上户轮差，一般每年一轮，周而复始，是谓轮充。例如，镇江府丹徒县常充里正为 7 户，轮充为 131 户，置社长 246 名，但如果本都粮户极多，愿意做两三年的，也听自便，这就是常充。可见，里正任职分为常充和轮充两种方式。符合条件的上户自己应役可以，出钱雇役也可以，但仍应由百姓自行唱名推举，确定愿意认役人户的粮数、当役月日，并签字画押，相关文书誊写三本，一本由本都收掌，一本于本州县收掌，一本申解本路总管府。

由于各乡所辖都分不等，其中为里、为村、为坊、为保称呼不一。在民间文书中曾记载，某乡原有多少都多少里，后散为村为坊多少，② 说明南方地区村坊逐渐替代都里的发展趋势。也就是说，虽然正式的行政序列是乡—都，但在民间文书所反映的元代实际生活中，也可能是乡—

---

① 鲁西奇：《中国古代乡里制度研究》，北京大学出版社 2021 年版，第 606—609 页。
② 鲁西奇：《中国古代乡里制度研究》，北京大学出版社 2021 年版，第 617—620 页。

里、乡—村、乡—坊甚至乡—保的序列，这是两宋以来乡之下地理单元、行政单元的复杂变迁逻辑发展的必然结果。根据徽州文书的元代典契，元代徽州祁门县的县下行政体系为"都—保"制①，说明在进行正式的财产交割时，还是以官方认定的行政序列为准，前述民间文书应是指日常社交通信、墓志、传记等类型。

隅坊制，是元代城市地区的基层行政制度。隅设隅正，坊设坊正，隅在坊之上。根据各城市人口、面积实际情况，有的城市设隅—坊两级建制，有的则只有坊一级。隅坊主要职责是维护治安。

乡都制、隅坊制解决了唐宋以来基层地理单元与行政组织之间复杂混乱关系问题，明确乡村治理层级，重新梳理乡村治理体系。一方面，它使乡恢复成为集地理单元与行政组织于一身的正常状态，乡成为县之下的一级行政建制，并且设立里正作为乡吏，负责财税赋役、社会治安等行政事务，都的主首则予以协助，表明都是协助乡、明确隶属于乡的，破解了两宋以来，乡里、乡都关系中或乡里虚置，或设新废旧，或多体系并行等混乱难题。另一方面，又设立社，作为劝课农桑的自治组织，使行政功能与自治功能并行发展。

社制

相比前代，元代在基层治理方面的一个创新举措是普遍设立"社"作为乡村社会的经济管理组织。元世祖至元七年（1270），忽必烈颁布农桑之制十四条，规定县邑所属村疃，不分哪一类人，每50家设立一社，由社众推举年高、通晓农事、家有兼丁的人担任社长。一村50家以上，只立一社；如果该村户数达到百家的，另外再增设一名社长②。如果该村不足50家，则与近村合为一社。如果确实因为地远人稀不能相合，也可以各自成立一个社。那些由两个或多个村共同设立社的，在数村之中，设立社长官司长以教督农民为事。各类民户均须入社。社设社长，由社众推举，官府免除社长本人杂役，使之专门督促农业生产。社长名义上是由百姓推举，事实上多由地方官吏和村社富户指派。社长监督社众，社众服从社长。

---

① 严桂夫、王国健：《徽州文书档案》，安徽人民出版社2005年版，第135—140页。
② 《元史》中未记载该长是否为副，正常推断，应为副社长。

起初，社长的主要职能是劝课农桑、宣德教化和组织乡民互助，后来扩大到兼催赋役。

社长是如何劝课农桑、管理生产的呢？由种田的农民在田侧树立木牌，上面写某某社某某人，作为标记。社长经常到田间巡察，予以劝诫。不听劝诫的，将其姓名登记在册，告诉提点官予以责罚。社负有振恤职能。如果本社有重疾病或者有户丁死亡导致不能耕田者，由本社众邻居合力帮其耕田。如果一个社之中灾病者过多，则由相邻两社来予以帮助。社长还须主持、督促兴修维护水利工程，开垦荒地，种植桑榆等。

每社设义仓，由社长负责管理。如遇丰年，每家按人口数，每人留粟一斗交到义仓，如果没有粟，则以各种物料充抵，以备荒年取用。官府和军队皆不得征用义仓粮物。每社还设立学校一所，选择通晓经书者为老师，在农闲时组织子弟入学。①

社的主要职责是劝农，但后来演进成为乡村基层行政组织，置于乡、都之下，行使纠察社会治安、催征赋税等职能。对于一些普通的邻里民事纠纷，如婚姻、家财、田宅、债负等，只要不是严重的违法犯罪，都由社长负责劝说调解，避免到县乡打官司，耽误农时，激化矛盾。② 尽管元政府曾出台条令，免社长本人杂役，社长不管其他事情，专门劝课农桑，但也无济于事，社长职役化的趋势已经无从逆转。

社长肩负奖优罚懒的重要职责。对本社那些勤恳务农，添家置产，孝敬长辈，对人友善者，社长必须报告上级，予以优恤，③ 用今天的话来说，就是弘扬正能量。对社内居民中"不务本业，或出入不时，或服用非常，或饮食过分，或费用无节，或原贫暴富，或安下生人，或交结游情"等行为，④ 社长都严加监视。对于社中不尊父敬兄者以及凶恶之徒，

---

① 元政府关于"社"的相关规定，见《大元圣政国朝典章（影印元刊本）》《户部卷之九》，典章二十三，《农桑》，"立社"，中国广播电视出版社1998年版，第993—998页。
② 鲁西奇：《中国古代乡里制度研究》，北京大学出版社2021年版，第603—606页。
③ 《大元圣政国朝典章（影印元刊本）》《户部卷之九》，典章二十三，《农桑》，"立社"，中国广播电视出版社1998年版，第993—998页。
④ 郭成伟点校：《大元通制条格》，卷一六，《田令·立社巷长》，法律出版社2000年版，第191页。

也用同样的办法,在社众前审问事实,将其所犯之事用大字书写在社门之前的粉壁上,如本人知耻改过,可由社长保明,报告官府,毁去粉壁。如果到了年末还不改悔,就罚其代充本社的夫役,代替本社居民应役,直至悔过自新,方许除籍。社长对于上述人等如有失觉察,致有人户违犯者,则验轻重责罚。①

元代又规定:"诸关厢店户,居停客旅,非所知识,必问其所奉官府文引,但有可疑者,不得容止,违者罪之。……诸经商及因事出外,必从有司会问邻保,出给文引,违者究治。"② 通过里社和以上一系列规定,元代官府对各地居民进行着严密的控制。

1270年,元代城市地区开始立社。每社户数多于农村,城镇居民均须入社。城市的社隶属于隅、坊之下。社长的主要职责比农村社长较为简化,主要是维持法纪、社会治安、防火防盗等。

元代原南宋故地的乡村组织仍较为复杂,有关资料记载,都图制也是乡村治理的一种体系形式。例如,《萧山志》中曾记载,"改乡为都,改里为图,自元始",但如果说"都"已经全面代替乡,也并不属实,《至顺镇江志》记载,"每乡所辖都分不等",③ 在一些其他方志中,经常看到某乡某都某社,则又说明,与宋代一样,元代县之下的基层治理也是多种体系并存、过渡、混用。制度的规定虽然整齐划一,但现实生活更加多元化。乡、都、社与都、图、保皆有可能并行不悖。

社纳入基层行政体系后,形成了乡、都、社三级治理体系,乡里正、都主首、社长成为三级基层组织负责人,构成乡、建制村、自然村的前身。乡里正通过村社社长对基层实施治理。除了劝农、兴学、济贫等乡村公益事务、自治性工作外,社长还须承担一部分行政工作,包括统计户口,征发赋役,维持治安,处理民间诉讼纠纷等。社长成为职役的同时,主首停差,由社长协助里正催征赋役。

社设立后,元代在全国尤其是原南宋故地,乡村治理体系就形成了乡—都—社三级体系,城镇地区则为隅—坊—社三级体系。在一些行

---

① (明)宋濂等:《元史·食货志》,中华书局1999年版,第1563页。
② (明)宋濂等:《元史·刑法志》,中华书局1999年版,第1784页。
③ 赵秀玲:《中国乡里制度》,社会科学文献出版社2002年版,第36—39页。

省，乡之下的都、社以数字编排。户数少的城邑也有只设隅—社两级体系的。

第六节 元代的乡村治理

一 元代的田地管理

《元史》将土地核查称为经理，鲁国的履亩、汉代的核田都属经理之制。田地经理的主要任务是开展田地核查，进行土地整理，更新补充田籍。一个新王朝大多都要经历战乱，逃田、隐田、田地不实、人地不符现象普遍存在，不整理田籍无从征赋纳税，也无法对乡村实施有效治理。元初曾经整理过田籍，但以熟为荒者、惧差分户者、富户买贫民之田而仍以旧名输税等现象仍然屡禁未约。元仁宗延祐元年（1314），朝廷派官至江浙、江西、河南三省地查田，先期张榜告民，限四十日之内，将各家所有田亩数量、等级、性质等情况自行填报，交至于官府，违反相关规定视情节予以重处。因"期限猝迫，贪刻用事，富民黠吏，并缘为奸，以无为有"，查田的结果是造成"人不聊生，盗贼并起，其弊反有甚于前者"的负面后果，元仁宗不得不在第二年下诏停止。延祐二年（1315），元廷命在河南自行申报田数，规定自延祐五年（1318），每亩只征一半赋税，后来革除虚增之数，老百姓才得安宁。[①]

元代土地大致分为屯田、官田、寺观田和民田。屯田、官田称为系官田，属国有土地，相比前朝，系官田的显著增多是元代土地制度的一大特点。元代各类官田基本采取租佃制方式生产，大多租给贫苦农民耕种，但江南地区的官田和学田中，包佃制也较为流行。民田包括地主、自耕农、半自耕农占有的土地，其中地主所占土地居绝对支配地位。大部分农民没有土地或只有极少土地，沦为佃户。元代地主土地的生产形式，在北方和南方有所区别，北方有相当数量的地主土地是由驱奴耕种的，租佃制也占一定比例。在南方，租佃制则占绝对支配地位，佃农是地主的主要剥削对象。

元代地租有劳役地租、实物地租、货币地租三种，以实物地租为主。

---

① （明）宋濂等：《元史·食货志》，中华书局1999年版，第1562—1563页。

在实物地租中，定额租制进一步发展，相较分成租制，已经取得支配地位。官田的具体租额虽然因土地肥瘠不同有所差别，但租率都为50%，与分成租制相同。此外，还有部分附加剥削。学田的地租剥削略低于民田和官田，但各地情况亦较为复杂，呈现很大的差异性。

元代地主的私田租额通常为每亩纳米，一般在五至八斗，三等田五至六斗，二等田六至七斗，一等田七至八斗。以稻、米转化率为60%计算，按宋代平均每亩产谷2石计算，元代私田定额租制下的租率多在50%之上。但这只是通行定额，有不少地主地租远远超过这一水准，甚至向佃户额外收取佃鸡、佃麦等。[①] 分成租制一般是五五对分，特殊情况下也有六四分，耕者取六，田主取四。

粮食亩产方面，元代北方粟麦两熟共取收二石，南方稻谷一亩可取得米二石，如此则亩产量比宋代有所提高，按照宋1石相当于元7斗之说[②]，元代1升相当于1002.9毫升，同时，元代一亩折合今为1.09市亩，宋亩则为0.8874市亩[③]，元代亩积比宋代扩大了22.83%，以上两个因素考虑进去计算后，元代粮食亩产量比宋代的增长了16.29%。

二 元代的社会阶级

元代的社会阶级包括地主、商人、农民、奴隶、工匠、佣工。地主分为蒙古贵族地主、汉族地主、僧侣地主。蒙古贵族地主依仗政治的特权，通过赐田、强占、投献、职田等多种手段，扩大对土地的占有，再加上赏赐、经商等，占有大量财富，成为元代在政治上、经济上皆居最高等级的阶级。

元代商业，随着土地租佃制的确立而得到迅速发展。以经商为业的大商人，积累了巨额财富，成为富有的阶级。地主、官僚和寺院僧侣也都兼营商业。元代社会中的色目人，多数是商人。他们在政治上、法律上都享有仅次于蒙古人的优越待遇。

[①] 白寿彝总主编：《中国通史·元时期》（修订本第八卷上册），上海人民出版社2004年版，第742—764页。

[②] （明）宋濂等：《元史·食货志》，中华书局1999年版，第1566页。

[③] 宋代一尺为31.4厘米，元代一尺为34.85厘米。参见丘光明、邱隆、杨平《中国科学技术史：度量衡卷》，科学出版社2001年版，第370、397页。

元代政权从实行奴隶制的原始社会脱胎而来，与中原王朝相比，残留有奴隶制是它在制度和治理上的一个显著特色。奴隶主要为蒙古贵族拥有，他们所占有的奴隶来源包括战俘及因抵债、犯罪或被贩卖而成为奴婢、奴隶者。奴隶涵盖各民族百姓，甚至包括蒙古族。奴隶没有人身权，属于主人私有，主人杀奴隶，只需杖责87下，而私宰牛马则要杖100，作为人的奴隶竟然不如牛马畜生地位高。元初，大都有牛马市，也有人市，可买卖奴婢。奴隶不能与平民通婚，其所生子女，世代为奴，仍属主人私有。奴隶制的公然存在反映了元政权的腐朽与落后。

佃户主要分布在江南地区。元代江南富豪，一家可有佃户数千家，多至万家。大的寺院有佃户数万。地主向佃户收租，一般仍实行对半分。南宋以来形成的多种名目的额外勒索，也都继续存在。佃户在法律上虽然是平民，但田主典卖田地时，将佃客计算在内进行买卖。田主可以随意打骂佃户，甚至任意杀死。地主打死佃户，不须偿命，受到的处罚只是杖责170下，征烧埋银50两。

由于田地被地主大量侵占，加之北方地区的自耕农在战乱中大量被掠为驱奴（奴隶），又有大量农户沦为权豪的部曲（农奴）以及蒙古贵族强占民田作为牧场，迫使大批自耕农户流离失所等因素的影响，相比宋金，元代自耕农大量减少，幸存的自耕农，和地主一起被列为"民户"，要负担繁重的丁税、地税和多种差役，被迫大量向江南地区逃亡。但即使在江南，随着土地兼并和租佃关系的发展，也有越来越多的自耕农沦为佃户。

手工业者包括工匠和佣工两类。工匠分为蒙古贵族控制的从事手工业的工奴和蒙元政府直接管理的官工匠。工奴是手工业奴隶，官工匠大多被官府强征为匠，编为匠户，没有完全的人身自由，遭受官府的多方剥夺。佣工是南方手工业作坊中的工匠。①

三　元代的户籍管理

元代户籍制度较为复杂，既有户等，又有诸色户计。户等是指将全

---

① 以上参见范文澜主编，蔡美彪等著《中国通史》第七册，人民出版社2015年版，第180—183页。

国居民按财产、丁力状况分为上、中、下三等，每等又分为上、中、下三级，合称为三等九甲。登记户等的簿籍为"鼠尾文簿"。科征赋役时，即以之为准。

诸色户计的划分是元代户籍制度的一个显著特色。指将从事不同职业的人在户籍上区别开来，固定他们所承担的封建义务，统称诸色户计。色，意为种类，计，意为统计。常见的有民、军、站、匠、盐、儒、僧、道、医、鹰房等二三十种户计，承担国家普通赋役的民户占全部户口的大多数，是元代的基本户计，主要分布在乡村社会中。军、站、匠、盐等户是国家强制从民户中签发出来的，各有专门系统进行管理。儒、道、僧、医等户是国家通过考试或其他方式认可的，由地方政府或宗教机构管理。人户一旦确定为某种户计，便世代相承，一般不得擅自改籍、逃亡、迁徙或冒占。

元政府虽然将"增户口"作为考核牧民官的六条标准之一，但由于没有定期的户籍登记和调整户等的规定，户等多名实不符，各种户计虚额较多，户籍制度混乱，① 全国户数、人口数很不准确，据现有资料，最高时约为1400万户，人口超过6000万。

四 元代的赋税管理

元代在北方和江南实行两种不同的赋税制度。《元史·食货志》记载元朝的赋税制度：

> 元之取民，大率以唐为法。其取于内郡（北方）者，曰丁税，曰地税，此仿唐之租庸调也。取于江南者，曰秋税，曰夏税，此仿唐之两税也。②

北方的赋税包括丁税、地税和科差。全科户丁税每丁粟三石，驱丁粟一石，地税每亩粟三升。减半科户丁税每丁一石，新收"交参户"第一年纳五斗，递年增加，第六年入丁税。"协济户"丁税每丁粟一石，地

---

① 白钢主编：《中国政治制度史》，社会科学文献出版社2007年版，第581—583页。
② （明）宋濂等：《元史·食货志》，中华书局1999年版，第1565页。

税每亩粟三升。税粮入仓，每石带纳鼠耗三升，分例四升。如输纳远仓则每粟一石折纳轻赍钞二两。富户输远仓，下户输近仓。

科差包括丝料和包银两大项。民户每十户输丝十四斤，漏籍老幼户纳丝一斤。包银以钞输纳，凡当差户为包银钞四两（钞二两合银一两），较前减轻了一半。投下户的包银原由本投下与官府分取，至元初年整顿后，包银全归朝廷。各种户计的负担也有不同。在元管户中有只纳丝而不课包银的"只纳系官丝户""只纳系官五户丝户"和"减半科户"（每户只纳系官丝八两五，户丝三两二钱，包银二两）等，丝料、包银之外，官吏的俸钞也依户等高下分摊，全科户一两，减半户五钱。北方人民另外还有养马和拘刷养马的特殊负担。

元朝在江南基本上沿用南宋依地亩征税的夏秋两税制。秋税只令输租，夏税则据税粮输钞。湖广地区每亩三升，其他地区最低有一升，大多在三升上下，也有的地区在二、三斗之间。[①] 每税粮一石，视不同地区，输钞三贯、二贯、一贯、一贯七百文、一贯五百文不等，折纳木棉、布、绢、丝、绵等物。折输之物，各随时价的高下以定值。官田则不须征夏税。

元朝在江南行两税，以地亩为赋税的主要依据，就必须对田亩的数字和产权的转移不断查核。官府虽几次查田，但在田赋上诡名寄户、飞隐走贴、虚增张并等种种弊端，纷纭杂出，官府无法完全制止。税粮不均自然也造成役法的紊乱。泰定初，江西地区创行所谓助役粮。其法"凡民田百亩，令以三亩入官，为受役者之助"，"具书于册，里正以次掌之，岁收其入，以助充役之费。凡寺观田，除宋旧额，其余亦验其多寡，令出田助役"。赵琏在浙东，建议以八郡属县坊正为雇役，里正用田赋以均之。余姚、婺州、上虞也都在属内丈实田亩，编行"鱼鳞册"。按民户财产和税额多少编制的"鼠尾册"，作为服役的依据。[②]

[①] 白寿彝总主编：《中国通史·元时期》（修订本第八卷上册），上海人民出版社2004年版，第783—784页。

[②] 以上参见范文澜主编，蔡美彪等著《中国通史》第七册，人民出版社2015年版，第183—187页；史仲文、胡晓林主编，陈喜忠著《中国全史·中国元代经济史》，人民出版社1994年版，第86—94页。

五　元代的徭役征发

元代的力役和职役合称杂泛差役。杂泛就是力役，也称夫役，负责征发人夫及车、牛从事工程兴造、河渠治理、官物运送。民户所负担的徭役，名目繁多，如筑城、排河、运粮、采打、木植、造作船只器甲、马草等，都自民间征发。元朝还继承前代的"和雇"制，由官府出价，向民间强迫雇佣劳力、车辆。官府所出工价往往不足十之二三，而且多被官员中饱，名为"和雇"，其实是变相的徭役。

元代把大部分徭役作为专业，分拨一部分人户世代担负，如站户（负担驿站铺马）、猎户、盐户、窑户、矿冶户、运粮船户等，这些人户与民户异籍。民户不负担这些专业性的徭役，但这些专业户计负担的其他徭役则由民户按户等分担。

职役是指差派民户承担官府需要的部分工作。职役包括里正、主首、隅正、坊正、社长、仓官、库子等名目。里正秉承官府的指令，管理里社居民；主首催办赋税；社长劝课农桑，纠监非违；库子管理仓库，主要由上等户计承充。担负职役的人可以免服本身其他差徭。富有者在里社任职役，可以假仗官势，侵渔百姓。贫弱者任职役则被官吏敲诈，穷于应付，赔累而无法偿清。平民任职役既无法应付官吏之勒索，又无以责豪绅之拖欠，往往因此而倾家荡产。[1]

杂泛差役的科派主要由民户承担，根据资产的多寡科派，原则是先富后穷，先多丁，后少丁。由于其他各色户计大多可以免役，致使民户冒充其他户计逃役现象严重，政府只得不断颁发命令，限制免役。元代的杂泛差役成为百姓的一项沉重负担，夫役的主要承担者是贫苦农民，大规模的夫役征发达到数万或数十万人，百姓辛劳备至，甚至有生命之忧，元成宗时的一次远征，征发百姓运送军粮，百姓死亡者达数十万。[2]

---

[1] 范文澜主编，蔡美彪等著：《中国通史》第七册，人民出版社2015年版，第187—189页。

[2] 白寿彝总主编：《中国通史·元时期》（修订本第八卷上册），上海人民出版社2004年版，第792—794页。

第 六 章

明代的乡村治理

通过农民起义改朝换代的明代开国君主在新政权建设中,特别注重总结前朝兴亡得失,汲取历史教训,尽管在诸多方面走向极端甚至反面。朱元璋认为元朝灭亡的一大原因是皇帝不能亲自处理政务,致使大臣专权妄为。他称帝后,以加强君主专政为核心,废相,分府,实行特务统治,打击豪强,严控户籍,大幅更新国家治理体系和中央、地方官制,极端强化中央集权尤其是皇帝专权程度。

第一节 明代的国家治理体系

皇权与相权关系是历代王朝国家治理的核心问题之一。自秦至清,君主专制不断加强,相权持续萎缩。至明初,以宰相制度被废除为标志,相权在与皇权的持续博弈中最终败下阵来,但相权仍通过内阁制、大学士制、军机处制等形式在明清国家治理中发挥作用。

一 君主专制的空前加强

中国古代的君主专制、皇帝集权呈现为一个由低到高、不断加强的趋势,并在明代达到顶点。明代君主专制的空前加强是以废除宰相制度、分设五军都督府、赋予太监特权、加强特务统治等方式实现的。

明初废除相制

明初沿用元制,中央设中书省,置左右丞相,总理六部事务。唐宋以来,三省最高长官虽然号为宰相,但往往有其名无其实,三省之事实际由次一级官员以宰相之名处理,且往往多人同时为相,这就达到以小事大、品轻权重的目的，避免相权对皇权构成威胁。但金元以后，三省并为一省，又置左右丞相，且丞相既有名又有实，这在朱元璋看来，是对皇权的天大威胁。他如芒刺在背，必欲除之而后快。为确保皇权，1380年，朱元璋以胡惟庸谋反为借口，废除中书省和丞相。1395年，朱元璋颁布《皇明祖训条章》，规定"嗣君不许复立丞相"，臣下有请立丞相者，处以极刑。有明一代，中枢机构中，不再有丞相一职。[①] 中书省的政务分归六部，六部尚书级别提升，直接对皇帝负责，实现了皇帝高度集权。自此，中国历史上实行了两千多年的宰辅制度寿终正寝。

中央行政机构

明初以太师、太傅、太保为三公，皆为正一品，少师、少傅、少保为三孤，从一品，三公三孤辅佐天子，其职至重，但无定员、无专授。朱元璋时期只有李善长曾任过太师，徐达任太傅，常遇春曾追赠太保。建文、永乐年间罢三公三孤之设，明仁宗时复设。

废除中书省后，明代的中央行政机构包括六部、都察院、通政司、大理寺。六部仍为吏、户、礼、兵、刑、工六部，每部设尚书一人，正二品，左、右侍郎各一人，正三品，他们都直接向皇帝奏事，对皇帝负责。六部内设机构基本相同，包括总办事机构司务厅和各业务司。都察院主管监察，设左、右都御史，正二品，与六部平级。通政司为明代创设的机构，主管辩验、登记、摘要、奏闻进呈给皇帝的奏章。大理寺是中央司法复审机构。

为加强对六部的监察，明初对应六部，将给事中分为吏、户、礼、兵、刑、工六科，后六科在一定范围内也可以监察宦官。给事中是皇帝的近侍之臣，是皇帝控制六部行政的耳目。给事中有封驳权，可以封还执奏，驳正章奏违误，规谏君主，参与重要朝政会议。[②]

废省废相后，明代中央官僚机构相比前代简便不少，但对于大事小事集于一身的皇帝来说，政务负担前所未有地加重。例如，从洪武十七年（1384）九月十四日至二十一日，朱元璋平均每天要看两百份文件，处理四百多件事情。[③] 为解决政务繁杂问题，朱元璋先后设立四辅官、大

---

① 范文澜主编，蔡美彪等著：《中国通史》第八册，人民出版社2015年版，第27页。
② 范文澜主编，蔡美彪等著：《中国通史》第八册，人民出版社2015年版，第29页。
③ 吴晗：《吴晗论明史》，北京理工大学出版社2016年版，第22页。

学士等作为顾问，协助处理政事。至朱棣时，内阁成为常设机构，负责草拟文书，办理机要事务的地方。初期，内阁官员只为六七品的翰林小官，权力远不及六部尚书，当时的部权高于阁权。明仁宗、宣宗年间开始，阁臣的官秩和权力提高，获得密封奏事、票拟等权，并开始设置属官，制度逐渐完备，内阁首辅成为实际上的丞相。到嘉靖年间，阁权超过部权。皇权不可能容忍存在真正的宰相，为平衡阁权，明宣宗、英宗起，宦官衙门中的司礼监开始取得代皇帝批红的特权，司礼监逐渐压制内阁，取得内阁实权，成为"内相"，形成司礼监与内阁之间的分权、制衡。

对于历代统治者来说，军权比相权对皇权的威胁更大，作为起义者出身的朱元璋更是严加防范军队权臣、重要将领对皇权和未来皇权的威胁。通过兴狱斩杀、下诏赐死、暗中毒杀等种种手段，朱元璋杀死蓝玉、傅友德、冯胜、朱文正、李文忠等开国将领，剪除权臣威胁，其中后二人是他的亲侄、亲外甥。

明初，朱元璋改革兵制，将军队统帅府——大都督府改为中、左、右、前、后五军都督府，每府有左、右都督各一人，正一品。五军都督府除分领在京卫所外，还分领设在全国的十三个都司。五军府各有所辖军区，相互平行，以达到"使事不留滞，权不专擅"的目的。五军都督府与兵部各有职掌，相互制约，大体上兵部掌管军事行政事务，五军府掌管统兵作战。兵部受皇帝之命，发令调兵，但统兵权在五军府，统兵将官由皇帝亲自指派。军官的任免、赏罚由五军府与兵部会同办理。五军府的将官平时并不统军，遇有战事，兵部发出调兵令，五军府派出指挥官，统率京营兵或各地卫所兵作战。战事结束，军兵回归原地，统兵官归五军府。[①]

特务制

为进一步加强皇帝专权，明代统治者大行特务之道，先后设立锦衣卫、东厂、西厂等特务机构，监视百官、将领和百姓。司礼监和特务专权进一步加强了明代的宦官势力，正因如此，有明一代，大宦官层出不穷，他们与"蟋蟀皇帝""木匠皇帝""豹房皇帝""修道皇帝""不上朝皇帝"等一起，使明朝政治呈现出极端的荒诞化、"奇葩化"特点。内阁、司礼监等机构，票拟、批红等政治现象以及"立皇帝""九千岁"等

[①] 范文澜主编，蔡美彪等著：《中国通史》第八册，人民出版社2015年版，第30页。

前所未有的概念都是明代皇权高度集中后异化的产物，标志着中国古代封建君主专制达到顶峰后正在走向反面。

封藩制

为巩固皇权，"屏藩国家"，朱元璋复兴汉晋的封藩制度。他将二十四个儿子和一个从孙分封到各名城大都，目的是要他们对外守卫边疆，对内辅助皇帝。分封的藩王在封地建立王府，置官属，最高可以拥有近2万人的护卫甲士。守卫边疆的藩王称为"塞王"，可以筑城屯田，节制边地一切将领。内地藩王则可监督地方官吏。尽管朱元璋也汲取了汉晋藩乱教训，规定藩王"列爵而不临民，分藩而不锡土"，但又赋予藩王另一个自相矛盾的规定，即诸藩王可以行文中央索奸臣，举兵清君侧，这就为后来朱棣发动靖难之役提供了合法依据。到朱元璋统治后期，藩王对皇权的威胁已经有所显现。朱允文即位后，着手削藩，但功败垂成。朱棣通过"靖难之役"称帝后，立即着手削除藩王尤其是"塞王"们的军政大权，藩王及其后裔"食禄而不治事"，不能出来当官和参加科举，皇室成员全由国家财政供养。到明朝末年，皇室成员已经高达十余万甚至更多，成为国家财政的沉重负担，也是导致明朝灭亡的一个重要因素。

二 制度"创新"的后果

朱元璋殚精竭虑地想治理好大明朝，但他自以为精明的各种制度设计却"聪明反被聪明误"，使朱明成为皇帝最为懒政，皇权最为异化，宦权最为嚣张，特务最为横行，朝政最为荒唐的朝代，最终导致明朝中后期国家治理逐渐走向失败，堕入崩溃的深渊。究其原因，是朱元璋一味加强皇权，却不知权力之道在于平衡，权力平衡而非失衡才能使上下左右彼此牵制，不致一权独大，一权独大的政治风险太大，治理难度太高。朱元璋将皇权提高到无以复加的程度，但皇帝是人不是神，不可能有上帝视角，解决一切。按下葫芦浮起瓢，中书、丞相之相权虽被砍削，但内阁之相权又会兴起；为限制内阁之权，皇权利用太监之权予以平衡，结果是虽然朱元璋严禁干预朝政，但后世儿孙却造就了"立皇帝"刘瑾，"九千岁"魏忠贤一类的权宦。明代的阁权、监权虽然都不具体制的独立性，是派生、附属于皇权的，无法对皇权构成真正的威胁，没有皇帝的支持，首辅、大太监们也无法耀武扬威，而一旦皇帝想收拾首辅、太监们，难度也远远低于其他朝代。但朱明的皇权虽然得保，中国的国家治理却弊端丛生，朝政极为荒诞，最终付出惨痛代价。朱明王朝能够在荒唐皇帝、弄权太监等各派政治势力的"奇葩化"操作下仍然维持正常运转，全赖一个经过隋唐以来发展完善，又具家国情怀信念的、由儒家知识分子为主组成的文官体系的勉力支撑。历史学家们将明代的灭亡归因为宰相制度的被废除。《剑桥中国明代史》中指出，明亡后实际上所有的历史家都坚决认为，明代的最终衰败以致灭亡是由于洪武帝在1380年取消中书省的行动，以及他要求其继承人对胆敢建议设丞相或其他类似首辅大臣职位的任何人务必立即处死的训示。①

历史证明，任何制度设计都不是万能的，统治者要实现国家治理，根本在于施仁政，善待百姓，否则，挖空心思穷极制度设计，只能管一时，不能管一世。朱元璋对付腐败的手段不可谓不严，剥皮实草也好，动辄兴起杀人达几万的大狱也好，仍然改变不了明朝日益走向腐败的结局。正因如此，史学家对朱元璋的评价并不高。有学者认为，不论以何种标准来衡量，朱元璋是那种最坏的"开国昏君"。他给明代其他历史时期投下的阴影，可能是明代统治最邪恶的一个方面。②

三 地方行政序列

明代的地方行政序列是省、府（州）、县，相比元代有所简化，奠定了后世三级地方政府行政序列的基础。明初设行中书省统管地方军政事务。1376年，在加强中央集权的同时，改行中书省为承宣布政使司（一般仍称类行省或省），同时在行省一级设立提刑按察使司和都指挥使司，合称"三司"，使原集军政大权于一身的行中书省的权力一分为三。在中枢治理中集权，在地方治理中分权，这就是朱元璋加强皇权专制统治的制度设计。

布政司掌管一省政务，包括行政、民政、财政，设左、右布政使各一人，为从二品。按察司主管一省刑名按劾之事，即司法监察之事，设

---

① ［英］崔瑞德、［美］牟复礼编：《剑桥中国明代史》下卷，杨品泉等译，中国社会科学出版社2006年版，第91页。
② ［英］崔瑞德、［美］牟复礼编：《剑桥中国明代史》下卷，杨品泉等译，中国社会科学出版社2006年版，第91页。

按察使一人，正三品。都指挥司主管一省军务，设都指挥使一人，正二品。三司分权并立，各自直属中央。

布政使司下的地方政权分为府（直隶州）、县（属州）二级。府由宋元的路改变而成，设知府、同知等官职。县设知县、县丞、主簿等职。府、县皆根据人口、赋税分为上、中、下三等。不同等级的府、县官员的级别也不相同。

明朝迁都北京后，形成独特的两京制度。明成祖朱棣时，除直隶和南直隶外（北京、南京），全国共设13个布政使司，分统140个府、193个州和1138个县及羁縻府州县。[①]

第二节　明代的乡村组织

相比国家治理体系，明代县以下的基层治理体系设置较为复杂，乡—都—图、乡—里—甲等多种形式并存，保、村、区、社等区划或组织同设，经历了复杂的演变过程。

一　江南的乡村治理体系

明代政权起源于江南地区，朱元璋在江南行政时，基本沿用元代在江南的乡村治理体系。根据地方志、墓志等史料记载，1359年，朱元璋打下衢州后，募保甲、翼余丁，实行耕战合一体系，编排各县丁壮劳力，六丁中挑选一丁作为兵丁，设甲首、部长作为统领。当时共征募丁壮8万余人，得兵11800人。他们无事时务农，有战时则为兵丁出城攻战，剩下的六分之五丁壮农力耕田提供粮食。

1361年，朱元璋政权在婺州命令百姓自行申报田亩，以本都家中粮食多者为正里长，少者为副里长。正里长一般由一家或二家充任，副里长则由三四家至七八家轮流担任。通过查验各家粮食来平均赋役，规则是有一斗者服役一天，贵贱不分。

1368年，朱元璋政权在福建地区对邵武府各县城乡基层组织进行全面调整，"图"作为基层组织单元普遍进入城乡治理体系中。

[①] 参见白钢主编《中国政治制度史》，社会科学文献出版社2007年版，第620—639页。

邵武县的基层治理层级，宋代时分别为厢—尉、乡—里，元代时为隅、乡—里，到明初则调整为隅—图、都—图。光泽县由宋元时的乡—里调整为乡—都—图。泰宁县维持原有的乡—里—保体系，只对"保"数进行了调整，"保"各领有"图"。建宁县则由宋代的乡—保体系调整为明初的乡—保—图体系。

此外，江阴县的城乡基层组织则分别是坊—图、乡—都—图（里），全县共有9乡3坊、50个都、374个图（里），其中城关地区共有9个图、3个坊，乡村地区共有365个图、50个都。①

淳安县的乡村基层建制是乡—都—图，里逐渐淡出行政序列，成为历史名词。嘉靖元年（1522）《淳安县志》记载，全县共有14个乡、35个都、80个图。其中，梓桐乡旧辖10个里，现辖4个都、9个图。②

徽州的乡村组织

据明弘治年间《徽州府志》载，歙县在宋代以前的基层治理体系是乡里，共置16乡80里，每乡皆领5里。明初定置16个关厢，16个乡，统37个都，都下设保；到洪武二十四年（1391），编户208里，其中关厢18里，乡仍为16，都为37，户数为190里。考察诸乡与都关系发现，每乡辖都并不必然为整数，如中鹄乡领第16、17、18都以及第19都上五保，永丰乡更奇妙，领第19都下五保，第23都四分之一以及第24都、第28都。③

仔细辨析厢、乡、都、保与里的关系，可知，此时的里已经不再是一级建制，而是变成数量单位，应为110户，208里即为22880户。37都共有190里，则共有20900户，每都平均565户。16个乡领37个都，平均每乡为1300户左右。每都下领10保，每保平均56户左右。其后都下复设图，每图为1里。嘉靖四十五年（1566），全县共有236图，264个村。④

据此可知，明初歙县乡村基层组织为乡（平均1300户）—都（平均564户）—保（平均56户），后发展为乡—都—图—甲。村虽然已经普

---

① 参见鲁西奇《中国古代乡里制度研究》，北京大学出版社2021年版，第626—649页。
② 嘉靖《淳安县志》卷五，《坊乡》，《天一阁藏明代方志选刊》，中华书局1965年影印本。
③ 弘治《徽州府志》卷之一，《地理一》，"厢隅乡都"。
④ 歙县在元代已经在各乡设图。歙县地方志编纂委员会编：《歙县志》，中华书局1995年版，第48页。

遍出现，但是作为居住单元而非行政管理组织出现的。

黟县宋代时设4乡20里，明代时改里为都，全县设4乡12都，每乡下属3个都，每都辖村都超过16个，包括今天闻名的西递（新政乡六都）、宏村（顺仁乡第十都）。①

婺源县明代有8个坊厢，6个乡，30个里，50个都②，此时的乡村行政序列是乡—里—都，例如，万安乡统松严里等5个里，辖第1至第10都，此时的里虽然在都之上，但绝大部分里都只辖1都，仅有少数里辖2都，表明里正由编户单位逐渐走向地理区域单位。明洪武二十四年（1391）编户164里，后并为129里③，此时的里已经成为规模为110户的编户单位和赋役征发单位，可以被看作基层一级行政组织。

休宁县宋元时置11个乡60个里，明太祖洪武十八年（1385）设12个乡，统4隅33都，编户160里。休宁县的4个隅皆由忠孝乡所领，与各都并列。休宁县每乡平均1466户，每都隅平均475户左右。④明初，休宁县的乡村行政管理序列是"都—保"⑤，似乎仍沿用元代体制，但此后，随着里甲制全面推行，徽州地区的乡村行政组织序列演变为都—图—甲或都—图—保。同为休宁县，明弘治五年（1492）的一份民间契尾表明，此时的休宁县的基层行政组织序列是"都—图—甲"。

栾成显先生在所著《明代黄册研究》一书中列举了明代黄册遗存文书多份，其中永乐徽州府歙县胡成祖等户黄册中有"十七都五图"字样、嘉靖四十一年（1562）严州府遂安县黄册中有"十八都下一图六甲"字样、万历徽州府休宁县黄册底籍中有"二十七都五图"字样、万历二十年（1592）严州府遂安县黄册中有"十都上一图五甲"字样、天启二年（1622）徽州府休宁县黄册草册中有"二十四都一图五甲""二十九都十一图""本都十一图九甲户""三十三都五图"字样，其他明代徽州黄册

---

① 黟县地方志编纂委员会编：《黟县志》，光明日报出版社1988年版，第42页。
② 道光《婺源县志》载29个里40个都，另1个里10个都因归并缺失。
③ 道光《婺源县志》卷之三，《疆域四·坊都》。
④ 弘治《徽州府志》卷之一，《地理一》，"厢隅乡都"。
⑤ 在徽州文书《休宁县谢元熙断卖山赤契》载有"十都七保谢元熙"字样。韩林儿龙凤年间的一份鱼鳞册上亦有"十四都五保"字样。见严桂夫、王国健《徽州文书档案》，安徽人民出版社2005年版，第150、211—212页。

中也基本如此记载。① 以上原始资料表明，有明一代，至少在江南地区，都—图—甲的行政管理序列非常明确，这一治理体系延续到清代。

乡仍保留宋元以来建制，估计村也相同，乡村呈现为历史地理单位，因为它无法整齐划一，呈自然聚落状态，各乡各村人口户数必然存在较大差异，不利于行政管理、赋役征发和户口编制。正因如此，统治者才用都保或里甲予以替代，甚至允许一都跨两乡，就是要实现管理体制规整化，提高行政效率。都图、都保、保甲、里甲诸制与历史上的什伍制皆为行政管理体系，而乡、里、村则越来越具有历史地理单元功能，从行政管理系列中淡出。

明清乡村赋役征收和编户管理虽号为里甲制，但里、甲皆是编号登记单位，里为110户，甲为10户，其上则为都。里具有双重功能，既是行政登记单位，在一些地区也是地理居住单位，当然不如村流行。这样就在乡村形成两套辨识系统。在财产赋役相关文书订立交割时，都在民户之前注明属某某都某某图某某甲户字样，都—图—甲的行政登记序列可以看作对民户进行唯一性的精确定位，类似于今天的家庭住址＋身份证辨识系统；而在日常社交通信系统中，则以历史地理单位，如乡、村为辨识系统。如歙县鲍氏宗族地理上位于歙县西乡棠樾村，而棠樾村又曾名慈孝里。清代时，棠樾村属二十二都九图。② 值得注意的是，虽然在大部分徽州文书中都记载的是都图序列，但在少数官版契纸中，仍将县乡作为标识立契人籍贯住址的序列，如安徽省档案馆收藏的明崇祯年间休宁县官版契纸就写明"立契人县乡人"的字样，③ 表明尽管赋役征发以里甲为单位，但乡仍是县下的重要行政区划。

洪武三年（1370），明廷为加强对江南民户的户籍管理和赋役征发，催办税粮军需，依托基层治理体系，编制"小黄册"之法。其做法是，以都为单元，在都之下编制小黄册，每百家画为一图，从中推出丁力田粮近上者的十名为里长，其次的十名为甲首，里长由具备资格人家每年轮流担任，管全里甲首十名，每甲设甲首一名，也轮流担任，管

---

① 栾成显：《明代黄册研究》，中国社会科学出版社2018年版，第40—81页。
② 赵华富：《徽州宗族调查研究》，人民出版社2014年版，第11页。
③ 严桂夫、王国健：《徽州文书档案》，安徽人民出版社2005年版，第168页。

人户九名，催办税粮，以十年为一循环①。这表明当时江南地区的乡村治理体系是乡—都—图（100家，轮值里长）—甲（10家，轮值甲首）。

前述明初江南各地的乡、都各自管辖多少户，尚无定数，如果根据百家为一图原则倒推，则可计算出相关数据。光泽县在1368年共有2个乡、30个都、82个图，则该县共有8200户，每乡平均为4000余户，每都平均270余户。建宁县有6个乡、34个保、84个图，则每乡平均约1400户，每保平均247户。浙江金华的浦江县在1381年时共有7个乡、4个隅、30个都、166个图，以每图110户计，全县共有18260户，每都平均608户，远超此前福建邵武县各县。浦江县同时在都之下设保，每都设十保，设保长一人。不过此处的"保"并非户籍和赋役单位，也非治安维护单位，而是负责管理田土流水印信文册的单位。②

二　北方的乡村治理体系

明代北方地区的乡村治理体系中，"都"较为少见，主要表现为"乡—里（社）"格局，因为从历史传承来看，"都"主要见于南宋地区，金元以来华北地区的基层组织中很少有"都"的设置，北方地区广泛存在的仍是里或保、社等组织，乡—里—图、乡—保—图等体系并存。但是考证明嘉靖《青州府志》，都也存在，并不少见。例如，安丘有五坊厢、六乡、十店。乡之下领都、里。例如，汶水乡领都十六、里二十四。不过安丘的情况在青州府一都十三县中属例外。嘉靖年间青州府县之下的基层组织，城关地区普遍为隅，此外还有坊厢、厢，农村地区普遍为乡、镇、店。乡在一州十县普遍设立，镇只在其中的七个州县设立。乡之下普遍设社，可见，当时的青州府的基层治理体系为乡—社。

在明代北方地区，"店"是否为一种组织层级呢？这需要进一步研究。

---

① （清）张廷玉等：《明史·食货志》，中华书局1999年版，第1253页。对明代一里之中的甲首户究竟为一户还是十户，存在争议。《明史》中记载的是编赋役黄册是"以一百一十户为一里……岁役里长一人，甲首一人"，其意应为每甲十户中选一户为甲首户，则十年一周才有可能。《大明律》中则为每一百户内，议设里长一名，甲首十名，其中的原因在于《大明律》在1374年就已成文，反映的应是明初小黄册和里甲的相关规定。栾成显：《论明代甲首户》，《中国史研究》1999年第1期。

② 参见鲁西奇《中国古代乡里制度研究》，北京大学出版社2021年版，第626—649页。

嘉靖《青州府志》记载，青州府的基层体系中，普遍设"店"，与坊、乡等并行。蒙阴县的治理体系中，有二厢、三乡、二店。厢为东厢、西厢，属城关地区基层组织。乡下则有社。二店中，一个位于城北六十里，另一个位于城北一百二十里。莒州更为复杂，县下有五坊、五乡、四隅、二镇、十三店。乡下有社，其中的沭源乡领社五十。镇、店之下未记载组织。益都县有13个隅、10个乡、2个镇、6个店；各乡下皆领社不一。[①]

另外，北方的乡已经失去作为赋役征收单位的功能，主要是作为历史地理单元的存在。随着里（图）甲制在明代全国的实行，成为赋役征发和户籍管理的实体支撑组织，乡、都在全国范围内逐渐发展成为历史地理单位。

三　明代的里甲制

据上不难看出，明代的基层治理体系的演变逐渐由宋元以来的"乡—都—图（保）—甲"向"乡—里—甲"转变，但在演化的过程中，由于南北地域、历史演变、习俗称呼等各种原因，乡之下的基层组织则往往都、里、图、保、甲等杂立，并不统一。其结果是，县之下的乡村治理体系多种形式并存，既有乡—都—图，也有乡—都—里、乡—里—甲，还有乡—都—里—保，等等。

随着明朝政权一统全国，尤其是基于征发赋役的需要，明政府建立了诸多与征发有关的制度规定，逐渐形成了以乡—里—甲为主的体系，里甲成为基层行政组织，里甲制成为明代基层行政管理，如征发赋役、户籍管理等的主要制度。

里甲的户数编排

1381年，在小黄册之法的基础上，明廷在全国推广赋役黄册，它所依托的"里"的规模稍大一些，一里为一百一十户，一里之中，推家中丁粮多的十户轮充里长，其余一百户分为十甲，每年由一名里长、每甲甲首一人，全里共甲首十人征役，此后每年循环轮充，十年为一周期，这称为排年。这样，从小黄册到赋役黄册，每里（图）所辖户数由原来的100户增为110户，每甲由原来的10户增加为11户；里长户由原来的

[①]　嘉靖《青州府志》卷一一《人事志四》，"乡社"，《天一阁藏明代方志选刊》本。

1户增为10户，甲首户亦由原来的10户增为100户；意味着甲首户成为所有民户皆须服役的差事。①

根据前述江南地区部分县的户数统计可知，由于人口增长，经济发展，明代的"乡"规模要远远大于唐宋以来五百户的标准，甚至在部分经济发达地区，都的户数规模都要超过唐宋乡的规模。从行政管理来讲，适当的户数规模是管理的基础。乡、都规模过大，使之只能以历史地理单元的身份承担赋役计算的区划单位功能，而不能直接成为赋役征发的行政单位。事实上，唐、宋、元以来，徭役的征发、税赋的收缴都是以乡之下的里为单位进行的，一般规模在100户左右，这是一个最佳的管理单元。

里长、甲首

明代沿用宋元以来的规定，里长、甲首皆为民户所必须承担的差役，相对两宋明确以富裕程度区分里正、主首的轮差，明代虽然也强调丁多粮多者担任里长，次之者担任甲首，但农民出身的朱元璋了解乡村，在制度设计中较为注意均等性原则。尤其是在全国掌握政权后，作为杂役的甲首不分贫富，每户都须轮流承担，具有平均主义大锅饭的特色。

明代里长的主要任务，一是催征钱粮，即负责催收本里应缴纳的田赋，确保赋税能够如期上缴。明初，催缴钱粮一事由粮长承担，行里甲制之后，改由里长负责。田赋征收的分工变成了"里甲催征，粮户上纳，粮长收解，州县监收"。

二是勾摄公务，指处理本里相关行政事务。包括统计登记本里人口、各户田地、财产增减等情况，配合诸如户帖、黄册等户籍、赋税管理工作；向官府征输各种徭役；主持乡、里的鬼神祭祀、乡宴，接应宾旅，迎送往来官员，拘传民事罪犯，调解邻里诉讼和矛盾纠纷，处理民间争斗，维持里中治安。明嘉靖后，官府上供、岁办以及地方州县的均徭银的征收也被纳进勾摄公务的职责范围之内。

三是劝课农桑，督察农事，包括组织兴修小型水利设施，督促里中按农时组织生产。

相比元代，明代里长的职能更广泛，某种程度上是将元代的里正、

---

① 关于小黄册的相关研究，见宋坤、张恒《明洪武三年处州府小黄册的发现及意义》，《历史研究》2020年第3期。

社长的功能集于一身。

甲首协助里长完成里甲正役的各项差使,每年每里排役十户,作为丁力,负责迎来送往、跑腿跟班、取送交通等公用杂事。甲首户是明代里甲正役系列中最低级的。里甲制的设置,旨在减少官吏欺压,使村民编组自治,以维护基层的社会秩序。[1]

老人

朱元璋特别重视老人的作用。明初废丞相之制后,他曾经设立正三品的四辅官,挑选年高的耆儒担任,以讲论治道,协赞政事。洪武二十七年(1394),朱元璋在乡里设老人制,规定每里设老人一名,称为"方巾御使",挑选年高为众所服者担任,职责是导民向善,平息民间各种纠纷,剖决是非。凡是诸如田地、户籍、婚姻以及轻微的打架斗殴等一般纠纷或诉讼,须由里长、老人受理排解,不得"越诉",即直接告到县廷。只有重大事件才能直接告官。里中建有旌善亭,以张榜公布民间善事,申明亭以张榜公布恶行,以示奖惩。里正与老人有政绩者,可被皇帝召见。老人甚至可以会同村众逮解不法官吏。甲首协助里长承担以上各项工作。

此后,老人的职责进一步发展到处理对外交往、督办赋役之事等,类似于秦汉的"三老"。最初老人都是以殷实之户担任,但往往被胥吏敲诈勒索,很多人破产。后来有些地区对此进行改革,例如嘉定县就从城市居民中选择大姓人家,且有公义心的人户担任临时性管役工作,事毕而罢。大姓市民对官府之事习以为常,工作更方便且不易被胥吏勒索。[2]

第三节 明代的乡村治理

一 明代乡村的田制管理

明代田制

明代的土田分为官田、民田两种。经过元末战争,"版籍多亡,田赋

---

[1] 范文澜主编,蔡美彪等著:《中国通史》第八册,人民出版社2015年版,第42—43页。
[2] (明)顾炎武:《天下郡国利病书》,载于《顾炎武全集》,上海古籍出版社2011年版,第584页。

无准"①。为清查田地，征发赋役，洪武元年（1368），明政府派遣164名官员至浙西核查田亩，确定赋税。当时两浙富民为逃避徭役，大都将田产寄在他户名下，这一现象被称为"铁脚诡寄"。

洪武二十年（1387），明廷在各州县实行随粮定区之制。每区设粮长四人，测量田亩形状，注明字号，写上田主之名及田亩长宽面积，再编类成册，因为其形状类似鱼鳞，故称为鱼鳞图册。鱼鳞图册与赋役黄册一经一纬，一以土田为主，一以户丁为主，互相参合，有利于确定赋役之法。黄册、鱼鳞图册分别对人户、田地的经理，在某种程度上皆源于南宋时期在江南推行经界法时所采取的结甲自实、打量画图这两种举措。

明初实行屯田之制，分为军屯、民屯两种，立民兵万户府，寓兵于农，把屯政作为一项重要工作，造成"天下卫所州县军民皆事垦辟矣"。官府负责管理民屯，卫所负责军屯。卫所军屯，在边地，三分军士守城，七分屯种；内地二分守城，八分屯种。

当时仍以五尺为一步，240平方步为一亩，一百亩为一顷，但明代的量地尺一尺为2.642厘米，故明代每亩田的面积为639.25平方米，超过唐初的每亩565.694平方米，相当于今0.9589市亩。

田地总数与均数

明初，因中原地区战乱频仍，土地荒芜较多，故重行计民授田之制。中央政府设司农司，开治河南，管理授田之事。对于临濠的田地，评估各家丁力情况，计算田亩授田给各户，不许兼并。对于北方城镇附近的田地，号召百姓耕种，每人给十五亩，蔬菜地二亩，免租三年。鼓励垦荒，官府给予牛及农具的才征收田税，额外垦荒者永不征税。洪武二十六年（1393），全国田地共为8507623顷，约8.5亿亩，每户平均79.86亩，每人平均14亩，这是将全国的官田民田都计算在内，但是这个数据在今天普遍受到质疑。学者们认为根据《实录》《会典》《明史》及《后湖志》所统计的数据有失误，明洪武年间全国土地面积应在450万余顷上下。

此后田事日益混乱，到弘治十五年（1502），全国登记的田地数只有4228058顷，相比洪武年间缩水一半，其中官田528507顷，民田3699550

---

① （清）张廷玉等：《明史·食货志》，中华书局1999年版，第1256页。

顷，官田是民田的七分之一。其原因与历代相同，非拨给了王府，则欺隐于猾民，或委弃于寇贼。万历六年（1578），用开方法对全国田亩进行大规模测量，测得全国田数为 7013976 顷，比弘治年间"增加"300 万顷，当然其中也有虚报成分。对于明代全国耕地面积，学界普遍认为，上述明朝文献所载洪武年间全国田额都是失实的，明初田额实际数字应为 400 万顷以上，至万历时才增至 700 万顷左右。①

如考诸地方府志，皆低于此数。以嘉靖年间《青州府志》所载，青州府在嘉靖年间官民田总共约为 1339.1 万亩，每户平均为 65 亩，每人平均 8.8 亩，如果去掉官田，每户平均所有田亩数更少。

再据弘治年间《徽州府志》所载，徽州府在宋代未经界前为 151.62 万亩，经界后为 291.95 万亩。到元代，徽州一府六县官民田土共为 200.09 万亩，其中田只有 121.46 万亩。明洪武二十四年（1391），徽州府共有官民田地山塘 242.70 万亩，该年全府有 131662 户，581082 口人。到天顺六年（1462），官民田地山塘 249.68 万亩，96704 户，510415 口人，其中男口 336295 人，女口 174122 人②，男女比例极度失调。成化十八年（1482），全府田地山塘为 252.76 万亩，96189 户，530850 口人，其中男口 351668 人，女口 179182 人。弘治五年（1492），徽州府一府六县官民田地山塘共有 2527746 亩，其中田 1476815 亩，该年，徽州府共有 557355 口人，96189 户，其中民户 85859 户，则户均田为 15.35 亩，人均田为 2.65 亩。这一数字远远低于青州府的人均亩数，从数据上说明了徽州地处万山之中，人多田少的事实。

由于地形地貌以及宗族制的存在，徽州府的土地占有情况与其他地区具有较大的不同，如果去掉祀会祠堂所占土地，平民、地主所占土地的集中程度不是特别高，大地主很少。1384 年时，歙县最大的地主缴税 600 担米，据此倒推，他的地产约有 12000 亩，这应该算是凤毛麟角的了。终明之世，徽州府的地主占地很少有超过 1000 亩的。16 世纪下半叶

---

① 徐威：《20 世纪以来明代赋役制度研究综述》，《社会科学动态》2019 年第 3 期。
② 男女人口相加为 510417，与总人口 510415 差 2 人，但原文确实如此，当为府志编撰时计算有误。女口如此之少的一个重要原因可能是当时对妇女小口登记得不够。

（应在万历年间），县内最大的地主占地也仅为2400亩。①

有学者研究认为，1379年，明代全国拥有土地700亩以上的农户只有14241个，且每个县的这种大户平均不超过10户。甚至在江南的松江府，占地1000亩以上的也没有超过250户。1570年，中国占地最大的地主占地为7万亩，常州最大的地主则占地2万亩。即使如此，只有很少的个别地主占地超过1万亩。②但是，对此显然有争议。《剑桥中国明代史》中的上述记载引用的是黄仁宇的《十六世纪明代中国之财政与税收》，黄氏在此著中反驳了张居正根据税粮2万石倒推占地700万亩的计算公式，据此而言，这是正确的。但也不能就此认为，当时中国最大的地主只占土地7万亩，事实上，如果以民田每石田赋为0.035石税粮（明初全国民田标准）计算的话，2万石税粮所对应的田地应是571429亩，如果以每石田赋0.35石税粮（洪武十三年后苏松田赋减至此数）计算的话，2万石税粮所对应的田地应是57143亩。可见，以税粮倒算田地面积具有很大的不确定性，需要明确田赋标准才能予以计算。

宗室等占田

皇室、王室、外戚、中官等贵族官宦通过各种手段得田占田，与民争利是明代田地管理一大难题。明宪宗即位后，设宫中庄田，得名皇庄。弘治二年（1489）时，皇庄共有5处，地12800余顷，明武宗即位后，很快建了7处皇庄，后更增加到300余处。至嘉靖初年有皇庄数十处，占地至375.9546万亩，侵扰农民不可计极。③上行下效，各王、外戚求请及夺民田者不可胜数。④

弘治年间外戚王源夺占民产田地达2200余顷，正统时诸王所夺人民庄宅田地至3000余顷。南京中官外戚所占田地6.335万亩，房屋1228

---

① ［英］崔瑞德、［美］牟复礼编：《剑桥中国明代史》下卷，杨品泉等译，中国社会科学出版社2006年版，第519页。但此处作者根据田赋缴纳数倒推地主所占田亩数，数据并不准确。当时歙县的田赋为亩均5—8升，如果缴纳田赋的总数是600担（石）米的话，田地数应为7500—12000亩，而非1200亩。事实上，经核对彭超原文，程氏家族所占田地应为数千亩。

② ［英］崔瑞德、［美］牟复礼编：《剑桥中国明代史》下卷，杨品泉等译，中国社会科学出版社2006年版，第505页；黄仁宇：《十六世纪明代中国之财政与税收》，九州出版社2011年版，第191—194页。

③ 吴晗：《吴晗论明史》，北京理工大学出版社2016年版，第474页。

④ （清）张廷玉等：《明史·食货志》，中华书局1999年版，第1253—1262页。

间。皇亲侯伯奏讨无厌，事实上所赐土地多是受人投献，将民间产业夺而占之。其中庆阳伯奏讨田地5400余顷，长宁伯1900余顷，泰和伯陈成2000多顷，指挥金事沈傅、吴让6500余顷，被害之民则构讼经年而不得讨回，不得不流离失所。①

明世宗嘉靖帝第四子景王载圳就藩时不但多请庄田，而且侵入土田湖者数万顷，而按照明初规定，亲王除了给予俸禄外，也会量给草场牧地，但多不及千顷。皇亲国戚占地上万顷的，开始于此时。明穆宗第四子潞王居京邸时，王店、王庄遍畿内，居藩时，多请赡田、食盐，无不应者。此后得到景王故藉田，达四万顷，部臣也没有说什么。不过此王好文性勤饬，经常以岁入输朝，助工助边无所惜。等到万历年间，万历最宠爱的第三个儿子朱常洵就藩时，万历皇帝一次就赐予四万顷（400万亩）土地，所司力争，常洵本人也奏辞，才减半执行。② 王府官及诸阉丈地征税，旁午于道，扈养厮役禀食以万计，渔敛惨毒不忍闻。驾帖捕民，格杀庄佃，所在骚然，完全成为国家治理中的一大毒瘤。虽然有大臣屡次上奏，但都未能革除此弊。到了明熹宗时，桂、惠、端三王及遂平、宁德二公主庄田皆动以万计，而魏忠贤一门，横赐尤甚。明中叶以后，庄田侵夺民业，一直持续到明朝灭亡。③

二　明代乡村的户籍管理

明代对乡村地区的户籍管理，经历了户帖制、小黄册之法、户籍黄册的演变，最终定型为黄册之制。

户帖制

明初在江南地区的土地、人口清查，赋役征发，使用的是户帖制。洪武三年（1370），明廷颁布法令，要求通过户帖形式在全国清查登记人口。户帖内容有户口所在的府、州、县、乡、都、保，家庭人口状况，包括男子（成丁及未成丁）及妇女，以及家庭财产状况等。以徽州文书

---

① 吴晗：《吴晗论明史》，北京理工大学出版社2016年版，第473—474页。
② （清）张廷玉等：《明史·诸王五》卷一一二，列传第八，中华书局1999年版，第2414—2416页。
③ （清）张廷玉等：《明史·食货志》卷七七，志第五十三，中华书局1999年版，第1261页。

中保存的两个今天广为引用的徽州府祁门县十西都两位住民汪寄佛、谢允宪户帖为例。汪寄佛户帖上记载"一户汪寄佛　徽州府祁门县十西都住民应当民差计家伍口　男子三口　成丁二口　本身年三十六岁　兄满年四十岁　不成丁一口　男祖寿年四岁　妇女二口　妻阿李年三十三岁　嫂阿王年三十三岁　事产　田地无　房屋瓦屋三间　孳畜无　右户帖付汪寄佛收执　准此　洪武四年　月　日　部"①，根据以上记载，可知汪寄佛户的户帖上登记的是汪氏兄弟二人五口信息，应为佃农或从事其他产业，且只有瓦屋三间。谢允宪户帖上记载"承祖述户　见当民差　计家二口　男子一口　成丁一口　本身二十一岁　不成丁　妇女一口　妻阿李年一十六岁　事产　田八分五厘四毫　草屋一间　孳畜黄牛一头"②，可知谢允宪户为自耕农，对成丁、年龄、田产、房产等信息的登记是为赋役征收服务的。户帖还传递的一个信息是，当时在徽州民间，妇女多数是没有名字的，只以姓氏记载。

户帖以字号编为勘合，识以部印。籍藏于部，帖发给民户。后来的黄册，基本上是依据户帖进一步改进的，只不过黄册是将户籍制度和赋役制度合二为一。

小黄册之法

洪武三年（1370），明廷在江南推行"小黄册"之法，时间长达十年之久。具体做法是将每家每户的丁口田粮数目等按各甲逐次书写登记，再攒造为册，一图一册。小黄册的组织基础是图（100家）、甲（10家），职役基础是里长、甲首。

黄册制

黄册又称户籍黄册或赋役黄册，是明王朝为管控人口和征派赋役而编制的户籍册。如前所述，小黄册之法在江南地区实行十年后，为平均徭役，到1381年，正式在全国推行黄册制，黄册制将每里人口增加到一百一十户，里长、甲首轮差原则不变。黄册在城市以坊、厢，乡村以里为单位攒造。每里按各甲顺序将民户编为一册，册首总为一图。鳏寡孤独不任役者附在十甲之后为畸零，无田者也为畸零。黄册中对人户的登

---

① 转引自栾成显《明代黄册研究》，中国社会科学出版社2018年版，第25页。
② 严桂夫、王国健：《徽州文书档案》，安徽人民出版社2005年版，第203页。

记，分为旧管数、新收数、开除数、实在数四个项目，其内容与今天的户口本有类似之处。黄册每十年由官府修订一次，根据丁粮增减予以调整。黄册抄录四份，一份于年终上交户部，其余三份则由布政司（省）、府、县各存一份。上户部的编册以黄纸作为封面，故谓之黄册。后来黄册专门供上交存档用，官府征税、编徭另外编册，称作白册。①

黄册制度是有明一代广泛实行的、与明王朝相始终的一项基本社会经济制度。自洪武十四年（1381）起正式编造，至崇祯十五年（1642），黄册共攒造了27次。当时，每次大造，各地方送南京户部转后湖收贮的黄册达6万余本，至明末，南京后湖收贮黄册的库房近千间，所贮历代黄册已达200多万本。②

户籍管理

明代以职业作为登记原则，将全国户口分为民户、军户、匠户三等。民户中包括儒、医、阴阳；军户中有校尉、力士、弓、铺兵；匠户中有厨役、裁缝、马船等，寺有僧，观有道士。据明弘治《徽州府志》，弘治五年（1492）徽州一府六县共有户96189，其中民户85859、军户4392、匠户3499、官户3、医户34、僧户264、道户45、阴阳户2、校尉力士户20、勇士户1、捕户18、寄庄户2051、厨役户1，③ 较好地诠释了明代的户籍分类。

明廷规定，军、匠等籍不许分户，民籍可以分户。分户需要向官府申报立户，批准后才能从大户或其他户中独立出来，纳入黄册作为正式纳税当差户。④

民户以户籍上登记的为准，禁止数姓合户附籍。凡是漏口脱户的，允许自行申报订正。民户躲避徭役的称为逃户，对逃户，政府命令回归本乡本籍，老弱及不愿归者，可以在所在地登记户口，授田输赋。对于流民，明英宗时期命令核查户籍，对他们同样编甲互保，由居住地的里长进行管辖。此外，明代还对附籍、移徙的百姓颁布管理规定。在养老

---

① （清）张廷玉等：《明史·食货志》，中华书局1999年版，第1253—1254页。
② 栾成显：《明代黄册人口登载事项考略》，《历史研究》1998年第2期。
③ 弘治《徽州府志》卷之一，《食货一》，"户口"。
④ 严桂夫、王国键：《徽州文书档案》，安徽人民出版社2005年版，第208页。

抚恤方面，明太祖时期，行养老之政，对民年八十以上赐爵，设养济院收无奉养者，每月给粮，并设漏泽园和义冢以葬贫民。

户数、口数

与历朝历代一样，因兵革、冒充、投靠、隐匿等原因，明代的户口之数增减不一。据《明史》记载，洪武二十六年（1393），全国有10652870户，60545812人，而到了万历六年（1578），同样的数据分别为10621436户，60692856人[①]，近两百年过去了，人口竟然仅仅增长14.7万人，账面上的数目字显然是名不符实的。地方志中所记载的情况也大体类似。例如，洪武二十四年（1391），山东青州府一州十三县共有213533户，1689946人，到了嘉靖三十一年（1552），经过161年的和平岁月，户数、人口数竟然分别减少到209632户、1527600人，[②] 官方统计数据显然严重失真。

三　明代乡村的赋税管理

赋役种类、科目与标准

因简便易行，明初沿用唐代的两税法。朱元璋任吴王时，赋税标准为10%，役法则为计田出夫，分别以赋十万、六万、三万石为标准将县分为上、中、下三等。称帝后，制定赋役黄册，以两税法征税。黄册中有丁有田，丁征役，田交租。田租分为夏税秋粮，夏税在八月之前，秋粮在次年二月之前交纳。

明代的田赋是按田地面积征收的。首先要将土地分官田、民田两大类，其次根据土地的肥瘠程度，分为上中下三等九则，同时还须将地、山、塘的面积折算为田的面积，再具体确定税率高低，其结果是，一州一县之内，征收科目种类可达二三十种之多，不同的科目税率是存在差异的。明代的赋税种类相比前代毫不逊色，光是田赋，就呈现不断增加的趋势。据梁方仲的研究，在田赋合并之前，洪武时期包括夏税秋粮在内田赋税目14种，弘治时期达到了24种以上，到了万历六年（1578），

---

① （清）张廷玉等：《明史·食货志》，中华书局1999年版，第1254—1255页。
② 嘉靖《青州府志》卷七，《户口》。

达到了 31 种以上。①

田赋的标准是多少呢？朱元璋在称帝之初，规定官田每亩交纳 5.35 升（约 6.69 市斤），民田为 3.35 升（约 4.19 市斤），重租田为 8.55 升（10.69 市斤），没官田为 12 升（15 市斤）②，自此成为定制。不过，通过会计录、地方志、黄册、户由等从中央、地方至民间的各类文献可见，各地税率和实际征收基本都高于以上标准。例如，根据明实录、万历会计录记载的数据，全国平均亩征税粮（夏秋二次）为 3.46 升，其中南直隶为 5.7 升。根据《徽州府志》等地方志，1485 年改科前，徽州地区各属县额定民田每亩征粮额为 8 升，改科后均征科粮在 5—8 升（分上、中、下田不同标准），实际亩均征粮则在 6—7 升，数据与万历会计录相近。徽州文书中有一份万历二十七年（1599）的董见龙户屯田黄册记载，户主垦田 25 亩，纳粮 1.8885 石，说明当时屯田的亩征额为 7.5 升。③

田赋征收哪些物品呢？在一条鞭法改革之前，田赋仍以实物形式征收，一年分两期交纳，夏季开始征收的叫作夏税，夏税以小麦为主（北方地区也有大麦），此外还有丝、绢、绵、钱钞等，秋粮以米为主（南方多为稻米，北方多为粟米），也包括丝、绢、绵、钞等。

粮食生产水平

谈到田赋，首先要了解明代的粮食生产水平。明代全国粮食的平均亩产量的计算较为复杂。南方水稻产区既有单季稻，也有双季稻（明末开始），还有稻麦复种。北方也有单季粟和麦粟复种，田地又有上中下三等的肥瘠之分，不同地区对农田农地的精耕细作程度也存在较大区别，对亩产的估计较为困难。一般来说，南方地区一季晚稻每亩少则一石有余，多的也超不过三石，至于少数地区能够亩产超过四五石，甚至六七石以上，当属特例，是极少数的高产田。

---

① 转引自边俊杰《"一条鞭法"新解》，《江西社会科学》2011 年第 11 期。
② 按明代每石折 125 市斤，每斗折 12.5 市斤，每升折 1.25 市斤，每合折 0.125 市斤，每勺折 0.0125 市斤计算。勺、合、升、斗、石皆为十位制递进关系。
③ 严桂夫、王国健：《徽州文书档案》，安徽人民出版社 2005 年版，第 207 页。

表6—1　　　　　　　　　　明代粮食亩产水平

	高者	中者	下者
单季晚稻	4—5石	2.5—3石	1—2石
稻麦复种		3石（2+1）	
秋粟复种		2石	

吴慧先生认为，明代南北方亩产加权平均后的结果是，每明亩生产2.31明石原粮，明代的一石相当于现在的1.0225市石，即约每亩2.362市石。每市石原粮按照134市斤计算，则平均每明亩生产原粮316.5市斤。明代的一亩相当于现在的0.9216市亩，相除一下，得到明代的亩产量是平均每市亩生产原粮343.424市斤。[①]

如果不加权，单以单季晚稻亩产2.5石计算，秋粟复种亩产2石计算，如以每明亩折合0.9689市亩，明代一升合今1035毫升计算，则水稻平均产量折合今每市亩为350.79市斤，稻粟为每市亩296.82市斤。北方稻粟产量相比元代增长了19.48%，但南方单季稻的产量不但比元代稻谷亩产量下降了26.68%，还比宋代下降了14.74%。但从农业生产的正常发展水平来看，这种可能性是不大的，可能的原因在于历史资料中对宋、元、明的粮食亩产量的记载差距颇大，致使今人在研究中各取所需，或者宋元的取值就高，而明代取值则以平均数而言。

田赋征纳标准与实征数

如根据民田每亩3.35升粮（米）正税标准，民田平均亩产2.5石谷计算，明初一般地区的田赋税率为2.68%，约为三十八税一，官田田赋率为4.42%，相当于二十二税一，重租田税率为6.84%，官田为9.6%，总体负担都不算高。实际征收是这样的标准吗？以婺源县为例，洪武十五年（1382），婺源全县山地田粮加在一起折算每亩该征夏税麦为2.066升，秋粮米为4.83升，则每亩税粮总数为11.726升[②]，田赋税率为

[①] 吴慧：《中国历代粮食亩产研究（增订再版）》，中国农业出版社2016年版，第185—193页。

[②] 米与稻谷之比为1:2，麦仍然原量计算，则每亩税粮还原为原粮（粟稻谷）为11.726升。

4.69%，不到二十税一，即使以亩产 2 石计算，税率也只为 5.86%。

表 6—2　明代地区平均税粮负担比较表（洪武二十六年，1393）①

地区	户均（石）	地区	人均（石）	地区	亩均（升）
河南	6.967	苏州府	1.193	苏州府	28.53
徐州	6.244	河南	1.15	松江府	23.77
苏州府	5.718	松江府	0.999	四川	9.52
四川	4.945	常州府	0.842	镇江府	8.44
松江府	4.88	陕西	0.826	常州府	8.19
山西	4.704	徐州	0.783	扬州府	6.96
淮安府	4.4	四川	0.727	福建	6.69
常州府	4.29	山西	0.688	山西	6.69
南直隶平均	3.782	南直隶平均	0.673	安庆府	6.26
镇江府	3.716	池州府	0.649	江西	6.18
池州府	3.6	镇江府	0.621	陕西	6.07
山东	3.42	淮安府	0.56	南直隶平均	5.7
湖广	3.174	凤阳府	0.539	池州府	5.65
凤阳府	2.913	湖广	0.524	庐州府	5.62
全国平均	2.76	全国平均	0.49	浙江	5.32
十三布政使司平均	2.503	山东	0.49	徐州	5
宁国府	2.453	宁国府	0.46	广西	4.83
扬州府	2.419	十三布政使司平均	0.44	徽州府	4.68
安庆府	2.369	扬州府	0.405	应天府	4.56
广西	2.34	广东	0.349	广东	4.42
应天府	2.02	广西	0.333	山东	3.56
庐州府	1.872	安庆府	0.311	全国平均	3.46
太平府	1.723	江西	0.297	宁国府	3.16
江西	1.715	云南	0.292	十三布政使司平均	3.16

---

① 表 6—2、表 6—3、表 6—4 原始数据来源于梁方仲编著《中国历代户口、田地、田赋统计》，中华书局 2008 年版，第 466—486 页，乙表 30、乙表 32、乙表 35、乙表 36。

续表

地区	户均（石）	地区	人均（石）	地区	亩均（升）
广东	1.553	徽州府	0.279	太平府	1.87
滁州	1.397	应天府	0.278	淮安府	1.83
云南	1.3294	浙江	0.262	滁州	1.75
徽州府	1.317	太平府	0.26	河南	1.52
浙江	1.287	福建	0.25	和州	1.14
福建	1.199	庐州府	0.248	湖广	1.12
广德州	0.69	滁州	0.222	广德州	1.02
陕西	0.65	广德州	0.123	凤阳府	0.55
和州	0.507	和州	0.072	云南	

表6—3　　明代地区平均税粮负担比较表（弘治十五年，1502）

地区	户均（石）	地区	人均（石）	地区	亩均（升）
常州府	15.19	常州府	3.334	云南	38.72
淮安府	14.13	延庆州	2.221	松江府	21.87
陕西	6.29	淮安府	1.664	广东	14.06
河南	5.467	松江府	1.644	苏州府	13.48
松江府	5.144	镇江府	1.107	常州府	12.32
池州府	4.84	苏州府	1.021	四川	9.52
湖广	4.293	池州府	0.978	池州府	7.65
徐州	4.214	保安州	0.937	陕西	7.4
四川	4.045	河南	0.913	南直隶平均	7.33
山西	3.953	南直隶平均	0.744	徽州府	6.79
南直隶平均	3.93	湖广	0.573	江西	6.5
苏州府	3.907	山西	0.522	福建	6.3
山东	3.7	全国平均	0.503	安庆府	6.02
保安州	3.283	陕西	0.493	山西	5.82
延庆州	3.162	浙江	0.473	镇江府	5.8
全国平均	2.94	山东	0.422	河南	5.74

续表

地区	户均（石）	地区	人均（石）	地区	亩均（升）
安庆府	2.861	徐州	0.415	延庆州	5.33
镇江府	2.778	福建	0.404	浙江	5.31
扬州府	2.368	江西	0.399	山东	5.25
凤阳府	2.24	四川	0.395	徐州	4.9
大名府	2.223	扬州府	0.375	保安州	4.8
广平府	2.137	应天府	0.319	全国平均	4.3
庐州府	2.099	徽州府	0.308	广西	3.99
顺德府	1.99	太平府	0.287	扬州府	3.96
真定府	1.97	广平府	0.279	十三布政使司平均	3.93
江西	1.918	宁国府	0.278	淮安府	3.91
徽州府	1.784	大名府	0.256	凤阳府	3.47
滁州	1.75	顺德府	0.236	应天府	3.24
宁国府	1.712	凤阳府	0.227	顺德府	3.11
太平府	1.694	安庆府	0.217	太平府	3.07
福建	1.682	真定府	0.196	庐州府	3.02
浙江	1.67	河间府	0.175	真定府	3
应天府	1.571	北直隶平均	0.175	广平府	2.93
河间府	1.553	滁州	0.17	滁州	2.91
和州	1.527	和州	0.17	大名府	2.83
北直隶平均	1.525	庐州府	0.158	河间府	2.73
永平府	1.417	永平府	0.146	永平府	2.25
保定府	1.22	广德州	0.138	北直隶平均	2.23
顺天府	0.664	保定府	0.106	保定府	1.74
广德州	0.393	顺天府	0.1	宁国府	1.7
广东		广东		广德州	1.15
广西		广西		顺天府	0.97
云南		云南		湖广	0.97
贵州		贵州		和州	0.96
十三布政使司平均		十三布政使司平均		贵州	

表6—4　　明代地区平均税粮负担比较表（万历六年，1578）①

地区	户均（石）	地区	人均（石）	地区	亩均（升）
松江府	4.724	松江府	2.13	松江府	24.29
陕西	4.4	镇江府	1.197	苏州府	22.51
湖广	3.994	苏州府	1.04	常州府	11.85
四川	3.915	延庆州	0.877	贵州	9.78
徐州	3.885	池州府	0.814	太平府	8.4
山西	3.883	常州府	0.759	云南	7.93
河南	3.76	太平府	0.614	南直隶平均	7.77
池州府	3.758	南直隶平均	0.572	四川	7.63
淮安府	3.62	山东	0.503	池州府	7.6
苏州府	3.483	湖广	0.492	徐州	7.29
太平府	3.252	浙江	0.49	徽州府	6.77
常州府	2.992	福建	0.49	江西	6.52
南直隶平均	2.906	河南	0.458	福建	6.34
镇江府	2.871	江西	0.447	山西	6.29
安庆府	2.827	全国平均	0.439	安庆府	6.02
全国平均	2.508	淮安府	0.436	陕西	5.93
十三布政使司平均	2.464	十三布政使司平均	0.436	镇江府	5.86
山东	2.078	徐州	0.435	浙江	5.4
大名府	2.068	山西	0.435	延庆州	5.33
延庆州	2.051	陕西	0.386	保安州	4.79
宁国府	1.98	四川	0.332	山东	4.62
江西	1.951	广西	0.313	扬州府	4.03
保安州	1.892	徽州府	0.305	滁州	3.96
广平府	1.888	扬州府	0.301	广西	3.95
广西	1.7	应天府	0.287	广东	3.89

① 黄仁宇先生在《十六世纪明代中国之财政与税收》一著中援引《大明会典》，对万历六年时的各直省税粮定额平均税率进行了测算，可与本表互相对照，各直省数据基本相当。只有贵州亩均税率略有差异，经对表中原始数据重新计算，黄著表6中应为亩均0.098石，而非0.096石；而本书所引梁著中的原始数据与黄著表6原始数据略有差异，但据此计算的亩均数无误。山西的数据则有较大差异，本书所引梁著原始数据与黄著相同，但黄著表6中为亩均3.2升，当为黄著中计算有误，正确结果应为亩均0.0629石。见黄仁宇《十六世纪明代中国之财政与税收》，九州出版社2011年版，第199页表6。

续表

地区	户均（石）	地区	人均（石）	地区	亩均（升）
扬州府	1.675	宁国府	0.267	全国平均	3.8
福建	1.652	安庆府	0.242	凤阳府	3.54
浙江	1.636	保安州	0.227	十三布政使司平均	3.48
庐州府	1.624	广平府	0.224	宁国府	3.4
应天府	1.58	大名府	0.213	应天府	3.27
真定府	1.567	贵州	0.174	河南	3.21
顺德府	1.556	河间府	0.157	顺德府	3.03
河间府	1.462	顺德府	0.153	淮安府	3.02
徽州府	1.453	北直隶平均	0.14	广平府	2.93
北直隶平均	1.407	永平府	0.13	大名府	2.62
保定府	1.351	滁州	0.128	和州	1.83
永平府	1.329	庐州府	0.124	永平府	1.82
和州	1.294	保定府	0.118	北直隶平均	1.22
滁州	1.28	和州	0.108	真定府	1.14
贵州	1.164	真定府	0.107	庐州府	1.12
云南	1.053	云南	0.097	湖广	0.98
顺天府	0.633	顺天府	0.091	广德州	0.82
广德州	0.391	广德州	0.08	河间府	0.79
凤阳府	0.192	广东	0.049	顺天府	0.64
广东	0.188	凤阳府	0.018	保定府	0.64

对表6—2、表6—3、表6—4中1393年、1502年、1578年三个时段的全国平均田赋进行测算，得出的数据分别是亩均3.46升、4.30升和3.80升[①]，与明初官方所确定的民田田赋标准3.35升基本相当。但是，各省直的税率存在很大差异，也掩盖了某些现实征收的情况。贵州、云南、湖广、江西某些地区的田赋征收从来没有遵循过常规。北直隶的低税率也是不真实的，该地农民承担的马差费用直接用银估算，并不包括在税粮表中，因临近首都，其民众要经常被征召去京师履行各种差徭以及承担军事供给服

[①] 此三项数据为用全国米麦总数除以全国田亩总数所得，与梁著中乙表36中南北直隶和十三省亩均米麦数相加再平均所得之数存在差异，后者的三项数据分别是4.89升（未计贵州、云南）、8.51升（未计贵州）和5.43升。

务任务，这折抵了一部分正赋。河南在16世纪晚期新增大量一直不纳税的土地（可能是宗藩田地），拉低了平均税赋，实际上，根据后文所知，河南农民的赋役负担是相当沉重的。湖广地区税率低在于大湖地区的复杂地形以及有些地区经常被水淹没，导致官府对其田亩数无法掌握到确切数据。①

重赋的苏松

表6—2、表6—3、表6—4反映，无论是从户均、人均还是最重要的亩均数据来看，江南地区尤其是苏、松、常、镇四府都大大高于全国平均税粮负担水平，尤其是在最重要的亩均税粮负担数据中，苏州府是全国平均水平的8.25倍，松江府则是6.87倍。从表上看，从五代末至清末上千年时间内在版图、属县、社会生活、地方文化等方面保持稳定的徽州府的亩均纳粮低于南直隶平均水平，人均纳粮数甚至低于全国平均水平，但这只是计米粮一项，正如我们后文测算的那样，如果将其他负担算进去，徽州府的亩均负担甚至高于纳粮大户之一的绍兴府。

江南地区尤其是苏州、松江二府的田赋正税负担非常沉重，居全国之冠。苏州、松江两府的耕地面积只占全国耕地总数的1/44，却要承担全国11%—44%的税粮，无论是绝对田赋总额还是相对亩赋税率，均远远超出全国其他地区。有一种流行的说法是，江浙重赋的原因是朱元璋为了惩罚当地富民当年协助张士诚守城，但事实上真正导致该情况出现的最主要的原因是自南宋贾似道度官田以来，经元代和张士诚时期，苏松地区的官田太多。明初，苏州、松江、嘉兴、湖州四府豪族富户的民田被登记为官田，按私租簿为税额。苏州府的官田占官民田总数的62.99%，税粮占94.7%，松江府官田占总数的84.52%，税粮占总数的94.3%。② 明初苏州缴纳的274万余石的税米中，出自民田的只有15万石，剩下的都是来自官田，苏州一府的官田税粮岁额超过浙江全省。③ 但浙江的田赋负担也悬殊极

---

① 参见黄仁宇《十六世纪明代中国之财政与税收》，九州出版社2011年版，第198—202页。

② 史仲文、胡晓林主编，林金树等著：《中国全史·中国明代经济史》，人民出版社1994年版，第114页。

③ 在乾隆《苏州府志》卷八，《田赋》中，苏州府与浙江省田赋额相当，但据梁方仲先生《中国历代户口、田地、田赋统计》一著，明洪武二十六年（1393），苏州府的田赋米麦为2810490石，浙江全省则为2752727石，事实上，苏州府不仅超过浙江省，而且超过其他所有省、府。即使在减赋后，苏州一府税粮也仅仅少于山东、江西、浙江、河南、山西、湖广六省，高于陕西、四川、广东、福建、广西、云南、贵州七省。见梁方仲编著《中国历代户口、田地、田赋统计》，中华书局2008年版，第483—486页，乙表36。

大。浙西因被认为土地肥沃，每亩加两倍，结果是浙西每亩纳税甚至有达到二三石的。

洪武十三年（1380）前，以上地区的亩税为三斗六升至七斗五升不等。洪武十三年对苏松嘉湖四府裁减田赋后，每亩最低也要征税三斗五升（43.75 市斤），远远超过十取一的标准。通过表 6—2 可以看出，苏州府、松江府无论是亩均还是人均税粮额都大大超过其他地区。

江浙重赋的结果是府民逃亡他乡以避重税。吴江、昆山民田的田赋过去为每亩五升，小民佃种富民田，每亩需交纳地租一石，民田变成官田后，仍按私租标准纳税。如按十分之八取税，民尤不堪忍受，何况亩税一石，几乎百分之百，百姓怎能不逃亡？昆山、海宁等地海水淹没官民田已经有十余年，仍然征租。此后，明廷几次尝试减赋。宣德五年（1430），将官田之租由每亩一斗至四斗者各减十分之二，四斗一升至一石以上者减十分之三。正统元年（1436），苏、松、浙江等处官田，适用民田标准征税，秋粮分别减至三斗、二斗、一斗。明英宗复辟之初，运用重者轻之、轻者重之原则使科则拉平，但每亩征税一石的标准并未降低。与明初相比，嘉靖二年（1523），全国二税麦少了 9 万石，米少了 250 万余石。于是明廷采取措施清查田粮旧额，催征岁办钱粮。嘉靖年间，里甲长不再负责催征赋役，只令粮长下乡追征。豪强的粮长用大斛倍收，巧立名目，巧取豪夺，所到之处鸡犬一空，百姓不堪重负。①

> 自唐天宝之后，江淮租庸已称繁重。因有民力竭矣之叹。今考宋世，苏州之税，凡三十余万石。迨元，乃增至八十余万石。②

苏州重赋由来已久，但没有重过明代的。明初，苏州府年税粮竟然

---

① （清）张廷玉等：《明史·食货志》，中华书局 1999 年版，第 1263—1265 页。
② （明）顾炎武：《天下郡国利病书》，《顾炎武全集》，上海古籍出版社 2011 年版，第 571 页。此说与杨芳之言有异。杨芳曰苏州在元代时税粮为 36 万石，伪吴（张士诚）时为 100 万余石，今（万历年间）270 万余石。见同书第 450 页。

增至280万余石。明时有人云："国家储积,多倚东南,惟苏为最。"①比较一下苏州府、松江府、应天府、凤阳府四府的亩均、人均纳粮数额,似乎可以从中看出明初政治因素是如何影响地方税粮负担的。苏松重赋原因自不必说,应天府税粮较低,凤阳府则简直低得离谱,一个主要原因除了朱元璋恩泽故乡外,也与当时有大量高官巨贵在凤阳府低价置买田地有关。天顺年间后,经过减逋减负,苏州府税赋有所减轻,但仍高居各府第一,至崇祯年间,再次反弹至新高。总体上,苏州府税粮一直独自占据最高一档,始终是第二名的2—3倍,洪武二十六年(1393)时,苏州一府纳粮281万石,超过浙江全省的275万石。史称:"吴民财赋独甲天下,国用征输半出江南。"② 这是否属实呢?通过表6—5可知,江南七府年均纳粮都超过30万石,年纳粮总数虽然并未达到三分之一,但都在五分之一到四分之一之间,结合其人口、田地面积,可以说是以占全国不到9%的人口、不到6%的田地面积贡献了全国近25%的米粮。

明代田制赋税中的一个问题是,官田租重赋高,民田价高赋低租更重。前述全国田赋标准是官田每亩科税5.35升,重租田达8.55升,没官田达12升,但苏、松、嘉、湖民田多归于豪右,官田多留于贫穷,民田是按官田标准纳税,浙西官民田则最高亩税有二三石者,而当时每年每亩上田也不过产粮二三石而已。农民可以佃种官田,但地租每亩达三斗,或五六斗甚至一石以上者。民田价格是官田的十倍,但贫民又买不起,只能租种民田,但民田私租更高于官田公租,如吴江、昆山民田租旧亩五升,后增至一石。如再加上种子、肥田、牛马等种田成本以及徭役、杂税、损耗摊派等,基本上一亩所出粮米悉数交租纳粮,农民自己所剩不到一二成。

---

① (明)王锜:《寓圃杂记》卷五,《元明史料笔记》,中华书局1984年标点本,第40页。转引自侯官响著《明代苏州府赋税研究》,中国社会科学出版社2019年版,第7页。

② 毕自严:《度支奏议》四川卷5,《覆御史刘兴秀条陈江南六款疏》第6册,上海古籍出版社2008年版,第501页;转引自李园《明代财政史中的"南粮"问题辨析——基于松江府的徭役考察》,《古代文明》2019年第3期。

表6—5　　　　明代苏、松、常、镇、嘉、湖、绍七府纳粮全国
占比一览表①　　　　　　　（米粮单位：石）

府别	洪武二十六年(1393)	天顺五年(1461)	弘治十五年(1502)	万历六年(1578)	崇祯年间	万历年间户数	万历年间口数	万历年间亩数
苏州府	2810490	2502900	2091987	2092560②	3502980	600755	2011985	9295951
松江府	1219896	959000	1031485	1031486	1031460	218359	484414	4247703
常州府	652835	764000	761341	761347	761340	254460	1002779	6425595
镇江府	324646	315000	189836	198211	189830	69039	165589	3381714
嘉兴府		618000		656836	616000	273990	563765	4312801
湖州府		470000		482715	470000	173743	485849	2941658
绍兴府		338900		332648	338900	165678	575651	6726399
合计		5967800		5555803	6910510	1756024	5290032	37331821
全国合计	29442350	26560220	26792260	26638414	28270343	10621436	60692856	701397628
七府纳粮占比（％）		22.47		20.86	24.44			
七府户、口、田占比（％）						16.53	8.72	5.32

---

① 梁方仲编著：《中国历代户口、田地、田赋统计》，中华书局2008年版，第474—503页。嘉兴府数据来自嘉庆《嘉兴府志》卷七，《食货志》以及《万历会计录》。其中嘉兴府万历年间户数实为嘉靖年间数据。万历年间亩数为各县相加所得。湖州府的户数在同治《湖州府志》中有两个版本，另一版本为洪武二十四年户数为200046，口数为810244，二者相比，并与邻府相较，似前一数据更为可信。苏、松、常、镇四府户、口、亩数为万历六年数据。此外，由于资料缺乏，表中人口数据与亩数、粮数并非完全对应于同一年份。

② 此处的米麦数应仅为本色米麦、折色米麦相加之和，并非田赋夏秋二税的全部。以与弘治十五年（1502）相近的嘉靖三年（1524）为例，根据乾隆《苏州府志》，该年苏州共征本色米1428952石，折色银447998两，内含折粮折麦银195153两，按每两银折米4石计算，该年折色的米麦应为780612石，与前相加，该年苏州府的本折色米麦共为2209564石，这一数据无论是与上表中的弘治十五年，还是万历六年的米麦数据相比都较为接近，应为当时的实征数。与此同时，该年苏州府农民在两税项下还缴纳了折色银252845两（447998—195153）。万历四十八年（1620），苏州府实征平米（正耗相加）2428000石，可是该年在田赋部分，苏州府实征本色米1062726石，折色银666541两，根据每两一两折米4石的标准进行换算，得出两个数据来表述该年苏州府的田赋数：一为米麦2428000石＋银325222两；二为米麦1062726石＋银666541两，二者在比值上应该是相等的。另外，苏州府实行平米法后，在地方志中多用平米来表述正耗米总和，并有每平米一石派征本色米0.4767石之谓。上述见乾隆《苏州府志》卷八，《田赋一》卷九，《田赋二》。

实行一条鞭法后，在一些地区，徭役可按照相应原则和比例折银摊入田赋中征收。黄仁宇先生根据地方志对杭州府、汾州府等地的田赋税率进行了估计。1572年时，杭州府全府役银和田赋的比率为38.1∶100，役摊入后的每亩税额为0.067两白银。1608年时，汾州府全府役银和田赋比率为17∶100，役摊入后的每亩税额为0.050两银。① 1543年时，湖广安化县每亩实际交纳税银为0.01184两。② 1570年时，山东每标准亩的亩均税率分别为0.015两、0.013两、0.010两银。③ 1573年时的漳州府每税田亩均税额为0.12两银④。1580年时，山东曹州每标准亩的亩均条编银分别是0.0156两、0.0148两、0.0144两银。1584年时，广东顺德县每自然亩田赋可折算纳银为0.009两。1620年时，浙江开化县亩均赋税额为0.0469两白银。1643年时，苏州府吴县每亩税粮额为0.4石，如按每石米折银0.9两计算，其亩均税额为0.36两，是其他地区的5倍甚至10倍以上。1584年时，上海县亩均税额为本色粮0.1石，外加银0.08两，如按每石米折银0.7两计，两项合计亩均税额为银0.15两。1643年，户部尚书倪元璐上奏崇祯皇帝说全国田赋征收比率各地存在很大差异，从每亩0.13两到0.2两有零不等，但事实上，江南以外地区的田赋最低只有0.02两，多者为0.09两。从1619年起，经过明政府的七次加派，额外加派达到了每亩0.0268两白银，再加上其他各项税收也增加了10%以上，在江南重赋地区，亩均税额最高者甚至达到1两白银。⑤

明代米价

洪武九年（1376），明廷规定百姓缴纳税粮时可以银、钞、钱、绢代输，开启有明一代货币化纳税的进程。其换算标准是，银一两、钱千文、钞一贯皆可换算米一石，小麦则减值20%（一石二升），棉苎一匹折米六

---

① 黄仁宇：《十六世纪明代中国之财政与税收》，九州出版社2011年版，第202—207页。
② 黄著中提供的原始数据是，每亩税粮为0.02675石，每石折银0.4432658两，二者相乘，数值应为0.01185736015两银。见第208—209页。
③ 按每三标准亩折一税亩计算。见第209页。
④ 黄著中未提供一税亩折多少标准亩。一般来说，南方地区水稻田一亩为一标准亩，如按1∶1折算比例，等于一税亩，如按前述河谷稻田一亩折1.25税亩计算，则漳州府的水稻田亩均税率为0.12两银或0.15两银。
⑤ 以上各地税额参见黄著，部分数值系根据黄著原始数据计算所得。参见黄仁宇《十六世纪明代中国之财政与税收》，九州出版社2011年版，第202—213页。

斗，麦七斗；麻布一匹折米四斗，麦五斗。到洪武三十年（1397），更新为，钞一锭折米一石；金一两折米十石；银一两折米二石；绢一匹折米一石二斗、棉布一匹折一石、苎布一匹折米七斗、棉花一斤折米二斗；钞二贯五百文折米一石。至正统元年（1436），效仿明初规定，米麦一石折银二钱五分。①

据上，并结合蒙文通先生所转冯汉镛教授的研究，对明代米价列表6—6②，除去明末特殊情况，其最高与最低价格相差30倍：

表6—6　　　　　　　　明代米价列表③

时间	地区	单位	米价	平均每斛（石）	资料来源
洪武九年（1376）		米石	1两银	1两	《明史·食货志》
洪武三十年（1397）		米石	0.5两	0.5两	《明史·食货志》
洪熙元年（1425）		米石	钞4—10贯	约0.8—2两④	《日知录》
宣德初年（1426）	南京	米石	0.13两	0.13两（米贱时）	《周忱传》
成化六年（1470）	杭州	米斗	0.6两	6两（极贵时）	《明会典》
弘治年间（1488—1505）		米石	1两	1两	《马文升传》
		米石	0.118两	0.118两（丰年）	
嘉靖初	京师	米石	0.4—0.7两	0.4—0.7两	
	江南	米石	0.5两	0.5两	
嘉靖四十四年（1565）	晋雁宁偏三关	米石	0.59两	0.59两	
嘉靖晚期	甘肃庄浪	米石	0.69两	0.69两	
隆庆年间（1567—1572）	两广	米斗	0.03两	0.3两（米贱时）	《经林续记》
万历年间（1573—1620）	苏松嘉湖	米石	1.6两	1.6两	《崔鸣吾纪事》
万历十六年（1588）	松江	米石	1.6两	1.6两	《云间杂识》

---

① （清）张廷玉等：《明史·食货志》，中华书局1999年版，第1264—1265页。
② 蒙文通：《中国历代农产量的扩大和赋役制度及学术思想的演变》，《四川大学学报》1957年第2期，第53—54页。
③ 部分资料转引自陈宝良《明代的物价波动与消费支出——兼及明朝人的生活质量》，《浙江学刊》2016年第2期。
④ 根据1397年规定的银一两折米二石、钞2.5贯折米一石标准换算，则白银1两相当于钞5贯。

续表

时间	地区	单位	米价	平均每斛（石）	资料来源
万历十六年（1588）	南京	米石	1.6 两	1.6 两	《留都闻见录》
万历十七年（1589）	吴中	米斗	0.16 两	1.6 两	《荷香馆琐言》
万历十七年（1589）	吴	米斗	150 钱	1.5 两[1]	《坚瓠五集》
万历十七年（1589）	桐乡	米石	1.6—1.7 两	1.6—1.7 两（灾）	《杨园先生全集》
万历十八年（1590）			1.0 两	1.0 两	
万历十九年（1591）			5.0 两	5.0 两（灾荒时）	
万历十六年至二十三年其他一般年份			3.0 两	3.0 两	
万历三十年（1602）前后	江南	米石	0.7 两	0.7 两	《掌记》
万历三十六年（1608）	江南	米石	1.0—1.3 两	1.0—1.3 两	《蒿庵随笔》
万历四十八年（1620）		米斗	150—160 钱	1.5—1.6 两	《涌幢小品》
天启五年（1625）	吴中	米石	1.2 两	1.2 两	《启祯纪闻录》
	天津	米斗	0.145 两	1.45 两	《续通考》
天启至崇祯年间	江南	米石	1.0 两	1.0 两	《掌记》
崇祯五年（1632）	松江	米石	1.0 两	1.0 两	《云间据目抄》
崇祯十年（1637）	苏州	米石	1.2 两	1.2 两	《芸窗杂录》
崇祯十一、十二年（1638—1639）	松江	米石	1.8—1.9 两	1.8—1.9 两	《云间据目抄》
崇祯十三、十四年（1640—1641）	江南	米石	1.6 两	1.6 两	《蒿庵随笔》
	浙江桐乡	米石	3.0 两	3.0 两（水旱灾）	《杨园先生全集》
崇祯十四年（1641）	苏州	米石	2.5 两	2.5 两	《芸窗杂录》
崇祯十五年（1642）	松江	米石	2—3 两	2—3 两	《云间据目抄》
崇祯十六年（1643）	陕西华州	米斗	2.3 两	23 两	《感时伤悲记》
		小麦斗	2.1 两	21 两	
		大麦斗	1.4 两	14 两	
崇祯年间（1628—1644）		米石	150 两	150 两	

---

[1] 明朝制钱有京省之别，京钱七十文值银一钱，外省钱一百文值银一钱。据上蒙文，第54页。

以上各年代、各地区米价差异颇大,史家对此争议也颇大,缘于具体情况有异,除去极高极低和灾荒、大丰收年等特殊情况外,可以作一个大致判断,就全国综合性普遍情况而言,明初平均米价应在银每石 0.3—0.5 两,此后总体保持上涨态势;到成化弘治年间,可能上升到每石 0.4—0.6 两银;至嘉靖中后期,上升到每石 0.7 两,富裕和城市地区当在 0.8—1.0 两[1];万历后期至明末,一般地区可能上涨到每石 0.9—1.1 两,贵者达到 1.2 两甚至更高。[2] 对于在灾荒之年的米价应该不应该被纳入计算系统,学者有不同意见。问题在于,到了明末,水旱灾害几

---

[1] 如嘉靖年间之前,苏州的市场米价约为每石 1.2 两。参见侯官响《明代苏州府赋税研究》,中国社会科学出版社 2019 年版,第 140 页。

[2] 关于明代米价,学界有不同意见。胡铁球教授认为,明代米价被史家严重高估。他断定,根据他收集的资料,就江南米之平价而言,在宣德正统时期,不会超过每石(仓石)0.2两,景泰以后逐渐上扬,但到弘治正德年间,依然在 0.3—0.4 两徘徊,直到嘉靖中期,才达到每石 0.5 两左右,万历初期回落到 0.3—0.4 两,万历中期一直到万历晚期,每石以 0.5—0.6 两为常。但此数据与上表中所列差距颇大,几是一倍之差。胡铁球先生正确地指出明政府通过赋役折银的办法增加财政收入的秘密所在,但他认为,财政价格(折价)比市场价格(市价)高出甚多,政府征收用财政价格,支出用市场价格,从而能够成倍增加财政支付能力,这一点似可商榷。因为如果存在征收用的财政价格几乎是市场价格的 2 倍,那么为何纳粮人不能从市场购粮去交付公粮呢?即使官府强迫一半本色,一半折色,农民仍然可以通过市场行为来逃避政府不合理的征税。事实上,通过《万历会计录》中与米麦丝绢草等实物各种不同价格的分析和比较可以看出,明代折银问题非常复杂,不同地区有不同的标准,同一地区也有不同标准。要全面了解折银问题,要把折银、征银、计银等进行正确的区分。

折价与市价之间的差额是否能够发挥作用,作用的程度要看在明代的什么时期,在赋役征缴货币化尚不发达的嘉靖万历年间之前,这一点体现得并不充分。至于政府征收用财政价格,支出用市场价格,且财政价格高出市场价格很多这一观点,似乎也不尽然全面。如果按照胡教授对明代米价的认定,这点似乎成立。例如,明代民粮折银一般为每石 0.47 两,明中期后上涨到 0.8两,甚至 1 两以上,如果以胡教授对明代米价的认定,折价当然要高出市场价。但如果相反,采用上表的米价标准,则折银会低于市场价,在市价的 70%—80%,此时的财政价格与市场价格比率就是另一种结果了。另外,政府征收是否只用财政价格似乎要看实物征收与货币征收的比例。在嘉靖万历年间货币化征收之前,对农民来说,以交纳实物为主,此时如发生折色,官府并非愿意以较低的官定折价进行货币征收。例如,每米一石的官定收购价是 0.25 两,但在地方志中我们多次看到,起运时是按照每米一石 0.47 两计算的,政府约赚到一半的利润。此时,官府在接收货币田租时,将显然会以超出官定折银标准。相反,当货币化征收田赋渐成主流趋势时,官府在征收时肯定会压低每石米的银两价格,因为这意味着会征收到更多的实物,或更多的银两,因为明代的征收还是以实物为一般等价物的,一直到清代摊丁入亩完全实施后,才真正实现货币化田赋征收,那时的折价空间就大大缩小了。但在清代折色银的计算中,仍然存在类似的问题。只要赋税以实物形式呈现,类似折价问题就永远存在,并为政府所主导,农民只是被动挨宰。官府如何折价,其标准为多少等问题,还要联系官府作为经济人在市场中是买入还是买出,是实物征收还是货币征收以及计量的本体为何者等问题,不可一概而论。其观点可参见胡铁球《明代解决财政问题的主要手段及其影响》,《光明日报》2022 年 6 月 8 日第 11 版。

乎已经成了常态化现象，导致物价腾贵也成为普遍现象，如果去掉极端物价，同样不能正确客观地反映当时百姓的负担和生活水准。事实上，到万历末年（1620），对于普通百姓来说，米价每石为1两银子是一个心理价位，超过此数，百姓生活就有压力①。检阅《万历会计录》《苑署杂记》等文献中的记载，万历中后期，北京地区的米价都在每石0.8—1.8两。② 以上米价尚未与起运边镇地区的米麦折银价进行比较，在《万历会计录》中可以发现，山西、河南、北直隶等直省起运九边军饷的米麦早就超过每石1两银的标准，也超出当地市价很多，对此可参见本书附录2。

一条鞭法

明代中期后，土地私有进一步发展，土地兼并加剧，冒田隐土等行为侵蚀了税基，造成了国家赋税急剧减少。为增加财政收入，万历九年（1581），张居正在全国实行"一条鞭法"：

> 一条鞭法者，总括一州县之赋役，量地计丁，丁粮毕输于官。一岁之役，官为佥募。力差，则计其工食之费，量为增减；银差，则计其交纳之费，加以增耗。凡额办、派办、京库岁需与存留、供亿诸费，以及土贡方物，悉并为一条，皆计亩征银，折办于官，故谓之一条鞭。③

一条鞭法最早由桂萼、梁材、傅汉臣等人向朝廷提出建议，自嘉靖十年（1531）在南赣试行，此后又扩展到其他地区。例如，海瑞在担任知县、巡抚时，"所至力行清丈，颁一条鞭法"④，庞尚鹏巡按浙江时，因"民苦徭役，为举行一条鞭法"，万历四年（1576），他以故官抚福建时，

---

① 陈宝良：《明代的物价波动与消费支出——兼及明朝人的生活质量》，《浙江学刊》2016年第2期。
② 高寿仙：《明代北京三种物价资料的整理与分析》，《明史研究》2005年第9辑，第99—116页。《万历会计录》卷三十，商价时估，供用库、卷三十一、卷三十六。
③ （清）张廷玉等：《明史·食货志》，中华书局1999年版，第1269页。
④ （清）张廷玉等：《明史·海瑞传》，中华书局1999年版，第3959页。

"奏蠲遣饷银，推行一条鞭法"①。嘉靖至万历年间，苏松地区的征一法、浙江的均平银法、十段锦法、福建的纲银法、河南的会银法、山东等地的一串铃法等赋役征纳制度创新不断，它们是一条鞭法形成的重要制度基础。②鞭，是"编"的俗称，一条鞭法的正式称呼应是"一条编法"，时人简称"条编"或"条鞭"③。

一条鞭法将两税、徭役和其他各项土贡方物汇总为一条，将部分丁役负担摊入田亩，所有赋役都按亩合并征收银两。一条鞭法有两大创新，一是改实物征收为货币征收；二是田赋徭役皆统一计亩征银。既然实行货币化征收，民户可出钱代役，官府则雇人承役。赋役征收由地方官吏直接办理，废除了原来通过粮长、里长征收制度。梁方仲先生将"一条鞭法"的内涵或特征归纳为"合并编派、合并征收、用银缴纳、官收官解"十六个字④。赋役统一后，税制简化，款目简单，税额确定，征收方便，负担相对公平，地方官吏作奸犯科难度有所加大，财政收入得到增加。

各地实行一条鞭法的具体做法并不完全相同。从编派的原则来看，可分为丁主田助、田主丁助、丁田均分、田地全担四类；从摊派的方式来看，可分为随土地面积摊派役银，每亩土地派役银若干；随粮额摊派役银，每石粮派役银若干；随粮银摊派役银，每条鞭银一两派役银若干三种。

表6—7 各地一条鞭法实征规则暨标准⑤

时期	地区	实施规则	分配比例⑥	编派标准	役银额（两）	丁亩石互算
崇祯初年	顺天府文安县			每丁力差	0.25	
万历年间	南直隶常州府			每丁编银	0.05	

---

① （清）张廷玉等：《明史·庞尚鹏传》，中华书局1999年版，第3971—3972页。
② 边俊杰：《"一条鞭法"新解》，《江西社会科学》2011年第11期。
③ 梁方仲：《明代赋役制度》，中华书局2008年版，第26—27页。
④ 梁方仲：《明代赋役制度》，中华书局2008年版，第27—61页。
⑤ 该表根据梁著数据整理。梁方仲：《明代赋役制度》，中华书局2008年版，第10—61页。丁田比例的标准，既可以是丁均、亩均数，也可以是丁银、粮银总额数或者税率高低等，不一而足，各地采取的规则也不相同。表中所列丁主或田主只是一种事后的概括。
⑥ 表中丁四粮六是指每条鞭银一分，丁占40%，粮占60%。丁八地二指丁80%，粮占20%。丁一粮三是指徭银中丁的比例占四分之一，粮占四分之三。丁四粮八是指丁粮比例为1∶2。

续表

时期	地区	实施规则	分配比例	编派标准	役银额（两）	丁亩石互算
万历年间	福建省宁德县	随粮摊役田主丁助	丁一粮三	每米石纲银	0.0556	
				每米石均徭银	0.1595	
				每丁派纲银	0.0215	
万历年间	常州府武进县	随田摊役		每丁准田		2亩
万历九年	南直隶池州府	随田摊役		每丁准田		5亩
万历二十四年	山东省沂州			每丁编银	0.12	
万历年间	陕西省韩城县			每石输丁		1丁
万历年间	浙江省常山县			每2丁		1石
隆庆年间	江西省	随粮摊役		里甲1丁		1石
				均徭3丁		1石
				驿传、民壮4丁		1石
万历二十二年	南直隶霍丘县			每丁编派	0.05	
				每亩编派	17075.9/N	
万历元年	河南省新野县	田主丁助	丁一粮三	每丁征银	0.04—0.3	
正德十五年	福建		丁四粮六			
	顺天府香河县					
万历二十二年	陕西省同州	丁主田助	丁八地二			
万历年间	陕西省白水县		丁六粮四			
	山东省滕县		丁田均分			
嘉靖十五年	南直隶应天府	丁田均分				
隆庆元年		田主丁助	丁一粮三			
万历二十七年	凤阳府泗州	丁主田助	丁六粮四①	每石征银	0.13	
				每丁征银	7066.2/N	
	凤阳府盱眙县		丁六粮四②	每石征银	0.495	
				每丁征银	6531.9/N	
	凤阳府天长县	田主丁助	丁三粮七③	每石征银	2.1	
				每丁征银	2198/N	

---

① 丁粮比例约为63∶37。这一比例是按该县"四差银两"总额中丁银、粮银所出各占比例计算而得的，非指每一两"四差银两"。

② 丁粮比例约为62∶38。

③ 丁粮比例约为26∶74。

续表

时期	地区	实施规则	分配比例	编派标准	役银额（两）	丁亩石互算
万历年间	福建省永安县	丁主田助	丁六粮四	每丁征纲银	0.028	
				每石征纲银	0.066	
				每丁征均徭银	0.061	
				每石征均徭银	0.144	
				每丁征机兵工食银	0.08	
				每石征机兵工食银	0.188	
		田地全担	田粮全摊	每石征驿站银	0.273	

以万历年间永安县为例，其差役共包括均徭、纲银、机兵、驿站四差，以条编分解丁粮分征。全县共有实差成丁12598个，民米3983.4石，四差征银共为4902.83两。大概按丁六粮四比例分摊役银总额。纲银每丁0.028两，每石0.066两，均徭每丁0.061两，每石0.144两，机兵工食银每丁0.08两，每石0.188两。驿站银全由粮亩分摊，每石派银0.273两。①

一条鞭法只是在赋役征收方式上进行改革，并没有大幅度降低赋役水平，只能维持明王朝对乡村资源的汲取力度不下降，但始终不能解决地方额外增派等问题，由于用银缴纳，又带来了银贵谷贱、火耗银等新问题，一条鞭法也没有规定征收总额。一条鞭法并没有废除丁银，即使是无田无粮的"光丁"，也要编为下户，仍纳丁银。对一条鞭法，朝廷内部也存在较大争议，很多官员认为一条鞭法只适合在南方实施，不适合北方，因北方役重田瘠，将役银平摊到田地中，将进一步加重百姓负担，且名义上纳税者赋役额一样，但由于贫富不等，反而不公平，下户牺牲更大，上户则较小。隆庆元年（1567）四月，户部尚书葛守礼认为一条鞭法"不开仓口，不开石数，止开每亩该银若干"，结果导致"吏书因缘为奸，增减洒派，弊端百出"②，使百姓负担大大加重，奏请停止试行。

---

① 万历《永安县志》卷四《田赋志》。
② 历史语言研究所编：《明穆宗实录》卷七，1962年影印本，第214页。

但也有人认为一条鞭法利于平民，不利于士大夫，很多田多的富户阻挠官府。这种争议，与北宋中期的役法之争何其相似。到万历后期，一条鞭法已经难以实行。

田赋加派

进入明代中后期后，以田赋为主的财政收入征发不足，万历皇帝却通过内监把持盐矿等专卖权，与民争利，由于无法应付日益增多的开支，明廷不得不通过加派来解决问题，百姓负担日益沉重，再加上徭役过重，导致民不聊生，民怨沸腾。严重的加派是明代中后期赋政的一大弊端，成为明亡的导火索。正德九年（1514），为修复被大火烧坏的乾清宫，明廷在全国原田赋额的基础上加征一百万两，这是田赋加派的开始，不过在此之后的一些加派都属临时性征收。嘉靖三十年（1551），为保证京边595万两白银的岁用，明廷开始在南方州县增赋20万两，常态化加派田赋。到万历年间，加派屡屡起用，数额每次都有增加，已逐渐趋向"岁额"。万历年间的"三大征"花费1160余万两白银，严重消耗明代财力，致使"国用大匮"，赋税加重，不得不频频加派。明末，辽饷、剿饷与练饷成为加派三大主要税项，每亩田税前后加派三厘五毫、三厘五毫和二厘，共计九厘，每年增赋520万两白银，成为岁额。到崇祯三年（1630），每亩再次加征银三厘。八年后，一律每两加征一钱，称为助饷。两年后，又实行均输法，因粮输饷，每亩计米六合，每石折银八钱，又每亩加征一分四厘九丝。崇祯十二年（1639），每亩加练饷银一分。以上各项合计，每亩民田前后总共加征银0.13609两（银一钱三分六厘九丝），如按此前因粮输饷的每石米折银八钱的标准[1]，相当于每亩加征1.7斗米，这是明初正税标准3.35升的5倍多。到明末，最高时全国共加派辽饷达900万两白银，练饷730余万两，剿饷曾一度达330万两（在练饷之前被停罢），辽、练二饷高达1630余万两，全属加派，而当时全国每年正常的财政收入总共才2000万两白银。[2] 加派成为压倒朱明统治的最后一根稻草。

---

[1] 每石米折银八钱，也是对农民的一种剥夺，此时，每石米的价格已经达到1.2—1.5两（见上表），折银0.8两，直接砍掉一半至一倍。

[2] （清）张廷玉等：《明史·食货志》，中华书局1999年版，第1270页。

上供物料

明末各类杂税加派太多，在地方志中归其为岁办、额外坐派、不时坐派三大类。主要是各类农产品、土特产、家禽家畜以及直接派征现银。以婺源县为例，岁办部分，嘉靖四十一年（1562）之前，六县共为6278.95两，县志没有记载婺源的份额，根据婺源的人口、田土规模，婺源至少也在1000两以上。额外坐派部分，嘉靖三十六年（1557），工部行文确定年额，四司每年额派徽州府定额为银16212.7两，其中婺源县每年为3061.2两。嘉靖四十一年额派军需为2295.82两，该项可能为临时加派，并非每年定额。不时坐派部分，嘉靖三十年，户部征边防军饷坐派婺源县银6609.5两；三十四年，征3476.4两备倭支用；三十六年，工部征木植营修大殿（未标明银数）；三十九年，工部派征1017.2两，户部派征252.2两；四十年，工部派征734.6两；四十二年，户部征边防海军饷坐派婺源县银2245.71两，十三年内共计14335.61两，平均每年1102.7两。综合以上，如果只以各项加派支出最高峰的嘉靖四十一年为计，该年婺源县岁办、额外坐派、不时坐派三项相加，总数应超过7459.8两。①

万历二十九年（1601），坐派婺源县包砂银749.76两；三十年，继续坐派包砂银749.76两；三十一年，877.41两；三十三年，877.41两；四十六年加派辽饷，寻免；四十七年加派辽饷2004.13两；天启元年加派辽饷5153.48两；天启二年5153.48两，逐年加重。在此期间，明政府每年向婺源县征派的夏秋两季正税折银也仅为8408.13两②，而天启元年、二年仅额外加派的辽饷就为正税的61.29%。到崇祯年间，加派日重。崇祯时婺源县加派辽饷5562.87两，练饷银7368两，溢地银140两，营兵银907.1两，屯兵银327.1两，采石增兵银171两，乡兵银673两，共计15149.07两，是正税的1.8倍。③

徽州府其他县情况类似。天启二年（1622）的一份歙县易知由单上

---

① 岁办平均为1000两以上；额外坐派为3061.2+2295.82=5357.02两；不时坐派年均1102.7两。
② 系1369.25、715.87、3989.5、2333.51相加。
③ 康熙《婺源县志》卷之七《食货·杂税》。

载明①，该年歙县加派辽饷银为6499.275两，总数还要超过婺源县。如以嘉靖四十一年（1562）时歙县全县人口204000人计算，人均辽饷银负担为0.0319两。如以嘉靖四十一年田地山塘面积550685亩计算②，亩均饷银为0.0118两，即每亩饷银为一分一厘八毫，实征超过"九厘饷"额派标准的31%。

  田赋加耗

  明初的田赋水平并不高。正如弘治《徽州府志》载，明初稽古定制，贡赋有常而额外无名之征一切革罢，故清量田地，计算丁口，丁粮都由官府收缴，百余年间，斯民获享太平之福。③例如，洪武二十四年（1391），青州共有官民田133910顷，1689946人，青州府每年征夏税小麦约200942石，折合约2511万斤，平均每亩征夏税只有1.87斤，平均每人征粮14.86斤；秋粮粟约469184石，折合约5864万斤，平均每亩征秋粮只有4.38斤，平均每人征粮34.7斤。丝绵绢约5733疋，农桑丝绢4703疋。此外还有马草88.47万束、盐钞79.87万锭，杂料价银5545两，课程钞18.82万锭，药物3349斤，以及皮张、袄裤鞋、翎毛杂物等④。嘉靖三十一年（1552），青州官民田共136133顷，每年征夏税小麦约200994石，秋米粟米471704石，地亩丝绵绢约5933疋，农桑丝绢4703疋。⑤

  但是，好景不长，后来明廷为拉近官田民田赋税差距，以及运输起解需要，开始在一些地区试点论粮加耗，或论田加耗，加征损耗粮，加耗率有的地区为正粮的10%—55%，有的为50%—80%不等，⑥减轻了耕种官田的民户负担，但也变相提高了民田田赋，加重了租种民田农民的负担。嘉靖《徽州府志》记载，徽州每正米麦一石带耗七升，正耗一

---

  ① 中国社会科学院历史研究所收藏整理：《徽州千年契约文书（宋·元·明编）》第4卷，花山文艺出版社1991年版，第54页。
  ② 康熙《徽州府志》卷之一，《厢隅乡都》，第273—274页。
  ③ 弘治《徽州府志》卷之一，《地理一》，"厢隅乡都"。
  ④ "疋"通"匹"，一匹为四丈。
  ⑤ 嘉靖《青州志》卷七，《户口》，《天一阁藏明代方志选刊》本。
  ⑥ 侯官响：《明代苏州府赋税研究》，中国社会科学出版社2019年版，第131、137—138页。

石带脚一斗①，复合加耗率为 7.7%，这还算是负担轻的。苏州府正米一石，加耗米七斗，后因余米多，减为六斗、五斗。② 松江府华亭、上海两县每正粮一石分别加征耗米七斗和九斗。

四　明代乡村的徭役管理

明代丁口分为成年和未成年两种。年满十六算成丁，需服役，年满六十免役。相比隋唐，明代农民服役期相当长。服职役者可优惠或免除力役，职役分为里甲、均徭、杂泛三等。按民户计算的称为甲役，按丁口计算的称为徭役，国家安排无固定服役时段的为杂役，它们都既有力役，也有雇役。由府州县根据户藉田亩档案记载丁口的人数多少和财产的厚薄，以平均公平为原则安排服役。③ 具体包括粮长、黄册里长、甲首、均工夫以及弓兵、铺兵等。里甲为正役，前文已有详述，其他如粮长、解户等为常役。嘉靖年间《惠州府志》记载："正役曰坊长，曰厢长，曰里长，曰甲首。"《大学衍义补》则把老人也算为正役："惟今差役之法，有所谓里长、甲首、老人者，即宋里正、户长、耆长也。"叶春及也持相同观点，其《石洞集》云："力役出于力也，故身有役，为里正，为乡老，为甲首，为户丁，以追征，以勾摄，以供办正役也。"④ 明初，嘉定县的徭役则有四种：粮长、里长、塘长、老人，其中，里长为正役，其余三种为杂役。⑤

均徭之役

明代的杂役先有均工夫，后有均徭法。洪武元年（1368），明廷制定役

---

① 嘉靖《徽州府志》卷七，《食货》，《北京图书馆古籍珍本丛刊》29，书目文献出版社 1987 年版，第 163 页。
② （明）顾炎武：《天下郡国利病书》，载于《顾炎武全集》，上海古籍出版社 2011 年版，第 573 页。
③ （清）张廷玉等：《明史·食货志》，中华书局 1999 年版，第 1263 页。
④ 嘉靖《惠州府志》卷第七下《赋役》，《天一阁藏明代方志选刊》，上海古籍书店 1961 年影印本；（明）丘濬：《大学衍义补》卷三一，载《文渊阁四库全书》第 712 册，台湾商务印书馆 1983 年版，第 407 页；（明）叶春及：《石洞集》卷三，载《文渊阁四库全书》第 1286 册，台湾商务印书馆 1983 年版，第 285 页。
⑤ （明）顾炎武：《天下郡国利病书》，载于《顾炎武全集》，上海古籍出版社 2011 年版，第 579 页。

法，规定一项田出丁夫一人，不满一项田的与他田合并计算，称为均工夫，同时制作均工夫图册以进行管理。均工夫每年在农闲时到京城服役三十日。田多丁少者，可以以佃农充当均工夫，但田主须出米一石（125 市斤）资助其开支。如果非佃农而计亩出夫者，田主须按照每亩出米二升五合（3.125 市斤）。均工夫所承担的徭役包括修筑城墙、兴修水利工程等。根据崇祯《乌程县志》中所载，当时湖州府的役种主要有粮长、黄册里长、均工夫以及弓兵、铺兵等。其中均工夫是以每县的田地总数量为依据来征发的徭役，而其他役种则都是以每户的田地数量为依据来佥充的。[①] 洪武二十四年（1391）重造黄册后，验田出夫的均工夫逐渐消亡。

明代役法最初较严，超过规定额外征收一钱，征发一夫的，要处以流放之罪。其后役法变得松弛，编制徭役里甲的人，常以户截断应役顺序，这就有利于放过大户而挑选单户小户，于是又有人建议按册登记丁粮，以资产为宗，核实每户人口多少。但这两种方法都有弊端。按册籍核查，富商大贾可免役，贫穷人家受苦；核对人户，则官吏里胥可以上下其手，而小老百姓只会更加受罪受欺。

均徭法最早于正统八年（1443）由夏时在江西创立。依丁粮多寡将民户分为上中下三等，五年平均应役，十年更新一次；将一年之内各种名目的徭役平均编制，编第均输，户等越高应役越重，低者则应轻役。并将过去所编的力差、银差之数折算丁粮之数，再酌情调整。当本里需要征发差役时，除应当免除的外，由里甲根据丁粮多少编好先后顺序，编制鼠尾册即按册征发。是选择银差还是力差，由役户自行选择。市民商贾家里财产殷足但无田产的，自行选择，以辅助银差。

均徭法将经常性的杂役（常役）与临时性的差遣区别开来，将其从杂役整体中独立出去，名额加以确定，作出固定开支细数。正德以后，均徭逐渐固定为力差、银差两种，役目确定，区分难易、均平负担。力差包括皂隶、狱卒、解户、库子、门子、斗级、祗候、马夫等。[②] 按海瑞的理解，均徭，徭而谓之均者，谓均平如一，不当偏有轻重也。均徭，

[①] 崇祯《乌程县志》卷三《户口·赋役》，书目文献出版社 1991 年版，第 282 页。
[②] 史仲文、胡晓林主编，林金树等著：《中国全史·中国明代经济史》，人民出版社 1994 年版，第 143 页。

富者宜当重差,当银差;贫者宜当轻差,当力差。均徭,不许照丁均役,仍照各贫富各田多少,贫者轻,田多者重,田少者轻,然后为均平也。①

实行一条鞭法后,总体计算一省丁粮,平均分派一省徭役,均徭、里甲与两税为一,对普通百姓的侵扰消失了,诸事也变得更容易集中。但此后规制紊乱,一条鞭法无法执行下去。

杂役称为杂泛,包括祗应、禁子、弓兵等,都编派市民。此外,驿传、民壮、马夫、工役、河役、白役、修办、粮甲等各类差役仍如蚁附膻,无法停止扰民。军、匠、灶户则是长年充役。

里甲、均徭之外的杂役中,有两种特殊的役,在各州县间普遍存在:一为驿传,二为民壮。驿传的责任是备办人夫马匹以传达官府文书,措备廪给口粮,供应大小公役及有关符的过境使客。民壮即民兵,选自民间,以补卫所正式官军的不足。里甲、均徭、驿传、民壮合称"四差",里甲为正役,其余三者皆为杂役。②

里甲法、均徭法在实际执行中很难保证公正性。虽然役法规定十甲轮流应役,但差役大多是当差办事,每年差事难易繁简不一,不同的甲首户、民户的负担程度就存在较大差异。各里各甲丁粮多寡不同,要将里甲差役总量平均分配并不容易。即使各甲大致平均,但各甲内部丁粮多寡、优免户数也不一样,各户负担亦无法相等。对小里穷甲来说,百姓负担就会大大增加。如果再有里甲、胥吏、缙绅互相勾结,或欺隐,或"优免",则诚实百姓所多摊徭役又会大大增加。事实上,到明中叶之后,徭役已经成为乡村百姓的最大负担,日益沉重的赋役迫使大量农民逃往他乡。

解运之役

对江南的百姓来说,运白粮(专供宫廷用粮)至北京,是最繁重的徭役。根据规定,"解户"应由所占土地较多的大户即地主来充当,但由于解运是一种灾难性的义务,所有拥有势力的地主都想方设法躲避,负担不可避免地落到平民百姓的头上。解户一般为5年1期,任期内每年解运两次。每次解运,解户要负责400—500石的白粮,这是平均每艘漕船

---

① 陈义钟编校:《海瑞集》(上册),中华书局1962年版,第61页。
② 梁方仲:《明代赋役制度》,中华书局2008年版,第64页。

的一般运载量。

解运对解户来说是灾难性的，经常使他们倾家荡产。尽管有一种说法是官府为每艘解运白粮的船只支付400两银子，但一则目前并无有关文献能够证明确实是明政府支付了船只雇佣费，二则即使官府支付了400两银子，也不足以支付全部的开销，解户不得不大量垫付包赔运输过程中的一切损失和开支。

从江南押运白粮到北京，路途遥远，既耽误农时，食宿开支又大，运输费用又高。姑且不论官府是否有补贴，光是自江南至京师，每艘船所要交纳的各种费用就高达65两白银。更要命的是，普通农民不熟悉水运，途中要多次搬送转运，还要冒翻船丢粮甚至丢命的风险。在征税站、转运站和京城，税吏、收粮胥吏和太监们又往往百般刁难，索要好处，有时遇上冰封，甚至来年开春才能返回，真是劳民伤财。成化以前，解户上白粮及物供，由户部派员验收，解户不得与内臣见面，内臣太监没有勒索的机会。成化后，户部避嫌不愿验收，由解户直接送到内廷，致使军校、内臣敲诈勒索遍行，解户自此遭遇粮役之害。在北京，白粮查收时须缴纳5%的附加费，还要缴纳仓库费、劳力服务费，这些费用都由解户承担。每名解户在接受官吏查收粮食之前通常要缴纳超过17两的费用。再加上途中运输、胥吏内监勒索，每名解户解运一趟白粮，估计要花费少则近百两，多则数百两的额外费用，解运之役成为祸害农民的一大恶役。万历三十八年（1610），华亭知县聂绍昌的《北运议》中，对此进行了全面的概括分析：

> 东南之役，最险最危而又有极重极大之费者，莫甚于北运。有三千余里之苦，有洪闸浅溜之苦，有经年隔岁之苦，比之在乡诸役，更险更远。正米外又有私耗春办，每石约赠七斗，车水脚等银，每石约贴八九钱，其使用似觉充足，而往往至于破家者，何故？盖其在乡，则苦于漕军之争兑，候米候银之耽延，船户水手之需索；其在途，则苦于漕船之压阻，漕军之吓诈，关津官店之索税；其到京，则又苦于车辇之狼籍盗窃，歇家之积奸朋诈，内珰之横肆攫取，批回之守候淹迟，守冻之赔费百倍。而尤最苦者，曰银米缓发，曰船帮开迟。盖粮役不过中人之家，岂有瀛余自雇夫船，自备蓬樯索缆，

专待公家贴银以为用，而往往以钱粮不敷，至于耽搁。①

解运之役对普通百姓的危害到底有多大呢？李惠康的上疏对此作了形象的描述：

> 家有千金之产，当一年，即有乞丐者矣。家有壮丁十余，当一年，即有绝户者矣。民避粮役，过于谪戍。官府无如之何，有每岁一换之例。有数十家朋当之条。始也破一家，数岁则沿乡无不破家者矣。②

除解户被白粮解运洗劫一空外，缴纳白粮的江南百姓也不堪其困。据顾炎武测算，每石白粮光运输就给缴纳的农户带来 8 倍的负担，即起运一石白粮要花费 8 石的运费。棉布解运的困境和对百姓的危害与白粮解动别无二致。③

粮长之役

粮长是明代乡村治理中的重要角色。洪武四年（1371），朱元璋考虑到州县官吏每到征收赋税时总会借机盘剥百姓，命令户部安排衙门清理民田，以万石为率，其中田土多者为粮长，督收本乡赋税。田土多者当然都是地主，可见粮长皆为地主担任。朱元璋对粮长较为重视，经常召见运米进京的粮长，如果有人言语应答得当，就有可能被任命当官。当时很多江南士绅教育子侄以能充当粮长者为贤，并不一定要羡慕科举，因为粮长当官的机会甚至更大一些。

初设时，粮长没有固定的辖区，只是每一万石粮设粮长、副粮长各一人。洪武十五年（1382）废除，洪武十八年（1385），废而复置，开始在乡都以下划定粮区。成化、弘治以前，钱粮催办的流程是，里甲催征，

---

① 转引自（明）顾炎武《天下郡国利病书》，载于《顾炎武全集》，上海古籍出版社 2011 年版，第 660 页。

② 转引自（明）顾炎武《天下郡国利病书》，载于《顾炎武全集》，上海古籍出版社 2011 年版，第 660 页。

③ 参见（明）顾炎武《天下郡国利病书》，载于《顾炎武全集》，上海古籍出版社 2011 年版，第 659—661 页；黄仁宇《明代的漕运》，九州出版社 2011 年版，第 116—121 页。

粮户上纳，粮长收解，州县监收，分工明确。但至嘉靖年间，官府不再由里甲催征，而是命令粮长下乡追征，特别是那些长期担任粮长的大户对百姓的侵扰，成为普遍现象。

朱元璋设粮长的本意是"以良民治良民，必无侵渔之患矣"，但明代中期后的粮长一职已经异化，或大肆科敛乡里，或私卖官粮。景泰年间曾革除粮长之设，不久又予恢复。设立之初，每区粮长只不过正副二名，但至嘉靖年间，每区粮长增加到十人以上，真正收掌管粮的少，科敛百姓、为害乡里者多，成为乡村一大祸害。嘉靖二年（1523），明廷不得不下令要求粮长遵守收解税粮的本职工作，州县官吏不得纵容粮长下乡，须委派里甲催办税粮。

粮长职责在发展过程中有很大的增加。早期，粮长只负责税粮的收解，但此后渐渐代替了里长的催征之责，全过程负责税粮的催征、经收和解运；并进一步参与到拟订税粮征收规则，编制鱼鳞图册，申报灾荒减赋，检举逃税行为，劝导农民按时纳粮等工作中。到后来，粮长的职权开始向基层社会渗透，甚至可以执掌乡政、参与乡村诉讼等。到明代中后期，粮长肩负的税粮催征、经收和解运三项任务已正式划分开来，分设专人经办，如"催办粮长""兑收粮长"等。尤其是嘉靖中期后，随着赋税"官收官解"制度的实施，粮长的权力缩小，任务减轻。一条鞭法实施后，粮长和里长职能差别缩小，共同担负催征任务。[①]

役法之弊

明太祖制定赋役之初的出发点是以田定役，田多者多承担赋税，以公平之道实现轻赋均役，并通过轮充的方法使徭役成为农民普遍义务，但为什么在实际执行中并未能起到减轻农民负担，诸多制度设计反而走向反面，形成制度悖论呢？是中国传统的"上有政策，下有对策"定律在起作用吗？这需要从制度设计缺陷本身、胥吏腐败、地主和农民的机会主义行为四个角度来分析问题。

第一，从制度设计缺陷上看，自唐宋以来的里正甲首职役化后，乡吏已经变成差役义务而非权利，既为义务，就肩负着赔偿连带责任。可

---

① 应宗华：《浅析明代粮长制度》，《南昌师范学院学报》（综合版）2017年第3期；张晖：《明末清初粮长制度变迁考述》，《兰台世界》2015年第33期。

见，里甲赔偿连带的制度设计本身就是不合理的制度缺陷，即使里正甲首户兢兢业业，本里农民诚实无欺，足数缴纳各项赋役正额，仍然可能无法免除赔偿连带责任。嘉靖年间，给事中徐俊民曾上奏指出普通农户要面临坍江、事故、里甲赔纳三大风险。坍江是指江河水泛溢淹没农田致使绝收，事故是指本里甲有流移亡绝致使田弃粮存者，[①] 这些都是客观存在的不可预料的风险。

此外，古代王朝缺乏正常收入支出预算决算制度，地方政府日常办公开支公私不分，没有正常的办公费用，为地方官向农民摊派各种费用大开方便之门。尽管明清皆有《赋役全书》一类的赋役手册，但对于地方官来说，由于缺乏刚性的征税细则，再加上古代社会缺乏明确的数字管理，田地、人口、田地与人口的真实关系等问题往往是一笔糊涂账，造成地方官吏具有很大的自由裁量权。同样是在淳安县，前任官员循常征收常例，贿上安下，是正常情况，而海瑞到任后，革除绝大部分常例，政府照样正常运转，说明地方官是否鱼肉乡民，完全取决于自身的道德和良心。

第二，地方官吏巧立名目，以种种借口在正税正役之外，敲诈农民。农民出身的朱元璋非常了解地方官的可恶，故在《大诰》中列举多起胥吏勒索鱼肉乡民的案件。尽管皇帝通过严刑峻法阻止，但鱼肉之事在中国古代社会始终无法杜绝。一则这是人性恶和自私的必然体现，不可能杜绝。二则因为信息不对称、权利不对称。胥吏利用职务之便所加征的各类脚钱、水钱，一般百姓无法质疑，也不敢拒交。再好的制度设计也经不住胥吏腐败的冲击。明初折收秋粮时，每米一石官折钞二贯，但胥吏巧立名色，取要水脚钱 100 文，车脚钱 300 文，口食钱 100 文，库子又要辩验钱 100 文，蒲篓钱 100 文，竹篓钱 100 文，沿江神佛钱 100 文，合计 900 文，如按一贯钱等于 1000 文计算，则加科率达到 45%。嘉定县粮长金仲芳等额外敛钱共有 18 种名色，另一粮长邾阿起立 12 种名色科扰粮户，超过正税数倍，其人总计敛米 3.7 万石，钞 1.11 万贯。而经其手该征的正米只有 1 万石，就算加收 50%，也只有 1.5 万石，则其余的 2.2

---

① （清）张廷玉等：《明史·食货志》，中华书局 1999 年版，第 1267 页。

万石米和 1.11 万贯钱全是贪污所得。① 由此可见胥吏对小民科敛之害。嘉靖以前，苏州官员征收科粮时，原本每粮一石，价银一两二钱，但在实收的时候，只给农民八钱，剩下四钱都是被官吏渔猎掉的。② 至于各府县官吏常例、工食银更是名目繁多，乡民不堪其扰。对此，海瑞在淳安县知县任上有系统的记载。

地方官员的另一种行为是懒政、怠政和失能行为，由于治理无能，导致诸弊毕出，为解决亏空，躲避处罚，就以加征百姓负担为代价。嘉靖十五年（1536），苏州府在清理中发现旧有虚存正米 18090 石，同时又出现了有粮无田、有田无粮、无征田荡等现象，共计有田为 170713 亩，计米 23800 石，合计 41890 石的空额无法销账，只能用百姓加耗来处理，无形中增加了百姓负担。另有无征虚粮田 68068 亩，计米 20172 石。最后发展的结果是，有正米一石，加耗 2.16 石者，有正米一石，加耗 1.9 石者。③

第三，地主豪绅的机会主义行为。在明廷的制度规定中，地主富户田多粮多，理应为国分忧，为国当差，做出更大贡献。但趋利避苦是人的天性。地主富户为了逃避差役，与地方官吏勾结，搞"上有政策，下有对策"。地主豪绅勾结官吏，移丘换段，隐匿丁粮，逃避应属自己的科差，损害普通百姓，甚至通过巧取豪夺手段，兼并小农土地。另外，地主富户培养儿孙攻读诗书，争当生员，享受政策带来的徭役优免之利。实在不成才无法进学校的，则通过金钱贿赂，谋求担任各机关吏役，如钦天监、太医院阴阳、医生、坟户、厨役及女户者，或者窜名府县担任隶卒，以避差役。此外，还有一些地方豪绅征收道路通行税、私征商税、擅据水利等。

第四，普通百姓的机会主义行为。面对日益加重的赋役、杂税、加派，普通百姓也想尽办法减轻负担，逃避义务。侯朝宗曾总结明朝老百姓要经受七加之苦，分别是税、兵、刑、役、水旱灾祲、官吏食渔、豪强并吞。百姓怎么应对呢？百姓之富者争出金钱而入学校，百姓之黠者

---

① 吴晗：《吴晗论明史》，北京理工大学出版社 2016 年版，第 421—422 页。
② 转引自侯官响《明代苏州府赋税研究》，中国社会科学出版社 2019 年版，第 140 页。
③ （明）顾炎武：《天下郡国利病书》，载于《顾炎武全集》，上海古籍出版社 2011 年版，第 573—574 页。

争营巢窟而充吏胥，用二诡之道来应对七加之苦，但毕竟只有少数人才能如此，绝大部分诚实的百姓只能忍受，结果是生员胥吏渐多而百姓渐少，人均负担进一步加重。农民要想逃避越来越重的赋役，要么去出家，要么抛弃土地逃亡当流民。正统十二年（1447）四月戊申，山东监察御史奏报，山东诸城一县逃移者一万三百余户，后续逃亡三千五百余家，遗下地亩税粮，动以万计①。景泰五年（1454），孙原贞上疏，言其在河南任职时曾稽查出逃民籍共20余万户。②

并非所有负担里甲之役的百姓都会视粮长、里正等役为负担，对奸猾昧心的百姓来说，他们也会与上级胥吏勾结，虚报坍江、事故等各类借口，然后向本里摊派，追呼敲扑乡邻，从中渔利。

明代的徭役负担，正史所载包括里长、甲首、粮长等，但实际上把职役、夫役等计算在内，非常庞杂，百姓负担沉重。可以青州府作一案例予以剖析。

表6—8　　　　　　　　　青州府徭役一览表③

类型	役名	全府数	每名价银标准一（两）	每名价银标准二（两）	每名价银标准三（两）
正役	里长	16870 名			
	甲首	168700 名			
以地出庸者	驿马	235 匹	20+30	16+30	12+30
	驴	116 头	21		
	驿递车夫、水夫	559 名④	车夫9⑤	水夫18	
	铺陈	183 副⑥	上号每副14	中号每副10	下号每副8

---

① 《明英宗实录》卷152，台北"历史语言研究所"1962年版，第2982页。
② （清）张廷玉等：《明史·孙原贞传》，中华书局1999年版，第3052页。
③ 嘉靖《青州府志》卷七《户口》，《天一阁藏明代方志选刊》本，根据服役地点不同，折合的价银有不同的标准，一般在司府服役折合价银要更高些。
④ 《青州府志》中所载为176名，但对各州县车夫、水夫数量加总后，应是车夫335名，水夫224名，共559名。
⑤ 《青州府志》中只记载"车夫每名站地九顷水夫每名站地十八顷折银十八两"，没有明确折银十八两是一名车夫加一名水夫的折银，还是仅指一名水夫。如是后者，则可推算，每名车夫折银九两。本书姑以此计算。
⑥ 该数据系对各州县数据相加而得。计算则以中号每副10两为标准。

续表

类型	役名	全府数	每名价银标准一（两）	每名价银标准二（两）	每名价银标准三（两）
以户出赀者	王府斋郎	40 名	5		
	京班司属柴薪	357 名	12 两，遇闰月加银一两		
	易州厂并木柴银		24942.41		
	廪给库子	7.5 名	46		
	儒学斋夫	68 名	12 两，遇闰月加银一两		
	膳夫	66 名	10		
以丁出役者	司府属值堂并按递皂隶	300 名	7.2	12	
	门子	255 名	10	3	1
	库子	55 名	12	4	2
	扫殿夫	16 名	2		
	馆夫	6 名	9		
	民厨	24 名	10		
	弓兵	270 名	3		
	铺司兵	484 名	3	4	
	马夫	66 名	40		
	民校	282 名	12		
	叶子	84 名	12	8	
	巡捕	54 名	10	4	2
	仓斗级	76 名	6	3	
	步队民壮	1508 名	7.2		
	有马快壮	197 名	11.2		
应役丁数计		190344.5			
应折价银计			83360.41		

青州府全府应役丁数达到 19.03 万人，再对以上徭役中有明确价银的部分进行加总计算（未计闰月），每年共为 8.336 万两白银。嘉靖三十一年（1552），青州府共有 209632 户，官民田 13613326 亩，单计徭役中可计价钱部分，平均每户要缴纳 0.3977 两白银，按其时每石粮食折银 0.8 两计算，相当于每户交纳 49.71 升税粮；亩均交纳 6.12 厘白银。考虑到青州府拥有

大量官田皇庄贵族庄园，民田亩均会大大高于以上两个数据。

苏州府是全国最早试行一条编法的地区，嘉靖中，苏州府共编差丁751408人，大致按照田主丁助、田八丁二准则编银，人每丁编银各县定则不同，有0.01两、0.03两两种标准，共编人丁银为15576.82两；地每亩编银定则有0.077两、0.01两、0.011两、0.012两四种标准，共摊地丁银为75558.14两，二项共计丁银为91134.96两，平均每丁0.1213两；加上山荡并租钞田地涂滩等项银3906.44两，长吴两县在城附郭市民两山家赀银5000两，徭役银共计100011.39两。①

全国的徭役负担是多少呢？黄仁宇先生根据7个省35个县的差徭账目推算出平均每县征银9724.26两，全国的役银总额可能约为1000万两白银。②

之所以说明朝中期后乡村人民徭役负担沉重，可以拿田价进行对比，大量徽州田契和置产簿表明，徽州在嘉靖年间，一亩田价为12两白银以上③，而承担青州府徭役折算价银超过12两者不在少数。时人所论，青州之所以徭役沉重，是因为滨海御寇，有斥候之役、交通发达，有传舍之役、京师六军等，有输辇之役、六宫薪木，有供应之役。④

进入明代后期，里役朋充形式较为普遍。里长户、甲首户根据黄册排年，签订轮值差役的合同，详细规定轮差细节。当年值役的里长户称为见（现）年或见（现）役里长，轮空的为应役里长，这种合同称为排年合同。例如，崇祯六年（1633）方魁元等4户就按照4股朋充，轮流承担里役，包括照股均出本县支费并看柜、照股轮管值月等事。⑤

土地清丈和登记的主要目的之一，也是为了征发徭役。而徭役的征发，也同样必须依靠基层组织。洪武十四年（1381）前后开始的大规模土地清理和登记工作，之所以能顺利进行并卓有成效，原因固然很多，但其中重要的一条，就是江南农村基层组织的不断恢复和完善。⑥

---

① 乾隆《苏州府志》卷八，《田赋一》。原志中数字如此，但据以上各项数字相加应为100041.4两。
② 黄仁宇：《十六世纪明代中国之财政与税收》，九州出版社2011年版，第214页。
③ 严桂夫、王国健：《徽州文书档案》，安徽人民出版社2005年版，第54—55页。
④ 嘉靖《青州府志》卷七，《户口》，《天一阁藏明代方志选刊》本。
⑤ 严桂夫、王国健：《徽州文书档案》，安徽人民出版社2005年版，第228页。
⑥ 夏维中：《洪武初期江南农村基层组织的演进》，《江苏社会科学》2005年第6期。

贫富分化对农民应对官府徭役负担也有很大影响。富家奸猾狡诈，隐藏逃户，辟地多而纳粮少，故积有余财而越富；贫家地少而差役繁重，故典卖田宅，产去税存而越贫。税粮分配也极不公道。同在江西，南昌新建二县税粮十六万，广信六个县、赣州十个县都只有六万，南安四个县只有二万。而苏州田不及淮安一半，赋收却是淮阴的十倍，松、江二县粮与畿内八府127个县相当。① 因为存在官粮、民粮的区别，政府希望减轻农民负担，减轻或免除民粮，但好处贫民享受不到，却被地主通过各种手段拿去。这是国家治理中的一个大问题，政策红利无法有效锚定应有目标，是治理失败的一个重要原因。

明代赈济，凡四方水旱，都给予免税，无灾的地方也会选择地瘠民贫之地优惠减免赋税。设预备仓，储存米粟备用。凡遇灾进行赈灾。同时，开放皇庄、湖泊，听民采取。平价出粜，预给俸粮以杀米价，建官舍以处流民，给粮以收弃婴。嘉靖年间开始实行赈粥。②

五　明代农民的负担

明代农民的负担并不比其他朝代低。到弘治年间，因灾异频繁，内盗外虏生发，各地百姓负担越来越重，且各府百姓所面对的难题有所侧重。应天、淮扬、庐凤、江浙、湖湘等处苦于饥荒，北畿之民苦于应办，江西之民苦于力役，苏松之民苦于赋贡，松潘等处及南北沿边苦于夷虏。③

折银标准

历代农民赋役负担都很沉重，但既往研究以定性研究居多，且多为描述性话语；即使有部分量化研究，也仅涉及税粮实物部分，很少涉及对徭役、上供等全部农民负担的总括性量化研究。本书尝试在对明代实物税收货币量化的基础上，对明代普通农户的户均、人均、亩均赋役水平做一系统的量化研究，以尽可能地测量其赋役负担水平。显然，此一研究的前提是对实物赋税和劳动徭役进行货币性量化处理。明代距今不

---

① 吴晗：《吴晗论明史》，北京理工大学出版社2016年版，第482—483页。
② （清）张廷玉等：《明史·食货志》，中华书局1999年版，第1270—1274页。
③ 《明孝宗实录》卷二〇六，弘治十六年十二月丁巳，第3835页。

远,资料渐备,大量历史文献、地方志和徽州千年文书等文献中的记载,使人们逐渐建立起对明代农民的收入支出尤其是赋税负担的全面真切的了解,建立起相对完整的赋役负担拼图。而明代的折银制度、一条鞭政策、时人文献中的物品价格记载,特别是后期的徭役货币化、两税货币化进程,为研究的量化工作提供了坚实的基础。

下文开始计算赋税、赋役折银的最大关键点在于米、麦、绢、布等以何标准折算为白银。有明一代,从官方标准到市场价,不同时代的实物折银标准存在很大差异。现将有关标准梳理如表6—9。

表6—9　　　　　　　　明代赋税折银标准一览表[①]

时间	实行地区	实物类别	折物1	折物2	折银(两)	折钱(文)	折钞(贯)	折金(两)
洪武九年	全国	米1石			1	1000	1	
		麦1石			0.8	800	0.8	
		棉苎1匹	米6斗	麦7斗	0.6	600	0.6	
		麻布1匹	米4斗	麦5斗				
洪武三十年	全国	米1石			0.5		2.5	0.1
		绢1匹	米1.2石					
		棉布1匹	米1石					
		苎布1匹	米7斗					
		棉花1斤	米2斗					
宣德年间	全国	马草1束			0.03			
宣德八年	全国	米4石			1			
	徽州府	夏税绢1匹			0.5			
正统元年	全国	米麦1石			0.25			
正统七年	南直隶	马草1束			0.03			
成化九年	两浙	盐1引			0.35			
成化十七年	苏松常三府	米1.5石			1			
成化十九年	浙西盐场	盐1引			0.7			
	浙东盐场	盐1引			0.5			

[①] 资料来源:《明史·食货志》《万历会计录》以及侯官响《明代苏州府赋税研究》(中国社会科学出版社2019年版,第122—144页)。

续表

时间	实行地区	实物类别	折物1	折物2	折银（两）	折钱（文）	折钞（贯）	折金（两）
成化二十三年	苏州府				0.005		1	
弘治元年	苏州府				0.003		1	
					0.01	7		
					1		700	
弘治十七年	苏松常三府	阔白棉布1匹			0.35			
嘉靖年间	苏州府	粮1石			0.8			
嘉靖四十一年	徽州府①	税粮官麦1石			0.25			
		税粮民麦1石			0.309			
		本色麻布1匹	麦7斗					
		税粮米1石			0.45			
		税粮官米1石			0.25			
		税粮民米1石			0.47			
万历年间	昆山县	米4.6石			1.1			
		阔白三梭布1匹	米2.5石					
万历六年	徽州府	税麦运京库1石			0.25			
		麦运南京卫仓1石			0.4			
		阔白苎布1匹			0.2			
		派剩小麦1石			1			
		丝绢1匹			0.7			
		运京库米1石			0.25			
		南京卫仓米1石			0.7			
		南京供用库芝麻1石			0.5			
		安庆府仓1石			0.5			
		派剩米1石			0.6			

① 将嘉靖四十一年徽州府各项折银与康熙《婺源县志》所载嘉靖四十一年婺源县各项折银相对照，标准基本相同。

续表

时间	实行地区	实物类别	折物1	折物2	折银（两）	折钱（文）	折钞（贯）	折金（两）
万历三十九年	休宁县	税粮麦1石			0.315			
		科粮米1石			0.4713			
		条编丁米1石			0.5735			

表6—9所列仅为部分折银数据①。较为系统的折银数据库当属中国财政史上唯一现存的会计录——《万历会计录》，它提供了大量的实物折银数据。

据《万历会计录》，万历六年（1578），南直隶应天府、苏州府、松江府、常州府、镇江府、庐州府、凤阳府、淮安府、扬州府、徽州府、宁国府、池州府、太平府、安庆府以及浙江省折银，起运京库米麦每石皆为0.25两；起运扬州府仓、镇江府仓、凤阳府仓、南京卫仓等地皆为小麦每石折银为0.4两，绢每匹0.7两；起运光禄寺、公侯驸马公主等处麦每石折银0.4两，米每石折银0.7两，府部院寺等衙门米，本色八分，折色二分，每石折银1两，阔白绵布每匹折银0.3两；起运京库马草每包0.03两，其余各处米0.6两或0.7两，王府养赡禄米粳米1两，南京光禄寺米0.6两，俸禄米0.7两，派剩小麦每石折银1两、派剩米每石折银0.6两。②

再以万历三十年（1602）婺源县标准作为补充参考。婺源县起运京库折银麦，每石折银0.25两；太仓库折银麦，每石折银1两；南京库每石折银0.4两，南京库阔白布每匹折小麦0.7石，小麦每石折银0.2两；起运京库折银米每石折银0.25两；太仓折银米每石折银0.6两，南京府仓本色正米每石征银0.7两（内加耗率8%），南京水兑本色正米每石征银0.7两（内加耗率25%），南京供用库芝麻抵正米每石1两，协济安庆仓折米每石年银0.5两。③

万历四十八年（1620），苏州府折色起运银中，改兑正米每石0.6

---

① 关于明代实物折银及米价等进一步的数据，参见本书附录3。
② （明）张学颜等：《万历会计录》卷一六，《田赋·南直隶》，书目文献出版社1989年版，第597—598、601—603、606—607、609—610、612—613、614—615、618—619、625—626、630—631、635—636、637—638、640—641、643—644、646—647页；卷二，《田赋·浙江布政司》，第76—78页。
③ 康熙《婺源县志》卷七，《食货·公赋》，第20—21页。

两，扬州仓正米每石0.6两，府部院等衙门二分正米每石1两，公侯驸马公主等麦每石0.4两，米每石0.7两；宗人府派剩米每石0.7两，金花麦米0.25两，折色布每匹0.3两，本色布每匹0.3两，丝折绢每匹0.65两，草每包0.03两，改解济边南光禄寺白正米0.9两，南光禄寺次白正米0.7两，麦每石0.4两。①

除个别特殊情况外，万历年间，南直隶、浙江总体上维持起运京库米麦每石折银0.25两，仓米小麦每石折银0.4两，米每石折银0.6—0.7两，布每匹0.3两，绢每匹0.7两，马草每包0.03两，派剩小麦每石折银1两，派剩米每石折银0.6—0.7两的水准。

其他地区，情况就不一样了。万历六年（1578），有折银数据的江西省，布每匹为0.2—0.3两，米每石为0.5—0.6两，相比江南略有下降。②

在北方地区，因供应边镇军饷，折银就高多了。万历六年（1578），山西起运麦每石1.2两；起运绵布500里以外者，每匹1.2两；粟米1.2两；米，500里以外者，每石1.2两，以上皆含脚钱0.2两；马草每束照旧例征收，每价银1两，外加脚钱0.2两。③

万历六年（1578），河南省两税折银标准非常高。起运光禄寺小麦每石折银1两，酒醋面局每石折银1.2两，御马仓豌豆每石折银1两，大麦每石折银0.8两，小麦每石折银0.8两、0.7两、0.6两皆有。凤阳府仓小麦每石折银0.4两，宣德府等三仓小麦每石折银1两，外加脚钱0.2两，绵布每匹折银0.3两，绢每匹折银0.7两。起运光禄寺芝麻每石折银1.35两，细粟米每石1两，绿豆每石1.2两，白芝麻每石1.5两，粟谷折米每石1.1两，黑豆每石折银0.55两，黄豆每石折银0.7两；起运司苑局黑豆每石折银0.8两；起运国子监绿豆每石折银0.9两，阔白绵布每匹折银0.3两；起运御马仓黑豆每石折银0.8两、绿豆1两，其他处黑豆每石折银0.8两、

---

① （明）张学颜等：《万历会计录》卷一六，《田赋·南直隶·苏州府》，书目文献出版社1989年版，第601—602页。另外，黄仁宇对折银的计算为：16世纪在南直隶应纳粮"米一石"，其值低者只值白银0.26两，值高者高至值银1.91两。参见《放宽历史的视界》，载于《黄仁宇全集》第七册，九州出版社2011年版，第219页。

② （明）张学颜等：《万历会计录》卷三，《田赋·江西布政司》，书目文献出版社1989年版，第113—113页。

③ （明）张学颜等：《万历会计录》卷七，《田赋·山西布政司》，书目文献出版社1989年版，第217—219页。

0.9 两、0.7 两、0.75 两；古北口仓粟米每石折银 1 两，其他地区为 0.9 两、0.6 两、0.8 两；渤海仓粟米每石折银 1 两，绵花绒每斤折银 0.06 两；保定府库绵花绒每斤折银 0.07 两；延庆卫仓粟米每石折银 0.85 两；御马仓草每束折银 0.07 两，其他仓有 0.06 两、0.05 两、0.04 两、0.035 两、0.03 两不等。可见，相比南直隶、浙江等地，折银中加征脚钱，总体上小麦每石在 0.6—0.8 两，米在每石 0.8—1.1 两。[①]

北直隶也维持较高的折银标准。御马仓小麦折银每石 1.5 两；外象房仓小麦折银 1.1 两；光禄寺小麦折银 1 两；小麦 0.7 两、0.85 两、1 两，豌豆每石折银 1.05 两，布每匹 0.3 两，绢每匹 0.8 两、0.7 两。起运供用库芝麻每石折银 1.5 两，糙粳米每石折银 1.3 两，光禄寺赤豆每石折银 1.4 两，山黄米、白豆每石折银 1.2 两，大青黄豆每石折银 1.1 两，莜麦每石 0.7 两；御马仓黑豆每石折银 0.85 两、0.8 两，粟米每石 0.9 两、1 两、0.7 两、0.6 两，绵花绒每斤折银 0.08 两；御马仓内场马草每束折银 0.055 两，此外还有 0.035 两；宣府在城草场草每束折银 0.07 两，每价银 1 两加脚钱 0.2 两。小麦每石折银总体在 0.7—1.1 两，甚至更高。米普遍在每石 0.9—1.3 两。[②]

综合以上，万历年间，从全国来看，小麦每石折银为 0.4—1.1 两，南方地区以 0.4—0.6 两为主，北方地区以 0.6—0.8 两为主。米（准糙粳米）每石折银在 0.6—1.3 两，南方地区以 0.6—0.8 两为主，北方地区以 0.8—1 两为主。绢、布、丝南北基本折银价相同，皆为绢每匹折银 0.7 两，布每匹折银 0.3 两，丝每两折银 0.0035 两。马草，南方地区每包（束）为 0.03 两，北方地区有所上调，普遍达到每包（束）0.05—0.07 两以上。

明代两税实物折银情况非常复杂，除了各府县起运京库金花银统一按米麦分别每石 0.25 两折价外，其他实物在各直省甚至各府都有不同的折银标准。关键问题在于如何对各直省府的折银进行平均化测量。万明、徐英凯先生对《万历会计录》中各直省折银进行了加权平均计量，得出如下数据。

[①] （明）张学颜等：《万历会计录》卷八，《田赋·河南布政司》，书目文献出版社 1989 年版，第 257—264 页。

[②] （明）张学颜等：《万历会计录》卷一五，《田赋·北直隶》，书目文献出版社 1989 年版，第 480—483 页。

表6—10　万明、徐英凯著：《明代〈万历会计录〉整理与研究》中各省米麦等折银价格表

（单位：两银）

直省府	京库麦	起运小麦	存留麦	京库米	兑军米/起运米	存留米	留存大麦	丝绢折绢	农桑丝折绢	本色丝	阔白棉布	马草
浙江	0.25		0.3683	0.25	0.3928	0.3928						0.0300
江西	0.25		0.2500	0.25	0.25	0.3100		0.7		0.08	0.3	
湖广	0.25		0.4801	0.25	0.3333	0.3333	0.1666	0.7	0.7		0.3	
福建			0.2500	0.25		0.3100		0.7	0.7		0.3	
山东	0.25		0.8810	0.25		0.9595					0.3	0.0392
山西		1.2	0.7084		1.2	0.8513						0.0485
河南			0.6325			0.2963						0.0570
陕西			0.7084			0.8513			0.7	0.12	0.3	0.0485
四川						0.2963						
广东			0.6325			0.2963						
广西			0.6325			0.2963				0.08		
云南			0.6325			0.2963						
贵州						0.2963						
顺天府			0.9012			0.8657						0.0403
保定府			1.1886			1.2060						0.0412
河间府			1.0311			1.0884						0.0404

第六章 明代的乡村治理 / 345

续表

直省府	京库麦	起运小麦	存留麦	京库米	兑军米/起运米	存留米	留存大麦	丝绵折绢	农桑丝折绢	木色丝	阔白棉布	马草
真定府			0.9231			0.9780						0.0407
顺德府			0.9603			0.8678						0.0382
广平府			0.5779			0.8056						0.0411
大名府			0.8697			0.9418						0.0356
永平府			0.8810			0.9595						0.0392
延庆州			0.8810			0.9595						0.0392
保安州			0.8810			0.9595						0.0392
应天府			0.5076			0.6164						0.0281
苏州府			0.3112			0.6771						0.0262
松江府			0.2974			0.6770						0.0273
常州府			0.4000			0.6913						0.0274
镇江府			1.0000			0.6000						0.0259
庐州府			0.6056			0.6000						0.0255
凤阳府			1.0000			0.6597						0.0248
淮安府			0.4130			0.6000						0.0251
扬州府			0.4000			0.6000						0.0257

续表

直省府	京库麦	起运小麦	存留麦	京库米	兑军米/起运米	存留米	留存大麦	丝绵折绢	农桑丝折绢	本色丝	阔白棉布	马草
徽州府			0.3146			0.6794						
宁国府			0.4000			0.6419						0.0269
池州府			0.4889			0.6643						0.0261
太平府			0.4226			0.5268						0.0261
安庆府			0.4000			0.6000						0.0263
广德州			0.4000			0.6000						0.0281
徐州			0.5271			0.6597						0.0300
滁州			0.3683			0.6597						0.0243
和州			0.3683			0.6597						0.0286
简单平均数①			0.612710256			0.654409756						0.033459375

① 该行数据为笔者所加，非原表中数据。

表6—10中各直省府的存留麦、存留米折银价格为两位专家运用加权平均法（计算不同类型的折银实物在实征税粮中的比例权重）计算所得。但这只是各直省府范围内的加权平均值，如果放眼全国，能否尝试得出一个普遍意义上的米麦单位折银的加权平均值呢？其关键在于选择哪一个数据作为权重。本书以万历六年（1578）各直省府所纳米麦税粮在全国所占百分比作为权重，运用加权平均法，在万、徐二位先生前述表格的基础上，得表6—11。

表6—11 《万历会计录》中各直省府存留麦米折银数全国加权平均值（万历六年）

直省府	存留麦折银（两）	征麦数全国占比（%）	加权值	存留米折银（两）	征米数全国占比（%）	加权值
浙江	0.3683	3.32	1.222756	0.3928	10.76	4.226528
江西	0.25	1.91	0.4775	0.31	11.47	3.5557
湖广	0.4801	2.87	1.377887	0.3333	9.21	3.069693
福建	0.25	0.02	0.005	0.31	3.86	1.1966
山东	0.881	18.57	16.36017	0.9595	9.06	8.69307
山西	0.7084	12.85	9.10294	0.8513	7.82	6.657166
河南	0.6325	13.40	8.4755	0.2963	8.00	2.3704
陕西	0.7084	15.01	10.633084	0.8513	4.74	4.035162
四川	0.2963	6.73	1.994099	0.2963	3.26	0.965938
广东	0.6325	0.13	0.082225	0.2963	4.51	1.336313
广西	0.6325	0.05	0.031625	0.2963	1.68	0.497784
云南	0.6325	0.77	0.487025	0.2963	0.49	0.145187
贵州				0.2963	0.23	0.068149
顺天府	0.9012	0.41	0.369492	0.8657	0.21	0.181797
永平府	0.881	0.22	0.19382	0.9595	0.11	0.105545
保定府	1.1886	0.41	0.487326	1.206	0.19	0.22914
河间府	1.0311	0.43	0.443373	1.0884	0.21	0.228564
真定府	0.9231	0.75	0.692325	0.978	0.37	0.36186
顺德府	0.9603	0.27	0.259281	0.8678	0.14	0.121492
广平府	0.5779	0.39	0.225381	0.8056	0.19	0.153064

续表

直省府	存留麦折银（两）	征麦数全国占比（%）	加权值	存留米折银（两）	征米数全国占比（%）	加权值
大名府	0.8697	0.95	0.826215	0.9418	0.47	0.442646
延庆州	0.881	0.04	0.03524	0.9595	0.02	0.01919
保安州	0.881	0.01	0.00881			
应天府	0.5076	0.25	0.1269	0.6164	0.98	0.604072
苏州府	0.3112	1.17	0.364104	0.6771	9.25	6.263175
松江府	0.2974	2.00	0.5948	0.677	4.26	2.88402
常州府	0.4	3.35	1.34	0.6913	2.75	1.901075
镇江府	1	1.19	1.19	0.6	0.65	0.39
庐州府	0.6056	0.21	0.127176	0.6	0.30	0.18
凤阳府	1	2.17	2.17	0.6597	0.52	0.343044
淮安府	0.413	4.97	2.05261	0.6	0.76	0.456
扬州府	0.4	0.87	0.348	0.6	0.94	0.564
徽州府	0.3146	1.12	0.352352	0.6794	0.55	0.37367
宁国府	0.4	0.63	0.252	0.6419	0.34	0.218246
池州府	0.4889	0.15	0.073335	0.6643	0.28	0.186004
太平府	0.4226	0.37	0.156362	0.5268	0.41	0.215988
安庆府	0.4	0.41	0.164	0.6	0.51	0.306
广德州	0.4	0.08	0.032	0.6	0.06	0.036
徐州	0.5271	1.46	0.769566	0.6597	0.36	0.237492
滁州	0.3683	0.06	0.022098	0.6597	0.03	0.019791
和州	0.3683	0.03	0.011049	0.6597	0.05	0.032985
		100	63.937426		100	53.87255
	存留麦每石折银全国加权平均数		0.63937426	存留米每石折银全国加权平均数		0.5387255

显然，在以上两份表格中，无论是各直省府的米麦单位加权折银价格，还是全国米麦单位加权折银价格，都与《万历会计录》、各地《赋役全书》或地方志中所载的农民实际交纳的折银价格存在较大的差异，主要原因在于万著将起运京库麦米每石0.25两这个超低数据纳入加权平均公式中进行测算，拉低了折银的加权平均数，进而得出了与惯常印象迥

异的结果。关键在于怎么看待 0.25 两这一数据。

本书的主旨是探索王朝国家在赋役问题上对乡村社会的资源攫取程度，故主要关心农民所实际交纳的租税徭役，那么，每石米麦 0.25 两是农民实际所交的田赋标准吗？还是它仅是地方财政与中央财政间官收官解会计结算的一个计量标准？黄仁宇先生认为，1600 年以前，明代全国基本税额为粮食 2600 万石，其中有 80% 似乎已经折银，只有 400 万石粮食可以明确知道是按照每石粮食 0.25 两白银的比率折银交纳（金花银），其他的折纳比率则有相当大的差异。[①]

嘉靖《徽州府志》上记载得很清楚，嘉靖四十一年（1562），徽州府官麦每石征银 0.25 两，官米每石 0.25 两，民麦每石征银 0.309 两，民米每石 0.47 两。[②] 可见，在一般财政统计上，或许有必要将 0.25 两纳入加权平均数中，但对于农民的付出来讲，他们从来没有以区区 0.25 两的折银价格交纳货币化田赋。根据《徽州赋役全书》，泰昌元年（1620），徽州府歙县"简明科则"为：田每亩征银 0.0801118846 两，地每亩征银 0.047438932 两，山每亩征银 0.0331336 两，塘每亩征银 0.0897363 两。其中，每亩田科米 6.307 升，折科银 0.06389 两；科麦 2.1934 升，折科银 0.007122 两；科丝 0.3599 两，折科银 0.009179 两，[③] 据此换算，每石米折银为 1.013 两，每石麦折银为 0.3247 两，每两丝折银为 0.0255 两。另外，在徽州文书中有若干份易知由单，它们是反映当时徽州农民亩均赋税折银征纳的一手资料。

本书此节的目标是对明中后期乡村社会所缴纳王朝国家各类赋税、徭役、上供实物等财富的货币化计算，这就需要确定基于实物的折银价格标准。上述对万历六年（1578）全国米麦折银的加权平均计算，所得出的结论——麦每石折银 0.64 两，米每石折银 0.54 两，应该不仅与当时市场米价相差较大，而且也与农民实际交纳征银存在较大差距，显然不太适合作为本书折银价格依据。为了更准确、更有说服力地确定每石米

---

① 黄仁宇：《十六世纪明代中国之财政与税收》，九州出版社 2011 年版，第 214 页。
② 嘉靖《徽州府志》卷七，《食货志》。
③ （明）田生金：《徽州府赋役全书》，学生书局 1970 年版，第 125—126 页；另可参见申斌《清初田赋科则中本色米复归的新解释——兼论明清赋役全书性质的转变》，《中国经济史研究》2019 年第 1 期。

麦的折银价格，我们结合前述各个时期的市场米价数据以及从正统至崇祯时期的各地征银折银米麦单位价格进行总体评估。对正统至万历时期的若干条米麦折银价格数据进行简单平均①，可得出不同时期的折银价格。

表6—12　　　正统至万历时期明代米麦折银简单平均数②（单位：两银/石）

	正统景泰时期	成化弘治时期	正德嘉靖时期	隆庆万历时期	总简单平均数
米	0.5167	0.8647	0.7979	0.7783	0.7394
麦					0.7567

综合评估以上多项数据，本书在计算明清乡村农民向政府交纳各项实物田赋时确定的折银标准为：嘉靖年间及之前至万历二十八年（1600），米麦每石计银0.7两；万历二十八年（1600）经明末（1644）至康熙六十一年（1722），米麦每石计银0.9两；雍正元年（1723）至乾隆六十年（1795），米麦每石计银1.2两；乾隆六十年后，米麦每石计银1.4两。在各个时段，绸绢每匹皆按0.7两计银，布每匹皆按0.3两计银，农桑丝折绢按每20两丝折算绢1匹（0.7两银）；本色丝按每两丝折银0.08两计算，马草按每包0.03两银计算。其他少量部分实物标准，在具体测算时以脚注方式注明。

以上所确定的实物折银比例既考虑到明中期至清中期赋税货币化征收的实际情况，也考虑到物价上涨的发展趋势，总体上应该是接近历史真实的。它与黄仁宇先生所概括的明代中后期南北折纳比率也大致符合。黄著指出，在南方，绝大多数的折纳比率浮动于每石0.5—0.7两白银；在北方，公认的正常折纳范围在每石0.8—1两白银。他将本色和折色综合考虑后，推测每"石"的平均价值是0.8两白银。③

明代农民的负担结构

前文所议秦汉唐宋农民的负担，多是以正税（赋税和徭役）为构成

---

① 关于明代不同地区米麦豆等各类实物征银、折银等价格情况，可进一步参见本书附表6。
② 万历六年《万历会计录》全国加权平均数（内包含0.25两数据）列入隆庆万历时期计算简单平均数。
③ 黄仁宇：《十六世纪明代中国之财政与税收》，九州出版社2011年版，第214页。

部分计算的,事实上,通过地方志人们了解到,除了要交皇粮国税、服徭役兵役外,来自地方政府的开支、各类非税的杂征加派同样需要农民承担,很多时候,它们甚至超过了正税正役带给农民的负担。例如,崇祯《乌程县志》引王道隆野史之语将当时湖州府乡村人民所承担的赋役种类进行了详细的列举。

> 甚矣!湖州民力之不支也:有夏税之征,有麦钞之征,有局丝之征,有食盐之征,有马粮之征,有秋粮之征,有折银之征,有马草之征,有课程之征,有物料之征,有岁办之征,有军器之征,有鱼泊翎鳔之征。其正役也,有坊长,有里长,有见年,有递年,有塘长,有总书,有里书,有粮长,有解户,有老人,有甲首;其杂役也,有富户,有马户,有民壮,有总小甲,有火夫,有守宿夫,有长短夫,有灯笼夫,有直日夫,有仓甲;其轮役也,有里甲,有均徭。计湖中户口,田不满三万顷,地不满六千余顷,山不满三万余顷,荡不满二千余顷,户不满二十余万,口不满五十余万,每岁春夏除丝绵外,出银一十一万余;秋冬除粮米外,出银二十五万余。而又加之以皇木金漆之派,庆贺表笺之资,俸薪器皿之备,杂项支应之烦,祭祀乡饮之费,上司供应之储,科举岁贡之礼,往来宾客之仪,书手工食之给,军匠清伍之劳,修造役料之出,海防守御之需,翟青义勇之办,备拨听用之输,则每岁出银又不知其几许也。①

作为农业帝国,明代的财政收入主要由乡村社会和农民提供,那么,这个数值究竟有多大呢?黄仁宇先生认为,整个帝国来源于农业土地的总收入为2500万—3000万两白银(含役银)②。而《万历会计录》所载万历六年(1578)各项实物及银两收入则为:米麦26706048石,钱钞81605锭,绢206249匹,丝3322754两,布132960匹,红花11.84斤,土苎65.82斤,洞蛮麻布259条,棉花绒244130斤,粗麻布2匹,苎布7

---

① 崇祯《乌程县志》卷三《户口·赋役》,书目文献出版社1991年版,第282页。
② 黄仁宇:《十六世纪明代中国之财政与税收》,九州出版社2011年版,第214页。

匹，马草25813751束，苎麻1795斤，桐油1063斤，户口盐钞银261756两。《万历会计录》卷一附语中记载明廷每年所入本折各色共为1461万两白银，不包括钱钞。而万明、徐英凯根据以上所载各项实物数量进行折银计算，认为全国财政收入总额共计白银18100167.73两。[1]

可见，要真切了解明代农民的赋役负担，必须建立起一个总体的供应与支出框架，才能全面了解明代农民的负担和乡村社会的资源供应状况。

（一）田赋。田赋的普遍标准是民田每亩征粮3.35升，官田是5.35升，重租田为8.55升，没官田为12升。苏松、嘉湖、常杭、浙西等地田赋更高。正税分夏秋两次征纳。重租田、没官田则同，丝绵绢标准不知，只能通过地方志及遗存文书反推。

1. 夏税麦。北方为大小二麦，南方为稻谷。
2. 秋税米。北方为粟米，南方为稻米。
3. 丝绵绢布等。除云南、贵州、四川、两广外，全国普遍征收。

以上正税，既可缴纳实物，也可以银、钞、钱、绢换算后缴纳。正税对于农民来说，是皇粮国税，因有明文规定，明代正税税率总体保持稳定，但在各地执行中，仍存在一定差异，且有小幅上涨。根据康熙《婺源县志》的记载，婺源的民田基本维持夏税每亩麦二升，秋粮每亩米五升。

表6—13　　　　明代青州府、徽州府、严州府赋税结构[2]

类别		青州府（1552年）	徽州府（1492年）	徽州府（1562年）	严州府（1578年）
人口	户数	209632户	90189户	114197户	50987户
	人口	1527600口	557355口	566397口	201999口

---

[1] 此为夏税米麦和各类秋粮米之和，见（明）张学颜等《万历会计录》卷一，书目文献出版社1989年版，第13—16、22页；万明、徐英凯《明代〈万历会计录〉整理与研究》，中国社会科学出版社2015年版，第901—902、2106页。各项实物及钱钞大数皆四舍五入取整数。梁著乙表36中的该年米麦石数为26638414石，与此略有差异，盖因其数据来源于《万历会典》。

[2] 嘉靖《青州府志》卷之七，弘治《徽州府志》卷之二、卷之三，嘉靖《徽州府志》第七卷、第八卷，万历《严州府志》卷八。弘治时徽州府的数据为弘治五年（1492），青州府的数据为嘉靖三十一年（1552），嘉靖时徽州府的数据为嘉靖四十一年（1562）。嘉靖《青州府志》编撰时间为1565年，嘉靖《徽州府志》编撰时间为1566年，弘治《徽州府志》编撰时间为1502年，万历《严州府志》编撰时间为1578年。

续表

类别		青州府（1552年）	徽州府（1492年）	徽州府（1562年）	严州府（1578年）
官民田		13613326亩	2527746亩	2444811亩①	2794213亩②
夏税	麦	麦200994石	麦51668石③	麦51775石④	
	起运	146000石	45900石	45900石⑤	
	存留	54994石	5768石	5875石⑥	
	丝绵折绢		丝10974斤⑦	8781匹	丝959465两⑧
	起运				丝925763两⑨
	存留				丝33702两⑩
	农桑丝折绢	4703匹	15匹	15匹	绢1184匹
	地亩丝绵绢	5934匹			
	阔白布		30000匹		
	花绒	2795斤			
	课程钞银	40863锭	44486锭	44486锭	
	盐钞	798767锭⑪	844675贯	844675贯	56两⑫

① 户、口、官民田地山塘三项数据系根据六个属县数据相加而得。

② 户、口数据为隆庆年间，田地山塘数据为成化八年（1472）。万历《严州府志》卷八《食货志》。

③ 弘治十四年（1501）数据。

④ 其中官麦为3719石，每石征银0.25两，民麦为48056石，每石征银0.309两，共计15779.054两。

⑤ 起运总计为45900石，其中京库麦22000石，光禄寺麦600石，南京仓麦2300石，南京内库布麦21000石（系本色麻布30000匹，每匹折麦7斗所得）。

⑥ 每石折银0.45两，共2643.75两。

⑦ 折绢8779匹。

⑧ 以下数据非万历《严州府志》上数据，因其数皆为百年前的成化十八年数据。栏内数据为万历六年《万历会计录》上所载严州府数据，下同。959465两丝折绢47973匹，标准是每20两丝折绢1匹。

⑨ 折绢46287匹。

⑩ 折绢1685匹。

⑪ 起运存留中半。

⑫ 存留28两。

续表

类别		青州府（1552年）	徽州府（1492年）	徽州府（1562年）	严州府（1578年）
秋粮	米	粟米471704石	稻米120402石	稻米120589石①	稻米11482石
	起运	327000石	103800石	103800石②	2493石
	存留	144704石	16602石	16789石	8989石
	租绢				59匹
	租苎布				7匹③
杂料价银		8221两			
马草		875277束			
皮张杂色皮折造胖袄裤鞋		1209副	皮毛940张	皮毛940张	
狐狸皮		100张（50两银）			
鹿皮		180张（190两银）			
羊皮		445张（189.375两银）			
翎毛		8.65两银	36000根	36000根	
杂翎		40832根			
荒丝颜料价银			2267两	2267两	
药物		3349斤			
榜纸			115200张	115200张	
有记载的上供物料折银		438两			
以下部分因无确定个数，未纳入计价，仅列为参考。					
禽畜猪羊鸡鹅		7192只（双）			

表6—13中包括部分在两税中征缴的岁贡或上供物料，但它们与明代嘉靖中期之后较大规模的供物相比，数量上少得多，且互不重复。另外，为方便计算，表6—13将与田赋、人口有关的本属杂税的课程钞银、盐钞等一并纳入。

---

① 其中官米15828石，每石征银0.25两；民米104760石，每石征银0.47两；共计53194.2两。原始文献中嘉靖四十一年徽州府秋粮数为120589.11石。

② 计征银44000两。

③ 绢、布俱存留。

表6—14　　　　　　明代青州府、徽州府、严州府赋税计银表

类别		青州府（1552年）	徽州府（1492年）	徽州府（1562年）	严州府（1578年）
人口	户数	209632户	90189户	114197户	50987户
	人口	1527600口	557355口	566397口	201999口
官民田		13613326亩	2527746亩	2444811亩①	2794213亩②
夏税	麦	麦200994石	麦51668石③	麦51775石④	
	计银1	140696两	36168两	36243两	
	丝绵折绢		丝10974斤⑤	8781匹	丝959465两
	计银2		6145两	6147两	49892两
	农桑丝折绢	4703匹	15匹	15匹	绢1184匹
	地亩丝绵绢	5934匹			
	计银3	7446两⑥	10.5两	10.5两	828.8两
	阔白布		30000匹		
	计银4		9000两⑦		
	花绒	2795斤			
	计银5	196两⑧			
	课程钞银	40863锭	44486锭	44486锭	
	盐钞	798767锭⑨	844675贯	844675贯	56两
	计银6	5997两⑩	1524两	1524两	56两⑪

---

① 户、口、官民田地山塘三项数据系根据六个属县数据相加而得。

② 户、口数据为隆庆年间，田地山塘数据为成化八年（1472）。万历《严州府志》卷八《食货志》。

③ 弘治十四年（1501）数据。

④ 其中官麦为3719石，每石征银0.25两，民麦为48056石，每石征银0.309两，共计15779.054两。

⑤ 按每20两丝折绢1匹计算，共折绢8779匹，按每匹绢折银0.7两计算。

⑥ 按每匹绢折银0.7两计算。除均数外，总数取整数，全表同。

⑦ 按每匹布折银0.3两计算。

⑧ 绵花绒按每斤折银0.07两，即7分银折银。价格来源依据：万历九年京五草场商价时估。

⑨ 起运存留中半。

⑩ 按钞1锭=5贯计算，每700贯折银1两计算。因不是实物，此处未按计银算。另一种算法为每贯计银为0.002两，即2厘银。

⑪ 存留为28两。

续表

类别		青州府（1552年）	徽州府（1492年）	徽州府（1562年）	严州府（1578年）
秋粮	米	粟米471704石	稻米120402石	稻米120589石①	稻米11482石
	计银7	330193两	84281两	84412两	8037两
	租绢				59匹
	租苎布				7匹
	计银8				43.4两
马草		875277束			
计银9		26258两			
皮张杂色皮折造胖袄裤鞋		1209副	皮毛940张②	皮毛940张	
计银10		1572两③	893两	893两	
翎毛			36000根	36000根	
杂翎		40832根			
计银11		51两④	45两	45两	
药物		3349斤			
计银12		77两⑤			
杂料价银		8221两			
有记载的上供物料折银		438两	荒丝颜料价银 2267两	荒丝颜料价银 2267两	

---

① 其中官米15828石，每石征银0.25两；民米104760石，每石征银0.47两；共计53194.2两。

② 此处940张，是指徽州府共有猎人94户，要求每户每年交纳虎皮1张，杂皮9张，则虎皮共为94张，杂皮846张。由于虎皮难以获取，姑按每张皮5两计银，杂皮从其各县征收明细中出，应主要为狐狸皮，据前述青州府标准为每张0.5两，鹿皮为1.06两，羊皮为0.426两，另浙江麂子皮为0.6两，《万历会计录》等晚明文献中记载的黄牛皮每张为0.22两，生水牛皮为0.72两。故综合评估野外获得的动物杂皮每张为0.5两。

③ 按嘉靖后期每副1.3两计算。赵毅、丁亮：《明代上供物料的增长趋势与办纳方式的变迁——以浙江为中心》，《中国经济史研究》2015年第1期。

④ 翎毛、杂翎皆按每100根折银0.125两计算。价格来源依据：万历九年京五草场商价时估。

⑤ 各类药物平均按每斤0.023两银计算，价格数据来源依据：赵毅、丁亮上文所载浙江熟地黄等7项中药材价格之平均数。

续表

类别	青州府（1552年）	徽州府（1492年）	徽州府（1562年）	严州府（1578年）
内含：狐狸皮	100张（50两银）			
鹿皮	180张（190两银）			
羊皮	445张（189.375两银）			
翎毛	8.65两银			
计银13	8659两	2267两	2267两	
榜纸		115200张	115200张	
计银14		2304两①	2304两	
以上各项合并计银	521145两	142638两	133846两	58857两
户均②	2.4860两	1.5815两	1.172两	1.1544两
人均	0.3412两	0.2559两	0.236两	0.2914两
亩均	0.0383两	0.0564两	0.0548两	0.0211两

（二）徭役成本。如前所述，徭役包括1. 里甲；2. 均徭；3. 杂泛。徭役是人力成本，难以直接用实物或货币进行计算，目前只能根据部分地方志中对徭役的折银价进行统计。例如，嘉靖《青州府志》中对里长、甲首、驿递、车夫、水夫等主要役种没有计算折银，但农民承担此类役种肯定要付出边际经济成本，此类计算只能按照服役时限，用前述我们在计算汉代农民服役时的办法予以估算，不可能有很准确的依据。包括嘉靖《徽州府志》在内的许多地方志对徭役中的府县机关和公共事务的职役部分的工食费补贴银进行了记载，它们可以被看作地方政府的公费支出，但财源都来自里甲。无论是农民亲身服役还是雇人代役或者交纳折役银，都是农民的负担所在。由于徭役的货币化进程问题，明代地方志大多没有像清代地方志那样明确记载丁银数目，故很难明确计算明代农民在徭役上直接付出的经济成本，只能根据府县的徭役（职役）工食费补贴和折银情况进行倒推。

---

① 榜纸按每张0.02两折算，价格来源依据：赵毅、丁亮：《明代上供物料的增长趋势与办纳方式的变迁——以浙江为中心》，《中国经济史研究》2015年第1期。

② 平均数按小数点后四位数取留，下同。

嘉靖年间徽州府农民的岁役有 8 个科目：均徭之役、里甲值月之役、新定粮长之役、新定收头之役、解户之役、军户之役、匠户之役、猎户之役。因数据缺乏，除了均徭之役中的职役外，其他七种役都无法计算服役的经济成本。

均徭指全职的、全年的差役，分为力差和银差。力差即宋之差役，银差即宋之雇役。歙县力差科目有 20 个，包括服役岗位补贴和公务之事开支，折银 1579 两。力差服役岗位主要是在府县机关、教育仓储等公共部门。其中斗级、府县堂厅皂隶、门子为重役，禁子次之。仓斗级每年补贴银 15 两，库子、书院门子补贴 4 两。门子、皂隶 3 两，这些补贴银是工食补贴（工作午餐），银差科目有 44 个，折银 7204 两。银差之费包括服役岗位雇役和公务之事开支，服役岗位主要在教育、粮食、驿站等部门。马丁为重役，儒学膳夫次之。银差因属雇人代役，所耗银两更高。如马丁每年 40 两，膳夫 22.5 两，库子 14.275 两，皂隶 12 两，兵马司弓兵 8.5 两，各县与歙县名目相同。六县均徭折银共计 28712 两，除承担府县机关行政及公共事务外，府县祭祀、乡饮、收恤都在此项内支出。

表 6—15　　　　嘉靖《徽州府志》所载各县均徭状况

属县	力差科目数（个）	力差科目岗位、事务	折银（两）	银差科目数（个）	银差科目岗位、事务	折银（两）
歙县	20	斗级、皂隶、门子、库子、弓兵、禁子、解户、铺司兵、桥夫、渡夫等共 348 名	1579	44	皂隶、禁子、膳夫、门子、弓兵、水夫、巡兵、斋夫、马丁共 693 人	7204
休宁	18		1477	29		6190
婺源	18		1034	31		4213
祁门	14		532	24		2206
黟县	10		388	17		1666
绩溪	11		507	19		1716
合计			5517			23195

续表

属县	力差科目数（个）	力差科目岗位、事务	折银（两）	银差科目数（个）	银差科目岗位、事务	折银（两）
力差、银差二项总计			28712 两			
户均			0.25 两			
人均			0.05 两			
亩均			0.012 两			

以上徭役力银二项折银共为 28712 两，可被视为徽州农民承担徭役的经济成本，也就是他们的经济负担。某一农民家庭，如果不愿意亲身服役，就需要以银代役，向官府交纳银两，由官府雇人服役。无论是以人力还是货币的方式支付，其价值是不可泯灭的。但根据《徽州府志》的记载，以上银两额度只是 20 项力差科目、44 项银差科目的人力成本，且为职役服役换算的经济成本。事实上，对于那些农民承担的从事开河、筑堤、筑城、运粮、防灾等夫役或力役形式的徭役，由于都是服役者自行负责膳食旅宿费，并没有计入地方官府的均徭银收入或支出之中，但这些形式的徭役对农民来说，同样是沉重的负担，很多服役者服役一次，就陷入破产境况。

史上有"南人困于粮，北人困于役"之说，以"南粮北役"来形容中国南北赋役之重的特点。总体看，北方的亩均赋税确实要低于南方地区，即使去掉苏、松二府，其他江南地区各府的亩均税粮大多明显高于北方五省。北直隶、山东、河北、山西、陕西五省因为系政治军事重心所在，工程众多，加之边防、河工等需，出现役大于赋的现象。[①] 明代共有 15 位亲王、180 位郡王、5060 位镇辅奉国将军都分封在北方五省，数量分别占全国的 3/5、3/4、5/6，这些宗室王爵不但消耗大量的地方存留粮米和岁办物料，而且经常征用大量的夫役和力役，用于宫室建造、日常役使，成为北方百姓沉重的徭役负担。例如，马政是北方地区农民另

---

① 李园：《明代财政史中的"南粮"问题辨析——基于松江府的徭役考察》，《古代文明》2019 年第 3 期。

一项沉重的徭役负担，很多养马户因日常养马开支过大、马匹病死倒毙遭遇巨额赔偿，或倾家荡产，或逃窜流亡甚至锒铛入狱。嘉靖年间，河间府 18 个县，共须承担原额种马 8396 匹，平均每县 466.44 匹。其中河间县原额种马 520 匹，都由贫民负责养马。① 明廷规定，江南 11 户养一匹马，江北 5 户养一匹马，养马户可免劳役。当时养马每匹马每年需花费 11.16 两②，河间县养马徭役成本计 5803.2 两，这还没有计算民户养马中面临的马匹生病、病死等需要作出的赔偿。民间养的马变卖后，官府仍然征收草料银，每匹按 6 两计算。③ 尽管农户养马可减劳役，但一县一府总的劳役并未减少，只不过转嫁到其他百姓头上。永乐二十二年（1424），全国共养马 891280 匹。河间县牧马草场 7194 亩，征银 189.4 两，静海县草场 3387 亩，征银 59.6 两。其他各县都有马政、草场，数字不同而已。

驿递是河间府等北方地区人民的另一个重要负担。嘉靖年间，河间府共有 13 个驿站、2 个递运所，共有马 371 匹，骡 413 头，站船 159 只，包括红船、座红船各 34 只，铺陈 943 副，每年支出馆夫银、过关米银共计 52962.5 两，人均 0.14 两，亩均 0.0106 两。④

总之，北方地区的徭役较南方为重，可谓"岁无空役，役无空时"，丁丁服役、年年承役、一人数役、一日用千钱的情况比比皆是。徭役最重的获鹿县，一个成丁承担的徭役是正常的五六倍，许多县每年服役人数都在千人以上。

而且，农民承担的筑城修路、修河筑堤、运粮解赋、看洪守闸等力役，是无法用具体的数据予以核算的，大部分的历史文献中也仅有描述性表达，缺乏明确系统的数据。下文只能通过地方志文献中的相关记载，

---

① 嘉靖《河间府志》卷八《财赋志》，《天一阁藏明代方志选刊》。
② 嘉靖二十五年，三边总督曾铣在上疏朝廷收复河套地区时，曾测算过，每匹军马每日需食料三升，草一束，按每料一石折银 0.7 两计算，每草一束折银 0.01 两测算，每年每匹马的饲养成本应为 11.16 两。但事实上早在宣德年间，明政府就规定，征马草是按每束 0.03 两标准折银的。曾铣：《议收复河套疏》，《明经世文编》卷 237，中华书局 1962 年版，第 2480 页。
③ 刘利平：《赋役折银与明代中后期太仆寺财政收入》，《故宫博物院院刊》2010 年第 3 期。
④ 嘉靖《河间府志》卷八《财赋志》，《天一阁藏明代方志选刊》，其时该府还有税课钞 12841 贯。

研究那些只包含均徭银、力差银等以货币形式展现的农民负担，无法全面展示农民为国家社会所作的艰辛付出。

为了逃避繁重劳役，许多农民选择逃亡他乡，也有自残自宫甚至自杀者。[①]对赋役繁重的结构性难题，明政府始终无解，紧绷的民间压力遇上了旱涝灾害，成为压垮人民的最后稻草，这就是为什么明末高迎祥、李自成发动起义，很快得到广大农民拥护的原因，"不纳粮、不当差"的口号正是千千万万的农民渴盼已久的。

为进一步了解北方徭役负担，现从北方六省中选择七个县州进行比较统计分析。

从亩均来看，河北静海县徭役负担最重，每亩要付出徭役银1钱2分，河间县次之，也要达到6分2厘。而对于皇庄王田众多的北方地区来说，属于民田的亩均徭役负担就会更重。如果以宗藩占田达北方直省田地面积的三分之一计算（详见第十二章第三节），那么以上亩均数据就要上涨33%。

以上数据仅是根据地方志中的相关记载所做的测算，并不全面，各县州人均、亩均差距颇大，原因在于有些县志中有些栏目数据欠缺，因此以上数据仅能作为一种参考，远非其时农民负担的全部。

> 国朝财赋视田土之厚薄而定则焉，其均徭则兼丁与田论之矣。河间丁田其不及南方者不啻数倍，而均徭则不异焉。此南方所以十载一编，而北方则岁无空役，役无空时也。古者岁用民力不过三日，然古道不可得而见矣，得如南方斯可矣。[②]

其实，南北方的赋役负担都不轻，南方赋重役也重，尤其是解运之役。比较一下南北方的徭役银情况可对此有更直观的认识。据前文，嘉靖三十一年（1552）时北方青州府的均徭银负担为户均0.3977两，人均0.0546两，亩均0.00612两。从人均来看，北方的青州府和南方的徽州

[①] 田培栋：《论明代北方五省的赋役负担》，《首都师范大学学报》（社会科学版）1995年第4期。

[②] 嘉靖《河间府志》卷八《财赋志》。

表 6—16 北方五省徭役负担情况[1]

(单位：两银)

县州	公用	力差	银差	听差	驿递	马政草场	徭役合计	人口数（人）	田地数（亩）	人均	亩均
山西太原县[2]	1297.9	737					2034.9	79060	477989	0.026	0.0043
河北河间县[3]		1283	2644.6	807.7	3494.5	5992.6	14222.4	24961	227894	0.57	0.062
河北静海县		1752	1250.2	206.1	2609.88	11041.08	16859.3	18642	138851	0.90	0.121
山东临朐县	253.6	4889.3					5142.9	138911	692451	0.037	0.0074
陕西朝邑县		890.5	2519	494.2	5997.1		9900.8	64540	1011972[4]	0.153	0.0098
河南鲁山县[5]	970.5	1676	1865.7	1634			6146.2	48558	277384	0.127	0.022
宁夏固原州							3866.9	5388	689472	0.718	0.0056

[1] 资料分别来源于嘉靖《太原县志》卷一；嘉靖《河间府志》卷八《财赋志》，上海古籍书店 1964 年版；万历续修《朝邑县志》卷四；嘉靖《临朐县志》；嘉靖《鲁山县志》《宦政志》；万历《固原州志》上卷《田赋志》，宁夏人民出版社 1985 年版，第 149—150 页。
[2] 公用支出包括春秋祭祀银、供应礼银、乡饮酒礼银、军器料价银等。力差银只列了徭役科目银数，没有列标准。本书以下文河间县同一岗位标准计算出力差银。皂隶每人 3 两、禁子每人 4 两、弓兵每人 18 两。《太原县志》中没有列银差、听差银，力差出银差、听差银科目中。
[3] 驿递费用是从河间府该项人均费用倒算而得。银差银中包括部分公用支出，此外还有里甲银 494.2 两，计入表 6—16 听差银中。
[4] 万历年间数据。
[5] 在《鲁山县志》中，将均徭银与本属公用支出的新银 1634 两（表 6—16 中列入听差银），银色差银 1865.7 两，工食柴薪银 1865.7 两、工食柴薪新银 1634 两，岁办支出等混在一起。本书重新梳理为：均徭银 1676 两（表 6—16 中列入力差银），公用支出银 673.7 两，公用新银 296.8 两，二项列入公用。岁办支出银详见嘉靖《鲁山县志》卷二《田赋》。

府人均均徭银负担水平大致相当，户均和亩均则有所差异，也许反映了南北方不同的人口结构和田地结构状况。

田赋正税和徭役合称赋役，是封建国家有明确制度规定的税种役种，通过圣旨、谕帖、公告等政府文件公布，并被编入历朝的律法、会典、会计录等文献中，成为正式的制度规定。除正税外，还有一些杂税以及针对工商业等的税种，由于它们并非全部与农业或乡村直接相关，有些类似于生活税、消费税，故未被列入本处的农民负担框架中。

（三）供物负担。供物，是指封建国家通过地方政府向民间社会（主要是乡村）无偿或低偿征纳的各种实物或银两。供物所征纳的项目并不固定，也并非年年征纳，但其中有相当一部分实物项目的征纳已经固定为每年征收，称为岁供或岁办。供物的本质是一种在正税之外的实物税收。供物之税全国无统一标准，同一地区的供物负担前后也存在很大差异，它的征派主要由中央政府根据实际需要，结合当地物产丰饶程度和民众贫富水平确定。1600年时的万历年间，皇宫采办南方诸省的实物，如丝绵、漆器、蜡、茶、金属等，每年定额总计折银约为400万两，到了崇祯年间的1635年，则增加到500万两。[①]

古代王朝向乡村社会征收的供物有哪些呢？康熙《徽州府志》中记载：

> 郡邑公费莫不取办于里甲，而里甲始不胜其累。公费之目三。一曰岁办，每岁所需以为常也。一曰额办，间岁而一用者也。一曰杂办，储用无常以待不时之需者也。[②]

郡邑的公费其实就是完成上级交派的供物任务。供物之征的具体名目在各地可能存在一定的差异，但一般包括以下三大类。

1. 岁办。岁办是指由县级官府通过里甲向民间征收的各级政府公共支出的物品，包括地方政府的办公物品（笔墨、纸、油、木炭、蜡等）、

[①] 黄仁宇：《放宽历史的视界》，《黄仁宇全集》第七册，九州出版社2011年版，第301页。
[②] 康熙《徽州府志》第六卷《赋役》，成文出版社有限公司1975年版，第980—981页。

军需物品（剑、弓、箭、棉服、马草等）、宫廷用品（药材、食材、茶叶、蜡、颜料、漆等）。以上物品皆有定额，需一年一供，故称"岁办"。

2. 坐办。通过地方政府来完成的中央政府的采购称为"坐办"，开始时其开支从地方存留中扣除，但从嘉靖中期后，一部分坐办就转化成岁办，变成无偿供给或仅仅部分支付货款。

3. 杂办。除岁办、坐办之外的那些数量不固定、缴纳不固定的物资征缴被称为"杂办"。

从嘉靖《徽州府志》中可知，当时徽州府所交的岁贡共有皮毛、翎毛、上供纸、上供帛四类。徽州府六县捕兽户共有94户，每户每年要缴纳虎皮1张以及其他各类动物皮9张，共计940张；捕禽户9户，共交翎毛36000根。明初，每月供应纸张共计11600张，全年为139200张。每月供丝42匹，绢292匹，䌷25匹。

以上供物绝大部分需要从民间征收，其手段是按计户原则，结合农户财产水平，由县级政府根据测算总量，确定各里甲总额，再由各里甲分派到各农民或市民头上。

对供物的计算难度也颇大，只能依据各地地方志中对岁办、坐办和杂办上缴实物数量的记载，再根据当时的粮食价格折纳计算，但有些项目可能并无折纳价，只能欠缺。徽州府的岁供起自永乐年间迁都之后（其实根据历代惯例，应该自明初开始就有岁供之征），至嘉靖中年剧增，甚至成十倍增长，主要原因有二，一是边患频起，军需之供暴增。二是皇帝发生职业倦怠，日益追求享乐，宫廷建造开支大增。嘉靖《徽州府志》所载岁供共有三目：岁办之供、额外坐派之供、不时坐派之供。这三类约略类似于前文所说的岁办、坐办、杂办，也可能互有交叉。每一目之下又有细目。

地方政府的岁供或上供是否全是由农民缴纳，变成正税之外的杂税，换言之，上供物料是否成为朝廷对农民的盘剥，对此，学界有不同的观点。《文献通考》中马端临认为，军需之供其实是杂色之赋，但至少从明中期以后，明廷上供物料的供应开始由过去的"配户当差"转变为"具物以供"。嘉靖《徽州府志》中说："朝廷责贡于郡，郡责财于民，以财充贡，故有军需之征。"嘉靖《萧山县志》也有类似观点："凡贡今谓之坐办、额办，概取诸里甲丁田，岁输于官，官登于司府，领之解户，然后具物以贡。"① 即由中央政府将上供任务转嫁给各地方政府，地方政府再转责给里甲采办。所谓里甲采办，有的物料可由本地农户以实物交纳，有的则只能由里甲中的民户共同凑钱到市场购买完成任务，无论哪种，其实都是农民的负担。道理很简单，如果朝廷是付款购物，何须假手要地方和民间采买，由内廷或中央有关部门直接从市场上采购不是更为方便。事实上，通过分析发现，表6—17 中的岁供几乎都是官府朝廷无偿征纳的物料贡品，即使偶尔有些项目支付银两，也是极低的折纳，故本书皆将之纳入农民负担的项目中②。

表6—17　　嘉靖《徽州府志》所载嘉靖年间岁供名目及值银

大类	中类	年份		值银（两）
一、岁办之供	1. 岁办户部军需之供	弘治十四年前四目		5640③
		嘉靖年间四目		5535
			目类	值银（两）
		（1）预备供应	芦笋、银杏、猪肉、叶茶、核桃、木耳、蜂蜜等共九色	757④
		（2）遵照旧制坐派钱粮	靛花、乌梅、槐花、生漆、桐油、生铜、牛皮等共十一色	3946
		（3）会计岁用物料	黄蜡、白蜡、叶茶、芽茶共四色	785
		（4）供应	蜂蜜、黑砂粮、银砾共三色	46

---

①　参见嘉靖《徽州府志》卷八《食货志·岁供》，书目文献出版社1987年版，第185、194页。丁亮《在徭役与市场之间：明代徽州府上供物料的派征与审编》，《中山大学学报》（社会科学版）2019年第4期。该文以颜料为例，说明了上供物料是如何从陷入（因宝钞贬值崩溃）和买困境，到地方存留粮内折征上纳一步步变为地方政府加派里甲征收，使之成为农民新增负担的过程的，从和买到折征再到摊派，从配户当差和买到地方财政支出再到农民额外增负，这就是上供物料演变为常态化加派杂税的路线图。

②　岁办的上供物料通过里甲派办后，已经成为乡村农民的负担。对此，学界有认同之议。如杜勇涛在其论文中将1552年歙县所受户部不时坐派之供中的新增军马钱粮以为房患共11577两作为歙县的加派负担。参见杜勇涛《徽郡的困境：1577年徽州府人丁丝绢案中所见的地方性与国家》，《安徽大学学报》（哲学社会科学版）2020年第1期。

③　为计算方便，两之后的小数四舍五入，取整数。

④　取嘉靖年间数据或最近年间数据。

续表

大类	中类	年份		值银（两）
一、岁办之供	2. 岁办礼部军需之供	弘治十四年前二目		1798
		嘉靖年间二目		2271
		目类		值银（两）
		（1）供应牲口	肥猪、肥鹅、肥鸡共三色	2131
		（2）岁办药材	茯苓、莘荑、干漆、当归等药材	140
		年份		值银（两）
	3. 岁办工部军需之供	弘治十四年前一目		89
		嘉靖年间六目		5682
		嘉靖四十一年额派属县里甲		12159
		目类		值银（两）
		（1）岁办颜料	槐花、乌梅、枝子共三色	105
		（2）织造缎匹		2579
		（3）陈言荒政	角弓、箭、弦等	1508
		（4）粮长勘合		21
		（5）新安卫岁造军器	6029件副，腰甲、铁箭、刀鞘、弓弦	432①
		（6）新安卫改造运粮浅船		1038
二、额外坐派之供	工部额外坐派之供	年份		值银（两）
		弘治十四年前一目		1554
		嘉靖十六年工部坐派年例白硝鹿皮等		9483
		嘉靖年间二目		16921
		目类		值银（两）
		（1）四司急缺应用料银以济工用		16213
		（2）请派砖料以济大工		708

---

① 此项支出中，新安卫所补贴的164两物料价银，112两用于桶柜解扛。这应是极少见的官府对岁供的补贴。

续表

大类	中类	年份		值银（两）
三、不时坐派之供	1. 户部不时坐派之供	嘉靖年间三目		47952
		目类		值银（两）
		（1）新增军马钱粮以为虏患		35000
		（2）议处钱粮以济海防		11618
		（3）预处兵将钱粮以固江防以安留都		1333
	2. 工部不时坐派之供	年份		值银（两）
		弘治十四年前五目		1973
		嘉靖年间六目		19791①
		目类		值银（两）
		（1）青筦竹、青猫竹等五目	（弘治十四年）	1973
		（2）城砖		57000个
		（3）织造龙衣	（嘉靖四十二年至四十六年）	2956匹
		（4）木植	86766根	170954两②
		（5）传奉		5387两
		（6）成造冠顶仪仗等件		3891两
		（7）急缺物料造办供应家火银		10513两
	3. 抚院不时坐派协济邻郡之供	年份		值银（两）
		嘉靖四十年一目		20000
		嘉靖四十四年一目		10000
		目类		值银（两）
		（1）协济池安二府迎接景王之国		20000
		（2）协济池安二府迎接景灵回京		10000

① 该数据为（5）、（6）、（7）三项所加，表明木植一项是由官府补贴，并未无偿取之民间。
② 或许是此数据过大，远远超过徽州府一年的税粮，请旨后奏准料价等银抵买。

续表

大类	中类	年份	值银（两）
三、不时坐派之供	4. 抚院不时坐派备边之供	嘉靖三十四年一目	18365
		目类	值银（两）
		陈愚见筹边饷，提编均徭	18365

弘治年间徽州府承担岁供合计（未计实物）	11054 两
承担岁供实物　城砖 57000 块①	折银 708 两
嘉靖年间徽州府承担岁供合计（未计实物）	168159 两
承担岁供实物　丝纱罗绫䌷　2956 匹	折银 2070 两
嘉靖年间岁供二项合计	170229 两
户均	1.4907 两
人均	0.3005 两
亩均	0.0696 两

以上弘治年间徽州府承担岁供二项总计为 11762 两，嘉靖年间承担岁供二项共为 170229 两②。由于并非所有的地方志中都如嘉靖《徽州府志》中有如此明确且标出银价的记载，故暂只能以徽州府计算坐办带来的农民负担。根据丁亮的研究，徽州府在嘉靖三十年（1551）至嘉靖四十五年（1566）的 15 年时间内，平均每年额外物料派征接近 2.4 万两，连同坐派的"岁办"料银在内，每年派征的里甲丁田银当在 37000 两以上③。

另外需要说明的，以上数值并非每年的数据，而是整个周期的数据。从全国来看，嘉靖三十五年（1556）后，工部四司料银已经成为固定的制度性收入，每年征收数量约为 50 万两，征税区域几乎覆盖全国，其中南直隶地区占 41%，苏、松、常三府料银每年都在 2 万两以上，徽州府

---

① 参见丁亮《在徭役与市场之间：明代徽州府上供物料的派征与审编》，《中山大学学报》（社会科学版）2019 年第 4 期，第 109 页。其中有"照数征解银七百八两"。即弘治年间的城砖定额应即为嘉靖年间"为请派砖料以济大工用"之前继项，征银皆为 708 两。

② 根据弘治《徽州府志》中有关青竹计银，本书推算，每根青竹的价格应在 0.026 两左右，即 2 分 6 厘，猫竹为 0.042 两，即 4 分 2 厘。另据明抄本《工部事例》记载，每弓一张该银 0.62 两，箭一支 0.03 两，弦一条 0.05 两。

③ 丁亮：《在徭役与市场之间：明代徽州府上供物料的派征与审编》，《中山大学学报》（社会科学版）2019 年第 4 期。

也达到1.6万两,浙江布政司则为3.24万两,各府平均负担量在1.5万两左右①。

除实物部分外,贡物中还包括了以货币银两形式出现的各类加派加饷,它们大多被包括在"不时坐派之供"中。进入明朝中期,中央政府因各种临时性军政需要,往往在正税之外加征各类税费。嘉靖三十年(1551),京边岁用达到595万两白银,户部尚书提议在南畿、浙江等州县增赋120万两白银,加派从此开始。任务完成后,原本临时性的加派变成了常征。例如,东南地区倭寇横行时,明政府为剿匪需要,对"南畿、浙、闽多额外提编,江南至四十万,提编者,加派之名也。其法,以银力差排编十甲,如一甲不足,则提下甲补之"。及倭患平,提编之额不能减。上述徽州府的坐派备边之供中就有边饷的科目。嘉靖三十三年(1554),苏州府加编练兵银69486.4两,加上原有旧额部分,该年全府练兵银共计为83631.8两。②

万历三大征时,也有诸多加派。万历三大征共花费白银1200万两,严重耗尽明廷的财政储备。③ 至万历四十六年(1618)后,又骤增辽饷三百万两,并摊入田赋加征,成为岁额。其后剿饷、练饷都是通过加派方式取自民间。如前文统计,"三饷"共计加派全国(绝大部分地区)田赋水平达每亩0.13609两白银。④ 这些加饷在康熙《婺源县志》中都有反映。

府县视角的农民负担

对嘉靖年间徽州府上供物料的计算的最大问题在于,它并非每年征收,故而无法计算平均数,只能取大致数。据前所述,随着工部四司料银固定化后,徽州府每年的额外派征银为2.4万两,岁办料银为1.6万两,二者之和为4万两,姑以此作为徽州府每年在岁贡物料方面的负担。据此,将表6—14中徽州府嘉靖年间的赋税折银、表6—15中的徭役折银与此上供物料折银相加,则嘉靖四十一年(1562)时徽州府农民赋役负

---

① 此问题的探讨及资料参见李义琼《明嘉靖间上供物料折银与工部白银财政的建立》,《厦门大学学报》(哲学社会科学版)2019年第2期;赵毅、丁亮《明代上供物料的增长趋势与办纳方式的变迁——以浙江为中心》,《中国经济史研究》2015年第1期。
② 乾隆《苏州府志》卷八《田赋》。
③ 黄仁宇:《明代的漕运》,九州出版社2011年版,第104页。
④ (清)张廷玉等:《明史·食货志》,中华书局1999年版,第1268—1270页。

担总数为202558两银（133846 + 28712 + 40000 = 202558），其户均负担为1.7737两，人均负担为0.3576两，亩均负担为0.0829两，这是以府志中所载数据进行的大致匡算。

婺源县农民的负担

如以县为单位，情况又是如何呢？我们以地方志资料较为健全的婺源县为例，计算婺源县农民的大致负担。

表6—18　　　　　　明清婺源县农民平均负担一览表

类别	嘉靖四十一年（1562）	天启二年（1622）	崇祯年间（1628—1644）	康熙早期（1662—1682）	乾隆三十二年（1767）
户数	18295户	19770户		14575户	42853户
口数	82551人		82551人（30805）①	32998人	142190人
田地山塘数	569107亩	625917亩	625917亩	503038亩（折实田）	503099亩（折实田）
田赋					
夏税	11952石	11787石	11787石		
秋粮	27105石	26710石	26710石	6586石	米6586石 豆365石
盐钞	195182贯	182两	182两		
田赋银				11913两②	41934两③
以上计银④	27619两	27130两	27130两	17840两	48056两
二、均徭⑤	5247两			4332⑥两	(3004)⑦两

---

① 30805口为崇祯十五年数据，但相比之前，下降幅度太大，似不可信，故仍以嘉靖四十一年口数为据，因此后至崇祯十五年前，《婺源县志》中无人口数据。

② 田赋银、米数为康熙《婺源县志》中顺治五年起运与存留数据相加所得。

③ 内含田税徭费34031两，丁银3381两，耗羡银4263两，杂项259两。

④ 嘉靖年间按每石粮0.7两银计价，天启、崇祯年间按每石粮0.9两银计价。每钞700贯计银1两。

⑤ 隆庆六年海瑞奏行一条鞭法后，婺源县岁用分为四款，一是岁办，指每年都需要开支的正常支出。二是额办，指二三年一用的。三是杂办，指储备所用，以备不时之需。四是杂办，指把力差并到银差中，都雇人服役。这部分的赋役银征收到府库中，用时临时支给。

⑥ 其中岁办763.18两，额办396.32两，杂役（均徭、邮传、民兵）3172.73两。康熙年间对原徭役科目进行了很大程度的削减，使婺源县徭役总数大大下降。

⑦ 根据光绪《婺源县志》，部分徭役项目在存留银中支给，部分在耗羡中支给，未计入此数。另前述34031两系田税徭费，包含了徭役银，故此处只列出待查，未将之列入征收总数中。

续表

类别	嘉靖四十一年 （1562）	天启二年 （1622）	崇祯年间 （1628—1644）	康熙早期 （1662—1682）	乾隆三十二年 （1767）
三、岁办	7460 两①	195 两		12164② 两	236 两
四、加征	（2246 两）	5153 两	15149 两	8534 两	
以上四项合计	40326 两	32478 两③ （44990 两）	42279 两④ （70135 两）	42870 两	48292 两
户均（两）	2.2			2.941	1.127
口均（两）	0.49		（0.850）	1.299	0.34
亩均（两）	0.071	（0.0719）	（0.112）	折实田 0.0852 田地山塘 （0.0685）	折实田 0.096 田地山塘 （0.0772）

嘉靖四十一年（1562）婺源县的三项平均数据分别为 2.2 两、0.49 两、0.071 两，与同期徽州府的平均数据较为接近。数据的不同反映出徽州府六县在户数、口数和亩数的不平衡。值得注意的是，表6—18中的相关数据只是根据现有历史文献尽可能作出的梳理，肯定并非历史上农民负担的全部的或准确的数据，仅供参考了解。此外，通过表6—18还可以对明中后期至清中期婺源农民负担变化情况有一个直观的了解，除了明末清初的动荡岁月外，婺源县农民征缴给官府的赋役银粮总体上保持较为稳定增长的态势。相对来说，清代的赋役负担有所减轻，但相关制度政策也是在康熙年间逐渐出台的，在顺治年间，因为战争需要，农民负担相较明末并无多大下降。事实上，顺治年间仍然对农民征收辽饷一类的加征项目，只不过名目换成了九厘地饷银，清初的岁办供物、里甲均徭等徭役负担仍然沿袭前明，到康熙年间，对岁办、徭役科目进行了大

---

① 见前文所计算的数值，含嘉靖四十二年加征的海军军饷。
② 顺治至康熙初期婺源县所承担的各项岁办供物总数，其中岁办、额外坐派为3643两，不时坐派算进加征类，户、礼、兵、工部四部派征为8521两。数据来自康熙《婺源县志》卷七《食货》。括弧中数据为按折实田后恢复到田地山塘总数后的亩均数，以便与明末作一同标准比较，乾隆年间亩均括弧中数据也是如此处理的。
③ 天启二年均徭数据缺，另岁办数据过小，似不正常。括弧中数据为借用的嘉靖四十一年的岁办数据及由此计算的亩均财政负担。崇祯年间同。
④ 崇祯年间缺均徭、岁办数据。

量削减，故康熙末期是婺源县农民负担最轻的时期。乾隆时期，婺源县农民总体负担之所以上升，是因为开始征收耗羡银，并将其中一部分用于府县官吏的养廉银。乾隆三十二年（1767），婺源县征缴的耗羡银为4263两。乾隆二年（1737），奉文支给婺源县知县养廉银每年800两，县丞、典史、三司巡检养廉银各60两，自耗羡银中支出。乾隆四十七年（1782），支给武官养廉银，守备200两，把总90两，外委把总18两。①

明中后期至清中期户数、口数变动较大，故户均、口均仅具参考意义。从亩均来看，清康熙、乾隆间亩均负担相较嘉靖年间有所上升，但清朝的数据是折实田，如果还原到田地山塘总数则为625917亩（明末数据），清康熙年间亩均为0.0685两，乾隆三十二年（1767）亩均为0.0772两，与嘉靖年间接近。

明末天启、崇祯年间由于均徭、岁办两项关键数据缺乏，故无法作出直接比较，如果以嘉靖年间的数据代替，则天启二年（1622）四项总计银为44990两，亩均为0.0719两。崇祯年间四项总计银为70135两，亩均为0.112两。

苏州府农民的负担

苏州作为税粮征缴额排名全国第一的府，其米麦征缴总额甚至超过很多省，以其进行赋役平均承担水平测试最具说服力。

根据乾隆《苏州府志》，明洪武初，苏州府共有473862户，1947871口人，田地6749000亩；年征夏税丝254302.9两，大麦正耗10127.7石，小麦正耗51816.2石，豆正耗17.5石，糙粳米94.2石，菜籽27.4石，钱钞10985.5贯，秋粮正耗2146830.05石，豆正耗2781.8石，花椒8.75两。以上合计折银为1556092两，未含徭役。②

弘治四年（1491），共有535409户，2048097口人。弘治十六年（1503），田为9478500亩，征夏税丝328460两，麦53664石，钞21963.7贯，秋粮正米2038640石，连耗共3056014石。以上合计折银为2188302两，未含徭役。

嘉靖三年（1524），征本色米1428952石，折色银447998两。合计折

---

① 光绪《婺源县志》卷十五《食货志·户口·公赋》；卷十六《食货志·徭役》。
② 花椒按胡椒计算，每斤折银0.13两，菜籽按黄豆计算，每斤0.7两。

银 1448264 两（供参考），如用后文 1.169 的系数重建，则共为 1971974 两，未含徭役。

嘉靖十六年（1537），共有田地 8639737 亩，平米 2809703 石。合计折银为 1966792 两，未含徭役。嘉靖三年重建后的数据与十六年相近，符合明代田赋征税原额主义的原则内涵。

嘉靖十八年（1539），巡抚欧阳铎、知府王仪尽括官民田衰益之，履亩清丈定为等则。所造经册以八事定税粮，曰元额稽始，曰事故除虚，曰分项别异，曰归总正实[①]，曰坐派起运，曰运余拨存，曰存余考积，曰征一定额。又以八事考里甲，曰丁田，曰庆贺，曰祭祀，曰乡饮，曰科贺，曰恤政，曰公费，曰备用。以三事定均徭，曰银差，曰力差，曰马差。此后民间输纳只收本折二色，里甲及均徭应纳官者并入折色征之。各项通共编银 100011.4 两。

据康熙《苏州府志》，其时，长洲县三则最重者三斗七升五合，其他各县也皆在三斗三升以上，盖此时苏郡起存岁用等，又桑株地亩例征丝织马草等项俱摊粮征派，不复另款输纳，总计 2474223 石，正米 203 万石，外耗 44.42 余万石以备地方公用。后之主计者以苏州有派剩米尽移而归之官，遂以耗作正，相沿至今，累不胜言。

嘉靖三十三年（1554），加练兵银 69486.4 两，旧额新增共编练兵银 83631 两。嘉靖三十六年（1557）加征工部四司工料银 23346 两。

万历六年（1578），共有田地 9295951 亩，户 600755 户，口 2011985 人。夏税麦 53665.43 石，税丝折绢 12555 匹，农桑丝折绢 640 匹，税丝 102478.04 两，税钞 4392 锭，秋粮米 2038894.74 石，马草 538414 包，户口盐钞银 11197.44 两。以上合计折银为 1504996 两，再加上徭役银 100011 两，共为 1605007 两。

万历十七年（1589），共有田地 9577075 亩，征平米 2511325 石，计折银 1757928 两，加上里甲均徭银 100011.4 两，如再加上练兵银 83631 两、四司工料银 23346 两，合计为 1964916.4 两。

万历二十年（1592），加编兵饷银每亩 3 厘，以万历十七年（1589）

[①] 归总正实的项目包括：额征平米若干石，除纳银平米若干石，该本色米若干石，折色银若干两，练兵银若干两。

田亩数计，全府加编兵饷银额共为28731两。

万历四十六年（1618）骤增辽饷三百万两，苏州府加征九厘遂成为岁额。以万历四十八年（1620）田亩数计算，苏州府年征九厘饷银额为90777.627两。

万历四十八年，共有田地10086403亩，实征平米2428000.3石，内验派本色米1062726石，折色银666541两。①

天启四年（1624）加派辽粮每正改兑米一石，加征米一斗五升，又加征米一石，耗米一斗五升。

崇祯元年（1628）加编因粮输饷银，九年加编因粮输饷银，十年改编因粮输饷为均粮并溢地银，加入条编均输。

崇祯十二年（1639）加带辽粮米八升，是年兵部尚书杨嗣昌督师剿寇，加编练饷银每亩一分。以万历四十八年田亩数，该年加编练饷银为100864两。

崇祯十三年（1640）又于八升外加派一五耗米，是年免征均粮溢地剿饷。一五耗米指15%的加耗率，如以万历四十八年原平米2428000石田赋为据，加派一五耗米后，该年新的平米额为2792200石。合并计算，该年苏州府赋役负担共为2713855两。② 如果仍视万历四十八年九厘饷银为岁额以及天启四年加派辽粮的加征米一石、耗米一斗五升为永征，甚至为耗上耗，那么，崇祯十三年苏州府的总赋役负担数为3502683两。③

耗上耗并非不可能，《明史·食货志》载："崇祯三年，军兴，兵部尚书梁廷栋请增田赋。户部尚书毕自严不能止，乃于九厘外亩复征三厘。……越二年（崇祯十年），复行均输法，因粮输饷，亩计米六合，石折银八钱，又亩加征一分四厘九丝。越二年（崇祯十二年），杨嗣昌督师，亩加练饷银一分。"④ 对于前面加征的兵饷银，后来是否停征，没有统一的明确的说法，如果按照明代财政原额主义精神，继续征下去是极

---

① 乾隆《苏州府志》卷八《户口·人丁·田赋一》，同治《苏州府志》卷十二《田赋一》。
② 平米折银2512980两（八升/一分）＋加编兵饷银100864两＋里甲均徭100011两＝2713855两。
③ 耗上耗后至崇祯十三年苏州府平米共为3211030石，九厘饷银为90778两，一分饷银为100864两，徭役银为100011两。
④ （清）张廷玉等：《明史·食货志》，中华书局1999年版，第1270页。

有可能的。下面按全部继续加征和部分沿用加征计算两种情景讨论。

万历年间有九厘饷，成为岁额，这个岁额持续到什么时候呢？应该持续到崇祯年间，因为前文说了"乃于九厘外复征三厘"，九厘当是指万历四十六年（1618）开征的九厘饷，它在顺治年间还被清政府沿用加征。如果是全部继续加征，则到崇祯十三年（1640）加征饷银为每亩地三分六厘九丝（0.03609 两），这有没有可能呢？如果是全国普遍如此加征，那么全国共加征饷银为2531.34万两。但由于部分地区不征，根据万历年间征九厘银实征数占应征数的74%比例计算，全部加征的实征数有可能达到1873万两，而这与崇祯末期御史郝晋所言"今加派辽饷至九百万。剿饷三百三十万，业已停罢，旋加练饷七百三十余万。自古有一年而括二千万以输京师，又括京师二千万以输边者乎？"① 而1873万正处于郝晋所说1630余万至2000万的中间，说明当时全国加征饷银数应在此数左右。再者，苏州府历来是国家税赋大户，值国家剿匪御边之际，不可能不加重向苏州府敛财，故以上三分六厘九丝的地亩饷银额是可能发生在苏州府的。下面就来比较一下苏州府自万历四十八年（1620）加征九厘饷之后的历年加征数之和与理论上的三分六厘九丝的亩加征饷银数。

万历四十八年（1620），苏州府共有田地山塘10086403亩，如果按三分饷加征，饷银共为364018两。而按《苏州府志》中所载，除去九厘饷、一分饷共计饷银为191642两，剩下的就是天启四年（1624）和崇祯十三年（1640）的两次加耗一斗五升，用耗上耗复式计算，共加征米为783030石，那么，这么多米相当于多少两银呢？如果按照本书每石0.9两计算，为704727两，二项相加共为896369两，这意味着苏州府实征数对农民的实际剥夺比三分饷银还要高出近1.46倍。

但如果按照崇祯十二年（1639）加带辽粮米八升相当于加编饷银亩均一分的标准，则783030石米只相当于88091两银，以此相加，则崇祯年间的实征加征兵饷银为279733两。但八升米才能折抵一分银，如果是征本色米实物，显然是对农民的巨大剥夺，在当时普遍每石米折银达到0.9—1.0两，市场米价更高的情况下，这种计算模式显然是不合理的，极其严重地压低了官府对农民剥削的实际程度。

---

① （清）张廷玉等：《明史·食货志》，中华书局1999年版，第1270页。

崇祯十四年（1641）诏漕运米改兑麦折三分征，折令运粮官于淮北买麦抵解。《康熙志》云是年大旱蝗灾，米值腾踊，饥殍盈路，石米至三两，故有宽恤之令改折三分，每正粮一石连耗四斗共折银一两二钱。

崇祯十五年（1642）诏免苏松等府加派练饷银。

征收结构：嘉靖年间起，两税各项实物摊粮征派，240余万石的平米（正耗相加）中，包括了原先的夏税丝、夏税大小麦、钞、秋粮正耗米以及马草等。但显然未包括里甲、均徭，因为里甲、均徭理论上属于地方税种，不在属于国家税的田赋之列。但是，府县在征收田赋时，合并征收里甲均徭银，且列入折色银之列，这就为我们的计算带来重复性的危险。且折色银部分计折低于本书计银标准，因包含0.25两的超低数据，这样我们对万历末年（1620）的苏州府赋役负担的计算就有两种方式。

一种是平米法。指用平米数乘以本书设定的每石0.9两折银数，加上从折色银中摘除出来的里甲均徭银100011两以及本就不在折色银内的九厘饷练兵银90778两。以此计算，万历四十八年（1620），苏州府赋役总折银数为2375989两①。

另一种是折色银法。三项相加，本色米数按每石0.9两折银，加上折色银数，再加上九厘饷银数，以此计算，万历四十八年，苏州府总折银数为1713772两。②

两种不同的计算方法相差662217两，相当于该年折色银实征数。根本原因在于府志折色银标准中应该存在0.25两这一超低数据，如果还原折色银数据，可知其时每石平米平均折银仅为0.415两。③ 此数低于万历

---

① 平米折银2185200两 + 里甲均徭银100011两 + 九厘饷练兵银90778两 = 2375989两。里甲均徭银假定沿用嘉靖十八年编审定额不变。

② 本色米折银956453两 + 折色银666541两 + 九厘饷练兵银90778两 = 1713772两。

③ 将万历四十八年的实征折色银666541两减去里甲均徭银100011两，得数为566530两，再除以该年平米与本色米之间的差1365274石，可得出纳银平米每石折银约为0.415两。而以本书每石米0.9两折银数除以0.415两的该年实征每石米折银数约为2.169，去除其纳银平米本身数1，得到1.169，此数与从两种不同方法得数之差662217两与实征折色银（去除里甲均徭银）566530两之间除积数1.169相近。可以作为两种方法计算之间的弥补桥梁，在数据条件不允许用第一种方法计算时，可用第二种方法计算，再用以上比例重建与第一种方法近似的数据。当然，这只是一种匡算，目的在于更接近当时乡村农户上缴各类实物的经济价值，它与官府正式折银计量肯定有一定的误差。

六年（1578）苏州府除供京库米之外所有仓府院起运米的折银价（每石 0.6、0.7、1.0 两），而在当年苏州府约 204 万石的秋粮米中，起运京库米的只有 76.5 万石，约为 37.5%。事实上，根据万明等人加权测算，万历六年，苏州府存留米每石折银的加权平均值为 0.6771 两，也远高于上述 0.415 两。

可见，用第二种方法是无法真实反映苏州农民在赋役方面所付出的经济值的。只有当无平米数据的时候，才用本色米、折色银数据，再进行重建计算。

通过以上分析，现对明代苏州府赋役计值整理出表 6—19，以作整体了解。明显地，在万历中期之前，即 1590 年之前，苏州赋役整体保持稳定，但到万历后期及明末，赋役明显加重，主要根源在于各项加征加派。当然，农民所遭遇的实际解役之困是无法在报表中反映出来的。

表 6—19　　　　明代苏州府赋役计值总数及均数[①]　　　（单位：两银）

年份	赋役计值总数	户均	人均	亩均	备注
洪武初	1556092	3.2839	0.7989	0.2306	未含徭役、岁贡
弘治十六年（1503）	2188302	4.0872	1.0685	0.2309	
嘉靖三年（1524）	1971974	3.6831	0.9628	0.2080	重建法，未含徭役、岁贡
万历六年（1578）	1605007	2.6716	0.7977	0.1727	未含岁贡
万历十七年（1589）	1964916	3.2707	0.9766	0.2052	
万历四十八年（1620）	2375989	3.9550	1.1809	0.2356	
崇祯十三年 1（1640）	2713825	4.5174	1.3488	0.2691	
崇祯十三年 2（1640）	3502683	5.8305	1.7409	0.3473	

---

① 资料主要来源于乾隆《苏州府志》、同治《苏州府志》《万历会计录》。弘治十六年户均、亩均数据用的是弘治四年户数、口数。嘉靖三年户均、人均数据用的是弘治四年户数、口数和弘治十六年田亩数。万历十七年、四十八年户均、人均数据用的是万历六年户数、口数。崇祯十三年户均、人均用的是万历六年数据，亩均用的是万历四十八年数据。

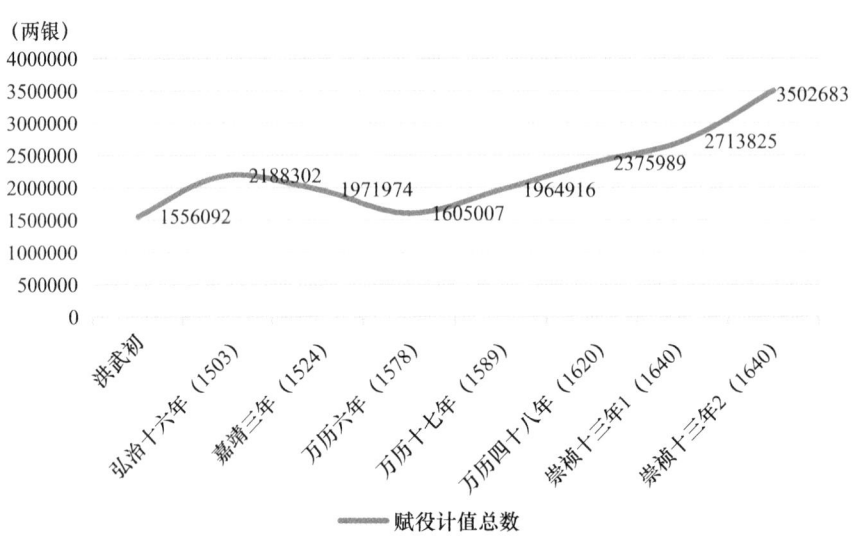

图 6—1　明苏州府赋役计值趋势

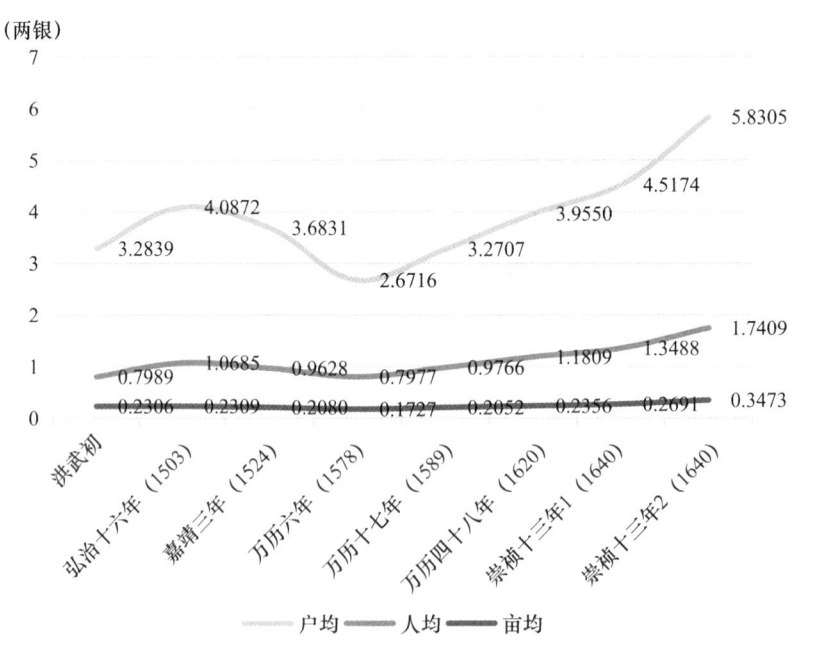

图 6—2　明苏州府赋役三项均值趋势

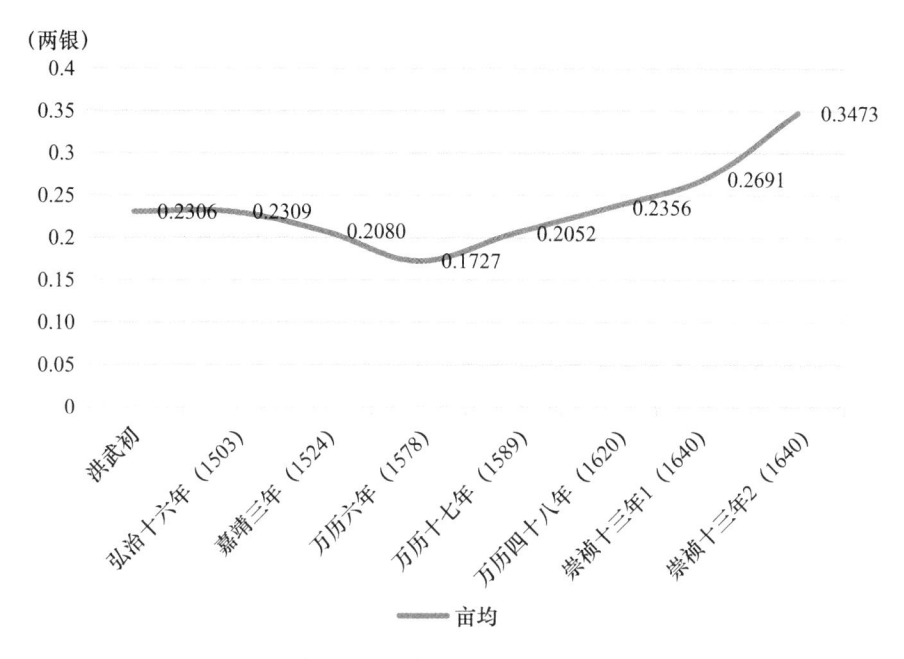

图 6—3 明苏州府亩均赋役趋势

南北部分府县农民的负担

康熙《河间府志》记载了万历四十二年（1614）河间府赋役情况。该年河间府实征收小麦 19647 石，折银 17682 两；人丁丝折绢 5189 匹，折银 3632 两；农桑丝折绢 889 匹，折银 622 两；秋粮 45921 石，折银 41329 两。另课米 38 石，折银 34 两；绵花绒 4648 斤，折银 325 两；稻皮 150 石[1]，折银 36 两；马草 672530 束，折银约 20176 两，以上各项合计计银为 83836 两[2]；另有盐钞银 4507 两。徭役的名目共有银差银、力差银、额支银、待支银、杂支银 5 项。该年河间府 18 个州县共征收徭役银 156668 两[3]。驿传是河间府农民的另一个重要负担。河间府境内共有 13

---

[1] 稻皮按每斤 0.002 两银，则每石为 0.24 两银。
[2] 本数据系按本书设定的计价体系计算所得。其中，米为每石 0.9 两、绢为每匹 0.7 两，略高于府志所载折银标准，其他低于府志中所载。府志中各项加总折银为 89867 两，与上数相差 6031 两，主要原因在于马草每束折价差异较大，本书按弘治年间标准为每束（包）0.03 两银。府志中标准为 0.042 两银，比我们的计算高了 6200 两。除此之外，其他各项平均数几乎相等。
[3] 可参见本书附表 5。

个驿站，每年支出驿站银为34085两，此外还要加上至各地的协济银共17590两、备用站银959两，驿传一项，农民负担为52634两，与嘉靖时期基本相当。到康熙年间，驿传裁撤了十分之四的供应费用，但驿卒、驿马工作倍增，结果导致驿马途中倒毙现象时有发生。[1] 以上明末河间府各项赋役计银共为293138两。万历六年（1578）时全府田地数8287220亩，45024户，419152口人，则户均赋役负担为6.5107两，人均为0.6994两，亩均为0.0354两。显然，河间府的徭役负担非常高，加上驿传负担，直接拉高了平均负担。河间府在徭役、驿传上的重负再次验证了"北人困于役"的说法。

天启《成都府志》记载，天启元年（1621）成都府共有人丁130663人，田地5463342亩，科粮157725石，丁粮共征银302225两，则丁均为2.313两银，亩均为0.0553两。[2]

乾隆《西安府志》记载了嘉靖初期西安府赋税情况。其时，西安府共有181902户，1579116口人，夏秋地共为14189105亩，夏地9696541亩，征夏粮389886.6石；秋地4492564亩，征秋粮459966.6石。另有草574550束，农桑绢6673匹，布116060匹，丝绵162斤，绵花15432斤，药物9种，皮张2283张，绵羯羊500只，大尾羊500只，课程折银2324两[3]。以上按嘉靖后期米麦每石0.7两计银价，合计计银为414924两。[4] 以平均数计算，户均为2.2810两，人均为0.2628两，亩均为0.02924两。可惜西安府缺少徭役折银，无法与他府进行全面比较。

乾隆《绍兴府志》中明确以货币记载了明末绍兴府在实行一条鞭法之前所需要缴纳的两税及岁办等，为我们更直观具体了解明代地方政府所承担的负担提供了条件，当然，这些负担都主要取自乡村。明万历十三年（1585），绍兴府田地山荡共6726399亩，其时年征夏税钞4428锭、秋租钞13757锭、农桑丝绢33.4两（银）、房租赁钞1715贯、马价7461两、兵饷银22920两、荡价244两、诸钞724两、盐钞4105.5两、额办

---

[1] 康熙《河间府志》卷七《贡赋志》。
[2] 《天启新修成都府志》，巴蜀书社1992年版，第91页。
[3] 乾隆《西安府志》卷十二《食货志》，江苏古籍出版社1990年版，第153、158页。
[4] 丝绵按每斤0.14两计，绵花按每斤0.07两计，皮张按万历年黄牛皮每张0.22两计，大尾羊按每只6两计，绵羯羊按每只4两计。

银 2155.6 两、坐办银 15439.7 两、杂办银 27670.6 两、力差银差 35351.9 两、盐粮米 934 石、米麦 332648 石，以上现银部分共为银 118591 两，米粮共为 333582 石，如按每石粮 0.9 两计银，则为 300224 两，二项合计为 418815 两，户均 2.528 两，人均 0.728 两，亩均 0.0623 两，户均人均略高于徽州府和婺源县，亩均则低于二者。实行一条鞭法后，计为二则征收，分别是本色米 65629 石、条折银 268170.5 两。①

明末的松江府赋役负担更重。据学者统计，明末松江府田赋部分为银 231539.3 两、米 329535.3 石、布 129804 匹，徭役部分为银 242486.7 两、米 115248 石，杂课部分为 11552.2 两。如按粮每石 0.9 两、布每匹 0.3 两计，松江府明末赋役杂三项负担总计为 924824 两。② 万历六年时（1578），松江府有 218359 户，484414 口人。天启二年时（1622），全府共 209904 户，田地山荡为 4234305 亩，③ 户均 4.406 两（天启二年户数），人均 1.9092 两（万历六年人数），亩均 0.2284 两，三项皆高于绍兴府、徽州府平均数。

如果从松江百姓付出经济价值的角度来计算天启二年官府所征各项本折色赋役的话，数据会更高。天启二年实征各项赋役数为：实征本色米 444783.65 石，折色银 388143 两，练兵银 23938 两，贴役银 17841 两，田上加编兵饷银 8525 两，辽饷实解银 24252 两，夏税大麦 72700 石，小麦 15000 石，绢 180 匹，秋粮实征平米 1212532.85 石，三梭布 30030 匹，棉布 99774 匹，折色布 4226 匹，马草 22000 包，盐钞银 9285 两，均徭银 37745.6 两，里甲银 12558.5 两，门摊课税 859.6 两，渔课 557.4 两，匠班银 1501 两，城租税 133 两。其中，本色米、折色银与实征平米有交叉，但如从农民付出的角度，尽管平米中的耗米未被算入正米作为正税，但仍然是农民的血汗钱，故在以上赋役结构中，不计算本色米和折色银的

---

① 乾隆《绍兴府志》卷之九《田赋志一》；卷之十《田赋志二》。每锭钞为 5 贯，每 1 贯钞折银 2 厘，则每锭为 1 分银。

② （1）粮计银为 400305 两；（2）布计银为 87228 两；（3）现银为 485578 两。三类合计为 973111 两。参见李园《明代财政史中的"南粮"问题辨析——基于松江府的徭役考察》，《古代文明》2019 年第 3 期。崇祯《松江府志》卷 9《田赋二》，《日本藏中国罕见地方志丛刊》，书目文献出版社 1991 年版，第 209—235 页。

③ 崇祯《松江府志》卷 2《户口》，《日本藏中国罕见地方志丛刊》，书目文献出版社 1991 年版，第 58、207 页。

价值,只计算实征平米,按照前述各项折银标准,以上各项共计为银1343931两,户均为6.4026两,人均为2.7743两,亩均为0.3174两。

同在江南的湖州府乌程县的赋役更高。据崇祯《乌程县志》,万历十六年(1588),乌程县共有37143户,107124人,成丁65979人。万历四十一年(1613),乌程县成丁仍为65979人,田727612亩,官民田一则起科为亩征银0.105两,征米0.179石。田地山荡共为1125229亩,共征夏税麦188.74石,丝绵267310.99两,租钞2741锭,秋粮米133404石,实征银84101两。以上按前述办法计银共为218255两。此外,还有均平银、徭役银、岁办银、官府开支等各项,均平银522.87两,岁办、坐办等各类料银等共13690.05两,各类工食、人夫、公务支出共计4855.25两,均徭银8440.8两,兵饷6919.61两,民壮13.43两,渔课1766.23两,驿传2144.54两,外省马价银1907.92两,课程钞1343锭,商税349.88两,正税之外各项合计40620两,正杂合计为258875两。如以万历十六年(1588)数据,则户均6.97两,人均2.42两,丁均3.924两;如以万历四十二年(1614)田地山荡总数计算,亩均0.23两;如以圩田计算,则亩均0.356两;如以万历末年(1620)市场价每石米1.2两银计算,农民相当于要出售近3斗白米才能缴得清每亩赋役负担;但按官方折银0.5两左右计算,则需出售7斗1升白米。三项数据中,户均高于周边的松江府,人均小于松江府,亩均持平,三项皆大于绍兴府、徽州府平均数。看来,《乌程县志》中对十亩之家的收支所作的测算还是与我们的计算基本一致的。在县志中,编撰者痛惜道,湖州之地的十亩之家农民,每亩可产米2石,年共产米20石,其中全家食用5石,种田成本花去4石,只剩10石(原文如此,应为11石),每亩征税0.6石,最后只余4石用于全家妻儿老小的衣、住、行、医、用、人情花费等生活开支①,日子过得非常艰苦。

再从北方的情况来看,万历年间固原州共有1167户,5388口,田地面积689472亩,年缴税粮3983石,草3188束,均徭银3867两。以上各项合计计银为7547两,户均6.47两,人均1.4两,亩均0.011两。

山东临朐县嘉靖年间共有14035户,138911口,田地面积692451亩,

---

① 崇祯《乌程县志》卷三《赋役》。

年缴税粮 37596 石，马草 50770 束，绢 546 匹，盐钞 22532 锭，药材银 712.8 两，课钞 1673 锭，铺陈银 236 两，徭役计银 5142.9 两。以上各项合计计银为 34487 两，户均 2.4572 两，人均 0.2483 两，亩均 0.0498 两。

河南鲁山县嘉靖元年（1522）时共有 4692 户，48558 口，田地 277384 亩，年缴税粮 21255 石，马草 16578 束，税丝 4441 两，盐钞 13002 贯，徭役银 6146 两，各项合计计银为 21696 两，户均 4.624 两，人均 0.4468 两，亩均 0.0782 两。

陕西朝邑县万历年间有 12999 户，65540 口，田地 1011972 亩，年缴税粮 21740 石，绢 182 匹，绵花 2083 斤，丝绵 6 斤，布 9733 匹，草 7402 束，商税钞 197.57 两，计银为 23180 两[①]，再加上徭役银 9900.8 两，共为 33081 两，户均 2.5449 两，人均 0.5047 两，亩均 0.0327 两。

表6—20　　　　明代南北部分府县农民赋役平均负担表

府别	赋役银总数（两）	户均（两）	人均（两）	亩均（两）
苏州府（1578年）	1605007	2.6716	0.7977	0.1727
河间府（1578年）	293138	6.5107	0.6994	0.0354
徽州府（1562年）	202558	1.7737	0.3576	0.0829
青州府（1552年）	521145	2.486	0.3412	0.0383
苏州府（1620年）	2375989	3.955	1.1809	0.2356
松江府（1622年）	1343931	6.4026	2.7743	0.3174
绍兴府（明末）	418815	2.528	0.728	0.0623
县别	赋役银总数（两）	户均（两）	人均（两）	亩均（两）
乌程县（万历年间）	258875	6.97	2.4166	0.23
婺源县（1562年）	40326	2.2	0.49	0.071
临朐县（嘉靖年间）	34487	2.4572	0.2483	0.0498
鲁山县（嘉靖年间）	21696	4.624	0.4468	0.0782
朝邑县（万历年间）	33081	2.5449	0.5047	0.0327
固原州（万历年间）	7547	6.47	1.4	0.011

① 绵花按每斤折米 2 斗的洪武三十年标准计算，其余按前述标准。

(两)
2500000
2000000
1500000
1000000
500000
0

苏州府(1620年)　苏州府(1578年)　松江府(1622年)　青州府(1552年)　绍兴府(明末)　河间府(1578年)　徽州府(1562年)

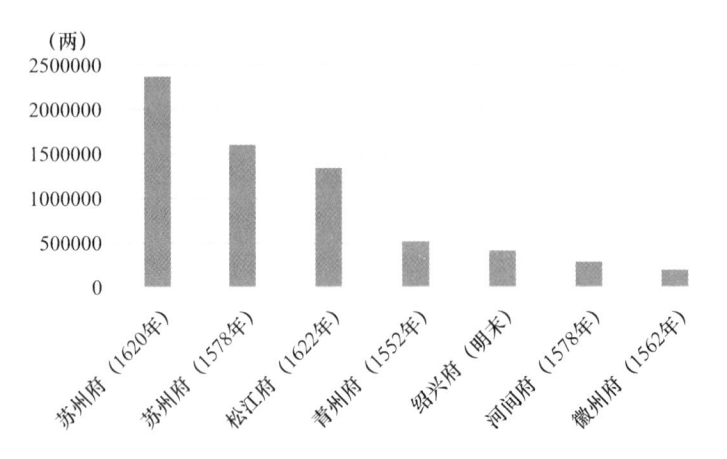

图6—4　六府赋役银总数比较

如果以货币进行量化，对府与府之间进行比较，显然，苏州、松江赋役负担总值是遥遥领先的，且江南地区也领先于北方和其他地区。

(两)
0.35
0.30
0.25
0.20
0.15
0.10
0.05
0

松江府(1622年)　苏州府(1620年)　苏州府(1578年)　徽州府(1562年)　绍兴府(明末)　青州府(1552年)　河间府(1578年)

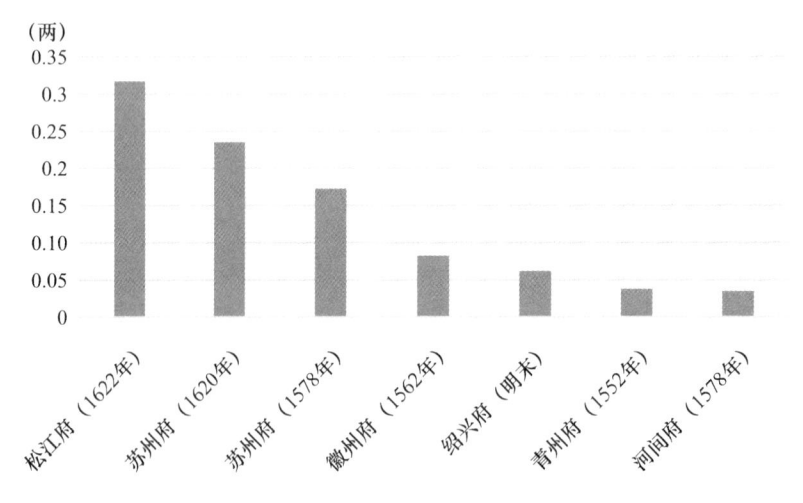

图6—5　六府亩均赋役银数比较

虽然南北户的规模存在较大差异，但从户均、人均来看，仍是苏州、松江领先，如果从最为稳定且最能反映赋役负担水平的各府亩均数据看，松江府某些时刻甚至超过苏州府，这在征交的米麦二税方面某些年份也是如此。

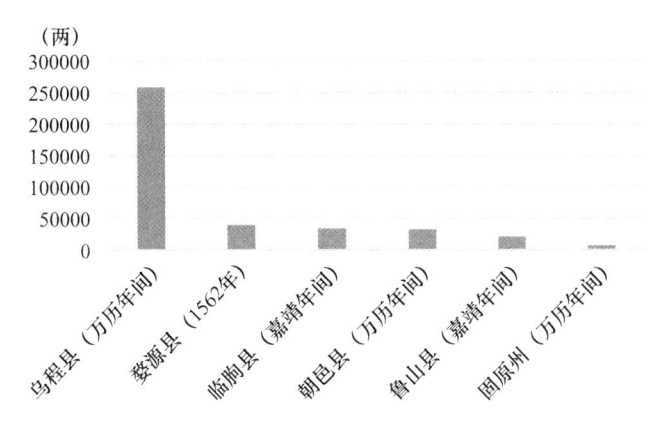

图6—6 六县赋役银总数比较

南方二县在赋役负担总量上全都超过北方,而在亩均方面,乌程县仍遥遥领先,鲁山县略微超过婺源县。

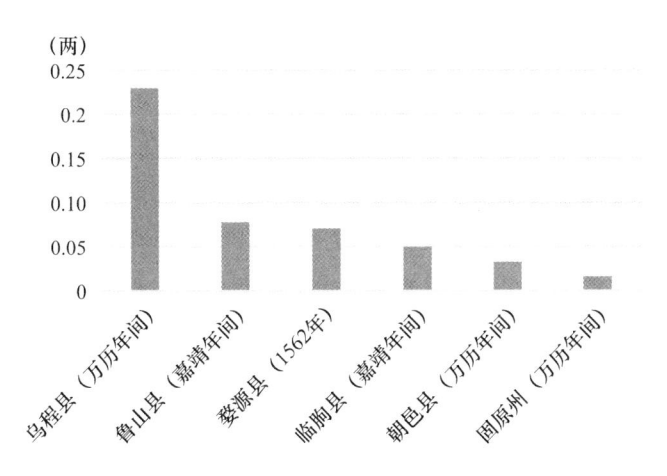

图6—7 六县亩均赋役银数比较

全国比较视角的农民负担

跳出婺源县和徽州府来看明代全国范围内的负担,我们借用梁方仲先生《中国历代户口、田地、田赋统计》一著中的相关数据,由于数据中只有夏秋二税数字,故只能从全国户均、人均、亩均税粮来看当时的农民负担,当然,这肯定只占全国农民全部负担的一小部分,但或多或少也有助于我们了解当时乡村农民负担的一个方面。正如前文所叙述的那样，通过全国面上数据、地方府县志数据和徽州文书中的农民税粮条编由单，可以发现，前二者人均、亩均数据相差不太明显，而它们与后者相差巨大，或许可以说明，无法载入正式历史文献的种种加征、加耗、胥吏渔利等极大地侵耗了中枢治理对乡村治理释放的善意，经由地方治理和基层官僚胥吏的种种操作，真实的农民负担在法律制度规定的基础上已经上涨了数倍之多，这也许是古代社会乡村治理的最大秘密。它也告诉我们，探讨其背后的制度和人性动机，是研究古代乡村政治的必需。

以加耗为例，加耗的比例按照官方的规定是7%—10%，但事实上各项加总后达到100%以上。例如，浙江、江西、湖广布政司解运的每石漕米加征耗米6.6斗、加征两尖米1斗，随船作耗米4斗，三者相加，每石漕米需加征1.16石附加米，加耗率高达116%，应天、苏州、松江、常州、镇江等府的附加率也达到106%。[1] 洪武年间，夏秋二税只须纳正税，每石七升，至正统年间，因运输漕粮至北京，每石加征耗米已经达到六七斗之上，再加上克、拿、卡、要等腐败行为，每石正米加耗已经高达2—3石，最高可达5石，此是军运，民运漕粮费用更高。至明末时，江南北运白粮每石正米解运费用是正额的8—10倍，导致每石要加耗米8—10石[2]，这些费用支出当然都是由农民来负担，首先是解运民户负担，造成谁运粮，谁破产，十年一轮役，每家都跑不掉，但是很多民户在值役的当年就会因这些费用而破产。即使地方官府从解决徭役负担出发，推行平米之法，但是每石加征耗米仍居高不下。可惜的是，耗米、徭役都难以计入官方会计录之中，如果只根据官方文献或地方志中的数据来计算农民的负担时，这些加耗率又可能往往被忽略。例如，根据乾隆《苏州府志》，明弘治十六年（1503），苏州府所征秋粮正米为2038640石，加征耗米后，竟达到3056014石，耗米总额为1017374石，加耗米达到49.9%。但是，加征的耗米并未计入官方正式档案中，在表6—18中，苏州府的米麦只计入了正米数。但是，对于农民来说，正米、耗米都是真金白银地要付出的。

---

[1] 梁方仲编著：《中国历代户口、田地、田赋统计》，中华书局2008年版，第693页。
[2] 李园：《明代财政史中的"南粮"问题辨析——基于松江府的徭役考察》，《古代文明》2019年第3期。

表6—21　明洪武年间每户每口每亩平均征粮额（米麦）[①]

南北直隶及布政使司别	洪武二十六年（1393）								
	户数（户）	口数（人）	田地（亩）	户均（亩）	口均（亩）	米麦（石）	户均（石）	人均（石）	亩均（升）
总计（平均）	10652870	60545812	850762368	79.86	14.05	29442350	2.76	0.49	3.46
北直隶									
顺天府	—	—	—	—	—	—	—	—	—
永平府	—	—	—	—	—	—	—	—	—
保定府	—	—	—	—	—	—	—	—	—
河间府	—	—	—	—	—	—	—	—	—
真定府	—	—	—	—	—	—	—	—	—
顺德府	—	—	—	—	—	—	—	—	—
广平府	—	—	—	—	—	—	—	—	—
大名府	—	—	—	—	—	—	—	—	—
延庆州	—	—	—	—	—	—	—	—	—
保安州	—	—	—	—	—	—	—	—	—
合计	334792	1926595	58249951	173.99	30.23	1170520	3.497	0.608	2.01
南直隶									
应天府	163915	1193620	7270125	44.35	6.09	331876	2.02	0.278	4.56
苏州府	491514	2355030	9850671[②]	20.04	4.19	2810490	5.718	1.193	28.53
松江府	249950	1219937	5132290	20.53	4.21	1219896	4.88	0.999	23.77
常州府	152164	775513	7973188	52.40	10.28	652835	4.29	0.842	8.19
镇江府	87364	522383	3845270	44.01	7.36	324646	3.716	0.621	8.44
庐州府	48720	367200	1622399	33.30	4.41	91190	1.872	0.248	5.62
凤阳府	79107	427303	41749390	527.76	97.71	230475	2.913	0.539	0.55
淮安府	80689	632541	19333025	239.60	30.56	354710	4.40	0.56	1.83

① 户均、人均数据系笔者根据表中数据计算所得。其余数据来源于梁方仲编著《中国历代户口、田地、田赋统计》，中华书局2008年版，第474—486页，下二表同。

② 表6—21所载苏州府相关数据，如田亩、米麦等与乾隆、同治《苏州府志》存在差异，盖因原始资料来源渠道不同。如乾隆《苏州府志》载，洪武初苏州府田地为6749000余亩，与本表所列数据差距较大。弘治十六年苏州府田地共为9578500余亩，与表6—22差距较大，而征纳的夏麦为53665石，秋米为2038640石（不含加耗米），共为2092305石，与表6—22接近。

续表

南北直隶及布政使司别	洪武二十六年（1393）									
	户数（户）	口数（人）	田地（亩）	户均（亩）	口均（亩）	米麦（石）	户均（石）	人均（石）	亩均（升）
扬州府	123097	736165	4276734	34.74	5.81	297806	2.419	0.405	6.96
徽州府	125548	592364	3534977	28.16	5.97	165404	1.317	0.279	4.68
宁国府	99732	532259	7751611	77.72	14.56	244660	2.453	0.46	3.16
池州府	35826	198574	2284445	63.77	11.51	128961	3.60	0.649	5.65
太平府	39290	259937	3621179	92.17	13.93	67680	1.723	0.26	1.87
安庆府	55573	422804	2102937	37.84	4.97	131636	2.369	0.311	6.26
广德州	44267	247979	3004784	67.88	12.11	30570	0.69	0.123	1.02
徐州	22683	180821	2834154	124.95	15.67	141640	6.244	0.783	5.00
滁州	3944	24797	315045	79.88	12.71	5511	1.397	0.222	1.75
和州	9531	66711	425228	44.62	6.37	4834	0.507	0.072	1.14
合计	1912914	10755938	126927452	66.35	11.80	7234820	3.782	0.673	5.70
十三布政使司									
浙江	2138225	10487567	51705151	24.18	4.93	2752727	1.287	0.262	5.32
江西	1553923	8982481	43118601	27.75	4.80	2664306	1.715	0.297	6.18
湖广	775851	4702660	220217575	283.84	46.83	2462436	3.174	0.524	1.12
福建	815527	3916806	14625969	17.94	3.73	978085	1.199	0.25	6.69
山东	753894	5255876	72403562	96.04	13.78	2578917	3.42	0.49	3.56
山西	595444	4072127	41864248	70.31	10.28	2800937	4.704	0.688	6.69
河南	315617	1912542	144946982	459.25	75.81	2198909	6.967	1.15	1.52
陕西	294526	2316569	31525175	107.04	13.61	1913164	6.496	0.826	6.07
四川	215719	1466778	11203256	51.93	7.64	1066828	4.945	0.727	9.52
广东	675599	3007932	23734056	35.13	7.89	1049398	1.553	0.349	4.42
广西	211263	1482671	10240390	48.47	6.91	494224	2.34	0.333	4.83
云南	59576	259270	—	—	—	77079	1.294	0.292	—
贵州	—	—	—	—	—	—	—	—	—
合计	8405164	47863279	665584965	79.18	13.91	21037010	2.503	0.44	3.16

表6—22　　　　明弘治年间每户每口每亩平均征粮额（米麦）

南北直隶及布政使司别	弘治四年（1491）、十五年（1502）①								
	户数（户）	口数（人）	田地（亩）	户均（亩）	口均（亩）	米麦（石）	户均（石）	人均（石）	亩均（升）
总计（平均）	9113446	53281158	622805881	68.34	11.69	26792260	2.94	0.503	4.30
北直隶									
顺天府	100518	669033	6872014	68.37	10.27	66737	0.664	0.1	0.97
永平府	23539	228944	1484458	63.06	6.48	33349	1.417	0.146	2.25
保定府	50639	582482	3552951	70.16	6.10	61774	1.22	0.106	1.74
河间府	42548	378658	2422072	56.93	6.39	66082	1.553	0.175	2.73
真定府	59439	597673	3898065	65.58	6.52	117080	1.97	0.196	3.00
顺德府	21614	181825	1382256	63.95	7.60	42998	1.99	0.236	3.11
广平府	27764	212846	2023814	72.89	9.50	59322	2.137	0.279	2.93
大名府	66207	574972	5199363	78.53	9.04	147177	2.223	0.256	2.83
延庆州	1787	2544	105942	59.29	41.68	5651	3.162	2.221	5.33
保安州	445	1560	30458	68.45	19.53	1461	3.283	0.937	4.80
合计	394500	3430537	26971393	68.37	7.86	601631	1.525	0.175	2.23
南直隶									
应天府	144368	711003	6997408	48.47	9.84	226814	1.571	0.319	3.24
苏州府	535409	2048097	15524998	28.99	7.58	2091987	3.907	1.021	13.48
松江府	200520	627313	4715662	23.51	7.52	1031485	5.144	1.644	21.87
常州府	50121	228363	6177776	123.26	27.05	761341	15.19	3.334	12.32
镇江府	68344	171508	3272235	47.88	19.08	189836	2.778	1.107	5.80
庐州府	36548	486549	2543046	69.58	5.23	76709	2.099	0.158	3.02
凤阳府	95010	931108	6126267	64.48	6.58	212868	2.24	0.227	3.47
淮安府	27978	237527	10107373	361.26	42.53	395296	14.13	1.664	3.91
扬州府	104104	656547	6229707	59.84	9.49	246526	2.368	0.375	3.96
徽州府	96189②	557355	2527752	26.28	4.54	171633	1.784	0.308	6.79

① 户数、口数系弘治四年数据。
② 该年户数、口数原表为弘治四年数据，分别为7251户、65861人，显然有误。现根据弘治《徽州府志》所载弘治五年数据修正：户为96189，口为557355。田地数据为2527747，与本表中数据接近，未修正。

续表

南北直隶及布政使司别	弘治四年（1491）、十五年（1502）							
	户数（户）	口数（人）	田地（亩）	户均（亩）	口均（亩）	米麦（石）	户均（石）	人均（石）	亩均（升）
宁国府	60364	371542	6068297	100.50	16.33	103315	1.712	0.278	1.70
池州府	14091	69478	891963	63.30	12.84	68198	4.84	0.982	7.65
太平府	29466	173699	1624383	55.13	9.35	49914	1.694	0.287	3.07
安庆府	46050	606089	2189066	47.53	3.61	131772	2.861	0.217	6.02
广德州	45043	127795	1540430	34.20	12.05	17698	0.393	0.138	1.15
徐州	34886	354311	3001223	86.03	8.47	147016	4.214	0.415	4.90
滁州	4840	49712	291284	60.18	5.86	8471	1.75	0.17	2.91
和州	7450	67016	1189170	159.62	17.74	11376	1.527	0.17	0.96
合计	1511843	7983519	81018040	53.59	10.15	5942255	3.93	0.744	7.33
十三布政使司									
浙江	1503124	5305843	47234272	31.42	8.90	2510300	1.67	0.473	5.31
江西	1363629	6549800	40235247	29.51	6.14	2615906	1.918	0.399	6.50
湖广	504870	3781714	223612847	442.91	59.13	2167502	4.293	0.573	0.97
福建	506039	2106060	13516618	26.71	6.42	851155	1.682	0.404	6.30
山东	770555	6759675	54292938	70.46	8.03	2851127	3.7	0.422	5.25
山西	575249	4360476	39080934	67.94	8.96	2274023	3.953	0.522	5.82
河南	436843	2614398	41609969	95.25	15.91	2387888	5.467	0.913	5.74
陕西	306644	3912370	26066282	85.01	6.66	1929058	6.29	0.493	7.40
四川	253803	2598460	10786963	42.50	4.15	1026672	4.045	0.395	9.52
广东	467390	1817384	7232446	15.47	3.98	1016764	—	—	14.06
广西	459640	1676274	10784802	23.46	6.43	430027	—	—	3.99
云南	15950	125955	363135	22.77	2.88	140621			38.72
贵州	43367	258693	—	—	—	47442			—
合计	7207103	41867102	514816453	71.43	12.29	20248374	—	—	3.93

表6—23　　　　明万历年间每户每口每亩平均征粮额（米麦）

南北直隶及布政使司别	万历六年（1578）							
	户数（户）	口数（人）	田地（亩）	户均（亩）	口均（亩）	米麦（石）	户均（石）	人均（石）	亩均（升）
总计（平均）	10621436	60692856	701397628	66.04	11.56	26638414	2.508	0.439	3.80
北直隶									
顺天府	101134	706861	9958300	98.47	14.09	64008	0.633	0.091	0.64
永平府	25094	255646	1833947	73.08	7.17	33349	1.329	0.13	1.82
保定府	45713	525083	9709551	212.40	18.49	61774	1.351	0.118	0.64
河间府	45024	419152	8287220	184.06	19.77	65805	1.462	0.157	0.79
真定府	74738	1093531	10267506	137.38	9.39	117082	1.567	0.107	1.14
顺德府	27633	281957	1420405	51.40	5.04	42999	1.556	0.153	3.03
广平府	31420	264898	2023839	64.41	7.64	59322	1.888	0.224	2.93
大名府	71180	692058	5619661	78.95	8.12	147177	2.068	0.213	2.62
延庆州	2755	19267	105942	38.45	5.50	5651	2.051	0.293	5.33
保安州	772	6445	30473	39.47	4.73	1461	1.892	0.227	4.79
合计	425463	4264898	49256844	115.77	11.55	598628	1.407	0.14	1.22
南直隶									
应天府	143597	790513	6940514	48.33	8.78	226815	1.58	0.287	3.27
苏州府	600755	2011985	9295951	15.47	4.62	2092560	3.483	1.04	22.51
松江府	218359	484414	4247703	19.45	8.77	1031486	4.724	2.129	24.28
常州府	254460	1002779	6425595	25.25	6.41	761347	2.992	0.759	11.85
镇江府	69039	165589	3381714	48.98	20.42	198211	2.871	1.197	5.86
庐州府	47373	622698	6838911	144.36	10.98	76931	1.624	0.124	1.12
凤阳府	111070	1203349	6019197	54.19	5.00	21340	0.192	0.018	0.35
淮安府	109205	906033	13082637	119.80	14.44	395296	3.62	0.436	3.02
扬州府	147216	817856	6108500	41.49	7.47	246530	1.675	0.301	4.04
徽州府	118943	566948	2547828	21.42	4.49	172837	1.453	0.305	6.77
宁国府	52148	387019	3033078	58.16	7.84	103253	1.98	0.267	3.40
池州府	18377	84851	908923	49.26	10.71	69060	3.758	0.814	7.60
太平府	33262	176085	1287053	38.70	7.31	108172	3.252	0.614	8.40
安庆府	46609	543476	2190531	47.00	4.03	131772	2.827	0.242	6.02
广德州	45296	221053	2167245	47.85	9.80	17702	0.391	0.08	0.82

续表

南北直隶及布政使司别	万历六年（1578）								
	户数（户）	口数（人）	田地（亩）	户均（亩）	口均（亩）	米麦（石）	户均（石）	人均（石）	亩均（升）
徐州	37841	345766	2016716	53.29	5.83	147016	3.885	0.425	7.29
滁州	6717	67277	280996	41.84	4.18	8596	1.28	0.128	3.06
和州	8800	104960	621580	70.63	5.92	11387	1.294	0.108	1.83
合计	2069067	10502651	77394672	37.41	7.37	6011861	2.906	0.572	7.77
十三布政使司									
浙江	1542408	5153005	46696982	30.28	9.06	2522628	1.636	0.49	5.40
江西	1341005	5859026	40115127	29.91	6.85	2616342	1.951	0.447	6.52
湖广	541310	4398785	221619940	409.41	50.38	2162184	3.994	0.492	0.98
福建	515307	1738793	13422501	26.05	7.72	851155	1.652	0.49	6.34
山东	1372206	5664099	61749900	45.00	10.90	2850937	2.078	0.503	4.62
山西	596097	5319359	36803927	61.74	6.92	2314802	3.883	0.435	6.29
河南	633067	5193602	74157952	117.14	14.28	2380760	3.761	0.458	3.21
陕西	394423	4502067	29292385	74.27	6.51	1735690	4.401	0.386	5.93
四川	262694	3102073	13482767	51.32	4.35	1028545	3.915	0.332	7.63
广东	530712	2040655	25686514	48.40	12.59	999948	1.884	0.49	3.89
广西	218712	1186179	9402075	42.99	7.93	371698	1.699	0.313	3.95
云南	135560	1476692	1799359	13.27	1.22	142690	1.053	0.097	7.93
贵州	43405	290972	516686	11.90	1.78	50542	1.164	0.174	9.78
合计	8126906	45925307	574476115	70.69	12.51	20027927	2.464	0.436	3.49

原始文献视角的农民负担

全国面上的数据主要由官方财税统计文献中所得，地方府县数据则来源于府志、县志等地方志，但这些文献都属于间接文献，都是经过人为编纂的，编纂者在记述本时代资料时自然更为便利，但不无主观性，在记述前代资料时也是主要依赖旧志古书，相较而言，具有文物性质的古代文书是时人了解历代王朝加诸农民身上负担的直接凭据，可信度最高。例如，通过对徽州文书等古代文物凭证的分析可以更加深入地了解明清徽州地区农民的真实负担。徽州文书中直接印证明代农民赋税征缴的实物凭证较少，但通过休宁县程晟户的纳税易知由单可以窥一斑而观全豹。

万历三十九年（1611），休宁县催征税粮条编中科则规定，税粮，麦每石派银0.315两，米每石派银0.4713两[1]。条编，成丁每丁派银0.1147两，米每石征银0.5735两。据此规定，休宁县七都三图八甲的程晟户名下的田地山塘共交纳税粮麦8.4146石，该征夏税银2.6551两；米19.4811石，该征秋粮银9.1816两，条编银11.111两；户下有成丁30丁，该征条编银3.4218两。以上合计税银条编银共为26.3695两，要求从一至十月，每月3限，共30限内缴纳完毕，每限征银0.879两。[2]

据此计算，平均每丁的赋役负担是0.879两。由于明代征税，或是以亩，或是以丁，而程晟户下有30丁之多，应当属于甲首户。如果按照五口之家，成丁2人计算，那么，程晟户名下应当是15户家庭（以自耕农计），共75人左右，户均赋役负担是1.758两，人均0.352两。

天启二年（1622），休宁县共有43285户，179178口人。距离万历三十九年（1611）最近的泰昌元年（1620），休宁县共有田地569472亩，征收麦11227石，米25516石，盐课209两，丝绢1两，岁办各项物料折银2574两，杂办折银184两，杂役折银8265两，以上各项赋役共计银数为44332两[3]，休宁县该年户均赋役负担为1.024两，人均负担为0.247两。同年，休宁县户均田地为13.156亩，人均田地为3.178亩。如果以户均13.156亩承担1.758两赋役银计算，亩均则为0.134两。以上三项数据中，户均、人均数据低于徽州府、婺源县、休宁县的平均负担，亩均则高于徽州府、婺源县、休宁县的平均负担。

程晟户田地面积是多少呢？条由单中没有记载，只能根据税粮总额除以两税科则予以倒推。程晟户征缴的夏税麦是8.4146石，除以2升的休宁县征缴标准，共有田亩420亩，秋税米是19.4811石，除以5升的标

---

[1] 米每石派银完整数字应为4钱7分1厘3毫1丝8忽3微6渺4漠，为计算方便，本书取前4位数，其余同。

[2] 因取前4位计数，本书计算的结果为26.3695两，与原始文献中的26.3698两差异极小。严桂夫、王国健：《徽州文书档案》，安徽人民出版社2005年版，第231—232页。

[3] 米每石计银为0.9两。资料来源于康熙《休宁县志》卷三《食货》。

准，得出田亩是389亩，去除其他因素，可将程晟户田地山塘面积设定为405亩，如果据此核算，则亩均赋役负担为0.065两。但是此数并未达到休宁县的亩均负担水平（0.078两），原因在于通过分析以上程晟户征缴细目可以发现，乡村农民所缴纳的上供物料负担并未计算入内，明末对田亩加征的饷银是否纳入进去也不明确，因以上条由单是否为程晟全年全部纳税清单目前仍未可知。

如按前文明代平均每亩纯田出产2.3石粮食（粟谷或稻谷），米稻比为1∶2计算，每亩产米为1.15石，以1611年前后每石米市价1.2两白银计算，那么，每亩田产出的总收入为1.38两银，每亩征赋役银为0.134两，赋役税银占产出的9.71%，大约十税一。

如果不计算米麦之外的两税及徭役、岁办、加征等负担，那么明末徽州农民的税率负担是多少呢？据康熙《婺源县志》载，明天启二年（1622）四月，地方奏准上级规定，婺源县庄田与民粮都以每亩五升三合五勺起科①。实际征收情况如何呢？明洪武十五年（1382），婺源县官民田地山塘共为519279.48亩，夏税麦的征收额度为10732.828石，秋粮米为25104.3895石，如此，则全县每亩该征夏税麦为2.066升，秋粮米为4.83升，共计为亩均6.896升。万历九年（1581），婺源县清丈实在官民一则田地山塘共为573743.31亩，田为383961.1亩，夏税麦征收额为11968.55石，秋粮米为27106.74石，除以全县田地山塘总额，平均每亩科麦2.086升，米4.725升，共计为亩均6.811升。每亩实征麦与明初几乎持平，征米甚至略有下降。到万历十一年（1583），分别降为1.908升和4.323升②，合计亩均为6.231升，将之还原为原米则为1.908+4.323×2＝10.554升，在此情况下，明末米麦税率为4.22%（10.554升÷250升＝0.0422），大约二十四税一，基本保持在明太祖时期规定的水平，还没有高到离谱。可见，仅从米麦正税来看，明末尚能维持中正之道，但如果加上两税内名目繁多的折色、嘉靖中期愈益增多的岁办上供以及自万历起无法停止的加饷，明末农民的负担就与时俱增，终于达到民不聊生的境地。

---

① 康熙《婺源县志》卷之七《食货·公赋》。
② 康熙《婺源县志》卷之七《食货·公赋》。

以上只是用总数平均，不如地方志中的实际记载精确。据弘治《徽州府志》，明初规定，徽州府田塘每亩秋粮五升，夏麦三升；地每亩秋粮三升，夏麦二升；山每亩秋粮一升。各县茶租每亩科茶2—5钱不等。成化二十一年（1485）改科①。改科后，至嘉靖年间时，徽州府歙县每乡民田的秋粮田赋征收标准并不完全一致，但总体来说，上田每亩正米征收额在6—8升，中田每亩正米征收额在5—6升，下田则统一为每亩正米5升；夏税为每亩正麦2升②，丝4钱。绩溪县也是分乡确定上中下田征收定额，比歙县略低，中下田也为每亩正米5升，夏税为每亩正麦2升。休宁县民田每亩秋粮正米5升，夏税每亩正麦2斤；婺源州、祁门县、黟县秋粮每亩正米5升，夏税每亩麦2升。每正米麦一石带耗七升，正耗一石带脚一斗，六县相同。③ 据此计算各县正米麦一石其加耗、加脚率共为10.7%。

对比一下县志中记载与徽州文书中的经理保簿所载，明末绩溪每亩所征税粮数基本一致。根据清嘉庆《绩溪县志》，明万历三年（1575）对田土丈量后，绩溪县田地山塘不分官民上中下一则起科税粮，田每亩征麦正耗0.02368石，米正耗0.06643石，共征米麦正耗9升。地每亩征麦正耗0.0223石，米正耗0.0372石，共征米麦正耗6升。山每亩征麦正耗0.0136石，米正耗0.01995石，共征米麦正耗3.36升④。塘每亩征麦正耗0.0177石，米正耗0.0684石，共征米麦正耗8.6升。对明代绩溪县十三都似字号经理保簿田地山塘各10组左右数据进行测算，明代田地山塘每亩面积所征收米麦正耗标准分别是：（1）田：每亩9升（麦米正耗，下同）；（2）地：每亩5.66升、5.68—5.9升、6升不等；（3）山：每亩3升；（4）塘：每亩7.9升、8.56升、8.59—8.68升、8.7升、10升不等⑤。比较一下前述绩溪县田的科则标准，正米5升、正麦2升，说明米

---

① 弘治《徽州府志》卷之三《食货二·财赋》，《天一阁藏明代方志选刊本》。
② 原文为"正麦二斗"，应为笔误，因其余各县皆为"正麦二升"。
③ 嘉靖《徽州府志》卷七《食货》，《北京图书馆古籍珍本丛刊》29，书目文献出版社1987年版，第163—164页。
④ 嘉庆《绩溪县志》卷三《赋役》。
⑤ 中国社会科学院历史研究所收藏整理：《徽州千年契约文书（宋·元·明编）》，花山文艺出版社1991年版，第18卷，第54—406；第19卷，第302—385页。

麦加耗率为28.6%，相比其他地区，尤其是苏州府，算是低的。

再以原始文献来印证当时徽州地区的田税水平。徽州文书中有一份崇祯十年（1637）祁门县五都洪公寿户清册供单，载明了该户共有男丁三口、妇女大口一口的四口之家的事产情况①。根据其上所载，田为21.575亩，征麦0.4413石，征米1.1542石，则表明亩田均征麦2.045升，征米5.35升。地为7.1843亩，征麦0.1469石，征米0.2306石，则亩地均征麦2.045升，征米3.21升。塘为2.7315亩，征麦0.0559石，征米0.1461石，则亩塘均征麦2.046升，征米5.35升。田塘科则相同，夏麦之征田地塘皆相同。征米5.35升应为正耗相加，即正米5升加上7%的带耗，符合府志中所记载的当时祁门县的科则标准。

以上数据仅为两税征收水平，未计算里甲、均徭等赋役折银、各类加派加征及上供物料银，事实上，这一部分的征收具有较大的不确定性，虽然在中高层文献中有所反映，但在类似徽州文书一类的底层文献中所见不多，这为全面准确测量乡村民户亩均人均赋役负担带来了困难。里甲、均徭及加派加征、上供物料银主要通过里甲征收，很多时候可能缺乏正式官方凭证，或者只通过县都图甲的赋役征收系统口头分派传达，其运行过程及银两流向并未能完整反映在常规的起运、存留即国家正式的财务系统中，这就为今天的研究带来了困难。不过，从地方志及少量的徽州文书中也可得窥一斑。徽州文书中现存有一份万历三十一年（1603）徽州某县三甲里长派使用银账，其征派名目不明，或许是均徭银，或许是加征银，或许是上供物料银。据银账所载，该甲共有37户，丁粮分法共派银20两，其中四分派银8两，丁粮派银12两。丁粮派银12两又分丁户和税粮两个部分摊派。丁户平均分摊，37户每户摊派0.1两银，共为3.7两。剩下8.3两银，用本甲37户税粮20.5599石米分摊，每米一斗派银四分，合计约8.24两，二者相加为11.94两，接近12两。以其中吴汝朋户为例，税粮为米八斗三升五合，则须交丁粮派银0.334两，再加0.1两户派银，共须交银0.434两。

---

① 中国社会科学院历史研究所收藏整理：《徽州千年契约文书（宋·元·明编）》第10卷，花山文艺出版社1991年版，第296—299页。

第六章 明代的乡村治理 / 397

表6—24　万历三十一年（1603）徽州府某县里长派使用银账①

项目	数量	派法	数量	小计		
四分派银	8.00两					
丁粮派银	12.00两	户均0.1两	37户	3.7两		
		斗均0.04两	205.599斗	8.224两		
				11.924两		
派银二项合计	20.00两					
人户	米数（斗）	米摊银（两）	户摊银（两）	丁粮派银小计（两）	四分派银（两）	总计银（两）
吴汝朋户	8.35	0.334	0.1	0.434		0.434
吴仲莹户	8.661	0.346	0.1	0.446		0.446
吴承周户	8.552	0.342	0.1	0.442		0.442
占文户	2.482	0.099	0.1	0.1		0.1
四户合计				1.422		1.422
吴圹户	3.004	0.12	0.1	0.22		0.22
吴垠户	5.639	0.226	0.1	0.326		0.326
吴承恩户	1.44	0.058	0.1	0.158		0.158
三户合计				0.704	0.5	1.204
吴子正户	4.195	0.168	0.1	0.268	0.25	0.518
吴良户	3.91	0.156	0.1	0.256	0.25	0.506
二户合计				0.524	0.5	1.024
吴希文户					0.5	0.5
吴埙户					0.5	0.5
二户合计					1.0	1.0
吴用光户	6.522	0.26	0.1	0.36		0.36
钰				0.284	0.667	0.951
鏴				0.032	0.333	0.365
铭				0.044	0.333	0.377
一户合计②				0.36	1.333	1.693
贞烈祠户	7.555	0.302	0.1	0.402		0.402

① 中国社会科学院历史研究所收藏整理：《徽州千年契约文书（宋·元·明编）》第8卷，花山文艺出版社1991年版，第3—22页。
② 吴用光户合计数据为钰、鏴、铭三支数据相加所得。

续表

项目	数量	派法	数量	小计		
键				0.227	0.667	0.894
钰				0.175		
一户合计				0.402	0.667	1.069 (1.174)①
吴富户	6.948	0.278	0.1	0.378		
洪连户	7.039	0.281	0.2	0.381		
吴普户	7.804	0.312	0.1	0.412		
吴添光户	6.853	0.274	0.1	0.374		
吴希亮户	3.714	0.148	0.05	0.198		
五户合计				1.743	0.222	1.965
吴容户	7.284	0.291	0.1	0.391		
吴镜户	7.062	0.282	0.1	0.382		
吴希亮户	3.714	0.274	0.1	0.198		
三户合计				0.971	0.222	1.193
吴老户	4.197	0.168	0.1	0.268	0.222	0.49
在				0.12		
安老				0.247		
士清				0.123		
吴加户	6.654	0.266	0.1	0.366		0.366
二户合计				0.634②	0.222	0.856
吴垄户	7.063	0.283	0.1	0.383		
至				0.093	0.111	0.204
钦				0.29	0.111	0.401
一户合计				0.383	0.222	0.605
吴达户	6.417	0.257	0.1	0.357		0.357
墟		0.09	0.366	0.456	0.111	0.567
至		0.215		0.215	0.419③	0.634

① 原始文献上载：三户共银一两一钱七四。
② 为吴老户、吴加户丁粮派银之和（四分派银未计算在内，而在、安老、士清三栏数据中含四分派银所该部分）。
③ 原始文献上载：又光土户并分法共银四钱一九。

第六章 明代的乡村治理 / 399

续表

项目	数量	派法	数量	小计		
培		0.052		0.052	0.111	0.163
一户合计				0.723	0.641	1.364
吴志德户	6.574	0.263	0.1	0.363		
吴子善户	6.418	0.257	0.1	0.357		
吴子舆户	5.975	0.339	0.1	0.291①		
吴老户				0.120		
四户合计				1.131	0.111	1.243
吴子谏户	5.013	0.2	0.1	0.3	0.111	0.411
一户合计				0.3	0.111	0.411
吴炟户	5.597	0.224	0.1	0.324		
吴应麟户	5.159	0.206	0.1	0.306		
吴应鲤户	5.05	0.202	0.1	0.302		
三户合计				0.932	0.667	1.6②
吴慕德户	4.779	0.191	0.1	0.291		
吴子通户	5.893	0.236	0.1	0.336		
吴燮户	2.892	0.116	0.1	0.216		
三户合计				0.843	1.00	1.843
吴定户	3.437	0.137	0.1	0.237	0.5	0.737
吴永达户	1.08	0.043	0.1	0.143	0.5	0.643③
二户合计				0.38	1.00	1.38
吴域户	2.763	0.11	0.1	0.21		
域				0.03		
菲				0.12		
垲						
墙				0.03		
一户合计				0.21		0.21
占文户	4.493	0.18	0.1	0.28		

---

① 原始文献该页下注：(实) 在该银二钱九一，内钰该银四八 (四分八厘) 入前。(此二者相加为吴子舆户该纳之银0.339两之数。)

② 原始文献本页末尾注：四分共银八两三钱三二。

③ 原始文献此页末尾注：六分共银三两二钱二三。

续表

项目	数量	派法	数量	小计		
中				0.1		
填				0.05		
君锡				0.01		
塔元				0.06		
四寿				0.06		
一户合计				0.28		0.28
吴春户	1.394	0.056	0.1	0.156		
吴岩保户	6.531	0.261	0.1	0.361		
保						
有						
二户合计				0.517		0.517
总计				12.459	8.418	20.879

据测算，以上各项丁粮派银合计12.459两，四分派银合计8.418两，二项总计为20.879两。该银账上实有42户，其中占文户、吴老户为重复，剩下40户，其中有2户为光土户，剩下38户摊银，绝大部分为均摊0.1两，少数几户超过此数。以20.879两除以40户，平均每户纳银为0.522两。那么，这笔里长派银平均到田亩中是什么样的征收水平？我们可根据税粮每石米0.4两的摊派额予以反推，以吴承周户为例，其税粮为8.552斗，如以明末绩溪县田亩科则为米麦9升的标准来换算，则该户的田数为9.5亩，二项派银数共为0.442两，亩均该银为0.0465两，即每亩里长派银负担为4分6厘5毫。以吴定户计算，田地亩数为3.82亩，二项派银共计为0.737两，亩均派银达到0.193两，即1钱9分3厘。再从全盘数据计算，三甲共征税米20.5599石，按每亩0.09石的科则，则三甲应有纳税田地数228.44亩，本次派银二项实征合计为20.879两，则平均每亩征银为0.0914两，即亩均派银为9分1厘4毫，相当于万泰年间歙县民田亩均两税税赋的1.14倍了。

再来看歙县的征银标准。徽州文书中有一份《万历十六年歙县税收条编由票》①，所载主要内容如下：麦每石征银 0.312861 两，扛银 0.00309096 两，米每石征银 0.411316 两，扛银 0.004103 两，丝每两征银 0.005 两银，扛银 0.000345 两。十六年条编每丁止纳物料银 0.0121 两，扛银 0.0000793 两，每石止纳物料银 0.060503 两，扛银 0.0003965 两，无兑人户每丁总纳物料徭费银 0.071709 两，扛银 0.0000875 两，总纳物料徭费银 0.358545 两，扛银 0.0004378 两。吴正宗户成丁二口，该缴官民麦 0.2748 石，丝 1.2134 两，民米 0.883 石，税粮共该银 0.4965 两，条编共该银 0.3888 两，二项共计 0.8853 两。该户米麦田赋为 1.1578 石，以其后歙县中田科则标准正耗 0.08025 石（8.025）升计算，耕种田地折实田 14.43 亩。如此计算，吴正宗户亩均 0.06135 两银（含两税、徭役）。

泰昌元年（1620）《徽州府赋役全书》载：徽州府歙县"简明科则"为：田每亩征银 0.0801118846 两，地每亩征银 0.047438932 两，山每亩征银 0.0331336 两，塘每亩征银 0.0897363 两。如果用嘉靖年间歙县民田中田科则标准（每亩正米麦为 7.5 升，加耗后正耗共为 8.025 升，丝为 0.4 两）计算，折色丝每 20 两折算绢一匹（0.7 两银），则每两折色丝为 0.035 两银，夏税丝 0.4 两折银为 0.014 两，则每石米麦折银为 0.8238 两②。它表明，万泰年间，徽州府每石米麦折银达到 0.8 两以上，平均每亩田的两税税赋也已经达到八分银以上。

如果再用万历三年（1575）后同府的绩溪县每亩田税粮科则米麦正耗 9 升计算，则相当于每石米麦折银为 0.89 两，由于米麦权重不同，实际每石米折银应当超过 1 两。地以科则平均数每粮亩 5.8 升计算，则米麦每石折银为 0.8179 两。山以每亩科则米麦 3 升计算，米麦每石折银 1.1 两。塘以每亩科则为米麦正耗 8.74 升计算，则为 1.0267 两。

天启二年（1622），歙县的派征钱粮易知由单载明③，歙县科则见表 6—25。

---

① 中国社会科学院历史研究所收藏整理：《徽州千年契约文书（宋·元·明编）》第 3 卷，花山文艺出版社 1991 年版，第 200 页。
② （每亩征银 0.08011 两 − 夏税丝折银 0.014 两）÷ 每亩米麦正耗 0.08025 石 = 0.8238 两。
③ 中国社会科学院历史研究所收藏整理：《徽州千年契约文书（宋·元·明编）》第 4 卷，花山文艺出版社 1991 年版，第 54 页。

表6—25　　　天启二年（1622），歙县派征钱粮易知由单信息

	米（石）	折银（两）	丝（两）	折银（两）	麦（石）	折银（两）	合计折银（两）
每亩田	0.0638	0.0634	0.3599	0.00927	0.023	0.00712	0.07979
每亩地	0.0324[①]	0.0322	0.3599	0.00927	0.0185	0.00607	0.04754
每亩山	0.03	0.03002			0.0095	0.00308	0.0331
每亩塘	0.0833	0.0833			0.0206	0.00668	0.08998
每成丁		0.10534					0.10534

对以上折银标准进行计算，米每石折银约1两，麦每石折银0.31—0.4两，丝每两折银0.0256两。吴宗祠户成丁1口，该征丁银0.1053两，田4.591亩，该银0.3677两；地10.8683亩，该银0.5153两，山15.5794亩，该银0.5158两；塘0.313亩，该银0.0282两，共计1.5323两[②]。外加辽饷银全县共为6499.17两，每石派银0.208915两，该户共有米1.136石，该征银0.2374两。两项计为1.7697两，需在十限完纳。吴宗祠户共有田地山塘31.3517亩，平均亩征赋役银为0.05645两。

前述程晟作为甲首户的五口之家（成丁二口）的平均估算赋役负担（未计加征）为1.758两银，而此处吴宗祠户（成丁一口）的实际赋役负担为1.5323两（未计辽饷银）银，如果去掉0.1053两的丁银，二者数据之差为0.1207两，这是否说明，明后期徽州府的五口之家（理想类型）在未加征情况下的户赋役负担水平基本上就是徘徊在1.5—1.8两银呢？五口之家的理想类型户仍然不如亩均税银精确。

最后，对以上数据进行归纳分析，得出如下明代农民亩均赋役银负担表6—26。

表6—26　　明代农民赋役负担府、县、户不同层级排序表　　（单位：两银）

府县户	户均	府县户	人均	府县户	亩均
乌程县（万历年间）	6.97	松江府（1622）	2.7743	松江府（1622）	0.3174

[①]　原件缺损，本栏数据系根据折银倒算。
[②]　此为易知由单上原数。据表6—25各栏数相乘相加数则为1.5788两，与原数有所误差。

续表

府县户	户均	府县户	人均	府县户	亩均
河间府（1578）	6.5107	乌程县（万历年间）	2.17	苏州府（1620）	0.2356
固原州（万历年间）	6.47	固原州（万历年间）	1.4	乌程县（万历年间）	0.23
松江府（1622）	6.4026	苏州府（1620）	1.1809	苏州府（1578）	0.1727
鲁山县（嘉靖年间）	4.624	苏州府（1578）	0.7977	程晟户（1611）	0.134
苏州府（1620）	3.955	绍兴府（明末）	0.728	徽州府（1562）	0.0829
苏州府（1578）	2.6716	河间府（1578）	0.6994	鲁山县（嘉靖年间）	0.0782
朝邑县（万历年间）	2.5449	朝邑县（万历年间）	0.5047	休宁县（1620）	0.078
绍兴府（明末）	2.528	婺源县（1562）	0.49	婺源县（1562）	0.071
青州府（1552）	2.486	鲁山县（嘉靖年间）	0.4468	绍兴府（明末）	0.0623
临朐县（嘉靖年间）	2.4572	徽州府（1562）	0.3576	吴正宗户（1588）	0.06135
婺源县（1562）	2.2	吴宗祠户（1622）	0.3539	吴宗祠户（1622）	0.05645
徽州府（1562）	1.7737	程晟户（1611）	0.352	临朐县（嘉靖年间）	0.0498
吴宗祠户（1622）	1.7697	青州府（1552）	0.3412	青州府（1552）	0.0383
程晟户（1611）	1.758	临朐县（嘉靖年间）	0.2483	河间府（1578）	0.0354
休宁县（1620）	1.024	休宁县（1620）	0.247	朝邑县（万历年间）	0.0327
吴正宗户（1588）	0.8853	吴正宗户（1588）	0.177	固原州（万历年间）	0.023

第七章

清代的乡村治理

作为历史上最后一个封建王朝，清朝将我国两千多年的中央集权式的国家治理体系发展到最为完善的阶段，同时，作为脱身于奴隶社会的少数民族政权，民族关系因素、传统的贵族军事民主因素等在清政权的实际治理进程中也产生一定的影响。1840年后，古老的中国面临外部世界的冲击，地方实力派的崛起，乡村社会的新变化推动清政权对国家治理体系不断进行调整以适应新形势，对外交往、地方分权、乡村自治成为清末国家治理中的新要素。

第一节 清代的国家治理体系

清军入关后，总体上延续明代的国家治理体系，继续加强以皇权为中心的中央集权，设立内阁行使中央政府职权，其他中央机构包括六部、理藩院、内务府、都察院等。

一 皇权进一步加强

清代统治者继承明代不设宰相的制度，进一步加强皇权，提高皇帝个人的政治修养，并从制度上增强皇权的独裁性。具体制度有进呈题奏本章制、秘密奏折制、御门定期听政制、钦差制等。此外，康熙、乾隆等人还喜欢通过到地方巡视等方式了解民情，加强皇权。官员进呈题奏本章和密折算是古代版的请示报告，御门听政则是古代版的最高国务会议，都是以皇权为中心的政务形式。正常流转的官员奏本，先进呈内阁，由内阁提出初步意见，即"票签"后，由皇帝裁断决定，再由内阁批红下发执行。票签、批红，明代就已实行，但由于诸多皇帝怠政，导致司礼监秉笔太监代行批红，掌印太监则掌握盖玺大权，自正统年间至明亡，宦权高炽，祸乱朝纲。清朝历任皇帝总体勤政精明，宦官无从干政乱政。可见，皇权的高度集中有赖于皇帝的个人素质。密折在明代本属阁臣特权，到清康熙年间，受皇帝信任的官员按照皇帝吩咐，刺探民情舆论、官场隐私，再秘密具本上呈皇帝。至雍正年间，密折范围扩大，朝廷内外的高级官员都可以密折奏事。乾隆年间，内外各官普遍使用奏折[①]，密折进一步制度化，所有督抚必须按时呈报地方民情，包括气象、生产、市场价格等。密折有保密规定和专门的运转渠道，不经内阁或通政使司，也无须票拟，皇帝对密折或留中，或朱批，皆由己定，密折制度有利于提高政务决策效率，更是加强皇帝专权的一个重要手段。

与皇权相关的另一重要制度是皇位继承制度。清代统治者入关之前，政权的组织形式是集军事行政于一体的八旗制，"汗"是八旗的最高统帅，也是后金政权的最高统治者。后金实行原始的贵族军事民主制，凡军国大事，由分掌八旗的八个"和硕贝勒"共同商讨，共治国政，并推举汗位继承人。此后，八和硕贝勒制演变为四大贝勒制。皇太极继任汗位后，采取措施削弱其他三个贝勒实力，并于1636年将国号由"金"改为"清"，废除"汗"的称号，自称为"皇帝"。清军入关后，仿效明朝，从称呼、服饰、用色、仪仗、权力等方面完善皇帝制度，提高皇帝专权。

清初的皇位继承制度仍具有贵族军事民主遗存，皇太极、顺治帝、康熙帝的继位都是贵族各派主要势力博弈折冲的最终结果，并非由上任皇帝乾纲独断，直接指定。贵族军事民主制的一个副产品就是皇权与权臣之间的权力斗争。清初的摄政与辅政制度是这一权力斗争的产物。顺治为帝的前七年，由多尔衮摄政，几乎所有军政大权皆由多尔衮掌握，多尔衮甚至还获得"皇父摄政王"的称号，在皇权中心主义看来，这显然是对皇权的极大凌欺，多尔衮与孝庄皇太后之间的复杂关系也成为清

---

① 明清官员上奏，一般公事用题本，私事用奏本，题本盖印，奏本不盖印。清代题本有部本和通本之分，前者为在京官员所奏，后者是地方官员所奏。乾隆十三年（1748），由于奏折普遍使用，皇帝诏令取消奏本，只保存题本。

初三大疑案之一。康熙即位后，采取的是辅政形式，选异姓功臣四人担任辅政大臣，但鳌拜打击其他三位辅政大臣，大权独揽，凌驾于百官之上，对皇权造成极大威胁。

摄政、辅政制度是在皇帝幼小，不能正常行政的特定情况下的产物，皇帝与摄政王、辅政大臣之间的矛盾仍是皇权与相权、权臣之间的矛盾。解决这一问题的前提是，新皇帝即位时要是"长君"，因为"国赖长君"，长君才有治理国家所需的年龄和能力。为此，康熙帝采取两个做法，一是仿效汉族皇朝的嫡长子继承制度，因为在强调血统的封建社会，只有嫡子才有足够的政治合法性和政治权威继承皇位，只有长子才能避免冲龄即位、大权旁落的风险，长子当然大多为长君。二是加强对皇子的教育培养。皇子幼年都要进宫，由名师调教，学习各类知识和技能。稍长出宫后，皇帝安排各子当差，增长见识，锻炼本领。这也是避免将皇位继承的宝都押在嫡长子身上，分散政治风险的做法。康熙所立的嫡长子虽然两立两废，最终未能继承大统，但挑选的雍正正是在康熙朝的各种历练中成长起来的。康熙晚年的九子夺嫡固然是悲剧，但也说明，皇子培养有一定的成效，才使这些皇子有能力参与皇位竞争。

雍正汲取"九子夺嫡"的教训，创立秘密建储制解决皇位继承问题。即由皇帝将选定的继承人名字，亲自书写一式两份，分别密封后置于两个匣盒内，一份置于乾清宫最高处"正大光明"匾额之后，老皇帝故世后，由指定的权贵大臣取下当众开封验明，确立新皇帝。另一份则随身携带，以备不虞。秘密建储制度强化了君主的绝对权威，因为在确立嗣君这一最重大的事务上，皇帝都可以唯我独尊，不与任何人商量。秘密建储一定程度上克服了"立嫡以长不以贤，立子以贵不以长"的僵化愚昧做法，使皇帝可以综合考虑候选人的血统贵贱和能力水平，挑选出最合适的人选，更具公正性、公平性。秘密立储可以减少皇子之间、皇帝与太子之间围绕皇位继承展开的党争宫斗，对于稳定朝局，有序实现皇权更替具有积极的作用。

二　中央行政机构

清初中央的行政机构包括议政王大臣会议、内阁、军机处、六部、理藩院、内务府、都察院等。

议政王大臣会议又称"国议"，是清初满族亲贵商讨决定军国大事的重要形式，由八位议政王、八位大臣组成，在努尔哈赤、皇太极时期发挥重要作用。清军入关后，议政王大臣会议仍发挥一定作用，具有一定权力，但因其与皇帝集权原则相抵触，从康熙朝开始，更名为议政大臣会议，议政范围大大缩小。雍正年间军机处设立后，议政大臣会议变得有名无实，乾隆五十六年（1791）最终取消。

皇太极时期曾创设文馆，后扩大为内国史、内秘书和内弘文三院，负责起草文书、撰拟诏令、编纂史书等工作，辅佐皇帝处理政务。顺治十五年（1658）始称内阁。乾隆年间定制后，内阁设满汉大学士各二人，皆为正一品，协办大学士或一员，或二员，从一品，例兼殿阁衔。内阁是协助皇帝处理军政大事的政府最高机构，大学士号称百官之首。皇帝的命令下发，百官的奏本上递，都需要经过内阁签署意见或转发执行。内阁看起来只是皇帝的办事机构，但是大学士位高权重，接近皇帝，内阁成为全国政务的中枢，特别是大学士常兼任各部尚书，协办学士兼任各部侍郎，使得大学士拥有类似唐宋"真宰相"一样的实权。

康熙年间，设立南书房，从翰林院选拔人才常侍皇帝左右，参与朝廷机密要事讨论，甚至起草皇帝诏令，分散了内阁的一部分权力。雍正年间，设立军机处，办理军事，后来扩大到其他政务。军机处设军机大臣若干，一般由大学士兼任，以品贵资深者为班首，但无统属关系，皆直接对皇帝负责。下有军机章京，俗称小军机，满汉各十六员，作为军机大臣僚属。军机处按照皇帝的意旨处理军国大事，包括对官员任免提出建议，但军机处没有任何决策权，所有文件命令都必须完全秉承皇帝的意旨。军机处是清代皇帝集权的最新产物。与内阁相比，军机处具有简、速、密三个特点。人员少，军机处最多只有三四十人，由皇帝直接从现有官员中特别挑选，可随时"罢值"回到原来部门，军机处始终无正式衙署；办事效率高，皇帝有旨随时承办，当日事当日毕。军机处地处内廷，外界干扰少，保密性强，皇帝召见大臣时，太监都不得在场，所有廷寄谕旨都是直接收付。军机处设立后，大学士充任军机大臣后方可参与政事，因而其主要办事地点不在内阁而在军机处，中书成为内阁的实际办事官员，这表明内阁权力走向衰落。

清代仍延续各代设置，中央设吏、户、礼、兵、刑、工六部作为主要职能部门。由于军国大事多由皇帝直接处理,故六部权力比明代缩小很多。理藩院是专门管理边疆民族事务的机构,都察院是监察机构,大理寺是处理刑事案件的机构。此外还有一些其他机构,不一而足。

第二次鸦片战争后,在西方列强的压力下,清政府设立了以处理对外事务为目的的"总理各国事务衙门",负责与各国签订条约,处理通商贸易、海关税务等各项"洋务"。总理衙门设大臣和章京,下设总税务司。1901年,清政府决定新设外务部,班列六部之首,由亲王总理部务,取代原有的总理各国事务衙门。1903年后,在清末新政中,陆续设立商部、巡警部和学部,并裁并了一些中央机构。1906年,改革官制,改巡警部为民政部,户部为度支部,兵部为陆军部,刑部为法部,工部与商部合并,称农工商部,理藩院为理藩部,大理寺为大理院,增设邮传部。1907年,设立资政院,作为上下议院基础。1911年设立责任内阁,作为全国最高行政机关,辅佐皇帝处理政务,内阁设总理大臣、协理大臣和国务大臣,共同组成阁员。

三 地方治理体系

清代地方治理体系分为省、道、府、县四级,至1907年,全国共设23个省。总督和巡抚是省的最高军政长官,总督一般管辖两省,也有三省或一省的,乾隆年间后,全国共设9个总督。巡抚管辖一省,此外还有漕运总督和河道总督。总督加兵部尚书衔为从一品,兼都察院右都御史衔为正二品,巡抚加兵部侍郎衔为正二品,兼都察院右副都御史为从二品,督抚握有行政大权、领兵权和监察权。除督抚外,各省还有承宣布政司使、提刑按察司使和提督学政。布政使通称藩司,主管全省财政和民政等事务。按察使通称臬司,负责全省刑名案件和监督官员的风纪。提督学政负责全省科举。

道在明代是监察分区,而非某一级区划行政单位。清乾隆年间,将道划为省的直属机构,使其长官道员成为地方上的实官。清代有两种道,一种是下有若干府、县为其辖区的分守道,分守道也是某一级行政区,山西省曾分为四道,四川省曾分为六道。道员为正四品官,多加兵备衔。另一种是专管省内某一专项事务的道,称为巡道,如提学、兵备、河工、屯田、海关、粮储等各种道。

府分为特别府（如顺天、奉天二府）和普通府两种，全国各省道之下都设府。府的长官为知府，从四品，管理全府民政、财政、刑政，下设同知、通判等辅佐官职。府原直属于省，道实体化后，就成为道的下属政区，如清初直隶省的大名道下设三个府。

与府平级的单位还有厅、州，皆有直隶厅、直隶州与散厅、散州之别。府之下的行政区划为县。县的长官为知县，正七品，负责全县民政、财政、刑名等各项治理事务。下设县丞一人，正八品，主管全县征税。主簿无定数，正九品，管户籍和巡捕。典史，未入流，管全县监察和刑狱。巡检，从九品，管巡逻缉捕。此外还有其他一些官吏。①

第二节　清代的乡村组织

清代在县以下实施保甲制和里甲制，形成保警治安与行政管理双轨并行的乡村治理体系。同时在乡村社会建立乡约制度，推行乡里教化。

一　保甲制与里甲制

清军入关后，实行保甲制度。规定各州县城乡每十家编为一牌，设牌长一人，每十牌编为一甲，设甲长一人，每十甲编为一保，设保长一人。每户门口挂上一个印牌，写明该户姓名、丁口数。如果家人有人外出，要注明去往何处，如果家中有人来也要注明来自何处。寺庙、道观也一律发给印牌，以核查僧人道士的出入。客栈旅店要设立登记簿，写明住店旅客的姓名、行李等情况以备官府核查。

到乾隆二十二年（1757），清政府颁布十五条法令，保甲制进一步完善。法令规定，每户每年颁发门牌，牌长、甲长每三年更换一次，保长一年更换一次。本甲有盗窃、邪教、赌博等违反社会治安规定的现象和可疑人员，要上报查处。本甲民户有户口迁移，家中人员有增减的，要随时汇报，更换或填补印牌。牌甲编列强调一体化、全覆盖原则。士绅、杂处的旗民、云南夷民要和普通民户一体编列；客户、四川客民与土著

---

① 以上资料系参见白钢主编《中国政治制度史》，社会科学文献出版社2007年版，第674—702页；孔令纪等主编《中国历代官制》，齐鲁书社1993年版，第332—334、354—360页。

一律顺编；边地种地民人，盐场井灶另编排甲，所雇工人，随灶户登记。各省矿厂丁户、山居棚民、广东寮民都要进行登记编册，以备核查。此外，诸如甘肃、四川等地凡属地方官管辖的土民都需要编册稽查，回民、僧道、流丐等皆要登记核查。①

保甲长的主要职责：一是户口核查。甲长负责本甲百户的户口核查工作，每天黄昏时分，由甲长手持户口簿逐户上门查问各家是否有人违法或出现过失，家中是否有男丁外出不归，是否留宿生人，并予以登记备查。二是巡逻瞭望。每甲设立瞭望棚站，由甲长负责组织壮丁巡逻瞭望，一旦发现偷窃、抢劫、斗殴等违法现象，允许查问制止。三是支援警事。本村或邻近村庄如发生警事，甲长应立即带领壮丁查堵或支援。四是盘查旅客。对本甲范围内的客店人员往来进行登记备查，重点查实形迹可疑之人，一旦发现，应予查问，情形严重的要立即捉拿并飞报官府。五是负责管理夜行。古代实行宵禁制度，夜晚更定后禁止夜行，特殊情况才可申领夜行证明。甲长的职责是对紧急情况下如请医生或接生婆一类情况验明事实后发给夜行牌，并及时缴回。如有欺瞒虚报行为，甲长受连坐之责。②

乾隆时普遍推行保甲循环册（保甲烟户册）制度。循环册详细登记各人姓名、年龄、籍贯、住址、所有的田亩、所应缴的钱粮、职业、家庭成员、左邻右舍及社会关系姓名。以上登记册一式两份，一份称循册，置州县存档，另一份叫环册，由甲长收藏。各户如有迁移、生故、婚嫁、外来借住等变动情况，由牌长报告甲长，查明改注。每一季度或半年，保甲长携环册至县换取循册，或以循册易环册，二相对照，加以改定，改定的循册仍存甲长处，以便随时核对更新。③

源于秦国什伍制的连坐互保之法在北宋王安石变法中得到系统性更新与加强后，在中国封建社会的晚期——清代达到其发展的巅峰。清代的保甲比历史上任何时期涉及范围更广，控制手段更严，控制程度更深，

---

① 赵尔巽等：《清史稿·食货志》，中华书局2020年版，第2493—2495页。
② 张厚安、白益华主编：《中国农村基层建制的历史演变》，四川人民出版社1992年版，第73—77页。
③ 白钢主编：《中国政治制度史》，社会科学文献出版社2007年版，第701—702页。

全国所有人口都被纳入保甲制的网络之中，无一漏网，表明国家权力已经侵入民间社会和乡里生活的方方面面。清代实施如此严密的保甲法，根本目标是加强对全国百姓的管理，以维持封建统治。例如，清初所实行的"逃人法"的一个组织基础就是保甲制，没有连保连坐的威慑和结牌连甲的网式巡查，清代统治者很难对逃亡人口进行缉捕。在改土归流，加强边疆少数民族地区经济社会管理中，保甲组织也具有重要作用。保甲组织还可以招徕流亡人口，组织屯田，开展农业生产，尤其是在里甲制度还没有全面恢复的地区，保甲组织常代行里甲长的职责。不过，在对付外来入侵时，保甲制能够发挥积极作用。东南地区在肃清海盗、加强海防时，通过大力推行保甲制度，训练壮丁乡勇，既可弥清内讧，增强团结，避免为敌所乘，又能有效提高沿海百姓的边防意识，打击来犯之敌。

清代的基层行政组织体系沿袭明代，实行里甲制。城区的基层组织称为坊，城市近郊的称为厢，乡村的称为里，各设一长，负责管理本里（坊、厢）事务，包括催办钱粮，处理公事。每里110户，其中十户人家按照丁数多少的顺序，轮流担任里长，每户一年，担任里长时，可不须负担徭役。

里甲制作为一种行政管理制度，在各地的具体实施和称谓并不统一。顺治十七年（1660），清廷要求民间设立里社，便有里长、社长之称，但是八旗所在庄屯，已经设有催领，不再设里长，而在南方地区，因为沿袭旧称，又有图长、保长、牌长的称呼。例如，皖南徽州府歙县棠樾村在清代属22都9图，表明入清后基层治理体系是都—图—甲制。①

二 乡村组织体系

清初，在县之下的乡村治理层级方面，南北各地差异较大，既有二级也有三级，甚至一省之内层级、称谓都有不同之处，基层组织较为复杂。直隶定州为县—约—村，江苏江阴县是县—镇—保。河南淮宁县为县—里—甲，尉氏县则为县—里—甲—村。山西平阳县是县—都（镇）—庄，忻州则是县—乡—村（庄）。有的州县将里甲制分为三级，

---

① 赵华富：《徽州宗族调查研究》，人民出版社2014年版，第11页。

如江苏南通是县—乡—都—里，浙江象山是县—乡—都—村。在某些边远地区，还有以堡、寨命名的。①

由于乡村基层多种组织并存，给今人准确辨析乡、里、都、图、村等组织间的关系带来困难，解决问题的办法只有回到原始材料中，从地方志和契约文书中寻找答案。根据道光《婺源县志》，清代婺源县的乡村组织体系已经由明代的乡—里—都—图—甲演变为清代的乡—都—图—村—甲，其中都—图—甲是行政组织序列，乡、里、村为地理区域单位。例如，东乡共由10个都组成，10个都又由39个图构成，其中有的都仅统1个图，有的都则统图多至9个，图与村则处于交叉状态，皆属于都下，每都最少的为5村，最多的达到26村，39个图共有111个村②。但图是编户单位，村是居住单位，可能一村分属两图，也可能一图包含两村，因为村有大有小，户数有多有少，不可能像图那样整齐划一为110户。如此计算，东乡共有4290户，平均每都429户、每个村落38.65户，约相当于4甲，但甲也可能与村落交叉。

与明代相比，清代婺源县乡的名称及划分已经失去历史地理特色，只是简单地标识为东、南、西、北四个乡，已经具有数字化编码的倾向，事实上，它们也可以简化为第1乡、第2乡一类的编排，形成第1乡第1都第1图第1甲类似的编列。类似地，北方直隶省的蔚州城所属的四个乡的名字也为东乡、西乡、南乡、北乡③，说明在编码化的发展趋势中，基层政区的名称已经失去历史传承，命名日益工具化。民国时期用数字对行政区进行划分可能也受此影响，但却使乡村历史传统受到阉割。乡名、里名、村名等名称本就是乡村历史文化传统的重要标识和组成部分。

歙县在清顺治六年（1649）时共有255图，973个村；道光八年（1828），全县增至260个图，1429个村；至清末减为256个图，885个村。④

---

① 赵秀玲：《中国乡里制度》，社会科学文献出版社2002年版，第51页；张厚安、白益华主编：《中国农村基层建制的历史演变》，四川人民出版社1992年版，第77页。
② 道光《婺源县志》卷之三《疆域四·坊都》。以上数据系笔者根据县志记载整理所得。
③ 萧公权：《中国乡村：19世纪的帝国控制》，张皓、张升译，九州出版社2018年版，第13页。
④ 歙县地方志编纂委员会编：《歙县志》，中华书局1995年版，第48页。

自明末清初始，村落已经普遍成为居住单位，类似于今天农村地区的自然村，今天农村大的自然村可能会分为两个村民小组，而小的自然村则可能与另外的小自然村共同组成一个村民小组。清代的都在户数规模上类似于今天的行政村，图的规模相当于大的自然村或中心村，甲的规模相当于较小的自然村，当然图、甲的户数规模都是整齐划一的，中心村、自然村都是自然形成的户数规模，无法划一，以上类比只是作一对照，以增进对都图甲与行政村、自然村等在户数规模相互关系上的理解。事实上，虽然官方倾向于以五进制、十进制来编排乡村基层行政组织体系与农户间的关系，但在具体执行时，要综合考虑自然村落的实际情况，并非完全整齐划一。例如，19世纪四川巴县知县刘衡在整顿保甲组织时，如果每村的户口数少于政府所规定的限额时，就准许这种小村单独构成一牌或一甲。在光绪年间的通州，村一般被当作与保共存的单元。在河南临漳县，村则成为保的组成单位。乡则有时成为保之上的高一级单位，或者与保平行。①

清代保甲制、里甲制并行，在乡村治理中形成"保（1000户）—甲（100户）—牌（10户）"与"都（250—650户）—图（里）（110户）—甲（10户）"两套体系。

与实施更早，有清一代始终受到重视和推行的保甲制相比，里甲制在实施范围、持续时间、在国家治理体系中的重要程度都有所逊色。随着康熙晚期"永不加赋"和雍正初年"摊丁入亩"政策的实施，清代赋役制度发生了重大变革，里甲制的税收征收功能开始淡化，存在的基础有所削弱，许多行政管理功能逐渐被保甲制代替，虽然未被正式废止，但某种程度上已经名存实亡。

例如，在编制鱼鳞册时，保甲系统已经代替都图系统作为标识单位。徽州文书中的清代顺治、康熙年间的鱼鳞册印证，两册分别为一保和二保，表明清代在里甲法实施的同时，又在部分行政管理中使用保甲序列，上述两份文书在封面注明一保某某号、二保某某号，同时又在鱼鳞册内

---

① 萧公权：《中国乡村：19世纪的帝国控制》，张皓、张升译，九州出版社2018年版，第41—42页。

注明有保所在都下各图各甲民户姓名、土地面积①,说明当时是用保甲系统标注田土管理。但对于当时鱼鳞册中的保的规模范围是否为清初保甲制中的1000户一保,或者用于田土管理的保与保甲制中的保在乡村中的实际户数规模是否相等,还需要进一步研究。

以上可见,保的规模已经从宋代的5户(保)、25户(大保)、250户(都保)发展到清代的1000户。甲则存在多种内涵,在宋代,甲曾充当催税组织,一甲为10户,甲头负责催税。在清代的里甲制中,甲仍维持10户的规模,而在保甲体系中,一甲为100户,这在一定程度上造成人们的困惑和混淆。

清代的保甲体系——保、甲、牌组织的首要功能是对民户、丁口进行编审,其次是侦查、汇报犯罪行为,这两个中心功能的主要目的当然是为了服务于官府对乡村的统治的。保甲制的原则上承秦代的什伍制,以互相检举揭发和连坐为其内涵,是统治者玩弄"以民制民"把戏的体现。

大概在鸦片战争前后,清代的保甲制已经走向衰落,变得有名无实。原因在于,保甲体系一直面临许多困难和障碍,如法律上所规定的登记门牌在现实中执行起来相当困难,因为中国人并不乐意把家庭成员的姓名悬挂出去,因为缺乏文化,普通百姓很少能够做到,而绅士阶层则普遍反对此类的人口登记和门牌悬挂。根据门牌编辑保甲册是另一个困难,因为将士绅阶层排斥在保甲组织负责人之外,乡村中难以找到足够的有文化的人承担这些工作。制作大量门牌和登记册的巨额花费是推行保甲制的另一大障碍。在很多地区,地方官"发明"了由乡民自筹经费的办法,但结果不但给百姓增加负担,也为官吏的敲诈勒索大开方便之门。

此外,根据规定,保甲组织负责人必须每月初一和十五到州衙门或县衙门点卯、汇报辖区情况,这既增加了乡民的经济成本,又为州县胥吏勒索保甲长们提供了可能。虽然法律规定一保之人连坐互保,但在中国传统文化中,没有多少人是愿意成为告密者的,大多数村民对他人的违法犯罪选择沉默,乡民不告发的理性选择极大削弱了保甲体系赖以存在的制度基础。同时,尽管保甲长们可能要经受州县胥吏的勒索,但他

---

① 严桂夫、王国健:《徽州文书档案》,安徽人民出版社2005年版,第220—224页。

们同样经常利用职务之便勒索比之更为弱势的普通村民。① 以上种种因素的存在是保甲制逐渐式微的重要原因。

在行政治理的意义上，里甲制、保甲制可算是"以民治民"原则的外化，它们是北宋职役制在清代的延续和发展，有利于王朝国家降低统治成本，因为无论是里甲还是保甲，都是由各地编组居民自己来管理运行，地方官员只负责监督，并不直接参与，政府不用成倍增设官员。

同时，在政治统治的意义上，里甲制、保甲制又是封建国家"以民制民"统治术的一种制度化表现，帝王通过它们强迫或故意造成人民群众互相怀疑，使人人都有可能成为潜在的侦探或间谍，这既有利于帮助政府减少犯罪，征收赋税，又可对广大臣民形成资源汲取的网络和治安管理的威慑。② 里甲、保甲组织既远非古代中国乡村自治的组织形式，也不仅仅是古代基层的赋税征收和治安管理形式，它的本质是专制统治者以职役化的方式对广大乡村人民实施专横残暴统治的政治控制组织。

第三节 清代的乡村治理

一 清代乡村的田制管理

清代全国田地分为官田与民田两大类。官田不须纳粮，不得买卖，民田则须纳粮，可以买卖。官田包括皇庄、王庄等官庄地和旗地。从顺治元年（1644）圈地编庄到乾隆二十三年（1758），共约有皇庄887所，主要分布在畿辅和盛京地区，土地合计达四万余顷。③ 各旗王公、宗室庄田为13300余顷，分拨给各旗官兵达140900余顷。官田还包括芦田、牧地、学田、屯田、藉田等。

清初土地制度中的一个突出现象就是八旗圈地。从顺治二年（1645）至康熙八年（1669），清政府曾先后进行了三次大规模的圈地，据统计，

---

① 萧公权：《中国乡村：19世纪的帝国控制》，张皓、张升译，九州出版社2018年版，第91—100页。
② 萧公权先生对清代保甲制的职能和本质进行了精彩的论述。见萧公权《中国乡村：19世纪的帝国控制》，张皓、张升译，九州出版社2018年版，第59—62页。
③ 史仲文、胡晓林主编，庞毅著：《中国全史·中国清代经济史》，人民出版社1994年版，第42页。

三次圈地，共没收了汉人田地146766顷，[1] 上述官田旗地都为圈地所得。

清军入关后，曾将原明代藩王土地视为国有土地，要求耕种的农民购买，否则就要向官府交纳地租，并缴纳田赋，双重盘剥导致土地撂荒严重。康熙年间，清政府改变政策，实行更名田制度，承认耕地农民对共十七万余顷的明宗藩土地的所有权，只须交纳田赋。

田地面积

与历代王朝一样，由于历年战争，清初人民流离失所，全国土地荒芜，农业凋敝。"一户之中止存一二人，十亩之田止种一二亩者"，1661年，康熙帝即位前，依据田赋统计的耕地只有5.49亿亩，相当于明初统计数字的十分之六。安顿民心，恢复生产，开垦荒地迫在眉睫。为此，清政府要求地方官招徕流民，编入保甲，颁发执照，并由官府支借耕牛、种子，督促农民开垦荒地。经过开荒、屯田等多项措施，1685年，全国耕地增加到6.07亿亩[2]。康熙六十一年（1722）达到8.51亿亩，超过明初水平。到雍正十二年（1734），全国耕地面积达到8.9亿亩。以上数字，存在一定的水分，但也反映了经过清初近90年的恢复，农业生产已经完全超过历代王朝。光绪十三年（1887），清代包含民田、官田等在内的各类土地共计约9.12亿亩[3]。

清代的亩积比今市亩略大，清代量地尺为34.3厘米，以此计算，清亩一亩面积为705.89平方米，合市亩为1.0588亩。

以歙县为例，宋代之前田园山地为252984亩，南宋为458156亩，明洪武二十四年（1391），田地山塘面积为544008亩，到嘉靖四十一年（1562），达到556085亩，清康熙五十六年（1717），田353721亩，地135402亩。宣统年间（1909—1911），田213553亩，地83302亩。田地亩数的变化反映出时局、战争等对农业的影响。凡是经过改朝换代，田

---

[1] 范文澜主编，蔡美彪等著：《中国通史》第九册，人民出版社2015年版，第193—195页。

[2] 同一年另一数据为5.89亿亩，见梁方仲编著《中国历代户口、田地、田赋统计》，中华书局2008年版，第531页注④。

[3] 相关数据见梁方仲编著《中国历代户口、田地、田赋统计》，中华书局2008年版，第530页。但另一处数据显示该年的全国各类土地共约为8.499亿亩，可能系不同统计口径所致。见同书第535页。

地数、人口数必然会有剧烈下降。民国6年（1917）时，歙县全县耕地总面积345584亩，其中水田276460亩；到民国22年（1933）耕地总面积才增加到490618亩，但仍未达到历史最高值；民国年间，农业人口人均占有耕地为2亩，后增加到2.5亩。歙县当时全县田地皆分四等，田地山塘换算标准为：山一亩折实田0.434亩，地一亩折实田0.561亩，塘一亩折实田1.191亩。但是，不同类型的田地塘面积存在差异。以五尺为一步作计量单位，上田190步为1亩；中田220步为1亩，下田260步为1亩，下下田300步为1亩；上地200步为1亩，中地250步为1亩，下地350步为1亩，下下地500步为1亩，塘260步为1亩。[1]

根据徽州文书原始文献，清康熙三十六年（1697）休宁县三十三都二图十甲实征草册，十甲共有成丁37人，计22户，有实田171.21亩[2]，平均每户实田仅约为7.78亩，每丁实田约4.63亩。

田地价格

当时的田地买卖价格如何呢？清乾隆十二年（1747），徽州胡非木卖田0.42亩给许荫祠名下为业，价银4两（活卖契）。乾隆二十五年（1760），徽州歙县宋村农民郑德琅卖田2.131亩给文肃祖祠，价银70两。乾隆三十一年（1766），叶方翼卖田1亩给许荫祠，价银16.3两（加价后为断卖契）。乾隆三十九年（1774），郑德甫卖田0.368亩给文肃祖祠，价银11.5两。乾隆四十二年（1777），郑永安卖田0.408亩给文肃祖祠，价银15两。嘉庆十九年（1814），郑齐相将自己两块田共1.12亩以30两卖给文肃祖祠。道光三年（1823），唐偌人卖田共0.51亩给章名下，价银17两（找价后为断卖契）。道光十七年（1837）郑志荣等卖田2.5341亩给文肃祖祠，价格为40千文（按40两计算）[3]。以上徽州田价可参见表7—1，虽呈下降趋势，但也验证了《山樵暇语》中所载："江南之田，唯徽州极贵，一亩价值二三十两者。"[4] 当然，在具体交易

---

[1] 惠东：《明清徽州的亩制和租量》，《安徽史学》1984年第6期。
[2] 严桂夫、王国健：《徽州文书档案》，安徽人民出版社2005年版，第226—227页。
[3] 方利山等：《徽州宗族祠堂调查与研究》，安徽大学出版社2016年版，第229—230页；严桂夫、王国健：《徽州文书档案》，安徽人民出版社2005年版，第151—153页。
[4] 转引自唐力行《延续与断裂：徽州乡村的超稳定结构与社会变迁》，商务印书馆2015年版，第120页。

中，由于田地性质不同，位置肥瘠等有异，交易方式和买卖性质等也有区别，最终田地价格存在较大差异。

表7—1　　　　　　　　清代中叶徽州田地价格

年份	每亩田地价格（两）
1747	9.52
1760	32.85
1766	16.3
1774	31.35
1772	36.76
1814	26.79
1823	33.33
1837	15.78

粮食价格

清代的粮价水平如何呢？同样据蒙文通先生论文所引冯汉镛先生的研究成果[1]，列表7—2：

表7—2　　　　　　　　　　　清代粮价

时间	地区	单位	米价	平均每斛（石）	资料来源
顺治初年（1644）	江浙	米石	>2两	>2两	董以宁白粮
顺治年间（1644—1661）		米石	0.5—1两	0.5—1两	本折议
顺治十八年（1661）	江西		<0.4两	<0.4两	任祥源食货策
康熙年间（1662—1722）		稻石	0.2—0.3两	0.4—0.6两[2]	杨绂缓
雍正年间（1723—1735）			0.4—0.5两	0.8—1两	
乾隆十三年（1748）			0.5—0.6两	1—1.2两	

---

[1] 蒙文通：《中国历代农产量的扩大和赋役制度及学术思想的演变》，《四川大学学报》1957年第2期，第54—55页。

[2] 稻价每石按米价每石一半计算。

续表

时间	地区	单位	米价	平均每斛（石）	资料来源
康熙四十六年（1707）	苏松常镇四府	米升	24 文	3.43 两	钱泳《履园业话》
康熙四十八年（1709）			16—17 文	2.29—2.43 两	
雍正末乾隆初			10 余文	1.43 余两	
乾隆年后			14—15 文	2—2.14 两	
雍正二年（1724）	广西	米石	0.5—0.6 两	0.5—0.6 两	李绂
雍正八年（1730）	湖南		0.34 两	0.34 两	《东华录》
雍正九年（1731）	四川		0.3 两	0.3 两	《清通考》
乾隆元年（1736）			0.6 两	0.6 两	《石渠纪闻》
乾隆二年（1737）		米升	7 文	1 两①	《清通考》
乾隆四十八年（1783）	山东	谷石	0.75—1.23 两	1.5—2.46 两	《清通考》
乾隆六十年（1795）	漳州、泉州	米石	2—3 两	2—3 两	蔡世远
道光初年（1821）	福州	米斗	160—170 文	1.88—2 两②	郭柏苍《五山志林》
	安徽	米石	1.2 两	1.2 两	陶澍
道光中后期	江苏		3—4 两	3—4 两	林则徐
咸丰五年（1855）	湖南	稻石	四百余文	1.125 余两③	骆秉璋
光绪年间（1875—1908）			四五百文	0.8—1 两④	王邦玺

地权集中

与历代王朝一样，土地兼并、地权集中是清代建政不久就需要面对的长期挑战。到了康熙统治后期，在全国大部分地区，土地集中的现象有了明显的发展。缙绅官僚动辄买田数千亩、十万亩、一百万亩，有的富户甚至能坐拥一县之田，小民有田者少，以佃户居多。土地集中达到

---

① 乾隆初，一两银相当于700文钱。嘉庆元年，涨至每两换钱一千三四百文，后又渐减，回复至每两值700文钱。到咸丰年间，每两值800—900文钱。光绪三年，每一两银各地有900文、1100文、1300—1400文不等。见上蒙文第54页。
② 道光年间按每两银值850文钱计算。
③ 咸丰年间按每两银值900文钱计算。
④ 光绪年间按每两银值1000文钱计算。

"一邑之中，有田者十一，无田者十九"① 的程度。其结果是，贫富不均，富者田连千亩，贫者则无立锥之地。

和历代王朝爆发的治理危机一样，土地集中带来的后果是传统农业社会两大支柱土地和人口之间的矛盾再一次周而复始地尖锐起来。在古代赋役征收的基准单位——县，贫民多，富人少，地多丁少者占到十之一二，丁多地少者占到十之六七，丁地相当者只有十之二三。显然，土地集中导致的恶果是税源结构极不合理，本应作为最大的、稳定的税基的丁地相当者，只能贡献百分之二三十的乡村资源。

如何解决呢？或者推行田制改革，走向均田、限田，或者进行赋役改革，将以丁计役与以亩计税的双轨征收彻底打通，将施加在田少丁多的中下层农民身上的赋役部分转移到田多丁少的中上等农户甚至地主富户身上，以缓解财政危机，缓和社会矛盾，稳定乡村治理。既然众所周知，中国古代自宋以后，"不立田制"，不可能退回到井田、均田时代，土地私有化也不会逆转，那么，需要做的就是改革赋税制度，不断完善赋役征收结构、摊计折纳原则、征收方式等赋役规则，以实现各方利益的动态平衡，维持现有治理秩序。

二 清代乡村的户口管理

清代对户口管理实行编审制，与保甲制相互配合，保甲制是用以维护日常治安与行政管理，户口编审制则是政府收缴丁赋的依据。户籍编审的原则是，每110户为一里，里中丁粮多的十户人家担任里长，其余100户分为10甲，编为一册。册内详细记载"原额""新增""开除"和"实在"各个项目。如果男丁年满60岁以上，就计入"开除"项，男丁年满16岁以上则入"新增"项。②

编审制规定，内地各州各县官员每年十月造册统计各类民户上交至府，各府再汇总编造本府总册上交到各省布政司，再由各省于次年八月

---

① （清）邱家穗：《丁役议》，载（清）贺长龄辑《皇朝经世文编》卷三十《户政五》，上海广百宋斋光绪十五年刻本。

② 史仲文、胡晓林主编，庞毅著：《中国全史·中国清代经济史》，人民出版社1994年版，第38—39页。

之前送交户部。顺治年间先是三年编审一次，后改为五年造册一次。

清代将户口分为军户、民户、匠户、灶户，各种类型户口分为上中下三等。对普遍民众，男称丁，女称口。男子未满十六岁也称口，满十六岁称丁，十六岁至五十九岁缴纳丁银，满六十岁除籍，不再缴纳。丁有民丁、站丁、土军丁、卫丁、屯丁之分。内地百姓以丁口计算，边疆百姓以户计算。百姓登记户籍分为四种：民籍、军籍、商籍、灶籍。登记时还要查清每人祖籍。清代还区分民众良贱。士农工商四民为良，奴仆、倡优为贱，而在衙署当差的皂隶、门子、禁卒、番役等都属于贱役。

清代统治的人户中，在满洲贵族役使的奴隶之外，还有历史上形成的分布在各地的各种贱民，贱民并非奴隶，但地位低于平民，不列于民户的户籍。雍正帝在削除满洲奴隶制和改革丁税制的同时，陆续将山陕乐户、浙江惰民、安徽伴当、世仆、广东疍户、江苏丐户等所谓的各类贱民，除籍为良民，编入户籍。①

康熙五十一年（1712）实行永不加赋政策后，编审制已经不具实质的行政管理功能，虽然还需要每五年登记上报一次，但地方官纯粹应付了事，各地填报的新增丁口，年年相同。雍正年间，有官员建议改编审制行保甲制，因为保甲制更为详密，还可以核查游民，可在保甲基础上严密编排人丁，然后再按编审制方式逐级上报总数。乾隆三十七年（1772），编审制废除。根据户口统计，有清一代，人口最多的时期是道光二十九年（1849），全国共有4.1298亿人，到光绪元年（1875），则降为3.2265亿人。②

三 清代乡村的赋役管理

历代统治者所征发的赋役包括田赋和徭役两个部分，田赋多以稻米、粟麦等粮食以及丝、绵、绢等实物形式缴纳，徭役包括差役、夫役等，由百姓实际派工承担。

自明末实行一条鞭法后，赋役征发加速其货币化进程，白银成为主要纳税货币和日常流通货币。自明代中叶至1935年废除银本位，中国的白银（银元）作为流通货币大约流行了500年。明末至清，官府征税以

---

① 范文澜主编，蔡美彪等著：《中国通史》第九册，人民出版社2015年版，第420—421页。
② 赵尔巽等：《清史稿·食货志》，中华书局2020年版，第2496—2495页。

税银为主，只征收少量实物。例如，康熙中期，每年征收税银 2440 余万两（包括田赋丁银在内），米麦粮食则只有 430 余万石。但一条鞭法只是在技术上将徭役摊派到田赋上，并未废除丁役这一税种本身，丁役仍然存在，废除丁役最终是在清代完成的。除了在征收方式、程序等技术性问题上进行变革外，清代赋役制度的一个重大革新是通过从"永不加赋"到"摊丁入亩"的政策演进，最终在形式上废除了古代中国实行两千余年的人头税。

清初的赋役制度

清初沿用历代田赋徭役制度，但在政策上汲取明末税赋过重导致灭亡的教训，实行"轻徭薄赋"政策。顺治元年（1644），清政府取消明末加派"三饷"的命令，并以万历初年的《赋役全书》所载为正额，征收赋税，其余各项加增一律废除。顺治十一年（1654），清政府修订《赋役全书》，载明地丁原额数，列出荒芜数，再列明实征数、起运存留数，并将新垦地亩、招徕的人丁等附载于册尾。清代的赋税册籍，沿用明代做法，既有丈量册，即鱼鳞册，详细登记上、中、下田则；又有黄册，每年登记户口增减，与《赋役全书》互相验证；同时还制定赤历，由百姓自己申报登记，汇总后交至各省布政司，年终相互比对；此外还有会计册，详细记载各州县正项本折钱粮，并注明送缴户部国库年月。[①] 从《赋役全书》的规定来看，与明朝万历时期相比，对农民的剥削有所减轻。[②]

康熙二十四年（1685），清廷重修《顺治赋役全书》，删除田赋尾数，进一步减轻农民的赋税。尽管如此，由于连年战争，财政入不敷出，清政府在宣布免除"三饷"后，又依明制逐年征收"加派"的税银，一年多至四百余万两，而在顺治后期，正赋每年岁入不过一千八百多万两，加派的税银达到正税的 22% 以上。[③]

康熙年间，清政府实行赋税蠲免的政策。康熙初年（1662）起，除自然灾害照例全免外，几乎"一年蠲及数省，一省连蠲数年"。据统计，从康

[①] 赵尔巽等：《清史稿·食货志》，中华书局 2020 年版，第 2527—2530 页。
[②] 史仲文、胡晓林主编，庞毅著：《中国全史·中国清代经济史》，人民出版社 1994 年版，第 45—46 页。
[③] 范文澜主编，蔡美彪等著：《中国通史》第九册，人民出版社 2015 年版，第 288 页。

熙元年（1662）至四十九年（1710），全部蠲免"已逾万万"。康熙五十年（1711）开始，又实行轮蠲，即将全国各省分为三批，每三年轮免一次。①

田赋的征收原则依旧是按照田亩数征收钱粮。田地依肥瘠分为三等九则。每年春季和秋冬间分两次征税。钱粮税额各地也不一致，差别巨大。如直隶每亩税银八厘一毫至一钱三分，米一升至一斗。

表7—3　　　　　　　　　　　清初田赋科则②

直省	民田亩银数（分）	民田亩粮数（升）	民田亩麦数（升）	民田亩米数（升）	口赋丁银数（两）③
直隶	0.81—13.0	1.0—10.0			0.03—0.26
盛京	1.0—3.0	2.08—7.5			0.15—0.2（奉天府）
山东	0.32—10.91		0.01—0.43	0.02—3.06	0.0539—0.78
山西	0.107—10.0	0.15—27.0			0.1—4.053
河南	0.14—22.7			0.07—2.2	0.01—0.2
江苏	0.9—14.11		0.002—0.03	1.47—19.26	0.014—0.2
安徽	1.5—10.06		0.05—0.08	0.21—7.1	0.05—0.519 + 0.0074④
江西	0.1336—11.713			0.14—10.725	0.032—1.346 + 0.0026—0.0095
福建	1.69—16.25			0.019—2.47	0.0839—0.291 + 0.0147—0.0181
浙江	1.503—25.5			0.0003—19.0	0.002—0.572
湖北	25.45—297.41⑤	0.006—29.148			0.154—0.6438
湖南	20.238—184.04	0.0294—14.69			0.03—0.835
陕西（西安）	238.17	5.85—5.25			0.2
甘肃	0.02—15.04	0.03—8.11			0.2

① 史仲文、胡晓林主编，庞毅著：《中国全史·中国清代经济史》，人民出版社1994年版，第19—20页。
② 资料来源：（清）允祹纂修：《钦定大清会典则例》卷三十五《田赋二》。
③ 资料来源：（清）允祹纂修：《钦定大清会典则例》卷三十三《人口》。
④ 附加盐钞口银。
⑤ 湖北、湖南为每石征银数。

续表

直省	民田亩银数（分）	民田亩粮数（升）	民田亩麦数（升）	民田亩米数（升）	口赋丁银数（两）
四川	0.159—8.491	7.12—71.2①			0.12—0.51
广东	0.81—22.32			0.65—2.29	0.019—1.326
广西	2.04—21.22			3.7—5.35	0.15—0.452
云南	0.55—4.65	1.94—15.0			0.03—0.55
贵州	1.0—65.0			0.51—45.0	0.15—4.0

在丁役上，通过里甲法，计丁授役，方法多样，既有分三等九则式的，也有一条鞭式的，有丁随地派式的，也有丁随丁派式的。但丁随地派方式居于主流，占十分之七。凡编审在册的成年男子（16—59岁）都须缴纳丁银，但各地标准不一。最少的为每丁一分五厘，多的一两有余，山西有达到四两的，巩昌地区甚至有达到每人八九两的。据康熙《湖广武昌府志》，康熙年间，武昌共有当差人丁143298人，实征丁银28457.13两，丁均0.199两。②康熙五十年（1711），福州府共有人丁原额152998人，实征丁银32288.52两，丁均0.211两；乾隆十六年（1851），福州府人丁189507人，征银24567.25两，丁均0.1296两③，呈现下降趋势。道光十六年（1836），青州府共有实在当差人丁235103人，应银44564.11两，人均0.190两，④均在各种科则浮动范围之内。

清初的口赋丁银征收范围其实是很大的，以江西省南昌府南昌县为例，坊成丁每丁编银0.125两，坊不成丁0.062两，乡成丁0.137两，乡不成丁0.066两，妇女每口也编银0.0054两；新建县征收对象与南昌县相同，征收标准则略高；南昌府其他各县只计每丁、妇女每口征收标准。⑤

---

① 折合每石征银。
② 康熙《湖广武昌府志》卷三《田赋志》，江苏古籍出版社2001年版，第132—133页。
③ 乾隆《福州府志》卷十上《田赋志》，成文出版社1967年版，第194页。
④ 咸丰《青州府志》（二）卷三十一《赋役考》，第13页。
⑤ 同治《南昌府志》卷十五《赋役》，第1—9页。

顺治年间，内地各省丁银总额三百余万两①，说明赋役的货币化正在逐步向前发展。

无论田赋还是丁银，征收必须与实际情况相符。但古代清查土地户口都是多年一次，即使规定三年或五年一查，但由于各种原因，事实上往往十年也不更新，增减信息老旧。再加上地方官吏、地主富户、权贵阶层在编制黄册、鱼鳞图时上下其手，致使户口丁册和田簿与民户实际拥有情况差距较大。明末清初的大动乱致使壮丁或死绝，或逃亡，官府本应及时清查户册，据实征收，但清军入关后，清代统治者仍按万历年间老册执行。有的地方官发现实际丁数与户册丁册不符时，要求上级豁免，但或被拒绝，或被打折执行。原因是顺治年间清政府仍处于战争状态，需要汲取民力支撑政府运转。虽然顺治四年（1647），朝廷题准编审人丁，凡年老残疾并逃亡绝户悉行豁免，②但实际执行远非如此。此种情形至康熙年间仍无好转，编审户口时仍沿袭的是旧簿，老不除籍，壮不加丁，亡故者仍在籍不减。其结果是，死亡的人丁和逃亡的人丁，其丁银都转嫁到在籍男丁身上。为了躲避高额丁银，在籍男丁也经常逃亡或隐匿，造成守法农民不得不承担里赔连带责任，甚至赤贫无地的光丁也要缴纳高额丁银等不正常现象。这是国家治理的技术性失败，问题的根本在于制度滞后，管理疏漏，致使问题积弊丛生，既不利于丁银征收和国家财政收入，也容易激发官民矛盾，影响生产的恢复和社会秩序的稳定。

表7—4　　　　　　　明末清初各地丁银征收情况③　　　　（单位：两）

府县地区	万历年间	顺治年间
湖北黄梅县	0.3564	0.4139
陕西商州县	0.11	0.438
湖南衡阳县	0.127	0.44
湖南宁乡县	0.5	0.9

---

① 赵尔巽等：《清史稿·食货志》，中华书局2020年版，第2538页。
② （清）允裪纂修：《钦定大清会典则例》卷三十三《户口下》。
③ 数据转引自郭松义《清代赋役、商贸及其他》，天津古籍出版社2011年版，第8—12页。

续表

府县地区	万历年间	顺治年间
山西猗氏县	上丁：1　中丁：0.7　下丁：0.3	1两至数两
陕西延安府		3　4两甚至7—8两
徽州休宁县	0.1147	

苏松二府重赋依然

苏州府重赋由来已久，明代尤甚。据乾隆《苏州府志》，万历四十八年（1620），苏州府共有田地山荡10086404亩，年缴纳平米2428000石，内验派本色米1062726石，折色银666541两。

清代，苏松重赋并无改变的迹象。顺治二年（1645），额定苏州府田地山荡滩涂共计6273749亩，共科平米1813400石，折色银756599两。如以1两银折米4石计算，万历四十八年的米银总额仅比顺治二年多了254368石，但征纳的田亩数，前者比后者多了381万亩。如果计算亩均，明末亩均征米为0.24石，亩均征银为0.066两；清初亩均征米为0.289石，亩均征银0.12两，即使算上折实田这一因素，清初基本上沿袭明末的征纳水平，并无革命性改变。

雍正三年（1725），清廷减免苏松二府额征银45万两，其中苏州府减免199709两。乾隆二年（1737），再减二府银20万两，其中苏州府减免86909两，白粮改漕减征银6251两，最终实征银为577493两。以上数据看起来很漂亮，但事实上，清初苏州府赋役征发仍以明万历中期赋役额为基础进行增减，并录入《顺治赋役全书》作为依据。增减各自是多少呢？增米麦豆60987石，减米45939石；二者相抵，净增15048石，考虑到麦豆与米之间的折算，净增额折算成米应该更少一点。增银为两项，其中原属明末新增银290524两，清初新增银为360283两，共为650807两，减银约为308039两（包括前述雍正三年、乾隆二年的两次减免），二者相抵，净增银为342768两。

可见，清初统治者对苏州百姓的征收名义上是减负了，但即使是废除了明末"无艺之征"，清初又新增了更多数量的税银，这些税银经过多次减免后，仍净新增52244两（乾隆二年前减免后的净增银342768两减去原明末新增银290524两）。当然，与明末乱征乱派相比，经过雍乾时期后，苏州府赋税增量远远小于明末是无争议的,但也不能由此得出结论,清代赋税水平相比明代中后期就下降了很多。显然,就是与加征增银前的万历初年相比,乾隆初年苏州府的税银也多了5万多两,当然,考虑到物价、田地数量的变化,这种增量是正常的,但在其他项下,税银甚至大大增加。苏州府缴户、工、礼三部的办料银在明万历年间原编数为55348两,清初几经续定增编,至康熙十二年(1673),增加到124047两。①

乾隆三年(1738),新编《赋役全书》,规定苏州府赋役总额,审定全府九县共有田地山荡6227640亩,年征平米1797578石,折色银557246两。②

从永不加赋至摊丁入亩

康熙五十一年(1712),清政府考虑到户口日增,但地未加广,人均田地有所减少,如果仍以人丁数征税,将会增加百姓负担,为此,朝廷出台新规定:

> 五十一年谕曰:"海宇承平日久,户口日增,地未加广,应以现在丁册定为常额,自后所生人丁,不征收钱粮,编审时,止将实数查明造报。"③

在廷议中,将之概括为"五十年以后,谓之盛世滋生人丁,永不加赋",意思是以康熙五十年(1711)各家所登记的人丁户口数字为固定标准,不增不减,在此之后出生或已出生但未达到成丁年龄的不再征收钱粮丁银,只是户口登记时,将实数查明造册即可。人丁遇有减少时,用本户新增人丁抵补,保持原额不变。如不足,由亲戚家中丁多者弥补,再不足,由同甲家中粮多者弥补。康熙五十年全国应交纳丁银(人头税)者为24621324人,这就是此后全国应征丁银人数的额定总额,永远不变。

以上规定即"盛世滋生人丁,永不加赋"政策。例如,康熙五十年时,张三家中有男性为父子四人,其中,父亲五十八岁,大儿子二十七

---

① 乾隆《苏州府志》卷十《田赋三》。
② 乾隆《苏州府志》卷八《田赋一》;卷九《田赋二》;卷十《田赋三》。每平米一石派征本色米并麦改米0.4767石;每平米一石摊征人丁银0.0264两;田地山荡二亩折田一亩,每亩派征徭里银0.01997两,每亩派征地亩银0.009两。
③ 赵尔巽等:《清史稿·食货志》,中华书局2020年版,第2540页。

岁，二儿子十六岁，三儿子一岁。那么，丁数就固定为2丁。三年之后，家中又增一子，此时，虽然二儿子已为成丁，但丁数仍为2丁。其后所生之三子、四子也皆不纳丁银。再过三年，父亲去世，则由二儿子抵补为丁，丁数仍保持为2丁。如果假设其间不幸大儿子亡故，三、四子又未成丁，则由其叔伯舅等人家中丁多者抵补，如为独户，则由同甲粮多者补之。

永不加赋政策实施后，出现了"一户或有五、六丁，止一人交纳钱粮，或九丁十丁，亦止二、三人交纳钱粮"的现象，确实有利于减轻百姓负担，但该法也有弊端，即有连坐嫌疑，加重了姻亲邻里的负担，由此容易产生隐瞒冒充现象。

雍正元年（1723）九月甲申（初八），"户部议覆直隶巡抚李维钧请将丁银摊入田粮之内。应如所请。于雍正二年为始。将丁银均摊地粮之内。造册征收"。①

至此，清廷进一步改革徭役制度，实行"摊丁入亩"政策，又称"摊丁入地""地丁合一"或"丁随地起"，即不再单独征收丁银，将原来征收的丁银全部摊入土地税内按地亩合并征收，统谓之地丁。征收的办法，大多数地区是以府或县为单位，把康熙五十年应征的丁银总额，按亩分摊到田中。摊丁入亩的具体办法，各地并不完全一致，大约有三种。

第一种是以田赋银一两为单位，摊入丁银若干。各省地丁银纳征标准参见表7—5②。

表7—5　　　　雍正元年至十年清廷核准各省地丁银纳征标准

直省	最少（两）	平均（两）	最多（两）	纳征标准
直隶		0.202③		地赋一两
福建	0.0527		0.312	地赋一两

① 《清世宗实录》卷十雍正元年九月甲申。
② 该表系笔者根据《清史稿》所载数据自绘。赵尔巽等：《清史稿·食货志》，中华书局2020年版，第2540页；（清）允裪纂修：《钦定大清会典则例》卷三十三《户口下》。以上均未计闰年加征。
③ （清）允裪纂修：《钦定大清会典则例》卷三十三《户口下》，直隶每地赋一两，摊征丁银0.207两。

续表

直省	最少（两）	平均（两）	最多（两）	纳征标准
山东		0.115		地赋一两
山西（太原等18县）	0.1479		0.338①	地赋一两
河南	0.01176		0.2072②	地赋一两
甘肃（河东）		0.1593		地赋一两
甘肃（河西）		0.0106		地赋一两
江西		0.1056		地赋一两
广西		0.136		地赋一两
湖北		0.1296		地赋一两
浙江		0.1045③		地赋一两
陕西		0.153④		地赋一两
江苏、安徽	0.0011		0.0229⑤	地赋一两
广东		0.1064		地赋一两⑥
湖南	0.0001		0.861	地粮一石

第二种是以税田一亩为单位，再根据土地肥沃程度，摊入丁银若干。例如云南昆明县、临安府上则田每亩摊征丁银 0.076 两，中则田每亩 0.066 两，下则田每亩 0.056 两。⑦

第三种是以田赋粮一石为单位，摊入丁银若干，即以税粮载丁。例如，四川威州等十一个州县每丁丁银标准为每税粮 5.2 升至 1.906 石算人丁一丁征收。江安县每税粮 4.66 石载丁一丁，巴县每税粮 4.4 石载丁一丁，灌县每税粮 2.161 石载丁一丁。新繁县每税粮 1.126 石载丁一丁，每丁条银 0.29724 两，则平均每石税粮的地丁银标准税为 0.26398 两。达县每税粮六斗载丁一丁，每丁征银 0.8868 两，平均每石税粮的地丁银标准

---

① （清）允祹纂修：《钦定大清会典则例》卷三十三《户口下》。
② （清）允祹纂修：《钦定大清会典则例》卷三十三《户口下》，河南每地赋一两，摊征丁银一分一厘七毫六丝至二钱七厘二丝。
③ （清）允祹纂修：《钦定大清会典则例》卷三十三《户口下》。
④ （清）允祹纂修：《钦定大清会典则例》卷三十三《户口下》。
⑤ 表中数据为《清史稿·食货志》数据。（清）允祹纂修：《钦定大清会典则例》卷三十三《户口下》，载安徽每地赋一两摊征丁银为一厘一毫至六分二厘九毫不等。
⑥ 范文澜主编，蔡美彪等著：《中国通史》第九册，人民出版社 2015 年版，第 418 页。
⑦ 转引自郭松义《清代赋役、商贸及其他》，天津古籍出版社 2011 年版，第 52 页。

为1.478两。①

一般来讲，地多丁少的省份，地亩摊丁银率较低；人口密集地区，丁多地少，地亩摊丁银率较高。不管采取哪种方法，都比以前分别单独征收田赋和丁银合理得多。②

"摊丁入亩"制度是中国古代赋税制度的重大革新，它以"永不加赋"政策为基础，也是对明代"一条鞭法"的继承和发展。因为人丁数和丁税数不固定，一条鞭法只能把部分丁银摊入地亩中，征收丁银的依据仍然是人丁数和地亩（产粮）数两项，且经常变动更新。丁和粮各占多少比例，各地不一，有的地方实行丁六粮四的比例；有的地方则丁居四分之一，粮居四分之三。

摊丁入亩则是把丁银全部摊入地亩，确定地赋丁银联计标准后，据地征收，这是因为施行"滋生人丁，永不加赋"政策后，丁数、丁税额都已固定，才有可能把丁银摊入地亩，使地丁完全合一。

可见，摊丁入亩与一条鞭法相比，前者标准数额固化，后者需要每年编征，前者地丁合一，田赋丁银一次编定后，不再年编分编，赋役彻底合二为一；后者则分编合征，每年丁银仍有变化可能。

明末的一条鞭法实现了从实物赋役到货币赋役的进化，并部分实现丁粮合一，朝着取消人头税的方向迈进。清初的永不加赋政策使人头税的征收固额化，摊丁入亩则彻底实现丁粮合一，在形式上取消了人头税，因为丁银仍然需要征收，只是摊折到田赋中了。随着历史的演进，丁银逐渐融入田赋中，对于后世来说，人头税、丁税逐渐在事实上取消了。

"摊丁入亩"制度按土地多少征税，一定程度上改变了赋役不均的严重状况，取消了过去士绅优免丁银的特权，地主富户的赋银有所上升，而贫苦农民的负担则得到减轻，因为农民丁多地少，地主则地多丁少。有专家

---

① 新繁县丁粮额办具体标准是：每粮一石征条银二钱九分七厘二毫四丝七忽三微九尘七纤，一载：每粮一石一斗二升六合三勺八抄二撮四圭五粒二粟载丁一丁，又载：每丁征银二钱九分七厘二毫四丝七忽三微九尘七纤。如按将每丁征银数与载丁粮石数相除，则每粮石征丁银为二钱六分三厘九毫七丝八忽六微八尘五纤（0.263978685两）。相关数据见郭松义《清代赋役、商贸及其他》，天津古籍出版社2011年版，第34—36页。

② 史仲文、胡晓林主编，庞毅著：《中国全史·中国清代经济史》，人民出版社1994年版，第88页。

对河北获鹿县六个县十九个甲摊丁入亩前后丁银征纳情况的研究表明，摊丁入亩前拥有全部土地30.0%的地主只负担2.7%的丁银，根本无地的人丁却负担14.4%的丁银。中等人丁、贫苦人丁、无地人丁三类中下类人丁负担了全部丁银的77.3%，是地主的28倍多。摊丁以后，根据龙贵社五甲等八甲的审册资料，以有地30亩为界，其下各等人丁所纳丁银由摊丁前所占全部丁银比例的72.6%下降为摊丁后的30.15%。有地10—30亩的负担减轻了24.6%，10亩以下的减轻了72.4%，无地的则减轻了100%以上，完全没有负担。而有地100亩以上的地主负担增加了727.7%，60—100亩的增加了33%，30—60亩的增加了3.7%，说明政策对地主是不利的。而有地30亩以下的人丁在摊丁前占总人丁的84.2%，在摊丁后占总人丁的86%，[①]说明摊丁入亩改革的受益面还是较广的。

同时也要看到，摊丁前后亩均征银并非总是下降，如果在地少丁多的县，反而可能上升，因为一县摊丁前后赋役总额不变，田多丁多的县可能前后变化不大，田多丁少的县，摊入丁银后，亩均征银肯定会下降，但如果是田少丁多的县，情况正好相反。乾隆十七年（1752）摊丁入亩政策在安徽省颍州府完全实施后，每亩地所摊丁数最高的是太和、霍邱两县，分别达到了0.675两和0.181两，而同府其他四个州县每亩地所摊丁数最高也不过才0.055两，最低只有0.013两，原因在于太和、霍邱两县田少丁多，造成亩均所摊丁银数据大大高于其他县。[②]

"摊丁入亩"实行后，丁税劳役全免，人们不再需要以逃亡和隐匿的形式逃避丁银，从百姓到地方官吏也不再需要挖空心思瞒报人口，赋役制度的改革是刺激清代人口急剧增长的直接原因。永不加赋、摊丁入亩政策实施后，旧的徭役体系逐渐在全国范围内废除，到1750年，新的赋税体系最终取代了旧制度。官方再需要劳力兴建公共工程时，就从劳力市场上雇工。[③] 到18世纪中叶，国家强行征调的徭役大大减少，对于广

---

① 史志宏：《从获鹿县审册看清代前期的土地集中和摊丁入地改革》，《河北大学学报》1984年第1期。

② 参见刘亚中、张秀红《由乾隆〈颍州府志〉看摊丁入亩税制改革》，《中国地方志》2011年第9期。

③ 参见［美］裴德生编《剑桥中国清代前中期史》上卷，戴寅等译，中国社会科学出版社2020年版，第597页。

大乡村百姓来说，徭役之累得到了很大的缓解，这有利于与民休息，并推动商业的繁荣和农业经济的发展。

雍正年间，为解决财政困窘问题，清廷实行耗羡归公和养廉银制度，这是清代中期赋役制度的又一次改革。耗羡即火耗，是指在赋役征收白银化后，为解决白银熔铸过程中的损耗，政府向征税对象额外征收的田赋附加税，与明代的加耗类似，但过去官府没有统一规定，各地方官加征火耗标准尺度不一，私加乱加现象严重，构成百姓的沉重负担，助长地方官贪腐之风。改革后，变过去的暗征为明征，既可以遏制官员贪污，也可减轻农民负担。当时各省的耗羡征收率一般在10%—20%，归公后，这些火耗银部分留作地方公费使用，或用于弥补地方财政亏空，其余上缴国库，由朝廷作为官员的养廉银发放。雍正年间，总督每年养廉银是2万两左右，巡抚为1.5万两，布政使为1万两，按察使为8000两左右，道府为5000两左右，州县正堂为1000—2000两。地方官的岁支养廉银超出他们各自俸银的数倍、数十倍甚至一百多倍。其后，武职官员和中央各部门官员也实行数额不等的养廉银制度。① 到1885—1894年时，耗羡银每年达到290万—300万两。②

"摊丁入亩"和耗羡归公保证了国家的地丁收入，乾隆、嘉庆以后，清政府每年收入地丁银达三千万两，约占国家财政收入的3/4。新的赋役制度一直维持到19世纪中叶，清政府始终没有加征过田赋和丁银。从康熙、雍正到乾隆朝，朝廷还多次减免赋税，再加上政府鼓励垦田，多种因素的作用，促进了农业的发展，也在一定程度上减轻了农民的负担。1652—1755年，江南地区松江府的纳税负担降低了70%左右；而1725—1750年，苏州府不直接向国家纳税的土地约占其全部耕地的三分之一。③

清代的赋役征收

摊丁入亩后，丁役以货币化的方式纳入田赋之中，在形式上取消了劳役，但历代以来官僚士绅阶层享受劳役优免特权的政策直到雍正年间

---

① 郑学檬：《中国赋役制度史》，厦门大学出版社1994年版，第608页。
② 梁方仲编著：《中国历代户口、田地、田赋统计》，中华书局2008年版，第574页，乙表80。
③ [美]裴德生编：《剑桥中国清代前中期史》上卷，戴寅等译，中国社会科学出版社2020年版，第598—599页。

仍在继续。因为传统上,作为官僚的公家人,作为士子生员的读书人从事体力劳动是有辱斯文的,故历代王朝都将有功名之人排除在劳役之外。但历代王朝的劳役征发事实证明,官僚士绅阶层的优免特权极易被滥用、冒用,造成对普通百姓的极大不公,只是自先秦至清初的几千年时间内这一不公始终未得到纠正和解决。对这一弊病的革除是从雍正时期开始的。1726年,雍正发布上谕,阐释法律,下令只有拥有功名者本人才享有赋税优免权,并使用铁腕手段予以推行。1726—1730年,雍正下令对江南进行大规模的欠赋清查,重点关注清查该地区的士绅抗粮问题,打击士绅中的逃税者。这一系列行为可以被看作"士绅一体当差,一体纳粮"的新政运动。不过这一政策在乾隆朝被废除了,乾隆恢复了儒户和宦户的特权等级,停止了正在进行的对士人和官宦家庭税收欠款的清理。[①]

清代继续沿用明代旧例,以里甲制为组织形式,以《赋役全书》为征发依据,以丈量册、黄册以及各类税票、由单为管理文书或凭证征发赋役。为纠正明代赋役征发的制度弊端,清廷取消了粮长制度,最初也不再以里甲为催科组织,而是以知州知县为唯一的税收官员,由他们直接与所辖州县的纳税人打交道。显然,一个县令要面对全县成千上万的自耕农或地主纳税人,这样做在技术上是很难实现的,故而清政府授权知州知县可以任命帮手如走卒、衙门书吏和差役协助开展工作。之所以如此设计,清政府是希望由纳税人自行缴纳税收,即"投柜"和"上仓"。投柜即由农民自行到县城,将应纳税银投递到木制的银柜中,旁边有官吏验收监督,并开具纳税收据或证明。上仓指将米麦粮食交到指定的官府粮仓中,程序相同。自行缴税是建立在对农民理性的充分信任基础上,但事实证明,没有强制命令和催科惩罚,总是存在不交、缓交或拖欠税银税粮的行为。因此,粮长虽然取消了,但指望州县官员及其衙门走卒下乡催科是很难实现的,人生地不熟不说,甚至很容易遭到暗算。显然,如果在基层没有组织协助县府"催科",指望农民主动纳粮,是很难实现的。由此,里甲组织的催税功能后来不得不恢复。

[①] [美]裴德生编:《剑桥中国清代前中期史》上卷,戴寅等译,中国社会科学出版社2020年版,第221、489页。

可见，尽管小有反复，但清代的乡村赋役征收体系与历代别无二致，府县机关通过文书系统在法律和制度程序上确定征收的标准、税额、方式等内容，这属于"细活"，而催征等"粗活""脏活"则由里长、甲长和"催头"们担任。与宋、明一样，里甲之役给清代农民带来的压力负担与被勒索的威胁以及里甲长们产生的腐败难以避免。所谓粗活、脏活是指官府与里甲长共谋，通过殴打、拘囚、罚款、连坐等手段向农民催征赋役。同时，里甲之役对里甲长们来说也是一柄双刃剑，他们可以之谋利，但本身亦是这一制度的受害者。在许多情况下，他们不但要负责催促乡邻交税，还要负责赔偿乡邻未交的税，明清里甲长的包赔之命运与两宋时的前任们相比仍是丝毫未曾改变。与明代一样，里甲长们还要"勾摄公事"，此处所谓公事，绝非承担什么重要公务，而是负担迎新送旧、修理铺设、衙署岁修、置备县衙执事家什等的费用，这些一年中的大小物料，皆须出自里甲，至于州县府衙机关的其他费用，也都出自里甲，因为明清田赋的地方存留比例极小，地方政府的公务支出都要取自里甲，即广大乡村。里甲长们领取任务后，即回乡摊派到乡民农户身上。①

为防止各级官僚营私舞弊，康熙年间使用三联票征税，允许民户检举不填写税票或不给农民发还缴税凭证以贪污自肥的行为。

当时的赋税征收，地方官吏往往私行科派，名目不一。地方政府的私派、重取火耗等苛索是造成里甲困累的一个重要原因。清初湖南地区盛行的"软抬""硬驼"名目即为私派之典型。各项私派，由全县所有里甲共同分摊者为软抬，由各里甲轮流应当者便是硬驼。连康熙皇帝都了解到，每岁科派，湖南有较正供额赋增至数倍者。有司征收钱粮，加取火耗又视别省为独重。湖南地区私派名目繁多，仅地方官员日常办公、私人生活的开销，就包括"日用之米蔬供应、新任之家伙案衣、衙署之兴修盖造、宴会之席面酒肴、上司之铺设供奉、使客之小饭下程、提事之打发差钱、戚友之抽丰供给、节序之贺庆礼仪、衙役之帮贴工食、簿书之纸札心红、水陆之人夫答应、官马之喂养走差"等项，此外还有钱

---

① 以上部分内容参见萧公权《中国乡村：19世纪的帝国控制》，张皓、张升译，九州出版社2018年版，第120—130页。

粮征解环节中的"私加羡余、刊刷由单、报查灾荒、编审丈量"① 等陋规，此类游离于规制之外的种种需索，最终无一不落在里甲身上。

为解决私征弊端，康熙三十九年（1700），清政府实行滚单法征收田赋。每里以 5 户或 10 户为一单位，使用滚单催赋，单上逐户写明田地数、银米数和春秋各自应缴纳的数额，并将应征总额分为十期，标明每期应缴纳的数量和期限，由官府发给甲首，依次一轮轮地滚催。纳粮时，粮户亲自缴纳，以免大户包揽从中作弊。以上对田赋制度和征收手续的技术性改革对于解决地方官吏私行科派、鱼肉乡民以及赋税负担不均等问题起到了一定的促进作用。

四　清代农民的负担

摊丁入亩政策的实施，使清代的赋役征收完全走向货币化，也为相对更为准确地计算乡村人民的赋役负担提供了更多的基础条件。对于清代农民的负担的考察，需要选择不同的时间段予以验证，分别是顺治康熙年间、雍正乾隆年间、道光至清末。原因显而易见，我们需要了解的是，雍正元年（1723）实行摊丁入亩前后，农民负担是否有所减轻，康乾盛世后农民负担是否上升，这样才能使农民赋役水平与乡村治理成效之间产生一定的联动考量，考察仍然分全国、府县和民户三个层次。

全国平均视角的农民负担

全国面上的平均数据重点以亩均银数、亩均粮数为考察目标，结合考察丁均数据。康熙五十一年（1712）执行"滋生人丁，永不加赋"政策后，尤其是雍正元年"摊丁入亩"政策实施后，人均、户均数据在反映农民负担方面的价值已经显著下降。那些人口多的大家庭的人均负担在数据上虽然显得较低，但实际负担可能会更重，因为大部分家庭新增人口都需要较长时间才能成长为成丁（劳动力人口），非劳动力人口在家庭总人口中的比例肯定超过该政策实施之前。但是，中前期的均数表 7—6、表 7—7 中，人均主要是指丁均，中后期则是指口均，数据来源的原始文献中计量单位的变化反映出中国古代赋役制度的变化，以丁为单位的役银和人头税逐渐消

---

① 张爱萍：《废甲编区：清初衡山县里甲赋役改革与基层区划的重塑》，《清史研究》2020 年第 2 期。

失于地亩、田亩之中，到了中后期，再以丁为计量单位已经没有现实意义。

表7—6　　清代前中期各直省人丁、田地、田赋及其平均数①

年份	人丁总数（口）	田地总数（亩）②	田赋总数 银（两）	田赋总数 粮（石）	平均数 每人亩数（亩）	平均数 每人银数③（两）	平均数 每人粮数（升）	平均数 每亩银数（分）	平均数 每亩粮数（升）
1661	21068609	549357640	21576006	6479465	26.07	1.02	30.75	3.9	1.18④
1685	23411448	607843001	24449724	4331131	25.96	1.04	18.50	4.0	0.71
1724	25284818	683791427	26362541	4731499	27.04	1.04	18.71	3.9	0.69
1753	102750000	708114288	29611201	8406422	6.89	0.29	8.18	4.2	1.19
1766	209839546	741449550	29917761	8317735	3.53	0.14	3.96	4.0	1.12
1784	134729180	718331436	29637014	4820067	5.33	0.22	3.58	4.1	0.67

表7—7　　清代中后期各直省人丁、田地、田赋及其平均数⑤

年份	丁口总数（口）	田地总数（亩）	田赋总数 银（两）	田赋总数 粮（石）	平均数 口均亩数（亩）	平均数 口均银数⑥（分）	平均数 口均粮数（升）	平均数 亩均银数（分）	平均数 亩均粮数（升）
1820	388245519	746612711	30206144	8971681	1.92	7.78	2.31	4.05	1.2

---

①　表7—6、表7—7皆取于梁方仲编著《中国历代户口、田地、田赋统计》，中华书局2008年版，第543—550页。此处顺康雍乾四朝人丁总数系梁方仲先生根据各省数加总所得，与史书所载数存在差异。如1661年、1685年、1724年，该著第16页所载全国口数分别为19137652口、20341738口、262111953人，与表7—6不同。表7—6中的"每人"如改为"每丁"更准确。

②　因版本不同，不同途径的数据存在差异，有些数据是各省相加而得，部分省缺漏数据。田地数栏中1753年、1766年数据系民田，故此两项数据与梁著第530页乙表61中该年的田地亩数存在差异，后者是官民田加在一起，但也有漏缺。

③　每人银数、每人粮数两栏数据系笔者根据梁著原表中数据计算所得。

④　此数据取于梁方仲编著《中国历代户口、田地、田赋统计》，中华书局2008年版，第543页。根据原表中数值倒推可知，梁著以一石＝一百升予以计算。

⑤　此表数据来源于梁方仲编著《中国历代户口、田地、田赋统计》，中华书局2008年版，第551—579、341—353页。丁口总数系原表中原额和滋生额相加所得，粮额为原表中米和其他粮相加所得，人均数据系根据前述数据计算所得。小数点后数字按四舍五入原则处理，下同。

⑥　口均银数、口均粮数两栏数据系笔者根据梁著原表中数据计算所得。其他相关数据可参见原表及其说明。

续表

年份	丁口总数（口）	田地总数（亩）	田赋总数 银（两）	田赋总数 粮（石）	平均数 口均亩数（亩）	平均数 口均银数（分）	平均数 口均粮数（升）	平均数 亩均银数（分）	平均数 亩均粮数（升）
			实征地丁银						
1841	413457311		29431765			7.12			
1842	414686994		29575722			7.13			
1845	421342730		30213800			7.17			
1849	412986649		32813304			7.95			
1851	311500000	756386244①			2.43				
1873		756631857							
			实收田赋数						
1875	322655781②								
1880	364500000③								
1885	295881000④		32356768			10.94			
1886			32805134						
1887		911976606	32792627		2.50	9.0		3.60	
1888			33224347						
1889			32082833						
1890			33736024						
1891			33586544						
1892			33280341						
1893			33267856						

① 1851年、1873年、1887年数据来源于梁著第530页乙表61。
② 赵尔巽等：《清史稿·食货志》，中华书局2020年版，第2498页。
③ 因下栏中数据缺漏太多，笔者采用了《中国人口史》中相近年份的数据，具体为1887年的平均数是用该年的实收田赋数除以1880年的全国人口数和1887年的全国田地数，1903年的平均数是用该年的地丁银等项数除以1910年的全国人口数和1887年的全国田地数。1910年人口数参见曹树基《中国人口史·第五卷·清时期》，复旦大学出版社2001年版，第832页。
④ 此数据系根据梁著第360—367页甲表85中22个直省数据相加所得，原表中欠缺部分直省数据，故总数据与此前年份数据相差较大，无法采用。

续表

年份	丁口总数（口）	田地总数（亩）	田赋总数 银（两）	田赋总数 粮（石）	平均数 口均亩数（亩）	平均数 口均银数（分）	平均数 口均粮数（升）	平均数 亩均银数（分）	平均数 亩均粮数（升）
1894			32669086						
			地丁银等项	漕粮本色					
1903			37187798①	112966②	2.09	8.53		4.08	
1909	239594668③								
1910	436000000								
1912	368146520④								

府县视角的农民负担

从府县视角来考察农民负担主要是通过地方志来进行的，通过对以下若干府县农民向官府缴纳的总赋役负担，可以直观了解清代农民受官府盘剥的程度，并可将之与明代尤其是明末相比较。数据及产生数据变化背后的原因正是那些同样影响国家治理、乡村治理效果及制度绩效的因素：中枢理性、地方理性和农民理性的相互博弈，以及正式制度和潜规则在各方博弈中所产生的影响、发挥的作用。

---

① 1885—1894 年全国人口数据由笔者根据梁著第 576—579 页乙表 82 直省总计栏中地丁银实征额、耗羡、漕粮折色、漕项、学租芦课等、粮折共 6 项以银计价科目相加而得。此期间的总和数据与前一时间的田赋总数在统计源上并不完全等同，故其平均数的比较仅具参考意义，不能直接精确比较。事实上，对古代各种数据的汇总、平均与比较都存在此类问题，因总数中的缺漏项较多，统计来源口径也不完全相同或一致，故所有的数据比较都仅能具宏观参考意义。
② 该项数据太小，不具统计学意义，未计平均数。
③ 宣统元年数据，但因缺多省地数据，故也无法采用。赵尔巽等：《清史稿·食货志》，中华书局 2020 年版，第 2499 页。
④ 该数据为 1912 年民国内务部根据所存清民政部过去三年的户口调查档案所汇造的数据，此为全国总计数据。梁方仲编著：《中国历代户口、田地、田赋统计》，中华书局 2008 年版，第 368—373 页。如用该数据作为被除数，则上述 1903 年的口均银数为 10 分、口均 2.48 亩。

第七章 清代的乡村治理 / 439

表7—8 清代部分府县田赋平均数[1]

府别	年代	丁数(人)	田地数(亩)	田赋银(两)[2]	米(石)	地丁银(两)	耗羡银(两)	杂赋银两	亩均(两银)
青州府	道光二十五年	234021[3]		451143	46	441922[4]	63188		0.1028
	嘉庆二十三年		9306756						

[1] 资料来源：咸丰《青州府志》，康熙《武昌府志》，康熙《河间府志》，康熙《绍兴府志》，乾隆《徽州府志》，道光《徽州府志》，乾隆《长沙府志》，乾隆《西安府志》，乾隆《太原府志》，乾隆《广州府志》，乾隆《绍兴府志》，乾隆《苏州府志》，道光《太原县志》，同治《南昌府志》，同治《湖州府志》，嘉庆《松江府志》，光绪《松江府志续》，光绪《嘉兴府志》。

[2] 田赋银与地丁银的关系较为复杂，我决于不同时期史料中对地丁人亩前、丁人亩后、摊丁人亩前、役银分为地银和丁银两个部分、任完全执行摊丁人亩又有定。地银是传统的田赋，即地税银（地粮银），丁银就是役银（丁银）。摊丁人亩前，赋役银分为地银和丁银两个部分。严格地说，田赋应包括地粮银，地丁银又分为地丁银两部分。完全按摊丁人亩前，田赋中的一部分与新的田赋银中比例有多个标准，地丁银不属于田赋的一个部分。但是在一条鞭法许多统计科目中仍然作了登记。完全推丁人亩后，丁人亩这一科目应消失，而地丁银理论上也应该存入田亩之中，但在银行上完全融入田赋之中，康熙《福州府志》都标列了人丁征银，哪些是地丁银、哪些是直接算人头，没有说明。例如，《武昌府志》中列明了康熙年间武昌府户口为14298人，征银24567.25两。这两地的地丁银总额与田赋总额相差不多，又似乎就是指田赋银。完全摊丁人亩后，地丁银应该就是田赋银，丁银的合称。1820年，官方统计中的额征田赋分为地丁正杂银、米、其他粮三项。此处的地丁正杂银显然是过去的田赋项之和。梁著所载多个表中可见清代全国地丁银总额都在2000万两以上。显然，这些中地丁银也都是指田赋银。见梁著第555—579页各表。嘉庆二十二年时广州府分县地丁银、地丁银包括地税、起运等表中标明，地丁银两个部分。见梁著第633页附表35。但在清代后期的某些统计中，田赋银又大于地丁银，田赋银以及漕粮、漕项银、学租芦课银等的总和。见梁著第572页乙表78、第574页乙表80、第575—577页乙表81、82。

根据《苏州府志》等地方志，上表中的田赋银在苏州府就是指折色银，是指夏复秋两税中除去夏麦秋米部的正税，并且，额征麦米中有一部分是以本色米形式缴纳，有一部分是以折色银形式缴纳，本色米是指实物田赋部分。另外，部分年份中出现了科平麦米的名目，平米是指正米，耗米之和，其总数中包括了耗米。故在清代不同时期，苏州府米麦数量差异颇大，但其实两税银粮总体是稳定的，苏州府米麦银总也很稳定，凡地丁正供银一两，加征耗羡一钱四分，名曰正一四耗。

[3] 该数据为1836年当差人丁数。该年丁银为44973.88两。

[4] 地丁银、耗羡银为青州府十一县征地丁银十一县征地丁银相加，耗羡银相加，青州府耗羡比例为正银的14%。规则定于雍正间，凡地丁正供银一两，加征耗羡一钱四分，名曰正一四耗。

续表

府别	年代	丁数（人）	田地数（亩）	田赋银（两）	米（石）	地丁银（两）	耗羡银（两）	杂赋银（两）	亩均（两银）
嘉兴府	同治六年	546160	4321005	578481	445312				0.2782①
武昌府	康熙年间	143298	5354215	205206	172820			20924	0.0713
福州府	康熙五十年	153941	2647294	175242	16637	325236②			0.08414
南昌府	同治年间		6792872	195743	234409	211543③		6400	0.08118
湖州府	乾隆早年	339820	6113695	420286	385642				0.1444
徽州府	康熙五十年	214202	2752115			216887			0.0788
	道光七年	214202	2055973④			228080			0.1109
太原府	乾隆四十六年	323717	5676027	308152	（287928）	90677		25436	0.0747
苏州府	乾隆三年		6227640	557246	1797578	15176		5073	0.4391
	嘉庆二十三年	438830	6222579	540700	1737847⑤	15176		27035⑥	0.4847
松江府	顺治二年		4233175			1284043			0.3033
	嘉庆十五年	238606	4010371			1875125			0.4676

① 银粮两项合计银为1112855两。
② 咸丰元年（1851）时，人丁为189507人，征丁银24567.25两。
③ 此地丁银数据未包括在田赋银中，而是分为丁、田二项分别统计。
④ 此为折实田数。
⑤ 内含实征本色米878348石。
⑥ 含杂办银2935.4两，折色银所征耗羡银27034.9两，杂办银耗羡银146.7两，以上四项共计约30876两，耗羡银征则为随正五分，即正银的数5%。下同。

第七章 清代的乡村治理 / 441

续表

府别	年代	丁数（人）	田地数（亩）	田赋银（两）	米（石）	地丁银（两）	耗羡银（两）	杂赋银（两）	亩均（两银）
长沙府	乾隆七年	73733	8460737①	292944②	448843	12733		2023③	0.1000④
西安府	乾隆四十四年		10343259⑤	663108⑥					0.0641
绍兴府	康熙十年	250696	6771892	407899	45957				0.0666
绍兴府	乾隆四十九年	250431	6858884	417234	43546			14059⑦	0.0705⑧
河间府	康熙十六年	251401	9258679	225044⑨	3698⑩	44568		86068⑪	0.0388⑫

① 此为乾隆七年后额内额外实在成熟田地。前述丁数为编审增减后乾隆七年实在人丁数。
② 包括实征条银220996两，实征民田九厘饷正扣银71948两。
③ 包括麂皮京扣银7.55两，湖洲集课511两，渔课门摊1102.5两，芽茶62斤，计12.4两（每斤0.2两银），班匠征银，实征390两，其他未直接从农业农村征收赋税未计。
④ 此为民田起赋，各项合计银为711659两，按每亩0.9两计。
⑤ 此为民田数。
⑥ 包括额征起运银591846.5两，茶课6755.6两。此外还应包括译递、盐课、茶课等不须起运而存留的部分税赋。《田赋》，第161页）所述额征起运银，且标明征收除存留的译递银下如棒工、集支、孤贫之类，余并起运解送布政司库存贮。前述59余万两在府志中（卷13，站开支等的征银应不在上述59万余两之内。清代西安府的译递负担非常重，共需要供养译递马600匹，马夫310人，铺兵360名，铺递93所，提夫979名，全府15个县每年共承担译递费用40465两，人均0.0256两，亩均0.0042两。以上四项共计约银663108两。
⑦ 包括盐课4262两，驿站9797两。
⑧ 前述3项共计银为483548两，米按每石1.2两计价。
⑨ 含田亩征银219678两，天津道增征银859两，盐钞银4507两。
⑩ 另有黑豆323石。
⑪ 包括各年加增的上供物料，上缴的部寺司院公费支出共银45059.66两，河间府县征解银（用于官吏工食银、府县衙门修缮银、银差支出等）共银40602两，课程银406两。这说明，康熙早年，官府对百姓收的各项征收仍然庞杂名目多，清初农民负担相比明末并未减轻太多。
⑫ 前述各项总计银为359008两，米每石按0.9两计价。

续表

府别	年代	丁数（人）	田地数（亩）	田赋银（两）	米（石）	地丁银（两）	耗羡银（两）	杂赋银（两）	亩均（两银）
广州府	乾隆二十三年	140965	9206312	306233	114638	35428①			0.0521②
太原县	乾隆四十六年	34761	568650	32598	3386	9837		3784	0.0884

① 指徭差、均平、盐钞三项银总数，未计闰月加征数。
② 各项赋役银总额为444835两，米每石计银0.9两。

从表7—8可见，进入清代，江南地区仍是中国赋税征缴重地，无论是征收总量，还是人均亩均，都远远高于北方、中部和岭南地区。通过表7—9可知，以府为单位计，苏州府仍然是赋役征收总量的第一档的存在，但从人均、亩均来看，松江府在某些时候甚至还要超过苏州府，这与前文关于明代各主要府厅的税粮比较在逻辑上是相衔接的。

表7—9　　　　　苏、松、绍三府清代赋役均数负担　　（单位：两银）

府别	年代	赋役计银总数	亩均	丁均①
苏州府	乾隆三年	2734589②	0.4391	6.2315
	嘉庆二十三年	3015897③	0.4847	6.873
松江府	顺治二年	1284043	0.3033	5.3814
	嘉庆十五年	1875125	0.4676	7.8587
绍兴府	康熙十年	451060	0.0666	1.7992
	乾隆四十九年	483548	0.0705	1.9309

原始文献视角的农户负担

以上是宏观、中观层面的清代赋税水平，下面再以徽州文书原始文献中的单户情况对此进行验证。顺治十八年（1661），徽州府休宁县21都3图2甲程通茂户归户册中显示，该户成丁一口④，共有应征税田7.335亩，征收秋米29.2升；应征税地1.869亩，折实田1.379亩，征收秋米7.38升；应征税山0.356亩，折实田0.078亩，征收秋米0.42升；应征税塘0.33亩，应征税秋米1.76升；以上共折实田

---

① 如该年人丁数无，则以同表中其他时期人丁数据计算，因康熙五十二年后，纳银人丁数是固定的。

② 乾隆三年（1738），新编《赋役全书》，规定苏州府赋役总额，审定全府九县共有田地山荡6227640亩，年征平米1797578石，折色银557246两，摊丁银为15176两，杂办银为5073两，四项计银共约为2734589两，其中米按每石1.2两计算。

③ 该年科平米为1737847石，折色银为540700两，摊丁银为15176两，杂办银为27035两，四项共计银约为3015897两。每石米麦计银为1.4两，因此时每石米市场价已经达到1.5—2两以上，下同。

④ 程通茂只是一个户名，没有出现在摊派税银名单中，税粮是由程一元、程时运、程一鹏分摊的，程通茂可能只是本村同姓一大户，而程一元等3人并未立户或者只是支户。

9.0815亩，共秋米48.59升①，如此，则每亩征收粮数为5.35升，远远高于正史中所记载的1.18升。但与明初所制定的规则相近，也与清康熙年间《婺源县志》所载，明洪武十一年（1378），民田每亩科税秋粮正米5升，夏税正麦2升，万历十一年（1583）则分别为5.35升、2.14升相近②，印证了明代田地赋税标准。再以康熙五十七年（1718）歙县36都4图3甲张明喜等户归户簿中张之睦户税粮情况为例，该户共有成丁二口，田地山塘共折实田20.992亩，须交丁粮银2.437两，米7.77升。③

根据徽州文书中顺治十五年（1658）徽州府歙县36都3图3甲江叔心户的便民易知由单的原始文献可知，歙县其时乡绅举贡生员吏等共718人，根据规定可以免征本人的丁银，共免除丁银约82.3265两，平均每人约0.1147两，即一钱一分一厘四毫七丝。同时，每纳银1两，该搭钱108.664文，即约10.87%的损耗率。民照纳每人丁丁银0.10541两，官田每亩征银0.08797两；民田每亩征银0.08797两，同时实征米1.4222升，折银0.01564两；黄豆0.0008勺有奇，再加上本色物料折银等，四项汇总，每民田一亩共征钱粮米豆物料银0.11272两，江叔心户家有成丁1人，折实田6.68亩，以上两项共计须纳银0.858448两④，据此计算，则每亩纳银平均为0.12851两。

乾隆四十三年（1778）歙县易知由单中规定，歙县民田每折实田一亩科征丁地漕项并漕南米豆折共银0.124两，以及每亩应征本色兵米0.00372石。当然，该年清廷在0.124两的标准内，蠲免了0.109两，但我们计算时仍沿用其科则数据。⑤

嘉庆十六年（1811）二十九都一图六甲黄正仁户本年实征共计银86.87两，兵米0.7297石（未计加闰），计田为856.7亩⑥，则亩均纳银

---

① 相关内容参见严桂夫、王国健《徽州文书档案》，安徽人民出版社2005年版，第257—258页。原件上载：田税七亩三分三厘五毫六丝一忽，秋米二斗九升二合。为计算方便，田亩面积取前四位数据。
② 康熙《婺源县志》卷之七《食货·公赋》（第28、33页）。
③ 严桂夫、王国健：《徽州文书档案》，安徽人民出版社2005年版，第259页。
④ 严桂夫、王国健：《徽州文书档案》，安徽人民出版社2005年版，第261—263页。
⑤ 中国社会科学院历史研究所收藏整理：《徽州千年契约文书（清·民国编）》第2卷，花山文艺出版社1991年版，第3页。
⑥ 严桂夫、王国健：《徽州文书档案》，安徽人民出版社2005年版，第244—245页。

为 0.10259 两。

嘉庆二十三年（1818）吴富等户共折实田 1132.9679 亩，应完正银 57.4415 两，耗银 4.5955 两，正耗银共 62.37 两，应完南米 0.482 石[①]。据此，亩均共纳银为 0.055646 两。这应该是一个异常数据。

咸丰九年（1859），黟县五都四图一甲陈王吴户易知由单（1859）规定，额征丁地漕南米豆折等款，每田一亩科征银 0.107454 两，额征本营米每田一亩科征米 0.04877 升，而陈王吴户丁折熟田 9.1203 亩，应纳银 1 两整[②]，平均每亩 0.1096455 两。

据歙县里东乡蓝田村桂梁公祠《收支清账》，光绪十二年（1886）水田每亩征税 345 文，干田每亩征税 195 文，到十七年（1891）又加征"下忙完粮"附加费，水田收 40 文，干田收 30 文。[③] 如按 1 两 = 1000 文计算，则平均每亩水田纳银 0.385 两，干田 0.225 两。即使去除物价上涨成分，相较咸丰年间田赋也大大上涨。

表 7—10　　　　　　　清代徽州农户每亩纳征计银趋势

年份	丁（口）	共实田（亩）	丁田等共纳银（两）	均亩征银计价（两）	备注
顺治十四年（1657）		1		0.102308[④]	康熙《大清会典》
顺治十五年（1658）	1	6.68	0.858448[⑤]	0.12851	江叔心户
康熙十二年（1673）	1	5.5356	0.73123[⑥]	0.132096	江叔心户
康熙十三年（1674）	1	5.5356	0.74533	0.134643	

---

① 转引严桂夫、王国健《徽州文书档案》，安徽人民出版社 2005 年版，第 240—241 页。
② 严桂夫、王国健：《徽州文书档案》，安徽人民出版社 2005 年版，第 264—265 页。
③ 柯灵权：《歙县里东乡传统农村社会》，复旦大学出版社 2014 年版，第 125 页。
④ 顺治十四年（1657）《江南徽州府总赋役全书》载，歙县每折实田 1 亩征银 0.08437788 两，征米 0.01542408452 石，征黄豆 0.0008563487 石。（清代米麦豆同征，价银相同，按下文顺治十五年每石米豆 1.1 两标准。）此处应未计丁银。
⑤ 顺治十五年歙县便民易知本折户晓由单所列米豆的价银数与实征数之比，可以发现，其时每折每石米豆银 1.1 两。
⑥ 江叔心户数据系选用《徽州文书档案》中所列之表，但本书在原表的基础上，加了纳钱数（文）和所纳豆和南粮折银得出平均每亩纳银计价，以求更全面真实地反映农户亩均赋役负担。折银标准按上文顺治十五年歙县每石米豆计银 1.1 两。

续表

年份	丁（口）	共实田（亩）	丁田等共纳银（两）	均亩征银计价（两）	备注
康熙十四年（1675）	1	5.5356	0.745265	0.134631	江叔心户
康熙十五年（1676）	1	5.5356	0.798774	0.144298	
康熙十六年（1677）	1	5.5356	0.745802	0.134728	
康熙二十三年（1684）	1	2.5687	0.38899	0.151435	
康熙二十六年（1687）	1	1.8698	0.32423	0.1734	
乾隆四十三年（1778）		1	0.128464	0.128464①	歙县民户
嘉庆十六年（1811）		856.7	87.89	0.10259②	黄正仁户
嘉庆二十三年（1818）		1132.9679	63.0448	0.055646	吴富等户
咸丰九年（1859）	1	9.1203	1.00③	0.1096455	陈王吴户
光绪十二年（1886）		1		0.345	歙县里东乡
光绪十七年（1891）		1		0.375	蓝田村

表7—10为我们提供了有清一代近234年间亩均赋役征银演变的趋势。④

田赋附加

从永不加赋至摊丁入亩，清初赋役征收逐渐规范化，也在一定程度上减轻了农民的负担，但正如历史上任何其他制度改革一样，新制度仍未能杜绝其与生俱来的副产品。货币化征收相比实物征纳固然有其征收简便、运输方便、数额恒定不易受实物成色影响等优点，但它的缺点无

---

① 雍正乾隆年间米按每石折银1.2两计。

② 乾隆年间之后米麦皆按每石折银1.4两计。

③ 此处尚有一点疑问，即如果以每亩田的额征米豆银数0.107454乘以折熟田9.1203亩，所得纳银数约为0.98两，而非易知由单上的一两整，尚有约0.02两，即2分银的误差。在当时徽州乡村，2分银算是不小的数目，故而应该不是书手计算疏忽，应该还有一项征额应计算入内，这一征额肯定不是丁银，因为早已摊丁入亩，即使有，根据明末清初标准，至少也是在0.1两以上。那么是否可能是额征本营米计价银呢？这是有可能的，因为前述顺治十五年的米豆即是如此计价。如果是的话，标准是多少呢？如以0.02两除以科征米0.000488石，约为40.98两银/石，价银似乎太高而不太现实。

④ 康熙年间的数据来自严桂夫、王国健《徽州文书档案》，安徽人民出版社2005年版，第264页。

法避免，与历代实物折纳制钱和银两一样，货币化征收有两个弊端，一是无法杜绝银贵谷贱的演进趋势，结果必然是谷贱伤农，致使农业耕作的边际效益趋向降低，农民安心务农兴趣下降，促进社会产业分化，农民负担无形增加；二是货币征收存在耗羡问题。明中叶后，白银成为流通金属货币，但百姓所纳银两成色有异，且十分零碎，官吏在上缴中央财政时要将碎银熔铸成银锭交纳，由此产生一定损耗。为此，地方官府在征收税银时要多征一些，作为损耗的补偿，即耗羡。耗羡类似实物征收中的带脚，是损耗附加。清初，严禁私加火耗，但地方官有利可图，禁无可禁，只能由官府规定限额，且要求火耗归公，但各省火耗标准很不统一。康熙六十一年（1722），甘肃省火耗每两已加至四五钱。到雍正二年（1724），规定火耗分送上司，改为火耗养廉。各省养廉银来源于此，全国养廉银达280余万两都取于此。耗羡的征收使农民负担在正税、丁银之外，又增加了百分之十至五十。

在火耗之外，部分地区又征收平余，每银百两，提六钱。四川省火耗银有所减少后，又巧立名目每两多征一钱有余。平余后来成为一项全国性田赋加征，致使农民负担再次加重百分之十以上。

清代征收漕粮是田赋的一部分，按制征纳漕粮对南北富庶产粮区的农民来说也是一个沉重的负担。因在银物折纳时，银贵谷贱，总是对农民不利，折银标准也大大低于市场上的粮价，农民亏损严重。再加上地方官吏在农民纳粮时的徇私舞弊行为，如前述论及宋代的"高斗面"等升斗浮收现象的存在使农民遭受更多损失。漕粮也要加征附加，最高达每石四斗。乾隆中期，每石漕粮加收斛面数升。道光年间，江南、山东二省漕粮一石浮收高达三石，江苏常州府正粮一石收米二石。此外，其他各种税外之税、差外之差的杂税杂费杂役仍然不少，农民的负担相较历代并无太大减轻。[①] 例如，陕西、甘肃二省各州县、卫、所地丁银两，每一钱额外征收三厘，米每斗额外征收三合，名头是备荒之用，其实是地方的加征。雍正元年（1723）六月，被皇帝下令取消。[②]

[①] 孙翊刚主编：《中国农民负担简史》，中国财政经济出版社1991年版，第209—214页。
[②] 《清世宗实录》卷七，雍正元年六月庚申。

粮食亩产水平

清代的农业生产工具同前代相比并没有本质上的进步，但因农作物品种的引进与改良，以及双季稻的推广，加上更多水利工程的兴建和肥料的使用，土地生产率有了不小的增长。双季稻在长江以南亚热带地区的推广大大提高了单位面积产量。

唐代以来江南一年两收制主要是水稻与小麦的双季生产，水稻亩产在肥田沃土地带为四石五斗左右，小麦亩产为五斗至一石。双季稻取代小麦，肥田沃土地带亩产总计六石五斗左右，亩产量提高18%—20%。而据李伯重教授的研究，从17世纪早期直到19世纪中叶，江南的水稻产量至少提高41%。当然，也有研究者持相反意见，认为稻田土地生产率是在下降的。①

明清之时，来自美洲的番薯、玉米、马铃薯等粮食高产作物传入中国，对于提高中国粮食种植面积、粮食总量和亩产量产生了很大的作用，形成了中国历史上自北宋占城稻引进后的"第二次粮食生产革命"。据专家研究，如按乾隆时有耕地9.5亿市亩、粮田8亿亩计算，玉米约占粮食种植面积的6%，番薯占2%，共计占地0.64亿亩。从雍正二年（1724）至光绪十三年（1887）的一百五十余年间耕地面积增加了26.03%，这段时间正是美洲新作物的快速推广种植期，其中因上述新品种的引进而新开垦的土地必然占有相当大的份额。玉米、番薯、马铃薯都是高产作物。清代玉米亩产量平均为180市斤，加工为成品粮相当于粟279市斤，按清制折还约合粟2石；有玉米参加轮作复种的耕地，比不种玉米的耕地，北方可增产23.75%，南方可增产28.33%。番薯产量更高，平均亩产可达千斤，加工为成品粮约250斤，相当于稻谷500斤或粟谷417斤。清代与番薯轮作复种的耕地，北方可增产50%，南方则高达86.33%。

在亩产方面，明清两代因种植玉米、番薯使当时的粮食亩产量提高的斤数大致是，番薯使亩产增加10.77市斤，玉米使亩产增加10.37市斤，其中清代番薯种植使每亩产量提高了9.69市斤，玉米提高了9.07市斤，共提高18.76市斤。

---

① ［美］裴德生：《剑桥中国清代前中期史》上卷，戴寅等译，中国社会科学出版社2020年版，第642页。

在总产量方面,如按前述玉米种植面积为4800万亩,番薯为1600万亩,分别乘以其约2石和3石的亩产量计算,全国每年可出产9600万石玉米、4800万石番薯,按每人每年需粮4石计,约可养活3600万人。粮食产量的增加是明清人口迅速增长的一个重要原因。

20世纪初,种植玉米大约能使全国增加粮食700万—800万吨,1918年前,番薯则可使全国粮食总产量增加400万吨。[1]

清代全国的粮食亩产量水平高低差别很大。康熙末年,江浙、湖广地区,稻谷的亩产量一般达到二三石。此后,随着江南一带开始大面积推广种植双季稻,稻谷的单位面积产量有了成倍提高。苏州的单季稻,亩产达到三四石,双季稻亩产能够达到六石六斗。松江一带最肥的水田每年可收米近三石,折谷六石,贫瘠之田也可收米一石半,折谷三石。在福建同安,一亩也可收稻五石。[2]

这当然是特殊情况,一般情况下,南方单季晚稻亩产为2—3石,双季稻则平均可以达到3.3石,但种植面积极少,北方麦粟复种亩产量为2石。南北方平均加权计算为亩产2.35石,折合每市亩为353.8市斤(南北合计,原粮一石按134市斤计)。[3] 单论麦粟复种平均产量,明清保持相同的水平,但因清亩面积大于明亩,而二者容量相等,那么,清初的亩产量事实上是下降了9.43%。可见,古代缺乏精确的数据对于今天的研究造成很大的困惑。如南方水稻产量以亩产3石计算,相比明代略有上涨,增长率为8.68%。

根据1988年出版的《黟县志》,新中国成立前,黟县粮食亩产单产只有100.5千克,一直到1985年,每亩单产才达到302千克。[4] 可见,徽州地区与苏浙一带在土壤肥沃程度、耕作技术上存在较大差异。

当时徽州地区的地租水平如何呢?以歙县里东乡为例,一般是好田

---

[1] 郑南:《从玉米、番薯、马铃薯的传入看外来农作物传入对中国社会的影响》,《留住祖先餐桌的记忆:2011杭州·亚洲食学论坛论文集》。
[2] 史仲文、胡晓林主编,庞毅著:《中国全史·中国清代经济史》,人民出版社2015年版,第30页。
[3] 吴慧:《中国历代粮食亩产研究(增订再版)》,中国农业出版社2016年版,第199、193—212页。
[4] 黟县地方志编纂委员会编:《黟县志》,光明日报出版社1988年版,第147—150页。

35斗，一般田30斗。当时收租用的官斗，干稻谷一斗相当于今天十两制市秤为9.4市斤，则当时田租为好田329斤，一般田282市斤。那么当时的每亩田每年出产稻谷多少斤呢？白谷亩产400—500斤，花谷亩产350—450斤，糯谷亩产250斤左右。以白谷一般田计算，田租率达到56.4%—70.5%，以白谷好田计算，则达到65.8%—82.25%，如以亩产少，但种植面积达65%的花谷计算，田租率要更高。当然，实际交租低于此数。民国年间西坡村某户三年内实交生谷平均每亩分别为250斤、280斤、260斤，按晒干率85%折算，田租率分别为53.13%、59.5%、55.25%；溪头村每亩田交生谷150斤或交干谷110斤、115斤，洪村口村每亩干租谷为130—148斤，长庆叶叙伦堂水田每亩约104斤，田租率分别为27.5%、28.75%、32.5%—37%、26%。[1]

康熙二十年（1681），全国人丁1723.5万余口，田地（包括山荡畦地）5.31亿亩，征银2218万两，粮（米、豆、麦）约7.84亿斤。人均30.8亩，亩均征银0.043两[2]，人均征银1.29两（同上）。到康熙五十年（1711），全国人丁2462.1万余口，田地（包括山荡畦地）6.93亿亩，征银2990.4万两，粮（米、豆、麦）6.91亿斤。人均下降到28亩，亩均征银0.043两，人均征银1.21两。将全国范围内的亩均征银0.043两与同期歙县江叔心户亩均0.13—0.17两银的赋役负担相比，差距达3倍之多。

第四节　明清的乡村生活

明清时期是我国帝制社会最成熟的时期，从国家治理的角度来看，以皇权为中心的君主专制制度已经发展到无以复加的顶端，尽管宰相制度被废除，但文官治理体系仍然能够完整地担负起从地方治理到中枢治理的所有关键要务。但是，专制集权程度往往是与文化的兴旺发达程度成反比的。与唐宋相比，明清在文学上尤其是传统文学上是没有多少大

---

[1] 柯灵权：《歙县里东乡传统农村社会》，复旦大学出版社2014年版，第121—126页。田租率为笔者计算所得。

[2] 包括不需纳赋的官田，故此数据仅具纵向参考意义，并非当时的田赋标准。

家的，明清的诗词成就更是无法与唐宋相比。尽管如此，仍有不少诗作描述反映明清时期的乡村生活，另外，明清新崛起的小说，作为直面社会生活的新型文学体裁，也对农村农民生活和乡村治理有过不少直接或间接的描述。本节主要从明清诗歌和小说两个视角观察当时的乡村治理。

一 诗歌中的乡村生活

明清时期，农民负担相比宋元并无多少减轻，在很多领域甚至有所增加，明末赋役负担尤重，有明一代，形成了"北役南赋"的赋役结构。清代陆陇其的《田家行》，把明清农民深受赋役之苦的景象刻画得非常到位。

田家行

谁云田家苦，田家亦可娱。上年虽遭水，禾黍多荒芜。今年小麦熟，妇子尽足哺。

所惧欠官钱，目下便当输。昨夜府檄下，兵饷尚未敷。里长惊相告，少缓自速辜。

不怕长吏庭，鞭挞伤肌肤。但恐上官怒，谓我县令懦。伤肤犹且可，令懦当改图。

阳春变霜雪，尔悔不迟乎。急往富家问，倍息犹胜无。田中青青麦，已是他人租。

闻说朝廷上，方问民苦荼。贡赋有常经，谁敢恣且呼。不愿议蠲免，但愿缓追呼。

从诗中可知，当时官府征缴税赋既急又凶，如果迟交缓交，还要遭受鞭打。为了交租，农民只能去富家借贷。尽管如此，农民还担心县令遭受上级斥责而在经界时又作出什么不利于乡民的举动，朴实的农民甚至并不愿意得到蠲免，只想能够有宽限时间内征缴。全诗用近乎白描的现实主义手法，深刻反映了乡村农民在面临催缴时的复杂心理。农民为什么不愿意蠲免，只是因为今年蠲免，来年可能征纳得更高。

春不雨

西亭石竹新作芽，游丝已罥樱桃花。鸣鸠乳燕春欲晚，杖藜时复话田家。田家父老向我说："谷雨久过三月节。春田龟坼苗不滋，犹赖立春三日雪。"我闻此语重叹息，瘠土年年事耕织。暮闻穷巷叱牛归，晓见公家催赋入。去年旸雨幸无愆，稍稍三农获晏食。春来谷赋复伤农，不见饥鸟啄余粒。即今土亢不可耕，布谷飞飞朝暮鸣。春荁作饭藜作羹，吁嗟荆益方用兵。

清代王士祯此诗，景情交融，以农村景色开头，揭开了诗情画意背后，农民生活困难的原因：土地贫瘠、天旱不雨、公家催赋、谷赋伤农等；荆益用兵则点出了清廷因战争加重剥削农民的现实。

秋日田家杂咏

西风八九月，积地秋云黄。力田已告成，计日宜收藏。刈获须及时，虑为雨雪伤。农家终岁劳，至此愿稍偿。勤苦守恒业，始有数月粮。嗟彼豪华子，素餐厌膏粱。安坐废手足，嗜欲毒其肠。岂知民力艰，颗米皆琳琅。园居知风月，野居知星霜。君看获稻时，粒粒脂膏香。

清代黄燮清此诗抒发了对农民秋收的感慨，农人辛苦一年，终于有所收获。然后话锋一转，讽刺鞭挞豪富的坐享其成，提醒人们要珍惜农民的辛苦付出。"岂知民力艰""野居知星霜"等句与"谁知盘中餐，粒粒皆辛苦"有异曲同工之妙，尽管知名度没有后者高。

二 小说中的农民生活

笔记、小说是明清新兴起的文学形式，但明清小说要么描写贵族生活，要么描写商旅市井生活，或者猎奇探艳，关注奇闻逸事，少有以农村农民生活为主题的作品。著名的四大名著或写历史兴衰，或言神仙鬼怪，或言好汉聚首，或言家族兴衰。《三言二拍》中也少见以农民为主要对象。农村叙事在明清小说中只是起到补充和插科打诨的作用，如农民出身的刘姥姥在大观园中成了贵族小姐夫人取笑的开心果，但刘姥姥在贾府落败的关键时候展现了乡村农民的质朴、正义和坚毅，终于救出巧儿，算是回报了贾家和王熙凤。

刘姥姥一进贾府时，王熙凤接济了她20两银子①，曹雪芹写作《红楼梦》的18世纪60年代，每石米的市价为1两左右，20两银子可购买20石白米，相当于10亩田一年的产出，无疑对于身为农民的刘姥姥一家来说是一笔不小的收入，以大米价、猪肉价折算，当时一两白银购买力相当于2022年的675元人民币②，这意味着，刘姥姥一次就拿到了凤姐13500元的大红包。刘姥姥二进贾府时，从农人的角度感慨贾府的奢侈。当时荣国府买的螃蟹，5分银一斤，相当于今天的34元人民币，和今天螃蟹批发的市价差不多，但是要吃到上好的螃蟹，价格就要翻倍了。一顿螃蟹宴加上酒菜钱花上20多两银子，相当于庄稼人一家全年的收入了。进大观园后，鸽子蛋都要一两银子一个，相当于一石白米，确实奢侈过头了。二进荣国府离开后，贾府送了她108两银子，还有好几包上等衣料、衣服及干果等，③对庄稼人刘姥姥来说，总价值只怕超过今天的10万元人民币，相当于发了一笔小财，也从侧面反映出当时的阶级差距和农民的微薄收入。

《红楼梦》第53回描述了乌进孝进贡宁国府的场景，并列举了贡物清单，外加现银2500两④。贡物部分，如按附文中清中期折价标准，折银总数应为2695两⑤，考虑到曹雪芹去世前一年的清乾隆二十七年（1762）相对明万历二十年（1592）共170年间的物价上涨水平，按50%

---

① （清）曹雪芹：《红楼梦》第六回，人民文学出版社1982年版，第101—102页。
② 见附文《宋元明清物价与折银》。
③ （清）曹雪芹：《红楼梦》第三十九回、第四十回，人民文学出版社1982年版，第522、536、561页。
④ （清）曹雪芹：《红楼梦》第五十三回，人民文学出版社1982年版，第719—720页。
⑤ 大鹿按每只5两，獐子4两，狍子4两，暹猪、汤猪、龙猪皆按2两，野猪2.5两，家腊猪按4两，野羊按3两，鱼每斤0.08两，鸡、鸭每个0.07两，鹅0.3两，野鸡0.08两，兔子0.09两，熊掌每个1两，鹿筋每斤0.3两，海参每斤0.2两，鹿舌每条0.1两，牛舌0.2两，蛏干每斤0.2两，大对虾每对0.1两，干虾每斤0.02两，上等中等炭平均每百斤0.7两，柴炭每百斤0.4两，胭脂米每石2两，各类糯米每石1.2两，粳米每石1.1两，梁谷每石0.7两，常米每石1两，干菜、干果等估价100两。以上系综合万历五年、九年、二十年《万历会计录》《宛署杂记》《工部厂库须知》以及明清各类地方府县志所记载的相关物价，并参考当代同类物品的市场价，综合估算而得，仅供参考。

的通货膨胀率取值，则以上物品实际折银应为4043两，加上现银，乌进孝实际上交的宁国府官庄地租贡物计银应为6543两。这当是乌进孝所说的灾荒原因，如是往年正常年景，宁国府八九个官庄各项加总至少也有上万两收入，如果是荣国府，正常年份估计可能达到1.5万两。要知道，官庄租金是宁荣两府的主要收入来源，没有这么多的地租，少时四五百人，多时上千人的荣国府是不可能支撑如此豪奢生活的，当时荣国府由贾赦袭一等将军之爵位，每年俸禄不过银410两，米205石；贾政任工部员外郎，五品官职，年俸禄不过80两银子，米80石，而贾府其他男丁皆无人任官或经商，全家没有其他正经收入，只能依靠庄田租金支撑。

RURAL GOVERNANCE IN
ANCIENT CHINA

中国古代乡村治理

下册

胡宗山 / 著

中国社会科学出版社

目 录

（下册）

下篇　中国古代乡村治理的历史透视

第八章　中国古代乡村的民间治理 …………………………………（457）

　第一节　古代乡村的义役组织 …………………………………（457）

　　一　南宋的义役组织 …………………………………………（458）

　　二　明代的义役组织 …………………………………………（460）

　第二节　古代乡村的乡约治理 …………………………………（465）

　　一　宋代的乡约治理 …………………………………………（465）

　　二　明清的乡约治理 …………………………………………（466）

　　三　民间结社 …………………………………………………（469）

　第三节　古代乡村的宗族治理 …………………………………（472）

　　一　宗族与宗族制度 …………………………………………（473）

　　二　宗族与古代乡村治理 ……………………………………（480）

第九章　中国古代的国家治理与乡村治理 ………………………（492）

　第一节　国家治理的系统构成 …………………………………（492）

　　一　中枢治理 …………………………………………………（493）

　　二　地方治理 …………………………………………………（520）

　　三　基层治理 …………………………………………………（538）

　　四　对外治理 …………………………………………………（542）

　第二节　中枢治理与乡村治理 …………………………………（548）

一　治理政治学 …………………………………………… (548)
　　二　皇权与民权 …………………………………………… (552)
　　三　中枢治理与乡村治理 ………………………………… (556)
　第三节　地方治理与乡村治理 ………………………………… (568)
　　一　统治职能与乡村治理 ………………………………… (568)
　　二　公共职能与乡村治理 ………………………………… (575)

第十章　中国古代乡村治理的体系构成 …………………………… (579)
　第一节　古代乡村治理的内涵本质 …………………………… (579)
　　一　乡村治理的内涵与类型 ……………………………… (580)
　　二　乡村治理的本质与特征 ……………………………… (582)
　　三　乡村治理的要素与谱系 ……………………………… (585)
　第二节　古代乡村治理体系的历史演变 ……………………… (587)
　　一　乡村治理体系的历史演变 …………………………… (588)
　　二　古代乡村治理的核心议题 …………………………… (590)
　第三节　古代乡村治理组织的历史变迁 ……………………… (596)
　　一　古代乡村治理的组织体系 …………………………… (596)
　　二　乡、村、里 …………………………………………… (598)
　　三　都、图、保、甲 ……………………………………… (603)
　第四节　古代乡村治理的角色透视 …………………………… (607)
　　一　乡村治理的体制性角色 ……………………………… (607)
　　二　乡村治理的非体制性角色 …………………………… (615)
　第五节　古代乡村治理的功能透视 …………………………… (624)
　　一　乡村治理的统治功能 ………………………………… (624)
　　二　乡村治理的自治功能 ………………………………… (647)
　　三　对古代乡村自治的评估 ……………………………… (650)

第十一章　中国古代乡村治理的效能评估 ………………………… (658)
　第一节　乡村治理效能的内涵界定 …………………………… (658)
　　一　治理效果与治理效能 ………………………………… (658)

二　治理效率、治理能力与治理效能 ·············· (659)
　　三　治理主体、评估标准与治理效能 ·············· (660)
　　四　善治与治理效能 ························ (661)
第二节　古代乡村治理效能的评估标准 ················ (663)
　　一　主体立场、维度、标准与评估指标 ············· (663)
　　二　古代中国乡村治理效能的评估体系 ············· (665)
　　三　盛世、治世、平世、衰世、乱世 ··············· (668)
第三节　中国古代乡村治理的效能评估 ················ (672)
　　一　中国古代乡村治理效能的定性评价 ············· (672)
　　二　中国古代乡村治理效能的定量评估 ············· (690)

第十二章　中国古代乡村治理的制度逻辑 ·············· (754)
第一节　王朝衰亡与乡村治理 ····················· (755)
　　一　历代王朝的灭亡原因 ····················· (755)
　　二　历代王朝的兴衰规律 ····················· (758)
　　三　王朝命运与乡村治理 ····················· (786)
第二节　理性逻辑与乡村治理 ····················· (827)
　　一　理性 ······························· (828)
　　二　帝王理性 ···························· (838)
　　三　官僚理性 ···························· (842)
　　四　官吏理性 ···························· (851)
　　五　农民理性 ···························· (886)
第三节　制度衰败与乡村治理 ····················· (897)
　　一　理性、权力与制度 ······················· (897)
　　二　新制度政治学：制度、权力、理性三者关系的
　　　　再界定 ····························· (904)
　　三　制度衰败的类型与绩效 ··················· (911)

结　语 ································· (943)

附表附录 …………………………………………………（947）

参考文献 …………………………………………………（996）

后　记 ……………………………………………………（1013）

图 目 录

（下册）

图 10—1　乡村治理要素谱系……………………………………（587）
图 11—1　历代王朝治理效能波动（前221—1911，
　　　　　北方）………………………………………………（687）
图 11—2　治乱九种世代类型积年对比柱状图（前221—
　　　　　1911，北方）………………………………………（688）
图 11—3　治乱九种世代类型百分占比柱状图（前221—
　　　　　1911，北方）………………………………………（688）
图 11—4　三世类型积年对比柱状图（前221—1911，北方）……（689）
图 11—5　三世类型百分占比图（前211—1911，北方）…………（689）
图 11—6　三类治理效应对比柱状图（前221—1911，北方）……（690）
图 11—7　三类治理效应百分占比图（前221—1911，北方）……（690）
图 11—8　历代主要王朝国土面积（平方千米）…………………（696）
图 11—9　历代官方统计人口比较…………………………………（698）
图 11—10　人口史专家推算的历代人口数（万人）……………（699）
图 11—11　各主要王朝田地面积比较（亿市亩）………………（721）
图 11—12　人口史学者估算的历代王朝人口数量发展趋势
　　　　　（万人）……………………………………………（721）
图 11—13　历代官方人口统计数量演进…………………………（722）
图 11—14　历代王朝人口数增减率………………………………（722）
图 11—15　历代王朝人口增减趋势及增减率……………………（722）
图 11—16　历代田赋收入总量（折今市石）……………………（723）
图 11—17　历代亩均赋税（折市亩市升）………………………（723）

图12—1 理性与人类行为……………………………………（832）
图12—2 理性、权力与制度三角分析框架……………………（904）
图结—1 制度衰败与王朝灭亡…………………………………（946）

表 目 录

（下册）

表9—1 唐玄宗时期的边境藩镇 …………………………………（522）
表9—2 唐开元年间、元和年间北方部分节度使下辖县、
　　　　乡、户数 ………………………………………………（522）
表9—3 历代政区结构与县均户数、口数 ………………………（528）
表9—4 明万历六年各直省米麦、田赋银存留数及百分比 ……（534）
表10—1 中国古代乡村治理体系演变 ……………………………（588）
表10—2 历代乡村组织所辖民户规模 ……………………………（599）
表11—1 秦至清历代王朝治理效能一览表（前221—1911） ……（677）
表11—2 历史文献所载历代王朝户数、口数、田地面积 ………（691）
表11—3 人口史专家推算的历代王朝人口数量 …………………（699）
表11—4 历代田赋及财政收入 ……………………………………（705）
表11—5 历代粮食亩产量 …………………………………………（714）
表11—6 历代赋税水平 ……………………………………………（716）
表11—7 历代服徭役年龄、人数、时长 …………………………（724）
表11—8 宋元明清苏州府赋役征收情况 …………………………（728）
表11—9 宋明清苏州府赋役负担平均数一览表 …………………（733）
表11—10 宋元明清松江府赋役负担 ………………………………（737）
表11—11 苏松二府明清赋役平均数与米麦平均数比较 …………（741）
表11—12 宋元明清徽州府赋役负担 ………………………………（743）
表11—13 宋元明赋税比较（以湖州府六县一州为例） …………（747）
表11—14 宋元明湖州府一州六县人口田地 ………………………（749）
表11—15 宋元明清湖州府六县一州赋税（役）平均数比较 ……（751）

表11—16 清同治年间湖州府各县赋役银米均数表 …………… (753)
表12—1 古代部分朝代政权兴亡历时与原因 ……………………… (756)
表12—2 两宋岁入缗钱 ………………………………………………… (792)
表12—3 历代人均田亩及粮食产量数 ……………………………… (814)
表12—4 历代农户家庭收支表（皆为时亩时石） ………………… (819)
表12—5 明代官员年俸禄收入 ……………………………………… (861)
表12—6 嘉靖《徽州府志》所载嘉靖年间徽州府岁用
　　　　 项目支出 ……………………………………………………… (867)
表12—7 弘治《徽州府志》所载一府六县官属俸禄标准 ……… (869)
表12—8 明清俸银工食银比较 ……………………………………… (875)
表12—9 官员优免规则 ……………………………………………… (892)
附表1 历代亩积 ……………………………………………………… (947)
附表2 历代容积 ……………………………………………………… (949)
附表3 历代重量 ……………………………………………………… (951)
附表4 古代粮食作物石均重量 ……………………………………… (953)
附表5 明万历年间河间府各县徭役各项征收 …………………… (955)
附表6 明清每石（民）米折籴粜购等价格（平年） ……………… (956)

下 篇

中国古代乡村治理的历史透视

在上篇的七章中，我们对中国古代王朝的乡村治理面貌进行了全景式的扫描，但这只是问题的开始而非结束。任何一项社会科学研究，需要在厘清基本事实的基础上，探索研究对象的存在价值和发生发展的因果规律。对于研究中国古代乡村治理来说，我们需要在了解乡村治理的体系构成、组织制度等前提下，进一步探索乡村治理对古代王朝的国家兴衰、历史发展、社会稳定具有何种作用。具体来说，包括以下四个方面的内容。

一是从宏观上研究乡村治理在国家治理体系中的地位与功能。如果我们将国家治理看作一个整体系统，那么，乡村治理在其中扮演何种角色与功能，起到何种作用？乡村治理诸要素与国家治理诸要素之间有何互动关系？

二是从总体上揭示古代乡村治理的体系构成、基层治理的组织与制度、参与主体、主要内涵特征，即古代乡村治理的整体面貌。

三是从技术上评估古代乡村治理的效能。这就涉及衡量古代乡村治理效能的标准是什么？其指标又有哪些？能否在现有历史学研究的基础上，通过量化因果关系予以有效评估？

四是从理论上探索影响古代乡村治理效能的因素有哪些？它们之间是如何作用的？有何规律可循？对王朝国家的命运和古代中国的历史发展有何影响？

第八章

中国古代乡村的民间治理

前文所述历朝各代的乡村治理都是王朝国家力量进入乡村社会,所行使的是统治性功能,表现为上层政区对乡村社会的行政管理,从治理的向度或主体来看,乡村社会中自上而下的行政管理可称为官府治理或政府治理。北宋实行职役制后,乡村组织的行政职能皆由各类民户承担,虽然政府没有下派官吏,但征发赋役、防奸缉盗等乡村治理工作都是依据"王法",如《大明律》《大清律》等实施的,在性质上属于政府治理。政府治理并非乡村治理的全部,基层社会的民间自我治理、自我约束构成乡村社会的自治、自平衡、自稳定状态同样是组成古代中国乡村治理的重要拼图。民间自我治理主要是通过义役制度、乡约制度、宗族制度等实施的,义役、义学、义仓、义社、义田、族田、族学等则是古代乡村民间自我治理的重要实践形式。

第一节 古代乡村的义役组织

义役是指乡村农户自主排役、集田或者集资助役以应对官府的差役轮派。南宋初年,浙东乡村开始出现义役组织,可视为中国古代乡村人民集合民间力量,实施自我治理的一种实践形式。义役最早于宋高宗南渡后在浙东地区出现,此后逐步推行到浙西、江西、福建等地区,在南宋时期与差役处于并行状态。元、明、清时期,义役作为民间社会团结互助、共同应役的一种形式始终没有断绝。众多案例表明,义役有成功的,也有失败的,初期成功多,中后期失败多,还有不少地区从来没有实行过义役。历史上对义役的评价也大相径庭,有人认为它是一种古代的地方公益性半自治社团，也有人认为义役只是挂着"义"字招牌的差役，对中下层劳动人民的压迫程度甚至比差役更深。

一　南宋的义役组织

南宋的义役组织可分为民间主导型和政府推广型两种。在义役初创阶段，以民间主导型为主，如绍兴年间金华长仙乡、西山乡之所为，此外，徽州黟县、饶州德兴、婺州等地都有富户拿出部分财产或田地，出资倡导义役。在乾道七年（1171）进入政府推广阶段以后，义役向"官督民办"方向演变。德兴、萍乡、西安、余姚等地方官，有的劝谕富户主动出钱出资组织义役，有的从官府中拨出部分经费买田助役，并指导编排役户。由于有政府的组织，义役组织订立规划，建立制度，规范管理，运行顺畅。

义役组织有两个核心环节，一是助役，二是排役。助役需要有人出钱或出田，设置助役资金，购买职役服务。这些田或钱谁来出呢？多为乡村中的上户、富户所出，因为只有他们有能力。为什么他们愿意出呢？真的是为了扶贫济困行善事吗？并不排除这样的因素，但在根本上，助役也有利于维护他们的利益。如前文所述，宋代实施职役制后，徭役成为扰民困民甚至导致乡民破产的重要因素，大多数中下层民户根本无力承担沉重的徭役负担，他们最常用也是最具破坏性的选择就是举家逃亡，将徭役负担丢给乡里，让乡邻、亲戚、宗族等承担连带赔付责任，由此导致农户之间产生在逃役、赔役等问题上的纠纷和诉讼。显然，无论是从村里还是宗族的乡村共同体视角来看，民户逃役都是一个各方共输的乡村治理结果。助人就是助己，为了应对差役之害，一些有见识，也愿意行善的乡绅主动出资，倡导操办义役组织，以缓解困扰乡里的役讼僵局。

宋代实施免役法，允许募人服役后才使助役成为可能。助役需要筹措资金。义役的资金筹措大致有富户捐田（钱）、应役户按田出钱和政府拨田（钱）三种方式，其中富户捐田捐钱是最主要的，某种意义上，它是古代乡村的慈善公益事业，故有"义"役之称。富户捐田遵循"众人拾柴火焰高"原则，除了少数愿意主动出田出资者外，大多由乡绅自行商量或由政府组织，按照占田多少、家财标准以及本村本里徭役负担水平等，确定相应出资标准，田多财多者多出，田少钱少者少出，通过民间集资，同舟共济，共同应役。义役田是义役组织存在和维系的经济基础，常熟县九乡五十都曾管义役田地共 50522 亩，每年收取租米麦共 24998 石①。捐产到位后，组织相应人员成立义社，设立专门账户，管理开支应役资金。

助役后的排役或应役分为两种，一是乡役户自役，二是雇人充役。乡役户自役，则在助役账户内开支其相应花费。雇人充役，按照当时的雇役时价支付钱米。时人观察表明，募人代充的情况较多。

排役也分为两种，如果是乡役户自行服役，则保长、保正等人根据籍册先后排定服务次序和任期，如饶州德兴县要求根据民户田数多少，确定充役时间，多的服务二年，少的不超过三个月。如果是雇人代役，如浙西常熟县，则根据所在都的大小、粮税数量等标准，每年二人或一人。

义役如何组织管理呢？最开始的时候，并不固定组织或负责人，由民户自行推选排序，然后报备给官府即可，官府并不干预。随着时间的推移，义役管理规范化，设立役首作为主事者，负责义役组织排役、管收役田田租、管理助役资金等事。役首的来源有两个渠道，一是由最初的捐田捐资行动的倡议人担任，他们因有首倡之举自然成为役首。二是由民间推举或官府引导乡里贤能者担任。总之，役首多由当地豪强大户担任。有的地方又设立"机察"监督役首，防止其徇私舞弊。

哪些人参加义役组织，成为其成员呢？宋代差役制规定，职役只应由一二三等户承担，故义役初创时仍然多由上户参加，"聚大姓谋"，不应负担差役的小户被排除在外。义役社团成员一般为十几人至二十几人。但此后更为普遍的现象是，中下等小户也被纳入义役组织，使得义役成为乡村民户普遍参与的应役社团。特别是在郡守、县令等地方官大力推广义役、官督民办后，许多贫苦下户被迫入役，增加了他们的负担，例如，处州要求那些只有一二亩田的下户也要出田出钱助役，差排轮充。主要原因在于南宋役法在免役与差役之间杂乱并行，无一定之规，地方官行事总可以找到依据，豪强大户巴不得更多人参与，减轻自己负担。

---

① 谭景玉：《宋代乡村组织研究》，山东大学出版社 2010 年版，第 267 页。

被迫摊派、全民参与的义役组织其实已经失去最初的互助共济、减轻应役压力的初衷，其慈善公益性大打折扣，自我治理功能逐渐变味。

义役组织由成员自主共同商定，或由地方官主持规划，都制定相应规约，用以规范义役组织与成员行为、义役内部事务管理等。大多数规约内容翔实，多者近四十条，并编纂成册，称为"义役册""义役书"，甚至邀请地方官作序题跋，呈送官府条案。义役规约是古代社会的村民公约或乡约的一种表现形式。

义役组织大多数是民间组织，在其刚刚兴起的时候，确实能够起到集合乡村社会集体力量、互助共济、减轻职役之苦的作用，役首多由贤能者担任，义役组织尚且能够维持公正公平原则，正常运转。但运行一段时间后，因有利可图，役首一职逐渐被豪强大户把持，地方胥吏与不良役首勾结，千方百计破坏义役。因为对胥吏来说，排役差役是他们牟利受贿的重要渠道，义役兴起后断了他们的财路，他们必然会设法破坏。此外，还有些不良上户强拉中下户出资，加重他们负担，减轻自己负担，又博取助役美名。以上三股力量互相勾结，本为良政的义役，又沦为鱼肉中下等户的恶政，"义"役不"义"就在所难免了。

义役在决策上由乡里大姓集体协商，在管理上由乡绅轮值，是一种乡村民众自我治理的形式，本质上是一种社区群众自治，这种自治在人事推选、事务决策、日常管理、行为监督等方面都具有浓厚的草根性、共同体性。义役在本村本里组织，参与者不是同宗同族，就是乡里乡亲，既能够克服较大范围治理在信息上的不对称性和管理盲区，又对管理者具有一定的道德约束性，因此在制度设计之初有其合理性。规范管理、良好运转的义役治理在一定程度上节约了县乡应役成本，有利于减轻乡民负担，提高乡村治理效率。[①]

二 明代的义役组织

义役组织发展到南宋后期，虽然存在不少弊病，也越来越受到官府

[①] 本部分关于南宋义役的相关资料来源于葛金芳《两宋社会经济研究》，天津古籍出版社2010年版，第八章，第124—140页；谭景玉《宋代乡村组织研究》，山东大学出版社2010年版，第五章第二节，第261—280页。

的控制，但作为聚合民间力量共同救济徭役之困的一种形式，还是能够在乡村社会发挥一定的治理积极作用，因而在其后的元、明、清历代仍得到不同程度的存续和发展。

明代，江南地区是赋役重灾之地，人民遭受重役之苦，为义役的实施提供了必要的社会经济土壤。众所周知，江南地区从明初开始所承受的赋税负担就大大高于其他地区。役随赋起，田赋重意味着朝廷从江南所要征缴的粮米也多，与粮米有关的催征、经收和解运就需要动用更多民力。赋多役重，因粮米征收量大，江南地区的催征、经收之役相比其他地区同样高出很多。更要命的是，江南不但征缴的两税粮米总量多，起运比例也极高。江南所要缴纳的公粮和银两中九成以上需要起解运到京城入库，解运之役远超其他地区，成为江南伤民重役的一个主要原因①。尤其是在朱棣定都北京后，江南地区需要将银粮押运到千里之外的北京，极大增加了劳动人民的徭役负担。苏州府在漕粮军运改革前，因起运两京、临清、徐州、淮安等处粮额浩大之故，每年需要佥派运粮人夫约 23 万人。在力役方面，江南白粮解运正米 1 石所需费用，在宣德年间大约为 3 石，至成化时涨到 3—4 石，正德、嘉靖时达到 4—5 石，万历时为 5—6 石，甚至升到 8 石，至崇祯时，粮解 1 名费银达 1500 两。② 因钱粮征解环节的管辖过多、程序烦琐以及吏治腐败等因素影响，民户在承担钱粮催征、经收、解运等诸役的过程中还面临不同程度的额外科索。

与高额起解相对应的是低额存留，其严重后果是苏州地方财政经费不足，不得不通过徭役征发来维持地方政务的正常运转，加大"折役""役办"催征力度，使乡村里甲"坐办""料办"等负担大增，而这些负担又不可避免地最终转移到广大百姓身上，由此造成江南地区尤其是苏州府徭役的沉重。明代江南地区的义役改革是在此背景下产生的。

常熟是义役首行之地。宣德九年（1434），为解决常熟县军需颜料经年不完里甲重复科办的弊病，知县郭南议行义役之法，令该县见役里甲，

---

① 李园：《从义役看明代江南重役地区的应役实态——以苏州府模式为例》，《中国经济史研究》2019 年第 4 期。
② 胡铁球：《明代"重役"体制的形成——以白粮解运为例》，《社会科学》2012 年第 6 期。

每里均出米 50 石，计米 2.5 万石，于济农仓北置地七亩设义役仓专贮义米，凡遇朝廷坐派军需颜料等物支取义米买办。该议得到苏州知府况钟的支持，推行于苏州各县。况钟推行的义役是将民户分为七等，按民户财力多寡征收役米，与郭南最初的按里均派设计有所不同。

宣德五年（1430），周忱巡抚江南后，针对江南官田民田田赋不均，实施平米法（均田加耗法），以推动均赋改革，将起解支用之外的平米剩余（又称为"余米"），纳入济农仓收贮，余米可用于对义役贴补，用以减轻江南徭役负担。但随着耗羡归公，余米充为公赋，纳入两税正赋后，原余米贴补下的部分徭役负担再次转归民户承担。景泰以后，苏州府各县官署义役出现赋税化调整，原用于义役的义役米、义役银成为一种税项混入地方赋税体系之中，虽然仍号称平米，但对百姓乡民来说，原义米、余米在助役减负方面的救济功能已经一去不返了。

嘉靖年间，苏州地区官置义役再度兴起，其运行存在役田和役米两种模式。苏州役田主要实施于吴县、长洲二地。其模式为，每民田百亩抽五亩为公田，所置公田招佃纳租，由当地该年粮长管业，以田租作为徭役津贴。以吴县为例，嘉靖二十七年（1548）义役开始实施时，抽取公田总计 13248 亩，每年收租米 13500 余石。吴县的公田助役之法在运行之初取得积极成效，缓解了役户特别是重役户的徭役压力。但由于产权不清、官民蚕食等原因，至崇祯七年（1634），吴县每年役田仅得租米 1386 石，比初置时减少了九成。

役田存在无法避免的局限，晚明时，苏州地区出现了义役的另一种形态——役米模式。苏州府的役米主要推行于太仓、昆山、嘉定三县，其规定是，令官民田每亩出役米 2 升，按各役轻重给予相应的津米助役，标准是：粮长 10 石，首名 18 石，收头 18 石，塘长 10 石，里长 12 石，扇书 24 石。申时行认为，相比役田，役米可以避免监管、侵夺等弊端，不惊小民，不烦有司，[①] 但它按亩出役米，实质是变相摊派，贫苦下民仍不免遭受科配之苦。

嘉庆《松江府志》记载，明顾署丞正心助役义田：松江府华亭县乡

[①] 以上关于明代江南义役的相关资料主要来源于李园《从义役看明代江南重役地区的应役实态——以苏州府模式为例》，《中国经济史研究》2019 年第 4 期。

村里役 616 名，共贴义田 14901 亩，除粮净米 8947.56 石；极荒图共贴义田 783 亩，该除粮净米 430 石；次荒图贴田 609.7 亩，该除粮净米 320 石；加贴原分义田共 323.8 亩，该除粮净米 183 石。青浦县里排贴役义田二分，共 6863 亩，该租米 6817 石，高乡花豆照例折银准米该租银 143 两，除给税粮外，余租听从轮年随身人收赡差徭；府城内外坊厢里长 42 里，共贴义田 1189 亩，该除粮净米 839.8 石；府城内外坊厢守宿 42 里，共贴义田 2142.7 亩，该除粮净米 1300 石。华亭布解 4 名，共贴义田 706.3 亩，该除粮净米 480 石；青浦布解 1 名，该给买田银 595.1 两。华亭北运粮解 30 名，该除粮净米 1800 石。华亭收兑粮长 63 名，共贴义田 3790.3 亩，该除粮净米 2240 石；华亭收银总催 90 名，共贴义田 4513.8 亩，共除粮净米 2720 石；华亭南运粮长 4 名，共贴义田 219.8 亩，该除粮净米共 64 石。[①]

明代义役显然与南宋义役差距颇大。在义役的形成上，明代江南的义役并非民间自发形成，而是具有强烈的官府主导色彩，或者说就是官府安排的均役摊派，尽管这种摊派有助于减轻重役户负担。这与南宋时期至少有乡村缙绅主动组织，自觉捐献田产助役有很大不同。在义役的管理上，明代义役纳入地方政府统一管理，应役排序、助役分配等具有很大的强制性，义役缺乏内生的组织形式和制度规定。因此，明代江南的义役称不上是真正的民间自我治理，只能算是官府组织下的一种具有互助共济性质的助役减负机制。

明代徽州乡村里役朋充是义役的另一种民间组织形式。徽州文书中遗存有万历八年（1580）洪时可等四人朋充里役合同一份，可帮助我们了解当时朋充的情况。

> 立合同人洪时可、洪时陈、洪应辰、洪应采等今因九甲程汝良投充里役，自量一人不能承当，又恐人心涣散，众议将洪恩南户承役，共立合同条则，一样四纸，以便遵守，备宜同心一气，共承此役，毋得规避强梗，致生异议。如有此等情由，罚米五十石公用，

[①] 嘉庆《松江府志》卷二十七《田赋志·役法》，成文出版社有限公司 1970 年版，第 616 页。

所有条约逐一开刊于后。

计开

排年四分轮流承当一年，每年议贴银三两。

见年每分轮管一次，粘阄为定，每次议贴银二十两。

津贴银照依税粮多寡为则，日后消长不一，照则增除。

每人各年在甲钱粮以票至之日为始，一月纳一半，二月纳完。毋得延捱贻累，如过期不纳，代为充败者照依当店起息算，还亦毋得延至半年，违者外罚银一两。

现年除书画卯酉催征钱粮，勾摄公事，俱系轮当者承管，其有清军、清匠、解军、缉捕盗贼，并额外飞差俱众朋管，毋得阻挠坐视。

报殷实及劝借等项俱照税粮派认。

丁粮有在别甲者，倘后投扯里长俱众处分。

粮长收头并册年审图，使用俱众管理。

轮当者遇收均徭银外贴银二两，收军需银外贴银一两。

万历八年五月二十八日

同人　洪时可　洪时陈　洪应辰　洪应采

凭中代书人　洪应绶[1]

以上合同内容反映了当时乡村邻里互助共同承役的现实。当然，这种承役并非是无偿的，承役者也获得贴银，但与当时艰巨繁重甚至有可能倾家荡产的里役任务相比，洪时可等四人愿意站出来也确实很不容易，不管他们出于什么样的动机，其结果是能够平衡不同农户在应役上的不对等性，缓解弱势农户的管理困境。明代的里甲制将每个农户都推到乡村管理者的位置，但并非所有农民都具有承担管理的能力、经验、技巧，尤其是威望和财富实力。朋充、承揽等里役互助行为作为民间自我管理调节的一种形式，有利于提高乡村治理效能，缓和官民矛盾，维持乡村社会的稳定。

---

[1]　中国社会科学院历史研究所收藏整理：《徽州千年契约文书（宋·元·明编）》第3卷，花山文艺出版社1991年版，第62页。

无论如何，如同义仓、义学、义社等一样，古代乡村的义役，是民间社会各类主体以一定的组织制度形式，集合众人之力，合力形成应对灾荒、役困、失学等乡村生产生活中难事、困事的一种乡村自我治理重要实践形式，它是政府治理（如常平仓、救济粮款等）之外应对天灾人祸等的有效补充手段。

除了兴办各类具有鲜明地缘性质的生产生活救济组织外，明末清初时期，江南地区的缙绅等地方社会精英还创立了善会、善堂等民间社会慈善组织。善会分为同善会、放生会、一命浮图会、掩骼会、育婴社等种类，显然，善会是专业类的民间济贫救急类组织，以服务特定弱势群体为其目标。善会具有临时性特点，大多没有固定的场所，善堂则较为固定，有堂、局、公所，内设专职管理人员，并募集捐款，以购置房产、田地，维持善堂持续发展。[①] 善堂、善会作为民间力量自发成立的慈善组织，在救济乡民危困，缓和乡村对立，纾解乡村治理难题方面，有其不可替代的作用。

第二节 古代乡村的乡约治理

乡约源于北宋，是指乡民自发制订规约，用以处理乡村生活中的治安、生产、救济、互助、教育、礼俗等方面的问题。订立乡约让乡民共同遵守是为了实现"出入相友、守望相助、疾病相扶持"的乡村生活理想境界，乡约的主要职能包括在乡村社会推行道德教化，参与行政管理，实施社会互助救助。推行乡约制度是古代乡村社会自我治理、自我教育、互助共济的一种重要方式。

一 宋代的乡约治理

中国最早的成文乡约是陕西蓝田人吕大均在宋神宗熙宁九年（1076）制定实施的《吕氏乡约》，目的是使乡民"德业相劝，过失相规，礼俗相交，患难相恤"，推行教化，改善风俗。乡民可自愿加入或退出，每约公推正直不阿者担任约正，约正一人或二人，负责赏罚。设值月一人，每

[①] 徐茂明：《明清时期江南社会基层组织演变述论》，《社会科学》2003年第4期。

月一更换，负责约中杂事。同约人每月、每季聚会聚餐，聚会时记录本约善恶之行，执行赏罚之事。

南宋时大儒朱熹修改《吕氏乡约》，予以推广，同时于南宋淳熙八年（1181）冬十一月在建宁府崇安县开耀乡复兴隋唐遗法，创办社仓，赈贷有需要者。朱熹等人从官府领米600石作为底粮，夏季出借，冬季偿还，每石米纳息二斗。年成不好，可酌量减息。经过14年的运营，社仓积下仓米3100石，并自建仓库贮藏。社仓放粮是与保甲制度相结合的。十家为一甲，推一人为甲首；五十家为一社，推一人为社首，同时以十人为一保结保。每年十二月，由社首、保正副等人检查社内各保甲户家族人数、收入等情况，据此修正保簿，保簿是支领借贷的凭据。社仓重在救恤，不搞平均主义，并非所有民户都可借贷，"产钱六百文以上及自有营运衣食不阙，不得请贷"。社仓放贷的程序是，民户向队长、保长申报，他们再向社首、保正副申报，并由民户填写请米状，保头、大保长、保长、社首、甲户及同保人皆须签字担保。这一联保机制是为了保证有借有还。放粮时本人要亲到社仓，并由各级乡官到场验明正身，签字画押后才给发米。

二　明清的乡约治理

明代时，乡约受到朝野重视，有较大发展，形成相当完备的制度，乡约调控的范围也大大扩展，乡村百姓的生老病死都由乡约组织通过自治互助的办法来处理。

朱元璋重视乡村教化，曾下谕设立里老人调解乡里纠纷，并要求每乡里设立木铎（大铃铛）一副，挑选年老或目盲者，每月六次边敲打铃铛，边唱谕："孝敬父母，尊敬长上，和睦乡里，教训子孙，各安生理，毋作非为。"其内容被许多乡约、族约广泛引用。

明成祖是最早提倡《吕氏乡约》的皇帝，要求将其颁降天下，让乡民诵读执行。明代的名臣大儒中推行乡约的也很多，并在各地实施，将乡约与保甲、社仓、社学、乡礼等乡村自治元素融为一体，解决乡村治理中的现实问题。

方孝孺的乡族制度思想

明代的乡村自我治理思想以方孝孺的乡族制度为代表。他认为宗法和井田是同等重要的两个制度。明初北方人口稀少，可恢复井田制，南方人口稠密，如难行井田，可以乡族之法补救，目的是使"人各有田，田各有公，通力以趋事"。宗法和井田都是先王的持民之道，以井地养民，可以定天下之争，以比闾族党之法联民，可以弭天下之暴，以学校三物之典教民，可以正风俗，因此，应该在乡村社会推行乡和族作为施行礼义教化的组织。

方氏提出，每个宗族设族长、典礼、典事、师、医等职位，作为族中常设的执事。宗族中施行田、学、祠、会四类事务。田事，除了祭田外，还设立振田百余亩至数百亩，以救助族中困乏者。族学用来教导本族子弟明了孝悌、忠信、敦睦之义。族医用于诊治族中患疾者。族祠则是宗族公共空间和族权象征，族会是宗族治理形式。此外，还有宗约族规以约束族人行为。方孝孺所设想的宗族具有乡村公社的乌托邦性质，其部分功能在明清皖南乡村得到实现。

乡作为组织的要义是，以数百家为一乡，推乡中优秀者为乡表，乡中实施廪、祠、学、会四项事务。乡廪就是建立公仓，在丰年的时候，由有百亩以上田地的人家捐献稻麦入公仓，每家不少于十升，但也不多于十斛。由乡表记录各家捐输公仓粮谷的数目，公仓由乡民看守。如遇灾荒或乡人有疾病死丧而不能自养者，由公仓予以救恤。条件稍好的收取十分之一的粮息，贫穷无力偿还者无须偿还。公仓旁边设祠，表彰好善乐捐者，并设嘉善板、愧顽板两块，扬善鞭恶。

乡学的教法和族学一样，在吉日，乡人盛装拜乡学，闲时向师请教，类似于今天的社区学校。同时也有专职的社学，它以蒙童为教育对象，超越一般的私塾，相当于乡村小学。城市也有社学，清同治年间，江苏巡抚丁日昌曾在省城苏州设立社学，并要求各城乡村镇或借用公所，或使用庙宇，也开办社学。①

乡会在每年秋季，礼仪和族会类似，主要是诵嘉言，向耆老贤儒请教。方孝孺设计乡族制度是复兴西周礼治教化方式，并通过群策群力、互助自治的原则，解决乡村为了百姓道德教化和互助救恤两大问题，以

---

① 唐力行、徐茂明：《明清以来徽州与苏州基层社会控制方式的比较研究》，《江海学刊》2006年第1期。

增强乡村团结，维持基层稳定。相比朱熹借助官方力量举办社仓，方孝孺通过动员民间社会力量兴办公仓、乡学，更具乡村自治的意义。

王阳明等人的乡约治理实践

乡约作为一种制度，需要通过社仓、社学、保甲制等具体的实物或组织形态予以支撑才能落到实处，发挥民间社会的自我治理功能。因此，江南学者陆世仪曾指出："乡约为纲而虚，社仓、保甲、社学为目而实。"[1]

明代推行乡约制度的代表人物是王阳明。明正德十三年（1518），王阳明在江西兴办社学，颁布《南赣乡约》，以移风易俗，教化乡民，开展乡约治理实践。嘉靖五年（1526），王阳明兼任两广巡抚期间，提倡办学、乡约、礼教。

其后，吕坤在担任襄垣令时，推行《乡甲约》，在当地共建了120个乡约，影响极大。《乡甲约》首次把乡约与保甲合二为一，用乡约劝善惩恶，用保甲缉奸弭盗。

《乡甲约》之后，明代的知名乡约还有《求仁乡约》《订乡约事宜》《葬亲社约》《正俗乡约》等，用于加强治安，改善风俗，赈贫济弱。[2]

清代的乡约治理

清初陆陇其、于成龙、汤斌、张伯行等人都曾推广乡约，设立社仓。顺治十六年（1659），清廷在全国范围内推行乡约，规定由约正、约副担任乡约宣讲，每月初一、十五召集百姓听讲，并对百姓善恶进行记录。康熙也曾颁布"上谕十六条"，阐述自己的乡里教化思想。雍正不但系统阐述乃父的"上谕"，还要求全面检查各地对乡约的执行情况。此后的多位清帝也都倡导推行乡约。可见，乡约在清代的乡村治理中被统治者视为礼治教化的重要手段。但是，清代对乡约的执行只关注繁文缛节的空洞说教，不关心小民疾苦，缺少实实在在的互助赈恤，最终结果必然是遭到百姓的普遍厌弃。

宗族的乡约化

明清时期，地方官推行乡约的一个重要渠道是，将乡约推广到宗族

---

[1] 徐茂明：《明清时期江南社会基层组织演变述论》，《社会科学》2003年第4期。
[2] 以上有关乡约的内容参见牛铭实《中国历代乡约》，中国社会出版社2005年版，第3—42页。

中，实现乡约与宗族族规族约的对接，促进宗族乡约化，借用宗族力量，发挥乡约在乡村治理中的规范功能。这被学者称为宗族的乡约化，意指在宗族内部直接推行乡约或依据乡约的理念制定宗族规范，设立宗族管理人员约束族人，宗族乡约化导致宗族的组织化。

浙江温州府由知府文林在全府推行乡约，统一设立《族范》，要求宗族各自为约，借助乡约设立约正、副，约束族人，并在市镇乡村设立保甲与乡约结合的组织。江苏镇江府丹阳县姜氏宗族申请县、府授权，赋予宗族以族约、保甲、族长管理族人的权力，将族中乡约与保甲相结合，设立乡正、副。江西南昌府通过设立宗长在宗族中推行乡约，抚州府乐安董氏宗族则营宗庙，立约亭，立祠规，推族正，行宣讲，推行宗族乡约化、组织化。徽州府歙县颁布告示，明确要求宗族实行乡约，并公推宗长副一二人或三五人，立为乡约长，直接要求宗族领袖兼任乡村领袖。绩溪县的约会依原编保甲，以一图一族为一约，杂居村则以小村附大村、小族附大族合编乡约，并选择寺观祠舍为约所，以圣谕训民榜六条为纲，奉圣谕牌，立迁善改过簿，开展宣讲，每月宣讲六次。[①]

宗族组织、乡村组织在得到政府授权后，可获得对乡村社会的治理权，族权与民权在政权的背书监控下合二为一，宗族领袖就能够合法地行使对乡村的控制与管理。

三 民间结社

除了乡约制度外，包括宗族在内的民间组织也在乡村治理中占有一席之地。宗族我们将在下一节专门论述。此处专门讨论一下民间结社。如果说，宗族是以血缘关系为纽带形成的综合性乡村共同体组织，因为在宗族之内，又包含有义庄等经济组织、义学等教育组织、宗祠等宗法组织，那么，民间社会基于经济、社会、宗教等方面联系或需要而缔结的社团，同样是古代民间治理体系的重要拼图。

最早的"社"与祭祀社神等活动有关，是指一定的社会组织。此后，社发展成为一种居民聚落，具有村落组织的性质，在《周礼》中，二十五家为一社，社、邑、里、里社等都泛指基层组织。战国时，邑、里、

[①] 常建华：《明代宗族组织化研究》（上），故宫出版社2012年版，第280—302页。

社成为基层治理组织，这个意义上的社一般被称为"官社"。"私社"与"官社"相对应，是指乡民百姓基于共同兴趣或某种共同目标自发成立的民间社团组织。

民间结社萌起于汉代。自唐代起，民间结社开始流行，主要种类有丧葬互助类的兄弟社、水利管理类的渠人社、乡里祭祀和邻里互助类的巷社、妇女互助类的女人社、集资买牛的牛社以及宗教性质的佛社等，它们大多以"社邑""义社""义邑"等为名称。

红白喜事历来是乡村社会的大事。相对于红事，白事的操办难度更大，尤其是唐代盛行厚葬之风，复杂的丧葬仪程、规定使得乡民需要获得来自外部的支持。丧葬类社团就是以纳赠丧葬物品、协助丧事为目的而建。敦煌文书中有诸多关于营葬结社的记载。

兴修水利是农业生产的重要工作，也是农村公共产品供给的必要组成部分。除了地方官府的组织外，水利设施离不开民间社会的协助。从唐代后期，经五代至北宋初，敦煌地区百姓组织渠人社，以防水和修理堰渠为结社目标，管理百余条水渠。敦煌遗书中对参加水渠管理和修建的人丁条件作了详细的规定。

唐代的民间社团也有一部分进行经济互助活动，如有的社团由社司出面办理成员应纳的官府科税事宜，有的社团兼营社人的婚嫁、立庄造舍的操办以及困难的周济、远行回归的慰劳等。

唐代的民间私社在立社之初，均制定《社条》，类似于今天的社团公约或章程，一般包括前言、社规和社人名单三部分。社条由全体社邑成员协商后统一制定，条款文本确定后，每名社人都要签字画押。社条制定后，全体社邑成员都要以其为行为准则，不折不扣执行。

社规主要包括三官的职责、社邑成员的关系、成员的入社退社条件及惩罚措施、社邑的主要活动方式等。结社规模一般为十几人到几十人不等，社邑成员既有达官贵人，也有乡民百姓。

唐代民间私社的主要管理者是三官，即社长、社官、录事，由社团成员推选产生，"义邑之中，切籍三官钤辖"。社长一般由年龄最长、威望最高者担任，"老是请为社长，须制不律之徒"，统领社人，判定处罚。社官辅佐社长，录事负责处理日常事务，"出帖纳物"。社邑之事由三人商量办理，"凡为事理，一定至终，只取三官获裁"，普通社员只能服从，若社员不听三官命令，则加以惩处。社邑对其成员的惩罚有经济惩罚和体罚两大类，前者如向社邑缴纳羊、酒或设宴席招待社众，后者如杖罚。

社邑的日常运转，主要通过文书开展。除了订立社条外，还包括社状牒、社司转帖、社历、社文等。有意入社者，要递交申请文书，即投社状，表明自愿加入、服从社规的态度。如因各种原因，要退出社邑，亦须递交退社牒，说明情由，作出相应承诺。

帖是社邑的行政文书，由社长等人向社人发出，通知社人，或要求社人完成某项任务，帖的流动是社邑开展工作的重要形式，所有接到帖的社邑成员，要在自己名下加点签押，以示知悉，并向下一位成员传递，不得延误。

社历是社邑的收支记录，即会计账本。社文是社邑在举行活动时所做的斋文、祭文、燃灯文、功德记等。

社邑既然是一个独立的组织实体，必须要有一定的资金和实物积累才能正常运转。社邑的公共积累称为"义聚"。敦煌文书中有一份关于社邑"义聚"的记载："所置义聚，备凝凶祸，相共助诚，益期赈济急难。"义聚有哪些形态呢？包括面、麦、粟、黄麻、油、土地等。置有义聚的私社一般都有自己的仓库以供贮存物品之用。义聚来源于社邑成员，主要有四种方式，一是成员入社时缴纳以上实物，类似于今天的入会费。二是社邑在举行活动时社人缴纳，可以视之为临时性的捐赠。三是社邑成员受罚时所交的物品，即罚没收入。四是社邑将"义聚"物品出贷给社人，收取利息，即增殖收入。

除唐末至宋初的敦煌地区之外，民间结社的另一个代表地区是宋代新安（徽州）地区。其时，徽州百姓喜欢积蓄家财，不喜多子，担心家财被分。苏寿担任郡守后，组织民众成立新安之社，以储积为目标，招揽同乡农民入社，推动经济互助，解决养老后顾之忧。此外，武陵县的杨幺也组织过生产互助社。在福建地区，宋代还流行过"过省会""万桂社"等互助性质的会社，由读书人共同出钱，"人入钱十百八十"，为贫寒之士读书、生活、赶考提供资助，会员规模多的达到几千人，少的也有几百人。[①]

---

① 史江：《宋代经济互助会社研究》，《中国社会经济史研究》2003年第2期。

民间结社是乡村百姓互济互助、共同谋生的一种重要形式,在官府提供的公共产品缺位、社会保障阙如的古代乡村,社邑为民间社会抱团取暖、慰藉共情提供了不可替代的组织平台。兄弟社能够协助贫困乡民完成家庭成员归葬,互助社能够为贫困乡民提供经济资助,助其渡过难关;或对遭遇变故的乡民伸出援助之手,保障乡民维持基本生活。尤其是在灾荒战乱之年,乡村社会中的民间社团可协助困难家庭、残破家庭回归正常生活轨道。除了物质上互相帮助外,乡村百姓也可以以社邑为纽带,通过过节、出游,共同参加祭祀等文化活动,增进情感交流,促进乡村共同体发育。①

第三节　古代乡村的宗族治理

聚族而居是古代中国乡村百姓的典型生活方式之一,它决定了宗族组织、族长、房长等宗族角色在乡村治理中发挥重要作用。尤其是在受到战乱冲击较小的偏远地区,宗族制度、居住形态、地理区划与编户体系往往形成四位一体的格局,使古代乡村治理呈现出政府治理与民间治理互为嵌构、深度互融的局面。宗族及其关联的血缘共同体是古代乡村民间社会的主要组成部分,宗族领袖是古代乡村治理的少数关键主体,宗族的自我治理与对外关系则构成了中国古代乡村治理的重要拼图。相对而言,宗族的影响在南方村庄更加明显,在北方则相对不那么重要。②

宗族通过兴办义田、义仓等多种渠道恤族救灾,振贫扶弱,提供乡村民间公共产品,救济乡村弱势群体,以缩小乡村贫富差距,减缓乡村社会分化;通过祭祖、修谱、兴义学、执行族规等开展乡村教化,维持乡村道德礼法,建树乡村文化礼治共同体;通过宗族自我约束、自我管

---

① 有关唐代民间结社的阐述,参见傅晓静《论唐代乡村的民间结社》,《山东师范大学学报》(人文社会科学版)2003年第6期;郝春文《敦煌私社的"义聚"》,《中国社会经济史研究》1989年第4期;耿元骊《结社相资:唐五代宋初乡村生存秩序的自我维系》,《河北学刊》2022年第3期;高天霞《论唐宋时期敦煌民间结社的当代意义——以敦煌社邑文书为中心》,《东南学术》2012年第4期。

② 萧公权:《中国乡村:19世纪的帝国控制》,张皓、张升译,九州出版社2018年版,第16页。

理、凝聚力建设等，构建乡村社会治理秩序，维持乡村社会稳定，推动乡村社会有序发展。同时，宗族的排外性、封闭性、亲缘性特征也导致宗族对乡村治理产生消极影响，如在乡村群体冲突中容易激化不同姓氏间的矛盾，宗族自我治理一定程度上对国家法律法规形成抵冲，强宗旺族在乡村治理中容易造成国家权力下沉的不畅，等等。

一　宗族与宗族制度

《尔雅·释亲》中曰：父之党为宗族[①]。宗族是指拥有同一父系祖先的人群，在父权制的中国古代，同一宗族的人自然拥有同一姓氏。

宗族的产生与演进

宗族是从原始社会的氏族中分化演进而来，是氏族细小化的产物。西周宗法制度体系创建实施后，氏族分化并演进至家族阶段，用以标识氏族分支的家族得到极大发展，但宗法制度所强调的嫡庶之分，大小之别，使同一始祖的家族不断裂变，嫡子为直系，属大宗，百世不迁，一直保留始祖序列。庶子为小宗，为旁系，五世而迁，"五世亲尽，别为公族"，可以另建氏名。例如，孔子本是商朝商汤—微仲的后代，其姓应为商朝国姓"子"，孔子是微仲的十四世孙，而微仲是宋国国君微子启的弟弟。鲁桓公三年（公元前709）春，孔子六世祖孔父嘉于宋国被害，后人逃到鲁国，为避祸，以孔父嘉的字"孔"为"氏"名[②]，日久天长，姓、氏含义区别渐淡，故后人以"孔"为姓，这就是孔子之"孔"的来源。有些小宗贵族，被分封后，多以封地或封爵为氏名，时间一长，最早的"姓"被"氏"替代，诸如"陈""蔡""宋""梁"。陈姓得姓始祖为陈胡公妫满，本姓妫，是舜的后裔。后人为避祸乱，以妫满获封的陈国为氏，后演化为陈姓；另有一部分后裔则以妫满获赠的"胡公"为氏名，后演化为"胡"姓。"宋"的得姓始祖是微子启，他在西周初年获封建立宋国，宋国灭亡后，微子启的后人以宋国为氏。"宋"姓、"孔"姓历史上源出一家，都是"子"姓。"蔡""梁"情况类似。

经过春秋战国时期的大动荡、大分化，以血缘为基的贵族由于嫡庶

[①] 《尔雅》，管锡华译注，中华书局2014年版，第338页。
[②] 孔子六世祖姓为"子"，名为"嘉"，字为"孔父"。

荣辱浮沉、兵火冲击、住所迁徙等，身份命运急剧变化，演进不定，同姓分裂成多支，又辗转迁徙、定居、再迁徙、再定居，衍生出同一姓氏但宗支不同，家族、姓族进一步演化至宗族。尽管某一同姓宗族仍奉同一得姓始祖或开代始祖，如陈姓皆奉陈胡公为始祖，但各地的陈姓宗支不可胜数。明清以来，胡氏宗族在全国影响较大的有七支，在绩溪就有四支：龙川胡、金紫胡、遵义胡、明经胡，他们各有宗系始祖或始迁祖，各有宗祠、族规，宗奉已有很大区别。

宗族与家庭、家族既密切相联，又有所区别。家庭是指同居共财的亲属团体。家族一般指五服之内的血亲，宗族则超过五服。家庭与家族的区分为是否分家析产，是否别居异业。家族是宗族的一部分，都以共同祖先为圆心，但是五服之内的服亲是小同心圆，包括服亲和五服之外的无服亲是大同心圆，前者是家族，后者是宗族。一个个小同心圆和一层层的大同心圆构成某一宗族。在宗法制的古代社会，一个宗族之内族人之间的互动交往关系受到血缘关系远近的影响巨大，血缘越远，关系越淡，血缘越近，关系越亲。另外，家族在宗族内的地位影响也与某一家族近世以内在政治、经济和文化等方面是否出现代表性精英有关。

一般认为，先秦的氏族、秦汉的豪族、魏晋隋唐的士族、宋以后的宗族，标志着中国家族组织的不同发展阶段。[1] 此处的家族组织当取广义而言，实亦指宗族组织。帝制时代，中国古代宗族发展的第一个高潮时期是两汉、魏晋至唐初。西汉的外戚豪族势力庞大，成为影响中枢治理、皇权稳固的关键因素，西汉甚至最终亡于外戚之手。外戚之所以能够兴风作浪，源于家族、宗族的权力传承与扩展。吕氏家族、霍光家族、王莽家族都是经过同宗几代人努力，形成盘根错节、势力遍布朝堂内外的宗族势力才能拥有可以废立皇帝，甚至取而代之的权柄。两汉的宗族在历史舞台上的表演除皇族本身外，与皇权有姻亲关系的外戚家族、宗族是名副其实的政治主角。

司马氏东渡后，王、谢等豪门士族的权势甚至达到与司马氏共掌东晋天下的程度，门阀士族制度的实质是少数贵族宗族或上层宗族力量全

---

[1] 郑振满：《明清福建家族组织与社会变迁》（增订版），北京师范大学出版社2020年版，第1页。

面介入国家治理体系，士族以贵族宗族为有效支撑，否则难以有力地扩展政治经济权势。察举制、九品中正制保证了大家族、宗族的行政化、政治化，并以士族名目体现出来，家族、宗族在利益上的内聚性、血缘上的继承性使其不但成"士"做官，而且门阀化，世代垄断高官厚爵，把持国家和地方政权。除政治、行政实力外，门阀士族还以经济实力、社会名望、文化道德等方面的资源扩展其影响力，成为综合性政治行为体，深刻影响当时的国家治理。从东汉末年以来，士族在官场所占比例一直在上升，从建安年间的29%上升到东晋时期的80.8%，达到高峰。此后，南朝士族一直保持过半数的比例。[①] 魏晋南北朝时期的门阀世家包括琅琊王氏、陈郡谢氏、陈郡袁氏、兰陵萧氏等。

从北魏至西魏、东魏、北齐、北周，关陇集团中八柱国、十二将军共20个家族是决定王朝兴衰的举足轻重的政治力量，隋、唐开国者都出于其中。隋唐科举制度兴起后，士族门阀的政治影响式微，尽管如此，当时的"五姓七望"（陇西李氏、赵郡李氏、博陵崔氏、清河崔氏、范阳卢氏、荥阳郑氏、太原王氏）仍在隋唐政治中产生重要影响。至唐末，士族制度正式从历史舞台上消失。

进入宋代，宗族迎来转型期，进入新的发展阶段，即宗族发展的民间化、乡土化阶段。由于科举制的存在和皇权的警惕防范，家族宗族已经难以恢复到当年的门阀士族影响程度，无法对中枢治理甚至地方治理产生决定性的影响，宗族势力主要在城乡基层治理中发挥其积极或消极的作用。

唐宋之际，社会门第区分开始消融，科举制打破了传统官员任举制度中的名望道德和血缘继承要求，使寒门读书人有机会"朝为田舍郎，暮登天子堂"，但也难以形成牵枝引藤、前后相继的士族，他们可以成"士"，但无法聚"族"。赵宋皇朝的祖宗家法或者说执政文化就是"以防弊之政，为立国之法"，消除一切有可能威胁皇权的政治经济实体，无论是权臣、军头还是贵族、世家。在此背景下，宋代以后家族宗族的平民化特征日趋明显，地主、商人、士绅的组合成为强宗旺族的常态化形

[①] 韩昇：《中古社会史研究的数理统计与士族问题——评毛汉光先生〈中国中古社会史论〉》，《复旦学报》（社会科学版）2003年第5期。

态，地主、商人、官僚三者之间难以形成紧密的一体化宗族形态，根本原因在于皇权对于豪门世族的防范，其间虽有宗族子弟出将入相，但政治影响很难在家族宗族内部持续传递和蔓延。南宋奸相秦桧临死之前，父子共谋，表演"鳄鱼的眼泪"，企图以流涕博得宋高宗的同情，以养子秦禧代居相位，终被赵构否定，"此事卿不当与"。[①] 至明清，同乡、同年、师生关系等成为官场朋党勾连的黏合剂，家族、宗族的血缘关系已经不可能成为勾连政治利益关系的主要因素。

地主、商人、士绅的身份成为强大宗族的日常背景决定了宗族的乡土化发展，也使得宗族在乡村治理中发挥日益重要的作用。三者分别代表了乡村中的土地、资本、文化力量，再加上宋、明、清在基层治理中将宗族领袖、士绅、地主等乡村精英人物纳入职役、保甲体系，以民治民，使宗族地方化、乡土化的内涵更趋紧实，家族宗族势力更加庞大，但都已经完全无法对皇权构成实质性威胁。即使是镇压太平天国有"功"，并且以几乎是私家军"湘军"为后盾的曾国藩家族也不敢对满清王朝有二心，因为自宋至清，中央集权、君主专制已经发展到十分完善的程度，对权臣悍将的控制手段越来越严密，权臣在没有实现对现有治理体系中的人力、财政、物资等系统的全面控制下，是没有办法造反的。

袁世凯之所以能够取代满清皇帝，是利用了革命党人对清朝造成的统治危机，迫使满清贵族全面让权，进而完全控制清廷的中枢和地方治理，在和平年代，即使拥有北洋六镇，袁世凯要公开造反也几乎是无法成功的。曹魏代汉历经两代人，司马氏代魏历经三代人，就是要全面完成对现有王朝国家治理体系的彻底控制，才能兵不血刃，做到和平"禅让"，像朱棣那样，以一隅之兵造反夺权成功的在历史上只是极个别的例外。

宗族制度

民间修家谱，建立宗族组织始于北宋，而宗族组织最重要的维系纽带就是祭祀祖先，其物化形态就是宗族祠堂。祠堂一词，最早由朱熹所创，"然古之庙制，不见于经，且今士庶人家之贱，亦有所不得为者，故

[①]（元）脱脱等：《宋史·秦桧传》，中华书局1999年版，第10647页。

特以祠堂名之，而其制度亦多俗礼云"。① 可见，朱熹是希望通过设计民间性的宗庙达到祭祀祖先的目的，故其设计原则与西周之后形成的昭穆制有所区别。

上古之时，宗庙为天子专有，士大夫不得建宗庙。只有皇帝才有立太庙（皇家祠堂）、祭祀始祖的权力。直到周代，诸侯大夫开始享有建立家庙、祭祀祖先的权力，但庶民百姓仍然不能建庙，只能在家中祭祀祖先。《礼记·王制》载：古代天子建七庙，诸侯五庙，大夫三庙，士一庙。② 天子七庙，是指天子可以供奉七位祖先，即始祖、高祖之祖、高祖之父、高祖、曾祖、祖、祢。始祖居中，其余六位神主牌，三昭三穆，按左昭右穆、父昭子穆对称排列。诸侯五庙，则隐去高祖之祖、高祖之父，变成始祖、二昭二穆。大夫三庙则指始祖、一昭一穆。士一庙为考（父）之神主牌。此后，随着历史的发展，庶民也可以为祖先立庙，称为家庙。

南宋时，朱熹制订《家礼》，对家族祠堂供奉祖先作出规定。君子营造宫室的时候，应在正寝之东，修建祠堂，祠堂应为三间，室内面南背北，建立神架，神架上以自西向东设立四龛，每龛内分置一神主牌位，供奉四世祖先：高祖、曾祖、祖、父。只有大宗及继高祖之小宗才能供奉四座神主牌，但如是继曾祖之小宗，则不敢祭高祖，只能将其所在西面第一龛空置；同样，继祖之小宗，不能祭曾祖，虚置西龛二；同理，继祢之小宗，不能祭祖，而虚其西龛三。③ 这种祭祀规定，旨在充分保证大宗祭祀的主导权，封建宗法的等级尊卑在祭祀礼制上表现得极其明显。不过，在朱熹的规范中，祠堂只能上祭四代，尚不能祠祭始（迁）祖，但这已经超过大夫三庙的规格。

明太祖朱元璋非常重视礼仪制度对于维护皇权统治的重要作用，他对祭祖礼仪作了详细规定，禁止普通百姓建立祠堂，只能以二代神主置于居室中间，或在其他房间供奉，主式与品官类似。品官的祭祖礼仪暂

---

① （宋）朱熹：《家礼》，载《朱子全书》第7册，上海古籍出版社2002年版，第875页。
② 《礼记·王制》，胡平生、张萌译注，中华书局2017年版，第258页。
③ （宋）朱熹：《家礼》，载《朱子全书》第7册，上海古籍出版社2002年版，第875—876页。

未制定，可暂时模仿朱子祠堂的制度，祭祀高、曾、祖、祢四世之主。可见，古代统治者对民间修建宗祠始终保持戒备心理，即使允许民间祭祀祖先，也只能建立家祠家庙，而非宗祠宗庙。不过，在祭祀祖先的数量上，明初的礼仪已经突破《礼记》中的规定，百姓可以供奉祖、父二代神主，显然超过了"士一庙"的规格，而品官可祭四代神主，则突破了"大夫三庙"的规格。

明嘉靖年间著名的"大礼议"事件后，夏言建议明世宗允许百姓在民间建宗祠，修家谱，通过宗族血缘维系乡里关系，加强对乡村社会的控制，维护乡村秩序。但是，为防止僭越皇权，规定民间修谱计世时只能以始迁祖为一世祖，二昭二穆，共五庙，不得向上追溯，以免威胁皇权及皇族在历史和现实中的礼法独尊。尽管存在政治限制，但相较明初，供奉神主数进一步增加，逾越规格。现实中，一些强宗大族的神主供奉又突破五位之限。例如，婺源大畈的汪氏分别设立知本堂祭祀大宗，如以汪华为始祖的子孙有功德者四人，世代有十几代。

宋以后的新宗族形态，除了具有乡土化、民间化特征外，还日益伦理化、组织化，与稳定乡村社会秩序的联系日益紧密。伦理化是指宋明以后的宗族以宋儒为意识形态依归，将儒家人本主义、本土祖先崇拜与传统文化等融为一体，成为宗族发展演进的精神支撑和文化动力，并以祭祖礼仪、祠堂制度、收族制度等为表现形式，宗族文化与宗族组织（以宗族议事会、族长、司年、房长、族内分支组织、族谱等为表现形式）、宗族资源（义田、义仓、族田、祠堂、族产等）构成三位一体的宗族形态。

在人丁兴旺、历史悠久的宗族内，一般都设立宗族组织，建立宗族制度，形成宗族治理体系。例如，皖南徽州地区歙县棠樾鲍氏宗族组织由族长、祠总、司年、房长等构成，其中，宗族议事会是决策机构，此外还有文会、同老会等组织。

族长须是本族辈高年长、德高望重者，且有一定的文化水平和工作能力，由本族公议推举产生，大部分族长由乡绅担任。族长的职责是：（1）主持宗族议事会，决定宗族的重要活动；（2）担任祭祖活动的主祭人，组织祭祖活动；（3）监督、检查祠堂、族田、族山、义仓等宗族事务的管理；（4）教育族人遵守祖训和族规，调处族人之间的纠纷；

(5)惩处不肖族人,维护宗族安定;(6)处理宗族与地方、乡邻的关系等。族长,在有的宗族中称为宗长,还有的称为宗正,但在另一些宗族中,宗正、宗副只是协助族长开展日常管理工作,如果说族长是董事长,宗正就类似于总经理的角色。

宗子与族长的二元结构是许多徽州宗族的管理特征。宗子是指长房长孙,其在宗族内的地位是按照大小宗和血缘关系确定的,宗子有主持族内祭祀、统率族人、处罚违规族人的权力。但宗子并不必然就是族长。宗子如果没有功名、没有政治地位和社会影响力,甚至缺乏必要的文化水平,就不能担任族长;此种情况下,该宗族可能就会建立二元结构,由族众公议公推出具有地方影响力、一定文化水平的乡绅或致仕官员担任族长,行使宗族的实际管理大权,而由宗子担任礼仪性、象征性的祭祀首领。此外,具有文化权力的乡绅还可以通过成立文会等组织来实现对宗族的文化道德控制。总之,在徽州宗族中,某一宗族精英是否能够发挥重要影响,其本人所具有的文化背景和社会地位相较其血统来说,更具说服力,权重更高。

祠总是棠樾鲍氏祠堂的管理者,也须由德高望重,热心宗族工作,有一定文化水平和较强工作能力者担任。祠总还要协助族长组织宗族活动,处理宗族事务。

司年负责祠堂和宗族日常管理工作,可以把他看成秘书长。房是同一宗族下的支派,算是中层组织。担任房长的也须是年长辈高者,其职责是组织主持本房重要活动、教育本房族人、处理房内纠纷等。[①]

宗族制度是一个复杂的多形态规则体系,涉及宗族谱系修撰、宗族历史资料编纂、宗族文化传承、宗族共同体管理、宗族公益事业管理等多方面内容。纯属宗族历史文化类的事务,如祭祖、修谱等,因公共性较弱,与乡村治理联系并不十分密切,不在本书关注之列。管理族田、义仓、调处纠纷、执行族规等事务,因涉及乡村管理、公益、治安等公共议题,是本书特别予以关注的,因为在聚族而居时代,一个村庄往往就是一个宗族,一个宗族往往又在某一里甲都图的编户体系中,同一宗族民户所属的居住地、田地、山林、道路等相对集中,形成与外村外庄

---

① 赵华富:《徽州宗族调查研究》,人民出版社2014年版,第23—25页。

相区隔的地理环境。例如，鲍氏宗族居住在歙县西乡的棠樾村，距城十五里，有山有溪，有田六百亩，清代属二十二都九图。血缘、地缘与行政管理、地理区划的合四为一，使得古代中国的乡村治理中，宗族治理必然同时具备一部分公共事务属性。根据赵华富先生的研究，对徽州地区八个宗族治理中的公共事务部分进行如下归纳。

二　宗族与古代乡村治理

古代宗族在乡村治理中主要通过义庄、义田、义仓等制度形式和实物形态发挥影响作用，义庄等是为了向本宗民户提供公共产品和救济产品，维系宗族共同的生存和持续，而由于古代乡村血缘与地缘高度同一的特征，使宗族组织、宗族制度能够在乡村社会扮演特定的治理功能。

义庄

义庄的创始人是北宋名臣范仲淹。宋皇祐二年（1050），范仲淹在苏州设立范氏义庄，目标是"保族""传达"，即维系宗族共同体的生存，延续传承本宗血脉文化。范仲淹省吃俭用，用俸禄购买千亩水田，设立义田，用田产收入济养群族，使族人"日有食，岁有衣，嫁娶凶葬皆有赡"，其标准是多少呢？每人每天米一升，每年衣服二匹，嫁女者可领钱五十贯，娶妇者二十贯，再嫁者三十贯，再娶者十五贯，丧葬标准同再嫁的标准，葬幼者十贯。出仕当官者就停止领用。义庄内还建有义宅，供贫苦族人居住，建有义学，对贫苦族人进行义务教育。

北宋后期，官员何执中、吴奎、赵鼎、汪大猷等都效仿范氏义庄建立本族的义庄。明清以后，宗族兴办的义庄进一步扩大，至清末，江南地区共有义庄400座左右，其中苏州地区有近200座。[①] 仅吴县、长洲、元和三县就有"义庄"62家，"义田"7万多亩，义庄、义田几乎成为强宗巨族的标准配置。无锡的华氏义庄，自明代中期创办，发展至清朝末年，历时四百余年，由老义庄发展到新义庄，并不断扩展，高峰时拥有良田一千余亩（超过一千亩的义庄称为全庄），每年收租1158石，资助族人450人以上，补贴标准从每人每天0.33升米至1升米不等，号称江

---

① 张晓旭：《儒商的灵魂在于利与义的和谐统一——兼论北宋名臣范仲淹的义庄实践》，《孔庙国子监论丛》2018年。

南第一义庄。①

义庄有专门的办公场所——庄房。一般以庄正为首（庄正也称主奉、司正或庄董），下设庄副一二人（庄副也称主管、司副或账友），统领司事若干（司事也称帮办或司干），经理庄务。庄正由建庄者后裔中能干者担任。程氏义庄规定庄正由建庄者的嫡长子孙世代担任，顾氏义庄规定庄中设主奉一人，以建庄之子孙贤者担任，施氏义庄则规定推举族中年长望尊者一人担任庄董。还有少数宗族甚至允许异姓担任司正。

以庄正为首的义庄管理层依宗族规定管理义庄资产，对宗族收入支出拥有独立的管理运行权力，任何人不得干预。例如，范氏义庄在本宗挑选年长且贤者主事，依规相对独立管理义庄经济，不受本族尊长无端干预，族人不得借用义庄的人力、物资，不得租佃义田，义庄也不得典买本族人田土，严禁放高利贷。庄正等管理义庄资产的原则是单立预算和保值增值，财务账目收支皆按规记立，接受宗族祠堂定期查核，并在一定范围内公开。

随着作为宗族经济实体的义庄的发展，宗族在乡村社会公共救助方面发挥的作用也进一步增强。根据有关学者的研究，宗族社会救助的主要项目包括：贫困救助、失业救助、习业救助、生育救助、婚丧救助和教育救助。

吴江施氏义庄规定，族中应恤之人包括贫老无依年在六十以上者，不能自食其力的赤贫者；寡居分家坚守苦节者；身有废疾无人养恤者；少孤之人家贫不能存活者。苏州彭氏宗族规定，族中子女或幼失怙恃无人抚养，近房中有可靠之人代为抚养，除幼孤应得月米外，每月支米一斗五升，至十岁停止。

较有财力的宗族，如施氏义庄、彭氏宗族皆通过建立庄塾、家塾或义学等私立学校，无偿为本族子弟提供读书机会。常州屠氏则创建恤孤家塾，作为族中苦节妇子读书之地。资助宗族子弟科举入仕，是宗族教育救助的另一种类型。王氏宗族规定，族中子弟参加县试，给银一两；府试，给银二两；院试，给银三两。入泮，给银十两；岁、科试，各给银三两；补廪，给银十六两；省试，给银十两，中式，给银二十两；会

---

① 袁灿兴：《传统社会中的自治——以无锡华氏义庄为中心》，《儒道研究》2017年。

试，给银三十两，中式，给银四十两。[①]

义田

义田是宗族义庄的核心资产，属于祀会土地之一，也是宗族组织履行自我治理和公共救助最重要的物质基础。

棠樾村鲍氏宗族的义田共有三类："体源户"义田、"敦本户"义田和"节俭户"义田，分别为700亩、503亩、100亩，还有水塘15.7亩，地17.6亩。其中"体源户""敦本户"义田由本族商人鲍启运于清嘉庆二年（1797）设立。

体源户租谷存留600石作为"老底"，每年收田租645.75石，分配原则是，每年提40石作为储存粮，除去造册、禀租、修缮及管理费用外，租谷用于救济族中鳏寡孤独四穷之人和废疾之人，每人每月给谷三斗，富有之家有佣人者不准籴米。手续是通过领粮"经折"登记领取，救济对象必须要遵守宗约族规，而且还要是未曾外迁者。

敦本户租谷存留500石作为"老底"，每年收田租307.39石，除每年提留30石用于储存备荒外，其余租谷在每年春季青黄不接之际，全部廉价籴于贫困的族人，所得的低价售款用于缴体源户和敦本户的赋税——钱粮、营米。

为防止私窃租谷、营私舞弊，鲍氏宗族制定了两户义仓的管理规定。例如谷数的出入要设立登记簿，体源户义仓每年九月至次年八月为一年的登记周期，新谷上仓后要公同查数封仓，再于九月初一日开仓发谷；仓厫锁钥交督总收掌，平日不准开仓，如有擅开，即属私窃，允许族人举报。如有人动谷出仓，以一罚十，并将擅动之人逐出祠堂；每年二月十五日公祠祭祖完毕后，由文会、各房房长共同核簿盘查。敦本户粜谷定于二月初五日收钱，初十日发谷。需要籴谷之人应预先在正月二十五日至义仓报名登记。

粜谷价钱如何计算呢？由司祠和文会将两户钱粮、营米计算后，再根据上年收谷实数减去30石应提备之数，再计算已报名者需籴谷总数，计算每升应粜钱多少文，每人应籴谷多少升，用红签条写贴祠前予以公示，每升大概四五文钱。体源户义仓每年先入新谷，再出陈谷，以免陈

[①] 洪璞：《试述明清以来宗族的社会救助功能》，《安徽史学》1998年第4期。

谷霉烂。敦本户义仓则以陈谷动粜，新谷套搭存仓，免致陈积霉烂。

"节俭户"义田由鲍志道夫人汪氏捐献，每年所收租谷为114石，专门用于救济鲍氏宗族宣忠堂三大房女眷。

义田是宗族公共财产，为防止管理不善或被不肖子孙盗卖，鲍氏宗族采取四项措施加强管理。一是对义田实行承包制，承包人要出具甘结，确认所承包的水田、山地、水塘的亩数，承诺无遗漏粮税，也不会勾通盗卖。二是设"督总"和"襄事"作为专人管理义田义仓。三是制定详细制度，规定人员管理、佃户更换、田租征收、租谷管理以及分配制度、分配方式、销售制度和销售方式。四是上报官府，为防止义田流失，保证田租收入，鲍氏宗族将两户义田全部上报官府，求得政治和法律保护。

以上所举棠樾村鲍氏宗族的义田义仓仅为清代徽州地区宗族治理的一个代表而已，在赵华富先生调查的55个宗族中，明确记载有宗族义田的共计39个，其义田规模少则20亩，多则1000余亩①，在人多田少，户均占有土地仅为十余亩，一般地主占地只有百亩左右的情况下，族田义田成为徽州土地构成的重要部分。统计数据显示，徽州在1949年以前的耕地总面积共为118.3477万亩，其中宗族祠堂竟有16.9431万亩，占徽州耕地总数的14.32%。1988年《黟县志》记载，土地改革前，黟县有16037户，47037口人，99972亩土地，其中祀会土地达3.99万亩，约占39.95%；地主占18.32%，富农占4.73%，小土地出租者占22.06%，中农占13.8%，贫农占0.62%，城镇手工业、自由职业者占0.52%。休宁县祠堂祀会所拥有的田亩占全县耕地总数也达到10.68%。祁门县莲花行政村祠堂、宗族拥有的土地占该村总田亩数的58.5%②。1950年前，祁门查湾汪氏宗族占有土地1762.5亩，占全村土地的75.2%③，徽州土地所有制中形成了"穷村富祠"的特殊现象。

---

① 赵华富：《徽州宗族调查研究》，人民出版社2014年版，第365—368页。
② 黟县地方志编纂委员会编：《黟县志》，光明日报出版社1988年版，第147—150页；皖南区农委1950年6月土改调查材料显示，祁门县莲花行政村族田占全村总田亩数的58.5%。见唐力行《延续与断裂：徽州乡村的超稳定结构与社会变迁》，商务印书馆2015年版，第120—121页。同时还有一份数据显示，20世纪上半叶，徽州宗族祠堂的祠田、祠地占全徽州耕地的60%以上，见方利山等《徽州宗族祠堂调查与研究》，安徽大学出版社2016年版，第81页。但笔者对后一数据持怀疑态度。
③ 叶显恩：《关于徽州的佃仆制》，《中国社会科学》1981年第1期。

祀会土地绝大部分是宗族族产，它占黟县土地的近四成，其他各县所占比例也较高，可见徽州宗族势力在乡村中的强大，也表明徽州宗族重视通过族产义田敬祖济贫，形成稳固的文化和生活共同体，提高宗族的凝聚力。

祠堂

祠堂既是宗族公共权力行使场域和公共文化空间，又是同宗族人凝聚力、吸引力的象征，可谓是宗族存在与传承的符号，徽州族姓特别重视祠堂修建和围绕祠堂开展宗族活动，祠堂文化是徽州文化的核心构成部分。明嘉靖《徽州府志》记载，至嘉靖四十五年（1566），徽州各族姓所建的代表性祠堂共有212个。另据专家调查，徽州建于明代以前的宗族祠堂，能够明确列出年代、名称、地址的至少有219个。一村一祠堂、一村多祠堂、统宗祠、宗祠、支祠、专祠、家庙等形式多种多样。据统计，在徽州，一村建有10个以上宗祠的村至少有31个。自明之后，历史上所建徽州宗祠有6000—8000个，故徽州素有八千祠堂、五千村落的说法。徽州宗祠面积在1000平方米以上的至少有48个，最大的为歙县潭渡的黄氏宗祠，占地16亩，约10000平方米；绩溪县城华阳镇中，各姓建造的75个祠堂占地约4.15万平方米，占县城面积的1/17。目前原徽州一府六县尚存宗族祠堂731个，其中严重残破即将塌倒的有377个。[①]

除了祭祀祖先、延续血脉、救济族人外，宗族组织在乡村治理中也发挥着重要的作用，只不过这种作用是通过宗族的内部治理实现的，一个宗族既是一个血缘共同体，也是一个地缘共同体，宗族的内部治理同样是乡村治理的重要组成部分。

祠堂代表宗族组织。宗族所有制具备乡村集体所有制的某些特点，宗族组织是乡村的重要法人，可以在乡村治理中以独立存在的经济人身份开展活动。宗族祠堂通过族人捐献、祠堂收购、族田租谷、祖遗结存、上主牌资等各种方式积累族产（祠堂、族田、族山、族铺等），并登录在册，呈请官府，纳税注册，有的设"祠户"专责耕种管理，或负责对外交易活动，有的宗族还拥有"种主田、住主屋、葬主山的"宗族庄仆。绩溪宅坦明经胡氏"亲逊堂"1924年共收租谷8358斤，1944年为8210斤；1946年，该

[①] 方利山等：《徽州宗族祠堂调查与研究》，安徽大学出版社2016年版，第10—33页。

堂宗祠收入达 145.64 万元。徽州宗族祠堂的族产支出主要包括祠祭、社会公益、赋役支付等。"亲逊堂"1946 年支出为 115.62 万元，其中祭祀费开支占了 31%，而清明祭祖又占了当年祭祀总费用的 67.8%。

宗族与族人形成经济关系，产生契约和交易活动。例如，族人需要按照宗族组织要求摊派相关公共支出；族人因故可将田地卖与祠堂，再向祠堂租种，当祠堂的佃客；族人在祠堂祭祀祖先时也可分得一定的肉、米等物资，某些宗族包括出嫁的女儿也能享受此种福利。

宗族作为经济人，还通过类似于当代的小额贷款机制帮助族人渡过难关。徽州文书中有一份《万历胡氏清明会簿》，记载了胡氏宗祠自万历二十八年（1600）至三十六年（1608）向族人发放贷款的清单，每年放贷、收贷的时间都在清明前后。其中胡云泽、胡云洲等人每年贷款 1—2 两，年利率皆为 20%。基本上是还上一年度本息，再借下一年度本金，每年一借一还，还本付息后，再借再还，还旧贷新，如此循环。例如，万历二十九年（1601）三月二十五日，胡云泽归还上一年本息共 3.12 两银，又贷去本金 2.6 两。[①]

族人和祠堂某种程度上具有社员与经济合作社间关系的特点，祠堂会限制族人的经济文化行为。例如，徽州宗族大多规定支丁出卖土地时，近亲有认购优待权，近亲不买，才能卖给远亲。没有特殊理由，不得卖给异姓。出卖祖宗土地，必须得到近亲同意。这样做的目的是防止土地外流，保证同一宗族能够聚族而居，维护本宗本族在农耕、村居上的同质性。另外，祠堂也在一定程度上为族人提供必要的公共产品，例如，前述义田的设立就是向孤苦贫弱族人提供救恤，宗族还办有族医、义学，并为族众提供生产生活上的互助共济。

族规

为加强对宗族的自我治理，大的宗族制定族规对族人的内外行为予以规范。主要内容包括：孝顺父母、尊敬长上、关爱族人、教育子孙、严肃闺门、重视祭祖、卫护祖墓、依法继承、买卖土地、毋作非为、保护环境、保护祠堂、推举祠总。以上族规多用于处理宗族内部关系，其

[①] 中国社会科学院历史研究所收藏整理：《徽州千年契约文书（宋·元·明编）》第 9 卷，花山文艺出版社 1991 年版，第 161—167 页。

对族人的社会行为和对外关系也有很多规定，如严禁盗窃，严禁凶暴恶行，严禁健讼，要求族人安分守己，和睦宗族，以及禁止赌博，禁止欺男霸女，禁止溺女、假命图赖、敲诈勒索、污染环境，等等。①

族规是宗族组织化的重要制度形式，从地缘的视角看，族约的实质是乡约，即居住在同一地区的成员之间的行为公约。严州府淳安县洪氏在明万历年间政府推行乡约时制定了严氏《宗约》，由属于家规的宗约和属于祠堂节仪的宗仪即《祭仪》两部分构成。有关专家对严氏《宗约》进行了深入分析后认为，当时严氏家族形成两套管理系统，一套为以宗约为标志的乡约系统，处理一般田土争执，另一套是以家庙为标志的族权系统，处理破坏伦理的重要事端。规范乡村共同体的乡约已经深入宗族，但尚未与族权合二为一，但是那些宗约家规的内容又具有深刻的"乡约家礼"的规定，后者则由地方政府推动制定，以塑造乡村教化。②

在这个意义上，宗族族约的乡约化反映了官府行政力量与宗族民间力量之间在乡村治理中的互动关系，也反映了国家权力经由地方治理向乡村治理的渗透和控制，以地方乡绅为领袖的宗族精英借助官府对乡约官法的倡导之机在宗族乡里推行族法，可使族规地方化、合法化。

祠堂（宗族组织）如何依据族规处罚违规族人呢？对违规之人，轻则唤至祠堂由族长等教育训斥，重则执至祠堂当众惩治、罚拜罚跪、杖责，以及罚银、罚米，甚至革黜族籍，逐出祠堂，生死不得入祠。如有行凶霸道之徒，执送官府重办。

祠堂、族谱、家谱是宗族制度的三个物化载体，附着于其上的祖训、宗约或族规则是宗族制度与文化的内涵所在。宗族制度文化约束族众，褒扬其善行，惩罚其过失，救济其苦贫，通过对宗人族众心理行为的教化与控制，能够对本族的安定和发展以及维护乡村社会秩序产生较大的治理作用。

宗族的自我治理

族长等宗族组织中高级管理人员虽然以辈分、年龄、德行为推选标

---

① 参见陈瑞《明清徽州宗族与乡村社会控制》，安徽大学出版社2013年版，第375—383、426—446页。
② 常建华：《明代宗族组织化研究》（上），故宫出版社2012年版，第291页。

准，在宗族治理中具有较大权威，但宗族组织本身也建立了较为完善的管理制度，包括会议协商制度、轮流管祠制度、民主理财制度等。例如，绩溪宅坦明经胡氏"亲逊堂"祠规规定，祠堂司事由族下五支门派共36人，分六班轮流管理日常祠务，六人一班，每班任期一年，由族众推举，"管匣、管钥、管封、管印，各司其职，无得通情凑便"，祁门六都程氏大祠堂由仁山门东房五大房家长和族人各推举一人，一人管银匣，一人管钥匙，一人管印章，一人管杂物，分工明确。[①] 明正德十二年（1517），徽州府祁门县奇峰郑氏家族新修宗祠后，向地方政府申请堂规批文，并借鉴官方的里老制度，设立族老制度，完善宗族组织管理体系，以更有效地管理族人。[②]

由于既有日常族众的民主监督，又有族规祖训的文化道德约束，祠堂管理者大多有着较强的责任心和公信力，也较为清廉，这是徽州宗族的公共治理历经千年岁月变迁仍保持相对稳定和谐的重要原因。同时也要看到，宗族对族人在政治上道德上具有较强的管控力。在传统农业时代，徽州乡村地缘、血缘、业缘三合一，乡里宗族几乎可以说是农民的全部世界。族人一旦因违规被革除出祠，就会"社会性死亡"，很难在乡村社会立足，凡是被开除的族人，只能全家背井离乡去外地谋生，甚至可能终生无法返乡。这是宗族在发挥稳定治理作用的同时，对于乡村秩序封建控制的黑暗一面的体现。

宗族与乡村治理

宗族祠堂在乡村治理中作用的发挥是通过对族众的治理即内部治理和对乡村共同体治理的支持两个渠道实现的。棠樾村鲍氏宗族治理中包含的公共事务治理属性，体现在义田赈济和族规约束两个主要方面，分别属于乡村公益和乡村治理。

在徽州宗族的族规家法中，大都有"恤族""救灾"的规定，宗族和地方官也通过树碑立传等方式表彰那些资助宗族和扶持贫苦族人的宗族子弟。在徽州地区，宗族承担乡村公益救济事务是普遍现象，在许多占有大量"义田""义仓"的宗族，贫困族人因此能够避免乞讨为生，免受

[①] 方利山等：《徽州宗族祠堂调查与研究》，安徽大学出版社2016年版，第77—78页。
[②] 常建华：《明代宗族组织化研究》（上），故宫出版社2012年版，第285—286页。

背井离乡之苦。宗族所开展的上述公益活动不但有利于宗族的巩固、发展和繁荣,也有利于稳定乡村社会,促进乡村治理。

中国自古就有出入相友、守望相助的邻里互助观念。孔子强调,"人不独亲其亲,不独子其子,使老有所终,壮有所用,幼有所长,鳏寡孤独废疾者皆有所养"[1],把各有其分、赈弱济贫看作是大同世界的必备要素。孟子则进一步认为,统治者只有"老吾老,以及人之老;幼吾幼,以及人之幼",才能实现"天下可运于掌"[2]。对儒家知识分子来说,关照弱贫者不但是人性光辉的需要,更是治理国家的需要。正因如此,鲍启运的善行受到当时县、府、省各级官员的高度赞扬。

鲍启运等乐善好施者设立义田义仓,使族人困乏相周,急难相救,既有儒家讲信修睦、守望相助思想的影响,也受到父辈思想的熏陶,是古人"尊祖故敬宗,敬宗故收族"理念的展现,目标是尽守土之责,化凉薄之风,复长厚之俗,使本族能够繁衍生息,世代兴旺。

稳固的宗族村居共同体有利于增强族人对本村本族的认同感、归属感,即使"十三四岁,往外一丢",但无论是入仕还是为贾,徽州族人仍始终将衣锦还乡作为人生一大成就,因为自小生活于斯的乡村共同体是他们投射"乡愁"的不二载体。据时人所记,清代中期的棠樾村环境优美,花木成行,父子亲,兄弟睦,妇女知礼节,童稚解读书,户无逋粮,人无私怨,里胥不入境者数十载,说明棠樾村治安良好,社会安宁,已经形成一个具有宗族自治性质的乡村共同体。[3]

另外,宗族组织与乡村基层组织如里甲、保甲的结合,也有利于乡村社会的稳定和治理。宗族组织是以血缘为纽带的乡村共同体组织,在大部分古代乡村,它们同时也是乡村地缘共同体组织,大的宗族跨乡连县,小的宗支则与都、图、村高度耦合,形成乡村社区中除行政管理组

---

[1] 《礼记·礼运》,胡平生、张萌译注,中华书局 2017 年版,第 419 页。
[2] 《孟子·梁惠王上》,方勇译注,中华书局 2010 年版,第 12 页。
[3] 以上资料来源于赵华富《徽州宗族调查研究》,人民出版社 2014 年版,第 41—54 页。尽管宗约族规中有关于土地买卖优先在亲属间进行的规定,但据学者对徽州土地买卖契约的实证研究,土地买卖在亲属之间进行的比例高的地区只有 36.92%,低的地区仅有 16.39%,说明宗约族规的执行度并不是太高。相关数据参见严桂夫、王国健《徽州文书档案》,安徽人民出版社 2005 年版,第 55 页。

织之外的黏合纽带，某种程度上甚至是乡村团结最重要的联系要素。因而，宗族组织往往被官府所倚重，宗族领袖一方面成为官府防范对象，另一方面又成为其笼络的对象，因为宗族可以在县—都—图—保（甲）之外形成一套民间治理体系，从另一种视角来平衡乡村各类社会关系，某种意义上，建立在宗族基础上的乡村治理是另一副面孔、另一种江湖规则。宗族共同体同样是乡村治理的基本社区单位。

从阶级斗争的视角来看，宗族领袖多为乡绅地主，他们可以借由族规乡约压迫即使为同宗族人的普通百姓，这是隐藏在"亲亲之谊"面纱下的阶级压迫。对封建官府来说，宗族组织惩处违法违规之徒，相当于设置一条预警线，有助于节约官府治理乡村的成本。例如，有的宗族规定，"族有争讼，不得越义庄而径诉官司"。只要宗族组织本身不成为反叛离心力量的工具或平台，官府乐于让宗族成为乡村冲突的第一道防线。《新安毕氏族谱》中罗列了诸多对族人的约束条件，其中固然有讲究族内等级尊卑的陈腐之词，但族规中更多的条款是关于孝养父母、和睦兄弟，邻里以和为贵，反对"知有亲而不知有义"的护短现象，提倡热心宗族公共事务，用好公用银两，讲究长幼有序、相见有礼，尤其是提倡读书以勤为本，居官以廉能为本，百姓以输纳粮差为职等内容[①]，这些规定显然是有利于统治者维持乡村治理秩序的。

在徽州等宗族势力较大的江南地区乡村，明清以后的里甲赋役和保甲治安皆由宗族进行轮充、朋充或由宗子族长担任里长户、甲首户，对于北方地区和其他地区较为诟病的连带赔偿责任，宗族组织是通过宗族公产等各种方式予以消化，这既有利于保护宗族族众利益，也有利于减少因赔偿而逃避里甲徭役的现象。例如，清乾隆年间，歙县里东乡竦坑江族合议立《合墨据》，解决里长轮流问题，将四个支房划为四柱，每柱管两甲，征纳时，由里催柱，柱催甲，某甲不清，归某柱所管者认赔，减轻里长压力，并规定由族众出钱对里长进行劳务补助。[②]

自五代至清末，徽州乡村在近千年的时期内形成了相对稳定的地缘、

[①] 常建华：《明代宗族组织化研究》（下），故宫出版社2012年版，第392—402、411—425页。

[②] 柯灵权：《歙县里东乡传统农村社会》，复旦大学出版社2014年版，第97—99页。

血缘共同体,维持着高度的基层社会稳定,除了战乱较少等因素外,宗族的持续稳定存续起到很大的正向调解作用,徽州大部分宗族能够做到"千年之冢,不动一坯,千丁之族,未尝散处,千载之谱,丝毫不紊",毫无疑问在很大程度上帮助乡村社会形成稳定的治理秩序,也可以在一定程度上消解官府与农民之间存在的紧张关系。正因如此,宗族和族产在徽州乡村治理中具有特别重要的地位。

乡村宗族一般不会对封建统治尤其是王权统治造成什么威胁。不同于历史上曾威胁皇权的江南士家大族,乡村宗族都属寒族,即使是徽州一府六县的千年宗族,族人也需要经过十年寒窗苦读才能通过科举考试,在王朝国家的官僚体系中经过多年的逐次递升才能登堂入室,至于成为封疆大吏或当朝一品大员,更是非常罕见,而且他们大多零星分布,即便是汪氏、胡氏等徽州大姓,也要多少年才能出现一两位达官显贵,这就决定了乡村宗族无法在某一朝代形成宗族集团,更遑论对皇权构成威胁。即使在乡村地区,宗族组织也始终恭顺谨慎,明中期以后,某些强宗旺族对违规族众具备一定的重责之权,但也必须在"王法"范围内行使权力,或者得到知县等地方官吏的同意至少默许。徽州等地的宗族势力虽然庞大,但始终不会成为地方政权的威胁,相反却能够协助地方官解决不少问题,成为治理乡村的帮手,"户无逋粮,人无私忿",才能"里胥不入境者数十载",帮忙而不添乱,这当然是地方政权最乐于看见的。

为发挥宗族组织在乡村治理中的积极作用,地方官或行文著书,记载某些强宗旺族的历史和荣誉,或在某些宗族的族谱盖上官府大印,树立宗谱权威,或者张贴告示,训示族众遵守族规宗约,以提高其合法性。前述奇峰郑氏堂规族约就曾得到祁门县、徽州府两级官府的堂规钤印或给帖支持,官府采取以上行为其目的是通过行政力量的加持,使政府治理与民间自我治理有效结合,维持稳定的乡村秩序。此时的宗族组织,俨然已演变为重要的乡村基层治理组织,以民间治理的形式行使着一定的行政权,承担治安、司法、户籍管理、赋役征收、道德教化、赈灾救济等各种职能,在乡村行政、经济、社会、文化等各方面发挥治理作用。清道光七年(1827),苏州乡绅潘曾沂创办的丰豫义庄,其社会救济活动超越宗族,发展到面向地方社会,救济内容包括平粜赈灾、弛免田租、推广区种法、建立义塾、收养弃婴等,这实际上已经在代行官府的地方公共品供应职能,尤其是它在乡村推广区种法的行为是过去的宗族义庄从来不曾做过的。[①]

---

① 徐茂明:《明清时期江南社会基层组织演变述论》,《社会科学》2003年第4期。

第 九 章

中国古代的国家治理与乡村治理

中共十八届三中全会决议提出,中国共产党全面深化改革的总目标是完善和发展中国特色社会主义制度,推进国家治理体系和治理能力现代化,国家治理的概念由此在学界和社会上流行开来,但对于何谓国家治理体系,它究竟有哪些构成?迄今似乎并无较为一致的说法。我们认为,可对国家治理作如下划分:从领域看,国家治理可包括经济治理、政治治理、社会治理、文化治理、军事治理、执政党自我治理等。从层级上看,包括国家治理(中央层面)、省域治理、市域治理、县域治理和基层治理。后四个层级的治理目前已经成为学者们研究的热点议题,以其为名的各类研究机构也方兴未艾。对于中央层面的国家治理,提法则比较敏感微妙,到目前为止,并无统一概念,但它大体上离不开(党和政府的)治国理政(包括内政、外交)、执政党自我治理两个方面的主要内容。以上对当今国家治理体系的简单分类,应该有助于对中国古代王朝的国家治理体系展开思考,虽然背景、主体、形式有异,但治理之道,古今皆同,治理的内在逻辑与本质规律,过去与今天别无二致。社会科学探究的是社会现象发生发展之谜,而任何社会现象的塑造者都是人,古今中外,人性相同,它决定了可以古鉴今,以今推古,当代政治学的理论与原则完全可以用于分析古代政治。

第一节 国家治理的系统构成

在古代中国,国家治理由中枢治理、地方治理、基层治理、对外治理四个主要部分构成,四个领域的治理都由制度、组织、角色等要素形成治理体系。其中，中枢治理体系居于核心地位，决定制约其他三个体系以至于整个国家治理体系的运转。古代社会中，皇权（王权）是国家治理核心中的核心。

一　中枢治理

中枢治理是指以中央政府为主体的治理体系。它包括三个方面的内容，一是中央政府治理的体系构成，二是中央政府治理的制度体系，三是中央政府对国家治理体系的决策指挥与监督执行。

在先秦的分封时代，中央政府指夏、商、周王室，与各诸侯国、州、郡相对而言。秦汉以后的帝制时代，中央政府指历代王朝的朝廷，与省、道、府、州、县各级地方政府相对而言。中央政府的治理体系构成是指中央政府有哪些组成部分？彼此之间的权利义务关系如何？在国家治理中具有何种地位？发挥何种作用？最根本的是，不同部分的中央政府拥有何种权力？中央政府，包括皇帝、宰相和百官是如何处理国家事务的？又是如何指挥和督办地方各项行政、军事和司法工作的？

皇帝

中央政府有哪些组成部分呢？如果套用当代政治学的术语，中央政府中最主要的岗位是国家元首，先秦时代，国家元首是指天子，即夏王、商王、周王，秦汉以后是指历代王朝的皇帝。在中央政府中，围绕皇帝，形成了皇廷或内廷，它们以皇帝为中心，成为古代王朝国家中最重要、最核心的中央政府部门。在这个意义上，皇帝不仅是一个政治角色，更是中央政府机构的代表和整个国家的代表。

皇帝既是国家元首，也是军队统帅，有时还是政府首脑，甚至被神化为"天子"、天下臣民的"君父"，拥有意识形态和伦理道德上的偶像和神祇地位。最关键的是，皇帝拥有至高无上、不受限制和统揽一切的权力，"天下之事，无大小皆决于上"，行政、立法、司法、军事、财政、人事等各方面的最高权力皆为皇帝所有。天下也皆为皇帝所有，即"家天下"，山川湖海、臣民百姓、天下万物，都被视为皇家私产。古代中国的中央集权主义，主要是指国家权力集中到皇帝手中，即皇权专制主义。如果不是生理上的限制，皇帝是不希望有任何助手的，恨不得一个人就管理整个国家。皇帝个人因素在古代国家治理中占有极高的比重，可谓

"一人兴邦，一人亡邦"。

由于公共权力的高度个人化，不可避免导致古代王朝国家治理存在高度的人治主义色彩。人治主义的根本缺陷在于决策的非理性、非科学性、盲目性和随意性，导致国家治理处于高度不稳定状态。非理性体现在生理能力有限和欲望情感困扰两个方面。皇帝也是人，不可能拥有"上帝视角"，不可能做到全知全觉，他（她）对信息的掌握毕竟是有限的，判断力、决策力受到各种限制，独自一人并不能总是作出最正确的判断。皇帝受到欲望、情感的驱使，其决策并不总是能够做到执法如山、公正无私、稳定如一。历史上，破坏制度、规范最多，最不守规矩的人恰恰就是皇帝。

如何克服皇帝决策的非理性呢？应通过集体理性予以纠偏，但"一言九鼎""乾纲独断"式的决策模式使任何下属的意见和建议只能供其参考，而不能成为体制化的约束力量。缺乏民主机制是人治主义、非科学决策存在的制度根源。一方面，皇帝权力不受限制，另一方面，皇帝受到的诱惑、所具有的欲望又极其丰富，导致皇帝的许多决策盲目、随意甚至任性，其结果是，皇帝是中国古代最不稳定的决策主体。总体上，皇帝处理问题的专业化、职业化、科学化程度，远远比不上经过多年政治历练的宰相、尚书和大学士们，根本原因在于，皇帝的产生以血统为主要标准，缺乏必要的竞争，而科举取士后，哪怕是普通的知县、知府都是从几十人、几百人中挑选出来的，可谓"人中龙凤"。

皇帝（天子）作为古代中国最重要的政治角色，他（她）的理性偏好、权力运用、政治素质等在很大程度上塑造甚至决定一个时代的中枢治理乃至国家治理，对治理成败、王朝兴衰负有最主要的责任，同样也对地方治理、基层治理和乡村治理产生深刻的影响。

除了天子或皇帝外，作为中央政府核心机构的皇廷，还拥有与之配套的为皇帝服务的辅助性政务机构，如秦代的少府、汉代的内朝以及明清的内阁、军机处、内监等。

此外，主要在后朝、后宫中生活或活动的太后、太子、皇后、嫔妃、王子、宦官、侍卫等与皇帝关系密切的个人，虽然不是正式的政治角色，但因与皇帝的特殊关系，在不同时期都会程度不同地介入实际政治运行，深刻影响王朝的国家治理。然而，皇帝与政治依附者的关系同样非常微妙。为争夺最高权力或对朝政的实际控制权,皇帝与太后、太子、皇后、嫔妃、宦官、侍卫们处于反复的博弈、斗争之中,其中的三对权力关系:皇帝与太后、皇帝与太子、皇帝与有权力的宦官之间的关系尤其敏感。

皇帝与太后的敏感权力关系一般发生在所谓的皇帝亲政前,即年幼的皇帝需要在太后的指导下行政。太后因为拥有生理上(是母亲,是长辈)、伦理上(太后是老皇帝的法定配偶,拥有政治上的优势,又是新皇帝的嫡母,有的还同时是生母,拥有礼法上的优势,百善孝为先)以及信息上(太后作为过去的皇后统率六宫,在老皇帝生死之际,享有外廷所缺乏的信息优势)的种种优势,使得她们能够在争夺对年幼皇帝的控制中领跑上半场。一般来说,在皇帝长大成人后,太后优势会逐渐丧失,原因在于除西汉早期外,历代王朝都从政治制度、政治规范上注意防范后宫干政。例如,明代自洪武、永乐两朝后,都从小户人家挑选平民女子为嫔妃,就是汲取了两汉后妃、外戚权势过大、威胁皇权的教训。但是,如果遇到武则天、慈禧太后一类的政治女强人,皇帝就会沦为傀儡,帝后之争的天平就向太后一方倾斜。"牝鸡司晨"的说法当然有歧视女性成分在内,不符现代男女政治平等原则,但在古代中国,女性掌权始终被视为不祥之兆,在伦理礼法上具有无法祛除的劣势,就古代中国历史的长时段看,帝后关系总体上还是作为成年男性的皇帝处于主导地位。

皇帝与太子(储君)的关系也极为微妙。太子基本上是皇帝的亲生儿子,从普通人家来看,父子一体,何况太子已被立储,名分已定,应该不会再有什么波折。无奈,"最是无情帝王家",权力尤其是会带来海量收益的最高权力极易扭曲人性,这就导致古代中国少有和谐稳定的皇帝与储君关系。皇帝对太子的废立几乎拥有绝对的控制权,决定了皇帝、太子的权力博弈中,太子始终是弱势的一方,但太子作为未来的储君,也容易形成一个新的政治集团,从而在中枢治理中构成对皇权的威胁。历史上,被废太子比比皆是,如汉景帝太子刘荣、汉武帝太子刘据、隋文帝太子杨勇、唐太宗太子李承乾、康熙帝太子胤礽等。太子非常难当,如果表现得精明强干,"英明神武",会引起老皇帝的猜忌,因为对皇帝来说,皇权是不能分享的,也是不能被架空的,哪怕这个人是自己的亲生儿子；如果一味韬光养晦，隐忍藏拙，又会被认为颠顸无能，未来无法担当重任；更重要的是，太子制度缺乏稳定的制度保障，基本上出于皇帝的意志，虽然有了太子的名分，但同样会卷入政治斗争的漩涡，受到潜在竞争者的攻击。如果太子个人处事不当或其他场外因素的"助攻"，很容易把一手好牌打烂，被逆转翻盘，丢掉太子之位。汉景帝太子刘荣是被政治弱智的老妈拖累的，也是被窦太后、王美人两大外戚家族联手炮制的阴谋诡计陷害的。汉武帝太子刘据之败源于权臣江充等人利用汉武帝的疑惧之心，但也与自己应对处理突发事件的错误方式有关。李承乾和胤礽失败的主要责任固然要自己来负，但与李世民、康熙玩弄帝王权术，既要用太子，又要防太子，最终给二位太子造成巨大心理压力，迫使他们铤而走险也不无关系。

相对于太后、太子，与皇帝既无血缘、亲情关联，也无政治利益勾连，身有残疾的宦官内监们按理不应成为政治生活中的重要人物，但在中国历代王朝中，总是会出现许多"权宦"或"权监"，在东汉、唐代中后期和明代中后期，宦官势力十分强大。东汉、晚唐的权宦甚至达到可以决定皇帝废立的程度，明代的太监中则有"立皇帝""九千岁"之喻。宦权是皇权的衍生品，它依附于皇权，但如果失去有力的制约，就会反噬皇权。如果中枢治理长期被权宦把控，国家政治生活不可避免走向混乱和荒诞，文化程度欠缺、政治素质低下，再加上因生理缺陷导致心理容易出问题的宦官们不可能担当治理国家的重任，他们的理性在于维持自身的现有地位和既得利益。因缺乏道德理念，绝大多数宦官是以逢迎皇权、后权为其行事逻辑的，对正义公理、政治正确、长远战略等问题，他们是极少予以考量的。但是，"生于深宫之中，长于妇人之手"的小皇帝又离不开太监们，相对于后妃来说，太监是小皇帝一起长大的伙伴，是信得过的自己人，而太监们一旦利用这种信任，参与决策，干预朝政，中枢治理就不可避免走向荒诞化、腐败化。丝毫不懂军政大事的宦官王振怂恿明英宗去游戏战场，致有"土木堡"之变；"立皇帝"刘瑾等宦官"八虎"怂恿明武宗肆意游乐、不顾朝政，甚至广置"皇庄"，四处捞钱，扰民侵利；魏忠贤撺掇天启帝深耕木工研究，获得独揽大权的机会，致有"九千岁"之誉。当然，正因宦权高度依赖皇权，一旦皇帝清醒过来，或者换个有为皇帝登基，权势熏天的太监们也会立马变成"阳光下的雪人",顷刻坍塌,明武宗收拾刘瑾、崇祯皇帝诛杀魏忠贤都没有费多大的力气。

几千年间,一幕幕"宫斗"大戏一次次上演,可谓"你方唱罢我登场"。在一场场权力争斗中,看似强势和处于支配地位的皇帝也很容易成为配角、被支配者甚至沦为牺牲品。每当出现类似的政治局面或纷争,中枢治理就容易陷入混乱。两汉晚期、中唐以后、中明以后,或后宫干政,或外戚当权,或宦官弄权,制度上的配角变成了现实中的主角,朝纲紊乱,国家治理日益走向失败,王朝灭亡也就不可避免了。

宰相

皇帝相当于国家元首,那么,政府首脑是谁担任呢?宰相?相国?丞相?中国古代的宰相不能简单地被类比为当代的政府首脑,因为情况太复杂了。

宰相(相国、丞相)一职自春秋末期出现,到明初被废除,历时近两千年。春秋战国时期,诸侯国为争霸天下需要,延揽才能卓异之士,充当"职业经理人",协助君主治理国家。在这个意义上,宰相、丞相是与传统贵族制相背离的,特别是开科取士后,出身寒门,但才识超群的宰相在某种程度上是对贵族、世家大族势力的一种制衡。宰相既然是"职业经理人",是"掌柜",是"总经理",其命运就深刻地依附于皇帝这个"东家""董事长",相权制度也很不稳固。

在两千年的古代政治运行中,宰相一直处于相对尴尬的政治地位。在顶峰时期,宰相可以是大权独揽的"副皇帝","三公"第一,百官之首,"掌丞天子助理万机"[①],是皇帝延聘的"先生",皇帝必须尊敬他,朝堂上要赐座位(宋代之前),可以与皇帝坐而论道。宰相可以开府,拥有独立的秘书、幕僚工作班子。在一些朝代,皇帝垂拱而治,宰相负责日常事务,只有最重要决策才交由皇帝裁断决定,宰相可以封还甚至否决皇帝的决定,形成相权对皇权的制衡。这个意义上的宰相类似于当代西方君主立宪制中的首相,负责统率整个内阁。至于伊尹、周公、曹操、霍光、王莽等人,更是可以废立皇帝,还有一些集宰相、大将军等文武大权于一身的权臣们,可以直接取皇帝而代之,改朝换代。

---

① (汉)班固:《汉书·百官公卿表》,中华书局1999年版,第612页。

宰相也可以很弱势，被强势的皇帝玩弄于股掌之间。汉武帝多次更换丞相，他们大多没有什么好下场。朱元璋杀了三个中书省丞相和一个左丞，最终废除宰相制度。作为最接近皇帝位置的两个岗位，宰相一职与太子一样，同样是"高危"职业。

对于宰相、相府、相省究竟在古代中央政府机构中具有什么样的地位，存在争议。有人虽然承认三省六部是中央行政管理体制的核心，但认为代表相权的三省只是皇权的辅政机构。[①] 此说似有自相矛盾之处，既是核心，为何又仅是辅助机构？其实，真正的皇权辅助机构应该是明代的内阁、清代的军机处。有人认为，相省应该是相对独立于皇廷的中央政权机关，拥有一定的决策权和行政权，甚至是封建国家政权的中枢，特别是在秦和西汉时期，[②] 类似于当代总统—总理双头体制国家中的总理府。完整和规范意义上的相府机关其实并不多见，即使有，也只存在于秦汉三国两晋之时，因为拥有相对独立决策权、行政权的它总是脱不了"权臣"的嫌疑，汉代的相国、大将军体制或与此接近，但无论是何进还是董卓都被视为权臣而留下历史骂名，时人对曹操"虽名汉相，实为汉贼"的指责，更是使丞相之名与权臣画上约等号。或许，诸葛丞相因其"鞠躬尽瘁，死而后已"的道德模范形象成为朱元璋口中的"贤相"之一，为丞相一名增添了一丝亮色，但即使如此，后世仍有人指责诸葛亮实为"权臣"。唐代的房杜、姚宋，宋代的寇准等人，虽也有一定的贤名，但此时的宰相权力已经受到很大削弱，可以说是不折不扣的辅政机构了。

相对于皇帝的至高无上地位，与越来越稳固的皇权相比，相权制度是极不稳定的，宰相的地位取决于相权与皇权的博弈。权力尤其是最高统治权力的独享性、零和性决定了任何理性的、有实力的皇帝不可能甘心被宰相这个理论上的"副皇帝"分享权力。皇权与相权之间的斗争充斥了自秦汉至明清的整个历史时期，明清废除中书省和宰相制度，但内阁首辅、首席军机大学士等职位实际上是宰相的一种替代品，皇帝与权臣们的斗争一刻也没有停息过。

[①] 韦庆远主编：《中国政治制度史》，中国人民大学出版社1989年版，第226页。
[②] 白钢主编：《中国政治制度史》，社会科学文献出版社2007年版，第186页。

自宰相、相权诞生的那一天起，皇帝与宰相两个政治角色、皇廷与相府两个中央政府部门、皇权与相权两种政治权力之间的斗争就开始了。皇帝通过机构增设、制度创新等种种手段限制、分割相权，宰相、丞相的名称、数量也几经变迁，由一人，到二人，再到多人；由名实相符，到有名无实；从在皇帝面前坐而论道，到向帝王三跪九拜，皇帝们想出种种办法，从仪礼上，从形式上，从实权上制约相权。从古代历史的长时段演进看，皇帝、皇权占了上风，因为斗争的最终结果是宰相制度被废除，这是相权的大挫败，但宰相制度废除了，相权就不存在了吗？当然不会，万历早年，张居正身为内阁首辅，通过缔结与太监冯保、李太后等人的政治联盟，大权独揽，所获之权并不逊于史上的宰相，虽然没有形成相府等专门机构，但其权势熏天，并非什么秘密，其本人甚至吹嘘："吾非相也，乃摄也"，自诩为摄政王。

朱元璋在《皇明祖训》中云，"自古三公论道，六卿分职，并不曾设立丞相。自秦始置丞相，不旋踵而亡。汉、唐、宋因之，虽有贤相，然其间所用者多有小人，专权乱政"[1]，可谓是从总体上否定宰相制度，但朱元璋因人废事，看问题既不全面，也未能洞悉本质，偷换概念，强词夺理，为实施君主绝对专权找借口。秦代之亡，根源在皇帝，而非宰相。先秦虽无宰相之名，但却有宰相一职之实。伊尹、傅说、周公都是权相，西周的太师、太傅、太保、冢宰都是实质的宰相，就算其后有了"三公"之谓，但"三公"可视为集体性宰相，与唐宋的三省集体相制并无实质不同。朱元璋所谓丞相一职，并非从来就有，也不应永世长存，是没有道理的。太师、太傅、太保、丞相、太尉、御史大夫、大将军、大司马、大司徒、大司空都只是宰相的不同表现形式而已，在皇帝之下，统率百官，辅佐天子或皇帝行政的政治角色自古皆有，且形成了皇权、相权相互制约局面，此为政治治理的正道，也符合权力平衡的基本原理。朱元璋废除几千年的相权制度，是在开历史的倒车，在现实中也行不通。有明一代，失去相权制约（尽管这种制约已经越来越小）的皇权日益走向腐败、荒诞、黑暗，应对明代国家治理失败承担主要责任。历史证明，权力的制衡之道是自然规律，丞相被废除，取而代之的内阁势力自然膨

---

[1] （明）朱元璋：《皇明祖训·祖训首章》，北京图书馆出版社2005年版，第4页。

胀。为限制内阁，明代统治者又提高内监权力，同时增设更多的特务机构来制约文武官员。为加强废相后的皇权，朱元璋及其子孙们发明特务制度、廷杖制度、内阁制度、内监制度，明代政治越来越走向专制化、恐怖化、荒诞化、黑暗化。到明末，明代主流政治文化特别是皇家执政文化已经偏离中国传统的儒家正道——中庸理性、爱民敬业、仁慈守礼、适可而止、尊重秩序与制度的原旨主义精神等要求。

后权、宦权、储君固然会对皇权造成威胁，但对某一王朝来说，或许只是芥癣之疾，而非心腹之患，它们只对个体皇帝有威胁，无法从根本上动摇国本，动摇现行的政治体系，不会改朝换代。除了王莽代汉、武后篡唐这两个个案外，依附于皇帝的后宫政治家们所要做的都是使个体利益最大化，一般不会引发王朝皇权统治的系统性危机。而以相权、督权为代表的权臣们就不同了，他们是要把刘氏王朝、曹氏王朝、柴氏王朝赶下台，另起炉灶，另建新朝。正是因为有类似的恐惧，朱元璋才下决心要废除宰相制度，从根本上杜绝朱家王朝被取而代之的风险。就此而言，朱元璋的目的达到了，有明一代，除了自己的儿孙们外，没有谁曾经对朱家天下的统治构成过实质性威胁。

如何评价宰相制度和丞相一职？从历史上看，宰相既在制度上，也在现实中存在，明清虽无宰相之名，但有宰相之实，明代的内阁辅臣、清代的大学士都在口头上被称为"宰相"或"丞相"。从儒家传统来说，皇帝这个"东家"治理天下，需要知识分子的协助，优秀知识分子出将入相，辅佐皇帝，位极人臣，奉献国家，是实现人生理想和政治抱负的正途。只有担任宰相一类的高官，才能运用儒家思想治理天下。不管后世如何批评儒家的虚伪，但它毕竟提供了一种正道的国家治理哲学，相对法家、阴阳家、墨家等学派来说，儒家是最能够实现各方利益的最大公约化的。从过犹不及的中庸政治哲学来看，儒家思想并不认为皇权越绝对越好，皇权既需要伦理道德的教化，同样需要其他权力的适当制衡。儒家学说所制造出来的天命、天道、祖宗之法就是从观念上对至高无上皇权的一种制衡，但现实权力的制衡如果能与祖宗之法、天命天道结合起来，效果无疑更好，谁能使二者合二为一？自然是掌握相权的儒家知识分子精英，集忠、能、廉于一身，就像诸葛亮（理想中的）一样。正因如此，清末搞预备立宪，首先厘定官制，就是要废除军机处，设内阁总理大臣。民国成立后，实行总统—总理二元领导体制，《中华民国临时约法》第四十五条明确规定，临时大总统发布命令，需要国务总理及各部总长副署，这就是对最高权力的一种限制。再看当今世界，包括中国在内，大部分国家都有总理（首相）职位和总理制度。某种意义上，朱元璋以皇帝直接统率六部的体制类似于英国都铎王朝体制，在当今欧美发达国家，只有美国才实行这种集国家元首、政府首脑于一身的独特体制。可见，明清废除丞相制，非普遍之道，既不符合中国历史政治文化传统，也不符合政治权力运行的基本逻辑。

六部

如同宰相制度与先秦的三公制度相衔接一样①，秦汉以后六部的职能来源于先秦的九卿之制，相当于今天中央政府的主要职能部门。吏、户、礼、兵、刑、工六部涵盖了古代王朝国家所需处理的主要内政外交事务，它们也是中枢治理的主要领域，其实施治理的权责范围、运行机制与工作流程大体保持恒定。既要负责起草本职工作范围内治理事务的政策文件，供皇帝、宰相决策参考，又需要负责监督执行上级领导的命令和要求，并提出对具体管理事务的应对处理方案，还需要下发执行，并时时予以监督。大体来说，六部作为职能部门，在中央政府中发挥的是执行功能，决策权主要由皇帝、宰相们行使。但不同时代，情况还是有所差异。在相权时代，六部的长官—尚书的决策功能受到限制，但在明清时期，很多内阁辅臣本身就兼任吏部、户部、兵部等重要部门的尚书，使得中枢治理的决策与执行通常合二为一。

御史监察机构

以御史台、都察院等为名的御史监察机构是中央政府的重要组成部分。御史们通过进谏、弹劾、审查等各种方式参与中枢治理和地方治理。在明代，御史被称为言官，具有强烈儒家传统理念的言官，是文官集团中制约皇权、监权、阁权的重要力量，为避免明代中后期政治文化完全堕入荒诞化、腐败化做出了杰出的贡献，也付出了惨重的代价。今天的人们在评价明代言官及文官群体时，应持公正公允的观点，切不可将之简单地批评为"沽名钓誉""一根筋""党同伐异"。有没有这种人？有，

---

① 秦汉至北宋，三公制度仍然存在，不过逐渐演变为荣誉性职务。

但从主流看，以海瑞、雒于仁、邹元标为代表的言官和部分文官群体，敢于抬棺上疏，不畏被罢官、被廷杖、被流放，甚至被砍头的风险，维持正义原则，其理想主义的精神应予肯定，否则就会失去历史的公正。东林党人有没有自己的毛病？当然有，但如果将明亡简单归结为东林党与宦官的党争，则未免颠倒黑白，是非不分。在皇权绝对专制的背景下，明代的皇帝群体尤其是武宗、世宗以后的皇帝们应对灭亡负集体责任，根子是一天天烂下去的，其中最主要的责任人当然是嘉靖和万历这对祖孙，因为二人执政时间最长，相比较，万历的责任最大。

此外，大理寺、国子监、翰林院、宗人府、理藩院等都是中央政府行政机构的组成部分，各有其责。

中枢治理的制度体系

中央政府治理制度体系是古代政治制度即官制的一部分，包括皇权制度、皇位继承制度、后宫制度、宗藩制度、宰相制度、六部制度、科举制度、职官制度、监察制度、司法制度、军事制度、行政管理制度、财政赋役制度、礼法制度等。

以上各项制度，总体上继承秦汉体系，但处于持续的完善更新进程之中。例如，宰相制度在明清无正式存在。皇位继承制度一直都是嫡长子继承制和公开立储制，到了清代雍正时期却更新为秘密建储制。宗室和宗藩制度，在不同时代也有较大差异，西汉、西晋、明代虽然实施分封制，但藩王所享有的实际权力和待遇仍存在较大区别。皇权制度则是处于不断巩固中，皇帝的名号、权威、权力垄断程度呈现不断上升的趋势。职官制度也有较大变化，从贵族任官，到察举制、举孝廉，到九品中正制，最终形成科举制，其后又在清代夹杂了捐官制。六部的设置及其功能大体保持稳定。后妃在政治体系中的地位和作用在制度层面变化似不明显，但在现实政治中却前后差别很大。财政赋税制度历朝变化最大，前此已经有过详细论述。田地制度、户口管理制度等同样变化很大。

各类中枢治理制度作为国家治理制度体系的组成部分，肯定会对乡村治理产生各种各样的影响，但有些影响是长远的、宏观的、间接的，如皇权制度、六部制度、礼法制度等，它们与乡村治理在层级上间隔了好几层，只能通过体现这些制度的执政者的个体素质予以影响。有些则是即时的、微观的、直接的影响,如财政赋役制度、行政管理制度、田地户口管理制度等,直接影响对农民资源汲取的程度,此点在上篇已有较充分的论述。

还有些制度,如军事制度、科举制度、职官制度也会对乡村治理、国家与农民关系产生非常大的影响。宋代的军事制度、职官制度造成冗兵、冗官、冗费现象,加重财政负担,导致对农民榨取程度加重,造成国家与农民间的紧张关系,农民起义贯穿北宋始终。可见,国家原始制度设计虽然属于中枢治理层面的议题,但作为涵盖整个国家的系统工程,牵一发而动全身。明代在宗藩制度、军事体制上设计有误,造成的恶果是,到嘉靖三十二年(1553)时,全国宗室人口比国初多150倍,王室额供禄米853万石,以同期全国米麦收入2285万余石计算,约占37.33%,其后所占额度一路上升,到了万历四十二年(1614),达到108%,到天启四年(1624),则高达143%[①]。当然,如此之高的米量,明朝廷是不可能全额供付的,结果是大量边远下层宗室人员只能沦为赤贫,甚至忍饥挨饿,宗室人员俸禄成为国家财政危机的一个重要根源,也是明代农民负担沉重的重要原因。

万历六年(1578),明朝廷每年收入本折各色共计为1461万两,而支出则达到1531万两,其中皇帝内库要去了600余万两,约占到全部收入的41%,剩下931万两则需要支付俸禄、月粮、料草、商价、边饷等项,一岁之入,不足供一岁之出。[②] 而据万明等对《万历会计录》数据的测算,万历六年,明廷全国财政总收入经折算各项实物后,共计银1810余万两,总支出则为1854.45万两,其中边镇粮饷占了44.58%,宗藩禄粮占了29.76%,官员俸禄占了0.63%,营卫官军俸粮占了14.02%,内府供用占了11.01%,全部的军事开支高达58.6%。[③] 这样的支出结构足以说明明代的军事制度、宗藩制度是极其失败的,直接拖垮了帝国的财政,而皇帝贪得无厌,在国家如此困难的局面下,不思带头节俭,还骄

[①] 张德信:《明代宗室人口俸禄及其对社会经济的影响》,《东岳论丛》1988年第1期。
[②] 此处600+931=1531万两,超过1461万,原文如此。见(明)张学颜等《万历会计录》卷一,书目文献出版社1989年版,第21—22页。
[③] 万明、徐英凯:《明代〈万历会计录〉整理与研究》(一),中国社会科学出版社2015年版,第35页。

奢淫逸，大肆花钱，迫使官员不得不去加征田税，温水煮青蛙般地激化官民矛盾。明代灭亡，万历实在是罪魁祸首，酒、色、财、气四大顽疾终其一生未能根除，既无能又贪婪，不知道他还有何面目去见列祖列宗？

明代的皇帝似乎都有取天下以为家的观念。成化九年（1473），明宪宗以太仓三分之一入内库以供挥霍。万历二十七年（1599），万历帝以皇子大婚为由诏取太仓银2400万两入内库①，而当军费开支不足，户部尚书请求万历从内库中支取700万两时，万历一毛不拔，"时内帑充积，帝靳不肯发"②，天下以皇帝为君父，君父却与子民争利，委实令人匪夷所思。它也证明，失去相权制约的皇权，对王朝的前途命运造成的负面影响有多大，被私欲裹胁的帝王理性一旦既无他律，又无自律，欲望的洪流就会冲破制度和道德的堤坝，泛滥成灾，最终把自己、人民和政权都毁灭殆尽。同样是缺乏相权制衡，清代的皇帝们总体上要自律得多，就此而言，明代的最高统治者皇帝在国家治理失败中所要承担的个人罪责要比清代帝王大得多，历史是公正的。

中枢治理体系的运行

中枢系统是如何运行的？如何处理国家事务的呢？作为最高层次的国家治理层级，皇帝、宰相和百官对国家事务的处理主要分布在决策、指挥、监督、考核四个方面，中枢治理对乡村治理的影响也是从这四个领域体现的。

中枢治理对国家事务的治理功能首先表现在决策领域，具体包括确定各项制度法律（长时段的、稳定的制度规范），针对特定时期的具体工作，制定或更新政策。每次改朝换代后，新王朝开国伊始都会进行大规模的制度更新工作。虽然百代皆承秦制，但各朝总会有各自的政治文化和现实考量，总会应时而变，创立一些新制度，废除一些旧制度。秦代作为古代中国两千余年王朝政治制度的开创者自不必说，皇帝制度、丞相制度、郡县制度、中央集权制度、大一统制度都为后世所继承、强化或变革。

西汉制定了藩国分封制度，实行察举制度，进一步完善乡里制度、

---

① 肖立军：《从财政角度看明朝的腐败与灭亡》，《历史教学》1994年第8期。
② （清）张廷玉等：《明史·食货志》，中华书局1999年版，第1269页。

户籍按比制度等。

东汉、魏晋至南北朝，丞相、三公体制分分合合，不断变化，总体上其职权不断被皇权削弱，本源于内廷的中书、尚书、门下三省制逐渐发展起来，在实际政务管理中代替原有相权，进一步加强了皇帝的个人集权。地方政区划分也由郡、县二级演变为州、郡、县三级。魏晋南北朝时期国家治理中的一大制度创新是在官员任选上以九品中正制取代两汉的察举制，土地管理上实行均田制。隋代的重大制度创新是实行科举制，发展三省制，初定六部制，唐代进一步完善三省制，正式确定六部制，实行租庸调制和两税法。

宋代制定祖宗家法，继续加强皇权，通过"杯酒释兵权"，以和平赎买方式解决武将权力问题，增设参知政事、枢密使，分散宰相权力；改革兵制，变征兵为募兵；在职官管理上，将官员的官称（阶官或寄禄官）与实际职务分开，实行官、差遣、职分离的制度，打个并不完全贴切的比方，官阶类似于现在的军衔，差遣则相当于某位军官实际担任的部队职务。在地方治理制度方面，增设路作为一级地方治理机构；在基层管理上，在维持乡里制的同时，创设保甲制、职役制代替过去的乡官制。到南宋时，实施经界制，清查登记土地。

元代进一步完善中书省和丞相制度，在地方设立行省制度，是对国家治理体系的新发展，但无处不在的民族歧视制度，是元代国家治理的最大污点。

秦以后的历代王朝中，明代的顶层制度设计变动最大，造成的国家治理后果也最为严重，可以算是后文所说的制度衰败的典型代表。明代的制度设计主要由朱元璋完成，其核心是维系朱氏皇权，就对君主专制制度而言，朱元璋的贡献不亚于秦始皇。为确保皇帝享有绝对权力，朱元璋废丞相，设内阁，立内监，总六部，封藩王，养宗室，分五府，建卫所，行垦田，分二都，立三司，设立特务机构，发明"以小制大"，实施严刑峻法，制造冤案，屠戮功臣，制造国家恐怖政治等。废除丞相使皇权失去必要的制衡，是明代中后期皇帝素质退化和行为趋向非理性的主要原因。分封藩王的结果是有明一代先后发生六次藩王叛乱；不允许宗室人员科举、经商、务农，让他们"食禄而不治事"，滋养了庞大的寄生虫群体，直接制造了明代末年的财政危机。明代基层治理制度较为健全，黄册制度、鱼鳞册制度、里甲制、均徭法、轮役法、一条鞭法、折色法、折银法、考成法等为高效汲取乡村资源提供了制度保障，有利于明代统治者加强对基层社会的控制，加深对广大人民的剥削。

清代继承了明代的内阁制度，并进一步发展为军机处制度，同时，废弃了明代宗室、特务、内监制度，使清代中枢治理摆脱了明代的荒唐化，回归正轨。清代在皇位继承制度方面有革命性突破，实施的秘密建储制较好地解决了因"国本"问题而产生的政治动荡。此外，清初的辅政顾命制度、政治联姻制度也具有其少数民族政权血脉渊源的自身特色。基层制度上，清代继承明代，但至中后期，保甲制取代里甲制，成为乡村主要行政体制。

通常来说，系统的规模性制度供给主要是由开国之君或王朝早期帝王完成的。明太祖不但事无巨细地制成《皇明祖训》，成为朱明王朝的祖宗家法，更是亲自制定《大明律》《大诰》等法律文书，希望通过详尽严格的制度体系，确保朱氏江山万年永固。但也有例外，宋太祖时，法制极简，动辄"以便宜行事"，北宋的制度是历经太祖、太宗、真宗、仁宗时的立法，才逐步完善的，成为两宋历代皇帝遵循的"祖宗之法"[①]。

除了正式制度外，中枢机构还要通过日常决策出台各种各样的具体政策，以应对纷繁复杂的治理议题，决策是中枢治理的一种主要形式。在皇权至高无上的背景下，中枢机构进行决策，可以完全由皇帝一人决定，但各种类型的会议是不可缺少的，皇帝也需要收集信息，听取建议。中央政府最主要的会议形式是御前会议，由皇帝亲自召集，不同等级的文武官员根据需要参加，讨论有关议题，最后由皇帝拍板决定。最为人们熟悉的御前会议就是朝会，俗称上朝。历代朝会频率不等，有的三日一朝，有的五日一朝，少数勤勉的皇帝甚至每天上朝，除生病外只在冬至、元旦（古代的春节）休息。朝会可算是大型的御前会议，但更多的决策形式是皇帝召集宰相、大学士、尚书等少数高级官员进行的廷议，相对朝会，廷议出席人员少，针对性强，效率高，保密性好。

除了皇帝主持或参与的会议外，宰相、内阁首辅等都可以召开各种

[①] 白钢主编：《中国政治制度史》，社会科学文献出版社2007年版，第440页。

会商性、议事性的会议，对某些重要问题形成初步决定，或者提供建议方案，交由皇帝最终决定。

除会议外，在官员选拔任用甚至更重要的人事工作方面，也存在廷推、公举等形式，既可以集中开会，商量决定，也可以分头提交议案，表达意见。内阁人选、尚书等高级官员的人选都是廷推的对象。康熙年间，皇帝甚至要求大臣公举太子人选，当然，这只是康熙的计谋，目的是找出九子夺嫡的真相，并非真的发扬民主。

在中枢机构、中央政府的日常互动中，皇帝通过听政、朝议、阅读大臣奏折等形式了解各方信息，作出必要判断，并将自己的意志和意见通过正式的圣旨、非正式的手书和口谕传达给大臣们。虽然皇帝拥有至高无上的权力，但对于皇帝不合规或明显荒唐的命令，宰相和大臣可以封还、封驳圣旨圣谕，这是中正之道，虽然会拂逆皇帝意志，但从决策的科学化来讲，完全是必要的。

中枢治理与地方治理的互动形式主要有皇帝出巡、宰相巡察、御史出巡、言官进谏、使臣出巡、地方奏报、大臣上奏等。

中枢治理的主要事务

中枢机构治理国家的主要事务集中在国本、礼制、边防、治安、司法、吏治、田土、赋役、民生、工程、水利等方面，它们分布在中央政府的各个职能部门中。

国本，是指皇帝废立、皇位继承、皇权行使与限制、中央政权更替、内外关系、战争与和平等事关国家根本制度、兴衰存亡的重大和长远问题。国本问题是中枢治理的首要关注，一般由皇帝和宰相层级官员直接处理。正常秩序下，皇帝不存在废立问题，只有皇位继承问题，但事实上，在两汉中后期、唐代中后期，外戚、宦官们操弄权柄，掌握了皇帝废立大权，直接造成中枢治理的混乱无序。内外关系、对外战争、议和等同样是事关国本和国运的大事。北宋与契丹澶州之战后，缔结"澶渊之盟"，确定了北宋上百年的边疆和平，是重大的对外决策。南宋放弃收复失地，改战为和，与金达成"绍兴和议"，也是事关百年国运的重大决策。

边防，指防御外部敌人的袭扰与入侵，维护边疆安全。边防与内乱历来是王朝统治安危的两个主要因素。综观历代王朝灭亡的主因，边患、外族入侵与内乱、人民起义可以说是平分秋色,旗鼓相当。越到中华帝国的后期,边患问题越突出。两宋、明、清政权的覆灭,边患与外族入侵都是关键且突出的因素,虽然不是唯一重要的因素。

治安,既包括镇压人民武装起义,消弭内部冲突,维护社会稳定等激烈的内部治安问题,也包括加强基层社会治理,剿匪缉盗,维持政权稳定和社会安定等日常工作。边防与治安在中枢层面主要属于兵部范畴的治理事务,主要依赖正规军行使职能。其中与地方治理、基层治理相关的由地方政府按照制度规定完成,以明清为例,省级政府中主要由都指挥使司负责处理此项事务,当然,总督、提督等地方要员也参与。

司法是维持国家现存秩序的主要手段。中枢治理对司法事务的处理,一是执行司法制度、司法政策,管理司法工作,指导地方和基层司法实务;二是按规定直接处理地方上交的重大重要案件,或者由皇帝、宰相等指定的特别案件,直接管理国家层面的监狱。中枢机构中与司法有关的主要是刑部、大理寺、都察院,一般称为"三法司"。省级政府中与之相关的是提刑按察使司,臬台负责处理具体工作。与乡村治理密切相关的是县级官府的审案断讼,徽州文书中有大量的官府信牌、审单、正堂票、断讼文书等各种形式的公文,代表国家意志的司法治理是乡村治理最重要的构成部分之一。

吏治,是指官员的选拔、任用、考核、监察等,在中央政府中由吏部和御史台、都察院等负责。用今天的话来说,干部队伍的素质决定了国家治理的成败。如果官吏发生系统性的贪污腐化,鱼肉人民成为普遍现象,必然最终激化官民矛盾,"官逼民反"是历代王朝灭亡的重要原因。吏治清明是有效国家治理的前提,也是历代王朝都要下大力气重点整治的对象。反腐、考核是中枢治理用来刷新吏治的主要手段。历史上较为有名的反腐行动就是明太祖朱元璋动用雷霆手段,如剥皮实草等惩处贪官污吏,空印案更是批量屠杀被他怀疑的财务系统官员。清代雍正皇帝的反腐措施也比较激烈。唐代推行两税法时,王安石改革时,张居正推行一条鞭法时,雍正推行摊丁入亩和士绅一体当差、一体纳粮以及火耗归公时,都曾用考成法作为手段来鞭策各级官员推行改革措施。当然,考核一个显著的副作用就是驱动官员弄虚作假,瞒上欺下,加剧地方官对百姓的盘剥，地方官为获得漂亮的政绩，就以压榨百姓为代价换来升迁，染红帽顶。在中枢治理中，吏治与乡村治理有着密不可分的深度关联。

田土、户口、赋役、民生是与乡村人民联系最为密切的事务，包括土地的清丈与分配、户口的核查与统计、赋役的征发与蠲免、赈灾与救济、农业生产的指导等。中枢机构中上述工作主要由户部负责处理，但中央政府主要是制定土地制度、赋役制度、户口制度等，出台与制度配套的政策，对具体工作给出指导意见，田土民生事务在省级政府由承宣布政使司负责，其下，则是巡抚、知府、知县等地方官的主要职责。

工程、水利事务与广大乡民百姓的赋税徭役负担直接相关。无论是为皇帝、藩王个人服务，兴修宫殿、府邸、陵墓，还是修筑城墙、道路、桥梁、边城卫所、水利工程等国家公共产品，在古代中国，都需要大量人员劳力。王朝工程建设对徭役的征发极易激发民变，秦代修筑秦陵的役卒、元代修筑黄河堤岸的农夫，都是农民起义军的主力来源。工程水利在中枢治理中由工部负责，工部为筹集工程资金，往往需要额外对农民加征赋税。明代中叶后，皇帝耽于享乐，大兴土木，工部加派剧增，连同兵部、户部的加征，形成超过正税的额外负担，对百姓构成沉重压力。

礼制分为两个层级，一是中央层面与古代皇权的仪式、威严、权威等有关的一整套礼法程序和制度，其目的在于宣扬皇权的合法性，建树皇权的政治权威，为皇帝塑造对臣民百姓的政治道德优势地位，以降低统治的暴力成本。凡是与"君权神授""真龙天子""祥瑞""嘉禾"等有关的政治符号都属于此类，尤其是事关国本和皇权的礼制更是古代王朝国家的核心意识形态议题，有时被视为头等大事，如祭祀天地日月、祭告祖宗（太庙）、封禅、求雨、劝农等。二是在地方和社会层面的与"三纲五常"、强化现行政治秩序等相关的道德教化制度和行为。明清的乡约教化属于此类。礼制事务在中央政府中主要由礼部、光禄寺、鸿胪寺等部门负责。

古代中国历史上曾经发生过三次与礼制有关的重大事件。第一次是汉哀帝刘欣尊其父为皇帝引发的礼制之争。汉成帝因无子，将时为定陶王的刘欣过继为子，后立为皇太子。刘欣称帝后，太皇太后下诏尊刘欣生父定陶恭王为恭皇，后又为其父立恭皇庙于京师，[①] 序昭穆，将生父列入皇帝宗庙系统，在朝堂中引发争议。哀帝驾崩，王莽东山再起后，废止原有尊号，毁恭皇帝庙。[②]

第二次是宋英宗赵曙尊崇其生父引发的礼制之争，史称"濮议"，引发朝中论战18个月。英宗即位后，拟仿前代故事，尊生父濮安懿王为皇，夫人为后，称濮王为亲，为皇考，以茔为园，为之即园立庙，而称宋仁宗为皇伯。韩琦、欧阳修等人支持甚至策划以上礼制行动，但司马光等大多数朝中官员反对，认为为人嗣者为人后，主张英宗应称生父为皇伯，仁宗为皇考；后因曹太后支持，宋英宗达到目标，只是因其早逝，未及为父母上尊号。

第三次最为有名，是明世宗朱厚熜尊崇生父引发的"大礼议"之争。嘉靖皇帝与执政大臣杨廷和等人围绕继统还是继嗣展开礼制斗争，杨廷和等人认为应仿宋英宗故事，朱厚熜应以过继给明孝宗的身份，才能以"兄终弟及"礼制承继明武宗的皇位，如此，嘉靖须称明孝宗为皇考，而称本生父为皇叔父，但自尊心、虚荣心极强的嘉靖不同意，其母也不同意。后张璁上《大礼疏》，从理论上论证，朱厚熜继位情况与汉宋不同，并非预养宫中，过继为子，而是以藩王身份入继，符合祖制，嘉靖可以"继统不继嗣"，在京师另择地点为生父立庙。于是，嘉靖下旨尊其父母为兴献皇帝、皇后，但大臣拒不奉诏，皇权、相权陷入对峙局面，嘉靖以辞职威胁，后双方各让一步，以兴献帝称呼嘉靖生父，称孝宗为皇考。双方矛盾暂告一段落。嘉靖三年（1524），大礼议风波再起，嘉靖拟去掉对生父母尊号中的"本生"二字，直接称为"皇考恭穆献皇帝"，但朝中大臣官员共229人跪伏于左顺门外，以集体请愿的方式施压嘉靖，嘉靖则以武力镇压，先后共下狱142人，后将为首8人充军，四品以上者皆夺俸，五品以下者廷杖，共打死17人。左顺门事件成为转折点，嘉靖取得最后胜利，不但去掉"本生"二字，明孝宗也被改称为皇伯考。嘉靖五年（1526），专门供奉嘉靖生父的世

---

① （汉）班固：《汉书·哀帝纪》，中华书局1999年版，第233—241页。
② （元）脱脱等：《宋史·英宗本纪》，中华书局1999年版，第169—174页。

庙建成，位于太庙之左。但是十几年后，嘉靖决定将生父尊为睿宗，祔于太庙①，一天皇帝也没有当过的朱祐杬在其子的加持下，一路由兴献王升格为兴献帝，再至明睿宗，挤进大明皇帝系统。

三次礼制争论，看似只是无关紧要的人伦和礼教问题，其实背后事关皇位的合法性、正统性，事关皇权、相权、后权等中枢层面的权力斗争。前两次争论波澜不惊，除了汉哀帝、宋英宗都是先过继后继位这一因素外，还与当时后宫权力强大有关。汉成帝在位时的太后王政君本就是强权后妃，其背后的王氏在西汉末期是强大的外戚家族。宋仁宗皇后在英宗即位后，也一度垂帘听政。第三次礼制之争之所以掀起惊天巨浪，除了嘉靖的执拗强势性格外，也与后来孝宗皇后权势衰退有关。嘉靖作为外藩入继，需要通过显示强势手段建立个人权威，以在皇权、相权、后权斗争中掌握主动，定于一尊。与祖父相比，万历则有其私心而无其狠辣，最终在与大臣的斗争中败下阵来。

皇位继承

皇位继承是中枢治理中事关国本的一个核心议题，对此，我们予以专节阐述。皇位继承鲜明体现了皇权与制度间的激烈博弈，历史上曾经多次发生因皇位继承引发的政治危机。去掉那些凭借激烈的武力角逐实现的皇位更替，就是在和平时期的有序化皇位继承，也常因皇帝的私心出现反复和困境。

自西周开始，古代中国逐步确立并完善王（皇）位嫡长子继承制度，即"有嫡立嫡，无嫡立长""立嫡以长不以贤，立子以贵不以长"②。这一制度的内涵相对明确，皇后生的大儿子是皇位的第一顺位继承人，以此类推，依次为嫡二子、嫡三子，只有在没有嫡子时，才从庶子中按照年龄大小依次排列继承顺位。嫡长子继承制度在技术上有其天然的局限性，并非完美无缺，它对储君身份的认定主要看血统，而不是贤良和才能，但如果没有这一制度，皇位就会永远处于争夺之中，国家政治秩序无法稳定。秦汉以后，除秦代因短命而亡未立太子，清代雍正后采取秘

---

① （清）张廷玉等：《明史·世宗本纪》，中华书局1999年版，第145—155页；南炳文：《嘉靖前期的大礼议》，《故宫博物院院刊》1983年第2期。

② 《春秋公羊传》，黄铭、曾亦译注，中华书局2016年版，第2页。

密建储制之外，大多数王朝都将其奉为"万世上法"，嫡长子继承制度被广泛认可并得到持续执行。尽管如此，历史上真正能够以嫡长子身份继承皇位的情形较少，其原因主要有以下几点：

一是自然的生理原因导致嫡子数量稀缺。古代皇帝嫔妃众多，而正妻只有一人，与庶子相比，嫡子数量自然稀少，同时，皇后的选择中政治成分所占比例较高，皇帝与皇后感情好的不多，"产出"自然也不会多。有明一代，以元嫡长子顺利即位当上皇帝的只有明仁宗、宣宗、武宗3人，余者或在适嫡后以长子（长孙）身份继承，如朱允炆；或以庶长子身份，如朱祁镇（被立为太子时还是庶子）、朱见深、朱祐樘、朱载垕、朱翊钧、朱常洛、朱由校；或以藩王身份，按兄终弟及制度继位，如景泰帝、嘉靖帝、崇祯帝。清代以嫡长子身份继位的只有道光帝一人。秦汉两朝28个皇帝中，元嫡出者仅3人，汉惠帝、汉元帝、汉成帝，东汉皇帝也无一人为真正的嫡出，汉武帝、汉明帝都是先为庶子，生母被封为皇后之后才获得嫡子身份。宋代18个皇帝中仅5人嫡出：真宗、神宗、钦宗、光宗、宁宗。宋光宗虽为嫡子，却仅为孝宗嫡三子，在其上的嫡二子未被立，因此，宋孝宗也不是按礼立储。宋徽宗得位也没有遵循皇位继承的正当顺序，他既非宋哲宗的同母弟，亦非长弟，纯是权力博弈的结果，向太后个人意志起到很大作用。[①]

二是法律上的原因导致"嫡"的不稳定。姑且不论"立嫡以长不以贤，立子以贵不以长"在逻辑上是否合理，在道德上是否合适，单单从"嫡"来说，它就具有不稳定性、易变性。嫡既是血统，更是法统，法统有时甚至大于血统。所有的继承人首先必须是现任皇帝的儿子，这一点应无疑问，嫡长子继承制度的首要原则是父死子继，而非兄终弟及，后者只能作为前者的补充原则，即现任皇帝没有儿子时才能由弟弟或兄长接任。因此，从父方来看，血统不存在问题，关键是母方的血统。嫡母在古代王朝，是一个法统的概念，而不仅是一个血统的概念。嫡母意味着以皇后为母，这就存在相当多的变化可能性。

---

① （元）脱脱等：《宋史·真宗本纪》《宋史·神宗本纪》《宋史·徽宗本纪》《宋史·钦宗本纪》《宋史·光宗本纪》《宋史·宁宗本纪》，中华书局1999年版，第69、175、239、281、465、477页。

首先，嫡是法统概念，皇后是皇帝册封的，如果某位皇后被废除了，她就丧失了相应的法统权利，丧失嫡的身份、正统的身份，那么，她的儿子就由嫡子变为庶子，从而失去原先在继承顺位上的优先顺序。例如，东汉建武二年（26），汉光武帝刘秀立郭圣通为皇后，她生的儿子刘彊因嫡长子身份被立为皇太子。建武十七年（41），刘秀废郭皇后，改立阴丽华为皇后，十九年（43），废除刘彊皇太子身份，改为东海王，理由是，"立子以贵"，改立阴丽华之子原东海王刘阳为皇太子，兄弟二人身份互换。[①] 这一案例充分说明，嫡的法统性质决定了嫡—皇后的不稳定性，决定了嫡与庶的身份是可以互换的，这就为嫡长子继承制度的有序执行带来了技术难度，历史上因皇后被废，其子失去太子身份的并非上述孤例。

嫡的法统性的另一个案例是商纣王，商纣王与他的哥哥微子启是同母所生的[②]，但由于他哥哥出生时，母亲还没有被封为正妃，故微子启不能继承王位，而纣王可以，因纣王是在母亲被封正妃后出生的，此类情况当然是极端的，后世再未出现。如果按此规矩，朱标也不能当太子，他的弟弟们反而可以当。历史上，子以母贵，母以子贵，皇后与太子的命运紧紧捆绑在一起。当然，如果现任皇帝已经册立太子，其生母已经是皇后，一般不会轻易废除，否则会引起天下大乱。

上述现象关涉皇位继承制度中的另一个复杂问题，即血统嫡与法统嫡之间的不一致。嫡长子仅仅是血统嫡，皇后、皇太子才是法统嫡，嫡长子并不能保证自动成为皇太子。李世民与李建成同为嫡子，但都要争夺太子这一法统嫡的地位。唐德宗李适为其父唐代宗李豫的庶长子，李豫为王时有正妃嫡妻崔氏，生的儿子叫李邈，李邈应该是嫡长子了，但李豫即位后不喜欢崔氏，未封她为皇后（代宗一直未立皇后），只封她为贵妃，李邈虽为嫡长子，但并未能成为皇太子。相反，李适以庶长子身份成为皇太子。

就算是一个皇子同时具备了血统嫡（正妻所生且是长子）和法统嫡

[①] （宋）范晔：《后汉书》之《光武帝纪》《显宗孝明帝纪》《皇后纪》，中华书局1999年版，第21、48、263—269页。

[②] 《史记》中说二人异母，但司马贞索隐指出，郑玄称二人同母。（汉）司马迁：《史记·殷本纪》，中华书局1999年版，第76页。

（母亲被封为皇后），也不能保证会成为皇太子，如唐睿宗李旦的嫡长子是李宪，其弟李隆基（后来的唐玄宗）政变拥立之功太大，为避免重演玄武门之变的惨剧，李宪很理性地主动避让了太子之位。李侊虽然是嫡长子且母亲也是皇后，但一者年幼，二者庶长子（后来的唐代宗李豫）因有军功，李侊无法成为皇太子。当然，嫡长子即使立为皇太子，也存在被废的风险，如刘据、李承乾等人，甚至出现立而被废、废而又立、立后又废的情况，如康熙朝的太子曾两立两废。从嫡长子到成为皇帝，路途曲折，风险太大。

其次，既然嫡母是法统性的，如果皇帝喜欢一个宠妃，又想立她生的儿子为太子，就有两种操作手法。一是先立宠妃为皇后，再以子以母贵、子为嫡子为由，超越其他庶子，立其为太子。汉景帝先立刘彻之母为皇后，然后立刘彻为皇太子。唐高宗废王皇后，改立武则天为皇后，原来的以庶长子身份（后过继给王皇后）被立为太子的李忠失去嫡出身份也被废，改立武则天生的长子李弘为太子，李弘亦由庶子一跃而为嫡子。朱允炆本是朱标次妃所生，只能是庶子，朱标原有元嫡长子朱雄英（洪武十五年去世），还有一个同为原配所生的元嫡次子朱允熥，但朱标原配常氏死后，朱允炆生母吕妃被升格为正妃，朱允炆获得法统上的嫡长子身份，而原来的元嫡次子朱允熥因年龄排在朱允炆之后，就没有被朱元璋立为皇太孙的可能性[①]。如果严格按照元嫡、适嫡的规则，朱允熥应该具有优先的皇位继承权，可见朱元璋也并非完全按礼制行事，可能综合考虑皇子皇孙背后的外戚势力对未来朝局的影响才作此考量。万历也曾有类似打算，想废掉原皇后，改立郑贵妃为新皇后，再让朱常洵当太子。

二是直接立庶子为太子，再立其母为皇后，使庶子获得嫡子身份。这种情况历史上较为常见。例如，汉文帝登基后，因窦姬长男最长，立为太子，同时立窦姬为皇后。明宣宗喜欢宠妃孙氏，先立孙氏之子朱祁镇为皇太子，然后又以皇后胡氏无子为由，把她废掉，改立孙氏为皇后。

但上述两种操作的前提是，其时既无皇后，也无嫡子，且此庶子须为庶长子，才能在制度上行得通。如果有皇后，无嫡子，则第一种操作

[①]（清）张廷玉等：《明史·兴宗诸子》，中华书局1999年版，第2392页。

手法就做不到；如果无皇后，但皇后死了（死了不等于被废，死了其法统仍在），其儿子（嫡子）仍在，则第二种操作也实现不了。即使皇帝再立一个皇后，新皇后也有嫡子，但前面已经有嫡子，后面的嫡子也只能排在前面的嫡长子之后继承皇位。像朱允炆如果不是年龄大于朱允熥，按礼法也无法继位。

由此，就出现第三种情况，如果有皇后，但皇后无子，此种情况下，如果皇帝喜欢某位庶子（并非庶长子），就有可能将此庶子过继给皇后，让其获得嫡子身份，以获得继位的合法性。皇后收养庶皇子为己子，这样庶皇子就获得了嫡子地位。例如，吕雉安排汉惠帝的皇后取美人之子为己子，后杀其母，立其为太子。在武则天崛起之前，唐高宗就是这样对待王皇后和李忠的。

但这样一来，也会遭受质疑，为什么不将庶长子过继给皇后？因为这又会引发中枢治理危机和高层的权力冲突。有人说了，如果以后皇后生出嫡子来，怎么办？这其实取决于皇帝，皇帝不去找皇后，皇后怎么可能生出儿子呢？万历皇帝在国本事件中，就一度以皇后未来有可能生出嫡子来蒙骗大臣，拖延册立庶长子为太子一事。

三是皇帝因个人偏好，不愿意执行嫡长子继承制度。典型代表就是万历皇帝，万历年间，明代大臣前赴后继与万历帝就"国本"问题展开了几十年的权力斗争，引发了万历二十多年不上朝的"奇观"。原因在于，万历不喜欢皇长子（庶子）朱常洛，不愿意立其为太子，而偏向于立宠妃郑贵妃所生的皇三子朱常洵，但内阁和大臣们认为，皇帝因人废事，不遵守实行了几千年的"有嫡立嫡，无嫡立长"制度，将会动摇大明"国本"，坚决抵制，在拖延了十几年之后，万历皇帝最终还是输了，被迫立皇长子为太子，让宠爱的皇三子就藩洛阳。

和平时期的皇位继承危机的另一个案例是宋仁宗立太子一事。宋仁宗人到中年还没有儿子，大臣们劝他从宗室子弟中过继一个，放在宫中抚养，作为皇帝养子日后继承皇位。宋仁宗虽心有不甘，也多次推托，但最终还是挑选了后来的宋英宗赵宗实（后改名赵曙）作为养子。不料后来宋仁宗自己又生出了儿子，于是又把赵宗实送出宫中，就是解除过继关系，仁宗还是希望自己的亲儿子继承皇位，怎料后来亲儿子又夭折了，多年后不得不又让赵宗实"二进宫"，实在尴尬至极。从此处可以看出，宋仁宗和明神宗的自私人性。养子有法统无血统，次子有血统但无法统，都取决于皇帝个人的偏好，但二位皇帝最后不得不认命，所不同的是，打败宋仁宗的是"命"，因为他终究还是没有生出自己的儿子，而打败明神宗的则是大臣们的集体抗议力量和坚韧不拔、前赴后继的殉道精神。

中枢治理的基本逻辑

治理的本质事关如何使用和运作公共权力，权力的行使主体是人，在人治主义盛行、法治主义凋零的古代王朝，治理在根本上依赖于权力、人性、理性、制度四者的博弈。一般来说，我们可以将权力界定为是人性的政治化体现，同样，它也是理性在公共领域的表现。制度则是对人性的约束、规引，是对理性的塑造，是对权力的限制、保障。在中枢治理、地方治理和乡村治理等不同的领域，权力、人性、理性与制度之间的博弈方式、互动类型存在区别。

中枢治理层面的权力，以主体界定之，可分为皇权、相权、部权、监察权、后权、宦权。以人性而论，这些不同主体类型权力的背后反映的人性，既有共同之处，也有很大区别。所谓共同之处，就是所有的人性都是善恶并存，趋乐避苦，以利己、自利为基本行动逻辑，这是我们对人性的基本判断。所谓区别之处，是指不同的主体，由于人生经历、知识能力、环境背景、岗位要求、职业素养的不同，其人性的表现方式和彰显程度会存在很大区别，换言之，权力主体所面临的社会结构形塑了其人性彰显的约束条件，使人性在公共领域转化为理性，从而形成不同类型的主体理性。由此，皇权与帝王理性相关联，相权、部权、监察权与官僚理性相关联，后权与妃嫔理性相关联，宦权与太监理性相关联。理性意味着主体以人性和欲望为驱动力，致力于在理智计算的基础上，通过最小成本实现自身利益最大化，达致行动目标。不同类型的权力是实现不同类型理性的基础，某种意义上，权力既是手段，又是目标，如果没有权力，就无法达到行为体的目标，而有了相应的权力后，就意味着理性目标更容易实现。权力就是理性，皇权为实现帝王理性提供了可能，相权、部权、后权、宦权也各自与其主体理性深度嵌合。

但是，权力与理性的相辅相成只是一种理想状态。权力具有任意性，人性具有无限性，理性具有排他性，而人类社会资源是有限的、空间是有限的，如果每个行为主体的权力、人性、理性都不受约束，都想不受限制地占有更多的资源，那么，无限的权力与有限的资源之间就会爆发无休止的冲突循环，整个社会就会趋于毁灭，部落冲突、阶级斗争、国际战争等等，都是权力无限化扩张带来的恶果。为避免社会在自我冲突中走向共同毁灭，人们制定制度规范，塑造文化观念，形成社会秩序，用以限制任性的权力。此时，理性中的另一面——理智、成本测算也被有效地激发出来，对于人们来说，与其共同毁灭，不如对自我有所克制，既然不能实现最优选择，次优结果也是可以接受的。于是，主体接受制度的约束，在制度的框架内，以自我克制的次优选择模式来实现个体理性的最大化。当然，某种新制度的创立、某项新秩序的形成，往往是在激烈的权力冲突（包括战争）后才能最终实现。

在中枢治理体系中，就制度体系而言，以皇帝制度为核心，以中央行政制度为统率，以军事、财政、人事、监察、司法制度等为主要支柱，构成古代中国社会基本制度体系，它是古代王朝国家治理的制度基础。就组织体系来说，可分为皇廷（内朝①）、相府或三省（外朝）②、六部及院、寺、台等。就主要政治角色来说，则分为皇帝、宰相③、首辅、大学士、六部尚书及院寺台大夫等。从动议、协商、决策、执行等权力运行层级看，中枢治理形成六部、院、寺、台—相省—皇帝三级，明清在正式制度上则是六部、院、寺、台—皇帝两级。

权力具有不平衡性，在古代王朝，同样的社会政治制度对不同主体的限制形成金字塔结构。皇帝处于塔尖，对其限制最小；王公贵族、文

---

① 秦朝的少府、汉武帝时期的内朝以及其后所设立的直接服务于皇帝的各种正式或非正式、临时或长久的行政机构如内阁、司礼监、军机处等都属于中枢行政组织的组成部分，但它们事实上是为确保或加强皇帝行使权力的机构，可称为皇廷，与宰相府、三省等中枢行政机构相对应。

② 隋唐之后实行的三省制使宰相一职由秦汉时的一人，逐渐演化为多人担任。明初取消宰相一职后，在制度与组织的意义上，中枢治理体系中的中央行政制度和相省已经废除。中枢治理体系由过去的三级治理体系缩小为二级治理体系。内阁、军机处等都不是独立的中央政府组织，只是皇廷（朝廷）的一个组成部分。

③ 隋唐三省制实施后，三省最高长官正式职务称为尚书令、中书令、侍中，但他们只有宰相虚衔，并无宰相的实权，也无法行宰相的实事，真正行事的是各省副职，且以"同中书门下平章事"作为他们担任宰相时的职衔，在唐玄宗时期固定化为宰相的正式称呼。但一般仍以宰相之名通称三省担任实际职务的官员。

武百官则依其政治地位和行政等级，受到不同程度的限制。对于普通百姓来说，权力最小甚至没有，制度的限制力则最大。可见，权力与制度之间形成一对反比弹性关系，权力大，则制度约束小，权力小，则制度约束大，这是古代政治的一个重要逻辑现象。不过，以上只是常态下的权力制度互动关系，在历史上的那些非常态时期，相权、后权、宦权都曾一度压倒皇权，制度对权力主体的约束功能也难以有效发挥，每当这个时期，制度将逐渐衰败，如果权力与权力之间也形不成平衡，中枢治理就会进入异常状态，国家治理也必然走向失范。

单从技术角度看，中枢治理的根本问题是决策的科学性、执行的有效性，但中枢治理更关注的是政治权力本身的治理，即维护和加强君主专制。从政治角度看，古代王朝国家治理的核心议题是中央集权，中央集权又是趋向于君主专政，因此，治理科学有效与维护君主专政间的矛盾构成中枢治理的永恒难题。从帝王理性出发，历代统治者希望不断加强皇权，削弱相权，以消除对皇位的威胁，但过度削弱相权，或扶植后权、宦权以平衡相权的结果是增加了中枢治理的政治动荡和决策的非科学性，后妃、外戚、宦官等政治角色因依附于皇权而缺乏合法性和正当性，再加诸生理、心理、见识、文化等各方面条件的限制，导致欲望式决策、荒诞式行政、感情化治理的比例大幅上升。一利生，则一弊起，明代消除相权威胁，但宦权高炽，清代剪除权臣威胁，但清末后权高涨。在宦权、后权阴影笼罩下的明清中后期的中枢决策总体皆难言科学理性。

中枢治理关注皇权本身的稳固和权威，将如何应对相权，尤其是集行政权、军事权于一身的权臣作为中枢治理的首要关注，中枢治理的主要矛盾是皇权、相权、后权、宦权之间的矛盾。唐代之所以在总体上成为中国历史上治理相对成功的兴旺王朝，与有唐一代君权与相权之间形成了相对稳定的关系状态有很大关系。唐代 21 位皇帝共任命宰相 368 人，进士出身的有 141 人，大多非平庸之辈。唐代隆盛的一个重要原因是相权较重但又行使得体，并能够形成集体领导负责，既合作协商又彼此制约。[①] 皇帝与宰相之间形成一定的制约关系，皇帝的一切决策需要先

---

① 孔令纪等主编：《中国历代官制》，齐鲁书社 1993 年版，第 143 页。

经过政事堂讨论，诏书下发时需要宰相副署，既维护了皇权，又保证了决策的科学性。

中枢治理是国家治理的灵魂，中枢治理的基本要求是在制度和体系上保证决策的科学性和执行的有效性，但从帝王理性来看，是决策科学性重要还是皇权重要？当然是后者，为维护皇权，或者说一家之私，帝王利用暴力优势，不断作出削弱相权的举措。权力的真谛在于平衡，明清两代失去相权制约平衡的皇权在决策的科学性方面只能取决于皇帝个人的"英明神武"，但它对皇帝作为个体的决策能力和道德水平有着极高甚至苛刻的要求，一旦出现平庸无能甚至胡作非为的皇帝，中枢治理便难以有所作为，致使国家治理面对极大风险甚至治理失败。明清灭亡各有其因，但中枢治理在决策上的荒诞性是重要原因之一。西汉看似为权臣王莽所篡而灭亡，但王莽是因为内有后宫太后支撑，外有王氏家族作为外戚世代积累的资源才能逐渐掌有大权。东汉的灭亡则与外戚、宦官干政且内斗造成中枢混乱而为外藩重臣趁乱而入有关。

王朝统治的稳固、国家发展、社会稳定是中枢机构运转国家整体治理的首要目标。对中枢机构来说，至少在王朝的前中期，从制定的法律、出台的政策来说总体上是有利于维护王朝统治和社会稳定的，但为什么到王朝末期，一个政权会走向灭亡呢？从治理的角度看，有两个因素影响了中枢治理对国家治理的把控。

一是中枢机构自身退化衰败导致治理能力下降和内政外交决策失误，无法有效应对日益严重的社会危机和外部压力，治理体系无法进行自我纠错、调整以适应新的挑战。例如，由于皇权怠政、宦权乱政、大臣党争，加上皇位继承出现危机，导致万历中期以后，国家应对自然灾害、外患、农民起义等诸种威胁时不断出现失误，埋下灭亡的种子。其根源在于中枢治理的制度设计和政治决策或有内在缺陷，或无法执行，或受到破坏。明末在灾害频发、民怨沸腾、灾民流民四起的情况下仍然不断加派乱征，过度汲取民力，最终激起农民起义。清末中枢治理的最大问题是僵化保守，无法通过统治体制革新和治理体系扩展来吸纳国内外新型社会力量的政治诉求，以国家治理的弹性来化解各方政治压力。统治者不断通过镇压革命来消除点状危机，但最终无法根本压抑全社会总体性危机的爆发，再加上清末地方实力派崛起，在社会革命和督抚权臣两个因素的共同打击下，清政权不得不退出历史舞台。

二是中枢机构对地方治理和基层治理的震摄和控制力减弱，懒政、乱作为及吏治腐败使国家政策无法有效执行，以王朝稳固和社会稳定为目标的国家治理运转失灵，最终走向失败。例如，纵观大部分王朝，代表国家意志的赋役标准其实并不算高得离谱，如果地方严格按照标准征缴，农民不至于不堪重负，问题在于在地方理性、官吏理性驱使下，各级官吏层层加征，营私舞弊，致使民不聊生，社会陷入动荡。加派加征、苛捐杂税和大小官吏的贿赂贪污、中饱私囊，加诸各类人情腐败、贫富差距成为压倒农民忍耐限度的最后一根稻草。

二 地方治理

中枢机构对全国的治理需要通过地方治理体系予以实现，地方政府的主要任务是执行中央决策，但中央的政策是否能够得到有效贯彻，是受到多重因素影响的。中央—地方之间的关系，法律政策的合法性，中央政府的威望，地方行政机构的层级、效率，官吏的能政、勤政和廉政程度等都是重要的影响因素。在中央—地方关系上，自古以来就有"上有政策，下有对策"，瞒上欺下是地方理性的正常反应，地方行政机构和相关治理主体盛行本位主义和机会主义行为是古今通病。国家治理、中枢治理的关键要素是如何尽可能地减少地方治理中的本位主义和机会主义行为，使各级地方行政机构和官吏能够有效执行中央政策，维持社会稳定。中央应对地方本位主义和机会主义行为，整顿吏治的主要举措，一是通过对地方官采取监察巡视和考核奖惩等手段[1]，提高地方治理对中枢治理的执行力度。二是在制度设计上，通过在地方分权和设立中央直属机构。例如，宋代以后普遍在路、省一级实行民政、军政、财政、刑名等重要政务的分权，使之直属中央。三是在某些至关重要的资源领域，如兵备、漕运、河工、盐税、海关、粮储等事务上设立道员，形成并行于地方的双轨体制，使中央能够直接控制战略资源。

---

[1] 秦用"五善五失"作为考核官员的标准，两汉的官员考核制度是上计制度，唐代为考课法，宋代为磨勘考课制度，元代用廉访法，明代为考满法、考察法，清代为考满法，包括京察与大计。

地方治理的制度体系包括各级政区的设置与层级、地方行政机构设置与职能、各级地方长官的职责等。地方行政组织包括郡署、州衙、使司、总督衙门、巡抚衙门、府台、县廷等。治理角色即地方长官包括郡守、太守、刺史、节度使、观察使、转运使、布政使、按察使、总督、巡抚、道台、知府、知州、知县、县令等。

地方政区与机构

"惟王建国,辨方正位,体国经野,设官分职,以为民极。"[①] 先秦时期的地方政区是以诸侯国、采邑等封地范围划分的,因方国、封地面积大小不等,人口稠旷有别,地方政区层级也难以一统,不如单一国家结构下划分那样严密。

自秦代建立郡县制后,地方政区的设置走上正轨。从秦至清,中国地方政区设置的总体趋势是从二级制向三、四级制演进,且经历地方分权的过程,目标是既形成适当的地方治理单元,保证国家决策执行的有效性和汲取民力的有效性,又避免地方政区尾大不掉,成为割据政权,威胁国家统一。

秦汉实行郡、县二级制。郡的长官郡守拥有民政、军政大权。西汉继续实行郡、县二级政区制度,但自汉武帝时期实行刺史制度,加强对郡守的巡视。东汉光武帝刘秀为预防地方权力过大,实行州、郡、县三级政区制。秦汉地方治理的特点是地方集权,不管是二级制还是三级制,无论是郡守还是州刺史,都拥有民政、财政、军事、司法甚至官员任免方面的大权。隋代时曾实行过短暂的州、县二级制,唐代在州之上加设道作为政区,形成道(方镇)、州(府)、县三级政区,安史之乱前,道只是监察区,此后变成一级政区。方镇节度使掌握军政司法大权,强藩重镇形成的封建割据是唐室衰亡的主要原因。即使在安史之乱后,藩镇节度使仍据有较强的实力。表9—1是唐玄宗时期所设立的主要边境藩镇,表9—2则是唐开元年间(713—741)和元和年间(806—820)各地节度使下辖的县数、乡数和户数,二表对比可对唐藩镇情况有更直观的了解。

[①] 李学勤主编:《十三经注疏·周礼注疏》,北京大学出版社1999年版,第1—5页。

表9—1　　　　　　　　唐玄宗时期的边境藩镇①

名称	驻营地	设立日期	战略目标
平卢	营州	719 年	防御契丹和奚的侵袭
范阳	幽州	714 年	防御契丹、奚和突厥对河北道的侵袭
河东	太原	723 年前	防御突厥、奚和契丹对河东的侵袭。控制定居在境内的突厥等民族
朔方	灵武	713 年或 721 年	防御突厥对关中的侵袭。控制定居在鄂尔多斯地区的部落民族
陇右	鄯州	714 年	防御吐蕃对关中的侵袭
河西	凉州	711 年	防御吐蕃和突厥对河西走廊的侵袭。维护往来中亚的通道
剑南	成都	717 年或 719 年	防御吐蕃对四川边境的侵袭。控制边境少数民族
北庭	庭州	727 或 733 年	控制往来中亚的通道,防止突厥、黠戛斯和突骑施等族的侵袭
安西	龟兹	718 年	控制塔里木诸绿洲

表9—2　　　　唐开元年间、元和年间北方部分节度使
下辖县、乡、户数②

节度使名	县数（个）（元和）	乡数（个）		户数（户）	
		开元	元和	开元	元和
凤翔节度使	14	92 +	88 +	50617	8364
泾原节度使	9	55 +	30 +	15952 +	1990 +
邠宁节度使	20	173	49 +	67668	3777 +
鄜坊观察使	23	180	54	74667	4347

---

① 资料来源于〔英〕崔瑞德编《剑桥中国隋唐史》,中国社会科学院历史研究所西方汉学研究课题组译,中国社会科学出版社1990年版,第333页。设立日期是指授予节度使头衔的时间,或是指正式设立藩镇的时间。平卢虽然单独设藩镇,但在742年前总的说受范阳节制。

② 数据来源于梁方仲编著《中国历代户口、田地、田赋统计》,中华书局2008年版,第134—159页,甲表27。

续表

节度使名	县数（个）（元和）	乡数（个） 开元	乡数（个） 元和	户数（户） 开元	户数（户） 元和
灵武节度使	10	40		16171	
夏绥银节度使	14	67 +	20 +	21002 +	11500 +
振武节度使	6	13 +		4095 +	
丰州都防御使	2	5		1900	
陕虢观察使	21	166	89	91117	27015
汴宋节度使	28	546	257	284101	31449
郑滑节度使	14	229	18 +	118246	22000
陈许节度使	13	221	88	112409	9329
徐泗节度使	16	193 +	217	100604 +	37251
蔡州节度使	19	210	83 +	101925	12867
淄青节度使	73	1605		493619	
河中节度使	37	402 +	148 +	242906	62664
河东节度使	47	532	562 +	257980	156193
泽潞节度使	37	458 +	216 +	222481 +	26059
魏博节度使	43	609 +	160	355411	74498
恒冀节度使	44	610	321	317774	63604

受节度使控制的军队占全国总兵力的85%，[1] 节度使还拥有当地的民政权力。以安禄山兼任节度使的河东地区为例，开元年间节制532个乡，动员约25.8万户资源，所辖县数也当在40个以上，这为地方节度使掌握军政、民政大权，形成独立王国式的藩镇提供了必要的物质基础。安史之乱后，节度使制度并未废除，其总体规模虽比战前有所缩小，但仍然

---

[1] ［英］崔瑞德编：《剑桥中国隋唐史》，中国社会科学院历史研究所西方汉学研究课题组译，中国社会科学出版社1990年版，第377页。

不可小觑。或许，未能根除节度使和藩镇制度，是唐代国家治理失败的一个重要原因。

宋代实行路、州、县虚三级政区制，路为虚置的功能性政区，各路所设的官职并不固定，驻地、辖境、名称也经常变动。宋代对路也实行分权制，设帅、漕、宪、仓四个主要监司作为路一级机构，分管军政、财赋巡察、司法、赈荒救济，四个监司互不统属，皆直接受朝廷节制。

元代地方政区为省、路、府（州）、县四级。明代地方政区为省、府、州、县。省虽为一级政区，但分设承宣布政使司、都指挥使司、提刑按察使司，实行民政、军政、司法三权分治，彻底杜绝地方割据的可能性。

清代实行省、道、府、县四级政区，但道作为政区的实体性不如其他三级政区显著。清代地方政区的设置似有返古之势：一是虽然继承明制，在一省之内同设布政使、按察使各管民政、财政和刑名案件，似乎在分权，但二职又同为督抚属官，分权制衡作用就似有还无了。二是虽然在一省之内同设总督、巡抚二职，使其同处一城，互相掣肘，但掌握二至三省军权大权的总督地位更高，权力更大。总督的设立是晚清地方实力派崛起的一个制度性根源。

道、路虽为某一级政区，但在宋、元、明、清实为虚置的功能性政区，而道（镇）在唐代中后期却能发挥实在管理功能。地方政区的虚实盈缩根本取决于中央政府对地方的控制程度。宋代的路一级的行政机构是分散的，同一级行政机构甚至并非同城办公，整合性、统一性不强。明代的省也是三司并立，但至少在同城办公，只是不如州、县那样有一个统一的行政机构和行政首脑。明在一级政区实施民政、刑名、兵政三权分治，清代在一级政区实行总督、巡抚同城并存，各司其职，互相牵制，都是希望避免一级政区尾大不掉，形成独立王国甚至割据之势。对一级政区的防范是治理层级划定的首要考量。总体上，秦以后统县政区的面积在逐步缩小，隐含着缩小地方官权力的意图。①

---

① 周振鹤：《建构中国历史政治地理学的设想》，《历史地理》第15辑，上海人民出版社1999年版，第5页。

地方治理的关键问题是中央权力与地方权力间的关系模式。商周得天下依靠诸侯的力量，用当代政治学概念分析，商周并非纯粹的单一制的统一王朝国家，而是带有联邦制性质的国家，它在形式上是统一的，但权力关系并非集权式的，只能算是半集权式的。随着王室实力、能力和控制力的下降，天子仅具礼仪和象征意义。先秦时代，天子控制诸侯的方式主要为巡狩与征伐两大端。还有一种方式是天子命诸侯强大者为方伯，得专征伐，以卫王室。① 五伯或五霸、东西二帝的出现是分封制天下体系趋向解体过程中的标志性节点。中央与地方的关系仍然取决于彼此的实力对比。只不过在西周时期，它表现为周王室和王畿的综合国力，因为周室也是一国，可以把当时的周看成诸侯体系中的霸主国，无论是巡狩还是征伐，都建立在霸主国力量的基础上。后人所说东周德衰，实是借口，并非是德衰，而是周自身实力下降，过去是地方千里，其后逐渐萎缩，征伐无力，巡狩也无人理睬。

秦汉以后，中国进入大一统时代，维护专制皇权成为历代王朝的首要政治目标，要实现这一目标，就要加强中央集权。中央集权在两个向度展开，一是在中央政府内部，将权力向君主手中集中，形成集中统一的决策指挥机制。二是在中央—地方关系上，削弱地方实力派，杜绝出现独立王国，甚至地方包围中央的可能性，将权力由地方向中央集中，形成强干弱枝局面。当然，皇权集中的一个弊端就是容易堕入"集权陷阱"，对此，后文有专门论述。

自北宋起，地方政区从二级制向三、四级制的层级增加和一级政区分权就是汲取汉唐地方权力过大，出现强枝弱干后果的教训，政区层级的演变是中央集权与地方分权互为消长的过程。此外，如何划分一级政区的面积规模与地理边界，也是防范地方坐大的重要考量。秦代最多时设立48个郡作为一级政区，而两汉的一级政区是州，只有14个，东汉亡于州刺史出身的军阀之手，不能不说与此有关。同样，唐代安史之乱后，道（方镇）演变为一级政区，且集军政实权于一体，最多时有50余个，关键是在边境要塞的雄藩重镇面积更大，实力更强，必然形成尾大不掉之势。中国历史上享誉盛名的汉唐最终都亡于崛起的地方势力之手。北

---

① 萧公权：《中国政治思想史》上册，商务印书馆2011年版，第25页注⑤。

宋后，采取多种措施分权一级政区，宋、元、明三代的灭亡皆非强藩重镇所致。

表9—3可以帮助我们更好地了解西汉以来历代王朝的政区设置、数量，尤其是与乡村治理密切相关的县级政区的设置数量、平均规模。表9—3中可以看出，与高层政区相比，县级政区基本保持稳定，成为地方治理的坚实基础，也是"郡县治，天下安"的前提条件。

一级政区的边境划分是加强对地方控制的一个有力手段。历代王朝的边境划分有山川形便和犬牙交错两种原则，从利于管理、便利交通的角度看，以山脉河流划定边界更为合理，但不利于中央政府对地方的管控，因此，历代王朝往往将山川形便与犬牙交错结合起来，目的就是最大化利用地理条件构筑政区边界，既是为了防止一级政区土地面积过大，人口过多，赋税财力丰富，也是为了利用地形地理条件构筑对一级政区的限制潜能，以更好遏制地方政区的离心倾向，预防地方割据或叛乱行为的发生。

藩王封国

在古代王朝，除藩镇外，中央与地方关系中的另一个永恒主题就是因分封藩王而形成的诸侯国问题。夏、商、周的封建体制是当时的基本政治制度，且当时并无中央集权一说，三代的国家体制可视为一种准联邦制，故暂不讨论。在秦以后的单一制的国家体制中，异姓的藩镇和同姓的藩国都是影响中央政府集权的关键因素，但是藩镇和藩国的命运却有很大不同。在想方设法于中枢层面削弱相权、加强皇权的同时，历代统治者也不断通过体制变革，削弱地方政权的资源统合能力，加强中央政府集权。因此，自秦至清的中央集权始终是在中枢治理和地方治理两个层面进行的，最终在明清时期达到历史顶峰。尽管藩国之害早就为世人警醒，但西汉、西晋和明代的开国帝王似乎并未在意，仍然推行对同姓子孙的分封制度，结果都给中央政权带来极大危机。汉初的七国之乱、西晋的八王之乱、明初的靖难之役和其后的藩王叛乱雄辩地证明，在单一制且趋向中央集权的国家体系中，因帝王私利强行植入封国体制，绝对是国家治理的一大败笔，是开历史的倒车，结果也都造成"伏尸百万，流血千里"的惨剧。当然，无论是刘邦，还是朱元璋，之所以要为同姓王建立藩国，有其现实政治的考量，他们希望用同姓封国来对抗开国元勋的政治影响,以拱卫各自的家天下,其出发点可以理解。虽然从刘邦、朱元璋来说,分藩拱卫中央是"祖制",须万世不易,但从制度政治学视角看,这种与主体制度体系明显冲突的制度设计只能承担阶段性的历史任务,后世之君应采取渐进性改革措施逐步消化吸收。可惜的是,无论是汉景帝的削藩,还是朱允炆的削藩,皆过于激进,勇气有余,谋略欠缺,不若宋太祖"杯酒释兵权"有智慧,更不如唐太宗设置凌烟阁功臣图有气度。对错误、过时或阶段性制度无法进行正确的改革或予以根本废除,也属于后文所说制度衰败的一种形式。刘邦错误认为秦朝灭亡是因为秦始皇实行郡县制,没有同姓兄弟拱卫王室,但柳宗元在《封建论》中说得好:"(秦朝灭亡)咎在人怨,非郡邑之制失也。"汉初分封后,七个异姓王国的封地占到西汉疆域的一半,西汉郡国并行,但造反的全是封国,"有叛国而无叛郡,秦制之得,亦以明矣"[①],郡县制在维护国家政权稳定方面的积极作用要远远超过封国制。刘邦、朱元璋对异姓和同姓进行人性判断时使用双重标准,过于焦虑异姓的反叛之心,而过分相信同姓的忠顺之心,认为他们定会拱卫家天下,是私利蒙蔽了理性判断。郡县制实行流官制,且地方民政、军政分立,想坐大殊为不易,而分封制赋予封国经济、政治、军事等方面的特权,不啻于养虎遗患。明代分封时虽然对藩王权力作出了许多限制,但镇守边疆的"塞王"仍掌握军政、民政大权,尤其是经过军事历练者如朱棣,已经构成对皇权的直接威胁。朱棣靖难成功有其偶然性,然其根源实在于朱元璋用二代权臣(塞王)代替一代勋臣的政治制衡计划所造成的失败,因大量屠戮元老勋爵,在朱允炆即位后,中央王朝已经缺少能征善战的杰出军事将领,举全国之力竟不能打败起步时只有八百军士的朱棣,责任在于明太祖复辟封建制,人为制造叛乱因子,又死守嫡长子继承制,让年幼的、欠缺足够政治历练的朱允炆继位,致使中枢机构无法处理复杂的朝局,应对朱棣的叛乱。

[①] (唐)柳宗元:《封建论》,载《柳宗元全集》,上海古籍出版社1997年版,第19页。

表 9-3　历代政区结构与县均户数、口数

朝代	国土面积（平方千米）	全国户数（户）	全国口数（人）	一级政区名称及数量（个）		二级政区名称及数量（个）		三级政区县及数量（个）	每县平均户数（户）	每县平均口数（人）	每户平均口数①（人）	每平方千米人口数（人）
西汉时期 (2)	4443319②	12233062	59594978③	州	·	郡	83	1577④	7757.17	37790.09	4.87	13.41
		12356470	57671401			国	20		7835.43	36570.32	4.68	13.07
东汉时期 (140)	4380244	9698630	49150220	州	13	郡	79	1180	8219.98	41652.73	5.07	11.22
						国⑤	26					
东汉时期 (144)		9946919	49730550						8429.59	42144.53	5.00	11.35

① 口数不等于全部人口统计。因古代王朝统计的户口和丁口统计，多只统计与赋役相关的丁或成丁数。历代人口史学者看来，历代史书中所记载的皆为赋役户口和丁口。有的朝代户籍登记中只记男性人口数，有的则只记成丁数，几乎没有记载男女在任内的每户全部人口数，致使真正史中记载的户数远小于真实的全国人口数。但对户数与男女全部人口数之间的比例，有不同标准。有一户均 5 人，一户均 6 人，一户均 5.5 人，一户均 4 人，一户均 4.5 人等各类不同说法，总之每户推测全部男女人口比值多在 4—6 人之间。正史中所载西汉每户人家的口数平均只有 2.5 人上下，一户均 6 人，显然只能作成丁理解。但其他朝代户均口数在 4—6 人之间，甚至有超过 6 人的，从 1655 年到 1734 年的 79 年间。根据正史记载的清代人口数从 1403 万人增加到 2735 万人，人口翻了近一番，尚属正常。但从 1734 年到 1812 年的 78 年间，口数从 2735 万人，剧增到 3.617 亿人，增加了约 10.52 倍。速度太快。见梁著第 14—17 页。其中固然有推丁入田带来的统计口数的增幅，可能也与推丁入亩政策后实行的广统计口径是全部男女人口，而此前的口数很可能只是丁数，甚至是成丁数。

② 东汉、西汉国土面积系笔者根据梁著《中国历史地图集》各朝代地图测算所得，未计西域都护府面积。宋岩教授根据谭其骧《中国历史地图集》各朝代地图测算依次为：西汉 568 万平方千米，东汉 492 万平方千米，西晋 416 万平方千米，隋 416 万平方千米，唐 1076 万平方千米，北宋 264 万平方千米，南宋 176 万平方千米，元 1372 万平方千米，明 468 万平方千米，清 1216 平方千米。见宋岩《中国历史上几个朝代的疆域面积估算》，《史学理论研究》1994 年第 3 期。

③ 梁著第 6 页第一栏为前汉平帝元始二年全国人口数为 6959498 人，这一数据当是笔误或印刷错误，实应为 5959498。

④ 此数据来源于梁著第 19 页，甲表 2。甲表 3，而据《汉书》卷二九《百官公卿表》上，卷二八《地理志》下，将县邑 1314 个，道 32 个，侯国 241 个相加为 1587，这也是《后汉书》志三十三中所载之数。分别见（汉）班固《汉书》，中华书局 1999 年版，第 624、1309 页；（宋）范晔《后汉书》，中华书局 1999 年版，第 624 页。

⑤ 含属国。

第九章 中国古代的国家治理与乡村治理 / 529

续表

朝代	国土面积(平方千米)	全国户数(户)	全国口数(人)	一级政区名称及数量(个)	二级政区名称及数量(个)	三级政区县及数量(个)	每县平均户数(户)	每县平均口数(人)	每户平均口数(人)	每平方千米人口数(人)
西晋时期(280)[1]		2459840	16163863	州 19	郡 141 国 31	1232	1996.62	13120.02	6.57	
刘未时期(464)[2]		901769	5174074	州 22	郡 245	1265	712.86	4090.18	5.74[3]	
隋(606)		8907536								
隋(609)		8907546[4]	46019956	州 9[5]	郡 190	1253	7108.98	36727.82	5.17	
唐(639)		3041871	12351681	道 10	府 7 州 298	1408	2160.42	8772.5	4.06	
唐(726)		7069565	41429712						5.86	
唐(742)	3694340[6]	8973634	50975543	道 15	郡/府 10 郡/州 312	1570	5715.69	32468.50	5.68	13.80
唐(755)		8914709	52919309						5.94	
北宋时期(980—989)		6108635		道 10	府/军/监 41 州/县 219					

① 该年数据在梁著各处皆有所不同,今取甲表1中西晋太康元年数据。
② 参见梁著甲表16数据。
③ 梁著原表中户均、县均数剔除了未记户数或口数的部分,与本表的简单平均数有所区别(本表为保持前后各项数据计算的相对准确,未抄录梁著中的平均户数),下同。如需了解更准确的原始信息,请参见梁著原表。
④ 另一版本数据为9070414。
⑤ 此处9州实按原"禹贡"中九州的概念,并非当时实际的一级政区划分。
⑥ 原表中未注明面积所在年代,暂以742年标识。见梁著第160页,但此数据为各道总计数。

续表

朝代	国土面积（平方千米）	全国户数（户）	全国口数（人）	一级政区名称及数量（个）	二级政区名称及数量（个）	三级政区县及数量（个）	每县平均户数（户）	每县平均口数（人）	每户平均口数（人）	每平方千米人口数（人）
北宋时期（1021）		8677677	19930320						2.30	
北宋时期（1083）		17211713	24969300						1.45	
北宋时期（1102）		20264307	45324154	路 24	府 59 / 军 36 / 监 3 / 州 200	1265	16019.22	35829.37	2.24	
元	7549200①	13867219	59519727	省 12	府 21+ / 路 155+ / 司/军 7+ / 州 61+	1110	12492.99	53621.38	4.29	7.88
明（1391）		10684345	56774561						5.31	
明（1393）		10652870	60545812						5.68	
明（1435）		9702495	50697569						5.23	
明（1484）		9205711	62885829						6.83	
明（1502）		10409788	50908672						4.89	
明（1532）		9443229	61712993						6.54	

① 该面积为诸省总计数，系中山大学根据顾颉刚等编校的《中国历史地图集古代史部分》用方格求积法测算得出。参见梁著甲表50，第255页。

第九章　中国古代的国家治理与乡村治理 / 531

续表

朝代	国土面积（平方千米）	全国户数（户）	全国口数（人）	一级政区名称及数量（个）	二级政区名称及数量（个）	三级政区县及数量（个）	每县平均户数（户）	每县平均口数（人）	每户平均口数（人）	每平方千米人口数（人）
明（1578）	3298462①	10621436	60692856	直隶 2；行省 13	府 152；直隶州府司③ 61	县 1214②；州府司④ 322	8749.12⑤	49994.12	5.71	18.4
明（1620）		9835426	51655459						5.25	
清（1661）			19137652							3.58
清（1721）			25616209							4.79
清（1753）		38845354	103050000			1305	29766.55	78965.52	2.65	19.25
清（1766）			208095796							38.88
清（1812）	5352480⑥		361693379	直省 20	府⑦ 213；直隶州厅 87					67.57
清（1820）			353377694							66.02
清（1887）			377636000							70.55

① 系两京十三省面积总数，梁著甲表72，第281页。
② 数据系笔者根据梁著第282—336页甲表73中各直省府州县数相加所得。《明史·地理志》所载，终明之世，全国分统府140个、州193个、县1138个，羁縻府19个、州47个、县6个，二者合计，共有府159个、州240个、县1144个。此外，（清）张廷玉等《明史·地理志》，中华书局1999年版，第595页。全国共编里69556个。
③ 含不隶县的军民府、府、宣抚司、宣慰使司、御夷司等。
④ 含长官司、千户所、指挥使司、御夷州司等。
⑤ 此数据为全国户数10621436除以县数1214之结果。县均口数同。
⑥ 系各直省面积总和，见梁著甲表87，第374页。
⑦ 盛京、新疆二级政区全部计入府数之中。

地方财政

财政管理是国家治理的核心,也是中枢治理、地方治理和乡村治理三者关系的核心。根据黄仁宇先生的观察,在古代王朝,县是基本的税收征收单位,府是基本的会计单位,省是中转运输单位。为了方便征收赋税,加强治理,古代县的面积是精心划定的,县衙所在地与其周边距离尽可能以人步行一天里程为限。[①]

明代国家财政收入库存分为内库和外库。外库即太仓粮库和太仓银库。太仓粮库储存米麦实物,包括京仓、通仓,供应京营官兵月粮军饷及官员俸禄。各地上缴米麦丝绢等各类实物以及钞、银等货币按照规定进入太仓,各府县按照《赋役全书》将全府全县应缴各项税粮实物银两点对点地起运到目的地。其中江南地区的主要目的地是北京太仓、内承运库各内设机构以及光禄寺、御马仓等地,主要方式是漕运;另外一部分是南京府、部、院、寺等地。北方五省则主要供应九边军饷军粮,其中山西主要点对点供应本省及周边九边。北直隶、河南、山东主要供应河北、燕蓟、辽东等地区边镇;陕西供应甘肃、陕西等地边镇。湖广、江西、福建、两广、云贵川除起运京库及本省府院公粮外,供应边饷边粮的较少,主要是协济广西、贵州、云南等欠发达地区。

太仓银库收纳米、麦、盐课、马草等各类折银、钞银、课银。随着税收货币化进程的加快,太仓银库银两收入越来越高,到万历五年(1577),已经达到400万两。太仓银库的支出项目,一是九边年例,即支出九边军饷。万历时边饷常年在三四百万两之间,崇祯年间增加到500万两,崇祯末年达到近2000万两。在明代的财政总支出中,边饷支出比例高达44%以上。二是官俸与军饷。尤其是公侯伯禄米、京内文武百官、京内外卫所官兵折俸,但其中最大的开支是宗室开支,宗室人员开支占明代财政总支出的28%左右,官员俸禄只有不到1%。三是供应内府。成化十七年(1481)皇帝曾诏取太仓三分之一银入内库。四是支付部分赈灾费用。

内库是专为内廷即皇帝及后宫服务的中央仓库,分为内承运库、内供应库、天财库,这是完全为之服务的,还有部分为之服务的,如内十库。

[①] 黄仁宇:《十六世纪明代中国之财政与税收》,九州出版社2011年版,第24页。

内承运库及所属各库主要储存金花银及珠宝。内供应库主要储存白粮。内十库则储存各类物资、物品。此外中央仓库还有运河沿岸的中转仓库：徐州、淮安、德州、临清四库以及户部之外的工部节慎库、兵部太仆寺库、光禄寺库、刑部库等。除北京外，南京也有中央仓库，即南京各仓。在以上仓库中，皇帝个人的内承运库、户部管理的太仓银库、兵部管理的太仆寺常盈库和工部管理的节慎库的主要税源分别是明代赋役的田赋折银（金花银）、部分田赋折银与盐课折银、马役折银和上供物料折银①。

地方财政收入源于夏税秋粮的存留部分、马草、盐课、户口盐钞、商税、罚银等。支出包括藩禄、军饷、官俸、教育经费。赈灾、营建、水利等支出都要请求中央，且经费有限，这使得地方政府应对自然灾害的能力较为薄弱。地方政府还有小金库，即羡余，其来源于田赋加耗、罚银、商税、徭羡银等。其支出包括办公经费、赈灾、营建、水利、宴饮、送礼、贪污、抵补亏空等。②

从财政方面看，嘉靖时期，明廷每年财政亏空多者达400万两，少者也有100余万两。隆庆元年（1567），太仓存银仅135万两，仅够明政府3个月的开支。③

地方治理的财政基础是地方与中央之间的赋税分成。一方面，中央政府需要分配一部分赋税给地方政府以维持其正常运转，但另一方面也不希望地方财政过于强大。中央地方的赋税分成在清代体现为起运银两与存留银两的比例，从康熙年间至光绪年间，清代的存留银两比例总体呈现下降趋势。根据专家测算，康熙二十四年（1685）、雍正二年（1724）、乾隆十八年（1753）各直省存留银占起运银与存留银总数的比重分别为22.18%、23.21%、21.23%，而到了嘉庆年间，下降为18.44%，到光绪年间则只为14.35%。④ 当然，以上皆属正税，地方政府在正税之

---

① 李义琼：《折上折：明代隆万间的赋役折银与中央财政再分配》，《清华大学学报》（哲学社会科学版）2017年第3期。

② 参见肖立军《明代财政制度中的起运与存留》，《南开学报》1997年第2期。

③ 《穆宗实录》，台北"中研院"史语所校印1962年版，卷58、卷15；《神宗实录》，台北"中研院"史语所校印1962年版，卷492；《世宗实录》，台北"中研院"史语所校印1962年版，卷304、卷514。

④ 梁方仲编：《中国历代户口、田地、田赋统计》，中华书局2008年版，第586—589页。

外，还有名目繁多的地方杂税，在正税中降低地方税收分成的比例可能也是中央对地方进行财政控制的一个表现，但它也在一定程度上成为地方官员私征加派的借口。

表9—4中百分比是指存留数占起运、存留总数的百分比。通过表9—4可以看出明代的中央地方财政关系，从总数来看，中央与地方在米麦总额中约六四分成，应该说还是合理的，至少比清代合理，但分成的地区分布很不均衡。北方地区存留普遍较高，偏远地区存留也较高，最受影响的南直隶和江西，尤其是南直隶，本来税粮起运总量就高，存留比例又极低，致使地方财政基础薄弱。北方地区存留比例较高，有两个主要原因，一是明代藩国大多分布在北方五省；二是北方五省肩负边防重任，而自福建、两广至云贵川，在当时尚属欠发达地区，因此，全国税赋重任就落在江浙身上，即南直隶、浙江，其中南直隶尤其是苏州府是国家财政供给的主力，但存留比例却较低。两项数据中反差最大的当属陕西省，原因可能在于货币化率或折银比例较低，陕西的田赋货币化率只有1.29%，田赋中起运部分的货币化率为零，但是，贵州的田赋货币化率更低，起运部分的货币化率也为零，结果却大不相同，这需要进一步研究。

表9—4　　　　明万历六年各直省米麦、田赋银存留数及百分比[①]

直省别	米麦存留数（石）	米麦存留（%）	田赋折银存留数（两）	田赋存留（%）
北直隶	217694	36.36	306044.56	29.52
山东	1138876	39.30	904365.20	31.83
山西	1561972	67.48	1289506.34	60.87
河南	861715	36.19	369949.57	24.81
陕西	1735690	100.00	19552.90	1.29
湖广	1247784	57.71	431557.38	56.13
江西	362342	13.85	118789.25	14.25
浙江	826889	32.78	342503.08	29.82
福建	536448	63.05	188297.66	66.19

[①] 表中数据来源于梁方仲编著《中国历代户口、田地、田赋统计》，中华书局2008年版，第523—525页，乙表56；万明、徐英凯《明代〈万历会计录〉整理与研究（三）》，中国社会科学出版社2015年版，第2108页。

续表

直省别	米麦存留数（石）	米麦存留（%）	田赋折银存留数（两）	田赋存留（%）
南直隶	1023954	17.04	681973.38	20.63
四川	593653	59.91	51160.29	15.72
广东	679509	68.37	206678.16	63.53
广西	371698	100.00	113334.85	100.00
云南	142690	100.00	54679.10	73.54
贵州	50808	100.00	15246.38	100.00
总计	11351722	42.61	5093638.10	31.45

在农业社会，国家税收主要来源于田赋，古代也不存在现代意义上的国税、地税分成，地方财政主要来源于上缴中央财政的存留部分，能够留给地方政府的自主财力极少。就明朝而言，只有在徭役货币化改革后，地方政府通过征收里甲银、均徭银等名目，除去用于购买徭役、职役服务外，可节余或从中扣除一部分收入，用于地方政府的日常办公、迎来送往、公共服务支出，但数量极为有限。清代雍正年间起，推行耗羡银，用于养廉银，地方官员收入有所增加，且财政用度更加灵活。不过，总的来讲，明清地方政府的财政仍然是"吃饭财政"，只能维持地方官府的日常运行，财政限制下的地方政府只能执行"小政府、大里甲""官少役多"的治理结构，即体制内的、吃财政饭的官员、吏员维持较小的数量，大量使用类似于今天的临时工充作胥吏以及里甲长充作职役事务，降低支出成本，但无论是里甲长充役，还是胥吏担任公务，仍然是以侵害人民利益为代价的。公门中的胥吏的收入极低，从明清地方府志可以看出，地方官府中的工食银（类似于今天的误餐补贴）标准极低，不足以支撑足够的生活水准，但胥吏们自有敛财之道，他们利用手中职权，在土地经界、赋税征收、徭役征发、官司诉讼等各个环节或敲诈、或贪墨、或受贿、或关说①，其结果是提高农民完税成本。

地方治理的主要任务

在国家治理体系中，地方治理是连接中枢治理与基层治理的桥梁，

---

① 指充当捐客、中间人，代人陈说，帮助打通关系，以获取好处。

一方面，地方治理要秉承国家行政意志，执行中枢机构发布的各项决策命令，完成地方机构的日常行政任务。在正常年份，地方的职责包括清查户口田地，征收田赋丁税，征发徭役，开办学校，组织科举考试，组织农业生产，开垦荒田荒地，架桥修路，兴修水利设施，维护社会治安，处理刑事民事案件，主持慈善公益，赈灾救济，开展礼治教化，等等。一有灾变，地方官就要组织开展赈灾救灾、救济抚恤工作。遇上匪变动乱，就要协助官府部队做好征兵、后勤保障等工作。如果是边境地区，地方官还要负责做好战争的后勤工作，包括征发民夫、组织运输、安置伤员、协助查奸等。

另一方面，地方官吏特别是州县官吏是亲民之官或称父母官，直接与老百姓打交道。汇集民间呼声，反映百姓诉求，完善乡村治理政策特别是为与百姓生计密切相关的政策措施建言献策也是地方官员的重要职责。就对乡村治理而言，提供公共产品、组织公共服务、管理公共事务是地方治理的三个主要领域。供给公共产品是指为地方社会发展提供必要的为全体居民所共享的基础设施、公共物品，诸如桥梁、道路、城防、沟渠、堤坝等。"三个和尚没水吃"，由于囚徒困境、公地悲剧等集体行动逻辑，此类公共产品很难由自私个体的自主合作完成，须由公共力量即官府组织完成。组织公共服务是软性的公共产品供给，诸如组织开荒垦田、劝课农桑、剿匪缉盗，维护地方治安秩序，组织赈灾救灾，提供对老、弱、病、残等弱势群体的救济等，这就需要建立地方仓储制度、慈善制度、保甲制度、民团制度、互助制度等，它们总体上都要由地方政府出面组织，才能具有权威性、强制力，才能提高效率。管理公共事务，调解民间纠纷，处理各类刑事民事案件，开展行政执法工作等，同样是地方政府的重要工作内容。以上三个主要工作，都是政府这一公共权力管理社会的必要职责，也是衡量地方政府治理工作的重要指标。当然，在宗族或士绅力量比较强大的地区，民间力量也可与官府合作完成上述三个方面的工作，行政权与族权、绅权也会就此产生各种形式的互动逻辑。

对于那些为民办实事的地方官，历史和人民总会记住他们的。白居易任杭州刺史时，组织百姓在钱塘门外筑堤防潮。苏轼任杭州刺史时，指挥20多万人疏浚西湖。明代弘治年间杭州知州杨孟瑛，也曾经疏浚西湖。由此，人们就用白堤、苏堤、杨公堤命名那些堤坝，纪念他们。清初"天下廉吏第一"的于成龙既是廉臣，也是能臣，从罗城到合州，从黄州武昌到福建江苏，每到一处，呕心沥血，致力地方治理，或招抚流民、组织垦荒、劝课农桑，或抚剿并用、御匪治盗、保境安民、兴办义学等。

官民关系是地方治理中的另一个核心议题。纵览中国历朝历代，王朝的统治是否稳固在很大程度上取决于官民关系，而不仅仅是皇帝与农民的关系。作为国家权力的代理人，地方官吏在小民百姓眼中就是国家的代表，地方官抚民爱民，则被百姓称为青天大老爷，如果鱼肉乡民，则被百姓视为脂膏、蠹虫、贪官污吏。"官逼民反"是地方治理的失败，也在很大程度上反映出中枢治理的无奈，大部分情况下的中枢机构尤其是最高统治者的本意肯定并非激反百姓，但政策的变形、内外危机的频发、地方官吏的腐败、治理的失效最终形成不可抗拒的历史合力，导致王朝统治的终结。在影响乡村治理的若干要素中，地方官吏的行为逻辑是一个至关重要的变量。地方官吏既可能上忠诚王事，下爱民如子，造福一方，涵养斯土斯民，成为地方稳定的中流砥柱，成为"民可载舟"的坚定依靠；也可能上下其手，假公济私，成为精致的利己主义者和被利益驱使的工具人，成为"民可覆舟"、社会动荡的助推力量。历史上，两类地方官都大有人在。有的地方官急民所急，想民所想，真切实践"民有所呼，我有所应"。例如，自宋代起，苏州府逐渐发展成为重役之府，明清两代的多任江苏巡抚或苏州知府如周忱、况钟、海瑞、韩世琦、慕天颜、汤斌、于成龙等人，或上疏奏请朝廷削减苏州税粮，或采取改革办法变相减轻苏州百姓赋役负担，为改进地方治理做出了积极贡献。但不幸的是，真正爱民如子的"青天大老爷"凤毛麟角，而为工具理性驱使的地方官吏还是占大多数。例如，宋代徽州百姓赋税负担非常高，究其原因，唐末时歙州伪刺史陶雅为了固宠于南吴太祖杨行密，"因增税以取之，于是此州之赋遂重天下矣"[①]。

"只反贪官，不反皇帝""好经被坏和尚念歪了""中央是恩人，省里是好人，县里是坏人，乡里是恶人"等种种民间说法一定程度上反映

---

① （宋）赵不悔修，（宋）罗愿纂：《新安志》卷二《贡赋》。

了遵循工具理性逻辑的亲民之官在国家、地方与乡村关系中尴尬而又敏感的身份定位。

地方治理体系是个漏斗型结构。中枢机构健全，职能专一，而越到地方，机构设置越精简，职能专一程度逐渐下降，到了县级官府，对应中央六部的就是吏、户、礼、兵、刑、工六房，而知县正堂则集民政、司法、军政功能于一身，肩负地方治理和乡村治理的主要责任。

三　基层治理

古代中国的基层治理包括坊郭治理和乡村治理两个层面。基层治理相对于中枢治理、地方治理而言，是指发生于城市和农村基层地区的治理事务，二者都属于最低层次的行政管辖区域。古代中国以乡村社会为主体，但统治的重心仍然在城市，乡村是躯干、是血肉，城市则为头脑和心脏，占据政治上的领导地位。本处主要阐述城市地区的基层治理，以及城市基层治理与乡村治理的互动关系。

古代王朝的统治中心设在城市，长安城、开封府、应天府、顺天府都是各自所处朝代的都城，宋代的开封府尹甚至被视为储君接班前所必然担任的职位，地位很高。但是，古代城市缺乏独立的行政管理体系，尽管有知府、府尹一类的行政长官，但在城市之下，没有今天意义上的市辖区政府、街道办事处等机构，城市的日常行政管理亦由城市所在的县府负责。例如，长安城的日常管理是由长安县、万年县共同参与的，故而在《长安县志》中绘图时只记载了长安城西半部的街坊里巷，同样，苏州府城的日常治理也是由吴县负责的，这类似于当代中国在地市合并前的情形。在县之下，按照城乡相同的行政编制，城内或城郊设置坊厢，类似于乡村的乡都，无论是坊厢，还是乡都，明清后都按照都（里）图体制予以编制，以编户齐民，既方便征发赋税徭役，又可强化对城乡居民的管控。

城市的基层治理仅指与城市居民相关的类似于今天社区层级的治理事务，在古代，即为里邑、厢坊层级的社区治理。城乡、国野之分自先秦时代就有。先秦时期，城郭按规模大小，可分为都、国、邑等不同层次，分别是所在地区的统治中心，城外则是广大乡村，形成城市领导乡村的格局。城郭之中主要居住的是贵族阶级和城市平民，但贵族居住的基层单位为族，平民则为里或邑，在称谓上有所区别。西周时期的城市基层治理组织为族、闾、比。按照"五—五—四"的户数设置规则，一族为 100 户，与明清时期的一里人数相当（100—110 户），规模上与中华人民共和国成立后城市地区居民委员会的户数设置起点相当。由此可见，西周时期的城市基层治理单元可界定为族，其下的闾、比可视为今日城市居民小区的楼栋（院落、居民小区）、门栋（居民小组）等相应层级，当然，古代城市的户数规模要小得多。在族之上，为党、州、乡，户数规模分别是 500 户、2500 户、12500 户，如果套用今天城市行政层级，大约相当于街道办事处、区、市三个层级。毕竟在人口不太多的古代社会，拥有万户已经算是一个大邑了，当然，到了汉、唐、宋时，长安、开封等已经成长为大城市，户数超过 20 万户，人口超过 100 万人。作为按户口规模计算的管理单位，西周时期的"乡"在层级上接近于今天的"市"，乡大夫类似于今天的市长。

秦汉时期的城市基层治理组织与农村地区一样，都是"里"，其下则为"什"与"伍"，与西周时期相比，又有新的变化。一里为 100 户，类似于西周时期的"族"，相当于最小的居委会规模。唐代城市的行政建制一般是县—坊—里或县—里—坊。如果是都城、州城、府城等大城市，其上则加上府、州作为一级。其时的"坊""里"既是居住单位，也是行政管理单位，在户数规模上存在交叉。坊正、里长都是城市基层管理人员。北宋城市中，"厢"成为坊之上的一级行政组织，根据厢的规模和数量，大约相当于当代的城市办事处层级，厢设公事所，处理日常事务，厢官由官府派遣，属于政府工作人员，其下还有厢吏。根据厢坊的人员性质和岗位职能，厢属于城市基层政权组织，但并非如同县廷一般的正式政府，其上仍为县治，厢与乡村地区的"乡"大略对应，尽管进入北宋，乡已经逐渐虚置。坊则属于基层行政治理组织，与乡村地区的"里"可大略对应。

元代城市地区实行隅—坊二级建制。明清在城市地区仍然实行隅—厢或隅—坊建制。清光绪年间山东临朐县城城内有 5 条街巷，城外有 11 条，这是其地理布局；从行政建置看，县城内有三坊：德化坊、宣教坊、政平坊；有二厢：承恩厢，领 13 个庄，恒济厢，领 12 个庄。乡村有 4 个乡，共领 103 个社①。长安城的城市治理由长安县、万年县（后更名为咸宁县）共同负责，长安县管西半边，万年县管东半边，其"坊—厢"的治理层级设置一直延续到清代。嘉庆年间，长安县所管辖的西半段仍保留有安定坊、新兴坊、京兆坊等大坊，此外还分出一些小坊，共有 53 个坊，其时长安县所管辖的半边城共编户 49 个里，其中在城坊为 8 个里，分别是伞巷里、安定里、京兆里、市北里、双桂里、水池里、含光里、广济里，其粮赋差徭同样按里均输②，这说明，到了清代，长安城的城市治理体系变成了里—坊两级，大约里类似于厢，坊则成了社区了。

祁门县城在宋代时城内置 4 个坊，后增为 6 个，至元代，更置为 14 个坊，自明初恢复为 6 个坊，洪武年间设置 3 个里，应为一里管两坊，形成里—坊结构。清代，祁门县城内设城都，下为 4 个图。万历元年（1573），祁门知县廖希元增设一里，全县里数达到 49 个，其县志注曰，里即图也③。如此看来，城市中的里—坊体系就基本上对应乡村的里—甲体系。

婺源县在明代时定制坊厢 8 个，清康熙时坊厢 14 个，道光时坊厢 16 个，其中城内坊厢 14 个，编为 14 里，自一图至十四图。婺源的县下为乡，乡下统里，里下辖都，但一般只辖都一至二个，可见此时的里是沿用过去的历史名称，与都大致重合或起过渡作用；都下为图，图下为甲与户。但县志又说，图亦谓之里。④

苏州府乡里联称，同治年间，吴县有乡 22 个，都 37 个，图 465 个，乡里之下既管都，也管图。城内编排了 26 个图，附郭编排了 7 个图。长洲、元和二县县城内共有 22 个图，城外附郭有 14 个图，著名的寒山寺就位于长洲县城外附郭的间二图地界内。⑤ 从明清苏州府城内布局来看，还是以自然形成的街巷为主，并非类似长安城有物理区隔的坊墙、坊门格局。

---

① 光绪《临朐县志》卷五《建置》，上海古籍出版社 1962 年影印本，第 41—42 页。
② 嘉庆《长安县志》卷十《土地志上》，成文出版社有限公司 1969 年版，第 316—319 页。
③ 道光《祁门县志》卷三《舆地志·疆域》。
④ 道光《婺源县志》卷三《疆域志·坊都》。
⑤ 同治《苏州府志》卷二十九《乡都图圩村镇一》，江苏古籍出版社 1991 年版，第 708—754、791 页。

据光绪《广州府志》，广州府南海县城内旧有 7 个坊，城外旧有 8 个坊，厢 1 个。番禺县城内设坊 14 个，厢 2 个，街 116 个，巷 42 条。府志中只记载顺德县城内有 10 条街，未记载有坊厢的设置。府志在记述东莞县时明确说道，在邑曰坊曰厢，在里曰乡曰都，东莞旧有 3 个坊 1 个厢。[①]

明代湖州府乌程县在崇祯时就已经记载城市市民人数，万历六年（1578）时，乌程县市民为 1421 户，男女人口 4868 人，其中市民成丁为 3616 人。万历四十一年（1613）市民人丁为 3616 人，每丁科银 4 分，说明当时的市丁同样要缴纳赋役，只不过其标准低于乡民人丁的 5 分 2 厘。[②]

无论城市或乡村，基层治理的职能是相近的，历代政府都需要清查人丁，登记户口，编排保甲，连坐互保，巡逻缉盗，管理治安，开展礼治教化，征发徭役赋税，提供公共服务，等等。城市基层，由于与统治者居住在一起，邻近统治中心，其社会稳定、治安防范、检查巡逻等工作尤其重要，宵禁便成为古代城市基层治理中的一项重要事务。

城市和农村产业和职业的区分对基层治理也有着不同的影响。城市居民主要从事工商业，还有一部分居民的身份是政府官吏，在四民中，士、工、商三民主体居住在城市基层。产业形态的不同决定了坊郭治理中，国家与市民关系的矛盾尖锐程度不如乡村地区高，从事城市工商业的居民也要缴纳赋役，甚至服徭役，但其服役的规模和受剥削的程度要低于乡村百姓。

坊郭治理中需要面对的一大难题是社会治安，即人员的流动性带来的对正常社会秩序的威胁。每当灾荒战乱年份，大量灾民、难民、乞丐就会涌向城市，流民带来的社会治安、就业、秩序、安全等问题在城市治理中显得比较突出。

与居住分散的乡村相比，城市的居住有着一定的规划，房屋坐落整齐，道路交通井然有序，在管理上更为便利。有些城市还有专门开辟的居民小区，小区内里巷纵横，并有里门、坊门等。最有名的就是长安的 108 个坊。相对规整的城区布局和较为密集的人口聚集，为官府加强对坊郭的治理提供了便利，但也带来了消防安全、群体性事件、信息传播等

[①] 光绪《广州府志》卷五《舆地略一》，成文出版社 1966 年版，第 164—166 页。
[②] 崇祯《乌程县志》卷三《户口·赋役》，书目文献出版社 1991 年版，第 265—267 页。

挑战，使城市基层治理面临很多与乡村基层治理不同的议题。例如，防火防盗，防范恶性刑事案件，开展治安巡逻和公共安全检查，避免群死群伤，维护社会秩序稳定，控制虚假或负面信息的迅速流动，预防群体性事件的爆发，加强对意识形态的控制，强化道德教化工作等，都是坊郭治理中需要面对的重要问题。此外，为城市地区提供必要的公共产品和服务，如粮食、柴草、蔬菜副食品等日常生活用品的供应，给排水、公共交通、公共卫生医疗等问题都是城市基层治理的重要内容。与乡村相比，城市治理更多需要依靠社会化、市场化机制予以配合。坊郭治理中宗族因素、士绅因素所产生的影响程度也要大大低于乡村地区。

四 对外治理

对外治理是国家治理体系不可或缺的重要组成部分，内外关系始终是影响国家治理成败的关键要素。古代王朝的对外治理不同于今天。今天的中国处于民族国家体系之中，所谓的对外治理自然是指与其他主权国家之间的互动与交往，即处理外交、国防事务等。但是，古代中国的对外关系在不同的时代，其行为边界是有区别的，不可用今天的对外关系概念进行简单类比。例如，今天的内蒙古自治区、西藏自治区，其所在地区和人民都处于中国领土主权范围之内，是中华人民共和国不可分割的一部分，但在历史上，两地在很长一段时间对于中原王朝和汉族来说，属于外族，还有些边疆民族，与汉族和中原王朝的关系时分时合，这就要求我们对于不同时代的对外治理必须持历史主义的观点来看待，切不可用某些狭隘的甚至错误的"政治正确"来指摘历史上的人和事。例如，有段时间岳飞的事迹被移出历史教科书，原因在于有人宣称岳飞所抗的金（女真族）后来成为中国的一部分，过分宣传岳飞抗金，强调岳飞是民族英雄，不利于中华民族的团结。这种说法完全是没有道理的，在岳飞时期，金国入侵两宋，当属侵略者，岳飞反抗侵略者，保家卫国，当然是民族英雄，不能因后来的历史演变而否定前人行为的价值，这样看待问题，不是对历史的无知，就是对历史的错误解读，也完全违背了唯物史观的原则。

古代王朝对外治理的对象，主要有三类。第一类是那些跨越与中原王朝边界、与中原王朝关系时分时合的少数民族政权。从秦汉魏晋到唐宋元明清，中原王朝的疆域版图盈缩不定，统治范围时大时小，边疆少数民族建立的政权在性质上也不可一概而论。有时，它们属于外国，如契丹族建立的辽、女真族建立的金、党项族建立的夏、蒙古族建立的元以及白族建立的大理，在两宋时代，就是外族建立的政权。此时，两宋朝廷与这些政权的关系，就是国家与国家之间的关系，两宋处理与它们之间的事务就属于对外治理，虽然与今天意义上的外交不能混为一谈，但对外治理的原则、战略和所应遵循的规律大体是相通的。同样，退居草原的蒙古部族，对于明政府来说，也是一个独立的政权，明廷与瓦剌等部落的关系，就是两个独立政权间的关系。当然，如果中原王朝强大如汉武帝时期的西汉，唐太宗、玄宗之时的唐以及康熙、乾隆之时的清，经过武力打击后的边疆少数民族政权，又会率部来降，而被纳入中原王朝的版图，这时，王朝与它们的关系就属于内部治理，这一点是毫无疑问的。制定正确的内外方针，妥善处理好与边疆少数民族的关系，事关中原王朝的兴衰。回顾历史可知，直接或间接灭亡于边疆少数民族之手的中原王朝并不在少数。西周亡于犬戎之手，西晋亡于匈奴建立的前赵之手，两宋分别灭亡于金、元之手，明代皇帝曾被蒙古部族也先俘虏。明代是被农民起义推翻的，但后金的崛起及其对朱明政权的军事攻击是导致农民起义的一个至关重要的诱因。为了对付后金，明廷需要加派辽饷，结果加重农民负担，激发农民起义，可以说，明政权是在农民起义和后金冲击的共同作用下灭亡的。

  对边疆少数民族的治理事关王朝兴衰，在很大程度上考验中枢治理的能力和水平。对此，朱元璋早有过警告："胡戎与西北边境，互相密迩，累世战争，必选将练兵，时谨备之。"[①] 历史上，凡是缔造了所谓"盛世"的王朝，都在对外治理上取得了成功，而其秘诀不外是和战两用、恩威并施的两手策略。汉武帝打击匈奴，唐太宗征服突厥，康熙三征噶尔丹，乾隆平定大小和卓叛乱，表明对边疆的治理首先须建立在足够的国家实力基础上，同时也要加强对边境地区的有效控制，包括移民实边，建立边防军镇，甚至包括修筑长城。成功需要综合施治，只是并非所有王朝都能做到这一点。事实上，在缺乏现代主权制度体系的古代，

[①] （明）朱元璋撰：《皇明祖训·祖训首章》，北京图书馆出版社2005年版，第6页。

中原王朝被边疆政权袭扰而导致爆发治理危机的比比皆是。以明代为例，尽管朱棣也曾多次率军北征，但蒙古势力只是被打散，而没有被消灭，致使有明一代，北方的蒙元残余一直是明代统治者的噩梦，某种程度上可以说，朱明代元的社会革命并未彻底完成，而这未完成的工程一直成为大明王朝沉重的财政负担，高峰期，明代财政支出的44％以上要用于供应当时沿辽东经河北、山西、陕西至甘肃的九个边防重镇。如果后世之君再采取错误的治边策略，就会加重治理的困难程度。例如，也先之所以犯边，入侵大同，根源在于明廷中止了与瓦剌的互市，其后，蒙元余部多次犯境，也大多与明廷边境贸易政策不能正常开放有关。有明一代，由于内向性的治国原则，在对外交往上，一直持保守僵化的策略，东南沿海的倭寇兴起也与"片帆不得下海"的海禁政策相关，其实，绝大多数的所谓倭寇是流亡在海上的中国人，如果明廷开放海禁，哪怕只是将大门打开一条缝，东南沿海的局面或许就有所不同。因为东南有事，自嘉靖中期开始，明廷不得不开启临时加征之举，人民负担开始加重，为明末民变埋下祸根。明末统治者在对付后金政权的崛起方面的战略错误主要是用人方面的，皇帝战略水平太低，意志力又不坚定，判断力、识别力低下，轻易被敌对方蒙骗，但将所有的错误归结于崇祯也不太公平，崇祯只不过是二百余年来明代国家治理从制度到人事等方面所累积的战略失误的最终"买单者""背锅侠"而已。

古代王朝对外治理的第二类对象是东亚朝贡体系中的藩属之国。相较于西北方向的边疆少数政权，东南、西南方向的藩属之国对中原王朝（中华帝国）造成的威胁要小得多，治理方面的挑战也不在同一水平线上。在所有藩属国中，朝鲜、越南与中原王朝关系最为密切，历史上，二者的部分地区曾经位于中原王朝的版图之内，但最后都在中原王朝内乱或势力衰退时独立出去。对于若即若离的朝鲜、越南，中原王朝的统治者们曾经也试图通过武力手段打败叛乱，恢复直接统治，但后来发现，成本太高，得不偿失。正因如此，朱元璋在《皇明祖训》中列出"十五不征之国"，要求后世子孙，不得"倚中国富强，贪一时战功，无故兴兵，致伤人命"，"不征"表明他清醒地认识到征的成本要远远大于抚的成本。从成本方面看，"四方诸夷，皆限山隔海，僻在一隅"，无论是朝鲜，还是越南，之所以能够最终脱离中原王朝的直接统治，与其地处偏僻，又有江河山岭等地理区隔有关，这导致中原王朝的征服战争成本过高，它也说明，任何国家都有其统治的边界和实力的界限，不可能无限扩张。从收益上来看，"得其地不足以供给，得其民不足以使令"，与巨大的成本支出相比，所得太少，不划算。

对"不为中国患"的藩属国，不宜兴兵轻伐，除非它们"自不揣量，来扰我边"，最佳的治理之道就是"怀柔远人"，保持名义上的宗主地位，取得册封、朝贡等政治特权，营造"万邦来朝"的虚幻场景，维持政治和道义方面的象征。当然，保持宗主国身份也要付出一定代价，永乐年间郑和下西洋，派兵协助东南亚藩属国驱逐海盗，正纲严纪，是作为宗主国在发挥提供公共产品，维持国际秩序功能的作用；同样，通过朝贡贸易，"厚往薄来"，上演一场场"国际政治贸易学"，也是显示中原王朝"天威"，树立宗主国尊崇国际地位的必要代价。

古代王朝对外治理的第三类对象是与中国相隔甚远的欧美"与国"。秦汉时期，如大秦（罗马帝国）、贵霜帝国、安息帝国，唐代时的大食国，清代时的英吉利王国、俄罗斯国等。中古之前，中国与欧亚的这些大帝国之间没有建立直接的官方关系，几乎谈不上什么互动。丝绸之路开通后，与对外治理相关的只是贸易商品方面的联系，也谈不上什么对外治理之策。随着新航路的开辟和欧美资本主义的发展，对于英法等欧洲强国来说，神秘的东方国度中国越来越具有吸引力，中国也被认为是具有巨大潜力的商品市场。因此，自16世纪以后，以海上丝绸之路商品为纽带，中国与西方社会的贸易互动逐渐增多，对外治理事务也日渐增加。在正式的官方交往之前，中国的对外治理事务集中在被动应对西方殖民者对中国原有秩序的冲击上，如葡萄牙殖民者多次在中国沿海抢占岛屿，开展非法贸易，企图冲进中国内地经商。

1517年，新任葡印总督派遣皮雷斯作为葡萄牙国王特使出使中国，中国当局同意以朝贡贸易形式与葡商进行互市。葡萄牙殖民者亦商亦盗，对中国阳托贸易，阴怀刺探。既想做生意，赚取巨额利益，又想在沿海地区经营据点，殖民中国，不但欺行霸市，甚至掳掠人口。

葡萄牙人的不法行为破坏了通商秩序，势必引发中国政府的打击。在1521—1549年，中葡之间多次爆发武装冲突。1521年，双方爆发屯门之战。1522年，爆发西草湾之战。1548年，爆发双屿港之战。1549年，爆发走马溪之战。

西草湾之战后,广东政府重行海禁,但禁止贸易是把双刃剑,"番舶不至,公私皆窘"。1530年,明政府同意广州重开朝贡贸易。在执行中,广东地方当局允许贡舶和非贡舶都可进港交易,广州重现"市舶阜通、舳舻相望"盛景。

但是,由于葡萄牙人的劣行,朝廷与广东政府拒绝葡萄牙朝贡,明令禁止葡商来广州通商互市。1522年以后,葡萄牙人在闽浙沿海逡巡流劫,寻找中国私商,开展走私贸易。由于闽浙沿海的葡商劣行不改,继续违法犯禁,甚至杀人越货,掠卖人口,最终受到官府打击驱逐,不得不又返回广东沿海。1537年以后,位于今广东台山的上川岛成为葡中走私贸易集散地。这一时期,在广东沿海,葡萄牙商人逐渐在上川岛和浪白澳建立两个相对固定的走私贸易集散地。1535年,葡萄牙人取得在澳门码头停靠船舶和进行贸易的权利;1553年,葡萄牙人上岸居住,并于1557年起在澳门定居。

可见,明代中期后,中国与西方国家的互动集中在贸易通商领域,中国的对外治理仍然聚焦于海禁政策上,无非是"弛"与"禁"的选择。总体上,中国政府仍坚定执行海禁政策,只开放广州一地作为国际通商窗口,这一政策一直坚持到鸦片战争之前。

1840年之前,中国处理对外关系的另一件重大事件是与同为"与国"的俄罗斯在谈判的基础上,签订《尼布楚条约》,划定了两国在东北地区的疆界,虽然是平等谈判,但其基础仍是之前的"雅克萨之战"以及谈判期间的各种实力展示和外交博弈。

英国派遣马噶尔尼访华是古代中国真正意义上的一次外事活动,可惜的是,因政治理念和礼制尊严等问题的分歧,作为东方巨龙的中华帝国与正在崛起中的工业新贵英国之间失去了一次通过机制化渠道接触讨论互动关系的机会,它也说明,作为老大帝国中国的统治者们的对外治理观念已经不能适应中国对外关系的新需要,面对着日益变化的世界,向来以精明强干面目出现的帝国最高统治者们完全没有预警之策,没有应对之招,这也是从两次鸦片战争到八国联军侵华,旧中国政府为何在对外治理上处处失误的历史根源,这并非是为列强和殖民者开脱,而是说,对于即将到来的世界巨变,作为受害者的中国,如何才能够更早地警醒励志，发愤图强，避免国家命运的大劫难，而要做到这一点，清代的最高统治者们须负首要责任。

古代王朝的对外治理看似与乡村治理关系不大，但对外治理作为国家治理的重要组成部分，同样对乡村治理产生深刻的影响，同样是乡村治理效能的变量要素。沉重的边防负担是造成乡村衰败，百姓赋役沉重的直接原因。再将目光放远点，在无政府的、奉行弱肉强食丛林法则的古代地区国家体系中，由于缺乏主权制度的保护，对于在军事上处于弱势地位的农业帝国来说，需要付出更大的防御成本才能保证国家安全。因此，王朝的兴衰须将国家安全因素、维护国家安全的经济社会成本一并纳入计算。

唐代之后，边疆守备和国际安全已经超过内部叛乱，成为影响国家治理，消耗国家资源的头号因素。宋、明、清的财政危机皆由负担国家安全开支所引爆。在面临新旧国际体系转换之际，在缺乏主权制度或国际公共安全产品保护的情形下，国家不得不依靠自助来维护自身安全，但这已经超出了农业生产力所能负担的范畴。作为以定居农业为主要生产形态的传统帝国，无论是与西北游牧民族相比，还是与游荡在东南沿海的海盗、倭寇相比，中国古代王朝无论是在军事行动的机动性上，还是在对资源的积聚和运输上，都具有天然的劣势。北方筑长城，东南行海禁实在是农业帝国的无奈之举。

维护国防的巨大支出最终压垮了农业帝国，因为农业国家低效的财富产出并不足以支撑一个超大型社会的内外发展。农业社会所匹配的理想治理结构应该是"小国、寡民、乐土"，国家规模不能太大，人口不能太多，人口太多，一旦发生天灾人祸、大灾荒、大动荡，国家便无力应对。中国古代历史上的很多次王朝危机都与国家无法有效应对自然灾害有关，老百姓活不下去了，自然就要推翻政府的统治。乐土，是指拥有和平的邻居，国家能避免外敌入侵，也不会陷入安全困境，不需要投入大量的人力财力用于守卫边疆。

在古代中国这样一个超大型的农业社会，维持五千万以上常住人口的生存和发展，需要健全完备的国家治理体系，更需要敬业奉献的各级治理者，尤其是在皇权至高无上的帝制时代，皇帝的素养对国家治理的成败和效能产生决定性的影响。正因如此，朱元璋告诫后世子孙当政者：

"寻常之君,将以天下为乐,则国亡自此始。何也?帝王得国之初,天必授于有德者。若守成之君常存敬畏,以祖宗忧天下为心,则能永受天之眷顾;若生怠慢,祸必加焉。"① 可惜的是,正德、嘉靖、万历、天启诸帝,正是以天下为乐,无敬无畏,滥权任性,胡作非为,国家灭亡就成为历史的必然了。

第二节 中枢治理与乡村治理

我们在上篇每一章都介绍了历朝历代的中枢治理体系和地方治理体系,这可能会引发读者的疑问,它们与乡村治理有直接关系吗?当然大有关系。乡村治理的本质是国家权力与农民权益间的关系。中枢治理决定国家治理的总体框架、整体运行,既为国家治理提供根本体制机制,又为其具体运行制定详尽的政策规章,还要决定管理和运行国家事务的官吏队伍,中枢机构自身的治理,如中枢权力的平衡、皇权的稳定、权力过渡的有序等一系列问题都事关国家与社会的稳定,自然会对乡村治理产生直接影响。

一 治理政治学

本书从治理政治学视角出发,将乡村治理视为国家治理总体系统中的一个有机组成部分,它必然与其他三个部分形成密切互动,乡村治理在总体上受到中枢治理、地方治理的深刻制约,但乡村治理的好坏与效能同样对国家治理产生至关重要的,在特定历史时期甚至产生决定性的影响作用。

治理政治学以政治治理为核心概念,致力于从政治权力的视角解读治理现象和治理行为,关注治理现象和治理行为中的政治逻辑。治理政治学主要从国家与社会、政府与个人、权力与权利的视角来理解治理。治理政治学认为,治理首要关注的是国家与人民的关系。国家是人类社会发展到一定历史阶段的产物,既不是从来就有的,也不会永世长存。对于国家的起源和本质,历来众说纷纭。西方政治学在国家起源问题上

---

① (明)朱元璋:《皇明祖训·祖训首章》,北京图书馆出版社 2005 年版,第 7 页。

主要有社会共同体说、国家契约说、国家统治说、国家要素说等不同观点。马克思主义政治学认为,生产力的发展、私有制的产生和阶级对立的出现是国家产生的根本原因。在古代政治环境中,统治者出于政治需要,将国家的产生归结为"君权神授",由此产生神权说。不同的起源观产生了对国家本质属性的不同认知。神权论者将国家视为统治者的私有财产,是实现天意、神旨,统治万民的载体。西欧启蒙思想家则视国家为"必要的恶",是解决"人人为战"的"自然状态",维持社会稳定,避免共同毁灭的工具,认为公共性是国家的本质。马克思主义认为,国家是统治阶级统治被统治阶级的暴力机构,阶级性、暴力性是国家的本质属性。还有一些学者批判吸收契约起源论和暴力起源论的主张,认为国家起源于"暴力潜能"的分配,兼具契约和掠夺的双重属性。①

无论人们怎样认识国家的起源和本质,国家既是一种组织机构,也是一种制度形式。从权力政治的角度看,国家至少在形式上是公共权力的代表,是全社会共同的、整体的意志的体现,在一定地域范围内的社会生活和人类共同体中具有至高无上的权威。国家是抽象的,政府则是具体的,国家的法定代表是政府,有政府就产生管理、治理问题。国家(政府)治理的内容、对象纷繁复杂,林林总总,什么才是国家治理的本质?归根到底还是如何调节作为公共机构的政府组织与人的关系。无论何种途径产生的国家,总是由人制造的,但国家一经产生,成为一种组织、一种机构后,又与产生它的人(人们)形成既密切又疏离的关系,国家的运行有其自身规律,而国家与人的关系又会产生新的问题。在神权论者看来,"朕即国家",帝王的意志就是国家的意志,帝王的言行就是国家的法律;普罗大众不过是奴役统治的对象,他们供养"天子""皇帝""国王"是千古不易的天然逻辑、自然法则。但现代政治学认为,人民才是国家的主人,人民让渡权力,授予管理者治理国家的权力,但仍保留有作为公民的权利,人民可以撤回委托,行使监督。因此,在现代政治环境中,人民才是国家权力的所有者,管理者只是代理人,二者形

---

① 王浦劬主编:《政治学基础》,北京大学出版社 1995 年版,第 235—236 页;景跃进、张小劲主编:《政治学原理》,中国人民大学出版社 2006 年版。

成国家权力上的委托—代理关系,这种委托—代理主要通过选举、公决、罢免、质询等法律形式完成。问题在于,国家、政府作为一种机构和制度,一旦形成就有其相对独立性,就具有自身的发展运行逻辑,无论是作为整体的抽象的人民(选民),还是作为个体的公民(选民),在具体的国家生活环境中,又是治理的对象。人民(选民)在选举出代议士、管理者之后,就失去,至少阶段性地失去治理国家的权力,权力已经周期性地让渡给精英人物,至于精英人物的治理是否遵循人民意志,符合人民诉求,就另当别论了,这正是西方选举式民主的内在逻辑缺陷。当代中国正在发展协商民主,就是希望克服选举民主的天然缺陷。

不管人民是否拥有国家的所有权,从治理的角度来看,整体的人民也好,个体的公民也罢,都是国家治理、政府行政或约束、或鼓励、或惩罚的对象。任何国家治理的终极对象都将简化为人,并非某一类事务,或者哪几个机构,也不是整个社会,因为它们都是经由人的行动、互动才得以形成。

治理的基本议题是探索国家与人民展开互动的不同模式。无论内政还是外交,都与人民息息有关,人民既是国家治理的主体,又是国家治理的客体。作为公共权力代表的国家对与人民关系类型的不同认知构成了不同类型的治理政治学范式。传统上,政治学将国家分为民主国家与专制国家、君主制国家与共和制国家。据此判断,国家与人民的关系也分为两种:国家奴役人民还是服务人民,人民是国家的主人,还是国家的奴隶?相应地,人民本位是国家治理的价值目标还是工具理性?国家治理的一般逻辑和基本规律是什么?国家治理有哪些历史经验和教训?古今中外,不同类型的国家在治理上有无相同的影响要素和共同的演进趋势?治理的目标与手段、价值与技术之间如何协调?除了民主与专制外,国家治理是否还有其他类型模式?等等,都是治理政治学所需着力探讨的议题。

国家与人民的互动关系生发出国家中心主义、人民中心主义两种不同的治理模式。简言之,国家中心主义就是强调国家统治的优先性、正当性,以国家权力取代人民权益,国家权力压制社会权利,历代专制国家显然都是国家中心主义。国家中心治理模式依其程度又可分为有限国家中心主义、无限国家中心主义。以西汉为例,高帝至文景时期,皇帝垂拱，无为而治，似为有限国家中心治理模式。汉武帝时期，为开边拓疆，北击匈奴，南征百越，前所未有地加强中央集权、君主专制，统合社会资源，甚至与民争利，形成无限国家中心主义的治理模式。诸如希特勒式的法西斯集权主义体制、拿破仑的军国动员主义体制都是典型的国家中心主义。人民中心主义则强调以人民为本位，以人民为中心，以人民权益为价值取向和最终归宿的治理模式。现代民主国家、社会主义国家在理论上都应是人民中心主义的治理模式，但事实上，并非所有国家都如此施政。人民中心主义可分为庸俗的人民中心主义和神圣的人民中心主义。古代中国某些所谓"明君""圣主"经常说"治国有常，利民为本"，但他们的民本主义是一种庸俗的、形式上的人民中心主义，一旦发生威胁皇权统治和统治阶级利益的人和事，"明君""圣主"便会撕下伪善的面纱，痛下杀手。以千古一帝、仁义之主形象示人的康熙处理"前朝余孽"朱三太子，剿灭天地会毫不手软。李世民杀兄诛弟逼父不说，还把自己的三个儿子都逼上绝路，对自己的亲人尚且如此，何谈他人？李世民、康熙的"以民为本"，不过是基于"水可载舟，亦可覆舟"的历史警训而得出的权宜之计，他们所谓的"仁政爱民"只是机会主义逻辑使然，只是表明他们在政治上比其他一些君主更为清醒而已，丝毫不能证明他们真的是以人民为中心，"以民为本"对他们来说，只是蒙骗世人、维护皇权统治的工具理性。

现代西方民主国家也是庸俗的人民中心主义，选举政治驱使政客们在上台前、竞选时以谦卑甚至讨好的姿态对待选民，向选民兜售虚幻的政治前景，而一旦选举成功，上台掌权，就会由"公仆"变成主人，承诺早已抛在脑后。由于政治程序的限制，选民是难以制约这些被他们选出来的代理者的，何况精明的政客们总是会利用选民之间在政治立场、党派归属、意识形态等方面的分歧，为自己开脱。

苏联虽然是社会主义国家，但也是庸俗的、机会主义式的人民中心主义治理模式。苏联特权阶层的形成是这种庸俗的人民中心主义的典型例证，苏联解体时，苏联共产党被人民抛弃则是苏共庸俗人民中心主义治理模式的必然后果。只有作为社会主义国家的中国才一直实行真正的、神圣的人民中心主义治理模式。中华人民共和国成立伊始，便开始进行社会主义革命和建设，如"三大改造"、"一五计划"、变农业国为工业国的雄心壮志等，都是为了发展社会生产力，提高人民生活水平。尽管1957年以后，中国共产党领导国家的治理走了不少弯路，但应该看到，中国共产党为中国人民谋幸福的初心，为中华民族谋复兴的使命一直始终贯穿于治理者的心头。改革开放和社会主义现代化建设时期、中国特色社会主义新时代，以人民为中心的发展理念得到前所未有的贯彻实施，人民生活水平大幅跃升，社会面貌焕然一新，全社会迸发出勃勃生机。

治理政治学是在治理研究日益泛化的新背景下，将治理中的政治要素提炼出来，予以专门研究，聚焦于具有区分性的研究对象，以形成与经济治理、社会治理、公共管理等不同的研究领域。乡村治理作为国家治理的基层场域，可以从经济、社会、文化等多个领域开展研究，但从治理政治学视域出发，本书始终将国家、地方、乡村的政治关系作为乡村治理的主要切入点，探索乡村治理在国家治理体系中的政治影响，尤其是其对于国家治理的成功或失败、有效或无效产生何种意义。

古代中国的基层治理包括乡村治理和城镇治理两个场域。中国古代一直是农业社会，古代中国本质上是农业中国、乡土中国。尽管对乡土中国的治理是居于城市之中的各级统治者主导的，但乡村构成了古代中国的经济社会甚至文化基础，农民数量在士、农、工、商四个阶层中占据绝对优势，乡村社会是中国古代社会的主体，乡村治理在基层治理中居于主要地位是毫无疑问的，中国古代的国家治理在很大程度上是由乡村治理形塑的。

二　皇权与民权

皇权看似至高无上，金口玉言，一句话就能令千万人人头落地，但它其实也非常脆弱，没有万民百姓的供奉，皇权可以瞬间坍落。民可载舟，亦可覆舟，老百姓可以跟着未来的皇帝打天下，把他们抬上皇帝的宝座，也可以群起攻之，把当今的皇帝拉下宝座。皇帝与小民，看似地位反差巨大，但民力、民心、民意才是决定王朝兴衰、皇权稳固的根本力量。马克思主义历史观认为，人民群众是决定历史前进的力量，这一论断同样适用于中国古代历史。对于中枢治理、对于最高统治者来说，如何正确对待人民群众是国家治理中的核心议题。科学处理中枢治理、地方治理与乡村治理的互动关系是推进王朝治理的必然政治逻辑内涵之一，探索古代乡村治理的政治逻辑和政治规律则是治理政治学的主要学术命题之一。

作为国家治理整体系统不可分割的重要组成部分，尤其是在古代中国大一统的中央集权式治理体系中，乡村治理的方方面面都是国家行政权力和国家治理在基层的体现。乡村治理的各项政策，田土管理、赋役征发、户口编制、社会治安、赈恤、教化等，都是皇权、官权、吏权、族权、民权的多重作用与互动博弈的结果。高层的权力斗争并不一定直接影响基层治理，但皇权巩固、朝政稳定、资源积聚无一不与乡村治理息息相关。乡村虽距庙堂极远，但小民生计、命运呐喊、支持反抗都事关国家治理体系的稳定。历代王朝的兴亡都与乡村治理，尤其与土地、人口两大因素深度关联，土地与人口始终是国家治理成败得失的两大关键要素，而土地、人口皆深植于乡村社会之中，是乡村治理的两大核心变量。有土才能养民，有民方可治土。一方面，土地是农民的命根子，乡村治理的主要矛盾就是赋田于民，分田养民。另一方面，有民才能种田，没有百姓的稼穑，荒土野田什么也产生不了。只有百姓稼穑耕种，才能出产稻谷作物，才能蓄养万民，尤其是供养统治阶层，维持王朝运行。农、工、商被视为人君的三宝，因为"农一其乡则谷足，工一其乡则器足，商一其乡则货足"。但是，统治者对三宝的要求则是各安其处，才能"民乃不虑。无乱其乡，无乱其族。臣无富于君，都无大于国"。[1]这就是为什么历代统治者都需要通过乡村治理体系对乡村社会进行控制的原因。

对土地、农民与统治者的关系，《诗经》中有多首诗赋进行了形象的描述。乡村治理的一个关键问题是国家如何正确处理赋田与取民的关系，即对民力的汲取维持在何等水准上，才能既维持运行，又涵蓄民力，使百姓与载舟覆舟保持微妙的平衡。《六韬》中假托姜尚之口强调治国之道，认为，"天下非一人之天下，乃天下之天下也，同天下之利者，则得天下，擅天下之利者，则失天下"，[2]君主如果对人民汲取过分，必然引

---

[1] 《六韬·鬼谷子》，曹胜高、安娜译注，中华书局2007年版，第25—26页。
[2] 《六韬·鬼谷子》，曹胜高、安娜译注，中华书局2007年版，第7页。

起百姓反抗，事与愿违。帝王的理性在于对自身欲望的合理克制以及正确计算判断，做到决策的科学化。

从治理政治学视角看，无论是制定法律政策，还是处理日常事务，统治者的皇权是通过行政权与农民产生政治关系的，皇权并不完全等于行政权，但它是行政权的核心和依靠。在基层社会，行政权所代表的就是皇权，地方官吏就是皇帝在乡村的代理人。毫无疑问，作为行政权核心的皇权是一种权力，而且是代表国家的公共权力。作为阶级社会中治理国家的公共权力，皇权兼具强制性、私利性、公共性、公正性等特征，它们决定了皇权在乡村治理场域，在处理国家与农民关系中具有复杂的二重性取向。

在古代专制社会，"朕即国家"，皇帝将天下一切都看成私人所有，希望取天下万物以供养皇廷，满足皇帝个人的私欲，当这种私欲取得国家政权的加持，以国家暴力为后盾时，皇权中的强制性、私利性一面便显露无遗。当以追逐私利为目标去处理国家与农民关系时，自私的帝王们便会忘记"取之有道"的原则，恨不得"竭泽而渔"。历史上那些横征暴敛、穷奢极欲的皇帝、国王们便是以武力和暴力为后盾，滥用皇权，将皇权的私利性一面发挥得淋漓尽致。不要说那些在史书上留下骂名的昏君暴君大多如此，就是存在感没那么强的明宪宗也曾强取国家金库三分之一税银放到内库中，而酒、色、财、气四病俱全的万历皇帝更是将皇权的自私任性发展到极点，如果说，万历皇帝是中国历史上最后一个昏君（他还算不上是一个暴君），应该是没有疑问的。万历、嘉靖之昏，并不在于他们不聪明，并非说他们容易被大臣们蒙骗，事实上，嘉靖、万历精明得很，聪明得很，他们虽然几十年不上朝，但仍然牢牢控制朝政，将大臣们玩弄于股掌之中，但聪明、精明不等于圣明，在权力斗争中取胜，依靠皇帝权威实现个人意志，这些只是些小聪明、小精明，绝非大圣明。什么是大圣明？就是走正道，行大义。皇帝集天下大权于一身，肩负国家王朝长治久安的重大政治责任，本应将主要精力放在探索科学决策、良好治理等大事要事上，但这两位仁兄或耽于长生不老的炼丹之术，或溺于"酒、色、财、气"的个人私利，明代之亡，他们二位要负主要责任。最高统治者不走正道，不尚大义，国家的灭亡必然难以避免。

一方面，有所谓的"朕即天下"之说，但另一方面，"帝王本无种"[①]，皇帝也会轮流做的，所谓的"朕即天下""家天下"，只不过是统治者用来愚民骗民的政治把戏而已，如果哪个帝王自己都信以为真，认为自家的江山是铁打的，任意胡作非为，那他们早晚会被民意、民心的滔天巨浪给掀翻。中国古代虽然是专制社会，但皇权与民权之间同样存在隐性的政治契约，即人民跟着新皇帝打江山，推翻旧的统治者，并继续缴纳赋税，身服徭役，目的无非是为了过上好日子。新的江山建立了，皇帝作为最大的收益者，当然可以享尽荣华富贵，但对于广大百姓来说，他们也要过日子。皇帝不仅仅是朱家天下、李家天下的家长，也是全社会的家长，既然号称万民都是皇帝的子民，如果皇帝不爱子民，那么，子民当然也可以抛弃掉你这一家，重新选择下一家皇帝，这难道不是一种政治契约吗？古代农民起义，改朝换代，不就是这样的政治逻辑吗？"王侯将相，宁有种乎？""苍天已死，黄天当立"，难道不是包含着这样的民众情绪吗？就连以忠君爱国为政治理想的儒家知识分子也认为，一旦皇帝成为夏桀商纣那样的暴君，那就说明某家王朝天命式微，必须要实现天道轮回，这也是历史的铁律。针对有人质疑汤放夏桀、武王伐纣是臣弑君，孟子旗帜鲜明地强调："贼仁者谓之贼，贼义者谓之残，残贼之人谓之一夫。闻诛一夫纣矣，未闻弑君也。"[②]

既然皇权同时也是公共权力的代表，它就要兼具公共性和公正性，就不能任性偏狭。公共性就是要超越一己之私，一姓之私，以天下苍生为念，以国家公务为要，无论是减免赋税、兴修水利，或者赈灾救济、亲善爱民，都应该是皇权的分内之事。公正性要求皇权汲取民间资源要适度适中，这样才能涵养乡村"水源"，实现永续发展，才能实现官民共存，而不是杀鸡取卵。

皇权还要能够做到公正、公平，一碗水端平，因为皇权是最高权力，是一个国家的最高权威，是社会秩序的保障者，如果皇权偏私、任性甚至腐败、黑暗、荒诞，那么国家治理怎么可能走向正道？皇权只有同时

[①] 费孝通：《论绅士》，载于吴晗、费孝通等著《皇权与绅权》，观察社1948年版，第1页。

[②] 《孟子·梁惠王下》，载于《孟子》，方勇译注，中华书局2010年版，第33页。

正确处理好强制性、私利性和公共性、公正性,才能作为定海神针,真正发挥社会公共权力在国家治理中应有的核心作用,这才是皇权行使的中正之道。可惜的是,历史上能够很好处理皇权二重性关系的帝王少之又少。大体来讲,能够开创盛世的帝王,大多能够中正地行使皇权。作为开国之君,朱元璋对明代国家治理殚精竭虑,但他的许多行为并不符合皇权的中正之道,明代的藩王宗室制度、废除宰相行为、特务制度、廷杖制度或是一家之私,或是有辱斯文,或是阴谋诡计,皆难登大雅之堂。

在中国古代专制社会的权力网络中,有皇权、有官权、有族权,甚至有绅权,但是却少有民权,作为现代概念,民权、民主只有在契约社会、民主社会才真正存在,作为处于社会最底层的平民百姓,广大农民哪有什么权力?他们只有义务,如果非要说权力,他们唯一的权力,就是避免受压迫的权力,就是在被逼到墙角时,以死相拼的权力,自杀自残的权力。因此,在乡村治理中,如果谈到权力关系,平民百姓永远是权力的受动者而非施动者,即使在阶段性、局部性和偶发性存在的所谓乡村自治叙事框架中,拥有权力的也是乡村社会的宗族领袖、地方精英、士绅长老们,他们可能拥有如费孝通、吴晗等人所说的绅权,对广大老百姓来说,他们的"权"最多是指权益、权利而非权力,他们最需要获得,而且也只能获得的仅是生存的权利、活下去的权利,属于马斯洛所言的五层次需求中的最低层次。生存是民权的底线,是乡村治理的底线,也是中枢治理和皇权加诸乡村人民的底线。突破了这条底线,如果是一时一地,国家治理有可能进入危机之中,或许还不致巨轮倾覆,但如果全国范围内的乡村人民长时间地被突破生存底线,那么乡村的力量就会被动员起来,成为帝国统治坍塌的决定性因素,从陈胜吴广起义、黄巾军起义,再到黄巢、红巾军起义,最后到李自成、太平天国起义,无不是被逼到绝境、被突破生存底线的千万农民在"登高一呼"者带领下发出的集体怒吼。

三 中枢治理与乡村治理

中枢治理与乡村治理之间相隔的是地方治理,按照层级管理原则,中枢机构一般不直接介入乡村社会的具体事务。对于乡村治理事务，中枢机构主要是在国家层面提供制度政策，对地方政府有关乡村事务的特殊要求、治理创举、改革实验、政策争论等作出回应，或同意，或否决，或嘉奖，或推广，等等。此外，在乡村大型公共品供应方面，中枢机构以国家名义，开展规划性行动，如跨越地方界限的大型水利工程兴修，大规模的土地清丈、户口登记，等等，以及开展漕粮运输，组织大型灾害防治，开展跨区域赈灾救灾活动等。东汉永平年间，中央政府组织了一次大规模的修浚汴渠，征发的劳卒有数十万人，修建的堤坝和水闸从河南荥阳东至千乘入海口，绵延千余里，花费达百亿钱。[①]

当然，诸如防御外敌入侵、镇压农民武装暴动、大规模地剿匪等，既属于国家治理的重要任务，也与乡村社会休戚相关。

中枢治理对乡村治理的最大影响是提供土地制度、赋役制度、户口制度、治安制度等，以及以上述制度为核心的若干配套政策。制度设计至关重要，国家对乡村的政策决定了乡村社会发展的空间、限度和历史命运。古人曾云："差役则民劳而财日匮，雇役则民逸而业可常。"[②] 是否真的有如此明显的结果，可以讨论，但顶层的制度政策设计无疑是决定乡村治理效能的根本影响因素。

中国古代社会中，与土地制度相关的概念主要是指历代的各类田制，如井田制、名田制、屯田制、占田课田制、限田制、授田制、均田制、官田制、更名田制、佃田制、经界制、保簿制、雇佣制、租佃制、自耕制、地契制度等。以上田制中，有的与土地的所有、使用相关，有的与土地的经营方式有关，有的与清丈登记有关，有的则与买卖转让有关，其核心可归结为古代土地所有制问题。对此，历来各家众说纷纭，莫衷一是，研究的学科视角，从历史学、经济学延伸至法学、政治学，所得出的结论也五花八门。在土地所有制的主导形式上，有土地国有制主导说和土地私有制主导说两种。在土地所有制基本形式上有封建国家土地所有制、封建地主土地所有制和自耕农土地所有制三种形式之说。对各

[①] （宋）范晔：《后汉书·循吏列传》，中华书局1999年版，第1666页。
[②] （清）恽敬：《三代因革论七》，《大云山房文稿初集》卷一，嘉庆二十年刻本，载沈云龙主编《近代中国史料丛刊续编》第69辑，文海出版社有限公司1979年版，第101页。

个历史阶段的土地所有制的具体表现形式、发展演变、特征和规律、地权分配趋势、土地私有产权的变化规律、集中与分散趋势、土地兼并对王朝统治的影响等，专家学者也有不同的看法。对于古代社会是否存在真正的国有土地、私有土地，也有专家提出质疑。[①]

土地私有的三大后果

对于是哪些原因导致古代王朝的治乱循环，无论是历史学者，还是政治学者，几乎都将土地所有制，尤其大土地所有制所引发的社会矛盾视为根本因素。传统观点认为，土地私有制的发展带来了土地兼并和贫富差距拉大，造成阶级分化、剥削和压迫，激化阶级矛盾，引发社会动荡、阶级斗争和农民起义。土地私有造成地权集中、产权不一、人地矛盾三大后果，中枢治理需要面对并解决这三大后果。

一是如何应对地权集中的长期趋势？学界传统主流观点认为，古代中国的土地所有制形式主要有国有制和私有制两大类，前者一般称为官田，后者称为私田。在私有制中，又分为以地主占领为核心的大土地所有制和以自耕农所有为核心的小土地所有制。但是对古代土地的国有、私有之分，也有学者提出质疑。有学者指出，中国古代王朝没有公私领域的区分，官府可以随时掠夺私有财产，私人土地的终极权利控制在专制王朝手中。[②] 以此出发，似可得出结论，由于国家权力的私有化，中国古代的一切私有产权都不能算是真正意义上的现代私有制，无论是土地国有制，还是大土地所有制、小土地所有制，其公私之分没有什么实质意义，它们其实都属于王朝君主的私人所有制。或许，与建立在近代法制基础上、以完全财产权利内涵为实质的现代私有制相比，古代中国的土地私有制只能算是一种准私有制、类私有制，政治权力的深度介入决定了任何私人占有的田地和财产都具有临时保管的性质，和平年代或正常状态下，私人所有者对土地的所有权确实受到保护，官府对民间财产和土地纠纷也会按照各个朝代的法律和制度作出相对公正的判决，判决

---

① 相关学术史梳理可见耿元骊《帝制时代中国土地制度研究》，经济科学出版社 2012 年版，第 11—23 页。
② 邓建鹏：《私有制与所有权？——古代中国土地权利状态的法理分析》，《中外法学》2005 年第 2 期。

原理总体性是以保护所有者的所有权利的。而一旦王朝进入动荡期,"田制"就有可能产生剧烈变化,尤其是卷入政治事件和权力斗争的所有者,对财产和土地的占有就很难得到类似于现代意义上的财产权利保护那样的保障。在这种情况下,与其关注私有者对土地的所有权或天然不可分割的永久权利所有关系,不如更多地关注私有者对土地在一定时间内的占有、使用、处分等方面的权利。

小农经济是指以家庭为经营单位,家庭成员为经营主体,以小块土地为经营规模,以人力、畜力为经营动力,收益主要用于满足家庭成员生存和缴纳田赋地租的小规模农业经济。结合历代自耕农户均拥有土地的规模,可将小块土地定义为100亩以下(30—60市亩)。但历代农户户均土地规模总体趋势在下降,1393年时,全国户均土地规模为79.86亩,口均为14.05亩,到了1491年,分别下降为68.34亩和11.69亩,到了1578年,两项数据则为66.04亩和11.56亩;到清代中期的乾隆年间,人均土地进一步下降,1753年时,全国人均田地仅为6.89亩,相比1578年的人均11.56亩,下降了40%多。如以五口之家标准测算,户均不到35亩,刚刚超过30亩的最低标准。其中皇庄王田数量较少的江苏、浙江、福建三省的人均田亩数据更低。例如,江苏的数据在1393年时为6.65亩、1491年为11.13亩、1578年为7.89亩①,到1753年下降为5.46亩。浙江的人均田亩数据分别为1393年的4.93亩、1491年的8.9亩、1578年的9.06亩、1753年的5.31亩。福建在明代相应年份的数据依次是3.73亩、6.42亩、7.72亩,到清代乾隆时期的1753年为2.72亩。②

无论农户是否拥有对土地的绝对所有权,只要其对小块土地的长期耕种获得足够的保证,都可以将其定义为小农。拥有自己土地的自耕农和拥有长期租赁权的佃农都是小农,雇农和长工不应列入小农之列。传统观点认为小农经济是落后无效率的。黄宗智认为,小农经济的边际收

---

① 江苏的数据为南直隶减去现属安徽省的各府州,计为应天府、苏州府、松江府、常州府、镇江府、淮安府、扬州府、徐州,共七府一州。

② 梁方仲编著:《中国历代户口、田地、田赋统计》,中华书局2008年版,第474—477、547页。

益是递减的，不符合投入产出规律。由于人口压力，劳力无处释放，只好继续投入农业耕作中，结果导致"过密化"或"内卷化"，即形成高度劳动密集的单一种植业农业制度，劳动的边际报酬递减是"过密化"的本质表现。① 但其他一些学者持相反意见，认为家庭农场是有效率的，小农经济并非完全停滞。李伯重认为，18世纪，松江棉纺织品在国际市场上的成功不是廉价劳动力和低价原材料所致的结果，其成功取决于相对高水平的劳动生产率。清代人口增长速度与前几个世纪相比，几乎没有提高，1700—1850年中国的人口自然增长率与西北欧及英国差别并不大，江南存在大量过剩劳动力并因此导致劳动生产率递减和劳动回报率下降的过密化命题判断很难令人置信。②

然而，不管如何认识古代的土地所有制，历史的现实似乎是，历代王朝进入中后期阶段，不可避免都开始出现土地兼并和地权集中现象，是什么原因导致土地兼并呢？"不立田制""不抑兼并"，保护封建土地私有制被诸多革命者和专家学者认为是罪魁祸首。要想改变这一现状，就要"均田""平均地权""土地改革"，它们分别是古代农民起义、近代资产阶级革命和中共领导的新民主主义革命在土地所有权方面的诉求。

土地所有制与土地兼并之间是否具有必然因果关系，土地兼并是否必然导致农民贫困、造成贫富差距等问题其实大有重新思考的必要。对于土地私有导致土地兼并，有学者考察了秦汉至晚清的土地所有权转移历史，认为从长时段来看，地权是相对稳定的，并不存在一个土地越来越集中的倾向。后代比前代更集中，一个朝代内部晚期比早期更集中的现象是不存在的。帝制时代的土地并没有大规模流转，地权也没有大幅度集中，大土地所有更没有高度膨胀。③

我们认为，就古代王朝而言，导致土地兼并、地权集中的原因既来自土地私有，也来自土地国有。土地私有很好理解，土地可以买卖、交

---

① ［美］黄宗智：《中国的隐性农业革命》，法律出版社2010年版，第2页。
② 耿元骊：《帝制时代中国土地制度研究》，经济科学出版社2012年版，第158—159页；李伯重：《"过密化"与中国棉纺织业生产——18世纪末至19世纪初的松江》，《南都学坛》（人文社会科学学报）2011年第4期。
③ 耿元骊：《帝制时代中国土地制度研究》，经济科学出版社2012年版，第158—159、27页。

易,小土地所有者、自耕农由于资源禀赋、天灾人祸、能力命运等多方原因使然,需要出售土地财产,土地交易行为日益增多,自耕农出现两极分化,土地开始向少数人手中集聚,经过多年演进后,最终出现土地兼并、地权集中现象。如何认识地权的集中?地权集中和土地兼并是两个相近但有不同内涵的概念。在中国传统学术语境中,土地兼并主要是一个政治概念,带有一定的贬义,它被认为是有权有势者通过巧取豪夺等各种手段获得土地,最终使占人口极少数的人掌握绝大多数土地的不道德行为。地权集中则是相对中性的、客观含义更为浓厚的概念,可以说是一个经济学概念。根据新古典经济学传统理论,土地是四大经济要素之一,属于成本资源的一种。土地兼并也好,地权集中也罢,都是指资源向少数所有者集聚,这种集聚现象和集聚效应是经济发展的自然规律和必要逻辑,私有制、公有制都有可能导致资源的集中,当代中国国有企业中普遍存在合并同类企业,打造超级企业航母,增强国际竞争能力的现象。不只在古代中国,在现代资本主义体系中,资本的集中、技术的集中、专利的集中等都是经济发展和竞争的必然结果,否则就不可能出现超大企业和跨国公司。古代土地国有也会导致地权集中和土地兼并。例如,明代中后期,皇庄、王庄所占田地越来越多,皇田、王田看起来是官田,是国有土地,但其占有、处分、经营却具有高度的集中性。例如,万历的弟弟潞王朱翊镠最多时占有四万顷土地,福王朱常洵就藩洛阳,万历一次就赐田四万顷,后减为两万顷,河南土地不够,万历就命地方官在山东、湖广搜刮①。四万顷田地在明代相当于一个中等府的官民田地山塘的全部面积。万历六年(1578)时,徽州府全府官民田地山塘总亩数仅为2.5万余顷,松江府也不过只有4.2万余顷。明代一个藩王就占有一府之地,比任何大地主都更像是大土地所有者。至于万历皇帝,更是全国最大的地主、最大的财主。在这个意义上,似乎可以说,中国古代社会,并不存在所谓的国有制,只有大私有制和小私有制之分,皇帝是最大的地主,王公贵族次之,那些平民出身,通过几代人辛勤劳作才积累起几十亩上百亩的不过是中小地主而已。

因此,土地兼并在古代王朝至少通过两种途径发生,一种是通过在

---

① (清)张廷玉等:《明史·列传第八》,中华书局1999年版,第2415—2416页。

土地市场上的自主交换逐渐形成的地权集中，它是一种自然的、经济的方式。另一种则是通过专制权力的赏赐、抄没、处罚、和买等方式形成的地权集中，这是一种人为的、政治的方式。只讲私有制导致土地兼并并不全面。

皇帝、王公贵族、官僚是大地主，指望这些当权者自我革命，把吞下肚去的肥肉吐出来，当然是不现实的，历史上曾有少数统治者希望限田、均田、分田，但无一成功。只有王朝新旧更替时，新王朝掌握大量闲田、余田或无主之田时，才有可能进行授田或均田。例如，清军入关后，依靠国家权力圈地占有大量前明藩王土地，最初要求原佃户购买或交纳地租，后来才实行更名田制度，无偿分配给农民，相当于授田或均田。

二是如何统一产权收益政策？所谓的国有制土地本质上是为统治者个人所有，但在执行产权收益时却享受国有待遇，造成了对土地所有制性质判断的复杂性。产权收益是指土地的买卖、处分和出租所得等。国有土地在古代称为官田，私有土地称为民田，官民田在赋税征收上实行不同的政策。众所周知，明代官田的亩均赋税比民田多二升，如果是没官田，亩均赋税接近民田标准的四倍。苏松嘉湖四府不但将豪族和富民田算作官田，而且还要以地租额为纳税额，吴江、昆山民田的地租是0.5石，如果是小民佃种富民田，每亩交纳田租私租一石，苏松官田（被强行算作的）亩均赋税最高7.5斗，而浙西官民田亩加二倍，亩税有达到二三石者[①]。所谓产权不一，就是指虽然政策规定是一个标准（3.35升/亩），但因统治者个人好恶及有司随意之为，就造成各地不同的赋税标准。苏州府的赋税总量排全国第一，但相邻的松江府的亩均赋税却要高于苏州府。不仅赋役标准，在起运存留上，各省各府都有较大的差异，这充分说明，中枢治理在供给田地、赋税制度时，政治因素、个人因素和随意化程度较高。过高的赋税负担造成明清时期苏州逋税现象严重，历届地方官又不断呼吁减免苏州赋税，降低亩均征纳标准，中枢治理有过一些回应，也作了一定的减免，但也仅减免了25%，到万历年间，又恢复到最高峰时的标准。官田、民田产权收益政策不一，直

[①] （清）张廷玉等：《明史·食货志》，中华书局1999年版，第1265—1266页。

接加重百姓负担,因为耕种官田的仍是乡民百姓,官田沉重的赋税还是被贵族官僚们转嫁给佃户了。鉴于此种情况,许多有见识的官员,尤其是主政地方的官员,纷纷建议统治者制定官民田一则制度,以明代为例,原有科则多达上十种,又有官田、民田之分,既不合理,也不公正。在京地官员的多次建议下,后改为官民田一则起科,只按田力分为上、中、下三则,不论官田、民田,这有利于减轻佃户负担,改善国家与农民关系,徽州府官民一则起科后,亩征米麦在 5 升至 8.5 升。提供公正、简便易行的赋役政策是中枢治理对乡村治理制定出的重要制度。

三是如何应对人地矛盾带来的农民贫困?地权集中是人地矛盾产生的一个原因,土地兼并导致户均、人均占有土地不平衡,越是大地主,户均、人均占有越是畸高。例如,万历年间高峰时期,明代宗室占有土地 240 余万顷,占全国总土地面积的 34%,以宗室成员最高数 100 万人计算,平均每人占有土地高达 240 余亩,与之相比,万历六年(1578)时,全国人均占有土地只有 11.56 亩,苏州府、徽州府分别只有 4.62 亩、4.49 亩。[①]地权集中既使自耕农人均耕种土地面积减少,收入降低,又使大量自耕农沦为佃农,单位纯收益减少,因佃户要向地主交远超过田赋的地租。地权集中、人均地亩面积低是造成人地矛盾的主要原因。

另外,在自给自足的小农经济形态下,农业劳动生产力始终难以突破瓶颈,只能维持一般均衡状态,无法通过技术革命和社会分工在短期内显著提高单位劳动生产率,这就导致农民贫困的长期化、常态化。可以说,土地集中并不必然导致农民起义,但是土地集中带来的人地矛盾,以及导致的农民贫困问题如果无法解决,将会直接冲击现行统治秩序。马克思曾讨论过工人的贫困,工人的贫困根源于资本家剥削工人的剩余价值,在自由资本主义时期,工人的贫困似乎是绝对贫困,但随着资本主义生产力的发展,技术的进步,劳动生产效率的提高,工人运动的发展,工会制度的发明等各种因素的作用,资本家对工人仍有剥削,但剥削的程度有所减轻,工人贫困由绝对贫困进入相对贫困阶段,由工人贫

[①] 梁方仲编著:《中国历代户口、田地、田赋统计》,中华书局 2008 年版,第 474—475 页。

困引发的社会不稳定乃至资本主义统治危机的可能性就大大下降了。

技术进步和制度创新在一定程度上有利于缓解工人贫困问题，同样的道理适用于古代中国。我们可以把佃农、雇农看成农业工人，他们靠出卖劳动为生，获得与其付出和生活成本相应的回报，以维持与生存相当的生活水平。帝国主义时代，资本高度集中，但劳动工人并非一定要成为小业主，占有生产资料，他们可以靠出卖劳动为生，关键在于工资收入和生活支出之间的比例关系。如果有良好的雇佣环境、合理的雇佣工资、较低的地租水平，就可以使农民贫困维持在可以容忍的程度。

如果统治者持续关注并切实解决农民贫困问题，就可以对冲土地集中带来的人地矛盾。所谓人地矛盾，就是单位土地面积的产出不足以支撑农民必需的生产生活开支。如何对冲呢？减免税赋，改革赋役政策，加大对农业投入力度，促进农业技术研发和进步，提高单位面积的粮食和作物产量，优化产业结构，引导农业剩余劳动力从事非田产业、非农产业等，都是必要的手段。既然土地集中不可避免，那就尽可能将其负面影响化解掉一部分，可惜的是，古代王朝的中枢治理一贯采取重农、抑商、限工政策，使农业剩余劳动力和冗余的土地、人口、市场等资源未能得到有效的开发，不可避免地使全部矛盾集中在土地兼并和地权集中上。其实，如果政策得当，中国历代王朝是有可能跨越帝制时代低效农业的一般均衡陷阱的。

以上只是一些理论思考，从古代王朝中枢机构对土地制度的治理实践来看，北宋之前，历代统治者大多力图在王朝之初通过授田、均田、度田等各种方式解决人地矛盾，尽可能维持小农经济和户均百亩土地规模的一般均衡[①]，建构王朝政治稳定、经济发展和社会安宁的必要基础。但随着社会的发展，地权日益趋向集中，"夫耕百亩"的小农经济土地产

---

① 五口之家的农户拥有百亩左右的可耕地，是被视为在古代农业生产力水平下，维持家庭必要生存、生活且略有盈余的必要土地规模。不过这个百亩是以先秦的面积为准的，历代百亩的具体面积是不同的，先秦不同时期的"百亩"折算后相当于今天的30—40市亩，秦汉隋唐时期的"百亩"相当于今70—90市亩，明清则为105市亩左右，故秦汉隋唐时，授田、均田在时文中约为户均60—80市亩数，折合为今40—60市亩，大致维持与先秦相当的实际亩积。不过这种局面在北宋以后发生改变，宋、明、清户均、人均实际亩积总体呈现下降趋势。

权均衡被破坏，为此，部分儒家知识分子力图以回归西周井田制方式来解决土地兼并难题，恢复社会稳定基础。只是历史的现实结果是，回归井田制的所有努力无一成功，带有共有性质的井田制已经不适合东周后土地私有化的进程，再想回归，无异于缘木求鱼。

均田、限田与轻徭薄赋难以持续

北宋开始，国家不立田制，不再进行大规模的均田授田之举，事实上也缺乏此类条件，也不抑兼并，承认农民对土地的现实占有，保护私有产权。北宋曾试图以小型的垦田之法解决部分农户无田问题，统治者也曾推行限田之举，但最终不了了之。限田都难以进行，遑论均田、分田，它表明宋代以后，土地的私有化趋势不可逆转，土地的私人所有权利也得到政府的保障。

明清都没有实行均田授田，明代以招募垦田解决部分农民缺田少地，清代在康熙年间实行更名田，允许农民将耕种的前明藩王田地登记在名下，共有17万顷，算是进行了小型的分田和土地改革。总的来说，明清统治者对地权集中和土地兼并并不是特别重视，相反，帝王以国家手段搜刮良田，满足私欲，在明代中后期尤其突出。

在土地制度之外，中枢治理与乡村治理联系最为密切的是赋役制度。如果解决不了地权集中问题，做不到"夫耕百亩"，为农民提供足够的生产资料，那政府至少也要在降低农户的成本支出方面下功夫，才能使农民活下去，维持社会发展的最低要求。降低农户支出，从官府的角度来说，就是要降低赋税。例如，相比治理田政，明代的财政治理重点放在赋税政策上，重视清查欺隐田粮现象，并推行官民一则的改革进程，力图推动赋税政策的公平化。但明代的改革并不彻底，减免赋税的力度也很小，最后半途而废。

可惜的是，历代王朝在赋税制度上，存在制度衰败的长期趋势。在开国之初，赋役并不重，但一到中后期，在正税之外，各类加征、加派、和买、加耗迅速发展起来，甚至出现折上折、耗中耗现象，苛捐杂税多如牛毛，以耗作正，临时政策固化，强买强卖等层出不穷。总之，土地和赋役制度的衰败分别从内外两个方面，从供给和支出两个途径破坏了小农经济维持成本收益一般均衡的可能性，将无数百姓抛至朝不保夕、战战兢兢的命运之海中，对生存感到绝望的人民最终必然以集体反抗奋力一搏，改朝换代不可避免地就会到来。

　　私有制的存在必然导致土地、财富、资本的集中，这是历史规律。问题并不在于一定要抑制兼并，而在于如何解决兼并带来的治理挑战。租佃本身并不必然导致贫穷，所有权和使用权的分离并非完全不合理。理想主义者总希望古代王朝的统治者能够超越历史，在条件并不具备的情况下推行土地改革——均田免粮是不现实的，违背历史规律必然会遭致失败，以政治手段解决兼并这一经济问题恰恰会引起国家治理危机。人地矛盾在小国寡民、轻徭薄赋时可以得到一定程度的缓解，但要真正解决只能走提高农业劳动生产率，转移剩余劳动力，超越农业经济形态，参与更大范围的产业链循环这样的道路。如果永远在低效的农业生产体系中循环，王朝的命运和治乱会随之循环往复。

　　在地权集中问题上，历代统治者基本是消极无为的，出台均田限田行为的凤毛麟角。只有在王朝更替时，才推行均田、占田策略，缓和人地矛盾。历代统治者对官田即国有土地的使用囿于私利，未能在制度上缓和土地兼并，减免赋税徭役。阶级的自私性和历史的局限性，使历代王朝皆未能彻底解决地权集中问题，相反，还不断加重农民赋役，不断逾越农民生存底线，引发社会反抗也就在所难免。

　　正因如此，在很大程度上，乡村治理是替国家治理背锅的，中枢治理的决策失误、制度顽疾、政斗党争最后都是由乡村治理来买单。例如，唐代的藩镇割据是其灭亡的根本原因，藩镇体制的形成和地方节度使权力的集中化趋势等都与中枢治理尤其是皇帝的职业倦怠、个人腐化有关。中枢治理未能及早采取措施予以应对治理，最终招致"安史之乱"。安史之乱的爆发直接打乱了国家的日常政治运行，兵连祸接，土地的经界、户口的清理无法正常开展，民户大量逃亡，农民的机会主义行为、地方官吏的腐败寻租等所有因素形成合力，最终结果是原有的租庸调制无法执行，而又反过来威胁国家治理，最直接的表现就是，国家征收不到赋税，出现财政危机。为了应对财政危机，只能改革赋税体制，实施两税法，但两税法并未减轻农民的负担，却遭到地主、富户和官僚等的反对，难以执行下去。农民负担依旧，官民矛盾日渐尖锐，"官逼民反"最终不可避免地发生。

　　宋代经济繁荣，商业发达，文化灿烂，被称为近古中国社会的转型时期，如果按照古代中国成熟稳定王朝享国近三百年的规律，北宋立国刚刚进入王朝中期就戛然而止，看起来好像是蛮族入侵的小概率事件导致的，与历代那些因农民起义、权臣夺位而引发的内部冲突导致灭亡的途径有异，但在根本上，北宋的灭亡仍是国家内外治理失败带来的全面危机造成的。王小波、李顺起义，宋江、方腊起义说明北宋的国家治理在开国伊始就已经埋下失败的种子，即便没有外敌入侵，也将重复汉、隋、唐灭亡轨迹。

北宋的内外治理失败与北宋开国之初的国家治理框架设计存在根本缺陷有关。北宋的国家治理可用重内轻外来形容，重内在根本上还是加强皇权，确保皇帝专制，实现"强干弱枝"，如何做到呢？就是从"杯酒释兵权"开始的赎买政策，用钱帛等经济手段赎买权臣悍将们的政治服从，对外则用岁币进行经济收买，平息与主要敌人辽国的利益冲突。北宋确实是一个相对自由，甚至有人说至少在宋仁宗时期是一个君臣"共治"的时代，但收买的代价是国家财政负担日益增加，叠床架屋的军队体制确实保证了不会再次发生"陈桥兵变"，但带来的是国家财政供养压力日渐增长。宋代国家治理缺陷的后果是有宋一代"冗官、冗兵、冗费"现象严重，冗官、冗兵需要财政供养，结果必然导致冗费。经费从哪儿来？当然是从百姓身上搜刮，这是宋代赋税如牛毛，层出不穷，花样繁多的体制原因，北宋征税的技巧都能绣花了，一种税甚至可以重复三次、四次收取，用当前的流行话语来说，征税都征出赋役界的天花板了。

王安石变法就是看准了北宋财政收入不足、师老兵疲、战斗力弱等症状，下的药固然猛了些，但却是切中时弊、直击要害的，方田水利法、青苗法在于振农，免役法在于均役，市易法在于促商，保甲法、保马法在于防盗练兵，这些新法固然存在不少制度设计上的缺陷和执行中的不足，但如果北宋朝廷上下一心，一面积极实施改革，一面优化升级制度设计，假以时日，有利的一面会逐渐显现，有局限的一面会渐渐消失，应该能够达到理财、足用、富民、强国、御侮的变法目的。可惜，北宋中枢治理中上自帝王，下到大臣，大多缺乏战略耐力，一个极有洞察力和超前性的综合改革计划在各种政治力量的折冲博弈中最后被废弃。在神宗年间，变法已经逐渐中止，神宗去世后，中国历史上屡见不鲜的"人亡政息"规律再次上演。没有绝对的权力就没有彻底的、成功的改革。改革，下要有中下层忠实执行，上要有铁腕人物排除干扰，还要有一定的意识形态和政治合法性予以保障，只有在多重合力的作用下，才能产生相应的成效。

第三节 地方治理与乡村治理

中央政府与地方政府的关系是政治学和行政学研究的一个重要议题，事关国家结构，对国家治理效能产生深刻影响。但无论是联邦制国家，还是单一制国家，地方政府都是以协助履行中央政府所规定的治理任务为其主要职能，包括统治职能和社会管理职能两个主要组成部分。地方政府对乡村治理的参与也主要从这两个领域展开。

一 统治职能与乡村治理

刺史、太守、巡抚、知府、知县等地方官员是如何开展乡村治理，如何解决乡村问题的呢？又是如何与乡村社会主体互动，进行征税、治安、司法、行政、教化等各项工作，维持统治秩序，促进乡村文化礼治的呢？要回答这一问题，需要首先明确地方政府与中央政府在临土治民方面的关系。

中国古代的地方政府以秦朝统一六国为界，在形式上可分为封国、郡县两种[1]，在性质上可分为分权者和代理者两类。"三代以上，莫不分土而治也。"先秦王制时代，天下虽有一个共主，但王畿以外地区裂土而封，分邦建国，以爵分为五等：公、侯、伯、子、男，以面积分为三等：公、侯百里，伯七十里，子、男五十里。这仅为初封时的面积，经过春秋战国几百年的发展，最大的诸侯国如楚、齐、秦等早就超过千里。各封国大者为诸侯国，小者为方国。在诸侯国之下，又有若干附庸国以及尚不能称为国的贵族采邑。天子建国、诸侯立家、卿大夫封土的结果是

---

[1] 周振鹤教授认为，周代是全面分权的社会，不存在任何形式的地方政府。见周振鹤著《中国地方行政制度史》，上海人民出版社2005年版，第13—14页。但我们认为，周代虽实行分权体制，但既然周天子为天下共主，就至少在形式上维持了一个统一的国家结构，也自然有中央政府与地方政府之别，只不过方国作为地方政府，在组织形式和所拥有的权力内涵上不同于后世的郡县制。

在先秦时期，诸侯国、方国、附庸国以及采邑构成中央王室之下的地方政府，但层层封建的原则决定了在政治关系上，方国、属国与中央王室之间是分权而非集权的关系。分权意味着，地方政府如诸侯国、方国等各国就是缩小版的中央政府，中央政府与地方政府在机构设置和行政职能上是相似的。各"国"亦有卿、大夫，后来也设立丞相、都尉、内史。各国虽为地方政府，但同样要处理内政、"外交"、"国防"等各项事务，拥有独立的人事权、收税权、财政权、国防权、对外交往权，拥有独立的军事武装。方国与中央王室之间在政治上实行效忠制，礼法上实行朝拜制，赋税关系上实行纳贡制，军事关系上实行扈从制，但中央政府不能干涉方国内部事务，方国是一个独立王国，君主是世袭的，虽然需要中央政府册封，但那仅是形式上的。裂土而治的结果是，诸侯国、方国建立后，中央政府与各国的土地、人民、赋税不发生直接的关联，诸侯将采邑分封给卿大夫后，采邑也与诸侯无关了，食采的大夫在其封地亦享有君主之尊。①

秦汉以降帝制时代的地方政府如郡、州、省、府、县等各级则全然不是国中之国。首先，地方各级政府的长官既非世袭贵族，也须中央任命，且是回避任职。地方政府的机构设置完全不同于中央政府，根本不具有类似中枢决策治理的部分，地方政府的部门设置仅是为对接中央政府的事务处理而设。地方政府仅仅履行中央政府在内政方面的功能，不具备立法、外交、国防权力。其次，地方政府无法与中央政权分权，最多分责。因为地方政府的权力来自中央政府的授权。地方长官的"流官"性质表明帝制时代的地方政府只是中央政府在地方的代理人，是按照中央政府的意志，以中央政府的法律和政策为行动依据，代表中央在地方行政。最后，地方政府并不拥有独立的人事任免权、赋役征发权、财政处置权、司法审判权，以上所有权力的最终拥有者是中央政府，中央政府可以没收地方政府上述权力，纠正地方政府的决策、判决。最重要的是，地方政府不得拥有军队，即使有治安性力量，也须服从中央指挥。帝制时代的地方政府在中央集权不断加强的历史进程中，拥有的自主权越来越小，至明清时期，随着强干弱枝局面的彻底巩固，地方财政沦落

---

① 周振鹤：《中国地方行政制度史》，上海人民出版社2005年版，第11—13页。

为"吃饭财政",已经不可能对中央政府构成实质性威胁。

在单一制的古代国家结构中,历代王朝皆称为"朝",而非"国"。"朝"意味着八方朝拜,天下一统,皇权无上。不过,即使国家主体结构为单一制,两汉、西晋、明、清初也都曾有不同形式的封国存在。西汉的诸侯国权力很大,俨然是国中之国、缩小版的中央政府,对中央政权构成很大威胁,诸侯国王既临土也治民,"分官置职,略同京师",王国内置太傅、内史、丞相、中尉等职。"七国之乱"后,汉景帝更制,要求诸王不得治国①。当时所有的诸侯国加在一起,超过西汉一半面积,郡、国对半分天下。明代的藩国临土而不治民,相当于"中央直属机构""中央在某单位",但以朱棣为代表的"塞王"则拥有军事力量,威胁很大。清初的"三藩"是清统治者与吴三桂等人的政治交易的产物,"三藩"基本上是独立王国。

综合封国、郡县两种地方政府形式,可知决定中央—地方关系的共有三个因素。一是武装权。如果地方单位拥有建立或指挥军事武装的权力,就会构成对中央的潜在威胁。二是财政权。当兵吃饭,如果没有钱粮为支撑,军头们也难以形成割据势力。三是官员任免权。东汉末年、唐中期,藩镇兴起的重要原因②,就是地方强人们既拥有合法的武装权力,又能够节制地方官,获得征税使民之权,为他们形成独立的"土围子"大开方便之门。如果中央政府及时察觉,在官员任免上痛下决心,如早日撤换或调任地方强人,拆散地方割据势力的利益结构、关系结构,则尚有可能防患于未然,否则,就会发展为尾大不掉的局面。

帝制时代的地方官员是皇权即行政权的代理人,代表中央政府统治人民。在汉代,州刺史又被称为"州牧"③,这是把人民当作牛羊,地方官成为了替皇帝这个财主放牧的"牧马人"。既然人民为牛羊,说明在古代专制体制中,人民在统治者眼中,就是为之供养衣食的"工具人"。虽然孟子等大儒呼吁"民为贵,社稷次之,君为轻",要求以民为本,但统

---

① (梁)沈约:《宋书·百官》,中华书局1999年版,第827页。

② 东汉是统治者制度设计的失误,唐代是为了边防的需要,也与决策者如唐玄宗在重大人事任命时欠缺周密考虑有关。

③ (汉)班固:《汉书·百官公卿表》,中华书局1999年版,第623页。

治者从来都是行"表儒里法"的,以儒家的君君臣臣、父父子子、亲亲谊谊那一套礼治意识形态来麻痹人民群众,增强皇权统治的合法性,事实上在其内心深处,从来都是视天下万民、万物为自己的奴隶和所有物,不可能视人民为主人。尽管也有少数统治者认识到"水可载舟,亦可覆舟"的可能性,但终究是以功利主义的原则来看待皇帝与人民的关系,维护人民的权利,保证百姓的权益从来不是统治者的真正目标,民生并非统治者的优先"效用"和"偏好",部分统治者之所以强调民心向背问题,只不过是担心人民造反,威胁自己的统治,是以清醒实用的态度来处理对土地和人民的索取原则,即适可而止,过犹不及,并非真正的"爱民如子"。

皇权对待人民的理性逻辑决定了作为皇帝经纪人、代理者的地方官,始终将执行统治任务视为乡村治理的优先目标。征发赋役保证皇权获得财富支撑,以维持王朝的运行;推行保甲,维持基层的稳定,以降低统治成本;处理纠纷,保持王法权威,保证乡村社会秩序;剿匪缉盗,镇压反抗,确保皇权统治稳固等都是地方官在乡村治理中的主要任务。例如,宋江起义就是被时为海州知州的张叔夜组织镇压的,他在任济南知府时还发卒五千,击溃群盗。[①]

"普天之下,莫非王土,率土之滨,莫非王臣",早在先秦时期,天子就拥有对四海的所有权、控制权。秦始皇在统一天下之前,就有"席卷天下,包举宇内,囊括四海""并吞八荒"的野心,统一后,废封建,行郡县,也是为了加强对全国的控制,为何还会出现"皇权不下县"的说法呢?根本上还是与统治成本有关。秦代虽然一统天下,但当时仍然是地广人稀的状态,在县一级建立常态化政府已经足以将统治能力施之于全境,县是以步行一天能至县治所在地为其地域规模,这在以畜力为主要运输、载人和传递信息方式的时代是足以控制县境的。尽管如此,自秦国至秦朝,还是在县以下建立了相对严密的行政控制体系,县之下的行政治理层级为乡,乡有三老、有秩、啬夫、游徼,分管教化、诉讼、赋税、治安,其实已经是一个微缩版的"乡政府",再佐之以什伍制这一保甲制的前身,就当时社会事务的复杂程度来看,这一基层行政框架和

---

① (元)脱脱等:《宋史·张叔夜传》,中华书局1999年版,第8867页。

人员配置完全可以保证乡村治理体系的日常运行。正式的官府虽未下县，但皇权早已通过多重网络触角延伸并附着于乡村里邑社会之中，那种认为古代中国的乡里基层呈现的是以士绅、宗族为主的自我治理、民间治理的观点显然失之偏颇。

汉代的州刺史、州牧的最初功能是监察，"周行郡国，省察治状黜陟能否，断治冤狱"，并以"六条问事"，颇有后世八府巡按、钦差大臣的影子，其与乡村百姓联系密切的是两条：监察二千石以上官员是否有侵渔百姓、聚敛为奸的行为；是否有烦扰刻暴、剥截黎元，为百姓所疾的行为。① 监察功能当然属于统治功能，但与乡民有关的部分，有利于纠正乡村治理中的消极腐败成分。

汉代郡太守的地方治理是："掌治民，进贤劝功，决讼检奸。常以春行所主县，劝民农桑，振救乏绝。秋冬遣无害吏案讯诸囚，平其罪法，论课殿最。岁尽遣吏上计。并举孝廉，郡口二十万举一人。【尉一人】，典兵禁，备盗贼。……边郡置农都尉，主屯田殖谷。"②

府一级有哪些岗位设置呢？以明代徽州府为例，有知府、同知、通判、推官、经历、知事、照磨、司狱、检校、儒学教授、阴阳学正术、医学正科、永丰仓大使、税课司、僧纲司都纲、道纪司等职位，职数皆为1人。此外还有六房（吏、户、礼、兵、刑、工）司吏6人，典吏23人以及狱典、检校、有司吏、赞典等其他吏员。③

与中枢机构的职能相比，州郡作为地方政府的职责主要是面向社会基层，与民众打交道，治民是其最主要的工作内容，一般来说，可将州、郡、府一级的地方政府的职责分为民政、吏政、警政、刑政四个主要方面的功能。有些边境或特殊地区，还有军政功能。

民政，指处理与庶民相关的事务，包括土地清丈登记、户口清查登记、征收钱粮赋役、财政税收的起运，这可算是完成政府统治功能。地方政府同样需要完成本级范围内的公共事务和公益事业，公共事务如农田、道路、桥梁、水利、筑城等地方基础设施建设。公益事业有教育、

---

① （汉）班固：《汉书·百官公卿表》，中华书局1999年版，第623—624页。
② （宋）范晔：《后汉书·百官志》，中华书局1999年版，第2472页。
③ 弘治《徽州府志》卷四《郡邑官属》，三十二。

礼治、教化等,既是维持皇权统治的必要条件,也是提高人民素质的重要途径。

汉景帝时,文翁担任蜀郡郡守时,选派吏员十余人至京师学习,提高能力素质。又在成都修筑学官,挑选四郊各县子弟入内学习,他们不但可免除徭役,成绩优秀的还可补录为郡县吏员,差一点的也可以在乡里担任"孝悌力田"。数年后,蜀郡大化,到京师求学的人与齐鲁之地相当。到汉武帝时,命令天下郡国都设立学校官,其做法就是从文翁时开始的。[①]

救灾、赈济、抚恤是儒家学说中"人本""爱民"等思想的现实体现,历来被视为地方州郡的公益事业中不可或缺的组成部分,它们都属于民政职能的范畴。民政功能是地方政府治理乡村社会的主要职能,是地方社会经济维系的物质基础。

吏政,是指通过举孝廉、九品中正法、科举法等各种方式,为王朝挑选官员。同时对现任官吏进行考核、考成,予以奖惩,完成吏治任务。吏政与乡村治理虽不直接相关,但从本地推举出的人才会起到榜样示范作用,有利于教化乡里,激发上进。

警政,是指维护地方稳定和社会治安方面的功能。古代没有现代意义上的警察体制,但公共安全的职能总是需要的,尤其是对于较大规模的民变、匪盗的滋扰,需要府、省等中高层政区统筹资源,集中应对。都指挥司、巡检司、指挥、都尉、皂隶、兵勇等都是履行警政功能的机构和角色,它和刑政职能共同构成保障社会稳定和正常运行的基础条件,同样也是乡村治理稳定的前提。

刑政是指地方政府审理来自乡村社会的各类刑事、民事诉讼,不过,高层政区多为复核下一级政区的刑事、民事案件,除非上级政府有特别指定的除外,一般不直接审理刑事、民事案件。刑政是维护法律秩序,规范乡村社会行为的关键职能。

民、吏、警、刑四政是州、郡以及后世的省、府等中高层政区所承接的国家统治的四个方面的主要职能,如果是京畿、边防要地,地方政府还要协助军队卫所等履行军政职能,做好资源调配、后勤供给、民夫

---

① (汉)班固:《汉书·循吏列传》,中华书局1999年版,第2688—2689页。

征集等方面的工作。另外,大量专门为统治者服务的事务,如为皇帝和王公贵族修建陵墓、修筑府邸、迎来送往、驿马车递等,都需要府县地方承担。如此算来,中枢治理六个主要部门——吏、户、礼、兵、刑、工所涉及的行政职能,地方治理都需要不同程度地承接,在府、县地方政府中,设立了六房或六科等职能机构,以承接上述中央下派的六种主要任务,只是相对而言,民、吏、警、刑四政与乡村治理联系更为密切而已。地方政府所有行政统治职能,都与乡村治理休戚相关,无论是国家行使统治权力,还是履行统治职能所需要汲取的资源,在古代农业中国,它们都以乡村社会为基础,离开乡村这一母体的支撑,王朝的统治一刻也不可能支撑下去。

郡、州、府之下为县,县是最稳定的政区单位,历代县的数量大体在1200—1500个,保持相对稳定。作为基层政区,县的面积是按照统治的便利性来设计的,"县大率方百里,其民稠则减,稀则旷"[1]。县的长官称县令、县长、知县等,东汉时,县令的主要职责是"掌治民,显善劝义,禁奸罚恶,理讼平贼,恤民时务,秋冬集课,上计于所属郡国"。上计的内容有:户口垦田数、钱谷收支、盗贼多少数等[2]。县里的丞尉每年要到郡里汇报工作,检查政绩,政绩大的慰劳勉励,成绩差的则受到斥责。

作为亲民之官,县级地方政府在古代社会是直接参与乡村治理工作的。先秦及秦汉时期,县级官员在乡里长的协助下,亲自参与查比户口,下乡催征赋役,担任司法官判决诉讼,组织兵勇和保甲,维护地方治安。唐宋之后,地方治理中的文书化程度有所上升,尤其是明初,朱元璋禁止官员出城下乡,以免扰民,地方官的亲民之举有所变化,间接控制的成分日渐增多。

县是一个缩小的国,民、吏、警、刑四大职能,县都需要承接,只是在规模、范围上有所缩小而已。县令又是亲民之官,优秀的县令对本县人、财、物、历史、风土等了如指掌,上达王命,下通民情,既能完成国家统治要求,又能为民请命,用今天的话来说,就是为上分忧,为

---

[1] (汉)班固:《汉书·百官公卿表》,中华书局1999年版,第624页。
[2] (宋)范晔:《后汉书·百官志》,胡广之注,中华书局1999年版,第2473—2474页。

下解难,在国法与人情之间行走折冲。

县级政府除有县丞、县尉外,还有各类吏员。以明代歙县为例,有品级的官员为知县、县丞、主簿、黄山巡检,其余如典史、六房司吏、六房典吏、巡检等皆无品秩。此外,还有儒学教谕、训导、税课局(司)大使、巡检司、僧会司、道会司、阴阳学训术、医学训科等。对比县与府的机构及官吏岗位,诸如儒学、税课局(司)、巡检司、阴阳学、医学、僧会司、道会司等已经成为府、县二级的常设机构,只不过有些不是政府组成部分,而是属于公共事业、公共服务职能。儒学类似于今天的教育局,管理各类学校、教化事宜;税课局负责征收城镇商税、盐税等;巡检司负责社会治安、重要关卡城防巡逻;僧会司、道会司负责协管寺庙、道观;阴阳学、医学则管理堪舆、郎中诊所等事宜,当代政府管理的公安、教育、卫生、文化其实在府县二级机构设置和职能分工中已经有所体现,再加上传统的吏、户、礼、兵、刑、工六房以及县丞、主簿等的配置,除人数不及当代县政府,基本功能都已经具备了。

关于地方政府对乡村治理的深度介入,我们在下一章将结合徽州文书予以详细介绍。

二 公共职能与乡村治理

任何类型的政府治理都同时具备统治职能和公共职能。统治职能与公共职能是对立统一体。统治职能是实现政府目标的政治前提,也是皇权政府存在的逻辑前提,在私有制社会中,天下为一家之私,只有执行统治职能才能确保皇权、王权对天下享有的物质上的收益权、精神上的尊崇权,无论我们如何鄙夷"统治"二字,统治性治理都是一种客观的历史存在。

公共职能是实现政府统治目标的基础,如果一个政府只知索取无度,不知放水养鱼,不知与民休息,最后只能是竭泽而渔、杀鸡取卵。即使从维护统治、保有江山的功利主义视角出发,任何理性的统治者也要明白只有兴修必要的乡村公共设施,开展乡村基本公共服务,为乡村人民提供生存所需的公共产品和公益事业,才能与黎民百姓形成共存和平衡。

劝导农业生产,供给必要的乡村公共产品是地方官员的重要职责,是地方治理的一个主要内容。百姓赞誉一个地方官不会是因为他执行王朝政策得力，搜刮百姓赋役得力，而是因为地方官能够为民请命，为广大百姓做好事，这表现在如下几个方面：

一是剿匪缉盗，维护治安，治理社会，提供公共安全。在边境地区，组织军民、防御边患亦是地方治理的重要任务。北宋时的滕宗谅（子京）知泾州期间，西夏元昊反，"葛怀敏军又败于定川，诸郡震恐，但滕宗谅集农民数千戎服乘城，又募勇敢，谍知寇远近及其形势，檄报旁郡为备。……于是边民稍安"①。还是这个滕子京，谪居岳州不到一年，"政通人和，百废俱兴"，应该是对地方治理做出了不小的贡献，可惜的是，其岳州事迹只见诸于范仲淹的《岳阳楼记》，《宋史》中并无对此事的记载。

天高皇帝远，地方官就是天子代表，他们的治理哲学、价值取向直接影响乡村百姓的利益和评价。东汉光武时卫飒在任桂阳太守前，当地方官征发民船处理政务，名曰"传役"，"百姓苦之"。卫飒到任后，"凿山通道五百余里，列亭传，置邮驿。于是役省劳息，奸吏杜绝"。卫飒"理恤民事，居官如家，其所施政，莫不合于物宜。视事十年，郡内清理"，被列入《后汉书·循吏列传》之首。②

二是供给公共设施，开挖河流水渠，修筑堤坝河闸，疏浚塘堰，整修农田，兴修水利设施，等等。闸坝、堤防、沟渠等农田水利设施是提高农业生产率不可或缺的基础条件。北宋景祐年间（1034—1038），范仲淹在常熟、昆山之间"力破浮议""亲至海浦，开浚五河"，用以排泄积潦，从而为"数州之利"。李防是北宋初另一个一心为民的好官。他体谅二浙民饥，"建言逃户田宜即召人耕种"。"又请京师置折中仓，听人入粟"，出任峡路转运副使后，以城卒代替岁役的民丁负责沿江水递，以免耽误农时。景德初，任江南东路安抚时，上言废除此前增加的江、淮、两浙、荆湖榷酤钱。知应天府时，"凿府西障口为斗门，泄汴水，淤旁田数百亩，民甚利之"③。

三是提供公共产品和公共服务，如劝课农桑，推行教化，教导礼俗等。劝课农桑是父母官治理乡梓的重要职责，尤其是在偏远地区，百姓

---

① （元）脱脱等：《宋史·滕宗谅传》，中华书局1999年版，第8120页。
② （宋）范晔：《后汉书·循吏列传》，中华书局1999年版，第1662—1663页。
③ （元）脱脱等：《宋史·李防传》，中华书局1999年版，第8120—8121页。

对先进的农业生产技术掌握不多，更需要地方政府组织有经验的专家予以指导。东汉时期，长沙、桂阳等地百姓冬天都光着脚，茨充代卫飒任桂阳太守后，教当地百姓种植柘桑麻纻，禁止采伐，劝导乡民养蚕织屦，改变了这一情况。东汉建初八年（83），王景担任庐江太守时，"驱率吏民，修起芜废，教用犁耕，由是垦辟倍多，境内丰给。遂铭石刻誓，令民知常禁。又训令蚕织，为作法制，皆著于乡亭，庐江传其文辞"。① 引导农民选育优良农作物品种，推广先进的病虫害防治方法，组织防御旱涝、虫蝗、风灾等影响农业产量的自然灾害以及平整土地，指导沤田蓄肥都是地方治理中的重要任务。

公正处理民间纠纷、公私纠纷是公共服务不可或缺的环节，也是让人们信任"王法"，维持稳定乡村秩序的必备内容。为什么民间有"包青天""海青天"之说，就在于包拯、海瑞不畏权贵，敢于秉公断案，给了广大民众诉诸律法的信心。

教导礼俗，推行教化是地方官员参与乡村治理的另一项重要内容。卫飒任桂阳太守时，"修庠序之教，设婚姻之礼。期年间，邦俗从化"。东汉建武年间，任延任九真太守时，教导百姓改射猎为牛耕，"铸作田器，教之垦辟"，取得了"田畴岁岁开广，百姓充给"的局面。当时，骆越之民无嫁娶礼法，无适对匹，不识父子之性、夫妇之道，处于杂交或群婚制状态。任延向各属县发布公文，要求男女以"年齿相配"，规范了婚姻秩序，明确了夫妻父子等人伦之礼。在任延的治理下，九真百姓从多偶制走向专偶制，从多夫多妻的群婚制走向一夫一妻的个体婚制②。为纪念任延的功绩，当地很多新出生的孩子，就以"任"为姓名。③

四是兴办公益事业，提供公益服务。灾害之年赈灾恤民是地方官的重要公共服务责任。包拯之所以享有好官盛誉，与其前往陈州放粮有密切关系，在陈州期间，他进行专门调查，并上疏朝廷，建议减免赋税。王鼎知深州时，河北大饥，人相食，王鼎经营赈救，颇为尽力。后迁任

---

① （宋）范晔：《后汉书·循吏列传》，中华书局1999年版，第1663、1667页。
② 恩格斯在《家庭、私有制和国家的起源》中，对原始状态的人类婚姻关系有系统的论述。《马克思恩格斯选集》，人民出版社1995年版，第24—82页。
③ （宋）范晔：《后汉书·循吏列传》，中华书局1999年版，第1662—1664页。

建州知府,当地民俗生子不举,[①] 王鼎制定条例予以禁止。提点河北刑狱时,能够做到"治奸赃益急,所劾举,不避贵势"。[②]

在平常年份,地方政府需要兴建常平仓、义仓等备灾备荒设施,建立米粮籴粜制度,既供日常赈济,又可备灾荒年份的不时之需。制定恤政制度,开展对鳏、寡、孤、独、残、幼等乡村弱势群体者的扶助供养等也是乡村公益服务的主要内容。在古代地方志中,记述恤政是《食货志》的重要内容之一。

---

① 指生了孩子不养育,将婴儿溺死或遗弃野外。
② (元)脱脱等:《宋史·王鼎传》,中华书局1999年版,第8070页。

第十章

中国古代乡村治理的体系构成

古代中国的乡村治理体系是乡村治理制度、治理组织、治理角色的统一，三合一的乡村治理体系执行乡村治理政策，构筑乡村治理内涵，编排乡村治理谱系。相对于变化迅疾的中枢治理体系和地方治理体系，尽管在制度性质上经历了从先秦时期的族吏制、秦汉隋唐的乡吏制[1]到宋元明清的职役制的演变，但自商至清的历代乡村治理体系在总体上保持着相对稳定，它以乡里甲制—什伍保甲制为双轨运行体系形态，以历代王朝的田地制度、赋税制度、乡里制度、保甲制度、荒政制度、教化制度等为制度依据，开展田地治理、赋役治理、户籍治理、农桑治理、治安治理、公益治理、自我治理等主要事务，履行政治统治与乡村自治两个主要功能。

第一节　古代乡村治理的内涵本质

乡村治理是本书的研究对象，作为一种客观的历史现象和现实存在，制度、组织、角色是乡村治理的外部表现形式，但任何问题的研究，最终都需要抽象为主体对客体运行发展一般规律和基本逻辑的探索，主体如何认识客体的规律和逻辑呢？需要穿透外表的干扰，拨开表象的迷雾，探询客观对象的本体、本真，才能掌握规律和逻辑，事物的本体、本真之物是由其内涵、本质和特征三个维度组成的。

---

[1] 唐中期后，从普通丁男甚至残疾人中选充乡官，乡吏制开始向职役制演变，唐中期后的乡村基层行政组织制度或许可称为半职役制。

一　乡村治理的内涵与类型

古人强调，"取财于地，而取法于天。富国之本，在于农桑"①。乡村是农业国家的根本，古代乡村治理的本质是王朝国家与乡村农民的互动关系，其内涵是国家与农民之间围绕土地、赋役、治安等政治经济关系而产生的权力与权利（权益）博弈。据此，乡村治理可以定义为：在国家与农民权利义务关系基础上，乡村社会中围绕土地、赋役、户籍、治安、农桑、赈恤、礼俗等事务形成的政府治理与民间治理的实践进程及它们与内外影响因素的互动进程。

事物的内涵是体现事物本质属性的总和。内涵又是如何具体展开和表现的呢？这就需要运用类型学知识剖析乡村治理的内涵，从不同角度将其划分为不同类型，总的来说，对乡村治理的具体展开，我们可从领域、维度、形式三个方面予以观察。

治理领域关联乡村治理所聚焦的主要内容。古代中国历代王朝，国家与农民的互动关系主要体现在田政、农政、户政、税政、警政、刑政、教化、恤政、荒政等方面，乡村社会民间互动关系则包括血缘、地缘、业缘共同体在祭祀、职业、财产、管理、服务、交易、公益、抚恤等方面的治理。与治理领域相系联，乡村治理涵盖的主要事务包括赋田授田、编户齐民、科赋征役、劝课农桑、缉盗防匪、乡村维稳、诉讼处理、礼治教化、赈恤抚弱等。围绕以上治理事务，形成不同类型的乡村治理形态，包括田地治理、赋役治理、户籍治理、农桑治理、治安治理、司法治理、公益治理、共同体治理等。以上各类治理事务、治理形态最终形成行政治理、经济治理、社会治理、文化治理四大领域。

治理维度是指治理行为的实施方向，这与治理权力的来源和本质相关。乡村治理包括公共治理和民间治理。公共治理的权力来自官府，代表的是以皇权为核心的行政权，是官治，其治理维度是自上而下的、单向度的，主要体现为统治功能，也包含公共服务功能的成分。民间治理的权力来自基于血缘、地缘、业缘等形成的社会共同体，主要由乡村精英行使，其中也包含一部分建立在共同体成员民意基础上的准公共权力。

---

① （清）张廷玉等：《明史·食货志》，中华书局1999年版，第1253页。

民间治理也有其公共性，但仅限共同体范围之内，民治具有俱乐部公共产品的性质，治理维度是平行、交叉的。民间治理主要聚焦在公共服务和公益事务领域。费孝通曾经谈及乡村社会存在三种权力：皇权（横暴的权力）、长老权（教化性的权力）和同意的权力。[①] 它们在乡村治理中都有不同程度的体现，乡村治理结构中的权力分配及三种权力间的互动博弈关系决定了乡村治理维度。

治理形式是指政府治理和民间治理参与、介入各项具体乡村事务的主要方式。从政府治理来说，治理形式包括行政执法、行政处罚、行政教育、刑事处罚、司法判决、说服协商等。行政执法是指按照王朝法律、制度或政策，执行某项行政管理工作，如经界土地、编制黄册、发放征税通知、下发公文、征缴钱粮等。行政处罚是指通过经济罚款、肉体惩罚、精神惩罚等方式处理乡村违法者。例如，历代政府官员都会采取罚款、加收滞纳金等方式催缴民户拖欠的钱粮赋税。精神惩罚是指对违规者从道德和意识形态上进行言语羞辱、训斥甚至谩骂，达到惩罚警醒的目的。肉体惩罚是指官府对违法者处以肉刑，如吊打（鞭打）、打板子（杖责）、饿饭、不让休息等处罚措施。在古代文献中，地方官下乡追索赋税，"敲扑百姓，追比索限"是常见的事。

刑事处罚是指限制违法者的人身自由，或对其短期拘禁，或罚其长期坐牢，或予以与罪行相当的肉体惩罚。与行政处罚相比，刑事处罚以限制人身自由、惩治人身权利为其特点。刑事处罚更为严厉，对受罚者的惩治力度更大，威慑力和效果更强。刑事处罚的规范性和程序性更强。司法判决是地方政府通过审案断讼，发出司法文书，约束当事人某项行为，或要求当事人从事某项行为，完成乡村治理事务。除行政、司法方式外，地方官也会更多地通过教育教化、说服协商的方式劝服顽劣之民，嘉奖顺民模范，达到提升乡村治理水平的目的。

相对于官治，民治的手段和形式要少得多、简单得多，力度也远远比不上政府治理。民间治理固然可以采取一定的经济甚至肉体处罚，但除非是严重违反族规乡约，常态下祠堂乡约对共同体成员、对族人行使肉体惩罚的行为都慎之又慎，乡村共同体开展治理的主要方式还是诉诸

---

① 费孝通：《乡土中国》，北京出版社2005年版，第84—99页。

共同体的制度规范、礼俗秩序、社会压力、邻里关系、人情世故等软性力量，通过说服、沟通、协调、权威人物干预等方式，实施自我管理、教育、服务、监督等。

二 乡村治理的本质与特征

治理政治学认为，古代中国乡村治理的本质是如何正确处理国家与农民的关系。总体上，古代中国的乡村治理进程可归纳为无限国家中心主义、有限国家中心主义和庸俗人民中心主义三种模式。在古代中国君主专制的历史场景中，所谓的国家中心主义是指皇权中心主义。

无限国家中心主义是指国家和乡村治理皆以无限地服从服务于皇权为其价值目标，以此制定法律、制度、政策，开展乡村治理，甚至掠夺乡村资源的一种治国理念和治理模式。例如，历代的皇家和买制度、内廷岁贡岁办和上供物料制度都是对乡村社会的赤裸裸掠夺。以暴力手段无节制地强制农民服务国家工程，如修筑宫殿、城墙、水利设施等也是无限国家中心主义的体现。万里长城、大运河在历史上当然发挥了重要作用，但没有无限国家中心主义的暴力强制，不以牺牲成千上万个"万喜良""孟姜女"为代价，也是不可能完工的。

无限国家中心主义破坏了政治治理的平衡之道，通过武力强制且过分汲取乡村社会资源，最终导致社会财富枯竭，人民起义反抗，治理系统崩溃，政权走向灭亡。历代王朝中后期的治理乱局，秦始皇、隋炀帝等暴君的统治失败就在于不加节制地实施无限国家中心主义的治国之道。

西汉的文景之治，唐代的贞观之治、开元盛世，清代的康乾盛世之所以在国家治理上取得相对成功，原因在于统治者实行的是庸俗人民中心主义的治理模式。庸俗人民中心主义是指皇权统治者并非真正以人民为中心，但是他们认识到民心所向是决定王朝兴衰的历史规律，知道如果过于压榨百姓会破坏潜在的君主与人民的政治契约，就将引发改朝换代。因此，从工具主义、机会主义的角度，统治者宣扬"以民为本""仁政爱民"，并制定一些有利于恢复民力，涵养乡村社会税源财基的政策。庸俗的人民中心主义的主要举措：与民休养生息，放水养鱼，减轻农民负担，实施"轻徭薄赋"，简政轻刑，注重公平，刷新吏治，在政治、经济、社会、文化、对外关系上维新求正，以营造或维持开明清朗的社会局面。

　　分别与无限国家中心主义和庸俗人民中心主义相对应的乱世与"盛世"在古代中国历史上都是少数，历史上的乱世、盛世、平世更普遍的呈现格局是橄榄型，绝大多数王朝在绝大多数历史时期内，其治理更多呈现的是"平庸治理"状态，平庸治理或者说"平世"或"庸世"主要执行的是有限国家中心主义治理之道。大部分帝王的首要目标是维持皇权稳固和个人的欲望偏好，但对于如何更好地治国理政并没有什么好办法，也不想有什么好办法，他们只想得过且过，充分享受作为帝王的福利，传好历史的接力棒即可。对于大部分帝王来说，他们都是被历史和大臣们推着向前的，尤其对守成之君来说，职业倦怠，不求有功、但求无过是其普遍心态，帝王虽然是"老板"，但历史上的大多数帝王都希望坐享其成，他们中间没有那么多的"英明神武"之辈，从职业素养的角度看，绝大部分帝王甚至都算不上是一个合格的国家治理者，也不可能指望他们奋发进取。正因如此，他们满足于历代形成的皇权制度框架和开国之君制定的家法祖训。他们仍然以皇权皇位为第一偏好，但囿于传统治国之道的要求，在祖训家法、宰辅大臣和个人私欲的多重博弈中寻找平衡点。在确保家天下的前提下，有限国家中心主义对百姓和乡村的资源索取总体是平正的，尚能维持相对安全的底线。事实上，如果我们去除掉历代王朝那些激烈动荡的时期，应该说，大部分历史时段，王朝的国家治理都形成了此类相对平庸的治理效能。试想一下，汉武帝之后至王莽篡政之前，西汉政局和国家治理不就是这样吗？东汉自短暂的光武中兴至桓、灵之前的一百多年中，也大致是如此平庸的。唐代前期过于辉煌，中唐以后的国家治理虽然不能与两大盛世相比，但尚能维持基本局面。今人对宋仁宗颇多赞誉，其统治时期被誉为"仁宗之治"，但仁宗朝的治理其实是非常平庸的，否则宋神宗也不会急迫地想改革旧政，只不过是宋仁宗的仁慈（有时可能是软弱）和仁宗朝灿烂的文化掩盖了诸多时局矛盾，特别是北宋在乡村治理中愈益苛峻的攫取与豪夺局面。南宋、明代的大部分时期，乡村治理的技术手段越来越多，技巧能力越来越强，尤其通过土地经界、经理保簿、人户清登等措施，对江南地区的乡村资源最大化地予以征用，支撑了宋明边防支出，勉力维持着国家的治理大局不致崩塌。清代康乾盛世后就走下坡路，治理正在重复过去的故事，小农经济的劳动报酬边际递减规律作用在加剧的人地矛盾冲击下日益显现，民变、起事随之日益增多。

乡村治理是与其密切相关的各类行为主体理性逻辑博弈互动的过程和结果。帝王的理性偏好是安全，即个人皇权稳固和家天下统治的安全，可概括为安全理性。官僚的理性分为两类：对于包拯、海瑞、司马光、范仲淹等具有强烈理想主义和道德信仰的官员来说，他们的理性体现为价值理性，即以实现既定的理想、信念、价值为行动的偏好、预期和动力；其他官僚则以晋升或者说实用理性、功利理性为依归，在义利之间、法理与人情之间徘徊。这种理性是大多数官僚的普遍行为逻辑，在历史上属于常态性存在。

胥吏则以赢利逻辑为理性偏好，蝇营狗苟，唯利是图，这并非指责胥吏群体具有道德和人格上的缺陷，而是形势和制度使然。胥吏受到的儒家学说熏陶程度难以与科途正道出身的命官们相比，功利实用性本就难以避免，又因为寄生于现行官僚体系中，既难以获得体制认可，也无法获得相应的报酬。胥吏的赢利理性逻辑实在是种种因素交叉综合作用的结果。

平民百姓的理性是一种救济理性，他们处于社会的最底层，始终处于被剥削、被压迫的状态，在他们的行为逻辑中最主要的一点就是止损、减损，历代农民为避比避役，发明了很多机会主义行为，它们都是救济理性的表现。

乡吏职役们的理性更为复杂，既有救济理性的一面，亦有赢利逻辑的一面，功利理性同样存在。士绅、房头、地主等乡村非官非民行为主体则是多种逻辑并存，深度交融。士绅受意识形态、传统文化、礼治规则的束缚，挣扎在礼法与人情之间，挣扎在国家需求与本土诉求之间，挣扎在孔孟之道与现实利益之间，义利取舍徘徊难定。宗族既要保民收族，又要小心行走于官民之间。地主以利益为最终归宿，但乡土性、名声名誉亦是其行为的重要考量因素。乡土秩序、社会规范对其剥削、赢利行为同样具有形塑作用，他们脱离不了乡村环境，行为逻辑受到宗族、乡井等种种因素的制衡。但在宗族势力强大的地区，大地主的作用和地位没有那么显著，祠会的公共功能与地主的经济赢利功能形成相互制约。

与中枢治理、地方治理相比，乡村治理具有草根性、现实性、不对称性。草根性是指乡村治理立足社会底层，与基层百姓直接相关，处于国家治理末端。现实性是指乡村治理直接关系到百姓生老病死、利益得失等日常生活现实。不对称性是指乡村治理处于中枢治理和地方治理的双重管治之下，在政治话语和社会权力上属于弱势被动的一方，乡村命运被高层、中层政治人物玩弄于股掌之中，历来都沦为王朝政局异化的牺牲品。但一旦乡村治理失灵，则乡村社会中的破坏潜能也极易集聚爆发，以嗟尔小民之身掀翻王朝巨轮。

三　乡村治理的要素与谱系

乡村治理既不是单纯的户籍编排、赋役征发，也并非只关注基层组织的更替革新，更不只是士绅、父老如何在乡村社会实施自治和教化，而是事关农民这一乡村社会最重要群体的生存安全和前途命运，事关古代中国最大多数人群的人心向背和行动方向，事关国运兴衰、王朝兴亡，诚可谓"国之大者"。正因如此，历代统治者都寄希望通过封土裂民，编排保甲，画地为牢，将土地和人民牢牢固定在乡村基层，不断从乡村社会汲取民力资源，支撑王朝国家的生存发展。

国家与农民权益关系是乡村治理的内涵、本质，在乡村治理谱系中占据核心地位。所有的乡村治理要素的互动及其结果都必然是围绕着官民关系展开。

完成政治统治与实施社会自治是乡村治理的两大目标，无论人们如何评价，乡村治理的首要目标都是完成国家的统治任务。相对而言，从皇权视角看，也需要给予乡村社会一定的自治空间，这既是降低基层治理成本的需要，也是维持弹性官民关系，松弛国家中心主义治理程度的需要。从社会视角看，实施有限度的自治既是对抗皇权和行政权过分膨胀的必要举措，也是保境安民，看护乡里，维系乡村社会共同体稳定持续发展的必由之路，毕竟，王朝国家往往是靠不住的，每当改朝换代，天下大乱之时，最靠得住的还是乡邻街坊互保互助形成的武装自治社团。

政府治理与民间治理是乡村治理的两大维度，不管喜欢与否，在皇权专制体系格局中，在有限国家中心主义模式下，政府治理仍然是乡村治理的主要构成部分，皇权仍然是形塑乡村格局的主要力量，国家对乡村的资源征收仍然是乡村治理的最主要内容。但民间治理仍有其协助、补充和调节功能，民治以其非暴力性、礼治性和人情性同样能够在乡村治理中发挥不可替代的作用。

政治行政治理、经济农耕治理、社会赈恤治理、文化礼教治理是乡村治理的四个主要领域或板块，它们既是国家与农民关系逻辑的自然展开，也是实现政治统治，实施社会自治的具体承接形态，是乡村治理的实体性内容。

行政、司法、说服、教化是乡村治理的四个主要手段。治理是一种复杂的政治活动和社会行动，尤其是同时集合了统治与自治这两种对立明显、差异显著的治理类型的乡村治理，没有有效的治理手段，难以完成赋役征收、治安管理等复杂的乡村治理任务。同时，与中枢治理、地方治理相比，乡村治理有其草根性、现实性和不对称性，这对如何综合运用软与硬、阴与阳、法与情等治理手段，并将它们有效地结合起来，提出了新的要求。

制度、组织、角色、政策是乡村治理的四根支柱和四大要素。与中枢治理、地方治理一样，乡村基层通过制度、组织、角色、政策四个要素的共同作用构成乡村治理体系，实施治理内容，履行治理功能。

其中，制度规定是王朝中枢对乡村治理的顶层设计，反映了统治者的行政意图，它是乡村治理体系的运行基础，决定了乡村治理形态的基本构成。

基层组织是对制度规定的落实，构成乡村治理体系的运转骨架，里、甲、都、图等行政组织，保、甲、牌、什、伍等治安组织，乡、镇、村、圩等地理区划组织[①]，共同支撑起乡村治理的各个领域、各类功能，使其能够常态化运行。

治理角色是乡村治理的灵魂，任何类型的治理必须由行动主体、治理角色予以执行和实施，制度规定再完善，组织体系再严密，没有得力高效的治理角色，乡村治理也必然无所作为。

王朝政策是乡村治理的血肉。乡村治理是国家治理在乡村基层的体

---

① 乡、镇、村并非在任何朝代都是地理区划组织，秦汉时期，乡既是基层行政管理组织，也是县之下的地理区划单元。

现，田地、赋役、户籍、治安等不同形态的治理都具有很强的政策性，参与治理的主体对政策或执行，或违背，或变通，或折扣等各种不同的行为取向是乡村治理丰富内涵的根源所在。

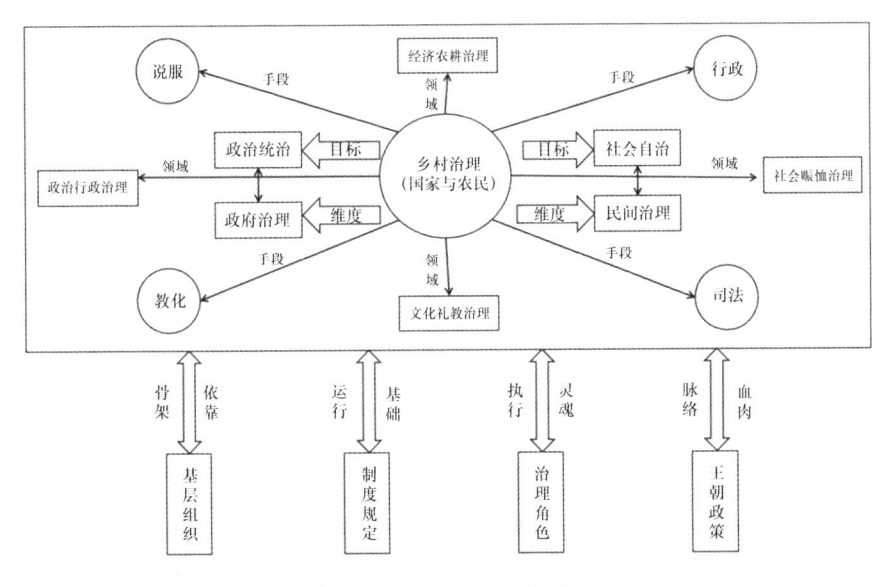

图 10—1　乡村治理要素谱系

第二节　古代乡村治理体系的历史演变

对于中国古代乡村治理制度，前辈学者多从基层组织和基层组织制度视角出发予以研究解读。确实，乡里制、里甲制是古代中国绝大部分历史时期的基层组织制度，乡、里、甲、都、图、保等则是古代中国不同时期基层主要的行政组织。本书认为，尽管乡村基层组织构成乡村治理的骨架，但只研究乡村组织并不能把握乡村治理的全貌。乡村治理是一个涵盖治理制度、治理组织、治理角色、治理政策的总体系统，并与地方治理、中枢治理互联互通，深度融合，从而构成国家治理体系在乡村社会的全面延伸和直接体现。

一 乡村治理体系的历史演变

自殷商至晚清,古代中国的疆域版图、基本制度、国家结构、政区层级、治理体系等起伏不定,变迁不一,但是,与中枢治理、地方治理相比,尽管乡村治理主体在身份上发生了三次明显的转型,古代乡村治理的整体体系仍难得保持了相对稳定的发展趋势,其具体构成与时代演变可参见表10—1。

表10—1　　　　　　　　中国古代乡村治理体系演变

时代	乡村治理制度	乡村治理组织	乡村治理角色	乡村治理政策	乡村治理主要内容
商代	里邑制	里	里君		管理户籍、征收赋役、看护公共物品、组织生产、狩猎和作战、维护社会治安、主持祭礼
西周	鄢里邻制	鄢、鄷、里、邻	鄢师、鄷长、里宰、邻长	国野—乡遂制、井田制、授田制	统计校正人口,主持丧葬祭礼;准备、检查农具兵器,执行上级戒令,督导耕织
春秋战国	乡连里轨—什伍制、伍鄢制	乡、连、里、轨、什、伍	三老、连长、轨长、里正	按户授田、私田制、土地买卖、履亩而税、初租禾、量入修赋、户籍相伍、分家析产	维护治安、督查户口、征收赋役、劝课农桑、协助征兵、公共事务、公益事业
秦汉	乡亭里—什伍制	乡、亭、里、什、伍	三老、亭长、里正、有秩、啬夫、什长、伍长	编户齐民制、什伍连坐制、乡举里选制、案比户口制	征税调役、劝导教化、维护治安、组织生产、公共事务、公益事业

续表

时代	乡村治理制度	乡村治理组织	乡村治理角色	乡村治理政策	乡村治理主要内容
北魏	宗主督护制	坞壁	宗主	家籍制、农战合一制	行使基层政权职能，征收赋役
北魏	三长制	党①、里、邻	党长、里长、邻长	缩权减责、减少职数、改变待遇；恢复编户、以家缴税、均田制	检核户籍，征收赋役
隋代	乡里保制	乡、里、保	乡长、里长、保长	大索貌阅、输籍定样	核查户籍，征收赋役、授田
唐代	乡里保邻制	乡、里、保、邻	乡长、耆老、里正、保正、村正、邻正	户口登记查核制、造簿授田制、放丁法、手实法、貌阅法、三比、五比、租庸调制、两税法、摊逃法、上值制度	掌管户籍、收授田地、监督生产、催驱赋役、维护治安、慈善救济、风俗教化
宋代	乡里制	乡、里	里正、乡书手	当值制、均田税、户等制、主客户制、差役法、免役政策、五则法	编管户籍、排比役次、催督赋税、督修桥梁、维护治安等
宋代	管耆制	管、耆	户长、耆老		
宋代	都保制	都保、大保、保	都保正、副都保正、大保长、保长	青苗法、募役法、保甲法、上番、教阅	防奸缉盗，维护治安
宋代	保甲、户耆混杂制			经界法、推排法、打量画图、结甲自实	
元代	乡都制社制	里、保、邻、甲、村社	里正、主首、保长、甲主、邻长、社长	户等制、诸色户计制、甲主制、救助制、互助制、租庸调制、两税法、鱼鳞册法、鼠尾册法、和雇制	管理户籍、催征赋役、监督指导农副业生产、纠正违法行为、宣德教化

① 党隶属于县，但也有研究表明，县之下仍有乡，则乡可能为地理区划单位，而非赋役征发单位。

续表

时代	乡村治理制度	乡村治理组织	乡村治理角色	乡村治理政策	乡村治理主要内容
明代	乡都图制 里甲制	乡、都、图、里、甲	里长、里正、甲长、甲首、乡老人、粮长、塘长、算手	户帖制、小黄册之法、赋役黄册法、乡老制、申明亭制、旌善亭制、粮长制、鱼鳞图册法、计民授田制、两税法、户等法、均徭法、鼠尾册法、一条鞭法	田地管理、人口管理、检督生产、催征钱粮、治安管理、管理各类公共事务
清代	保甲制	保、甲、牌	保长（正）、甲长、牌长（头）	保甲连坐制、保甲循环册制度	户口稽查、巡逻瞭望、支援警事、盘查旅客、管理夜行、维护治安
清代	里甲制	里、甲	里长、甲长	赋役全书法、编审制、滚单法、乡约制、永不加赋、摊丁入亩、赋税蠲免政策	催征赋役、赈济救灾

考察表10—1不难发现，乡、亭、里、甲、保等基层组织是乡村治理的执行主体，乡村治理制度以其命名，但乡村治理政策展现在更大范围，涵盖古代王朝国家在行政、生产、赋役、田地、治安等各个方面对乡村基层实施的各类制度、政策和法律。虽然朝代不同，基层组织名称变化复杂，但古代乡村治理的基本制度在行政管理上仍是以乡里制为普遍形式，在治安管理上以保甲制为主流趋势，以乡吏里役为执行主体。

二 古代乡村治理的核心议题

纵观三千余年的古代中国乡村治理体系的演变，有三个议题需要重点关注。一是乡村治理的两大主要功能的深度互动。国家对基层的统治功能与乡村社会的自治功能历三千余年始终存在。从表10—1乡村治理的主要内容可知，无论是封国分权时代，还是一统集权时代，不管上层、中层经济政治状态如何变化，乡村治理的主要构成部分都是田地、户籍、赋税、治安等方面的事务，而族亲邻里之间的教化自治、互助守望、赈恤救济则为乡村治理的必要补充，前者属于行政管理内容，是国家统治功能的典型体现，后者不可避免要服务于国家统治，但也反映了乡村社会共同体的自运行逻辑，具备一定程度的乡村自治性质。然而，统治与服务，行政与自治既相辅相成，又相斥相悖。没有服务的统治是不坚实的，也是不长久的，任何类型的社会统治须建立在为统治对象提供必要的生存条件和发展机会的基础上，才能取得持续发展、永续统治的机会。对王朝统治者来说，如果只知杀鸡取卵，不知放水养鱼，不但将丧失统治的合法性，最终也会因涸泽而渔，落得共同毁灭的下场。行政与自治的互动关系则视乎国家权力是兴是衰，任何行为体都是理性和机会主义的，当国家权力强大，地方治理有效时，宗族、士绅在乡村治理中的配合、协助之姿自然会显著增长，而一旦中枢不稳，地方紊乱，无暇顾及乡村基层时，强宗旺族、缙绅耆老们便会趁机加强控制，编织乡村自组织之网，乡村自我治理的空间便会显著扩大。在三千余年的乡村治理演进历程中，多维度主体、多类型权力展开了形式多样、程度不同的博弈与斗争，其结果是统治与服务、行政与自治、国家与社会历史性地呈现出此消彼长、时盈时缩的情景。但总体上看，古代王朝国家对乡村基层社会的控制是有力的，能够保证乡村治理体系完成为国家输送资源的任务。东汉末年的豪强地主与部曲、魏晋南朝的世家、明清以降的宗族则通过不同的形式，在不同程度上与国家权力分享对乡村的控制。

二是乡村治理中财政、户政、治安三大治理维度的分分合合。从国家的视角鸟瞰乡村，三千余年的古代乡村治理重点体现在财政、户政、治安三大维度，其中，以赋役征发或征收钱粮为核心的财政功能是王朝国家赋予乡村治理的核心功能，因为古代乡村是支撑王朝国家生存发展的基础和支柱。历代王朝根据实际需要设立各种类型的乡村组织，通过均田授田、编户齐民、税制改革、户政完善等制度行动以确保最大化实现国家对农民的资源索取，索取过度的消极后果便是基层人民理性救济行为膨胀，他们通过攀人情、托关系、贿赂、隐匿、欺瞒、逃亡等行为应对不利于己的后果。当绝大多数农民穷尽忍耐屈服、机会主义行为等所有选项仍不足以维持生存时，弱者可能以命抗争，通过自残、自杀等行为以抗捐抗税，强者则有可能寻找机会结伙反抗直至造反起义，通过暴力叛乱表达诉求，反抗当局。为了镇压人民反抗，维护社会秩序，统治者将治安设定为乡村治理的另一重要维度,通过建立什、伍、保、甲等治安组织,实行连坐互保等专制方法,对乡村社会和农户人民实施严密的控制。当然,并非所有朝代都如秦、汉、宋、清那样实行行政与治安两套组织双轨并行的机制,不同的王朝基于自身的理解选择不同的乡村治理体系。

三是乡村治理角色主体的身份演变。学界素来认为,古代中国的乡村制度体系中,秦汉至隋唐实行乡官制,宋元明清实行职役制度。[①] 乡官、职役之说涉及的是乡长里正等在乡村治理中担任主体角色人物的身份性质,仔细考察殷商至晚清各类基层组织的性质定位与角色功能,我们认为,用"乡吏里役"来概括乡长里正的身份可能更加恰当,这一角色身份演变经历了先秦的族吏制、秦汉隋唐的乡吏制、宋元明清的里役制三个历史阶段。

之所以用乡吏而非乡官概括秦汉隋唐的乡村治理主体身份,是因为在中国古代行政人事体系中,"官"与"吏"是性质根本不同的两类职位。领持大概者,官也,办集一切者,吏也。官与吏的关系较为复杂。广义的吏包含官,即使是两江总督、一省巡抚层级的大官,亦可称为封疆大吏,主管官员事务的中央职能部门亦称为"吏部",此外,秦汉时将俸禄超过二百石的称为长吏,长吏自然包括县令、郡守等官员在内。但如果从狭义上看,官与吏是存在很大区别的。一般来说,官是通过察选、科举等正规途径后由国家正式任命的,有品级;吏则是由官聘用的,少有品级;官是流动的,吏是固定的。官主一方之政,吏行一职之事。官有决策、制政之责,吏则只能管办事、执行。概括地说,官是政务官,吏是办事吏。在王朝国家的人事铨叙体系中,是没有吏的存在的。隋唐之后,官是由科举正途出身的知识分子担任的,吏的来源则杂乱广泛。官是国家的正式代表,是国家在乡村社会的代理人,吏则不是。本书是从狭义上定义"官""吏"之分的,多年以来,"皇权止于县"之说之所以流传甚广,是因为县是国家正式政权的最末端,其长官是科举正途出身,是国家正式任命的官员,进入了王朝国家的官员品秩册,当然是皇权的代表,而县以下的乡吏里役无此权力代表国家。如从皇权代表和正

[①] 赵秀玲:《中国乡里制度》,社会科学文献出版社2002年版,第7—59页。

式政权组织的视角来看待"皇权不下县"之说，在逻辑上是合理的。

考诸先秦至明清的乡长里正的职务来源，显然不具备上文所述的"官"的条件。即以秦汉最接近"官"的有秩、啬夫、亭长来看，尽管最多者也可享受每年百石的俸禄，但他们皆由县廷郡署而非中枢机构任命，也无法进入国家行政人事系统。由于缺乏制度化的刚性约束，历朝各代对乡里之吏的身份定位有着不同的规定，乡里负责人的角色始终无法获得如县令、知县那样稳定的前后一致的制度性认可。可见，所谓"乡官"之说，无异于今天人们常说的"村官"，但谁都明白，今天乡村社会的"村支书""村主任"甚至"大学生村官"是官员吗？当然不是，"村官"不过是俗称泛称而已。另外，考诸里耶秦简等历史文献，其上虽然有"乡官"之谓①，但此乡官，既指乡中官署，指乡啬夫等所属机关；又指乡中官吏。除了乡官外，里耶秦简中还有大量县下诸官的名称，如尉官、田官、畜官、船官等，它们是指从事某一项具体工作的吏员，类似于《周礼》中所记载的地官系列中的遗人、均人、委人等。在秦简中也出现了"有秩之吏""有秩吏"，表明有秩等级的职官是吏。迁陵县秦简中还有直接载明为"迁陵吏志"的木牍，所列的吏员 103 人中，包括令史、官啬夫、校长、官佐、牢监等。②

正因如此，我们认为，用规范的学术标准衡量，先秦的乡里组织负责人可称为"族吏"，秦汉至隋唐可称为"乡吏"，宋、元、明、清因为实行差役特别是明代实行轮充制后，职役的流动性空前增强，用有相对固定意味的"吏"予以概括都有所不当，用"里役"或"乡役"更为贴切。

先秦时代乡村组织负责人的身份可概括为族吏。在先秦时代，宗法制度与行政管理密切结合，宗法组织与地域管理组织高度合一。在分封

---

① 陈伟主编：《里耶秦简牍校释》（第一卷），武汉大学出版社 2012 年版，第 109、110 页校释 1、447 页。同时参见邹水杰《秦简"有秩"新证》，《中国史研究》2017 年第 3 期。

② 邹水杰：《秦简"有秩"新证》，《中国史研究》2017 年第 3 期，第 44、50—51 页。作者认为，此时秦简中的有秩是禄秩等级，而不是职官称谓，这与我们阐述的汉代乡吏"有秩"有所不同，当时秦代迁陵县诸官之长均称啬夫，其禄秩等级为有秩，但并不像汉代那样直接称为有秩，但这至少也可表明，在当时县令以下等级的行政职务应都是"吏"，而非后来意义上的"官"。当然，吏与官本身也确实完全难以分开。

制背景下，部族生活在里邑之中，里君邑长可能同时就是部族首领之一，村社、部族形成经济、政治、文化、宗法共同体，与代表国家的天子相区隔，乡村共同体直接面对和最终负责的是采邑和封国，而不是国家。先秦的部族式乡村共同体不同于大一统时代的乡都之下的里坊村庄，里、村虽然是聚族而居，但在经济、政治上并非共同体，因为早已被国家卷入行政管理体系之中，只能在文化上、宗法上形成共同体。由于中央集权的存在，普天之下，莫非王土，王朝国家法律体系和乡村治理体系（如保甲、乡里、里甲制）必然通过行政触角深入乡村社会，极大压抑了乡村共同体的自治功能，帝王允许乡村社会有一定的自我教化，但绝对不允许以离心独立为发展方向。因此，帝国时代的乡村共同体难以真正形成，只能在国家行政管理的全能触角覆盖下，在辅助官府教化，调解邻里纠纷等方面，通过义学、义社、族田、义仓等慈善设施赈灾济弱，弥补官府行动的不足与不力。帝国时代的乡村共同体虽然笼罩着宗族亲亲睦睦的伪善面纱，但土地所有制的差别、贫富的差距、租佃关系的存在等因素告诉人们，古代中国的乡村社会的主导逻辑仍然是国家与农民、政府与个人的互动关系，宗族、家族、邻里等互动关系永远从属于国家与农民的互动关系。总之，帝国权力（暴力潜能）、经济理性（人性之私）的共同作用使乡村社会自治若有还无，在古代中国只能处于艰难求生的萌芽状态。

秦汉至隋唐时期乡长里正的身份可概括为乡吏。有秩、啬夫、里正等都须具备一定的任职门槛，唐代还专门规定要从六品勋官中选任。汉代的有秩可领取俸禄，隋唐后虽然没有俸禄，但可以免除一定的徭役。由于战乱的冲击和一统王朝的行政需要，秦汉后，乡村社会中宗法组织与地域组织的合一性大大下降，虽然聚族而居仍然普遍，但贵族势力大大削弱，平民阶层成为乡村社会主流，除东汉末年至北魏时期的坞堡等体系外，宗族组织并不能与基层治理组织实现高度的耦合。因此，这一时期的乡长里正们行使的是乡里胥吏的功能。

秦汉隋唐的乡吏们在乡村治理中发挥核心作用，承担的是乡村社会领袖的功能。至宋、元、明、清，国家出于降低治理成本需要，变革基层行政管理的权力运行方式，由选任制更换为委代制，将基层治理主体由乡里胥吏更替为普通民户，通过职役制方式将部分基层治理权委托给有资格的服役农民，使之成为部分国家意志与行为在乡村治理中的有限代理人，同时也将基层治理的主要任务和义务转嫁到民户身上。由于服役农民在权利权力与义务责任间的不对等、不平衡，如包赔坐办等责罚远远大于征发赋役揩油的权利，在理性利己的驱使下，农民通过机会主义行为不断逃避职役，使职役成为扰民困民之负担，原本交易性的委托—代理制异化为强制性的行政摊派制，宋代职役制度就在原隋唐五代的色役制基础上进一步变味、异化。在最初的制度设计中，宋代的职役制规定只由一二三等的上户承担服役任务，可称为选差制，尚具有一定的科学性、公正性和可操作性，但在现实生活中，由于地主、富户等上户的机会主义行为，选差制普遍沦为五等户全体都要实际服役的普差制，已经偏离制度的原初设计轨道。到了明代，推行里甲制，将普差制定型为轮差制，并以均徭法予以固化。

宋代以后，里正、保甲长们的乡村领袖功能退化为官非官、吏非吏、民非民、役非役、职非职的尴尬角色。说是"民"，他们又代表国家行使征发赋役、管理治安、编户齐民、经理田界、指导乡里等职能。说是"吏"，他们还要承担包赔连带坐办之累。说是"官"，更谈不上，官就是官，民就是民，官民身份有鸿沟之别，除非考取功名当官[①]，否则身份永远是民，根本没有进入体制内的可能，即使是那些在州县衙门承担职役的上等户农民，也都是"庶人"，与哪怕是担任低级胥吏的"公人"在身份性质上也有着天壤之别。在州县机关服务的乡民只履行义务，享受不了权利，承担衙前等州县之役还要饱受官吏欺凌勒索，哪里能够享受到官官相护、吏掾为奸的"特权"？说是"役"，却要有经济投入，遭受家财洗劫、破产逃亡的命运。说是"职"，他们只有服役的义务，没有国家赋予的多少职务权利。虽然宋、明上等户担任里正耆长也能享受一些特权，但特权是要以出卖良心、收取贿赂、鱼肉乡邻的声誉名望、社会资本、违法犯罪等损失为边际成本的。五种尴尬处境反映了职役轮差制在制度设计上的缺陷，是古代社会国家与农民关系扭曲的深刻写照。

宋、明、清在乡村治理中实行职役制，根据农户的贫富差距制定不同的标准，驱使农民无偿服务国家，其本质是一种行政摊派，担任里正

---

① 清代可以出钱捐官，完成身份升级。

甲首成为被迫承担的义务，无关权利。事实上，由于连坐赔偿等不合理规定的存在，职役制对广大农民，无论是地主富户还是普通农民来说，总体上都是一种巨大的徭役负担。尽管可能有少数奸恶之人利用职务便利鱼肉乡民，侵吞民脂民膏，但从制度上和体系上，担任职役的乡里负责人只能办事当差而非作官为吏，责任大而权利小。

族吏是血缘系联的，由贵族选用；乡吏是道德系联的，乡举里选，但由县廷任命。到了职役时代，先是与贫富系联，高户等之家被强行摊派徭役，成为假模假样的乡村小"吏"，到明代实行轮充制和均役法后，里甲长连假吏都谈不上了，他们的身份充其量是公益志愿者——乡村社会自助性、互助性的催赋征役的志愿者。

第三节　古代乡村治理组织的历史变迁

中国古代乡村基层组织形态丰富，名称各异，覆盖范围不同，历朝各代演变情况复杂，存在多种不同功能定位的基层组织体系，种种因素交织使得后人在还原乡村治理组织的真实细节时面临较大难度。

一　古代乡村治理的组织体系

梳理正史中不同朝代县以下乡村基层组织变迁的整体脉络，并结合州府县地方志中的微观记载，可以作一判断，在中国古代乡村，存在三种类型的基层组织。

第一类是乡村行政管理组织，以乡、里、甲或都、里、图为三个不同的层次代表。越趋向近代，乡的行政管理功能越趋于下降，里、甲成为乡村行政、户政、财政管理的主要实施单元。

第二类是乡村治安管理组织，以保、甲、耆、邻、什、伍为代表，其功能相对单一、专一，但到了清中叶后，随着里甲制的式微，保甲制融治安管理、赋役征收于一体。里甲制式微的原因在于，自明后期至清中叶，赋役制度处于持续改革中，明清王朝对基层统治方式的需求产生了新的变化，变化决定了里甲制、保甲制的不同发展前途。

第三类是乡村自治组织，包括社、仓、祠堂等。尽管古代中国实行典型的专制体制，但国家从来也不可能完全吞没社会，民间组织和乡村自治仍有其生存空间，并以义社、义仓、义庄、宗族祠堂等具有自治功能的组织形式表现出来。古代，凡是冠以"义"的组织机构，大多为自治性民间社团。值得注意的是，乡村自治组织在乡村治理中的影响和功能是极度不平衡的，南方与北方、城市与乡村、平原与山地，不同区域、不同结构中都存在很大差异。

第二、第三类组织的界限较为明确，功能相对单纯，容易区分。困难的是在乡村行政管理组织中，乡、里的实际功能演变较大，村则几乎从未作为某一层级的行政管理组织出现。

观察历代基层治理组织的变迁，可发现一个有趣的现象：先秦之时，多以户数五进制为组织层级关系原则，秦汉之后，则以十进制为主，又间或夹杂五进制。户数设置规模的进码规则可能与当时乡村人口、户数的规模密切相关。秦汉后，一乡一村户数、口数规模扩大，自然也有必要增加，以获取最佳治理效率。明代确定110户为最小赋役征收单位，也是考虑此类因素所作的决定。

明清时期，里甲、保甲并存，原本里甲主管户口管理和赋役征发，保甲功能则在于治安管理，但至清代中期后，里甲制式微，保甲组织功能日趋综合化，逐渐成为多功能的基层行政组织。以徽州保甲组织为例，其主要职能包括治安管理，如：（1）治安巡逻，侦破案件，查处赌博、偷盗等治安问题，盘查和驱逐身份不明、行踪可疑人物，以及及时处理突发事件，如擒拿盗贼，第一时间追捕伤人、杀人者，及时告发"匪人"奸党；同时协助其他基层组织进行军事操练，或督办团练，或协助守城。（2）户口调查与统计，包括清查本保本甲人口数字，更新或编辑成册，及时上报。上报本保本甲在政治、经济、社会、文化等各方面的有用信息，供地方官府决策。（3）协助官府办案，包括提供案件相关信息，充当在地向导，协助踏勘查验犯罪现场，对潜在对象进行监视，协助围捕缉拿犯罪嫌疑人。保甲也负有调停邻里纠纷，协助了解纠纷诉讼原委，查清事实真相等责任。（4）接收投状，处理民间纠纷诉讼。保甲组织处在乡村治理的第一线，很多民间纠纷往往首先诉诸保甲长处理分断。（5）民间调处。对于那些没有提交诉状的民间纠纷，保甲组织往往介入进行调处。（6）居间中证。在徽州契约文书中，有大量的商业买卖契约，除了买卖双方外，还有多个中见人作为见证方，中见人中就有保甲长的身份。(7) 参与强制执行。(8) 参与社会救济和公共事务管理。(9) 协助催征钱粮。徽州文书中有多种催征税粮的各类滚单、飞单,都需要保甲长下乡协助催办,否则无法完成。[①]

与当代社会相比,古代乡村治理组织很难称得上是真正健全的组织机构。例如,当代城乡的村民委员会、居民委员会确实是一级组织,它们有相对固定的办公场所,有一人以上的人员构成,有制度章程,定期召开会议,有岗位职责等一系列规定,能够持续周期化地开展活动。由于资料的缺乏,现在尚不清晰,古代的里、甲一类组织是否有类似办公地点,不过,从其行使的功能来讲,需要配置办公场所。例如,里正具有编制存放户口簿册的职责,那么,百姓的户口簿册、赋役黄册、土地的鱼鳞册等档案资料放在哪里呢?是放在其本人家中还是放在固定办公场所?明清时期,里正是轮充的,放在固定办公场所的可能性较大。另外,一年一交接,如果没有固定的里亭一类的办公地点,如何开展工作呢?对以上问题,还需要进一步挖掘资料,深入研究。

二 乡、村、里

"乡"是县之下最重要、最稳定的治理层级,但乡作为行政管理组织的功能经历着复杂的演变。先秦时代的乡最早是作为城邑地区的划分存在的,西周时期国野、乡遂分别对应城镇与农村地区。经过春秋战国的大分裂、大演变,尤其是在郡县制实施后,乡演化成为最重要的县下区划或者说承县区划。随着郡县制代替分封制,乡发展成为一级实体性行政区划和治理层级。秦汉以后,乡里制成为县之下的基层治理制度,乡村社会成为县之下地区基层文化历史共同体的代名词。

通过表10—2可见,春秋战国至秦汉时期,乡的规模较大,由于当时郡县制尚在发展完善之中,王朝国家开疆辟壤,基层建制变化剧烈,故此一时期的乡从户数规模来看,最高者可超过万户,一般的也多在5000户之上,5000户之下的称得上是小乡了。隋唐时期,乡的规模在500户上下。由于有都的存在,明代乡的规模再次回复到1000户之下,宋、元、

[①] 有关保甲组织的职能参见陈瑞《明清徽州宗族与乡村社会控制》,安徽大学出版社2013年版,第483—554页。

清三代缺乏明确的乡辖民户规模的记载，但至少也在500户以上。对乡所辖户数的统计表明的一个基本事实是，乡作为一级区划或者地理文化单元来说，自春秋战国时期起，就保持着稳定的存在。

表 10—2　　　　　历代乡村组织所辖民户规模　　　　　（单位：户）

组织＼朝代	西周	春秋战国	秦汉	西晋	北魏	隋	唐	宋	元	明	清
乡		1000①	>1000	>500		500	500			>1000	
鄙	500										
酂	100										
里	25	100	100	100	25	100	100	100	100	110	110
邻	5				5		4		4		
什		10	10	10							
伍		5	5	5							
党					125						
管								>100<500			
都										>270<650	>270<650
图										110	110
保							20	5	20	50+	1000
大保								25			
都保								250			
耆								30			
甲								10	10	100 10	
牌											10
社								50			
村											

① 一乡管十里，共1000户是制度上的规定，春秋战国时期的乡以5000户为界，以上为大乡，以下为小乡，大乡设有秩，小乡设啬夫。另据《史记正义》，乡的规模最大有12500户，但此乡应该不是县以下行政单位，而是西周时期的居于党、州之上的行政机构，因为春秋战国时期的县一般才万户左右。

隋唐之前，乡既是地理区划单元，也是行政管理组织。从地理区划来看，乡位于县与里之间；从行政管理来讲，乡有组织有长官。例如，乡有三老、有秩等职位，有些大乡甚至设有乡廷等办公场所，乡还行使收缴赋税、编户齐民、治安缉盗等行政管理功能。但是，隋唐时期开始，乡长、乡正等负责人的岗位被取消，乡作为一级区划虽然并未废除，但乡的行政管理功能事实上被里正所替代，此时的乡作为行政组织已经空壳化了，真正行使行政管理功能的是乡的下层组织——里。唐代中期后，乡务由各里里正轮流担任，北宋开始设立乡书手作为技术性职吏，解决最佳会计单元的问题，乡书手是县廷的职役性质的岗位，不能作为乡恢复行政组织的证明。元、明、清三代，县下真正发挥行政管理功能的基层组织是里、甲、保、都、图等，乡只是作为铭刻历史地理记忆的生活共同体存在的，起到的是地理区划、人文识别而非行政管理的功能。考诸南北地方志，很多县都只设四个乡，乡名命名高度形式化，缺乏实际内涵，或以东乡、北乡、南乡、西乡命名，或以礼让乡、孝慈乡、忠善乡、仁寿乡一类命名[①]。

"村"的出现比乡要晚得多，自东汉以后，在县下的农村基层，乡村逐渐取代乡里成为识别乡村社会的通用称呼，但村始终未能取代里成为乡下的基层行政组织。无论是宋代的乡里制和都保制、明代的里甲制还是清代的保甲制，都是以与辖户规模系联的里、甲作为行政治理单元。征诸文献，很难发现一村辖多少户，村自从出现后，就是以村落居住单位的名目出现的，辖户规模大小不定，这与以便于编户和征税管理为目的，严格按照百户左右规模原则编排的里、十户规模编排的甲具有根本性的不同。因此，此时的乡村都是地理区划，只具人文识别功能。在出土的自唐至清的墓志铭中，在记录墓主籍贯和生平事迹时多用乡村或乡里称呼，因从民间文书来看，没有必要严格记载编户性质的某某里某某甲，用乡—村体系更能体现历史人文记忆。总之，隋唐以后，乡、村越来越具有社会学意义上的基层社区内涵，更多地以县之下基层社会生活单位的面目出现，构成县—乡—村三级社会文化单位层级。

---

① 光绪《临朐县志》卷五《建置》。

乡的再次复活是在清末实行乡镇自治之时。晚清统治者为缓解官民矛盾，化解地方实力派的政治诉求，以有限的国家让权，将国家中心主义的治理模式打开一点空间，通过借鉴西方的地方自治，将治理压力释放于地方、基层。从治理政治学视角来看，清末新政、预备立宪、地方自治等所谓的改革都是庸俗的人民中心主义的外在表现，反映的是晚清统治者的机会主义政治逻辑，也表明传统的以保甲制为中心的严密基层管控模式在内外新变局的冲击下难以为继。

"村"在晚清地方自治运动中同步得到复活，并逐步代替保、甲成为治理组织。民国早期，"村"满血复活，在地方实力派治下的山西、广西等地开展的乡村自治、乡村建设新运动中大放异彩，其规模、资源、行政地位都得到革命性提升。这是因为，无论是自治村，还是行政村，乡村复兴、村本政治、乡村建设等乡村运动需要适当集约乡村规模和资源。

在古代中国，"里"具有四个方面的含义：一是长度单位，一华里为500米。二是户数单位，明清一里为100户或110户，里同图。三是指城乡基层地理居住单元，秦汉以后，处于乡之下的是里。四是一级基层行政组织，自隋唐至明清，里是乡村赋役征发的基本单位。20世纪50年代初，保甲制废除后，里这个最古老的基层组织才彻底在中国大陆退出历史舞台。

里是古代乡村治理中的"明星"组织，是出现时间最早、持续时间最长、跨越地域最广、发挥功能最为广泛的乡村基层治理组织。先秦时代的里既是鄙野之地的基层组织，也是国都中的基层组织；既是地理区划，也是实体性的行政组织。里既设立了里君、里宰、里正等长官职位，也实际发挥了户政、赋税、治安等方面的行政管理功能。东周至秦汉，乡的出现使里的行政管理功能弱化为主要负责乡里治安、维护秩序、开展教化，但里仍然是乡下坚实的治理支撑组织。隋唐以后，里替代乡成为乡村基层治理的实体组织，尽管经历了从乡吏制到里役制的变迁，但里始终发挥着最为基础的行政功能。随着清初摊丁入亩政策的实施，里的功能逐渐被保、甲替代。

通过表10—2可见，在所有组织中，只有里始终具有明确的户数管辖规模，自西周至清末而不变。总体来看，里辖户数的规模为100—110户，且与甲形成十进制的治理层级。里之所以在基层治理组织中保持着如此持续稳定的出镜率，是因为对古代王朝国家来说，100户左右作为行政管理的规模是较为适中的。在古代中国，主体王朝平均辖县1500个左右，每县辖民户5000—10000户，每乡辖民户1000户上下，从古代中国南北地理环境差异、百姓居住密集程度、王朝行政效率、管理技术水平、官员素质能力、中央地方复杂关系等方面综合考虑，经过长期摸索，以里为单位进行实际的行政管理，开展计田授民、编户齐民、征发赋役、防奸缉盗等各项乡村治理工作可以取得成本最小、收益最大的最佳行政效率，乡里甲制是古代中国实施乡村社会治理的最合适的制度体系和组织体系。实行里甲制，以民管民，既可以降低国家的行政成本，也可以利用百姓之间彼此熟悉的特点，以民制民，加强对乡村的控制。

从帝王理性来说，以乡为征税单位力有不逮，面积过大，环节太多，百姓之间无法相互监督连坐，政府要加强控制就要加设官吏，会提高管理成本，使王朝不堪重负。王安石试行保甲法时，一开始确定的都保范围是500户，实施中发现规模过大，无法执行，不得不在正式推行时减少到250户。正因如此，清人陆世仪曾云："治一国，必自治一乡始；治一乡，必自五家为比、十家为联始。"[①]

只要国家牢牢控制住县级政权，就不用担心乡村失控。北宋以降，中央地方之间强干弱枝局面已经形成，地方割据不再构成对中央的威胁，县级政权虽然处于地方治理的末端，但集权日益增强的国家完全可以通过官员任免、赋税分成、监察考核甚至武装威慑等手段把控府县政权。一方面，中央能够对县级政权实施有效操控；另一方面，县级政权从地域规模、治理层级上看，也可以实行类似现代的扁平化管理原则，触角直达100户左右的里级，使乡虚里实具备可行性。古代中原地区的县一般"方百里"，一天之内，百姓可到县衙，县廷无论是控制乡里，还是接受百姓诉讼，从地理条件上来看都是比较便利的。综合以上种种情形，隋唐之后，王朝国家实行乡虚里实，以民治民的乡村治理模式就成为可操作、可复制的现实选择。

---

① 陆世仪：《论治邑思辨录》，载（清）贺长龄辑《皇朝经世文编》卷二十二《吏政八》，上海广百宋斋光绪十五年刻本。

三 都、图、保、甲

在汉语中,"都"是一个多义多音字。周制中,规定四邑为都。夏制中,则指十邑为都①。"都"用于乡村行政区划,是近古之事,北宋时"都"才登上历史舞台,是在乡虚里实的进程中,用以替代乡的行政管理功能而逐渐发展起来的。"都"的语义中有"大""总"的含义②。在王安石变法中曾设立都保作为最高级别的保甲组织,其下为大保、保。这表明,北宋中期时,都就有在乡村涵盖较大范围地区的趋势。都正式取代乡的行政区划功能是在南宋、明、清时期,考诸南方地区地方志可发现,"都"主要流行在南方地区。例如,以光绪《临朐县志》为例,该县设四个乡,乡为社而非都。崇祯《乌程县志》表明,明成化八年(1472)时,乌程县共有乡12个、都53个、里282个。③不过,都只是一级行政区划,而非一级基层行政组织,宋元明清后,既无乡长之说,也无都长之说。

"图"与"里"大致是一回事。在一些地区,"图"即是"里",明代南方地区图代替里为基层行政组织,但不存在"图长",仍然称为"里长"。在另外一些地区甚至一县之内,图与里的设置存在一个互相交叉演变的过程,在"都"之下,有时称"图",有时称"里"。北方地区称"图"的较少,称"里"的仍很多。"图"作为概念出现,可能与南宋开始实行土地经界和鱼鳞册之法有关,二者都需要绘图制图。图、里是基层行政组织,是最重要的赋税征收单位,里长、甲首是协助地方政府履行民政功能的乡村治理主力军。

"保"作为基层治安组织,其设立的思想渊源当是在《周礼·地官·大司徒》中所说的"令五家为比,使之相保",意为互相保证④,其组织

---

① 夏征农主编:《辞海》,上海辞书出版社1999年版,第1238页。
② 中国社会科学院语言研究所词典编辑室编:《现代汉语词典》(第6版),商务印书馆2014年版,第314、318页。然而从历史文献所载来看,该词典第318页所载,"都"的一个释义为:旧时某些地区县与乡之间的一级行政区划。显然,这并不准确。实际上"都"应为乡与里,或县与里之间的一级行政区划。
③ 崇祯《乌程县志》卷二《村乡》,第244页。
④ 《周礼·地官·大司徒》,徐正英、常佩雨译注,中华书局2014年版,第227页。

形态则与秦汉的什伍制渊源颇深。至北宋中期正式登上历史舞台，"保"在其后的近九百年的时间内，经历了三起三落的演变，但仍对乡村治理产生了复杂且显著的影响。王安石变法时建立的都保制以及都保、大保、保等组织是保甲制的"高光时刻"，变法失败后，保甲制虽仍得以维持，但影响不及以往。明代全面实施里甲制，虽然形成里甲—税政体系、保甲—警政体系的双重乡村治理体系，但保甲制的影响显然不及里甲制。清代中期后，随着王朝赋税体制变革，里甲制影响下降，保甲制逐渐形成集赋税征收、治安防范于一体的功能，这是保甲制作用凸显的第二个重要时期。清末实行乡镇自治后，保甲制一度被废除，在民国初年的乡村自治和乡村建设运动中，保甲更是作为束缚民权的对立面出现，但至20世纪30年代，国民党政府出于整合资源镇压革命运动的需要，再次复活保甲之制，使之迎来第三个发展高峰。新中国成立后，彻底废除保甲制，将它扫进了历史的废纸堆。在明清江南地区，与黄册制度、鱼鳞册之法相联系，"保"一度成为地权单位概念，徽州文书中有大量的土地经理保簿，"地保"早期职能为负责乡村土地管理，清中后期逐渐成为与里长、保正类似的乡村行政管理角色，部分地区或文献中也以"地保"指称里长、保长。

"甲"同样是多义字，但用于乡村保甲组织之时，表明其与兵甲一事有关联；用于里甲组织之时，似乎又有整齐划一之义。一甲为十户，在"邻""伍"淡出历史后，甲成为最小的乡村基层单位，构成县—都—图（里）—甲这一乡村行政编码体系的最基础的部分。可能正因如此，无论是保甲制还是里甲制，都须以"甲"为基干。不过，清代中叶后，南方农村兴起"牌"这一组织，一牌也为十户，在功能上似乎有取代"甲"的趋势，但里甲、保甲体系仍然根基牢固，没有受到冲击。

"乡""村""里"等乡村组织的命运沉浮，说明古代中国乡村组织体系存在历史地理和行政治理的双轨逻辑。北宋以降，君主专制和中央集权进一步加强，内外统治的需要，决定了国家能力要同步提升，在此背景下，国家在政治上的统合功能、经济上的资源汲取功能前所未有地增强，作为理性行为者，国家考虑的是如何减少治理成本，扩大治理收益，改善提高治理净收益。一方面，国家需要转嫁行政成本，乡吏制向职役制的转变就是国家包袱往下甩的例证，殊不知，在很多情况下，"役重于赋"，统治者看似聪明，只算经济小账，官府节约了不少开支，但算政治大账，此种做法无异于饮鸩止渴，它所加剧的是百姓的负担，是以消耗牺牲王朝的未来政治收益为代价支付国家短期的财政开支。另一方面，基于古代社会的现实国情，确定最佳赋役征收单位，以此建立县之下的行政管理系统，达到便利高效汲取资源是统治者需要重点考虑的。县—里—甲、县—都—图（里）—甲相对于县—乡—村来说，更利于形成严密统一的征收体系、治安体系、信息收集反馈体系。因为，里甲制、保甲制是按人为的行政编码确定的户数分割原则，以十进制或五进制为上下层级行政单位数据关联原则，便于统治者贯彻行政意图，这是行政治理逻辑。县—乡—村体系是在历史地理变化中逐步形成的，是乡村人民居住、生活、交往的社会共同体，并非人为划定的行政管理单元，乡、村所辖户数大小不一，不适合贯彻执行执政者的行政管理意图。

然而，行政治理和历史地理两种不同逻辑的组织体系在乡村治理中不可避免地存在疏离和冲突，作为交粮纳赋、治安管理的里甲、保甲制与乡村人民居住、生活的实际场景之间存在严重的脱节与不协调，用现代话语来说，就是"人户分离"。以山西寿阳县为例，"有家住于西而尚称东几都，家住于北而尚称南几都者"。在临县，"十五都之人多半不在本都地点"，沁源县则向来"村落不能范围里甲"[①]。这种局面增加了官府征税治安的成本，不利于加强对乡村社会的控制。鸦片战争后，古老中国遭遇"三千年未有之大变局"，清末民初，乡村行政控制体系受到乡村人口流动加剧、新思想、新意识的冲击，政治革命和社会运动的洗礼等多种因素的影响，已经千疮百孔，难以维系。至民国早期，迫切需要重新整合乡村治理体系，化解两种乡村组织体系治理逻辑的冲突。在这种情况下，从民国初年至1937年日本帝国主义全面侵华止，从山西、广西到河北、江浙，从官办、党办到学者实验，从地区试行到全国示范，乡村自治运动逐渐兴起，其要旨是，以乡—村为中轴重塑乡村治理体系，废除原有保甲、里甲，变二元体系为一元轴心，以村编户，每村不少于100户，村为行政村，设村长，联合村增设村副，村长、村副均由民选官委；推行乡村自治，设立村民会议、村公所等组织，实行财务公开、村

---

① 转引自李德芳《民国乡村自治问题研究》，人民出版社2001年版，第44—45页。

务公开，制定自治公约，训练村民、乡民行使选举、罢免、创制、复决四项直接民权等自治事务。

清末实行地方自治制度后，保甲制一度废止，袁世凯窃取民国治理大权后，颁布《地方保卫团条例》，变相恢复保甲制。20世纪20年代中期，该条例实际已中止。但是行政逻辑与自治逻辑、保甲组织与乡村组织的互动分合一直没有停息，甲首、乡约、保长等传统角色在乡村社会的影响并未消除。在短暂的乡村自治运动后，1929年，国民党政府开始恢复保甲制，保甲与自治呈现出并存并行局面。1934年，为镇压中国共产党领导的革命运动，强化对乡村社会的行政控制，国民党政府在全国范围内推行作为自治制度对立物的保甲制度。但是，原有的地方自治又是国父孙中山的遗教，如何取舍？1936年的国民党中央政治会议决定"容纳保甲于自治之中，乡镇的编制为保甲"，试图在二者之间寻求平衡，乡村组织体系与保甲组织体系同时存在，每个乡镇以10保，每保以10甲，每甲以10户为原则，保、甲、户的设置区间都是6—15。① 保甲组织的任务是清查户口、抽捐敛税、抽选壮丁、制定保甲规约、实行连保连坐、党化教育、建立地方武装、修筑工事等。十进制的行政编排原则和高度行政导向的组织任务表明，国民党对保甲制不但予以全面恢复，甚至有所发展和强化，孙中山地方自治的政治构想只是被高高供起，根本没有得到落实。

维护反动统治的功利逻辑决定了国民党将保甲注入自治不过是一场政治闹剧，其结果必然是阉割尚处萌芽状态的乡村自治。事实上，在国民党统治下的广大中国乡村，始终没有发展出名副其实的乡村民主、乡村自治，不能不说与国民党政府这种庸俗人民中心主义治理理念密切相关，在这种行动逻辑下的乡、村也始终处于保甲、里甲行动编排体系的阴影笼罩之中。

中华人民共和国成立后，废除反动保甲制，在乡村地区实行乡政府—行政村（建制村）制度。人民公社时期，乡、村被人民公社、生产大队取代。20世纪80年代开始，全面实施"乡政村治"体制，形成"乡镇政府—村民委员会"治理体系，村民委员会是村民群众自治组织，

---

① 李德芳：《民国乡村自治问题研究》，人民出版社2001年版，第四章，第118—164页。

其下层的治理组织为村民小组。村民委员会管辖范围为建制村，建制村不是天然的地理聚落，建制村之下的自然村湾才是村民群众的居住单元。

保甲制彻底废除后，乡、村才取代里、甲，将历史地理与行政管理两种逻辑合二为一。村民委员会和建制村的范围和设置原则遵循历史发展规律，以便利村民生产生活，尊重村民传统与习俗设立，没有硬性规定以多少户为限，更没有整齐划一按十进制或五进制编排。即使是在当代城市社区，居民委员会的管辖户数也在1000—3000户，保持较大的规模弹性。

第四节 古代乡村治理的角色透视

治理角色是指在乡村治理体系格局中发挥实际作用的行动主体，就政治性或行政性而言，直接参与乡村治理进程的官方人员当然包括府县级政府的相关人员，包括县令、县丞、都尉以及各类吏员，对此，我们将在后文官吏理性中进行专门阐述，此处所指的皆为县之下乡、里、村层级的各类角色。县之下乡村治理组织和治理体制的运行主要是由三老、有秩、乡长、里长、保长、甲长等体制性角色来推动的，同时，耆老、士绅、族长、富户等非体制性角色也发挥着重要作用。

一 乡村治理的体制性角色

体制性角色，是指按王朝国家法律、政策规定，在乡村社会承担治理职能的各类行为主体。古代中国乡村治理中的体制性角色包括鄙师、有秩、啬夫、乡长、亭长、鄜长、里宰、里长、里正、邻长、保长、甲长等乡村治理组织负责人以及组织成员。与知县、知府等流官不同，县以下的官吏都属于"土官""土吏"，乡土性是他们的底色。他们来自乡梓，经过乡举里选，被国家任命后又服务乡梓，这种出身决定了这种治理角色的两面性，他们一方面要贯彻国家法律政策，实现统治者的意图；另一方面，又尽量在皇权与民权之间折冲腾挪，遇到矛盾时力求缓和兼顾，以免激化，危及自身。对于理性清醒的乡里长们来说，如何在"王法"和人情之间寻找平衡，是对他们治理之道的重大考验。在一个人情社会，在一个讲究"关系""面子""中庸之道"的古老国度里，乡里长们往往两面为难，经常处于尴尬境地。这种两面性折射的是中国古代乡村治理格局的特点，就是自上而下的行政权力和自下而上的自治权利二者之间的张力与互动一直贯穿于秦汉以来2000余年的中国乡村基层社会，时至今日，也无根本改变。这是我们研究中国历代乡村治理需要始终关切的一个重要环节。

对于这些来自乡里的乡村官吏，也存在不同看法。隋朝的苏威曾经建议以五百户为一乡，置乡正一人，主管民间词讼。李德林则认为不可，理由是过去曾经有过乡官判事，因为各种姻亲裙带关系，致使判断不公，如果用一个乡正来治理五百家，恐怕为害更甚。天下只有几百个县，政府从六七百万户中选择区区几百个县令，都不能完全达到标准，何况从几百户中选择一个（称职的）乡正更难。[1]

同样是体制性角色，秦汉的有秩、啬夫等可算是真正的体制内人员，他们既负有乡村治理之职，又可享受一定的俸禄，属于吏员性质。而宋代以后，即使是里正、乡书手等职，也完全沦为职役，只有义务，没有权利，国家并不支付任何工资报酬，仅仅在到府县机关上值时享受一点误餐补贴而已。

鄙师、有秩、啬夫、乡长（正）、乡佐、乡书手

县下区划在先秦时期为"鄙"，按《周礼》，鄙所辖规模约为500户，秦汉后为乡，在有的朝代，乡的规模为500—1000户，大多数朝代超过1000户。乡级区域范围内的体制性治理角色主要有先秦时期的鄙师，秦汉以后的有秩、三老、乡长、乡正。不同时代主管乡政的乡吏们的地位和命运存在很大差别。先秦时期的鄙师的职责是："各掌其鄙之政令、祭祀。凡作民，则掌其戒令。以时数其众庶，而察其媺恶而诛赏。岁终，则会其鄙之政而致事。"[2] 可见，鄙师的工作是上传下达，对下执行国家政策，对上反映本鄙人情政事，可谓是主一鄙之政，是本鄙治理的第一责任人。

"有秩"之名始于商鞅变法时期，最早的含义是对无秩而言，即有秩禄之意，也是对低级官吏中有秩禄者的泛称。"啬夫"之名早在夏朝就出

---

[1] （唐）魏徵：《隋书·李德林传》，中华书局1999年版，第802页。
[2] 《周礼》，徐正英、常佩雨译注，中华书局2014年版，第339页。

现了,是指管理农耕奴隶的官吏,"啬"来源于"稼穑","夫"则与农户、农耕有关。春秋末期的啬夫一官的主要任务则是缉捕逃亡犯。秦国商鞅变法后,啬夫多用于主管国有经济部门官吏的称呼。[①]

汉代时,有秩和啬夫都是主一乡之政的乡吏,区别在于5000户以上的乡设有秩,以下设啬夫。有秩、啬夫身份类似于今天的乡镇长,是体制内的国家干部。《汉书》中没有记载有秩的职责,《后汉书》则载明,有秩、啬夫"皆主知民善恶,为役先后,知民贫富,为赋多少,平其差品"[②],除了教化功能明确由三老执掌外,其余职责与先秦时的鄙师并无多大区别。当时的乡应为一级行政机构,除三老、有秩(啬夫)外,还有激徼、乡佐(东汉),后二者分管治安缉盗和征收赋税,类似于乡镇派出所所长、财政所所长,这与唐宋以后的乡虚里实,无乡廷,更无里机关的现象形成巨大反差。之所以说秦汉的乡是一级行政机关,类似于县廷派出的行政办事处,是因为有秩、啬夫皆有官品和俸禄。《后汉书》中记载:"有秩,郡所署,秩百石,掌一乡人;其乡小者,县置啬夫一人。"[③] 既然是"郡署""县置",说明它的设置是上级官府决定的,性质自然是行政机关,官员也是由上级官府决定的,属于体制内人员,如果套用后世的级别,当在八品、九品之列。汉时的县令秩五百石至三百石,县丞、县尉秩四百石至二百石,称为长吏,意思是主理一县之事,而秩百石以下有斗食、佐史等职,称为少吏。[④] 以此而论,有秩俸禄为一百石,既不是少吏,也不是长吏,或许可理解其为"中吏"。如果工作业绩突出的话,有秩是有机会被擢升到县级官府中工作,担任俸禄为二三百石的长吏,如县尉、县丞等。尹湾汉墓出土的东海郡《长吏名籍》中记载,共有14人自有秩(包括官有秩和乡有秩,二者秩品相同)"以功迁"任郡县侯国的"丞""尉"等二三百石的长吏;仅有一名啬夫(包括官啬夫和乡啬夫)"以捕斩群盗优异"被破格擢升为"利成左尉"[⑤]。啬夫,俸禄不到一百石,算是斗食级吏员。另外,根据《秦律》,有秩可佩印

---

① 高敏:《论〈秦律〉中的"啬夫"一官》,《社会科学战线》1979年第1期。
② (宋)范晔:《后汉书·百官五》,中华书局1999年版,第2474页。
③ (宋)范晔:《后汉书·百官五》,中华书局1999年版,第2474页。
④ (汉)班固:《汉书·百官公卿表》,中华书局1999年版,第624页。
⑤ 郭天祥:《汉代乡官"有秩"、"啬夫"补论》,《唐都学刊》2009年第5期。

章,《十三州志》中也说:"有秩、啬夫,得假半章印。"郑玄注《礼记》则说,有秩、啬夫可佩青纶,即青丝绶,表明有秩、啬夫虽为基层乡吏,但是可以入品秩的,有一定的权威。[1] 与无品秩的豪强、"光头"百姓是不同的。

从先秦至秦汉,作为承县区划的"鄙""乡"在机构和功能上接近于晚清至当代的乡、镇,是重要的基层行政机关,官员不但被纳入国家行政体制内,而且组成以鄙师、有秩为核心的若干乡官族吏行政团队,共同形成乡级治理单元,并以鄹、里、邻、什、伍等为其下层级支撑。

西晋至隋唐,随着乡作为一级治理组织功能的演变,主持乡政的吏员名称也逐渐由"有秩""啬夫"向"乡长""乡正"演变,而在北魏的三长制体系中,"党长"相当于"乡长",尽管按照制度设计,每党只有125户。隋唐时,乡正、乡长分别于公元595年、641年两次被废除,随着乡级长官名称的取消,古代中国乡村治理中"乡虚里实"和职役制的发展拉开了序幕,宋、明、清时期,除了乡书手外,在国家制度设计中已经不存在乡级吏员的设置了。

乡长、乡正在历史上存在的时间较为短暂,其职能应同于有秩、啬夫。隋唐的乡长(正),其来源虽然有一定的要求,如里正尚且从勋官六品以下中选择,乡长(正)标准肯定更要高一点,但已经不再具有品秩和俸禄了,仅仅能够得到免除徭役的机会,某种程度上,可以将隋唐乡长里正的身份看作秦汉的乡吏制与宋元后的职役制之间的过渡形态。隋唐废除乡长(正),根本原因可能还在于降低官府统治的经济成本。秦代的迁陵县仅有三个乡,但全县吏员就至少有103人,在那个时代,规模并不算小。汉代的乡中除有秩或啬夫外,还有乡佐、孝、悌、力田等吏员,他们都属于斗食级吏员,也需要国家支付俸禄。前文中已有介绍,汉代东海郡的孝、悌、力田共有360人,平均每乡2.1人。有秩、乡佐等乡吏,加上亭长、游徼等亭吏,人数并不少。例如,东汉雒阳县共有员吏796人,13人俸禄在四百石以上;乡有秩、狱史56人,佐史、乡佐77人,斗食、令史、啬夫、假50人,官掾吏、干小史250人,书佐90人,

---

[1] 高敏:《"有秩"非"啬夫"辨》,《文物》1979年第3期;(宋)范晔:《后汉书·仲长统传》,中华书局1999年版,第1114页。

【修】行 260 人。①

后世经常将宋代职官与秦汉相比，可能汉代官员数量少，但吏员并不少。西汉平帝时，全国已经有乡 6622 个，亭 29635 个，全国吏员自佐史至丞相，共有 120285 人。② 如此之多的官吏，肯定造成很大的财政压力，对基层机构设置也有一定的影响。例如，从亭一级来看，后世就没有这一设置，无疑减少很多开支。后世削减乡村治理的行政层级，以民治民，也是减轻财政负担的必要选择。

一旦乡吏们去职业化后，其素质、能力和权威必然大大下降，平民百姓可能无法担负主政一乡之责，此时需要将乡政分散，由同样是平民身份的里长们共同承担，效率才会得到保证。就此而言，隋唐废乡官可以被看作北宋在县下政区完全实行职役制的一个必备前提。

乡佐、乡书手、算手等是负责赋役征收征发和计算的乡部小吏。秦汉至隋唐，大乡一般设乡佐一人，辅佐有秩或乡长，主管赋役。乡佐在唐初与乡长一同被废除。乡书手相当于乡部的文书或会计，其前身应是书史一类的小吏。尽管乡佐、乡长都被废除，但乡里的日常文字、会计工作，如校比户口、编造户籍、均田授田、课赋征役等几乎所有行政工作都需要进行记录、书写、计算、整理，必须由专业人员承担。乡长、乡佐等主政、辅政之官可以被废除，其职能可由里正轮摊，但技术性工作须由专人负责，否则乡里体系无法运转。历代乡里始终存在书史、书手、算手一类的文书兼会计岗位的小吏。

乡书手们虽然属于不起眼的乡村小吏，但对乡村治理和农民生活也产生很大的影响。后文所说的农民的许多机会主义行为如飞洒、冒隐、荫附等，都需要以贿赂乡书手一类的"现管"小吏为代价，与之共谋才能实现，因为只有乡书手们才掌握乡村田土、赋役的真实数字，他们手中可能有好几本账簿，并可利用职权渔利。此外，这些书手、算手还可利用小数点后的位次从中获益。古代赋役征收时，粮食单位"石、斗、升、合"等、银两单位"两、钱、分、厘"等都向后延伸到14位，可别小看那些小数点后的小单位，精明的算手们通过巧妙处理这些小单位，

---

① （宋）范晔：《后汉书·百官五》，中华书局 1999 年版，第 2474 页。
② （汉）班固：《汉书·百官公卿表》，中华书局 1999 年版，第 62 页。

上可以欺瞒县府官员，下可以诈骗不识字的小民百姓，从中渔利。明代多次出现粮长、书手们共同作案、侵渔百姓的事例，其手段与玩弄会计、文书技巧不无关系。

鄢长、里正（长）、邻长、保长、甲长

先秦时期的鄢户数规模为 100 户，相当于后世的一里，鄢长相当于后来的里长。先秦时期鄢长的职责是："各掌其鄢之政令，以时校登其夫家，比其众寡，以治其丧纪、祭祀之事。若作其民而用之，则以旗鼓兵革帅而至。若岁时简器，与有司数之。凡岁时之戒令，皆听之，趋其耕耨，稽其女功。"① 可见，鄢长与鄙师相比，工作更为具体，除执行上级命令外，还要清查户口，治理丧事、祭祀，率领役徒服劳役，并劝课农桑。先秦时的里宰的主要任务是清查户口，检查六畜、武器以及劝课农桑，按照上级要求征收本里赋税。

从征收赋税来看，先秦时期的赋税命令来自遂师和司稼。遂师，相当于副州长，一个主要职责是："经牧其田野，辨其可食者，周知其数而任之，以征财征。"司稼，其一个主要职责是"巡野观稼，以年之上下出敛法"，虽然田税的标准是固定的，但由于天气及旱涝灾害影响，每年收成存在区别，故有司稼一官，通过巡视庄稼的生长情况，根据年成的好坏制订征收赋税的法令。② 可见，这两个角色对乡村治理亦有很大影响。秦汉后，县是赋税征收单位，县令、知县承担了确定赋税等级和标准的工作。

前文已述，里是古代中国基层最稳定的一级治理组织，贯穿于自商周至明清的所有历史时期。里的负责人，在殷商时称为里君，西周时称为里宰，秦汉时称里正或里典③，其后则或称里正，或称里长。西周时，闾佐是里正的副手，还有什长、伍长、社宰、里监门等作为辅助职役，形成里的治理团队。

里的规模一般为 100—110 户，只是在西周、北魏时，为 25 户，算是

---

① 《周礼》，徐正英、常佩雨译注，中华书局 2014 年版，第 340—341 页。
② 《周礼》，徐正英、常佩雨译注，中华书局 2014 年版，第 334—335、371—372 页。
③ 《后汉书》中称为里魁，见"里有里魁"，见（宋）范晔《后汉书·百官五》，中华书局 1999 年版，第 2475 页。

特例。里的规模决定了里正（长）和里的治理团队是最接近、最了解乡村百姓的，他们本身也出身于平民。如果仅就治理角色而论，可以说，作为亲民之官的知县和作为亲民之吏的里正是在乡村治理中最能发挥核心作用的两个岗位。不过，里正名为里吏，但官府并不支付俸禄，只是免除徭役而已，这就表明，自先秦至明清，里吏始终是一种职役身份，是民，而非吏，更非官。

里正在基层治理一线直接与广大乡村百姓打交道，任务重，责任大而权力小。历代王朝法律对里正、里吏等的约束颇为严厉。不同的是，自秦至唐，除了经济惩罚外，在刑罚方面的处罚更严厉。例如，秦简、汉简和唐律中，都严格规定如果里正在户口登记、徭役征发、维持乡村治安、缉拿盗匪以及押送役徒等方面失职要受到严厉的惩罚。《睡虎地秦简》中记载的《秦律杂抄》"傅律"中规定："匿敖童，及占癃不审，典、老赎耐，百姓不当老，至老时不用请，敢为诈伪者，赀二甲；典、老弗告，赀各一甲。"① 作为泗水亭长的刘邦押送役徒去咸阳，中途役徒纷纷逃亡，刘邦害怕被斩首，被迫带领剩下的沛县父老在芒砀山起事。唐律中规定，如果里吏失职，视情节要遭受笞打、流放等处罚。宋元之后，主要是经济处罚，如承担衙前之职时，承担包赔之责；负责征收里甲赋役时，也有连带责任。里正也不能避免受到肉体惩罚，常有地方官因里正"失职"而吊打他们。

对里正来说，治理乡村最大的挑战是管理治安和征发赋役。王朝前期，政简刑清，轻徭薄赋，社会稳定，里正上传下达，按图索骥即可，但至王朝中后期或逢乱世，里正的治理压力就会空前增大。里正似官非官，似民非民，地位尴尬。实行职役制后，里正一职成为重役。里正的身份和岗位性质决定了里正在行使权力时具有超出其他乡官里吏的两面性和二重性。这种两面性和二重性体现在两个方面，一是里正的机会主义行为，二是里正作为亲民之吏履职行政的手段与力度。

就机会主义行为而言，一方面，里正作为理性人，具有利用职务之便揩油寻租、关说徇情、中饱私囊的动机，里正的理性逐利行为在本质上与其他治理角色别无二致，这是人性的自然呈现。另一方面，纯粹赢

---

① 《睡虎地秦墓竹简》，文物出版社1990年版，第87页。

利逻辑运用于里正身上可能要打些折扣。里正生长于乡里,一里之人,沾亲带故,血脉相连,即使有理性主义和逐利的诉求,也会有所顾忌,程度与方式会有所取舍,对大部分人来说,"吃相"不致过于难看。这一点,是与州、县、乡那些胥吏存在区别的。乡、县都是地域文化共同体,但相较里,已经由熟人社会延伸到次熟人社会、半熟人社会,胥吏们上下其手的顾忌要少很多。就传统乡里社会而言,逐利逻辑与地缘、血缘和文化的约束在距离上是存在比例关系的,这适用于士绅、耆老们,也是中国传统社会关系的特点,即人情、关系等会作为理性主义的干扰变量,限制其作用范围和程度。此外,王朝也有约束里正的政策法令,如《天圣令》附唐令中对于里正就有"唯得依符催督,不得干预差科"的规定,[1] 要求里正依章办事,不得枉法徇私,上下其手。

就履职行政而言,一方面,里正具有很大的职责压力,肩负一里治理的重任,且受到王朝国家的严格监督,履职任务很重,治理压力的层级传导迫使里正必须以履职为第一要务,何况无论是秦汉隋唐,还是宋元明清,里正和其他里吏的工作性质都是一种役,里正有作为官府帮凶的一面,有作为统治者助手的一面,协助地方官吏压榨百姓、敲扑乡民、催逼赋役等也是里正行为的自然呈现,对此无须讳言。但另一方面,如果在其独立行事的职责范围内,一个理智清醒的里正在履职行政时将会在王法与人情之间寻求平衡。作为本乡本土的吏人,即使没有被打招呼或贿赂,里正们在执行官府法律政策时很难不受人情世故的影响,毕竟里正世代居住在乡里,各种关系盘根错节,"为人留一线,日后好相见",这就决定了里正行政不同于州县官吏行政那样无所顾忌,而要选择最合适的方式,既要完成任务,又要关照乡里,这就要考验里正为人处事的经验、能力和水平。

北宋之前,里正或多或少能够享受到王朝国家给予的一点优惠政策,而北宋之后,沉重的职役责任与里正享受的政策优惠完全不成比例。秦汉里正免除徭役是肯定的,因为里正本身就是一种役,至于他们能否享受俸禄是有疑问的。《春秋公羊传》中何休的解诂认为,里正和父老"皆

---

[1] 参见万晋《唐长安的"里"、"坊"与"里正"、"坊正"》,《东岳论丛》2013年第1期。

受倍田,得乘马。父老比三老孝弟之属,里正比庶人在官之吏"。① 即使如此,与里正、父老所承担的经济和刑事责任也是不相称的。唐代的里正如果任职数年,表现良好,有机会升迁为官。②

吏和役的划分在于有无官府支给的俸禄,但里正既是吏,又是役。其承担的任务是吏的任务,但其身份是民,以百姓的身份行使吏员的职责,这就是一种职役。在这个意义上,历代王朝,里正始终都是一种职役岗位。只不过隋唐之前,能够服役尤其担任里正的人需要具备一定条件,且须乡举里选,两宋以后,服役的主体范围由上等户逐渐扩大到全体乡村农户,最终实行轮充。职役制下,里正所获得的制度性优惠政策已经荡然无存,利用职务之便寻租也更困难,包赔累付和连带责任更重,宋、明两代,里正成为重役就在所难免了。

邻长和里甲制中的甲长是里正之下的辅助役职,如果说里正(长)大约相当于今天行政村的村委会主任,那么,邻甲长约相当于村民小组长或包片长,他们虽然也是乡里治理组织的负责人,但身份是纯粹的"庶人",是历代统治者"以民治民"思维的产物,就此而言,统治者是不希望乡村社会自治的,而是一直企图用他治来实现统治。保长和保甲制中的甲长属于治安系统,与里甲制的行政系统构成农村基层的双轨治理体系,保长、甲长的渊源是先秦至秦汉的什伍制,前身则是什长、伍长,从什伍到保甲,统治者对乡村社会的控制愈益严密,而保长们的连带责任和邻居们的连坐之责是典型的"恶法",但由于对维护王朝统治秩序有利,无论多么不合理,也一直被后世统治者继承下去,且越来越走向极端。虽然到了20世纪30年代的现代社会,保甲制仍阴魂不散,保甲长们粉墨登场,服务于国民党反动派的党化教育和乡村控制。

二 乡村治理的非体制性角色

非体制性角色指没有经过政府任命,也没有担任乡村治理组织负责

---

① 李学勤主编:《十三经注疏·春秋公羊传注疏》,北京大学出版社1999年版,第361页。
② 参见李方《唐西州九姓胡人生活状况一瞥——以史玄政为中心》,《敦煌吐鲁番研究》1999年第四卷,第265—285页;转引于屈蓉蓉《唐代里正职能新探——以吐鲁番出土文书为中心》,《唐史论丛》第二十九辑,2019年第2期。

人或成员，但在现实乡村治理中发挥治理功能的行为体，包括宗族、家族、乡村共同体中的族长、房头、长者、乡贤、耆老、宿儒、士绅、商会领袖等。中国古代长期以来是一个礼治社会，宗族家族势力、有文化的知识分子、退休官员、有所成就的地方士绅、商人都属于乡村社会精英，他们具有话语权，是乡村的实力派人物。他们或拥有礼法上的权威，如族长或宗族家族长者；或拥有知识上的权威，如儒生监生；或拥有政治上的余威，如退休后回到乡村的官员、士绅；或拥有经济实力，如地主、富户、商人等。这些权威和实力决定了上述角色能够在中国古代乡村治理中发挥相应作用。一般情况下，统治者在考虑乡长、里长、保长、甲长人选时，会优先从以上人士中考虑，以便利用他们的地位和影响，减少乡村治理的阻力，更好地贯彻国家意图。因此，当乡村政治经济文化精英进入乡村治理体制之内，使体制性角色与非体制性角色合二为一，那么他们就会成为乡村社会治理的核心人物，发挥核心功能。例如，在皖南地区的古代徽州府，聚族而居是普遍现象，对徽州一府六县若干宗族制度的调查表明，明清时期的诸多族长都兼任保长。

即使士绅、耆老、族长等角色没有成为正式的乡里长，进入治理组织内，他们仍然可以在乡村治理中发挥以下两个方面的功能。一是协助教化，执行"王法"，同时也掌握国家权力与乡村利益之间的平衡。也就是说，王权与民权的平衡在很大程度上是要通过乡村社会的民间精英通过各种渠道，包括请愿、游说、利用人脉关系、道德力量等来实现的。二是推动乡村社会自治，履行公共事务、公益事业，推行各种善举。如果一个乡村聚合了以上各类角色，就会有钱、有谋、有力，举善行义也好，抚贫济困也好，就很容易得到实施。事实上，尽管乡村社会的自治功能、公共事务、公益事业离不开全体同乡的共同参与，但作为非正式角色的乡贤们，肯定是能起到重要的组织、参谋作用。

如果宗族家族长者、士绅、退休官僚等乡贤的力量能够与乡里长等正式角色形成合力，乡村社会的治理效果就会事半功倍，如果非正式角色与正式角色展开角力、"窝里斗"，或者不同的家族宗族、不同的政治角色之间勾心斗角，矛盾重重，那么乡村社会的治理就会陷入内耗空转之中，很难取得好的治理效果。可见，乡村精英们的角色扮演在乡村治理中起到至关重要的作用。当然，这是指在和平年代的超稳定状态下，一旦世易时移,进入"大争"之世,如每当王朝末年,社会矛盾激化之时,乡村社会中"沉默的大多数"——那些普通百姓可能就会登高一呼,跃上时代的舞台,成为历史的主角,陈胜、吴广、王小波、李自成就是其中的佼佼者。

古代中国乡村真正享有特权的是士绅阶层,即拥有一定功名或文化身份的知识分子,不管是形势户还是士绅,享有包括免役免粮在内的诸多特权,他们比普通的地主身份要高,地主其实就是高级农民,身份变不了。传统中国是用职业作为阶层的划分依据的,在士、农、工、商的四民划分中,士是得到照顾,拥有特权的,地主则归于农民之列。

三老、父老、耆老、老人

自秦汉、隋唐至明清,乡村德高望重的宿儒耆老一直是乡村治理的精神象征,明清之后,随着宗族的兴盛,耆老往往与族长合二为一,对乡村教化、秩序和规范的形成发挥重要的影响。

按照史书记载,秦汉三老应是体制性角色,任务较为明确,就是"掌教化",与有秩不同,三老是由乡里公举的德高望重年长者,没有俸禄,仅享受免除徭役的优惠,不过可得到官府的酒肉慰问。

汉代以孝治天下,尊重老者。县乡都设有三老,希望利用老者的威望和影响力维持乡村秩序,提升乡里教化。三老似官似民,被视为一乡长官之一,身份却仍是百姓;官府希望他们发挥作用,但主持乡政的仍是有秩或啬夫,主持里政的则是里正。乡、里除负责人外,还有其他辅佐的吏员或役职,组成乡、里两级治理团队。在考古中发现,汉代三老亦有官印,但在尹湾汉墓中出土的《东海郡吏员簿》并未列入三老,故有学者认为,三老是荣誉头衔,不是在编乡官。我们认为,三老虽有体制性质,"非吏而得与吏比",但本质上仍属于乡村精神领袖和地方社会领袖。有学者认为,西汉昭宣时期后,原行政、教化的二元格局逐渐解体,基层行政一元化趋势渐显,作为汉初长者政治的孑遗,三老不可能完全吏化,教化之职渐由小吏取代,终东汉之世,三老在基层治理中存在,但职权已然虚化。[1]

先秦时期,里中就有父老,《墨子·号令》中在讲述守城的条例禁令

---

[1] 邹水杰:《三老与汉代基层政治之演变》,《史学月刊》2011年第6期。

时说:"奸民之所谋为外心,罪车裂。正与父老及吏主部者不得,皆斩。"① 这表明,当时的里正、父老皆是一里的领袖。

《秦律令》"尉卒律"中规定:"里自卅户以上置典、老各一人。不盈卅户以下,便利,令与其旁里共典、老;其不便者,予之典而勿予老。"② 30户以上的里置父老一人,父老的来源和选任与三老相似。就此而言,秦汉的三老、父老具有选任的职役性质。不过,在古代中国,父老一词有广义和狭义之分,狭义的父老是指秦汉在里一级设置的治理角色,与乡一级的三老相对应。广义的父老则指地方上有影响力的人士。项羽、刘邦逐鹿中原,背后都依靠父老力量,"父老乃率子弟共杀沛令,开城门迎刘季";项羽兵败,故而无颜见江东父老,刘邦衣锦还乡,"悉召故人父老子弟纵酒"。③

唐代,父老演变为耆老,仍然在乡里中发挥影响。明代,朱元璋特别重视老人作用,老人享有"方巾御史"之誉,这是朱元璋发明用以对付扰民侵民的贪官污吏的,明代老人的职责范围比三老、父老等要广泛,不但协助协调旌善亭、申明亭的管理,负责道德教化之事,还要协助处理各类民间邻里纠纷,以及对外交往、督办赋役之事,俨然成为里正的第一助手。

族长

宋元明清时期,乡村社会聚合形态中最大的变化就是宗族的发展和繁盛,由此,族长登上历史舞台,成为乡村治理的重要角色之一。族长同时具有年龄、威望和血缘等方面的优势,对广大乡民来说,族长既是长者,又是长辈,还有权威,与受到官方某种程度加持的三老、耆老等不同,族长是乡村社会自发形成的地方领袖,事实上,在明清时期的乡村,族长与士绅及其所代表的群体共同构成民间社会的两类主要势力。

在宗族内部,族长比宗子更有竞争力,族长是宗族的核心和首领。宗子则只有血缘上的优势,享有主祭之权,但如果宗子不具备一定的管

---

① 《墨子》,方勇译注,中华书局2011年版,第546页。
② 陈伟:《岳麓秦简"尉卒律"校读(一)》,载简帛网,网址:http://www.bsm.org.cn/?qinjian/6648.html。
③ (汉)司马迁:《史记·高祖本纪》,中华书局1999年版,第247、274页。

理和组织能力，当不上族长的话，很可能沦为族长的傀儡。族长之所以能够成为宗族领袖，是因为他在各方面具备了足够的资格和能力，属于乡村民间精英人物。如果族长同时又具有士绅的身份，则可以聚合民间和官府两个方面的资源，足够在本乡本里呼风唤雨。

官府对有势力的族长既倚重又防范。如同通过职役制"以民治民"，降低治理成本一样，府县地方官员乐于在乡里与宗族高度重合的地区，让族长发挥安定乡里、劝课农桑、催征赋役等功能，因此，许多族长同时又担任里正、甲首等职。此时，那些适用于里正的行动逻辑自然也适用于族长。此外，族长还需要充分考虑如何保护宗族利益，维护本族的稳定、团结和发展，此时的族长，其逐利和机会主义等方面的考量会受到族长身份的更多制衡。中国传统社会乡里秩序的长期和谐稳定离不开族长这一地方领袖的作用，尤其是在遭遇灾荒、动乱之际，族长作为乡村领袖，在乡村公共产品的供给上能够发挥较大的作用。同时，王朝国家也赋予族长在法律上的权利和义务。例如，《大清律例》规定，子孙盗卖祖遗祀产在治罪以后，其盗卖之房产要交给族长收管。族长也负有对本族户口脱漏、欺隐田粮的连带责任。[①] 在此约束下，族长自然要将督促本宗村民按时申报户口、主动缴纳赋税等作为自己的义务，对统治者来说，这既有利于降低统治成本，又可加强对乡村的控制，实现治理目标。

士绅

士绅历来被认为乡村治理中最重要的民间力量代表，一般来说，士绅等同于绅士、缙绅、绅衿、乡绅，《辞海》中没有"士绅"一词，只有"绅士"，意指旧时地方上有势力的地主或退职的官僚。[②] 《现代汉语词典》中将绅士定义为旧时地方上有势力、有功名的人。[③] 缙绅，同搢绅，指旧时官宦的装束，亦为官宦的代称。[④] 乡村的缙绅是居住于乡村的享有一定特权的退休退职官员，也包括国子监和府州县学的生员。费孝通先生

[①] 李哲：《儒家"亲亲"思想与中国传统社会家族族长——以清代民事习惯为视角》，《齐鲁学刊》2017年第3期。

[②] 夏征农主编：《辞海》，上海辞书出版社1999年版，第3129页。

[③] 中国社会科学院语言研究所词典编辑室编：《现代汉语词典》（第6版），商务印书馆2014年版，第1153页。

[④] 夏征农主编：《辞海》，上海辞书出版社1999年版，第3202页。

将士绅阶层与士大夫进行紧密系联，认为士绅有时也被称为士大夫。士绅可以是退任的官僚，或是官僚的亲属，甚至可以是受过教育的地主。[①]

学界对士绅的内涵与外延存在争议。[②] 有人将有功名和特权作为士绅的内涵，有人则认为知识和文化是士绅的特质，并不必然要求具备功名，官僚子弟、受过教育的地主、乡绅也可被列入士绅阶层中。广义的士绅阶层构成广泛，退休官员、未出仕的举人、生员、乡村文化名流等都可被称为士绅。无论存在什么样的分歧，有一点是肯定的，士绅是乡村政治、经济、知识精英，且与现行体制和官府有密切的联系，普通光头百姓是无法成为士绅的。

费孝通先生深刻地指出，士大夫阶层从来都不是一个革命的阶层，他们选择成为官僚，降为彻底臣服于皇帝之流；这决定了士绅在政治结构中的地位。他们本身并不想夺取政权，只是以屈服于政权来谋取利益与安全。在传统中国的权力结构中，士绅是没有斗志的那部分。[③]

费老对士绅本质和特征的描述表明，士绅尤其是退隐乡村的士绅既没有左右上层政策的雄心企图，也掌握不了多少实际政治权力，但他们可以在乡村治理中发挥重要的作用。因为士绅往往是政治、经济和文化的集合体。士绅是三类人：已经成为士（官员）的人、即将成为士的人和希望自己或子孙成为士的人。士绅与体制具有天然的合作精神，很难成为体制的反对者，他们依附于体制，受益于体制，希望继续通过体制维持当下的在地影响力。士绅很难挑战体制，想维护的只是对自己有利的既存乡村社会秩序，这与官府的期望和利益是一致的。在乡里—里正体系之外，官府是乐于发挥士绅等的作用，来夯实乡村社会治理基础的。

士绅在乡村治理中的追求或偏好不外三个方面：继续发挥在乡村和基层的政治影响力，参与乡村重要政治生活；维持本户本族在经济上的既得利益，持续获取物质收益；展示在文化和社会方面的领导力，积累

[①] 费孝通：《中国士绅——城乡关系论集》，赵旭东、秦志杰译，外语教学与研究出版社2011年版，第25、37页。

[②] 有关争论可参见张羽净、吴超《近二十年来国内明清士绅研究综述》，《阴山学刊》2014年第1期。

[③] 费孝通：《中国士绅——城乡关系论集》，赵旭东、秦志杰译，外语教学与研究出版社2011年版，第67页。

乡村社会资本，累积"仁""善""智""望"等名声。与耆老、族长相比，士绅的底色是知识分子，生员、举人、致仕的官员都接受过多年儒家教育，过去和现在的读书人的身份决定了士绅在精神文化和信念规范上不同于普通的市民或乡民。士绅有其理性偏好和机会主义利益追求的一面，但和在职官僚一样，受过孔孟之道浸濡的士绅有一定的精神追求和道德信念，虽也可以将之归结为伪善或虚伪，士绅总体来说是保守的力量，对于革命和改朝换代来说，他们应该被打倒，但对于维持乡村社会稳定，实现和谐治理来说，士绅的稳定作用是不可忽视的。自身现实利益的驱动、维持乡里秩序的需要和遵守孔孟之道的信念，或许还有一点点读书人的面子或抱负，共同决定了士绅阶层的行动逻辑，这既是他们乐于在乡村事务中积极发挥作用的动机，也是他们愿意配合现行体制优化乡村管理的原因。士绅在政治上既软弱又强横。就算曾为内阁首辅的徐阶，面对强势的海瑞，也不得不退出一部分田地以缓和矛盾，但他们又是隐忍和团结的，江南士绅地主们最终还是设法把海瑞赶走了。如果不触及士绅的根本利益，如退田、均田，他们是愿意在一定范围内减租减息，捐资行善，兴办义仓义学，救济孤寡，组织兴办乡学等乡村公益事业，提供水渠堤坝、道路桥梁、水井等公共产品，因为这些事情既在其能力范围之内，又符合传统价值观，还可获得一定的名声。读过书的人总是相信"雁过留声，人过留名"的，希望将自己的名字留在功德碑、族谱、县志中的，获得诸如"齐民之道，乡民之望""德隆望重，为民表率"一类赞誉的虚荣心可能就是士绅能够成为乡村治理中积极作用因素的原因吧。

士绅是善和恶的复合体，士绅在乡村治理中的作用具有两面性，其正面影响的发挥须以不触动他们的根本利益为前提，一旦突破士绅们的利益底线，他们就会变成"土豪劣绅""刁绅劣监"，就会勾结官府，运用政权、族权、神权、绅权等一切手段压迫乡里[1]，对付村民，维护自身

---

[1] 毛泽东在《湖南农民运动考察报告》中将政权、族权、神权、夫权喻为束缚中国人民特别是农民的四条绳索。见《毛泽东选集》第一卷，人民出版社1991年版，第31页。其实，这四权的行使离不开士绅阶层作为乡村政治、经济和文化领导者地位的加持，换言之，士绅阶层是协助封建官府强化四权压迫的重要帮手，某种意义上，绅权也是束缚农民的绳索之一。

利益。此时，他们对乡村治理就会产生破坏作用。尤其是当王朝末年的大危机来临时，士绅、地主不但"大难临头各自飞"，甚至可能充分运用体制优势，"交通官宦"，抢先登岸，反过来鱼肉百姓、残害乡里。

之前分析的开明士绅并不能代表全部士绅阶层，任何一个阶层都有左、中、右之分。作为乡村有势力的群体，士绅阶层同样良莠不齐，在不同时段、不同地区的乡村治理中发挥不同的作用。势力庞大、地广钱多的右派士绅地主、富商们是乡村社会的重要剥削者和压迫者，是自耕农、半自耕农、贫农、雇农们经济贫困、政治受压的主要施加者。晚清、民国时期，科举的废除使士绅入仕希望破灭，庸俗化、谋利逻辑开始成为乡村士绅的主要追求，士绅对乡村治理产生的影响日益负面，士绅在品质上趋于衰败和恶化，成为革命的对象，国共两党皆推出"打倒土豪劣绅"的口号。① 不能因为少数开明人物和乡村"善人"等具有左翼色彩士绅的存在，就否认士绅整体上属于旧社会剥削压迫阶级，地主绅士是全部封建统治的基础这一认知②。

也许，对于大部分士绅地主来说，他们是中间派，没有那么积极投身乡村治理，热心乡村公益事业和公共产品，他们具有一定的剥削性和压迫性，但程度不如"土豪劣绅"们那么恶劣，他们也有一定的公益性、奉献性，但总是有些小家子气，患得患失，往往走两步，退一步。传统中国的乡村社会中，中间派的士绅可能是最普遍、最具代表性的存在，但或许也是最真实的乡村精英特质的写照，对乡村治理产生的影响也是最正常、最普遍的。

不能不承认的是，由于士绅阶层在经济上、文化上的优势地位，大部分乡村治理组织负责人都是由士绅担任的，这就决定了士绅阶层在政治、经济和文化上都是乡村治理的在地统治力量，官僚、文化和教育背景使士绅阶层相对于那些没有多少知识水平和官府人脉资源的"土财主"来说，更具治理优势。正因如此，普通地主、富农总是尽力培养子孙读书入仕，改变家族底色，攀升到士绅阶层。

---

① 龙登高、王月、陈月圆：《传统士绅与基层公共品供给机制》，《经济学报》2022年第2期。

② 参见《毛泽东选集》第二卷，人民出版社1991年版，第624页。

传统革命理论将地主士绅视为同一个阶级,并进一步认为皇帝、贵族、官僚都属于地主阶级,此种划分在总体上当然是没有任何问题的,但运用到乡村治理领域则未免有所疏阔。传统理论对阶级的划分是以生产资料的占有形式为标准的,体现的是一种经济学的视角,而皇帝、贵族、官僚是一种政治身份,虽然他们也占有土地,但以上划分是否在一定程度上遮蔽了统治阶级内部的歧异呢?历史上,并非所有的官僚都是地主,也并非所有的地主都能成为统治阶级,地主和富农可能是剥削者,但并不一定都能成为乡村统治者。事实上,在宋明的职役制体制下,他们也受到国家的压迫和剥削,至少从制度设计的初衷来看,乡村上户或富户(地主、富农)要比下等户和普通农民承担更多的徭役义务。历史表明,并非在所有朝代的所有时期,皇帝、官僚和地主都能形成共谋。本书是一项政治学的研究规划,主要从政治权力—国家与农民关系视角来分析乡村治理,故此,对地主阶级与农民阶级之间的经济剥削关系这一对矛盾着笔很少,但并不代表我们否认地主对农民的经济剥削,也并不否认封建社会的主要矛盾是农民阶级和地主阶级的矛盾这一权威判断。[①] 如果将皇帝、贵族和官僚也视为地主阶级,那么,本书的基本判断:乡村治理的主要矛盾是国家与农民的矛盾与上述权威判断在根本上是一致的。

耆老、族长、士绅是从不同视角展示优势的乡村民间精英,亦为在地有力者,或许是傅衣凌先生所说的乡族势力,也可以称为乡村民间代表力量。他们的身份虽然是民,但或为官府利用借重,获得一定的委派,或者得到官府背书钤印,得到认可,或因为是退休官吏和士人举子,拥有政治文化影响,或因为是巨贾大商,而拥有经济影响。纯粹的地主或富农,即使家有财产万贯,但如果没有社会交往关系和在地影响力,或者文化、宗族方面的社会资本,也是无法深刻影响所在地区的乡村治理的。

耆老、族长、士绅们是以非正式权力方式在乡村治理中产生影响的,在某种程度上成为地方建设的推动者和地方利益的代表者,与皇权、行政权等正式权力形成互相配合、互相补充的关系,能够在国家与社会、官府与民间、地方与基层之间发挥对接、沟通、缓和、协调功能,既有

---

① 参见《毛泽东选集》第二卷,人民出版社1991年版,第624—625页。

利于皇权、行政权向乡村底层的延伸和渗透，保证国家意志的实现和政策的贯彻，也可利用乡村精英与地方官僚间相对密切的联系渠道反映民意，从而成为民意反弹时的一道阀门，为地方官府和皇权减轻阻力，拦截、缓冲民怨对官方治理体制的冲击。

第五节　古代乡村治理的功能透视

对以上古代乡村治理体系演变的内容进行梳理可以发现，古代社会的乡村治理主要有四个方面的功能：政治功能、经济功能、文化功能、社会功能。对这四个方面的功能再进行分析，又可分为两大类：代表国家履行统治职能，完成乡村社会的自治职能，它们形成古代乡村治理的两个核心功能。统治功能主要由政府完成，由府县等地方官吏具体执行，乡吏里役予以协助。体现统治功能的有民政、警政、刑政、礼政四大类事务。在民政中，又包括田政、户政、税政、农政、恤政、荒政六类细目。警政包括在地治安、辅协军政。刑政包括司法判决、司法执行、司法调停等。礼政包括教育、教化、文化等事务。自治功能由乡村民间社会共同体组织承担，有时需要官府的背书、指导或监督。

一　乡村治理的统治功能

民政、警政是国家在乡村社会所行使的最主要功能，它们直接关系到国家对乡村统治意图的执行和行政目标的实现，二者又可归纳为行政、政法两大类功能。前者包括清查土地，管理户籍，征收赋役，开展道德教化，维护统治阶级的意识形态合法性等。后者包括组织乡民建立正式或非正式的武装，参与作战，保境安民，御匪缉盗，协助镇压暴动叛乱等。

乡村治理的权力来源

至晚自春秋战国时期开始，乡村社会就形成了两种并行的治理体制和治理组织，分别履行行政功能和政法功能。主要履行行政管理，如土地、户口和赋役管理功能的体制是乡里制，建立在乡（亭）—里—邻（甲）组织体系之上。一般来说，乡、里相对固定，类似于今天的乡镇和行政村。里之下，历朝历代变化不一，有时为什，有时为保，有时为邻，有时为甲，所辖户数不一，丁数不等。主要履行维护治安，镇压人民反抗，加强基层管控的政法功能则建立在什伍制、保甲制的基础之上，以强迫底层人民和街坊邻居具结互保，实行株连坐罪之法来巩固统治，加强治安。

无论是主要履行行政、民政功能的乡里、里甲制，还是主要履行警政、政法功能的什伍、保甲制，都是古代国家行政权力的体现，是中央政府、地方政府的行政权力在乡村社会的延伸，在县以下层次，它不是以正式政权或一级政府的形式来体现的，而是以权力末梢、权力触角的形式体现的。国家通过委托方式，授权于特定的乡村人士，赋予他们参与乡村治理的体制性角色身份，行使相应的治理权力。获得授权，参与治理的乡村角色并非全是乡村精英，宋、元、明、清实行职役制以后，乡村治理主体已经走向大众化、义务化，这与秦、汉、隋、唐有着本质的区别。族长、士绅等乡村精英当然也会参与乡村治理，但明清轮充制、均徭制的普遍推行表明，参与乡村治理并非完全意味着权力和牟利，更多时候还意味着义务和受剥削。

无论乡村治理的主角是精英还是大众，也无论是主动举选，还是被动轮充，乡村百姓的参与，表明乡村治理具有鲜明的草根性和被动性，皇权通过玩弄"以民治民"的把戏，目标无非是"以民制民"，但万变不离其宗，在专制体制中，乡村治理权力的终极来源是王朝的法律和政策，展现的是皇权（行政权）的在地化过程。即使是古代社会宗族、会馆、商会等血缘、地缘、业缘共同体组织行使某些自治权力，也受到专制国家的强力制衡。如果非要为乡村精英自治寻找注解之处，或许也只能从上述乡村共同体组织的内部治理中去发掘吧。

以上对乡村治理权力来源的分析表明，古代乡村治理并非完全是地方精英自治，也不存在所谓的"皇权不下县"，"皇权"是下了县的，只不过不是以正式的政府—政权序列面目出现的。

国家在乡村的民政功能

如何考察古代国家力量对乡村治理的影响呢？我们可以结合明清徽州文书，从田地管理、赋税征收、治安管理、司法管辖等主要方面来了解当时以县衙（县级政权）为代表的国家力量对乡村社会所行使的统治功能，它们构成国家对乡村社会的民政、警政、刑政、礼政管理，其中，民政功能是国家尤其是县级政府在乡村的首要功能，它是汲取乡村资源，确保王朝运转的基本条件。

田政是国家在乡村行使民政功能的前提。历代统治者都希望尽可能地征收更多的赋税，不过，民力总是有限的，总量就那么多，如果单位赋税征收标准过高，会造成杀鸡取卵的结果，甚至可能官逼民反，理性的统治者所要追求的是良治或者说是适当的治理，即在百姓能够承受的范围内去汲取他们的资源。实现这一目标的做法有二：一是放水养鱼，授田征税，让农民拥有足够的土地。这就好比，要想取走农民家中的蛋，必须给农民发放可以生蛋的母鸡。历代王朝开国之初的授田、均田之举就是相当于给农民提供鱼苗和母鸡。二是查隐清欺，对百姓所拥有的资产进行清理，打击瞒产瞒田行为，在掌握准确数据的基础上，确定赋税和徭役的单位征收标准。两条做法简而言之，分田、清田，由此形成古代王朝的田制，即土地政策，前述井田制、授田制、均田制等各类田制以及经界制、鱼鳞册制、经理保簿、租佃制等都是古代的土地政策。政府对土地政策的执行就形成了田政，田政是农业国家一切经济政策的基础，也在很大程度上决定了王朝治乱兴衰的命运，本书后文所要谈及的制度衰败的一个重要表现就是，近古时期后，古代中国田政不举，土地政策难以适应经济社会的发展。

中国古代社会中，国家所需汲取的主要资源来自乡村，体现为土地和人口（男丁）两个方面，人地关系是古代乡村乃至古代国家存在发展的关键。只有土地，没有农夫来耕种，就会出现"千里无鸡鸣"、土地荒芜的景象；只有人口，没有土地，巧妇难为无米之炊，农民连生存都无法保障，何谈交纳公粮。对于古代统治者来说，核心的矛盾是如何解决人地关系，做到人有田种，田有人耕，人地处于相对合理的关系状态。但是，作为一个超大型农业国家，古代的人地关系不是简单的只要田有人种就行了，还要解决土地集中的问题，也就是说，人地关系要大体和谐，避免极少数人占有绝大多数的土地。无论是从王朝国家的统治基础，还是从人地关系的和谐状态来看，历代王朝在田政方面的最主要任务应该是解决占人口大多数的普通农民对土地占有的不足问题，维持小农经济和以自耕农为主体，而非大地主、中地主为主体的农业社会是封建王朝国家稳定的基础。

如何维持一个以自耕农为主体的乡村社会呢？根据本书上篇的历史

扫描，一个样本人口为5人的农夫家庭所占有的土地在20—100亩，由于历代亩积不同，在两汉以前，为80—100亩，在唐宋之时下降到60—80亩，明清以后，进一步降到60亩以下。尽管1491年时，全国户均土地可达68.34（明）亩，1578年时，为66.04亩，但其中包含了大量的皇田官地，真正为平民百姓所拥有的民田民地户均不到40亩。在山地丘陵地区（如徽州地区），平均每户占有的田地山塘面积在20—30亩；在江南平原地区，苏州、松江一带，户均占有全国最低，仅为20亩上下；包括杭嘉湖地区在内的浙江，户均土地也仅在25—30亩。江西与浙江相差不多，福建甚至更低。北方地区，户均土地大体能维持60—80亩的水准[1]，个别省份在特定年代达到100亩左右，尤其是河南省，但人们都知道，河南有多处王室亲爵，拉高了户均土地，普通百姓每户不可能占有如此之多的土地。

在土地问题上，历代王朝似乎都共享一条发展轨迹，越到王朝中后期，土地兼并越严重，自耕农群体不断缩小，佃雇农群体扩大，其结果是地主与雇农、佃农之间的租佃关系、农民与国家之间的赋役关系矛盾日益突出，如果王朝国家无力解决，就会陷入恶性循环，最终导致活不下去的农民揭竿而起。历代农民起义提出的口号不外是"均田""免粮"，均田直指土地集中，反映的是国家、地主与农民在土地上的矛盾，古代国家是最大的地主，王公贵族们以官田名义占有大量土地，尤其以明代为甚。"免粮"直指赋税徭役征收过重的痼疾，反映的是王朝国家与农民在赋役上的矛盾，且历代王朝在赋役征收上几乎都存在黄宗羲所说的"积累莫返之害"的困境。人地关系以及由此衍生的阶层冲突、官民冲突是古代中国治乱循环的永恒主题。其实中国古代社会的土地总量并不小，关键是占有不平衡。历史上，历代王朝统治者对于均田基本无能为力，即使个别朝代个别时期想解决这一问题（如北宋早期以及海瑞在南直隶都曾试图均田），但由于从根本上要触动当权者及地主阶层的利益，最终都无法推行下去。因此，均田均地，使全国农民占有土地回复到户均百亩（标准亩）的状态只能依靠大自然的调节。什么是大自然的调节？就是改朝换代。中国的改朝换代都要经历战争，战争使人口下降，原有土

---

[1] 参见第六章表6—21、表6—22、表6—23。

地关系彻底瓦解，为均田提供可能。这就是为什么历代王朝在建立之初总能维持相对和缓的人地关系的原因。但是到了王朝中后期，随着人口的增加，土地的集中，人地关系的相对和谐状态被打破，户均百亩的标准无法维护。人的能力有异，机遇不同，努力程度也不一样。王朝早期，各家各户同样是户均百亩，过了一百年，可能一个家庭沦为佃农或雇农，另一个家庭则成为地主或富商。这种状态是正常的、自然的，长短不齐是人类社会的自然规律，问题在于政府如何通过有效的政策措施调节这种长短不齐导致的贫富差距以及进而引发的社会矛盾。可悲的是，在历史现实中，中国历代统治者不但无力应对贫富差距，反而通过扩大剥削，加剧了贫富差距。凡是到了王朝末期，无不是苛捐杂税频出，百姓负担日重一日，如果再遇上连年水、旱、蝗、风等自然灾害，活不下去的农民只能铤而走险。

相对于田赋来说，差役对农民的伤害更大，不管是地主、富户还是贫户。如果说在经济上地主、富农确实成为统治阶级，但在行政管理上，两宋后，大中小地主要比自耕农、佃农承担更多的国家行政义务。正因为摊派式的行政义务与现实乡村治理情形之间存在巨大张力，一般到王朝中后期，摊派治理已经难以维系，上等户们不得不通过各种方式逃避差役，这就造成上等户、地主阶级在乡村治理中的复杂尴尬的身份定位。从剥削论视角来看，地主阶级对农民阶级形成压迫剥削，但从社会治理角度来看，上等户在国家与乡村社会之间扮演难以完成的中间人角色。里正保长们是代理人吗？远远谈不上，如果谈代理人，只能是县官及以上官僚体系中的文官角色，他们"学得文武艺，货与帝王家"，是皇权的代理，有很大的自由裁量权，作为差役身份出现的里正保长绝对不是。正因地主阶级、乡村社会中丁多粮多者视差役为负担，到明代，开始实行均徭法。康熙元年（1662），令江南苏松两府实行均田均役法，这是一种理想制度，但很难实施。康熙元年，户科给事中柯耸提出了均田均役的建议方案，他认为，任土作赋，因田起差，此古今不易常法。但人户消长不同，田亩盈缩亦异，所以定十年编审之法，役随田转，册因时更。这样就可以富者不能逃税，穷人不用增添过多负担。他认为，官役侵渔，差徭繁重，根源在于佥点不公。正确的做法是，在每县田额的基础上，确定里长数、甲田数，规定多少田独充一名差役，田多者独充一名，田少者串充一名。各项差役,俱由里长挨甲充当。苏松两府,竟然不核查田亩,有的人家田已卖尽,但还被报充里役,有的人家田连阡陌竟然一份差役也不用承担。这种田归不役之家,役累无田之户,结果必然是贫民竭骨难去,逃徙隔属。[1]

以上分析的是中长期的趋势,除了少数目光相对长远,具有一定战略意识的"圣君""大帝"们,对于统治时间长则20—30年,短则几年的帝王来说,他们的理性管不了那么长远的事情,绝大多数的普通帝王首要考虑的是如何征收到足够的赋役,使自己的江山更加稳固和长久。对于皇权统治者来说,当务之急是维护国家治理体系的有效运行,其基础则是国家是否建立有效的财政支撑体系。说白一点,国家是否能够征收到足够的钱粮维持运转,是否征发到足够的民力来帮助政府干活(包括力役和职役)。赋役征发由此成为王朝国家的头等大事,无论是抵御外敌,还是镇压内乱,无论是维持官员体系、治理体系的正常运行,还是确保皇族、贵族的富贵生活都需要以赋、役为基础。赋役,这一体现了农民与国家关系的概念成为古代社会治理运行的核心关键词。

从国家力量的视角看,乡村治理的首要之务是处理好土地和人民的关系。这就需要了解全国以及各级政权单位分别有多少土地、有多少人口?每户家庭对田地山塘的占有情况如何?不同的土地种植哪些农作物,正常年份,每亩土地的正常年产量是多少?只有充分掌握这些信息,政府的决策才能精准且符合实际,因而,不同层次的田亩数、人户数是新任统治者所必须了解的数据。刘邦进驻咸阳后,首先做的就是封存秦政府的内库档案,把田亩、户口等信息掌握在手里。由于历史资料的原因,上古、中古时代的田亩、户口只能根据历史文献代代相传,难以见到原始文献。但是历代统治肯定都进行过规模不同、程度有异的土地、人口信息统计工作。早在周代,就有"黄口始生,遂登其数"的规定。秦汉至隋唐所进行的貌阅、大比就是对户口、土地信息的大清查。两宋开始,对人口、土地的清查工作越来越细致,特别是南宋时期,通过经界法建立全国土地人口信息系统。明代开始系统营造土地、人口数据库,并在南京后湖专门设立档案库。其目的就是以"册"控"籍",以"籍"

---

[1] 赵尔巽:《清史稿·食货志》,中华书局2020年版,第2539页。

控"役"。

田政、户政、税政

田政、户政、税政在乡村治理中密切相关。如果田是"鸡",税就是它下的"蛋";如果田是"水",赋、役就是水哺育的"鱼"。田政主要处理的是给百姓送鸡,给农民放水,送鱼苗一类的事情。户政所要做的是,搞清楚哪些人家中有鸡,手中有蛋,水里有鱼,分别有多少鸡、多少蛋、多少鱼?税政则需要测算,对每家每户、每只鸡、每口塘,分别可以征收多少蛋、多少鱼?

税政管理以田政、户政管理为前提,当然也是田政、户政所要实现的目标。体国经野,而后方能则壤定赋①。为了使赋役征发有可靠的依据,国家力量首要做的是清查户口和土地。明代自"吴国"和龙凤时代起,就在原南宋数据的基础上,通过攒造人口小黄册和田亩鱼鳞册来加强赋役管理。全国建政后,朱元璋将在原江南地区的做法推行到全国,此后也为清代统治者所继承。

其一,进行人户统计调查,攒造人口事产簿册——黄册。官府发布命令,要求以里甲图为单位,每户先自行填报人口财产情况上报甲、里长,甲首汇总本甲各户亲供册,编制成本甲黄册②,里长再将本图各甲人户全部汇总攒做一处,制作成册,送与该管衙门。该管衙门查算人口、事产(包括田地),再按黄册里甲编制原则,编排里甲。其中存在人户拨补、人户分析、人户正管畸零编排等事宜。再将文册发给该里,由里甲依样誊写完备后,交还州县衙门。黄册最初以一百户为单位编制一册,百户为一图,设里长一人,其下每十户为一甲,各设甲首一人。催办税粮,以十年为一周次,按甲轮流。后每图由一百户增加为一百一十户,仍设里长为首。各里文册造完后,由县衙发给户帖,载明本户旧管、新收、开除、实在丁粮各多少,凭帖纳粮当差。同时它也是下次造册的凭据。各里文册汇总到州县后再由州县合并编制本州总册交至本府,本府再编制府总册交到本省布政司,最终形成里图黄册、州县总册、府总册、省总册四级黄册体系,除各级分别保留一套外,还要各送一套交到户部

---

① (明)黄宗羲:《明夷待访录·田制》,段志强译注,中华书局2011年版,第92页。
② 各甲黄册是仅由各户汇总,还是编制有封面,形成独立的一册,尚未可知。

查考收藏，并由官员、监生驳查，如有错漏须补登纠正。黄册攒造每十年进行一次，称为"大造"，新的十年将下一个十年各甲首应轮充年份依次填好，登记在册。

黄册攒造过程大致为：户部奏准，晓谕天下—各户依式亲供—攒造里册，编排里甲—汇编司府州县总册—解册收贮—驳查补造。

在攒造黄册的过程中，国家与农民之间在文书上发生的关系形式包括各户清册供单，甲、里、县、府、省各级黄册，各户户帖（类似于今天的户口簿），立户状文，信票。立户是指从原户中分出，另立户籍，需要向官府告状申请，经县衙批准后，发给相关凭证，将该户编入某图某甲，另立户籍。立户状文就是户主向官府递交的申请报告。官府同意后会在状文上写上"准"等字作为批示。信票则是官府发给民户的正式批准证明文书，有的与分户有关，有的与其他事宜相关。

崇祯十四年（1641）祁门洪公寿户的《清册供单》中记载如下信息：实在共有人丁男妇4口，男子成丁3口，本身，年47岁；弟天道，年45岁；男大兴，年16岁；妇女大口1口，妻程氏，年45岁。田地塘31.49078亩，夏税麦0.6441石，秋粮米1.15309石。其中田为21.575亩，夏税麦0.4413石，秋粮米1.1542石。其中位于本都的田为9.2489亩，在十八都的田为7.4131亩，在十九都的田为4.913亩。地为7.1843亩，夏税麦0.1469石，秋粮米0.2306石，地分布在本都、一东都和十九都三处。塘为2.73148亩，夏税麦0.0559石，秋粮米为0.1461石。塘分布在本都和十九都两处。事产为民草房三间[①]。以上信息表明，崇祯年间，男子16岁已经成丁，洪公寿户作为有三口成丁的四口之家，所拥有的田地塘面积达到31亩以上，大大超过当时徽州地区的平均数，理论上应是相对富裕之家，但从其事产来看，仅有三间草房，又令人不解。

另外，对有众多子户的人户，还有归户黄册或者称为册底的文书，以将总户黄册上的田亩及税粮分摊于各子户。[②]

[①] 中国社会科学院历史研究所收藏整理：《徽州千年契约文书（宋·元·明编）》第10卷，花山文艺出版社1991年版，第296—299页。

[②] 部分资料来源于栾成显《明代黄册研究》第二章，中国社会科学出版社2018年版，第12—88页。

与户口有关的官府治理功能还包括，官府印制发放保甲牌、烟户总牌、立户信票、保甲人户牌、十家总牌等官定文书，对人户信息、保甲结构、里甲关系等予以确认并公示。

对于以土地和人民为资源索取对象的古代王朝国家来说，有效治理的前提是建立完整全面、真实准确且能够得到及时更新的田地、人口数据系统，它是精准征收赋税徭役最重要的前提。但任何朝代的统计信息总是会随着时间的流逝而变得或差错，或短缺，或不实。有学者研究认为，随着统治者兴趣的转移，明初所立的"户"逐渐发生深刻变化，以黄州府广济县为例，到乾隆五十八年（1793），户籍表所登记的户名与现实生活中的家户已很不对应。广济县该年登录的户名大致可分为四种情况：第一，以一个姓氏的人名为户名；第二，以两个姓氏再加上一个其他的字作为户名；第三，纯粹以数个姓氏组成户名；第四，以寺庙作为户名。显然，第二、三、四三种情形表明登记信息与实际状况之间已经呈现出"名实不符"，就是在第一种情况中，也有很多户名是先祖在明初立户时所用之名，甚至有远在南宋时所立之户名，此种情况，就形成户族现象，先祖户名一直被使用多个世代达二百余年。除了鄂东地区外，珠江三角洲地区也存在户名固定化的现象。同样，在徽州文书中，也看到多个以甲首户之名为户名的现象。之所以存在这种现象，一种原因无非是历代制度政策执行中都会存在的普遍现象，即黄册的严重失实与流于形式，但从徽州文书中可知，地方官府对黄册的攒造是执行得较为严格的，特别是鱼鳞册、经理保簿等配套文书的存在，使地方里甲对乡村民户的实际情况掌握应该不至于失真到使用一二百年前先祖户名的程度。

有研究者认为，官府和民户对户籍登记修订有不同的利益取向，官府倾向保持户籍稳定，造成多个家庭合为一户，民户则希望将户分小，以逃避赋役的重压。[①] 但这种分析在逻辑上存在一个问题，即里甲轮充徭役虽然是按户进行，但不可能是按照如前所述的"僵尸户"进行，因为可以设想，如果一个户名之下有成丁 30 人，如前文中祁门县的程晟户，或者如广济县的某一先祖户，地方官编排里甲时不可能还机械地照此办

[①] 广济县户名有关问题参见徐斌《明清鄂东宗族与地方社会》第二章，武汉大学出版社 2010 年版，第 80—88 页。

理，肯定是按照当时的现实编户情况，否则，其他民户也绝不会同意，事实上，以户编发徭役到明代已经为按丁所取代，因为以成丁计算更加科学、公平，它是一条鞭法的基础。因此，前述挂名先祖之户或多姓户名应该是类似于甲首户、里长户情形，或许算是一种"总户""僵尸户"，只是登记在簿册上的名字而已，与现实徭役征发无涉，其下仍有子户或花户，赋税征收的原额主义原则使地方官更关心的是每年能否完成本县本府的征税任务，对地方官来说，其下沉乡村的赋役征收抓手就是里长甲首们，并不特别关心乡村户名、户数与子户、花户的变动，正因如此，它们也才能"活"得如此之久。真正的徭役征发事宜是由里长甲首们与子户、花户们在交涉博弈的，因为里长甲首是赋役承包人。在许多州县的地方志中，都能发现现户数几十年内无任何变动的情况，这些户应该主要是总户。

在资源征发上，农民与国家之间永远是一对博弈者，国家总是千方百计希望征收到足够的赋役，农民则自然想尽办法在成本收益比许可的范围内逃避赋役，这是人性使然，也是农民理性所在。因此，国家（以地方官员为其代理人）与农民之间的理性互动、政策制度博弈无时不在，无处不在。地方政府对付户口、土地不实的办法就是定期清查田地人丁。摊丁入亩后，各地只要求上报康熙五十一年（1712）后的滋生人丁，但并无强制要求，滋生人丁不与赋税挂钩。事实上，若干年后，地方官也不再上报滋生人丁，这就导致在许多地方志的记载中，一府一县几十年之内，每年人口大致相同，增减极小，有的府县甚至只有康熙五十一年（1712）的成丁数，根本没有男口、女口、大口、小口等户口登记的必需数据。

进入清代中期后，里甲制逐渐衰落，户口管理松弛，威胁到保甲制的运行。面对此种情况，国家要求加强户口管理，开始以甲为单位，推行烟户册制度。烟户册类似于土地管理中的经理保簿，以一甲为单位，一一列明本甲人户户主姓名、年龄、籍贯、现从事的职业，田亩多少，家有田丁多少，女口多少。例如，乾隆二十一年（1756）祁门十一都三图的烟户总牌中标列了十户的主要信息，包括籍贯、职业、家庭中男丁女口数，十户皆为本县人，其中九户务农，一户在松江，但该图的烟户总牌中没有填写各户的田亩数。① 徽州文书中现完整保存了光绪五年（1879）祁门县东乡十一都一图金壁坳村的户口环册。其在封面上标明该村距城53里，共编7甲，共4牌，36户，经董李柏如，地保汪林。这一户口册信息表明，在清代乡村治理中曾发挥重要作用的里长、甲首等至清中期后已经淡出历史舞台，里甲制之衰落，保甲制之兴达经此户册可予证实。在户口册第二页上清晰地记载着祁门县给发循环册的考量：

  祁门县正堂柯为给发循环册事照得，现办保甲按十户立一牌长，十牌立一甲长，十甲立一经董。责成挨户编填，互相稽查，以清盗源，为此给发循环册，即将保内丁口、籍贯、执业挨户编填。其册一本存署，一本存经董处，于地保春秋点卯之便，当堂呈换，循去循来，每年皆依此例，如有迁徙、生故、婚嫁增减等项，由本户随时报明牌长，即于门牌本户之旁添注涂改，并由牌长转报甲长，甲长转报经董，于册内某户之旁添注涂改，毋得舛错遗漏，干咎须至循环册者。②

在其第七甲第一牌中所登记各户信息如下：

  十一都一图第七甲第一牌　小地名　金壁坳
  经董　李柏如　甲长　吴翘周　牌长　吴三友　地保　汪林
  一户　吴翘周　现年六十四岁　系本省本县人　以贸易为业
男一丁　女五口　伙计王二一人　奴仆男女　人　雇工　人
  一户　吴新发　现年十三岁　系本省本县人　以贸易为业　男一丁　女二口　伙计　人　奴仆男女　人　雇工　人
  一户　吴发茂　现年六岁　系本省本县人　以贸易为业　男二丁　女三口　伙计　人　奴仆男女　人　雇工　人

---

① 中国社会科学院历史研究所收藏整理：《徽州千年契约文书（清·民国编）》第1卷，花山文艺出版社1991年版，第327页。
② 中国社会科学院历史研究所收藏整理：《徽州千年契约文书（清·民国编）》第3卷，花山文艺出版社1991年版，第100—101页。

第十章　中国古代乡村治理的体系构成　/　635

一户　吴三友　现年三十岁　系本省本县人　以贸易为业　男二丁　女二口　伙计　人　奴仆男女　人　雇工　人

下一页：

一户　吴顺意　现年二十二岁　系本省本县人　以贸易为业　男一丁　女一口　伙计　人　奴仆男女　人　雇工　人
一户　吴永富　现年五十一岁　系本省本县人　以贸易为业　男二丁　女一口　伙计　人　奴仆男女　人　雇工　人
一户　王继保　现年三十五岁　系安庆省潜山县人　以务农为业　男一丁　女一口　伙计　人　奴仆男女　人　雇工　人
一户　吴奎采　现年二十七岁　系本省本县人　以贸易为业　男一丁　女三口　伙计　人　奴仆男女　人　雇工　人
一户　永禧寺　僧智龄　徒得高　现年五十六　三十四岁　系本省　本县　黟县人　以　为业　男二丁　女　口　伙计　人　奴仆男女　人　雇工李盛春一人①

以上信息表明，户口登记中，皆以男性为户主，哪怕只有十三岁或六岁，六岁小男孩，家中定有成年长辈女性，但户口登记仍以之为主。另一个信息表明，僧户也被纳入循环册，说明其维持治安和社会秩序的功能前所未有地扩大。

其二，经界土地，编制土地登记档案和簿册——鱼鳞图册。历代王朝都会丈量清查土地，但南宋绍兴年间开始的经界法对明清的土地清查登记产生直接的影响并为后者所继承和发展，原因在于南宋使用了鱼鳞图册这一"新技术"，使土地登记更具体、直观和形象，形成了集鱼鳞册、经理保簿、分户册等于一体的土地图谱清单体系，各个环节相互扣连，既夯实了赋役征发的数据基础，也让地方官员征发赋役时操作便利，老百姓交税纳粮也很方便。经界土地的目的是使人地结合，每块地

---

① 中国社会科学院历史研究所收藏整理：《徽州千年契约文书（清·民国编）》第3卷，花山文艺出版社1991年版，第102—103页。

有户管，每户人有地种，每块地有人交税，地人税一一对应，严丝合缝。从明清文书中与土地经界有关的文书来看，官府经界土地与攒造黄册程序相同，互为表里，十年一次经界或测量。主要程序为：官府发布命令—各户自实土地，自行申报所拥有的田地山塘—该管衙门会同里甲以都图为单位，清丈核实土地—绘制鱼鳞图册（鱼鳞清册、弓口清册等）—对每块土地进行编号，攒造经理保簿，确定所有人户—向各户颁发分户田丁清单、清丈归户簿或金业归户票（分亩归户票、分税归户票、蹋业印票、业户执票、审图小票等）等官方文书，载明地块字号、业主姓名、所属都图、四至范围、亩积、丈量时间等信息，据此确定各户税赋役银。

其三，发布告示，张贴征税易知由单、归户由票、税粮条编由票等文书，催征税粮。作为户口簿的黄册和作为田地簿的鱼鳞册是官府征收赋役的基础，当官府掌握了每户的人口数、丁口数和田地山塘亩数后，就根据朝廷规定的征税科则，以县为单位，张贴易知由单，列明各州县征收两税、条编等赋役钱粮标准，并在空白处填上各户应征钱、粮、丝绵等数。易知由单可看作官府向农民发送的征税通知单，载明交纳时间、地点、期限等要求。百姓须在规定时间内到州县指定仓库自行交纳税粮。如交纳税银，需自行投柜。对于那些没有在限定时间内完税的民户，官府会发放交税限单、完银限单、必完签、滚单、签票等催缴文书，再次敦促民户缴税。徽州文书中有一份清康熙五十五年（1716）四月休宁县二十二都九图催促完银限单，要求民户每逢卯日亲持限单赴县投柜完银，否则将给予重责。限单中列有该图所欠的康熙四十七年（1708）税银，从四月至七月共十个完银期限日，分别是四月十六日、二十六日、五月初六日、十六日、二十六日、六月初六日、十六日、二十六日、七月初六日、十六日。在此期限内，九图共该完银20.21两，其中四月十六日该完银2.02两。限单末尾处还印有"逢卯赍单　听比毋詹"的口号。[①] 该单上的休宁县正堂为赵知县。

在限单之外，还有滚单催缴历年清欠赋税。徽州文书中有一份雍正

---

① 中国社会科学院历史研究所收藏整理：《徽州千年契约文书（清·民国编）》第1卷，花山文艺出版社1991年版，第176页。

六年（1728）三月祁门县十名滚单，正堂已经改为朱姓知县。在滚单中，朱知县说明了立此滚单的缘由："为征收钱粮事，照得钱粮关系国帑。祁邑节年抗顽，殊属不法，今特立十名滚单之法，每十名为一单，第一名照单开欠数，完纳即亲交与第二名。第二名照单开欠数，完纳即亲交与第三名，务期一限之内滚至第十名。第十名照单完纳即亲交与经催缴单。如单到抗顽不纳，许图差带比，决不轻恕……"并有方框注明："九月十二以后完纳者带票呈验，前原不欠或欠数不符并带经催面质。"后面列出："十东都一图 甲张天喜户"，此应为甲首户。"张锁隆 六十一年欠一两八钱"，下加注："三月二十八完八钱七分。""张全成 六十一年欠一两七钱零四厘"，下注："三月二十八完八钱三分"……"张瑞 三年欠一两四钱八分一厘"，下注"六年三月二十劝家六百七十七号 完 一两零七分……"共十户被列入催缴滚单。在滚单上方还用毛笔注明"二卯催完"①。以上信息表明，这十户所欠的是从康熙六十一年（1722）至雍正三年（1725）的拖欠税赋，"二卯催完"意味着此次用滚单之法催缴还是有效的。乾隆二十六年（1761）二月，歙县也遗存有一份滚单文书，只列了五户，每户列明两限征缴限期。从单上信息看，有四户是一次性全部交清征银的，其中一户是在四月初四完结，三户是在十月二十九完清，只有一户是分四月初四和八月二十九两次完清的。②

徽州文书中还有一张雍正十二年（1734）的祁门县二十一都一图二甲的便民滚单，单上共列了五户人家每户额欠银多少两，然后注明"某月某日 滚到 某月某日完银"，每户限分五次完成，每限都是如上样式标明。如天爵户，额欠银二钱四分七厘，第一限为七月十四滚到。其后的喜玲户额欠银为一钱四分七厘，天从户额欠银一钱四分二厘，福保户为一钱三分八厘，天候户为二钱零六厘。③

发出签票，通过惩罚威胁可能是地方官对付欠税抗税"刁民"的最

---

① 中国社会科学院历史研究所收藏整理：《徽州千年契约文书（清·民国编）》第1卷，花山文艺出版社1991年版，第246页。
② 中国社会科学院历史研究所收藏整理：《徽州千年契约文书（清·民国编）》第1卷，花山文艺出版社1991年版，第335页。
③ 中国社会科学院历史研究所收藏整理：《徽州千年契约文书（清·民国编）》第1卷，花山文艺出版社1991年版，第265页。

后一招。乾隆五十一年（1786）的歙县内摘签上对农民顽抗不交租所宣示的要求和惩罚是："……除将粮差按限查比外，合亟摘拏签催为，此签仰该役前去协同保甲，押令图正，速将后开摘出该图本年南米各欠户即日照欠完纳，以济兵需，如敢再抗，随即锁带各欠户，全（同）图正赴县，以凭究比去役，再敢玩延，定将正身枷比不恕……""锁带""枷比"等语表明官府将动用拘留、刑罚、限制人身自由、肉体惩罚手段对付拖欠，语气已经极为严厉。该内摘签所计开的是歙县二十五都五图、六图部分甲户所欠粮米，欠额在一斗至三斗。①

无论是完银限单、十名滚单还是签票，表明地方官府运用政策创新，对付农民的诡寄、隐冒和拖欠行为，这是地方政府不断加强乡村资源汲取，强化乡村治理的表现。但是，地方政府过度关注抽血，而无力无能对乡村输血、水利、抗灾、恤贫、救孤等方面的工作力度就大打折扣。地方官僚强化乡村治理和资源索取的行为根源在于，受到"政绩锦标赛"的竞争驱动，体现为考成、晋升以及地方创收的需要。

对于如期完税的民户，官府会出具割税票、吊税票、收单、小票（徭银收据）、税票收据、税契库收文凭、钱粮票、收税合票、签票、缴票、纳户领照、纳粮收附、纬税票等各类完税凭据。至此，赋役征发告一段落。缴税环节的基本程序是：官府公布并发放征税易知由单—（催缴税粮文书）—百姓交纳税粮—官府发给完税凭证。例如，在徽州文书中现存两份休宁县五都四图一甲人户郑英的完税钱粮票，第一份是万历二十三年（1595）三月二十三日出具的所纳分条编银为 3.00 两，第二份是同年六月二十七日出具的，所纳分条编银为 10.00 两。钱粮票上分别记有投柜序号"礼房地字 14 号"和"礼房地字 348 号"，钱粮票上皆盖有官印、柜印、当日值柜里长、验银银匠的印章或签名②，手续相当严密，催缴非常严厉。事实上，地方官员追比中因对百姓催督过甚，经常采用殴打等手段，百姓被逼自残甚至自杀以避税避役的情况时有发生。另外，

---

① 中国社会科学院历史研究所收藏整理：《徽州千年契约文书（清·民国编）》第 2 卷，花山文艺出版社 1991 年版，第 49 页。
② 中国社会科学院历史研究所收藏整理：《徽州千年契约文书（宋·元·明编）》第 3 卷，花山文艺出版社 1991 年版，第 337、342 页。

通过前述钱粮票结合后文所述之承担里役合同可见,当时的里长还有一个重要职责就是承担值柜里长,每逢收税之日须到县府看柜。

农政、恤政、荒政

农政是指国家力量尤其是地方政府或出台政策,或亲身劝导,或引入先进品种,或组织技术培训,鼓励引导乡村百姓开荒垦地,播种耕作,发展农业生产。前文所述汉宋多位循吏之所以获得百姓称赞,就在于他们为官一方时,将很大精力用于劝课农桑,鼓励乡村社会重视农业生产。"民以食为天",重农固本,国之大纲。历代统治者都视农业为本途正道,把农耕看作安定天下的根本,在农业社会,重农兴农是地方官员的首要职责。清初,被康熙称为"天下廉吏第一"的于成龙任四川合州知州时,"州中遗民裁百余,正赋仅十五两,而供役繁重。成龙请革宿弊,招民垦田,贷以牛种,期月户增至千"。不仅在合州,此前在罗城,于成龙申明保甲,盗发即捕,民安其居,益得尽力耕耘,结果是"县大治"。①

恤政是指国家对乡村社会鳏、寡、孤、独、病等弱势群体的日常救助。《周礼》认为国家和地方官员的重要职责是聚万民,养万民,即"以荒政十有二聚万民","以保息六养万民"。六保息是指:慈幼、养老、振穷、恤贫、宽疾、安富②。前五项都与恤政有关,也是当今社会慈善事业的主要内容。

孟子认为:"老吾老,以及人之老,幼吾幼,以及人之幼,天下可运于掌。"③任何正义社会,对弱者的救助,既是维持社会公平正义,维系人类文明进步的需要,也是统治者维护统治的需要。标榜实行"仁政"的历代王朝,不管是真心还是假意,都需要将恤政作为乡村治理的重要组成部分。历代史书中的《食货志》大多记载有"振恤"的章节。古代政府进行振恤的主要手段是设立常平仓、义仓、惠民仓等仓库,它们既是实在的储存粮食的仓库,也是一种救济机制。对于老弱病残的生活救济是通过惠民仓、广惠仓等仓库机制实施的。例如,北宋咸平中,库部员外郎成肃请福建增置惠民仓,皇帝因诏诸路申淳化惠民之制。嘉祐二

---

① 赵尔巽等:《清史稿·于成龙传》,中华书局 2020 年版,第 6673 页。
② 《周礼·地官·大司徒》,徐正英、常佩雨译注,中华书局 2014 年版,第 225 页。
③ 《孟子·梁惠王上》,方勇译注,中华书局 2010 年版,第 12 页。

年（1057），宋仁宗诏天下置广惠仓。设广惠仓的主意最早来自枢密使韩琦，他建议雇人耕种没入户的绝田，将收上来的租谷专门设置一个仓库贮存，用以补助州县郭内那些老幼贫疾不能自己养活自己的人。嘉祐四年（1059），广惠仓改隶司农寺，每年十月派官员验视，将应该接受米粮的人的名字登记在册。自十一月开始，三日一发放，每人给米一升，儿童发一半，次年二月停止。①

收恤是地方政府的重要职责之一。例如，嘉靖《徽州府志》中记载，徽州府的公费支出中有一项为收恤，对象是孤老，标准是每人每月给米银6分、科夏布衣银3钱、棺木银3钱，由县公费内支出，支出渠道是秋粮均徭二项。对无告之民，病故者死者由官府安葬，生者发放不同数量的米布。②宋代徽州府建立活人广济仓，在平常救济那些孤乏骤困的平民；育子库，助民贫有育子者；便民质库，类似于当铺，便利临时遇到困难可以物典当的平民；惠民药局，为平民提供平价药品；居养院，类似于当代的养老院，收养孤老废疾之民。居养院置田三百亩，所产粮食供养孤老，去世时由官府拨钱安葬。在其后的元、明、清各朝，徽州府本府及其下各县所设恤民仓局大同小异，有预备仓、常平仓、官田仓、社仓、义仓、养济院、永丰仓、廉惠仓、仁济仓、弘济仓等各类名目，不一而足，此外还有各类义冢，相当于当代公墓，用于安葬贫苦之民。优老之策方面，清初时官府规定，百姓年七十以上允许一丁侍养，免其杂派差役；八十以上，给与绢一匹，绵一斤，米一石，肉十斤；九十以上加倍。③

荒政用于救济灾民，是古代王朝最为广泛的乡村公共产品供给形式。前述荒政内容有12项，即散利、薄征、缓刑、弛力、舍禁、去几、眚礼、杀哀、蕃乐、多昏、索鬼神、除盗贼。④

荒政最常见的机制是建立常平仓、义仓等公共救助机构，平时要求民户交纳仓米，灾难来临时，按一定标准向灾民发放米粮，帮助他们渡

---

① （元）脱脱等：《宋史·食货志》，中华书局1999年版，第2865—2867页。
② 嘉靖《徽州府志》卷之八《食货》卷之十《恤政》，第195、237页。
③ 康熙《徽州府志》卷之八《恤政》。
④ 《周礼·地官·大司徒》，徐正英、常佩雨译注，中华书局2014年版，第224页。

过难关。宋代徽州府有多个用于赈恤的仓库，如常平仓、端平仓、平准仓、义仓等。明洪武十年（1377），朝廷向嘉兴、湖州地区遭受水灾的农户每户赈钞一锭、米一石，十一年每户赐米一石，免其拖欠的税赋。[①] 如果灾荒过重，仓粮不足以发放时，就由官府设立厂棚，大锅熬粥，赈济灾民，确保他们的基本生存。

古代社会救济灾民所发放的米粮标准一般是多少呢？这是古代荒政研究中的一个重要议题。现据有关专家研究，部分归纳如下。东汉时，政府规定因灾无家可归、无粮可食者，每人发放粟三斛，如果田被淹伤者，免除一切田租，并由政府收养孤儿。晋孝武帝时，规定对鳏、寡、穷、独、孤老不能自存者，人赐米五斛。刘宋元嘉年间，官员开仓赈济水灾时，每口赐米一斗。唐玄宗开元二十二年（734），贷粮于民时，三口以下之家给米一石，六口以下给米两石，七口以下给米三石。宋元时期，区分大小口进行散赈成为共识，但具体标准未见定论，在实施时，存在较大差异。宋代有大口每日支付一升，小口每日五合的标准，也有（数日内）大人一斗，小儿五升，还有壮者每日二升，幼者一升等不同标准。元代赈济贫民既有月给大口二斗，小口一斗的标准，也有大口每月三斗，小口一半的做法。明代执行比较多的标准是月给大口粮三斗，小口一半，也有月给大口粟二斗，小口五升，或每口每日给稻麦一升等标准。清代顺治、康熙两朝救荒口粮发放标准差异较大，每月口粮发放标准为大口米五升至五斗不等，小口米一升至二斗五升不等。雍正年间，初步确立朝廷救荒的口粮标准为，大口日给谷一升（米五合），小口五合（米2.5合）。乾隆五年（1740）后，经过多次确认，"大口日给米五合、小口减半"的标准确立下来，散赈的方式是一月散放一次。[②]

王朝国家行使荒政的另一种方式是，在某一地区发生灾荒时，对其进行一定规模的赋税蠲免。明清地方志中有关食货志部分大多记载了赋税蠲免减免状况，往往是赋税征缴越多、标准越高的地区，蠲免的频率越高、力度越大。蠲免政策既包括蠲免减免改折当年赋税，也包括往年

[①] 光绪《嘉兴府志》卷二十三《蠲恤》。

[②] 以上历代救荒口粮标准来源于杨双利《中国古代救荒口粮标准考论》，《农业考古》2021年第6期。

所欠缴的赋税，以及其他相关杂税。以嘉兴府为例，两宋年间，共蠲免赋税田租 5 次，赈济灾民粟粮 4 次。元代免赋税 2 次，赈济灾粮 4 次。明代蠲免减免超过 56 次，赈济 23 次以上。其中，万历十年（1582）大赦天下，发内帑赈济贫民，极贫民每人给银五钱，次者三钱，又次者二钱，病者赐药。

清代统治者对恤荒二政更为勤勉。不但免除了前明"辽饷"等大额赋税，还经常豁免历年所欠的地亩人丁本折钱粮。例如，顺治十七年（1660）规定，顺治十六年（1659）以前直省拖欠钱粮清查后如果确系拖欠在民，俱与蠲免。或许这些陈年欠粮已经难以征缴，不如索性免除以显"皇恩浩荡""仁政爱民"，但对百姓来说，确实是减轻了很大的负担。康熙三年（1664）、四年（1665），皇帝下诏蠲免顺治十五年（1658）及其后三年各项旧欠钱粮。康熙二十八年（1689）规定，浙江省康熙二十八年应征地丁各项钱粮俱着蠲免。康熙三十年（1691），清廷实施了一次全国性漕米大减免行动，河南、湖广、江西、浙江、江苏、安徽、山东应输漕米自康熙三十一年（1692）始以次各蠲免一年。康熙四十三年（1691），康熙帝颁发上谕，免除康熙四十四年（1705）浙江通省除漕粮外的应征地丁银米等项。康熙四十六年（1707），康熙下发特谕，蠲免次年江南浙江通省人丁共额征银六十九万七千七百余两。康熙四十七年（1708），再次下令除漕米外，全行蠲免江南通省地丁银四百七十五万四百两有奇，浙江通省地丁银二百七十五万七千两有奇，所有旧欠带征银米仍暂停追取。用康熙自己的话来说："数十年来，除水旱灾伤例应豁免外，其直省钱粮次第通蠲，一年者屡经举行，更有一年蠲及数省，蠲数年者，前后蠲除之数据户部奏称通共会计已逾万万。"康熙四十九年（1710），又下诏自下一年起，将天下钱粮"三年内通免一周，俾远近均沾德泽"。具体数额为多少呢？除漕项外，直隶、奉天、浙江、福建、广东、广西、四川、云南、贵州在康熙五十年（1711）应征地亩银共七百二十二万六千一百两有奇，应征人丁银共一百一十五万一千两有奇，俱着察明全免。并历年旧欠共一百一十八万五千四百两有奇亦俱免征。康熙五十八年（1719），免除直隶、江苏、浙江、江西等八处带征地丁屯卫银二百三十余万两。其后历任帝王时期，都各有蠲免。总的来说，有清一代，赈恤、蠲免的力度、频率大幅超过明代，且形成机制化的恤政政策。

清初，养济院制度进一步完善巩固，前述清初优老之策经顺治、康熙朝重申完善，渐成定制。清政府要求府州县可申请动支预备仓仓粮给养穷民中的"鳏寡孤独废疾不能自存者"，对"各处养济院收养鳏寡孤独及残疾无告之人"，有司应留心举行，月粮依时发给无致失所。为鼓励地方官员勤勉于恤政救济之事，顺治十四年（1657），皇帝下诏规定，各地方官有能赈恤贫民失业流落，"全活五百人以上者，核实纪录，千人以上者，即与题请加级。其有乡宦富民尚义出粟全活贫民百人以上者，该地方官核实具奏分别旌劝"。①

恤政、荒政都属于乡村公共产品供给内容。广义的公共产品包括公共设施、公共管理、公共服务、公益事业等在内，是政府行使社会管理公共职能的直接体现，也属于行政统治的必要内容。恤政、荒政都属于公益事业，相较于公共设施、管理和服务，恤政、荒政直接施惠于广大乡民百姓，是解决百姓最直接、最现实的生存问题，在公共产品供给中当属最为重要的事情。光绪《嘉兴府志》记载，庆典有蠲有恤，灾荒有蠲有恤。对公益事业、救济，民间社会也是积极参与的，尤其是在民间力量较为发达的南方地区，宗族祠堂、地方士绅通过建立义庄、义仓，也在日常老幼废疾救护和荒年灾民救助方面发挥重要作用。

农政、恤政、荒政皆为公共事务，既是官府应尽的统治义务，也是国家履行公共职能的重要体现。如果说田政、户政、税政着眼于"取之于民"，农政、恤政、荒政强调的则是"予之于民"，一取一予，才是天道。只取不予，必致天谴。取的是赋税，予的公共产品。予与取之间，是辩证统一的关系，也是良好治理之道的必然要求。

行政、民事

除田、户、税、农、恤、荒六项专门事务外，对于乡村人民在日常经济社会中所形成的民间交易及相关事务，国家力量不可避免要发挥行政职能，处理、调节乡村民事权利义务关系，管理经济社会事务是地方政府的一项重要职能，也是国家统治功能的重要组成部分之一。

国家力量对乡村经济社会事务的管理属于国家统治中的民事调节功能。民事功能首先表现为官府以公权力的身份对民户某项民事权利的确

---

① 以上有关内容参见光绪《嘉兴府志》卷二十三《蠲恤》。

权认证，主要以帖文、执照等官府文书形式出现。例如，百姓垦田后，官府按照规定发给垦荒帖文。黄册攒造完毕后，官府发给各户户帖。百姓申请事产清查确认后，官府发给查产确认帖文、判决帖文、保产帖文、保产执照等。

对土地买卖、财产交换等乡村经济活动，官府发挥公权力，行使公共事务管理功能，通过征收契税，印发推税票、推税单等形式予以管理。通过政府介入，以政府权威维护正常的经济秩序，可以避免不当纠纷，还能以此征税获取财政收入。明清土地、财产等契约虽然有交易双方和中间人、中保人等的签字画押，如果有官府的官印盖章，等于交易活动得到了政府背书，是合法的，即使日后纠纷打官司，也更方便。徽州文书中的各类民间契约如钤有官印，称为赤契，没有的称为白契。对已经入手交割的事产由官府发给买田税证、税契凭证、税契执照、买山税票等文书，类似于今天的房产证、土地证，予以确认。明代中期后，契尾开始代替原有的契税文凭。嘉靖以后，休宁、绩溪县契尾称为号纸。

推税单、推税票（推单收税会票、推收照会票）、收税单、收税票是指交易双方关于所交易的田地山塘产生的税粮赋役关系的转移确权文书，最多有三个填写、发放主体。第一类是业主填写的推单、收单。卖主填写推单，载明地块号、业主、四至范围、地块面积、税则、税粮数目，言明将其推入买主户内，并确认在出售前已经结清上一年度税粮。买主填写收单，内容相同，承诺缴纳出售之后的税粮。第二类是里长或甲首填写发放的推单、收单。有时又称推单收税会票、推收照会票。它是由里长、书手、算手签署的关于买入、卖出者土地买卖的登记簿，载有土地交易双方的姓名和所在图甲、土地面积、字号、交易时间等，里甲印制编发的推单、收单俗称小票。第三类是官府制发的推收票。官府推收票叫官票、正堂税票，明代后期出现割税票、收税票连在一起的两联推收税票，它是官府出具的确认田地买卖双方已经纳税，印契讫合而给发的印票，出具者是县库，盖的是县衙官印，割税票是卖方在前，买方在后，收税票相反。

调节社会矛盾冲突，仲裁诉讼纠纷是地方政府代表国家在乡村社会行使统治功能的另一个重要职能，既属于民事调节功能，也是政府行政的一种表现。国家力量与民户在经济、司法、行政管理等方面的互动是，民户通过状纸、呈文的形式就经济纠纷、治安纠纷、家族纠纷等各类事宜向官衙发起申请，官府派人断案后在百姓状纸上书写意见予以批复，对于某些重要的诉讼，官府在批文的同时，还专门向事主发放帖文，如争讼帖文。帖文是官府介入乡村社会治理的一种重要公文形式。明清徽州形成"健讼"风气，其文书遗存中留有大量状纸、批文、帖文等各类文件，较为全面地反映了国家统治力量介入乡村治理的实际情景。

国家在乡村的警政、刑政、礼政功能

国家力量在乡村治安和刑事管理方面发挥重要的统治性功能，也承担社会管理功能，提供公共服务。

警政的一个主要功能是由国家在乡村设立保甲体制，建立民间团练、义勇等组织，形成联防巡逻机制，以维护乡村秩序，负责社会治安。前文已对此作了较为详细的论述。

警政的另一个主要功能就是加强日常警示，以预防犯罪；当案件发生时，侦查侦破刑事治安案件，缉拿犯罪嫌疑人。在此方面，州县衙门代表国家行使绝对的治理功能，里正、保甲长、宗族组织、乡约等也发挥协助功能，如通报信息、协助缉拿等。

州县官府履行警政职能的主要方式有，一是威慑告知。官府通过张贴告示，晓谕公众，禁止或鼓励若干类行为。在徽州文书中，有多份明清县府告示遗存，主要内容是禁止偷盗、偷猎、砍伐森林、械斗等。告示具有普法教育的某些特点。二是侦查缉捕。对于已经发生的治安案件，无论是杀人放火、抢劫偷盗，还是斗殴伤人、邻里纠纷，官府先是派员到实地调查勘查，调查的差员或派遣官员公干则持有官府发放的信票、信牌、宪牌，它们就是派遣证、工作证，以获得调查或交涉的合法身份。如果查明事实，需要缉拿嫌疑人，则需持拘票、缉拿批文提单、传票等官府文书。

与警政密切相关的是刑政。古代王朝基层政府中，不存在审判权、监察权等的分离，知县、知府等地方长官集行政权、司法权一身，既是公诉人，也是审判人，还是执行者。地方长官命令都尉、差役缉拿到犯罪嫌疑人后，便按律审讯。地方官府审查案件时有审单、县票、府票等公文。对于情节轻微的嫌疑人，令其出具伏罪书、甘罚文约、保结文书等。情节严重的，据律出具判决书等。对判决的执行，如罚款、教育、体罚，甚至投入牢房予以监禁，都是由府县政府进行，体现了基层地方治理权的高度集中。

礼政功能是国家力量行使统治权力的另一个重要领域,它看起来不如警政、刑政那样醒目显著,但事关统治者如何维护意识形态,推行有利于己的礼治教化,也可在一定程度上维护和谐的社会秩序,促进社会稳定。孟子曰:"谨庠序之教,申之以孝悌之义,颁白者不负戴于道路矣。"① 古代的礼治教化功能是与教育、文化等公共职能紧密联系在一起的。

古代乡村礼治教化的主要内容是儒家学说,核心是"三纲五常",无非是"忠、孝、廉、耻、勇""仁、义、礼、智、信"等一套儒家价值观、世界观。兴办学校是封建王朝在乡村社会推行教化功能的主要形式。府、县分别建有府学、县学,府学有儒学教授,县学有儒学教谕,乡村建乡学、私塾,科举考试则以儒家经典为出题范围,将礼教与仕途晋升紧密结合起来。明代则设立方巾老人,设立申明亭、旌善亭,推行教化之事。

"罢黜百家,独尊儒术"后,不断趋向庸俗化发展的儒家学说总体上是有利于维护皇权统治的,历代统治者自然各取所需,将儒家的"忠孝节义"价值观嫁接到统治之术中,为其所用。中国古代统治者对儒家的本质态度是工具主义的,在意识形态和治国理念上,统治者利用儒家思想,但骨子里是信奉"表儒里法"原则的。"儒"只对臣民百姓,要他们去当忠臣顺民,老实听从帝王摆布。"法"则为帝王自己所独享,以便于玩弄权术,严刑峻法成为皇权的利剑。问题在于,越是要实施"法",就越需要"儒"去麻痹人民,否则人民清醒,统治成本就要大幅提高了。与"表儒里法"相对应的是,历代统治者喜欢实行"王霸杂糅"的治国之道,其中"王道"就需要礼治功能去实现。在乡村社会,地方政府与宗族组织、士绅精英等勾连,灌输传统忠孝思想,既可以维持地方治理稳定、促进社会和睦,又可显示本郡本县"大治",凸显治理成效。在徽州等传统文化浓厚的地区,男人成为礼教牺牲品,女性的命运则更为悲惨。正如毛泽东所说,传统社会中,中国男人身上被捆上三条绳索:政权、族权、神权,而女性还要多上一根——夫权。② 封建统治者通过宣扬

---

① 《孟子·梁惠王上》,方勇译注,中华书局2010年版,第5页。
② 《毛泽东选集》第一卷,人民出版社1991年版,第31页。

孝节义举之事，册封贞烈诰命等荣誉，树立贞节牌坊，处罚失节受污辱者等手段，在道德上绑架广大乡村女性，不但要她们相夫教子，还要在丈夫死后或长期外出时，守节育子以尽妇道，其代价却是牺牲乡村妇女的正当精神和生理需求，是完全违背人性的。

二 乡村治理的自治功能

社会自治是中国古代乡村治理的另一大功能。古代社会政府相对简约，但自春秋战国以后，县级政权在国家的政府序列中一直处于相对稳固的状态，两千余年来几乎没有多大变化。从秦汉时期的州、郡，到隋唐时期的道、州（府），宋代的路、府（州），再到元代的行省、路、府（州），明清时期的省、府，县以上的政权名称数易，区划范围多变，但县的基本范围和职能没有大的变化。同样，尽管名称有异，层次繁简不一，但县以下的乡村治理组织和层次也基本保持稳定，这是中国古代社会保持超稳定结构的重要基础。因此，除了履行国家统治职能外，中国古代乡村社会具有较强的自我治理、自我调节功能，这是中国古代农村社区保持持续稳定，实现文化传承的重要原因。它说明，中国乡村治理中的自组织、自治理功能不能被忽视。

乡村社会的自治功能主要是通过两个渠道实现的。一是正式的治理组织序列，如乡、里、保、甲等组织以及相应的精英人物。乡长、里长们在履行国家功能的同时，也需要组织指导农业生产，处理内部矛盾纠纷，保境安民，劝课农桑，修路筑桥，抚贫济幼，尤其是在旱、涝、蝗、兵等灾荒来临时需要配合官府赈灾安民，或者开展生产自救等。二是通过乡村社会中的宗族家族长老、耆老、士绅、商人等乡贤类精英人物。他们通过发挥在乡村社会的道德榜样和权威作用，以非正式渠道，协助乡里长，组织引导乡民开展公共事务，兴办公益事业。

从明清徽州文书中，可以部分还原乡村社会的民间治理活动，其中有一部分属于自治性活动。在宗族自治方面，除了前文所说的管理宗族祠堂、族田、族产、族学等活动外，部分宗族发行宗氏公票，在本宗内集资兴办宗族公共事务。例如，乾隆二十一年（1756）徽州程氏宗祠同伦堂发行公票，规定除"先达功德之人征资二金，居乡有品行者征资※

金外，仍各输田实租一秤以备祀事"。① 有的宗族对族人发放小额贷款，帮助贫困族人渡过难关；有的则攒造宗祠户由，分派各户的宗族义务；有的签订捐产合同，向宗祠捐资捐产；有的宗族就祭祖、管理祖坟、保护祖产、均役等签订合同，约定权利义务关系；有的宗族在相关宗亲中签订承祧合同，延续宗族血统。

此外，民间还存在包揽里役事宜，即承揽人有偿代替服役户服役或承包里役事宜。例如，在徽州文书中，遗有弘光元年（1645）程茂秀代替其侄承担四甲里长之役，包揽价银为 7 两；另一份为黄记仁承管本家黄记寿户应充的四甲册书之役，议定津贴银为 47 两，每年支付 3 两，至大造之年（应为十年之期）；还有一种为若干人户共同承当里役的文书合同，如崇祯六年（1633）方魁元等四人承租二甲里役原旧四分承充，现在经商定，方魁元等分当三股，方文彩分当一股，本甲钱粮照股收纳催办；本县支费及看柜照股办管均出，但比较值月等事照股轮管。役满之日以后十年径收本甲投柜照股拈阄轮管，比较各行支费照股均办。② 顺治十一年（1645）休宁县二十二都的一份议约里役合同非常完整，可全面地反映当时徽州乡村里役问题上的自我调节与互助功能，现照录如下：

> 二十二都一图立议里役合同人程德、吴子美。有本图一甲里长吴公，承户丁吴春九、吴天相于顺治八年告脱与本甲程镛充当。今因镛故，子程德农种耕夫，一字不识，不谙国课，事务不能肩承。今年四月具呈县主张爷蒙批。现里泛公回报，因钱粮重务，刻期不可无人催办，今凭十排酌议，一甲原属吴公承祖遗里役，人户熟识，今吴子美愿自承认一甲里役，程德愿将父遗田租四十五秤贴备吴子美，递年收租积贮以为里役充赔之费。所有田租随即将字号税亩推清与吴子美收入。吴元户更名吴子美收租纳课，以后排年及轮现役、飞差、勾摄等项尽是吴子美承认，应役催办丁粮永不涉镛子程德之

---

① 中国社会科学院历史研究所收藏整理：《徽州千年契约文书（清·民国编）》第 1 卷，花山文艺出版社 1991 年版，第 316 页。※为原始文献中缺失之处。
② 中国社会科学院历史研究所收藏整理：《徽州千年契约文书（宋·元·明编）》第 1 卷，花山文艺出版社 1991 年版，第 5、7 页；第 4 卷，第 350 页。

事。此系两相情愿并无勉强，今凭十排立承认里役合同二张，各执一张为据。吴子美仍即具呈当堂承认更名应役，永远充当，并无异说。今恐无凭，立此存炤。

计开　木字二千六百八十八号　土名　金家门前　田八秤　计税一亩三分三厘八毫四丝

　　　　木字　　　　　　号　土名　汪塘下　　　田八秤　计税一亩三分二厘六毫五丝

　　　　食字　　　　　　号　土名　奔垃　　　田十三秤　计税一亩七分二厘五毫

　　　　食字　　　　　　号　土名　奔垃　　　田十七秤　计税二亩八分三厘三毫一丝

　　　　四共田四十七秤　共税七亩二分二厘三毫

顺治十一年七月　日立议约里役合同人　程德（签名）

　　　　吴子美（签名）

现里　　吴庆元（签名）

排年　　吴敦义（签名）吴浩（签名）吴伯符（签名）吴大贤（签名）吴德让（签名）吴大吉（签名）吴齐正（签名）吴大兴（签名）

御约　　吴翱（签名）

亲族　　程五如（签名）　吴君信（签名）程孺六（签名）[①]

该里役合同反映出在当时的徽州乡村，包揽或转让里役的交易应该是普遍存在的，或由于外出经商，或由于文化水平不高，或由于管理能力不足，有一部分本该值役之人无法履役，只能将里役义务予以付费转出，购买他人的服务。另外，类似的民间交易行为，往往都以亲族作为中见人或担保人，说明当时在徽州乡村，宗族势力成为维系乡村治理的重要纽带。

古代乡村民间治理的另一个主要部分体现在事产交易、社会互动、婚姻家庭关系等方面，包括田地山塘的买卖，房屋、店铺、牲畜的买卖，

[①] 中国社会科学院历史研究所收藏整理：《徽州千年契约文书（清·民国编）》第1卷，花山文艺出版社1991年版，第40页。

土地的租佃，徭役朋充，应役，分家分业，共管共业，投主入赘，卖身卖子，悔过甘罚，立还保结，勘界，立界、分界等各类事宜。在具有千年文化传承底蕴的徽州，以文书维系处理民事关系是其乡村治理的一大特色，合同、文约、条单等贯穿了徽州乡村日常生活的全部。"徽人好讼"，只是不知道，是因为"好讼"催生了发达的徽州文书，还是因为有发达的文书维系和遗存才塑造了"好讼"这一印象。

三 对古代乡村自治的评估

对于中国古代乡村治理的本质，学界历来有"皇权不下县"之说，即谓县以下的古代乡村实行的是乡绅、宗族自治。例如，韦伯认为，正式的皇权统辖只施行于都市地区和次都市地区，皇权的统辖遭遇到村落有组织的自治体的对抗。在村庄内部，族中长者握有大权，左右着村庄首事的任免。村庄中以村庙为聚焦点形成了以宗族为基础的自治组织，加上宗族组织强盛，使得国家行政力量无法渗透乡间。[1]

古德认为，在中华帝国统治下，行政机构的管理还没有渗透到乡村一级，而宗族特有的势力却一直维护着乡村社会的安定和秩序。[2] 费孝通在《乡土中国》中指出，皇权在"人民实际生活上看，是松弛和微弱的，是挂名的，是无为的"，维持乡村社会秩序的是乡民的自治组织。[3] 以上观点，最终被秦晖先生总结为"国权不下县，县下惟宗族，宗族皆自治，自治靠伦理，伦理造乡绅"的治理格局[4]。但事实上，通过前面各章的历史阐述不难发现，以上论点皆是对历史的误读。皇权不但下县，而且在乡村社会以横暴权力的形式广泛地存在着，官治是古代乡村治理的主体形态，士绅、宗族为主体的自治或民间治理只在局部地区、特定时段起到对政府治理、官方治理的补充、协助作用，并未与官治形成并立、对应的治理形态。

---

[1] [德] 马克斯·韦伯：《儒教与道教》，洪天富译，江苏人民出版社1993年版，第110页。
[2] [美] 古德：《家庭》，魏章玲译，社会科学文献出版社1986年版，第166页。
[3] 费孝通：《乡土中国》，上海人民出版社2013年版，第63页。
[4] 秦晖：《传统十论：本土社会的制度文化与其变革》，复旦大学出版社2003年版，第3页。

费孝通认为，乡村社会存在横暴权力、同意权力、长老权力三种形态。三种权力形态当然存在，但同意权力、长老权力的存在是否意味着乡村治理主体是乡村自治？皇权不下县的内涵究竟是什么？国家行政权力是否下乡？

探讨古代中国乡村是否存在双轨政治性质的乡村自治形态，须厘清以下议题，皇权与绅权、行政权与自治权二者何为主，何为次？何者为强，何者为弱？乡村自治在中国古代是普遍现象还是局部存在？乡村自治是体制性的还是非体制性的？士绅等乡村民间精英的自治权的来源何在？自治权与行政权之间在乡村治理中的分工是什么？二者关系的本质又是什么？等等。

首先，自秦汉至晚清，国家行政权力始终延伸到乡村基层，并不存在"皇权不下县"之说，至多只能说"官府不下县"。前述研究已经雄辩地证明，行政权力通过户口管理、赋役征发、治安管理以及里甲制、保甲制、经理制、黄册制等已经在乡村社会编织成严密的制度之网，乡村社会在体制上不存在自治一说。所谓的"皇权不下县"，只能被理解为代表皇权的官府（政府）只在县一层级设立，但皇权（行政权）是通过乡吏、职役等各类治理主体下探到乡村社会的。秦汉至明清县之下的各类乡里、里甲、保甲组织是典型的皇权（行政权）控制下的行政组织，尽管它们不是正式的政府，里正甲首们没有被纳入国家公务员系列，仍是"民"的身份，但乡里组织在功能上被视为国家行政权力的末梢或触角，仍然属于国家行政治理体系的重要组织部分，在广大乡民眼中，乡长里正们也是国家的代表或象征。[①] 秦、汉、唐、宋、元、明、清的乡官里吏也好，里正保甲长也罢，皆是以完成官府下派任务（户口管理、赋役征发、治安管理为三大主要任务）为主要岗位职责，在权利义务关系上，也只对州县官府负责，而不是对乡村百姓负责。与此同时，国家权力经由地方政府的行政、司法、民政、财政等多种执法形式与乡村社会发生关联，直接作用于普通百姓个体。知县、知州之所以被称为"亲民之官"，实则是指他们在乡村治理的"一线"，需要直接与老百姓打交道，所谓"父母官"的说法，实

---

① 谭景玉：《宋代乡村社会"自治"论质疑》，《山东大学学报》（哲学社会科学版）2008年第6期。

指他们的施政在很大程度上决定百姓的命运前途。

其次，乡绅、族长确实可以在乡村社会发挥治理功能，但这种功能的发挥缺乏体制性的保障，尽管某些宗约、乡约也曾得到地方政府的背书，但在国家总体治理体系和制度供给中，并不存在系统的乡村自治体系，规范意义上的乡村自治制度是自清末、民国至新中国成立后（20世纪80年代）才建立的。就乡绅、宗族来说，全国乡村发展也很不平衡，长江领域，尤其是江南、皖南、福建等地区较为发达，而北方广大地区，由于战事频仍、科举考试与文化发展等因素，乡绅、宗族发育程度参差不齐，在乡村治理中发挥的作用与长江流域相比也有所逊色，而晚清以来的关于乡村自治的叙事大多取材于长江流域的乡绅、宗族案例，似乎在全面性上稍显不足。因此，晚清之前的中国古代乡村并不存在体制性的、独立意义上的乡村自治形态，古代乡村总体上仍然处于以行政性治理形态为主体，且居于控制性力量的状态，可称为"官治"，乡村社会的乡绅治理、宗族治理等所谓的民间自我治理处于协助、补充的地位，可称为"民治"（谈不上"自治"）。"民治"在根本上受到"官治"的严密控制，从属于"官治"。当然也并不排斥，在官府统治薄弱，甚至地方处于无政府状态的特定地区或特定时段。例如，改朝换代、冲突动乱等情况下，局部地区，如一村一镇，在局部时段会出现乡民实甲作保、守土御外的情况，但这种情况只是偶发的、非普遍状态。更重要的是，这种偶发的乡村自治状态也是一种乡村精英自治，而非现代意义上的民主、民治，广大乡村百姓在公共事务和乡村治理中始终处于无权和被治理的状态，普通村民在整体上实际无权对村中事务发表意见。士绅、族长、耆老等乡村精英始终控制着乡村中属于"自治"范畴的主要事务，这些乡村领袖并非经由正式的民主选举产生，至多通过非正式的公议、公推，就开始履行乡村公共管理责任，他们也不能违背地方官吏的意志，治理权利并未受到任何成文法或习惯法的保护。正因如此，诸多学者认为，说中国乡村是民主的陈述有些太过头，不能认为旧中国存在地方自治。[①]

[①] 对古代乡村是否存在自治问题，萧公权先生有着精彩的论述，以上相关论述参见萧公权《中国乡村：19世纪的帝国控制》，张皓、张升译，九州出版社2018年版，第311—315页。

至此，就存在一种质的判断，如何看待中国古代乡村中的权力形式？不同形式的权力形态之间是何关系？有学者认为，中国古代乡村存在行政与自治二元权力体系，此说是否为确？在古代乡村治理中，行政与自治是不是具有同等地位或大致相当的权力比重？本书认为，二元之说，似乎表明自治与行政同等重要，类似于多头政治、多元政治之说。一般来说，行政权力反映或维系的是国家与公民的关系，在古代中国，总体可简化为王朝与农民的关系，体现为王朝对农民的赋役资源汲取、司法治安管理、行政管治、公共服务供给、道德教化等。自治权力反映或维系的是民众与民众的关系，体现为地方精英与普通民众间在公共事务处理、特定文化延续扩展、乡村共同体存续、乡村社会救助等领域的互动关系。

如果强调二元，自然是指官治与民治大体上处于相对均衡状态，但事实上，根据前文研究，在古代乡村治理中，居于主导地位的始终是行政权力，是官治，民治、自治只能起到补充、协助的作用，不可能与官治平起平坐，有限的、偶发的、非制度性、非体系性的民间自治始终受到政府治理的深度干预与严格控制。民间自治需要在"王法"范围内行事，所分享的仅为普通乡村公共事务的处理权力。从徽州文书中的若干份原始文献可知，凡有重大民事纠纷诉讼、重大刑事治安案件，宗族乡绅仍不得私相处理，必须报官。秦晖先生自己也承认，在我国历史上大部分时期，血缘共同体（所谓家族或宗族）并不能提供或者说不被允许提供有效的乡村"自治"资源。事实上，乡约、义仓、社仓、义庄、义役组织等的实施，固然有民间力量的发起与管理，但其长期存续与发展都需要由倡议人或地方官奏请官府，得到国家政令批准，才能向更大范围甚至全国推广。行政力量对民间的宗族组织、经济组织、慈善组织、武装组织等保持较强的戒备心理，并会采用不同策略将民间组织置于监管和控制之下。

官方力量的渗透是影响明清乡约组织发展的重要因素。明嘉靖年间起，乡约的推行逐渐受到官方控制，与保甲、社学、社仓等组织相结合，乡约官役化现象日益明显，乡约的民间性质开始让位于官方性质，其参与行政治理的职能迅速发展，并逐渐居于主导地位。乡绅在治理中的主导权逐渐丧失，乡约组织的属性由民间组织向官办组织转变。

对社仓、义役等经济组织，官府着力加强渗透，有些地方官甚至将义役田划归官府管理，有的直接组织义役工作，有的地方将贴役银纳入加征项目，使义役直接官办化。对社仓、义仓等救助、赈济组织，官府总是想办法将力量渗透进去，或者通过具状结保，加强对其管理运行的监督，或者要求里正、保长等参与它们的运行管理，目的是将它们置于官府控制之下。对于那些民间结社，尤其是秘密会社、武装组织，官府在有需要时以利用为主，但一旦时过境迁，就或者招安收编，或者勒令解散。唐朝政府对民间结社，就是既有禁断，也有承认利用。唐玄宗之前，主要采取禁止的基本政策，安史之乱后，政府对社会控制能力下降，改禁为抚，积极利用结社的功能组织生产，建设地方。[①] 但总的来说，在专制统治日益走向高涨的历史背景下，对皇权有可能产生威胁的任何自治组织都会成为官府严厉防范的对象，普天之下，莫非王土，乡村社会不可能存在国家权力的真空地带，这是皇权专制主义政治逻辑的必然演进结果，在严密的政治控制体系下，古代中国的乡村自治不可能获得足够的发展空间，也就不存在真正意义上的乡村自治。

萧公权先生指出，地方自治的概念同乡村政治统治体系是不相干的，历代专制统治者要解决的首要问题是，如何保持对其臣民的牢固控制，以确保自己及其子孙的皇位坐得安稳。[②] 正因如此，萧先生以"控制"作为他这本学术名著的副标题，表明皇权在古代中国所据有的统治性地位是毋庸置疑的，专制体制不可能为乡村自治留下任何制度空间，维护皇权本就是帝王理性中最优等级的偏好。尽管在现实中士绅、族长等乡村精英可能担任里甲、保甲组织负责人，但在王朝统治者的政策设计中，既希望利用士绅、族长们，也非常警惕防范他们，确保他们不会滥用自己的威望和影响来煽动并领导乡人采取危害统治的行动。清代帝王一方面在保甲体系中给予士绅特殊对待，但另一方面强调"凡绅衿之家，一

[①] 孟宪实：《唐朝政府的民间结社政策研究》，《北京理工大学学报》（社会科学版）2001年第1期。

[②] 萧公权：《中国乡村：19世纪的帝国控制》，张皓、张升译，九州出版社2018年版，第7、3页。

体编次，听保甲长稽查。如不入编次者，照脱户律治罪。惟是保甲之法，有充保长、甲长之役……绅衿既已身列士籍……俱免充役"，免其充役，看似优待，但事实上是避免已经在乡村基层很有势力的士绅阶层再通过担任负责人而控制保甲组织。因此，统治者宁愿让普通人担任保甲长，这些普通人大多数目不识丁，也没有什么威望，缺乏空闲时间和行政能力，但统治者的目的在于维持乡村中士绅阶层与人民大众之间的某种力量平衡。①

不仅权力政治的逻辑如此，诉诸两千余年的帝制中国的现实政治演进，无论是在正史的主流叙事中，还是在地方志等非正史的补充叙事中，都很难发现族权、士绅在乡村治理中的主导性作用。与士绅相关联的政治角色在正史中较为突出的是两汉的三老、明的老人，但主要是起到教化的作用，乡村社会的实质性运行在秦汉是乡官—有秩（啬夫）、在隋唐是里正，秦汉隋唐乡官可以看作皇权行政末梢在乡村的延伸，有秩、里正勉强可称得上是不入流的胥吏层级，但也很难进入国家官僚体系。宋元明清后，乡官终结，差役兴起，里正（长）、户长、甲首、保正等成为百姓必须承担的职役，地位也就高于夫役，是属于典型的行政摊派，做的又是最高层次的、征发赋役一类最难的工作。事实上，尽管两宋的职役按规定主要由地主和富农阶级承担，这似乎可以作为地主富户属于封建统治阶级的证据，但在治理体系中，地主富户被皇权工具化的特征非常明显，从而造成里正（长）、甲首、保长一类差役承担者的身份分裂。一方面，确实有不少地主富农出身的差吏（姑且称为差吏，因为承担的差役的任务，行使的是胥吏的功能，与秦汉隋唐的乡官里吏形成区分）被称为"脂膏"，因为他们可以利用征发赋役的权力横行乡里，盘剥压迫人民。另一方面，在两宋差役化里正保长等职位后，越来越重的赋役负担，导致征发难度大增。在田赋加派如明末清初的"三饷"之外，明清皆有加征徭役之说，明代称作提编，清代称为提甲，意为当年征发徭役已经完成，但又征一次，并要求里甲长安排办理。包赔连坐之责使里甲长、保甲长们成为王朝统治的牺牲品，这是乡吏里役岗位的二重性和复

---

① 萧公权：《中国乡村：19世纪的帝国控制》，张皓、张升译，九州出版社2018年版，第86—87、101页。

杂性之所在。

历史中也不乏乡村自治的案例，如明代有申明亭、里老人制，但乡村自治的制度性规定在封建时代是缺失的，无结构性支撑。明代里老人在解决乡里纷争的职能演变中，主要经历了两个重要阶段：一是在明初一段时间，里老人理讼制度设立且落实较为得力，里老人的职能是以特设"审官"身份对乡里纷争独立主持裁判；二是自明中叶开始一直到明末清初，里老人理讼制度彻底瓦解，里老人的职能是以"办案人"身份对乡里纷争给予协助解决。[①] 如果说存在乡村自治，至多是里老人解决民间纠纷，裁判争议。但该制度设计之初并非是为保障乡村自治权利，而是朱元璋为减轻县官压力，提高治理效率，维护乡里稳定。里老人参与乡村诉讼远远谈不上司法自治。当里老人的受理词讼范围与州县司法管辖的范围基本一致，里老人一旦掌握实权后，也即迅速腐败。自治权须与行政权存在区分，如果完全相同，那么，只不过是行政权的基层延伸而已。事实上，里老人在第二阶段作用的发挥，才是乡村自治的某种体现而已。

清末推行地方自治后，才有乡村自治之说，乡村自治说在方法论上主要依据晚清和民国地方自治的经验和在局部地区的社会调查成果，但晚清、民国时国家统治能力衰减，需要通过地方分权和乡村自治应对日益增长的统治危机，削减统治的政治和经济成本，因此，民治、自治的消长始终是与国家治理的能力和控制力相关联的。

中国古代历史上从未真正存在过制度化的乡村自治现实。乡村治理始终在皇权的控制之下，封建王朝对国家治理、地方治理和乡村治理采取不同的治理方式。国家治理总体上采取中央集权制，而在中枢治理中是渐趋强化集中的君主专政体制，地方治理是动态调适、行政控制为主的央地权力平衡体系，乡村治理则是渐趋严密的乡里—保甲式、资源汲取式治理体系。对照现代城乡居民自治的基本要求——民主选举、民主决策、民主管理、民主监督、民主协商，只有乡村社会的宗族、乡里协商机制稍微体现了一些现代民主协商原则的某些要素，至于其他方面，

[①] 郑小春：《里老人与明代乡里纷争的解决：以徽州为中心》，《中国农史》2009年第4期。

很难摆脱皇权和王法的干预。不同于当代的城乡居民自治，古代乡村自治缺乏明确的成文的法律依据，这是古代不存在乡村自治之说的最有力的佐证。

在历史文化相对稳定的江南地区，乡村社会形成三类基层治理系列。第一类是正式的行政法律治理系列，以都、图、保、里甲、粮长、老人等为组织形式，以户口黄册制、田地经理制、赋税催比制、治安保甲制、乡村教化制等为制度形式，主要治理主体是地方官吏、里甲职役等。第二类是非正式的血缘宗亲治理系列，以族长、祠会为组织形式，以祠堂制、义庄制、义仓制、义田制等为制度形式，主要治理主体是宗族长。第三类是非正式的地缘文化治理系列，以乡约为组织形式，以义役制、社仓制、社学制为制度形式，它的主要治理主体是地方士绅。

三种类型是以行政法律治理为主，乡村自治为辅，在不同地区，后二种形态也有主次之分。在徽州地区，宗族民间治理的存在感显然要强于地缘文化治理，而在苏松常、杭嘉湖地区，以士绅为主体的地缘文化治理相较宗族，更有存在感，但后二者作为政府治理的有效补充和在地落实，往往在人员配置上是三合一的，即乡村精英，无论是族长宗正，还是士绅富户，在很多时候都是充当里甲保长等身份，因为普通族人能力威望难以自如应对催征公粮赋税，勾摄公事，治理乡村。尽管在制度设计上，职役由里甲轮充，但事实上只有少数精英才有财力、精力和能力应付职役差事，深度参与乡村治理。徽州文书中有很多承役、朋充、轮充里役合同，说明朱元璋的里役理想主义的制度设计落到基层的结果仍然是以精英主义的现实执行为最终依归的。

第十一章

中国古代乡村治理的效能评估

要认识中国古代乡村治理的全貌和本质,理解国家与农民关系的不同模式和后果,离不开对乡村治理效能的评估,乡村治理的效能是理解古代中国社会治理的一把关键钥匙。但是,对治理效能进行评估是一件既异常困难,又吃力不讨好的事情,尤其对于古代乡村治理来说,治理效能是什么意思?其内涵外延如何界定?如何进行分类?治理效能可否进行评估?又如何进行评估?定性定量的标准是什么?资料如何获取?结论是否令人信服等等问题,严重制约了相关研究的推进和结论的获得。

第一节 乡村治理效能的内涵界定

效能是指事物所蕴藏的有利的作用[①]。乡村治理效能是指在古代国家治理体系中,乡村治理对于国家发展、社会稳定、人民幸福所发挥的作用、产生的效果。治理效能与治理效率、治理效果、治理能力等密切相关。

一 治理效果与治理效能

治理的实质是人类的一种社会活动,是特定人类主体按照一定的规则制度,对特定的人类客体和自然界开展统治、管理、服务和行动的过程。治理的主要对象是人,治理事务主要包括统治、管理、服务等人与

[①] 中国社会科学院语言研究所词典编辑室编:《现代汉语词典(第6版)》,商务印书馆2014年版,第1438页。

人之间的互动。在古代中国，治理具有强烈的权力性、权威性和人治化色彩。在不同的领域，法律制度、礼俗人情都会在治理过程中展现不同的影响力，不可一概而论。治理虽然主要是人类主体间的互动，但也会涉及人与自然界的斗争，如治理洪水、防御风沙等。治理既在一个国家或社会内部展开，也有很大的对外关系功能。

治理是一种人的行动，必然会产生一定的行动后果，即治理的效果。治理效果作为治理行为的衍生品，是一种客观的、自然的进程，既有正向、积极作用，也有负向、消极作用；既有直接效果，也有间接效果；既有短期影响，也有长期影响。对效果的认定是一种价值判断，与人的主观性密切相关。决定人们对治理效果的积极消极认定，看以何者为主体，以何者为标准。不同的主体、不同的立场、不同的标准，会对同一个治理行为、同一类治理行为作出不同的价值判断。

治理效能是好的治理效果。治理是一个组织有计划、有目标的活动，无论这个组织是一个国家、一个企业，还是一个地区、一个村寨，都希望能够达到与其目标相符的行为后果。任何治理主体都希望治理行为、治理过程能够产生好的、积极的效果，不可能希望得到负面的效果。在这个意义上，获得尽可能大的治理效能永远是治理主体的行动目标。问题在于，从谁的立场去评估治理效能？又以什么标准衡量？在回答这个问题之前，需要辨析治理效率、能力与治理效能间的联系与区别。

二 治理效率、治理能力与治理效能

治理的效率、能力与治理效能之间具有很强的关联度，语义也高度相似，彼此间极易混淆，其实三者有本质的不同。治理效率是指治理的投入与产出之间的比率。投入与产出皆包括人力、物力、财力资源。治理效率是以数字公式串联的两组数据之间的逻辑关系，是技术性概念，无关价值观和意识形态性的评价。治理效率是衡量治理能力的一个重要指标，但并非全部指标。治理是一个全面的、综合性的主体行为，投入产出比只是强调治理结果的一个维度，对历史和现实中的诸多治理行为来说，效率并非是最重要的。很多时候，一个主体或组织发生无效率甚至负效率的治理也并不少见，但即使出现无效率甚至负效率的治理，并不意味着主体的治理能力不足，因为影响或者评价主体治理能力的因素异常复杂，难以只用一两个原因的局部判断去代替对全局的认知。例如，对于古代王朝来说，维护皇权往往就是一个低效率甚至无效率的治理行为，耗费大量的人力物力，并不能达到如期的效果。宋明以来，历代王朝的对外关系治理总以失败告终，若仅以治理效率论，明代边防九镇每年耗费44%的国家财政收入，但边事却日益破败。政治治理、社会治理不同于经济治理，难以产生明确的治理效率。

治理能力着重强调的是治理主体在开展治理行动中所具有的综合素质，包括决策力、执行力、监督力和应变力等。之所以不能用治理效率这一单一指标衡量治理能力，是因为在社会治理、政治治理中，治理行为是一个复杂的、动态的综合性进程，不能简单地用一两条数据予以衡量。主体需要根据不同时期面临的具体条件制定有针对性的治理策略，并非所有治理策略都可以进行量化。例如，中国古代王朝的治理历来有简约性治理和精细化治理两种方式。前者以"文景之治"为代表，后者以乾隆时期的治理为代表。前者强调与民休息，无为而治，政简刑宽，后者则强调国家干预，法密刑重。在无为而治的图景中，是不太可能用投入产出比来衡量政治社会治理效果的。

在当代社会的治理实践中，追求现代化、智能化、法制化、制度化既是价值观和意识形态的需要，也是提高效率、提升能力的需要。治理效率和治理能力是治理效能的支撑，效能必须兼顾效率和成本，要算经济账，即要评估一项制度、一项改革的实施是否以最小的治理成本达到了最大的治理效能。但治理效率和治理能力的现代化并不必然导致好的治理，因为在很多情况下，除了经济账之外，还要算政治账、社会账，还要看治理的主体设定、目标设定，主体所持的立场、目标、标准不同，对治理的评价也会不同。

三　治理主体、评估标准与治理效能

发挥效能是任何治理体系都应追求的价值目标。但是对于效能问题，历来分歧颇大，根本原因在于，不同的治理主体产生不同的评判立场，不同的评估标准导致不同的评判结果。从参与治理的主体角度出发，因所代表的利益群体不同，或所持有的理念和价值观不同，对治理效能的评估不可避免打上深刻的主观立场烙印，不同的人对同一事物的判断大

相径庭，甚至根本对立。从评判治理效能的标准角度出发，作为一个极为抽象、异常复杂，且涵盖面十分广泛的研究对象，治理效能的评估难度极大，要制定能够被大家普遍认可，既科学、公正、客观，又简便、易行、可操作的评估方式、评估标准也是极为困难的，也许一千人心目中就有一千种评估方式、一千种评估标准。

利益主体，是指某种治理政策、制度、行为或效果在利益上所关涉的对象。同一治理行为，不同的主体对之会有不同的立场和判断。例如，对于征收赋税，农民自然是希望越低越好，最好全部蠲免，但对国家来说，赋税是生存和发展的基础，免或减皆须慎重考虑。由此造成对赋税蠲免这一治理行动的效能，农民和帝王会有差距极大的不同立场。

同一类治理行为，因人们的评判标准不同，也可能有不同的结论。对于盐、铁、酒等的专卖、均输、平准问题，历史上历来有不同主张，有人认为与民争利，有人认为可加强国家财力。对汉武帝北击匈奴，有人认为洗刷多年民族耻辱，振奋了民族精神，维护了边疆安全；有人则认为好大喜功，徒耗民力国力。

对同一件事情，随着时间的流逝，判断也会随之变化更新。对王安石变法的评价，历史上曾多次反复。不同的学者对同一个人的行为，如对王莽的诸多改革之举，也基于不同的角度或标准而有不同的评价。有的治理行为需要经受历史的考验，常常因短期与长期、局部与全局等而产生肯定或否定的判断。尽管效能内涵具有正向引导性，但对其评估不可能离开全面性和客观性。同一客观存在，对于不同主体、不同的价值判断标准，意味着不同的效能。例如，对于是否恢复井田制，或者说是否实行均田制、授田制，对荒政、恤政的影响与效果，历史上就有不同的看法。

四 善治与治理效能

无论对治理评价如何不一或多变，人们对治理的价值目标当然都是希望其能发挥正面作用。由此，谈及治理效能问题就不能不与治理的所谓好坏，即治理效果联系起来。有学者曾以"善治"，即"好的治理"来对治理效果进行概括。什么是善治呢？指的是强调效率、法治、责任的公共服务体系。"有效"是治理的一个重要指标，包括管理机构设置合理，管理程序科学，管理活动灵活；同时能够最大限度地降低管理成本。善治程度越高，意味着管理的有效性就越高。①

显然，以上关于善治的定义主要是从治理水平和能力角度来阐述的，是技术本位主义的观点，强调的是治理本身的科学化、精准化、效率化。而我们所谈的效能主要着眼的是治理产生的后果，尤其是其正向后果，一言以蔽之，善治是实现公共利益最大化的治理②，意味着国家与人民各得其所，多方互动博弈实现共赢局面，呈现为政治清明、经济发展、社会稳定、国家强盛、人民富裕。用杜甫的诗句来概括可能最为恰当——"稻米流脂粟米白，公私仓廪俱丰实"，实现社会效用的最大化，当然，这种状态局面非常难以达到，它的理想状态就是"大同世界""理想国"，它在历史中的对应状态或许就是各类治世、盛世。

中华传统文化中有诸多与治理效能相关的因素。中国自古就有"善政"之说，大禹强调"德惟善政，政在养民"，如何养民呢？"水、火、金、木、土、谷，惟修；正德、利用、厚生，惟和；九功惟叙，九叙惟歌。戒之用休，董之用威，劝之以九歌，俾勿坏。"③儒家所向往的善政、善治的终极局面就是大同世界。大同世界是什么样子的呢？孔子所想象的是："大道之行也，天下为公。选贤与能，讲信修睦，故人不独亲其亲，不独子其子，使老有所终，壮有所用，幼有所长，矜寡孤独废疾者皆有所养。男有分，女有归。货恶其弃于地也，不必藏于己；力恶其不出于身也，不必为己。是故谋闭而不兴，盗窃乱贼而不作，故外户而不闭。是谓大同。"孔子认为五帝时代、禹、汤、文、武、成王、周公时期是大道施行的时代，可称为大同社会。当然，也是好的治理的时代。④

东汉何休注《春秋公羊传解诂》，糅合了《礼记》中孔子关于大同、小康的描绘，将春秋242年的历史概括为经过了所传闻的衰乱世、所闻的升平世和所见的太平世三个阶段。清末康有为则将人类历史划分为由乱到治、由低级到高级的三个阶段：据乱世、升平世、太平世。升平世为

---

① 俞可平：《治理与善治：一种新的政治分析框架》，《南京社会科学》2001年第9期。
② 俞可平：《善治与幸福》，《马克思主义与现实》2011年第2期。
③ 《尚书·大禹谟》，王世舜、王翠叶译注，中华书局2012年版，第355—356页。
④ 《礼记·礼运》，胡平生、张萌译注，中华书局2017年版，第419—420页。

小康社会，太平世为大同社会。

第二节　古代乡村治理效能的评估标准

古代中国作为农业帝国，乡村治理是国家治理的基石。我们对乡村治理效能的评估总体上按照国家治理效能评估的宏观框架，从关涉乡村治理的不同主体、立场、维度等视角出发，确定乡村治理效能评估的标准，据此确定更为具体的相关指标，构成指标体系，以求更全面地了解乡村治理的效果与质量。

一　主体立场、维度、标准与评估指标

寻求治国之道是中国古代先贤政治思想的核心，从先秦的诸子百家，到秦汉以来的帝王、士大夫或各类文人，无论是信奉"独尊儒术"或者"表儒里法"，甚或"王霸杂糅"者，无不以探寻如何更好地治理国家、发现治国真谛为孜孜以求的目标。

历史上诸家的治国之道，各有其立场观点，具体内涵相去甚远，但总体来看，如前文所述，治理可以化约为国家、社会、人民的互动关系，国家治理的本质就是处理国家与人民的关系，好的治理就是能够实现国家、社会和人民利益的共赢和最大化。国家利益、社会利益、人民利益都是国家治理所需调节和处理的对象，但是三者之间既有相协调的一面，更有相冲突的一面。尤其是在国家统治与人民福利之间更是存在直接冲突的一面，在古代专制体制下，作为皇权代表的国家，其统治性一面表现得非常充分，结果导致国家利益与人民利益之间的冲突性成分占据主导地位，而国家作为全社会利益的代表，保护人民安全，维护人民利益的一面并不是特别显著。由此出发，历史上形成了两种不同的治国模式——国家中心主义模式和人民中心主义模式，这与当代政治学中所强调的国家中心主义、社会中心主义是高度契合的，只不过在古代中国，并不存在近代意义上的市民社会和当代意义上的公民社会，所以本书宁愿使用人民中心主义这一概念。

汉昭帝始元六年（前81），西汉朝廷召开了一次著名的盐铁会议，会议参与者分成两方，就是否罢盐铁酒榷、均输平准等一系列现实和历史

中的治理政策、治理行为展开激烈的辩论。文学、贤良派坚决主张罢盐铁官营,认为官营与民争利,商品被官营垄断后质次价高,均输平准导致物价飞涨,加剧贫富差距,长年征伐四夷使民众苦不堪言。大夫派则认为盐铁官营是增加国家财富,有利于国家对外用兵,也是抑制诸侯和私商势力膨胀的必要选择,符合传统做法;均输平准可以平万物,便百姓,富国足民。[①] 显然,两派站在完全对立的立场来评估盐铁官营这一治理政策,文学贤良以人民代言人自居,所持的似乎是人民中心立场,大夫派则强调国家作为独立行为体增强施政能力的必要性,反映的是国家中心立场。

主体立场决定制定评估标准据以区分的维度,评估维度是对主体立场的具体化,是评估标准的上位概念,指的是评估标准所在的领域。将立场、维度运用到对治理效能的现实评估中,要杜绝绝对主义、单一主义思维。任何对治理的价值评判不可能只从单一立场出发,也不宜只遵循一种标准。以人民为中心,以民为本的同时,要兼顾社会的整体进步和国家综合力量的增强。我们之所以反对国家中心主义,是反对那种只以国家为唯一的价值目标,过分强调国家至上,将国家利益与人民利益对立起来的观点,真正的国家中心主义与真正的人民中心主义在国家治理的价值取向上应该是相一致的。以真正的、神圣的人民中心主义为依归,本书认为评估治理效能应同时考察国家立场利益、社会立场利益和人民立场利益,而以人民立场利益为主导,国家利益、社会利益是服从服务于人民利益的,同时,人民利益并不代表全部,任何治理需要兼顾三者。

对古代乡村治理效能的评估,首要考虑的当然是人民立场、农民利益,这无须多言,但国家利益、社会利益亦须纳入乡村治理效能的评估体系考量之中。人民利益是直接的、现实的利益,如民众的生活水准、赋役数额、财富多少、工作机会等,而国家利益、社会利益则是间接的长远的利益,它们涉及社会公共产品和公共福利的供给,是保证一个国家生存和发展的前提条件和基础要素。没有强大的国家保护人民安全,没有繁荣的社会经济、发达的文化滋养孕育人民,人民利益最终会变得

---

① 《盐铁论》,陈桐生译注,中华书局2015年版。

空洞而无助。因此，只要将国家、社会利益中那些只服务于统治功能的成分去除，就可以实现社会公共利益的最大化和多方共赢。

维度是指从什么角度出发考察乡村治理的效能，维度、角度的设定反映出对治理效能评估的考察范围、关注重点，它框定了选取治理效能评估的宏观标准和细分指标。例如，国家立场决定了国家利益的实现是乡村治理效能的一个重要目标，人民立场决定了乡民百姓福祉的获得是乡村治理效能的另一个重要目标，而国家立场、人民立场之间的交集就是乡村社会，乡村社会上可以奠基国家，下可以抚育万民。以立场和维度为原点，可进一步确定效能评估的标准。标准是指衡量某个人或某个事物的准则或依据。我们之所以说乡村治理是有效的还是无效的，是有高效能还是低效能，不能口说无凭，而应论之有据。什么是"凭"呢？就是标准、准则；什么是"据"呢？就是事实、数据。在本书中，标准是指相对抽象或宏观的准则或依据，而将体现标准的更为详细具体的数据、事件或行为确定为指标，作为支撑和体现标准的基础。例如，如果将王朝国家财政收入作为评估某一时期乡村治理效能的一个标准的话，那么，支撑这一标准的具体指标包括年征收的米粮数、税银数、绢丝绵等实物数、存粮数、存银数等。

二 古代中国乡村治理效能的评估体系

对古代乡村治理效能的评估体系由评估维度、评估标准和评估指标三个部分构成。我们认为，从国家立场、人民立场出发，对中国古代乡村治理效能的评估要分别从国家、社会、人民三个维度出发，才能确定正确的评判标准，制定相对精准的评估指标体系。

从代表皇权的国家维度出发，国家强盛程度固然是统治者所需要的，但同样是全体居民所需要的。国家强盛应是乡村治理效能的要素构成之一，因为在古代国家，来自乡村社会的资源和农民的付出是支撑国家强盛的物质条件，国家强盛作为乡村治理的效果表现，是衡量乡村治理是否成功以及效能高低的第一条重要标准。国家强盛程度的标准，包括疆域面积、人口规模、征伐结果、对外影响、国家财富、财政收入、军事能力、防御灾害水平、社会控制水平、统治稳固程度等。

从兼顾国家利益和人民利益的社会维度看，任何社会的长治久安都是治理的必要基础，社会安定程度是乡村治理成功与否和治理效能高低的第二条评价标准。体现社会安定程度的指标包括人口增长繁衍速度、社会治安状况，如犯罪人数比例、盗贼出没情况、社会经济发达程度，以及群体性事件、民变、造反、起义等的数量。

从反映人民立场的人民利益维度看，体现乡村治理效能的第三条评价标准是人民生活富足程度，具体的衡量指标有户均、人均或亩均赋税量、徭役水平，户均、人均或亩均年纯收入，农民的救济理性和机会主义行为状态，如逃亡、自残、避比避计、生子不举、卖儿卖女、吃大户、参与群体性事件等。

在以上治理效能的评估体系中，既有定性的指标，也有定量的指标。由于中国古代数据难以获取，目前各类历史文献中的数据也多存在前后矛盾、明显夸大失真之处。因此，使用古代数据对乡村治理效能进行评估是一项风险很大，很容易失败的学术工作。对此，本书拟将定性研究与定量研究结合起来，多角度地对古代乡村治理效能进行综合性的评估。

从定性角度予以评估，是要对历史上不同时期的乡村治理效果作出质性的判断结论。治理效能关注的固然是治理的有利作用和正面影响，但每个时代的治理行为是在特定的时空环境中发生的，其效果会同时在多个层面展现，对多个主体命运产生影响。如果仅从治理主体的视角来看，可从结果导向将治理效能分为三种状态——治理成功、治理无效、治理失败，如用治理效果来进行质的评定的话，或许可分别界定为盛世、平世、衰世。

治理成功自然是指好的治理，是指治理效能高，治理收益大，实现了治理目标。那么，什么是治理目标呢？讨论古代王朝治理成功的第一个向度是统治者、皇帝，看统治者是否实现治理目标。对皇帝统治者来说，治理的第一目标就是统治稳固，家天下能代代相传，江山万万年。嬴政统一六国后，自称始皇帝，希望二世、三世传下去，显然就是其治理行政的目标。朱元璋处心积虑，强皇权，杀功臣，订刑法，制祖训，不但希望自己皇位稳固，也希望子孙后代江山永葆。从皇权的角度看，治理成功就是皇权巩固，为巩固皇权，民穷国乱都是可以付出的代价。为维护皇权，可以采取不同的治理手段，既有秦始皇式的"马上治天下"，也有西汉初期从高吕至文景的"马下治天下"，既有残暴苦民之法，也有仁政爱民之法。为维护统治,既有李世民的表彰功臣,与功臣共享富贵之法;也有赵匡胤的向功臣赎买和平,可富而不可贵的"杯酒释兵权"之法;更有朱元璋的有计划的国家恐怖主义之法,屠戮勋贵,以严刑峻法处罚贪官,以超低俸禄聘用官员,以特务手段监视百官,以"打屁股"之法羞辱百官。据专家统计,明代文职行政机关的最高级官员如大学士、六部尚书和都御史的725人中,有220人(30%)得到了屈辱和灾难性的结局,被惩处得最严厉的受难者包括38人作为普通士兵被流放成边,49人被打入大牢,20人被处死。1519年时,因对正德帝的任性行为作出抗议,有146名京官当廷受到杖责,其中11人死去。1524年,因大礼议之谏,有134名京官被嘉靖皇帝囚禁和当廷杖责,有16人惨死。[1]

以上各位帝王的手段各有不同,但从治理效能看,他们最终成功了,尤其是明代,尽管荒唐的、无能的、昏庸的帝王一个接一个出现,但皇权却十分稳当。如果将维护皇权作为第一目标,大多数长命的王朝在大部分时间内尽管受到外戚、权臣、宦官等的威胁,但大多算是治理成功了。例如,汉、唐、宋、元、明、清各代。如果不是从统治者,不是从皇权,而是从人民的角度看,以上各代在任何时期都算治理成功了吗?当然不是,从那些在秦代暴政中、隋末乱政中、元代民族歧视中以及汉、唐、宋、明、清平世或乱世中苦苦挣扎的广大百姓的角度来评估,根本谈不上什么治理成功,而是典型的治理失败。

讨论治理成功的第二个向度就是国家。古代王朝固然为"家天下",为皇族、皇帝个人所有,也有"朕即国家"之说,但皇帝与国家之间并不能完全画等号,国家的成功固然与帝王文治武功相关,但国家作为公共权力的代表,有其代表全社会利益的一面,有其独立持续发展的一面。例如,古代帝王的内库(小金库)与国家(户部)的太仓之间还是存在分别的,史上虽有帝王强行诏取太仓存银为己所用,但均被视为无道之举。什么是国家的成功呢?四处征伐,开疆拓土,国威浩荡,兵强马壮,万国纳贡,万邦来朝,成为地区国家体系中的霸主,这是国家在政治上

---

[1] [英]崔瑞德、[美]牟复礼编:《剑桥中国明代史》下卷,杨品泉等译,中国社会科学出版社2006年版,第47—48页。

的成功，但政治成功是否代表经济成功，是否以牺牲人民为代价？也大有可议之处。汉武帝雄才大略，内兴功利，外伐四夷，四海宾服，国家威望达到顶点，从国家角度看，这当然是治理成功了，进入盛世了，但这是真正的盛世吗？是百姓的盛世，还仅是武帝的盛世？从人民的角度看，武帝时期，并不能完全算是治理成功，所谓盛世，也许要打个折扣。

治理成功与否的第三个向度是人民，人民需要的是什么？社会安定、衣食无忧，"仰足以事父母，俯足以畜妻子，乐岁终身饱，凶年不免于死亡"的温饱水平而已，乡村农民的理想只是"三十亩地一头牛，老婆孩子热炕头"，普通百姓没有那么多经国济世的雄心，安邦牧民的情怀，能够让人民安居乐业地度过一生，就是治理成功了。

治理成功也好，善治也罢，都不能只从某一向度、某一主体的角度出发予以界定。治理的成功与失败要综合考量多个要素，评判的终极标准应是实现社会公共利益的最大化。

治理无效是指国家治理体系投入了人力、物力、财力资源，但由于制度设计、权力结构、统治失误、吏治腐败等种种原因，并不能实现好的治理，治理效能呈现出低效或无效状态，未能实现治理目标。治理无效是一种平庸的治理状态，它介于治理成功与治理失败之间。国家统治、社会发展、人民生活好也好不到哪儿去，坏也坏不到哪儿去，总体上形成衰败的、消极的、沉闷的社会局面。

治理失败是指不但未能完全实现治理目标，反而出现统治危机频繁爆发，社会反抗此起彼伏，人民生活困苦不堪，内外矛盾持续高涨的局面，最终导致政权瓦解，统治崩溃。

三　盛世、治世、平世、衰世、乱世

盛世是治世的巅峰阶段，治世则是发展中的、粗具雏形的盛世。盛世和治世都是优秀治理的典范，表现为：对外，国家幅员辽阔、国力强盛、万邦来朝；对内，统治稳固、政治清明、经济繁荣、社会安定、文化发达、人民衣食充裕。盛世之所以成功，是因为王朝施政得当、重大决策正确、制度法律完备、治理体系健全、国家财富充裕、百姓负担适度、社会矛盾和缓、无明显的内忧外患。

衰世表现为统治不稳，内外控制力衰退，随时有亡国危险，政治昏

暗，决策失当，经济凋敝，社会动荡，文化不彰，内外忧患持续爆发。衰世治理失败的原因在于法律制度松弛，治理体系失灵，王朝施政无方，朝纲不明，决策有失，吏治腐败，赋役过重，百姓负担沉重，社会矛盾尖锐，内忧外患明显，总体性国家危机即将爆发。如果进一步细分，衰世介于后文所说的衰平世与混乱世之间，衰世的治理失败如果得不到遏制和逆转，就会不可避免地走向混乱世，甚至发展到动乱世和暴乱世的局面。历代王朝末期都经历了由衰世到乱世的过程，从衰世走向乱世的结果是国家不能有效应对内外危机，最终政权垮台，王朝灭亡。乱世是衰世的进一步恶化，国家和社会都处于动荡混乱之中，甚至爆发内乱或内外战争。

平世介于治世与衰世之间。表现为最高统治面对挑战，但总体仍能维持，内外控制力下降，但尚不至于失控。政治决策并未出现致命的失误，但总体平庸，最高统治者产生职业倦怠，进取心不足，但仍能控制局势。社会经济陷入停滞状态，但尚未发生总体性危机，尚未进入崩溃局面；文化和社会生活沉闷，缺乏积极向上情绪；人民生活水平下降，负担上升，但尚未突破心理临界点；社会总体稳定，但点状危机已经开始爆发。

在中国历史上，如果以时间衡量，盛世、衰世、平世呈现两头小、中间大的橄榄型格局，盛世、治世等治理成功的时段和朝代较为少见，衰世、乱世的出现比盛世更为频繁，不过，最为普遍存在的还是平世或庸世，平凡的、平庸的治理占据了历史上的大部分时间。汉、唐、宋、明、清五个主要王朝，既有治世，也有衰世甚至乱世，但平世的治理状态是最为常见的。这五大王朝的治理效能逻辑是，继承前朝的乱世后，进入本朝的平世，经过近百年的治理，逐渐上升为治世（盛世：优秀的治理），到达顶峰，再缓慢地（个别是突然地）退化到平世（平庸的治理），此后又继续退化到衰世状态，最终由于各种内外危机的爆发，走向乱世，王朝覆灭。

从乱世入平世，再至盛世，而后"盛极而衰"，从成功治理的顶峰退化到平世、衰世甚至进入乱世的演进，是多种历史因素综合作用的结果，"冰冻三尺，非一日之寒"，诸种变量形成历史合力，缓慢地向着同一方向推动王朝治理走向衰败。由乱入治难，需要经历长时间的准备和渐进性的孕育，但由盛转衰极为容易。例如，"安史之乱"使大唐快速衰败，由盛治之世断崖式跌入衰平之世。徽宗末年，内政并无重大失误，但因外交国防上的致命失策，使北宋王朝旦夕之间就遭遇灭顶之灾。治理成功、无效和失败并非截然分立，既可能渐进，也可能突变，渐变是常态，突变是非常态，非常态的突变之所以发生，是因为此前治理失误累积到短期内集中爆发。

那些因治理失败导致灭亡的王朝，并非所有都与乡村治理直接相关，但乡村治理的成败仍然是王朝灭亡、治理失败的一个深层次影响因素。例如，因权臣夺位、外敌入侵而灭亡的王朝与乡村治理看起来似乎并没有必然联系，它们之所以灭亡，是因为统治者在国家治理、地方治理上出现致命失误，如未能处理好中央—地方关系，未能实施正确的对外战略，对央地、中外关系中的敏感问题、突出矛盾未能及时预警，并及早采取有效措施予以应对。唐朝亡于权臣朱温之手，但其根源在于"安史之乱"，在"开元盛世"如日中天之际，"安史之乱"却突然爆发了，这一剧变并非因为大唐帝国的乡村治理或国家—人民关系处理失调，而应归咎于国家治理体系内部的中央—地方关系、君权与督权关系失衡，其中既有制度设计、权力结构原因，亦有统治者个人职业倦怠的原因。

值得注意的是，在那些以权臣夺位、外敌入侵为主要灭亡原因的王朝，国家内部的治理无效也是一个重要影响因素，治理失效、国家失能的结果是国家无法有效积聚资源，激发潜能，相反可能激发固有矛盾。例如，明政权在与满金的边境战争中，并非处于逆势，但由于内部治理的失能，未能处理好军饷加派与百姓负担间的矛盾关系，一旦遇到突发危机，如重大自然灾害，国家治理就会失灵。明末农民起义爆发的种子在万历三大征时就已经埋下，后在辽饷加派、旱蝗灾害中联动爆发并成席卷之势。

在权臣夺位、外敌入侵之际，王朝的局面大多并非处于乱世之中，而是深陷停滞、消极、不思进取的衰平之世，衰平之世的机理是"温水煮青蛙"，统治集团得过且过，缺乏忧患意识、底线思维，无法及时预警、纠正现有治理体系中的失衡失调因素，无法有效应对突然爆发的重大危机。晚明万历时期，经过张居正改革，国家财政实力恢复且有所增长，但对于久已存在的边镇、宗室两大"毒瘤"顽疾缺乏有效的解决方案，结果是晚明国家持续陷入财政危机之中。对因万历三大征、帝王个人支出增多、"辽饷"加征等引发的加派危机也缺乏预警方案，对连年发生的自然灾害根本缺乏应对之策，在财政危机、边关危机、气候危机等因素的共同打击下，明政权最终走向灭亡。明廷是在农民起义和后金政权的共同打击下覆灭的，农民起义是直接原因，后金政权袭扰是间接原因，但二者是有密切关联的。因为后金政权袭扰，明廷不得不加征"辽饷"，加征加重百姓负担，加剧官民矛盾，是引发农民起义的重要原因。另外，因为要防御关外的铁骑，崇祯未能调动吴三桂等人的兵力守卫首都，这也是明廷迅速覆亡的一个直接原因。试想，假如没有关外威胁，崇祯帝一边集中主力与李自成农民军在北京城外决战，一边着手迁都，向山东、江苏或江南地区转移，明廷是否会那么快地崩溃也未可知。

对比明末衰世、清初治世，田还是那些田，人还是那些人，为什么明政权走向衰亡，清政权迎来兴旺？史书上常说，顺治、康熙力行"仁政"，仁政的一大表现就是蠲免赋税，清初不但废除了"辽饷"等明末的"不艺之征"，还以万历中期赋役标准为标准，而且此后不断或减或免各地赋税。据康熙帝自夸，其即位以来，所蠲免的赋税几近上亿两白银；而另一边，明代修筑长城花费约1亿两白银，明末每年向百姓加征的白银就近2000万两，一加一减，一进一出，民心最终倒向谁就一目了然了。到康熙年间，除了少数正统观念浓厚的汉族知识分子外，广大老百姓早就认定清皇族是正统，得天下是天命所归了，还有谁去怀念那些行为乖张、荒诞不经、弃民如弃敝屣的朱明帝王呢？

明代的君主不知道蠲免赋税、施仁于民吗？并非如此，时势制度使然。蠲免赋税的前提是国家得有足够的财力维持正常运转。当一个王朝72%的财力用于边防和宗室时，怎么可能蠲免百姓负担？清代明祚，尤其是全国统一后，边防费用大幅下降，甩掉了第一个沉重的财政包袱。朱明宗室庄田被清政府没收，不但无须每年支付几百万两的宗室俸禄，还将17万顷的原明宗室田地发给农民耕种，只缴国税，不交田租，无异于小型的"授田"，不但甩掉了第二个沉重的财政包袱，还争取了民心。

明"亡也忽焉"，清"兴也勃焉"，一个一二百万人的小部落最终吞并了上亿人口的大帝国，为何能够以蛇吞象？原因何在？既有制度、体系因素，亦有个人、偶然因素。试想如果康熙、乾隆替换万历、崇祯，会有什么样的结果？但是，深层次的原因是大明开国之初的刚性制度设计导致的制度衰败以及明代在 14—17 世纪东亚国际体系中面临的安全困境使然。对此，我们将在下一章予以详细剖析。

第三节　中国古代乡村治理的效能评估

施雪华、方盛举二位教授曾对当代中国省级政府的公共治理效能评价进行了深入的定量化研究探索，分别从政策、体制、行为三个视角设计一套评价指标体系。在政策效能视角，从社会管理与公共服务政策、经济调节与市场监管政策两个维度，设定了 10 类对象、53 个指标；在体制效能视角，从行政投入和行政产出两大维度，共设定了 25 个指标体系；在行为效能视角，从决策行为、执行行为、监控行为三个维度，共设计了 16 个指标体系，合计 94 个指标体系作为细目评估省级政府的治理效能[①]。这一指标体系以现代政府为研究对象，所涉及的评估领域绝大部分涉及现代政府职能，其所关注的经济调节、公共财政、社会保障、生态环境等都不在古代王朝国家施政内涵之列，当代社会用以为指标体系提供的数据基础也绝非古代社会所能获取。不过，该文的创举启发了我们，可否从更多元角度，尝试将定量研究与定性研究结合起来，尽可能地评估古代乡村治理的效能。

一　中国古代乡村治理效能的定性评价

定性研究，是指以时人及后人对特定时段、特定地区乡村治理或国家治理的记载、描述和评价为基础，制定相关的定性判断标准，以合适的概念作为标识。尽管是质性评价，但为提高效能评估的准确度，我们拟在中国传统"三世论"的基础上，制定古代乡村治理效能的三个层级标准：乱世、平世、治世，再于每个层级中根据治理效果、治理效能的程度分为上、中、下或大、中、小三个等级，以此共形成九个等级的定

[①] 施雪华、方盛举：《中国省级政府公共治理效能评价指标体系设计》，《政治学研究》2010 年第 2 期。

性标准：暴乱世、动乱世、混乱世、衰平世、常平世、升平世、顺治世、大治世、盛治世，以呈现乡村治理效能"乱—治—乱—治"的循环性变化轨迹。

王朝治乱的九种世代类型

孔安国说："三十年曰世。如有受命王者，必三十年仁政乃成。"[1] 标识治理效能的各个世代是指某种治理状态所持续的时期，一般至少持续十年以上，或者虽然不到十年，但社会秩序遭到的破坏特别严重或者治理效果十分明显。据此，根据定性描述以及笔者自身理解，本书对王朝治乱的九种世代类型对乡村治理的影响以及处于该世代的乡村治理效能进行主观赋值。

暴乱世：王朝统治风雨飘摇，极度混乱，政权极不稳定，即将崩溃；国家处于大规模动荡中，发生了持续时间较长的冲突或大规模的战争，社会生产力遭到极大破坏；官府统治残暴，严刑峻法、横征暴敛、民不聊生、流民四起，人口数量急剧下降，王朝治理体系彻底解体，国家治理完全失败。暴乱世多发生在统治残暴王朝的末期，以及持续大分裂或大战乱年代，或者由统一走向分裂的过渡时期。暴乱世的乡村治理效能赋值为 -80。

动乱世：王朝统治具有较大风险，政局很不稳定，存在较大的崩溃可能性；国内出现较大规模的动乱，盗匪四起，民变频发，发生了较大规模的农民起义或内外战争，社会秩序遭到严重破坏，生产力水平严重下降，国家财政体系完全崩溃；官府统治残酷，农民赋役负担沉重，逃亡人口多，人口数量有较大程度的下降，王朝治理陷入失败境地，社会进入无政府状态。动乱世一般发生在王朝末期，濒临改朝换代之际，或者分裂政权持续对抗时期。动乱世的乡村治理效能赋值为 -60。

混乱世：王朝统治基本稳定，但政局不稳定，点状的国内矛盾和社会冲突时有发生，一定时期或局部地区处于动荡无序的无政府状态；官府统治严酷，农民赋役负担较为沉重，时有逃亡流民出现，生产力受到破坏，国家财政陷入危机，不足以支撑正常运行，人口数量下降，国家治理走向失败。混乱世多出现在王朝的末期，有些也出现在其他时段的

---

[1] 见（汉）司马迁《史记·孝文本纪》之集解1，中华书局1999年版，第307页。

局部地区。混乱世的乡村治理效能赋值为-40。

衰平世：王朝统治保持稳定，但控制力逐渐下降；社会蕴藏潜在的动荡危机；统治者昏庸保守，不思进取，出现职业倦怠；朝纲不正，正气公理不举；制度革新难以成功，错误决策持续发生，政局存在衰坏的风险；经济陷入长期停滞，国家财政能力严重不足；社会相对安定，但死气沉沉，缺乏活力；文化学术一片凋敝，万马齐喑；官府统治严苛，农民负担较重，但尚能维持基本生存，人口数量增长停滞或缓慢增长；国家治理体系时常失灵。衰平世一般出现在王朝统治的晚期或末期，衰退是古代中国历史中最为普遍的现象。衰平世的乡村治理效能赋值为-20。

常平世：王朝统治持续稳定，国家对社会和人民保持相对的控制力；国家存在潜在的社会危机，但不足以挑战王朝统治；统治者平庸保守，但亦时有振作有为之举；朝纲、政局处于不同政治力量斗争博弈之中，清明昏暗时常交叉出现；正确错误决策往往相伴而行，但政局总体能支撑国家治理；经济缓慢发展与无效停滞波浪式交替出现，未出现重大技术创新；为清除时弊的改革创新之举有所发生，但大多未能最终成功，产生的影响不足以将王朝拉回到繁荣发达轨道上。官府治理平庸，好坏参半，普遍处于无效或低效状态；农民负担相对沉重，但能够维持家庭生存；人口数量恢复到此前最好水平，且有一定程度的增长。社会总体处于安定状态，文化学术正常有序发展。常平世是治理效能的中位点，一般出现在稳定王朝的中后期。常平世的乡村治理效能赋值为0。

升平世：王朝统治稳定，国家具有较强的控制能力；政局较为清明，统治者有一定的治理积极性和进取心，经济处于恢复增长阶段，积蓄了较大的发展潜力；国家财政能力逐渐增强，综合国力稳步提升，疆域面积有所扩展；人口数量增长速度开始加快；政府出台了利民、重本政策，赋役水平较低；社会生活日益走向安定，呈现向上态势；文化学术氛围日益宽松。升平世展现的是生机和活力，多出现在王朝的早期。升平世的乡村治理效能赋值为20。

顺治世：王朝统治完全稳定，国家政权控制能力大大增强；政局清朗，统治者头脑清醒，施政得当，各项政策措施能够兼顾国家、社会和人民利益；经济持续增长，国家财富水平迅速提高，国家实力显著上升，疆域国土面积进一步扩大；人口增长加快，人口数量达到新的高度。国家治理体系渐趋完备，治理效率提高，政府取民之利适当，实行与民休息、轻徭薄赋政策，农民赋役水平较低，开始有一定的财富积累；官府统治温和，政简刑清，社会较为安定，流民逃亡现象显著下降；文化学术呈现繁荣之势，社会整体积极向上。顺治世是指经过几十年的苦心经营后，国家治理取得初步成功的状态，多发生在王朝的中早期。顺治世的乡村治理效能赋值为40。

大治世：王朝统治日益稳固，国家政权对社会和人民具有完全的控制能力；政治清明，统治者头脑清醒，治理得当；政策措施有利于国家、社会和人民各方利益的增加；社会经济日益发达，国家财富全面增长，国家军事实力大幅增强，国力跃升到新的阶段，成为地区体系内的霸主国，对外影响达到空前阶段；人口增长加快，接近历史顶点。国家治理体系完备，治理效率提高；农民赋役水平持续维持在较低水平，民间财富空前增长，人民生活水平持续上升；社会进入持续安定状态。文化、艺术、学术各项事业欣欣向荣，社会生活呈现整体向好态势。大治世是在顺治世基础上的进一步发展，初步实现国家、社会和个人三大利益的最大公约数。大治世的乡村治理效能赋值为60。

盛治世：王朝统治完全稳固，短期内没有任何内外力量能够挑战国家政权；国家对内地、边疆和藩属国具有强大的控制、感召和教化能力；统治者英明睿智，勤勉有为，国家政治清朗，政局清明，决策得当；政简刑清，法制完备；经济繁荣，国家、社会和个人财富皆有较大增长；国家综合实力达到历史顶峰，取得决定性的对外战争胜利，国土疆域得到较大程度的拓展，成为国际体系中的领袖国家；国内治安良好，社会长期稳定，人民安居乐业，达到温饱甚至小康生活水平；文化、艺术、学术灿烂兴旺，国强民富，内圣外王、内仁外霸之势达到历史顶峰。盛治世的乡村治理效能赋值为80。

大治之世和盛治之世是程度上的区别，盛治之世是大同世界的现实模板，是善治的实际表现，能够兼顾国家、社会、人民等多方立场，是整个社会公共利益的最大公约数。大治之世的形成一般需要五十至上百年的时间。统一王朝开国后，历代君主励精图治、赓续接力后才能最终实现治理成功，达成大治、盛治。

以上九种治理效能的类型划分是一种相对理想的状态，中国历史上并没有哪一个王朝，是完整地经历由乱入治，再由治变乱的九阶段治理进化衰变历程的。同时，也没有哪一个朝代，能够百分之百地达到最高的治理效能层级——盛治世。即使是开元盛世、康乾盛世，也只能算勉强称得上是，实际仍存在一定差距。开元盛世未能实现在东亚体系中的独霸地位，吐蕃、回纥一直在骚扰大唐帝国的边境，和亲之举说明虽然强盛如大唐在治理上亦有其阿基里斯之踵。乾隆时期虽然完全称霸东亚，但国内统治仍有威胁，潜在的民变说明"辉煌"的乾隆盛世仍有黑点，至于当时的文化、艺术、学术事业，更是无法与唐玄宗时期、宋仁宗时期相比。汉武帝击胡征越，开疆拓土，国力空前强盛，但付出的代价是人民生活困苦不堪，负担日益沉重，未能兼顾各方利益，实现社会公共利益的最大化，因此，西汉武帝时期只能算是顺治之世。宋仁宗时期文化灿烂，政局相对清明，但百姓生活愁苦，赋役沉重，民变四起，对外用兵亦有败绩，尽管在两宋历代君主中算是治理最为成功的，但称之为"仁宗盛世"是有所夸大的，其治理效能难以与贞观、开元、康乾时期相提并论。

古代乡村治理效能的定性评价

按照以上治乱兴衰的九种世代类型标准，我们对历代中原王朝（未计辽、金、西夏、大理、蒙古）的治理效能作一定性评价。自秦统一六国至清朝灭亡，共2132年的时间内，北方地区（未计东晋、南朝[①]），处于暴乱世共为261年，占12.24%，处于动乱世为319年，占14.96%，处于混乱世为168年，占7.88%，以上三者合计，处于"乱世"的时间共为748年，占35.08%。处于衰平世为477年，占22.37%，处于常平世为185年，占8.68%，处于升平世为318年，占14.92%，三者合计，处于"平世"时间共为980年，占45.97%。说明近一半时间的国家治理处于中位数状态。处于顺治世为205年，占9.62%，处于大治世为22年，占1.03%，处于盛治世为177年，占8.30%，以上三者合计，处于"治世"时间共为404年，占18.95%，不到五分之一，说明太平盛世

[①] 以北方（五胡十六国—北朝）和南方（东晋—南朝）为分野，大致将前221—1911年共2132年的时间分成两条轨线，以求更精确地反映历代王朝治乱的长期演进态势。

在历史上还是相对罕见的。如果以常平世为治理效能的中点，负数部分（三个乱世加上衰平世），共为 1225 年，占 57.46%，表明古代中国的王朝治理大部分时间是负向效应的。零数部分为 185 年，占 8.68%，说明治理效应无所谓正或负。正数部分（三个治世加上升平世），共为 722 年，占 33.86%，即有效治理、正向效应的治理仅占三分之一的时间。

南方地区（未计五胡十六国、北朝）在 2132 年的时间内处于暴乱世共为 128 年，占 6.00%；处于动乱世为 319 年，占 14.96%；混乱世为 189 年，占 8.86%；三者合计，处于"乱世"的时间共为 636 年，占 29.83%，比北方地区略好。处于衰平世为 509 年，占 23.87%，处于常平世为 185 年，占 8.86%，处于升平世为 398 年，占 18.67%，三者合计处于"平世"时间为 1092 年，占 51.22%；顺治世、大治世、盛治世各项数据同北方地区。同样，如以常平世为治理效能中点，负数部分共为 1145 年，占 53.71%；正数部分共为 802 年，占 37.62%，略好于北方地区。

对以上九小类、三大类治理效能及正负向效应，可结合世代的定性评价予以标识，并以具象的方式进行表述，具体参见表 11—1 以及图 11—1 至图 11—6①。

表 11—1　　秦至清历代王朝治理效能一览表②（前 221—1911）

治理评价	王朝时期	公元纪年	上榜理由
暴乱世	秦末	前 210—前 202	严刑峻法，天下苦之③，群盗并起，农民起义规模巨大，楚汉战争破坏严重，百姓流离失所，人口下降严重。

---

① 为使公元前 221—1911 年的时间线前后贯穿，图 11—1 设定的部分时段与历史分期存在一定误差，如十六国时期、三国时期、南北朝时期存在多个政权或南北政权短暂并立，但在绘制时间线时都以统一王朝建立时间为起末点，否则在绘制趋势线时会出现重合情况。

② 只统计中原主要王朝，未统计辽、金、西夏等朝。另一部分公元纪年与帝王在位、年号有一至两年误差，主要是考虑时间前后衔接。

③ "（秦二世）繁刑严诛，吏治刻深，赏罚不当，赋敛无度，天下多事，吏弗能纪，百姓困穷而主弗收恤。然后奸伪并起，而上下相遁，蒙罪者众，刑戮相望于道，而天下苦之。"见（汉）司马迁《史记·秦始皇本纪》，中华书局 1999 年版，第 201 页。

续表

治理评价	王朝时期	公元纪年	上榜理由
暴乱世	东汉末年	189—220	军阀混战，地震、山崩、水溢、蝗灾不断，"人相食啖，白骨委积"，积尸盈路，"白骨露于野，千里无鸡鸣"，人口下降一半以上，"州郡各拥强兵，委输不至，群僚饥乏"①，空前大动乱，谷一斛最高至五十余万钱。②
	五胡十六国时期	304—439	各国交相兼并攻伐，战争频起，杀戮不断，关中残破，百姓沦为牛羊，频遭奴役杀害，死几绝，白骨蔽野，道路断绝，千里无炊，人口急剧下降，损失率达到四分之三；石勒烧杀掳掠，前后掠夺上百万户民户，杀人逾百万；石虎滥杀百万，夺人妻女，十万盈宫；前燕慕容评辅政时，燕军民饮水也要纳绢，"绢一匹，水二石。"③
	五代十国时期	907—960	处于大动乱、大分裂时代，中原五代竞相逐立，各国互相征伐；人口减少四分之一以上，各割据政权偶有朝局稳定、社会安定者，但内部争权剧烈，外部战争频繁，国家处于分崩离析的无政府状态。
	元末	1332—1368	统治集团腐败不堪，军政废弛，吏治败坏，阶级矛盾、民族矛盾极端尖锐，爆发大规模农民起义；元廷、农民军之间混战不断，社会生产严重破坏，人民苦难深重。
动乱世	秦始皇时期	前221—前210	严刑峻法，刻薄寡恩，不施仁义，暴虐民怨，贪婪淫侈，取守同术，马上治天下，10%的人服徭役，危机四伏。
	西汉末年	8—25	统治者施政荒诞，政令无常，征伐无度，国力虚耗，盗匪相聚，外交失败，吏治腐败，连岁灾蝗，经济崩坏，农商失业，贫富不均，民不聊生，动乱四起，农民起义，群雄逐鹿，国家处于持续冲突中，户口减半。④

① （宋）范晔：《后汉书·孝献帝纪》，中华书局1999年版，第243—261页。
② （晋）陈寿：《三国志·魏书·武帝纪》，中华书局1999年版，第9页。
③ （唐）房玄龄等：《晋书·食货志》，中华书局1999年版，第513页；《晋书·石勒载记》，中华书局1999年版，第1809—1843页；《晋书·石季龙载记》，中华书局1999年版，第1845—1872页；张传玺主编：《简明中国古代史》，北京大学出版社2013年版，第220—223页。
④ "民饥饿相食，死者数十万，长安为虚（墟），城中无人行。"见（汉）班固《汉书·王莽传》，中华书局1999年版，第3075页。

第十一章　中国古代乡村治理的效能评估 / 679

续表

治理评价	王朝时期	公元纪年	上榜理由
动乱世	东汉桓灵时期	146—189	朝廷腐败、宦官外戚争斗不止、党锢之祸影响深远，吏治益坏，军阀崛起，中枢控制力迅速下降，边疆战事不断，西北残破不堪，国势日趋疲弱，徭役兵役繁重。土地兼并严重，民不聊生，爆发大规模农民起义。[1]
	三国分裂时期	220—265	三国内部大体稳定，皆可算得上是常平之世，但三国之间连年征战，百姓凋敝，四海分崩，人口大幅下降。
	西晋八王之乱	291—306	政局混乱，中枢不稳，宗室混战，竞相夺权；大旱疾疫连年流行，百姓饥馑，流民四起。
	隋末	604—618	统治者好大喜功，大兴土木，征伐失当，残暴淫奢，骄怠不闻政事，残暴对待臣属；"奸吏侵渔，政刑驰紊，贿货公行，六军不息，百役繁兴，行者不归，居者失业，人饥相食，邑落为墟，甚至逆收数年之赋"[2]，结果当然是百姓困苦不堪，民不聊生，隋末各类起义、叛乱先后爆发120多起，陷入持续内战，社会处于大动荡之中，户口损失三分之二，仅余三百万户。
	安史之乱	755—763	统治者骄奢淫逸，耽于享乐，宠信奸臣，怠政懒政，缺乏战略警惕，制度政策设计失误；连年战争，田园荒芜，人民徭役兵役负担加重，流离失所，杜甫"三吏三别"有充分描述。
	唐末	859—907	统治者政治苛虐，宠用奸佞，滥施刑罚，搜刮民财，盗匪蜂起，叛乱屡兴，爆发大规模的农民起义，藩镇彼此交战，内乱频仍，率土分崩。

---

[1] 范晔对汉灵帝的评价是"灵帝负乘，委体宦孽。徵亡备兆，小雅尽缺。麋鹿霜露，遂栖宫卫"，以讽灵帝为政贪乱，任寄不得其人。见（宋）范晔《后汉书·孝灵帝纪》，中华书局1999年版，第237页。汉桓帝时期，治理日益衰败，桓帝下诏承认"比岁不登，民多饥穷，又有水旱疾疫之困。盗贼征发，南州尤甚。灾异日食，谴告累至。政乱在予，仍获咎征"。见（宋）范晔《后汉书·孝桓帝纪》，中华书局1999年版，第209页。

[2] （唐）魏徵：《隋书·炀帝本纪》，中华书局1999年版，第65页。

续表

治理评价	王朝时期	公元纪年	上榜理由
动乱世	明末天启、崇祯年间	1621—1644	天启荒政，宦官专权，党争剧烈，中枢不稳，无法有效应对日益严重的经济社会危机；崇祯志大才疏，内政国防决断屡屡失误，犯下关键错误；历年累积矛盾无法清除，赋役、加派、天灾、腐败等最终引发大规模的农民起义。满清袭扰、农民起义、自然灾害是明朝灭亡的三大直接原因，但根子在于统治者荒诞无能，无力消除自明初沿袭的内生性制度缺陷：边防耗竭国财、宗室吮吸国力、皇权恣意妄为。
	清初顺治时期	1644—1661	清廷入主中原，武力镇压人民反抗，征战连年，扬州十日，嘉定三屠，血腥杀戮平民，剃发、易服、圈地、投充、逃人五大弊政，致使千万汉人家庭破产人亡①，社会生产力遭到严重破坏。②另外，随着大规模战乱结束，垦田增加，耕地扩大③，人丁增加，社会经济逐渐复苏。
	清咸丰、同治、光绪、宣统时期	1850—1911	内忧外患不断，国势之衰无可挽回；对外交涉失败，外敌多次入侵，列强巧取豪夺，不得不以割地赔款、丧权辱国告终；内部矛盾激化，太平天国运动、捻军和各地农民起义持续多年，社会处于大动荡之中；清末统治者昏聩无能，国力日益虚弱，割地、赔款、丧权无以复加，内外危机达到顶点，反清革命风起云涌。其间虽有"同光中兴""清末新政"，但或徒有其表，不堪真用，或粉饰太平，企图苟延残喘而已，改变不了国家治理彻底崩溃的历史大势。

---

① 据人口史专家研究成果，从顺治元年至康熙三年（1644—1664）的21年间，南直隶、浙江、福建、广东、江西、湖南六省死于战争、屠城和迁界中的人口可能达到700万人，这些完全是人为造成的人口损失，当然是与当时清代统治者的治理政策有关，康乾盛世是建立在顺治乱世甚至血腥暴政的基础上的。见曹树基《中国人口史》第五卷，复旦大学出版社2001年版，第41页。

② 白寿彝总主编：《中国通史第十卷上册·清时期》（修订本），上海人民出版社2004年版，第141—144页。

③ 清初全国土地面积看似较明末减少数巨大，但清初实行折实田制，而明一直用田地山塘总数，故明代最高时田地亩数近10亿亩，明末为7亿多亩，而清康熙初年亦只有5亿余亩，二者数据内涵不同。

续表

治理评价	王朝时期	公元纪年	上榜理由
混乱世	西晋武帝时期	265—291	统治者荒淫怠惰，奢侈腐败，政治败坏，开国即现衰象。
	西晋末、东晋	306—420	荆扬之争贯穿始终；初期、晚期发生五次重大内乱①，朝局混乱、内斗频繁；门阀、军阀崛起。
	刘宋（后期）	453—479	皇室、宗室内斗火并，政局黑暗，中枢斗争恐怖，百姓遭殃，政事毫无可述。
	北朝（中后期）	439—581	北朝五代，虽有政局清明、社会安定之时，如拓跋宏之时，但其间分裂不休，征战不已，民族矛盾、社会矛盾尖锐，社会动荡不宁，总体仍属乱世。
衰平世	西汉元、成、哀、平、儒子婴时期	前49—8	主昏臣暗，政事不举，宦官弄权，外戚专权，政争激烈，政局不稳，国政遽衰，土地兼并，豪强横行，小民失业，流民四起，百姓生活痛苦。
	东汉和、殇、安、顺、冲、质诸帝时期	88—146	外戚宦官更迭乱政，皇权、外戚冲突激烈，中枢政局动荡，社会风气败坏污乱，土地财富日益集中，农民大量破产，流民日益增多，国空民穷，"田野空，朝廷空，仓廪空"，民变暴乱频繁发生。②
	唐穆宗、敬宗、文宗、武宗、宣宗时期	820—859	宦官专权，党争激烈，朝局不稳，政事不举，吏治腐败，贪贿成风，土地兼并日益严重，赋税日益沉重，百姓生活艰苦，财税收入渐枯，国势日衰。
	宋徽宗、钦宗时期	1100—1127	统治者腐朽昏庸，奢侈无道，任用奸佞，不理朝政；朝纲紊乱，政局昏暗，吏治腐败，巧取豪夺，搜刮民财，百姓赋税负担沉重，民不聊生，民怨沸腾，民变起义四起；外交颠顸无能，出现致命失误，抗金无力，处置失当，酿成灭国之祸。
	宋理宗、度宗、恭帝时期	1224—1276	理、度两位皇帝荒淫腐化，暗弱无能，大权旁落，奸相当国，国势迅速衰落，其间虽有端平更化，但未能改变南宋走向衰落的总体趋势。

---

① 王敦之乱、苏峻之乱、孙恩之乱、桓玄之乱、卢循之乱。
② 唐李贤注曰：汉自和帝以后，政教陵迟，故言天厌汉德久矣。故以和帝时为东汉衰平之世起。见（宋）范晔《后汉书·孝献帝纪》，中华书局1999年版，第258页。

续表

治理评价	王朝时期	公元纪年	上榜理由
衰平世	元中期	1294—1332	战争停息，但统治集团内部争权夺利，皇位更替混乱，政局动荡，爆发大规模内战，中央政府控制力削弱。
	明英宗至宪宗时期	1435—1487	统治者荒诞、荒淫、腐败、怠政、无能，宦权高炽，特务政治横行，政局动荡，北、南边防遭遇侵扰，国家安全受到严重威胁；土地兼并严重，宗室地主侵占大量土地，对农民剥削压榨加大，百姓负担日益加重；财政危机日益凸显，农民起义纷纷爆发，明廷提前进入中衰期。
	明武宗至神宗时期	1505—1620	历代君主无励志之人；有的荒淫，有的怪诞，有的为政懒怠，有的重用宦官，有的信任奸才，有的偏执任性，有的刚愎自负。大兴土木、上供增多、边费日涨、额田减少等导致财政危机进一步显现，其间有嘉靖、万历时期的若干改革，但不能从根本上改变国运颓势，社会矛盾进一步激化，尤其是嘉靖、万历年间开始的加征、加派、矿监、税使与民争利，极大增加人民负担，成为晚明民变的直接原因。万历尚气，朝纲紊乱，好财，设矿监税使，加征加派，乱法赐田，加重土地兼并程度，多次激发民变。
	清嘉庆、道光时期	1796—1850	统治者日益昏庸腐朽，颟顸无能；无法应对内外变局；对外关系处置失当，丧权辱国；官员结党，吏治败坏，土地高度集中，财政匮乏，军备废弛，封建剥削残酷，农民赋役负担日渐沉重，民变迅速增多，社会危机日益扩大，爆发大规模农民起义，国家迅速走向衰落。
常平世	唐代宗时期	762—779	帝王平庸，治国好坏参半，对宦权、藩镇限制不力；朝政无多少亮点。但能够体恤百姓，养民为先，农业生产在乱后逐渐恢复。
	唐德宗时期	779—805	统治者前期精明强干，禁宦权，用能臣，改革税法，其后任用幸臣，加征杂税，民怨日深，政局转坏，姑息藩镇，"朝廷益弱，方镇愈强，唐亡其患以此"①。

---

① （宋）欧阳修、宋祁：《新唐书·德宗本纪》，中华书局1999年版，第139页。

续表

治理评价	王朝时期	公元纪年	上榜理由
常平世	宋英宗、神宗朝	1063—1085	统治者有励志图强之心，改革更新之举，但政争激烈，治理水平未能明显提升；元丰改制对抑冗有一定效果，王安石变法使土地面积、单位产量和国家财政收入增加，但因用人失当，土地兼并未能抑制，变法给百姓增加负担；对外战争遭遇重大失利，积弱之势进一步发展。
	宋哲宗朝	1085—1100	中枢陷入新旧路线反复争斗之中，统治者未能集中精力理政革新，原变法之利未尽显、之弊未尽除，北宋体制中的"三冗"旧苛继续发展；政局总体沉闷，社会进步缓慢；对外战事取得胜利，是为数不多的亮点。
	宋高宗时期	1127—1162	统治者苟且偏安，忠奸不分，玩弄帝王权术；黄钟毁弃，瓦釜雷鸣，奸臣当政，投降盛行；国势难振，狂澜难挽；重视农业，招民垦田，兴修水利，经界土地，生产持续发展，内政与外交呈现二元反差局面，功过相抵，常平之世。
	宋光宗、宁宗时期	1189—1224	光、宁两位皇帝平庸无能但节俭忠厚，奸臣专权，开禧伐金失利，嘉定和议增岁；政局不稳，政治昏暗，叛乱民变时起，但社会基本稳定，生产持续发展，人口、户口达到南宋历史峰值。
	元世祖时期	1276—1294	统治者推行汉法，改革政治经济，中原社会经济逐步恢复；但征调频繁，军费浩大，对人民剥削加剧；影响社会生产力发展，尤其是民族歧视与隔离政策，最不得人心。南方发生多起规模较大起义。
	明孝宗时期	1487—1505	统治者恭仁俭朴，虚心纳谏，励志图为，政治清明，矛盾缓和，社会安定，生齿日繁，兵革不作，盗贼不兴，国势有所好转。但地权集中、赋税流失、财政匮乏、差役频繁等现象难以得到根治。
升平世	西汉高吕时期	前202—前180	天下晏然，刑罚罕用，罪人是希，民务稼穑，衣食滋殖①。但国力虚弱，恢复增长还须一段时间。
	东汉光武中兴	25—57	帝王节俭节约，政务简化，与民休息，安抚百姓，整饬吏治，解放奴婢，严申法纪，偃武修文，户口滋殖，垦田日广，国家财富增长，抚民和外，进取之心稍逊。

---

① 此为司马迁的评价，见（汉）司马迁《史记·吕后本纪》，中华书局1999年版，第290页。

续表

治理评价	王朝时期	公元纪年	上榜理由
升平世	东汉明章之治	57—88	通渠修堤，平息水患，农田扩大，功效甚广；大败匈奴，西域复通，刑罚简省，政务宽厚，轻徭薄赋，民生丰裕。但国用不足，武功不修，察举流弊，择才之道渐坏，内有叛乱。
	刘宋元嘉之治	424—453	统治者崇尚节俭，省狱讼，申调役，吏治澄清，屡次大赦天下，减免赋税，赐谷孤老六疾之人，[①] 国内渐安；数度出师北伐；但连年征战失利无功，兵荒财单，苛捐杂税，人民负担大增。
	梁朝武帝时期	502—549	统治者勤政恭俭，宽容爱民，赡恤鳏寡孤独尤贫者，政局清明，多次下诏申达细民指摘朝政之言，且多次"亲耕藉田，大赦天下"，社会安定，文化昌盛；"治定功成，远安迩肃"，但晚年委事群幸，刑典废弛，政治腐败，奢侈宽纵，"朝经混乱，赏罚无章"，民税增加，士风贪残败坏，晚年爆发侯景之乱[②]。
	隋文帝时期	581—604	统治者"薄赋敛，轻刑罚，内修制度，外抚戎夷"；勤于政事，节俭务实，整肃吏治，整理户口，人口快速恢复，比统一之初增长一倍余，田地面积增加2.5倍以上，粮食产量大幅提高，财政库藏充实。国家统一，版图扩大。但皇帝天性猜忌刻薄，暮年"持法尤峻，喜怒不常，过于杀戮"[③]，奸佞之徒用事，在皇位继承之事上处置不当，埋下亡国隐患。
	唐高祖时期	618—626	统治者汲取隋乱教训，稳定局势，恢复生产，减轻赋税。
	唐高宗、武后中宗、睿宗时期	649—712	统治者私德有亏，改朝易代频繁发生，高层政局动荡，中枢政治斗争激烈，有叛乱发生；吏治有所败坏，酷吏见用，告密盛行；滥刑滥赏、卖官现象发生；同时贞观年间经济社会政策得到延续；经济持续发展；社会矛盾相对缓和，文化呈现日趋兴旺态势。

---

① （梁）沈约：《宋书·文帝本纪》，中华书局1999年版，第49—69页。
② （唐）姚思廉：《梁书·武帝本纪》，中华书局1999年版，第1—65页。
③ （唐）魏徵：《隋书·高祖本纪》，中华书局1999年版，第37页。

续表

治理评价	王朝时期	公元纪年	上榜理由
升平世	唐元和中兴	806—820	统治者刚明果断，积极有为，"能用忠谋"，削弱藩镇，加强中央集权，营田节财，减轻赋税；"中外咸理，纪律再张"[1]，但赋役仍重，农民逃亡屡屡发生，生产受到很大影响。
	宋太祖朝	960—976	统治者南征北伐，奠定统一基础，励精图治，加强中央集权，稳定政局，澄清吏治，"慎罚薄敛，与世休息"，劝奖农桑，治理水利，减免赋税、徭役，"治定功成，制礼作乐"。[2]
	宋太宗、真宗朝	976—1022	完成中原、江南统一，统治者重文抑武，皇权稳固，"闵农事，考治功"[3]；社会安定，经济发展，但"暴敛未除，滥赏未革"[4]，吏治未清，田赋不均，农民负担仍重，时有民变发生；文化日益发达，但"三冗"之势形成，对外积弱，对内积贫，版图不广，国势不强，难称治世。
	宋孝宗中兴	1162—1189	统治者平反冤狱，励志图进，力图恢复中原，对金虽以战争和，但颇有作为；整顿吏治，惩治贪污，轻徭薄赋，兴修水利，发展生产；江南经济繁荣，社会总体安定，文化学术发达，百姓家给人足。
	明太祖、惠帝时期	1368—1402	统治者重视农业生产，注意休养生息，招募农民垦荒屯田，制定较低赋税标准，注重兴修水利，提倡种植经济作物，农业生产恢复且发展，人口恢复并增加。但朱元璋加强中央集权，废除丞相制度，屠戮功臣，建封宗藩，酷刑滥杀，严禁贪贿，造成官吏自危，诸多制度设计埋下治理隐患。
顺治世	西汉文景之治	前180—前141	无为而治，与民休息，布德偃兵，轻徭薄赋，政简刑轻，经济繁荣，社会安定；但内有七国叛乱，外有匈奴袭扰，治理仍有较大改进空间。

---

[1] （宋）欧阳修、宋祁：《新唐书·宪宗本纪》，中华书局1999年版，第139页；（后晋）刘昫等：《旧唐书·宪宗本纪》，中华书局1999年版，第320页。
[2] （元）脱脱等：《宋史·太祖本纪》，中华书局1999年版，第34页。
[3] （元）脱脱等：《宋史·太宗本纪》，中华书局1999年版，第68页。
[4] （宋）李焘：《续资治通鉴长编》卷112，明道二年七月甲申，中华书局2004年版，第1版第5册，第2623页。

续表

治理评价	王朝时期	公元纪年	上榜理由
顺治世	西汉武帝时期	前141—前87	北败匈奴，南征诸越，开疆拓土，地域日广。但统治者好大喜功，严刑酷罚，苛暴擅赋，与民争利，士死民疲，海内虚耗，户口减半，天下愁苦。①
	西汉昭宣之治	前87—前49	政事勤，刑赏明，吏治严，教化开；轻徭薄赋，问民疾苦，与民休息；抚民安边，铸剑为犁，匈奴来降，边城晏闭，牛马满野，三世无犬吠之警，百姓无干戈之忧。
	宋仁宗之治	1022—1063	统治者仁慈尚俭，好学听谏，宽政待民，但用人无定志，国家积习未能尽改，纪纲不振；经济繁荣，科技发展，文化昌盛，社会安定；对外积弱，苟安不暇。
	明永乐盛世	1403—1424	统治者决断专行，藩国威胁消除，皇权空前加强，北伐南征，开疆拓土，国力强盛，多国纳贡来朝，对外影响达到顶峰；鼓励农产，治理水利，蠲免赈济，经济繁荣，社会安定，文化日兴，赋入盈羡，税粮平均岁入超过3300万石；五征蒙古、六下西洋之举，消耗大量人力物力，增加了人民的负担和苦难。
	明仁宣之治	1424—1435	统治者励精图治，任人唯贤；停止劳民伤财之举；息兵养民，减免赋税。
大治世	唐贞观之治	627—649	统治者胸怀宽广，从善如流；知人善任，勤政爱民，政简刑清，轻徭薄赋；开疆拓土，气象一新，霸业初成，对外影响扩展；但仍与吐蕃并立，征高丽无功而返，美中不足；社会安定，路不拾遗，牛马遍野，盗贼不兴，罪犯稀少，文化发达。因国力仍处上升期，未列为盛世。②

---

① 唐司马贞对汉武帝的评价是："疲耗中土，事彼边兵。日不暇给，人无聊生。俯观嬴政，几欲齐衡。"但汉武帝在开疆拓土、壮大国威、反击外侮方面有杰出贡献，对国家利益有巨大贡献。班固称赞其雄才大略，委婉批评其不能如文景恭俭济民。故武帝时期仍可算是治理成功的顺治之世。分别见（汉）司马迁《史记·孝武本纪》，中华书局1999年版，第341页；（汉）班固《汉书·武帝纪》，中华书局1999年版，第151页。对于武帝时期"人口减半"，葛剑雄先生认为是西汉官员虚报人口造成的误会，真相是武帝时人口只减少了400万，但根据虚报数，武帝末年人口应达到4000万以上；只是到昭帝初统计人口时，实际只统计到2000多万，故此造成"减半"的判断，实际上，统计时还有很多流亡在外地的流民没有计算进来。见葛剑雄《中国人口史》第一卷，复旦大学出版社2002年版，第388—391页。

② 欧阳修、宋祁在《新唐书》中评价唐太宗："其除隋之乱，比迹汤、武；致治之美，庶几成、康。自古功德兼隆，由汉以来未之有也。"并认为有唐一代只有三位君主可得称道，而"玄宗、宪宗皆不克其终，盛哉，太宗之烈也！"见（宋）欧阳修、宋祁《新唐书·太宗本纪》，中华书局1999年版，第31页。

续表

治理评价	王朝时期	公元纪年	上榜理由
盛治世	唐开元、天宝盛世	713—756	统治者励精图治，行事干练，知人善任，重用能臣，裁撤冗吏，亲贤远佞，尚俭戒奢，兴利革弊，赏罚分明，重视农桑，兴修水利，赋役宽平，刑罚清省，百姓富庶，[①] 人口大幅增加，较贞观时期，一百年间增长2倍；进入公私丰实，文化昌盛，国强民富极盛时期。但后期君主腐化堕落，奸佞当道，政纲松弛紊乱，大政方针有重大失误，埋下动乱种子。
	清康雍乾盛世	1662—1795	统治者精明有为，皇权巩固，政局稳定，开疆拓土，海内一统，版图迅速扩大，国力日趋强盛，称霸东亚；国家鼓励垦荒，耕地面积迅速增加，粮食产量普遍提高；兴修水利，改革赋役制度，永不加赋、摊丁入亩、大蠲赋税等政策相继实施，财税大增，国库充盈，经济繁荣，社会安定，文化发达，人口爆炸式增长。专制统治和意识形态控制达到顶点，文化学术发展受到钳制，统治者后期奢侈腐化，好大喜功，人民负担日益沉重，衰象渐显。

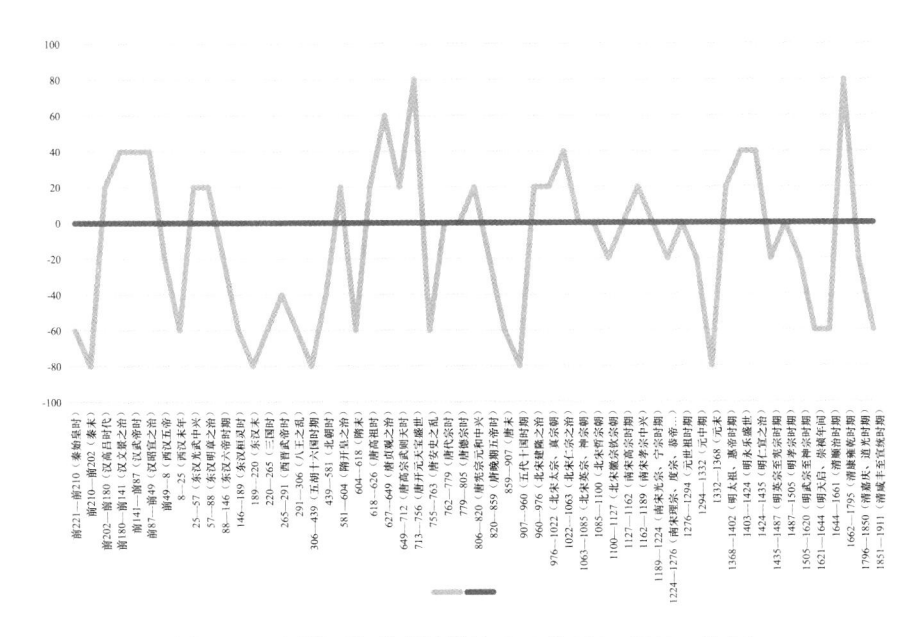

图 11—1 历代王朝治理效能波动（前 221—1911，北方）

[①]（宋）司马光：《资治通鉴》卷第 211 玄宗开元四年，中华书局 2009 年版，第 8868 页。

688 / 中国古代乡村治理·下册

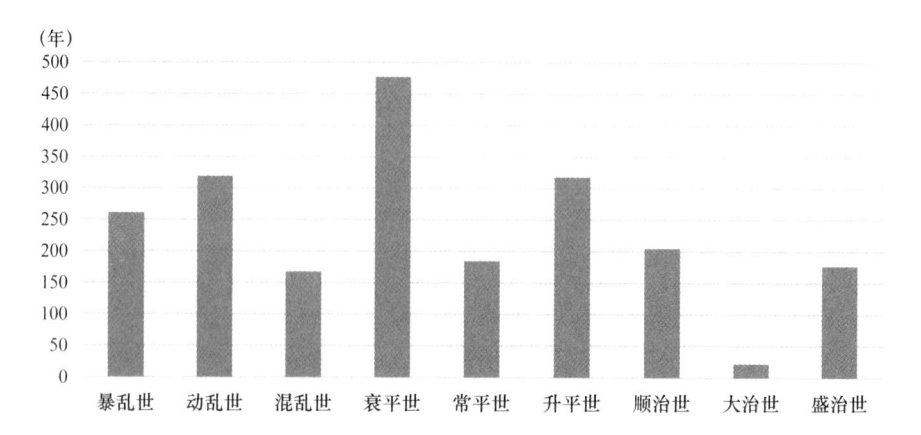

图 11—2　治乱九种世代类型积年对比柱状图
（前 221—1911，北方）

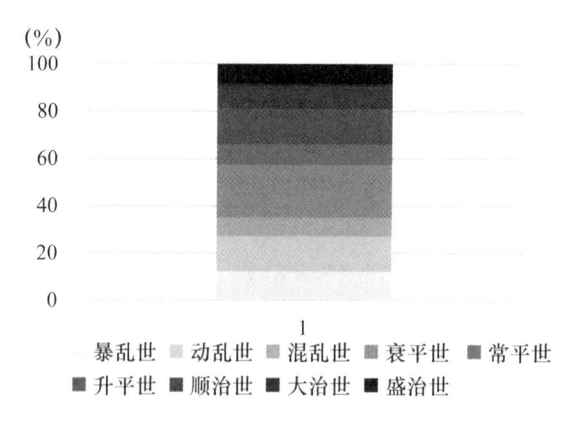

图 11—3　治乱九种世代类型百分占比柱状图
（前 221—1911，北方）

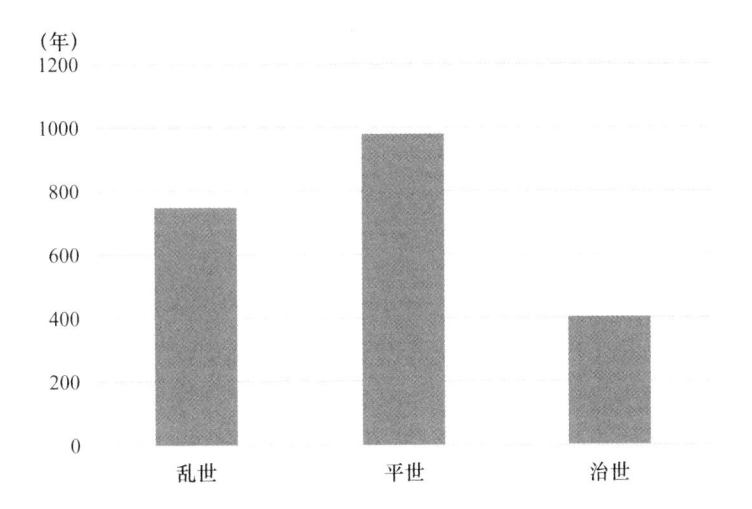

图 11—4　三世类型积年对比柱状图（前221—1911，北方）

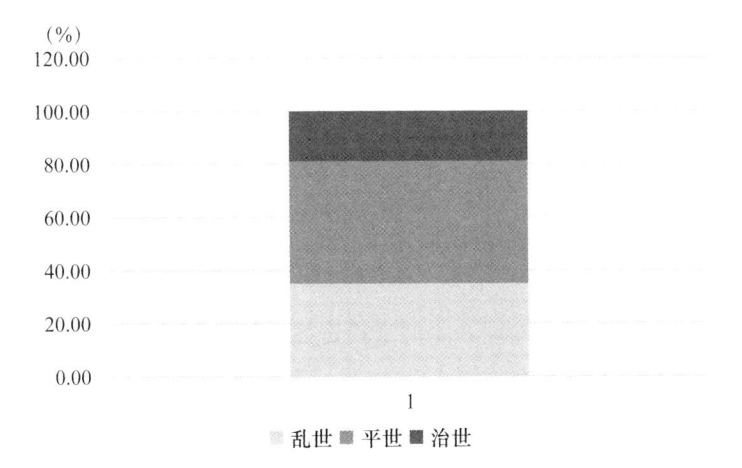

图 11—5　三世类型百分占比图（前211—1911，北方）

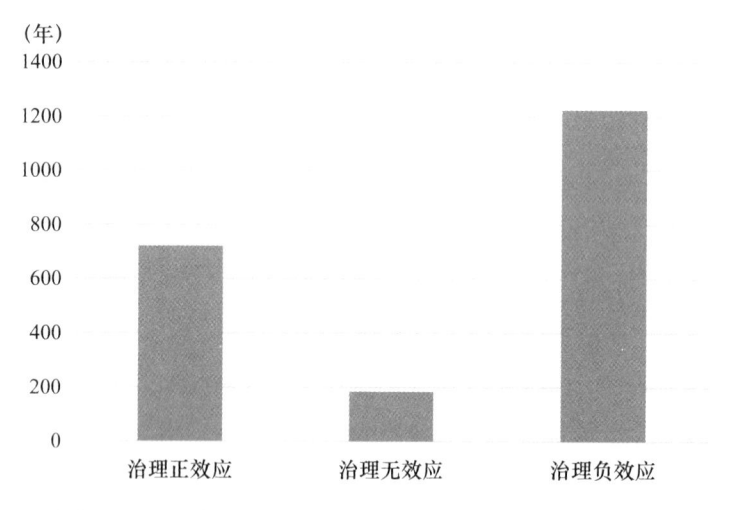

图 11—6　三类治理效应对比柱状图（前 221—1911，北方）

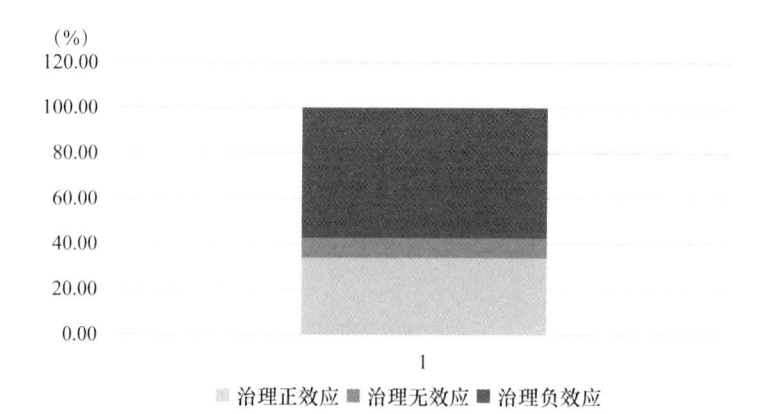

图 11—7　三类治理效应百分占比图（前 221—1911，北方）

二　中国古代乡村治理效能的定量评估

定量评估，指以疆域、人口、土地、财政、赋税等方面历史数据为支撑，通过列举若干核心关键指标来描述或比较乡村治理效能。我们所选取的量化指标包括疆域面积、人口总量、人口增减率、田地面积数、粮食亩产量、财政收入总量及增长率、人均土地面积、人均粮食产量、人均赋税水平、亩均赋税水平、徭役负担程度等。

表11—2　　历史文献所载历代王朝户数、口数、田地面积

朝代（时期）	国土面积（平方千米）	全国户数（户）	全国口数（人）	每平方千米人口数（人）	田地面积（亿亩）	折今市亩（亿亩）
西汉（2）	（1）4443319① （2）5680000③ （3）3943134④	12233062	59594978②	13.41	8.27053600	5.71990270
东汉（57）	（1）4380244 （2）4920000	4279634	21007820			
东汉（75）		5860573	34125021			
东汉（88）		7546784	43356367			
东汉（105）		9237112	53256229		7.32017080	5.06263013
东汉（125）		9647838	48690789		6.94289213	4.80170420
东汉（140）		9698630	49150220	11.22		
东汉（144）		9946919	49730550		6.89627156	4.76946141
东汉（145）		9937680	49524183		6.95767620	4.81192886
东汉（146）		9348227	47566772		6.93012338	4.79287333
东汉（157）		10677960	56486856			
西晋（280）⑤	（2）4160000	2459840	16163863			
刘宋（464）⑥	（2）2280000	901769	5174074			
隋（589）	（2）4160000				19.40426700	15.09457930

---

① 西汉、东汉国土面积系笔者根据梁方仲编著《中国历代户口、田地、田赋统计》，中华书局2008年版（以下简称梁著）第261页甲表4、第37—38页甲表8中103个和105个郡国面积分别相加所得。

② 梁著第6页第一栏前汉平帝元始二年全国口数为69594978，这一数据当是笔误或印刷错误，实应为59594978。

③ 宋岩教授根据谭其骧《中国历史地图集》各朝代地图测算的面积依次为：西汉568万平方千米、东汉492万平方千米、西晋416万平方千米、刘宋228万平方千米、隋416万平方千米、唐1076万平方千米、北宋264万平方千米、南宋176万平方千米、元1372万平方千米、明468万平方千米、清1216万平方千米。见宋岩《中国历史上几个朝代的疆域面积估算》，《史学理论研究》1994年第3期。

④ 葛剑雄先生根据《中国历史地图集》对西汉的面积用方格法进行测算，得出面积为3943134平方千米（未含海南岛）。见葛剑雄著《西汉人口地理》，商务印书馆2014年版，第111—114页，表7。

⑤ 该年数据在梁著各处皆有所不同，今取甲表1中西晋太康元年数据。

⑥ 梁著甲表16数据。

续表

朝代（时期）	国土面积（平方千米）	全国户数（户）	全国口数（人）	每平方千米人口数（人）	田地面积（亿亩）	折今市亩（亿亩）
隋（606）		8907536				
隋（609）		8907546①	46019956			
唐（639）	（1）3694340② （2）10760000	3041871	12351681			
唐（705）		6156141	37140000			
唐（726）		7069565	41429712		14.40386213	7.84578370
唐（732）		7861236	45431265			
唐（734）		8018710	48285106			
唐（742）		8973634	50975543	13.80		
唐（752）		8973634	59975543			
唐（755）		8914709	52919309		14.30386213	7.79131370
唐（760）		1933174	16990386			
唐（764）		2933125	16920386			
唐（820）		2375400	15760000			
唐（847—859）					11.68835400	6.36664642
后周（959）		2309812			1.08583400	0.96356909
北宋（976）	（2）2640000	3090504			2.95332060	2.62077670
北宋（980—989）		6108635				
北宋（996）		4574257			3.12525125	2.77334796
北宋（1021）		8677677	19930320		5.24758432	4.65670633
北宋（1066）		12917221	29092185		4.40000000+	3.90456000+
北宋（1083）		17211713	24969300		4.61655600	4.09673179
北宋（1100）		19960812	44914991			
北宋（1102）		20264307	45324154			

① 另一版本数据为9070414。

② 原表中未注明面积所在年代，姑以742年标识。见梁著第160页，但此数据为各道总计数。费省在《唐代人口地理》中测算唐天宝元年全国人口统计区面积为428万平方千米。见葛剑雄《中国人口发展史》，四川人民出版社2020年版，第177页。

第十一章　中国古代乡村治理的效能评估　/　693

续表

朝代（时期）	国土面积（平方千米）	全国户数（户）	全国口数（人）	每平方千米人口数（人）	田地面积（亿亩）	折今市亩（亿亩）
北宋（1110）		20882258	46734784			
南宋（1159）	（2）1760000	11091885	16842401			
南宋（1170）		11847385	25971870			
南宋（1180）		12130901	27020689			
宋金（1187）		19166001	69016875			
宋金（1195）		19526273	76335485			
南宋（1193）		12302973	27845085			
南宋（1223）		12670801	28320085			
南宋（1264）		5696989	13026532			
元代	（1）7549200①	13867219	59519727	7.88		
	（2）13720000					
元（1290）		13196206	58834711②			
元（1291）		13430322	59848964③			
元（1293）		14002760	53654337④			
明（1381）	（1）3298462⑤	10654362	59873305		3.66771549	3.51697238
	（2）4680000					
	（3）15247551⑥					
明（1391）		10684345	56774561		3.87474673	3.71549464

---

①　该面积为诸省总计数，系中山大学根据顾颉刚等编校的《中国历史地图集古代史部分》用方格求积法测算得出。参见梁著甲表50，第255页。

②　1290年、1293年户数、口数两条数据参见吴松弟著《中国人口史》第三卷，复旦大学出版社2002年版，（以下简称吴松弟著）第257、261页。1290年数据可见（明）宋濂等《元史·世祖本纪》，中华书局1999年版，第903页。

③　该数据与吴松弟著，第261页表6—2所载至元二十八年口数（60491300）不符，即使加上游食者数（60278082）也不符。见（明）宋濂等《元史·世祖本纪》，中华书局1999年版，第239页。

④　此数据为吴松弟著，第261页所记，但核对《元史》卷17，只有户数，未发现口数数据。见（明）宋濂等《元史·世祖本纪》，中华书局1999年版，第254页。

⑤　系两京十三省面积总数，梁著甲表72，第281页。

⑥　该数据为曹树基《中国人口史》第四卷，复旦大学出版社2002年版，第240—246页，表7—1中各项数据计算所得。

续表

朝代（时期）	国土面积（平方千米）	全国户数（户）	全国口数（人）	每平方千米人口数（人）	田地面积（亿亩）	折今市亩（亿亩）
明（1393）		10652870	60545812		8.50769368	8.15802747
明（1403）		11415829	66598337			
明（1423）		9972125	52763178			
明（1426）		9918649	51960119		4.12462600	3.95510387
明（1435）		9702495	50697569		4.27017200	4.09466793
明（1445）		9537454	53772934		4.24723900	4.07267748
明（1455）		9405390	53807470		4.26733900	4.09195137
明（1464）		9107205	60499330		4.72430200	4.53013319
明（1474）		9120195	61852810		4.77899000	4.58257351
明（1484）		9205711	62885829		4.86149800	4.66169043
明（1490）		9503890	50307843		4.23805800	4.06387382
明（1502）		10409788	50908672		6.22805881	5.97208559
明（1510）		9144095	59499759		4.69723300	4.50417672
明（1519）		9399979	60606220		4.69723300	4.50417672
明（1532）		9443229	61712993		4.28828400	4.11203553
明（1562）		9638396	63654248		4.31169400	4.13448338
明（1567）			62537419			
明（1578）		10621436	60692856	18.4	7.01397628	6.72570185
明（1602）		10030241	56305050		11.61894800	11.14140924
明（1620）		9835426	51655459		7.43931900	7.13356299
明（1623）			516555459			
明（1628—1644）					7.83752400	7.51540176
清（1655）	（1）5352480①（2）12160000		14033900		3.87771991	4.10572984

① 系各直省面积总和，见梁著甲表87，第374页。

续表

朝代（时期）	国土面积（平方千米）	全国户数（户）	全国口数（人）	每平方千米人口数（人）	田地面积（亿亩）	折今市亩（亿亩）
清（1661）			19137652	3.58	5.26502829	5.57461195
清（1673）			19393587		5.41562783	5.73406675
清（1680）			17094637		5.22766687	5.53505368
清（1685）			20341738		5.89162300	6.23805043
清（1701）			20411163		5.98698565	6.33902041
清（1711）			24621324		6.93034434	7.33784859
清（1721）			25616209	4.79	7.35645059	7.78900988
清（1724）			26111953		8.90647524	9.43017598
清（1734）			27355462		8.90138724	9.42478881
清（1753）			102750000		7.08114288	7.49751408
清（1753）		38845354	103050000①	19.25		
清（1766）			208095796	38.88	7.41449550	7.84697380
清（1812）			361693379	67.57	7.91525196	8.38066878
清（1820）			353377694			
清（1833）			398942036			
清（1887）			377636000	70.55	9.11976606	9.65600830
清（1911）		92699185	341423867			
		71268651	368146520			

疆域面积波动

疆域面积是衡量一个王朝综合国力的重要指标之一，它更多地体现在对外影响方面。然而，开疆拓土又与人口增减、财富损耗、人民负担加重等呈现一定的矛盾关系，考虑到治理效能本身就兼顾国家、社会和人民多方利益的平衡或最大化约，我们仍然将疆域面积作为评估乡村治理效能的重要标准之一。乡村人民能够提供足够的财力、物力、人力支

---

① 此数据与上一条有异，该数据见梁著，第356页，甲表81。

持国家或扩大版图，或抗敌雪耻，肯定也是乡村治理效能的应有之义。图11—8是根据表11—2中王朝疆域面积的第2组数据所绘制的历代王朝版图对比，据此可知每个王朝在地区体系和对外影响方面的实力。当然其中也有例外，如元代版图面积最大，但无论是国家治理还是乡村治理的效能和结果在主要王朝中毫无疑问应该是最差的。

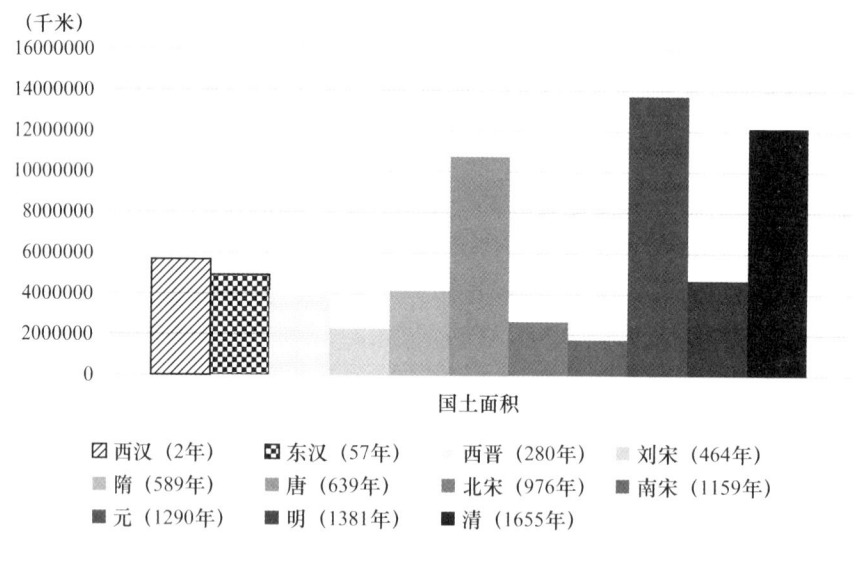

图11—8 历代主要王朝国土面积（平方千米）

人口数量增减

将历代人口数量的增减作为考察王朝兴衰的原因或标准是学界的通常做法。目前历代人口数量的历史记载主要来源于官方史料，梁方仲先生所著《中国历代户口、田地、田赋统计》对官方文献中的人口相关史料进行了较为详尽的整理收列，是当前进行人口研究的重要工具书。但是，受到逃亡、隐冒、遗漏、统计方法、辗转传抄等各种原因的影响，历史上的官方人口统计数据存在讹误、失真、前后矛盾等诸多问题，因而与历史实际可能存在较大误差，在使用时须仔细甄别。例如，根据《明实录》，泰昌元年及天启元年、三年、五年、六年各年的户数、口数、地数皆相同①，这显然不是真实的调查统计数据，而是官员或修史者轻率套用上年数据所致。再看官方文献中的明代口数，太祖朝的平均口数为5832余万人，中间历经二百余年，基本都在5115万—6259万人波动，至神宗朝、熹宗朝甚至在下降，这两百余年间没有大规模战争、内乱，人口的自然增长不可能徘徊不前，只能说明官方文献中的人口数据完全是无法令人信服的，前述官方数据只能仅供对比而已，不具什么学术价值。

为解决历史文献所载数据误差问题，当代人口史学者试图通过史料研究、数学模型等多种研究方法的结合，重建历史人口数据，但由于缺少一手历史资料（如地下文献数据），当前的人口重建研究，主要依赖于研究者以历史资料为基础，设定相关研究前提或起点，再对户数、口数、人口增长率等关键数值进行主观推算，得出相应结论，由于各家方法、依据不同，所得出的结论相差很大，甚至同一学术团队内对某一历史时点人口数的估算也存在一定差异②。相对而言，目前学界较有影响的人口研究是葛剑雄教授领衔的复旦大学历史地理研究所团队，以及他们编著出版的《中国人口史》（六卷）系列著作（以下简称葛著）。本书不是专门研究人口问题的，对于历史上的人口波动，拟以梁著、葛著所提供的成体系的历代人口数据作为基础进行展示，以揭示历代王朝乡村治理效能发展趋势与人口增减趋势之间是否存在较大的一致性或相关性。

比较官方统计与人口史专家推算数可知，官方数据与历史事实的微观考证之间存在较大落差。影响人口增减的主要因素是战争、内乱、灾荒和大规模流行性传染病，次要因素则有土地面积、粮食总产量和单位产量、赋役水平、农业技术水平等。例如，宋代人口增长较快的一个原因被认为是粮食单位亩产量的增加，它与占城稻的引进有关；清代人口

---

① 梁方仲编著：《中国历代户口、田地、田赋统计》，中华书局2008年版，第17页，甲表1注18。

② 例如，袁延胜认为一些学者采用的人口年均增长率是主观认定的，并无多少科学的依据。同样是东汉人口，葛剑雄团队的研究成果是，公元36年时，东汉人口为3290万人，东汉末年的220年时，为2224万—2361万人。袁延胜的研究所得出的结论是，东汉初年的户数为367万，口数为1800万，与葛剑雄团队数据相差近一倍；东汉末年人口数量为1500万左右，与葛剑雄团队数据相差近百分之五十。见袁延胜《东汉初年和末年人口数量》，《南都学坛》（人文社会科学学报）2004年第3期。

(人口: 千万)

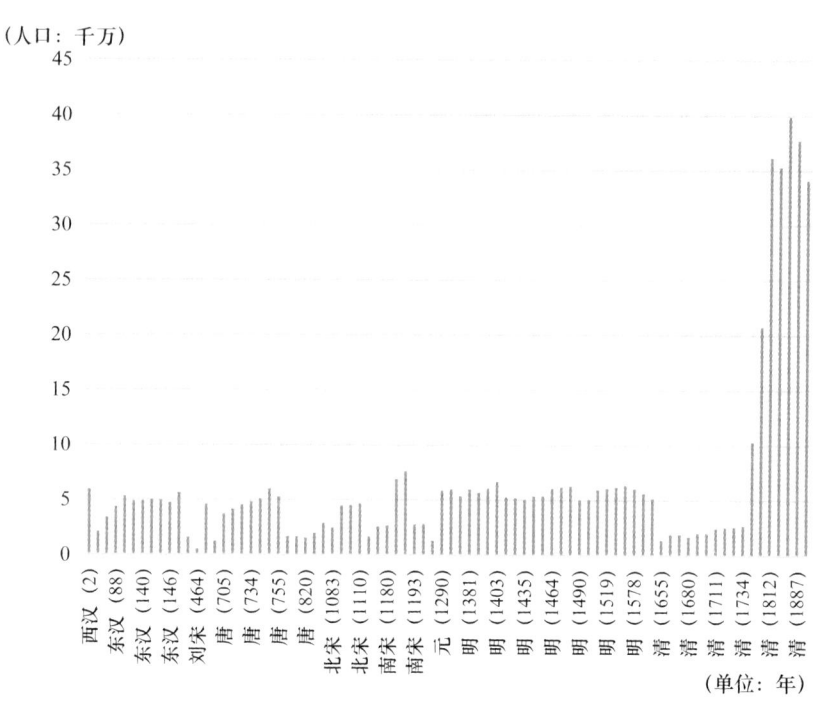

图 11—9　历代官方统计人口比较

较快增长的原因之一在于引进了美洲的玉米、番薯、花生等粗粮作物，使单位面积的粮食产量大幅提高，这被称为农业革命。主要因素与次要因素相比，前者对人口减少的影响更显著、更快捷，所以一旦发生战争、内乱、灾荒和流行性疾病等，就会导致人口快速下降。然而，无论是主要因素还是次要因素，都与国家治理、乡村治理的水平有关，对外战争、农民起义、民变兵变等本身就是国家政策选择的结果，甚至是国家治理失败的恶果。灾荒和传染病是天灾，但如果好的政府准备充分，应对得当，就可以有效减轻它们的负面影响，避免造成人民因灾病大规模非正常死亡的现象。土地面积与政府垦荒政策引导有关，农业技术水平与政府对农业的投入和支持有关，至于赋役水平，更是直接取决于政府对乡村资源的剥削汲取程度。以上种种因素都与一个世代的国家治理、乡村治理水平有关，它们综合作用的结果之一就是人口数量的增减，好的乡村治理效能必然体现为乡村生产发展，人丁兴旺，百姓安居乐业。如果在某一个历史世代内，没有爆发那些导致人口大幅损耗的主要变乱，那么人口应该呈现逐年递增状态。在这个意义上，人口数量增减是衡量一个朝代、一个世代乡村治理效能的核心指标之一。当然，只有越接近事实的人口数据才能越真实地反映乡村治理的效能。正因如此，本书使用权威人口史专家团队的研究数据，作为衡量历代王朝、世代乡村治理效能的量化依据。

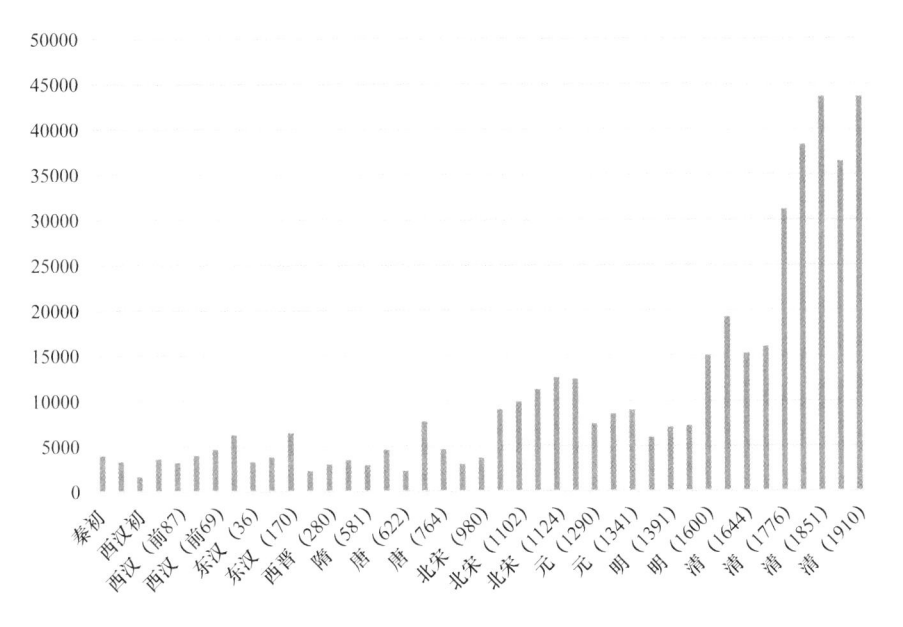

图 11—10　人口史专家推算的历代人口数（万人）

表 11—3　　　　　　　人口史专家推算的历代王朝人口数量

时期（年）	人口数估计（万人）	人口数增减率①（%）
秦初	4000	—
秦末	3000—3600（3300）	-17.5
西汉初	1500—1800（1650）	-50.0
西汉（前134）	3600	118.2
西汉（前87）	3200	-11.1
西汉（前74）	4000	25.0
西汉（前69）	4700	17.50

① 对前述区间值的数据，一律取中值计算增减率。

续表

时期（年）	人口数估计（万人）	人口数增减率（%）
西汉（8）	6300	34.0
东汉（36）	3290	-47.8
东汉（57）	3810①	15.8
东汉（170）	6500②	70.6
东汉（220）	2224—2361③（2293）	-64.7
西晋（280）	3000④	30.8
西晋（300）	3500	16.7
刘宋（420）	1746⑤	—⑥
刘宋（448）⑦	1800—2000（1900）	8.8
南梁（547）	1800—2100（1950）	2.6
陈朝（580）⑧	1500	-23.1
北方（304）	1800	—
北方（439）	500—600⑨（550）	-69.4
北方（519）	3150—3500⑩（3325）	504.5

① 57—157年各项数据为史书中记录。根据《续汉书》《晋书》等记载，57年人口数为2100余万人，75年为3412余万人，88年为4335余万人，105年为5325余万人，125年为4869余万人，128年为5386余万人，140年为4915余万人，146年为4756余万人，157年为5648余万人。葛著没有对75年以后的以上各项数据提出更正，但此数据与葛著所推断的人口数据似乎存在落差。见葛剑雄著《中国人口史》第一卷，复旦大学出版社2002年版，第407页。

② 该数值为葛著所推算的东汉人口峰值，但没有载明年份，根据葛著前文所指应在157年之后若干年，姑且以157—184年（黄巾军大起义）之间的中位数170年为记。见葛剑雄著《中国人口史》第一卷，复旦大学出版社2002年版，第435页。

③ 见葛著，第448页。

④ 三国末为3000万人，以三家归晋的280年为算。见葛著，第447页。

⑤ 葛著对东晋末年人口数的估算。见葛著，第465页。

⑥ 因刘宋只有半壁江山，故无法与作为统一王朝的西晋作人口数比较，因国土面积差异巨大，以下如南宋等亦如此。

⑦ 葛著推测刘宋人口最高峰值为1800万—2000万人，时间为元嘉二十七年（450）攻魏失败前的几年间，本书姑以448年为算。见葛著，第466页。

⑧ 葛著未载明1500万人的具体年份，姑以580年为计。见葛著，第469页。

⑨ 葛著推测十六国时期人口最低点为五六百万人，仅为原来的四分之一。本书将其时间定为十六国结束，北魏统一北方那一年，应是中国历史上人口损失比重最大的时期。见葛著，第473页。

⑩ 见葛著，第475页。

第十一章　中国古代乡村治理的效能评估　/　701

续表

时期（年）	人口数估计（万人）	人口数增减率（%）
隋（581）	2909①	-12.5②
隋（609）	4600③	58.1
唐（622）	2200—2300（2250）	-51.1
唐（754）	7475—8050④（7763）	245.0
唐（764）	4600—4700⑤（4650）	-40.1
北宋（960）	3000	-35.5
北宋（980）	3710⑥	23.7
北宋（1078）	9087⑦	144.9
北宋（1102）	9893	8.9
北宋（1109）	11275	13.97
北宋（1124）	12600	11.8
南宋（1135）	5650	—
南宋（1162）	6450	14.2
南宋（1189）	6712⑧	4.1
宋金合计（13世纪初）	12440	-1.3⑨

① 冻国栋：《中国人口史》第二卷，复旦大学出版社2002年版，第130页。该页记述"隋受周禅时"所载口数应少了一个数字，实载为2909604，可能少了一个"0"，否则，以559万户，不可能只有290万人。

② 该数据为2909万人与3325万人之间的比值，隋代581年时尚未统一陈，故此数据与北方有可比性。

③ 该数据与史籍中所载相近。葛剑雄推算隋朝高峰期的人口总数大致有5600万—5800万人。见葛剑雄《中国人口发展史》，第147页。

④ 该数据为著籍户加上隐漏户、流动人口、特殊人口、少数民族人口等之和，系冻著所推测的数据。冻国栋：《中国人口史》第二卷，复旦大学出版社2002年版，第182、521页。另一估算数据是755年时，唐朝人口数为7000万人。

⑤ 此数值为费省的推测数据。见葛剑雄《中国人口发展史》，四川人民出版社2020年版，第162页。此外，胡焕庸、张善余估计数为5000万人左右，见同页。冻国栋所著《中国人口史》第二卷虽然专门论述隋唐五代人口情况，但未对安史之乱人口总数作估算，葛剑雄所著《中国人口发展史》也未对这一时期人口进行估算。现转引该著中所引费省的推算数据。

⑥ 吴松弟著，第349页。与下文数据有异。

⑦ 1078年、1102年、13世纪初、1291年人口数见吴松弟著，第625页，表14—1。但该书中980年人口数为3541万人，与上文的3710万人有异。

⑧ 该人口数系笔者根据吴松弟著推算的1189年南宋户数，再乘以每户平均5.2人的家庭规模所得。见吴松弟著，第359、365页。

⑨ 该数据系宋金合计13世纪初与北宋1124年人口数比值。

续表

时期（年）	人口数估计（万人）	人口数增减率（%）
南宋（1223）	8060①	20.1
南宋（1276）	6108	-24.2
元（1290）	7500	-39.7②
元（1330）	8600	14.7
元（1341）	9000③	4.7
明（1370）	6000④	-33.3
明（1391）	7100⑤	18.3
明（1393）	7270⑥	2.4
明（1600）	15000⑦	106.3
明（1630）	19250⑧	28.3
清（1644）	15250⑨	-20.8
清（1678）	16000⑩	4.9
清（1776）	31147	94.67
清（1820）	38310	23.0
清（1851）	43609	13.8
清（1880）	36439	-16.4
清（1910）	43604⑪	19.7

① 吴松弟：《中国人口史》第三卷，复旦大学出版社2002年版，第366页。8060万人系据该年南宋全境约有1550万户，每户5.2人计算所得。而葛剑雄推算1235年时南宋人口达到峰值，为5800万—6400万人，与该数据似有冲突。见葛剑雄《中国人口发展史》，第193页。

② 该数据系元1290年与宋金合计13世纪初人口数比值。

③ 葛剑雄对同一年的估算数是8500万人，相差500万人，见葛剑雄《中国人口发展史》，四川人民出版社2020年版，第222页。

④ 葛剑雄的估计是，洪武三年人口大约为5400万人，加上元顺帝北逃时带走约600万人，元明之际人口谷底为6000万人，另外他认为元代人口高峰期为8500万人。见葛剑雄《中国人口发展史》，四川人民出版社2020年版，第236页。

⑤ 见吴松弟著，第621页。

⑥ 见曹树基《中国人口史》第四卷，复旦大学出版社2001年版，第247页。

⑦ 葛剑雄：《中国人口发展史》，四川人民出版社2020年版，第237页。但该数字与其在《中国人口史》第一卷第147页表4—1中所列同年数据有差别。当然，如果仅将1600年作为第17世纪，则可说得通。

⑧ 曹树基：《中国人口史》第四卷，复旦大学出版社2001年版，第281页。

⑨ 曹树基：《中国人口史》第四卷，复旦大学出版社2001年版，第452页。

⑩ 曹树基：《中国人口史》第五卷，复旦大学出版社2001年版，第51页。

⑪ 曹树基：《中国人口史》第五卷，复旦大学出版社2001年版，第704页。

对以上数据进行处理，不难发现人口史专家定量研究的历代王朝治理效能趋势与定性研究的人口数量增减趋势大体一致，尤其是治世、乱世在人口数量增减方面表现得较为明显，凡是人口数量的峰尖部分，基本上都是历代王朝治理效能表现较为充分的历史时段，而人口数量的谷底部分，基本上都处于王朝末期、改朝换代、分裂动乱、战争年代，是治理效能最差的时代。相比之下，历代官方人口统计数据的演进更为平顺，尤其是在王朝内部，体现不出较为明显的增长或下降趋势，表明在部分朝代，人口统计数据成为具文或失真较为严重。最明显的是，官方数据中的清代人口呈现直线式快速增长，对此，人口历史学家认为并非历史的真实，而是统计数据的急剧变化助长了清中期人口"爆炸式增长"这一现象的产生。事实上，清代人口的增长率并没有超过历代王朝鼎盛时期，清代人口达到4.3亿人的高峰是建立在宋明以来人口增长总量的基础之上的。

另外，人口因素只是衡量治理效能的一个指标而并非唯一指标，有些世代，朝局腐败，治理失当，但人口仍正常增长，如北宋徽宗朝，其治理恶果在对外关系上体现得更为明显，虽然爆发了农民起义，但对人口损耗的影响难以与大规模战争相比。

田地面积

田地面积是评估乡村治理效能的核心指标之一。凡是轻徭薄赋，与民休息，鼓励垦荒的世代，农民种田垦殖的积极性高，田地面积自然就会稳步增长，因此，准确真实的田地亩数的增减自然可以成为衡量某一世代的乡村治理效能高低的标准之一。可惜的是，官方史料中的田地面积同样面临着与人口数据类似的失真和前后矛盾困境。以明代各个时期的田地面积总平均数为例，自仁宗至宪宗朝（1424—1487），田地面积始终徘徊在4.1677亿—4.7836亿亩，但至孝宗朝，数量暴增至8.2794亿亩，增长了73%。1486年，全国田地面积还是4.8819亿亩，到了1488年就突增至8.2538亿亩，增长了69%，但至1505年时，又剧降至4.6972亿亩，总平均数也由宪宗朝的4.7836亿亩降至武宗朝（1505—1521）的4.6972亿亩。同样的暴增暴跌再次发生在穆宗朝、神宗朝、熹宗朝，神宗朝时，全国田地面积总平均数达到11.6189亿亩，而此前和此后世代的总平均数分别是 4.6777 亿亩和 7.4393 亿亩，差距十分明显。不管是因为统计口径变化、传抄技术失误还是人为篡改等原因，其结果必然造成类似的数据可信度极低，无法采信。同样的事实还有，1391 年时全国田地面积为 3.8747 亿亩，而仅仅两年之后，数据就变成 8.5076 亿亩；甚至同一年，数据也差异极大，1491 年时有两个数据，一为 8.2558 亿亩，二为 6.228 亿亩，相差 2 亿多亩。① 对以上异常数据，必须予以剔除，否则据此开展研究，是不可能称为信史的。为此，我们剔除了表 11—2 中过高的隋代田地面积数据，以及明朝的 11.6189 亿亩、8.2558 亿亩、8.5076 亿亩等过高数据，并将历代田地面积统一换算成今市亩，绘制了图 11—11，以对各代土地面积有一总体了解。

田赋收入

古代王朝国家以农业社会为本，农业收入尤其是田赋收入是国家财政的主要组成部分。清朝末年，随着国门的被迫打开，与各国商业贸易的扩大，关税及相关税收迅速增加，田赋收入所占比重开始有所下降，但仍占财政总收入的一半以上。直到改革开放后，农业作为第一产业，其产值才在国民总收入及财政总收入中下降到百分之五十以下，近年来更是下降到不足百分之十。

古代社会，汲取于乡村社会的田赋及折役、免役钱、丁银以及部分朝代征收的人头税构成乡村资源的主体。其中田赋包括田租及田租附加税（粟稻谷、粟稻米、大小麦、豆类及刍稿、马草等）、户调（棉、麻、绢、丝等经济作物）等。田赋以及丁银、免役钱、庸钱、人头税等主要取自乡村的税收资源，是衡量乡村治理效能的指标之一。凡是乡村治理效能较高、经济繁荣、庄稼茂盛、社会稳定的时代，田租收入相对更高一些，而那些虽盘剥严厉、税收沉重但百业萧条、农民逃亡、治理失败的时代即使征缴再厉害，总体田赋和财政收入肯定要低一些。因此，表 11—4 及图 11—12 所展示的历代王朝田赋收入情况可在一定程度上用于考察乡村治理效能。但此处特别要强调的是，由于历史文献、数据的

---

① 以上各项数据，参见梁著，第 255—272 页，甲表 51 至甲表 65 各表，以及第 475 页，乙表 32。

第十一章 中国古代乡村治理的效能评估 / 705

表11—4 历代田赋及财政收入[1]

朝代（时期）	理论税粮数（时石）	实征税粮数（时石）	丝（斤）	绵/丝绵（斤）	棉布（匹）	绵花（斤）	绸绢（匹）	草（束）	折色钞（锭）	税钱户税钱人头税钱	各项共折合实物米（石）[2]	合计折今市石
西汉（2）	82622655[3]									87亿[4]钱		
换算实物（时石）	82622655									87000000	169622655	33924531
东汉（105）	72469691									53.2亿[5]钱		
换算实物（时石）	72469691									53200000	125769691	25153938
唐（749）		96062220[6]										

[1] 将历代田赋项目中单独计开的有明确数字的录入，混杂在一起的、土特产一类的无法量化计算的征纳物未计入。故此表只是历代田土上征纳和户税、人头税的一部分。

[2] 实物换算标准为：麦一石=米八斗=0.8石米，绸绢一匹=米一石，麻布一匹=米五斗，丝20两=绢一匹，丝一斤=米八斗，绵一斤=米四斗，絮一斤=米二斗，绵花一斤=米一斗，草一束=米0.033石，粟谷：粟米=1:0.467，稻谷：稻米=1:0.5。两汉每100钱折米一汉石，唐代天宝时每300钱折米一唐石，建中初年时每2贯折米一唐石；米代每1贯折米0.011石；明代每锭折米0.714石。1汉石=0.2市石。1唐石=0.6市石，1宋石=0.702市石，1元石=1.002市石，乘以3.33%，1明石=1.035市石。

[3] 该数据为笔者估算。当时西汉亩均产量3汉石，乘以3.33%，得出亩均田赋额为9.99汉升。西汉末年口算田赋达到16亿钱。

[4] 有专家根据官方人口数对两汉的人头税、口算赋为15.2亿钱，更赋为38亿钱。在没有更精准的数据之前，本书暂采用这些数据作为衡量当时的乡村治理效能的指标之一，此外，还有好几类与乡村治理有关的税的税收入，但因无总数提供，故未录入。以上数据，因皆为估算，缺乏历史文献作为支撑，只能仅供参考。马大英：《汉代财政史》，中国财政经济出版社1983年版，第58、64页；黄文模、李洪波：《中国财政通史·春秋战国秦汉卷》，中国财政经济出版社2006年版，第192页。

[5] 黄文模、李洪波：《中国财政通史·春秋战国秦汉卷》，中国财政经济出版社2006年版，第195、201页。

[6] 该数据为749年时，唐十道各合计各色米粮总数，非该年实征税粮数，以此反映开元盛世的财政节余情况。

续表

朝代（时期）	理论税粮数（时石）	实征税粮数（时石）	丝（斤）	绵/丝绵（斤）	棉布（匹）	绵花（斤）	绸绢（匹）	草（束）	折色钞（锭）	税钱户税钱人头税钱	各项共折合实物米（石）	合计折今市石
换算实物（时石）	96062220	96062220									96062220	57637332
唐（天宝中）		25060000①		693750②	19260000③		7400000			2225000贯	43109167	25865500
换算实物（时石）	25060000			277500	9630000		7400000			7416666		
唐（建中初年）	16000000	16000000								30000000贯	31000000	18600000
换算实物（时石）										15000000		
北宋（997）		21707000④	88125	323125	282000		1898000⑤			4656000贯	28601750	20078429
换算实物（时石）	21707000	70500	129250	141000		1898000			4656000			
北宋（1021）		22782000	56563	249688	338000		1796000			7364000贯	32256125	22643800
换算实物（时石）	22782000	45250	99875	169000		1796000			7364000			

① 该数据为唐杜佑所估，见梁著第390页，乙表1。将地税（义仓）收入石数与田租所入粟的石数二者相加，共为2506万唐石。后钱数及实物数亦见同表。

② 绵为1850000屯，每屯为6两，每斤16两，共为693750斤（每斤16两）。

③ 布为16050000端，每端为5丈，即1.2匹，共为1926万匹。

④ 查梁著乙表6该项数据为31707000石，《两宋财政史》第52页亦有相同数字，但查考《文献通考》原著，实为："至道末，岁收合二千一百七十万七千余石，钱四百六十五万六千余贯，绢一百六十二万五千余匹，䌷二十八万三千余匹，布二十八万四千余匹，丝一百四十一万余两，绵五百一十七万余两。"上述两表所载数据皆有部分与之不符。今据原著改正。见马端临《文献通考》第1册，中华书局2011年版，第96—97页。

⑤ 该数据为该年绢162.5万匹与䌷绸27.3万匹相加所得，下同。

续表

朝代（时期）	理论税粮数（时石）	实征税粮数（时石）	丝（斤）	绵/丝绵（斤）	棉布（匹）	绵花（斤）	绸绢（匹）	草（束）	折色钞（锭）	税钱/户税钱/人头税钱	各项共折合实物米（石）	合计折今市石
北宋（1064）		26943575					8745535	29396113		36820541 贯[①]		
换算实物（时石）		26943575					8745535	970072		36820541	73479723	51582766
北宋（1077）		14451472		365647			2672323	16754844		5645956 贯[②]		
换算实物（时石）		14451472		146259			2672323	552910		5645956	23468920	16475182
北宋（1085）		24450000					1510000	7990000		48580000 贯[③]		
换算实物（时石）		24450000					1510000	263670		48580000	74803670	52512176
元（1299）		12114708									12114708	12138937
换算实物（时石）		12114708										
元（1325）		12114708										
换算实物（时石）		12114708[④]	1098843	72015	211223						12114708	12138937
元（1328）		12114708	879074	28806	105612		350530					
换算实物（时石）		12114708					350530				13478730	13505688
明（1381）		26105251							222036			

① 宋英宗治平初年，每年收入钱36820541贯，常绢䌷8745535匹，粮26943575石，草29396113束。汪圣铎：《两宋财政史》，中华书局1995年版，第26页。
② 该数据为银60137两＋钱5585819贯相加所得。银一两＝钱一贯。
③ 该年岁入金4300两，银57000两，以一两金＝十两银，银一两＝十千钱计算相加。
④ 该年缺全国税粮数，现暂以1328年数据为依据推测算。

续表

朝代（时期）	理论税粮数（时石）	实征税粮数（时石）	丝（斤）	绵/丝绵（斤）	棉布（匹）	绵花（斤）	绸绢（匹）	草（束）	折色钞（锭）	税钱/户税钱/人头税钱	各项共折合实物米（石）	合计折今市石
换算实物（时石）		26105251							2442		26107693	27021463
明（1391）		32278983							4052764			34124398
换算实物（时石）		32278983					646870		44580		32970433	
明（1402—1424）均		31824023	251373			274880	903727					
换算实物（时石）		31824023	201098			27488	903727				32956336	34109808
明（1425）		31800243	179133	232734	129720	243147	94569		434188			
换算实物（时石）		31800243	143306	93094	64860	24315	94569		4776		32225163	33353044
明（1426—1434）均		30182233	179116	237306	129701	240985	94021		73740			
换算实物（时石）		30182233	143293	94922	64851	24099	94021		811		30604230	31675378
明（1435—1449）均		26871152	66077	188583	180074	192357	186090		97309			
换算实物（时石）		26871152	52862	75433	90037	19236	186090		1070		27295880	28251236
明（1450—1456）均		25665311	64321	185875	206829	244088	191728		104968			
换算实物（时石）		25665311	51457	74350	103415	24409	191728		1155		26111825	27025739
明（1457—1463）均		26363318	82784	185132	130347	266916	193811		79255			
换算实物（时石）		26363318	66227	74053	65174	26692	193811		872		26790147	27727802
明（1464—1486）均		26469200	93158	105000①	800292	276817	286023		756294			

① 本处梁原著单位为"两"，疑应为"斤"。

第十一章　中国古代乡村治理的效能评估　/　709

续表

朝代（时期）	理论税粮数（时石）	实征税粮数（时石）	丝（斤）	绵/丝绵（斤）	棉布（匹）	绵花（斤）	绸绢（匹）	草（束）	折色钞（锭）	税钱/户税钱/人头税钱	各项共折合实物米（石）	合计折合今市石
换算实物（时石）		26469200	74526	42000	400146	27682	286023		8319		27307896	28263672
明（1487—1504）均		27707885	36764	2322425	1151779	165372	179367					30468392
换算实物（时石）		27707885	29411	928970	575890	16537	179367				29438060	
明（1505—1520）均		26794024	31553	169600	1666460	112894	126767					
换算实物（时石）		26794024	25242	67840	833230	11289	126767				27858392	28833437
明（1522—1562）均		22850535	73171		133206	216559	320459					
换算实物（时石）		22850535	58537		66603	21656	320459				23317790	24133913
明（1567—1571）均		24068189	66497	347287	563121	221965	288353					
换算实物（时石）		24068189	53198	138915	281561	22197	288353		8636402		24947413	25820572
明（1602）		28369247	224	314644	443185①	374878	148129		95000			
换算实物（时石）		28369247	179	125858	221593	37488	148129				28902494	29914081
明（1620—1626）均		25793645		11197	133208	121216	206282		81134			
换算实物（时石）		25793645		4479	66604	12122	206282		892		26084024	26996965
清（1661）		6479465								21576006（两银）		
换算实物（时石）		6479465								15405268	21884733	22650699

① 系绵布、阔梭布，土类三项相加所得，下一条同。

续表

朝代（时期）	理论税粮数（时石）	实征税粮数（时石）	丝（斤）	绵/丝绵（斤）	棉布（匹）	绵花（斤）	绸绢（匹）	草（束）	折色钞（锭）	税钱户税钱人头税钱	各项共折合实物米（石）	合计折今市石
清（1685）		4331131								24449724（两银）		
换算实物（时石）		4331131								17457103（两银）	21788234	22550822
清（1724）		4731400								26362541		
换算实物（时石）		4731400								18822854（两银）	23554254	24378653
清（1753）		8406422								29611201（两银）		
换算实物（时石）		8406422								21142398（两银）	29548820	30583029
清（1766）		8317735								29917761		
换算实物（时石）		8317735								21361281（两银）	29679016	30717782
清（1784）		4820067								29637014（两银）		
换算实物（时石）		4820067								21160828（两银）	25980895	26890226
清（1820）		8971681①								30206144（两银）		
换算实物（时石）		8971681								21567187	30538868	31607728

① 系梁著第 555 页乙表 77 额征田赋中的米，其他粮两项相加所得。

第十一章　中国古代乡村治理的效能评估　/　711

续表

朝代（时期）	理论税粮数（时石）	实征税粮数（时石）	丝（斤）	绵/丝绵（斤）	棉布（匹）	绵花（斤）	绸绢（匹）	草（束）	折色钞（锭）	税钱/户税钱/人头税钱	各项共折合实物米（石）	合计折合今市石
清（1841）										29431765（两银）		
换算实物（时石）										21014280	21014280	21749780
清（1842）										29575722（两银）		
换算实物（时石）										21117066	21117066	21856163
清（1845）										30213800（两银）		
换算实物（时石）										21572653	21572653	22327696
清（1849）										32813304（两银）		
换算实物（时石）										23428699	23428699	24248703
清（1885）										32356768（两银）		
换算实物（时石）										23102732	23102732	23911328
清（1894）										32669086（两银）		
换算实物（时石）										23325727	23325727	24142127

不健全、疏漏、前后矛盾和来源渠道不一等原因，表11—4中所展示的数据肯定并非历史上的真实数据，也并非某一王朝田赋收入的全部。例如，对明代在16世纪晚期（万历十七年至二十七年），明政府官方列出的全部收入项目，包括行政收入、税赋及其他杂项收入，每年达3700万两白银，但根据万明、徐英凯对《万历会计录》中所载实物等的折银计算，1578年时，明政府每年的财政收入为1810余万两，以上两个数据差异巨大。①

而且，由于不同时代统计数字完备程度的区别，对历代王朝田赋收入的对比可能也不是公平的。这使得利用田赋收入来衡量乡村治理效能的可行性和有效性大打折扣，何况，田赋收入本身就蕴含着乡村治理效能的内在矛盾：乡村社会经济繁荣程度与王朝剥削汲取资源的程度，是藏富于民还是杀鸡取卵？不同的世代可能会有不同的选择。因此，即使数据准确、真实，田赋总量高的世代并不必然意味着这一时期的国家治理和乡村治理效果好、效能高。统治者竭泽而渔，超前征收或横征暴敛也会造成财税收入暴增的结果，但它显然不是好的治理。同样，田赋总量低的世代并不代表其治理效能低，也许国家收入没有那么高，但老百姓日子过得好，也是好的治理。

粮食亩产量和赋役水平

亩产量的提升有多种因素的作用，但中国古代粮食亩产量的提升是缓慢的，它表明农业作为第一生产部门，具有原生的产业局限性。事实上，中国粮食产量的提高最大的影响变量是外来粮食品种的引进，如宋代引进占城稻，清代引进美洲的花生、玉米和番薯。田地面积的增长和粮食亩产量的提高是宋明清人口快速增长的一个主要原因，也为当世代的乡村治理提供了物质上的可能性。

由于古代王朝缺乏全面精准的农业统计数据，当今对古代的粮食亩产量的测算主要是依靠时人文献中的片言只语的记载而作出的推断。此类粮食产量、米价等数据的记载多为个案，且在不同时期存在南北东西

---

① ［英］崔瑞德、［美］牟复礼编：《剑桥中国明代史》下卷，杨品泉等译，中国社会科学出版社2006年版，第141页；万明、徐英凯：《明代〈万历会计录〉整理与研究》，中国社会科学出版社2015年版，第2106页。

等多方面的差距，很难得到精确的普遍性的数据，导致历史学者对历代粮食亩产量的评估存在较大争议，再加上不同学者对历代亩积、容积标准的看法存在很大差异，其结果是，今人很难准确地判定不同时期粮食亩产量数据。本书所作之努力，也仅是对此有大致的理解，具体数据可参见表11—5。例如，同在江南地区，有些地区如明州（今宁波）可能早在南宋至明代水稻稻谷的亩产量就能达到五六石甚至六七石，而在北方地区一亩产粟谷一两石可能就是正常水平。为什么苏、松、常、镇、杭、嘉、湖地区尽管历朝历代都背负沉重的田税负担，但仍然经济繁荣，文化发达，人丁繁盛，因为这些地区的亩产量一直保持高位，即使亩征三斗甚至一石，仍然可以养活该地区的大量人口，这一地区的总体生活水平自南宋后一直领先于全国大部分地区，农业产业的高绩效是一个重要原因，因为有高产出，这些地区对高额田赋的忍耐度就比其他地区更高，其生活韧性更强一些。历史上，江南地区的农民负担虽然也高得离谱，但相比北方、湖广、两广等地，农民起义、民变等现象相对要少得多。

赋役水平是另一个衡量乡村治理的重要变量。在前述各个时代的乡村治理研究中，我们已经对赋役政策进行了较为系统的梳理，对农民的赋役负担进行了多角度、多层次的测算。在此基础上，我们绘制了表11—6，希望通过基于实物基础的历史换算，达到大致比较历代赋役水平的目的，以此观察不同世代的乡村治理效能和效果。

相对于田赋或夏秋二税，历代王朝对乡村农民人力的汲取和自由的占有更加难以测算，且古代徭役政策复杂多变，规则和文本是一回事，实际执行则是另一回事，农民的负担超过法律规定，更是普遍存在的现象。从徭役折算现钱来看，宋明二代较为典型，清初将徭役折银（丁银）摊丁入亩后，已经与田赋合一了。熙宁九年（1076），北宋诸路上司农寺岁收免役钱共10414553贯石匹两，元丰七年（1084），天下免役缗钱岁计18729300贯，场务钱5050090贯，谷帛石匹976657，役钱较熙宁所入多三分之一。[①] 明代的徭役折银数据历史上没有明确记载，因其皆属地方

[①] （宋）马端临：《文献通考》，中华书局2011年版，第355—356页；汪圣铎：《两宋财政史》，中华书局1995年版，第63页。

714 / 中国古代乡村治理·下册

表11—5 历代粮食亩产量

朝代（时期）	时亩亩积（折合市亩）	时亩产量（石）	时亩产量折合毫升	折每市亩产量（毫升）	折每市亩产量（市石）①	折每市亩产量（市斤）	较前代增长率（%）	备注	吴慧数据②（南北平均）
战国魏国	0.3276	1.5	33375③	101877.29	1.019	137.53		粟谷	216
秦代	0.2882（迁陵）	1.5	30000	104094.38	1.041	140.52④	2.17	粟谷	264
汉代	0.6916	3	60000	86755.34	0.868	117.12		粟谷	264
曹魏	0.6916	3	60000	86755.34	0.868	117.12		粟谷	
东晋南朝	0.7341	3	61200	83367.39	0.834	112.55	-3.90	粟谷	257
	0.7569	3.43⑤	68600	90632.84	0.906	122.35	8.70	粟谷	
北朝	0.8493	1.714⑥	68650	80725.3	0.807	108.98	-10.93	粟谷	257.6
			102840	121087.95	1.21	163.47	33.6	粟谷	
唐代	0.5447	1	60000	110152.38	1.10	148.71	36.47	粟谷	334

① 按市石1石等于100000毫升计算。
② 吴慧：《中国历代粮食亩产研究（增订再版）》，中国农业出版社2016年版，第213—215页。
③ 魏国每升折合为0.225市升，参见附表2。
④ 秦代数据来源于《里耶秦简》中所载湖南正陵数据，应为小亩，亩产为1.5石，因地处南方，所产可能为稻谷，并不一定具有代表性。按秦汉一石（每20000毫升）容量的粟谷重量依据《宋书·徐豁传》1957年第2期，第39—40页。
⑤ 该数据是蒙文通在《四川大学学报》1957年第2期，第39—40页。
⑥ 该数据引自蒙文通先生文章，元魏的产量是七十亩一百二十斛（石），合唐量是八十斛（石），则每亩产1.714石。蒙文所计算的百亩产180石，每亩产1.8石，应有误。见蒙文第44页。唐量每升为600毫升，如按此比例计算，每石40000毫升，如根据北魏每石为600毫升计算，则每市亩产为163.47市斤。

续表

朝代（时期）	时亩面积（折今市亩）	时亩产量（石）	时亩产量折合毫升	折每市亩产量（毫升）	折每市亩产量（市石）	折每市亩产量（市斤）	较前代增长率（%）	备注	吴慧数据（南北平均）
宋代	0.8874	2	140420[①]	158237.55	1.582	213.62	43.65	粟谷	309
		4	280840	316475.1	3.165	411.42[②]	—	稻谷	
元代	1.09	2	200580	184018.35	1.840	248.42	16.29	粟谷	338
		4	401160	368036.7	3.680	478.45	16.29	稻谷	
明代	0.9589	2	207000	215872.35	2.159	296.82[③]	19.48	麦粟复种	346
		2.5	258750	269840.44	2.698	350.79	-26.68	单季晚稻	
清代	1.0588	2	207000	195504.34	1.955	268.82	-9.43	麦粟复种	367
		3	310500	293256.52	2.933	381.23	8.68	单季晚稻	

① 秦汉每升合今200毫升，两晋南朝每升合今200毫升，北朝每升合今300毫升（前期）或600毫升（后期），唐代每升合今600毫升，宋代每升合今702.1毫升，元代每升合今1002.9毫升，明清每升合今1035毫升。以上历代容积标准可参见丘光明、邱隆、杨平《中国科学技术史：度量衡卷》，科学出版社2001年版各章。

② 按秦汉一石（每20000毫升）容量的稻谷重量为26市斤计算，每毫升稻谷重量为0.0013市斤，下同。

③ 此处仍以麦、粟各占一半计算，每毫升粟为0.00135市斤，每毫升小麦为0.0014市斤，二者平均为0.001375市斤。

表11—6　历代赋税水平

朝代（时期）	田赋政策	田赋率[1]（%）	时亩产量（时升）	每时亩纳粮额[2]（时升）	户调或夏秋税其他田上赋税项目	每时亩合计纳合（时升）[3]	合计每市亩纳合（市升）
夏、商、周	田赋的税率都是什一税，十分之一	10					
春秋时鲁国	什二而税[4]	20					
春秋晋国赵氏	什一而税[5]	10					
春秋后期齐国	税率高到三分之二，民三其力，二入于公[6]	66.67					
战国时魏国	什一而税	10	150魏升	15魏升		15魏升	10.3[7]

① 本田赋率只计算每亩所纳粮食（粟稻谷或粟稻米）实物与亩产量百分比例，未计其他田赋项目。

② 根据当时亩产的粮食水平乘以田赋率计算所得。此外，还有田亩附加税，如秦的刍、稿税（顷入五石），汉的户刍、稿税（户均或亩均标准不明），其后则有马草等。本处所计算的田赋为历代田赋通常水平，不包括特殊时期的加征。

③ 实物换算标准：麦一石=米八斗=米0.8石，绢绢一匹=米一石，麻布一匹=米四斗，棉布一匹=米五斗，丝20两=绢一匹，丝一斤=米八斗，绵一斤=米四斗，絮一斤=米二斗，绵花一斤=米0.8斗，草一束（20斤）=0.033石，唐代天宝时每300钱折米一汉石，建中初年时每2贯折米一唐石；粟代米=1:0.467，稻谷：稻米=1:0.5。各代钱米换算：两汉每100钱银折米0.714石，清代石制与市石换算：1秦石=1汉石=0.2市石，1唐石=0.6市石，1宋石=0.702市石，1元石=1.002市石，1明石=1清石=1.035市石。为统一标准，折合升数皆以粟谷，稻合计算。

④ 郑学檬主编：《中国赋役制度史》，厦门大学出版社1994年版，第17、20—21页；李学勤主编：《春秋左传正义》，北京大学出版社1999年版，第665页。

⑤ 黄文模、李洪波：《中国财政通史·春秋战国秦汉卷》，中国财政经济出版社2006年版，第31页。

⑥ 《左传·昭公三年》，郭丹、程小青、李彬源译注，中华书局2012年版，第1597页。

⑦ 本数据是田赋15魏升×0.225÷0.3276=10.3市升/市亩。其后计算公式相同。

第十一章 中国古代乡村治理的效能评估 / 717

续表

朝代（时期）	田赋政策	田赋率（%）	时亩产量（时升）	每时亩纳粮额（时升）	户调或夏秋税其他田上赋税项目	每时亩合计纳谷（时升）	合计每市亩纳谷（市升）
秦代	收泰半之赋	66.67	150秦升	100秦升	顷人五石刍稾	100.99秦升①	29.2②
秦代（迁陵）	税田制	8.5	150秦升	12.75秦升		12.75秦升	8.8
西汉初（前202—前169）	十五税一	6.67	300汉升	19.98汉升	顷人当3石，稾2石	20.97汉升	6.06
西汉（前168—8）	三十税一	3.33	300汉升	9.99汉升	顷人当3石，稾2石（55钱）③	10.98汉升	3.18
东汉	三十税一	3.33	300汉升	9.99汉升	顷人当3石，稾2石，亩敛10钱④	30.98汉升	8.96
曹魏	亩收田租四升	1.33	300魏升	4魏升	绢2匹，绵2斤⑤	9.99魏升	2.78
西晋	五十亩收田租四斛，绢三匹，绵三斤	2.67	300晋升	8晋升	绢3匹，绵3斤	25.97晋升	6.86
东晋	亩税米三升	1.75		3晋升（米）		6晋升	1.59
东晋	亩收二升	1.17	343晋升	2晋升（米）		4晋升	1.06

① 本数据＝田赋100秦升＋田赋附加税（0.198×5＝0.99石/100亩）＝100.99秦升。
② 本数据＝100.99秦升×0.2÷0.6916＝29.2市升/市亩。
③ 如刍稾5石折算为0.99石粟谷，其价格为50钱左右，与当时如不纳刍稾代交的钱（55钱）相近。
④ 如按每100钱折算米一石，则每粟谷一石为50钱，亩敛10钱折算米一斗。
⑤ 绢一匹折算米一石，则相当于2.14石粟谷，绵一斤折算米四斗，相当于0.857石粟谷，绢2匹＋绵2斤＝5.994石粟谷，如按每户100亩计算，则亩均户调为5.994升。

续表

朝代（时期）	田赋政策	田赋率（%）	时亩产量（时升）	每时亩纳粮额（时升）	户调或田上赋税其他田上赋税项目	每时亩合计纳合（时升）	合计每市亩纳谷（市升）
东晋（383年后）	税米口五石	21.85①	343晋升	50晋升（米）②	布绢各2丈，绵8两，禄绢3两2分③	51.67晋升	13.65
北魏（484年前）	粟二十石，帛二匹，絮二斤，丝一斤，调外帛一匹二丈		171.4魏升	户收粟20石④	帛4.2匹，絮2斤，丝1斤	—⑤	—
北魏（484—486）	增加帛二匹，粟二石九斗，调外帛二匹		171.4魏升	户收粟22.9石⑥	帛6匹，絮2斤，丝1斤	—	—
北魏（486）	每户帛一匹，粟二石	1.94	171.4魏升	3.33魏升⑦	户帛一匹	5魏升	3.53
隋	每户粟三石，绢一匹，绵三两，中户又仓七斗	2.25	111隋升	2.5隋升⑧	绢2丈，绵3两；布5丈，麻3斤	3.68隋升	2.84

① 五口之家平均每口税米5石，禄米2石，共为3500升，如以五口之家占有满额100亩田计算，亩产3.43石，则为34300升，再以粟谷出米率为1∶0.467计算，每口需要7494.5升稻谷才能缴齐田赋，则税率为21.85%。同题在于，当时的普通自耕农可能占有100亩田，能够有70亩田就算不错了，如以70亩田计算，其亩产总量为24010升，则田赋的税率为31.2%。
② 以每户占田70亩计算，税米共为35石，则每亩要交纳田赋5斗。
③ 户调各项共折算为117升，如以70亩田计算，则每亩为1.67升。
④ 每户征收粟20石。此外，还有帛二匹，絮二斤，丝一斤，以及作损耗用的帛一匹二丈。由于不清楚当时每户的授田数，故无法计算税率。
⑤ 486年之前北魏未实行均田制，每户占有田数不一，田赋、户调外帛的调外并非以百亩为单位，故无法计算亩均纳谷数。
⑥ 484—486年，每户增加帛二匹，粟二石九斗，作损耗的调外帛增至二匹。这样，每户共征收粟22.9石，吊6匹，絮2斤，丝1斤。
⑦ 486年改革之后，一夫一妇受田60亩，以每户征收粟2石计算，亩均3.33升。
⑧ 以隋制一夫一妇受田120亩计算。

第十一章 中国古代乡村治理的效能评估 / 719

续表

朝代（时期）	田赋政策	田赋率（%）	时亩产量（时升）	每时亩纳粮额（时升）	户调或夏秋税其他田上赋税项目	每时亩合计纳谷（时升）	合计每市亩纳谷（市升）
唐	粟二石，绫绢绝各二丈，绵三两；布加五分之一，麻三斤	2	100唐升	2唐升①	绫0.5匹或绢0.5匹或绝0.5匹，绵3两；布0.75匹，麻3斤	3.19唐升	3.51
北宋	中田四文四分，秋米八升②	4	400升	8宋升（米）	夏税中田4.4文	12.4宋升（米）③	19.62
南宋	中田米一斗	5④	400宋升	10宋升（米）		10宋升（米）	15.82
元（北方）	每亩粟三升，每丁粟三石，带纳鼠耗三升，分例四升	10.7	200元升	10元升（粟米）	每户丝1.4斤包银钞4两（银2两）输钞1.5—3贯	16.68元升（粟米）⑤	30.69
元（江南）	夏税 秋粮每亩三升，每石带收鼠耗，分例七升	5	400元升	10元升（稻米）	秋粮每亩一石，输钞1.5—3贯	16.46元升（稻米）⑥	30.29

① 以唐一夫一妇受田100亩计算。
② 此为苏州府田赋两税标准。
③ 宋初每石米为百余钱，按一百钱计，四文四分可换算为4.4升米。
④ 按米与稻谷1∶2计算。产量皆为谷。稻谷、粟谷、稻谷一般指谷，特殊情况为米。
⑤ 历史典籍中缺乏元代田地面积总量或户均受田记载，假定元亩面积比唐亩面积较大（1.09市亩），考虑到元亩面积户占有土地50亩，以唐一户受田100亩亩积比同比例（1元亩=1.09市亩；唐亩=0.5447市亩）测算（约为2∶1），见梁方仲第474页，假定元代北方农户每户平均受田35亩（与明代衔接），元亩面积：明亩面积约等于1∶1.14，明初江南地区户均田地约任40亩上下。丝1.4斤换算米1.12石，银2两换算米2.22石，共338 334升米，平均亩为6.68升。
⑥ 元中统钞1贯值白银5钱，以万历年间每石米值0.9两银1贯换算1贯银钞1贯统钞1.5—3贯，1.5—3贯，取中间数2.25贯换算12.6斗米，加上粮一石共为2.26石米，平均每亩为6.46升。

续表

朝代（时期）	田赋政策	田赋率（%）	市亩产量（时升）	每市亩纳粮额（时升）	户调或夏秋税其他田上赋税项目	每市亩合计纳谷（时升）	合计每市亩纳谷（市升）
明	民田亩税三升三合五勺；中后期加耗7%—10%左右，麻亩征八两，木棉亩四两，不种桑，出绢一匹，不种麻及木棉，出绢一匹，棉各一匹	2.95	250明升	3.685明升（米）①	每亩征麻1.07两，征棉0.54两，征丝1.33两②	11.2明升（米）	24.18
清	各地差距巨大，无统一标准。以相对居中的安徽为例，每亩税银为1分5厘至1钱零6厘，田亩麦数为0.05—0.08升，米数为0.21—7.1升。			3.72清升（米）③	0.0605两（每亩税银为1分5厘至1钱零6厘）④	3.80清升（米）	7.43

① 明代民田科则，但这只是一般情况，事实上各地实征田赋大多高于此数，江南等地甚至十倍于此。
② 按前规定，假定每户农户取10—20亩的中间数，平均为15亩，则需种麻田、桑田、木棉各1亩，分别征麻8两，棉4两，绢1匹（20两丝），则每亩征麻为1.07两，征棉0.54两，征丝1.33两，皆为中间数。三项换算共计为每亩7.5225升米。
③ 一律取中间数，则每亩米麦数为3.72升。
④ 取中间数，每亩税银为0.0605两，换算为0.0847石，即8升4合5勺。

财政内容，全国无统一数据。如果根据第六章对明代南北农民徭役负担的个案测算，基本上每亩在 0.01 两银上下浮动，当然，浮动范围很大；如果以人均算，差不多每丁为 0.1 两。万历六年（1578）全国田地面积共为 7.01 亿亩，假如以亩均徭役折银 1 分银为标准计算，则徭役折银每年给全国农民带来的负担在 701 万两白银以上。清代摊丁入亩时曾制订摊银细则，各省差异也非常之大，但总体平均，约在地赋一两摊银 0.15—0.2 两（见表 7—5），占比 15%—20%，如果以康雍乾时期持续稳定的田赋地丁银 3000 万两的岁入计算，其中的 450 万—600 万两当属于过去的徭役折银项目。

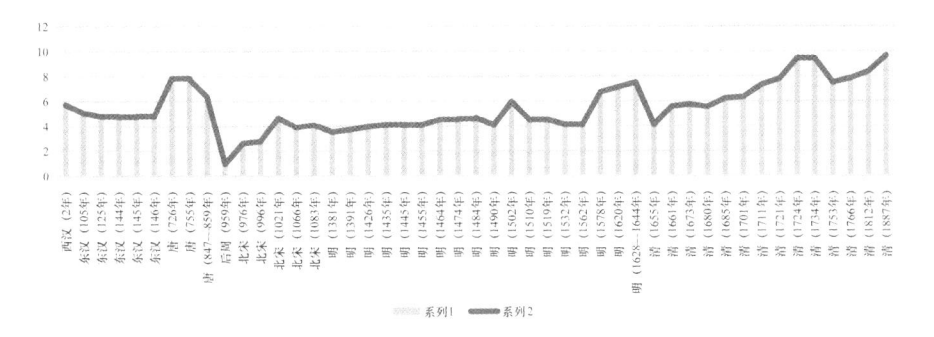

图 11—11　各主要王朝田地面积比较（亿市亩）

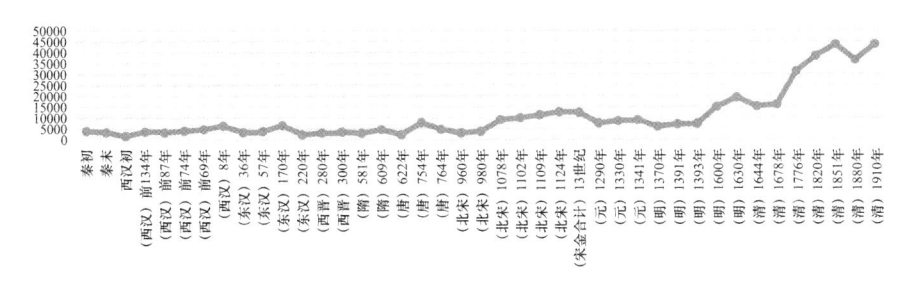

图 11—12　人口史学者估算的历代王朝人口数量发展趋势（万人）

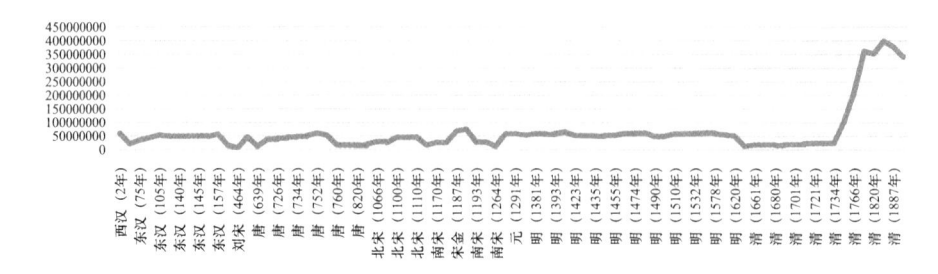

图 11—13　历代官方人口统计数量演进

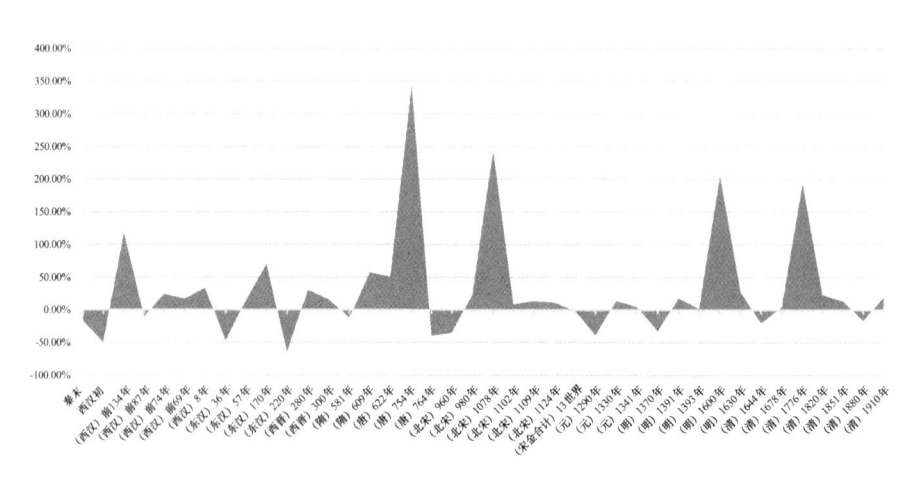

图 11—14　历代王朝人口数增减率

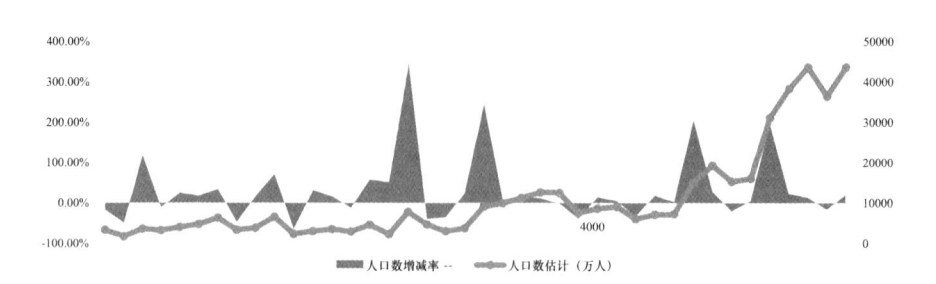

图 11—15　历代王朝人口增减趋势及增减率

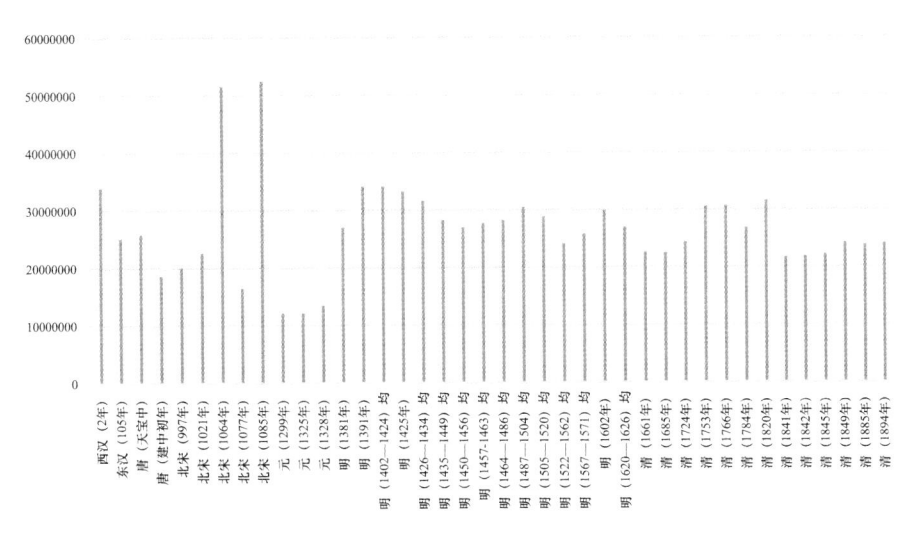

图 11—16　历代田赋收入总量（折今市石）

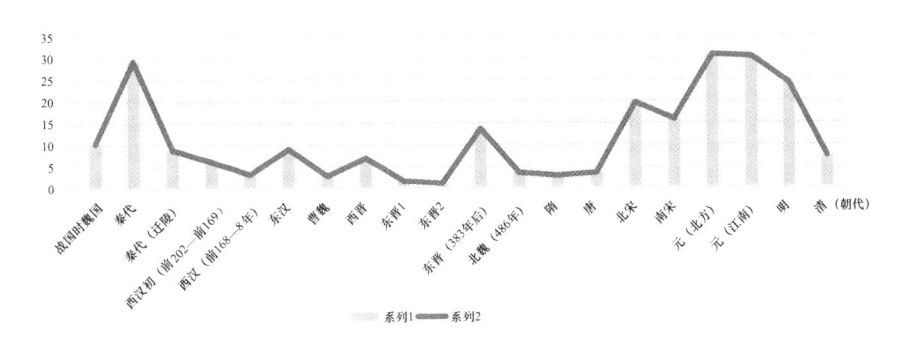

图 11—17　历代亩均赋税（折市亩市升）

但是以上对徭役的测算只是那些免役和折役的部分，远远不能涵盖古代王朝对乡村农民人力资源汲取的全部，因为绝大部分农民还需要亲身服各种力役、夫役。因缺乏足够和有效的数据，也无法如田赋般进行跨时期比较，只能根据史书中所记载的服役年龄、时长等数据进行一些对比。表 11—7 是一个相对简要的历代服役时间对比表。

表 11—7　历代服徭役年龄、人数、时长

朝代（时期）	年代	成丁时间（岁）	免役时间（岁）	服役年限（年）	力役人数	力役时长（每年）	兵役人数	兵役时长	职役	备注
西周		15	65	50	七人出三人，六人出二个半人，五人出二人		每户一人			
战国魏国							近一半男子服兵役			
战国楚国							每户1人服兵役			
秦国（代）		17	60	43	300万人，占全国的15%	30天	一半男子服兵役			
赵国						30天	一半男子服兵役			
西汉	汉初	17	56	39	全部丁男每年		20—22岁	30日（郡县）		估算
	前155年	20	56	36			全部丁男一生中	2年+30日+3日		
		23	56	33						
西晋		16	60	44						13—15岁，61—65岁，次丁
东晋		16	60	44						
南朝刘宋		17	60	43						15—16岁，半丁
南朝梁陈		18	60	42		20天				16—17岁，61—66岁，半丁

续表

第十一章　中国古代乡村治理的效能评估　/　725

朝代（时期）	年代	成丁时间（岁）	免役时间（岁）	服役年限（年）	力役人数	力役时长（每年）	兵役人数	兵役时长	职役	备注
北魏	485年	18	65	47						
北齐		18	60							
西魏		18	59							
隋代	隋初	18	60	42		30天、20天、10天				
	583年	21	60	39		20天				
	604年	22	60	38						
唐代	唐初	21	60	39		20天				
	744年	22	60	38	20+放丁					
	763年	23	58	35						
宋代		20	60	40		30天			免役钱五百文，约一石米	
明代		16	60	44					每户十年轮充一年	
清代		16	59	45					丁银一分五厘至一两的皆有，1~2钱为多	

宋元明清时期的苏州赋役

为了更深入地考察宋元明清的乡村治理效能，我们重点以苏松地区、徽州地区为个案，通过对地方志数据的提炼，力图发现自宋至清这些地区农民赋役负担的纵向历史演进，以期获得更为直观的印象。苏州赋重，同治《苏州府志》中指出，"吴郡田赋大坏于明"[1]。为更清楚地梳理自宋至清苏州府的农民负担，据洪武、乾隆、同治《苏州府志》，结合其他史料数据，将宋、明、清三代苏州府所缴纳的各项赋役，如米麦、银两数进行加总分析。根据乾隆《苏州府志》中有关增银项目的列举清单可以判断，至万历后期，徭役银、加征练兵银、饷银等应都已纳入前述折色银之中。

据表11—7，我们选择数据相对健全的若干个年代进行分析，形成表11—8、表11—9，计银原则同前。单纯根据万历会典、会计录一类的官方文献并不能完整地反映农民的实际负担，有些地税负担只能通过地方志文献了解。比较一下明洪武二十六年（1393）、弘治十六年（1503）、万历六年（1578）的米粮负担、赋税负担，是存在差异的。从亩均税粮看，弘治十五年（1502）相比洪武初、洪武二十六年均有较大程度的下降。对苏州府来说，亩均赋役最重的年份分别是崇祯十三年（1640）、洪武二十六年、万历四十八年（1620）。

按照明清地方官的说法，在《禹贡》对天下土壤肥力产出等级的划分中，江南尤其是苏松一带属于下下之田，即最差的等级。本是地窄人稠，只因小民勤于耕作，才渐输上上之赋。宋代浙江税法每亩不过一斗之外，考之郡志，宋代征于苏州者，夏税科钱，秋粮科米，约其税额不过三十余万，征于松江不过二十余万。至元延祐中，增定赋，苏州增至八十余万，松江增至七十余万。及张士诚时，取民无度，增至一百万。至明洪武初，朱元璋为惩罚苏州老百姓附张士诚之"逆"，于是取地主豪族所收佃户收入的私人账簿，要求官府按此标准收税，结果是一时之间，每亩征粮高达七斗以上，苏州最多时达到三百多万石，松江最多是一百四十余万石。虽然后来减租为亩征3.5斗，也是全国额定田赋标准的10倍。苏松等江南地区的田赋在多方呼吁下后来有所减免，但

---

[1] 同治《苏州府志》卷第十二《田赋一》，江苏古籍出版社1991年版，第307页。

总体仍然维持较高的田税标准。明王朝需要苏松等地作为国家的粮仓，这是苏松重负始终难以缓解的结构性原因。以最高的弘治十六年（1503）米麦数据为凭，苏州府平均每亩征夏麦秋米0.328石，即三斗二升八合，过高赋税造成的结果是百姓拖欠税粮，苏州府百姓完粮率只有十分之五六。到清初新订《赋役全书》时，苏州每年仍征平米250余万石，每亩仍有征3.4—3.7斗的，松江征平米120余万石，每亩3.6斗。苏松赋额比宋代多七倍，比元代多三倍。康熙元年到八年（1662—1669），苏松拖欠额达到二百余万石，每年三十多万石，而相邻的常州府每亩征八升五合至一斗五六升。[①]

再来看宋元明清松江府的赋役负担。苏松二府是明清赋役最重的两个地区，相较而言，苏州府总量占全国第一，但松江府在亩均、户均、口均的数据大部分时间甚至超过苏州府，更是超过其他很多地区。需要说明的是，以上所作的数据统计与测算，仅是根据官方文献、地方志等材料所作，肯定不是各地赋役负担的全部，而且由于各年记载项目不同，某些年份的总数与平均数比较并非完全在同一层次上，所有数据仅供参考，供读者大致了解当时乡村社会的赋役负担。还有一点，凡是那些不在同一时段或时间差距较大的平均数据仅具参考意义。

最具比较价值的是明洪武二十四年（1391）与清同治年间（1862—1874）的三项数据。但是，这种比较仍然是存在问题的，明初的数据只是夏秋二税，没有包括徭役折银，最相近的当是实施一条鞭法后的明末数据，为此，我们又找到崇祯《乌程县志》，试图将崇祯年间数据与清代数据相比，清代由于丁额固定，摊丁入亩，历代赋役数前后悬殊不大。万历年间的乌程县赋役负担涵盖了夏秋二税、徭役银、上供物料、公务开支等县志中记录的几乎所有负担。通过以上各项可以发现，清代的总体负担和平均负担并不比明末减轻多少，按照我们的计价系统，明末（万历四十一年，1613）时乌程县的总负担是258875两，而清代该县的总负担是273886两，总量甚至有所上升，丁均、亩均负担则各有所高。

---

① 同治《苏州府志》卷第十二《田赋一》，第316页。

表11—8　宋元明清苏州府赋役征收情况[①]

朝代（时期）	米麦（石）	折色银（两）	徭役银（两）	加征杂办耗羡银（两）	田地数（亩）	户数（户）	口数（人）	丁数（人）	亩均米麦数（石）
宋大中祥符四年	313769[②]					66139			
宋元丰三年	349000[③]					173969[④]		379487	
宋崇宁年间						152821	448312		
宋淳熙十一年	343257[⑤]					173042	298405		
宋宝祐年间	253000[⑥]								
宋景定年间	283951[⑦]								
宋德祐元年						329603[⑧]			
元延祐四年	882151[⑨]					473862[⑪]	1947871		
明洪武初	2208868[⑩]				6749000				0.3273

① 本表数据未注明出处者，皆来源于乾隆《苏州府志》卷八至卷一一一。各栏皆未计遇闰加征粮银数。
② 该年两税包括夏税丁身盐钱16252.9贯，绢54487匹，绸2714匹，绵4476屯5两，白粳米313769石。
③ 该年两税包括布80000匹，丝绵25000两，丝（丝绵）米349000石，纩25000两，免役钱85000缗。
④ 梁方仲：《中国历代户口、田地、田赋统计》，第204页。同治《苏州府志》所载该年户数为199892，丁数为379487。见同治《苏州府志》卷第十三《田赋二》，第340页。
⑤ 该年两税包括米343257石，夏税折皂钱439356贯，上供1231209贯。
⑥ 宝祐年间苗米额为288622石，实征253000石，宝祐五年、确定303808石为定额。
⑦ 该年同时确定税管356556贯岁岁定额。
⑧ 洪武《苏州府志》第十卷《户口、赋税、漕运》，成文出版社有限公司1983年版，第420—421页。
⑨ 夏税丝22496两，882151为元石，轻齑2205锭，柴8320束，官房地租65石，钞223锭。
⑩ 本数据包括大豆正耗51816.2石，小麦正耗10127.7石，豆正耗17.5石，菜籽27.4石，糯粳米94.2石，秋米正耗2146830.05石，黄豆正耗2781.8石。此外，两税还包括夏税丝254302.9两，花椒2.75两。后文当加总计银。
⑪ 户数、口数为洪武四年数据。

续表

朝代（时期）	米麦（石）	折色银（两）	徭役银（两）	加征杂办耗羡银（两）	田地数（亩）	户数（户）	口数（人）	丁数（人）	亩均米麦数（石）
洪武二十六年①	2810490②				9850671	491514	2355030		0.2853
弘治四年	2091987				15524998	535409	2048097		0.1347
弘治十五年									
弘治十六年	3109678③				9478500				0.3281
嘉靖三年	1428952	447978							
嘉靖十六年	2809703④				8639737			751408	0.3252
嘉靖十八年	2474223⑤		100011⑥						
嘉靖三十三年				83632					
万历六年	2092560⑦				9295951	600755	2011985		0.2251
万历十七年	2511325				9577075				0.2622

① 该年田地数、米麦数系采用梁著原表数据，其数据来源于明《万历会典》，户数、口数为乾隆《苏州府志》数据。后文弘治十五年、万历六年数据来源皆与梁著同表。

② 该年两税还包括绢 14157 匹，钱钞 2321 锭。见梁著乙表 39，第 490 页。

③ 本数据含麦 53664 石，秋米正耗 3056014 石。另两税还包括夏税丝 328460 两，钞 21963.7 贯。

④ 同治《苏州府志》卷第十二《田赋一》，江苏古籍出版社 1991 年版，第 312 页。

⑤ 嘉靖十八年，苏州知府定当差人丁 751408 人，里甲、均徭应纳官者并入折色征之。乾隆《苏州府志》卷八《田赋一》。

⑥ 嘉靖中，全府编当差银 75558.1 两。加租钞银一两，两山家资银二两，3 分二则，丁银共 15576.8 两；官民田地 7902757.7 亩，官银 1 分 1 厘，1 分 2 厘，7 厘，1 分等四则，该银 75558.1 两。《万历会计录》。该年两税为麦 53665.4 石，米 2038894.7 石，内含里甲银、均徭银、力差银、马差银、备用银各项，分等四则，该银 75558.1 两。加租钞银一两，两山家资银字，共计为 100011.3 两，内含里甲银、均徭银、力差银、马差银、备用银各项。

⑦ 数据来源于《万历会计录》，户口盐钞银为 11197.4 两。4392.3 锭，马草为 538414 包，税丝绢为 640 匹，农桑丝绢为 12555 匹，税丝银为 102478 两，税钞为

续表

朝代（时期）	米麦（石）	折色银（两）	徭役银（两）	加征杂办耗羡银（两）	田地数（亩）	户数（户）	口数（人）	丁数（人）	亩均米麦数（石）
万历四十八年	242800	666541			10086404				0.2407
崇祯十三年	2792200				10086404				0.2768①
崇祯末								631060	
清顺治二年	1813400	756599			6273749	610054②	1378381		
顺治十四年						634255	1430243		
康熙十三年	1803906	853177			6268011				
康熙二十六年③								438830④	
康熙五十年									
雍正十三年	912499⑤	650254	15176	5218⑥	6266539			438830⑦	

① 米麦总数为万历四十八年实征数加上该年加派的15%的耗米率。田亩数沿用万历四十八年数。
② 户数、口数为顺治初数据，来源于同治《苏州府志》卷十三《田赋二》，第342页。
③ 康熙二年、康熙十三年、康熙二十六年数据，乾隆四十年及其后数据来源于同治《苏州府志》卷十二《田赋一》，第307—339页。康熙二十六年实征平米1803906石，内含本色米麦豆913187.7石，折色银853176.8两。
④ 康熙五十年，苏州府审定实在人丁为598833人，实在定额人丁（征银）为438830人，征银为15176.38两，自此成为定额。
⑤ 包括本色米910070.6石，麦1765.7石，豆662.3石。
⑥ 含匠班银2962.7两，杂办银2254.9两。
⑦ 该年实在人丁为463846人。

续表

朝代（时期）	米麦（石）	折色银（两）	徭役银（两）	加征杂办耗羡银（两）	田地数（亩）	户数（户）	口数（人）	丁数（人）	亩均米麦数（石）
乾隆三年①	1797578	557246	15176	5073②	6227640			438830	
乾隆四十年	888156③	545903④			6178879			438830	
乾隆六十年	878405	540739			6224173			438830	
嘉庆十五年							3198489		
嘉庆二十三年	1737847⑤	540700	15176	27035⑥	6222579			438830	
嘉庆二十五年							5908435		

① 表中为乾隆三年新订《赋役全书》所规定的田地山荡滩亩数定额、平米数定额、成丁数定额、折色银数定额、全部田地山荡丁徭杂办等额征本色米麦豆并麦豆并麦改米为921284石，额征丁田杂办等银共为878892两，而该年实征银数为米豆907374石，银577493两。但是，实征数并不能完全反映官府从农民处汲取的资源，事实上它掩藏了耗米的那一部分。例如，乾隆三年实征的额征1797578石平米包含了正米、耗米两个部分，但如果用907374石的实征本色米作为计算折色米的价值依据，显然少算了近89万石米的民脂民膏。尽管从折色米的银米看有2万余两的补差，因此，本书在计算农民所缴纳赋役总价值时，本书是农民所实际交纳给官府的。上表中部分年代在银两中只有本色米数，未计平米数（正米+耗米），故计算公式三项之和，再计算乘以1.169，作为替代值。

② 包括匠银。又租抵给银、贴役银等杂项银。

③ 为本色米。

④ 乾隆五十二题准抵应银并各官役银工杂支俸工银项下解司再行支给，这意味着以上杂银纳入正税银中征收，不再另行支收，统收统支。但至嘉庆五年，又恢复在各县径支。这意味着丁银又要摊派给乡村百姓。

⑤ 内含实征本色米878348石。

⑥ 含杂银2935.4两，折色银所征耗羡银27034.9两，人丁银耗羡银758.8两，杂办银耗羡银146.7两，以上四项共计约30876两，耗羡银征则为随正五分，即正额的数5%。下同。

续表

朝代（时期）	米麦（石）	折色银（两）	徭役银（两）	加征杂办耗羡银（两）	田地数（亩）	户数（户）	口数（人）	丁数（人）	亩均米麦数（石）
道光十年	1736181①	540132	15176	30848	6212244		3412694		
同治四年	1074418②	540085	15176	30845	6216777		1288145		

① 实征本色米 877513 石。
② 实征本色米 550851 石。太平天国起义结束后，清政府对遭遇战乱的苏松等府进行了较大额度的赋税减免，其中苏州府减 326632 石。

第十一章 中国古代乡村治理的效能评估 / 733

表11—9 宋明清苏州府赋役负担平均数一览表

单位：（两银）

朝代（时期）	赋役计银总数	亩均1①	亩均2	户均	口均	丁均	备注
宋大中祥符四年	276175②			4.1757			
宋元丰三年	424041③			2.4375		1.1174	
宋淳熙十一年	660508④			3.817	2.214		
明洪武初	1556092⑤	0.2306		3.2839	0.7989		

① 清代的田地数较明末有较大程度的减少，原因在于清代用的是折实田数据，即田地山塘统一折算为水田面积。因无法掌握清初苏州府二者间的换算比例，由于"亩"的涵与面积大小不同，故无法比较明清朝"亩均1"是指按地方志上所载的田地山塘总数，"亩均2"是用万历十七年苏州府的田地山塘均定标准作数，计算清代历年田均赋役负担水平。因乾隆《苏州府志》卷八《田赋一》中有云："我朝赋额承万历之旧……本朝土田科则悉因明前代之旧赋额，以万历中为准，其明末无艺之征尽永除之。"

② 该年两税包括夏税丁身盐钱16252.9贯，绢54487匹，绵2714匹，绵2714匹，白粳米313769石，绵4476屯5两（末石容量为明、清石的0.678倍）×0.9两（万历时每石米计银）= 191462两白银，统一按明万历时价标准进行测算。白银为6两（每屯为6两）。计算方式为实物在比较容量、长度、重量等换算比例后，绢：4476屯×2.73两=26861两，丁身盐钱：16252.9贯×2.73两=44370两（北米祥岁明万历年间，每末石米价为0.45两，折合每明石米市价为0.66贯，明嘉靖年间2.73两白银；末元丰年间万历年间每贯米钱相当于每明石米价为1两，万历年间每明石米为银1.2两，相当于明嘉靖年间1.2两白银，相当于万历年间每贯米钱相当于明万历年间0.27两银。本处万历年间指万历二十八年后，末钱相当于明嘉靖时1.52两白银，相当于万历年间1.82两白银。）以上五项共计银276175两。以下各项计算方法同，下同。

③ 该年两税包括吊80000匹，米349000石，纩（丝绵）25000两，免役钱85000缗，四项共计银为424041两（424041 = 56000 + 212960 + 381 + 154700）。

④ 该年两税包括米343257石，夏税折岳钱439356贯，上供1231209贯，据此换算，每明石米价4.43贯，万历年间每末石米约为1.2两银，则南末1贯钱相当于万历年间0.27两银。熙年间，东南米价为每末石3贯左右。据此换算，每明石米价相当于米约为1.2两银，万历年间每末石米价相当于万历年间0.27两银。南末淳

⑤ 本栏至以下明代苏州府各项数据同第六章表6—19，其中嘉靖十八年前皆末包含盐役折银，上供物料银和加征的各类兵饷银。

续表

朝代（时期）	赋役计银总数	亩均1	亩均2	户均	口均	丁均	备注
洪武二十六年	2539367①	0.2578		5.1664	1.0783		
弘治十六年	2188302②	0.2309		4.0872③	1.0685		
嘉靖三年	1971974④	0.2080		3.6831	0.9628		
嘉靖十六年	2528733⑤						明代本年及以上各年总数中未含徭银、上供物料
嘉靖十八年	2326812⑥					3.097	未含上供物料
万历六年	1605007⑦	0.1727		2.6716	0.7977		
万历十七年	1964916	0.2052		3.2707	0.9766		
万历四十八年	2375989⑧	0.2356		3.955	1.1809		
崇祯十三年	3502683⑨	0.3473		5.8305	1.7409		

① 该年两税包括米2810490石，绢14157匹，钱钞2321锭，三项共计银为2529441两+9909.9两+16.58两=2539367.48两。
② 该年两税包括米麦3109678石，夏税丝328460两，钞21963.7贯，三项共计银为2188302两。
③ 户数、口数为弘治四年数据，户数为535409，口数为2048097。
④ 重建法计算，未含徭役、岁贡（上供物料）。
⑤ 米麦数为2809703石，计银为2528733两。
⑥ 米麦数为247423石，计银为2226801两，另征丁银100011两，两项共计银2326812两。
⑦ 数据来源于《万历会计录》。该年两税为米麦53665.4石，米2038894.7两，税丝绢为12555匹，农桑丝绢为640匹，税丝为102478两，税钞为4392.3锭，马草为538414包，户口盐钞银为11197.4两，共计银为1605007两。
⑧ 计算方法详见第六章关于万历四十八年苏州赋役计算的两种不同计算方法的论述及表6-19。
⑨ 此为计算复征加征的各项兵饷以及粮米加耗都计算在内，详见第六章"明代农民负担"一节中关于明代苏州府赋税折银的梳理。

续表

朝代（时期）	赋役计银总数	亩均1	亩均2	户均	口均	丁均
清顺治二年	1632060①	0.2601	0.1704②	2.6753	1.1840	
顺治四年③	1665724③	0.2655	0.1739	2.7305	1.2085	
顺治十四年	1665724	0.2590	0.1695			
康熙二十六年④	1623515④	0.2818	0.1844			3.0910
雍正十三年	1765647	0.3496	0.2273			4.0235
乾隆三年⑤	2177343⑤	0.2608	0.1683			4.9617
乾隆四十年	1611690					3.673

① 该年科平米为1813400石，实征本色米麦豆为893957石，折色银为756599两。如用平米法折银，即1813400石×0.9两/石=1632060两，用本折相加法，则为1561160两（893957石×0.9两/石+756599两=1561160两），两项相差不大，顺治六年因兵饷不敷，将白粮改折正耗白粮等每石一两五钱；白粮折色提高到正耗每石二两。其后，白粮恢复本色征纳；到康熙十四年，又因军需浩繁将浙江浙白粮折色改折每石一两五钱。

② 清初苏州府赋税总数在大幅下降的情况下，亩均赋役量反而有所增加。原因在于6273749亩为实田，苗均为0.1704，则亩均为0.1704。由于没有清初实田与明末田地山塘总数的换算比例，无法折算出苏州清代的实田总数。好在苏州府实田折实田与明末田地山塘总数9577075亩，作为固定除数，好在苏州府清代的实田折实田总数也不会太大，故亩均数波动也不会太大，以固定田数得出的亩均数大体上能够反映清代苗均赋役水平。

③ 顺治四年复征九厘饷银33664两，与前两年平米折银数相加合计为1665724两。

④ 按该年科平米1803906石，推丁银为15176两，余办银为5073两，相差仅为51531两，误差率为3%。

⑤ 该年科平米为1797558石，推丁银，推丁银5073两，余办银5073两。由于平米中包括本色米，因而包含了折色银、折色米，共为2177343两。只计平米折算（按每石1.2两计算），共为2177343两。

续表

朝代（时期）	赋役计银总数	亩均1	亩均2	户均	口均	丁均	备注
乾隆六十年	1594825	0.2562	0.1665			3.634	
嘉庆二十三年	2475197①	0.3978	0.2585			5.6404	
道光十年	2476677	0.3987	0.2586		0.7257	5.6438	
同治四年	1550206	0.2494	0.1619		1.2034	3.5326	

① 该年科平米为1737847石，折色银为540700两，摊丁银为15176两，杂办银为27035两。三项共计银为2475197两。每石米麦计银为1.4两，因此三项共计银为2475197两。事实上，如嘉庆《松江府志》所载，康熙十四年时，官府在征收时将江浙白粮折银改定为每石1.5两。时每石米市场价已经达到1.5—2两以上，下同。

表11—10　宋元明清松江府赋役负担①

朝代（时期）	赋役计银（两）	田地山荡亩数（亩）	亩均（两）	户数（户）	户均（两）	口数（人）	口均（两）	丁数（人）	丁均（两）
宋绍熙四年	152886②			97000	1.576				
宋端平元年	35276③								
宋景定四年	165069④								
元至元二十三年									
元至元二十五年	607067⑤			234471					

① 嘉庆《松江府志》卷二十至卷二十八《田赋志》，成文出版社有限公司1970年版，第416—628页。
② 该年赋役各项及数额（不完全统计）为夏税153353贯，秋米112317石，癸丑年酒务实征110589贯，赋役总额计价为152886两，计算公式为：152886两＝[(153353贯+48465贯+110589贯)×0.27两+84350两]＋(112317石×0.678×0.9两＝68536两)。标准同表11—9。南宋淳熙年间1贯钱相当于明万历年间0.27两银。1米石等于0.678明银。其计银再乘以0.9两（万历时每石米计银），松江府户数为97753，口数为212417。
③ 仅为秋米计银。该年实征秋米57810石。
④ 仅为秋米计银。该年实征秋米270516石。
⑤ 该年赋役各项及数额（不完全统计）为实定征粮306019石，至元间岁办5443锭。按容量算，1元石＝0.969明石（参见后附历代容量表）。计算公式为：(306019石×0.969两×0.9两＝266879两)＋(5443锭×62.5两＝340188两)＝607067两。元至元三年(1266)时，米每石600文，元至大德十年(1306)，每石达30贯。至正十九年(1359)，任京师10锭钞票(1000贯)还买不到一斗粟，涨了1000倍以上。中统钞刊行时期，钞五十六十文买丝一两，一贯买绢一匹。米石钞六百文，麦石钞五六七百文，一端增至六七倍至十倍(1278年后)，价增至六七倍至十倍以上。另外，元代钞法复杂，曾先后发行中统钞、至元钞、至大钞、至正钞。至元二十四年(1287)之前发行中统钞，此后，主要是至元钞。中统钞并行，故地方色中所载官府征收之钞应是指至元钞。元初时中统钞每岁50两或50两为1锭。中统相府定至元钞一贯（或交钞一两）值白银1两。可见，元初每锭钞相当于25两白银。到了至元二十九年(1282)，每锭上涨了一倍。每锭值12.5两白银，即钞2贯等于至元钞一锭。元初每锭钞面额为5两，规定价值白银5分。每（中统）钞1锭相当于12.5两白银，泰定年间62.5两白银1锭换了至元钞。银价上涨于元朝，中统钞面值已降至原面额1贯，但官方核中统一贯换算铜钱3—4两白银。以上各项见（明）宋濂《元史•食货志》（折合南宋旧铜钱50锭，持有南末旧钱不愿意兑换。当时的北方市场，白银1两兑铜钱2000文，在江南则元钞1锭对应铜钱3300文。至大二年(1309)，元政府发行至大银钞，恢复印造，行用中统、至元二钞。以上见《元朝的钞法》，田鸣统计），李鸣飞《中国历代户口、田地、田赋统计》中华书局1999年版，第1573—1576页；梁方仲《元朝平米之际的货币替代影响》，《内蒙古社会科学》2001年第5期；杨德华、杨永平《元朝的货币政策和通货膨胀》，《云南民族学院学报》（哲学社会科学版）2021年第5期；李晓光《元朝的钞法》，《云南社会科学》2001年第5期；徐晓光《元朝的钞法》，《历史研究》2021年第5期；徐晓光《元朝的钞法》，《云南社会科学》419—420、441页注释；杨德华、杨永平《元朝的货币政策和通货膨胀》，《云南民族学院学报》（哲学社会科学版）2001年第5期；李鸣飞《中国后半期期纸币控制政策及影响》，《内蒙古社会科学》（文史哲版）1995年第5期；王文成、代学《元朝中末之际的货币替代、纸币贬值与钱银比价——至元十七年江淮行准行钞考》，《云南社会科学》2012年第3期。

续表

朝代（时期）	赋役计银（两）	田地山荡数（亩）	亩均（两）	户数（户）	户均（两）	口数（人）	口均（两）	丁数（人）	丁均（两）
元至元二十七年	206790②			163936	3.703①	888051	0.684		
元大德中	649715③								
元延祐二年	255700④			163931	1.560				
元至顺三年	680572⑤			177348	3.837				
元至正十五年		4573262	0.1488						
明洪武二十四年	1303834⑥	4760501	0.2739	227136	5.7403	1094666	1.1911		

① 赋役总数为至元二十五年数据。户均、口均同。

② 该年赋役各项（不完全统计）及数额为夏税丝592斤，绵169斤，秋粮154016石，钞366锭，岁办3605锭，酒课3425锭，每20两丝折销1匹，计银0.7两；绵每斤折米0.2石，计银0.18两（皆为万历后期数）。此时最难估价的是钞的银价。1266年时，每米一元一元石为0.6贯，1306年时，每米一元石为30贯，假设米值稳定，则钞贬值了50倍。明万历后期每米一明石银1.2两，而一元石与一明石容量之比为1：0.969，意味着约31贯元中统钞相当于1.2两银，每贯中统钞相当于0.039两银（1.95两÷0.039两/贯×50贯），每锭至元钞为9.75两银（9.75两＝1.95两×5倍），计算公式为：［(592斤×16两÷20两×0.7两）＋［(169斤×0.18两）＝30.4两］＋［(154016石×0.969×0.9两）］＝134317.4两］＋［(366锭＋3605锭＋3425锭）×9.75两］＝72111两］＝206790两。

③ 该年只统计了粮745000余石，各色锭绽线绵未计。

④ 该年只统计了实征二税293200石。

⑤ 该年两税各项为：丝1345斤，绵235斤，麦98360石，秋粮680431石，钞1998锭。外加额办钞8204锭。该年统计的最大难点是至元钞的折价。如果按照前述10锭钞买不到一斗粟的标准，那么意味着此时每元石粟的市场价值是100锭中统钞，相当于20.64锭至元钞等于明万历年间1.2两白银，则每锭至元钞等于0.058两银。以上各项相加共为680572两（680572＝753＋42＋679185＋592）。

⑥ 该年两税各项为：麦111479石，丝9784两，绵2227两，钞15575贯，米878397石，糯米1677石，黄豆93913石，斑豆9967石，绿豆47石，赤谷943石。根据《万历会计录》，万历九年前小麦每石0.81两，粳米每石1两，糯米每石1.4两，粳米每石1.12两，黄豆估银0.535两，绿豆0.71两，斑豆0.535两，黄豆估银0.535两，丝估银0.71两，赤米无价估记载，姑按与糯米同价计，赤谷按赤米七折计。万历二十年，斑豆按黄豆比1.4两，粳米每石1.4两，赤米为25两，钞为22两，米为790557两，糯米为1878两，赤米为364569两，黄豆为50243两，绿豆为5332两，黄豆为33两，赤合为535两，以上11项共计为1303834两。

第十一章 中国古代乡村治理的效能评估 / 739

续表

朝代（时期）	赋役计银（两）	田地山荡数（亩）	亩均（两）	户数（户）	户均（两）	口数（人）	口均（两）	丁数（人）	丁均（两）
弘治十五年	891526①	4716980	0.189	203926	4.3718	503207	1.7717		
隆庆三年	1105270②	4402817	0.251						
万历二年	1175861③	4267679	0.276						
万历六年	936807④	4247703	0.2205	218359	4.2902	484414	1.9339		
万历四十八年	1208666⑤	4234304	0.2854						

① 该年两税等包括夏麦 92266 石，丝 10013 两，绵 2555 两，钞 16467 贯，秋米 638341 石，糯米 935 石，赤米 217888 石，黄豆 73411 石，豇豆 7948 石，额办课钞 63794 锭，铜钱 637950 文。米数与前表所载有异，见朱第 481 页，乙表 35。按以上标准计算共为 891526 两。
② 嘉靖三十三年（1554），加练兵银 26128 两。嘉靖三十六年（1557），工部工料银 20752 两。以之计算，计银为 1105270 两。之前只计正米，未计耗米，该后大部分年份计平米（正耗米），故赋役额计银总量有较大增加。
③ 该年两税为平米 1218189 石，练兵银 24056 两，里甲均平银 10140 两。
④ 该年两税各项包括：麦 92260 石，丝绵折绢 691 匹，农桑丝绢 7704 两，贴役银 37593 两，均徭银 3268 锭，税钞 3268 锭，秋粮 939226 石，马草 383000 包，户口盐钞银 1907 两，此外还有：税课钞 427263 贯，门摊课银 860 两，渔课银 557 两，城租银 673 两，以上数据米源于嘉庆《松江府志》卷二十八《田赋志》。显然，米麦数并不能反映对松江府的全部征收，该年还有加耗、漕粮米等未计入，因为秋粮米 93.9 万石为本色米，未计加耗米。
⑤ 该年两税实征平米 1212533 石，另有加派加征平银 3262 两，科贡公费加编科贡银 7836.3 两，从万历元年算起，科贡公费加编科贡银份为万历年间加征规定，需要加征的年份有：万历二年（壬戌年）、五年（丁丑年）、八年（庚辰年）、十一年（癸未年）、十四年（丙戌年）、十七年（己丑年）、二十年（壬辰年）、二十三年（乙未年）、二十六年（戊戌年）、二十九年（辛丑年）、三十二年（甲辰年）、三十五年（丁未年）、三十八年（庚戌年）、四十一年（癸丑年）、四十四年（丙辰年）、四十七年（己未年）加编科贡银；万历元年（癸酉年）、万历四年（丙子年）、七年（己卯年）、十年（壬午年）、十三年（乙酉年）、十六年（戊子年）、十九年（辛卯年）、二十二年（甲午年）、二十五年（丁酉年）、二十八年（庚子年）、三十一年（癸卯年）、三十四年（丙午年）、三十七年（己酉年）、四十年（壬子年）、四十三年（乙卯年）、四十六年（戊午年）加编科贡公费银。如此计之，每三年加编科贡公费银，科贡公费银一次，在万历皇帝当政 48 年期间，假设皆按此执行，则有 32 年都是加征科贡银或科贡公费银。如松江府加编科贡数是较为齐全的，又包括了加派加征以及加耗米等，应该在总体上相对全面地反映明末官府对松江乡村的赋役资源汲取的总量。万历四十八年的赋役银平均计算，则平均每年征银二项计为（1950.9×16+7836.3×16）/48=3262.4 两，这意味松江府每年此项征银为 3262 两。以松江府丁加派加征以及加派夏秋两税银，又包括丁加派加征以及加派夏秋两税银（虽然不是全部）反映明末官府对松江乡村的赋役资源汲取的总量。

续表

朝代（时期）	赋役计银（两）	田地山荡数（亩）	亩均（两）	户数（户）	户均（两）	口数（人）	口均（两）	丁数（人）	丁均（两）
崇祯元年	1226195①	4234305	0.290						
顺治二年	1172936②	4233176	0.2771					209904	5.588
顺治十三年	1090344③	4233274	0.258						
康熙元年	1131912④	4233274	0.2674						
雍正十三年	1058618⑤	4087549	0.2590					238606	4.4367
乾隆四十年	1421532⑥	4034975	0.3523					238606	5.9577
乾隆六十年	1439694⑦	4026601	0.3575					238606	6.0338
嘉庆十五年	1675419⑧	4010371	0.4178					238606	7.0217

① 天启元年（1621），实编加边饷银32413两。崇祯元年两税实征平米1212536石，外加征练兵银23938两，加编兵银8525两，边饷银实编32413两，贴役解扛银17841两，均编饷扛银37746两，里甲均平银12499两，科贡银1951两，以上合计计银1226195两。崇祯十二年（1639），松江府加练饷银43477两。崇祯十四年（1641），漕运米改兑等共银79170两。崇祯十五年（1642），免苏松加派饷银。

② 该年两税科平米1211488石，实征折色银110107两（此项未计入总数，因包含在平米数内），实征折色兵饷银57443两，加征海塘银15211两，均徭里甲银9864两，续编徭里助济科场银79两，共计银1172936两。顺治四年（1647）复九里里地亩银共38229两，扛银解费1300两。顺治九年（1652），加编解白粮耗办米8964石，糙耗米2626石，运船水夫米3600石。顺治十年（1653），改折三梭布棉布银76017两，扛银解费7666两。

③ 该年两税只统计丁科平米1211493石，无折色银及其他加征加派等数据。顺治十四年（1657），实在人丁210277人。

④ 该年科平米1211493石（实征秋粮本色米432165石，折色米599319两（未计入总数）。均徭里甲银41568两。康熙十四年（1675），以军需浩繁将江浙白粮全改折为每石1.5两。康熙二十六年（1687），全府田地数为4142457亩。康熙五十一年（1712），丁耗银共4709两，额定人丁238606人。

⑤ 该年实征折色等银520081两，人丁银4484两，匠班银681两，实征本色米443296石。雍正十一年，杂办实征本色米1417两。该年实在人丁为243898人。

⑥ 该年科平米1184610石，内实征本色米431669石，折色米437830两，折色银等银431669石，人丁银4484两，平米按1.2两每石计银，因此时米价已经上涨到1.5—2两。此前，乾隆七年（1742），实征折色银443766两，本色米437706石，实征田地为4087553亩。乾隆二十九年（1764），实征地丁银525247两，实征米443296石，该年田地为4087548亩。

⑦ 该年科平米1181548两，实征本色米430465石，折色银434958两（本色米、折色银未计入总数），耗羡银21748两，人丁银4484两，耗羡银224两，耗羡米34两，渔课银557两，课钞银860两，耗羡银28两，耗羡银43两。

⑧ 杂办银681两，耗羡米1176257石，实征本色米427717石，耗羡银34两，折色银434958两，折色米28两，课课银43两；该年实在有男丁1591539人。

第十一章 中国古代乡村治理的效能评估 / 741

表11—11 苏松二府明清赋役平均数与米麦平均数比较

朝代（时期）	赋役计银总数（两）	亩均（两）	户均（两）	口均（两）	米麦（石）	亩均（升）	户均（石）	口均（石）
苏州府								
明洪武二十六年	2539367	0.2578	5.1664	1.0783	2810490	28.53	5.718	1.193
弘治十六年	2188302	0.2309	4.0872①	1.0685	3109678	32.81	5.808	1.5183
万历六年	1605007	0.1727	2.6716	0.7977	2092560	22.51	3.483	1.04
万历四十八年	2375989	0.2356	3.955	1.1809				
顺治二年	1632060	0.1704②	2.6753	1.184				
康熙二十六年	1623515	0.1695						
乾隆六十年	1594825	0.1665						
嘉庆二十三年	2475197	0.2585						
道光十年	2476677	0.2586		0.7257				
松江府								
明洪武二十六年	1303834③	0.2739	5.7403	1.1911	1219896	25.63	5.371	1.114
弘治十五年	891526	0.189	4.3718	1.7717	1031485	21.87	5.058	2.05
万历六年	936807	0.2205	4.2902	1.9339	1031486	24.29	4.724	2.129

① 户数、口数为弘治四年数据。
② 此处田亩数按万历十七年苏州府田亩数计算，其亩均结果为表11—8中的亩均2数据，清代各数据下同。因清初田亩不是田地山荡总数相加，而是将地山塘荡等折为田后的田亩数，故如对同一府县明清亩均数作比较，须还原至明末的数据。
③ 此数为洪武二十四年数据，下同。

续表

朝代（时期）	赋役计银总数（两）	亩均（两）	户均（两）	口均（两）	米麦（石）	亩均（升）	户均（石）	口均（石）
万历四十八年	1208666	0.2854						
崇祯元年	1226195	0.290						
清顺治二年	1172936	0.2771						
康熙元年	1131912	0.2674						
乾隆六十年	1439694	0.3575						
嘉庆十五年	1675419	0.4178						

第十一章　中国古代乡村治理的效能评估　/　743

表 11—12　宋元明清徽州府赋役负担[1]

朝代（时期）	赋役计银（两）	田地数（亩）	亩均（两）	户数（户）	户均（两）	口数（人）	口均（两）	丁数（人）	丁均（两）
宋元丰年间				106576		167896			
宋崇宁年间				108316		167896			
宋绍兴经界后	527612[2]	2919553	0.1807	97248	5.4254				
宋宝庆三年				124941		231764			

[1] 数据来源：明弘治《徽州府志》卷二《食货一》、卷三《食货二》；明嘉靖《徽州府志》卷七《食货志》；清康熙《徽州府志》卷六《食货志》；清道光《徽州府志》卷五《食货志》。

[2] 该项数据较大，是因为根据府志中所载，南宋绍兴经界后，徽州府所缴各项赋税和岁贡物料名目繁多，且数据较为庞大。嘉靖《徽州府志》（第153页起）有载，宋初踏五代欲之虞，夏税之赋其目有十一。一为税钱，二为钱绢，三为税绢，四为正麦，五为正麦，六为钱绸，七为钱绢，八为钱绵，九为钱麦，十为义麦，十一为军衫布。秋粮之赋有六种，一为糙米，二为租课糙米，三为熟米，四为盐钱，五为黑豆，六为和买。旧制部纳细绵绢每匹不过数两，故绢折钱731文，绸折钱350文，绵每两正代之弊，有三种，一为见钱，二为曲钱，三为脚钱。都称为杂钱。耗脚钱62.5文。绍兴中，夏税有九种，绸2996匹，绢30413匹，布5686匹，绵208833两，小麦6033石（钱41370贯），军衫绸3109匹，租课钱263贯，片茶钱70贯，茶钱1571贯。秋粮有七种，糙米159482石，盐钱6891贯，租课糙米1407石，熟米10石，黑豆19石，和买细绢19127匹，和买每年56266匹。以上夏秋两税各项共折钱为明万历后明实物价值为（1）项税315863两。（北末起）岁课之赋有九种，皆为公费，科场钱，绢折钱，激赏钱，月桩钱，板二钱，每年61264斤，税课每年298807贯，酒课每年91171两，一为麦光纸，二为麦光纸，三为白滑冰翼纸，四为乾阴，五为药腊，六为芽茶。七为白滑布，八为细布，九为大龙凤墨。十为白苧，十一为纸，十二为绢，十三为狸，十四为狸，共计为（2）项税每年20种，一岁供各类有20种，每年1400匹，五为上供七色纸，每年1448631张，十六为上供白。绸每年4598匹，绢每年83377匹，绵102226两，丝200两。绸48匹，绢13010匹，绸1400匹，绢16049匹，绵65000两，绸315匹，绢6660匹，绵4550两，绢175匹，绢980两，绵70匹，绸1960两。十七为上供帛钱，十八为上供帛钱折麦折解钱，十九为上供帛多用买绢钱。二十为上供茶租折帛折解钱。（3）项税120578两。以上（1）、（2）、（3）项共计银为527612两。榜纸的价格没有磁青纸那么高档，可根据磁青纸推算。（绝大部分岁项项目没有数据）加总，计及二十年磁青纸每百张10两，则每张0.1两，榜纸五分之一，取其五分之一，暂估为0.02两，即2分银。《宛署杂记》记载，万历二十年磁青纸每百张10两，则每张0.1两，榜纸五分之一，暂估为0.02两，即2分银。

续表

朝代（时期）	赋役计银（两）	田地数（亩）	亩均（两）	户数（户）	户均（两）	口数（人）	口均（两）	丁数（人）	丁均（两）
元至元二十七年				157460		832589			
元延祐三年	50170①	3359278②	0.0149	157471	0.3186	824304	0.0609		
1364年（甲辰年）		2000979							
1365年改科至明洪武十年	180975③		0.0904④	1171110⑤	1.5453	536925	0.3371		
明洪武二十四年	123569⑥	2427050	0.0509	131662	0.9385	581082	0.2126		
明洪武二十六年	米麦165404石	3534977		125548		592364			

① 该年征收中统钞363锭15两，丝39619斤，丝绵6358斤，米19038石，酒课中统钞4625锭，醋课中统钞105锭。由于缺乏该年的米价为依据进行计算，故按相近的大德元年间标准计算，中统钞每锭为1.95两银。元钞贬值过快，致使以钞计算的赋役价格与以实物为主的数额相比显得数额较小，整个元代的计算数据皆是如此。
② 其中粮额成熟田土为2904553亩。
③ 这段时间岁征额为夏麦40849石，丝9110斤，茶30864斤，米95695石，酒课每月103880文钱，税课洪武九年4052041 7文钱。茶按叶茶计价，为每斤0.012两。明洪武法制，岁赋有5种，夏税、秋粮、课程、食盐。明初徽州府每年须办33392657文钱，叶茶课钱共115200张，包括榜纸115200张，绸绢3804匹等等，合计折银。
④ 田地为至正二十四年(1364)数据。
⑤ 户数、口数为洪武四年数据。
⑥ 该年实征各项为，夏税麦为49210石，丝10933斤，米118384石，茶335斤，酒课钞1477贯，茶株课钞70688贯，农桑丝折绢15匹，杂色课83贯。以上各项共计银为123569两。其中米麦合计为16754石，大致与洪武二十六年相当，此处尚未有计算外两大项：赋役、上供。可见，官方文献中所记仅记载的米麦石数仅仅反映官府从乡村民间征收的一小部分。故而与南末相比，其数值要小很多。南未经界后所记各项加上丁上供物料，故数据较大。

第十一章 中国古代乡村治理的效能评估 / 745

续表

朝代（时期）	赋役计银（两）	田地数（亩）	亩均（两）	户数（户）	户均（两）	口数（人）	口均（两）	丁数（人）	丁均（两）
明弘治四年				7251		65861			
明弘治五年		2527747		96189		557355			
明弘治十四年	157909①	2527752	0.0625②						
明弘治十五年	163616③	2444811	0.0647④	114197	1.7743	566397	0.3577		
明嘉靖四十一年	202620	2547828	0.08288	118943	1.0618	566948	0.2228		
明万历六年	126299⑤		0.0496						

① 该年两税包括麦 51668 石，阔白布 30000 匹，农桑丝折绢 15 匹，绢 8779 匹，农桑丝折膳夫 1704 两，其余统计为府学膳夫 34 名，库子 25 名，斋夫 6 名，巡拦 18 名，仓斗级 18 名，高手 25 名，门子 43 名，禁子 20 名，更夫 5 名，弓兵 110 名，马夫 80 户，皂隶 158 名，祗候 23 名，表夫 9 名。按嘉靖时期徽州府各岗位工食银标准计算，部分不能完全对应的视其工作性质比照相近岗位标准计算。徭役银共约 10498 两，供物计银（部分）为 11488 两。此外还有瓜铁 4550 斤，生铁 240 斤，梭绵布 290 丈，生漆 67 斤，银米 3 斤，香油 38 斤，桐油 46 斤，红蔘 80 顶，青绒条縧 160 条，青绒线 12 两，苏木 9 斤，青白熟丝绵 3 斤，扭蔘丝绵等朝廷付给的《确议修筑宣边疏》记载，城砖 5.7 万个以及成造军器等尚未计价。明代的城的长城平均高 7.8 米，宽 6.5 米，长 3.3 米，即 167.3 立方米建筑成本为 30 两银，每立方米建筑成本为 0.179 两。每修建一支距离的城端每块长城宽 0.45×0.22×0.11 = 0.0109 立方米，据此换算每块城砖建筑成本 0.00195 两，即约 2 厘银。再参考当时的"一号工部"，南京城砖每块为长宽高 30 两白银，城端砖多道筑制工艺等复杂程度，以及长途运输等成本，估计每块城砖建造端为建筑成本的 5 倍，即 1 分银，因无直接依据，故城砖部分没有计入以上总数。以上三大项共计银 157909 两。

② 田地数按弘治十五年数据。

③ 据《万历会计录》，该年徽州府实征米麦 171633 石，人丁丝折绢 8779 匹，农桑丝折绢 15 匹。显然，这只是两税部分的数据。

④ 未包括徭役折银、里甲银、上供物料等。

⑤ 据《万历会计录》，该年徽州府实征米麦 172388 石，人丁丝折绢 8779 匹，农桑丝折绢 15 匹，户口盐钞银 786 两。

续表

朝代（时期）	赋役计银（两）	田地数（亩）	亩均（两）	户数（户）	户均（两）	口数（人）	口均（两）	丁数（人）	丁均（两）
清康熙五十年	216887①	2752115②	0.0788					214202	1.0125
清道光七年	233868③	折实田 2055973	0.1138					214202	1.0918

① 该年起原额征通府正银152244两，实科银共为160672两。康熙《徽州府志》中记载该年根据田土科银共为160672两，但根据其后实际解支存留各项，实数超过这个数。如已归正项解支原编银约155365两，折色运正杂共约1079两，本色起运为米29344石，解役银779两。漕豆起运共豆1625石，解役盘缠运脚费银1016两，官役经费7929两，解原编银130两，解役盘缠原编银262两，供应银80两，原编银7367两，存县支共11668两，未归正项解支杂派1831两。此外，未归正项解支徽州府所征米数，漕米起运29344石应为该年徽州府所征米数，黄豆1625石，应为所征黄豆数。它们计共27279两，应加进赋役银总数中，该年应解徽州府两税、徭役，上供等田土负担应为以上各项加之和，共计为216887两，超出官方统计的160672两共56215两。黄豆按每石0.535两计银，米按每石0.9两计银。
② 共折实田2056466亩。每亩地平均折0.627亩田，每亩山平均折0.222亩田，黄豆按每石0.535两计银，科米29338石，黄豆1625石，米按每石1.4两计，黄豆按每石0.7两计。米、豆俱通过漕粮起运。府志中所载该年折色起运共为160688两，本色起运1202两，漕项起运7467两，官役经费6954两，解布政司支给3869两，存县支给2889两，未归正项解支杂派626两，以上八项共计银为191657两（超出项支科银30987两），加上米豆计银为42211两，此十项共计为233868两。
③ 该年通府实科银160688两，本色起运1202两，漕项起运为191657两（超出项免支科银43570两），加上米豆共实科银55795两，加上米豆计银0.094两，每亩科米0.0154石，共科米7567石，科黄豆420石，休宁县每亩丁科银0.1185两，每亩科银0.0763两，加其他共实科银37613两，每亩科米0.0129两，每亩科米6208石，共科黄豆343石，婺源县每亩丁科银0.1046两，每亩科银0.0674两，加其他共免实科银17034两，每亩科米0.01309石，科黄石365石，祁门县每亩丁科银0.1177两，加其他增免共实科银15414两，每亩科米0.0163石，共科米2776石，共黄豆155石，黟县每亩科银0.0837两，每亩科米0.173石，共科米3530石，科黄豆195石，共科米2678石，科黄豆148石。绩溪县每亩丁科银0.121两，每亩科银0.0823两，加其他增免共实科银18735两，每亩实科米为29346石，六县实科黄豆为1626石，与通府实科米黄豆相等。

在耗羡坐支项下支付各县养廉5560两，其中知县养廉银1000两，府经历60两，县丞60两，典史60两，两巡检各60两，休宁知县1000两，婺源知县800两，黟县、祁门、绩溪知县600两。以上在征收丁地耗羡银内会支统归存留项下核销。

第十一章　中国古代乡村治理的效能评估　/　747

表11—13　宋元明赋税比较（以湖州府六县一州为例）①

县别		宋庆元间 征收总量	元至正间 征收总量	明洪武二十四年 征收总量	明宣德七年 征收总量	明万历十一年 征收总量④	明万历十一年 亩征银（两）②	明万历十一年 亩征米（石）
乌程县③	夏税折色（两）	14943	11084	8999	12965	84403	田一则起科	
	秋税米（石）	10987	93345	212002	152686	133404		
	合计（两）⑤	24831	95095	199801	150383	204467	0.105	0.179
归安县	夏税折色（两）	17513⑥	8124	8248	11049	75318	田三则起科	田三则起科
	秋税米（石）	8275	78053	188714	130359	108784		
	合计（两）	24960	78372	178091	128372	173224	0.101—0.13	0.023—0.17
长兴县	夏税折色（两）	34452	15239	6600⑦	10159	70741	田三则起科	田三则起科
	秋税米（石）	17102	64848	72925	82894	58028		
	合计（两）	49844	73602	72233	84764	122966	0.089—0.066	0.089—0.019

① 同治《湖州府志》卷三十四《经政略·田赋一》，同治十三年刻本。宋元丝绢麦等折价按明万历年间县志估价折算，绸绢每匹1.17两，绵每斤0.5两，丝每斤0.633两，麦每石0.25两，钞每贯0.002两，小绢每匹0.35两，马草每包0.03两。此为该府志中的折算标准，与本书标准不同。此处按原志中折算。
② 此卯亩征银为田则多项起科一则征收标准，其时尚无征银。
③ 同治《湖州府志》载，元代乌程县秋税米比宋代有大幅跃升是因为贾似道大量买入官田，明初则是因为明太祖未元章惩罚此地农民效忠张士诚。
④ 亩均征银0.105两，亩均征米0.179石，以上含丝绢钞匹非钞折丝麦马草等项及京库年米，派剩折米俱折银。
⑤ 合计是指将秋税米计价含夏秋二税相加所得。秋税米按本书前文万历年间每石米0.9两计算。
⑥ 同治《湖州府志》中为此数，实各项所加为17532两，今仍依原数据。见卷三十四《经政略·田赋一》。
⑦ 同治《湖州府志》中为此数，实各项所加为6602两，今仍依原数据。见卷三十四《经政略·田赋一》。

续表

县别		宋庆元间 征收总量	元至正间 征收总量	明洪武二十四年 征收总量	明宣德七年 征收总量	明万历四十一年 征收总量	明万历四十一年 亩征银（两）	明万历四十一年 亩征米（石）
安吉州	夏税折色（两）	19982	11183	2922	3827	22951	田二则起科	
	秋税米（石）	7970	21828	17560	15081	8820		
	合计（两）	27155	30828	18726	17400	30889	0.077—0.047	0.046—0.020
武康县	夏税折色（两）	8486	5706	2484	3351	23370	田一则起科	
	秋税米（石）	3314	12551	17389	15901	12981		
	合计（两）	11469	17002	18134	17662	35053	0.113	0.0671
德清县	夏税折色（两）	6795	17105	3929	6499①	44312	田四则起科	
	秋税米（石）	3071	71315	88736	72190	61309		
	合计（两）	9559	81289	83791	71470	99490	0.03—0.093	0.049—0.15
孝丰县②	夏税折色（两）				2320③	22871	田一则起科	
	秋税米（石）				10463	1759		
	合计（两）				11737	24454	0.124	0.013

① 同治《湖州府志》中为此数。实各项所加应为5499两，今仍依原数据。见卷三十四《经政略·田赋一》。
② 弘治元年，湖州知府王珣奏分安吉县天目乡九都等为孝丰县。正德元年，安吉县升为州，实管孝丰县。
③ 同治《湖州府志》中为此数。实各项所加应为2323两，今仍依原数据。见卷三十四《经政略·田赋一》。

第十一章 中国古代乡村治理的效能评估 / 749

表11—14　宋元明湖州府一州六县人口田地[①]

		宋大中祥符间	元至元二十七年	明洪武二十四年	明宣德七年	明成化十八年	明嘉靖四十一年
乌程县	户数（户）	26357	68437	58617	39944	36940	65370
	口数（人）	90373			123902	126484	107179
	田地数（亩）	669630[③]	1143584[④]	226008[②]	1129101		1136530[⑤]
归安县	户数（户）	26913	49894	1036339	45285	172143[⑥]	31367
	口数（人）	121119		61950	152881[⑦]	480273[⑧]	63675
	田地数（亩）			240541			
长兴县	户数（户）	49811[⑨]	54151	957620	37559	33803	30295
	口数（人）	54838		40124	139993	70445	53142
	田地数（亩）	795600		167707			
				1530738			

① 资料来源：弘治《湖州府志》第八卷《土产·户口·税赋》，成化十一年刻本；成化《湖州府志》第八卷《土产·户口·税赋》，成化十一年刻本。万历《湖州府志》卷之五《户口》，万历四年刻本。同治《湖州府志》卷三十四《经政略一》；卷三十九《经政略·户口》，同治十三年刻本。实为弘治《湖州府志》，有专家认为，成化《湖州府志》，一部错冠其名的《湖州府志》，见沈慧《中国地方志》2012年第5期。
② 万历《湖州府志》中此年数据为194307，见万历《湖州府志》卷之五《户口》，万历四年刻本。
③ 为末庆元年间数据，长兴、武康同。
④ 为元至正十五年数据。
⑤ 为明嘉靖十三年数据。
⑥ 万历《湖州府志》中此年数为72143，见万历《湖州府志》卷之五《户口》。
⑦ 万历《湖州府志》中此年数为157881，见万历《湖州府志》卷之五《户口》。
⑧ 万历《湖州府志》中此年数为130273，见万历《湖州府志》卷之五《户口》。
⑨ 户数、口数为宋淳熙中数据。

续表

		宋大中祥符间	元至元二十七年	明洪武二十四年	明宣德七年	明成化十八年	明嘉靖四十一年
安吉州	户数（户）	22185	25298	18044①	16486	14547②	9631
	口数（人）	71062		77216③	62889	59731	31876
	田地数（亩）			1144545			
德清县	户数（户）	10434		11057	35664	34029	34200
	口数（人）	33002		53781	95967	87617	88986
	田地数（亩）			560563			
武康县	户数（户）	4619④	17261	10256	11262	10931	13351
	口数（人）			44991	26951⑤	36178	39679
	田地数（亩）	160484		311053			
孝丰县	户数（户）					8505⑥	8251
	口数（人）					35125	38251
	田地数（亩）					744625	

① 成化《湖州府志》中此数为28044，见成化《湖州府志》第八卷《土产·户口·税赋》。
② 万历《湖州府志》中此数为11547，见万历《湖州府志》卷之五《户口》。
③ 成化《湖州府志》中此数为77316，见成化《湖州府志》第八卷《土产·户口·税赋》。
④ 户数为宋景德四年数据。
⑤ 万历《湖州府志》中此数为36951，见万历《湖州府志》卷之五《户口》，万历四年刻本。
⑥ 户数、口数为明弘治元年数据。

第十一章 中国古代乡村治理的效能评估 / 751

表11—15　宋元明清湖州府六县一州赋税（役）平均数比较

（单位：两银）

县别		宋庆元年间①	元至元二十七年	明洪武二十四年	明宣德七年	明万历四十一年②	清同治年间
乌程县	户均	0.942	1.389	3.409	3.765	6.97	
	口均	0.275		0.884	1.214	2.17	
	丁均	0.037	0.0832	0.1928	0.133		3.717③
	亩均	0.927	1.571	2.875	2.835	3.924	0.248
归安县	户均	0.206		0.740	0.840	0.23	
	口均						
	丁均				0.1340④		3.397
	亩均	1.001⑤	1.360	0.1860	2.257		0.246
长兴县	户均	0.909		1.800	0.605		
	口均			0.431			
	丁均						3.033
	亩均	0.063		0.0472	0.0554		0.106

① 户数、口数为宋大中祥符年间数据。
② 本列乌程县数据见本书表6—20，本列平均数为两税、徭役、上供物料等各类农民负担之和平均数，其他各列平均数仅为两税平均数。
③ 清代本栏各县亩均为丁均，下同。
④ 本栏以下各县田地数据为洪武二十四年数据。
⑤ 户数、口数为宋淳熙中数据。

续表

县别		宋庆元年间	元至元二十七年	明洪武二十四年	明宣德七年	明万历四十一年	清同治年间
安吉州	户均	1.224	1.219	1.038	1.055		
	口均	0.382		0.243	0.277		
	丁均						2.488
	亩均			0.0164	0.0152		0.042
德清县	户均	0.916		7.578	2.004		
	口均	0.290		1.558	0.745		
	丁均		0.985				1.989
	亩均			0.1495	0.1275		0.197
武康县	户均	2.483		1.768	1.568		
	口均			0.403	0.664		
	丁均						2.25
	亩均	0.0715		0.0583	0.0568		0.078
孝丰县	户均						
	口均						
	丁均						1.635
	亩均						0.030

表11—16　清同治年间湖州府各县赋役银米均数表①

	乌程县	归安县	长兴县	德清县	武康县	安吉州	孝丰县
圩田（亩）	727064	609568	636093（实在田）	395987	138710（实在田）	197817②	119539（实在田）
田亩均银（两）③	0.147	0.145	0.147	0.130	0.129	0.086④	0.117
田亩均米（石）	0.187	0.173	0.087	0.152	0.656	0.044	0.013
摊丁数⑤（人）	73683	67977	49008	57024	17828	13570	13954
田地山荡（亩）	1103174	940455	1399582	575386	517539	797220	763240
征银（两）	112769	99528	80504	57583	24863	23433	20730
征米（石）	134264	109509	56768	62042	12717	8607	1735
合计银（两）⑥	273886	230939	148626	113421	40123	33761	22812
合计丁均（两）	3.717	3.397	3.033	1.989	2.251	2.488	1.635
合计亩均（两）	0.248	0.246	0.106	0.197	0.078	0.042	0.030

① 资料来源：清同治《湖州府志》卷三十四《经政略·田赋一》；卷三十九《经政略·户口》，同治十三年刻本。
② 此数为安三区田，长三区田相加所得。
③ 指田一项中是主要部分——圩田，低涝田等每亩所征的地漕截折银，圩田、低涝田征银、征米总额在府志中有数据记载，本处略。
④ 此数为长三区田的征收标准。
⑤ 为摊丁人亩后摊丁定额。乾隆二十一年编审数据。部分县包括民丁、乡民丁两部分。
⑥ 米每石合计银以银价道光咸丰年间市场价折八折计算，其时江苏米每石3～4两，不过这应为特殊情况。同时其他地区多在1两以上，综合考量，浙江作为当时的发达地区，米价相对更高一些是合理的，假设为1.5两左右，计银按八折，则为1.2两。

第十二章

中国古代乡村治理的制度逻辑

　　秦汉以后的中国古代王朝的政治经济属性是农业帝国，它是建立在乡村社会的运行和发展基础之上的，是以农民这个主要社会群体为统治和支撑对象的，稳定持续的农业产出、亿万小农的辛勤农耕、役使劳作以及纵横交错、有序运转的乡村组织是支撑庞大农业帝国的坚实基础。清代郑燮曾在《范县署中寄舍弟墨第四书》中深刻地指出："天地间第一等人，只有农夫，而士为四民之末。……天下无农夫，举世皆饿死。"①如果这个基础削弱了，甚至颠覆了，农民不愿意和你官家玩了，掀桌子了，帝国也好，王朝也罢，就会风雨飘摇进而倾覆翻船。民可载舟，亦可覆舟，清醒的统治者是非常明白这个道理的，农民、农村、农业的起落兴衰、命运浮沉在根本上决定了古代王朝的兴衰。在乡村治理与国家治理之间是存在均衡点的。如果将农民比喻成水，以水舟关系来衡量的话，人民以脚投票，对帝国政权、王朝统治者持有三种态度：载舟、弃舟、覆舟。农民的三种政治态度决定了治世、平世和乱世三种治理结果。

　　载舟是指农民安身乐命，愿意种田纳粮，负担徭役，承担义务，国家才能有稳定的基础；如果农民食不果腹，衣不蔽体，生活艰难，就会考虑避比避役，或逃亡，或隐匿，不愿意承担义务，这就是人民丢弃国家了，就是弃舟，国家治理的基础就会严重削弱。如果农民连温饱都不能维持，甚至走投无路，生存不下去，他们就会铤而走险，落草也好，起义也罢，走上对抗官府之路，造成覆舟局面，王朝政权就岌岌可危了。

---

① 古典文学网，网址：http://www.gudianwenxue.com.cn/wenyanwen/qingdaisanwen/4801.html。

尽管在历史上并不是所有的王朝都是由农民起义推翻的，但民变、起义绝对是其中最主要的变量之一。但是，农民不会无缘无故弃舟、覆舟，农民行为有其理性逻辑，并且有着强大的韧性，历来的说法是"官逼民反"，农民的行为取决于官府的统治，即国家治理、地方治理对乡村治理的关系。凡是中枢决策得当，吏治清明，农民负担适中，但凡活得下去，农民是不会造反的，毕竟造反的预期成本极高。总之，在王朝衰亡与乡村治理之间存在互动均衡点，探索这一均衡点就要研究载舟、覆舟关系，研究王朝衰亡与乡村治理的关系，研究乡村治理的制度逻辑，进而超越乡村治理视域，探索更大历史时空中乡村与王朝的命运浮沉规律。

第一节　王朝衰亡与乡村治理

自秦汉至晚清，中华大地上，历代大小政权、大小王朝的兴起衰落可概括为两个历史周期循环定律：兴衰循环或治乱循环、命运周期循环或超稳定循环。所有的单一王朝都未能跨越治乱循环陷阱，而整个中华民族在中华人民共和国成立之前，也未能跨越超稳定循环陷阱。探索王朝兴衰、周期性循环的原因和规律是古代国家治理研究的核心议题，历代统治者尤其是开国君主通过制度政策的设计和皇族政治文化的塑造[①]，力图在理论与实践两个层面尽力消除那些影响皇权旁落、王朝衰亡的负面因素。历代儒家知识分子更是将探寻治国之道，教导君主避免落入治乱循环陷阱视为至上的人生追求。近现代的革命者则将推翻封建统治，打破超稳定规律，跨越命运周期循环陷阱，寻求以近代化、现代化之路救国救民作为民族民主革命的目标。

一　历代王朝的灭亡原因

王朝兴衰是国家治理所要面对的最大议题，是涉及"国本"的首要大事，没有哪一位统治者不希望自家的江山万万年，长盛不衰。为什么历代统治者将接班人、太子、储君制度视为"国本"，因为继承人关系到王朝统治可否代代传承，"家天下"的事业能不能持续等王朝兴亡大事。

---

① 较有代表性的是汉宣帝的王霸杂糅之说、宋代的祖宗之法、明太祖的《皇明祖训》。

尽管历代统治者都希望皇权统治能够万世永存，朱元璋甚至还拟订了后世子孙的辈分和取名规则，但王朝统治的衰退乃至败亡仍是客观规律，不可能以人的意志为转移。

古代王朝的兴衰原因

古代王朝的兴起和灭亡各有其因，各有其时，不可一概而论，是否真的都如黄炎培所说，"兴也勃焉，亡也忽焉"，恐怕并不尽然。有的王朝的建立确实是一夜之间、黄袍加身完成的，有的则需南征北战，经历较长时期的打江山过程；有的确实是一建立就呈现出勃勃生机，有的则始终处于衰世之中。表12—1是对秦至清部分王朝兴亡即建立政权、政权持续与政权覆灭所历经或持续的时长及原因所作的一个简要归纳。

表12—1　　　　古代部分朝代政权兴亡历时与原因①

朝代（时期）	建政历时（年）	建政原因	持续时长（年）	灭亡耗时（年）	灭亡直接原因	灭亡根本原因
秦	9	历代积累军国暴力	14	3	农民起义推翻	统治者横征暴敛，严刑峻法，不施仁政
西汉	7	农民起义	210	0	权臣篡夺	中枢治理失败，外戚权力过大
新朝	0	权臣篡位	15	6	农民起义推翻	土地兼并，改革失败，赋役沉重，刑罚残酷
东汉	8	农民起义	195	36	权臣篡夺	朝政腐败，横征暴敛，军阀崛起，混乱割据
西晋	0	权臣篡位	51	5②	外敌入侵	八王内乱，皇权衰弱，经济衰败，阶级民族矛盾尖锐
东晋	0	士族拥立	103	0	权臣篡夺	豪强并立，士族内斗，皇权衰弱
隋	0	权臣篡位	37	7	农民起义军阀篡夺	统治者腐败昏暗，人民负担沉重，民不聊生，军阀乘乱兴起

① 兴起历时以朝代的统一进程开始的时间或创立者参加农民起义开始的时间为起点计算，但如果是和平夺权则一律以0年计算。持续时长以建立统一的全国性政权为起点计算。灭亡耗时以导致灭亡的直接原因，如大规模农民起义或外敌入侵等开始的时间为起点计算。

② 以311年的永嘉之祸为起点，以316年西晋灭亡为终点。

续表

朝代（时期）	建政历时（年）	建政原因	持续时长（年）	灭亡耗时（年）	灭亡直接原因	灭亡根本原因
唐	2	军阀夺立	289	32[①]	农民起义 藩镇篡夺	统治腐败，人民赋役沉重，藩镇拥兵自重
北宋	0	权臣篡位	166	2	外敌入侵	皇帝昏暗淫侈，奸佞当道，统治腐败，中枢治理失当，内外制度存在缺陷，外交国防政策失误
南宋	0	皇子自立	149[②]	11	外敌入侵	皇帝昏暗淫侈，奸佞当道，统治腐败，中枢治理失当，内外制度存在缺陷，外交国防政策失误
元	11	入侵建政	92	17	农民起义	朝政腐败，内乱不已，贪腐盛行，民族阶级压迫剥削严重
明	16	农民起义	276	17	农民起义 外敌入侵	皇帝昏庸、赋役沉重、灾害频仍、民不聊生；内政、外交、国防处置不当
清	8[③]	入侵建政	268	18[④]	近代革命 列强入侵	统治腐败，丧权辱国，封闭、保守、落后，人民生活困苦，外交国防失败

王朝兴衰的三大路径

从表12—1可见，历代王朝的兴起主要有三大途径：一是创立者抓住上一个王朝末年所处乱世的历史机遇，通过军功征战成功崛起，建立政权。乱世可能是民变、兵变或农民大起义带来的，也可能是外族入侵、王朝统治能力下降、内部混乱引发的。刘邦、刘秀、朱元璋通过参加农

---

① 以黄巢起义开始时为起点计算。
② 以1276年都城临安被占领为南宋灭亡时间计算。
③ 以1636年皇太极改国号为清，称帝为起点计算。
④ 从1894年孙中山创立兴中会，开始反清革命算起。

民起义以平民之身成功"逆袭",黄袍加身,位居九五之尊。作为关陇贵族之一的李唐集团乘隋末大乱迅速抢位晋级,称帝建政,以上朝代的政权取得都与乡村治理衰败,农民弃舟甚至覆舟密切相关。二是权臣通过在体制内的多年权力积累,获得足够的军事政治资源,最终抓住机会,一击得手,篡位成功。权臣篡位固然与中枢治理、地方治理中的原始制度缺陷、时局变化有关,也与历史文化演进有关。但权臣能够实现篡位,仍是与王朝爆发统治危机,在国家治理中所面临的内外困局有关,其中,乡村治理的衰败,经济社会矛盾的累积仍是重要原因。三是国力虚弱,王朝内政、外交、国防失误连连,出现治理危机,致使强悍的外敌有机可乘,为外族(古代的少数民族)入主中原提供可能。国力虚弱的一个关键原因就是乡村治理出现问题,无法为国家应对内外危机提供支撑,反过来,正因为国家治理不当,才造成乡村衰败,二者往往互为因果。

在改朝换代周而复始的历史周期率中,一朝之兴即为一朝之败。王朝的衰败灭亡同样有三个主要路径:一是被农民起义推翻,这是乡村治理彻底崩溃的直接后果,表明乡村人民不但要弃舟,还要直接推翻王朝统治。二是被权臣篡夺,尽管它与中枢治理有关,但纵观历史,凡是发生篡位危机之时,也是王朝进入治理衰败之时。三是遭遇外敌入侵而灭亡,外敌之所以能够入侵,是因为王朝的治理尤其是作为依靠的乡村治理出了问题。例如,南宋后期尽管没有形成全宋规模的大起义,但爆发的农民起义共约70次,分布区域广阔[①];北宋的农民起义则纵贯王朝早中晚各个时期。

二 历代王朝的兴衰规律

表12—1告诉我们,历代王朝的生命周期都没有超过三百年的,过去常说五百年必有王者兴,是说的夏商周三代,秦汉以后,寿命最长的王朝是唐,也未能突破三百年瓶颈。东汉,对于西汉来说,是一个独立的王朝,它本质上是农民起义建立的政权,而非西汉皇统的和平延续。南宋偏安,很难算得上是全国性政权,严格算来,也是一个独立王朝。即使南北宋加在一起,也只有316年的寿命[②]。从表面上看,王朝建政似乎

[①] 汪圣铎:《两宋财政史》,中华书局1995年版,第174—175页。

[②] 如以1279年崖山海战后为南宋灭亡时间,则为319年。

历时并不长,但除了乱世带来的机遇外,大多数王朝的创业都需要多年积累。秦国一统天下,看起来是在秦王嬴政手上完成的,只花了九年就灭了六国,但就算只从秦孝公商鞅变法时算起,也经历了138年,六任国君前后接续打下了坚实的基础,嬴政"奋六世之余烈"才能一统天下。清入主中原,除了有李自成农民起义推翻明王朝送的"大礼包"这个原因外,自身也是经历了努尔哈赤、皇太极、福临三朝君主共60年的持续经营。元灭南宋,从蒙哥汗时期攻宋算起,也经历了20年的时间。

"兴勃亡忽"的黄炎培之问

开国之君遍尝创业之艰难,故而在王朝早期,君主都能励精图治,奋发有为,国家治理效能普遍较高。个中原因除了改朝换代一扫前朝旧弊,缓解社会阶级矛盾,为新朝留下较大的施政空间外,在很大程度上与统治集团的勤政、能政有关。很多统治者能够针对现有制度的缺陷,推陈出新,不断优化政策制度设计,以求堵住制度漏洞,提升治理效果。由此带来古代王朝兴衰中的另一普遍现象,即各主要王朝中前期的国家治理都能实现相对成功,但到中晚期朝政就开始败坏,国家治理日益低效,社会矛盾危机逐渐显现,日薄西山一次又一次地重复发生。

西汉、唐、北宋、明、清这五个主要王朝皆有所谓"盛世""治世",东汉亦有"光武中兴",西晋也有"太康之治",刘宋尚且有"元嘉之治",隋代也有"开皇之治",南宋亦有"孝宗中兴"。这或许就是黄炎培所言"其兴也勃焉"之所指吧。与之相对的,是"其亡也忽焉",极盛的开元天宝盛世,被安禄山、史思明一造反,旦夕之间就从巅峰跌落,从此走上衰亡之路。乾隆盛世,一边鲜花着锦,烈火烹油,一边爆发白莲教大起义,短短40年后,昔日看不起眼的英吉利"蕞尔小国"两次打败"天朝上国",真可谓"眼看他起高楼,眼看他宴宾客,眼看他楼塌了"。为什么好花不常开,好景不常在?这究竟是历史的必然,还是人为的偶然?黄炎培认为与人有关,"大凡初时聚精会神,没有一事不用心,没有一人不卖力,也许那时艰难困苦,只有从万死中觅取一生。既而环境渐渐好转了,精神也就渐渐放下了"。正因如此,一部历史,"政怠宦成"的也有,"人亡政息"的也有,"求荣取辱"的也有,总之没有能跳出这周期率。① 但是，将其完全归结为执政者的因素合理吗？其中有没有其他行为主体的因素？有没有制度与文化的影响？后文将有专门论述。

黄炎培所指历代王朝"兴勃亡忽"的历史现象所揭示的是古代王朝治乱循环的历史周期率，即每个主要朝代总会经历乱世（兴起）—平世—治世（鼎盛）—平世—乱世（灭亡）的历史循环，体现的是兴起期、发展期、巅峰期、衰落期、灭亡期的阶段性变化，一个循环周期为200—300年，两汉、唐、两宋、明、清都曾经历这样的历史周期。其中，从兴起期至巅峰期，即乱世—平世—治世持续70—120年。从巅峰期至灭亡期，即从治世跌落，退化为平世、乱世直至灭亡则在120—150年。历代王朝似乎都没有逃脱类似的治乱兴衰命运，至于秦、隋及部分小朝廷，兴勃亡忽的程度更剧烈，速度更快。

王朝兴衰循环的主要影响因素

一般认为，统治者的严刑峻法、重赋繁役、苛捐杂税是农民起义的主要原因，农民起义则是旧王朝被推翻的主要原因。传统革命理论将农民阶级与地主阶级的矛盾视为王朝国家的主要矛盾，将农民起义视作改朝换代的主要动力。对于赋役这个反映古代中国国家与农民核心关系的问题，② 黄宗羲曾用赋役积累莫返之害予以概括，本书则称为黄宗羲定律或赋役积累陷阱，黄宗羲定律的反复出现是历代王朝兴衰循环在乡村社会层面的主要动因，而赋役积累陷阱之所以反复出现，根源在于专制漩涡和集权陷阱的存在。

尽管总体上看，农民的"覆舟"行动是决定王朝命运的关键性力量，但仍有两个事实需要厘清。一是导致王朝覆灭的因素，各有不同，不同因素所占权重也有所差异，如两宋并非被农民起义直接推翻。二是从中国古代社会的长期制度发展来看，趋于中央集权的制度体系渐趋完善，至古代社会晚期的清代已经臻于顶峰，赋役积累陷阱对王朝命运的负面影响已经有所削弱。但是，无论是两宋还是清代，仍然不能避免王朝衰

---

① 中共中央文献研究室编：《毛泽东年谱（1893—1949）》中卷，中央文献出版社2013年版，第610—611页。

② 统治者施行严刑峻法是为了支持重赋繁役政策的实施，而当正税正役无法满足统治者对乡村资源的索取后，加征加派、苛捐杂税就会兴起，成为中枢治理和地方治理共同施于百姓的剥削和压迫。赋役关系始终是国家与农民关系的核心所在。

亡的命运。这就说明，必然有多种因素共同作用导致此种结果的发生。究竟有哪些因素呢？可以概括的变量很多：

——制度原初设计缺陷。例如，宋代的"三冗"问题、积贫积弱、国防力量薄弱与开国之初制定的兵制、官制等制度设计有关，唐代亡于藩镇，这与对方镇制度的设计安排有关。明代开国之初的诸多制度失误更是直接束缚了后世的诸多治理努力。

——政治传统和政治文化的消极影响。如西汉的外戚势力与以孝治国的政治传统有关。两宋对外积弱与"重文轻武""守内虚外"的"祖宗家法"有关。明代宦权高涨与废相后皇权与阁权的再平衡以及特务政治传统有关。

——统治者个人素质低下，能力不足。如因帝王或残暴，或昏庸，或无能，或腐化堕落，或懒政倦怠等导致的中枢治理危机，包括决策失误、用人不当、朝政混乱、社会矛盾尖锐、政治秩序崩溃等。如开元盛世突然自巅峰跌落与唐玄宗的腐化淫奢、决策失误、用人不当密切相关。至于其他因帝王个人问题导致王朝衰亡的案例更是不胜枚举。某种意义上，帝王素质可视为王朝衰败的最大变量，因为帝王是王朝的总代表，应对政权的命运直接负责。

——吏治腐败问题。在某些情况下，皇权的代理人——官僚队伍也是导致王朝衰败的关键原因之一。尤其是文官武将彼此之间的党争，官僚队伍的贪污腐化或者懒政不作为等。党争是官僚队伍的一大癌症，唐代有"牛李党争"，北宋有变法派与守法派之争。明代的一个灭亡原因被认为是文官队伍的党争。历代王朝最难以克服的一大治理弊政是吏治腐败问题，就连号称制度最为完善的清代也不能根本解决。"三年清知府，十万雪花银"，吏治的腐败使地方治理消耗掉良好制度绩效，扭曲政策的执行，无法将中枢治理的决策和制度优势或潜能传递到乡村治理和民间社会，也有可能放大而非纠偏中枢治理和政策制度的局限性。

——自然灾害问题。中华民族是一个命运多舛的民族，历史上自然灾害频仍，尤其是在脆弱的农业帝国时期，持续的旱灾、涝灾、蝗灾、地震等会直接导致农业歉收甚至绝收，放大社会危机。平均而论，中国历史上每六年就会有一次严重的农作物歉收，每12年会有一场大规模的饥荒。如果再加之流行性疫病等公共卫生危机，更是可能给王朝统治带来灭顶之灾。①

据邓云特（邓拓）《中国救荒史》记述，自公元前1766年（商汤十八年）至1937年的3703年间，各种自然灾害共发生5258次，平均约6个月一次。其中旱灾1074次，水灾1058次。从汉朝立国（公元前206）到1936年的2142年间，各种灾害总数为5150次，平均约4个月一次。其中旱灾1035次，平均约2年一次，水灾1037次，平均约2年一次。②

华北平原几乎年年洪水成灾，历史上有记录的黄河决口达1593次，而长江三角洲在1401—1900年的500年间，发生了20次大的洪水。③ 在两汉统治的400多年里，受灾年份多达90年，实际受灾年份绝不止此数。另据李剑农先生统计，两汉400余年中，有灾之年，西汉为32年，东汉为119年④。

因旱灾和鼠疫，万历八年至十六年（1580—1588）间，陕西、山西、河南、北直隶四省死亡700万人，占当时全国人口的4%。⑤ 崇祯十三年（1640），顺德府、河间府均有大疫，崇祯十四年（1641），疫情进一步发展。同一年，大名府出现大旱灾和瘟疫，百姓死亡大半，人相食。北方多个府县出现类似情况。持续到十六年（1643），北京城变成疫城；十七年（1644），天津暴发肺鼠疫，北京、天津居民有半数死于瘟疫。鼠疫至少造成北直隶疫区内40%以上人口死亡。崇祯末年，中国人口大约尚存15250万人，与崇祯三年（1630）相比，大约减少4000万人。⑥ 明代末年，江南地区遭到鼠疫的袭击，苏、松、杭、嘉、湖五府人口死亡达600万人。⑦ 从顺治初年至康熙十七年（1644—1678），南方人口大约损失2000万人⑧。

---

① 黄仁宇：《中国大历史》，九州出版社2011年版，第314页。另外，黄仁宇先生在该书同页对历史灾害的描述是：迄至1911年以前，历朝官修正史记载，在2117年中，洪灾不下1621次，旱灾不下1391次，平均每年发生的灾害超过一次。
② 转引自陆永昌《灾荒概论》，《灾害学》1988年第2期。
③ ［美］黄宗智：《长江三角洲小农家庭与乡村发展》，中华书局2000年版，第41页。
④ 黄文模、李洪波：《中国财政通史·春秋战国秦汉卷》，中国财政经济出版社2006年版，第243页。
⑤ 曹树基：《中国人口史》第四卷，复旦大学出版社2002年版，第430页。
⑥ 曹树基：《中国人口史》第四卷，复旦大学出版社2002年版，第433、452页。
⑦ 曹树基：《中国人口史》第五卷，复旦大学出版社2002年版，第48页。
⑧ 曹树基：《中国人口史》第五卷，复旦大学出版社2002年版，第51页。

持续的灾荒冲击,加上官府赈灾不力,还要加征赋税,老百姓当然活不下去了,吃大户,要求均田免粮,造反起义就是必然的选择了。

——外敌骚扰入侵问题。历史上大多数中原王朝都曾遭受北方少数民族的骚扰、入侵,边患、边防问题使国家背负上了沉重的财政负担,国家安全危机在很大程度上消耗了王朝的治理资源,也加剧了内部矛盾的爆发。据黄宗羲统计,在自秦至清初共1874年中,中国为"夷狄"所割者428年,为之所据者226年,即使在号称全盛之时,每年也要将国家赋税的十分之三用于岁币,十分之四用于戍卒。① 唐代边防的费用在714—741年增加了五倍,国家收入的大部分粮食用于军粮和战略储备,大量人力资源用于军队的口粮和军需的运输工作,而随着永久性职业军队的建立,费用进一步增加,尤其是为了获得战争胜利,唐廷对将士慷慨赏赐,这导致国家防务支出有增无已。在742—755年,唐朝的军费又增加了40%或50%。② 宋、明、清三个主要王朝或者直接亡于外族入侵,或者因应对外部危机而放大激化国内危机导致政权覆灭,明代年度财政的44%以上用于支付九个边镇的守卫,内外联动效应始终是中原王朝所面临的重大治理挑战之一。

集权陷阱与专制漩涡

以上六个方面的重要变量既有主观因素,亦有不可抗力的客观因素,然而,如果将它们与赋役积累陷阱叠加考虑,似可归并为一个总的变量,我们可称为集权陷阱,或称为专制漩涡。

所谓集权陷阱并非是指如果古代王朝实行分权制衡的政治体制就可以避免政权覆灭的危机,而是指,由于在内政外交中实行专制国家中心主义的制度设计与政策执行原旨主义立场,从而放大或加强了国家治理中的诸多制度缺陷和执行困难,导致对治理体制的改革改良难以收到实际成效,无法阻止制度的持续衰败,致使王朝的兴衰形成持续、反复的循环。

集权陷阱包括两个层面的内涵:一是统治者通过制度更新与权力斗争持续增加、提高专制皇权;二是在专制皇权达到顶峰后,又不断地采

---

① (明)黄宗羲:《明夷待访录·封建》,中华书局2011年版,第186页。
② [英]崔瑞德编:《剑桥中国隋唐史》,中国社会科学院历史研究所西方汉学研究课题组译,中国社会科学出版社1990年版,第414页。

取措施维持、巩固皇权。集权陷阱贯穿于自秦至清的全部古代王朝政治之中，对皇权的维持诱发了一系列治理陷阱，对历代王朝的国家治理造成很大的消极影响，统治者很容易掉入其中而无法实现治理目标，即使部分朝代曾经有过一些改革变法、政策创新、制度更替之类的治理救济行动，也因为无法跨越集权陷阱而归于最终失败。

集权陷阱的全称是集权护持陷阱，如同国际体系中的霸主国具有霸权护持的动机和本能一样，古代君主为了确保君主专制和皇权集中，同样具有集权护持的动机和本能，但因为集权护持是为了维护家天下的一己私利，违背了权力运行的基本原则，最终是以损害国家治理的正当性和长期效能为代价的。

集权护持陷阱又可称为专制吸附漩涡，是指为实现集权护持，加强专制皇权和君主专政，统治者极力调动内外资源，从而对其他领域公共治理的资源分配产生非常消极的影响。黄仁宇先生曾论及："明廷财政税收之设计，始终无意为民间经济之展开着眼，而旨在保全其政治权力之完整。"[①] 为了加强中央集权，一切治理制度和行动几乎都要服从服务于巩固君主专制。专制主义动机就像巨大的漩涡或黑洞一样，将全国资源都吸附进去为之所用，从而使趋向正绩效的治理努力付之东流。在古代中国，专制吸附漩涡、集权护持陷阱的本质是皇权护持陷阱。

众所周知，加强皇权是中国古代王朝前后相继的长期趋势，正如黄宗羲定律所揭示的赋役积累长期趋势定律一样。统治者利用暴力优势，通过权力斗争和制度设计，千方百计地加强皇权，维护可视（短期即见）的帝王理性。例如，秦汉以后对丞相制度的不断改革直到最后废除，宋太祖"杯酒释兵权"解除权臣军阀威胁，雍正帝实行秘密建储制解决皇位继承中的混乱无序等，都是为了实现君主绝对专制和取得至高无上皇权的种种努力。可以说，至清乾隆时代，以加强皇权专制主义为主要目标的制度体系已经达到顶峰，历史上那些有可能威胁皇权统治的因素，如相权、地方军阀、外戚、宦权、边患已经被基本消除。即使是"国本"的继承人问题，也通过"秘密建储制"使在位皇帝在传嫡、传贤二者间

[①] 黄仁宇：《放宽历史的视界》，载《黄仁宇全集》第七册，九州出版社2011年版，第214页。

拥有更好的考察空间。边患也因通过战争打击、政治联姻和少数民族政策等基本得到解决。永不加赋和摊丁入亩政策也在一定程度上逆转了赋役累积陷阱带来的挑战。正因如此，康乾盛世的出现并非历史的偶然，有其制度上的必然。当然，制度再好，也只能限制人性不足，而不能改变人性，统治者是圣明还是昏庸、吏治是清明或是腐败这两大难题始终无法解决，而它们都与人性有关。问题在于，这两大难题是体制本身所带来的，只要实行皇权专制制度，实行君主世袭制度，它们就不可能得到根本解决。

将王朝兴衰归因于集权陷阱似乎有点大而不当，其实不然。因为专制王朝国家治理的首要目标和核心关键是巩固皇权，必然造成皇权神圣主义崇拜，皇权的任性得不到纠正，皇权的腐化难以遏制，皇权的随意得不到救济，从而使皇权、帝王在国家治理中占有过大过畸的比重。皇权中心主义的国家治理图景难以纠正上文所言七个领域的长期挑战。

第一，赋役累积陷阱之所以持续反复出现，是因为赋役累积的目的是维护皇权，满足帝王私欲。例如，明代为保证朱家天下的家秩序和一家之私，规定王室人员皆由财政供养，结果是万历年间全国28%的财政用于供养王室，藩王宗室还占有全国近三分之一的田地。嘉靖中叶后，随着南倭北虏等"边患"的兴起，国家财政持续陷入危机之中，只能通过加征加派解决，试想，如果停止供养宗室人员，国家的财政可大大缓解。但是，供养宗室是朱明祖训，具有意识形态上的合法性，后世皇帝不敢轻易废除，以避免政治风险。至于明代的岁办上供更是直接服务于嘉靖、万历们的个人生活。皇权加持的赋役征发有多少是真正用于维持和发展全社会的公共利益呢？某些在事后看起来属于公共产品的赋役项目，如兴修大运河，其原初目标也是保证统治者追求个人享受。因统治者个人因素征发的赋役还有秦末修建阿房宫、秦始皇陵墓等。即使是那些因为国防和公共管理需要而增加的赋役财政项目，也多与统治者个人决策不当有关。万历捂紧口袋不愿从内库拨银剿匪，迫使大臣们加征辽饷、匪饷。奸臣为投宋徽宗之好，大量征发花石纲等珍异之物，大兴延福宫、艮岳（万岁山）等土木之役，尤其是蔡京媚上求宠，诱导徽宗将衰世强作盛世之态，铺张挥霍。左藏库（专供皇帝私用的内库）过去每月花费缗钱只有36万缗，到崇宁年间蔡京为相后，增为每月120万缗。

北宋皇室采买征集的奇花异石，花费巨大，一根竹子超过 50 贯钱，一棵花树要花费数千贯钱，一块大石头数万贯，还假借上供之名索取地方官员应奉，借端勒索强取占用船只、河道，强行役使民众运输、刺绣等，但真正为皇帝所用的不过十分之一，其余的都被蔡京、王黼等奸臣中饱私囊[①]。花石纲等征索滥发是导致方腊起义的直接原因。如果帝王自己能够清廉自守，赋役积累之困和民变等治理危机自然可大大缓解。比较一下唐、清与宋、明，宋代、明代之所以在王朝中期即陷入财政危机，人头费和军费开支是两大影响因素，宋代的人头费较高是因为一职多官，冗官冗吏造成的，明代的人头费则用于供养朱明宗室的几十万寄生虫，官员所花的费用并不高。军费开支宋、明都较高，宋代用于赎买和平的岁币相当于军费，交的是"保护费"，宋代的冗兵冗费皆与军费开支有关。北宋、明皆有马政。宋有保马法，明有马政徭役。皇帝直接从国库中调取银两，在明代有很多案例，如明宪宗、明神宗，宋代也不遑多让。淳熙某年的正月至二月，皇帝先后从封桩库中支银 7 万两、会子 15 万贯。宋高宗禅位后，先后动用过黄金 2.2 万余两，银 46 万余两，钱 25 万贯，会子 350 万贯，上等绢 3 万匹，度牒 170 余道。[②]

如果说人口压力是中国农业经济和乡村治理需要持续面对的困境，那么，君主专制的中央集权体制是需要以广土众民为其统治基础的，人数众多且处于分散的马铃薯式状态的自耕农经济既可以为王朝统治提供坚实的物质基础，又不会对集权统治构成威胁。正因如此，历代统治者采取多种措施鼓励分家析产、开荒垦田和人口增殖，并且不定期采取打击豪强，抑制土地兼并、均田等行动，尽管效果并不理想。在传统中国，人口增加所引发的平均土地面积的缩小是农民贫困的重要原因，问题的解决之道只能是改朝换代式的自然调节，这恰恰是古代中国乡村治理的悲剧所在——无法避免乡村治理制度体系的渐进衰败，始终无法走出以生产衰退、社会动乱和大量人员死亡为代价的历史周期循环。

第二，原初的制度设计之所以存在缺陷，纯粹是因为制度设计的初衷是加强巩固皇权，以满足"家天下"的私欲。汉武帝实行内外朝制衡

[①] 汪圣铎：《两宋财政史》，中华书局 1995 年版，第 105、107 页。

[②] 汪圣铎：《两宋财政史》，中华书局 1995 年版，第 144 页。

相权，西汉藩国作乱，外戚势力庞大，是因为统治者希望以刘姓子弟和外戚势力来对付功臣勋贵，剪除元老影响。东汉内侍专权，是因为皇帝要利用内侍来平衡权臣和外戚势力。北宋的分权体制、和平赎买政策、叠床架屋的官制和"三冗"都是为了巩固皇位、皇权。至于明代的特务政治、内监政治更是与废相巩固皇权直接相关。何曾见过，哪一朝哪一代的祖宗家法是要教导后世之君勤政爱民的？在反映统治者内心真实想法的家法中，从来不曾有仁政、爱民之语，全都是法家之术，如何役民、役臣为我所使，无不是冲着如何巩固皇位，加强皇权，确保江山万年这一目标而去的。

第三，统治者是圣明还是昏庸，吏治是清明还是腐败直接取决于专制皇权这一体制陷阱。为维护一家天下，才实行世袭制，世袭制决定了无法预测统治者是明君还是昏君，偶然性极大，遇上一个明君还是碰上一个昏君、暴君只有天知道。因为帝王们有的是伪君子，如王莽、杨广；有的是变色龙，如李隆基；有的是守财奴，如朱翊钧；有的是杀人狂，如朱元璋。帝王之所以任性，是因为其权力至高无上，不存在竞争性，如果是民选体制，有下台的可能性，有外在的制衡力，统治者想昏庸也不敢，想倦怠也不能。没有人是天生的坏人，专制体制异化了人性，绝对的权力导致绝对的腐败，不受限制的皇权使帝王无法克服人性的弱点。官僚作为皇权的代理人，本质上是相同的道理。帝王为了巩固皇权，制造皇权崇拜，官僚只对上唯唯诺诺，不敢替民做主。官僚理性体现为二，一是在政治上不停向上爬，位极人臣；二是满足个人欲望，捞取更多的财富。皇权历来以天潢贵胄自视，为维护皇权的权威与神秘，对臣子只能进行功利主义的利用，臣属对帝王来说只是维护皇家统治的"工具人"，帝王是不可能视臣子为手足、心腹的，而是犬马、土芥，自然，官僚则视君主为国人、寇雠[1]，官僚队伍的此种心理状态普遍存在，是吏治腐败的观念源泉。

第四，即使是自然灾害、外族入侵等问题，看起来是不可抗力或外部因素，但亦与皇权中心主义相关。自然灾害的发生不可避免，但对灾荒的救济是国家治理的应有之责，是帝王作为最高统治者的应尽义务。如果帝

---

[1] 《孟子·离娄下》，方勇译注，中华书局2010年版，第151页。

王只顾自己，不顾百姓死活，自然灾害就会转化为治理危机。明清两代都曾遭遇过大灾荒，但结果截然不同。1876—1878年，华北地区也爆发了大旱灾，死亡人口超过1000万人，其中山西死亡达740余万人。但清代的灾荒并未转化为农民起义，为什么？因为清政府的赈灾是有力的，民间社会也极力参与，避免了因灾害激化社会矛盾，虽然死亡人数众多，但民怨并未转化为对政府统治的冲击。明代则在多年持续灾荒的年景中仍对农民加征加派，直接导致了陕北农民大起义。外族入侵则考验帝王的决策能力和用人水平。两宋对外积弱，最终亡于异族之手，与皇权有着密切的关联。宋徽宗用人不当，偏听偏信，决策能力低下，结果是外交接连失误，国防方面又不认真准备。宋高宗为巩固自己的皇位，诛杀岳飞，屏退韩世忠，签署和约，宁愿偏安江南，不愿反攻伐金。

在以上诸多因素中，相对来说，晚清的衰象表现得没有此前王朝那么明显，清代的帝王中也少有昏庸之辈，如果不是遭遇"三千年未有之大变局"，清代的存续时间有可能突破三百年的瓶颈。但晚清统治者最大的问题仍与皇权中心主义密切关联，仍然逃脱不了专制漩涡、集权陷阱带来的挑战。洋务运动的夭折，近代化的失败，变法的中止，新政和自治的假把戏都说明，晚清统治者（帝王、太后们）为了维护皇权，拒绝一切开放、革命性的新要素，如果统治者不主动求新求变，现有统治体系不注入新要素，必然连同自身一起被抛弃，即使没有西方列强等外部势力的冲击，晚清同样逃脱不了兴衰循环的命运，无非是时间早晚的问题。

集权陷阱或皇权护持陷阱是古代专制主义、人治主义负面效应的集中体现。集权体制将权力过于集中于一两个人手中，导致国家治理效能高度依赖于精英人物的个体素质，大大增加了科学决策的难度和高效执行的难度。金字塔式的信息传导机制效率不高，且极容易失真；自上而下，层层传导的制度执行在官僚理性的加持下，无法克服"一刀切"、层层加码、机会主义和上有政策、下有对策等执行困境。总之，权力因素的畸重、人治影响的存在，使得在现行制度框架内难以实现治理救济和行政调整，无法应对制度的自我衰败，政权的革新、吏治的澄清无法通过统治者和统治精英的自我革命完成，只能寄希望于激烈的社会变革，以暴力式或和平式的改朝换代方式实现，由此，王朝的兴衰循环大戏一次又一次地上演。

从兴衰循环至治乱循环、超稳定结构

兴衰循环关涉的是某一王朝的兴起与衰亡及其生命周期，治乱循环关涉的则是历代王朝所经历的乱世—平世—治世的周期性震荡。治乱循环之说始自孟子。孟子说："天下之生久矣，一治一乱。"[①] 不过，孟子谈及的是五百年一个周期的治乱循环，认为"五百年来必有王者兴，其间必有名世者"，他心目中的第一个五百年兴衰治乱周期是自尧舜至商汤，第二个五百年是自商汤至周文王，第三个则是自文王至孔子。[②] 不过，考诸历史，秦汉以后，主要王朝的兴衰周期都在200—300年，达不到五百年。

兴衰循环问题的要点在于对某个单一王朝兴衰规律的探寻，治乱循环则关注为什么一个王朝倒下了，另一个王朝"涛声依旧"，你方唱罢我登场，重复上一个王朝的故事，而丝毫没有多少革命性进步。这就是历来人们所关注的中国封建社会超稳定结构问题：只有农民起义、改朝换代而无社会进步、制度更替。乾隆中期，当中国农业社会帝国再一次于现有体系内通过周期循环达到农业文明的历史巅峰之际，西欧却陆续进入工业化时代，相继开始产业革命，开启工业文明和世界近代化进程。

一项关于古代中国与西欧人均GDP的研究表明，自公元400年至1000年的时间（大约在东晋末期至北宋初期）内，中国人均GDP长期保持一条直线，处于缓慢平稳几乎无增长的状态，表明中国古代农业社会正经历6个世纪的长期停滞。事实上，公元1—1000年，中国的人均GDP为450国际元。1000—1300年（大约在两宋时期），中国人均GDP有了爬坡式显著增长。但从14世纪初至1830年前后（即从元、明两代至清道光时期），中国人均GDP增长率再次呈现出直线状态，在400多年的时间内几乎没有多少增长。从1500年至1820年，中国人均GDP一直保持在600国际元，至乾隆时期的1870年，下降为530国际元。[③] 当然其中的主要原因是这一时期中国人口的大量增长，拉低了人均数据。但北宋时

[①]《孟子·滕文公下》，第120页。
[②]《孟子·公孙丑下》，第83页；《孟子·尽心下》，第305页。
[③][英]安格斯·麦迪森：《世界经济千年史》，伍晓鹰等译，北京大学出版社2003年版，第30页，图1—4。[英]安格斯·麦迪森：《世界经济千年统计》，伍晓鹰、施发启译，北京大学出版社2009年版，第271页，表8c。

期人口也在大量增长，如果假定农业产出是稳定的，只能表明北宋的非农收入或工商收入有较大的增长。事实上，1085年时，北宋的财政收入确实达到一个顶峰。如果以总量计算，中国在公元1年时GDP为268.20亿国际元，公元1000年时为265.50亿国际元，1500年时增至618亿国际元，1600年时为960亿国际元，1700年时下降为828亿国际元，1820年时跃升为2286亿国际元，1870年时下降为1897.40亿国际元，1913年回升至2413.44亿国际元。[①]

更重要的是，除了经济上的长期停滞或低增长外，中国的政治制度、社会生活和文化科技等方面也缺乏实质性的创新和变革。尽管有人曾将北宋视为转变时期，但北宋之变也只能说是在中国几千年历史长河中的小变化而已，谈不上根本性的变革。从政治制度方面看，君主专制和中央集权制度越来越完善和巩固，王朝体制对社会的控制力越来越强，统治技巧越来越高，严重压制了民间活力和主体创造性。在社会生活方面，日益政治化和世俗化的儒家学说越来越成为束缚人们思想迸发和社会进步的"紧箍咒"，社会创新力受到压抑，社会进步的内生动力很难涌现。在文化和科学技术方面，空谈之风压过务实创新，缺乏真正能带来产业突破的科技发明，农业文明发展到顶峰，但劳动生产率和发展潜力也达到临界点，始终无法在现有文明体系和产业框架中实现突破、产生新型产业形态的萌芽，且日益形成制度上的路径依赖惯性和文化上的因循守旧之风。

金观涛、刘青峰在20世纪80年代进行了一项著名的研究，探讨中国封建社会长达2000年的治乱循环即超稳定结构问题。根据两位作者的观察，既往对中国封建社会为何长期停滞，古代中国为何未能如西欧那样由封建社会过渡至资本主义社会主要有四种流行性解释：（1）单一的自给自足小农经济长期得不到必要的变更，商品经济没有获得充分的发展，造成了中国封建社会的长期延续；（2）中国封建剥削关系的残酷性造成了生产发展和积累中断，造成了中国封建社会的长期延续；（3）专制国家对资本主义萌芽的出现和发展进行了有效遏制；（4）用"亚细亚生产方式"剖析中国封建社会，解释其停滞性。此外，还有将中国作为大陆

[①] ［英］安格斯·麦迪森：《世界经济千年史》，伍晓鹰等译，北京大学出版社2009年版，第267页，表8b。

型国家所产生的地缘环境的影响作为原因，对这一解释的流行性展现是20世纪80年代末名噪一时且引发巨大争议的电视政论片《河殇》的一度热播。金观涛、刘青峰认为，以上几种解释都难以回答这一难题，他们提出了自己的解释变量：强控制的郡县城市不能成为资本主义因素结合的摇篮、资本主义因素缺乏互相结合的中介。[1]

但在本书看来，两位作者的上述观点并未能超越既往的解释，因为金著中的许多关键概念已经存在于过往解释之中，如强控制的郡县城市在本质上不过是专制国家加强集权和社会控制，维护政治稳定的结果；原始积累的中断既与封建剥削关系的残酷性这一解释相关，也与专制国家重农抑商的控制有关；王权之所以难以成为中介，是因为中国封建社会的皇权是至高无上的，而西欧、日本的王权有其竞争者（教权、贵族、封建领主），中国传统社会形成与西欧、日本有根本差异的大一统和皇权专制的政治结构，追求皇权的稳固使得重农抑商、打击地主豪强、资本家以及控制流民等成为维护王朝统治的首要选择。总之，作者的新解释不过是将既往解释中的支撑变量或中介变量抽离出来赋予其主导自变量的属性而已，并未实现根本超越。

也许讨论中国古代社会为何没有能够过渡到资本主义社会本身就是一个假命题，五阶段的社会演进论是以西欧式生产方式为范本提出的，而中国的社会演进根本不同于西方。如果没有外力的冲击，中国古代社会或许永远如此循环下去。将一个可能只能存在于以分权和封建割据的历史环境中的资本主义萌芽问题运用于以集权和大一统为历史传统的古代中国，本身就可能产生逻辑上的错位，资本主义萌芽这一命题本是在近代化和革命化进程中发生的，有着特定的政治社会背景。

尽管如此，中国传统农业社会维持长期的治乱循环，缺乏实质性的经济发展和社会进步仍是不争的历史事实。其实，如果非要将中国传统社会的周期循环和超稳定结构与资本主义萌芽产生联系起来的话，包括金著在内的各类解释都可归结到一点，即仍可以前文所说的"集权陷阱"或"皇权护持陷阱"为最终或根本解释变量。从马克思主义的经典观点

---

[1] 金观涛、刘青峰：《兴盛与危机：论中国社会超稳定结构》，法律出版社2011年版，第3—7、175—226页。

来看,"集权陷阱"所强调的是专制权力决定市场经济的发育,是将历史唯物主义倒置了,认为政治决定经济,上层建筑决定经济基础似乎违背历史发展所昭示的客观规律,因为主流的看法是生产力决定生产关系,经济基础决定上层建筑,即使没有外力冲击,中国古代社会迟早也会产生资本主义萌芽,终将过渡到资本主义社会。

事实上,政治经济学和国际政治经济学本身所探讨的就是国家与市场、权力与财富、生产力与生产关系的关系。传统农业社会中专制皇权重农抑商,遏制市场因素发展此类现象属于政治经济学包括马克思主义政治经济学所要研究的内容。我们认为,中国的历史多次证明,在自我封闭循环,以皇权护持为最高目标的体系结构中,商业的兴盛并不能必然产生资本主义的萌芽,更遑论工业革命和机器大工业的产生,因为皇权会竭尽全力遏制流民、豪强、豪族、豪匠、大地主、行会、自治社团等任何有可能威胁、挑战皇权因素的出现,唯一能制止这一现象发生的一种可能就是,皇权本身被打倒、被推翻。两宋、晚明的内外商贸都十分兴盛,汉、唐的商业和对外贸易也较为发达,但它们并未能将中国由农业社会带入工业社会,因为历代官府无不以禁榷、官营等手段垄断盐、铁、矿等战略资源以及酒、茶等日常生活资源,对外贸易也仅留下极小的一口通商,始终将商业牢牢控制在皇权可以应对的范围之中。熙宁十年(1077),北宋光榷酒收入就达到1293万贯,如以一贯钱折算一石粮,相当于当年夏秋二税税粮(1789万石)的72.3%,到政和五、六两年(1115,1116),京师榷货务盐课收入达到4000万贯,是有宋以来岁课最高数字,自崇宁二年至政和六年(1103—1116)共十余年间,平均每年榷茶收入达到100万贯以上,其中政和三年茶务岁收钱400万贯以上[①],由此可见官营的厉害。自汉武帝时期开始盐铁禁榷后,官营就成为专制皇权坚实的经济基础,尽管它有一个很大的弊病——与民争利,但没有哪一位统治者愿意舍弃这一逐利手段。此外,专制统治者也极度惧怕出现一个无法控制的市场,因为市场规律和市场的发展往往难以靠暴力去干预,宋、元、明历代纸币——官钞(锭)的不断贬值表明,独立于国家控制的市场是专制皇权的最大威胁。

---

① 汪圣铎:《两宋财政史》,中华书局1995年版,第67、92、94页。

与近代西欧大多数民族国家所持的营利性目标不同，传统中国皇权的首要目标是国家安全而非帝国福利，国家安全中首要的是皇位的安全和皇权的巩固，对集权的追求遮蔽或削弱了其他国家目标的实现，如公共利益、集体福利、经济增长等，使国家堕入"集权陷阱"。"集权陷阱"定律决定了古代国家治理往往在单一的皇权安全——巩固集权轨道上发展。义利之辨、本末之争、官营禁榷、海禁、重农抑商、打击豪强、赋役累积、治乱循环等问题在根本上都与此有关。与西欧王权趋向衰落、民权趋向高涨相区别，中国古代皇权始终处于集中加强的趋势，它几乎消除、遏制了一切有可能影响、威胁它的挑战因素。

西欧资本主义萌芽的产生

为更清晰地了解西欧资本主义的发生，我们以《剑桥欧洲经济史》所载为依据，提炼导致西欧商业和工业发生的历史条件。

工业革命和近代资本主义的产生究竟是世界各地都广泛存在的普遍现象，还是仅仅属于西欧地区的特有历史现象？对此，有着不同的学术回答。从世界历史的实际进程来看，西欧的确是最早产生商业革命、工业革命的地区，近代资本主义由此发轫，并向世界各地发展蔓延，不管它是以暴力还是和平的方式。资本主义在世界范围内的扩展进程自1500年代开始，一直延续到第二次世界大战时期，第二次世界大战后，再次以经济全球化的面目由欧美向全球扩展。西欧尽管最早迈入资本主义的门槛，但早在公元前1世纪的罗马帝国统治时期，地中海沿岸和南欧、西欧地区就开始了商业化进程，其后虽几经曲折，但在长达一千年的中世纪，在意大利、法国、英国、德意志等今天主要欧洲国家的历史版图范围内，商业仍顽强茁壮地向前推进，甚至一度出现商业革命的繁荣景象，它们是近代工业和资本主义产生的重要前提。

早在公元前5世纪的古希腊时代，地中海地区的商业和贸易就十分兴盛，雅典和斯巴达分别是以海上贸易、陆地农业为国力基础的。资源禀赋差异、社会分工、国家分工和生产交换是国内贸易、地区贸易和世界贸易活动发生的前提。在多元林立的中世纪西欧国家体系中，各国资源禀赋差异巨大，需要进行生产交换以满足各自需求，西班牙的皮革、橄榄油、金银，法国的葡萄酒、香水，英国的羊毛制品、细布、棉纺织品、矿产品、小麦，荷兰的鲱鱼、花卉，中欧的啤酒，北欧的木材、海洋渔业产品形成各自的竞争优势。在世界范围内，中国的瓷器、丝绸、茶叶，东南亚的香料，印度的棉纺织品，美洲的咖啡、白银、蔗糖、烟草，西伯利亚的毛皮，中亚的马匹成为国际市场的畅销商品，贸易国家由此成为近代欧洲市场的支撑。

农业的兴盛、商业的发达是工业萌芽的必要前提。较高的劳动生产率和兴盛的农业才会产出足够的剩余产品和原材料向市场出售；商业的发达才能物通南北、货运东西，才能刺激工业的发展。当然，工业至少是作坊手工业层级的发生和发展，需要更多条件的满足，如足够的商品需求、资源禀赋的地区差异、具有人身自由的劳动力、宽松的政治体制、足够的资本、闲置的土地，等等。先秦时期，中国资源禀赋存在巨大的地区差异，商业往来极其频繁，大商人屡屡出现。司马迁在《史记·货殖列传》中向我们展现了中国天南海北地区间的资源禀赋的互补结构，认为"农而食之，虞而出之，工而成之，商而通之"，四者是民所衣食之源[1]，表明优化合理的产业结构对国家发展和人民生活的重要性。可惜的是，秦汉以后农业帝国重农抑商、禁榷官营以及直接出手打击豪商，压抑了商业的发达。再加上赋役繁重，农民挣扎在温饱和生死线上，农业没有足够的剩余产品用于商业交换，除盐、茶、酒、铁等物资主要用于流通外，自给自足的自然经济逐渐填平了资源禀赋的地区差异和跨地区交换的可能性；禁流民、以农为本的政策、安土重迁的观念灌输等，使中国古代王朝的国内贸易难以形成充分的市场需求和潜力。

反观西欧，自罗马帝国时代开始，就有着比古代中国优越得多的推动商业兴盛的众多条件。西欧的资本主义萌芽很早就蕴藏在农业国家的经济活动之中，其商业和贸易活动以及政策体制的开放性远远超过中国古代王朝。"帝国早期的繁荣是在政府的最小干涉下获得的。皇帝通常把生意交给私人，只是偶尔加以保护性的干预。"[2] 除需缴纳税收外，贸易完全由私人控制。罗马帝国早期的整个经济领域都是按自由企业的一般规律运转。即使把矿场的所有权集中在皇帝手中，开发仍不时由合同公

---

[1] （汉）司马迁：《史记·货殖列传》，中华书局1999年版，第2461—2462页。
[2] M. M. 波斯坦、H. J. 哈巴库克主编：《剑桥欧洲经济史》第2卷，王春法主译，经济科学出版社2002年版，第78页。

司进行，或由许多组小承包人在政府的特许下开发。当然，到了帝国后期，开始对经济实施严格控制。3世纪时，本部行省逐步野蛮化，环境动荡不利于远程贸易，对地方生产和自给自足经济的需求明显加强。但罗马帝国仍有许多手工业存在，甚至成立了工人行会组织如陶器行会、鱼商行会、银匠行会等。农村庄园也存在工业行为，虽然庄园里的工匠只能处理相对简单的活计。庄园出产原材料，一般在城镇加工。庄园可以纺纱织布，但将它们制成衣服和毛制品需要在城市中完成。当时罗马帝国甚至有很多国家工场，如纺织场、亚麻布场、印染场以及刺绣场，但它们主要是为满足军队和官僚需要。到4世纪初，在罗马帝国的省际间仍有繁荣的贸易往来。[1] 对西欧来说，地方贸易、国内贸易和远程的国际贸易有着至少自罗马帝国时期就存在的悠久商业传统。罗马帝国的政治统治相较秦汉帝国松散得多，帝国内部的资源禀赋差异较大，商业氛围浓厚。

中世纪下半叶，在南欧的意大利和法国，贸易十分活跃。从10世纪中期至14世纪中期，南欧经历了四个世纪的农业增长以及商业的专一、专业化进程，进入商业革命时代。商人成为城市的主人，城市成为国家的中心，农业从属于贸易。商人阶级在政治和社会地位上跃升为一等公民。地方贸易、海上贸易和陆上贸易迅速扩展，自治城邦、行会成为商人统治城市的组织形式。商业化在工业化之前发生，为工业化出现提供了可能。例如，商业为手工业展现了新的地平线，手工业成为城市经济和政治生活的主要力量。在佛罗伦萨、卢卡、波洛格纳和米兰这样的城市，唯一能在政治中获得地位的手工业通常是那些能促进资本主义发展的手工业，即能为出口进行生产的纺织业和冶金业或者能为大众消费的商业如肉店，它们的数量受法律限制，但城市继续增长。那些获得与商人、银行家平等地位的师傅，并不是普通的工匠，而是企业家，他们把来源于商业和金融业的一些资本投资于手工业。[2]

---

[1] M. M. 波斯坦、H. J. 哈巴库克主编：《剑桥欧洲经济史》第2卷，王春法主译，经济科学出版社2002年版，第81、91、97—99、106、110页。

[2] M. M. 波斯坦、H. J. 哈巴库克主编：《剑桥欧洲经济史》第2卷，王春法主译，经济科学出版社2002年版，第276—281页。

假如统治者的政策和制度是中性的，意味着在自由放任状态下，工业生产或经济活动的产生要具备土地、资本、市场和劳动力这四大要素。其中最重要的是市场的存在，而市场依赖于对商品的需求和贸易途径的存在。商业与工业的关系是前店后厂模式，工业的存在以商业的发展为前提。在罗马帝国时代至中世纪晚期长达1600年的时间内，西欧地区一直保持着相对长久频繁的商业与贸易活动，尽管中间曾经经历挫折和萧条。与之相对应的是，在古代中国，大约也是自公元前1世纪的西汉武帝时代开始，重农抑商、官营禁榷等政治干预经济的政策和制度开始其遏制潜在商品需求的历史进程。重农抑商摧残了潜在需求，自给自足的小农自然经济则拉平了地区资源禀赋的差异，降低了商品交换和国内贸易的可能性。

工场手工业或资本主义萌芽兴起的一个重要前提是失地农民可以提供大量的有人身自由的劳动力，尽管劳动力只是工业发展的一个必要条件而不是充分条件。10—14世纪，意大利的人口几乎增加了两倍，达到700万—900万人。伴随着人口激增的是生产和交换的更大增长，在国内，带来了人均收入的提高；在国外，使意大利在欧洲贸易和工业方面处于首位。城市人口激增，大规模乡村移民自发来到城市。在部分地区，城乡人口比例达到5∶7；有的地区为2∶5；还有的地区为3∶2、13∶10，城市人口比例甚至超过农村。城市贸易和政策加快分化城乡分工，生产食物和原材料成为农村的主要职能。农民大量进城从事贸易和工业，以城乡交换为基础的经济被重新建立起来。农村家庭作坊、农村的制造业衰败或被限制，农民甚至开始购买城市工业的初级产品了。[①]

国内贸易的兴盛显然是资本主义萌芽发生的重要条件。与之相比，晚明城乡人口比例完全达不到相似的程度。中华农业帝国的政府倾向于抑制更大规模商业的发展，而意大利诸王国的政策仅仅是打击农村作坊的工业制品，而不是打击城市。农村向城市的移民不受法律限制，在黑死病结束以后，意大利诸多城邦国家甚至立法鼓励人们向城镇移民，这与中国古代王朝拼命将"流民"驱赶回乡村，以重本抑末形成鲜明对比。

[①] M. M. 波斯坦、H. J. 哈巴库克主编：《剑桥欧洲经济史》第2卷，王春法主译，经济科学出版社2002年版，第302页。

城市与市场相辅相成,商业促进工场手工业兴旺发达。在城市中,贸易是最主要的活动,也是财富的主要来源①。

15世纪以后,意大利北方大都市的经济发展可用"商业革命"予以定义。当然,在13—14世纪,意大利的这些城市尚属农业城市,从事贸易的人口比例尚不大,与从事其他行业的人口并没有明显的区别。除了中国江南地区外,意大利贸易与农业的联系比同时期的中国要紧密得多,许多农民也是业余的手工业者或匠人,也有很多商人在农村拥有土地。商业资本与土地资本的结合是中西都存在的现象。在意大利北方,政治与商业开始联盟。拥有土地的贵族投资商业,商人也投资土地。1500年,在热那亚和北方的其他城市,主要经济活动是商业,到15世纪,伦巴第处在工业扩展阶段。在整个中世纪,北意大利由商业化到工业化的进程在持续发展,这与南意大利以农业为特色形成对比和差异。②

中世纪意大利农业的一个内在驱动力是为贸易而更多地生产的愿望。地区间频繁开展贸易活动,同时也越来越多地参与世界性贸易,形成海外市场与国内市场并行的局面。随着意大利商业的扩张,意大利农产品的海外市场也在增长,各地的农业区开始回应国际贸易中的变化。一些意大利产品对外国市场的依赖程度可能比本国市场还要大。③

不容忽视的是,作为复杂历史进程的注解,西欧和南欧历史上仍然存在诸多限制商业与贸易活动的消极因素,从战乱、瘟疫、反资本主义的宗教理论到统治者的禁绝和剥削政策,等等。从商业革命发展到工业化的进程并不是直线的,事实上,由于1348年开始的黑死病的蔓延、战乱及外族入侵等原因,欧洲的商业在14世纪后半叶至15世纪一度萧条近一个世纪之久。另外,同样存在诸多积极因素,如意大利分裂的城邦国家体系提供了宽松的政治体制,城邦国家间竞争的需要以及西欧民族国家对教权的冲破和主权的争取需要联合新兴的商人和资本家阶级。

---

① M. M. 波斯坦、H. J. 哈巴库克主编:《剑桥欧洲经济史》第2卷,王春法主译,经济科学出版社2002年版,第303页。

② M. M. 波斯坦、H. J. 哈巴库克主编:《剑桥欧洲经济史》第2卷,王春法主译,经济科学出版社2002年版,第305—308页。

③ M. M. 波斯坦、H. J. 哈巴库克主编:《剑桥欧洲经济史》第2卷,王春法主译,经济科学出版社2002年版,第333—339页。

西欧的工业，如毛纺织业等同样有着自公元前1世纪就开始的悠久历史，尽管早期的工业只是家庭工业，但大规模羊毛工业快速兴起，进入工场手工业阶段，工业分工越来越细，工艺流程越来越复杂。中世纪晚期，意大利、法国、英格兰手工业都在快速发展，但13—14世纪时英格兰的工业发展仍落后于意大利和法国，英格兰是布的主要生产国之一，但是法国、意大利是羊毛原料的供应者。14世纪上半叶，意大利工业达到高峰，毛纺业、丝绸业尤其发达。1338年，在佛罗伦萨就有200家羊毛加工企业，每家企业平均雇佣了150个劳动力。在该世纪末，米兰有363家企业。工人在企业主的中心工场工作，在工头的严密监督下劳动。[1]

漂洗机的发明是中世纪工场手工业阶段的重大技术创新，它推动漂洗工场的建设。英国毛纺织工业最终取得对法国和意大利工业的胜利和优势的原因在于漂洗机的发明和拥有极为充足的水力。此外，本土就能提供足够的羊毛供应，也是英国能取得竞争胜利的一个重要原因。它有利于工场主大量节约运输成本和税收成本，吸引更多的资本和劳动力到英格兰布产业中。经济政策是另一个具有竞争力的条件，在1271年禁运期间，当时英国执政者亨利三世规定所有毛纺织业工人可放心来到英格兰，并且给提供5年免税的自由。[2]

到14世纪晚期，英格兰毛纺织业神速发展，布的产量几乎是上半叶的10倍，到亨利八世统治末期（1547），布的出口量达到12万匹，是1347年时的近30倍。12世纪时，漂洗机被发明，到18世纪时珍妮纺纱机才发明出来，中间经历了600年的技术缓慢发展，但18世纪60年代后的工业革命是集群式爆发，工业机械、动力装置等共同形成生产力的飞跃，使工场手工业发展到机器大工业阶段。[3]

早期的工业只能是家庭和作坊式的手工业，工业革命和机器工业的发生仍然有赖于发明创造和技术革新。意大利、法国、英格兰等地区在

---

[1] M. M. 波斯坦、H. J. 哈巴库克主编：《剑桥欧洲经济史》第2卷，王春法主译，经济科学出版社2002年版，第516、546、558页。

[2] M. M. 波斯坦、H. J. 哈巴库克主编：《剑桥欧洲经济史》第2卷，王春法主译，经济科学出版社2002年版，第560—564页。

[3] M. M. 波斯坦、H. J. 哈巴库克主编：《剑桥欧洲经济史》第2卷，王春法主译，经济科学出版社2002年版，第564—566页。

15—17世纪领先发达的只是工场手工业，只是资本主义的萌芽而非近代资本主义本身。或许可以这样理解，家庭手工业、作坊手工业、工场手工业、机器大工业是工业发展的不同阶段，近代资本主义产生的真正标志是机器大工业和从英国发端的，后来蔓延至欧洲大陆的工业革命，工业革命是一个始于18世纪60年代的以机械发明和机器规模化运用带来工业生产力几何级增长的近代历史过程。

在西欧工业由家庭手工业、作坊手工业向工场手工业进发的过程中，城市的作用异常重要。城市的存在为商人阶级、脱离土地的劳动力、资本的积累与交换、商业活动的开展等提供固定场域，降低交易成本，也为商会、行会等经济自管理组织的产生提供了条件。西欧的城市为什么能够存在发展并取得自治或一定的主权呢？弱小的王权、多元化政治力量的存在是关键因素，而中国古代城市很难取得这样的发展条件，因为城市中的上述因素将被视为对皇权集中和大一统体制的威胁而很早就会被消灭在萌芽状态。

西欧城市人口中的商人群体和工匠群体以贸易为生，其他公民间接从贸易中获得利益，城镇整体依赖贸易，贸易满足城镇的生活需要，因而增加贸易容量和改善贸易条件是市民的基本目的，它们决定了城镇要消除那些不利于其发展的因素，如封建组织、地理障碍、贸易组织和信贷机构匮乏以及竞争者的数量和实力。维持旧市场，建立新市场，保证对两地之间运输业的严密控制是城镇政策的一个主要目标，城镇之间围绕控制贸易路线、重要商品来源地和垄断某个大市场的进入权展开竞争，甚至发生冲突。欧洲的城镇大多有独立主权或自治权，这与古代中国相比简直是天壤之别。保护消费者利益是中世纪城镇政策的第二大目标：具体包括确保足够数量的、价格合理的商品到达城镇，得到适当的分配，且须保证分配商品的质量。在此目标下，废除各种影响贸易的禁令，甚至拿出积极的引诱条件，减征甚至废除商税、关税等，有时甚至强制附带进口政策。但是，从商业贸易的全链条来看，城镇也会采取负面政策，如限制重要商品的出口，禁止竞争性商品的进口，或者通过加征税收的政策遏制进出口的发生。总体上，城镇是更便于贸易的发展的。同时，打击行会垄断也是城镇经济政策的一个组成部分。总之，保护消费者的公共利益和保证运转良好的大量贸易是城镇政策的永久目标。①

导致城镇对经济和商业贸易政策的变化有两个基本原因。一是城镇类型和功能的差异；二是政治环境的差异，有些城镇赢得自治，另一些则不能自由表达利益、受制于他人。此外，经济环境也存在差异。总之，城镇政府转变是因为，13世纪后贵族寡头政治的加强和他们通过控制贸易、工业和财政来保持权力程度的显著增长，以及城镇外部的欧洲经济出现饱和。新政策制造着严重的内乱，商人贵族加强剥削并导致城镇社会经济的动荡，导致14世纪的经济全面衰退。②

中央集权遏制市民的"自然冲动"的程度对城镇政策也有非常重大的影响，英国、法国和佛兰芒城镇显然不能推行极端的排外政策，而很多德国城市受到很少的遏制，一些意大利城市几乎不受遏制。中世纪欧洲政府是在各种不同的层次上运转的。权力的分配使得现代意义上的政府经济政策在中世纪难觅踪影。某种程度上，中世纪政府无力处理经济问题。中世纪多数时期权力是极度分散的，其过程如此严重以致很难想象"统治者"的经济行为具有什么"公共"的意味。中世纪的社会状态赋予了纯粹的地方性经济政策特别长的寿命，甚至到了中世纪末期，大量的经济法令都是由小规模的省份或相对自治的"准国家"政府制定的。另外，民族国家的统一力量在经济和政治领域发挥作用。对内殖民活动扫除了地区间的自然障碍，对外殖民活动把新的地区纳入欧洲经济体系，早期西班牙皇室等政府支持对外殖民活动，进而导致重商主义的对外经济贸易政策。而远程和短程的商业活动消除障碍，扩大范围，使经济专业分工达到更高的水平。③ 国家间的竞争，内部的分权是继续推动重商主义的重要前提。西欧国家间竞争需要资源和财富，如何获得战争和竞争资源，需要通过商业快速积累，这导致西欧国家必须采取重视商业贸易的政策而不是相反。

---

① M. M. 波斯坦、H. J. 哈巴库克主编：《剑桥欧洲经济史》第3卷，王春法主译，经济科学出版社2002年版，第137、142、148—152页。
② M. M. 波斯坦、H. J. 哈巴库克主编：《剑桥欧洲经济史》第3卷，王春法主译，经济科学出版社2002年版，第154—172页。
③ M. M. 波斯坦、H. J. 哈巴库克主编：《剑桥欧洲经济史》第3卷，王春法主译，经济科学出版社2002年版，第178—179、237—239、242页。

统治者对贸易和商业的态度和政策是资本主义萌芽能否产生的一个重要因素。欧洲西海岸国家的王朝认识到与贸易联姻的好处并与之达成条件适宜的联合。① 公元 8 世纪时，法国的查理大帝积极建立市场，努力复兴国内贸易，关注海外贸易，渴望在高卢和英国之间保持商业关系。到了 12—13 世纪，尽管中央集权是法国几个世纪以来的长期趋势，但与集权相反的是，统治者继续放弃自身拥有的管理权力，并以"特权"的形式授予城市，使其受益。其结果是，那些中央层面的"准国家"机构对经济管理的权力是相对分散的，还有一些情况下，法国北部和中部的一些城镇通过自身努力包括成功起义赢得自由和自治。②

当然，地方自治与中央集权总是处于博弈过程中，此消彼长是常态的存在。它表明，西欧的相对分权的政治体制是工业生产发展和资本主义萌芽产生的重要条件，而这在古代中国王朝中根本不具备。开放、分权、重商是西欧资本主义兴起的三个不可缺少的前提条件。技术的进步在集权体制下也难以发挥太大的作用。四大发明改变了世界的面貌和状态③，但对古老中国历史进程的影响却不显著。如果一个农奴逃到城市并在那里住了一年零一天而未被捕捉到，他便成为自由人。类似的制度安排对商业和工业的推动某种程度上甚至要比四大发明更具价值。正如有学者观察的那样，城市权力的发展给欧洲商人带来了地位和权力，欧洲之外的商人根本没有机会上升到权威的地位。商人们成为伦敦的市长、德意志自由市的参议员以及荷兰的州长，意味着国家更加重视、更加始终如一地支持商人的利益以及后来的海外冒险事业，④ 而商业无疑是工业革命的直接动力。另外，欧洲君主要对抗教权和封建领主，也需要与新兴商人阶层结成非正式联盟。

---

① M. M. 波斯坦、H. J. 哈巴库克主编：《剑桥欧洲经济史》第 3 卷，王春法主译，经济科学出版社 2002 年版，第 452 页。

② M. M. 波斯坦、H. J. 哈巴库克主编：《剑桥欧洲经济史》第 3 卷，王春法主译，经济科学出版社 2002 年版，第 251、254 页。

③ 培根言，他所说的是印刷术、火药和指南针，但事实上，四大发明皆是如此。参见[美]斯塔夫里阿诺斯著《全球通史：从史前史到 21 世纪（第 7 版）》，董书慧等译，北京大学出版社 2005 年版，第 275 页。

④ [美]斯塔夫里阿诺斯：《全球通史：从史前史到 21 世纪（第 7 版）》，董书慧等译，北京大学出版社 2005 年版，第 282 页。

进入 18 世纪后，国际贸易由地区向世界范围内发展，且呈现加速态势。1715—1787 年法国从海外地区进口商品增加了 10 倍，出口商品则增加 7—8 倍。英国在 1698—1775 年进口商品和出口商品都增长了 4 倍或 5 倍。商业革命和国际贸易的激增为西欧的工业革命爆发提供了强大的刺激动因，尽管欧洲的工业发展已经在过去的一千年间呈现曲折但总体向前的演进态势。工业革命的发生被认为有三个原因：利润丰厚的商业企业、同时发生的技术进步和制度变革。之所以在英国发轫，是因为英国早在基础性采煤工业和炼铁工业中就已经占据领先地位。英国在朝生产大众消费品方面前进，它们需求量大且稳定，而法国则更偏重于专门生产需求量有限且不稳定的奢侈品。另一个条件是英国拥有更多可被用作工业革命资金的流动资本[①]。这一点与诺思在《西方世界兴起》一书中所揭示的英国在产权、专利和金融方面的制度创新有关。

对中国传统社会的历史发展与变迁问题，国内外学界持有多种完全不同的观点。"封建主义"范式认为传统中国陷入停滞，缺乏变化，因为旧中国的封建统治阶级通过地租、税收和高利贷等剥削压榨农民，中国农村处于自然经济状态，阻碍了手工业的分离从而也阻碍了资本主义的发展。但"资本主义萌芽"论者认为中国的明清时期绝非是停滞的，而是充满着资本主义先兆的种种变迁，商品化程度已经很高，国内市场已经形成，封建生产关系日益走向衰落，资本主义生产关系得到发展，但西方入侵打断了中国资本主义发展的进程。20 世纪 50 年代的美国学界同样持有传统中国在本质上无变化的观点，但强调的是人口对停滞经济的压力。何炳棣认为 1700—1850 年，中国人口进入大爆炸时期，消费人口的增长超出了农业生产，形成了中国近代农村危机的背景。费正清等人则将晚清以来中国经济社会的变化归结为"西方的冲击"与"中国的反应"，形成"冲击—反应"的解释模式。"近代早期"论者再次强调明清之际中国经济的重大变化性——大规模商品化。[②] 以上各类争论的焦点在

[①] [美]斯塔夫里阿诺斯：《全球通史：从史前史到 21 世纪（第 7 版）》，董书慧等译，北京大学出版社 2005 年版，第 485—488 页。

[②] 有关理论争鸣参见[美]黄宗智《长江三角洲小农家庭与乡村发展》，中华书局 2000 年版，第 412—419 页。

于两个方面,一是对明清时期中国是否存在有可能导致资本主义萌芽的大规模商品经济的判断;二是对中国传统社会陷入停滞的主导原因的剖析——究竟是封建剥削太重还是人口压力太大?概述这一学术争论的黄宗智则试图走一条中间道路,他并不否认明清中国存在的商品化事实,但并不认为它可以导致工业和资本主义萌芽的产生,也就是说,他仍持有传统中国停滞论,且将其原因归为阶级分化与人口压力的共同作用。总之,黄宗智对此问题的看法是,人口压力推动的过密型的商品化解释了没有发展的增长这一悖论现象。[①]

是否必须以西式资本主义产生的历史逻辑来反思中国的社会进化?其实是存在争议的。但无论是否有对中国与西欧进行对比或映照的必要,厘清西欧资本主义萌芽产生的前提与条件是必须要做的功课。封建秩序与专制皇权都是商业发展和资本主义诞生的障碍,不幸的是,这两种阻碍因素在中国古代同时存在。欧洲资本主义萌芽的产生要突破封建庄园和自给自足经济的束缚,而中国宋代商业和晚明资本主义萌芽(假如有的话)既需要突破封建秩序、小农经济带来的产业限制、观念束缚,也需要从专制皇权遏制商业活动的国家政策中解放出来,不幸的是,二者都未能成功。分裂或统一的政治体系,竞争中的王权与护持中的皇权具有完全对立的对待商业的态度。从罗马帝国到哈布斯堡王朝再到拿破仑法国,欧洲一次次地逃脱了被统一和形成中央集权式政治制度的命运,走出一条与东方中国完全不同的社会发展之路,这或许是西欧资本主义产生以及社会历史五阶段形态演化的独特逻辑。中国历史上并不具备商业、工业与资本主义萌芽产生的必要历史条件。

马克斯·韦伯曾把西欧资本主义兴起的一个重要原因归结于新教的兴起以及禁欲主义的伦理教义为作为新教徒的商人和资本家提供心理驱动力和道德能量,但这种观点也受到有些学者的质疑,认为没有理由相信加尔文教规使资本主义实践更容易,他们对加尔文派与商人阶层的兴起之间有明显关联的主张予以怀疑。在加尔文教派流行的诸多欧洲地区,由于加尔文派的理论和社会观点所具有的保守性和严格性引起了商人群

[①] [美]黄宗智:《长江三角洲小农家庭与乡村发展》,中华书局2000年版,第422—429页。

体与清教当局之间关系紧张甚至政治冲突。①

过密化的小农经济与工业化、资本化的产生

前文引入国际历史比较视角探析工业化与资本主义萌芽产生的制度条件，那么，到明清时期已经发展到农业文明巅峰的传统农业是否已经具备了推动工业化和资本主义萌芽产生的产业条件了呢？农业生产部门是否已经提供足够的剩余产品、劳动力和资本，为新型工业产业的出现奠定物质基础？从历史结果来看，当然没有，但对中国传统农业的属性和特征，学界则有不同的看法。了解这些看法，有助于更深入理解传统农业的小农经济特征，从而加深对乡村治理中若干矛盾关系的理解，至少，它为理解中国乡村农民的长期贫困化提供了一个重要的视角。

黄宗智给出的结论是，长江三角洲的经济史凸显出内卷化农业的两大主要含义：家庭农场对节约劳动的资本化与农业规模效益的抑制以及类似的家庭农场的手工业对"原始工业"和现代工业中节约劳动的资本化的抵制。内卷即劳动生产率的过低抵制了资本化的可能发生，历史上长江三角洲的家庭农场手工业从未成为耕作之外的替代选择，而始终是作为耕作补充的"副业"活动，根本原因在于纺纱等副业报酬非常之低，而这又取决于耕作收入的低水平，它使得更先进手工器械的使用缺乏意义，因为市场和原料始终是缺乏的。农作的低收入意味着农民们必须靠手工业收入的补充才能维持生存，种地与手工业提供给农户的不是可以相互替代而是互补的生存资源。这种情形与英国存在根本区别。英国经历了17世纪的农业革命，食品供应增加到可以满足大量非农人口的需求，使得原始工业化逐渐地以城镇为基础，而不再束缚在家庭农场。而中国明清的家庭手工业如棉纺织业和缫丝业始终是与农业耕作维系在一起，无法独立出来。另外，英国的原始工业给英国农民提供了可以替代耕作的就业机会，真正改变了人口模式，促成早婚和高结婚率。②

中国传统农业毫无疑问是以小农经济为支撑的，对于古代中国农民的属性和特质，学界颇多争议。舒尔茨、波普金等人强调中国小农的

---

① M. M. 波斯坦、H. J. 哈巴库克主编：《剑桥欧洲经济史》第 4 卷，王春法主译，经济科学出版社 2002 年版，第 445—446 页。

② [美]黄宗智：《中国的隐性农业革命》，法律出版社 2010 年版，第 38—39、42—46 页。

"经济人"或"理性人"特质，认为其行为方式与资本主义企业家别无二致；蔡雅诺夫、波拉尼等人则反对这一类比，认为资本主义的利润计算法，不适用于小农的家庭式农场。斯科特认为小农经济行为的主导动机是避免风险、安全第一，是为了对抗威胁生计的外来压力。马克思主义则认为地主和小农生产者之间存在剥削与被剥削关系，小农的生产剩余，主要是通过地租（包括劳役、实物和货币地租）和赋税形式而被地主及其国家所榨取。黄宗智持一种综合性的分析模式，认为小农既是一个追求利润者，又是维持生计的生产者，当然更是受剥削的耕作者。同时要区分不同阶层的小农，富农或农场主的行为类似于资本主义企业家，佃农、雇农更符合马克思主义的分析模式，主要为自家消费而生产的自耕农则接近于道义共同体成员身份，其生产主要是为了满足家庭的消费需要，而不是追求最大利润。①

中国传统小农经济的最大特点是，主要依赖农户家庭的劳动力投入，单位农户（家庭农场）拥有土地面积平均不超过 30 亩。② 尤其是清代晚期，中国的家庭农场平均面积只有当时美国农场的 1/60、法国农场的 1/10。中国的小农经济主要依赖农作物，而较少饲养牲畜，其特色在于极高的土地生产率和极低的劳动生产率的并存。在 20 世纪 30 年代，中国每亩耕地单位面积产量约为同期美国中西部地区单位面积产量的 1.85 倍，但所投入的人工则是美国的 13—23 倍。高度集约化或者传统概念"精耕细作"是传统小农经济的特色，它正是农业内卷化（过密化）的证明。黄宗智对华北地区经营式农业和家庭式农业的研究表明，即便是伴随商业性农业兴起的经营式农场也未能实现向资本主义的过渡，它只是一个极端集约化的小农经济中的阶级分化，未能导致农场生产力发生质的飞跃，小农经济的停滞本质无法得到改变。华北农村的演变，没有像西欧

---

① ［美］黄宗智：《华北的小农经济与社会变迁》，中华书局 2000 年版，第 1—8 页。
② 一般认为户均占有 30 亩是中农与富农的分界线，也是自耕农与使用雇佣劳动的富农或小地主的分界线。30—50 亩是富农，50 亩以上为地主，10—30 亩是中农，户均 10 亩以下土地为贫农。然而，即便是使用雇佣劳动的富农或小地主，其生产方式仍然是以过密化投入劳动力为主的小农经济。至于占有更多土地的中小地主则倾向于将土地分割成小块，租佃给无地或少地的农民使用，即佃耕方式。无论是自耕、雇耕还是佃耕，都是使用过密劳动力的投入，而非农业机械，都是小农经济形态的表现。以上标准的具体数据视南北不同地区、不同年代有所增减。

农村那样经历典型的无产化过程，导致经营式农场的资本化和越来越多的小农从家庭农场分离出来的现象，华北农村的小农仍然被束缚于农业之中，陷入小农经济的"半无产化"进程。"半无产化"是小农经济的特殊演变形式，意味着它受到人口和阶级分化的双重压力，但始终无法进入蓬勃资本主义经济发展的状态。[①] 黄宗智将华北农民的贫困化归因为人口增长与阶级分化的双重压力，它们的共同作用使本区45%的农场面积降至10亩以下，而一户维持生计最起码的要求是15亩。内卷化的耕作方式，减少了农场的收入，这是人口压力和分配不均所造成的后果。再加上地租，许多贫农农场无法取得家庭生存所需的收入。一个已经在生存边缘挣扎的贫农，很容易因水灾或旱灾造成的庄稼歉收而被迫负债，甚至于典卖土地。对大多数已经卖出土地的贫农来说，他们很难有希望买回土地。[②] 黄宗智对长江三角洲小农家庭的研究再次表明，即便该地区在明清时期已经发展出较高水平的家庭手工业，但它们仍旧只是弥补田地耕作不足的"副业"生产，或许它们有助于略微减轻一点该地区农民的贫困化程度，但未能从根本上改变小农经济糊口农业的本质，即便在最发达的江南地区，内卷化（过密化）的农业劳动力投入也在持续进行，报酬递减规律仍在发挥作用，劳动生产率没有显著的改进。尽管土地生产率已经达到一个相对均衡的状态，甚至达到传统农业文明的巅峰，遗憾的是这种过密型商品化的农业结果仍是没有发展的增长，在高度商品化条件下持续的小农经济仍然未能实现向资本主义的转变。[③]

乡村经济的糊口性、脆弱性是古代乡村治理面对的长期困境，造成糊口农业和农民长期贫困的根本原因是土地分配不均、人口增长压力、耕地面积的不足、剥削关系的存在以及赋役的超水平，再加诸自然灾害频繁发生和乡村公共保障的不力。

三 王朝命运与乡村治理

乡村社会、农民百姓是如何对王朝命运产生影响的呢？古代统治者

---

① [美] 黄宗智：《华北的小农经济与社会变迁》，中华书局2000年版，第12—15页。
② [美] 黄宗智：《华北的小农经济与社会变迁》，中华书局2000年版，第301—308页。
③ [美] 黄宗智：《长江三角洲小农家庭与乡村发展》，中华书局2000年版，第1—5页。

所理解的就是人心向背、载舟覆舟关系。在传统社会，人心就是广大乡村百姓的心，载舟覆舟的也是广大农民，乡村治理、农业生产和广大农民决定传统农业社会王朝政权的命运。历代统治者因陷入专制集权陷阱，无法广施仁政，也不可能真正重视农桑和农民，其结果是无法阻止赋役积累陷阱和地权集中陷阱的反复发生，无法在赋役、土地这两个与乡村社会和农民利益关联最为重要的问题上寻找到解决之道，也就谈不上获得民心，统治之舟被颠覆也就必然成为反复出现的历史现象。

载舟、仁政与重农

国家的兴衰命运取决于人心向背，民可载舟，亦可覆舟的观点，源于荀子引用的古书上的说法。荀子认为："庶人安政，然后君子安位。传曰：'君者，舟也；庶人者，水也。水则载舟，水则覆舟'。此之谓也。故君人者欲安则莫若平政爱民矣……"那么，如何使庶人安政呢？"选贤良，举笃敬，兴孝悌，收孤寡，补贫穷。"对统治者来说，与乡村社会有关的正确行政是："王者等赋，政事，财万物，所以养万民也。田野什一，关市几而不征，山林泽梁以时禁发而不税，相地而衰征。"[1]

唐太宗李世民经常引用载舟覆舟的观点来警示自己，告诫臣下，以此强调爱民惜力，励精图治。故而后世将之视为李世民的"名言"，其实它反映的是统治者对政权兴衰规律的清醒认知，了解什么才是决定国家命运的根本因素。

既然人心向背决定王朝命运，那么王朝如何争取民心，避免覆舟呢？儒家知识分子将施仁政，爱百姓，重农桑，惜农时等作为治理国家的根本、王朝立足的基础。

"仁"是儒家言道言政的根本[2]，仁政自然被儒家视为治理天下的正道。孔子说："道二，仁与不仁而已矣。"[3] 孔子强调的"仁"，是指："恭、宽、信、敏、惠。恭则不侮，宽则得众，信则人任焉，敏则有功，惠则足以使人。能行五者于天下为仁矣。"要做到"仁"。首先是约束自己，"克己复礼为仁"；是推己及人，"己所不欲，勿施于人"，通过对个

---

[1] 《荀子·王制》，见方勇、李波译注《荀子》，中华书局2015年版，第118、124页。
[2] 参见萧公权《中国政治思想史》上册，商务印书馆2011年版，第66页，梁启超语。
[3] 参见《孟子·离娄上》，第130页。

人道德的修养，齐家治国平天下；孔子的"仁"，是爱人、爱民，"仁者爱人"。"仁"应当是人追求的至上目标，"志士仁人，无求生以害仁，有杀身以成仁"。在孔子看来，仁政是治理天下的方法，主要有三：养、教、治。养、教的工具是"德""礼"，治的工具是"政""刑"。德、礼为主，政、刑为助。博施济众是圣人之业，养民也惠是君子之道。如何养民呢？富之、教之，节用而爱人，使民以时。如何行政呢？足食、足兵、民信之，其中让人民信任政府是最重要的。在孔子的心目中，"如有王者，必世而后仁"，意谓王者兴起，三十年可使仁道遍行天下。①

孟子继承并发扬光大了孔子的仁政学说。孟子曰："诸侯之宝有三：土地、人民、政事。宝珠玉者，殃必及身。"② 仁政的前提是民贵、民本。"民为贵，社稷次之，君为轻。是故得乎丘民而为天子。"③

如何珍视人民呢？就是行仁政。行仁政才能得民心，得民心才能得天下，保天下。统治者如果不珍视人民，必祸及自身。孟子说，"（君主）暴其民甚，则身弑国亡；不甚，则身危国削"，"三代之得天下也以仁，其失天下也以不仁。国之所以废兴存亡者亦然"。可见，仁政和人心向背是决定王朝命运的根本。"尧、舜之道，不以仁政，不能平治天下。""桀纣之失天下也，失其民也；失其民者，失其心也。" 如何获得民心呢？"所欲与之聚之，所恶勿施。"④

治理天下的规律是什么？孟子提出的方案一言以概之：施仁政，爱百姓，包括教化、养民，养民的举措有裕民生、薄赋税、止争战、正经界诸事。具体如：

> 天子不仁，不保四海；诸侯不仁，不保社稷；卿大夫不仁，不保宗庙；士庶人不仁，不保四体。……未有仁而遗其亲者也，未有义而后其君者也。……（王）如施仁政于民，省刑罚，薄税敛，深

---

① 《论语·学而篇》《论语·雍也篇》《论语·颜渊篇》《论语·子路篇》《论语·卫灵公篇》《论语·阳货篇》，陈晓芬译注，中华书局2015年版，第9、72、138、141、147、154—155、187、209页。

② 《孟子·尽心下》，第297页。

③ 《孟子·尽心下》，第289页。

④ 《孟子·离娄上》，第128、130—131、136页。

耕易耨，壮者以暇日修其孝悌忠信，入以事其父兄，出以事其长上……故曰仁者无敌……此无他，与民同乐也，今王与百姓同乐，则王矣。……乐以天下，忧以天下，然而不王者，未之有也。……君行仁政，斯民亲其上、死其长也。……（齐）地不改辟矣，民不改聚矣，行仁政而王，莫之能御也。①

对于统治者来说，也要遵循政治规矩，即欲为君，尽君道，欲为臣，尽臣道。② 这就是孔子所说的"君君，臣臣，父父，子子"。③ 贾谊认为："闻之于政也，民无不为本也。国以为本，君以为本，吏以为本。故国以民为安危，君以民为威侮，吏以民为贵贱。故夫为人臣者以富乐民为功，以贫苦民为罪。故君以知贤为明，吏以爱民为忠。"④ 民本、仁政等儒家所强调的治国之道，是王朝长盛不衰的根本。

与农业生产有关的具体措施如不违农时，不用细网捕鱼，按时采伐树木，种植桑树，不要侵扰农夫耕作，办好学校教育，强调孝悌之义等，就是王道之始。在赋役方面，儒家强调："有布缕之征，粟米之征，力役之征。君子用其一，缓其二。用其二而民有殍，用其三而父子离。"⑤ 不过，历史的现实是租庸调并发，加征加派累加，赋役的双重积累，世上的君王早已违背圣人教诲，由治入乱就在所难免了。

道家对于治理天下最重要的思想是"无为而治"。老子认为，人民的饥饿、社会的混乱难治，都是由统治者的贪欲和作为引起的，这是有违天道的，圣人的作为应该是以有余奉天下。"民之饥，以其上食税之多，是以饥；民之难治，以其上之有为，是以难治。""天之道，损有余而补不足；人之道则不然，损不足以奉有余。"⑥

老子曰："为无为，则无不治""无为而无不为。取天下常以无事，

---

① 《孟子·梁惠王上》《孟子·梁惠王下》《孟子·公孙丑上》，中华书局2010年版，第2、8、22、26—27、38、46、131页。
② 《孟子·离娄上》，第130页。
③ 《论语·颜渊篇》，第143页。
④ 萧公权：《中国政治思想史》上册，商务印书馆2011年版，第285页。
⑤ 《孟子·梁惠王上》，《孟子·尽心下》，第5、296页。
⑥ 《老子》，汤漳平、王朝华译注，中华书局2014年版，第七十五章，第286页；第七十七章，第292页。

及其有事，不足以取天下"。"我无为，而民自化；我好静，而民自正；我无事，而民自富；我无欲，而民自朴。"这就要求，统治者"治人事天，莫若啬"。① 如果统治者真能无为而治，轻徭薄赋，天下肯定会大安的。可惜现实历史并非如此，正是因为统治者的欲奢无度，聚敛无限，才带给百姓愁苦，天下不安的。

如何做到无为而治呢？一是要以百姓意愿为依归，宽仁待民，"圣人恒无心，以百姓之心为心"，"善者善之，不善者亦善之；信者信之，不信者亦信之"。"是以圣人之治，虚其心，实其腹，弱其志，强其骨，常使民无知无欲。"二是要清净无为，谨慎从事，不扰民，不伤人，即"治大国，若烹小鲜"。三是要谦虚，不与民争利，"是以欲上民，必以言下之。欲先民，必以身后之"。总之，善用三宝：慈、俭、不敢为天下先。② 道家是从与儒家不同的方向强调人心、民意对于政权命运和国家治理的重要性。

战国时期的农家主张播百谷，劝农桑，以足衣食，认为："贤者与民并耕而食，饔飧而治。"③ 农政关系被视为君主统治地位稳固的重要影响因素。《吕氏春秋》强调重农的重要性，"古先圣王之所以导其民者，先务于农……民农则朴，朴则易用，易用则边境安，主位尊。……故敬时爱日，非老不休，非疾不息，非死不舍"。他们列举了"时事不共"，侵压农时的若干行为，如土功、水事、兵事；警告如果"数夺农时，大饥乃来"。农家对农业的产出率提出了要求："上田夫食九人，下田夫食五人，可以益，不可以损。一人治之，十人食之，六畜皆在其中矣。"农家还重点论述了任地、辩土、审时等农业生产中的技术性问题和相关原则，强调要了解"耕之大方"，包括精耕细作、掌握农时等的重要性。农家虽然重农，但并不认为应该"重本抑末"，相反，他们认为："凡民自七尺以上，属诸三官：农攻粟，工攻器，贾攻货。"④

---

① 《老子》，第三章，第12页；第四十八章，第190—191页；第五十七章，第231页；第五十九章，第237页。
② 《老子》，第三章，第12页；第四十九章，第193页；第六十章，第240页；第六十六章，第259页；第六十七章，第263页。
③ 《孟子·滕文公上》，第95页。
④ 《吕氏春秋》，陆玖译注，中华书局2011年版，第960—988页，见《上农》《任地》《辩土》《审时》等篇。

法家亦以重农耕闻名，商鞅认为"国之所兴者，农战也"①。李悝为魏国"作尽地力之教"，韩非强调"禁游宦之民而显耕战之士"，使"丈夫尽于耕农，妇人力于织纴"。所以贾谊强调："民不足而可治者，自古及今，未之尝闻。"②

积累莫返之害的黄宗羲定律

王朝的兴衰既关乎中枢治理，如执政者的制度设计与决策用人，中枢机构的权力与政治关系，也与地方治理，包括央地关系、政策执行、吏治水平等，更与乡村治理，即王朝对乡村人民的压榨剥削程度，对乡村社会资源的取用程度，对乡村社会风险的管控程度，对灾荒异变的应对救济程度等息息相关。及于此，治乱兴衰的历史循环就深刻地取决于"赋役积累莫返之害"的历史循环，由是，"黄炎培之问"的乡村答案就存在于黄宗羲定律所蕴藏的深刻启示之中。

什么是黄宗羲定律呢？指明末清初知名学者黄宗羲对古代王朝赋役递次累加而无法减轻的规律的总结。这一规律被视为执政者恶政的重要表现，也是历代王朝役民过度，招致官逼民反的根本原因。

黄宗羲对税则的看法：

> 斯民之苦暴税久矣，有积累莫返之害，有所税非所出之害，有田土无等第之害。何谓积累莫返之害？三代之贡、助、彻，止税田土而已。魏晋有户调之名，有田者出租赋，有户者出布帛，田之外复有户矣。唐初立租、庸、调之法，有田则有租，有户则有调，有身则有庸，租出谷，庸出绢，调出缯纩布麻，户之外复有丁矣。杨炎变为两税，人无丁中，以贫富为差，虽租、庸、调之名浑然不见，其实并庸、调而入于租也。相沿至宋，未尝减庸、调于租内，而复敛丁身钱米。后世安之，谓两税，租也，丁身，庸、调也，岂知其为重出之赋乎？使庸、调之名不去，何至是耶！故杨炎之利于一时

---

① 《商君书·农战》，见于高亨《商君书注译》，清华大学出版社2004年版，第395页。
② （汉）班固：《汉书·食货志》，中华书局1999年版，第948、950页；《韩非子·和氏》，高华平等译注，中华书局2015年版，第127页；《韩非子·难二》，第561页。

者少，而害于后世者大矣。①

按照黄宗羲的观点，历代王朝的赋役征收呈现出不断积累增加的趋势，且在赋税项目存在重复征收的问题，既有田税，又有户税、人身税，还有力役、兵役和职役。黄宗羲的这一判断符合历史事实，但在程度上究竟如何衡量呢？我们在前面通过表11—6、表11—7对历代田赋的量化比较以及对历代服役时限的比较，初步印证了他的这一判断。但是，前表的研究仍然存在精准性的问题，一是因为历代农户在实际上所占有的田地亩数往往达不到名义亩数，即授田并不满额，而我们的计算只能以其名义授田计算，可能与历史上关于农民负担的具体记载之间存在并不完全相符之处。二是因为历代王朝的赋役项目并不能完全掌握，有的见诸史书，有的则可能在史上湮没不存；很多朝代的赋役细目只有部分列出，各地区仍有很多局部性地方税种，不同时代之间的赋役项目也存在差别，朝代间项目比较数量类别也不尽相同。故表11—6、表11—7也只能作一参考。为进一步了解田赋累积之势，我们以前后相对确切的两宋岁入缗钱为例，其中虽然包含了大量的禁榷收入，但在资源主要取自乡村的古代社会，仍然具有考察赋税发展的意义。

表12—2　　　　　　　　　两宋岁入缗钱②

朝代（时期）	岁入缗钱额（贯）
北宋初（960—997）	1600,0000
至道中（996）	1200,0000
天禧末年（1021）	2650,0000
嘉祐间（1056—1063）	3680,0000
治平初年（1064）	3682,0541
熙宁年间（1068—1077）	5060,0000

---

① （明）黄宗羲：《明夷待访录·田制》，中华书局2011年版，第105页。
② 此表数据来源于梁著，第409—411页乙表17；汪圣铎《两宋财政史》，中华书局1995年版，第678—687页附表1，但是二表年份上有所不同，其中梁著中所记淳熙十六年岁入数在汪表中为绍熙元年数据。汪表中淳熙末年数据存在差异，6530万贯的数据未包含四川，资料来源口径也不同。说明：为更好地体现万贯的单位，故表中数字以万为单位进行标点，与传统以千为单位进行标点有所不同。

续表

朝代（时期）	岁入缗钱额（贯）
熙宁元丰间（1068—1085）	6000,0000
元丰八年（1085）	4858,0000
元祐初（1086后）	4800,0000
建炎初（1127后）	1000,0000
绍兴三十一年（1161）	6000,0000
淳熙十四年前后（1187）	6530,0000
淳熙末年（1189）	8200,0000
淳熙末年（1189）	6530,0000
绍熙元年（1190）	6800,1200
庆元初年（1195）	6000,0000
开禧二年（1206）	8000,0000
南宋中期	1,0650,0000
宝祐年中（1253—1258）	1,2000,0000

表12—2表明，从北宋到南宋，虽然国势日衰，但朝廷从民间汲取的资源却持续增长，说两宋积贫似乎并不准确，至少从财政收入来讲，并不比历代王朝差，甚至要高得多，无奈开支太大，尤其是冗兵、冗官带来的冗费沉苛难除。北宋统一之初，年入1600万缗。真宗天禧末年增加到2650余万贯。[1] 英宗治平初年，每年收入钱36820541贯，帛绢绅8745535匹，粮26943575石，草29396113束[2]。其中，用于军队的开支在总支出中所占比例非常高，在缗钱的开支中占十分之三，在绢帛的开支中占百分之百，在粮食和草的开支中占十分之八。皇祐初北宋军队总人数达到140万人，需要花费五千万贯钱，而当时天下总收入不过六千余万缗。[3] 募兵制给北宋带来了沉重的财政负担，战斗力却仍屡弱不堪，基本上是外战外行，完全无法抵御金军的攻击，这就不能不归因于北宋的军事体制和国家治理体制在原初设计上的系统性缺陷。景德三年

---

[1] 汪圣铎：《两宋财政史》，中华书局1995年版，第13、15页。
[2] 汪圣铎：《两宋财政史》，中华书局1995年版，第26页。
[3] 汪圣铎：《两宋财政史》，中华书局1995年版，第25—26页。

（1006），天下财赋等岁入1373万1229贯石匹斤。庆历八年（1048），天下岁入更是高达10359万6400贯石匹两。① 何况，"祖宗之世，所输之税，只纳本色，自后用度日广，沿纳并从折变，重率暴敛，日甚一日，何穷之有！因为冗兵耗于上，冗吏耗于下，欲求其弊，当治其源。治其源者，在乎减冗杂而节用度"②，正如南宋学者叶适所云，宋代治国有四累：财以多为累，兵以众为累，法以密为累，纪纲以专为累。③

对积累莫返之害的认识，早在北宋时期就有人提出过，章如愚曾言，"天下之利源不可开，一开不可复塞"④，这种自发的财赋增长刚性不仅存在于历代王朝之间，即整个古代社会都存在一个赋税水平总体上升，农民负担总体增加的长期趋势，而且即使在王朝内部，也存在一个由王朝初早期向中晚期逐渐递加的过程，这一点在明代表现得尤其明显。由此，如果将黄宗羲定律概括为赋役累加定律，那么，它包括王朝间与王朝内的双料累加形态。前表6—19所表明的苏州府农民赋税负担状况就是王朝内的赋役加强趋势。即使是农业税赋在历代王朝总体算轻简的清代，雍正时期也开始加征耗羡银。

黄宗羲对赋役的论述是在对历代田制的总体论述中展开的，他认为先秦实行井田制度，土地属于国家所有，但秦代以后，土地都是人民私有。国家不能养育人民，而使人民自己养活自己，还要征税，即使三十税一也并不比古代轻。相对于古人认为什一而税是中正之道，他却认为什一之税非但不是古代的政策，反而与古代的政策相差甚远。尤其是"兵兴之世，又不能守其什一者，其赋之于民，不任田而任用，以一时之用制天下之赋，后王因之。后王既衰，又以其时之用制天下之赋，而后王又因之。呜呼！吾见天下之赋日增，而后之为民者日困于前"⑤，可见，黄宗羲是将赋役作为民困的一个根本原因。

---

① 汪圣铎：《两宋财政史》，中华书局1995年版，第679、681页。
② （宋）李焘：《续资治通鉴长编（第7册）》卷一百六十七，中华书局2004年版，第4027页。
③ 汪圣铎：《两宋财政史》，中华书局1995年版，第677页。
④ 《群书考索》别集卷一〇《财用·利源不可开》，转引于汪圣铎《两宋财政史》，中华书局1995年版，第676页。
⑤ （明）黄宗羲：《明夷待访录·田制》，中华书局2011年版，第92—95页。

大多数儒家知识分子都曾呼吁恢复先秦的井田制，但苏洵等人则认为后世已经不具备恢复井田制的技术可行性。在现实历史中，曾有朝代准备实行限田、均田之策，如汉武帝时，董仲舒有"限民名田"之议，汉哀帝时师丹、孔光曾试图限制私人占有土地的数量，宋真宗时也曾试图开展类似做法，但终因遭遇贵族豪强或地方大户的反对而未能实施。历代只能在王朝初建时，利用社会动荡带来的土地、人口冗余，在一定程度上授田、均田，但是自北宋以后，历代已经不立田制，任由土地兼并，只是到了清初，实行更名田，将前明宗室所占之田分给原耕之民，算是微型的授田之举。在已经进入和平状态的王朝统治秩序中，通过国家强力手段剥夺地主、富民之田当然会招致乱局，国家满足了贫民阶层，又会打压富民阶层，同样会导致社会不稳定。

黄宗羲认为后世仍然可以采用屯田的方法恢复实行井田制。按他的算法，万历六年（1578）时，全国屯田约占总田亩的十分之一，各州县的官田又占十分之三。这样，国有土地就占总面积7.01397628亿亩的40%，即2.805590512亿亩，以全国人户10621436户，每户授田50亩计算，还剩下1.70325828亿亩。[①] 只是黄宗羲的屯田—井田恢复仍然是个乌托邦式的幻想，要知道，各州县所占之官田，除了极少一部分为学田、官田，其田租用于地方政府公共事业支出外，绝大部分都是明朝宗室所占之田，宗室之田约占全国总田地的34%，明代帝王会起来革自己的命吗？这样做不但不符朱明皇朝的祖训，在道德和政治上处于被动，而且也会得罪天下宗室，威胁皇权统治，统治者是不会为了百姓来动自家人的奶酪的，对他们来说，百姓只是外人，是剥削役使的对象。

赋役积累陷阱与王朝兴衰

古代王朝的命运在根本上取决于国家与农民的关系，载舟还是弃舟？弃舟还是覆舟？要看统治者如何对待农民。如果统治者不能跨越赋役积累莫返陷阱，不能解决以耗作正、层层加码、役民过度、失之中正的问题，黄宗羲陷阱必将扩大为黄炎培陷阱，王朝迟早会掉入兴衰循环陷阱，

[①]（明）黄宗羲：《明夷待访录·田制》，中华书局2011年版，第95—105页。此处所剩1.7亿亩是指全国实在田土总面积（7.01亿亩）与全国人户授田50亩后的授田总面积（5.31亿亩）之差。

再次走上兴勃亡忽的历史老路。

延续王朝的生命周期是清醒的帝王的理性所在，历代儒家知识分子也在努力教导君主什么才是天命所在。要问什么是王朝治乱循环的根本原因和基本规律，古往今来的答案明显一致：人心向背。

民心所向，人民愿意抬庄载舟，愿意跟随创业者打天下，王朝自然就会勃兴。但百姓之所以愿意跟随开国帝王打江山，根本上并不是开国的太祖太宗们能够提供多少预期收益，决定性原因在于上一任统治者让人民百姓过于失望。孟子指出："（百姓）箪食壶浆，以迎王师，岂有他哉，避水火也。"① "苍天已死，黄天当立"，百姓们想弃舟、覆舟了，与其跟随无道昏君苟延残喘，甚至朝不保夕，不如冒险投机，"从龙"创业。

人民当年会保李家江山、朱家天下，未来有一天也会抛弃李、朱王朝。决定人民是保还是弃，就要看李姓"老板"、朱姓"老板"怎么对待老百姓了。视百姓为刍狗，残暴苛刻，人民自然不会和你同心同德。江山就是百姓，百姓就是江山。失去民心的结果，就是失掉江山。

古代文人学者喜欢用天命来教导君主要行仁政，爱万民，强调"水可载舟，亦可覆舟"的道理。儒家虽然强调忠君爱国，但思想并没有那么保守，他们并不认为一家之天下是万世永恒的，即使是君权受之于天，也须有道者受之居之，如果出现无道的昏君、暴君，那么，一姓一家的德势就要衰微，就要转运，天命就不能再照顾你们这一家了。黄宗羲认为，"天下之治乱，不在一姓之兴亡，而在万民之忧乐。是故桀、纣之亡，乃所以为治也；秦政、蒙古之兴，乃所以为乱也"②。

天命衰微后，统治者就要让贤，就要礼让、禅让，让有德者居之。当然，历史上几乎没有真正的禅让，禅让不过是权臣为自己篡立演出的体面把戏而已，那些代立的权臣也没有几个是真正的有德之君。虽然儒家的天命轮回思想被王莽、曹丕、司马炎等人完美利用，但在古代社会，它仍然是对王朝更替自然规律的一种相对有说服力的解释，也能在一定程度上警醒有权就任性的帝王。

历代帝王都很清醒，人心向背决定王朝的兴衰，但为什么还会出现

---

① 《孟子·梁惠王下》，第35页。
② （明）黄宗羲：《明夷待访录·原臣》，中华书局2011年版，第16—17页。

那么多剥削过度、役民过分的政策和制度呢？原因很多。统治者也并非不想江山万年，但理想目标和现实之间存在诸多传递环节，导致行仁政、爱万民，万民拥戴很难真正或完全实现。

一是完全用儒家之道治国亦有偏颇。儒家的思想是以人性善为前提的，但并非所有人都忠君爱民，也并非所有百姓都是顺民。明君、忠臣、顺民毕竟是少数的。光有仁政，没有刑政，杀伐决断不力，难以应对越来越大型化、治理越来越复杂的中国社会。儒家的理想或许只能在小国寡民，国家与外族之间老死不相往来，与世隔绝状态下才能实现。西汉统治者如果一直实行黄老之术，也不可能实现国家的强大。中国有一句古话，"慈不掌兵"，治理国家也需要多种手段糅合，这可能就是汉宣帝所说的"表儒里法"或"王霸杂糅"。由于行政层级传导中信息流失、意图偏差、个体利益偏好、理性错位等多方面原因，在国家治理中，历来存在上面偏一寸、下面会偏一分，上有政策、下有对策，"一刀切"，层层加码等普遍现象。类似治理乱象历朝历代皆有，并非今天独存。全局利益与局部利益、公共利益与个体利益、长期利益与短期利益等之间肯定存在冲突，国家要实现多元化目标，就不可能只优先关注百姓利益。相反，在很多时候，即使不是为了君主个人利益，要实现对外开疆拓土、抵御外侮等战略目标和公共利益，也不得不牺牲百姓的个体利益。

田赋徭役的征发本质是个度的问题，黄宗羲的提议过于理想主义，不大具备实施的可能性。即使是一个中正的统治者，须在爱民与国用之间取得平衡。古人已经知道，三十而税一，国用不足矣。这是由农业产业的低效产出决定的。明嘉靖万历之后的加征加派在一定程度上也是无奈之举。

国家治理必须能够实现全社会利益的最大化，虽然在价值观上要坚持人民中心主义，但如何将人民中心与国家利益至上实现有效的结合，是所有的国家治理都必须面对的挑战。

二是人性的问题，人性有善、恶，人有欲望，有弱点，有自私自利之心，即使身为帝王，也无法避免。何况，不同的人由于所处位置的差异，对同一件事情可能会有完全不同的判断或认知。朱元璋可以减轻农民负担，但他只可能以"家天下"为本，所信奉的只能是朱姓皇权中心主义，他不可能以民本思想为价值观，他的重视农业只是为了巩固朱明统治的功利主义行为，故而对孟子的民本思想，对"民为贵，社稷次之，君为轻"之说十分恼火，取消了孟子在孔庙中的配享地位。孔孟周游列国，推销自己的价值观和治国之策，但始终不获真正的赏识和实施，原因在于，儒家之术适合治天下，并不适合打天下。即使治天下，也不能克制统治者的私欲。仁政爱民的前提是统治者自己在道德上要"存天理，灭人欲"，是以泛道德主义和理想化为前提的，这在现实世界是难以做到的。对于统治者来说，儒家之术远不如法家之术来得干脆利落，更有利于实现私欲。只有清醒的统治者明白水舟关系、民君之道，才不得不约束自己的欲念，以功利主义态度来对待民本，这就是前文所说的庸俗人民中心主义。

三是能力的问题。嫡长子继承制以及"传嫡不传贤"原则决定了中国历代王朝最高统治者的选拔机制存在难以根绝的天然缺陷——治理效能与政治稳定间的持续张力。作为最重要、最核心的国家治理角色，帝王一职的素质、能力决定了王朝治理效能的底线和上限，但出于政治稳定需要，古代国家难以实施最高统治者的贤能挑选机制。这就决定了历史上的大多数帝王都是泛泛之辈，有很多帝王正常履职都存在困难，更谈不上成长为优秀的治理者了。尤其是王朝中晚期的帝王，大多"生于深宫之中，长于妇人之手"，如果没有经过专门的职业培训，他们根本不足以承担庞大帝国的复杂治理重任，更谈不上完成选择或运用哪一种治国之策如此高难度的工作了。

老子说过，"治大国如烹小鲜"，说明治理一个超大型农业帝国是一个艰巨复杂的系统工程，必须兢兢业业，小心应对方能不出差错。与赋役汲取有关的只是君民关系，但同时还存在中央地方关系、君相关系、君臣关系、宫廷内部关系、内外关系等，它们都是国家治理所须谨慎应对的复杂议题，都是决定王朝兴衰的关键问题。因此，从赋役积累莫返陷阱到王朝的兴衰循环陷阱就从关注某一关键治理议题领域的决定性作用扩展为多元治理议题的系统性作用。

土地兼并陷阱与王朝兴衰

乡村社会之所以在很大程度上决定了农业王朝的兴衰命运，是因为农村人口占据绝对多数，古代人民基本等同于乡村农民。而决定乡村农民命运的则是土地、赋役,诸如劝农、惜农一类的政府政策倒还是次要,对于广大农民来说,政府不暴敛,不扰民,能够与民休息,就足够了。但是,对于历代王朝治理来说,有一个乡村治理的最大难题始终无法根治,正是它的周期性出现决定了农民的贫困累积命运,最终决定了王朝的治乱兴衰命运。这个难题就是"不立田制"或立而无用,始终无法解决地权集中、土地兼并问题。

目前,对于历史上土地兼并问题的认知主要来源于史料记载、时人奏疏、文章、诗文等历史文献。例如,《宋史·食货志》记载了宋仁宗即位之初,有大臣上书曰:"赋役未均,田制不立",皇帝"因诏限田",但终因"限田不便,未几即废",最后的结果是,"势官富姓,占田无限,兼并冒伪,习以成俗,重禁莫能止焉"①,对北宋的土地兼并问题,即使是持地权分散论者,也并没有否定。赵冈等人通过对北宋客户和占地的计算,得出结论认为北宋年间土地分配状况在 0.56—0.75②。可见,历史资料并非不可信。

由于缺乏全国范围内的系统调查数据,人们对于秦汉至明清不同乡村阶层对土地的占有情况始终无法进行量化的分析,而对历史文献和时人笔记文章中有关兼并的零星描述或记载,如董仲舒的"富者田连阡陌,贫者无立锥之地"、顾炎武的"吴中之民,有田者什一,为人佃作者十九"等表述,质疑论者认为其或是政治家为推行个人学说故作夸大之词,或是文人所使用的修饰之法为由,认为皆不可相信。③ 如果没有过硬的全面的系统数据支撑,仅以个案数据或经验试图得出支持或否定历史文献记载的结论,其实都是没有道理的。当前学界对于传统社会农村地权集中程度的系统研究多以 20 世纪 20—40 年代政府部门和部分学者在全国范围内的调查统计数据为据,进而以基尼系数方法计算土地的兼并程度。对于明清以降的古代社会的地权集中程度,只能依靠不同地区的局部经验,一般依据的是一县之下的若干乡村或都图的土地分配数据,覆盖面

---

① (元)脱脱等:《宋史·食货志》,中华书局 1999 年版,第 2788—2789 页。有学者指出,认为北宋不立田制,不抑兼并是误解,宋代政府是实行抑制土地兼并政策的。见杨际平《宋代"田制不立"、"不抑兼并"说驳议》,《中国社会经济史研究》2006 年第 2 期。
② 赵冈:《中国传统农村的地权分配》,新星出版社 2006 年版,第 147 页。
③ 刘正山:《土地兼并的历史检视》,《经济学(季刊)》2007 年第 2 期。

不广，既非普查数据，也非抽样调查数据，而是基于历史研究中的便利和可得原则所得到的数据。[①] 这就导致关于土地兼并问题的实证和量化研究只能建立在局部甚至个案分析的基础上，但中国地区差异、时代差异都很大，企图依靠特定时段、特定地区的个别经验判断获得普遍性的、连续性的、可适用于长时段的、全国范围内的判断是不可能的，个案方法论的这一固有缺陷意味着，对于中国传统农村土地兼并问题是很难得出建立在系统和全面数据基础上的令人信服的结论，无论是支持土地兼并说者还是其反对者。

对于中国传统社会是否存在土地兼并或地权集中问题，学界众说纷纭，存在很大争议。总体上，可分为三类论断：地权绝对集中论（集中程度在70%以上，可对应基尼系数0.5以上，为差距悬殊）、地权温和集中论（集中程度在50%—70%，对应基尼系数在0.4—0.5，为差距较大）、地权相对分散论（集中程度在50%以下，对应基尼系数在0.4以下，为相对合理）。由于现当代关于土地兼并的量化研究多以民国时期为例，考虑到中国传统乡村的高度停滞性，我们姑且以各家对民国时期的全国土地集中程度讨论为主，辅以明清的局部经验研究，力图获得对中国传统社会，尤其是明清时期土地集中情况的整体认知。

首先，对于地区差异极大的、全国范围内的土地是呈现集中还是分散的趋势，各家有着完全不同的意见。例如，赵冈先生认为，主流派学者那种认为土地兼并、地权集中的观点，即"不断集中论"或"无限集中论"在逻辑上是说不通的，事实上也是不可能发生的。不过，他也承认，北宋以前，地权集中程度较高，其后，地权渐趋分散。可见，赵冈等人的观点属于地权相对分散论。但是，赵冈先生的地权分配研究只聚焦于民田，而忽略了非民田，则未免难以更准确或全面地评估历代王朝的土地分配实际情况。例如，弘治十五年（1502）时，明代官田约占全国土地的八分之一，万历六年（1578）宗室占地240万顷，而当时全国

[①] 例如，赵冈专门论述中国传统农村地权分配的专著所收录的数据除了北宋的客户数据为全国面上的外，明清土地分配数据分别为休宁县、长洲县、遂安县、获鹿县、朝邑县的部分都图乡村数据。赵冈：《中国传统农村的地权分配》，新星出版社2006年版，第64—70页，表4—1。

田地总面积为 701 万顷，宗室占田比例为 34%[1]，如果忽略这些数据，单纯研究能够进入土地市场交易的民田不免出现重要遗漏。[2]

其次，对于某一相同历史时期，一府一县的地权分配性质和现状，各家即使在使用相同史料的前提下亦有不同的结论。例如，对于明末清初徽州府的地权分配究竟是集中还是分散，同样是利用徽州文书中万历年间休宁县的黄册、鱼鳞图册等历史资料，章有义先生得出明后期徽州地区地权分散，清代前期则呈现出向地主集中的趋势。栾成显先生认为明后期土地集中在地主手中，各阶级占有土地数量差别巨大。

对万历年间休宁县二十七都五图的地权集中情况，不同学者所得出的结论存在较大差异。刘正山认为较为平均，赵冈、田传浩等则认为较为集中，因为后两位计算的五图万历十年至四十年（1582—1612）地权分配的基尼系数分别为接近或者超过 0.6、超过 0.7。[3] 即使按照赵冈自己的数据也可以看到，休宁县二十都五图三甲自 1651 年至 1701 年的五十年时间内，地权分配的基尼系数虽然处于低位（从 0.006 至 0.222），却是呈现由低到高的发展趋势。三都十二图情况类似。再以河北获鹿县三社四甲为例，其地权分配的基尼系数从 1706 年的 0.566 上升到 1771 年的 0.622，中间年份的数据最高时达到 0.696，总体都在 0.6 以上，[4] 它表明，即使以三社四甲这样一个微小单元为例，王朝的前期也存在地权集中的缓慢趋势，而非分散，这其实是颠覆了作者对地权"不断集中论"的批判。史建云教授对同一时期获鹿县数据的研究证实了这一结论。康熙四十五年（1706）、雍正四年（1726）、乾隆二十二年（1757）、乾隆

---

[1] （清）张廷玉等：《明史·食货志》，中华书局 1999 年版，第 1256—1257 页。
[2] 赵冈：《中国传统农村的地权分配》，新星出版社 2006 年版，自序及第 29 页。
[3] 高燕：《"户丁"户的计算对于地权研究的影响——以徽州休宁县为例》，《西安文理学院学报》（社会科学版）2018 年第 4 期。一般认为，当基尼系数小于 0.2 时，意味着收入分配绝对平均；0.2—0.3 时，为比较平均；0.3—0.4 时，为相对合理；0.4—0.5 时，为差距较大；超过 0.5，则表明差距悬殊，非常不平均。关于同一原始数据为何出现不同结果的基尼系数，刘正山认为赵冈计算有误，田传浩等则认为刘正山计算有误。
[4] 二十七都五图三甲 1651 年的基尼系数为 0.006，1656 年为 0.060，1662 年为 0.126，1667 年为 0.136，1671 年为 0.150，1681 年为 0.176，1686 年为 0.172，1691 年为 0.210，1696 年为 0.222，1701 年为 0.204。赵冈：《中国传统农村的地权分配》，新星出版社 2006 年版，第 64—70 页。

三十六年（1771），获鹿县无地户和占有 10 亩以下土地的农户占全县总户数的比例分别为 54.54%、64.02%、63.63%、61.56%，平均为 60.94%，但占有的全县耕地比例分别为 11.83%、13.15%、10.97%、12.41%，平均为 12.09%，而有地 10—100 亩的农户约占有全县耕地的 2/3，占地 100 亩以上的农户数不足全县农户总数的 2%，最多时却占有全县耕地的 26.39%，土地集中的程度相当高。①

同样是对清代土地集中情况进行的研究，江太新先生认为顺治至乾隆中期以前，清代地权分散，自耕农和半自耕农所占有土地达 80%—85%，地主占有土地少；乾隆中期以后至清末，土地占有格局发生逆转，地主占有的土地不断扩大，占地数量从前期的 10%—20%，发展到后期的 50%—60%。自耕农则在后期减少至占地 40%—50%。②史建云教授认为，无论清代还是民国时期，一时一地的地权分散都只是相对的，土地分配不均则是绝对的。清代自康熙朝起，就开始土地集中的过程，在华北也出现占田数万亩的大地主，乾隆、嘉庆时很多地主占田都超过万亩。《中国资本主义的萌芽》一书中估计嘉庆时地主占有全部耕地的 70%，如以此而言，属于绝对集中论了。但赵冈认为，到了明清时期大地主已经消失，田产是分散在自耕农及中小业主的手中。或许，双方所论及的是同一个王朝的不同时期，因为史建云也承认，华北平原自清初至清末，地权分配经历了一个自分散到集中，又自集中到分散的过程。③

刘正山从根本上批判传统的"土地兼并—农民起义—改朝换代"的理论模式，认为历史上的土地兼并程度被高估。对不同时代的休宁县、获鹿县、遂安县、邹平县、清苑县、长洲县、江宁县的农户占地情况的基尼系数计算表明，土地分配比较平均，土地兼并不明显。清朝拥有一千亩以上土地的大地主并不多，只有 24 人。1919 年，全国拥有 100 亩以上土地的地主极少，只有 4.93%，拥有 10 亩以下土地的农民非常多，占 40.03%，土地集中程度并不高。即使存在土地兼并现象，但分户析产

---

① 史建云：《近代华北平原自耕农初探》，《中国经济史研究》1994 年第 1 期。
② 转引自舒满君《〈清代地权分配研究〉评介》，《中国社会经济史研究》2017 年第 2 期。
③ 史建云：《近代华北平原自耕农初探》，《中国经济史研究》1994 年第 1 期；赵冈：《中国传统农村的地权分配》，新星出版社 2006 年版，第 155 页。

制、战乱等因素会抵制或抵消土地兼并。认为自耕农制都优于租佃制的命题是完全错误的。租佃制比率与生产力之间并没有必然的负相关，土地兼并在总体上是有利于农业发展的。[1]

刘文所言有一定道理，但以休宁县为案例却有不当之处，因为徽州地区并不具普遍意义。徽州的宗族势力强大，地主尤其是大地主确实不多，人多地少、宗族士绅势力强大，乡村社会的很多自治性规定在一定程度上抵制了土地兼并的进行，使得徽州的地权分配始终维持较为分散的水平，户均10亩上下几乎是恒定的数量。土地兼并是否提高农业生产力水平，是否突破小农经济，论证有些似是而非，较为牵强。因为古代中国乡村并未出现大规模作业的农场制，地主虽然拥有大量土地，但其经营仍是分散和零碎的，现代农业机械并没有得到使用，这与古代社会的科学技术进步不足有关。还有些研究，是将现代农业的经验用以反证古代历史，在方法上是不太恰当的。

秦晖对20世纪50年代初关中地区的土地分配情况进行了统计分析，结论是，除个别县份外，绝大多数地区的基尼系数均在0.23以下，地权分配相当平均。这在某种程度上印证了关中无地主、关中无租佃的说法，表明土改前的关中几乎是自耕农的世界，地权极为分散，地主及无地农民均很少。民国中期，关中地区的地权分散特征仍很明显，武功县头道源区和二道源区的地权分配基尼系数分别只有0.2256和0.3073，而对朝邑县十六个村庄自康熙三十年（1691）至民国三十一年（1942）共251年时间内31组地权分配总平均基尼系数的测算表明，其中有近半数修正值在0.2以下，另有1/7强的数据超过0.3，其余近2/5在0.2—0.3，31组分配的总平均基尼系数修正值为0.2064—0.2284，[2] 这表明关中地区地权分配分散至少是自清代初期至民国晚期的持续存在的历史现象。

对此，胡英泽教授以1945年关中东部朝邑县的两本田赋底册所载数据为依据，得出结论认为底册所反映的乌牛乡地权分配不均度很高，基尼系数达到0.637437；和衷乡基尼系数为0.539305，地权分配也很不均，

---

[1] 刘正山：《土地兼并的历史检视》，《经济学（季刊）》2007年第2期。
[2] 秦晖：《封建社会的"关中模式"》，《中国经济史研究》1993年第1期；秦晖：《"关中模式"的社会历史渊源》，《中国经济史研究》1995年第1期。

这说明关中东部地区既有土地集中，也有土地分散，不能一味强调地权分散，而罔顾土地集中的事实。他还针对"关中模式"历史溯源的资料运用指出了批评，认为运用较小区域的滩地地权状况，不能推导出清初至民国的"关中模式"。夏明方教授认为仅仅一本地册并不具有代表性，而且关中模式的结论与关中其他地区民国时期的调查资料不符。① 栾成显教授也认为，以某地三册、四册鱼鳞图册统计的土地数值，来证明基尼系数低，地权分配均平，其结论难以令人信服。②

最后，对于地权分配的长期趋势如何进行判断有着对立的观点。赵冈先生专门论述了中国历史上地权分配的长期趋势，他认为北宋之前缺乏资料，只能从北宋开始开展研究。赵冈先生以宋代全国客户占总户数比来说明地权分配的状况与演变趋势，认为自北宋初年以后，土地分配状况在不断改善中，无地客户的比重从天圣景祐以后（1023—1038）43.1%的最高点降至熙宁五年（1072）的30.4%。章有义以1091—1099年间北宋客户占总户数百分比（32.97%）与1931—1936年佃农占总农户比率（30.33%）相比几乎没有多大变化得出结论，人们所想象的地权不断集中的长期趋势是不存在的。③ 赵冈先生的观点与此相近，甚至认为章有义支持自己的观点，并进一步认为，从基尼系数来看，在将近一千年的历史中，农村地权分配明显改善，是不可否认的事实。④ 但有学者研究发现，赵冈的基尼系数计算方法存在重大错误，导致所统计的历史时期地权分配基尼系数普遍偏低，经过数据修正，76%的基尼系数在0.5以上，47%的基尼系数在0.6以上，从宋代到民国时期地权分配越来越分散的认识需要重新讨论。⑤

如果把时间再拉长一点，根据陈一萍《北宋的户口》一文提供的从

---

① 胡英泽：《近代地权研究的资料、工具与方法——再论"关中模式"》，《近代史研究》2011年第4期；胡英泽：《流动的土地与固化的地权——清代至民国关中东部地册研究》，《近代史研究》2008年第3期。
② 栾成显：《中国古代农村土地制度研究刍议》，《河北大学学报》2008年第2期。
③ 章有义：《本世纪二三十年代我国地权分配的再估计》，《中国社会经济史研究》1988年第2期。
④ 赵冈：《中国传统农村的地权分配》，新星出版社2006年版，第143—150页。
⑤ 胡英泽：《历史时期地权分配研究的理论、工具与方法——以〈中国传统农村的地权分配〉为中心》，《开放时代》2018年第4期。

太平兴国·雍熙年间（976—987）至元符二年（1099）的 24 组数据，可计算出北宋客户占总户数的百分比平均约为 35.39%，这仅指为无地客户的比重，如果加上少地农民，应该说北宋的地权集中程度并不低。事实上，根据赵冈先生自己的测算，熙宁年间的土地分配基尼系数是 0.562，而天圣七年（1029）估计是 0.750，北宋年间土地分配状况大体在 0.56—0.75 徘徊[①]，如以此为值，那也表明，北宋的地权集中程度处于差距较大甚至悬殊的区间。

田传浩等人认为，在赵冈、刘正山的研究所涉及的各组数据中，都不同程度存在着对基尼系数可能的低估。刘文仅仅选取基尼系数最低的几个案例，在有些地区，土地分配基尼系数超过了 0.7，以此为依据判断中国历史上的地权分配非常平等是完全站不住脚的。中国明清以来的地权分配既非传统观点中所认为的那样差距悬殊，也非近年来一些学者所主张的那样十分平均；宋代地权分配的不平等程度最高，明代、清代的地权分配不平等程度逐渐降低。而在明代和清代，既有地权配置不平等程度趋于分散的时间序列，也有趋于集中的时间序列，呈现周期性变化；明清时期地权分配的南北区域差异不明显，但南方和北方内部差异较大；与 20 世纪同时期其他国家和地区相比，中国的地权分配相对平均。[②] 但是，几位作者上述判断的支撑材料却并不充分，只依赖少数几个县的地权分配的基尼系数，缺乏对贯穿某一个王朝前后的全国面上的基尼系数的测算，所得出的结论未免有些武断。如果以文中 1072 年数据为依据，无论是田传浩等人的 0.677，还是赵冈的 0.750，都表明北宋的地权分配不平等程度是非常高的。

对很多传统历史学家来说，中国古代社会地权的不断集中是显而易见的历史事实，兼并是传统农业社会的常态，是诸多矛盾的根源。黄仁宇认为，东汉的覆亡，兼并占一个重要的因素。富家巨室与官僚勾结，到乡下放债买田，侵蚀小自耕农。[③] 钱穆认为，正因为土地私有，耕者有

---

① 赵冈：《中国传统农村的地权分配》，新星出版社 2006 年版，第 144—147 页。24 组平均百分比为笔者计算。
② 田传浩、方丽、张旋：《中国历史上的地权分配——基于鱼鳞图册的估计》，《中国农村研究》2013 年第 2 期。
③ 黄仁宇：《赫逊河畔谈中国历史》《放宽历史的视界》，分别载于《黄仁宇全集》，九州出版社 2011 年版，第十册，第 66 页；第七册，第 147 页。

其田，才有了自由买卖，才开始兼并，才使贫者无立锥之地。一面是井田制的土地平均占有理想，一面是承认耕地是民间私产的主张以及耕者有其田的现实要求，钱穆认为二者是有冲突的，使土地租税问题得不到妥适的解决。① 海外中国史学者对两汉的大土地占有问题也进行了研究，他们承认大土地占有问题的严重性，并认为大土地占有的发展与自然灾害和汉代税制有关系。自耕农处于生存的边缘，绝大部分的大地主土地出租给无地的农民。前汉控制不住大片土地占有制的增长，后汉政府则并不打算限制大土地的占有状况，其结果是，大土地占有削弱了汉政府对租税、徭役之源的农民的直接统治，在后汉末期形成了分裂的局面。②

  马克思主义史学认为农民阶级与地主阶级之间的矛盾是中国封建社会的主要矛盾，农民起义是历代王朝更替和历史发展的主要动力，土地兼并是引发地主与农民矛盾的主要原因。中国共产党及其领袖对民国时期中国农村土地兼并程度的评估最为严厉，可称为地权绝对集中论派。早在第二次国内革命战争时期，毛泽东对井冈山革命根据地的土地分配状况进行评估时认为，土地的百分之六十以上在地主手里，百分之四十以下在农民手里。③ 这一评估尚属温和，到了1947年10月，《中国共产党中央委员会关于公布中国土地法大纲的决议》对当时中国农村地权分配现状作了较为严厉的判断——占乡村人口不到百分之十的地主富农，占有约百分之七十至八十的土地，由土地革命时期的温和集中论上升到绝对集中论。④ 同年12月底，毛泽东在中共中央工作会议上作了《目前的形势和我们的任务》的报告，重申了这一判断：按一般情况来说，只占百分之八左右的地主富农占有的土地，达全部土地的百分之七十至八十。⑤ 这是中国共产党对于地权分配最为严厉的判断，以此计算，当时的中国农村土地高度集中，地权分配悬殊明显。有学者认为，以上数据可

---

① 钱穆：《中国历代政治得失录》，生活·读书·新知三联书店2001年版，第18页。
② ［英］崔瑞德、鲁惟一编：《剑桥中国秦汉史》，杨品泉等译，中国社会科学出版社1992年版，第528—532页。
③ 《毛泽东选集》第一卷，人民出版社1991年版，第68页。
④ 中央档案馆编：《中共中央文件选集》第十六册，中共中央党校出版社1992年版，第546页。
⑤ 《毛泽东选集》第四卷，人民出版社1991年版，第1251页。

能来源于 1926 年毛泽东担任国民党农民运动委员会书记时所作的 21 省土地统计所得出的结论：有地 30 亩以上的地主富农占农民总数的 14%，但占有全部土地的 81%。其原始数据则可能来自 1918 年北洋政府农商部的统计。

20 世纪三四十年代吴文晖、钱俊瑞、薛暮桥、陈翰笙四位学者通过不同方式对民国时期的土地占有情况进行了调查。他们所得出的结论是，占有 10% 的地主、富农所占有的土地分别是 53%、68%、63.8% 和 53%，这四组数据表明，民国乡村的土地集中程度仍然超过 50%，但并未达到 70% 以上的超高比例。他们的观点可算是温和集中论。近年来，刘克祥教授对 20 世纪 30 年代土地分配状况进行了再次考察，结论是地权分配呈现恶性集中的态势，南北之间地权分配差异缩小，地主富农占地比重上升，占全国人口 11.8% 的地主富农垄断了 61.7% 的土地，而占人口 66% 的贫雇农只占有 17.2%，[①] 似乎再次印证了这一判断。胡英泽运用基尼系数的研究方法，分析 20 世纪二三十年代山西、河北、山东三省的地权分配基情况，得出结论认为三省乡村农户土地占有相对分散，但地权分配尼系数大致在 0.5 以上，地权分配很不平均。[②]

但是，龙登高与何国卿认为，土改前占农村总人口 10% 的最富有阶层占有土地的比例，南方为 30% 左右（正负 5%），而北方低于这一水平，如果考虑到田面权、永佃权及公田等土地权利的占有状况，这一比例应更低，以往土地集中的现象与趋势被夸大。刘志认为，公田、一田二主、无地户三个因素可能对地权分配统计产生重要影响，甚至会使地权分配基尼系数的计算结果严重失真，应该采取分割地权或剔除计算等方法予以处理。以此考察，作者认为南方的地权分配长期以来被严重高估，对东北、绥远、四川等地的地权分配集中程度也有所高估，由此，刘志推论，除了受政治因素影响较大的四川、东北等部分地区，近代中国的地权分配可能南北都比较平均，全国整体水平也比较平均，地权分

[①] 刘克祥：《20 世纪 30 年代土地阶级分配状况的整体考察和数量估计》，《中国经济史研究》2002 年第 1 期。

[②] 胡英泽：《近代华北乡村地权分配再研究——基于晋冀鲁三省的分析》，《历史研究》2013 年第 4 期。

配基尼系数以人计算在 0.4 左右。① 显然，这一判断与地权绝对集中论和温和集中论再次拉开差距，而响应了赵冈等人的地权平均论。

不过，如果以同一时期江南地区的村庄为个案，似乎又可以印证前述地权集中度超过 70% 以上的判断。例如，费孝通对江村（开弦弓村）的调查表明，该村三分之二的土地被不在村的地主占有，余下的三分之一为村民所有。全村总户数中 93.8% 的家庭户均占有土地在 10 亩以下，4.9% 的农户占有土地为 10—29 亩，剩下 1.3% 的农户占有的土地在 30—70 亩。当时该村共有土地 3065 亩，人口数为 1458 人，人均占有土地为 2.1 亩。学界对"太湖模式"的研究所得出的结论相似：即在太湖流域土地集中倾向较为明显，少数农户占有一半以上的土地，出租土地占到全部土地面积的 90% 左右，自耕地所占比例较小。②

同样是运用民国年间的若干关于中国地权分配的数据，不同的学者所计算的结果却存在差别。对以上 1918 年的全国数据，赵冈测算出其基尼系数是 0.354，与前述结论迥异，0.354 的数值表明当时全国地权分配相对合理，而非差距悬殊。实际上，赵冈对 1918—1934 年中央政府所作的地权分配状况的全国性调查的基尼系数测算值处于 0.322—0.502。例如，1932 年国民党内政部的调查显示，30 亩以上地主富农占总数的 17%，占土地的 60%，赵冈计算的基尼系数为 0.376。1934 年国民党政府土地委员会所作的 22 省调查则表明 30 亩以上者占户数的 11%，占土地的 49%，赵冈计算的基尼系数为 0.322。对农民部的全国调查，赵冈的基尼系数值为 0.502，属于分配差距大的等级。对 1926 年全国土地委员会所作的全国调查，赵氏的基尼系数值为 0.426，刚刚达到差距较大的门槛。③ 另有国民党政府实业部对 1931—1936 年 22 省的

---

① 刘志：《方法与实证：近代中国土地分配问题再研究》，《华东师范大学学报》（哲学社会科学版）2020 年第 2 期；龙登高、何国卿：《土改前夕地权分配的检验与解释》，《东南学术》2018 年第 4 期。

② 费孝通：《江村经济——中国农民的生活》，商务印书馆 2001 年版，第 33、36—37、167—168 页；胡英泽：《理论与实证：五十年来清代以降鱼鳞册地权研究之反思——以"太湖模式"为中心》，《近代史研究》2012 年第 3 期。

③ 赵冈：《中国传统农村的地权分配》，新星出版社 2006 年版，第 68—69 页。

土地调查表明，小自耕农所占土地约达42%，地方富农占地不会超出58%。

20世纪八九十年代以来，学界对近代土地占有不均这一重大基本判断进行了反思和检验，通常认为地主富农占有全部土地的50%左右，《土地改革的伟大胜利》一文提供了土改前夕各阶级占有土地的数据表，其中占人口9.4%的地主富农占土地总数的51.9%这一数据几乎被多数土地改革的研究者引用，并作为最重要的依据。尽管亦有学者对其权威性和可靠性有所怀疑，[1] 但总体上已经成为温和集中论的代表认知。章有义认为，土地改革时，地主富农一般占地50%—60%的粗略估计是可信的。郭德宏、乌廷玉、高王凌等人对全国土地分配的研究结论分别是50%—52%、50%—72%、30%—40%，李金铮对1937年前定县翟城村的调查表明，地主、富农占总土地的25.55%，中农占地几近50%；定县的土地分配以中农或中农、贫雇农占地较多，地主富农占地较少。[2]

造成对南方地区，如徽州、赣南、江南等地同一地区地权集中程度判断存在较大差异的一个重要原因是，对于公共土地的认定问题。例如，徽州乡村的宗族所占田地，在歙县最高接近60%。如果按照毛泽东的做法，把它们称为祖宗地主，计入地主所占土地，那么，地权集中程度就会达到百分之七八十以上。20世纪30年代的赣南也是如此，毛泽东在《寻乌调查》中将该县旧有田地分配分为公田、地主和农民三个所有者，分别占40%、30%和30%。公田又称为公共地主，包括祖宗地主（指宗族田产，占全部土地的24%，占全部公田的60%）、神道地主（指神、坛、社、庙、寺、观的田产，占全部土地的8%，全部公田的20%）、政治地主（教育和公益性质的田产，占全部土地的4%，全部公田的10%）。显然，如果去掉公共地主所占田地，寻乌的地权集中度并不高，仅有30%。[3] 这个问题的实质是如何看待所有权和

---

[1] 龙登高、何国卿：《土改前夕地权分配的检验与解释》，《东南学术》2018年第4期。

[2] 章有义：《本世纪二三十年代我国地权分配的再估计》，《中国社会经济史研究》1988年第2期；李金铮：《相对分散与较为集中：从冀中定县看近代华北平原乡村土地分配关系的本相》，《中国经济史研究》2012年第3期。

[3] 《毛泽东文集》第一卷，人民出版社1993年版，第176—182页。

使用权的问题以及对"耕者有其田"的认识。龙登高、赵志等人将公田等纳入地权集中度的计算，意味着那些租用公田如祀会土地、庙宇土地的农民也拥有土地，是否模糊了所有、使用二权的界限，一田二主也是类似的情况。这是把问题本身和问题的影响混为一谈了，把自耕、租佃、雇佣等乡村土地关系一锅烩了，这是否能够得到对地权集中度的准确认识，也是大可怀疑的。

差异存在的另外一个原因是对研究方法和基尼系数的使用有误或存在不同的视角路径。对于基尼系数是否能真实反映土地集中状况，有专家提出疑问。胡英泽教授指出，忽略组内各户地权分配的差异，导致利用这些数据计算的基尼系数很可能严重偏低；简单把户地对应关系转换为人地对应关系，存在统计学上的重大错误。新的资料显示，户、人地权分配基尼系数超过0.5、0.4的村庄占60%以上，过去的一些研究低估了近代乡村地权分配的集中程度。[1] 刘志认为，公田、一田二主、无地户等因素对地权分配的统计影响很大，有必要予以剔除。[2]

我们认为，对于古代社会地权集中的程度，传统观点或许有所高估，王朝的土地兼并发展进程也可能呈现多元化甚至曲折的特点，但中国古代王朝乡村确实存在地权分配不均或者地权集中的普遍现象，且越到王朝中晚期表现得越明显，至于地权集中程度的大小，影响的高低可以进行量化研究，在缺乏统一的全国范围内的真实数据之前，仅凭一府一县局部地区的现有数据难以弄清某一朝代某一时段地权集中的真相。关键是，地权分配不均衡的结果是小农经济和租佃经济的盛行。无论是自耕农还是佃农、雇农在农业生产力（包括单位面积粮食产出率、农作物结构、农业剩余产品等方面）低下或缓慢低增长的约束条件下，缺乏足够单位面积的土地，难以维持温饱生活，抗御风险和变化的能力极低，一旦发生灾荒、瘟疫或战乱，就会瞬时陷入灭顶之灾。乡村社会在传统农业时代的脆弱性，农业家庭或小农经济的贫困性是多个原因造成的，但

---

[1] 胡英泽：《近代中国地权分配基尼系数研究中若干问题的讨论》，《近代史研究》2021年第1期。

[2] 刘志：《方法与实证：近代中国土地分配问题再研究》，《华东师范大学学报》（哲学社会科学版）2020年第2期。

贫困陷阱的两个主要影响变量是赋役积累陷阱和地权集中陷阱，二者是常量，而自然灾害等则是非常量因素，它们共同产生作用。至于为何王朝中晚期土地兼并更为常见，地权集中程度更高，根本原因在于王朝制度的衰败，无法遏制土地市场的外部性问题，即垄断或兼并的自然形成，尽管可能同时存在分产析户等相反方向的影响变量，但只是在程度上而非根本上遏制土地兼并的发生。根据正反两方的论点，我们对历史上的土地兼并问题的论述摒弃了绝对集中论（如10%的人口占有土地的70%以上），而是坚持地权相对集中论，即10%—20%的人口占有全部土地的50%—60%。

土地兼并陷阱

北宋并非完全不立田制，不抑兼并，其他王朝也会不时进行抑制兼并的努力，但很难收到实效。王朝国家抑制兼并是因为土地对农民生活具有保障作用，地权相对分散是维持乡村社会以及整个国家稳定的基础，抑制兼并有利于保证小农经济发展和赋税的足额征收，也可避免出现豪强威胁皇权。但抑兼并之所以始终难以收到实效，根本原因在于官商一体，官僚、地主、皇室高度勾连。秦晖指出，传统中国对"兼并"一直无所作为的情况是较少见的。更常见的是，"不抑兼并"导致权贵私家势力恶性膨胀，而"抑兼并"又导致朝廷"汲取能力"恶性扩张，朝廷轮番用药，在"抑兼并"与"不抑兼并"的交替循环中陷入"管死放乱"的怪圈，直至危机日重而终于崩溃。[①]

或许要将存在争议的土地兼并陷阱进一步修正为少地贫困陷阱。原因在于农业生产力的低下，使得农户需要足够规模的土地才能维持一定标准的生活水准，而农民的少地和无地以及过重赋役使务农无法维持基本生活。土地兼并只是其中一个变量。"重农抑商"、农业技术水平低下使得养活农民成为极大挑战，农业劳动力又缺乏从事其他产业的条件，乡村社会和农民抵御非常之变的能力非常脆弱，导致乡村治理也极为脆弱，历代王朝的公共行政中根本没有可靠的公共财政，一遇非常之变无法应对。

---

① 秦晖：《中国经济史上的怪圈："抑兼并"与"不抑兼并"》，《战略与管理》1997年第4期。

恩格斯在《法兰克时代》中论证过："自主地使土地占有的原始平等不但可能而且必然转化为它的对立物。日耳曼人的自主地，在旧日罗马领土上一出现……即变成了商品。财产分配日益不均，贫富矛盾日益扩大，财产日益集中于少数人手中，这是一切以商品生产和商品交换为基础的社会的确定不移的规律……从自主地这一可以自由出让的地产，这一作为商品的地产产生的时候起，大地产的产生便仅仅是一个时间问题了。"7世纪末，法国的地权集中程度很高，光是高卢教会所占有的土地就超过土地总面积的三分之一。①

土地作为生产要素之一，它的集中与货币、资本、市场、技术等的集中或垄断一样，是私有制、商品经济和市场经济发展运行的必然逻辑结果。抑兼并与反垄断一样，是政府行政正义的应有义涵。市场有其外部性，过分的垄断伤害竞争公平便是外部性之一，与无序竞争、公地悲剧、集体行动困境等一样都是市场经济的外部性。如果中国传统乡村社会存在一个充分竞争的土地市场，那么这一市场的外部性就是地权集中与土地兼并。尽管对于地权集中程度、土地兼并的形式与后果有不同的估算，但对于以小农经济、自耕农为主要形态，以糊口农业为本质的传统农业来说，土地之于农民不仅是生产资料，同样是生活资料和保障条件。即使是地权分散平均的时代，农民普遍面临人均占有土地不足无法维持温饱生活的困境，即使地权集中程度不高，也足以对农民的贫困造成极大的敏感性冲击。这是我们在考察完历史上的地权集中或分散之争后的理解。后文的表格表明，在既存的农业生产率约束条件下，五口之家农户所面临的生存温饱盈亏点是人均占有土地不少于5—6亩。而历史事实是，中国历代人均占有土地面积呈现不断下降的趋势，赋役则呈现上升的趋势，两条曲线的交互推动农民贫困的增加。

尽管学界亦有人认为，土地兼并问题并不必然是农民起义的根源，但从历代农民起义所喊出的口号来看，"均田免粮"始终是两个核心诉求。由此，历代王朝衰亡的一大原因就是始终无法跨越中晚期土地兼并的陷阱，形成一个不可逆的矛盾循环。随着土地兼并的加剧，地权越来

---

① 恩格斯：《法兰克时代》，载《马克思恩格斯全集》第19卷，人民出版社1963年版，第541、546页。

越集中，结果是失地农民日益增多，而农民的赋税、徭役等并无减免，甚至"白丁"（无地农民）也要缴纳高额赋役，持续贫困、深度贫困的农民越来越多，社会贫富差距越来越大，农民逃亡现象加剧，流民越来越多，活不下去或失去希望的农民很容易铤而走险，发动事变，起而抗争。土地是农民的命根子，失去土地的农民就成为无根浮萍，失魂落魄，一无所有的农民极容易被号召起来，参与群体性事件。

为巩固皇权，对权臣、诸侯、豪商等下手狠辣的统治者，为牟取暴利，对官营禁榷无所不用其极的帝王们为什么一直无法解决土地兼并问题呢？根子还在统治者自己身上。正如马克思主义史学所观察的那样，中国古代王朝最大的地主就是帝王。历代王朝都有官田与民田之分，官田中又分为皇庄、皇田、王庄、王田与一般的政府用田。各级官府用于公共事业的如学田所占比例极少，官田中最大的部分是皇族宗室占田。民田中的大地主，也大多具有官僚背景，如徐阶家族占田20万亩，形成官僚地主的集合体。皇帝也好，大官僚也罢，谁也不会起来革自己的命，因为他们都是理性人。

王朝命运与乡村社会

赋役积累与地权集中两大陷阱对古代农业王朝命运兴衰产生了深刻影响，这表明乡村社会、农民阶级在古代国家治理中起到的是决定性作用。

如果将人口增长因素计算在内，那么自秦至清的两千年间，中国古代农民的实际人均粮食产量基本徘徊不前，这可以被看作中国传统农业社会长期停滞的一种表现，也是中国古代农民持续陷入贫困陷阱的根源。如果没有其他非田收入的补充，光靠种粮收入，农民是很难维持温饱的，更不要说达到小康或富裕水平。农民的这种长期持续贫困一直延续到新中国成立，直至实行改革开放和家庭联产承包责任制，放开搞活农村经济后，依靠大量外出打工、经商、手工副业等非农收入，才使农民家庭收入持续增加，解决温饱问题，进入小康社会阶段。小农经济需要投入大量劳动力，其结果是，农业边际报酬递减，生产力低效问题也始终无法解决。虽然两千余年间，农业生产力和技术也在持续进步，包括引进占城稻、美洲玉米、番薯等粮食作物以提高单位亩产量，但人口的增长基本抵消了粮食亩产量提高的空间，使得人均粮食产量始终维持在低增长甚至无增长的发展轨迹上。即使是那些认为中国传统农村地权总体是分散的学者也承认，从绝对意义看，乡村土地仍是较为集中的，如地主富农占地较多，无田或低于土地平均数的农户占有不小比例，表面上看起来自耕农在乡村社会中占据优势，但它带有一定程度的假象，甚至是经济艰困的反映。可见，关注地权集中问题要聚焦于无地少地农民对于土地的占有是否能够维持温饱和生存，基尼系数的高低只是某一种技术性的反映，土地问题的实质并非地主富农占有土地的百分比是50%，还是80%，而是农民谋生需要一定规模的土地，地权集中阻碍了这一目标的实现，使农民长期挣扎在生死线、温饱线上。

值得注意的是，以上人均田亩和人均粮食年产量是以全国范围内的总人口与总田亩数为基值计算而出的，它所表明的是地权的绝对平均状态，基尼系数应该为0，但在现实生活中，基尼系数不可能为0，它意味着，地权每集中一个百分点，农民的贫困程度就可能增加一分，因为在低效的农业生产中，农民要摆脱贫困，就只能扩大耕种面积，以跳出边际报酬递减陷阱，提高家庭总收入。因此，地权的集中，尽管可能不如传统观点认为的达到那么高的比例，但与赋役积累、自然灾荒等成为农民贫困形成的三个主要变量。

表12—3　　　　　　　　历代人均田亩及粮食产量数[①]

朝代（时期）	人口史专家推算的全国人口数（万人）	田地面积（亿亩）	折今市亩（亿亩）	人均市亩数（亩）	粮食市亩年产量（市斤）	人均粮食年产量（市斤）
西汉（2）		8.27053600	5.71990270			
西汉（8）	6300			9.079	117.12	1063.63
东汉（146）		6.93012338	4.79287333			
东汉（170）	6500			7.374	117.12	863.64
隋（581）	2909					
隋（589）		19.40426700[②]	15.09457930	51.89	163.47[③]	8482.46

[①] 此表根据前表中相关数据统计计算，人口数与田亩数不在同一年的以距离最近的年份值计算。

[②] 隋代田亩数据较为异常，仅作参考。

[③] 隋代无准确亩产量记载，故按北朝亩产标准计算。

续表

朝代（时期）	人口史专家推算的全国人口数（万人）	田地面积（亿亩）	折今市亩（亿亩）	人均市亩数（亩）	粮食市亩年产量（市斤）	人均粮食年产量（市斤）
唐（754）	7475—805[①] （7763）					
唐（755）		14.30386213	7.79131370	10.036	148.71	1492.45
后周（959）		1.08583400	0.96356909			
北宋（960）	3000			3.212	213.62	686.15
北宋（976）		2.95332060	2.62077670			
北宋（980）	3710			7.064	213.62	1509.01
北宋（1078）	9087					
北宋（1083）		4.61655600	4.09673179	4.508	213.62	963.00
明（1391）	7100	3.87474673	3.71549464	5.233	350.79	1835.68
明（1393）	7270	8.50769368	8.15802747	11.221	350.79	3936.21
明（1600）	15000	7.01397628	6.72570185	4.484	350.79	1572.94
明（1630）	19250					
明（1628—1644）		7.83752400	7.51540176	3.904	350.79	1369.48
清（1678）	16000					
清（1680）		5.22766687	5.53505368	3.459	381.83	1320.75
清（1766）		7.41449550	7.84697380			
清（1776）	31147			2.519	381.83	961.83
清（1812）		7.91525196	8.38066878			
清（1820）	38310			2.188	381.83	835.44
清（1880）	36439					
清（1887）		9.11976606	9.65600830	2.650	381.83	1011.85

① 该数据为著籍户加上隐漏户、流动人口、特殊人口、少数民族人口等之和，系冻著所推测的数据。冻国栋：《中国人口史》第二卷，复旦大学出版社2002年版，第182、521页。另一估算数据是755年时，唐朝人口数为7000万人。

以上对历代王朝亩均粮食产量的估算在某种程度上可能略微有点高估。以徽州地区为例，《黟县志》中所载，新中国成立前该县水稻亩产只有 200 斤左右，即使是自然条件相对较好的吴中地区，据《江村经济》所载，1936 年时，太湖东南岸的开弦弓村水稻亩产平均只有 350 斤，而该年是接近历史最高产出年份的。对于农民来说，田地收入只能图个口粮，其他全靠副业，这是当地农民自己经常说的话。据费孝通先生的估算，当时的农业收入占农民全部总收入的 55% 左右，江村的一个主要副业收入是蚕丝业，以及搞贩运。1936 年，除去成本的农副业总收入是平均每人合谷 800 斤左右。[①] 诚如费孝通所言，人多地少是中国乡村的普遍现象，表 12—3 表明，清末全国人均土地只有 2.65 亩，南方地区更少，民国时期的开弦弓村人均只有 2.1 亩土地，中华人民共和国成立之初，苏州专区 9 个县人均只有 1.8 亩耕地[②]。同处于江南地区的杭县的人均耕地面积也较低，1930 年，被抽样统计的 369 户共拥有土地 2340.183 亩，平均每户仅为 6.34 亩。其中贫农户占总户数 369 户的 84.01%，为 310 户，1930 年时共占有土地 1151.768 亩，平均每户 3.715 亩；1947 年时共占有土地 1214.297 亩，平均每户 3.917 亩，假如以五口之家计算，平均每人占有土地分别为 0.743 亩和 0.783 亩。而在当时的江南水田地区，拥有 10 亩土地，才能满足农户的基本生活需求，占有土地少于 5 亩的农户必须租入土地才能维持基本生存。因此，当时必然有相当一部分家庭在自耕的同时还要佃地耕种。同一调查表明，1947 年，杭县各乡镇佃农占农户的平均比例为 57.83%，而 1947 年杭县占有土地不足 5 亩的农户比重为 55.56%，两个数据十分接近（部分贫农与佃农身份交叉）。同时，1930 年，中农户均所有土地面积为 14.257 亩，1947 年下降为 13.946 亩，以五口之家计算，人均分别也仅有 2.851 亩和 2.789 亩，人均耕地面积也处于较低水平[③]。

以上数据表明，人多地少是中国传统农业社会中人地关系的一个基

[①] 费孝通：《江村经济——中国农民的生活》，商务印书馆 2001 年版，第 258—260 页。
[②] 费孝通：《江村经济——中国农民的生活》，商务印书馆 2001 年版，第 259 页。
[③] 董建波：《地权配置与社会流动——以 20 世纪三四十年代的杭县为例》，《史学月刊》2022 年第 9 期。

本特征，人地矛盾，人均耕地面积不足成为中国农民陷入贫困陷阱的一个主要原因。这个问题是中国近代乡村经济史研究中的十大学术论争之一，即如何看待人地关系。近代中国，不少学者持中国人口压力巨大以致现有耕地不能维持农民最低限度的生活的观点。一个农民家庭要维持温饱线需要最低限度的土地面积，战国时期，李悝认为人均 4 亩才能达到粮食自给。清前期，仍有张履祥、洪亮吉等人沿用此说。到了 20 世纪二三十年代，对全国人均来说，有 4 亩、5 亩、9 亩、10 亩等标准，也有南方农村为 2 亩，华北农村为 5 亩、6 亩之说。[①]

在农业单位面积产出长期停滞的情况下，如果不增加耕地面积，农户只能依赖副业收入，但在低市场化程度的自给自足的传统社会，副业收入是很低且极不稳定的。开弦弓村位于中国农村最发达的江南地区，蚕丝业兴旺，有条件通过副业弥补家庭总收入的 44% 以支撑温饱生活，但并非所有农村地区都具备这样的条件，在商品化程度不高的南方山地、丘陵以及北方平原、高原地区，种田收入可能超过家庭总收入的 70%，农户的生活水平就不得不在极大程度上依赖农业了。就此，我们可以得出结论，中国历史上的土地兼并和地权集中程度确实达到一个较高的水平，且越到王朝中晚期，越趋于集中，计算地权集中程度不能仅仅计算民田，要将各种类型所有制土地都计算进来；地权集中并非直接作用于农民的生产生活，自耕制并非一定就比租佃制更能使农民提高土地产出率，但人均耕地的持续减少、赋役的积累增加以及农业产出的低缓增长，再加上非农副业收入的稀少以及灾荒疾疫等因素的冲击共同形成对农民持续贫困的长期影响，对这些问题的应对之策构成农业帝国政府在乡村治理方面的主要行政内容。

可惜的是，由于历代王朝集权逻辑的深刻制约，古代中国很难真正解决赋役积累、地权集中、农业产出低效、农业产品剩余和商品化这四大常态性难题。相反，进入王朝统治中期后，统治者所奉行的国家中心主义立场逐渐破坏了农业社会的自我调节机制，消耗了立国之初的制度创新效应，尤其是盐铁官营、茶矿禁榷、均输平准、五均六管、算缗告缗、重农抑商、厉行海禁、打击强商巨匠等各类"权力捉弄财产"政策

[①] 李金铮：《中国近代乡村经济史研究的十大论争》，《历史研究》2012 年第 1 期。

的屡屡出台，限制了中国乡村社会的商业化进程，将中国传统经济锁定在低增长甚至停滞的"糊口"农业轨道上。近代中国的粮食亩产甚至低于清中叶、晚清和民国时期，粮食亩产量、人均粮食占有量以及人均口粮都趋于下降，绝大多数农民的生活在不断恶化，[①] 以农业为主要收入来源的中国乡村农民就只能长期挣扎在温饱甚至生死的水平线上，加诸中国传统社会灾荒疾疫频繁发生，缺乏现代公共行政、财政和御灾意识的王朝政府，往往无法有效应对大规模的严重灾荒疾疫，其结果是在以上四类常量加上灾变这一变量的共同冲击下，王朝政权很容易陷入治理危机，内忧外患频频爆发，内部的民变起义和外族的袭扰入侵最终将专制王朝推向解体。

土地兼并问题的根本是中国传统农业社会的土地所有制问题，从先秦经秦汉至明清，对于传统社会的土地所有制，人们存在较大的争议。但无论是村社公有制、封建土地国有制，还是大生产私有制、个体农民小私有制，作为传统社会最基本的生产资料，作为农民命根子的土地是深刻甚至根本制约农民人生命运从而决定乡村社会和乡村治理形态的关键影响因素。人们之所以关注土地所有制、土地兼并、地权集中等问题，是因为中国传统社会中，对农民尤其是自耕农、佃农来说，土地不是单纯的生产资料，还是重要的生活资料，土地具有重要的社会保障功能，而地权集中和土地兼并一旦发展到一定程度，就会动摇土地的生活保障功能，从而将农民抛入生存困难境地，进而引发乡村社会的不稳定。土地的社会保障功能决定了维持最低限度的可耕或自耕土地面积是农民家庭生死温饱的底线所在，当然，农民生死温饱线还与赋役、农业产出、灾荒等多种因素关联。表12—4是对历代农民的总体收入所作的一个估算，从中可以清晰地看到人均耕地面积、赋役等重要因素对农民家庭收入的影响。

[①] 李金铮：《中国近代乡村经济史研究的十大论争》，《历史研究》2012年第1期。

第十二章 中国古代乡村治理的制度逻辑 / 819

表12—4 历代农户家庭收支表① (皆为财政时石)

朝代(时期)	田亩数(亩)②	亩产量(石)③	年人粮食(石)	每石值钱	非田收入(石)	年入总计(石)	口粮(石)	衣、住、行、用出行、田上开支(折石)	社交祭祀(折石)	婚丧疾病(折石)	种子农具田上开支(折石)	田赋④(石)	徭役(折石)	人头税杂征(折石)	年出总计(石)	盈余数(石)
西周⑤	100	1石粟谷	100		20	120	78	18.66	5.34	5.34	10⑥	10	8.04		135.38	-15.38

① 说明：(1) 魏国的农民支出《汉书·食货志》中有相对详细明确的记载，但也存在不少缺陷。一是对魏国的穷农收入过高了，更为合理。二是未计算婚丧疾病、建房、出行、田上开支、杂税方面的支出。三是以魏国李悝所言农民家庭各项开支为基本参照标准，在没有关于农民家庭日常开支的明确历史记载时，本表以魏国李悝所言农民家庭各项开支为基本参照标准，以此计算其他朝代农民开支的结构。本书保留社交祭祀300钱〔相当于6.67魏石粟。古田地总产量6.67×150×100%=4.45%，下同〕的标准，将穷衣粮800钱(17.78石，占11.85%)，任房建修成本折摊至维修每年300钱计算(4.44石，占2.96%)，出行每年50钱(含服徭役等)(1.11石，占0.74%)，衣任行用共计为23.33石，占15.55%。将婚丧疾病80%的农业生产活动或者带来家庭总收入的80%，女性占20%。徭役部分，在男耕女织的农村生产模式中，假如2位成年男性承担家务收入预期损失可能达到6.7%以上。在田上收入和非田收入比例反推，2个丁男劳年服役30天，因纺织、养殖六畜等占每家庭收入的20%，养殖六畜所需原料来自田上所产的农产品，其争收入应该只能占20%上下。(3) 以魏国每石粟值钱45钱进行换算，再以每石粟谷为一般等价物。凡没有粮食价格的朝代皆用此法估计。

② 历代田亩数，亩产量和苗产量见前文各表。在未有明确物价的时代，以每石粮食作为一般等价物。

③ 亩产量的单位均为石。即朝代的石。不同时代的石容量存在很大差异，同一时期同一行各表格中粮食数值，除有注明的外，种类相同。

④ 田赋根据表11—6所计算的历代亩所负担赋役水平中的亩均税以五口之家的田地数而得。

⑤ 孙翊刚主编：《中国农民负担史》，中国财政经济出版社1991年版，第31页。在西汉末年之前，因无全国亩均田数数据，无法计算实际户均田亩数，西周、魏国、秦代、汉代皆以理论上的五口之家百亩计算。

⑥ 根据明末《沈氏农书·运田地法》，明末时种水稻每亩1.125石，折米1.125石，交租米9斗，净得米每亩一石，即每亩产米3.025石。转引自吴慧《中国历代粮食亩产研究(增订再版)》，中国农业出版社2016年版，第187页注①。如此，则说明当时一石米值钱1两白银，种田成本占每亩收入的37.2%。

续表

朝代（时期）	田亩数（亩）	亩产量（石）	年人粮食（石）	每石值钱	非田收入（石）	年入总计（石）	口粮（石）	衣、住、行、用（折石）	社交祭祀（折石）	婚丧疾病（折石）	种子农具田上开支（折石）	田赋（石）	徭役（折石）	人头税杂征（折石）	年出总计（石）	盈余数（石）
魏国①	100	1.5石粟谷	150	45钱		6750钱	90	1500钱	300钱		15	15			6525钱	225钱
秦代②	100	1.5石粟谷	150		30	180	90	23.33	6.67	6.67	15	109.9	13.4	8.58	273.55	-93.55
秦代（迁陵）	100	1.5石粟谷	150		30	180	90	23.33	6.67	6.67	15	12.75	6.7	8.58	169.7	10.3
汉代③	100	3石粟谷	300	50钱	60	360	90	55.98	16.02	16.02	30	20.97	24	8.12④	261.11	98.89

① （汉）班固：《汉书·食货志》，中华书局1999年版，第948页。西周、魏国皆为周亩，一亩相当于今0.3726市亩。此条数据系根据李悝所言项目记载，与本表项目所载有所区别。

② 秦代的两条数据中，亩产量相同，不同的是，第一条数据是采用较为严厉的赋税（"泰半之赋"）和徭役标准（"力役三十倍"）于古，但此处只作日常水准的两倍计算，人头税按汉代标准折算。第二条数据为迁陵标准。

③ 汉代数据来源于《汉书》晁错、仲长统等言，时间上为汉武帝改大亩之后的中后期。汉武帝改大亩之后，一亩相当于今0.6916亩。据此计算，汉代亩产量相较战国（3石：2.784石）并无太大提高。本书折算时并未将小亩折算成大亩，因为亩入1.5石粟与后面的支出比例是相当的，皆为原始数据。当时一家农户实际种田面积虽然也是百亩，平均每口亩数只有今13.88亩。小于汉武帝改制后的一百亩（69.16亩）。根据历史数据，汉代农户实际平均亩数为69.4亩。这个是指大亩，折合今亩为48亩。这样，我们可得出另一个标准数据，即西汉未年五口之家的实际平均田亩数为67.61亩，平均每口亩数为37.26市亩。此条数据为家庭实际平均亩数，与上一条数据改制后的一百亩（百亩）如按人口6300万人与总土地面积数相除，则人均为9亩，五口之家为45亩。上一条数据为标准单位亩数，即西汉未年五口之家的理论亩数，而西汉末口之家的实际平均亩为53.28亩为五口方官方数平均亩数。故汉代100亩为五口之家的实际平均亩数。下同。

④ 汉代算赋在汉武帝时期达到最高的每人120钱，口赋每人23钱，一家五口二大两小，算赋口赋共值406钱，假如每石粟值50钱，需卖8.12石才能支付人头税。蒙文通先生估算汉代每石粮食估价过高，但我们认为这一估价较为合理。另一个粟价的数据为：边郡粟一石110钱，大麦一石110钱。见蒙文通《中国历代农产量的扩大和赋役制度及学术思想的演变》，《四川大学学报》1957年第2期，第38页；吴慧《中国历代粮食亩产研究》（增订再版），农业出版社1985年版，第81页。

第十二章　中国古代乡村治理的制度逻辑 / 821

续表

朝代(时期)	田亩数(亩)	亩产量(石)	年人粮食(石)	每石值钱	非田收入(石)	年人总计(石)	口粮(石)	衣、住、行、用(折石)	社交祭祀(折石)	婚丧疾病(折石)	种子农具田上开支(折石)	田赋(石)	备役(折石)	人头税杂征(折石)	年出总计(石)	盈余数(石)
西汉(2)[1]	69.4(按五口之家每人13.88亩计算总数)	3石粟合	208	50	41.6	249.6	90	38.81	11.11	11.11	20.8	14.55	16.7	8.12	211.2	38.4
			208	50	41.6	249.6	90	38.81	11.11	11.11	20.8	7.62	16.7	8.12	204.27	45.33
			208	50	41.6	249.6	120	38.81	11.11	11.11	20.8	14.55	16.7	8.12	241.2	8.4
			208	50	41.6	249.6	120	38.81	11.11	11.11	20.8	7.62	16.7	8.12	234.27	15.33
		2石粟合	138.8	50	27.8	166.6	90	25.9	7.41	7.41	13.88	14.55	11.16	8.12	178.43	−11.83[2]
			138.8	50	27.8	166.6	120	25.9	7.41	7.41	13.88	7.62	11.16	8.12	201.5	−34.9[3]
		2.5石粟合	173.5	50	34.7	208.2	120	32.38	9.26	9.26	17.35	7.62	13.95	8.12	217.94	−9.74[4]
东汉(170)	53.28[5]	3石粟合	159.84	100	31.97	191.81	90	29.83	8.54	8.54	15.98	5.85	12.85	4.06	175.65	16.16

① 此处用多组数据意在表明小农经济的脆弱性，一旦人均口粮提高，或者亩均产量下降，或者赋役水平变化，则农民家庭的收入盈余就会随之变化。挣扎在生死饱和温饱线上。例如，十五税一的赋役政策修正为三十税一的，净盈余将增加7.62石，如将人均日食改为四升米，则每年口粮耗粟谷将达到120石，那么农民家庭的净盈余就只有区区的8.4石了。
② 在亩产2石的情况下，家庭即使通过削减口粮至人均日食三升，即使税收减为三十税一，也不能获得收支平衡。
③ 如果想维持人均日食四升米的水平，家庭则需人均日食高到四升米的水平，每年粟要达到2.5石，亩产量为3石的水平，只有在亩产量为3石的水平下，才能维持人均日食四升米的生活水准。否则，家庭只能挣扎在生死线上。
④ 如果想维持生活水平提高到人均日食四升米的水平，亩产量要达到2.5石，但仍会发生9.74石的赤字。结合以上数据，只有在亩产量为3石的水平下，才能维持人均日食四升米（汉小升）的前提下，且略有盈余。汉代理想模型相比，决定农民生活水准的一个重要变量是家庭耕地面积的大小。只有在一百亩（汉小亩）的前提下，才能维持温饱生活。东汉专家所估计的东汉末年人口与同一时段全国土地总面积之除数，得出人均为7.37市亩，还原为10.66汉亩，五口之家共为53.28亩，见表12—3，下同。
⑤ 此数据系根据人口史专家所估计的东汉同期6500万人口与同一时段全国土地总面积之除数，得出人均为7.37市亩，还原为10.66汉亩，五口之家共为53.28亩，见表12—3，下同。

续表

朝代(时期)	田亩数(亩)	亩产量(石)	年人粮食(石)	每石值钱	非田收入(石)	年人总计(石)	口粮(石)	衣、住、行、用(折石)	社交祭祀(折石)	婚丧疾病(折石)	种子农具田上开支(折石)	田赋(石)	徭役(折石)	人头税杂征(折石)	年支出总计(石)	盈余数(石)
唐(755)	120①	1石粟谷	120		24	144	60	22.39	6.4	6.4	12	3.83	9.65		120.67	23.33
唐(755)	92.12	1石粟谷	92.13		18.43	110.56	60	17.19	4.92	4.92	9.21	2.94	7.40		106.58	3.98
宋(980)	39.8	2石粟谷	79.6		15.92	95.52	25.56	14.85	4.25	4.25	7.96	9.87②	6.4		73.14	22.38
		4石粟谷	159.2		31.84	191.04	25.56	29.71	8.5	8.5	15.92	9.87	12.80		110.86	80.18
宋(1083)	25.4	2石稻谷	50.8		10.16	60.96	25.56	9.48	2.71	2.71	5.08	6.30	4.08		55.92	5.04
		4石稻谷	101.6		20.32	121.92	25.56	18.96	5.43	5.43	10.16	6.30	8.17		80.01	41.91
明(1393)	58.5	2石稻谷	117		23.4	140.4	34.78	21.83	6.25	6.25	11.7	13.1	9.41		103.32	37.08
		2.5石稻谷	146.25		29.25	175.5	34.78	27.29	7.81	7.81	14.63	13.1	11.76		117.18	58.32
明(1600)	23.38	2石稻谷	46.76		9.35	56.11	34.78	8.73	2.50	2.50	4.68	5.24	3.76		62.19	-6.08
		2.5石稻谷	58.45		11.69	70.14	34.78	10.91	3.12	3.12	5.85	5.24	4.70		67.72	2.42
明(1630)	20.36	2石稻谷	40.72		8.14	48.86	34.78	7.60	2.17	2.17	4.07	4.56	3.27		58.62	-9.76
		2.5石稻谷	50.9		10.18	61.08	34.78	9.50	2.72	2.72	5.09	4.56	4.09		63.46	-2.38

① 此为五口之家理论授田数，丁男、中男授田一顷，单独立户者加20亩，共为120唐亩。下一条数据系根据人口史专家所估唐天宝间全国人口总数与土地面积除数得出的人均实际土地面积，再乘以五人。

② 据表11—6，宋代北方亩均赋税为12.4宋升米，根据粟米：粟谷为1：2比例，每亩赋税为稻24.8升粟谷。

第十二章 中国古代乡村治理的制度逻辑 / 823

续表

朝代(时期)	田亩数(亩)	亩产量(石)	年人粮食(石)	每石值钱	非田收入(石)	年人总计(石)	口粮(石)	衣、住、行、用(折石)	社交祭祀(折石)	婚丧疾病(折石)	种子农具田上开支(折石)	田赋(石)	徭役(折石)	人头税杂征(折石)	年出总计(石)	盈余数(石)
明末松江	25	2.5石米	62.5	1两	18.18①	161.36②	34.78	25.1	7.18	7.18	50③	5.6	10.82		140.66	20.7
明末松江	25	2.5石米	62.5	1两	12.75④	150.5	34.78	23.4	6.7	6.7	50	5.6	10.08		137.26	13.24

① 明末清初，一匹棉布折银为0.3两，如果按每石米价值1两计算，一匹棉花折合为3斗米，按其成本为三分之一，则农户所获得的净收益（农户中为自我雇佣，"工资"应为2斗米。信息，女织收入的日收入相当于3.33升米。女织收入的日数以满负荷为条件的，一年265个工作日，共可织棉布一匹，年净收益为8.8石米，妇女劳动的日收入是8.8石米是以牺牲妇女从事的其他副业为代价的。在明清时期的江南农村，一名农夫每年从事各种生产劳动的日数为300日，妇女为200日。一对夫妇一年从事生产劳动总日数以500日为限。耕种一亩水稻，一年所投入的劳动总量大约是15个工作日，一对夫妇所得剩余的男性工作日为180日，则男性剩下的120日为从事副业。如水稻后作物的小麦为3个工作日，10亩水田所耗费的男性工作日180日，则男子副业收入为的田上收入为62.5石×15%=9.375石=18.175石米。副业只计算年收入。如此男子副业收入，非田收入共为8.8石+9.375石=18.175石米。副业只计算年收入。如此应为理想状态。

② 此处将稻米还原成稻合计算。标准为1石稻合=0.5石稻米，以实现本列标准统一。

③ 据李伯重的研究，明末湖州沈氏每亩稻田的劳动与肥料投资与银两2.01两，清末松江上农每亩稻田的投资亦不过为银2.4两。这样的成本似平太高，故本表仍采用一两。如以此计算，每亩稻田种田成本为2~2.4石米，指的可能是亩产量达到3石米以上的上等田。对于一般农田来说，这样的成本似农田太高。故本表仍采用一两。每石1石稻米的成本。李伯重：《桑争稻田》与明清江南农业生产集约程度的提高——明清江南农业发展特点探讨（二）》，《中国农史》1985年第1期。

④ 在经营和亩产量都高出明代后期江南一般水平的松江西乡稻生产中，一对夫妇的净收入，10匹所得的收入，亩产米2.5石，1.5斗米的比例，共62.5石米和10匹布，去掉地租265个石，扣除生产成本12.5石（不包括口食），剩下18.7石是农田所得的四分之三工作时间可用于从事棉等其他副业，加上男子副业副业共120天工作时间，共同从事副业收入可达田工作日收入的18%，一般估计为20%，如只织布44匹，意味着桐去织棉120天工作时间的1.5石+11.25石=12.75石米。上总收入的18%。（一般估计为20%，此处减去织布时间），为11.25石。二者相加，非田收入共为1.5石+11.25石=12.75石米。李伯重研究的结论是：18世纪中松江户均耕地规模为10亩稻田。亩均劳动需要18个男子的工作日，一户10亩稻田需要投入180个劳动工作日。农户家中的妇女每年工作265天，妇女劳动是男子水平收入的70%。18世纪初，一匹布生产的净收益1.4斗米，到了18世纪中叶上升到1.9斗；19世纪20年代，生产一匹每匹布的日收益下降到1.7斗米，妇女劳动者的净收益相当于3.4升米，到19世纪晚期，回落到1.1斗。见李伯重《"过密化"与中国棉纺织业生产——18世纪末至19世纪初的松江》，《南都学坛》（人文社会科学学报）2011年第4期。

续表

朝代（时期）	田亩数（亩）	亩产量（石）	年人粮食（石）	每石值钱	非田收入（石）	年人总计（石）	口粮（石）	衣、住、行、用（折石）	社交祭祀（折石）	婚丧疾病（折石）	种子农具田上开支（折石）	田赋（石）	徭役（折石）	人头税杂征（折石）	年出总计（石）	盈余数（石）
清初松江①	10	3.7石米	37②		12.6③	99.2	34.78	15.42	4.42	4.42	25④	0.76	6.64		91.44	7.76
清(1680)	16.33	2石稻谷	32.66		6.53	39.19	34.78	6.09	1.74	1.74	3.27	1.24	2.63		51.49	-12.3
		3石稻谷	48.99		9.80	58.79	34.78	9.14	2.62	2.62	4.90	1.24	3.94		59.24	-0.45
清(1776)	11.90	2石稻谷	23.8		4.76	28.56	34.78	4.44	1.27	1.27	2.38	0.9	1.91		46.95	-18.39
		3石稻谷	35.7		7.14	42.84	34.78	6.66	1.91	1.91	3.57	0.9	2.87		52.6	-9.76
清(1820)	10.33	2石稻谷	20.66		4.13	24.79	34.78	3.85	1.10	1.10	2.07	0.79	1.66		45.35	-20.56
		3石稻谷	30.99		6.20	37.19	34.78	5.78	1.65	1.65	3.10	0.79	2.49		50.24	-13.05
清(1887)	12.51	2石稻谷	25.02		5.00	30.02	34.78	4.67	1.34	1.34	2.50	0.95	2.01		47.59	-17.57
		3石稻谷	37.53		7.51	45.04	34.78	7.00	2.00	2.00	3.75	0.95	3.02		53.5	-8.46

① 与明末清初同时期全国一般水平相比，江南的松江地区由于单位亩产量较高，加之丝织纺织业发达，故农户总收入、盈余数更高些，贫困程度相比其他地区要轻一些，但仍然只能算是浮动在温饱线之上。

② 一般来说，《官田始末考》中说，明代后期江南水稻亩产为1.6石。清代中期为亩产2.3石。何良俊则认为亩产江西乡亩产2.5石。清代中期松江后期亩产3石。顾炎武在《中国经济史研究》1997年第3期。与明代后期相比，明代后期江南苏松一般亩产量为2石米，小麦亩产为1石。一石麦折7斗米。清代中期松江农户耕种10亩，每年可产出37石米和47匹布。此处按松江亩产3.7石米计算。

③ 47匹布意味着农妇工作量已饱和，只有农夫从事其他非田产业，其收入仍按田上收入的15%计算，约为5.55石。47匹布。按每匹折合1.5斗米计算，共折为7.05石米。二者合计，非田收入为12.6石。松江农户男耕女织的产出农田产出呈现边际递减现象，"男耕女织"与"妇女半边天"角色的形成，这就是劳动过密化问题，但清代的农田产出每户耕种10亩稻麦净收入24.5石米，是明代后期的65%。从劳动日的生产率看，明代后期一代农户耕种25亩水田获得的产值1.7斗米，清代中期松户耕种10亩稻麦得净产收入为37.5石米。扣除生产费用，明代后期一个劳动日的净产值为2.1斗米。清代中期则为1斗米。一亩水稻的生产费用，在明清松江都大体相当于1石米，麦则为0.25石米。

④ 清代中期松江一个普通农民家庭种田10亩，亩产3.7石米[稻米3石+麦(折米)0.7石]。

从表12—4可以看出，决定农民收支平衡的最大因素是口粮和穿衣两项，这些日常生活开支可以通过家庭的节约等予以削减，但程度有限，充分说明中国古代农业是糊口农业。农民家庭的日常支出部分可以视为一个常量，决定农民生活水准的主要是下列三个主要变量：

一是农户的可耕地数。从战国至明清，耕地总面积在扩大，农业生产力水平也在提升，但跟不上人口增长速度。其结果是，到明清时期，人均可耕地面积相比前代大大下降，造成农户家庭的净盈收数减少。以明清为例，那些亩产量为2石稻谷的地区，农民的家庭纯收入几乎皆为负数，要维持生存，农户只能削减衣食住行用、社交祭祀等方面的开支，降低生活水平。相反，如果农民要提高生活水准，就要冒家庭财政赤字的风险，通过举债来渡过难关。例如，在亩产为3石粟谷的前提下，如果人均日食由三升米提高到四升米，农民家庭尚略有盈余（15.33石粟谷），但如果提升到五升米，每年每人口粮耗粟谷将达到30石，五口之家达到150石，那么，家庭就会陷入财政赤字（-14.67石粟谷），农民就要靠举债度日或削减其他必要开支。事实上，日食五升米的标准并不算高，日食五升折合为今48市斤粗米（每天1.6市斤），精米则为35市斤，这是男女大小平均每个农民每月口粮的正常需要量。[①]

总的来说，北宋之前，人均实耕土地面积能够达到使农民保持动态但脆弱的温饱水平，但也难以获得多少盈余和积累，基本上是一年保一年。汉初之时，五口之家理论田地面积为69市亩（100汉小亩），即使到西汉末，也有48市亩（69汉大亩），总耕地面积扩大，总收入自然会增加，在日常开支为常量的情况下，农民当然有希望取得盈余。历代王朝之初，社会稳定，生产发展，百姓安居乐业的一个主要原因就是农民有地种。但当王朝进入中后期，土地兼并加剧后，农民家庭可耕地不断缩小，甚至沦为无田的白丁，当然谈不上什么收入了。对西汉末年农民家庭收支情况的模拟分析可见，古代乡村经济极为脆弱，农户家庭收入只能使农民维持温饱，挣扎在死亡线上，处于半饥饿状态，不要说"乐岁终身饱"，甚至不能做到"凶年免于死亡"。历代史书中记载"人相食""白骨露于野"的惨象并非鲜例。

---

① 吴慧：《中国历代粮食亩产研究（增订再版）》，中国农业出版社2016年版，第73页。

由于人均耕地面积减少，到明清时期，尽管粮食亩产量有所提高，但因为家庭人均口粮数是固定的，农民节约开支的潜力是有限的，导致家庭财政赤字很大，最高时达到 20 石谷（约 10 石米）。即使在最为富裕的江南苏松地区，家庭手工业（如蚕丝、棉纺业）发达，也只能部分贴补家用，盈余有限。

二是单位面积的粮食产量。西周、魏国的农民授田皆为百亩，都是 37 市亩，但是西周亩产只有 1 石，魏国则有 1.5 石，在其他因素不变的情况下，魏国农民可略有盈余，西周农民则发生赤字。单位亩产量与水利灌溉、种子质量、肥料、新品种引进、农业技术进步等多种因素有关，农民的精耕细作程度等也是一个重要因素，但影响程度毕竟是有限的，这是农业脆弱性的特性决定的。如果遇上旱、涝、蝗等自然灾害或瘟疫，在缺乏社会保障的古代农村（如常平仓、义仓等），家庭如果没有足够的盈余或储蓄（如积谷），很容易陷入灭顶之灾，生存都会遇到极大困难。

三是国家赋役。赋役负担自然是影响农民收入的重要因素，不过田赋比率只是一个方面，徭役、人头税以及各类杂征才是决定农民命运的大事件。这一变量，个体的农民根本无法左右。

以上三个主要变量对农户来讲都是外部因素，都是由政府决定的。因此，国家与农民的关系本质上是国家在主导，是国家治理的核心。国家治理有效，能够在授田数、亩产数、赋役负担三个方面作出利农决定，农户家庭收支就会有盈余，乡村治理自然会有效果，全社会就能政通人和。但要做到这一点很难，做到了就是所谓的盛世。上述汉代一户治百亩之田的收支平衡属理想状态，或者说是在盛世状态下发生的。一旦其中几个主要变量发生变化，农民就很难实现盈余。例如，如果将每石粟谷价格降到 30 钱，那么，农民的人头税及其他支出就会相应上升，家庭盈余就会减少甚至出现赤字。西汉年间曾多次出现谷贱伤农现象，最低时一石谷只有 5 钱。试想如果 5 钱一石，农民怎么可能有盈余。

20 世纪 80 年代，中国农业产出之所以持续提高，是因为受到三大变量的利好影响：一是农业投入的加大，包括农业基本设施、农业机械等。二是政策的稳定，家庭联产承包责任制长期稳定，农民占有田地长期不变，农业税水平长期稳定。三是农业科技的提高。这三大变量中的政策变量到了 90 年代发生变化了。分田包干的政策未变，但农业税和农民上缴支出实际增加了，尽管国家赋税并没有提高，但"三提五统"、地方截留等居高不下，致使农民负担大增，在很大程度上抵消了家庭联产承包责任制带来的制度红利，其结果是自20世纪90年代初期开始，"三农"问题日益突出。

为什么中国古代王朝会进入超稳定结构，陷入治乱循环的死结而走不出历史周期率，是因为上述三大变量无法得到稳定的遏制。一是非公非私的土地所有制度决定了土地兼并的难以避免，或者说无法在体制内打破土地集中的宿命，其结果必然是农户授田不足。二是国家赋役征收破坏农业生产和农民积极性。中国古代役比赋更可怕，赋相对稳定，役则把农业生产最重要的劳动力抽走，严重影响农民经营。再加上各类超过限度的对农民财富和资源的攫取。三是农业生产水平长期徘徊不前。在其他两个变量无法得到遏制的情况下，农业生产水平如果有革命性飞跃也可在一定程度上抵消其负面影响。还有一种可能性，就是通过工业、商业等其他部门来增加国家税收，以减轻对农业的索取。事实上，这正是2006年中国政府之所以能够取消农业税的原因，工业、商业、进出口贸易、第三产业等其他产业形态的收入完全可以支撑国家财政支出，国家不但不再需要农业输血，工业还可以反哺农业了。但在古代，这是不可想象的。可见，农业、农村、农民问题的根本出路在于社会经济的整体进步、产业结构的革命性调整以及非农产业的兴旺发达，只是当时社会发展还没有达到相应的程度，不可能具备这样的历史条件。

第二节 理性逻辑与乡村治理

本章致力于从宏观上对乡村治理与国家治理、王朝命运的关系进行研究，既然乡村治理是王朝命运的至关重要的影响因素，那么，又是哪些因素影响乡村治理进而影响国家治理的呢？如果将"集权陷阱"视为王朝治理的根本变量或打不破的"魔咒"，又是哪些原因导致"集权陷阱"、土地兼并陷阱、赋役累积陷阱的形成呢？既往的研究从阶级冲突、权力斗争、制度变迁等多种途径提供了不同的解释。我们认为，中国古代社会治乱更替、停滞循环是多种因素共同作用的历史合力的结果，很难用单一因素予以解释。为此，在本节和下一节中，我们力图引进一种理性、权力和制度的三角分析框架，综合使用理性、权力平衡和制度衰败三个主要变量来解释中国古代乡村治理的演进发展趋势，而在三者中，制度衰败体现为最终的归因变量，制度的衰败而不是变迁或革新是中国古代王朝形成与西欧国家完全不同的历史发展路径的根本原因。

一　理性

理性、权力与制度或许可以被看作分析社会历史现象的三个最核心也是最常用的概念，对它们的运用分析形成了理性主义、权力分析方法和制度主义三种主要的社会科学方法。近代以来，几乎所有的社会、政治、经济现象的分析都离不开这三大方法论范式的互动、耦合与分异，对其中任一概念的极致化使用或许都可以得到对某种变量在人类活动中所起作用的有力说明。但时至今日，任何单一的理论似乎也很难令人信服地解释古今中外那些主要的社会政治存在与变迁过程。每一种理论都有其局限性，尤其是它们主要来自对西方社会历史的提炼，是否完全适用于中国传统社会，是需要重新检验的。诚如前文分析，如果西欧式的五阶段社会形态演进并非所有人类社会必经之路，我们又何以笃信新制度经济学对西方世界兴起的制度主义解释是普遍适用的呢？又何以认定，即使没有外力冲击，中国传统社会也必将会进入资本主义社会呢？在集权与分权、宗法一统与封建割据、农业文明与商业文明的二元分异情景下，东方社会真的会与西方社会殊途同归吗？

事实上，通过对罗马帝国和中世纪以来西欧商业文明的发展路径所作的细致梳理可以发现，即使我们承认诺思对英国崛起所作的制度主义分析，也不能仅仅将之归因于制度与体制创新一种变量，制度的作用不过是此前一两千年欧洲经济社会发展多重历史合力叠加迸发的结果，制度创新起到的是归因性的作用。在西欧资本主义崛起的过程中，制度绝非最终的、根本性的变量，理性、权力与制度三者的互动结构才是解释上述历史现象的本源性存在。但是，三者之间究竟是如何互动的呢？这是需要进一步探讨的议题。同样，解释中国传统社会的循环与停滞也需要从历史合力多变量的角度入手，抽丝剥茧地梳理人性、理性、权力、制度等多个因素的作用，尤其是从帝王、官僚、胥吏、士绅、农民等与国家治理、乡村治理密切相关的社会政治行为体的角度，即政治人、经济人、社会人等多视角予以研究，进而提炼揭示三者间的关系，探寻三者的关系模式及其对乡村治理的影响。因此，理性、权力、制度三者间的互动关系结构是本书的基本分析框架。

理性之辨

"理性"（Rationality）是社会科学的一个核心分析概念，理性主义范式则是流行于当代社会科学研究中的一种主要分析框架，并形成几种不同的发展路径。理性的具体内涵非常丰富，在不同的语境和知识领域中可能有着完全不同的界定，总体而言，理性经历了从逻辑内涵、哲学内涵向政治内涵，最终向方法论内涵的演变过程。

逻辑学上的理性与感性、知性相对应，指人作为主体的自觉的、有意识的系统认知，强调认知要洞察本质，探寻规律，运用逻辑推断。逻辑理性中的理性主要指一种高级的抽象思维能力。西塞罗曾指出理性的哲学内涵，认为理性就是永恒普遍的正义，自然法就是自然中的理性。文艺复兴以后，理性一词的内涵愈加丰富。除了继续保留其逻辑内涵外，其政治内涵和哲学内涵也有广泛的运用。特别是康德以后，理性的哲学色彩日趋浓厚，发展成为意指独立于主观的客观意识、精神或历史规律等，成为德国古典哲学的一个核心概念，如康德的"纯粹理性""实践理性"、黑格尔的"绝对精神（理性）"等范畴。

理性的政治内涵最早是在文艺复兴以后被启蒙思想家们广泛运用，以对抗中世纪占据统治地位的神学意识形态。与神学强调的神本位不同，启蒙思想家们以人性对抗神性，以自然法方法和理性的概念来倡导人本主义的政治思想。理性成为人性的一种体现形式，意指人不仅具有不同于动物的理智、认知和认识客观规律的能力，而且这种理性是天生的、自然赋予的，必须予以尊重，这种理性是一种客观规律，是它决定了人类团结合作，共同开展社会生活，并推动历史发展。可见，在政治哲学领域，对理性主要是从价值层面使用的，理性被启蒙学者赋予进步、理智、良知、正义等规范性含义。政治学领域的理性主义基本上秉承近代启蒙思想家对理性的规范和价值标准，强调进步性、价值性、人的思维的理智性等因素。

方法论理性是指将人的理性假定作为研究的出发点，并由此发展出一套分析框架。近代思想家们的抽象的理性分析已经开始具有这方面的功能。但真正对方法论理性的系统运用始自边沁对理性的功利主义界定，他将理性由抽象的、高高在上的哲学逻辑层面请回到世俗层面，将理性与利益尤其是物质利益联系起来。边沁对理性的界定除了沿用原有的规范含义外，对理性的功利主义使用色彩渐趋浓厚。由此，哲学理性、伦理理性逐渐走向世俗理性、工具理性，含义演变为明智、合理、趋乐避苦等，理性由早期启蒙学者强调的规范性概念向工具性概念演变，最终通过新古典经济学"经济人""理性人"的术语使用，被广泛地应用于经济学、政治学等社会科学研究中，发展成为方法论理性或称理性主义。

理性一词分别在哲学、逻辑学、政治学、国际关系学等领域内使用，有着各不相同的含义。但正如波普尔所言，在广泛的意义上，理性不仅包括理智活动，还包括观察与实验。同时，也表明为寻求一种尽可能多地解决问题的方法，要诉诸理性，即清晰的思想和经验，而不是情感和激情。①

理性主义研究范式，指将社会科学的研究对象假设为具有利己主义利益追求的行为个体（可能是自然人，也可能是团体、组织、阶级或国家），利己个体有着将自身利益最大化的意愿，正是这种利益最大化推动了个体与所在整体的互动以及整个系统的发展与演化。"经济人"假设是西方主流经济学的基本假设，理性选择理论则是西方社会科学的主导方法论。与"经济人"假设类似，"政治人""社会人""国家人"分别被视为政治学、社会学、国际关系学等不同领域内的理性主义假设。理性主义包括四个方面的基本假设，一是行为者是利己的，二是行为者趋于追求个体利益尤其是物质利益的最大化，三是行为者会寻求以与目标相对而言的最佳方式（通常是成本收益最佳比）去展开自己的行为，四是行为者的上述偏好在预期上是稳定的。②

在以上四个假设中，最难理解或最具争议的是第二、第三个假设。对于究竟用什么来定义个体利益或者说是效用的最大化，不同的人可能

---

① ［英］卡尔·波普尔：《开放社会及其敌人》（第二卷），郑一明等译，中国社会科学出版社1999年版，第341—343页。

② 以上部分内容参考胡宗山《政治学方法论》，华中师范大学出版社2007年版，第83—87页。

有不同的判断标准。例如，对一个专制统治者来说，他的效用最大化是维护自己的权力还是追求个人的享受？对于一个君主来说，是开疆拓土重要还是保境安民重要？对这些效用或偏好内涵的界定往往成为分歧所在。这些分歧表现为物质利益与非物质利益，物质利益中的不同利益，如权力、安全、福利等，非物质利益则包括威望、名誉、道德等，它们与权力、安全何者是行为体的第一考量？当不同的效用目标产生矛盾时，行为体该如何选择？此时其理性是如何体现的？

第三个假设是成本收益比的测算问题，行为体既然是理性人，必然会对实现目标的成本、收益进行比较和测算，选择净收益最大的方案去实施，这种"聪明"的做法就是"理智"。理智、趋乐避苦、功利主义是人之常情。例如，古代乡村农民的避比避役行为、关说行为、冒隐行为都是"聪明"的做法，也是经过成本收益测算后的理性、理智行为。理性行为中那些事后看起来是理智的行为也分两种情况，一种是对相关信息充分掌握后所作出的理性选择，这不算什么，我们大多数人都能够做到；还有一种是对信息的掌握不那么完全，在有限信息或条件下仍然作出正确的选择，并取得符合目标任务的成果，这可称为"神算子"行为。

理智行为是常态，很少有人在没有其他因素干扰的情况下，会选择净收益最小或次优的行动方案，那样的"傻"才是真的"傻"。但是，这种不理智的、"真的傻"的行为是不是理性的呢？它仍然是理性的。它是一种有限理性，有限理性分为两种情况：一种是因认知、能力、经验、信息的不足导致的判断失误，或许可称为客观有限理性，是指因客观条件限制导致的有限理性，我们绝大多数人平时所犯的决策失误皆属此类；另一种是在充分信息状态下仍然作出次优的选择，这属于其他欲望、动机遮蔽了理性的判断，可称为主观有限理性。例如，"在我死后，哪管洪水滔天"，历史上很多暴君昏君，并非不知道自己的骄奢淫逸会导致丧失政权，甚至身首异处，但仍然不管不顾，这属于主观有限理性。被欲望冲昏了头脑做出不理智的行为，人们一般称为"蠢猪"行为。诸葛亮北伐中原，他难道不知道蜀汉仅有益州一地，民凋地残国弱，胜算不大吗？当然知道，但"汉贼不两立，王业不偏安"，只有北伐才能维护蜀汉政权的合法性，压制内部矛盾。诸葛亮的行为也是有限理性行为，但人们会将其称为情有可原的行为。

还有两类行为，一类是游离于理智与不理智之间的冒险或投机行为，因为存在侥幸心理或赌徒心态，不愿意中规中矩，按常态方案行事。另一类是超越理性行为，即意识形态行为，个体非常清楚成本收益的比值，也了解行为的利他性而非利己性本质，但仍然愿意基于信仰、价值观等意识形态动因去从事明显有损于自身个体利益的行为。其正面清单包括革命者为理想信念舍生取义，负面清单包括邪教势力、恐怖主义分子被洗脑后自愿成为"人肉炸弹"或从事自杀、自焚行为。

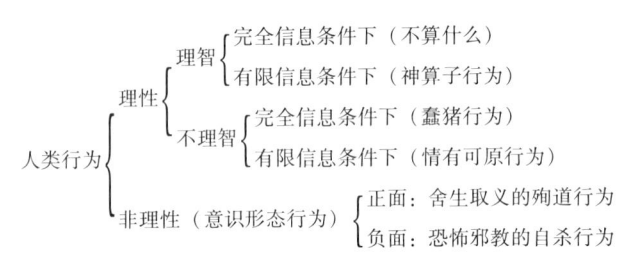

$$
人类行为\begin{cases}理性\begin{cases}理智\begin{cases}完全信息条件下（不算什么）\\有限信息条件下（神算子行为）\end{cases}\\不理智\begin{cases}完全信息条件下（蠢猪行为）\\有限信息条件下（情有可原行为）\end{cases}\end{cases}\\非理性（意识形态行为）\begin{cases}正面：舍生取义的殉道行为\\负面：恐怖邪教的自杀行为\end{cases}\end{cases}
$$

图12—1　理性与人类行为

理性的本质是人性，用各个学科中的理性或"经济人""政治人""社会人"的假设来研究历史中的人，往往会产生一叶障目、盲人摸象的片面性。处于现实环境中的任何一个个体，都是多元人性的综合体。例如，在古代社会，帝王是最重要的政治行为体，处于所有政治行为的核心，对帝王最适合的理性抽象应是"政治人"。事实上，当面临权力斗争时，任何帝王可能是"政治人"；当需要处理国家财政与皇室内库的利益分配时，他变成了"经济人"；当面临后宫、子嗣等家庭问题时，他又变成了"社会人"。而在作为最高决策者，需要处理对外关系时，他的"国家人"特性是最浓郁的。在更多时候，帝王的多种身份和角色之间会产生张力和冲突，这是理性和人性的复杂所在。

七情六欲尤其权力欲望是人的个体理性的内涵之一，是个体行动的依归，七情六欲不可能消除，也没有必要消除，但理性在于理智地计算追求七情六欲的成本，尤其将此成本与作为行为个体的目标偏好挂钩，如果因为放纵情与欲而影响战略目标即偏好的实现，则是不理性的行为。但是，人并非上帝，并非圣人，很难摆脱欲望的操控，很难克服人性的弱点，这就是理性的悲剧。理性还存在有限理性，即人的智力、能力、水平等的限制，无法掌握全部信息，作出完全正确的判断和决策，这是理性的弱点，它是理性的内在局限性。还有一种理性其实已经不能称为理性，只能称为非理性，即对目标、成本、收益、信息等有着清醒的认识，但仍然基于信念、信仰、文化、意识形态、情感等各种需要，作出明显不理性的行为，这就是意识形态行为。人类作为个体，理性行为是普遍存在的，因为人是利己的，利己是普遍的人性，"人为财死，鸟为食亡"，这是古今中外概莫能外的普遍规律。"明知山有虎，偏向虎山行"，即明知不可为而为之，可以是意识形态行为，因为山上有大义、有儿女，明知自己可能飞蛾扑火，但也要去。另外，"明知山有虎，偏向虎山行"也可以是愚蠢行为，因为对成本收益没有进行正确的计算，作出的是错误的决策。

权力

如果评选一个古往今来最为流行的社会科学概念，绝对非"权力"莫属，但人们对究竟什么是权力并无真正或统一的理解。据说，关于权力的定义多达300多个。权力是最通俗也是最为神秘的分析概念，几乎没有人能够讲清楚权力的真正内涵，权力与能力、武力、暴力、魅力、影响力、权威等密切相关，但又不是它们。权力，只可意会，不可言传。人们只能从古今中外的政治实践中去感受权力的魔力，但永远无法真正把握它的全貌。权力可以流行于多个领域，也被不同学科的人用于分析历史和社会现象，经济、政治、社会、文化等各个领域都可以看到权力的身影，它无处不在，但要论使用最为广泛的还是在政治学领域。可惜的是，作为最古老、最传统的政治概念，当今时代，权力分析方法似乎落伍了。与制度主义、心理、文化、社会学等概念相比，权力似乎既不"精确"也不"时髦"；与矛盾分析方法、阶级冲突范式、生产力—生产关系互动范式相比，权力方法没有那么"先进""敏锐"、具"革命性"；与结构—功能主义、角色分析、集团分析方法相比，权力分析方法似乎既无法展开宏大叙事，也不能做到细致入微。作为最古老的概念，权力在现代政治学分析中处于非常尴尬的地位。

但是，权力作为分析概念，虽然古老，但并非落后；虽然神秘、不易量化，但并非不可使用。事实上，权力是完全可以与多种分析概念和方法共存的。在分析政治现象时，如果缺乏权力视角的关注，是无法认清事物的本质的。历史唯物主义在分析人类社会的阶级冲突时所关注的是不同阶级对权力的争夺，尽管权力属于上层建筑，受到经济基础的深刻制约，但无产阶级革命的首要任务就是夺取公共权力即政权，而社会主义国家治理的本质就是如何正确地行使公共权力这种来自社会而又高于社会的权力，马克思主义对国家本质的分析也无不与不同的社会阶级与权力（政权）的关系息息相关。制度经济学的分析范式，首先关注的是理性个体的经济行为，似乎与权力关系不大，但从政治经济学的视角来看，权力与市场、国家与财富的互动关系深刻地制约着制度的创设、运行、变迁、功效，经济制度离不开宏观权力背景的制衡。宏观经济学所关注的公共政策如货币、财政等的背后是国家权力的影响，浸透着不同阶级、阶层、党派、利益集团的博弈与斗争，根本不可能离开权力的作用。微观经济学关注的是经济人开展的经济活动，但无论是土地、劳动力、资本，还是厂房、生产设备、交易成本、专利、技术等生产或服务要素，背后都有权力的阴影。至于其他各种社会的、心理的、文化的分析视角，都是择其一端而用之，只不过是将人类行为某一方面的影响要素予以放大强化而已。在不同的社会体制中，任何其他要素都不能不受到权力因素的制约和影响，只不过在传统社会或东方社会，权力、政治的因素更为显著而已。权力概念既可以与结构主义、整体主义相结合，衍生出权力结构、权力平衡、霸权结构等宏观性概念，也可与角色理论、精英理论、认知理论、集团分析方法相糅合，探索不同社会个体在从事政治行为时的权力考量。

古代中国作为具有几千年王权与皇权统治历史的传统社会，权力的影响无处不在，权力的阴影无可逃避，分析中国古代政治和国家治理，离不开对权力概念的深刻洞察。尤其是秦汉以后，中国逐渐形成君主专制和中央集权的政治结构，它深刻地制约甚至决定了两千余年中国社会的整体走向，如果摒弃权力视角，几乎是无法得到对中国传统社会运行本质和发展规律的真理性认知和准确判断的。

作为被专制主义和人治主义深刻塑造的传统中国，中国古代社会的权力关系同时兼具个体主义和整体主义的认识论特质，对其分析宜采取个体—整体的研究范式予以把握。

所谓个体主义层次的认识论特质，是指任何社会个体，无论是其从事经济行为还是政治行为，都是从自身的理性认知出发行动的。在中国传统社会中，与乡村治理密切相关的是四类行为主体：帝王、官僚、胥吏和农民。四类个体的行动哲学是功利主义的、理性主义的，但这种功利与理性并非单纯的经济人理性或政治人理性，而是综合理性。古代农民是小生产者，与其他各类经济交易主体打交道（如地主、雇工、佃户、商人、交易对象），具备经济人理性；同时对于自耕农（含自佃兼耕）、地主甚至雇农、佃农来说，他们作为小农经济的主要责任者[①]，要缴纳赋税，服力役、职役，接受国家统治和教化，承担相应义务，又与国家产生政治行政关系，被动地被赋予政治理性，尤其是在生存面临重大挑战时，其领袖和精英人物有可能萌发强烈的政治理性偏好和诉求。至于帝王、官僚和胥吏，皆各有其功利主义哲学观，所追求的理性预期和功用各不相同。帝王当然既有长期的政治理性，又有短期的经济理性。官僚则分为不同类型，但作为统治阶层的成员，行使政治行政功能，亦有自身的利益偏好，同样兼具政治、经济两个层次的理性。胥吏作为基层事务性治理角色，并不具备独立的政治理性，而是被动地进入治理体系中，其政治理性深刻地依附于所在的行政体系结构之中，但胥吏具有强烈的经济理性，将谋取报酬和赢利型纪经作为主要的行动追求。

---

① 传统中国并无现代化大农业，即使是家有万亩田地的大地主，其经营方式仍是小农经济。地主的耕作方式主要分为两种：雇耕和佃耕。雇耕规模不大，中小地主多采取雇耕方式。大地主基本上都是把土地分成若干块，租佃给若干位农民耕种以收取地租。古代中国农地细碎化程度较高，农业经营方式、耕作技术、肥料、农业机械等方面始终未实现革命化或工业化突破，虽然地权集中度不低，但无法出现西方式的现代大农场农业，中国传统农业仍然是以在小块土地上投入过量农业劳动力，致力于精耕、密植、细作的小农经济为主导形态。所谓小农是指一位成年男性农夫的耕作极限在10—20市亩的小规模土地范围内，还须借助足够的畜力以及家庭成员的帮助。历史上的"夫耕百亩"折合今市亩最高在70亩以内，如以五口之家中的成丁二人作为主要劳动力，每人仅能耕种30—40亩，这是由人力、畜力等条件决定的。唐代之前的农业耕作多为粗放型，耕作面积较大，宋、元、明、清时南方地区种植双季稻，土地面积缩小，多为精耕型，五口之家一般只有不到30市亩的耕地面积，两个成丁加上家庭成员协助治田方可取得最佳绩效产出。小农经济以家庭为基本经营单位，男耕女织是主要经营方式，男耕为田上收入，约占家庭总收入的70%—80%，女织为副业，包括缫丝、纺织、养殖、打零工、贩运等，约占家庭总收入的20%—30%。农户产出除缴纳赋税外，主要用于家庭成员消费性开支，具有高度的自给自足特征，自然经济是小农经济的内在特质，小块土地的耕作面积约束是小农经济形态的决定性要素。

以上深嵌于中国古代乡村治理中的四类行为主体皆兼具深厚的政治经济理性主义动因，政治理性与经济理性在日常生活和治理场景中并非截然分开，而是深刻地互动交织在一起，成为不同类型社会角色政治经济行为的底层逻辑动力。只有从综合理性的角度，将四类行为主体视为理性的个体行为体，才能为理解中国古代乡村治理提供本源性认识判断。个体理性始终是社会行动的根源，古代乡村治理的一般形态在根本上取决于四类行为主体的理性冲突、合作、竞争与互动的历史实践。

那么，权力与理性有何关系呢？主要从经济学学科发展而来的理性主义范式与主要在政治学学科使用的权力分析方法之间有何内在关联呢？其实，二者在根本上是一致的。理性即人性，功利主义、趋乐避苦、效用最大化等都是人性的自然表现，理性只不过是人性的精致化或高级化表现形式而已。它去除了人性中那些赤裸裸的原始欲望和笨拙的、愚蠢的行动逻辑，而代之以经过精明计算的、对成本收益冷静把控的长远判断和宏观追求，但在本质上，理性仍遵循的是利己主义的哲学观和方法论，理性是精致的利己主义。

权力是人性在政治领域的高级呈现，追求权力是政治人的理性所在，没有哪一个政治角色不以获得权力作为自己的理性偏好或预期效用。帝王的理性在于皇权永葆、皇位永固、江山万万年。官僚的理性在于不断升迁，位极人臣，生前享尽荣华富贵，死后流芳百世。胥吏的理性在于上下其手，把控一切，同时也获得实际收益。普通农民的理性相对单纯，无非是"三十亩地一头牛，老婆孩子热炕头"，"乐岁终身饱，凶年不免于死亡"，他们与享有权力似乎并不挂钩，而是权力的实施对象，但对于农民中的精英领袖人物来说，也会有"王侯将相，宁有种乎""苍天已死，黄天当立"的政治追求，改朝换代、取而代之也是精英农民的权力理性所在。

秦汉以后的中国古代王朝在政治上形成了典型的君主专制结构和中央集权结构，它在本质上是一种宏观的权力政治结构。从整体主义视角来观察君主专制结构和中央集权结构，它们不但具有内在的自我强化的演进趋势，而且具有在面对挑战时不断修复以应对集权统治危机的功能，并由此决定古代王朝的政治、经济、文化、社会诸领域的制度，塑造制约全体社会成员的行为选择和行动方向,进而在根本上决定中国古代国家治理包括乡村治理的前途和命运。整体主义认为,系统大于部分之和,系统结构对于结构的组成部分具有高度的制约功能。君主专制结构和中央集权结构形成的王朝权力政治结构最终形成专制"漩涡"和集权"陷阱",形成资源集聚的"黑洞",在很大程度上冲销了古代王朝分权性、多元化、商业化、社会化的多面向发展趋势,扼杀了社会和文化活力,使国家治理体系无法实现自我更新,最终使王朝不得不在农民起义、外族入侵、自然灾害等系统外挑战的冲击下彻底崩溃解体。

那么,专制"漩涡"和集权"陷阱"是如何形成的呢?用制度、文化、心理等变量都无法充分地予以解释,只能使用人性—理性—权力欲的解释模式进行分析。制度或许可以解释王朝中晚期统治者的政治选择,例如,制度的路径依赖、"祖宗家法"、"皇明祖训"等限制了后世君主的行动自由,但无法解释开国君主的理性行为,如赵匡胤的"杯酒释兵权"的政治赎买政策、内外相维的军事制度设计、"不立田制,不抑兼并"的经济社会政策,因为这些政策或制度是原创的;也无法解释朱元璋的废除宰相制和分封制,因为相制已经存在多年,分封制之弊则有惨痛的历史教训,对以上现象的出现最终只能用宋太祖、明太祖的帝王理性——巩固皇权偏好予以解释,皇权护持偏好使他们作出了自以为正确的选择。用文化或个体心理则无法解释为什么清随明制,二者无论是从团体属性、文化传统、心理因素等各方面都存在天壤之别,清初的统治者们也不像康熙那样接受过汉化教育,为什么会愿意全盘接受明代的政治制度呢?唯一的可能就是统治者看到了制度的功效,但选择承继明制的政治动机仍是理性主义的选择——建立并巩固满清统治者的皇权。

但是,人性是无法得到满足的,理性也是无法通过自我设限来实现合理化的。人心无足,理性无限的逻辑决定了权力欲望永远在路上,不会有停止的时候。它决定了中国古代王朝的皇权专制漩涡越来越强,集权陷阱越来越深,因为皇帝要将一切权力集中在自己手上。有人认为,到乾隆时期起,中国封建专制制度已经发展到顶峰了,央地关系、皇位继承危机、后宫干政、宗藩威胁、少数民族侵扰等问题几乎都解决了,历史上那些威胁皇权的所有因素几乎都消失了,相权、督权、后权、宦权、储君权都匍匐在皇权脚下。但清代为什么仍然摆脱不了治乱兴衰的历史周期率呢？问题就在于皇权本身，因为绝对的权力导致绝对的腐败，清代仍然不能解决腐败问题，既包括帝王的腐败，也包括官吏的腐败。帝王的腐败不仅包括骄奢淫逸或怠政、庸政、暴政问题，更包括勤政、能政、决策水平、治理能力等重大问题。官吏的腐败自不必说，和珅的腐败取决于乾隆的腐败。腐败既包括经济腐败，更包括政治腐败，帝王宠信奸佞，朝纲不正，决事不明，就是最大的政治腐败。

集权陷阱的表现形态是专权、霸权、集权，它是违背权力之道的。权力之道是平衡，其外在表现是分权、均权、平权。国际政治中强调权力平衡，强调国家间的均势，反对霸权主义、强权政治，国内政治中也要讲究分权制衡。但是，权力之道与历史现实似乎并不同步。国际政治中，"霸权治下的和平"、"霸权稳定"论大有市场，历史上也似乎有过霸权和平的事实存在。国内政治中，不要说中国传统社会，就是在西方国家历史上，也是皇权、教权、王权轮流一统天下，只是其集权程度与中国相比可能有所逊色而已。但是，违背权力平衡之道的结果是零和博弈，一锤子买卖，因为统治者不懂得妥协，无法通过分权、让利、协商、妥协的方式来消解国家治理中的矛盾，反而使之越积越深，最终对立的社会阶级只能采用你死我活、两败俱伤的对抗方式解决终极矛盾，但其代价往往是数万人头落地，对人类生命和社会生产力的损害太大，并且基本没有多少社会进步价值。

二 帝王理性

权力作为人性的政治表现形式，具有自我加强的内在冲动与趋势。任何权力主体很难进行自我限制，依靠其个人的道德修养和理性认知来制衡权力的滥用或恣意而为是极其困难的，虽然不能排除一时、一地、一人等个案情况的出现，但它们并不具有普遍性。对于权力的约束，只能是另一种权力、制度或社会规范。在以人治为主要治理形式，以权力关系为主要内容的传统社会，人的因素尤其是帝王的因素对国家治理极其重要。帝王的话就是金科玉律，就是王法。圣旨诏书即政策往往会改变既有成法和制度。好制度、坏制度、恶法、良法的推出很难得到充分的论证，很多时候取决于帝王君主的个体认知或判断。孔子说，"文武之政，布在方策"，但事实上，"其人存，是其政举；其人亡，则其政息"①。王道善政取决于是否有圣人出，有贤人出，孔子强调圣人、圣王治天下的主张与和柏拉图的"哲学王"思想有异曲同工之妙。因此，要理解古代乡村治理有哪些影响变量，了解权力、制度是如何互相作用的，首先要分析帝王的理性，它是国家治理权力的原初动因。

荀子认为，好荣恶辱，好利恶害，饥而欲食，寒而欲暖，劳而欲息，是人之所生而有也，君子小人之所同也。② 帝王是人，肯定有七情六欲，但帝王是最高的治理主体，其理性偏好必然大大超越普通人，所谓天子之怒，"伏尸百万，流血千里"，可见其影响之大。但正因为其具有举足轻重的影响，更要决策科学，行动谨慎。那么，帝王的理性偏好包括哪些内容呢？

帝王的最大理性当然是维持皇权，巩固皇位，江山万年。是否被情绪、欲望、好恶左右是判断明君与昏君的标准。李世民并非不讨厌魏征，多次想杀掉他，但维持皇权的理性告诉他，魏征的很多谏言是正确的，是有利于施政，维持自己的皇权的。为了维持皇权，巩固统治，帝王需要做到"修礼者王，为政者强，取民者安，聚敛者亡。……聚敛者，召寇、肥敌、亡国、危身之道也，故明君不蹈也"。③

维持皇权的统治地位是所有帝王的理性所在，如果不是被另一种权力胁迫，没有哪一个皇帝愿意放弃至高无上的皇权，中国古代历史上几乎不存在真正的禅让制，乾隆为了履行自己的承诺，当了三年太上皇，仍然把大权紧握在手。南宋自高宗时期起，形成了"内禅制"传统，但那些内禅的帝王，有的是为了推卸政治责任，有的是因为身体原因无法有效履职，有的则是被权臣胁迫。既然维持皇权是最大理性，为什么还有很多帝王做出了在后人看起来简直是"自毁长城"的愚蠢之举呢？如横征暴敛，搜刮民财，纵容腐败，严刑峻法，宠信奸佞等。明神宗"酒、色、财、气"四病俱全，其怠政、鱼肉百姓、聚敛国家的行为看起来根本不像个身份是"老板"的皇帝，而像个身份

---

① 《中庸》，徐儒宗译注，中华书局2015年版，第324页。
② 《荀子·荣辱》，方勇、李波译注，中华书局2015年版，第44—47页。
③ 《荀子·王制》，方勇、李波译注，中华书局2015年版，第118页。

是"打工人"的贪官。

帝王理性有三个偏好目标，一是权力欲望的偏好，即皇位的稳固和皇权的有效行使，这是最优先级的考量，任何一个心智正常的帝王都会将稳定和使用皇权作为最重要的偏好来考量。二是自身的欲望（除权力欲之外）偏好，生老病死，吃喝穿用，男欢女爱等。三是王朝统治的稳固偏好。后两个偏好视乎不同时期。开国皇帝及拓疆皇帝们会将王朝统治稳固看得更为重要，而承平日久的后世皇帝则更多受制于自身的七情六欲。

不同的理性偏好或目标次序的区别取决于人性。我们可以将帝王分成不同类型：开国帝王或拓疆帝王、守成帝王或承平帝王、末世帝王或亡国之君。处于王朝不同时期的帝王尽管都想维持皇权，但限于经历、认知、能力等各方面的差异，导致理性在实际施政中的具体表现呈现出不同的形态或特点。开国帝王们经历了改朝换代的大动荡，亲身体验"民可载舟，也可覆舟"规律的厉害，因此，小心谨慎，朝乾夕惕，励精图治，没有一事不用心，没有一人不卖力，企图江山永葆，政策大多是与民便利，加上改朝换代缓解了土地兼并，安全问题的解决也降低了对财政赋税的需求，使初建王朝有较大的弹性空间用以调整治理政策。当然，对于皇位安全的过分焦虑，也决定了开国君主制定了许多深刻影响王朝命运的制度和政策，而后世君主受制于祖宗家法，很难通过制度革新兴利除弊，最终导致制度衰败，对此后文将有详细论述。

但是，对于生于深宫之中的和平时期的守成帝王来说，自己的皇权稳固对于他们来说是背景变量，他们认为是理所当然的，如果没有外力敲打，他们是意识不到危险的。如果没有废立危险，在任帝王简直可以为所欲为。尤其是到明清后，皇权日益巩固，其他政治势力很难对之构成根本挑战。嘉靖作为一个藩王入主的帝王，之所以能够在与大臣们的政治斗争中取得最终胜利，并非由于他有多聪明，而是在于当时的朝内朝外已经没有力量能够制衡皇权的恣意妄为。同样，从正德、隆庆到万历、天启、崇祯，皇权是否正当行使完全取决于帝王的自我觉醒。万历只在少年时曾因胡作非为，被李太后罚跪，甚至威胁要废掉皇位，才有所恐惧，其他任何时候，即便多年不上朝，也不用担心皇权旁落。至于本家江山永固这类长期收益，根本不在守成帝王的考虑范围之内，虽然尚不至于有"在我死后,哪管洪水滔天"的不负责任之言,但守成帝王们普遍觉得只要眼前的权力和欲望得到满足即可,没有那么多的长远考虑。到了末代帝王,虽然已经看到形势危急,想有所作为,但无奈整个帝国沉疴难起,呈现"大厦将倾,独木难支"的衰象,加上末代帝王的政治经验和水平能力有限,难有回天之力。崇祯、光绪都想有所作为,但能力水平达不到要求,这是理性有限性的问题。

权力欲望固然重要,但皇权、皇位如果非常稳固,那它们就不在帝王理性的日常行动优先目标序列之中,此时,帝王理性偏好中最重要的就是各类生活欲望,对万历来说,是"酒、色、财、气";对天启来说,是做木工活;对杨广来说,是尽情享受;对正德来说,就是探险好玩;对嘉靖来说,就是问道求仙。色、酒、财、名、长生是这些帝王生活欲望的主要表现形式。因帝王将主要精力放在满足生活欲望上,导致不理朝政、大权旁落、宠信奸佞、纵容腐败等现象在历代王朝中不断发生,严重冲击中枢治理的正常运行。

可见,帝王不是普通人,需要对过分的权力欲和生活欲自我克制才能履行统治职责,才能维护作为帝王这一职位的政治理性。《六韬》中对尧的描述正是帝王理性在克制私欲和正确决策上的典范。[①]《六韬》中所强调的爱民如子之道是帝王理性的正当反应和应有之义,即利民之本,成农之时,省刑罚,薄赋敛,俭宫室,吏治明。[②]

"君不肖,则国危而民乱;君贤圣,则国安而民治。祸福在君,不在天时"[③],帝王理性对维持王朝统治稳定至关重要,但帝王有俭有奢,有英明有颠预,受到个人能力、眼界、欲望的限制,帝王理性是不稳定的,也是难以持续的。从政治治理角度来看,封建王朝的核心是要实现权利与义务的平衡,汲取民力不可过度。帝王的理性在于充分地认识到"水可载舟,亦可覆舟",并采取切实有效的措施防止"覆舟"的发生。

古代王朝的帝王理性中,纯粹用于皇家开支,如内庭内务支出、在

[①] 《六韬·鬼谷子》,曹胜高、安娜译注,中华书局2007年版,第11页。
[②] 《六韬·鬼谷子》,曹胜高、安娜译注,中华书局2007年版,第14—15页。
[③] 《六韬·鬼谷子》,曹胜高、安娜译注,中华书局2007年版,第10页。

世皇帝个人享用是一个很大的部分，但用于维护既存礼治秩序，昭显法统正当性的开支也很巨大。例如，嘉靖十六年（1537），按照皇帝旨意，工部大规模营建皇家山陵和宫殿，以及修饰七陵、预建寿宫、盖造行宫等，需银高达千万两之多，相当于全年的财政收入。①

三 官僚理性

在家天下的古代王朝国家中，官僚尤其是实行科举取士后的中央和地方官员是"职业经理人""高级打工仔"，他们"朝为田舍郎，暮登天子堂"，能够"学得文武艺，货与帝王家"。政治打工仔的身份属性决定了帝王与官僚之间是政治代理关系，即帝王掌握对国家权力的所有权，而将部分治理权委托给中央、地方不同级别的大小官员行使。看待官僚理性需要了解帝王理性与官僚理性的关系、官僚理性的偏好以及代理人制度设计对于国家治理的利与弊。

既然是职业经理人，官僚的最大理性偏好就是晋升，古今中外概莫能外。"不想当将军的士兵不是好士兵"，不想出将入相的官吏不是好官吏，成为一人之下，万人之上几乎是所有封建官员的终极理性目标。理性主义效用是官僚群体的集体冲动。为了实现晋升，官场关系、政绩、名声等都成为理性主义目标的次级目标，由此带来政治治理中的种种困境，如官官相护、政绩锦标赛、吏治腐败、贿赂、贪污、荫附、朋党、小圈子等。晋升是官僚理性的政治目标，为了实现晋升，不同的官僚八仙过海，各显神通，甚至使索贿贪污的经济理性服务于政治理性。例如，为维护恩庇关系，从利益相关人处取得经济利益，再转送给上级官员。与胥吏相比，官僚理性是政治经济的双重理性、综合理性。当然，也不排除极少数官员就是以贪贿牟取物质利益为其第一目标，但官越大，掌握的资源越多，牟利越容易，也越多，所以升官对于官员来说仍是第一选择。升迁冲动的存在使很多看起来风评不错的官员也受到污染。例如，抗倭名将戚继光曾经送过美女给张居正进行"性贿赂"以求升官，浙江巡抚胡宗宪也不得不依附严嵩、严世蕃父子以保住现有

---

① 李义琼：《明嘉靖间上供物料折银与工部白银财政的建立》，《厦门大学学报》（哲学社会科学版）2019年第2期。

职位。

　　士大夫官僚们也有腐败，行贿受贿、贪污弄权在任何时代的官僚群体中都是普遍现象，否则也就不存在吏治腐败一说了，腐败是官僚理性的重要构成部分，也是士大夫阶层作为皇权代理人机会主义行为的副产品。所不同的是，腐败程度和消极影响要视不同的官僚阶层、不同层级的官僚而论。中央部门官僚的腐败除最为常见的贪贿行为外，还包括参与最高层的政治斗争如帝王废立、皇位继承、后宫宫斗、交结中官、拉帮结派、党争、与上下级间形成荫附—恩庇关系等。省道府一级的督抚理性除了个人的升迁和政治作为外，还有一层考量是本位主义和地方主义，主体还是维持地方作为政治经济实体的存在运行与发展。县级官员则存在多样化的理性动因，既有意识形态、正义信仰在内，也有维持地方利益在内，还有一部分则是个人利益的考量。一般来说，地方官僚的制度性腐败行为包括：加派加征、确定耗折、确定折纳等价等。例如，古代地方官府权力扩张，凡祭祀、宴飨、造作、馈送、夫马一切公私所需及各种供应，如岁办物料等，皆责里长营办，即使给钱，也仅值百分之一二。①

　　隋唐实行科举制后，文官群体的主要来源是儒家知识分子，文人当官后，成为士大夫，士大夫是古代中国官僚群体的集体身份。费孝通先生曾对士大夫阶层即官僚群体作过精辟的论述：士大夫阶层从未试图掌握政治权力，即使做了官，也从未行使过政策决定权。士大夫不会去和皇帝争夺政权，他们对政治是中立和消极的，这是因为传统士大夫阶层的政治意识中有一个特别重要的观念——道统。② 道统的本质就是治国、平天下，辅佐帝王成就伟业，道统要求官僚特别是文官群体不以占有政治权力来保障自己的利益，而是甘心成为"帝师""师儒"，通过向帝王布道，传播孔孟的治国理念，获得帝王的认可，再由帝王授权去实施"仁政"，以此实现自己的人生理想。当然，这是指那些有政治理想和政治抱负的士大夫官僚。

---

① 梁方仲：《明代赋役制度》，中华书局 2008 年版，第 21 页。
② 费孝通：《中国士绅——城乡关系论集》，赵旭东、秦志杰译，外语教学与研究出版社 2011 年版，第 41 页。

不同时代，官僚群体中总是存在一些不以纯粹物质理性为追求目标的文官群体，受到孔孟之道熏陶的士大夫官僚中，有很多人当官是为了实现自己的政治理想和政治抱负，这使得他们能够将自身的物质收益甚至生命放在第二位，对于海瑞等人来说，他们已经超越了理性的作用范畴。在明代历史上，有一个独特现象，就是大臣与皇帝间的激烈博弈。无论是嘉靖朝的大礼议事件，还是万历朝的立太子事件或者海瑞的抬棺上疏，文官群体通过多种形式与皇权进行激烈的政治斗争，很多官员不惧被罚俸、打屁股、坐牢甚至杀头，也要逆龙鳞进言。不能简单地认为明代文官群体就是为了博取青史留名，在根本上，他们是为了坚持心中的理想、信条和原则，这是一种意识形态式的殉道行为。对海瑞等人来说，理性内涵已经有所变化。还有一些地方官敢于为民请命。例如，正德年间，徽州知府留志淑力为恳免，请求朝廷不要将白粮负担加于徽州府。嘉靖年间，祁门县令尤烈脱冠抗争，抵制对徽州府祁门县的白粮飞派[1]。还有很多如王安石、张居正一类的改革创新者，他们的理性就在于实现自己的政治抱负。

不过，以上有政治信仰和抱负的、能够青史留名的官员毕竟只是少数，大多数官僚还是以庸俗的、物质主义的理性偏好作为自己的第一目标，即升迁和捞钱。同时，官僚的利益偏好又具有典型的"打工人"特点，并以机会主义行为的形式表现出来。所谓"打工人"特质，就是在老板和工作对象之间进行精算，看如何行事对自己有利，他们的行事逻辑不是理想、抱负，而是上级的考成、印象等。但是，即使这样，官僚中的推卸责任、"搭便车"行为仍普遍存在，上有政策，下有对策，古今皆然。例如，范仲淹的庆历新政中曾有"推恩信"这项政策，就是针对如下情况：朝廷发布蠲减赋税命令后，地方官并不认真贯彻，往往事隔一两月，地方官"督责如旧，桎梏老幼，籍没家产。至于宽赋敛、减徭役、存恤孤贫、振举滞淹之事未尝举行"[2]。

对于没有政治信仰的官员来说，利用政治代理所赋予的条件，即岗位职权，获取自身利益最大化是他们理性偏好的最重要内涵，在官僚群

---

[1] 乾隆《江南通志》卷一百一十六《名宦五》。
[2] 汪圣铎：《两宋财政史》，中华书局1995年版，第41页。

体中普遍存在政治和经济上的投机主义。官员作为帝王的代理人，对上、对下都存在信息不对称，这为他们利用信息差牟利提供了可能。以明朝为例，在赋税上实行原额主义原则，即一府一县的田地、赋税被假定为多年（至少十年，因为十年清查一次）恒定，地方官员只须交纳与上年相同的赋税至国库即可，但对下，对加征、加派的种类和数量则拥有自由裁量权。如果遇到了海瑞那样的亲民好官，百姓负担不但不会加重，甚至还会减轻。海瑞在淳安时就削减了很多赋役。但如果是贪官想从中渔利，百姓的负担就会加重。这就是政治代理关系的弊端，也是帝王理性与官僚理性之间的冲突。为什么两宋朝廷屡次下令禁止和买，但却收效甚微？因为采办的官僚有利可图，可利用帝王与百姓之间的信息不对称，进行寻租。明代江南地区农民漕运白粮、上供物资等至北京内库，中间经历多道关卡，其加征加派者甚至是原额的七八倍之多，它们是沿途地方官吏、城门守卫、大内守卫、宦官们雁过拔毛、上下其手的结果。

帝王理性与官吏理性之间存在张力。对于营私舞弊、贪污自肥的行为，明清都曾多次颁旨，禁止地方加派，或者采取措施，改革征派手续，公开征派内容，通过古代的政务公开来解决问题。例如，清顺治年间，制订易知由单、串票、印簿、循环簿、粮册、奏销册，类似于赋税手册和标准，制度设计不可谓不周全。

农民出身的朱元璋对贪官污吏有着刻骨的仇恨，对于官僚理性有深刻的认识，企图以帝王理性压制官僚理性，以皇权震慑官权、吏权。明代的制度设计事无巨细，全面翔实，朱元璋试图通过制度供给来解决历史上的治乱难题。可能知识分子科举正途出身的品秩官员还有道德底线和礼教约束，无品的衙门乡里胥吏纯粹是受政治实用主义驱使。对此，朱元璋有着清醒的认识，他认为，"所任之官多出民间，一时贤否难知，儒非真儒，吏皆猾吏，往往贪赃坏法，倒持仁义，殃害良善，致令民间词讼皆赴京来，如是连年不已"，于是又向天下颁布《教民榜文》："今出令昭示天下，民间户婚、田土、斗殴相争一切小事，须要经由本里老人、里甲断决，若系奸盗、诈伪、人命重事，方许赴官陈告。"[1] 试图通过乡里社会自我调节来解决治理难题。

---

[1] （明）张卤编：《皇明制书》卷之九《教民榜文》。

但正如贪污受贿屡禁难绝一样，官吏作为代理人的理性自私行为，难以根除。何况古代在信息、文书、账目等方面存在严重的信息不对称，主管人员能力不对称，监督不对称，为地方胥吏，包括村里长渔利提供了可能。

对皇权统治者来说，代理人关系的存在也并非全无正向作用。当出现统治危机时，帝王可以抛出一部分贪官污吏作为垫背石，以缓和尖锐的官民冲突。部分朝代的农民之所以有"只反贪官，不反皇帝""好经都受让贪官污吏们念歪了"的观念，除了受传统儒家忠君思想的长期浸淫外，还与信息链条过长和不对称有关，帝王与农民处于信息链、利益链的两端，很难发生直接冲突，而农民日常打交道的都是地方官吏，很容易将怒火发泄在他们身上。帝王可以牺牲官僚以挽救危机，但如果不在根本上革新治理，代理体系的屏障作用也不可能永远发挥功能。

二十四史中有很多循吏列传、酷吏列传。所谓循吏，师古注解曰："循，顺也，上顺公法，下顺人情也。"[①] 这段话道出了官僚的理性困境，既要完成王朝统治任务，又要为民请命，前者为公法，后者为人情。

循吏列传、酷吏列传是古代的官员红黑榜，是对古代官僚群体和个人的道德与职业评价，是官僚理性的大检阅。这与明君、昏君、圣君、暴君等评价一样，只不过正史出于政治正确考虑，对明君、昏君没有在史书中作出直接明确的划分，但司马迁、班固等很多史书作者仍通过种种不同方式对帝王进行过评价。

胥吏理性

科举制实施后，官、吏分途。官员异地任职，长则五年，短则三年就要轮调。吏员则自相授受，在本地服务。官府机关日常政务都掌握在吏的手中，弊端极多。官、吏出身、性质的不同，决定了胥吏理性与官僚理性存在较大差异。

海瑞对胥吏理性有过细致的描述。吏，"古称'庶人之在官者'……何今之为吏者，每以得利为夸。惟以得利为夸，故百端作弊，无所不至。……仁义礼智之道同于圣贤者，丧之尽矣。……猾吏巧于骗财，执

[①] （汉）班固：《汉书·循吏传》，中华书局1999年版，第2687页。

偶中之事以愚小民。（小民）见一人偶以吏书而祸，遂谓无赂则不可；见一罪偶得吏书而免，遂谓有赂则可。吏猾民愚，弊非一日"。① 这段话深刻揭示了胥吏理性的本质和胥吏能够作弊的原因所在，指出胥吏的理性偏好就是谋利逻辑。

胥吏之害是胥吏谋利逻辑的理性表现。与受儒家教育多年，或许还残存一点孔孟之道，尚存一点敬畏或良心的士大夫官僚不同，胥吏大多没有道德感，也缺乏乡邻关系、熟人社会的约束，他们无惧无畏，吃相难看，其理性的偏好就是牟利，或利用官府代理人身份敲诈牟利，或与其他官吏共谋牟利，或利用职务之便，如在抄写文书、计算赋役、登记户口、执行政策制度等方面牟利，或上下其手，或朋比为奸。历史文献中记载了很多胥吏的舞弊行为，如升斗浮收、涂改税册、变乱图籍、隐瞒登记、上下其手、挪前移后、放大取小等，无所不用其极，花样翻样，层出不穷。胥吏将"靠山吃山，靠水吃水"，利用职务方便寻租的理性逻辑演绎得无以复加。

上有政策，下有对策，做假账，上下联手欺瞒上级是胥吏的惯常做法。明清管钱粮的师爷都有三本账，第一本是自己看，数字真实，但绝对保密。第二本是给县官看的，数字已经减少，但能自圆其说。第三本是为县官上报用的，数字更少，但可与以往数据保持连贯。不少清官还以敢于少报户口而受到绅民的歌颂和舆论的赞扬。② 原额主义的赋税征收原理使中枢机构和上级地方政府只关心今年的赋税是否比上年减少。

明代的粮长不是体制性的胥吏，但由于被赋予征粮之权，也开始积染上胥吏牟利腐败的特性。《明太祖实录》中记载了粮长邾阿乃苛敛三万二千石米，钞一万一千一百贯的贪腐事实，而当时他经手的正米仅为一万，可见其牟利之烈。嘉定县粮长金仲芳等三人巧立名色竟将征粮附加到十八种③。后文所说的农民理性中的许多机会主义行为都需要农民与书手等人共谋才能实现，书手作为胥吏，利用职权牟利是其理性的正常体现。

---

① 陈义钟编校：《海瑞集》，中华书局1962年版，第56—57页。
② 葛剑雄著：《中国人口史》第1卷，复旦大学出版社2002年版，第122页。
③ 吴晗：《吴晗论明史》，北京理工大学出版社2016年版，第425—426页。

《大诰》中记载，浙西官吏折收秋粮时，每米一石，官折钞二贯，但巧立名目，所取要的各类杂费加在一起共高达 900 文。从浙西运粮一石到南京，竟要花四石运费，百姓苦不堪言，① 其中大多都是沿途各级关卡官吏寻租所致。运粮至北京，一石的中途运费及打点，更是高达七八石以上。

明初松江府、苏州府坊厢中各有一千多名市井之徒，成为在官的帮闲，自名为小牢子、野牢子、直司、主文、小官、帮虎等，动辄在农忙时生事下乡，搅扰农业，为害乡里。②

明代里甲之役相当于宋代衙前之役，皆是乡村治理的头等重役，但也是榨取民力的第一等苛政。胥吏理性中也包含里甲长在其中上下其手，随着时间的推移，里甲长和粮长之位都变成腐败的工具，③ 只不过受到农村社区共同体和人际关系的限制，里甲长牟利空间和程度有所约束。同时每县赋额有定数，税率也不能任意提高，官吏里胥作奸空间有限。就是说，正税可操作的空间不大，重点放在加征加派、杂税杂役上，可获得更多侵吞剥削、贪污受贿的机会。清代里甲组织在执行催税任务后，同样变得腐败，逐利勒索乡民行为与明代别无二致。

清代的保甲之役也无法避免素质低下的保长甲头借职务之便勒索敲诈乡民。为防范士绅、族长等乡村精英利用保甲、里甲组织控制乡村，清代统治者不允许他们担任保甲、里甲组织负责人，而由普通乡民轮充保甲、里甲之役，这一制度设计不可避免地经常把一些"贪暴无耻棍徒"推到保长、甲长的位置上来。事实上，许多朴素善良的乡人千方百计回避保长、甲长的任命。另外，恶霸和"光棍"却非常想担任，连乾隆皇帝都曾抱怨说，"各乡设保甲长，类以市井无赖充之"，保甲体系中由此出现"劣币驱逐良币"现象。④ 无赖之徒充任保甲长，自然是为逐利自肥而来，其结果可想而知。

---

① 吴晗：《吴晗论明史》，北京理工大学出版社 2016 年版，第 429 页。
② 吴晗：《吴晗论明史》，北京理工大学出版社 2016 年版，第 421—422 页。
③ 萧公权：《中国乡村：19 世纪的帝国控制》，张皓、张升译，九州出版社 2018 年版，第 124 页。
④ 萧公权：《中国乡村：19 世纪的帝国控制》，张皓、张升译，九州出版社 2018 年版，第 100—104 页。

官僚理性的代表是《红楼梦》中的贾雨村，理性的退化或异化以贾雨村最具说明性。他一开始还有读书人的道德和傲骨，但在现实的打击下，未能坚守理想信念，沦为理性工具人。胥吏理性则以《红楼梦》中的门子为代表，他没有什么道德和信仰的约束，纯以利益为行动考量。现官不如现管，吏比官更易腐败。

《太公阴符》中曾记载，周武王咨询姜太公，国家治乱的关键是什么？太公说，其本在吏，吏乱国之重罪有十：吏苛刻；吏不平；吏贪污；吏以武力迫胁于民；吏与史合奸；吏与人亡情；吏作盗贼，使人为耳目；吏贱买卖贵于民；吏增易于民；吏振惧于民。如果具备其中的三项，则国乱而民愁。十项尽有的话，则民流亡而君失其国。此处的"罪"应是指消极的、负面的影响。此处的"吏"虽也包括官在内，但亦可见胥吏对于国家治理的重要性所在。姜太公还描述了百姓十种坐大的情形，认为这将导致一家害一里，一里害诸侯，诸侯害天下，为此，统治者希望绝吏之罪，塞民之大，使民吏相伺，上下不和而结其仇。[1]

有识官员清醒认识到"财赋大害，莫如蠹役，官以参罚去，而此蠹役盘踞如故"。[2] 黄宗羲将胥吏之害归结为四条：一是胥吏作为"皇皇求利者，而当可以为利之处，则亦何所不至，创为文网以济其私"，指的是胥吏利用甚至制造规章制度以牟利。二是"天下之吏，既为无赖子所据，而佐贰又为吏之出身，士人目为异途，羞与为伍"，意为胥吏挤占文人岗位。三是衙门的佐贰由吏部选拔，但吏部连他们的姓名都看不过来，何谈考察挑选。四是京师关键权力部门的胥吏职位，世袭传承，甚至私相传授，结果是天下没有封建的国家，却有封建的胥吏。黄宗羲给出的纠正胥吏之害的办法是恢复差役，士人为吏。[3]

胥吏的谋利理性为这个阶层带来了遭人唾弃的名声，不仅士人耻与之为伍，老百姓也既怕他们又恨他们，称他们为"狗吏"。明正德年间《新安毕氏族谱》中有"吏约"的规定，约束族人不得为吏，理由是讨厌

---

[1] （宋）范晔：《后汉书·百官五》，中华书局1999年版，第2475—2476页。
[2] 赵尔巽：《清史稿·食货志》，中华书局2020年版，第2528页。
[3] 黄宗羲：《明夷待访录·胥吏》，段志强译，中华书局2011年版，第163—171页。

吏的习气。① 明清绍兴师爷的称呼也带有一丝丝的讽刺或戏谑。

帝王理性与官吏理性

如果从纸面制度规定来看，历史上的大多数王朝赋税并不高，官府取民之数并未超过十分之一，但为什么农民会遭受"催纳之数不多，供亿之数更繁"的困境呢？是因为帝王理性、中枢治理与官吏理性、地方治理之间的内在张力是不同的。地方政府、官吏群体有其相对独立的利益存在。好经让歪嘴和尚念坏了，但歪嘴和尚也没有办法，地方也是经济人，也有自己的利益考量与需要，地方官也是理性人，巧立名目、私征加派、贪污自肥、营私舞弊、虚报吃空饷等地方治理中的弊病并不能完全归因于官吏道德水平的低下，制度上的缺陷是一个重要原因。

官僚理性的优先目标是政治晋升，哪些人可以获得晋升呢？潜规则是得到皇帝、上司的赏识，但纸面规则则是政绩，古代同样有政绩锦标赛。例如，在编审户口中，官僚理性表现为，有司博户口增加之名，热衷于追求溢额，以争取考成优等获得升迁，故相沿旧习，应删者不删，不应增者而增，已亡者不开除，子初生而责其登籍，出现六十以上仍为成丁，无子之寡妇亦有丁等怪现象。古代乡村产尽人亡，丁口不除，累亲族及里长代赔者，结果造成隐漏、诡挂、滥免现象严重，士绅大户与地方官吏勾结，加剧中下层百姓负担，他们不得不包赔代纳丁银。放富差贫，舍富就贫，劫富济贫的做法是违反历史规律的。山东济宁州在康熙中期原编人丁26600余丁，无地之丁竟高达16000多人。② 因为当时清政府对溢额有奖励，和今天对征税有奖励道理是一样。在人头税未废除的情况下，丁额就意味着税额。

清政府对官员催征赋税完欠有奖惩办法，称为催科考成，考成以十分计算。官员在未离任前催征全完，准予开复，至后任官代征完者，不准开复。康熙二年（1663），规定征催地丁钱粮考成外各部一应起解赋银作十分考成，钱粮本年内全完者记录一次，三年相接均全完者加一级。地丁钱粮经征之州县官未完及一分停升，罚俸一年，一分降职一级，二分至四分递降至四级并戴罪催征，五分以上革职。督催之布政使司直隶

---

① 常建华：《明代宗族组织化研究》（下），故宫出版社2012年版，第401页。
② 郭松义：《清代赋役、商贸及其他》，天津古籍出版社2011年版，第15页。

州未完不及一分，停升，罚俸半年，一分罚俸一年，二分降职一级，三分至五分递降至四级并戴罪催征，六分以上革职；巡抚未完不及一分停升，罚俸三月，一分罚俸一年，二分降俸一级，三职降职一级，四分至六分递降至四级并戴罪督催，七分以上革职。此后惩罚办法时有更新，但都以催征为主要内容。①

四　官吏理性

农民是古代中国的主体人口，社会学意义上的农民包括地主、自耕农、佃户等所有以农业为职业的人群。古代社会的主要矛盾究竟是什么？不能一概而论，要在多重关系中区别论述。在政治关系上，是国家与农民的矛盾，国家对农民、对乡村进行资源汲取；在治理关系上，是中央政权、地方政权、基层政权与农民之间的矛盾；在经济关系上，是租佃关系，地主与佃户的矛盾。因此，赋税并非治理失败的唯一因素，国家治理中有多重因素，但赋税作为农民起义反抗官府的重要因素需要予以考量。国家与人民的关系始终是导致治理成功与否的核心要素。

乡村治理很大程度上是中枢理性与地方理性、官吏理性的多层次博弈。就帝王来说，没有不希望把国家治理好的，没有不想使皇权稳固的，但受到制度、文化、个人治理水平等多方面因素的影响，中枢治理所提供的决策、政策和制度无法在地方和基层中得到有效的执行。衡量制度执行的标准是名实分离程度。名实相符程度越高，制度政策执行得越到位，则国家治理和乡村治理越有成效。可惜到王朝中后期，各种因素共同作用，最终导致名不副实，实不顾名，国家法度无存，朝纲不振，小民无救济之途，尤其是正税之外的加派加赋，使贫民无立锥之地，而乡村社会有限的自治互助机制无法长久持续，义仓、义社在大变革、大冲击面前无力挽回大局。

中国古代乡村治理的诸多结构性矛盾并非完全是由原生性制度供给引发的，大多是中枢治理、地方治理与乡村治理博弈的结果。其中，乡村治理总是弱势的一方和受害者。在古代王朝中，弱势的乡村治理只能沦落为沉默的大多数，虽然也有少数仁人志士、有识之士为之鼓呼，但

---

① （清）允裪纂修：《钦定大清会典则例》卷三十七《田赋四》。

帝王理性的本质就是缺乏节制地追求权力与利益，中枢治理的行动目标总是追求国家财政的最大化，未能正确地处理中央与地方、地方与乡村的关系。在高压皇权和暴力威胁下，地方总能通过将危机和矛盾转嫁给乡村里甲以获得暂时的苟且偷安，结果是矛盾的日益积累。这一点在明代的正税、杂税、徭役、上供、加征等赋役收入的中央、地方、乡村三者关系中体现得特别明显。

地方政府的财政

上古之世，田赋徭役征解区分明显，田赋以实物征解，包括粟、谷、麦、豆、丝、绢等，少有折色之科。徭役以力役征解，农民需亲身服兵役、夫役。赋役区分对于分解中央与地方的起解、存留也较为便利。唐末实行两税法开启货币化征纳后，在制度上为中央侵渔地方、榨取地方打开了方便之门。宋、元、明、清实行职役化徭役政策，规定可以钱代役、以银免役，尤其是明代实行平米法、加耗法后，苛捐杂税名目越来越多，为中央政府将临时性赋役科目"提拔"为正税打开了通道。

宋代的免役钱、明代的均徭银实施之前，徭役不存在货币化，中央政府除了征发农民建宫室筑城墙外，并不能直接从财政上获取收益。徭役货币化后，丁银、徭银逐渐成为临时性财政收入项目，最开始只是用于地方政府的公费支出，如各类官吏差岗位的工食银补贴，行政、教育、孤贫、祭祀、朝觐、治安等领域的公共费用支出。这些费用属于地方政府的正当本色开支，理应由农民征收的田赋中支出，正因如此，历代地方政府征收的田赋（实物或货币）中，会存留一部分给府县地方政府以支付上述费用，从而形成中央财政、地方财政收支体系，这就是起解和存留。显然，地方财政能力取决于中央与府县之间在起解和存留之间的分配比例，如果起解过多，存留过少，地方财政就会十分薄弱。古代缺乏科学完整的财政预算决算体制，也少有现代的转移支付制度，起解的田赋主要用于宫廷皇室和中央政府开支，很难再转移回地方政府用于公用事业和民生支出。在这种情况下，如果起解存留比例达不到与地方事权事务相适应的程度，府县地方就会面临财政困难，出现财务左支右绌的局面。地方政府当然会与中央政府进行博弈，在史书和地方志中，常见到知府、知县上奏朝廷，要求提高存留比例，或者回拨部分资金，但这些都是少数有良心、正直爱民的官员的行为，对于绝大部分地方官来说，在政治上更安全的做法是加大对乡村社会的汲取；相对于找中央要钱，惹皇帝不高兴，向下索取，敲诈百姓成本更低，可行性高得多。尤其是徭役货币化后，免役钱、徭役银似乎越来越成为地方收入的主要组成部分，基本是存留于当地供府县支出。这样，从明后期至清代，古代王朝的财政收入结构中逐渐形成中央财政与地方财政的收支体系。

中央财政的收入（实物与货币）主要来自三大部分：一是田赋两税（实物和货币）的起运部分。其比例，以明弘治十五年（1502）为例，全国米麦起运存留总量为26799341石，其中起运数为15034476石，占比56.1%，存留数为11764865石，占比43.9%。明万历六年（1578）前后，全国两税起运米麦占总数的57.39%，存留占42.61%，但在苏、松等府所在的南直隶地区，起运占征收米麦总量的比例更高，达到82.96%。同时，南直隶各府州起运给中央政府的米麦占全国起运总量的32.6%[①]，真正是天下财赋三分之一来自江南。弘治十六年（1503），苏州府共征正耗米麦3056014石，起运2411737石，起运率达78.92%。万历四十八年（1620），苏州府实征熟平米2428000石，存留只有71808石[②]，存留比例不到2.96%。清代的起运存留比例更不合理。清嘉庆二十二年（1817），广州府起运的地丁银占征收总数的83.71%。从全国赋粮来看，乾隆十八年（1753）、三十一年（1766）岁漕起运京师的赋粮分别占征收总数的56.44%、57.56%。在全国赋银方面，清康熙二十四年（1685）、雍正二年（1724）、乾隆十八年，起运银占全国起运存留总数的比例分别是77.82%、76.79%和78.77%；嘉庆、光绪年间，进一步上升到81.56%和85.65%，地方财政在国家总体财政中的财权份额进一步下降。[③]

二是在正税之外新增税赋。宣德年间，周忱在江南通过加征耗米，实施均赋改革，由此产生"余米"形成地方收入，由地方政府便宜支配。

---

① 万历六年，南直隶米麦起运总量为4984525石，全国起运总量为15286738石。
② 乾隆《苏州府志》卷八《田赋一》。
③ 梁著第547—549页乙表73、乙表74；第633页附表35；第586—587页乙表87；第588—589页乙表88。

弘治十六年（1503），苏州府共征缴米麦 2092304 石，但加上耗米共为 3056014 石，加耗率高达 46% 以上。由于政治斗争及其他各种复杂原因，到景泰初年，江南余米充为"公赋"，纳入两税正赋。周忱等人宣德年间在苏州试行的平米加耗本是为减轻当地农民负担，但加征的耗米最后反过来变成了官府的正税项目，原本应是官府用来调剂的政策工具异化反噬为官府逐利的新名目，到明末，已经用"平米"来表述正耗相加的税粮总额，其数额约为正米的 1.4—1.5 倍。原本是为解决北运用的耗米俨然已经成为官府新的税源。

与耗米相近的还有加征、加饷。自嘉靖中叶开始，南北边患渐兴，明廷原有税赋严重不足，只得通过加征兵饷来提高财政收入。到万历年间，原本只是临时起征的饷银登堂入室，渐成固定的岁额税目，每年都要征收，且标准越来越高，最终达到亩均一钱三分六厘以上的水平。清代明后，仍然在一段时间内征收饷银，只不过将"辽饷"更名为"九厘地饷"。清代虽然没有加征加饷，但自雍正年间开始征收的"耗羡银"以及实施的"火耗归公"制度可以看作清代的"平米法"。清光绪年间，征收的耗羡银对地丁银之比为 11.72%[①]。相对于明代帝王的守财刻薄，清代帝王在"火耗归公"后，分享了一部分利益给各级官吏，官员们可在耗羡银中支取养廉银，且数目不菲。例如，知县的养廉银为 600—1000 两不等，如折算为今天的人民币，相当于每年额外增加 40 万—67.5 万元的年终奖，也可看作帝王与官僚结成央地利益共同体的一种体现吧。这种以耗作正，就是制度衰败的一种表现。明末的加征是历代王朝末年通病的再一次发作而已。北宋宣和六年（1124）六月，为应联金灭辽的燕山一役之需，宋徽宗下诏要求京西、淮、浙、江、湖、川、闽、广百姓计口多寡尽出免夫钱，两月纳足，违期者斩，最后共敛得 6200 余万贯，相当于当时北宋常年财政总收入的 60%—70%，但其中只有 2000 万贯用于军费，2000 万贯桩管，但被朝廷时时借用，后来只剩 600 万贯，还有

[①] 根据梁著第 578 页乙表 83 总计栏目中数据所计算，但根据梁著表中所耗羡银数与地丁银数所计算的比值并非 14.08%，而是 11.72%。即使根据编者注中各直省分计相加，此一数值也非 14.08%，而是 10.69%。梁著表当计算有误。

2200万多贯,不知道用作何处,较大的可能是用于应奉皇室开支。①

三是岁办、坐办、杂办等各类向民间搜刮的上供物料。这一部分不见诸正式的制度规则,但由朝廷户、礼、兵、工等部向府县地方直接摊派。规矩是从明弘治尤其是嘉靖年间后坏起来的。原本皇室内廷采办各项物资是由中央财政支付的,但嘉靖好大喜功,为修道大兴土木,用度陡增,就开始撕下面纱,要求地方政府采办各类物料,地方官吏就将之转嫁乡里,强行向里甲摊派,最终由百姓承担类似开支。前述嘉靖年间人少地贫的徽州府上供物料就高达15万余两,即使改朝换代后,到了清顺治年间,婺源县的岁办也高达1.2万两银以上。苏州府的里甲岁办到嘉靖四十年(1561)时增加至27.4万余两。②

除以上三大项显性的"国税"类收入外,古代王朝还通过和买、折变、折科、折色、折役等各种花样向乡村社会汲取资源,盘剥百姓。这些手段最开始还遮遮掩掩,到王朝中后期,就变得肆无忌惮了。于是人们看到,和买变成了强买强征,和买绢干脆摇身一变,成了新税种了。耗米也是如此。明清的岁办前身就是两宋的和买。折纳、折色皆是如此。在前文中,我们揭示了两宋的折科折纳是如何对农民进行变相掠夺的,明代的折色同样如此。通过官方定价和市场价之间的价差,官府在收购实物时压低价格,货币计税时则抬高实物价格,通过隐性的货币化征收,官府无声无息地榨取了大量的民脂民膏。北宋末年每年财政总收入达到1亿贯,绍兴末年南宋总岁入为9000万—1亿贯,另有税粮约500万石和其他金银等,岁入总量与北宋最盛时接近③,但南宋领土仅有北宋的三分之二,只能说南宋相比北宋对百姓的剥削更加沉重了。

在正式制度规定中,地方政府的收入来源于两税存留部分,在差役职业化和徭役货币化之前,徭役是无法成为国家的正式收入的。但当有限的存留税粮不足以应付地方的事权责任,致使公共事务无法正常开展后,地方官员就不得不通过徭役征发来解决问题,提高对乡村里甲的汲取程度,其手段包括加耗、以银代役以及截留部分地方岁办物料。耗羡

---

① 汪圣铎:《两宋财政史》,中华书局1995年版,第114页。
② 《明神宗实录》卷183,万历十五年二月乙丑,第3413页。
③ 汪圣铎:《两宋财政史》,中华书局1995年版,第137页。

归公使江南地方政府在与中央政府的博弈中完败，地方官吏不得不另辟他途来解决财收不足的困境。两税因为有明确的科则规定，无法动手脚，事实上，我们通过地方志的资料验证到，即使到万历、天启、崇祯年间，各地田亩所征米粮还是基本维持在朱元璋规定的水平线上，但对于直接取自里甲的杂税，大多情况下府县可坐收坐支，而对于不须起运的均徭银、均平银、部分漕运银、公费银等的处理，地方官员也有一定的腾挪空间。

对地方政府来说，是否可以从起运的中央政府收入中再返还回一部分呢？大部分时间不用作此奢望，只能在本地存留量确实过小，不足以支付府县日常开支的情况下，经过地方官层层题奏，户部等同意，再经由内阁、皇帝批准，才有可能拨减或少征部分起运米银留作地方公用。清代统治者在耗羡银中开列地方官员的养廉银，可看作中央财政对地方财政的转移支付。清代的部分地方志中也有少数标明，某些地方政府的公费支出由起运银中支给，但在大部分情况下，在地方政府财政结构中，除非有特别说明，凡用于地方政府的经费项下的各类均徭、公费支出皆是取自里甲，属于农民在两税、岁办之外的另一需要征缴的负担大类。

官吏的收入

帝王理性与官僚理性博弈的一个表现形式是，官员队伍的规模和俸禄。历史上，皇帝作为"老板"，对待官员队伍是有不同模式的，既有北宋的宽容式，也有明代的苛刻式，但无论哪种方式，似乎都无法解决吏治腐败所带来的对王朝治理的系统性挑战。

> 历代官制，汉七千五百员，唐万八千员，宋极冗至三万四千员。本朝自成化五年，武职已逾八万，合文职，盖十万余。[①]

西汉成帝时东海郡《集簿》中载有详细的各级官吏数据，该郡平均每个县级单位的官吏是58人，含平均每个侯国专属官吏约19人。

北宋帝王的政治文化传统是优待士大夫，通过变相的赎买和贿赂政策换取官僚的忠心和合法性，并在制度上消除中枢和地方治理中对皇权

---

① （清）张廷玉等：《明史·刘体乾传》，中华书局1999年版，第3775页。

的可能挑战，其制度结果就是"三冗"的泛滥。在官员队伍和待遇方面，北宋形成了某种程度的君臣共谋利益结构。按包拯的说法，景德、祥符年间，全宋文武官总共9785人，到了皇祐元年（1049），达到17300多人，当时全国州郡为320个，县1250个，总共用吏不会超过五六千人，现在三倍有余，再加上各类吏员、杂工等需要吃皇粮的更不止三倍，其结果是："食禄者日增，力田者日耗，则国计民力，安得不窘乏哉？"① 宋英宗治平年间（1064—1067）时，北宋官员达到2.4万人。真宗即位后被裁撤的各地冗吏高达195802人，留下的当也不在少数，数量庞大的官吏队伍，势必造成惊人的耗费。据沈括言，熙宁三年（1070），京师诸司岁支吏禄钱38034贯，至熙宁八年（1075），增至岁支371533贯。② 王安石变法从理财入手，多方开拓财源，但打的还是老百姓主意，并未从"三冗"问题入手，节流问题重视不够，加重百姓负担，不能从根本上解决制度积弊。北宋的积贫积弱根源是制度的积弊。宋神宗时，文武百官宗室之蕃，一倍皇祐，四倍景德，班行、选人、胥吏之众，率皆广增③。

皇祐元年（1049），皇帝下诏裁放陕西保捷兵，年五十以上及短弱不任役者归农三万五千余人。当时在籍的尚有五万余人，都遗憾自己不能归乡务农。当时陕西沿边一年要花70贯钱养一个保捷兵，裁放3.5万人，相当于为陕西百姓节省了245万贯钱。其实，在此之前，枢密使庞籍和宰相文彦博等力排众议，力谏皇帝简汰各路羸兵八万多人，其中六万多归农，二万多减衣粮供应各半。④ 上有政策，下有对策，部队腐败中最有名的就是吃空饷、诈领抚恤金、靠山吃山、靠水吃水等。到徽宗宣和年间，选人、小使臣以上官吏已接近五万人，官吏不但人数增多，俸禄待遇较前更加优厚，又行兼职兼俸制度，滥赏横赐也日益增多，受赐者多，受赐额大。尤其是对大臣赐予府第，每座要消耗数十万甚至上百万贯钱，

---

① （宋）李焘：《续资治通鉴长编》第7册，卷一百六十七，中华书局2004年版，第4026—4027页。

② 汪圣铎：《两宋财政史》，中华书局1995年版，第29、488页。

③ （宋）李焘：《续资治通鉴长编》第17册，卷四百一十九，中华书局2004年版，第10149页。

④ （宋）李焘：《续资治通鉴长编》第7册，卷一百六十七，中华书局2004年版，第4023页。原文为每名保捷兵每年耗费为"缗钱七十千"，如按放归三万五千人，一千钱为一贯，则共计为245万贯。

相当于一个中等官吏一生的俸禄，还强迫居民拆迁，或强买百姓物业，严重扰民，祸害百姓①。

除了官僚队伍庞大外，北宋帝王还给官僚们很多特权。从《宋史·职官志》可以看出，为官无论大小均有恩荫特权。恩荫的范围有子、孙、期亲、异姓亲、门客等，大大突破了任"子"的限制。②恩荫的数额：宰相10人，执政8人，侍从6人，中散、至中、朝仪大夫3人。如遇高官去世则恩荫数额更多，如太尉"王旦卒，禄其子弟、侄、外孙、门客，常从授官者数十人"。③大凡新皇登位、祭祀、大典、逢年过节都是朝廷恩荫百官子弟的好时机。宋代任子多为郎官，虽是散官，但因数量之多，也是造成冗官冗员的直接因素。据《宋史·选举志》记载，南宋绍兴年间（1131—1162），一次皇帝亲祠之岁便任子4000余人，④数量之大，令人叹为观止。宋代任子制已失去了本来的意义。"荫子固朝廷惠下之典，然未有宋之滥者。"到哲宗元祐三年（1088），三省言任子者由过去的一年一人变为三年一人，再至六年一人。改官者，自三年而至四年。⑤

南宋版图相比北宋大大缩小，但至庆元二年（1196）时，官员也增至4.2万以上，官吏支费随之上升。绍熙元年（1190），户部用支中用于"中都吏禄兵廪"数全年已经达到约1800万缗（贯）。乾道二年（1166），各地驻军共有41万余人，每年共需支费约8000万缗，占财政支出的80%以上。⑥绍兴二十六年（1156），浙东七州吏额四千人，而私名往往一倍于正数，小吏互相勾结，鱼肉一方，上蠹国家，下害百姓，出现大官拱手、惟吏之从、官弱吏强的局面。⑦

宋代大部分官员的俸禄收入是比较低的。百官俸钱虽多，但往往减半而支，甚至三分之一发现钱，三分之二折支。宋初县簿、县尉每月只有3.57贯，县令不满10贯，其中三分之二折支为茶盐酒等实物。到宋真

---

① 汪圣铎：《两宋财政史》，中华书局1995年版，第110—112页。
② （元）脱脱等：《宋史·职官十》，中华书局1999年版，第2742—2743页。
③ （元）脱脱等：《宋史·王旦列传》，中华书局1999年版，第7789页。
④ （元）脱脱等：《宋史·选举五》，中华书局1999年版，第2499页。
⑤ （宋）李焘：《续资治通鉴长编》第17册，卷四百十九，中华书局2004年版，第10149页。
⑥ 汪圣铎：《两宋财政史》，中华书局1995年版，第145页。
⑦ 汪圣铎：《两宋财政史》，中华书局1995年版，第490页。

宗大中祥符五年（1012），一定程度提高官吏俸禄，料钱多者增 20 贯，少者增二三贯。嘉祐三年（1058），王安石上书宋仁宗时曾说，下州县小吏，一月所得，多者八九贯，少者四五贯，还有三四贯的。①

元丰改制前，北宋官员俸禄水平并不高。徽宗时，凡兼一职就可得一份供给、食钱等津贴，一身兼十余俸者不在少数，兼职收入成为官员主要俸禄，滥发津贴愈益严重。中间曾一度规定兼职不得过三，但很快即遭罢废。其后虽废除兼职之制，但额外津贴并未完全废除。史书曾载，六部尚书而下职事官，分等第支厨食钱，自十五贯至九贯凡四等，这是宣和年中规定后沿用至南宋。徽宗时，外路官员除津贴既滥外，公使供给也暗增，知府通判月所得最高至千贯，后于宣和年间规定郡守监司每月所受公使库应干供给不得超过 200 贯，总管、钤辖、通判不得超过 150 贯。以贴职名称中的观文殿大学士计，每月贴职钱为 100 贯、米麦 50 石、米 3 石、面 5 石、茶 2 斤，如按一贯钱折米一石计，相当于月薪为 158 石米。若是观文殿学士，资政、保和殿大学士，贴职钱为 80 贯，其余与上相同，但多添支钱 10 贯用于衣赐数。② 两宋吏人无禄或者低禄，是政府默许胥吏鱼肉乡民、受贿寻租的体制根源。

可比较一下唐、宋、明的官俸。元丰改制前，北宋宰相、枢密使当为正一品，每月料钱为 300 贯，另有衣赐春冬各绫 20 匹，绢 30 匹，冬绵百两，春罗一匹，如折算为米，年俸合计为 3703.5 宋石米。明代的正一品月俸仅为 87 明石米，全年为 1044 石，即使加上不断贬值的官钞，也仍然不到宋代相同品秩俸禄的二分之一。如果再加上北宋官员的添支，即差遣与贴职之禄以及餐钱，将会大大高于此数。元丰改制后，宰相、参知政事、三司使、中收门下侍郎，尚书左右丞、太尉等每月为 100 石，似还低于明代一品俸禄。改制前团练使、刺史月禄粟为 70 石，管军为 30 石，应该是继续高于明代相同岗位或相等品秩官员的俸禄，但诸县令月禄粟则断崖式下降为 3 石至 5 石不等，同为正七品，明代县令每月也有

---

① 汪圣铎：《两宋财政史》，中华书局 1995 年版，第 470—473 页。
② 汪圣铎：《两宋财政史》，中华书局 1995 年版，第 477—478 页。

7.5石，当然，如果加上添支钱等，肯定可以超过明代①。

殿阁大学士在明代属正五品，月俸16石米，年俸192石。但宋代大学士级别高，多任宰执职务，如按正一品计算，在明代月俸也仅为87石，仅仅超过北宋一种贴职的俸禄一点点。明代当然也有钞俸，但其后快速贬值，基本不具计算意义。历代官俸最为优厚的当属唐朝。唐代时一品月俸为8贯，另有60顷职田，以年亩入租五斗计算，每年收入为3000石，同时又有世俸钱，为2000贯。

公使钱（公用钱）本为各级官署办公费用，但实则多用于饮宴厨传，南宋时公使供给更被视为官吏俸禄的一部分。宋熙宁年中，确定各路州军年公使钱标准，约200贯至5000贯不等，但事实上，据苏轼等人观察，不少府州军每年都超过5000贯。至元丰初年，确定三司、开封府每年标准为万缗，司农寺3500缗，将作监3000缗，其下各有等级，至国子监为700缗。徽宗大观年中，又增立学职公使钱，观文殿大学士钱1500贯，其下为1000贯、700贯。据学者研究，北宋时，由朝廷颁给的公使正赐钱岁额最多年份当在百万贯以上②，至于当地自筹的非正赐钱则无法统计。

明代的国家财政体制中用于地方政府开支的只有正税中的存留，没有当代中国的转移支付。存留是用于地方官吏的俸禄、日常办公支出、公用事业支出。通常的情况是，存留远远不能满足地方政府的开支需要，事实上，地方财政非常薄弱，连"吃饭财政"往往也难以保证。对于很多地方政府来说，接待费、差旅费、办公费、教育文化事业开支都难以保证，有些地区甚至连押送和处决囚犯的费用都无从开支，何况官场中还有诸多潜规则、灰色开支，如孝敬上级官员的常例钱、朝觐京官的京奉，以及向皇室表忠心的各类贺礼。

明代官员俸禄水平远远低于唐宋，但员额总量大大超过前代。如前所述，成化五年（1469）时，明代武职官员已经超过八万，加上文职，总数超过10万。其后日增，无法计数。与冗官相对应的另一个弊端时，

---

① 汪圣铎：《两宋财政史》，中华书局1995年版，第780—801页。按北宋一贯钱、绢绫罗一匹折一石米，绵一两折米2升5合计算。一宋石为0.678明石。

② 汪圣铎：《两宋财政史》，中华书局1995年版，第482—486页。

明代官员俸禄在国家总支出中所占比例过低，只有0.63%，这为官员贪腐减轻了道德上的负罪感。明代官员俸禄的制度性缺陷在于，初始制度对俸禄标准制定得很低。根据《明史·食货志·俸饷》，得出表12—5。

表12—5　　　　　　　　明代官员年俸禄收入

品级	洪武十三年（1380）				洪武二十五年（1392）			相近官职
	米（石）	钞（贯）	折时白银（两）	折今人民币（元）①	米（石）	折时白银（两）	折今人民币（元）	
正一品	1000	300	1300	812500	1044	1044	652500	三公、左右丞相
从一品	900	300	1200	750000	888	888	555000	三孤、平章政事
正二品	800	300	1100	687500	732	732	457500	各部尚书、都御史
从二品	700	300	1000	625000	576	576	360000	布政使
正三品	600	300	900	562500	420	420	262500	各部侍郎、按察使、副都御史
从三品	500	300	800	500000	312	312	195000	布政使参政
正四品	400	300	700	437500	288	288	180000	按察副使、知府、佥都御史、通政
从四品	300	300	600	375000	252	252	157500	布政使参议
正五品	220	150	370	231250	192	192	120000	殿阁大学士、各部郎中、同知
从五品	170	150	320	200000	168	168	105000	各部员外郎、知州
正六品	120	90	210	131250	120	120	75000	各部主事、通判
从六品	110	90	200	125000	96	96	60000	同知州
正七品	100	60	160	100000	90	90	56250	知县、十三道监察御史
从七品	90	60	150	93750	84	84	52500	知州判官
正八品	75	45	120	75000	78	78	48750	县丞
从八品	70	45	115	71875	72	72	45000	都转运使知事

① 洪武九年税粮与银、钞、钱、绢折输标准，银一两、钱千文、钞一贯皆折输米一石。再以2022年4月初中国市场各类白米价格多在2.5—10元，取中间普通大米每市斤5元人民币计算，可知洪武九年时，每一石（125市斤）约相当于今天625元人民币（仅以大米作为超越时空的一般等价物计算），则明初一两白银相当于今天的625元人民币。

续表

品级	洪武十三年（1380）				洪武二十五年（1392）			相近官职
	米（石）	钞（贯）	折时白银（两）	折今人民币（元）	米（石）	折时白银（两）	折今人民币（元）	
正九品	65	30	95	59375	66	66	41250	主簿
从九品	60	30	90	56250	60	60	37500	府学教授
未入流					36	36	22500	
一二品官司提控、都吏	30		30	18750				
掾史、令史	26.4		26.4	16500				
知印、承差、吏、典	14.4		14.4	9000				
三四品官司令史、书吏、司吏	24		24	15000				
承差、吏、典	12		12	7500				
五品官司司吏	14.4		14.4	9000				
吏、典	9.6		9.6	6000				
六品以下司吏	12		12	7500				
光禄寺等吏、典	7.2		7.2	4500				
州学正	30		30	18750				
县教谕、府州县训导	24		24	15000				
首领官之禄，凡内外官司提控、案牍、州吏目、县典史	36		36	22500				

续表

品级	洪武十三年（1380）				洪武二十五年（1392）			相近官职
	米（石）	钞（贯）	折时白银（两）	折今人民币（元）	米（石）	折时白银（两）	折今人民币（元）	
杂职之禄，凡仓、库、关、场、司、局、铁冶、递运、批验所大使	36		36	22500				
杂职之禄，凡仓、库、关、场、司、局、铁冶、递运、批验所副使	30		30	18750				
河泊所官	24		24	15000				
闸坝官	18		18	11250				
学校师生	3.6		3.6	2250				
宦官	12		12	7500				

据上不难看出，即使在洪武年间，官员俸禄也呈现下降的趋势，降薪率达到40%—60%以上。中下级官员俸禄总体较低，吏员更低。关键是，随着时间的流逝，明代官俸贬值越来越严重。明代实行官俸米钞兼支政策。洪武九年（1376）每钞一贯抵米一石，到洪武三十年（1397），钞二贯五百文才能抵米一石。成祖即位后，每米一石抵钞十贯。仁宗立，每石增至二十五贯。宣德八年（1433），减至每石十五贯。正统年间（1436—1449），规定官员米钞兼支比例为：五品以上为米二钞八，六品以下为米三钞七。其时作为纸币的钞价日贱，本来已经从宣德年间的十五贯增至二十五贯，岂知后又减至十五贯，到成化二年（1466），进一步减为每石十贯，成化七年（1471），钞二百贯当布一匹，则与洪武九年相

比，所谓的大明宝钞已经贬值了 200 倍，钞一贯仅相当于过去的五文铜钱。再加上铜钱也在实际贬值，到了成化年间，钞一贯仅值铜钱二三文。

明政府用折钞法来发放官员俸禄，其结果是虽然规定每年享受多少石米，但大部分是折钞发放，如以米一石折钞十贯计算，一石米的名义工资折钞发放后仅值二三十文铜钱。当时一匹棉布值二三百文，可折米二十石，如按布换算，米一石只值十四五文铜钱，相比明初一石米折抵钞一贯、钱千文，官员工资贬值 70 倍左右。以此计算，洪武九年（1376）正七品知县年俸 160 两，相当于钞 160 贯，到成化年间，只有 2.4 两白银。用越来越不值钱的纸币而不是用实物（米）发放大部分官员工资，既是一种事实上的巧取豪夺，也是造成上下官吏全体贪腐，造成农民赋役沉重的制度原因。京官俸禄低，但手中有权，地方官就要孝敬他们，纳常例成为潜规则。地方官钱哪儿来？自己也那么穷，只能索之于民，至于没有道德约束的胥吏更是放手鱼肉乡民。

成化十六年（1480）后，为解决官俸过低问题，确定布一匹折银三钱（300 文），官员给俸分为本色和折色两部分。本色又分为月米、绢米、折银米三类。月米，不问官大小，每月皆一石；折绢米，绢一匹当银六钱；折银米，六钱五分当米一石。折色有二：本色钞、绢布折钞。本色钞十贯折米一石，后增至二十贯。绢布折钞，绢每匹折米二十石，布一匹折米十石。用此法事实上退回到实物工资时代，保障官员有吃有穿有用。折支比例是多少呢？按官阶高低，正一品，本色仅占十分之三，递增至从九品，本色占十分之七。我们可以以正七品的知县来计算他每年能够领取多少工资及相应物资。根据洪武二十七年（1394）制定的标准，正七品的每年官俸应为 90 石米，相当于银 58.5 两（90 石 × 0.65 两 = 58.5 两）。据成化十六年后的最新给俸规定，正七品的折支比例应为 61.11%[①]，则正七品官俸禄 90 石米的 38.89% 属于本色部分，共为 35.001 石，去掉每年 12 石的月米（这是可以背回家做饭用的实物）；本色部分还剩下 23 石米，可分别折银 14.95 两（23 石 × 0.65 两 = 14.95 两），或者折绢 24.92 匹

---

① 《明史·食货志》中没有具体记载每一品级官员的折色档级，姑以正一品至从九品共 18 个等级计算，则十分之三至十分之七共为四个层级，则每个等距为 0.22222，如从九品官员本色折支比例为十分之七，则比之高四个等级的正七品折色比例应为 61.11%。

（14.95 两/0.6 两 = 24.92 匹），或者部分折银、部分折绢，听人自便。剩下的 61.11% 为 54.999 石，如全部折钞则可得钞 1100 贯（55 石 × 20 贯 = 1100 贯），如全部折绢或布，则可得 2.75 匹绢或 5.5 匹布。①

与前相比，一石米折钞有所增加，如按此时一石米 = 钞二十贯 = 银六钱五分计算，此时钞的比值有所上升，约钞一贯相当于 32.5 文钱。但有了前些年间的钞法贬值教训，相信除非强制要求，否则没有官员愿意用本色钞折米领取官俸。

无论钞法贬值程度如何，有明一代官员俸禄过低是不争的事实，以正七品知县为例，官俸从洪武九年（1376）的 160 两降至洪武二十五年（1392）的 90 两，再降至成化年间的事实上的 2.4 两（如不以米三钞七计算，而全部折钞计算），再到成化十六年（1480）改革后的 58.5 两（如 61% 全部折钞计算，可能事实更加贬值）。据黄仁宇测算，1434 年确定的折支比例使薪俸时估仅相当于最初价值的 4%。②

明初制定俸禄制度的同时，曾制定过一项养廉银制度，养廉对象主要是新任官员，称为道里费，知府五十两，知州三十五两，知县三十两，同知视知府五之三，这笔养廉银少得可怜，而且养廉银制度后来很快就消失了。明代俸禄制度无法保证一般官员的正常家庭生活开支，内外各级官员只能通过其他途径广开收入之源。

官员俸禄过低是明代吏治腐败、官员贪墨的一个重要原因。因为尽管地方官吏工资如此之低，但历史上也没有听说哪位官吏因此饿死或弃官不做，荒年饿不死当官人，官吏手中有权，总是可以靠山吃山的，但俸禄过低倒是为很多官员贪墨找到心理安慰，工资太低了，不贪活不了。只是其结果是加剧百姓负担，激化官民矛盾，使乡村治理效能又增加一道复杂的负面干扰变量。在正德帝亲自监督下抄没刘瑾家的白银就达二亿九千万两之多，严嵩被抄的家产中，白银也有四百多万两，还仅是一部分而已。崇祯末年一个小小盐官上任不及半载便贪银 17 万两，仓促调

---

① 明史中此处仍存疑。前述定布一匹折银三钱，后在折色时又规定布一匹折米十石，则说明每石米仅三分银，但又说，每一石米可折银六钱五分，两个数据相差太大。以上皆见（清）张廷玉等《明史·食货志》，中华书局 1999 年版，第 1335—1337 页。

② 黄仁宇：《十六世纪明代中国之财政与税收》，九州出版社 2011 年版，第 54 页。

转仅取走二万两，余数尽归继任。①

地方官吏是如何靠山吃山的呢？还不是从老百姓那里吃拿卡要！对此，可以县为个案，予以深察。官吏工资低，没有办公经费，地方财政包干等都是吏治腐败的制度性原因。

中期以后，明代官场贪污盛行较之前元有过之而无不及，地方有常例钱，京官有皂隶银，它们成为各级官员重要的法外收入之一，他们一般主动向下级官员或外官索取。明代京师官场索取常例钱之概况，上自内阁首辅下至司官一般无二，甚至不顾国家危亡而醉心于常例钱的索取。夏秋两税征收、解运，基本上均由胥吏、衙役经手办理，此际便是索取常例钱的最佳时机。地方长官有"掊克"习弊，管粮官吏则是"岁有常例之馈，日有支用之供，不惟不能惜其疾痛，反助长以虐民"。弘治正德年间，王鏊书函中说到吴中赋税犹云："贪官又从而侵牟之，公务有急则取之私家，有需则取之往来，应借则取之。而又有常例之输，公堂之刻，火耗之刻，官之百需，多取于长。"在赋税征收、刑名案件收受、水利兴修、治安管理卫所、漕政、盐政等领域普遍存在需索常例钱的情况。② 常例钱类似于今天的红包，是一项潜规则的灰色收入。之所以说灰色，因为它是违法但官府又默认的行为。因为连皇帝也承认官俸之低，对收取常例钱睁一只眼闭一只眼了。

洪武年末，明代官场贪贿之风渐长，但在成化、弘治年间，吏治总体尚算清明，到正德年间，官以赂升，罪以赂免，贿赂公行，先朝懿风，荡然扫尽。原因在于刘瑾、钱宁、江彬等皇帝宠臣弄权贪贿，败坏风气。其后严氏父子贪权索贿更是无以复加。到万历年间，皇帝公然带头敛财，曾在五日之内搜取天下公私金银数百万，致使奸内生奸，例外成例。

地方政府从哪里寻找财源满足以上开支呢？只能向农民征收。在一个重农抑商抑工的小农社会中，国家的财政收入主要依靠农业。但是究竟征收多少？以什么标准征收？既无明文规定，也无系统证据存留，今人只能通过时人奏议、文集、地方志等史料中的零星记载去尽力还原甚

---

① 转引自夏邦、黄阿明《明代官场常例钱初探》，《史林》2008年第4期。
② 夏邦、黄阿明：《明代官场常例钱初探》，《史林》2008年第4期。

至合理推算，才能得出相应的大致的结论。

地方开支的俸银部分有的地方志中有所记载，但接待费、常例、办公经费、公用支出等，则很少有记载，对这一部分，只能依据时人记载，如《海瑞集》的详细记载，予以推算补全。

表 12—6　嘉靖《徽州府志》所载嘉靖年间徽州府岁用项目支出[①]

岁用项目	支出渠道	支出科目	支出标准	合计（两）
一、俸廪	（存留）秋粮内出			3597[②]
二、祭祀	均徭内编银	祭祀	本府文庙春秋二祭，每次 37 两	74
			启圣祠二祭，每次 11.8 两	23.6
			本府山川坛二祭，每次 20.6 两	41.2
			社稷坛二祭，每次 16.1 两	32.2
			郡厉坛三祭，每次 15.5 两	46.5
			乡贤祠二祭，每次 5.79 两	11.58
			汪公庙二祭，每次 4.7 两	9.4
			程忠壮祠二祭，每次 4.77 两	9.54
			孙公祠一祭，每次 5.65 两	5.65
			陈公祠二祭，每次 0.63 两	1.26
			韦斋祠二祭，每次 6.86 两	13.72
			文公祠一祭，每次 6.86 两	6.86
			憨忠祠二祭，每次 3.55 两	7.1
			各属县亦有各自祭祀名目及开支	
				282.61
三、乡饮	均徭内编银	乡饮	本府每次 15 两，2 次	30
四、收恤	秋粮、均徭二项		孤老每人月米银 6 分；科夏布衣银 3 钱；棺木银 3 钱。县公费内支出	

[①] 嘉靖《徽州府志》卷之八《食货下·岁用》，第 195—207 页。
[②] 见表 12—7。

续表

岁用项目	支出渠道	支出科目	支出标准	合计（两）
五、公费	派里甲该年丁粮及均徭内编银	庆贺	74 两①	本府：1798（各县：1301）
		科贡	（1）场屋银 205 两 （2）贡生员盘缠每人 60 两 （3）应试生员每人 3 两 （4）新进士举人牌坊、捷报、酒席等每人 105 两。俱公费银出②	
		公务	府县朝觐官吏银 736 两 差官部运京储银 12 两 粮长勘合银 7 两 南京告领历书 12 两 四季斋领本册银 16 两 稽考文册银 20 两 转译事故军册银 8 两 年终勘合各项本册银 22 两 备用银	
六、供应	出里甲该年自办	上司使客廪给	廪米每升银 1 分 上下程每副银 5 钱 2 分 中下程每副银 2 钱 6 分 6 厘 下下程每副银 1 钱 1 分 5 厘	
		铺陈	上等每副 10 两九钱二分 中等每副 7 两二分 下等每副 1 两 8 钱 9 分	
		递运所供应		
		修船		624
		江东驿供应		
		军门供应	原供应银 300 两	后免征今派
		巡院供应		
		总督供应	原为 220 两，嘉靖四十一年停止	
七、乐育	原该院田出给			
以上合计	（有明确数据的部分合计）			6331.61

① 府志中原文为"领略费银二十两三次表笺银一十四两"。
② 过去举人参加会试，每人盘缠银 15 两，由各县轮年派十甲丁粮，其实就是由百姓负担。

对于徽州府俸廪，因嘉靖《徽州府志》资料不详，参考弘治《徽州府志》中所载职数和品级，再计算相关俸禄总数。

表12—7　　弘治《徽州府志》所载一府六县官属俸禄标准①

部门	职位	职数	级别	年俸禄标准（石）②	年俸禄标准计银（两）③	年俸禄银合计（两）
徽州府	知府	1	正四品	288	202	202
	同知	1	正五品	192	134	134
	通判	1	正六品	120	84	84
	推官	1	正七品	90	63	63
	六房司吏	6		24	17	102
	典吏	23		12	8	184
	经历	1	正八品	78	55	55
	知事	1	正九品	66	46	46
	照磨	1	从九品	60	42	42
	司狱	1	从九品	60	42	42
	狱典	1		12	8	8
	检校	1		60	42	42
	儒学教授	1	从九品	60	42	42
	训导	4		36	25	100
	生员	80		3.6	3	240
	司吏	1		12	8	8
	阴阳学正术	1	从九品	无④		
	医学正科	1	从九品			
	永丰仓大使	1	从九品	60	42	42
	永丰仓副使	1		30	21	21
	司典吏	2		12	8	16

① 弘治《徽州府志》卷四《郡县官属》，第32—55页。
② 以洪武二十五年制定的标准，见（清）张廷玉等《明史·职官志》，中华书局1999年版，第1233—1236页；（清）张廷玉等《明史·食货志》，中华书局1999年版，第1335—1337页。
③ 按每石米计银0.7两计算，四舍五入，取小数点前整数。
④ 府县的医学、阴阳学、僧纲司、僧正司、僧会司、道纪司、道正司、道会司设官不给禄。见（清）张廷玉等《明史·职官志》，中华书局1999年版，第1236页。

续表

部门	职位	职数	级别	年俸禄标准（石）	年俸禄标准计银（两）	年俸禄银合计（两）
徽州府	税课司大使	1	从九品	60	42	42
	有司吏	1		12	8	8
	赞典	1		12	8	8
	僧纲司都纲	1	从九品	无		
	副都纲	1				
	道纪司	1	从九品			
	副都纪	1				
歙县	知县	1	正七品	90	63	63
	县丞	1	正八品	72	50	50
	主簿	1	正九品	66	46	46
	典史	1		36	25	25
	六房司吏	7		12	8	56
	六房典吏	14		12	8	112
	儒学教谕	1		24	17	17
	训导	2		24	17	34
	生员	40		3.6	3	120
	儒学司吏	1		12	8	8
	黄山巡检	1	从九品	60	42	42
	司吏	1		12	8	8
	街口巡检	1		60	42	42
	王干巡检	1		60	42	42
休宁县	知县	1		90	63	63
	县丞	1		72	50	50
	主簿	1		66	46	46
	典史	1		36	25	25
	儒学教谕	1		24	17	17
	训导	2		24	17	34
	税课局大使	1		36	25	25
	赞典	1		12	8	8
	黄竹岭巡检	1		60	42	42

续表

部门	职位	职数	级别	年俸禄标准（石）	年俸禄标准计银（两）	年俸禄银合计（两）
休宁县	僧会司僧会	1				
	道会司道会	1		无		
	阴阳学训术	1				
	医学训科	1				
婺源县	知县	1		90	63	63
	县丞	1		72	50	50
	主簿	1		66	46	46
	典史	1		36	25	25
	儒学教谕	1		24	17	17
	训导	2		24	17	34
	税课局大使	1		36	25	25
	大白巡检	1		60	42	42
	僧会司僧会	1				
	道会司道会	1		无		
	阴阳学训术	1				
	医学训科	1				
祁门县	知县	1		90	63	63
	县丞	1		72	50	50
	主簿	1		66	46	46
	典史	1		36	25	25
	儒学教谕	1		24	17	17
	训导	2		24	17	34
	良禾岭巡检	1		60	42	42
	僧会司僧会	1				
	道会司道会	1		无		
	阴阳学训术	1				
	医学训科	1				
黟县	知县	1		90	63	63
	县丞	1		72	50	50
	主簿	1		66	46	46

续表

部门	职位	职数	级别	年俸禄标准（石）	年俸禄标准计银（两）	年俸禄银合计（两）
黟县	典史	1		36	25	25
	儒学教谕	1		24	17	17
	训导	2		24	17	34
	僧会司僧会	1				
	道会司道会	1		无		
	阴阳学训术	1				
	医学训科	1				
绩溪县	知县	1		90	63	63
	县丞	1		72	50	50
	主簿	1		66	46	46
	典史	1		36	25	25
	儒学教谕	1		24	17	17
	训导	2		24	17	34
	濠寨巡检	1		60	42	42
	僧会司僧会	1				
	道会司道会	1		无		
	阴阳学训术	1				
	医学训科	1				
府县俸禄计银合计				3597 两		

对于其余各项，由于一些项目没有明确的数据记载，故无法得出全部总额，只能分项通过其他渠道逐渐完善拼图。我们可以通过康熙《休宁县志》予以补充，先得出休宁县在弘治至明末"地方政府开支"一项的大致总额，再除以休宁户均、人均、亩均，得出该项的平均负担值。

首先，根据弘治《徽州府志》及表12—7所载，休宁县每年须支付的官吏俸禄总额总计为310两。其次，根据康熙《休宁县志》，得出明泰昌元年（1620）休宁县的公费支出。康熙《休宁县志》记载了明泰昌元年的岁办之目，难能可贵的是，不同于一般地方志在提供物产、岁办时只记载实物数量，康熙《休宁县志》具体标明了各个岁办项目的计值银两，这为我们统计明末休宁县岁办负担的总额提供了重要的数据基础。笔者据此对岁办总额进行了测算，其中岁办共41项，计1695.424两；额办23项，计970.532两；集办10项，计183.6327两；此三项合计为2849.5887两，说是岁办，其实是休宁县的年度公费支出。此外还有徭役银共42项，其中本府、本县各21项，共计8363.394两，它们是休宁县所支付的本县和分摊的徽州府官吏工食费，以上四项总计银价11213两。[1] 以上各项计解役银，未计带征闰银。

官僚理性与乡村治理

地方官的权力与其理性偏好密切相关。在古代国家治理中，地方官员有着较大的自由裁量权，可便宜行事。在司法领域，如刑事、民事的案件审判中，地方正堂如知县、知府等基本上是一个人说了算。他的决定只能在二审中才有可能受到质疑或被纠正。在税赋征缴上，地方官也有较大权力，这种权力为他们的改革和制度创新提供了可能。事实上，一条鞭法最早就是由庞尚鹏、海瑞等地方官在现实中探索出来的。地方官虽然不能改变正税的税率和本县本府的税收总额，但对知府来说，他们有权力调整属县的税粮额度，至少有建议权，如果被朝廷通过，那么这种建议就成为政策。

此外，知府还能够建议改变税粮的解运、调整耗派或者改变折纳比率，以在一定程度上调整属县的税收负担。我们看到，无论是在两宋还是明清，各路各省的和买、折科、脚耗等标准都是有差异的，甚至就是在一省之内，也存在较大差异。有能力的知府、知县可以通过技术手段，如土地丈量、财产统计、里甲编派、户等审核、田地肥瘠认定、黄册编审等贯彻自己的治理意图，实现自己的行动目标。这些目标有的可能是更好地贯彻上级意图，如减少民户逃亡，收到更多的财税；有的可能是显示任期政绩，提高考成等级，如增加赋税总量，更好地完成中央交付的特别事务；有的则可能是贯彻个人的某种政治理想，或减轻农民负担，或维持地方事务运行，或在各方之间维持平衡。地方官行使自由裁量权的动机、目标与后果导致了贪官、清官、能臣、庸吏等不同的评价或

---

[1] 康熙《休宁县志》卷三《食货·徭役》，成文出版社有限公司1970年版，第367—382页。

结果。

当然，自由裁量的代价是政治风险，有可能引起地方的抵制和监察官的弹劾，或者受到上司甚至皇帝的训斥。像海瑞那样每到一处，敢于改革旧制，清除弊政，动既得利益者奶酪的官员可以说是凤毛麟角。他在淳安时大幅革除常例钱的行动表明，只要官员想有所作为，还是存在一定的制度空间，拥有一定的自由裁量权的，关键是看官员是以什么为指引，是以报国利民为目标，还是只考虑个人升迁、荣辱得失。如果人人都像海瑞那样，敢舍得一身剐，即使存在制度弊病，也仍然可以在一定程度上匡济矫正。可惜，同是官员理性，海瑞的偏好预期与99%以上的大明官员是不同的。这是他的孤独和无奈所在，也是他出狱后只被高高挂起，当作道德的图腾，而始终无法真正得到重用，实现自己的职业抱负和政治理想的原因。他的理性已经大大超越了同时代人，或者说，他的理性已经超越了利己，接近于利他主义了，理性定律已经不再适用于海瑞了，以道德和意识形态为指引的海瑞早就和高拱、张居正等人分道扬镳了，更遑论嘉靖、万历等人，即使在维护大明江山、祖宗之法上，嘉靖、万历的个体理性已经背叛了皇明祖训所确定的皇族理性，个人欲求背叛了江山万年的使命，倒是海瑞，始终在替朱元璋去承担有明一代帝王理性的最核心部分——朱家王朝政权的稳固。

顺治三年（1646），苏松巡抚奏请漕白二粮与岁贡绢布俱官兑官解以纾民累[1]。康熙三年（1664），苏松每石糙米时价不过银六七钱，白米不过八九钱，而白粮改折价为每石二两，加上起解扛运费，一石之折约费民间本色两石。[2]为什么明代百姓愿意折色，因为要民征民解，征解本色米所需费用要大大超过折色米。苏州地方官员在康熙年间多次上疏请求减免苏松过高的田赋额度，纵向比，横向比，苏松田赋确实过多。但中央官员以国计为重，不予同意。地方官上疏，中枢机构驳回，反映了中枢理性与地方理性的博弈。

古代中央政府对于地方机构的公务开支缺乏有效的制度规定是国家建设和财政制度建设中的一个漏洞，治理体系的缺陷是封建国家对民力

---

[1] 同治《苏州府志》卷十二《田赋一》。
[2] 韩世琦上疏之言，同治《苏州府志》，第317页。

汲取无法做到始终如一的刚性制度化，这为地方政府和官吏的机会主义行为和有选择性的行为打开了方便之门，它也成为贪官产生的制度性条件。例如，清代的州县官必须用他自己的收入来支付办公费用和个人开销。公务开支和私人开支之间是没有什么界限的。"大多数史料都记载，衙门中书吏都没薪水，但是必须指出，以'饭食银'名义获得薪金，在清朝初年是有的。……长随应根据其能力和工作性质领取薪水（'工食'）。不过这种收入是名义上的，长随真正关心的是陋规（等）各种规费。"① 表12—8 对益都县和淳安县俸银、工食银作一比较。

表12—8　　　　　　　　明清俸银工食银比较

明青州府益都县				清严州府淳安县②			
岗位	支出名称	数量（两）	标准（两）	岗位	支出名称	数量（两）	标准（两）
知府1	年俸银	68.163	68.163	同知	俸银	80	80
门子2	工食银	11.41	5.705	门子2 步快8	工食银	12	6
步快16		91.28		皂隶12		48	
皂隶16		91.28		轿伞扇夫7		72	
马快10		159.71				42	
轿伞扇夫7		39.935					
库子4		22.82					
小计1		484.598		小计		254	
海防同知1	俸银	51.933	51.933	知县	俸银	45	45
门子2	工食银	11.41	5.705	门子2	工食银	12	6
步快8		45.64		皂隶16		90	5
皂隶12		68.46		马快8		48	6
轿伞扇夫7		39.935		缉棵		134.4	10.8
小计2		217.378		民壮16		96	
理事同知1	俸银	51.933	51.933	禁卒8		48	6

---

① 瞿同祖：《清代地方政府》，第二章第三节，范忠信、晏锋译，何鹏校，法律出版社2003年版，第78、145页；余格格、郭永钦：《从〈赋役全书〉看薪俸工食银的核算与发放》，《历史档案》2021年第2期。

② 数据来源于光绪《淳安县志》卷之五《食货志·赋额》。

续表

明青州府益都县				清严州府淳安县			
岗位	支出名称	数量（两）	标准（两）	岗位	支出名称	数量（两）	标准（两）
门子2	工食银	12.4	6.2	轿伞扇夫7		42	6
步快8		49.6		库子4		24	6
皂隶12		74.4		斗级4		24	6
轿伞扇夫7		43.4					
小计3		231.733		小计		563.4	
经历1	俸银	40	40	典史		31.52	
门子1	工食银	5.705	5.705	门子		6	
皂隶4		22.82		皂隶4		24	6
马夫1		5.705		马夫		6	6
小计4		74.23		小计		67.52	
府学教授1	俸银	45	45	教谕	俸银	31.52	
训导1		40	40	斋夫3		36	12
斋夫3	工食银	37.2	12.4	禀粮银		64	
膳夫4		27.5534	6.888665	禀膳银		40	
门斗3		22.32	7.44	门斗3		21.6	7.2
小计5		172.0734		小计		193.12	
知县1	俸银	29.259	29.259	儒学	加俸银	48.48	
门子2	工食银	11.41	5.705	乡饮酒礼2		7.5	
皂隶12		68.46		花红酒礼		4	
仵作4		22.82	15.971	巡盐应捕4	工食银	28.8	7.2
马快8		127.77	8	门子3		8.6	
民壮35		280	11.41	铺司兵		286	
看监禁卒8		91.28		渡夫8		8	1
轿伞扇夫7		39.935	5.705	桥夫1		1	1
库子4		22.82		解户	役银	30	
斗级10		57.05					
小计6		750.804		孤贫15	布花木柴银	9	0.6
县丞2	俸银	40	20		口粮银	54	3.6

第十二章　中国古代乡村治理的制度逻辑　/　877

续表

| 明青州府益都县 |||| 清严州府淳安县 ||||
岗位	支出名称	数量（两）	标准（两）	岗位	支出名称	数量（两）	标准（两）
门子1	工食银	5.705	5.705	重囚	口粮银	36	
皂隶4		22.82			香烛银	0.48	
马夫1		5.705		关圣	帝君银	60	
小计7		74.23		厉坛米		6	
典史1	俸银	31.52	31.52	祭祀		148	
门子1	工食银	5.705	5.705	文庙	香烛银	1.6	
皂隶4		22.82		春酒银		2	
马夫1		5.705		小计		739.46	
小计8		65.75					
县学教谕1	俸银	40	40				
训导1		40	40				
斋夫3	工食银	37.2	12.4				
膳夫2		13.77733	6.888665				
门斗3		22.32	7.44	以上合计	府县存留项下	1817.5	
递铺司兵59		386.435	6.5497				
渡夫1		1.033	1.033				
小计9		540.76533					
走递马20	草料银	372①	18.6				
驴2		18.6	9.3				
马夫11	工食银	136.4	12.4				
公文马夫2		24.8					
抄牌1		12.4					
药材医兽0.5		6	12				
鞍屉棚厂槽铡等		17.96					
小计10 为青社驿		588.16					
小计11 为金岭驿（同上）	夫马工料银	588.16					

① 以下皆未计算有闰领银数。

续表

明青州府益都县				清严州府淳安县			
岗位	支出名称	数量（两）	标准（两）	岗位	支出名称	数量（两）	标准（两）
走递马 8	草料银	148.8	18.6				
马夫 5.5	工食银	68.2	12.4				
白夫 35		434	12.4				
鞍屉棚厂槽铡等		9.096					
小计 12 为里甲	夫马工料银	660.096					
以上合计为驿站里甲	夫马工料银	1836.416					
益都县总计	俸银、工食银、草料银	4447.97773					

在益都县存留中，用于官员俸银共为 477.808 两，包括知府、知县、教授等各类官员共 12 名；工食银 3040.1697 两、草料银 930 两、夫马银 1836.416 两。[①] 工食银类似于今天机关里的误餐补贴。以上开支，说是在正税中开支，实是取自里甲。古代王朝重农，轻商，轻工，物资与差役别无其他渠道可以获得，只能取自里甲，取自民间。1910 年山东省益都县正项地丁税无欠，杂税竟欠有 5358.261 两。

我们在上篇中对历代农民负担的计算并不完全，只是将正税、徭役等计算在内，事实上，除了这些由中央政府下达的征缴之外，地方官府（通常以县为单位）还要向农民征收大量的税费，它们名目繁多。有的是为了支撑地方政府的运行，包括官吏俸禄和办公经费；有的是为了满足来自宫廷的采办，如各类岁办、坐办、采买等。它们毫无例外最终都取自民间，变成百姓的负担，尽管有某些时候，这些开支是从府、县的正税存留中支出或由朝廷采买，但绝大部分时期、绝大部分地区所有这些来自上面的负担都转嫁给普通老百姓了，构成百姓须承担的准制度化正

[①] 余格格、郭永钦：《从〈赋役全书〉看薪俸工食银的核算与发放》，《历史档案》2021 年第 2 期。夫马银为青社驿、金岭驿、里甲三项之和，与俸银等三项有交叉。

税，尽管以杂税的名义出现，但已经取得事实的合法地位了。黄仁宇指出，岁办、杂办、坐办成为基层社会三种特殊的负担。①

下面，我们以海瑞任知县的淳安县为例，以海瑞的《兴革条例》为依据，来了解当时淳安里甲百姓的负担包括哪些，因为县府的一切支出都取自里甲。

第一部分：公务开支。

1. 新官报到。要由差吏前往旧任原籍迎接，里甲中途供应，至日具花缎，盛设猪羊大席。（海瑞废除）

2. 参谒上司。带里长以供夫马百用（非必要不参谒，只规定0.25两）。

3. 朝觐上司。三年中里甲中科派一里一两，共八十里，计240两。其中72两馈赠本府，12两馈府首领，6两馈府吏府上。朝觐途中有轿夫吹手民壮费用。民壮纳银超过12两，是年催甲折算竹木费用收价计160两。行途至京中米、鱼干、笔、墨、拜贴等，米三十四五石，鱼干一百四五十勖（斤），笔墨帖计数百，纸计数千。临行前见年里甲出车船夫数名，各里间有馈送，官又暗自纸赎中计取，百端科派。具体折算银两数未知。（海瑞二经朝觐，总共只花71.75两，故他对旧例悉行禁革。）

4. 吏农初参。里甲须办花红酒果牌匾迎送。过去淳安只是花红送出，计费里甲银七八分。（海瑞未曾禁革，所革者吏书门皁顶头常例。）

5. 书手。旧例清理钱粮事，值日里长须出办工食。具体花费未知。（海瑞废除）

6. 纸笔。具体支出未知。（海瑞改为顶纸先用后偿。）

7. 二院出巡本县的馈送吏书银。5—12两。（海瑞废除）

8. 农民上班。（海瑞废除，遇有差遣，方票唤。）

第二部分：知县每年常例。

1. 夏绢银160两。太府如数，受否在人。

2. 夏样绢8匹。太府如数，受否在人。

3. 秋粮长银20两。

4. 农桑样绢4匹。太府如数，受否在人。

5. 折色粮银4两。

---

① 黄仁宇：《十六世纪明代中国之财政与税收》，九州出版社2011年版，第38页。

6. 清军匠每里银1两。共80两。

7. 农桑绢银10两。

8. 审里甲丁田每里银1两。共80两。

9. 盐粮长银10两。

10. 直（值）日里长初换天字下程一副外，白米1石或5斗，八十里皆然。计近80石。

11. 审均徭每里银1两。计80两。

12. 造黄册每里银2两。计160两。

13. 经过盐每一百引银1钱，每年约有五万引。计约50两。太府如数，受否在人。

14. 住卖盐每一百引银1两，每年约有七千余引。计约70两。

15. 催甲每里银1两。计80两。

16. 样漆100觔（斤）。太府如数，受否在人。

17. 俸米每石折银1两。

18. 柴薪（马丁家火）每1两收银2两。

19. 出外直（值）日里长供应并店钱人情纱缎。

20. 起送农民罚纸2刀，纳银5钱。本府罚纸2刀，纳银8钱。吏拨缺罚纸4刀，纳银1两6钱。受否在人。

21. 收各项钱粮每100两取5两。[①]

海瑞对以上常例皆革去。

以上共有常例21项，总收入约白银2665—2723两。这笔收入还仅仅是一位奉公守法的知县的"合法"收入，尚未考虑其他人情往来。例如，知县刚上任之际会有一笔迎风银，知县离任之时会有一笔饯别银，每笔亦在千两上下。若知县为贪墨之人，不用多说额外收入更多。[②]

第三部分：县丞主簿常例。

除知县外，县丞主簿每年亦有常例。

1. 夏绢银80两。府粮厅或80两，或120两，受否在人。

2. 夏样绢4匹。府粮厅4匹，二府2匹，四府2匹，受否在人。

[①] 陈义钟编校：《海瑞集》，中华书局1962年版，第39—49页。
[②] 夏邦、黄阿明：《明代官场常例钱初探》，《史林》2008年第4期。

3. 农桑样绢 2 匹。府米厅 2 匹，受否在人。

4. 农桑绢银 5 两。

5. 秋粮长银 10 两。

6. 盐粮长银 5 两。

7. 经过盐每一百引银 7 分。府管盐如数，受否在人。

8. 住卖盐每一百引银 5 钱。

9. 管黄册每里银 1 两，计 80 两。府管册如数，受否在人。

10. 样漆 10 觔（斤）。二府三府四府俱 50 斤，受否在人。

11. 俸米每石折银 1 两。

12. 柴薪（马丁家火）每 1 两收 2 两。

13. 直（值）日里长初换，下程白米比知县减三分之一，八十里皆然。

14. 出外里长供应并店钱人情纱绢书帕。

15. 凡经收各项钱粮，每一百两收 2 两。

第四部分：典史每年常例。出外里长供给并店钱人情纱绢书帕。火夫一人银 1 钱，每里 1 两，共 80 两。柴薪（马丁家火）银每 1 两收 2 两。里长初换日，送下程比县丞减去一半。

第五部分：教谕训导等每年常例。斋膳夫每 1 两加收 1 两，共 2 两。阴阳官常例。23 人，每人银 1 钱。医官常例。医生 4 名，每名银 5 钱。

第六部分：六房吏每年常例。

1. 吏房顶头银 10 两。

2. 一两考吏银 5 钱。府吏银 3 两。

3. 起送农民或银 8 钱或 5 钱。府吏 3 两，书手 1 两，同房吏书各 3 钱。

4. 酒席银 2 两，众吏农分。府乡里酒席银 1 两 2 钱，仍整酒一席，用银七八钱。

5. 起送吏农拨缺兵刑工银 5 两，户 3 两，礼 1 两或 5 钱，承发 3 两，铺长 2 两，架阁 5 钱 3 人分。府吏如数每人管二县。

6. 新里长不报农民。银 2 钱。

7. 户房顶头银 50 两。

8. 里长应役时每里银 3 钱。

9. 造黄册每里银 5 钱。草册府吏 5 两，管册厅吏 2 两。

10. 粮长应役时每名银 4 钱。

11. 夏绢每里银 3 钱，共 24 两，三人分。

12. 解绢时 12 两，承行吏独取。府该房 80 两，书手 10 两，投批 5 两，家属 5 两，粮厅吏书 15 两。

13. 农桑绢 2 两，3 人分。府该房 4 两。

14. 秋盐粮每一石银 3 厘。府每石 5 厘。

15. 经过盐每一百引银 2 分。

16. 住卖盐每一百引银 3 钱。

17. 折色 999 石，每石银 3 厘。

18. 凡征钱粮一百两，银 1 两。3 人分。

19. 均徭每银 10 两，银 1 钱。3 人分。

20. 礼房顶头银 15 两。

21. 收茶芽每里银 5 分，共 4 两。

22. 童生入学每人 3 钱。

23. 初考每人 3 分。

24. 里长应役不报老人者银 5 分。

25. 均徭每银 10 两，银 1 钱。

26. 兵房顶头银 50 两。

27. 均徭每 10 两，银 1 钱。

28. 民壮每 1 名银 1 钱，共 25 两。3 人分。

29. 清军每里银 5 钱。

30. 直（值）日里长每日银 5 分。

31. 皂隶 36 名，每名银 5 钱。

32. 刑房顶头银 50 两。

33. 金总甲每里银 3 钱。

34. 年终总甲每里平安银 3 钱。

35. 工房顶头银 50 两。

36. 直（值）日里长每日银 5 分。

37. 审里役丁田每里银 5 钱。

38. 清匠每里银 5 钱。

39. 塘堨长每里银3钱,共20余两。

40. 买漆每银1两取5分。

41. 均徭每10两取1钱。

42. 凡征钱粮每一百两,银1两。

43. 承发顶头银50两。

44. 里长应役时每里银1钱。

45. 审均徭丁田里甲银1钱。

46. 词讼每状一纸或1分、2分。

47. 铺长顶头银50两。

48. 铺兵72名,每名5钱。

49. 架阁顶头银3两。

50. 审丁田里甲均徭每里银1钱。

51. 黄册每里银5钱。

52. 书手顶头银或2两、3两。

53. 门子顶头银4两。

54. 皂隶顶头银5两。①

因县丞、主簿及各类书史县吏人数不确,故无法计算常例总数,但根据海瑞的淳安县每丁用于支付官府用度的银两在3—4两,全县常例钱及官府岁用钱当在3.5万—4.4万两以上,对一个仅有4.6万人口的淳安县来说,农民负担之重就可想而知了。

嘉靖元年(1522)时,淳安县共有人户11374户,人口46712口,田268995亩,②户均23.65亩。嘉靖三十七年(1558)海瑞任职时淳安县共有人户11371户,人口46505口。官田11882亩,官地12693亩,官山13224亩,官塘346亩,民田257140亩,民地228934亩,民山283268亩,民塘7149亩。当时的情形是"富豪享三四百亩之产,而户无分厘之税。贫者产无一粒之收,虚出百十亩税差"③。

---

① 陈义钟编校:《海瑞集》,中华书局1962年版,第50—56页。
② 嘉靖《淳安县志》卷之四《户口·田赋·物产》,《天一阁藏明代方志选刊》,中华书局1965年版。
③ 陈义钟编校:《海瑞集》,中华书局1962年版,第57—58、73页。

嘉靖元年（1522）时，淳安夏税丝 322011 两，绵 11546 两，折绢 16171 匹，秋粮米 3882.91 石，丝 6582 两，折绢 326 匹。① 如按洪武三十年（1397）所定之绢一匹折米 1.2 石规定，则淳安每年交纳折合正粮米共计 23679.31 石，亩均正税为 8.8 升，相比民田亩均科征 3.35 升的标准，高了很多。

正统元年（1436），明政府规定，米麦一石折银 0.25 两，粮四石收银一两解京，以为永例。② 每丁出银 4 两完成地方加派，意味着要卖 16 石粮食才能完成这一指标，如果户均 2 丁，则为 32 石粮食，当时明代亩均粮食产量为 2—3 石，以 2.5 石计算，需要 12.8 亩才能完成加征指标。而当时淳安县户均田亩为 23.65 亩，这意味着每户光完成地方常例加派就需要耗费一半的田地收入；再加上每亩 8.8 升的正税，可想而知农民的负担有多重。

海瑞到县后认为，里长十年一役，事在催征钱粮，勾摄人犯，他非所与也。流弊至今，官府中百凡用度，一一责之。初年所用犹征，至今则日增一日，每丁多则出银 4 两，少亦 3 两。于是他在调查的基础上，减至每丁只科银 0.25 两，用于开支一切。征银的大部分用于应付上司用度。过去各里每照丁科应卯银或五分，或七八分，海瑞上任后皆革去。每丁只许取银 3 分以偿其劳。只在初一、十五查比钱粮词状牌票，其余时间不许在县，回乡务农。旧例里甲归丁轮日应里役，一人轮几日，但对先日事宜和钱粮或憒然不知，或彼此推调诬赖。海瑞的改革是甲首户每丁只出银三分与里长户，里长户只许分管钱粮事务，不分日。③

以上只是平均数，现实生活中的贫富分化更是使普通诚实百姓赋重大于天。如果再加上赋税、徭役折银，可以想象，农民负担有多重。海瑞改革每丁只出 0.25 两，为一石米价格，其实已属不低。

海瑞对当时淳安县之弊进行了分析。洪武初淳安县有人口 77307 口，到嘉靖三十一年（1552）黄册上只有 46000 口。原因在于欺隐之弊。欺隐的人成为不肯和不能欺隐的人的祸害。户有三百丁，只报五六丁，户

---

① 嘉靖《淳安县志》卷六《户口·田赋·物产》。
② （清）张廷玉等：《明史·食货志》，中华书局 1999 年版，第 1265 页。
③ 陈义钟编校：《海瑞集》，中华书局 1962 年版，第 57—59 页。

有三四丁，只报二三丁，户只一丁者尽报之。隐者五六十丁，役一丁，不隐者丁丁着役。孤丁得重役，由多丁欺隐者使之。一甲隐丁则害及二三甲人，一都隐丁则害及二三都人。[①]

尽管海瑞从道德上批评了这种隐丁行为，但对于百姓来说这是正常的理性人行为。作为经济人，肯定会采取机会主义行动趋利避害，这就需要从制度上予以解决制止，最主要的是打击官绅勾结行为，官吏寻租，让诚实乡民不吃亏。

海瑞任兴国知县时期，全县应征官民粮 13200 多石，嘉靖三十一年（1552）至三十五年（1556），每年征银 8300 两，嘉靖三十九年（1560）增至 8969 两，四十年（1561）增至 9902 两，四十一年（1562）9726 两，四十二年（1563）9207 两。嘉靖九年（1530）布政司颁额刻石，民粮每石折银 0.58 两，四十年（1561）全县每石征银 0.785 两，四十一年每石征银 0.766 两，四十二年 0.723 两，四十年较三十九年每石增征银二钱五分（厘）。赋役日增，民多逃窜。原因在于兴国名册上有 57 个里，实则不及一半，只有 34 里。海瑞到任后极力招徕逃民，也只得 40 里。其中半里、一分二三分里分尚多。空额如此之多，结果是民无减于先年，粮役日增。以粮计，无一亩田输七八十亩粮有之，一丁供三四丁之差有之。[②] 如以 34 里，每里 110 户计算，最高的嘉靖四十年（1561），兴国县每户平均征银 2.648 两，如果换算征粮，则平均每户须征粮 3.373 石，如以明初规定的民田每亩征赋 3.35 升倒算，每户民田规模应为 100.68 亩，但这是江西省平均数的三倍多，似不可能。查离嘉靖四十年（1561）最近的嘉靖二十一年（1542），江西全省共有户 1357048 户，田土 40173900 亩，税粮米麦共 2645218 石，[③] 则江西省平均每户田亩为 29.6 亩，每亩 6.58 升，每户平均为 1.949 石。以上说明两个问题，要么兴国县缺额严重，但空额未被减征，致使在籍农户包赔数达到法定数的三四倍，因为即使以江西全省亩均 6.58 升税粮标准计算，兴国县也大大超出标准。另一种可

[①] 陈义钟编校：《海瑞集》，中华书局 1962 年版，第 72—73 页。
[②] 陈义钟编校：《海瑞集》，中华书局 1962 年版，第 205—206 页。
[③] 江西省数据来源于梁方仲编著《中国历代户口、田地、田赋统计》，中华书局 2008 年版，第 462—463 页。

能是，历代史书上所载的户、口、田土、税粮之数大多不实，或者与各府、县实际征实差距较大。

再来看清代淳安县的赋役情况。清初《赋役全书》核对淳安全县实共征银 45579.67 两，每位市民人丁一丁征银 18.6725 两，每市民人口一口征银 24.0653 两，每乡民人丁一丁征银 3.1199 两，每乡民人口一口征银 4.6671 两。顺治十四年（1657），全县人口 11660 人，人丁 17050 丁。康熙二十年（1681），实在丁口 28710 人，康熙六十年（1721），原报原额丁口 30411 人。雍正九年（1731）编审后，共有实在丁口 30848 人，其中实在市民人丁 2697 人，每丁征银 0.2092 两，实在乡民人丁 15523 丁，每丁征银 0.2298 两。光绪年间实在田约为 267460.33 亩，实在地为 233774.66 亩。[1]

举海瑞和淳安之例是为了说明，官僚理性亦有多种内涵，而地方官特别是亲民之官的知县、县令是乡村治理的关键角色。如果古代王朝的官员都能如海瑞一般想民所想，急民所急，革除弊政，力抗乱政，放农归田，不误农时，帝国的农民一定会幸福得多，乡村治理必然能处于相对和谐稳定的状态。一个好的地方官吏可以在很大程度上救济制度之失、中枢治理之弊。

五 农民理性

《后汉书》曾记载，姜尚认为，民有十大，如除者则国治而民安。一是民胜吏，厚大臣；二是民宗强，侵陵群下；三是民甚富，倾国家；四是民尊亲其君，天下归慕；五是众暴寡；六是民有百里之誉，千里之交；七是民以吏威为权；八是恩行于吏；九是民服信，以少为多，夺人田宅，赘人妻子；十是民之基业畜产为人所苦。[2] 此处的"大"，是指某种势力坐大，某种情形发展得比较普遍或严重；所谓十大，是指民间发生的十种严重现象对国家治理产生的消极影响。需要指出的是，这些现象的制造者主要应是地主、豪强、劣绅、耆老等乡村精英群体，对于广大普通百姓来说，他们是没有能力和机会去操纵官吏、霸占他人财富的。因此，下文所说的农民理性，主要是指自耕农以下的广大乡村普通百姓。

---

[1] 《续纂淳安县志》卷五《食货志》，光绪十年刻本。
[2] （宋）范晔：《后汉书·百官五》，中华书局 1999 年版，第 2475—2476 页。

农民是乡村社会资源的直接创造者,也是乡村治理的对象和参与者。农民作为小生产者,有其经济理性;作为自耕农,与国家直接产生赋役关系,形成政治上的关联。对农民经济政治行为的分析是理解乡村治理最重要的环节。作为小生产者,农民的经济理性非常明确,先维持温饱生活,然后再一步步升级,积累起家产,成为地主、财主,过上富裕生活。对于绝大多数农民尤其是自耕农、佃农、雇农①等受到小块土地束缚的农民来说,理性是非常现实的,"乐岁终身饱,凶年不免于死亡"。当然,对于地主、富农来说,其经济理性在于扩大积累,购入更多土地,积累更多财富。在个人生活中,则追求的是钟鸣鼎食、群莺环绕。农民理性偏好的内涵取决于农民自身的经济社会地位和土地财富占有状况。不同土地占有形式的农民其理性偏好有所区别。当下有一种流行说法,不能用落后性和脆弱性来描述中国传统社会中的小农经济,中国历史上的小农经济"脆而不折、弱而不息",具有强大的"韧性",韧性小农而不是脆弱小农助推中国传统农业达到人类农业文明的巅峰。对于古代中国小农经济究竟是脆弱的还是先进的,我们姑且不论,即以韧性而论,本质上它不过是农民理性的突出表现而已,是农民在面对自然条件恶劣、农村公共保障欠缺、赋役征收严重以及土地易手频繁时所表现出来的适应环境的求生欲望的具体形式而已。韧性与脆弱性、落后性是一个问题的两个方面,如果小农经济不是脆弱的、落后的,就无所谓韧性。韧性的本质是精致理性、精算理性,通过精确计算,提高自身经济治理水平和社会交往能力,以规避潜在的风险。黄宗智所说的过密化劳动投入以及农户家庭全民皆农,男女老幼齐上阵,恰恰就是农民韧性的反映。我们有必要关注小农经济的韧性,更要关注它的弹性,它的弹性表现在农民千方百计地采取一切手段增加收入,减少成本支出,下文所说的农民理性的种种行为,皆是韧性、弹性和适应性的表现所在。韧性不过是作为小农经济从业者的经济理性行为的外在表现而已。任何经济行为体都有其韧性,因为任何经济人都会面临不确定的市场环境、投资机会和可

---

① 地主(大、中、小)、自耕农、佃农、雇农是从农民与土地的关系视角来划分的;如果从农民阶级的阶层划分,则为地主、富农、中农、下中农、贫农、雇农。不同的分类标准表明对农民群体的不同研究视角,但农民的理性不会因分类而有所变化。

能遭遇挫折的经济活动。所谓的农民韧性不过是小农在长期贫困化和高风险环境中救济理性的正常反应而已，相比于可适用一切场景的"韧性"，"救济理性"更能恰当地描述农民在乡村社会的命运环境。

本书关注乡村治理问题，重点研究的是在国家与农民关系形态中，包括土地关系、赋役关系、行政关系等场景中，农民行动的逻辑规律所在。事实上，正如帝王、官僚和胥吏一样，所有的社会个体在开展行动时，既会明确地以理性偏好为行动最终目标，但又不同程度地存在机会主义行为。万历皇帝贪财好色就是对维持朱家政权的机会主义行为，官员贪污受贿就是对履行岗位职责的机会主义行为，避免机会主义行为是古往今来治理的普遍难题。农民同样如此，一方面，农民需要缴纳赋税，服徭役，以完成作为国家公民的义务；但另一方面，农民的理性在于采取一切手段去"搭便车"和从事机会主义行为，逃避或减少所应承担的义务，节约经济成本。对于普通农民来说，他们是被统治者，几乎谈不上有什么政治理性偏好，他们的主要偏好就是经济收益。农民的理性就在于在预期成本许可的条件下实现经济收益的最大化，在此前提下，农民的许多行为在历史上屡屡反复出现。当韧性无法达到预期目标时，农民可能会通过逃亡、荫附、冒隐等行为来突破韧性行为逻辑，当所有选项穷尽仍不能维持生存时，就会发动或参与民变进行赌博，试图打破自身宿命。

赋役是古代社会国家与农民关系最重要的表现形式，农民理性和机会主义行为在此领域表现得最为充分。明代农民应对赋役的机会主义行为包括：投献（受献）、诡寄、花分、寄庄、移丘换段[1]，与历朝历代荫附等无本质区别，此外还有贿赂、请托（关说）、逃亡、自残等，都是为了减轻赋役负担。农民的避比避役的机会主义行为是与其他行为体共谋完成的。例如，一些享有赋役豁免特权的官僚、贵族往往会将一些贫困民户纳为"荫户"或者把贫民纳入自己的户中，将民户对国家的赋税负担转为对他们的负担。有些富户会采取避免分家的办法以减轻或规避劳役摊派，节约赋税。有的地方会出现由几个没有血缘关系组成的大户，人数多达二三十口。[2] 可见，机会主义行为几乎盛行于与赋役有关的所有

---

[1] 梁方仲：《明代赋役制度》，中华书局2008年版，第19页，注①。
[2] 葛剑雄：《中国人口史》第1卷，复旦大学出版社2002年版，第79页。

阶层，但其根源在于贵族、官僚、士绅等的赋役优免特权。

田赋和力役只是农民负担的一小部分，农民对地方官吏、士绅、地主等尽种种义务，经受四重五重的剥削。例如，明代规定，官僚士绅享有合法的免役权，乡绅也有免役权。在学的学生除本身免役外，户内还优免二丁差役，但完粮当差的义务完全落在自耕农和贫农身上。官僚地主士绅不交的徭役负担，也要由农民承担。官僚士绅越多的地方，人民的负担就越重。例如，上海县的优免之丁占全部登记在册丁数的17.8%，武进县正三品官员役的优免是准田670亩。[①]

对百姓来说，徭役除了里甲之外，还有斗库、粮长、解户三大重役；还有地方官的常例之输、公堂之刻、火耗之刻，官之百需多取于里长，里长则多取于民。三役之重，皆起于田，一家当之则一家破，百家当之则百家破。某家农户逃亡后，所欠赋役由本里所有农户包赔，首当其冲的是里长。其次是贫农，二者往往因为赔纳而破产。此外，外夷入贡，在地方驻扎，一切支给俱出里甲。政府一有特别需要，便行科差，和买变为强买。

古代徭役、杂税、加派的最大问题是无定则，搞摊派，不规范，非制度化，各级官府加征摊派的随意性太强。但上有政策，下有对策，聪明的农民会找到门路去逃避一部分徭役。古代乡村农民避役避比最常用的手段，是减少自己户下的地亩，使田亩数量不符合国家编派粮长、里长、柜头、解户等重役的标准，常用的方法有诡寄、花分、飞洒、影射、冒隐、荫附等。

飞洒

嘉靖《宁波府志》载："何言乎飞洒？富人多田，患苦重役，乃以货啗奸书：某户洒田若干亩，某户洒田若干分厘；某户洒粮若干升斗，某户洒粮若干合勺。积数户可洒田以亩计，洒粮以斗计；积数十户可洒田以十（亩）计，洒粮以石计。而书手则岁收其粮差之算。其被洒之家，必其昧不谙事，或朴懦不狎官府者也，甚有家无立锥之业而户有田亩粮差之需，至岁佣其身以输，犹不给，孰知而闵之乎！"[②] 飞洒途径有二，一

[①] 黄仁宇：《十六世纪明代中国之财政与税收》，载《黄仁宇全集》第二册，九州出版社2011年版，第150页。

[②] 嘉靖《宁波府志》卷二十四《书三·田赋书》。

是将本户的土地分割到其他农户名下，二是将一户的税粮分割到众户之中。通过减少本户的土地和税粮数额来避役，这需要与册书联合作弊。①

徽州文书中有一份嘉庆二十二年（1817）强步蟾等立洒丁地银字据，现照录如下：

> 立情恳飞洒字人强步蟾仝（同）侄茂喜 情目上年父手遗种三十三石五斗六升，陆续出售各业户，俱照契过割完纳，并无不白。奈桂英父手失算，多收上首丁地银九钱三分四厘。今桂贫苦异常，无力完纳，浼凭差证，情恳到陈裕丰宝典名下飞洒丁地银二钱二分五厘，在在三四甲强茂喜柱内过割飞洒丁地银二钱二分五厘，自情恳之后并不得藉有余粮另行滋索。今欲有凭，立此情恳字为据。
>
> 立情恳飞洒字人强步蟾（十字画押）仝侄茂喜（十字画押）
> 嘉庆二十二年九月十二日　凭中人　赵勇　杨茂昭　吕忠　仝见②

以上所说手失算的原因，可能只是个借口，是为飞洒找一个理由。

影射

嘉靖《宁波府志》载："又有弊者，则专货书手，悉以田归书手，户粮亦随之，书手乃径豁其田，而粮则于十年之中岁洒合勺于一里百户之内，渐以消豁，此以影射为奸者也。"③"影射"，是指有田之家通过贿赂册书（书手），将自家的田粮归于册书户下，而册书利用自己的职权，将这些田的赋税暗暗摊派到自己所管一里百户之内，如此，有田之家不仅可以避役，还可以免于交纳赋税，从而可以免比。相对于有田之家而言，影射的实质是将赋税包于册书的一种方式，而册书包税却不纳于官，反而将税洒入他户，实属"干没"。

虚悬

何谓"虚悬"？嘉靖《宁波府志》载："何言乎虚悬？赵甲有田而开

---

① 本处及以下关于诡寄、花分、飞洒、影射等皆取材于胡铁球《明清百姓避役避比的主要手段及其影响》，《华中师范大学学报》（人文社会科学版）2021年第6期。
② 中国社会科学院历史研究所收藏整理：《徽州千年契约文书（清·民国编）》第2卷，花山文艺出版社1991年版，第251页。
③ 嘉靖《宁波府志》卷二十四《书三·田赋书》。

与钱乙，钱乙复开与孙丙，孙丙复开与李丁，李丁复开与赵甲。李丁有开，赵甲不收，则并田与粮而没之矣。"[1] 据此，某田经过不断过户，最后从地册上消失，该田之粮便"虚悬"了。此处"虚悬"的词义应是"无着落"。总之，本户有粮而无田，业户有田而无粮，谓之虚悬。

花分

花分是指"化整为零"，即将自己的田亩通过私契的方式分于田少之户，或将己户分成数十户，使一些没有身份的地主因减少了自己户下的田亩而避免当役。田主通过花分容易避比逃税，避免成为"大户"而被官府盯上。花分常用的办法是编造一些不同的名字，如乳名、堂名、字、号等，无非是把一人所有之田划分为多人所有，降低单户所占田亩。2012年前后，国内刚刚兴起征收个人所得税，在一些高校，有的科研收入大户为躲避12万元的个人所得税起征点，就把自己名下的薪酬或奖金分割到青年教师名下，以避交个人所得税。后者可谓是现代版的"花分"。

诡寄

诡寄在方向上正好相反，指"化零为整"，"多田之家或诡入于乡宦举监，或诡入于生员吏承，或诡入于坊长里长，或诡入于灶户贫甲，或以文职立寄庄，或以军职立寄庄，或以军人立寄庄"[2]。势家们通过接受投献的方式将无优免者的田地集于自己名下，或通过代纳乡民赋役，即私契的方式将这些民户的田地集于自己名下。诡寄的好处是，原来拥有大量田地的田主不仅不用当役，而且其田地的赋役交纳也由优免户代替，从而达到避役避比的目的。明代和清代前期，很多官员士绅具有免役特权，这为他们接受诡寄提供了可能。还有一些宗室人家接受投献，将农户田地寄托在宗室名下，获取免役特权。

冒名优免

冒名优免是指本户田地冒名顶替到优免户名下，它与诡寄、投献是从不同角度解释同一事实，在本质上没有区别，被冒名的人家常呼自己冤枉，但事实上双方私下肯定有默契甚至交易。《万历会计录》卷四《湖广布政司田赋沿革事例》中记载，张居正在江陵的本家亲家冒免张居正，

---

[1] 嘉靖《宁波府志》卷二十四《书三·田赋书》。
[2] 嘉靖《宁波府志》卷二十四《书三·田赋书》。

优免田粮500余石，冒免人户99户，后经查实，只有87石田粮属于应该优免的，其余皆属冒免。当时明廷的优免规则是，官员只是在任期间优免，革职不能免，本人在世可优免，身故后不能免。一家已免，则一户不能免。具体规则是，京官一品免粮30石，人丁30丁；二品免粮24石，人丁24丁。通过表12—9可对明代官员优免规则有一较详细了解。

表12—9　　　　　　　　　　官员优免规则

品级	免粮数（石）	免丁数（丁）
京官一品	30	30
京官二品	24	24
京官三品	20	20
京官四品	16	16
京官五品	14	14
京官六品	12	12
京官七品	10	10
京官八品	8	8
京官九品	6	6
外官一品	15	15
外官二品	12	12
外官三品	10	10
外官四品	8	8
外官五品	7	7
外官六品	6	6
外官七品	5	5
外官八品	4	4
外官九品	3	3

以上大小官员见任、丁忧、听用、听调、听降、听勘者照数优免；以礼致仕者优免其十分之七；闲住者免一半。犯赃革职为民除职者，不准优免。职官已故，即将优免停止。丁只免丁，粮只免粮，不许以粮准丁，俱以本官、本家、本户见在丁粮照数优免。例开教官、举监生员各免粮2石、人丁2丁，杂职省祭官、知印、承差、吏典各免粮1石、人丁

1丁，如本身本家丁粮不足，或无丁粮，不许免及别户。退学衣巾生员及纳银儒官、义官、遥受散官，王府典膳及吏承加纳冠带不愿出仕者，只免本身。

从官府的角度看，干飞洒、诡寄、虚悬这些勾当的都是奸民、刁民，是侵蚀国家税基的不良行为。飞洒是损人以利己，诡寄是"避重而就轻"，虚悬则"一切欺隐以负国课耳"。[①] 这当然是统治者的看法，百姓之所以钻山打洞避比避役，全因役比太重，极易使人倾家荡产，"避"是农民作为理性经济人的必然选择，如果制度不改变，农民的行为就不可能改变。百姓避比避役的关键角色是书手，即胥吏等技术性工作人员，他们被贿赂打通关节，利用职务便利，上下其手，作奸犯科。嘉靖十年（1531），鄞令黄仁山责令书手自首，将四五届黄册中所欺隐的部分都呈告于官；奉化令陈缟设投柜，让书手匿名投首，但二地总共只得七八成隐瞒，还有二成无法查清，结果是，"然二令竟不能终黄册之事以去，而民之奸且复故矣"。[②]

以上诡寄、花分、飞洒、影射、虚悬等种种机会主义行为，是明清农民为了减少徭役负担的正常理性行为。为应对农民的机会主义行为，地方政府最常用的方法是清赋，如用烟户册来清查各户人丁、资产等数额，用田根册来清查各户田亩实数，甚至通过攒造鱼鳞图册来解决田亩不实的问题。这种清赋的行为经常在各地推行，效果在短期内非常显著。

地方官府对诡寄也是大力打击。徽州文书中有一份康熙五十年（1711）的"休宁县清查诡寄飞隐业税单"，要求在上届编审之后，民间买卖田地等业必须尽数推收明白以均徭役，以杜诡寄；要求各户按单填报，并于某某日之前交于册役汇齐缴县查核。如果发现有诡寄地亩、隐漏税契行为的，必须治罪。[③] 说明当时地方官府与百姓之间的"上有政策，下有对策"的博弈互动行为广泛存在。

之所以会出现诡寄、冒名优免等现象，是由明代赋役制度缺陷决定的，"田不均而名目烦，其弊在法不在人"[④]。明代徭役制的设计思想承接

---

① 嘉靖《宁波府志》卷二十四《书三·田赋书》。
② 嘉靖《宁波府志》卷二十四《书三·田赋书》。
③ 中国社会科学院历史研究所收藏整理：《徽州千年契约文书（清·民国编）》第1卷，花山文艺出版社1991年版，第161页。
④ 嘉靖《宁波府志》卷二十四《书三·田赋书》。

于宋代的职役制,即富户当差,因为明太祖认为只有富户才有能力、有财力当差,但按资产、人头以及按田亩起丁役本身在制度上存在缺陷,为农民机会主义行为提供了可能。宁波府开始时丁田正差以人为丁,以田准十五亩为丁。至黄仁山为令时,开始视差法准十亩为丁,此略从轻民之意也。但其结果是,田上的负担已经加重了百分之五十。为了打击诡寄户,黄仁山规定附籍寄庄户每田二十亩增一丁,这实际上又加重了十分之五的负担。

另外一个制度缺陷就是身份的不平等,官僚士绅享有免役特权,就造就了一个地下的免役权交换市场,为投献、冒名优免提供了可能性。如果取消按丁按户配役,改为较为稳定的以田配役,上述现象会大大减少,因为田地是跑不掉的,无论如何诡寄、花分,役随地起改变不了的。一条鞭法实施后,役随地起,以田配役比例越来越高,"以田配役"制度下,诡寄、花分、飞洒已经在躲避重役方面没有多大的意义了。而摊丁入亩是"以田配役"的进一步深化,当役摊入田亩中后,花分、诡寄、飞洒等舞弊手段能从避役中获得的利益非常有限。顺庄法是在摊丁入亩的基础上推行的,更加注重对"的户"的征收,且必须在"户甲实"的基础上推行,故对诡寄、花分、飞洒甚至影射、虚悬等弊端的遏制也非常明显。由于当役应比而破家者比比皆是,所以乡民穷尽其智慧来避比,但乡民要绕开"比",必须绕开"役",甚至要绕开交纳赋役。要达到上述目的,最佳的途径是以田租的方式把赋役从租赋中分割出去,最典型的方法是"一田多主",其中至少有一主可"无粮差",如嘉靖年间,福建"柳江以西,一田二主,其得业带米收租者,谓之大租田;以业主之田私相贸易,无米而录小税者,谓之粪土田,粪土之价视大租田十倍,以无粮差故也"。所谓"得业带米收租者"是指全部包揽国家赋役的大租主,国家的地籍以及各类赋役册籍、票单上皆登其户名,小租主则超然于赋役之外。①

溺婴弃子

生子不举现象在中国古代普遍存在,并非个例。早在汉代,汉武帝

---

① 胡铁球:《明清百姓避役避比的主要手段及其影响》,《华中师范大学学报》(人文社会科学版) 2021 年第 6 期。

将口赋的起征年龄由七岁提前到三岁，又增加了税额，给百姓带来极大负担，以致乡民生子辄杀。①

溺婴弃子现象在宋代的基层社会中比较普遍。除了重男轻女的传统观念外，经济因素是另一个重要原因。人头税的征收、徭役负担的加重，是农民杀婴习俗的根源。对农民来说，不得不计算养活子女的成本。如果成本过高，赋役负担沉重，看不到未来生活的希望，溺婴弃子自然会发生。这是农民的救济理性的表现。宋代的弃子现象在江南诸路更为突出。爱子亲情，人皆有之。杀子这种反人性行为看似不近人情，实则也是理性的，有其特定的社会制度因素在内。宋代的赋税徭役中，役钱一项负担较重，对于贫困之家来说，多生一个孩子就多一份人头税，为了逃避役钱，只好少生儿子。通过溺婴弃子，农民在现存制度约束中，自觉实现家庭收支的最优化，是维持家庭生存的被动选择，是理性的正常表现，不能简单以灭绝人伦的伦理标准予以谴责，而应思考其背后的政治制度动因。宋代大家庭很少，一般都是小家庭，宋廷鼓动百姓分家，以便于摊派劳役地租。一家儿子太多，分家时就会造成很大的麻烦。

李中清对1774—1873年辽宁道义社区的1.2万个农民进行调查后发现，三分之一的新生男婴和三分之二的新生女婴未登记入册，由此推测五分之一到四分之一的女婴被故意溺杀；在对1700—1830年皇族户籍册33000人的样本分析后，得出结论认为，即使是在皇族人口中，也有十分之一的女婴多半在生命最初几天就被溺杀②；溺杀女婴甚至男婴的现象在中国古代普遍存在，在强调多子多福、传宗接代的传统社会，对女婴的溺杀当然有重男轻女观念成分在内。之所以重男轻女，不仅是因为儿子可以传宗接代，还有一个重要的经济原因就是养儿防老，传统社会中赡养父母主要是儿子的义务，女孩嫁出去后就是"嫁过门的姑娘，泼出门的水"，理论上与娘家没有权利义务关系，自然也无须尽赡养义务。女儿被认为是"赔钱货"，表明亲情时常受到经济利益的挑战，因此，溺杀婴儿、卖儿卖女都有深刻的经济背景，罪恶的根源在于农民的贫困化。溺婴弃子是农民理性的重要体现，是农民通过机会主义行为应对生计的一

---

① （汉）班固：《汉书·贡禹传》，中华书局1999年版，第2304页。
② ［美］黄宗智：《中国的隐性农业革命》，法律出版社2010年版，第49—55页。

个极端表现。

逃亡

逃亡是古代农民最常见的一种救济理性行为。《明史·食货志》中说："其人户避徭役者曰逃户，年饥或避兵他徙者曰流民。"[1] 不管是逃户还是流民，都是因为在本地无法生活，不得不背井离乡。导致逃亡的具体原因包括，因水旱灾害不能生活；因疾病农废田荒，无法交租服役；因无牛具种子，无法耕种，沦为佃农或乞丐度日，到处漂流。因弊政困民或粮长弓兵等害民；因他民逃亡而不得不负包赔或赔纳导致破产，不得不潜逃以免被追征。正统十二年（1447），山东诸城一县逃移者一万三千八百户。正统十四年，各处百姓递年逃来河南者达到20余万户。逃亡的农民大多是跑到偏僻地区的山中，那里人少地多，可以开荒采掘，不当差役，无人管辖。[2]

自残、自杀

《宋史》以及两宋人奏疏、文献中有多起农民为应对沉重职役而进行自残、自杀行为的记述。有父子同时被征为衙前重役者，父亲为了避免家庭破产，竟然自杀，避免儿子为役。还有农民为了避役，不惜自残身体，如断指等。有的冒充出家人以免徭役。有的为了避免成为上等户，或弃田与人，或亲族分居，或逼祖母改嫁，与亲母分居。以上种种行为，初看起来比较愚蠢，诸如自残、自杀行为直接挑战人生存的底线，似乎难以理解。但如果考虑到农民自杀是为家庭的未来收益而计，似乎又是可以理解的。在古代农村，就有许多老人一旦遭遇重疾，宁愿自寻短见，以避免为儿孙带来负担。当代也有些贫困家庭的成员，在遇到重大疾病时，拒绝治疗，就是担心最后，病治不好，又给家庭背上沉重的债务负担，结果是人财两空。逼祖母改嫁，与亲母分居，更是在家庭破产压力下以亲情人伦为牺牲代价，是一种在重役压力下农民救济理性的极端表现，通过极端行为或牺牲个别家庭成员来维持整个家庭的生存，或许，这种无奈与悲凉也是农民生存韧性的一种表现。

为逃避服役，宋代的主户将田地卖给不用服役的形势户，以假充佃

---

[1] （清）张廷玉等：《明史·食货志》，中华书局1999年版，第1254页。
[2] 吴晗：《吴晗论明史》，北京理工大学出版社2016年版，第489—491页。

户以避徭役。为此，宋真宗乾兴初年，立限田法，形势户如果敢于隐并他人户田被人告发的，奖励告发者所隐瞒田数的三分之一。可见，明清农民的一些避役行为自古有之，这既是人性使然，也与王朝徭役制度的不合理制度设计有关，在相同的制度背景约束下和恒定人性的驱动下，类似的机会主义行为在历史上反复出现。

第三节　制度衰败与乡村治理

用制度概念分析人类行为和历史发展是社会科学的一个重要方法论传统，制度理论是当代社会科学最重要的理论范式和解释框架之一，并形成了一个广泛的制度主义方法论平台，即制度主义范式，包括经济学制度主义、社会学制度主义和政治学制度主义。政治学制度主义是制度主义与传统政治分析方法的结合产物，形成了三种不同的分支学派：规范制度主义、理性选择制度主义和历史制度主义。从对当代社会科学的影响程度看，经济学制度主义尤其是新制度经济学的理论和方法影响最大。新制度经济学视制度为解释特定时段内，某一国家或地区兴衰的决定性因素。诺斯（诺思）和托马斯认为，技术变革、人力资本的投资、市场信息成本下降、人口扩张等并非18世纪西方世界经济增长的原因，推动确立有效率的经济组织，使私人收益率接近社会收益率的所有权制度的出现才是西方世界兴起的原因和经济增长的关键。[1] 阿西莫格鲁和罗宾逊在解释国家为什么会失败时同样认为，人为设计的政治制度和经济制度对经济成功与否至关重要，有论者认为，（诺思的）制度变迁理论触及经济、政治、社会和意识形态诸多方面，解释了人类社会的全部历史[2]。

一　理性、权力与制度

前文详细探索了理性与权力的关系，认为权力是理性在政治领域的

---

[1] ［美］托马斯·诺斯、罗伯特·托马斯：《西方世界的兴起》，厉以平、蔡磊译，华夏出版社2014年版，第3—11页。

[2] ［美］道格拉斯·C.诺思：《经济史中的结构与变迁》，陈郁、罗华平等译，上海人民出版社1994年版，"译者的话"，第2页。

高级表现形式，但是只关注权力并不能获得对政治行为的充分理解，权力必须与制度结合起来，形成理性、权力与制度的三角分析框架，明晰三者间的互相影响、互相制约关系，才能形成系统化视角去观察分析问题。在此之前，需要引入一个概念——欲望洪流。

欲望洪流

司马迁曾云："礼由人起。人生有欲，欲而不得则不能无忿，忿而无度量则争，争则乱。先王恶其乱，故制礼义以养人之欲，给人之求，使欲不穷于物，物不屈于欲，二者相待而长，是礼之所起也。故礼者养也。"[①] 这段话清晰地说明了人的欲望、社会秩序与教化、礼义之间的关系。其实，光靠礼义是不足以抑制人的欲望洪流的，制度、权力才是压抑人性中恶的一面的"硬通货"。

人类社会前进的根本动力是由人性驱动的，人的欲望、人的理性偏好是一切政治经济行为的原始动机。如果人人"躺平"，不愿意奋斗，农民不愿意种田，工人不愿意做工，社会就无法进步。"人不为己，天诛地灭"，其含义当然是指人性自私是自然规律，但也可以理解为，人如果不自私自利，社会也将不复存在。但是，人性欲望往往成也由之，毁也由之。"人心不足蛇吞象"，人性永无满足，贪得无厌是硬币的另一面，如果人人都贪得无厌，所有的欲望汇集起来，便将形成欲望洪流。如果任由欲望恶性膨胀，无限循环下去，出现"欲穷于物"的结果，人类就很容易陷入灭顶之灾，出现中外很多思想家所描绘的无政府状态，人人各自为战，部落氏族相互厮杀。此时，人性中理性的、清醒的一面就会发挥作用，人们坐下来谈判，建立社会制度，从外部约束欲望洪流的蔓延；加强道德教化，提高自我约束水平，制衡内心深处的恶，做到"物不屈于欲"。

欲望洪流是由多种形态构成的，有帝王将相的欲望洪流，也有平民百姓的欲望洪流。在位统治者富有天下，广有四海仍不满足，还要后宫佳丽逾万，长生不老，万岁万万岁。大臣野心家们则想着"彼可取而代之"，谋划如何阴谋夺权篡位。至于其他各类大大小小的官吏、富商、地主也无不在考虑如何实现利益最大化，自私自利的最大化是欲望洪流形

[①] （汉）司马迁：《史记·礼书》，中华书局1999年版，第1025页。

成的逻辑动因。当每个社会精英都在盘算实现个体利益最大化时，全社会精英就会不约而同地遵循共谋型赢利逻辑，人人只想着捞足一把后弃舟，无人愿意同舟共济。显然，这种过分膨胀的欲望极易破坏社会稳定，制造纷争不安。

但是，还有一种欲望洪流，就是民意洪流。囿于现实条件的限制，普通百姓不敢有过多的奢求，他们的欲望就是过上好日子，而一旦进入多事之秋，朴素的愿望如果不能实现，生存受到根本威胁，被积聚的民怨就会扩散、传染和汇集起来，形成民意洪流，如果不能正确应对民意洪流，社会秩序就极易受到冲击和破坏。

无论是统治者或精英人物的勃勃野心，还是普通百姓的孜孜以求，欲望高涨到一定程度，在适宜的条件下就会形成欲望洪流。欲望洪流对一个社会的正常运行构成极大挑战，必须正确应对。一般来说，对欲望洪流的约束限制主要有三种途径：一是自我约束，通过教化唤醒人性的理性成分，使其自我遏制不恰当的、过分的欲望。二是权力约束，建立国家，成立政府，依靠国家强制力、暴力震慑欲望的膨胀。三是建立制度，通过制度引导人的行为，塑造行为规范。制度具有权力和规范两个方面的约束功能。制度的背后是权力。例如，法律的实施需要以暴力为基础，刑法、民法等所有法律是建立在强大的国家实力基础上。如果政府软弱无能，法律制度得不到足够的权力支撑，其权威性、有效执行性就会大打折扣。同时，制度又具有社会规范和文化约束的作用，特别是如果某一种社会制度已经被民众广泛接受，普遍认可，并持续流传下去，就会具有强大的文化约束力。例如，西周开始形成的王（皇）位嫡长子继承制以及历代王朝的"祖宗家法"等制度规则。

如果将人类的欲望洪流比喻成一条真正的正在泛滥中的江河，那么，权力、制度和理性就分别成为约束这条江河之水的堤岸、水闸和源头之水。权力对欲望洪流的约束作用类似于堤岸，它限制洪流的漫溢对社会构成的破坏，但它本身不能改变欲望洪流的前进方向。任何权力对权力的制约只是暂时的，而且只能呈现水涨船高之势，当欲望洪流转化为权力洪流时，只能用更高更大的权力来制衡它，但堤岸不可能无限加高，欲望洪流总有冲破堤岸的一天，以暴制暴也不再有效，此时，社会就会陷入无休止的冲突混乱之中。

制度的作用类似于水闸，起到的是调节、引导、分流的作用。当人类欲望不振时，通过制度、政策刺激人们的逐利行为，推动社会发展；此时的制度水闸就减少下泄流量，加大截流流量；当人类欲望达到一定程度，制度水闸就平衡二者关系。例如，效率与公平关系、一次分配与二次分配关系、家天下与天下为公的关系，都需要用制度水闸在截流和下泄之间发挥调节平衡作用。当欲望洪流一齐涌来，出现欲望洪峰时，制度水闸不但要打开全部闸门，加大下泄流量，还需要引导分流，以削峰填谷，减少破坏性。制度水闸要发挥调节功能，就需要与时俱进，进行制度创新，才能应对不时之需。如果水闸生锈了，或者没有备用水闸或导流孔，那么一旦面临海啸般的欲望洪流时，就会手足无措，无法应对，最终导致治理失败。

欲望的洪流并非全是人性之恶，并非全是过分的利益诉求，欲望洪流中最关键的是民意洪流。例如，一旦某一个王朝连年遭遇灾荒，百姓生活陷入困境之时，民意诉求就会迅速高涨，形成赈灾免粮等民意洪流，此时的王朝治理就应发挥制度水闸功能，开展免除赋役，组织赈灾，加强社会治安管理等公益行为，其作用就是分流、削峰，把民意洪峰降下去。如果朝廷和地方官府碌碌无为，甚至反其道而行之，百姓的欲望洪流最终会冲垮堤岸（例如，历代王朝都出现即使官府强力镇压也不能阻止灾民饥民吃大户、抢军粮的现象发生），甚至冲坏水闸，那就意味着，王朝政权彻底崩溃，改朝换代不可避免。

人性中的理性成分是欲望洪流的源头之水。源水总是清澈干净的，人性中也总有善的一面。制止欲望洪流泛滥就是激发人性的善的一面，更好地阻止欲望洪流的爆发，或减轻其负面影响。

理性、权力与制度

人类社会治理的永恒逻辑就是如何驯服欲望洪流，与中国古代乡村治理密切相关的是三种欲望洪流。第一种是最高统治者无法遏止的集权陷阱和享乐冲动，它们往往是王朝施政荒腔走板、制度衰败、治理无效的根源。第二种是官吏群体集体走向腐败，共赢谋利逻辑大行其道，结果是使中枢决策、地方治理的不当效应倍增。第三种是乡村百姓求生存、求温饱的民意集中爆发。最高统治者虽然处于极少数地位，但由于掌握国家机器，其欲望很容易就被十倍、百倍地放大，对全国产生广泛影响。

一两个官吏的腐败不足为惧，关键是官吏群体集体腐败，掀起谋利洪流，就会将王朝政权推向统治失败的境地。前两种欲望洪流决定了第三种欲望洪流——民意洪流。如果君明臣勤，就不会有民意洪流的发生。

如何驯服欲望洪流？在古代中国，几乎是无法实现的，最多是有所减缓。每次王朝末年，国家都会陷入民意洪流而不能自拔，根本原因在于作为统治者的帝王和官僚无法克服作为个体和群体的欲望冲动，欲穷于物，物屈于欲，以统治腐败引发民意洪流，最终使王朝政权被民意的洪水颠覆。

如何减缓欲望洪流的破坏作用？需要建立起理性、权力和制度的互动框架，发挥权力、制度和文化的综合作用。下面就从理性、权力和制度的三角分析框架角度，结合三股欲望洪流类型予以分析。

理性与权力。理性是权力的初级状态，但理性对权力兼具激励和约束两方面的功能。激励是指，理性中所具有的利益最大化偏好会刺激行为体对权力欲望和其他欲望最大化的追求。约束是指，理性中所具有的理智认知的成分，以及对成本收益比较的测算等会限制行为体对权力的盲目追求，促使行为体选择适当的、正确的行动路径去审慎追求适当的权力，而并非任何时候都致力于权力的最大化。当然，历史也会启动淘汰机制，对不能审时度势者、无节制地追求权力和欲望最大化者予以惩罚。例如，秦、隋二世而亡，就在于统治者未能在大乱之后及时与民休养，反而无节制地行使权力，最终招致民意洪流涌起，掀翻王朝统治。正面的案例则是汉文帝欲修一个露台，一测算，花费颇大，就放弃了，理性机制纠正了他的欲望冲动。负面案例是慈禧暗示属下挪用海军经费给自己修颐和园。另外，权力也会放大放任理性中的偏激和最大化冲动。权力是任性的，为何？因为当权者有这样的资本。很多帝王权臣并非不了解自己任意放纵欲望的后果，但他们自认手中有权，别人只能敢怒不敢言，权力遮蔽了理智，放大了偏激和冲动。权力越大者，越容易被权力冲昏头脑，历史上真正头脑清醒的有道明君极少，在至高无上、享有一切的皇权加持下，绝大多数帝王都是恣意放纵自身欲望洪流泛滥的，这就是为什么我们看到，历史上有那么多胡作非为的皇帝和统治者，死到临头都不知悔改。权力使人本性迷失，权力毒化了人的正常理性判断。

理性与制度。人类的理性在于合作，在于妥协，为了保护合作与妥协，制度的发明非常重要。制度是为了巩固人类理性中的理智成分、合作基因，而理智则孕育、支撑了制度的存在。人与人之间并不总是冲突的，人类有充分合作的基因。虽然现实主义学者强调人与人之间的冲突本质，但人作为社会动物所具有的群体属性，决定了人类社会并不缺少合作，否则人类不可能进化为万物的主宰。人类理性中的理智会支持、强化制度的创设和运行，因为制度有助于减少不确定性，形成稳定的预期，有助于冲突的和平解决。有了制度，人类的理智、成本测算和欲望会得到规范，受到强化。

在个体理性走向集体理性的互动进程中，制度安排至关重要。如何将个体理性的欲望洪流引导到不危害社会秩序的程度，避免出现个体理性导致集体非理性的悖论，恰恰是制度需要解决的。制度的作用在于通过对人类行为的长期规范，逐渐形成规范认同，使行为体理性中将认同的改变或打破视为必须付出的成本和代价，从而对人类理性中的最大化冲动构成制衡，使违反制度将受到惩罚，遵守制度将得到奖励的认知内化于理性内涵之中，使遵守制度成为行为体理性评估的必要组成部分。

权力与制度。权力与制度的关系最为复杂。任何集权者都不希望受到制度的约束，因此，"金口玉言""皇帝的话就是王法"之类的说辞被发明出来，以此为权力逃避制度的约束背书。但制度本就是为了对冲欲望洪流、权力洪流的负面作用设立的。如果一个社会不想在彼此冲突中共同毁灭，就必须对权力洪流进行限制，方法就是建立各种制度和规范。嫡长子继承制度是最典型的为避免共同毁灭而形成的制度规范。西周统治者深刻汲取殷商王位继承混乱无制（兄终弟及、父死子继无定则）给政权稳定带来的破坏性影响，开始确立嫡长子继承制，其后经过春秋战国时期各诸侯国的正反实践，入汉后真正确立起嫡长子继承制，并形成强大深厚的制度与文化规范。

制度首先是约束权力的。它规范权力的使用和运行，限制它的范围，使社会对权力的行使有其预期。制度还可以分配权力，尽管制度是权力所有者之间形成共识的结果，但结果一旦形成制度规则，就意味着对权力的一种分配。无论是皇帝制度、宰相制度还是储君制度、后妃制度，或者郡县制、总督制、刺史制等，都表明制度通过分配权力形成稳定的预期。即使在暴力结构占据主导地位的传统社会，统治者也需要制度，因为要通过制度来规范社会大众的行为，分配并约束官吏的权力，巩固统治地位。

权力反过来既保障也抵消制度的影响。得到权力背书的制度，如一个国家的法律法规等，就会得到广泛执行，建立良好的声誉，受到公众的认可。但如果权力轻视制度，甚至破坏制度，则容易形成"上有政策，下有对策""说一套做一套"的机会主义行为现象，出现"礼不下庶人，刑不上大夫"的特权，那么，制度的权威性和严肃性就会受到很大挑战。

制度在限制帝王欲望洪流方面也可以有所作为。虽然帝王掌握至高无上的权力，使得任何对其权力的限制都异常困难，但制度的存在仍可以一定程度对帝王欲望构成威慑。一是"祖宗家法"一类的王朝初始制度对于后世帝王仍然起到威慑作用，违反"祖宗家法"者将有成为不肖子孙的合法性危机。二是制度规矩为帝王的反对派们攻击其合法地位和历史评价提供了道德上的借口。毕竟乱政胡为的帝王既要考虑天下悠悠之口，也担心死后进不了太庙，见不了祖宗，对当期统治正当性和远期名望的顾虑为制度发挥其对权力的约束作用提供了心理上的可能性。

就总体而言，如果帝王掌握了至高无上的权力，主要用来限制竞争者和臣民的制度确实难以真正限制帝王本身的所作所为。既然制度本身不足以约束权力，就要形成用其他权力来制衡权力的制度。这听起来矛盾，但事实确实如此，这就要么利用王朝初始制度设计形成的制度文化的限制作用，要么利用集体力量、舆论和民意的共同作用。总之，要制止权力的滥用，需要民意、文化、制度等共同发挥作用。例如，在万历不立太子的政治博弈中，过往的皇位继承制度与文官群体的集体抗争共同形成了对万历乱政的制衡。

但是，对权力尤其是落入集权陷阱的皇权的制衡是极其困难的。古代中国并不存在权力制衡的制度结构，最多是皇权与相权、后宫与外朝、中央与地方、文官与武将等政治角色之间形成的微弱的、有限的权力制衡关系，远远称不上平衡，但在宰相制被废除后，这种极其有限的制衡力量也被皇权破坏，导致集权逻辑自我膨胀态势无休止地恶性发展，其最终结果是皇权走向黑暗化、荒诞化和自我毁灭。

总之，理性、权力与制度的三角相互关系是，理性激励、约束权力，权力放大理性中的偏好最大化冲动；理性孕育、支撑了制度的产生，制度则强化、稳定了理性的预期；制度既有利于约束权力，也有利于巩固权力；而权力既可以保障制度，也可以破坏制度。

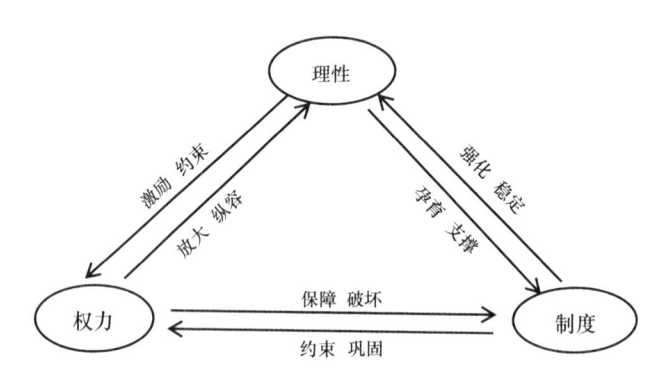

图 12—2　理性、权力与制度三角分析框架

二　新制度政治学：制度、权力、理性三者关系的再界定

诺思认为，制度是一个社会的博弈规则，由正式规则、非正式约束（行为规范、惯例和自我限定的行事准则）以及它们的实施特征三个部分构成。制度构造了人们在政治、社会或经济领域里交换的激励，制度通过建立一个人们互动的稳定（但不一定是有效的）结构来减少不确定性。[①] 制度主义作为社会科学的方法论平台，广泛流行于经济学、社会学和政治学等学科领域。就国内政治分析而言，规范制度主义、理性选择制度主义和历史制度主义是最有影响的三个制度主义研究分支。规范制度主义从对规则的信仰、社会习得和内部化视角强调制度作为规范压力对政治个体的理解和认同形成的重要性。规范制度主义认为制度的变化是学习、适应、演进的结果，主要关注制度如何影响个人行为。理性选择制度主义是新制度经济学在政治学领域的体现和发展，认为制度是个体选择和塑造的结果，同时又通过降低不确定性规约个体的行为，进而影响政治结果。历史制度主义主要研究各种制度因素对政府的公共决策

---

① ［美］道格拉斯·C. 诺思：《制度、制度变迁与经济绩效》，杭行译，上海人民出版社2014年版，第3—11页；［美］道格拉斯·C. 诺思：《经济史中的结构与变迁》，陈郁、罗华平等译，上海人民出版社1994年版，第225—227页。

和政治表现的长期影响,它倾向于通过分析国家的宪法和制度结构等来研究政治结果;在比较政治学领域,历史制度主义通过对不同国家的政体和制度结构的比较来分析跨国性的公共政策问题。[1]

本书倾向于提出一种新制度政治学的分析范式,它并非完全借用上述任何一种理论框架,而是力图将不同形态制度主义范式的若干分析要素融为一体,用于分析中国古代王朝政治经济制度的创设、变迁及其对治理这一政治结果的影响。鉴于中国古代王朝的专制集权性特征,其政治经济制度的创设显然并非社会大众理性选择的结果,而是特定暴力精英集团为实现既定政治目标进行主观设计的结果,具有强烈的帝王理性色彩。司马迁就曾指出:"王者制事立法,物度轨则,壹禀于六律,六律为万事根本焉。"[2]

作为因变量,传统社会的政治经济制度是权力政治变迁和互动的产物这一点是毫无疑问的。王朝政治经济制度形成后对所在社会的政治经济个体持续产生经济政治激励和影响,塑造他们的长期行动预期,但由于传统社会中未能形成崇尚法制的社会环境和稳固的法治习惯,王朝制度在降低治理不确定性,形成长期激励方面的作用受到权力和人治因素的巨大影响。在帝王理性、官僚理性、胥吏理性及其外化的皇权、官权、吏权、绅权等的干扰下,制度的实施效果有限,机会主义行为盛行,反过来侵蚀了制度作为正式规则的长期效用,影响了国家治理、地方治理和乡村治理的绩效。权力对制度的干扰作用始终未能在根本上被消除或减弱,导致制度原初设计缺陷无法纠正,又不能随着环境变化而进行革新,也无法有效应对执行和变异问题,进而导致制度的衰败,并决定了国家治理的最终命运。

显然,与新制度经济学用相对价格的变化、报酬递增等变量来解释制度的长期变迁,进而隐含的判断是制度变迁可以带来正绩效的论断相比,制度政治学认为,制度变迁存在正绩效和负绩效两种可能,产生负绩效的制度变迁的本质是制度的衰败。制度衰败是解释中国古代王朝治

---

[1] 本部分关于制度主义范式的介绍,参见胡宗山《政治学研究方法》第五章,华中师范大学出版社 2007 年版,第 113—133 页。

[2] (汉)司马迁:《史记·律书》,中华书局 1999 年版,第 1081 页。

理失败的关键变量,导致制度衰败的关键因素主要包括权力、暴力等因素的干扰,专制漩涡、集权陷阱则是导致制度衰败的决定性因素。制度衰败的结果是地权集中趋势不能中止、吏治腐败难以遏制、农业产量增长乏力、赋役累积趋势无法缓解、乡村公共产品缺失、灾害应急机制缺乏等。因为制度趋向衰败的长期趋势难以在根本上扭转,以上各种因素最终叠加的结果是农民的长期贫困态势难以扭转,处于生存困境中的农民始终成为古代王朝无法有效应对的治理难题。这是当前中国共产党始终将扶贫脱贫、乡村振兴、提高农民收入以及增加社会就业作为维护当代社会稳定的至关重要的治理选择的根本原因。

在本书中,王朝的政治经济制度既处于因变量的地位,也具有自变量的功能。在分析制度变迁时,它是皇权、相权、宦权、绅权等权力形态的作用对象,受到政治权力的深刻制约。在分析制度绩效时,它关注的是政治经济制度对于从帝王到农民各类政治个体行为选择的形塑作用,此时,它变成了自变量。总体上,本书是通过构建"(人性)理性—权力—制度"的三角互动框架,以建构一种新的制度政治学——治理政治学的分析范式。

本书借鉴了新制度经济学的诸多概念,但多是在镜像的意义上使用的,这是因为新制度经济学分析的历史和社会现象是以西方社会的某一类传统(英美传统)为其特征的。事实上,在近代西班牙、葡萄牙等中央集权形态社会中,制度对个体行为的形塑和激励作用就受到了很大干扰,换句话说,制度的正绩效只能在民主宪政、分权自由的体制中才能得到充分体现,但在专制集权、权力暴力呈现强存在的东方传统社会中,制度的绩效大打折扣。制度与权力是一对矛盾关系,制度的存在就是对权力、理性和欲望的制衡。强制度与弱权力是一枚硬币的两面,同理,弱制度则与强权力相偕而行。用以分析中国古代治理绩效的新制度政治学框架所对应的正是这样一种弱制度—强权力的社会历史环境。

新制度经济学关注的首先是交易成本,其核心概念是交易成本,交易成本的高低决定交易行为发生的频率和经济活动的绩效,而决定交易成本的重要变量是一系列经济制度,如产权制度、专利制度、交易规则(合同或契约)、博弈规则等。好的制度有利于减少不确定性,消除未来阴影，提高经济人信心，从而降低交易成本。

新制度政治学关注的则是治理成本，强调政治行动应以降低治理成本为主要目标。好的政治制度同样应以减少不确定性，提高公民对政治行为、行政行为的稳定预期为其目标。这就是法治社会形成的心理基础。只有公民对政府行为有稳定预期，才能提高公民自身政治经济行为的服从性，如服从统治，接受教化，主动或至少不拖欠缴纳赋役，从而降低治理成本。历史上许多严刑峻法、暴政行为短期内看似能够降低治理成本，提高行政效率，快速实现治理目标，但是，是以王朝合法性等长期收益的损耗为代价的。

治理本质上是一种政治交易行为，尽管建立在不平等身份基础上，但好的治理应在现行制度结构所确定的不平等或不对等基础上，形成国家与公民间政治交易的长期博弈均衡，长期博弈均衡的存在才能推进良治。良治的形成则有赖于治理成本的降低。古代中国并未建立起现代公民社会体系下的契约式或同意式政治关系，但载舟覆舟关系表明在长期博弈均衡语境中，皇帝（政权）与人民（统治对象）之间是存在事实上的契约式或同意式政治关系的，即国家提供公共产品，人民接受政治服从，愿意"载舟"；但如果国家不能履行保护人民，提供公共产品的职能，甚至鱼肉侵削人民利益，则人民可以进行政治反叛，起而覆舟。例如，皇室和买、官府加征加派、千里漕运、官吏渔利、寻租等种种行为提高了治理成本，增加了政治交易的不确定性，严重危害国家与人民之间的长期博弈均衡，均衡一旦被打破，政治服从关系就会受到挑战，出现危机。

同样，职役制确实有利于精简基层官吏队伍，直接节约行政成本费用，但它只是看起来降低了经济成本，其长期的消极后果是提高了王朝国家的政治成本，因为它是以损失国家威信的长期收益为代价的，增强了农民对国家的不服从程度，本质上是机会主义的国家短视行为。乡民的种种机会主义行为、"搭便车"行为所展现的救济理性恰恰就是对国家不服从的反应，也是对国家短视行为的对冲。

从制度变迁到制度衰败

制度总是处在演化之中，也在不断改变着对我们来说可能的选择。

制度变迁是指制度创立、变更及随着时间变化而被打破的方式。① 制度变迁决定了人类历史中的社会演化方式,是理解历史变迁的关键。② 新制度经济学赋予制度以根本变量的作用,但亦有学者指出诺思对制度作用的循环论证问题,认为制度的作用不能否认非制度因素的重要作用,在一些情况下,非制度因素可能是制度变迁的更重要的源泉。③ 确实如此,至少在中国传统社会中,权力是制度变迁和衰败的更重要源泉。

就中国古代王朝而言,制度的创设有改朝换代、战争生成、社会历史的渐进性演进(如皇位继承制)、统治集团创设等多种途径。诺思认为,相对价格的根本性变化乃是制度变迁的最重要来源,相对价格的变化不仅能改变个人在人类互动中的激励,而且能改变人们的偏好,从而改变人们的行为方式和一些先存的心智构念,并最终引起制度的变迁。④ 显然,诺思理论中暗含的判断是报酬递增和路径依赖的存在驱动了制度必然朝着正向绩效的方向演进,换言之,制度变迁总是趋向正绩效的。

诺思的判断是以英美经验为依据的,并非适用于普遍或全部的历史事实,尤其是难以适用于传统中国的政治经济语境。有学者指出,经济史学家的研究之所以是有限度的,可能是因为他们处于一种有利于经济发展的制度环境之中,因此他们更重视经济规则的研究,而较少地研究政府治理形式对于经济增长的重要性。⑤ 中国古代王朝的现实是,好制度大多难以维持下去,坏制度却始终得不到更正;某些看起来对某一社会集团有利的制度设计却在全社会产生了绩效沉没。某些政治经济制度如职役制、均徭制,对于官府来说确实存在报酬递增、增长回报的正向激励。但对社会大众来说,消极回报却日益明显,即使对王朝政权来说,

---

① [美]道格拉斯·C.诺思:《经济史中的结构与变迁》,陈郁、罗华平等译,上海人民出版社1994年版,第225页。
② [美]道格拉斯·C.诺思:《制度、制度变迁与经济绩效》,杭行译,上海人民出版社2014年版,第3页。
③ [美]哈罗德·德姆塞茨:《经济发展中的主次因素》,载于[美]科斯、诺思、威廉姆森等《制度、契约与组织——从新制度经济学角度的透视》,刘刚、冯健等译,经济科学出版社2003年版,第82—103页。
④ [美]道格拉斯·C.诺思:《制度、制度变迁与经济绩效》,杭行译,上海人民出版社2014年版,第99、113页。
⑤ 杨光斌:《制度的形式与国家的兴衰》,北京大学出版社2005年版,第76页。

在可视的经济成本与潜在的政治成本之间也存在难以调和的远期冲突。

新制度经济学用于分析制度变迁的一个核心概念是路径依赖。路径依赖是指从过去衍生而来的制度和信念影响目前选择的路径,那些过去的经验使人们以怀疑和憎恶的态度来看待创新性变化的社会。[①] 那么,路径依赖在东方社会的情境是如何产生作用的?为什么坏制度得不到更正,会持续下去?它究竟有利于谁?诸如此类问题,需要结合中国古代政治现象,提出新的解释概念。

本书认为,基于东方社会历史经验,制度变迁并非总是趋向于产生正向的制度绩效。在中国历史上,存在大量的负制度绩效现象,即制度衰败,制度衰败是导致王朝治理失败的根本原因。本书将制度衰败界定为对治理绩效无效或产生负效应的制度变迁、路径锁定现象。导致制度衰败的根本原因是权力的干扰,总体上,古代王朝国家的专制漩涡和集权陷阱是制度走向衰败的根本性驱动力量。

制度衰败是与新制度经济学相异的新制度政治学的一个核心概念,认为制度的作用总是受到权力的干预是新制度政治学的一个基本立场。制度政治学也认为,研究东方社会的制度绩效时,应持权力本体的观点,这不同于观察西方社会时所持的制度本体观点。

本书反对研究传统中国社会时使用制度决定论,根本原因在于东西方历史国情和社会环境的巨大差异,在以专制统治和单向权力作用为根本属性的东方国家,制度并不具有独立的本体论地位。西方的制度则具有本体论地位,是因为制度的背后存在广泛的利益共谋和观念共识,它们已经形成坚厚的结构框架,使得制度的确立、维持成为可能,制度的打破或更改变得极为困难,基本制度维持稳定。民主、开放决策和多元空间、公民社会等因素的存在,决定了在西方社会的国家治理中,科学性、公正性能够更有效地纠正制度失误带来的恶果,相对而言,西方社会的制度衰败模式、路径、程度不同于古代中国。

古代中国最大的问题在于理性、权力和制度三者间无法建立稳定的互动框架,对权力尤其是处于主导地位的暴力皇权无法进行充分的限制。

[①] [美]道格拉斯·C.诺思:《理解经济变迁过程》,钟正生、邢华等译,中国人民大学出版社2013年版,第20页。

无论权力制衡、制度约束还是自我理性克制，这种不稳定导致治理的极度不稳定，不能形成稳定有序的制度预期和社会预期，增大治理的荒诞性、随意性、风险性。对人性中恶的一面和权力欲望中非理性的一面的难以遏制，决定了古代王朝制度衰败不可避免地循环发生。制度执行问题在传统的新制度经济学中往往被忽略了，致使人们认为只要制定出制度、政策就会万事大吉。西方经济学家如果考察中国古代的财政和赋税政策，就会发现情况远非如此。中国的历史传统和社会文化表明了其特殊性，在西方社会中畅通无阻的制度理论在东方社会并不一定有充足的解释效率，因为在东方社会中，国家与社会、人民的关系是重要的干扰变量，它使得制度的创设与执行相对于西方来说，具有很大的扭曲性。最大的不同在于，东方社会的制度很难在根本层次上形成对主导权力的遏制。东方社会的进步并非是谈判、博弈和改革的产物，而是一锤子买卖，以一种暴力取代另一种暴力，一种权力取代另一种权力，才能实现制度的更替、完善、优化。在既定的王朝权力政治框架中，社会对权力缺乏纠错功能，制度的最终命运是走向衰败。国家中心模式下制度的功能与作用不同于社会中心模式，而名实分离是东方制度与权力关系的重要表现形式。

有学者认为，中国自古以来的政治发展清晰地表明，政治权力主导着社会的方方面面。如果不承认这一点，我们就不能理解中国几千年的物质积累为什么不能发展出完整的资本主义经济，就不能理解古代、近代的官僚机构和个人所导演的租金为零的集体失败。[1] 或许，诺思的这一判断能够较好地说明古代中国的王朝国家在处理公共利益与皇室利益时的偏好选择：掠夺性的国家将界定一套产权，使权力集团的收益最大化而无视它对社会整体福利的影响。对于守成帝王来说，其谋利的欲望本能完美地验证了这一判断，即缺乏现代公共国家的意识。因此，在传统王朝的帝王理性内涵中，并不存在诺思悖论：国家的存在是经济增长的关键，然而国家又是人为经济衰退的根源。[2] 诺思悖论存在的关键是国家

---

[1] 杨光斌：《制度的形式与国家的兴衰》，北京大学出版社2005年版，第70页。
[2] [美] 道格拉斯·C. 诺思：《经济史中的结构与变迁》，陈郁、罗华平等译，上海人民出版社1994年版，第20、22页。

的双重角色：统治者和公共产品供给者。后者意味着国家能够促进经济增长，而前者为提高统治合法性和政治目标的需要，往往以掠夺社会资源，损害经济增长为代价。但对中国传统社会的王朝国家来说，基本上无法提供促进经济增长的公共产品，甚至在维护公民生命和社会正常运行的公共保障方面都难以有效履职，而这正是王朝遭遇治理危机的一个重要制度和行政缺陷。

三　制度衰败的类型与绩效

很多研究东西方制度比较的学者可能都有类似的疑惑，为何对西方历史演变和社会发展具有较强解释力的制度主义一旦遭遇中国的历史和现实情境，就很难产生同样的理论效用。我们认为，这与制度在东西方社会的不同地位有关，其实质是权力与制度的关系模式不同。人们普遍认为，在西方社会，制度对个体行为的约束性要大大超过东方社会，这表现在西方人具有强烈的法治意识、契约意识，视制度为刚性的外在约束，重视制度，强调规则。与之相比，传统中国更重视人情和关系，契约意识、规则意识较为淡薄。是中国人不懂得制度的重要性吗？并非如此，根本原因在于权力对制度，尤其是传统皇权对制度的肆意践踏，法律也好，制度也罢，经常被当权者一言兴之，一言废之，法治主义的重要性远远不及人治主义。中国人过于灵活，善于变通，往往扭曲制度的刚性，损害制度的权威。对制度最大的伤害来自帝王、官僚和各种权力。统治者制定出法律，但最不愿意遵守，也最不遵守的就是统治者本人。长此以往，人们宁愿诉诸权力，而不是制度，重视人情关系，而不是契约精神。

制度衰败：一种特殊的制度变迁

中国古代王朝生命周期最长者超不过三百年，短者区区几十年、十几年，城头变幻大王旗，随着新帝王的粉墨登场，旧王朝的一切制度全部要推倒重来。即使在同一王朝内部，权力的有序继承和稳定交接也很难进行，"一朝天子一朝臣"的现象普遍存在，反复发生，权力太易变了，多变的权力很容易造成对制度的干预，使得愿意遵守规则的人吃亏，因为制度与权力之间具有天生的对抗性，权力的易变性与制度的稳定性、权力的独享性与制度的（相对）公平性之间往往是互相矛盾的。人治主义流行决定了现实权力越多变，越容易干预制度的执行，人们就越不敢相信制度。中国人对利益的保障更愿意诉诸更大的权力，而不是刚性的制度，因为谁遵守承诺，践行制度，谁就会吃亏，即老实人吃亏。

古代中国很难形成尊重私人利益和社会契约的长期传统。西方社会的诸多制度延续上千年，尤其是与商业利益相关的专利、产权制度等，由于政治上的相对分权，西方的私有制是标准意义上的私有制。但中国古代社会的个体土地私有制只在理论上是私有的，缺乏真正独立的法治体系保护私有产权，在现实历史中私有制极易受到政治、安全和权力等因素的侵蚀，很难受到法律和国家的保护。所谓"自古民不与官斗""宰相家人七品官"等表明权力资源在中国传统社会中具有硬通货性质，制度往往沦为权力的附庸。私有产权、专利制度、银行制度等推动西方技术创新和经济革命的制度安排很难在中国土壤里出现。重本抑末，权力因素对交易行为的深度干预决定了传统中国很难生成真正的技术、生产创新，因为发明人缺乏稳定的对未来的预期，无法消除未来阴影等影响合作的消极力量。最具活力的商业、手工业被压抑，古代中国的市场机制和公民空间难以正常生长。

西方制度经济学场域界定的制度实质是经济制度，是私人领域交易行为的制度安排，制度是基于自利的个体"自发"产生的，体现的是自发治理的逻辑。东方社会中的制度具有深刻的权力政治烙印，是由统治集团提供的规则体系，尤其与国家治理相关的制度体系，始终是在君主专制、宗法家族等政治和社会集权的体制内运行，由统治者依靠暴力强行提供，并非自主个体通过社会互动自发产生的，而是哈耶克式的人为秩序的产物。[①] 可见，东西方的制度的内涵属性存在根本区别，对人们行为的约束程度也不可同日而语。

正因如此，本书认为，制度经济学中关于制度功用的部分分析并不完全适用于传统中国的历史。这是因为，制度经济学与新古典经济学具有相同的方法论预设，即关注的是排除运用物质力量或其他形式的强迫力量所进行的产权转让的社会，在这个社会中，不存在压力集团。人们

---

① [美]埃里克·弗鲁博顿、[美]鲁道夫·芮切特：《新制度经济学：一个交易费用分析范式》，姜建中、罗长远译，上海人民出版社2006年版，第8—9页。

不关注那些为了改善内部成员的福利而通过诸如利用政府权威之类的手段来牺牲体制中他人利益的团体。在新古典世界中，仅仅考虑这样的团体，它的运作是根据自愿结社和自愿交易的原则，并且能够为其成员带来帕累托改进的。① 显然，制度经济学和新古典经济学假设所要避开的恰恰就是类似传统中国一类的集权社会应用场景。前者所要规避的政治制衡经济、权力干预交易的种种现象在东方社会表现得尤其明显。尽管新制度经济学家承认政治过程与制度变迁的发生有着密切关系，但是至少在20世纪，许多经济学家在分析过程中倾向于将政治现象抽象掉。②

东方社会对制度的重视和崇拜程度远远弱于西方社会，东方的行为者经常会问，这是谁制定的规则？对我有什么用处？我为什么要遵守这个制度？姑且不论制度的创设，单看制度的路径依赖与制度的变迁就不难发现，西方的制度变迁多为诱致性、内源性制度变迁，因为广大行为体参与到制度变迁之中，推动制度变迁朝着有利于社会大众共同利益的方向前进；中国的制度变迁则为强制性制度变迁，国家统治者、权势人物主导制度变迁，制度的供给沿袭的是权威供给模式，社会大众只能被动接受制度的变迁。

西方的新制度经济学的制度变迁是具有正向激励绩效的，制度变迁是朝向有效率的制度结果发展的，传统中国的政治制度变迁则容易导致制度衰败，走向无效率的制度结果。传统中国的制度变迁或新制度的创设是为维持集权统治需要设立的，遵循的是政治统治和权力斗争的逻辑，而非经济效益和社会公共利益最大化的逻辑。东西方根本不同的社会性质——专制和契约决定了制度的效率所在。西方新制度经济学关注的是制度如何降低交易费用，减少不确定性，增加交易可能性以及是否推动社会进步和公共利益的最大化。东方的制度政治学关注的则是制度如何服务于专制统治，如何固化集权，强化赋役积累征收，积累国家资源，重农抑商，制度的功能不在于降低交易费用，而是不惜提高统治成本，

---

① ［美］埃里克·弗鲁博顿、［美］鲁道夫·芮切特：《新制度经济学：一个交易费用分析范式》，姜建中、罗长远译，上海人民出版社2006年版，第6—7页。
② ［美］埃里克·弗鲁博顿、［美］鲁道夫·芮切特：《新制度经济学：一个交易费用分析范式》，第26—27页。

也要维持皇权统治的制度初衷。在诸多方面，制度经济学与制度政治学具有完全不同的逻辑向度。

中国历史上存在哪些制度衰败？

凡是不能产生正向治理绩效的制度设计、制度执行与制度变革都是制度的衰败。那么，中国历史上曾经存在哪些制度衰败现象呢？择其要者，大致存在原初缺陷型、成本沉没型、名实分离型、过程异化型、过犹不及型、供给不足型共六种形式的制度衰败现象。

六种类型的制度衰败之间是存在复杂交叉、深度互动的，很多政治经济制度会经历多种形式的制度衰败过程，兼具几类制度衰败的特点，很难截然分开。例如，秦汉以后的分封制度与宗藩制度就既有原初缺陷的成分，也有成本沉没的成分；有些政治经济制度曾经历兴起—衰败—革新—再衰败等反复发生的过程，如均田、限田制度。制度衰败既在一个王朝积年内发生，也会跨越不同的王朝，贯穿于古代中国的整个历史时期。制度衰败既可能导致某一王朝治理的失败和政权的崩溃，也在总体上决定了中国古代王朝的周期性停滞、没有发展的增长和治乱循环等历史现象。

原初缺陷型制度衰败

原初缺陷型制度衰败是指那些没有经过充分科学论证，仅凭帝王等极少数人意志决定的制度，其制度安排初看起来有一定道理，但无论是从理论上还是在实践中都被证明存在根本缺陷，属于根本就不应被创设的制度。由于原初缺陷，这一类政治经济制度在实施过程中对国家治理和社会公共利益造成较大危害，制度绩效为负。

历史上最具代表性的原初缺陷型制度衰败是西汉、西晋和明代的分封制度。在郡县制实施后，单一型国家结构已经成为历史发展的正道，但刘邦、朱元璋等人逆历史潮流而动，恢复分封制，在单一制的国家结构内嵌入藩国，造成郡国并行的不伦不类的国家结构，完全是一大历史败笔。对此，柳宗元的《封建论》有着很好的总结。刘邦对暴秦灭亡原因的错误总结，加上限制异姓王的家天下心理，决定了西汉分封制的实施，结果带来了"七国之乱"，其负面影响持续于整个西汉时期。

尽管有西汉、西晋的藩国之祸的教训，但后世仍有帝王对分封之事乐此不疲。在王朝统治者看来，分封制有其积极意义，有利于制衡那些开国的权臣与贵族，拱卫中央。唐太宗时期，萧瑀曾建议恢复封建制，李世民在位期间曾组织过几次对此议题的讨论，并将21个皇子分封到各州作"藩翰"，成为世袭都督或刺史，另有14名朝中显贵也被任命为世袭的刺史。尽管这是一个"减配"版的封国体制，但反对的意见依然不绝于耳，朝中几乎所有的重要大臣都反对复古，最后李世民让步，降诏缓行刺史的世袭分封之议，但对皇子的分封似仍在继续实行，唐太宗内心深处仍向往"封建制"，他认为通过分封皇族，皇室可占有足够的土地。不过在太宗朝之后，"封建制"虽然也讨论过，但土地分封并未真正实行。①

朱元璋实行分封制也是一家之私废天下之公的心态在作祟，再加上希望制衡勋贵集团，但其结果与西汉别无二致。西汉、西晋、明代的分封藩王制度并没有取得任何原初制度绩效，完全是帝王错误的心理暗示，是帝王理性或皇权陷阱动机驱动下杯弓蛇影式的荒唐决策。"七国之乱""八王之乱""靖难之役"表明，藩王不但未能起到拱卫中央的作用，本身却成为国家动乱的根源。明代藩王在农民起义中宁愿当守财奴，也不愿拿钱出来周济中央政府。明太祖以全国百姓衣食供养朱家子孙，但在明末农民大起义中，没有一个藩王主动献资赈济军粮；明廷国库缺银少金，不得不向百姓加征加派军饷，但当李自成攻占北京后，据说在皇宫大内搜刮出一箱箱未开封的黄金白银②，有一种说法是七百万两，还有一种说法是三千万两之巨。

就原初制度缺陷而言，明代原始制度设计导致制度衰败的现象最为普遍。除分封制外，明代的宗藩制度、废相制度、厂卫特务制度、廷杖制度、以小制大制度、军户和匠户制度等都存在根本的缺陷，是明代"恶政""弊政"的根源，根本就没有存在的理由。原初制度明显存在诸多缺陷，但却被制定出来，而且执行下去，根本原因在于帝王意志使然，背后是皇权暴力的加持。其实，在这些制度刚刚被提议出来的时候，就曾遭遇多方反对，但在专制皇权的打压下，反对无效，叶伯巨曾上疏朱

---

① ［英］崔瑞德编：《剑桥中国隋唐史》，中国社会科学院历史研究所西方汉学研究课题组译，中国社会科学出版社1990年版，第190—191页。
② 吴晗：《吴晗论明史》，北京理工大学出版社2016年版，第174—175页。

元璋，指出"分封太侈、用刑太繁、求治太急"三大朝政之弊，结果被下狱整死。崇祯年间，户部尚书倪元璐曾经建议废除军户制度，允许军户缴纳费用"赎身"获得自由，这可在一定程度上缓解日益严重的财政危机。但是崇祯的回应却是呵责，因为军户制度是"祖制"，废除军户的想法是绝对不允许的。① 可见，制度衰败的根源是专制漩涡、集权陷阱规律在起作用，权力干预甚至阉割好制度，助推恶制度的出台。黄仁宇先生指出，明廷失败的原因起源于其君臣盲目地坚持执行明王朝建立者制定的总计划。一旦先例确立起来，即使有的并不合理，他们不愿意也无力改变。②

成本沉没型制度衰败

成本沉没型又可称为路径依赖型，是指由于在初期投入较高的成本，而当收益越来越小时，行为体为了避免前期成本的损耗，不敢或不愿中断明显已经无效的投入。成本沉没型制度在最开始的时候能够取得一定的正绩效，但随着情境的变化，成本收益比越来越小，理应及时废除这些制度，但决策者耽于过往成本投入，不愿意改弦更张，致使无效制度继续持续下去。宋代以"杯酒释兵权"为代表的和平赎买制度以及由此带来的"三冗"现象，内外相维的军事制度、守内虚外、崇文抑武等制度，明代的宗藩制度等都属于成本沉没型制度衰败。"杯酒释兵权"以和平手段解除功臣勋贵的兵权，避免了剧烈的政治动荡，是宋太祖政治智慧的体现，也取得了一定的制度绩效。但随着时间的推移，贯彻和平赎买思想的"冗官""冗兵"之设带来的是"冗费"，给国家造成沉重的财政压力，也加剧了农民的负担。为加强和巩固皇权所进行的内外相维、守内虚外、重文抑武等种种政策和制度设计在根本上决定了两宋的内外战略和资源投放重点，给"积贫积弱"局面的形成和国家内外治理失败带来深远的负面影响，理应及早革新这些具有很大弊端的"祖宗之法"。

宋神宗时期，希望有所作为，除去历年积弊，但王安石变法并未抓住问题的实质——宋代根本政治经济制度的改革。范仲淹的庆历新政触

---

① 黄仁宇：《放宽历史的视界》，载《黄仁宇全集》第七册，九州出版社2011年版，第302—303页。

② 黄仁宇：《明代的漕运》，载《黄仁宇全集》第一册，九州出版社2011年版，第112页。

及一部分祖宗之法的积弊,但很快夭折。庆历新政中,范仲淹提出了十条改革举措,力图在一定程度上改革"三冗"积弊:明黜陟、抑侥幸、精贡举、择长官、均公田、厚农桑、修武备、推恩信、重命令、减徭役。这十条之中,行府兵之法刚刚提出即遭否决,使得冗兵这一最大之弊首先就被保存下来,其他九条也很快不了了之,因为"然更张无渐,规摹阔大,论者以为不可行。及按察使出,多所举劾,人心不悦。自任子之恩薄,磨勘之法密,侥幸者不便",因为削减冗官触犯了既得利益集团利益,导致范仲淹"谤毁稍行,而朋党之论浸闻上矣"。其后,因边陲有警,范仲淹请行边,"比去,攻者益急,仲淹亦自请罢政事……其在中书所施为,亦稍稍沮罢"①。对抗"三冗"制度之弊的改革努力很快夭折,制度衰败不可逆转地继续下去。范仲淹条陈十事中,与乡村治理、农业直接相关的就有三条,其他各项也与农桑赋役间接相关。

但"祖宗之法"的初始制度效应、合法性、正当性以及上百年来维护"祖宗之法"所付出的巨大投入已经形成一种沉没成本,严重束缚住后世帝王和士大夫们的手脚,使他们难以痛下决心,与过去告别,斩断既有积习。明代宗藩俸禄到中晚期已经消耗国家财政28%以上,嘉靖、万历们明知它的弊端,但谁也不敢废除这一祖制,谁也不敢由此激起宗室的反对,影响自己的政治地位,反正消耗的也不是皇帝个人的财产,帝王有他的内库,时常还可以诏取太仓国库之银,受苦的只是老百姓罢了。

过犹不及型制度衰败

过犹不及型制度衰败是指某一政治经济制度具有两面性,既有其合理性,但也有很大的被滥用的可能性,所以必须被严格地限定在其适用范围内。但是历史的事实是,由于决策有限理性以及皇权陷阱规律等的作用,存在两面性的制度无法避免被滥用局面的发展,致使制度的负效应被激发出来,出现制度衰败。历代的禁榷制度、官营制度、均输法、平准法,唐代的方镇制度、明代的一条鞭法、清代养廉银制度在现实历史中都曾被无限扩大范围,造成极大的负制度绩效。

官营禁榷制度以及均输、平准等法都是国家作为"经济人"直接下

---

① (元)脱脱等:《宋史·范仲淹传》,中华书局1999年版,第8281—8282页。

场经商，既当裁判员又当运动员的表现。对于官商存在的合法性，古今中外本就存在不同声音，西汉著名的盐铁会议就是对官营制度合法合理性的一场大辩论。从王朝治理的实际需要看，官营制度有利于增加国家财政收入，便于国家实施特定的内外战略，其政策初衷是可以理解的，但官营制度具有极大的弊端，在具体实施时须有配套措施防止其走向极端化，避免与民争利，伤民过度。可惜的是，因为它是专制皇权在经济上的保障，故而历代王朝几乎都无法出台自我限制的措施，结果是官营制度成为压抑自由商业，执行重本抑末政策的重要配套政策。

朱元璋虽然残暴，但对矿冶国营却采取消极的方针，往往听任人民自由开采。他认为利不在官则在民，民得其利则利源通而有利于官，官专其利则利源塞而必损于民。他对商业采取轻税政策，凡商税三十分取一，过此者以违令论。[①] 可惜，他的子孙对他好的做法没学到，坏的做法却"发扬光大"。

设立方镇对于唐代加强北方边境安全防卫有其必要性，但制度的出台较为仓促，缺乏全面系统的配套措施，尤其是对允许方镇节制地方军政这一规定的负面后果考虑不够全面，存在很多因人设事、因人设职的因素，导致"安史之乱"的发生。当时，李林甫"疾儒臣以边劳至大任，欲杜其渐，以固己权"，由此游说唐玄宗用蕃将为方镇节度使，玄宗采纳，"以安思顺代李林甫领节度，擢安禄山、高仙芝、哥舒翰等为大将"[②]，由此种下方镇叛乱基因。"安史之乱"后，当局又缺乏采取有效措施改革方镇制度中不合理因素的勇气与能力，终于导致方镇成为唐朝亡国的关键因素。

清代的养廉银制度本是为刷新吏治，杜绝官吏在税收征缴中的机会主义行为而设。可惜的是，清代对待官僚的态度由明代的苛责走向另一个极端——放纵，结果是对人民的剥夺。从历史结果看，养廉银制度的设计较为超前，目标是起到高薪养廉的作用。当时正七品知县每年600两、800两、1000两（根据县的规模区别等级），如根据明清粮价每石米折合白银一两计算，分别相当于10.8万斤、14.4万斤、18万斤大米，按

---

① 吴晗：《吴晗论明史》，北京理工大学出版社2016年版，第409—412页。
② （宋）李焘：《续资治通鉴长编》卷361，中华书局2004年版，第8640页。

今天中国市场散装大米每斤 3 元计算，相当于 32.4 万元、43.2 万元和 54 万元，而当时的农户一家每年的盈余平均不到 10 两，官员的养廉银即相当于普通农户一家的 60 倍、80 倍和 100 倍。即使如此，由于缺乏对权力的约束与监督制度，养廉银并不能起到养廉的作用，大小官吏仍旧贪的还是贪，腐的还是腐，真正是"三年清知府，十万雪花银"，最终造就出和珅这样的巨贪。

过程异化型制度衰败

过程异化型制度衰败是指原初制度在设计之初或者并不具备侵民的副作用，但在实施过程中发生异化，沦为损害大众和公共利益的坏制度；或者只是临时性制度安排，但一直没有被废除而演化为正式的制度。历代的和买制度、上供制度、折科折银制度、职役制度、徭役优免制度，明代的加耗制度、加派加征政策、漕运制度、民运民解制度、粮长制等都属于在实施执行过程中受到专制皇权的干预以及官吏谋利寻租的侵袭，最终沦落为鱼民扰民害民的坏制度。

源于秦汉，在宋代发展到顶点，此后又在明代以上供等方式展现的和买制度典型体现了一种制度是如何走向异化的。对此，我们曾在第五章进行过详细的论述。明代的岁贡上供制度也是如此，本来只是临时性制度安排，但至明代末年发展成为不是正税的正税，通过里甲摊派要求百姓负担。

徭役优免本是官府为了体现对有功者或特定群体的恩恤，但由于制度执行不严密，优免范围过大，最终被机会主义者用于谋利，甚至形成地下冒名优免交易市场，变相加重普通百姓负担。明代官僚士绅享有合法的免役权，从阶级关系的视角看，这是封建统治者优待同为统治阶级的地主士绅阶层的政策优惠。朱元璋免除官僚士绅的徭役责任，为的是使所谓的君子野人有所分别，体现劝士待贤之道。但此制度发展到后来，除现任官员外，连乡绅也享有免役权，在学的学生，除本身免役外，户内还优免二丁差役。这一政策漏洞太大了，是荫附、冒免等现象产生的制度根源，最后的结果是，官僚士绅越多的地方，人民的负担就越重。[1]因为徭役任务总量不会减少，被优免的官僚士绅越多，剩下的负担全都

---

[1] 吴晗：《吴晗论明史》，北京理工大学出版社 2016 年版，第 426—427 页。

由普通百姓承担了。

滥觞于隋唐，正式形成于北宋的职役制度是另一个过程异化型制度衰败的代表。官府为降低治理成本，发明"以民治民"的政策把戏，将基层治理功能赋予一部分乡村精英，但缺乏严格细密的制度规定，职役制成为几乎无人满意，几乎伤害一切乡村百姓（包括地主、富户）的制度安排。承担职役的上等户容易陷入包赔陷阱，导致家破人亡；中下等户在制度上虽然不用服役，但实际操作中同样需要通过交纳免役钱或亲身服役承担职役义务，无人能够幸免。承担里甲重役的乡村精英既可能利用职务鱼肉乡民，损害大众利益，也有可能自身受制度之害，负赔累之责。明代的粮长制、解户制的设计初衷是减轻政府负担，但在实施过程中沦为害民之制。类似于职役制一类的制度设计可称为政策空耗，到头来几乎没有真正的受益者，全社会公共利益的边际报酬递增为零，而王朝国家所付出的代价就是统治的合法性被日益消耗，百姓怨气日益积累，最终激发人民覆舟的心理预期。

至于加耗、加征、加派政策，更是体现了以耗作正、层层累加的制度衰败过程。周忱等人当年发明加耗，本意是为了解决江南苏松地区重赋困境，减轻官田负担，兼而利用余米初步建立地方社会保障体系，提高乡村公共产品供给能力。可惜这一制度发展到最后，加派的耗粮本身变成了正赋，而在漕运、南运、北运、民解民运等制度的共同作用下，耗粮越加越多，成为套在乡村人民头上的夺命绞索。加征加派制度也是如此。嘉靖年间为抵御东南倭寇，于南畿浙闽的田赋中加额外提编，江南加至四十万。提编是加派的别名，本是为倭寇增兵而设，可是倭寇平后加派并未废除，反而成为正赋。广东也以军兴加税，到万历初年才恢复常额。明末征收三饷，本应是一次性加收，后来竟然演化成九厘饷、十三厘饷，堂而皇之纳入明末田赋之中。

名实分离型制度衰败

名实分离型制度衰败现象是指，原初制度基本上是有利于提升治理绩效的，但并未能得到始终如一的执行，或执行时遭遇变通处理或被悬置一边。例如，什一税制度、先秦劳役制度、井田制、授田制、均田制、限田制、租庸调制、嫡长子继承制度、宰相制度、后宫内臣不得干政制度、帝王罪己诏制度、内外库制度等。

先秦的什一税被儒家知识分子视为中正之道，多位思想家都曾呼吁复兴什一之税。不过，通过前文表11—6可知，历代田赋的正式规定并没有多少超过10%，但是，如果将各类附加税、重复征收赋税以及加征加派等算进来，就远远超过十税一了。儒家相信《周礼》中所规定的三日劳役制是好政策，可惜后世无人执行。此外，井田制、授田制、均田制、限田制等都被儒家认为是中正之法的好制度，能够起到均贫富、抑兼并的作用。可惜的是后世，尤其是两宋起，不立田制，不抑兼并，上古之制不再复兴，相反，赋役却不断积累，终成"莫返之害"。至于嫡长子继承制、宰相制，虽然不是十全十美，但至少是相对完善的制度，有助于形成稳定的皇位继承预期以及大致平衡的中枢权力关系。但在历史演变中，帝王、权臣、后妃、宦官等各方政治势力出于彼此利益的需要，不断地破坏嫡长子继承制度，使真正以嫡长子身份继承皇位反而成为一种鲜见现象。宰相制更是成为专制皇权的眼中钉，最终被专制君主拔之而后快。同样，后宫、内臣不得干预政事本来也是形成良好的政治秩序的关键，可惜的是，几乎没有哪个朝代这项制度能够得到切实执行。即使是洪武十七年（1384），朱元璋曾铸铁牌警告，"内臣不得干预政事，犯者斩"[1]，最终也无济于事。历史演变的讽刺结果是，朱元璋千防万防的功臣勋贵没有夺取朱家江山，而那些为其端茶洗脚的皇宫太监们一个个成了"立皇帝""九千岁"，一个个手握批红、盖玺大权。

清代的政治制度集两千余年中国专制制度之大成，几乎堵塞了一切制度上的漏洞，但也无法解决吏治腐败、后妃干政问题。慈安、慈禧的后妃干政之所以被从潘多拉之盒中打开，也是为了维护皇权，为了避免顾命大臣威胁皇权，而引入后妃进行制衡。可见，即使清代制度再完善，只要是跌入皇权陷阱，制度的衰败就是无可避免的。

经过清初赋役制度改革、鼓励垦荒政策以及多次减免赋税的惠农行为等因素的作用，客观来说，清代官府对农民的制度性剥削与过往王朝相比是最低的，清代似乎能够跳脱赋役累积陷阱，但就在"乾隆盛世"末期，仍然爆发了较大规模的农民起义——白莲教起义。原因何在？与历代王朝一样，农民的"覆舟"动机是多方复杂因素共同作用的结果，

---

[1] 孔令纪等主编：《中国历代官制》，齐鲁书社1993年版，第304页。

尽管清代赋役水平有所降低，但吏治腐败所导致的地方政府对农民的非制度性剥削相比过去毫不逊色，苛捐杂税、地方加派、附加税等在很大程度上抵消了康熙、雍正以来的农业政策和赋役制度创新带来的正向绩效。有史学家将之归因为：吏治腐败和地方政府的敲诈盘剥、追求私利和颠顸无能促进了群众性的叛乱活动，其结果是，19世纪四五十年代全国爆发了大规模的抗税运动。①

导致白莲教起义、太平天国起义等"民变"的原因是复杂的，既有税收就业等经济方面的原因，也有意识形态、民族关系和民间精英晋升通道等政治社会方面的原因，但根本原因仍是农民的持续贫困，抗税运动就是农民因贫困而走向政治抗争的出口。与过往相比，农民受制于田赋和徭役的程度下降了，人身更自由了，但谋生的压力、就业的压力增加了，社会不公现象因吏治腐败加剧也越来越普遍。随着农业生产货币化和乡村生活商业化程度的提高，旧有的乡村秩序正在逐渐走向解体，农民越来越面临一个充满不确定性的社会，很容易受到激进力量的诱引，乡村治理的风险前所未有地增大。这种现象说明，与世界联系越来越密切的中晚清时期（尤其是鸦片战争之后），国家治理需要更多的敏锐性、伸缩弹性和近代化的能力建设，但日益极化的皇权和日益腐败的吏治无法通过体制内的制度更新来有效应对新变化，无法有力解决诸如人口增长压力、农村与城镇新增劳动力的就业需求、有抱负民间精英的阶层流动等新问题。老旧的官僚体系不但不能应对日益增长的新挑战，反而以其"返祖性"的腐败贪墨消耗王朝前期的制度创新绩效，激化官民矛盾，"一代不如一代"的平庸帝王们也无勇气和能力刷新吏治，振作中枢治理和地方治理。清王朝中晚期的国家治理就此日益沉沦下去，即使没有"三千年未有之大变局"和外部势力的冲击，大清王朝也必将步汉、唐、宋、明各代的后尘走向覆灭，只是时间或许会稍微延长一点而已。

内外库制度本是为了合理划分国家财政与皇室财政，某种意义上也是为了规范和限制帝王个人对国家财富的肆意攫取，但这一制度很难得

---

① ［美］费正清、刘广京编：《剑桥中国晚清史》上卷，中国社会科学院历史研究所编译室译，中国社会科学出版社1985年版，第100—101、120—124页。

到真正的执行。历代始终无法遏制皇帝牟天下之利以肥个人的冲动,明代中晚期的诸位帝王在这点上尤为过分。

西汉时期,财政机构分为治粟内史(大司农)和少府。少府管理的皇室财政费用甚至超过了大司农管理的国家财政费用。汉元帝时期,少府及从少府分离出去的水衡所管理的皇室财政费用竟达43亿钱,超过了大司农管理的40亿钱。① 只是在东汉时,少府被改为侍奉皇室生活的机构,其财政权才被转移到了大司农身上,表明皇室财政被一并纳入国家财政。②

唐代旧制,全国的财赋都纳入左藏库,再由太府将数字奏报上达,"尚书比部覆出纳,举无干欺"。唐肃宗年间,第五琦任度支盐铁使,京都豪将无限制地索取,第五琦禁止不了,便把租赋全部收进大盈内库,由宦官掌管,皇帝亲自批准支取。在战争年代这样做可集中财富,赏赐给军队将士,以鼓舞士气,提高军队战斗力。但它产生的弊端是,膨化了皇帝的私欲,使国家税收成为皇帝的私人财产。因为皇帝认为这样用起来非常方便,就再也不让移出去,本来是临时性应急措施,结果在皇帝的肆意妄为下,天下公赋成为天子的私人储藏,财政部门无法计算全国每年收支的赢余和不足。杨炎任宰相时,对唐德宗说:

> 财赋者,邦国大本,而生人之喉命,天下治乱重轻系焉。先朝权制,以中人邻其职,五尺宦竖操邦之柄,丰俭盈虚,虽大臣不得知,则无以计天下利害。……臣请出之,以归有司。③

皇帝听从了,下诏命令每年从国家收入中抽取一部分进入大盈内库,在此之前,度支部门要先把全部数字奏报上来,所有财赋仍旧纳入国家藏库。

以上史实充分说明,尽管"率土之滨,莫非王土""朕即天下",但

---

① [日] 西嶋定生:《秦汉帝国:中国古代帝国之兴亡》,顾姗姗译,社会科学文献出版社2017年版,第111页。
② [日] 西嶋定生:《秦汉帝国:中国古代帝国之兴亡》,顾姗姗译,社会科学文献出版社2017年版,第465页。
③ (宋)欧阳修、宋祁:《新唐书·杨炎传》,中华书局1999年版,第3704—3705页。

帝王仍有自己的小九九，国家财富和个人财富是分得很清的，对大多数帝王来说，在其内心深处，并非以天下为家，以百姓为子民，依旧只顾自己内廷那个小家。唐肃宗、代宗、德宗都是乐此不疲，如果没有杨炎的苦心规劝，帝王理性就会如江河之水泛滥而不可收拾，后世的此类皇帝更是代有人出，被臣下批评为"酒、色、财、气"四全的明神宗万历皇帝更是其中的"杰出代表"。

明代内库逐渐由明初的公用性质演化为皇帝个人的小金库，尤其是随着正统年间金花银的收取，内库的御用和私人化性质越来越明显，到万历年间发展到顶点。

明弘治年间，"内府供应繁多，每收太仓银入内库"。"（嘉靖）三十七年令岁进内库银百万两外，加预备钦取银，后又取没官银四十万两入内库。隆庆中，数取太仓银入内库，承运库中官至以空札下户部取之。廷臣疏谏，皆不听。又数取光禄太仆银，工部尚书朱衡极谏，不听。"①

隆庆年间，国家财政日绌，派御史出去搜括地方库藏，仅得银370万两，只能应付一年。即使在这种情况下，皇帝还下诏从国库取银30万两进内库享用，经户部力争，才减为进10万两。皇帝内臣干这种事情不止一次。"内承运库曾以白劄索部帑十万。体乾执奏，给事中刘继文亦言白劄非体。帝报有旨，竟取之。体乾又乞承运库减税额二十万。为中官崔敏所格，不得请。是时内供已多，数下部取太仓银，又趣市珍珠黄绿玉诸物。"②

至于万历帝，更是将太仓库视为内库随意诏取。万历二十七年（1599）丙申，"以诸皇子婚，诏取太仓银二千四百万两"，而当时太仓一年入银不过四五百万两。③ 万历一面从内库中巧取豪夺，一面在国家有难时当铁公鸡。"至四十六年，骤增辽饷三百万。时内帑充积，帝靳不肯

---

① （清）张廷玉等：《明史·食货志》，中华书局1999年版，第1285页。
② （清）张廷玉等：《明史·刘体乾传》，中华书局1999年版，第3776页。
③ 黄仁宇先生认为，这一数据过于庞大，即有蹊跷。他认为万历要廷臣进银二千四百万两是作为对他们要万历立皇长子朱常洛为太子的要挟。问题的根源在于君臣不和，此白银并未缴拨。见黄仁宇《放宽历史的视界》，载《黄仁宇全集》第七册，九州出版社2011年版，第36页。

发。""辽东兵事兴,骤增饷三百万。汝华累请发内帑不得,则借支南京部帑,括天下库藏余积,征宿逋,裁工食,开事例。……先后三增赋,凡五百二十万有奇,遂为岁额。当是时,内帑山积,廷臣请发,率不应。计臣无如何,遂为一切苟且之计,苛敛百姓。"[1] 万历四十七年(1619),辽阳、广宁即将失陷,杨嗣昌恳请万宁从内帑发银救急,结果是疏上留中,辽阳、广宁也相继失陷[2]。有御史后来诟病曰:"嗣昌流毒天下,剿练之饷多至七百万,民怨何极。"[3] 真正造成民怨的不是明代的文官们,他们已经力尽谏止、理财之能事,罪魁祸首还是那些朱元璋的子孙们,他们贪财好色,好大喜功,又一毛不拔,鱼肉天下以奉一人,这样的制度能不衰败,这样的治理能不失败,这样的江山还能够坐得下去吗?

明代自嘉靖时起,财政危机日益显现,"是时天下财赋,岁入太仓库者二百万两有奇。……世宗中年,边供费繁,加以土木、祷祀,月无虚日,帑藏匮竭。司农百计生财,甚至变卖寺田,收赎军罪,犹不能给"。更要命的是,此时南有倭,北有虏,边境告急,军事开支剧增,只能开始加派,于是搜民刮民之术兴起,"由是度支为一切之法,其箕敛财贿、题增派、括赃赎、算税契、折民壮、提编、均徭、推广事例兴焉"。而此时,"内廷之赏给,斋醮之经营,宫中夜半出片纸,吏虽急,无敢延顷刻者"。"边赏首功,向发内库者,亦取之太仆矣。"[4]

司马迁告诫说,要"欲不穷于物,物不屈于欲",[5] 享受型帝王们夺天下之物,穷天下之财以满足自己的欲望,对这些现象为何不能制止?因为帝王手中握有权力,无人能够制约。在权力尤其是专制权力的干扰下,好的制度得不到执行,使其功效仅仅停留在纸面上,这就是名分与实际二者间的分离、背离。

供给不足型制度衰败

用现代政治学的视角来看待中国古代国家治理制度设计的不足,其

---

[1] (清)张廷玉等:《明史·食货志》,中华书局1999年版,第1269页;(清)张廷玉等:《明史·李汝华传》,中华书局1999年版,第3873页。
[2] 吴晗:《吴晗论明史》,北京理工大学出版社2016年版,第251页。
[3] (清)张廷玉等:《明史·食货志》,中华书局1999年版,第1270页。
[4] (清)张廷玉等:《明史·食货志》,中华书局1999年版,第1269、1285页。
[5] (汉)司马迁:《史记·礼书》,中华书局1999年版,第1025页。

最大的问题在于社会公共产品供给不足，尤其是与乡村治理最为密切的是农村灾害应急机制和乡村公共保障制度供应不足，这也是一种制度衰败。为什么一个王朝在早期能够做到兴旺发达，进入中晚期却逐渐衰败？除了赋役积累、土地兼并、农民贫困积累逐步发展外，乡村社会保障不足也是一个重要原因。在乡村治理中的一个广泛流行的说法是，农民不怕赋，却怕役，因为赋相对规范，役却无法预计；赋缴纳的是劳动成果而已，役却要占有人身自由；农民也不太担心土地缺少，因为至少田地是跑不掉的，即使不能自耕也可以去当佃户。中国农民历来勤劳坚韧，只要没有外力侵扰，平常岁月总是能够把日子过下去的；通过勤苦劳作，实现"乐岁终身饱"总是不难的，最怕的就是役、病、灾三事，而这三事，都是外力、不可抗力。如果农民自身没有足够的积蓄，一旦三事袭来，就难以招架，甚至有可能"荒年不免于死亡"了。正如贾黯所言："一遇水旱，则流离死亡，捐弃道路，发仓廪振之则粮不给，课粟富人则力不赡，转输千里则不及事，移民就粟则远近交困。朝廷之臣，郡县之吏，仓卒不知所出，则民饥而死者过半矣。"水旱灾害导致的饥荒是违法犯罪的一个重要根源。贾黯在刑部任职时，曾经统计过四千多名死刑犯，其中十分之六七是盗贼，其犯罪原因即在于"迫于饥寒，因之水旱，枉陷重辟"，他建议复民社义仓，以备凶岁。①

前文曾详细分析了乡村治理中的荒政功能，古代的荒政即当今的救灾应急和社会保障。可惜的是，中国历代王朝在救灾应急和社会保障方面的制度供给十分缺乏，这是传统治理与现代治理的一个十分重要的区别。

古代王朝并非完全缺乏救急应急和社会保障，可惜既不系统，也不全面，难以全覆盖，且不能前后一贯坚持。赈灾主要依赖于地方官的自觉，中央政府救灾大多是应急性的，头痛医头，脚痛医脚，而且无法杜绝赈灾过程中的制度缺陷，经常被奸官猾吏乘机发国难财。前文已述，宋、明历代政府都曾建立常平仓制度，地方精英们也通过宗族组织设立过义仓制度，但相比于大规模的灾荒海啸，羸弱的仓储制度很难真正抵挡灾害的冲击。赈灾放粮只能暂时减缓饿死人的速度，不能从根本上缓

---

① （元）脱脱等：《宋史·食货志》，中华书局1999年版，第2866—2867页。

解灾情。考察中国历史上历次人口的波谷,就是两大因素:战争与灾荒,二者常常相伴而行。它表明,历代荒政和赈灾很难起到阻止灾害对国家治理的冲击,很难成为王朝统治延续的防护堤。两汉、唐末、元末、明末等多次大规模的农民起义都是伴随着旱灾、涝灾、蝗灾、疾疫等大型自然灾害的发生。最可怕的是,当役、病、灾同时袭来已经让百姓焦头烂额之时,官府不但不赈灾恤民,反而加征加派(如明末),使百姓雪上加霜,在这种时候,百姓怎么可能不"覆舟"?

中国传统农业是糊口农业,农民家庭常年挣扎在生死线上,个人的社会保障能力几乎为零。但是,历代王朝基本上都始终处于财政危机之中,除了皇族官员的资源占有外,国家财政支出中的一个主要项目就是边防和安全支出。事实上,尽管古代中国是所谓的东亚霸主,但这个霸主徒有虚名,几乎从公元前8世纪开始,周边少数民族就构成对中原王朝安全的重大挑战,边患始终是决定王朝兴衰的一个重要因素。无论是两汉面对匈奴的袭扰还是唐朝与突厥的战争,或者两宋与契丹、金人、蒙古族以及明朝与蒙古残余势力的缠斗,边防消耗了几乎一半的国家财政,导致国家财政始终处于赤字之中,历代统治者们既没有意识也没有能力来建立社会保障体系,王朝国家甚至连足够的救灾应急能力也非常缺乏。

宋乾德初,朝廷要求各县置义仓,其后又置惠民仓、常平仓。但到了景祐中,"不数年间,常平积有余而兵食不足,乃命司农寺出常平钱百万缗助三司给军费。久之,移用数多,而蓄藏无几矣"。义仓一度立而又废,"明道二年,诏议复义仓,不果"。说明,到明道年间,义仓已经废置了。庆历初,仁宗命天下立义仓,已而复罢。其后贾黯极言义仓的必要性,但内外意见不一,"牵于众论,终不果行"。神宗年间,义仓与青苗法等变法措施裹置在一起,朝野争议颇大。熙宁十年(1077),曾在开封府内的丰稔畿县立义仓法。但至元丰二年(1079),诏威、茂、黎三州罢行义仓法,八年(1085),并罢诸路义仓。绍圣元年(1094),又复置义仓。①

明初,"州县则设预备仓,东南西北四所,以振凶荒。自钞法行,颇

---

① (元)脱脱等:《宋史·食货志》,中华书局1999年版,第2865—2874页。

有省革"。"预备仓之设也,太祖选耆民运钞籴米,以备振济,即令掌之。天下州县多所储蓄,后渐废弛。"至嘉靖年间,有大臣上疏"今秋粮仅足兑运,预备无粒米。……乞急复预备仓粮以裕民",这说明,明初的预备仓制度逐渐衰败。其后"储积渐减。隆庆时,剧郡无过六千石,小邑止千石。久之数益减,科罚亦益轻。万历中,上州郡至三千石止,而小邑或仅百石。有司沿为具文,屡下诏申饬,率以虚数欺罔而已"。预备仓从设立到衰败,是典型的赈灾和社会保障制度衰败过程的展示,一县预备仓粮仅百石,一旦大灾来袭,百姓的命运只能是等着饿死。既然官仓不行,那么民间的义仓、社仓如何呢?同样存在不均等现象,诸如徽州等远僻山区,战乱较少,宗族力量强大,其义仓、社仓能够发挥一定的赈济作用。但对于全国大部分地区,没有强大的宗族势力,又经常面临剧烈的社会动荡和变迁,民间自组织功能不足,根本难以指望民间社会能够形成自救济力量。《明史·食货志》对社仓的判断是:"其法颇善,然其后无力行者。"①

制度衰败影响治理绩效的理论思考

吴晗在谈到明代的祖制时认为,明成祖起兵的理由就是拥护祖训和问惠帝擅改祖宗成法之罪。由此《祖训》成为明朝一代治国的经典,太祖时所定的法令到后来即使时移事变,也不许有所更改。太祖时所曾施行的制度,也成为明一代的金规玉律,无论无理到什么地步,也因为是祖制不敢轻议。② 真正的政治家是可以机会主义地对待过时的祖制的,不能改变它,但可以供起来,悬而不用,如果后世的帝王是真正有为有识者,完全可以"遇到红灯绕着走的"。事实上,祖制在很多时候成为政治斗争或维护权力的工具。慈禧以"祖宗之法不可变"为由反对戊戌变法,实质是后党、帝党对最高权力的争夺所在,庚子回銮后,很快推出新政,其革新措施大大超过百日维新时期,这表明,"祖宗之法"是可变的,关键是谁来变,对谁掌权有利。

诺思曾经发现,在1870—1970年时的美国经济中,交易成本总和占

---

① (清)张廷玉等:《明史·食货志》,中华书局1999年版,第1283—1284页。
② 吴晗:《吴晗论明史》,北京理工大学出版社2016年版,第58页。

国民生产总值的25%—45%。① 而在中国明代江南地区通过大运河漕运向京库起运夏秋二税时，中途运输费用约为正耗的七八倍，最高者运一石粮到北京，其沿途各类成本加总后也达到八至十石，解运农民几乎没有不破产的，这就是明代解运之役之所以吃人的根源。它的实质并非是运输成本，而是制度缺陷带来的制度成本、腐败成本。之所以说它是腐败，因为其一，农民履行公民义务，缴纳公粮，本来就应是就地缴纳，起运应是官运，纳入政府的行政成本，现在却需要民运，农民承担，根本不合理。其二，政府无法消除民运过程中的各种寻租和腐败，船运、翻坝、军士、中官等多个环节都须打点，这是制度设计的问题所在，官运官解方可消除或减少这些寻租腐败。

禁榷制度异化为万历皇帝的矿监税使制度，通过专许与民争利，在全国各地大肆掠夺，激发民变，严重破坏工商业的发展，是晚明资本主义萌芽被扼杀的一个直接祸源。乾隆时期商办矿业局面发展形势大好，但清政府实行限价收购和专卖政策后，攫取了矿商的绝大部分利益，商人无利可图或获利甚微，直接扼杀了矿业作为产业的发展。②

任何一种制度在其刚被设计出来时，必然有其合理性，否则也无法得到执行或推广。但治理的关键在于要及时识别制度的局限性，使制度的执行能够到位，或者不被异化，或者得到刷新甚至废除。如果不能实现制度的变迁或创新，制度的衰败就难以避免。中国历史上曾经存在过许多好的制度，无论是先秦的什一而税，还是西汉的三十税一，或者唐代的租庸调制，它们合理确定农民负担，反映了历史的进步性，可惜好的制度遭遇权力的干扰和官吏的寻租，最终走向衰败。不过，也有一些制度经过更新后，焕发出新的活力，带来强大的治理效应。清初汲取宋明赋役政策的经验教训，从永不加赋到摊丁入亩，从火耗归公到废除士绅纳粮当差特权，一除两千余年赋役制度衰败的乱象，极大激发了农民的生产积极性，奠定了康雍乾盛世的基础。

为什么我们要使用制度衰败来解释中国古代乡村治理与王朝命运兴

---

① ［美］科斯、诺思、威廉姆森等：《制度、契约与组织——从新制度经济学角度的透视》，刘刚、冯健等译，经济科学出版社2003年版，第51页。
② 杨光斌：《制度的形式与国家的兴衰》，北京大学出版社2005年版，第94—95页。

衰？是因为传统的古典权力解释和阶级冲突解释模式有其不周延性。古典权力解释模式无法解释王朝命运的变化性，即为什么王朝的统治会出现兴勃亡忽的发展规律？为什么在基本政治结构和权力结构没有发生改变的情况下，王朝的治理效能和王朝命运却天翻地覆。也就是说，王朝的政治权力分配作为常量是无法解释王朝统治被推翻这一变量的，必然有更深层次的影响变量存在。同样，简单地将王朝灭亡归因于自然灾害也是不周延的，难道王朝早中期就不存在自然灾害吗？显然，权力模式无法解释清楚为什么治理失败没有更早地到来？这需要运用制度效能的渐进性释放予以解释。而权力政治模式——统治与反抗，多种权力主体间的对抗和冲突的存在只是事实存在的表象，其背后的实质原因是不断趋向衰败的政治经济制度产生的负向绩效极大提高治理成本，激发内外因素，形成"覆舟"效应。

传统的马克思主义阶级冲突方法将历代王朝的改朝换代归因于地主阶级与官僚阶级合作压迫剥削农民阶级，激发阶级斗争，导致农民起义。这一模式至少存在两个局限，一是如前所述，中国历史上并非所有王朝都是被农民起义直接推翻，二是帝王、官僚与地主士绅间的共谋并不完全符合历史真实。帝王与官僚、官僚与地主士绅之间同样存在很大的矛盾与张力，地主士绅同样遭受帝王、官僚的压迫与剥削，苛捐杂税、重役同样迫使很多中小地主破产。另外，对历史上的地权集中以及剥削问题的估计过于严重。

制度政治学的制度衰败并不是解释乡村治理与王朝命运的唯一变量，事实上，它与传统的权力解释和阶级对抗模式是合三为一的，专制权力的存在是导致制度衰败的重要原因，制度衰败又加剧了阶级冲突与对抗。引入制度衰败变量，可以弥补权力结构的静态解释缺陷，又可以更清晰地描述帝王理性、官僚理性与地主士绅理性之间的价值差异，不但可丰富乡村治理的历史叙事（例如，地主士绅在乡村公共生活和公共治理领域能够发挥很大作用），更有助于发现导致王朝命运的更多关键影响变量（例如，边患、外部安全和边疆少数民族的冲击是决定王朝命运的一大重要变量，不能正确应对外部危机恰恰是诸多王朝国家治理失败的一个重要原因）。

如同新制度经济学家发现交易成本的存在，从而为发现制度在经济行为中的作用打开了大门一样，要突破传统权力政治学对古代王朝命运周期循环的解释，需要引进治理成本以及长期治理成本或反向治理成本的概念。新制度经济学假设制度对经济绩效具有正向激励作用，积极的、有效率的制度变迁，如私有产权制度、专利制度、银行制度、商业和自由贸易制度以及诸如分权、限制王权、民主、宪政制度等，限制了权力对经济行为的过度干预，保障了私人财产，保护了私人从事经济行为的积极性，推动了正向的路径依赖，实现了全社会的报酬递增，成为部分国家实现长期经济增长的关键原因。新制度政治学则认为，制度变迁经历复杂的情境，一部分好的政治制度衰败了，未能继续得到真正执行，坏的政治制度却得不到纠正，还有些制度在开国之初并无不当，但已经不能适应新形势的发展，也没有被革新或废除。改革能力的缺乏致使正向、有效率的制度变迁难以发展，无效甚至负效率的制度变迁日积月累，最终形成制度衰败，专制漩涡和集权陷阱加剧了制度的衰败，王朝制度和政策难以适应形势的发展，政治治理日益走向困顿和失败。

在东方社会，由于统治者经常违反制度，或者任意创设制度，或者随意定义制度，目的是合法化自身行为，约束社会大众行为，结果造成大众对制度的信心普遍不足，导致遵守制度的边际替代行为广泛存在，利用诡计完成交易（履行公民义务、交纳赋役等）的机会主义行为广泛存在。随着制度的衰败，制度稳定预期的作用越来越小，制度的效率被引导至零甚至负数状态，人们由信奉某种制度逐渐发展到厌恶制度，制度不但不能激励或约束人们，反而激发人们推翻它的勇气。这是制度衰败与正向制度变迁的根本差别所在。

对统治者来说，创设制度是为了降低统治成本，即治理成本。例如，废除宰相是为了消除相权对皇权的威胁，但没有想到缺乏制衡的皇权走向荒诞化，反而使皇权正当行使出现危机，"立皇帝""九千岁"的出现比相权更有可能威胁皇权。"塞王""藩国"是为了加强边境，拱卫中央，但在其走向反面后，成为中央政权稳定的巨大威胁。职役制、均徭制是为了降低官府治理的经济成本，但进入中晚期后，极大提高了国家治理的政治成本，它们已经无形地凝结于官府的信用成本中，并在王朝末年被最终一次性折旧使用。因为它伤害的是百姓对政府的信心和服从。不存在万世通用的制度设计，不与时俱进的制度必然走向异化和衰败，从而提高治理的长期成本。制度政治学对制度变量的使用恰好与制度经济学相反，它重点探讨的是制度衰败对政治行为和治理行为的消极影响。

权力对制度的干预是制度趋向衰败的根源，凡是不能遏制权力肆意干预制度的社会无法实现制度的创新，也无法实现制度所带来的报酬递增效应。西班牙缺乏制度来约束国王和政府的权力。国家在战争中大举借债，一旦无力偿还便滥发货币，导致银行频频破产。国王对商人和银行家的掠夺程度甚至超出他所规定的五分之一的税收。一个掠夺本国商人的政府怎么能保证本国经济的增长？①

15—16世纪时，英国和西班牙都曾面临财政危机，但解决危机的制度安排最终产生了不同的历史后果，前者推动英国商业和资本主义的迅速发展，进入产业革命；后者则始终无法解决西班牙的财政危机、破产、资产充公、无保障的产权以及长达三个世纪的相对停滞等现象。区别在于，英国议会取得了立法权，限制了国王对权力的滥用，最终导向1689年议会民主制的胜利，而西班牙则无法消除集权的君主政体和官僚的存在。资产阶级革命胜利后的英国开启了代议制政府的先河，削弱了财政窘迫的斯图亚特王朝所盛行的寻租行为，使产权得到更多的保障，司法系统更有效率且更公正无偏。

西班牙的集权式官僚机构不仅使行政机器日益合法化，而且其经济与政治的每一个细节都是为了促进一定的利益以建成自罗马以来最强大的帝国这个目的来安排的。英国的银行体系和金融革命不但使政府获得健全的财务基础，还为私人资本市场的发展奠定了基础。更有保障的产权、对重商主义者限制的减少，纺织品厂商从城市行会限制中的逃离，所有这些结合在一起，为厂商提供了一个在国内和国际市场扩张的机会。日益发展的市场和专利法鼓励了创新活动的成长。②

中国明清统治者所做的是加大版的西班牙政治体系的行为。17世纪上半叶西班牙面临财政危机时，统治者认为可行的政策只有价格控制、增税以及一再地对财产进行没收。这与大约同一时期的晚明政府为应对

---

① 杨光斌：《制度的形式与国家的兴衰》，北京大学出版社2005年版，第80—81页。
② ［美］道格拉斯·C. 诺思：《制度、制度变迁与经济绩效》，杭行译，上海人民出版社2014年版，第134—139页。

南北边患而不得不征收"辽饷""练饷""剿饷"何其相似！更要命的是，当时的皇室内库并非没有钱，而是皇帝不愿意掏出来而已！

与中国历代王朝的掠夺相比，西班牙简直是小巫见大巫。法国的财政体制存在严重缺陷，它使国王自己的租金最大化，却阻碍了法国经济的增长。[①] 这与明嘉靖至万历时期的财政体制有类似之处。文官体制无法阻止加征、加派、上供以及皇帝控制矿洞等牟利、寻租行为的发生，加剧了百姓的贫困，遏制了商业的繁荣。强森等人对大西洋贸易对欧洲经济发展关键影响作用的研究表明，制度转变的前提条件与国王和皇室专制权力的强弱有关。[②] 可见，帝王理性中的维护皇权与欲望洪流的并存决定了专制漩涡与集权陷阱，它们的存在是决定制度衰败的关键变量，也是导致国家经济停滞、政权垮台的最终因素。

制度衰败如何影响治理绩效？

就制度衰败的程度与影响来说，北宋与明代可以算是两个典型案例。北宋所谓的"祖宗之法"恰恰是其积贫积弱的制度根源，尽管有两次变法，但并未能阻止北宋制度走向衰败。明太祖朱元璋建政后每天殚精竭虑，希望通过严密的制度设计来确保朱家天下万年永固，但有明一代的制度衰败史上无有出其右者。从废除宰相到分封藩国，从设立特务制度到供养宗室人员，从建立庞大的卫所制度到赋税职役制度，明代的诸多制度设计既有原初缺陷型衰败，也有过犹不及、过程异化型衰败。

明代的灭亡，农民起义与外敌入侵是两个核心因素，二者又是互相影响关联的，它们的共同作用直接制造了明朝末年的财政危机，使赋役负担、农民反抗、外族袭扰三者间走上恶性循环的老路。终明一代，外患始终存在，从横贯全明时期的北元，到明中期的倭寇，再到明末的建州女真，边患是压垮明代财政体系的另一个巨石。对付边患，就要加大军队开支，就要加剧汲取民力，而正规军日益腐败不堪其用，只得另建军事体系，双重军事体系消耗国家财力，却不能解决问题。为了镇压农民起义，需要加征军饷，加重百姓负担，而又会把更多百姓推向反叛者的一边。辽饷、九边军费负担与农民负担之间也形成恶性循环，明政权

---

① 杨光斌：《制度的形式与国家的兴衰》，北京大学出版社2005年版，第80—81页。
② 杨光斌：《制度的形式与国家的兴衰》，北京大学出版社2005年版，第102页。

最终在内部的农民起义和外敌入侵下走向终结。看起来似乎无解，但是，如果及早改革不合理制度，明代财政危机或许不会那么严重。

卫所、宗藩与优免的制度衰败与明代的治理失败

有史家将宗藩制度和优免制度称为导致明代亡国的两大毒瘤。不过，如果从明廷的财政支出看，卫所军队和寄生化的皇室成员占了财政支出的两个大项，前者为58%，后者为28%，它们是真正的财政黑洞，原因仍然在于制度的衰败，只不过卫所制、优免制属于过程异化型，宗藩制属于原初缺陷型。这三项制度，在朱元璋设计之初，问题尚不突出，但时移世易，当更多的危机暴露后，这些制度的负面影响越来越大，此时，统治者必须尽快进行改革，及时改弦更张，但机械主义思维的朱元璋不允许后代更改成例，使后代治国者背上沉重枷锁，无法革弊兴利，明朝国家财政的崩溃就成为历史的必然。

要支撑像中国这样一个超大型国家的财政运转，对于本质上是一种低效率产业的传统农业来说是极其困难的，它有着无法克服的固有局限性，尤其是在面对竞争性的国际安全环境时，会加速对低效农业产业的倒逼，从而激发社会矛盾。宋、明、清的王朝灭亡都与竞争性安全环境，通俗地讲，就是边患有关。要维持脆弱的治理平衡，王朝需要同时具备精兵简政、清心寡欲、友善邻邦三个条件。虽然不见得非要小国寡民，但至少要做到精兵简政，即小政府，精军队。清心寡欲是指统治者维持适度的消费，如果荒淫无道，骄奢淫逸，农业的出产根本支撑不了。友善邻邦是指国家的国际环境宽松，处于相对和平的国际体系中，用于国家安全和边界防卫方面的支出不需要投入过多。可惜的是，在中国古代历史上，符合以上三个条件的时代几乎没有，这就是为什么王朝越到中后期，财政运转和国家治理越来越容易爆发危机的原因。

明朝中后期，皇帝奢侈昏庸，皇室成员庞大无比，按照祖制，宗室人员士、农、工、商四业都不能从事，全靠人民供养，完全成了寄生虫，每年消耗大量政府财政。缙绅官员的优免特权也使百姓徭役负担尤其沉重。宗藩、优免、边患等因素的共同作用最终将明政权推向覆灭。

明代军事实行卫所制度，全国额设卫军总数达到270余万。早期，军费是自给自足的，军饷大部分由卫所屯田收入支给，国家财政对军费补助数额不大。但随着时间演变，卫所军逐渐废弛，军屯商屯制度也被日

渐破坏，军费需要国家财政开支。高达三百万人的卫兵的军费全由国家支出，可想每年需要多大开支。前文已述，光是九边军镇就要花去全国起运的44.58%。洪武二十五年（1392），全国军士总数超过120万人，洪武二十六年（1393）后，达到180万人以上，明成祖以后的军士约为280万人。到万历初年（1573），全国各镇军士现额达到112万人，军马达到28万匹。其中十三镇军士现额为68.06万人，占全部军士总数的60.77%，军马总数则占100%。[①] 边镇军之外，尚有京军。明初京军总数在80万人以上，其后逐渐减少，其中还有很多士兵沦为役作，为达官显贵修建宫殿陵墓，承担大型工程。到嘉靖年间，京军实存者仅有五万余人，崇祯末年，已经无军可用。军士虽仅有空名，但军官武职却与日俱增，万历时达到82000余员，天启时更不知增加多少倍。但军日减而官日增，军减而粮仍旧额，国家负担并未减轻，官增则冗费愈多，国库愈匮；并且养的是不能战的军，添的也是不能战的官，制度的衰败可见一斑。[②]

为了抵御蒙古侵扰，明代设立十三个边镇作为军事卫所，消耗大量财政收入。嘉靖十八年（1539）后，明廷每年发到九边的年例之银在二三百万两，万历时期少则290万两左右，多时达300余万两[③]；天启时达到354万两，崇祯初年升至500万两，而当时太仓的年收入仅为200万两。为了维持边镇年例，明廷不得不加征田赋。九边军费的支出包括募兵费、粮饷、修边（墙）、买马共四项支出，每项都是硬性支出，必不可少，且为数巨大。仅就粮饷来说，九边的军队数额常年维持在60万人左右，每年需粮720万石，相当于全国一年田赋粮收入的四分之一至三分之一，以每石折银0.6两银计算，每年需银430余万两，是万历初太仓一年的收入。买马是另一大支出。

九边成为明王朝从国家到人民的沉重负担。嘉靖时期，陕西每年实征夏税秋粮160余万石，起运到延绥、宁夏、甘肃、固原四镇的民运税粮

---

① 吴晗：《吴晗论明史》，北京理工大学出版社2016年版，第202—203页。十三镇数据系笔者根据原表数据相加所得。

② 吴晗：《吴晗论明史》，北京理工大学出版社2016年版，第205—212页。

③ 另一数据为895万两银，见黄仁宇《明代的漕运》，九州出版社2011年版，第103页。

约为112.5万石，占陕西全省税粮的七成左右①。除此之外，如前所述，与御边有关的马政是北方百姓另一项沉重赋役负担，而它并未被计算进政府的财政支出之中。

万历六年（1578），九边十三镇粮饷支出总数折合白银为826.75万两，约占全年总支出1854.45两的44.58%，该年宗藩禄粮占29.76%，官员俸禄占0.63%，营卫官军俸粮占14.02%，内府供用占11.01%。②边镇粮饷支出与营卫官军俸粮相加，军事开支共为58.6%，由此可以想见财政支出结构之畸形。事实上，在明王朝统治的最后10年里，国防开支大幅增加，达到每年2100万两，而这也仅够支付50万人军队一年的费用。③

再对比一下，宗藩禄粮与官僚俸禄，可知朱明王朝的家天下私心有多重了。

皇室人员的禄米负担是压垮明代财政的另一块巨石。应该说，历代皇室都是国家的一大负担，但只有明代宗室的负担最为沉重，因为朱元璋的奇葩规定，使明代宗室完全成为寄生虫。西汉皇室在汉初只有53人，只占总人口的三十万分之一，发展到西汉末年（5）时，为10万余人，占总人口的六百分之一。④即使西汉宗室没有像明代宗室那么多的特权，但仍然消耗大量国家财政资源，大大加重农民负担。宋代宗室在1181年时已经有21666人。那么，明朝宗室最高时有多少人呢？又会给国家带来多大的负担呢？

洪武初年，山西仅有晋王一位，岁支禄米10000石。到嘉靖八年（1529）时，山西共有郡王、镇辅、奉国将军、中尉而下等类宗藩共2851人，每年支出禄米87万石。到嘉靖十三年（1534）时，山西宗藩岁用禄米达到95.6万石，万历六年（1578）时，剧增到463.7万石。而成化十

---

① 有关研究，参见肖立军《九边重镇与明之国运——兼析明末大起义首发于陕的原因》，《天津师大学报》1994年第2期。
② 万明、徐英凯：《明代〈万历会计录〉整理与研究》，中国社会科学出版社2015年版，第1813、2105—2106页。
③ 黄仁宇：《明代的漕运》，九州出版社2011年版，第111页。
④ 葛剑雄：《略论我国封建社会各阶级人口增长的不平衡性》，《历史研究》1982年第6期。

八年（1482）时，山西全省夏税秋粮总共才有227.3万石，弘治十五年（1502）时为227.4万石，万历六年（1578）时为231.48万石，山西宗藩禄米占全省田赋税粮由洪武时期的0.36%，增长到弘治时期的约40%，再增长到万历六年的200%。宗藩供养已经成为山西、河南、陕西等分封较多的省份沉重的财政负担。早在嘉靖时期，山西、河南的全部存留税粮都已经无法满足宗禄的开支。

从全国来看，洪武年间，全国亲王、郡王和将军总共49人，到隆庆时，增加到28924人。正德时期，全国王室总人口为10万人，万历二十三年（1595）时发展到15.7万人，万历四十年（1612）时暴增至60万人，到崇祯末年，达到百万人以上，仅山东藩府人口数已经超达20万人[①]。当然，对最后一项数据，存在争议。另一说为万历四十二年（1614）时，在籍宗室人口为16.38万人，见存宗室人口为10.32万人，到崇祯十七年（1664）时，分别增长到33.28万人和22.16万人。无论如何，明代宗室人口确已形成规模庞大、负担沉重的寄生虫群体。

嘉靖三十二年（1553）时，全国田赋收入为2285万石米，禄米一项就占了37.33%。嘉靖四十一年（1562）时，每年起运京师米400余万石，各地宗藩支出禄粮竟达到853万石。山西、河南存留米236万石，宗室禄米竟达504万石，其中山西每年存留152万石，宗禄应支米高达312万石；河南年存留84万石，宗禄应支米192万石。[②]

嘉靖四十四年（1565），全国宗室人口每人每年平均禄米应为298石，以此测算，宗室禄米占全国田赋收入的比例逐年上升，到万历二十二年（1594）时，达到65%以上，至万历三十二年（1604）达到84%以上，到万历四十二年（1614）时，达到108%，天启四年（1624），进一步上升到143%，崇祯末年增至225%[③]，也就是说，如果全部供给，全

---

① 对于明朝宗室人口数量，历来有不同意见。一种观点认为应以《玉牒》所载见存人口为主，到明末约20万人。另一种观点则认为，除《玉牒》外，尚有大量未登和附庸人员，总人数应为100万人以上。见安介生《明代山西藩府的人口增长与数量统计》，《史学月刊》2004年第5期。

② 万明、侯官响：《财政视角下的明代田赋折银征收》，《文史哲》2013年第1期。

③ 张德信：《明代宗室人口俸禄及其对社会经济的影响》，《东岳论丛》1988年第1期；赵毅：《明代宗室人口与宗禄问题》，《长春师院学报》1986年第2期。

国田赋收入都不够宗室支出,在现实供给中也没有执行禄米全给的规定,很多宗室也存在冒领寄名的现象。宗藩支出对全国财政所造成的沉重压力可见一斑。

明代宗藩的另一个危害是大量占有土地。皇帝带头占有土地,大量设立皇庄,通过赏赐土地达到政治目的。藩王对土地占有是明中期以后土地兼并的一个重要原因。从统计数据看,河南、湖广等地人均占有田亩较高,即在于两地有大量藩王田庄。明人有言,"中州地半入藩府",说的是万历初年河南省共有周、赵、伊、徽、唐、崇、潞、福八府,每府平均占有4万顷田地,共为32万顷,而当时河南全省官民田地共74.1万余顷,如果以上数据确实,河南宗藩占地比例达到河南的43%,也快接近一半了。

明代藩王所占田地,少则几千顷,多则两三万顷,相当于南方一府田地山塘的总面积。秦王在西安占有庄田超过8900顷,楚王、韩王、肃王、黔宁王在陕西庄田皆有数万顷之多。潞王一府占田数量高达4万顷。明万历帝赏赐福王2万顷庄田,以示恩宠。天启帝则赐予惠、瑞、桂三王庄田每人3万顷。[①] 从全国来说,宗室占地240万顷,而万历六年(1578),全国田地总面积为701万顷,宗室占田比例为34%,占比三分之一还多。

以上数据,虽有夸张或可议之处,[②] 但朱氏宗藩庄田所占田地之多,所占比例之高,对国家财政赋税所产生的消极影响之大,是毋庸置疑的。藩王就藩、身绝时都要消耗大量民力民财。前文可知,嘉靖《徽州府志》中记载,只是景王就藩和去世就分别从徽州百姓处榨取白银4万两、1万两。亲王就藩,需营建王邸,修建城墙,也要耗费大量民力。更可恶的是,藩王宗室一方面占有大量良田、商铺、矿产以自肥,另一方面又从官府那儿领取大量宗禄,享受双重优养政策,吸尽民脂民膏。有的不法宗藩还侵占盗卖卫所屯田,仗势掠夺市镇商税,蠹坏盐法,有的权力大

[①] 部分资料转引覃延欢《略论明代藩王对明代经济发展的影响》,《中国经济史研究》1991年第2期。

[②] 黄仁宇先生承认福王确曾派人在河南侦查田地情况,并与地方发生冲突。不过他认为万历赏赐福王四万顷土地,是和群臣讨价还价的办法,实际上是要责成山东、河南、湖广三省官员每年以银四万六千两交福王,以作王府用度。但迟至1617年湖广官员只承认每年缴银3659两。福王并未实际占有如此之多的田地,他只掌握极少数田土,所谓庄田,实为现金津贴,年入不过两万两。黄仁宇:《放宽历史的视界》,载《黄仁宇全集》第七册,九州出版社2011年版,第36—37页。

的藩王甚至僭越干预地方政事，操纵一府一省税赋，骄横不法的王室宗藩比比皆是。到明代中期以后，宗藩已经完全蜕化成为一个庞大的寄生虫群体，对国家、对社会毫无贡献。当然，下层宗室人员没有那么多特权，他们大多既无庄田，又不能通过经商入仕谋生，仅靠禄米为生，如果宗禄削减、拖延或不能足额供给，就会陷入窘迫之中，特别是那些无名无封者，因不能享受宗禄，生活更加困难，不得不沦为"贫宗"。这说明，宗室中也存在贫富差距、阶层固化，亲王田连阡陌，贫宗无片瓦遮身。明代后期，宗室犯罪日益猖獗，贫困是最主要的原因。

朱元璋想得很好，自觉中央政府有危机时，藩王能够拱卫中央，出兵勤王，但实际结果是，农民起义军兵临城下时，各地藩王仍当守财奴，不肯拿出财货支援朝廷。福王朱常洵备受万历宠爱，"耗天下以肥王，洛阳富于大内"，[①]但一毛不拔，洛阳城破时不但被农军处死，攥在手中不放的3000万两白银也被李自成充为军饷。有学者统计，自正统八年（1443）至崇祯十七年（1644）长达201年的时间内，明代几十万人的宗室捐输军饷及军用物资总共才51人次，其中有明确记载捐输的白银总共才5.5万两，即使加上他们孝敬皇帝，赈济贫宗、贫民捐输的，其总数也只有白银约16.78万两，禄米3.23万石[②]，与他们从国家和人民中所获取的供养相比，只是九牛一毛而已。

袖手旁观、守财自监的藩王还算是好的，企图谋反、争夺皇位的藩王也不在少数，有明一代共发生六次宗室叛乱，从燕王朱棣，到汉王朱高煦，再到广通、阳宗二王以及宁王、安化王和奉国将军朱充灼等人，都有明显的武装谋反行为，谷王朱橞、周定王朱橚、赵王朱高燧、齐王朱榑也曾意图谋逆或参与谋反，这是对朱元璋原初制度设计的一大反讽。

朱元璋严刑峻法打击腐败，殊不知他亲自设计的宗藩制度造成了朱氏宗室大面积的集体腐败，最终成为大明王朝治理中的一大毒瘤。

租庸调制是如何走向衰败的？

租庸调制是公认的好制度，支撑了初唐至盛唐的王朝治理，是贞观

[①] （清）张廷玉等：《明史·诸王五》，中华书局1999年版，第2415—2416页；《明经世文编》卷416。

[②] 张明富、黄咏梅：《"弃物"的另一面：明代宗室忧国述论》，《明清史研究》2022年第2期。

之治至开元盛世的重要制度基础。如果这一制度不好，存在重大缺陷，是无法解释唐初、中期的经济繁荣和社会稳定的。那么，这一制度为什么会走向衰败，最后无法支撑，不得不以两税法取代，当两税法不能实施后，又在左支右绌局面下恢复租庸调制呢？

首先，租庸调制有其客观基础，即均田制和授田制的存在，尽管唐初百姓真正授田并未能达到百亩以上，但大体而言能够维持基本生活。同时，社会秩序稳定，流民逃亡现象较少，政府征税方便。另外一点，唐代免税特权阶层比例不大。对政府来说，要征收到足够的税收维持国家的日常治理，就必须拥有动态的、准确的征税体系，包括征税标准、税基、征税队伍等。征税标准虽然已经有制度规定，但如果标准过高或过低，与实际不符，都会导致治理失调。过高，加重百姓负担，导致百姓产生逃税、避税、隐税等机会主义行为；过低，政府征收不到足够的税赋，无以支撑庞大的开支，影响国家日常运行。税基是最重要的，无论是以田地为征税单位，还是以丁男、人口为征税对象，或者是以人户资产为对象，必须以准确的户口财产数据为基础，而这一点，恰恰是中国古代王朝最大的治理短板，就是被黄仁宇诟病的数目字管理。至关重要的一点是，要有稳定的、廉洁的地方官吏作为征税队伍，代表政府作为征税主体。如果基层税吏贪赃枉法，寻租受贿，或者颟顸无能，都会导致国家税收治理失败。

但是，到了唐代开元年间，维系租庸调制继续运行的诸多条件正在失去。首先，是政府治理不力。史载："开元中，玄宗修道德，以宽仁为理本，故不为版籍之书，人户寝溢，堤防不禁。"其结果是："丁口转死，非旧名矣；田亩移换，非旧额矣；贫富升降，非旧第矣。户部徒以空文总其故书，盖得非当时之实。"[①] 帝王理性中的倦政、怠政一面到统治的中后期开始发酵，户口检阅、田地经界本应三至五年就要执行一次，以确保人地相符、地税相符、人税相符，但中枢治理松懈后，王朝的"数目字"管理水平急剧衰退。国家治理不力纵容百姓机会主义、"搭便车"行为，冒隐、代持、关说等行为大量出现，因为任何人都希望少交税、少纳粮。帝王"宽仁"的结果必然是吏治腐败，地方官吏腐败的常见手

---

① （后晋）刘昫等：《旧唐书·杨炎传》，中华书局1999年版，第2322页。

段是寻租受贿，权钱交易，以损害国家利益来交换个体利益，这是官僚、胥吏理性的正常体现。国家治理在帝王理性、官吏理性、农民理性中恶的一面的共同作用下，必然体系失灵，绩效不显。原有的租庸调制赋税体系为唐政府汲取资源的功能开始显著下降。

其次，是新挑战的出现。按照唐代过去的规定，人丁在戍守边疆六年期间，可以免除租庸钱，但当唐玄宗发动夷狄战争后，戍守者中很多人战死，返回不了家乡，而边境将领贪功不敢申报，致使他们在家乡户籍上的姓名没有被注销。不料天宝年间户口使奉命清查户口时，对已战死的戍守者家庭征收30年的租庸钱（只去掉6年的免征），致使天下人有苦无处申诉。将领谎报军功，政府治理缺乏动态协调性，不能实事求是共同导致了租庸调制弊端的显现，但究其根本，仍是国家治理不力所致。春秋战国后，实物地租取代劳役地租后，历代政府汲取民力，无非是通过三个渠道，税土、税人、税产，分别按照田亩、人丁、财产征税。租庸调法明确田赋、徭役两大类赋税，明确可以以钱代庸，购买劳动，节恤民力。两宋的免役、助役法也是货币化购买徭役（职役、力役）的劳动。两税法使赋役征收在时间、种类等方面有了稳定类型。一条鞭法则打通田赋、徭役界限，统一计亩征银，而摊丁入亩彻底使二者二合一，以亩定丁，亩丁合一，赋役合一，简化征收，减少关说、寻租空间，便民利民。但是，这只是正税，对于杂税杂徭、加派加征，仍然没有完全消除。

最后，是不可抗力。"安史之乱"爆发后，战争导致兵役、劳役大起，一时之间，百役并作，人户凋耗，版图空虚。战乱之年，一切法度无不变形走样，制度更是无法规范实施。各地权臣节度使拥兵自重，纲目大坏，不守国家法度，老百姓成为最大受害者。当时的情况是：

> 故科敛之名凡数百，废者不削，重者不去，新旧仍积，不知其涯。百姓受命而供之，沥膏血，鬻亲爱，旬输月送无休息。吏因其苛，蚕食于人。凡富人多丁者，率为官为僧，以色役免；贫人无所入则丁存。故课免于上，而赋增于下。是以天下残瘁，荡为浮人，

乡居地著者百不四五，如是者殆三十年。①

尽管安史之乱是意外情况，但究其本质仍是国家治理不力所致，是皇帝懒政、腐化所种下的恶果。国家治理体系中的中枢治理、政治治理崩坏带来了政治社会动乱，进而影响原有制度体系的有效实施和继续运转。

---

① （后晋）刘昫等：《旧唐书·杨炎传》，中华书局1999年版，第2323页。

结　　语

　　从井田制到爰田制，从土地公有到土地私有，历史的发展和时代的进步要求推动着田制的变迁，土地私有有利于调动劳动者的积极性，促进农耕技术的进步和社会生产力的发展，社会总收益是正增长的。但是，土地私有必然带来土地兼并和贫富分化，影响社会稳定和政治秩序，这是国家治理必须面对的恒久难题。王朝之初的授田制本质是均田制，统治者创业之初励精图治，轻徭薄赋，吏治清明，国家汲取民力适度，帝王理性、官吏理性和农民理性实现了理性和谐，但这只是一个起点，也是一个原点。到王朝中后期，原本大致均等的占田演变为土地兼并，自耕农分化成地主、富农与贫农、佃农两极，贫富差距扩大，阶级对抗日趋激烈。各方矛盾无法通过制度创新缓和，只能通过毁灭性的冲突，如农民起义、阶级战争，通过改朝换代，再次回到原点，重建社会秩序，但其代价是国家、农民、官吏三者全输，剧烈的社会动荡带来的是无数人头落地，无数人的家财付之一炬，社会总财富极大消耗，这是历史的悲剧，也是古代王朝治理的极大失败。

　　根本问题在于好制度的衰败、坏制度的持续导致的善治的退化和良好治理的无法延续，这是古代国家治理失败的学术谜底。从政治学角度来看待古代国家治理，它意味着王朝政治治理的失败，即政治制度无法得到创新以维持长期的正制度绩效，而不得不陷入政治衰退，制度衰退决定了政治治理的衰退，政治治理的衰退激化了政治制度的衰亡。其关系类似于水闸、守闸人和欲望洪流三者的关系。水闸就是政治制度；守闸人就是王朝的治理者，包括帝王和官僚，他们以权力为国家治理的凭借；欲望洪流是帝王、官僚、胥吏、农民四类乡村治理主要行动者的理性偏好，即致力于使个体净收益实现最大化，尽管其偏好的内涵各有不同。水闸的存在是通过信号灯、分水器等制度调节装置，调整控制各类行动者的利益欲望，维持理性和谐，使三股欲望洪流不至于溢出河岸，泛滥成灾。

问题在于，各类行动者在权力格局中处于不对等地位，处于基层的农民没有话语权和对制度、政策的讨价还价权，而掌握权力的帝王和官僚缺乏外界约束，只能靠自我道德约束来规范自己的欲望洪流。开国帝王和守成帝王鉴于王朝江山初创，一方面创立制度，努力实现均田均税，轻徭薄赋少征；另一方面能够做到自我约束，只做裁判员，不当或少当运动员，不与民争利，不征敛过分，能够约束官吏，做到吏治相对清明，因而能够使三股欲望洪流相安无事，理性和谐。但至中后期，无论是帝王还是官吏，江山社稷的长期收益所带来的当期收益折旧远远小于放纵自我欲望的理性利益诱致，使得制度自我约束、遵循和创新（因为祖训需要与时俱进，需要根据现实需要革新）动力不足，裁判员亲自下场了，破坏规则，或者制度衰败了，不能适应新形势。但帝王和官吏可以从旧制度中获益，而不愿意革新制度以损坏当前利益（只有少数道德理想主义者如海瑞、庞尚鹏希望革新弊政）。制度创新停止了或无法显现效益，或者只有短期效益（如一条鞭法），无法从根本上抵御制度的衰败现象。地方胥吏大搞上有政策，下有对策，加剧制度的形式主义化。名实分离，有令不行等也都是制度衰败的重要形式。权力、制度和理性三者关系是解释古代王朝治理失败的基本框架。

王朝兴衰的终极变量究竟是什么？还是人民，还是人心向背。王充有云："国之所以为国者，以有民也。民之所以为民者，以有谷也。谷之所以丰殖进，以有民功也。功之所以能建者，以日力也。化国之日舒以长，故其民闲暇而国力有余；乱国之日促以短，故其民困务而力不足。舒长者，非谓羲和安行，乃君明民静而力有余也。促短者，非谓分度损减，乃上暗下乱，力不足也。……是故礼义生于富足，盗窃起于贫穷；力者民之本，国之基也。故务省徭役，使之爱日。"[①]

探索王朝兴衰、治乱循环的原因和规律是两千余年来中国历史学术

---

① （宋）范晔：《后汉书·王充传》，中华书局1999年版，第1106页。

的一大谜面。谜底看起来林林总总，土地兼并、横征暴敛、严刑峻法、政治腐败（皇权蜕变、宫廷斗争、吏治腐败等）、治理失能、人口爆炸、自然灾害、外族入侵、农民起义、阶级斗争等，不一而足。它们都是重要的影响因素，其中有些是直接因素，有些是间接因素；有些是深层原因，有些是表面原因；有些是根本原因，有些是重要原因。它们形成历史合力，共同决定了治乱循环、兴盛衰亡的历史周期率。例如，明代的灭亡就是集合了土地兼并、赋役过重、皇权腐败、治理无能、自然灾害、外族入侵等多重原因。从治理的角度看，王朝无法通过制度创新，应对或减缓以上因素的反复发生和对国家治理的冲击，即无法通过遏制持续的制度衰败来维持一种良好治理的存在是政权垮台的根源所在。

但是，如果以上负面影响因素都消失了或者得到有效的遏制，王朝统治是不是可以万世永存呢？换言之，如果一个古代王朝始终保持持续的制度更新，消除各类导致治理失败因素的负面作用，是否可以避免"兴勃亡忽"的历史命运呢？历史上，康乾盛世似乎曾经接近这种可能性。但是，我们仍然要说，如果没有实现产业结构的革命性突破，在传统农业框架内，王朝兴衰仍将周期性发生。建立在小农经济基础上的传统农业无法提供足够的物质基础支撑超大规模帝国的存在，人口生存、社会发展、国防安全、内部矛盾、自然灾害救济、公共产品供给、公共事务管理、公益事业兴办等方面日益增加的超大规模压力将会迅速吸干小农经济的产业绩效，击溃农业帝国的治理防线，这是一种不以人的意志为转移的不可抗力规律的作用，无论帝国的现行制度和治理多么科学、多么精巧。正如黄宗智所言，需要一种新型的农业革命才能应对人口压力，提高农村人民的收入，这种农业革命主要来自非农经济发展所带来的消费转型和市场需求。[①] 因此，决定传统中国前途和命运的，只能是告别农业传统，告别"唯我独尊"的天下体系，登上主权平等的世界舞台，走向近代化，融入工业化、商品化、资本化的人类进化大潮之中，无论是以主动还是被动的方式。

---

① ［美］黄宗智：《中国的隐性农业革命》，法律出版社2010年版，第14页。

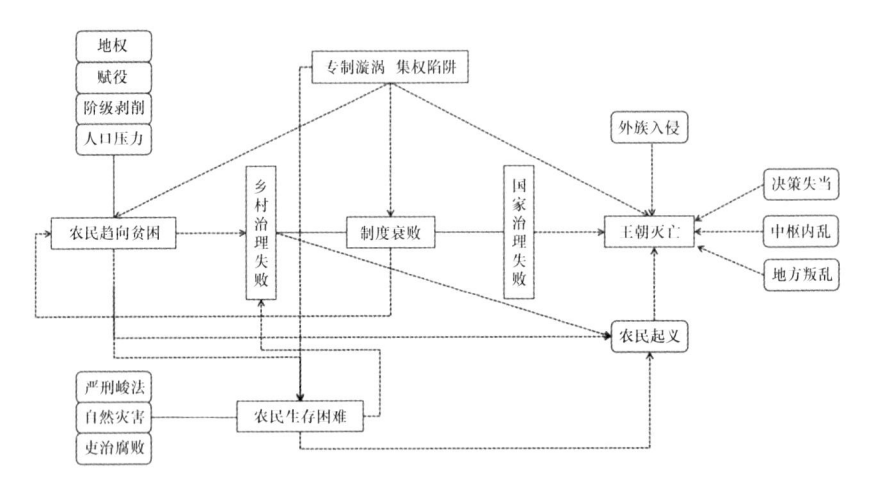

图结—1　制度衰败与王朝灭亡

附表附录

附表1　　　　　　　　　　历代亩积

时代（时期）	亩积	亩制	尺类	尺长（厘米）	步长（厘米）	亩积（平方米）	折今市亩	专家
周亩	100方步	八尺为步（古田）	周尺	19.7	157.6	248.38	0.3726	
		六尺为步（先秦）	周尺	23.1	138.6	192.1	0.2882	万国鼎[1]
		六尺为步（战国）	黍尺	24.63	147.78	218.39	0.3276	吴慧[2]
东亩[3]	100方步	八尺为步	商尺[4]	15.76	126.08	158.76	0.2385	吴慧
		六尺四寸为步	周尺	19.7	126.08	158.76	0.2385	
		六尺四寸为步	黍尺	24.63	157.632	248.38	0.3726	
秦亩	240方步	六尺为步	秦尺	23.1	138.6	461.04	0.6916	万国鼎

---

[1]　万国鼎先生以六尺为步而非六尺四寸或八尺为步，且每步为23.1厘米为依据测算先秦时代的亩积，且认为汉初东亩面积与周亩相同，都是0.2882市亩。参见《秦汉度量衡亩考》，载于王思明、陈少华主编《万国鼎文集》，中国农业科学技术出版社2005年版，第290—291页；梁方仲编著《中国历代户口、田地、田赋统计》，中华书局2008年版，第746—747页。

[2]　吴慧认为，应用先秦史料时，一夫百亩，宜以一亩为0.328市亩的比例折算为妥（战国时秦地以外）。东田则要另外计算。见吴慧《中国历代粮食亩产研究》，农业出版社1985年版，（下称吴著）第13页。

[3]　关于东亩的步尺关系及亩积依据，方家有不同意见。

[4]　吴慧认为，东田实际所用的本是商尺，商尺八尺起步，折合周尺为六尺四寸，商尺之长为周尺的0.8。

续表

时代（时期）	亩积	亩制	尺类	尺长（厘米）	步长（厘米）	亩积（平方米）	折今市亩	专家
汉亩（武帝后）	240方步	六尺为步	秦尺	23.1	138.6	461.04	0.6916	万国鼎[1]
汉亩	240方步	六尺为步	西汉	23.1	138.6	461.04	0.6916	丘光明等[2]
汉亩	240方步	六尺为步	东汉	23.1	138.6	461.04	0.6916	
曹魏	240方步	六尺为步	三国	23.8	142.8	489.4	0.7341	
晋亩	240方步	六尺为步	两晋	24.2	145.2	504.6	0.7569	
南朝	240方步	六尺为步	南朝	24.7	148.2	525.7	0.7886	
北魏[3]	240方步	六尺为步	北朝	25.6（前期）	153.6	566.23	0.8493	
隋亩	240方步	六尺为步	隋代	29.6 / 24.6	147.6	518.62	0.7779	
唐亩	240方步	五尺为步	唐代	30.6	153	561.82	0.8427	丘光明等 吴慧
	240方步	五尺为步		24.6	123	363.1	0.5447	
	100方步	五尺为步		24.578	122.89	151.29	0.2269	吴慧
宋亩	240方步	五尺为步	宋代	31.4	157	591.58	0.8874	
元亩	240方步	五尺为步	元代	34.85	174.25	726.63	1.09	
			明代	营造：32 裁衣：34				

[1] 《万国鼎文集》，第290—291页。但吴慧对此有不同意见，他认为，虽然汉武帝以后已改大亩，但每家耕种的亩积并没有什么扩大，也绝非按新的大亩种地百亩。百步为亩的小亩以及耕作百亩的概念仍然为人们长期使用，《汉书·地理志》《三国志》《晋书·食货志》中的垦田数都应是指小亩。汉武帝扩大步亩之举，意在优待地主和自耕农，减轻他们的租税。但此说法与其前文矛盾，如果每家耕种亩积没有扩大，就谈不上减轻赋税之说。减轻赋税只有在实际耕种面积大于课税田亩面积时才有意义，如同秦国商鞅变法时那样。见吴著第16—20页。吴著的一个依据是如果一个家庭按大亩百亩耕作，超过一个家庭的能力极限，但事实上，折算今市亩，汉代的大田百亩也只有今天的69.16市亩，另，若真如此，则汉代亩产三石、四石，当也是小亩，其亩产量如折合大亩则达7—10石（今403—576市斤），数字过大，也当不可信。

[2] 丘光明、邱隆、杨平：《中国科学技术史：度量衡卷》，科学出版社2001年版，第9—20章。

[3] 另一说为，北魏一亩合今0.76市亩，唐亩为今0.783市亩。梁方仲编著：《中国历代户口、田地、田赋统计》，中华书局2008年版，第746—747页；陈连洛、郝临山：《中国古代田亩步制与亩积考》，《山西大同大学学报》（社会科学版）2010年第4期。

续表

时代（时期）	亩积	亩制	尺类	尺长（厘米）	步长（厘米）	亩积（平方米）	折今市亩	专家
明亩	240方步	五尺为步	明代	量地：32.64	163.2	639.25	0.9589	
			清代	营造：32 裁衣：34.9—36.5				
清亩	240方步	五尺为步	清代	量地：34.3①	171.5	705.89	1.0588	

附表2　　历代容积②

历代（时期）实物	量数	实物容量（今毫升）	每升折合（今毫升）	每斗折合（今毫升）	每斛（石）折合（今毫升）	备注
周嘉量鬴	无实物	12009.35	120.09	1200.9	12009.35	1周尺=19.7厘米
		19362.29	193.62	1936.2	19362.29	1周尺=23.1厘米
周黄钟		9.98	199.69	1996.9	19969	1周尺=23.1厘米
东周金村铜钫	四斗	7935	198.4	1984	19840	吴慧
		7990	199.8	1998	19980	丘光明、邱隆、杨平
秦商鞅铜方升	升	198.6	198.6	1986	19860	吴慧
		202	202	2020	20200	丘光明、邱隆、杨平
始皇诏陶量	十六斗	32000	200	2000	20000	吴慧
赵土匀铜壶	四斗	7000	175	1750	17500	丘光明、邱隆、杨平
赵原氏壶	三斗少半斗	6400	192	1920	19200	吴慧
尹壶	四斗	8370	209.25	2092.5	20925	吴慧
魏下官铜钟	斛一斗一益少半益	24600	220.8	2208	22080	吴慧
		25090	225.2	2252	22520	丘光明、邱隆、杨平

---

①　以上秦代、西汉至清历代尺的长度分别见丘光明、邱隆、杨平《中国科学技术史：度量衡卷》，科学出版社2001年版，第66、179、201、211、272、279、286—287、301、320、330、370、397、406—409、421—425页。

②　附表2参考数据主要来源于吴慧《中国历代粮食亩产研究》，农业出版社1985年版，第20—44页；丘光明、邱隆、杨平《中国科学技术史：度量衡卷》，科学出版社2001年版，第9—20章。

续表

历代（时期）实物	量数	实物容量（今毫升）	每升折合（今毫升）	每斗折合（今毫升）	每斛（石）折合（今毫升）	备注
魏少府铜盉	斛一斗二益	2325	211.4	2114	21140	吴慧
楚铜量	升	216	216	2160	21600	吴慧
	半斗 1、2	1110	222	2220	22200	
	半斗 3	1155	231	2310	23100	
韩国阳城陶量三器①	斗 1	1860	186	1860	18600	吴慧
	斗 2	1855	185.5	1855	18550	
	斗 3	1830	183	1830	18300	
	斗 1、2	1690	169	1690	16900	丘光明、邱隆、杨平
	二斗	3200	160	1600	16000	
韩国阳城陶量		400	160	1600	16000	
韩国廪陶量	斗	1670	167	1670	16700	
齐国铜量	（半斗）	1025	205	2050	20500	丘光明、邱隆、杨平
齐国子禾子铜釜	丘关釜（一斛）	20460	204.6	2046	20460	吴慧
齐国王升陶量	升	209	209	2090	20900	丘光明、邱隆、杨平
西汉黾池宫铜升	升	198	198	1980	19800	
上林共府铜升	升	200	200	2000	20000	
东汉建武大司农铜斛	斛	19600	196	1960	19600	
东汉永平大司农铜斗	斗	2000	200	2000	20000	
（曹）魏斛	无实物		204	2040	20396	
两晋	无代表实物，依古		200	2000	20000	
南朝	无代表实物，依古		200	2000	20000	

① 韩国阳城陶量三器的实测容积，吴慧《中国历代粮食亩产研究》所载（第25页）与丘光明等《中国科学技术史·度量衡卷》（第149页）所载差异较大。其他如商鞅方升、金村铜钫等，二书记载亦不同。见吴著第22、24页，丘光明等著第151、166页。

续表

历代（时期）实物	量数	实物容量（今毫升）	每升折合（今毫升）	每斗折合（今毫升）	每斛（石）折合（今毫升）	备注
北朝	无准确依据		可能为600	6000	60000	
隋代			600	6000	60000	
	大业铜合	19.91	200	2000	20000	
唐代	无实物，依隋制		600	6000	60000	
宋代	李照升	702.1	702.1	7021	70210	
元代	无实物	1002.9	1002.9	10029	100290	
明代	成化兵子铜斗	9600	1035	10350	103500	
清代	户部铁方升	1043	1035	10350	103500	

附表3　　　　　　　　　历代重量[①]

朝代（时期）	每斤折克	折合今市斤	每石折斤	折合今市斤	专家
晚周秦汉	240	0.48	120	57.6	万国鼎
秦	253	0.506	120	61.5	
齐	246	0.492	120	59.04	
楚	250	0.5	120	60	
魏	245	0.49	120	58.8	
赵	251	0.502	120	60.24	

---

① 除另有注明的外，表中各朝代的每斤折克的原始数据来源于丘光明、邱隆、杨平《中国科学技术史：度量衡卷》，科学出版社2001年版，第9—20章。

续表

朝代（时期）	每斤折克	折合今市斤	每石折斤	折合今市斤	专家
西汉	250	0.5	120（大石）①	60	丘光明、邱隆、杨平
东汉	222	0.444	120	53.28	
（曹）魏	220	0.44	120	52.8	
两晋	220	0.44	120	52.8	
南朝	依古：250	0.5	120	60	
北朝	可能：750	1.5	120	180	
隋代	660	1.32	120	158.4	
唐代	大斤：662—672	1.324—1.344	120	158.88—161.28	
	小斤：221—224	0.442—0.448	120	53.04—53.76	
宋代	640	1.28	120	153.6	
元代	610	1.22	120	146.4	
明代	596.8	1.1936	120	143.2	
清代	596.8	1.1936	120	143.2	

---

① 大小石之说源于原粟出米率之说，二者比率为5∶3，即一小石等于0.6大石。但对大小石在实际生活中是如何使用的，方家有不同意见。有的认为大石用于计米，小石用于计粟，并非有两种斗斛或在量上有所不同；有的则认为从居延汉简中对大小石的使用来看，发粮2石的为大石，发粮3.33石或3石的为小石，小石并非专用计粟。《中国科学技术史：度量衡卷》的作者通过对汉简简文的排比分析，未能找出大小石使用的规律，倾向于认为大石与小石之间是一种依附的数值换算关系，而不是自成系统相互独立的两种制度。大石是法定的实际数值，小石只是从大石的数值换算所得，大小石的并存不会造成度量衡的混乱。见丘光明、邱隆、杨平《中国科学技术史：度量衡卷》，科学出版社2001年版，第262—266页。关于大小石的容积，高自强认为，小石为12000毫升，合今市斗一斗二升，大石为20000毫升。陈直认为，李悝所说的亩产、人食之石为大石，容积为今二市斗，小石则为1.2市斗。吴慧认为，一小石等于今2市斗（20000毫升），一大石为今3.33市斗（33333毫升）。见吴著第35页。如按吴慧所言，以一毫升水重量等于一克计算，则汉代一小石等于20千克（1小石=2市斗=20000毫升=20千克=40市斤），一大石等于33.3千克（1大石=3.33市斗=33333毫升=33.333千克=66.666市斤）。如按其他专家所言，汉代大石为20000毫升相当于今天40市斤，小石为12000毫升，相当于24市斤。本书倾向认为，大小石在具体使用中要结合时代农业生产水平及时代发展综合判断。汉简中所说三石以上口粮的应暗指小石，《汉书·食货志》中李悝所言，战国时期，人月均食一石半，丁男月均食可能更高一点，达到二石，那么，到二百年后的汉代，月人均口粮不可能大幅跃升到3.33石，故保持2石即今80市斤的可能性仍然很大。此处需注意的是，重量系统与容量系统换算的每石的斤数是不相等的，如按等量水计算，则每小石为今40市斤，如按稻谷或粟计算，则每小石（20000毫升）为今24—26市斤或27市斤。如按大米计算，则每石为34市斤，因稻谷比重小于米和水。

附表4　　　　　　　　古代粮食作物石均重量

作物类别	每石	容量（毫升）	重量（克）	古斤数	折今市斤	专家
四类黍	1	20000	14814.2	120	29.63	万国鼎
三类黍	1	20000	12860	120	25.8	丘光明
河北赤黍	1	20000	14000	120	28	邱隆
小米	1	20000		120	33.17	吴慧
小米2	1	20000		120	31.8	吴慧
粟	1	20000		120	27	吴慧
小麦	1	20000		120	28	吴慧
稻谷	1	20000		120	26	吴慧
大米	1	20000		120	30	吴慧
豆	1	20000		120	27.2	吴慧
高粱	1	20000		120	31.2	吴慧
水稻①	1	20000		120	24	根据谷物比重计算
大米	1	20000		120	34	根据谷物比重计算
小麦	1	20000		120	32	根据谷物比重计算
豆类	1	20000		120	27.2	根据谷物比重计算
玉米	1	20000		120	31.2	根据谷物比重计算

附表4注：容量与重量的转换

容量与重量如何转换？计算古代度量衡的时候面临的一个难题是，古代赋税在绝大部分时间为实物税，皆以容量单位为征缴单位，但要换算成今天的重量单位就存在困难，即今天的重量单位与容量换算是以水为标准的，1毫升水=1克，但是，水的密度与稻谷、粟谷、小麦以及面粉、大米、粟米都是不同的，一石稻谷在容量上等于一石大米，但重量是否都等于120古斤呢，或者说，古代一石为120斤，是以哪一种实物为标准物的？由此，需要了解更为详细的资料。万国鼎先生测算的秦汉时

---

① 水稻的容重为600公斤/立方米，1立方米等于1000升，则每古一石（20升）水稻的重量为24市斤。大米的容重为850公斤/立方米，则每古一石大米的重量为34市斤。小麦的容重为800公斤/立方米，则每古一石小麦的重量为32市斤。豆类为680公斤/立方米，每古一石豆类的重量为27.2市斤。玉米为780公斤/立方米，每古一石玉米的重量为31.2市斤。

1斤=0.48市斤①，如果用石（斛）这种容量单位转换成重量单位，其标准物应是水。因为古代一石为今20000毫升，20000毫升的水的重量是20千克（公斤），即40市斤。同时，古代一石为120斤，说明古一斤与今一市斤的比率为3∶1，古代的1斤等于今天的0.333市斤。如果这样算来，万先生的计算当有所误差。

根据万国鼎先生的实测，黑黍、红黍、黄黍、蚂蚱眼四类黍20毫升（原文为200毫升，当误）的平均重量是14.8142克。以此换算，汉时一石（20000毫升）黍的平均重量是14814.2克，等于29.63市斤。

丘光明先生实测了1200粒大中小不同规格的黑黍、黄黍、红黍，其平均重量为7.63克，平均容量为11.83毫升，则10毫升黍的平均重量为6.45克；以此测算，一石（20000毫升）黍的重量为12899克，约合今25.8市斤。

邱隆先生实测河北产赤黍，得出10毫升玻璃管可容黍960—970粒，重6.9—7克，以此测算，一石（20000毫升）河北赤黍的重量为14000克，合今28市斤。②

吴慧先生根据齐国陶量、釜等文物实测，2000毫升小米的重量数据分别为3.317市斤、3.18市斤，另外，2000毫升粟的重量为2.7市斤。

吴慧先生没有直接给出小麦、稻谷等粮食作物一古石折合多少市斤，但根据古今容量比例为5∶1可以看出，古时一斗合今二市升，古时五斗合今一市斗，可知古时（秦汉）一石合今二市斗，约为20000毫升，相当于今0.2市石。今1市石为100000毫升，一市斗为10000毫升，一市升为1000毫升。小麦一市石重140市斤，则古时一石约重28市斤。

再结合吴慧先生的其他论述③，得出如附表4所述古代各类农作物的石均重量。

---

① 梁方仲编著：《中国历代户口、田地、田赋统计》，中华书局2008年版，第744页。
② 丘光明、邱隆、杨平：《中国科学技术史：度量衡卷》，科学出版社2001年版，第49页。
③ 吴慧：《中国历代粮食亩产研究（增订再版）》，中国农业出版社2016年版，第328—335页。

附表5　　　　　明万历年间河间府各县徭役各项征收[①]　　　（单位：两银）

	银差银	力差银	额支银	待支银	杂支银	合计
河间县	5207.8	5739.2	42.6	343.7	520	11853.3
献县	4261.9	5370.6	18.9	279.4	364.2	10295
阜城县	3352.4	4850.3	19.6	283.8	364.2	8870.3
肃宁县	4321.7	3104.6	20	271.2	304.2	8021.7
任丘县	6914.4	6783.7	27	520.7	368.2	14614
交河县	5412.1	3103.8	16.8	253.2	164.2	8950.1
兴济县	1005.6	761.4	13.2	177.9	74.2	2032.3
青县	4262.5	4323.1	12	249	404.2	9250.8
静海县	1996.6	4380.7	13.3	257.2	364.2	7012
宁津县	5635.7	2548.8	31.2	242	124.2	8581.9
景州	6455.5	6085	62.8	305.3	364.2	13272.8
吴桥县	6945.7	3434.8	26.6	246.2	164.2	10817.5
东光县	4527.2	2822.8	19.1	262.2	164.2	7795.5
故城县	3696.7	3115.2	20.6	286.3	304.2	7423
沧州	3949.8	4760.6	23.6	360	470	9564
南皮县	3998.4	2199.1	17.8	232	134.2	6581.5
盐山县	5379.1	1730.4	18.6	183.4	134.2	7445.7
庆云县	2392.3	1599.3	16.9	144	134.2	4286.7
总计	79715.4	66713.4	420.6	4897.5	4921.2	156668.1

[①] 资料来源：康熙《河间府志》卷之七《贡赋志·徭役》，康熙十六年刻本。

附表6　明清每石（民）米折案裳购等价格（平年）①

（单位：两银/石）

实物类别	时间	征米地区	入米折银（征粮价）	起运目的地	目的地月粮折银价②	出米收银价	召商价③（官购价）	市场价	月粮售价	备注
米	正统间	河南	0.8–0.9	京边						
	正统三年	山西	0.25							
	正统四年		0.4	宣府镇	0.4					
	正统五年及之前		0.5	辽东镇				0.1–0.1666		
	正统八年	山西	0.25	大同镇						
	正统十年	山西		大同镇	0.33					
	正统景泰年间							≤0.25		
	景泰三年			宣府蔚州仓			0.33			
				宣府广昌			0.286			
				易州紫荆关			0.22			
				易州镇			0.18			

① 数据来源于胡铁球《明代九边十三镇的月粮价折价与粮价关系考释》，《史学月刊》2017年第12期；胡铁球《明代起运税粮按"领价"折银的原则及其适用范围》，《中国史研究》2018年第4期；万明、侯官响《明代田赋视角下的财政征收》，《史学月刊》2020年第12期；梁淼泰《明代"九边"饷中的折银与粮草市场》，《中国社会经济史研究》1996年第3期；栾凡《明代辽东饷的米价、军粮与时局》，《东北史地》2010年第3期。米麦豆单位为石，绢布为匹，草为包或束，棉花线为斤，丝为斤。
② 边镇士兵军饷月粮、官军俸粮折银价，指折色米的折银价。各藩王府的折银主要指本色禄米折银价。
③ 明代召商价=正价+加斛+脚价。

续表

实物类别	时间	征米地区	入米折银（征银价）	起运目的地	目的地月粮折银价	出米收银价	召商价（官购价）	市场价	月粮售价	备注
米	天顺二年	山西	0.25							
	天顺至成化			甘宁、延绥						
	成化四年	贵州	0.3	黎平府、镇远附二仓				0.2		
	成化六年			京、通仓		0.5				
	成化九年			蓟州					0.18	
	成化十一年	山西	0.8	大同镇						
	成化十二年	豫、鲁、北直隶	0.85	宣府镇						
	成化十四年二月	河南、山东	0.8	辽东			0.25			
	成化十五年	贵州		临清、德州仓				4.0		
	成化十六年及之前			辽东				0.5—0.6		本地米少，贱时有事时，贵时
	弘治四年	畿辅、晋、陕、南直隶苏	1.0	各边镇①				2—3		
	弘治五年	州府等处	1.0	漕粮				0.25—0.5		连岁荒歉

① （清）张廷玉等：《明史·李敏传》，中华书局1999年版，第3257页。

续表

实物类别	时间	征米地区	入米折银（征银价）	起运目的地	目的地月粮折银价	出米收银价	召商价（官购价）	市场价	月粮售价	备注
米	弘治五年	北直隶、山东、河南	1.0	宣府、大同二边粮料						
	弘治五年	重庆、保顺等府	2.20（远者）	运纳松潘岁粮						
	弘治五年	河南	0.7	保定府常盈左右等6仓						
	弘治六年	平阳府泽潞辽沁四州	0.7	宣府镇 大同镇						
	弘治八年	山东	1.0	万全仓						
	弘治九年	江西、湖广 解远山县	1.1	兑军粮						
	弘治十年前	河南①	0.35	甘肃镇	0.6					
	弘治十五年			河南周王府						
	弘治十六年	江西	0.6	辽东镇 南粮				0.24		

① 指亲王、郡王等王府及其以下宗室禄米折银。

续表

实物类别	时间	征米地区	入米折银（征银价）	起运目的地	目的地月粮折银价	出米收银价	召商价（官购价）	市场价	月粮售价	备注
米	弘治十六年正月以前							0.166—0.333		
	弘治十六年正月			辽东				1.0		
	弘治十八年	潞州	1.00或1.20	成都合用粮米						
		乌撒军民府	0.3	起拨贵州粮米						
	正德至天启		1.0	京仓、通仓	0.4—0.5				0.3—0.4	
	正德元年		0.9	隆庆等仓	0.5—0.7			0.5—0.7		
	正德九年前		1.2	山西等镇						
	正德十年		1.0	京仓						因灾腾贵
	正德十二年	河南、山东	0.85	临清、德州仓						
	弘治正德间		0.8	绥德榆林				>1.0		
	正德年间			宁夏镇	0.5—0.6					
				甘肃延绥				5.0①		
	嘉靖初			京师				0.4—0.7		
				江南				0.5		

① 本栏中关于弘治正德间、嘉靖初、万历年间九边米价的资料转引自于前注梁淼泰奏文，多采自于时人奏疏，可能在数据上与其他来源差异极大，仅供参考。

续表

实物类别	时间	征米地区	入米折银（征银价）	起运目的地	目的地月粮折银价	出米收银价	召商价（官购价）	市场价	月粮售价	备注
米	嘉靖元年	山西	0.8	山西晋王府						
	嘉靖三年前		0.8	河南唐王府						
		河南、山东	0.6							
			0.7							
	嘉靖三年后		0.6	蓟州仓						
			0.8							
			0.9							
	嘉靖五年	河南、山东	0.9	太仓						
	嘉靖七年	陕西	0.7	甘肃饷粮						灾伤量减
			0.763	湖广亲王府						
	嘉靖八年	湖广	0.7	湖广郡王府						
			0.5	湖广其他宗室						
	嘉靖十年	江西	0.8	南粮（南京）						
	嘉靖十一年	陕西	1.00	甘肃饷粮						复7年原征
	嘉靖十二年前		0.6	保定府广盈左右二仓、涿州常盈仓、良						
	嘉靖十二年后		0.8	乡丰济仓等7仓						

续表

实物类别	时间	征米地区	入米折银（征银价）	起运目的地	目的地月粮折银价	出米收银价	召商价（官购价）	市场价	月粮售价	备注
米	嘉靖十五年	江西	0.7	南京本色米						
	嘉靖十七年		0.7	兑军米						
		湖广长衡等府，四川播州，乌蒙等府	0.6							
			0.3	协济贵州税粮						
	嘉靖二十年	河南	0.45	河南诸王府						
		江西	1.0	江西亲王府						
			0.8	江西郡王府						
	嘉靖二十一年	浙江杭州府昌化县	0.5	漕粮						
	嘉靖二十三年	大同、平阳	1.0—1.02							
	嘉靖二十七年前	大同、泽辽	1.16	代府禄米						
		平阳、泽辽	0.76、0.96							
	嘉靖二十七年	平阳、大同	1.0	代府禄米						
		河南	0.5	河南诸王府						
	嘉靖二十九年			通州仓		0.35				

续表

实物类别	时间	征米地区	入米折银（征银价）	起运目的地	目的地月粮折银价	出米收银价	召商价（官购价）	市场价	月粮售价	备注
米	嘉靖三十一年		1.0	京年					0.4	
	嘉靖三十三年	河南、山东	0.8	临清、德州仓					0.3	
	嘉靖三十四年			蓟州	0.45					
	嘉靖三十七年	河南	1.5	王府禄米+正兑漕粮						
	嘉靖三十八年八月			辽东				8.0		
	嘉靖三十八年	山西乡宁县	0.8	辽东				7.0		
	嘉靖四十三年			京仓本色米		0.35				
	嘉靖四十四年			晋雁宁偏三关	0.63–0.7			0.59		
	嘉靖晚期			甘肃庄浪	0.7			0.69		
	嘉靖后			太原	0.5					
	隆庆元年			辽东				2.0		
	隆庆三年前	河南	0.70	漕粮解部						正兑
	隆庆三年	河南	0.60	漕粮解部						灾伤改兑
	隆庆六年	湖广	0.70	南兑二粮						
	万历间			延绥				2.0		
	万历元年				0.35			0.35		

续表

实物类别	时间	征米地区	入米折银（征银价）	起运目的地	目的地月粮折银价	出米收银价	召商价（官购价）	市场价	月粮售价	备注
米	万历初	山东	1.00	兑军本色漕粮						
			0.80	纳仓漕粮折色						
	万历三年正月庚寅	全国加权平均值	0.54					0.3–0.4		
	万历六年	全国	0.25	京库						
	万历六年	山西		延绥镇	0.3–0.55[①]					
				固原镇	0.3–0.7					
				甘肃镇	0.5–0.7					
				昌平镇	0.7					
				蓟州镇	0.4–0.45					
				密云镇	0.4–0.45					
				昌平镇	0.45–0.65[②]					
				易州镇	0.45					
			1.2	宣府镇	0.6–0.8					
			1.2	大同镇	0.6–0.7					

① 此为《万历会计录》所载月粮之折色米折价，少数数据与时人文献所载不同。
② 亦有每石0.7两的标准。

续表

实物类别	时间	征米地区	入米折银（征银价）	起运目的地	目的地月粮折银价	出米收银价	召商价（官购价）	市场价	月粮售价	备注
米	万历六年									
		金衢绍3府	0.7	山西镇	0.5—0.7					
		杭嘉湖3府	0.6	宁夏镇	0.5—0.6					
		浙江	0.6	南京各卫仓						
			0.6	南京各卫仓						
			0.6	徐州广运仓						
			0.7	永福仓						
			0.6	光禄寺						
		江西	0.5	太仓银库						
		九江府	0.6	南京太仓银库						
		江西	0.5	安庆府仓						
		湖广	0.35	广西布政司						
			0.3	贵州布政司						
			0.6	派稠米解太仓						
		北直隶顺天府	0.80	山海仓						
			0.90	喜峰口仓						
			0.90	密云龙庆仓						

续表

实物类别	时间	征米地区	入米折银（征银价）	起运目的地	目的地月粮折银价	出米收银价	召商价（官购价）	市场价	月粮售价	备注
米	万历六年	北直隶顺天府	1.00	古北口仓						
			0.90	横岭口仓						
			0.70	镇边城新城仓						
			0.60	派剩米解太仓银库						
		北直隶保定府	1.90	宣府宣德等仓						本色三分
			1.20	宣府宣德等仓						折色七分
			1.20	浮图峪口仓、陆砜仓						
		北直隶河间府	0.90	喜峰口仓						一半折色
		山西	1.2	宣府宣德等仓						
			1.0	光禄寺						
			1.1	光禄寺						
		河南	0.9	蓟州镇喜峰口仓						
			0.9	密云镇龙庆仓						粟谷准米
			1.00	古北口仓						
			0.90	石匣仓						
			0.80	永平镇山海仓						
			0.85	延庆卫仓						

续表

实物类别	时间	征米地区	入米折银（征银价）	起运目的地	目的地月粮折银价	出米收银价	召商价（官购价）	市场价	月粮售价	备注
米	万历六年	河南	0.90	镇边城仓						
			0.90	白羊口仓						
			1.00	黄花镇仓						
			1.00	渤海仓						
			0.90	易州镇浮图峪口仓						
			0.90	紫荆关新城仓						
			0.80	易州仓、良乡丰济仓						
			0.60	派剩改易州仓						
			1.00	宣府镇宣德等3仓						
			1.00	保安州新兴仓等17仓						
			0.60	真定府丰盈、永丰仓						
			0.60	河间府仓并巨盈仓						
			0.80	通州通济库	棉布					
			0.80	漕运兑军米						
			0.60	临清、德州二仓派剩改拨光禄寺米						
			0.70	临清、德州二仓派剩米						
			0.60							

续表

实物类别	时间	征米地区	入米折银（征银价）	起运目的地	目的地月粮折银价	出米收银价	召商价（官购价）	市场价	月粮售价	备注
米	万历九年前			辽东	0.25					
	万历九年后			辽东	0.4					
	万历九年				0.4		0.4	0.4		
	万历十六年			宁夏						
	万历中期	太原	1.2	山西				0.35		
	万历中期	江苏江都	0.6	凤阳等仓						
	万历二十九年五月丁未			辽东				2.0		
	万历三十年			京师密云		0.5	0.5			
	万历三十二年		0.7	京仓、通仓		0.35				
	万历四十二年		0.8	京仓、通仓		0.5				
	万历四十三年	河南、山东	0.95	临清、德州仓						
		河南	0.75	漕粮正兑米						
				漕粮改兑米						
	万历四十五年			京仓				0.3		
	万历四十六年			辽东				3.0		

续表

实物类别	时间	征米地区	入米折银价（征银价）	起运目的地	目的地月粮折银价	出米收银价	召商价（官购价）	市场价	月粮售价	备注
米	万历四十七年			辽东				1.6—1.7		
	万历四十八年			京师					0.3	
	泰昌元年八月							4.0		
	泰昌元年八月底九月初			辽东				7.0		
	天启元年五六月							12.0		
	天启元年八月							8.0		
	天启二年			山海关	0.65—0.7				0.55	
	天启五年			山海关渝关	0.8				0.4	
	天启年间							0.7—0.8	0.4—0.6	
	崇祯元年			密云	0.3					
	崇祯四年			鲁豫		0.5				
	景泰四年			京仓、通仓			0.6	0.33		
	成化六年			京仓、通仓						
粳米	万历三十二年	北直隶顺天府				0.6				
	万历四十三年					0.6		0.6		

续表

实物类别	时间	征米地区	入米折银（征银价）	起运目的地	目的地月粮折银价	出米收银价	召商价（官购价）	市场价	月粮售价	备注
白熟糯米	万历六年	北直隶顺天府	1.3	惜薪司						1石白熟糯米＝1.1石糙粳米
稻米	万历二十九年			天津		0.8		0.6		
白米	崇祯四年			江西、江北		0.7				
梭米				湖广		0.6				
蒸稻米	正德九年前		0.6	广盈左右二仓						因灾腾贵
小麦	正德九年	陕西	0.9	甘肃税粮						灾伤量减
	嘉靖七年	陕西	0.7	甘肃税粮						复7年原征
	嘉靖十一年	陕西	0.9	甘肃税粮						
	嘉靖三十八年	山西乡宁县	0.8	京仓本色麦						
	全国加权平均值		0.64							
	万历六年	全国	0.25（500里以远）	京军						
		山西	1.2	宣府镇各仓						
		山西	1.2	大同镇各仓						

续表

实物类别	时间	征米地区	入米折银（征银价）	起运目的地	目的地月粮折银价	出米收银价	召商价（官购价）	市场价	月粮售价	备注
小麦	万历六年	河南	1.0	光禄寺						
			1.2	酒醋局						
			0.4	凤阳府仓						
			0.8	临清仓、德州仓						
			1.2	宣府镇宣德等仓共11仓						
			0.6	大同银亿库						
			0.7	易州仓、常盈仓						
			0.8	保定府广盈左右二仓本色麦						
			0.7	保定府广盈左右二仓折色麦						
			0.6	丰盈仓、永丰仓						
			1.0	派剩麦解太仓						
		北直隶顺天府	1.10	酒醋面局						
			1.00	太常寺						
			0.7	良乡丰济仓等3仓						
			0.85	古北口、古北口驿						
			1.00	派剩小麦解太仓银库						

续表

实物类别	时间	征米地区	入米折银（征银价）	起运目的地	目的地月粮折银价	出米收银价	召商价（官购价）	市场价	月粮售价	备注
小麦	万历六年	北直隶保定府	1.90	延庆州龙门广盈仓等仓						本色三分
			1.20	延庆州龙门广盈仓等仓						折色七分
			1.00	派剩小麦解太仓银车						
			1.00	酒醋面局						
		北直隶河间府	1.20	永宁县宣德等仓、龙门广盈等仓						
			0.80	山海仓						折色一半
			0.70	涿州常盈库仓						
			1.00	派剩各马房仓						
大麦	万历初	河南	0.4	御马仓			0.638			
			0.35	御马仓						
	万历六年	北直隶顺天府	0.75	外象房仓						2石大麦＝1石小麦
			0.55	御马仓						
			0.5	内外象房仓						
		北直隶河间府	0.6	光禄寺						
大麦			1.00	御马仓						折色六分
				光禄寺						

续表

实物类别	时间	征米地区	人米折银（征银价）	起运目的地	目的地月粮折银价	出米收银价	召商价（官购价）	市场价	月粮售价	备注
麦	正德年间	平阳府		宁夏镇				0.39		
豆	弘治六年	泽潞辽沁四州	0.50	宣府镇						
	万历六年	河南	1.35	大同镇						
芝麻	万历六年	北直隶顺天府	1.50	光禄寺						
	万历六年	北直隶河间府	2.00	供用库						折色入分
白芝麻	万历六年	河南	1.35	光禄寺						
豌豆	万历六年	河南	1.50	御马仓						
	万历六年	北直隶顺天府	1.00	御马仓						
料豆	万历六年	北直隶河间府	1.05	御马仓						
	万历六年	河南	1.20	陕西延绥						
	万历六年	河南	0.70	光禄寺						
绿豆	万历六年	河南	1.20	国子监						
			0.90	牺牲所						
			1.00	御马仓						
			1.00	坝上仓						

续表

实物类别	时间	征米地区	起运目的地	入米折银（征银价）	目的地月粮折银价	出米收银价	召商价（官购价）	市场价	月粮售价	备注
黑豆	万历六年	河南	供用库	0.55						本色
			司苑局	0.80						
			司牲司	0.80						
			御马仓	0.80						
			坝上东马房仓等12仓	0.8						
			密云镇龙庆仓	0.75						
			古北口仓	0.85						
			石匣仓	0.75						
			昌平镇镇岭口仓	0.80						
			延庆卫仓	0.75						
			居庸仓	0.70						
			镇边城仓	0.80						
			巩华城仓	0.70						
			易州镇浮图峪仓等17仓	0.80						
			保安州新兴仓等17仓	1.00						
		北直隶顺天府	御马仓	0.85						
			军储仓	0.80						
			喜峰口仓	0.80						
			龙庆仓	0.75						

续表

实物类别	时间	征米地区	入米折银（征银价）	起运目的地	目的地月粮折银价	出米收银价	召商价（官购价）	市场价	月粮售价	备注
黄豆	万历六年	北直隶河间府	0.80	北高仓						
大青黄豆	万历六年	河南	0.70	酒醋面局						
赤豆	万历六年	北直隶顺天府	1.10	光禄寺						
白豆	万历六年	北直隶顺天府	1.40	光禄寺						
山黄米	万历六年	北直隶顺天府	1.20	光禄寺						
莜麦	万历六年	北直隶顺天府	1.20	光禄寺						2石莜麦＝1石米
粟谷	万历六年		0.35	外鹅房仓						2石粟谷＝1石米
绢①	万历六年	全国	0.7	京库						
	万历六年	河南	0.8	蓟州库改解密云库，近改解太仓转发						
	万历六年	北直隶保定府	0.8	涿州库库绢						
丝	万历六年	河南	0.08	工部织染局						
绵	万历六年	全国	0.5	京库						

① 皆为折色绢、折色绵。

续表

实物类别	时间	征米地区	入米折银（征银价）	起运目的地	目的地月粮折银价	出米收银价	召商价（官购价）	市场价	月粮售价	备注
棉花绒	万历六年	湖广	0.07	南京库						
		河南	0.06	蓟州						
		北直隶顺天府	0.07	保定府、易州库						
		北直隶河间府	0.08	京库						10斤棉花绒＝1石米
布	景泰四年	四川、湖广	0.10	京库						
	万历六年		0.15	贵州丰济库、永宁卫库、镇远府库						
阔白苎布	万历六年	江西	0.2	京库、南京库						
		江西、湖广	0.3	南京库						
阔白棉布	万历六年	山西	0.3	万全万亿库、银亿库						
		河南	0.3	万全万亿库新城渤海等仓						
草	弘治六年	平阳府	0.3	通州通济库						
		泽潞辽沁四州	0.4	宣府镇、大同镇						

续表

实物类别	时间	征米地区	入米折银（征银价）	起运目的地	目的地月粮折银价	出米收银价	召商价（官购价）	市场价	月粮售价	备注
草	万历六年	浙江	0.03	京库						
		山西	1.2	大同等地草场						
			0.07	御马仓						
			0.06	中府天师庵二场						
			0.065	里牛房、内象房						
			0.05	外象房、司牲司						
			0.045	坝上仓等3仓						
		河南	0.04	坝上东马房仓等7仓						
			0.045	台基厂草场等4草场						
			0.05	安仁坊草场						
			0.034	供用库						
			0.05	司苑局						
			0.05	居庸仓改解太仓转发						
			0.27	宣府镇在城草场						
			0.035	太仓银库						
		北直隶顺天府	0.05	御马仓内、中府外、天师庵外草场						
			0.03	坝上仓等17仓草						
			0.07	宣府镇在城草场						

续表

实物类别	时间	征米地区	入米折银（征银价）	起运目的地	目的地月粮折银价	出米收银价	召商价（官购价）	市场价	月粮售价	备注
草		北直隶保定府	0.065	御马仓草						
			0.06	天师庵外草场、洒醋面局草						
			0.05	中府外草场、牺牲所草						
			0.046	外象房仓草						

附录1 历代口粮标准

汉代戍卒日食6.6升。农民男劳力日食6升（相当于1.92市斤粗米，1.6市斤精米，粗米精米之比为10∶8.33），大女4.33升，一家五口平均每人每天4.4升，相当于每人平均月口粮为粗米48市斤（净口粮为精米39.984市斤），每天1.4市斤，折合精米为1.17市斤。这是每个五口之家口粮的正常需要量，全家全年共需口粮为79.2石粗米，折合132石粟谷（按粟谷与粟粗米之比为10∶6计算）①。[计算公式：以每汉石（20000毫升）小米重33.17市斤为标准，则每毫升小米重量为0.0016585市斤，计算结果：汉一升＝200毫升×0.0016585市斤＝0.3317市斤。其下各朝代同。如明清一升＝1035毫升×0.0016585市斤＝1.7165市斤。]

晋成帝咸康七年（341），散骑侍郎顾臻上奏曰：方今夷狄对岸，外御为急，兵食七升，忘身赴难，过泰之戏，日廪五斗②。士兵每天吃七升米，就舍死忘生，急赴国难，说明当时在军队中日食七升只能是中下等的水平。三国、晋朝、南北朝时期，不仅在军队，就是在普通百姓之家，每天6到7升的食物都是成年男子正常饮食的下限。三国、两晋、南北朝一般情况下，每升容量与秦汉一样。七升米相当于今1.4市升米，等于2.32市斤粗米、1.93斤精米。

唐代每人每年食米7.2唐石，每天2唐升。严郢在谏阻开凿陵阳渠时指出：……又人给钱月八千，粮不在，然有司常募不能足。合府县共之，计一农岁钱九万六千，米月七斛二斗，大抵岁僦丁三百，钱二千八百八十万，米二千一百六十斛，臣恐终岁获不酬费。③ 说明当时雇佣一个农民种粮，每人每月工钱达到8000钱，粮食还不包括在内（意为粮食由官府提供），一户农民每年收入为9.6万钱，每月口粮7.2石，折合每月食米六斗，每日二升。唐代日食二升是壮劳力和成年女子的食量，这在唐时

---

① 吴慧：《中国历代粮食亩产研究（增订再版）》，中国农业出版社2016年版，第72—73页。
② （梁）沈约：《宋书·乐志》，中华书局1999年版，第368页。
③ （宋）欧阳修、宋祁：《新唐书·严郢传》，中华书局1999年版，第3708页。

是人所公认的①。唐时一升为今 600 毫升②，为汉升的三倍，如为小米，则日食口粮米为今 1.9902 市斤。这和汉晋是几乎相当的。即一家五口平均每人每天粗米 1.4 市斤，精米 1.17 市斤。

宋代一夫日给米二升，人月食米六斗，日食二升。③ 宋代一升相当于今 702 毫升④，二宋升为 1404 毫升，如为小米，日食口粮小米为今 2.34 市斤，精米为 1.95 市斤。食量比汉唐略有上升，男女大小按同比例计算，一家五口平均每人每天粗米 1.64 市斤，精米 1.37 市斤。根据附表 4，每市升（1000 毫升）小米为 1.66 市斤，则宋代五口之家每人每天食粗米小米约为 1.41 宋升。

元代每日人食米一元升，一元升为 1002.9 毫升⑤。折合日食口粮小米为今 1.66 市斤，这个数字应该是指五口的平均数，假定为 1.66 市斤粗米，则折合精米为 1.38 市斤。

明代的资料是人日食一升米，清代也是人日食一升米，明清一升为 1035 毫升。⑥ 明清五口之家人均日食口粮小米为今 1.656 市斤粗米，折合精米为 1.38 市斤，合市升一升，合明清升为 0.964 升。

可见，汉、晋、唐农民家庭五口人日均食精米 1.17 市斤左右，其中成年男性作为壮劳力，每天食用 1.6 市斤精米。宋代要高一些，全家平均为 1.37 市斤精米，成年男性为 1.87 市斤。元代全家平均为 1.38 市斤，明清为 1.38 市斤，成年男性估计应在 1.6—1.8 市斤精米。历代农村把男女大小算上平均，人均口粮米每天都在 1.2—1.4 市斤（精米）左右。

新中国成立前，农民男女大小每人平均日食量为小米精米 1.25 市斤，与历代口均日食量相近。1953 年，湖北省麻城县农民人均年口粮为 454 市斤，日均 1.24 市斤。1959 年粮食供应最困难时期，麻城县城镇人口人

---

① 吴慧：《中国历代粮食亩产研究（增订再版）》，中国农业出版社 2016 年版，第 86 页。
② 丘光明、邱隆、杨平：《中国科学技术史：度量衡卷》，科学出版社 2001 年版，第 333 页。
③ 《梦溪笔谈》卷十一、《宋会要辑稿·食货八十一》。
④ 丘光明、邱隆、杨平：《中国科学技术史：度量衡卷》，科学出版社 2001 年版，第 376—377 页。
⑤ 丘光明、邱隆、杨平：《中国科学技术史：度量衡卷》，科学出版社 2001 年版，第 398 页。
⑥ 丘光明、邱隆、杨平：《中国科学技术史：度量衡卷》，科学出版社 2001 年版，第 411、428 页。

月均供应标准为34.1市斤,折算为每天1.14市斤精米,相当于汉代口均口粮水平。

1978年,全国人民每月消费粮食(成品粮)32.4市斤(应为精米),其中城市每人月食28.27市斤,日均0.94市斤;农村每人月食33.18市斤,日均1.11市斤[1]。

到1985年,我国农村居民人均口粮消费量为514市斤原粮,折合精米为416市斤[2],每月34.7市斤,日均1.16市斤,似乎恢复到汉唐时期的水平。但是,此时农民的营养结构与汉唐时期肯定是不一样的,虽然主食摄入量相近,但农民肉蛋比例上升,供给了人体所需的很大一部分营养,主食的比例在营养结构中低于古代。

此后,随着膳食结构的改进,中国人的主食消费量进一步减少,到2007年已下降到原粮399市斤[3],折合精米为323市斤,每月26.9市斤,日均约0.90市斤。

因膳食结构改善,食用更多的肉、蛋、奶,主食摄入量减少,当代人日食主食水平相比古代有所下降,但并不意味着生活水准下降。在21世纪初的现代膳食结构条件下,中国人每人每天只需要0.795市斤大米的主食即可满足基本营养需要。

秦汉粟谷出粗米的比例是60%,出精米的比例是48%。现在使用机器碾米,粟谷的出米率为65%—75%(应为精米),稻谷平均出米率为73%,小麦出面率为85%。[4]

附录2 本书采用的计银与换算标准

原则

按实物不变,换算明代同等容量、重量的实物价值更为科学。

---

[1] 吴慧:《中国历代粮食亩产研究》,农业出版社1985年版,第103页。
[2] 按稻谷、小麦等多种粮食品种的平均出米面率81%计算,该数据来源于吴著中原粮与成品粮之比。
[3] 范华胜:《我国居民口粮消费分析及粮食产业对策研究》,《粮食问题研究》2012年第3期。
[4] 吴慧:《中国历代粮食亩产研究(增订再版)》,中国农业出版社2016年版,第99—100页。

历代实物换算标准（统一换算成本朝代粟米或稻米石）

麦一石 = 米八斗

绸绢一匹 = 米一石，绸绢一丈 = 米二斗五升

麻布一匹 = 米四斗，麻布一丈 = 米一斗

棉布一匹 = 米五斗，棉布一丈 = 米一斗二升

丝 20 两 = 绢一匹

丝一斤 = 米八斗，丝一两 = 米五升（5 升）

绵一斤 = 米四斗，绵一两 = 米二升五合（2.5 升）

絮一斤 = 米二斗，絮一两 = 米一升二合五勺（1.25 升）

棉花一斤 = 米一斗，棉花一两 = 米六合二勺五抄（0.625 升）

麻一斤 = 米八升，麻一两 = 米五合（0.5 升）

草一束 = 米三升三合（3.3 升）

历代米银折算

两汉每 100 钱折米一汉石

唐代天宝时每 300 钱折米一唐石

唐建中初年时，每 2 贯钱折米一唐石

宋代每 1 贯钱折米一宋石

明代钞每锭折米 0.011 明石

清代每两银折米 0.714 清石

历代石与市石换算

1 汉石 = 0.2 市石

1 唐石 = 0.6 市石

1 宋石 = 0.702 市石

1 元石 = 1.002 市石

1 明石 = 1 清石 = 1.035 市石。

谷米比率

粟谷：粟米 = 1：0.467

稻谷：稻米 = 1 : 0.5

米麦计银标准

明嘉靖年间及之前至万历二十八年（1600年前），米麦每石计银0.7两

万历二十八年（1600）经明末（1644）至康熙六十一年（1722），米麦每石计银0.9两

雍正元年（1723）至乾隆六十年（1795），米麦每石计银1.2两

乾隆六十年（1795）后，米麦每石计银1.4两

在各个历史时段，其他实物折银标准

绸绢，每匹按0.7两计银

布，各类布综合每匹按0.3两计银

农桑丝折绢，按每20两丝折算绢1匹（等于0.7两银）

本色丝，按每两丝折银0.08两计算

马草按每包0.034两银计算

米豆同征，无法区分时按同价折银

单征时，豆按每石0.7两计算

棉花绒，每斤0.07两

药物，每斤0.023两

叶茶，每斤0.02两

虎皮，每张5两

麂皮，每张0.6两

狐狸皮，每张0.5两

鹿皮，每张1.06两

羊皮，每张0.426两

黄牛皮，每张0.22两

生水牛皮，每张0.72两

养马成本，每匹11.16两

实物之间换算标准

丝每 20 两 = 绢 1 匹 = 0.7 两银，据此，丝每两 = 0.035 两，丝每斤 = 0.56 两银

(《万历会计录》折银，丝每两 = 0.08 两银，则每斤丝 = 1.28 两银)

绵每斤 = 米 4 斗 = 0.28 两银，绵每两 = 0.0175 两

本色麻布，每匹折麦 7 斗（与洪武九年相比，有所提高）

实物重量、长度、容量单位换算

丝每斤 = 16 两

绵每屯 = 6 两

布每匹 = 4 丈

布每端 = 5 丈 = 1.25 匹

钞银钱换算

按钞银 1 锭 = 5 贯，每 700 贯折银 1 两计算，则每贯钱为 0.00143 两银，即 1 厘 4 毫 3 丝，每锭银为 0.00714 两。因不是实物，此处未按计银算。

另一种算法为每贯计银为 0.002 两，即 2 厘银。清乾隆年间，每锭钞为 5 贯，每 1 贯钞折银 2 厘，则每锭为 0.01 两，即 1 分银。

二者相差 30%。

宋元明清容量换算

宋石 = 0.678 明清石

元石 = 0.969 明清石

明一石 = 清一石

明一两白银 = 清一两白银

明清一两银 = 1000 文钱 = 1 贯钱

宋元明货币换算

北宋祥符年间 1 贯钱 = 明嘉靖后期 2.27 两银 = 万历后期 2.73 两银①

北宋元丰年间 1 贯钱 = 明嘉靖后期 1.52 两银 = 万历后期 1.82 两银

南宋淳熙年间 1 贯钱 = 万历后期 0.27 两银

元初，中统钞 1 锭 = 50 贯（两银）②

世祖时，2 贯 = 银 1 两　中统钞 1 锭 = 银 25 两

至元十九年，中统钞 1 锭 = 银 12.5 两

至元二十四年，至元钞 1 锭 = 银 62.5 两

泰定年间，中统钞 1 锭 = 银 2.5 两

北方，铜钱 2000 文 = 银 1 两

南方，铜钱 3300 文 = 银 1 两

官方确定，中统钞 1 贯 = 铜钱 3—4 贯

至元钞 1 锭 = 中统钞 5 锭

元大德中（14 世纪初），中统钞 1 锭 = 银 1.95 两，

至元钞 1 锭 = 银 9.75 两

元末（至正十五年），至元钞 1 锭 = 银 0.058 两

---

① 北宋祥符年间，每宋石米市价为 300 钱，即 0.3 贯，折算成明石，应为每明石米价值 0.44 贯。元丰元祐年间，按司马光说法，米价为每石 400—500 钱，取中间数，每宋石米价为 0.45 贯，相当于每明石米价值 0.66 贯。明嘉靖年间每明石米市价为银 1 两，万历年间每明石米为银 1.2 两，据此，宋祥符年间每 1 贯钱相当于明嘉靖年间 2.27 两，相当于万历年间 2.73 两白银；宋元丰年间每贯宋钱相当于明嘉靖时 1.52 两白银，相当于万历年间 1.82 两白银。

② 元初时中统钞每 50 贯或 50 两为 1 锭。元世祖时定宝钞一贯（或交钞一两）值白银五钱，即钞 2 贯等于白银 1 两。可见，元初每钞一锭相当于 25 两白银。到了至元十九年（1282），银价上涨了 1 倍，每钞一锭只值 12.5 两白银。至元二十四年（1287），元政府发行至元钞，规定价值是中统钞的 5 倍。此时中统钞 1 锭相当于 12.5 两白银，则至元钞 1 锭相当于 62.5 两白银。至泰定年间（1324—1327），（中统）钞每贯已降至仅值白银 5 分，这就是说，每（中统）钞一锭相当于 2.5 两白银。泰定间白银 50 锭折钞 1000 锭。每锭白银为 50 两。另，南宋银 1 两兑铜钱 3300 文，中统钞面额 1 贯对应铜钱 1 贯，但官方核准中统钞一贯换算铜钱 3—4 贯，持有南宋旧钱者不愿意兑换。当时的北方市场，白银 1 两兑铜钱 2000 文，在江南则可兑铜钱 3300 文。

附录3 《万历会计录》卷三十，商价时估，供用库、卷三十一、卷三十六《宛署杂记》《工部厂库须知》等文献中有关万历年间物资价格

内库供应内承运库

夏秋麦米共4050919石，每石折银0.25两

供用库

黑豆每石估银0.44两

草每束估银0.032两

汤绿豆每石0.81两

黄豆每石0.53两

芝麻每石1.3两

黄蜡每斤0.165两

芽茶每斤0.08两

叶茶每斤0.02两

蒲杖每斤0.01两

金银香每斤0.14两

甲字库

黄丹每斤估银0.043两

光粉每斤估银0.045两

碌礬每斤估银0.012两

蓝靛每斤估银0.013两

水胶每斤估银0.025两

黑铅0.035两

红花0.15两

槐花0.015两

丁字库

黄牛皮每张估银 0.22 两

生水牛皮每张 0.72 两

牛筋每斤 0.08 两

水牛角每副 0.055 两

桐油每斤 0.042 两

生漆每斤 0.11 两

丝绢每匹 0.39 两

京库

阔白布每匹 0.28 两

绵每斤 0.07 两

红花每斤 0.15 两

惜薪司

糯米每石估银 1.12 两

枣每斤 0.01 两

内官监宝钞司

稻草每束 0.032 两

户口食盐每块 3 两

酒醋面局

小麦每石估银 0.81 两

黄豆每石 0.535 两

绿豆每石 0.71 两

黑豆每石 0.443 两

草每束 0.0325 两

稻皮每斤 0.002 两

司苑局

黑石每石 0.443 两

草每束 0.032 两

黄蜡每斤 0.12 两

内府供用库

黄檀香每斤估银 0.58 两

白檀香每斤 0.6 两

檀香每斤 0.55 两

马牙香每斤 0.05 两

降真香每斤 0.1 两

沉香每斤 1.45 两

沉速香每斤 0.7 两

大炷降真香长六七尺径过四五寸每斤 0.19 两

内承运库

苓苓香每斤 0.15 两

戊字库

胡椒每斤 0.13 两

万历六年光禄寺供应

白糖每斤价银 0.061 两

圆眼每斤 0.07 两

荔枝每斤 0.07 两

菉笋每斤 0.06 两

川椒每斤 0.08 两

干鱼每斤 0.036 两

莲肉每斤 0.042 两

胶枣每斤 0.012 两

栗子每斤 0.025 两

柿饼每斤 0.025 两

红枣每斤 0.013 两

牙枣每斤 0.03 两

银杏每斤 0.026 两

榛子每斤 0.023 两

菱米每斤 0.024 两

带壳莲子每斤 0.02 两

火熏猪肉每斤 0.06 两

茴香每斤 0.03 两

干葡萄每斤 0.04 两

薄荷每斤 0.02 两

核桃每斤 0.025 两

蘑菇每斤 0.035 两（原文为 0.35 两，疑有误）

大蒜每斤 0.012 两

干姜每斤 0.06 两

木耳每斤 0.08 两

松子每斤 0.045 两

蜂蜜每斤 0.055 两

花椒每斤 0.05 两

黑砂糖每斤 0.03 两

叶茶每斤 0.025 两

万历九年京伍草场商价时估

大麦每石加脚价 0.638 两

绿豆每石加脚价 0.947 两

豌豆每石加脚价 0.866 两

黑豆每石加脚价 0.626 两

草每束加脚价 0.0477 两

粟米每石加脚 0.74 两

万历五年、九年

粳米每石 1 两

糯米每石 1.12 两

万历五年

白米每石 0.8 两

万历二十年

粳米每石 1.4 两

细粟米每石 1 两

稻谷每石 0.5 两

粟谷每石 0.55 两

万历九年前

粟米正价每石 0.64 两

小麦每石 0.81 两

黄豆每石 0.535 两

绿豆每石 0.71 两

黑豆每石估银 0.44 两

黄豆每石估银 0.53 两

阔白布每匹 028 两

绵花绒每斤 0.07 两

丝绢每匹 0.39 两

阔白本梭布每匹 0.7 两

户口食盐每块 3 两

稻皮每斤 0.002 两

三梭布每匹 0.3 两

芝麻每石 1.3 两

黄蜡每斤 0.165 两

黄蜡每斤 0.2 两

芽茶每斤 0.08 两

叶茶每斤 0.02 两

汤绿豆每石 0.81 两

草每束 0.032 两

白蜡每斤 0.34 两

白蜡每斤 0.4 两

干鱼每斤 0.036 两

火熏猪肉每斤 0.06 两

大鸡每只 0.05 两

大鹅每只 0.2 两

猪头每个 0.125 两

猪肉 5 斤 0.125 两，即每斤 0.025 两

牛 1 只 8 两

羊 1 只 0.5 两

鲤鱼 1 斤 0.04 两

鱼 1 尾 0.03 两

猪 1 口 1.5 两

活鹿 1 只 4 两

蜂蜜每斤 0.32 两

沙糖每斤 0.32 两

烧酒每瓶 0.05 两

黄酒每瓶 0.019 两

豆酒每坛 0.2 两

料酒每坛 0.04 两

隆庆三年

百斤柴 0.135 两

百斤炭 0.45 两

万历二十年

100 斤木炭 0.4—0.8 两

100 斤木柴 0.6—0.7 两

煤每百斤 0.12 两

万历九年前

翎毛 100 根折 0.125 两

牛觔每斤 0.08—0.25 两不等

黄牛皮 1 张 0.22 两

生水牛皮每张 0.72 两

万历十八年（1590）《苑署杂记》中所载主要物品物价[①]

粳米 1 石 1.4 两

糯米 1 石 1.8/1.39 两

白米 1 石 0.8 两

白面 100 斤 1/0.8/0.7/0.5 两

绿豆 1 石 0.5 两

红豆 1 石 0.8 两、0.2 两

白生绢 1 匹 0.6 两

绢 1 匹 0.26 两

绵花 1 斤 0.06 两

白布 1 匹 0.2/0.18 两

白绵 1 斤 0.8 两

磁青纸 1 张 0.25 两

大磁青纸 1 张 0.1 两

黄榜纸 10 张 0.15 两

弘治《徽州府志》卷三《食货二》所记载的上供物价

黄蜡每斤 0.2 两

白蜡每斤 0.4 两

蜂蜜每斤 0.03 两

---

① 高寿仙：《明代北京三种物价资料的整理与分析》，《明史研究》2005 年。

火熏猪肉每斤 0.06 两

银杏每斤 0.035 两

核桃每斤 0.023 两

肥猪每口 1.7 两

肥鹅每只 0.3 两

肥鸡每只 0.07 两

大尾羊每只 6 两

芽茶每斤 0.06 两

叶茶每斤 0.012 两

桐油每斤 0.02 两

青竹每根约 0.026 两

猫竹每根约 0.042 两

明代

官解官运每石米麦 0.25 两

民米民麦每石折银官定标准是 0.47 两左右

条编丁米折银每石标准为 0.57 两以上

同治《湖州府志》载

宋元丝绢麦等折价按明万历年间县志估价折算，绸绢每匹 1.17 两，绵每斤为 0.5 两，丝每斤 0.633 两，麦每石 0.25 两，钞每贯 0.002 两，小绢每匹 0.35 两，马草每包 0.03 两。

淳熙《新安志》、道光《徽州府志》记载

南宋年间绢折钱 770 文，䌷折钱 731 文，布折钱 350 文，绵每两正耗脚钱 62.5 文。

《徽州千年契约文书》①

田地面积：1 角 = 四分之一亩

稻谷重量：1 秤 = 1 砠 = 20 斤，有时 30 斤

对明代绩溪县十三都似字号经理保簿田地山塘各 10 组左右数据的测算，明代田地山塘每亩面积所征收米麦正耗标准分别是：

田：每亩 9 升（麦米正耗）

地：每亩 5.66 升、5.68 升、5.9 升、6 升不等

山：每亩 3 升

塘：每亩 7.9 升、8.56 升、8.59 升、8.68 升、8.7 升、10 升不等②

对崇祯歙县吴氏家志所记载若干项田地买卖交易数据的测算，明末每亩山的面积约为 360 步，每亩地的面积为 270—280 步，每亩田的面积为 224 步，每亩塘的面积为 260 步。也有极少数例外。

明清重量单位

斤、两、钱、分、厘、毫、丝、忽、微、尘、纤

明清银两单位

两、钱、分、厘、毫、丝、忽、微、纤、沙、尘、渺、漠、埃

明清纸币单位

锭（5 贯）、贯、文、分

明清容量单位

石、斗、升、合、勺、抄、撮、圭、粒、颗、颖、黍、粟

---

① 中国社会科学院历史研究所收藏整理：《徽州千年契约文书》（宋·元·明编）第 1—20 卷、（清·民国编）第 1—20 卷，花山文艺出版社 1991 年版。

② 中国社会科学院历史研究所收藏整理：《徽州千年契约文书（宋·元·明编）》第 1—20 卷，花山文艺出版社 1991 年版；第 18 卷，第 54—406 页；第 19 卷，第 302—385 页。

明清田积单位

顷（100 亩）、亩、分、厘、毫

徽州地方：顷、亩（4 角）、角、步

明清丝织品单位

匹（4 丈）、丈、尺、寸、分、厘、毫

万历九年至十一年丈量田亩后，将田地分为四等，确定[①]：

上田：190 步 = 1 亩

中田：220 步 = 1 亩

下田：260 步 = 1 亩

下下田：300 步 = 1 亩

上地：200 步 = 1 亩

中地：250 步 = 1 亩

下地：350 步 = 1 亩

下下地：500 步 = 1 亩

塘：260 步 = 1 亩

徽州府各县田地山塘折实田[②]

县别	田 1 亩	地 1 亩	山 1 亩	塘 1 亩
歙县		0.561 亩田	0.434 亩田	1.191 亩田
休宁		0.738 亩田	0.211 亩田	1 亩田
婺源		0.615 亩田	0.222 亩田	1 亩田
祁门		0.627 亩田	0.222 亩田	1 亩田
黟县		0.545 亩田	0.13 亩田	0.64 亩田
绩溪		0.583 亩田	0.202 亩田	1.011 亩田

---

① 惠东：《明清时期徽州的亩制和租量》，《安徽史学》1984 年第 6 期。
② 惠东：《明清时期徽州的亩制和租量》，《安徽史学》1984 年第 6 期。

徽州府各县官民田地山塘折实田情况（1655年）

县别	田地山塘亩（亩）数	折实田亩数（亩）	实折率
歙县	604037.5	490453.7	0.81196
休宁	604037.5	480209.6	0.79499
婺源	625917.5	503037.4	0.80368
祁门	251841.3	214590.6	0.85209
黟县	349498.9	164049.2	0.46938
绩溪	350826.5	203850.5	0.58106

参考文献

一 书籍著作

(一) 经典作家与领导人著作

《马克思恩格斯选集》第1—4卷,人民出版社1995年版。
《列宁选集》第1—4卷,人民出版社1995年版。
《毛泽东选集》第1—4卷,人民出版社1991年版。
《毛泽东文集》第1—8卷,人民出版社1993年版。
《习近平谈治国理政》第1卷,外文出版社2014年版。
《习近平谈治国理政》第2卷,外文出版社2017年版。
《习近平谈治国理政》第3卷,外文出版社2020年版。
《习近平谈治国理政》第4卷,外文出版社2022年版。

(二) 历史文献(以文献时间为序)

(汉)司马迁:《史记》,中华书局1999年版。
(汉)班固:《汉书》,中华书局1999年版。
(宋)范晔:《后汉书》,中华书局1999年版。
(唐)房玄龄:《晋书》,中华书局1999年版。
(晋)陈寿:《三国志》,中华书局1999年版。
(梁)沈约:《宋书》,中华书局1999年版。
(北齐)魏收:《魏书》,中华书局1999年版。
(梁)萧子显:《南齐书》,中华书局1999年版。
(唐)姚思廉:《梁书》,中华书局1999年版。
(唐)李延寿:《南史》,中华书局1999年版。
(唐)李延寿:《北史》,中华书局1999年版。

（唐）魏徵：《隋书》，中华书局1999年版。

（后晋）刘昫等：《旧唐书》，中华书局1999年版。

（宋）欧阳修、宋祁：《新唐书》，中华书局1999年版。

（唐）杜佑：《通典》，王文锦等点校，中华书局1988年版。

（宋）王溥：《唐会要》，中华书局1955年版。

（宋）包拯：《包孝肃奏议集》，万历甲寅刻本。

（宋）司马光：《资治通鉴》，中华书局2009年版。

（宋）李焘：《续资治通鉴长编》，中华书局1995年版。

（宋）李焘：《续资治通鉴长编》，中华书局2004年版。

（宋）马端临：《文献通考》，中华书局2011年版。

（宋）沈括：《梦溪笔谈》，中华书局2012年版。

（宋）李心传：《建炎以来系年要录》，中华书局1988年版。

（元）脱脱等：《宋史》，中华书局1999年版。

（明）宋濂等：《元史》，中华书局1999年版。

（明）张学颜等：《万历会计录》，书目文献出版社1989年版。

（明）田生金：《徽州府赋役全书》，台湾学生书局1970年版。

（清）张廷玉等：《明史》，中华书局1999年版。

（清）允祹纂修：《钦定大清会典则例》，乾隆二十九年本。

（清）徐松：《宋会要辑稿》，中华书局1957年版。

赵尔巽等：《清史稿》，中华书局2020年版。

［日］仁井田陞：《唐令拾遗》，栗劲等编译，长春出版社1989年版。

［英］崔瑞德、鲁惟一编：《剑桥中国秦汉史》，杨品泉等译，中国社会科学出版社1992年版。

［英］崔瑞德编：《剑桥中国隋唐史》，中国社会科学院历史研究所西方汉学研究课题组译，中国社会科学出版社1990年版。

［英］崔瑞德、［美］史乐民编：《剑桥中国宋代史》上卷，李永等译，中国社会科学出版社2020年版。

［美］牟复礼、［英］崔瑞德编：《剑桥中国明代史》上卷，张书生等译，中国社会科学出版社1992年版。

［英］崔瑞德、［美］牟复礼编：《剑桥中国明代史》下卷，杨品泉等译，中国社会科学出版社2006年版。

［美］裴德生编：《剑桥中国清代前中期史》上卷，戴寅等译，中国社会科学出版社 2020 年版。

［美］费正清、刘广京编：《剑桥中国晚清史》上卷，中国社会科学院历史研究所编译室译，中国社会科学出版社 1985 年版。

（三）国学经典（以文献时间为序）

《尚书》，王世舜、王翠叶译注，中华书局 2012 年版。

《诗经》，王秀梅译注，中华书局 2015 年版。

《周礼》，徐正英、常佩雨译注，中华书局 2014 年版。

《十三经注疏·周礼注疏》，李学勤主编，北京大学出版社 1999 年版。

《管子全译》，谢浩范、朱迎平译注，贵州人民出版社 1996 年版。

《十三经注疏·春秋左传正义》，李学勤主编，北京大学出版社 1999 年版。

《十三经注疏·春秋谷梁传》，李学勤主编，北京大学出版社 1999 年版。

《十三经注疏·春秋公羊传注疏》，李学勤主编，北京大学出版社 1999 年版。

《老子》，汤漳平、王朝华译注，中华书局 2014 年版。

《论语·大学·中庸》，陈晓芬、徐儒宗译注，中华书局 2015 年版。

《左传》，郭丹等译注，中华书局 2012 年版。

《春秋公羊传》，黄铭、曾亦译注，中华书局 2016 年版。

《六韬·鬼谷子》，曹胜高、安娜译注，中华书局 2007 年版。

《礼记》，胡平生、张萌译注，中华书局 2017 年版。

《墨子》，方勇译注，中华书局 2011 年版。

《孟子》，方勇译注，中华书局 2010 年版。

《商君书译注》，石磊、黄昕译注，黑龙江人民出版社 2003 年版。

《庄子》，方勇译注，中华书局 2010 年版。

《荀子》，方勇、李波译注，中华书局 2015 年版。

《吕氏春秋》，陆玖译注，中华书局 2011 年版。

《尔雅》，管锡华译注，中华书局 2014 年版。

《韩非子集解》，钟哲点校，中华书局 1998 年版。

《论衡校释》，黄晖撰，中华书局 1990 年版。

《淮南子全译》，许匡一译注，贵州人民出版社 1993 年版。

（汉）桓宽：《盐铁论》，陈桐生译注，中华书局 2015 年版。

（唐）徐坚等：《初学记》，中华书局 1962 年版。

（宋）朱熹：《朱子全书》，上海古籍出版社 2002 年版。

（明）海瑞：《海瑞集》，陈义钟编校，中华书局 1962 年版。

（明）顾炎武：《顾炎武全集》，上海古籍出版社 2011 年版。

（明）黄宗羲：《明夷待访录》，段志强译注，中华书局 2011 年版。

（四）地方志（以时间为序，同一府志合并）

南宋《新安志》，中华书局 1990 年版。

弘治《徽州府志》，弘治十五年刊本。

嘉靖《徽州府志》，书目文献出版社 1987 年版。

康熙《徽州府志》，成文出版社 1975 年版。

道光《徽州府志》，江苏古籍出版社 1998 年版。

成化《湖州府志》，书目文献出版社 1991 年版。

弘治《湖州府志》，弘治十五年刻本。

万历《湖州府志》，万历四年刻本。

同治《湖州府志》，同治十三年刻本。

淳熙《三山志》，淳熙九年刊本。

乾隆《福州府志》，成文出版社 1967 年版。

洪武《苏州府志》，成文出版社有限公司 1983 年版。

乾隆《苏州府志》，乾隆十三年刊本。

同治《苏州府志》，江苏古籍出版社 1991 年版。

正德《松江府志》，成文出版社 1983 年版。

崇祯《松江府志》，书目文献出版社 1991 年版。

嘉庆《松江府志》，成文出版社 1970 年版。

光绪《松江府志续志》，光绪九年刊本。

嘉靖《河间府志》，上海古籍书店 1964 年版。

康熙《河间府志》，康熙十六年刊本。

嘉靖《宁波府志》，嘉靖三十九年刊本。

嘉靖《青州府志》，嘉靖四十四年刊本。

咸丰《青州府志》，咸丰九年刻本。

嘉靖《淳安县志》，中华书局 1965 年版。

嘉靖《太原县志》，嘉靖三十年刻本。
嘉靖《鲁山县志》，上海古籍书店1963年版。
嘉靖《临朐县志》，上海古籍书店1963年版。
光绪《临朐县志》，光绪十年刻本。
万历《严州府志》，书目文献出版社1990年版。
万历《续修严州府志》，书目文献出版社1990年版。
万历《永安县志》，书目文献出版社1990年版。
万历续《朝邑县志》，康熙五十一年刻本。
万历《固原州志》，宁夏人民出版社1985年版。
天启《新修成都府志》，巴蜀书社1992年版。
崇祯《乌程县志》，书目文献出版社1991年版。
康熙《武昌府志》，康熙二十六年刻本。
康熙《婺源县志》，康熙三十二年刻本。
乾隆《婺源县志》，乾隆二十二年刻本。
道光《婺源县志》，道光六年刻本。
光绪《婺源县志》，光绪九年刊本。
康熙《休宁县志》，成文出版社1970年版。
乾隆《西安府志》，江苏古籍出版社1990年版。
乾隆《广州府志》，乾隆二十四年刻本。
乾隆《太原府志》，乾隆四十八年刻本。
乾隆《绍兴府志》，乾隆五十七年刻本。
乾隆《长沙府志》，江苏古籍出版社2002年版。
嘉庆《长安县志》，成文出版社1969年版。
道光《祁门县志》，道光七年刻本。
同治《南昌府志》，同治十二年刻本。
光绪《嘉兴府志》，光绪五年重印本。
民国《歙县志》，江苏古籍出版社1998年版。
《歙县志》，中华书局1995年版。
《黟县志》，光明日报出版社1988年版。
《户县志》，三秦出版社2013年版。
《徽州千年契约文书（宋·元·明编)》第1—20卷，花山文艺出版社

1991 年版。

《徽州千年契约文书（清·民国编）》第 1—20 卷，花山文艺出版社 1991 年版。

（五）学术著作（以作者姓氏音序为序）

白钢主编：《中国政治制度史》，社会科学文献出版社 2007 年版。

白寿彝总主编：《中国通史》（修订本），上海人民出版社 2004 年版。

卜宪群：《秦汉官僚制度》，社会科学文献出版社 2002 年版。

曹漫之主编：《唐律疏议译注》，吉林人民出版社 1989 年版。

曹毓英：《井田制研究》，华中师范大学出版社 2005 年版。

晁福林：《夏商西周的社会变迁》，北京师范大学出版社 1996 年版。

陈瑞：《明清徽州宗族与乡村社会控制》，安徽大学出版社 2013 年版。

陈伟主编：《里耶秦简牍校释》第 1 卷，武汉大学出版社 2012 年版。

程民生：《宋代物价研究》，人民出版社 2008 年版。

常建华：《明代宗族组织化研究（上下）》，故宫出版社 2012 年版。

费孝通：《江村经济——中国农民的生活》，商务印书馆 2001 年版。

费孝通：《乡土中国》，上海人民出版社 2013 年版。

费孝通：《中国士绅——城乡关系论集》，赵旭东、秦志杰译，外语教学与研究出版社 2011 年版。

范文澜：《中国通史简编》，人民出版社 1994 年版。

范文澜、蔡美彪等：《中国通史》，人民出版社 2015 年版。

方利山等：《徽州宗族祠堂调查与研究》，安徽大学出版社 2016 年版。

葛剑雄：《统一与分裂：中国历史的启示》，商务印书馆 2013 年版。

葛剑雄：《西汉人口地理》，商务印书馆 2014 年版。

葛剑雄：《中国人口发展史》，四川人民出版社 2020 年版。

葛剑雄等：《中国人口史》第 1—6 卷，复旦大学出版社 2002 年版。

葛金芳：《两宋社会经济研究》，天津古籍出版社 2010 年版。

耿元骊：《帝制时代中国土地制度研究》，经济科学出版社 2012 年版。

郭松义：《清代赋役、商贸及其他》，天津古籍出版社 2011 年版。

孔令纪等主编：《中国历代官制》，齐鲁书社 1993 年版。

李德芳：《民国乡村自治问题研究》，人民出版社 2001 年版。

李锦绣：《唐代财政史稿》，北京大学出版社 1995 年版。

李学勤：《中国古代文明与国家形成研究》，云南人民出版社 1997 年版。

梁方仲编著：《中国历代户口、田地、田赋统计》，中华书局 2008 年版。

梁方仲：《明代赋役制度》，中华书局 2008 年版。

梁方仲：《明代粮长制度》，中华书局 2008 年版。

吕思勉：《中国大历史》，民主与建设出版社 2015 年版。

鲁西奇：《中国古代乡里制度研究》，北京大学出版社 2021 年版。

罗新、叶炜：《新出魏晋南北朝墓志疏证》，中华书局 2005 年版。

侯官响：《明代苏州府赋税研究》，中国社会科学出版社 2019 年版。

胡宗山：《政治学方法论》，华中师范大学出版社 2007 年版。

金观涛、刘青峰：《兴盛与危机：论中国社会超稳定结构》，法律出版社 2011 年版。

景跃进、张小劲主编：《政治学原理》，中国人民大学出版社 2006 年版。

柯昌基：《中国古代农村公社史》，中州古籍出版社 1989 年版。

柯灵权：《歙县里东乡传统农村社会》，复旦大学出版社 2014 年版。

林剑鸣：《秦汉史》，上海人民出版社 2003 年版。

栾成显：《明代黄册研究》，中国社会科学出版社 2018 年版。

龙登高：《中国传统地权制度及其变迁》，中国社会科学出版社 2018 年版。

马大英：《汉代财政史》，中国财政经济出版社 1983 年版。

牛铭实：《中国历代乡约》，中国社会出版社 2005 年版。

钱穆：《中国历代政治得失录》，生活·读书·新知三联书店 2001 年版。

秦晖：《传统十论：本土社会的制度文化与其变革》，复旦大学出版社 2003 年版。

丘光明、邱隆、杨平：《中国科学技术史：度量衡卷》，科学出版社 2001 年版。

瞿同祖：《清代地方政府》，范忠信、晏锋译，法律出版社 2003 年版。

史仲文、胡晓林主编：《中国全史》，人民出版社 1994 年版。

孙翊刚主编：《中国农民负担简史》，中国财政经济出版社 1991 年版。

睡虎地秦墓竹简整理小组编：《睡虎地秦墓竹简》，文物出版社 1990 年版。

谭景玉：《宋代乡村组织研究》，山东大学出版社 2010 年版。

童书业：《春秋史》，上海人民出版社 2019 年版。
唐力行：《唐力行徽学研究论稿》，商务印书馆 2014 年版。
唐力行：《延续与断裂：徽州乡村的超稳定结构与社会变迁》，商务印书馆 2015 年版。
万国鼎：《中国田制史》，东方出版中心 2020 年版。
万明、徐英凯：《明代〈万历会计录〉整理与研究》，中国社会科学出版社 2015 年版。
王思明、陈少华主编：《万国鼎文集》，中国农业科学技术出版社 2005 年版。
王浦劬主编：《政治学基础》，北京大学出版社 1995 年版。
汪圣铎：《两宋财政史》，中华书局 1995 年版。
韦庆远主编：《中国政治制度史》，中国人民大学出版社 1989 年版。
吴晗：《吴晗论明史》，北京理工大学出版社 2016 年版。
吴晗、费孝通等：《皇权与绅权》，观察社 1948 年版。
吴慧：《井田制考索》，农业出版社 1985 年版。
吴慧：《中国历代粮食亩产研究》，农业出版社 1985 年版。
吴慧：《中国历代粮食亩产研究（增订再版）》，中国农业出版社 2016 年版。
项怀诚主编：《中国财政通史》，中国财政经济出版社 2006 年版。
萧公权：《中国政治思想史》上册，商务印书馆 2011 年版。
萧公权：《中国乡村：19 世纪的帝国控制》，张皓、张升译，九州出版社 2018 年版。
邢义田：《治国安邦：法制、行政与军事》，中华书局 2011 年版。
徐斌：《明清鄂东宗族与地方社会》，武汉大学出版社 2010 年版。
许倬云：《西周史（增补二版）》，生活·读书·新知三联书店 2012 年版。
薛理禹：《清代人丁研究》，社会科学文献出版社 2014 年版。
严耕望：《中国地方行政制度史甲部：秦汉地方行政制度》，长达印刷有限公司 1997 年版。
严桂夫、王国健：《徽州文书档案》，安徽人民出版社 2005 年版。
杨宽：《战国史》，上海人民出版社 1955 年版。
杨宽：《战国史》，上海人民出版社 2016 年版。

杨宽：《杨宽古史论文选集》，上海人民出版社2003年版。

杨宽：《西周史》，上海人民出版社2016年版。

杨光斌：《制度的形式与国家的兴衰》，北京大学出版社2005年版。

曾国祥主编：《赋税与国运兴衰》，中国财政经济出版社2013年版。

张厚安、白益华主编：《中国农村基层建制的历史演变》，四川人民出版社1992年版。

张家山二四七号汉墓竹简整理小组编著：《张家山汉墓竹简》，文物出版社2006年版。

章毅：《理学、士绅和宗族：宋明时期徽州的文化与社会（增订版）》，浙江大学出版社2017年版。

赵冈：《中国传统农村的地权分配》，新星出版社2006年版。

赵华富：《徽州宗族调查研究》，人民出版社2014年版。

赵秀玲：《中国乡里制度》，社会科学文献出版社2002年版。

郑学檬主编：《中国赋役制度史》，厦门大学出版社1994年版。

郑振满：《明清福建家族组织与社会变迁（增订版）》，北京师范大学出版社2020年版。

周振鹤：《中国地方行政制度史》，上海人民出版社2005年版。

中国社会科学院考古研究所编著：《中国考古学》，中国社会科学出版社2003年版。

[美] 何炳棣：《明初以降人口及其相关问题》，葛剑雄译，生活·读书·新知三联书店2000年版。

[美] 黄仁宇：《黄仁宇全集》，九州出版社2011年版。

[美] 黄宗智：《华北的小农经济与社会变迁》，中华书局2000年版。

[美] 黄宗智：《长江三角洲小农家庭与乡村发展》，中华书局2000年版。

[美] 黄宗智：《中国的隐性农业革命》，法律出版社2010年版。

[美] 道格拉斯·C. 诺思：《经济史中的结构与变迁》，陈郁、罗华平等译，上海人民出版社1994年版。

[美] 道格拉斯·C. 诺思：《制度、制度变迁与经济绩效》，杭行译，上海人民出版社2014年版。

[美] 托马斯·诺斯、罗伯特·托马斯：《西方世界的兴起》，厉以平、蔡磊译，华夏出版社2014年版。

［美］杰克·奈特：《制度与社会冲突》，周伟林译，上海人民出版社 2009 年版。

［美］斯塔夫里·阿诺斯：《全球通史：从史前史到 21 世纪》第 7 版，董书慧等译，北京大学出版社 2005 年版。

［英］安格斯·麦迪森：《世界经济千年史》，伍晓鹰等译，北京大学出版社 2003 年版。

［英］M. M. 波斯坦、H. J. 哈巴库克主编：《剑桥欧洲经济史》，王春法主译，经济科学出版社 2002 年版。

［日］西嶋定生：《秦汉帝国：中国古代帝国之兴亡》，顾姗姗译，社会科学文献出版社 2017 年版。

（六）其他

（明）施耐庵、罗贯中：《水浒传》，人民文学出版社 1997 年版。

（清）曹雪芹：《红楼梦》，人民文学出版社 1982 年版。

夏征农主编：《辞海》，上海辞书出版社 1999 年版。

中国社会科学院语言研究所词典编辑室编：《现代汉语词典（第 6 版）》，商务印书馆 2014 年版。

二 期刊论文

安介生：《明代山西藩府的人口增长与数量统计》，《史学月刊》2004 年第 5 期。

边俊杰：《"一条鞭法"新解》，《江西社会科学》2011 年第 11 期。

陈宝良：《明代的物价波动与消费支出——兼及明朝人的生活质量》，《浙江学刊》2016 年第 2 期。

陈连洛、郝临山：《中国古代田亩步制与亩积考》，《山西大同大学学报》（社会科学版）2010 年第 4 期。

陈勇、黄修明：《〈新唐书·食货志〉所载"租庸调"新考》，《江西师范大学学报》2005 年第 4 期。

邓建鹏：《私有制与所有权？——古代中国土地权利状态的法理分析》，《中外法学》2005 年第 2 期。

丁亮：《在徭役与市场之间：明代徽州府上供物料的派征与审编》，《中山大学学报》（社会科学版）2019 年第 4 期。

董建波:《地权配置与社会流动——以 20 世纪三四十年代的杭县为例》,《史学月刊》2022 年第 5 期。

杜勇涛:《徽郡的困境:1577 年徽州府人丁丝绢案中所见的地方性与国家》,《安徽大学学报》(哲学社会科学版)2020 年第 1 期。

范华胜:《我国居民口粮消费分析及粮食产业对策研究》,《粮食问题研究》2012 年第 3 期。

傅晓静:《论唐代乡村的民间结社》,《山东师范大学学报》(人文社会科学版)2003 年第 6 期。

高寿仙:《明代北京三种物价资料的整理与分析》,《明史研究》2005 年。

高天霞:《论唐宋时期敦煌民间结社的当代意义——以敦煌社邑文书为中心》,《东南学术》2012 年第 4 期。

高燕:《"户丁"户的计算对于地权研究的影响——以徽州休宁县为例》,《西安文理学院学报》(社会科学版)2018 年第 4 期。

葛剑雄:《略论我国封建社会各阶级人口增长的不平衡性》,《历史研究》1982 年第 6 期。

郝春文:《敦煌私社的"义聚"》,《中国社会经济史研究》1989 年第 4 期。

洪璞:《试述明清以来宗族的社会救助功能》,《安徽史学》1998 年第 4 期。

侯旭东:《〈隋书〉标点勘误及校勘补遗四则》,《中国史研究》2001 年第 2 期。

侯旭东:《北朝乡里制与村民的生活世界——以石刻为中心的考察》,《历史研究》2001 年第 6 期。

胡铁球:《明代"重役"体制的形成——以白粮解运为例》,《社会科学》2012 年第 6 期。

胡铁球:《明清百姓避役避比的主要手段及其影响》,《华中师范大学学报》(人文社会科学版)2021 年第 6 期。

胡英泽:《流动的土地与固化的地权——清代至民国关中东部地册研究》,《近代史研究》2008 年第 3 期。

胡英泽:《近代地权研究的资料、工具与方法——再论"关中模式"》,《近代史研究》2011 年第 4 期。

胡英泽：《理论与实证：五十年来清代以降鱼鳞册地权研究之反思——以"太湖模式"为中心》，《近代史研究》2012年第3期。

胡英泽：《近代华北乡村地权分配再研究——基于晋冀鲁三省的分析》，《历史研究》2013年第4期。

胡英泽：《历史时期地权分配研究的理论、工具与方法——以〈中国传统农村的地权分配〉为中心》，《开放时代》2018年第4期。

胡英泽：《近代中国地权分配基尼系数研究中若干问题的讨论》，《近代史研究》2021年第1期。

黄敏捷：《两宋代役人论析》，《史学月刊》2020年第9期。

惠东：《明清时期徽州的亩制和租量》，《安徽史学》1984年第6期。

贾连港：《宋代乡村行政制度及相关问题研究的回顾与展望》，《中国史研究动态》2014年第1期。

金国强：《关于经济发达地区确保口粮安全的思考》，《湖南农机》2014年第8期。

李伯重：《"桑争稻田"与明清江南农业生产集约程度的提高——明清江南农业经济发展特点探讨之二》，《中国农史》1985年第1期。

李伯重：《"男耕女织"与"妇女半边天"角色的形成——明清江南农家妇女劳动问题探讨之二》，《中国经济史研究》1997年第3期。

李伯重、张天虹：《"过密化"与中国棉纺织业生产——18世纪末至19世纪初的松江》，《南都学坛》2011年第4期。

李金铮：《中国近代乡村经济史研究的十大论争》，《历史研究》2012年第1期。

李金铮：《相对分散与较为集中：从冀中定县看近代华北平原乡村土地分配关系的本相》，《中国经济史研究》2012年第3期。

李鸣飞：《元中后期纸币控制政策及影响》，《历史研究》2021年第5期。

李义琼：《折上折：明代隆万间的赋役折银与中央财政再分配》，《清华大学学报》（哲学社会科学版）2017年第3期。

李义琼：《明嘉靖间上供物料折银与工部白银财政的建立》，《厦门大学学报》（哲学社会科学版）2019年第2期。

李园：《明代财政史中的"南粮"问题辨析——基于松江府的徭役考察》，《古代文明》2019年第3期。

李园:《从义役看明代江南重役地区的应役实态——以苏州府模式为例》,《中国经济史研究》2019 年第 4 期。

梁建国:《南宋乡村区划探析——以都保为中心》,《烟台大学学报》(哲学社会科学版) 2006 年第 1 期。

梁姝娜:《中国居民人均口粮需要量分析——基于中国居民膳食营养素推荐摄入量视角》,《东北师大学报》(哲学社会科学版) 2014 年第 6 期。

刘克祥:《20 世纪 30 年代土地阶级分配状况的整体考察和数量估计——20 世纪 30 年代土地问题研究之三》,《中国经济史研究》2002 年第 1 期。

刘利平:《赋役折银与明代中后期太仆寺的财政收入》,《故宫博物院院刊》2010 年第 3 期。

刘亚中、张秀红:《由乾隆〈颍州府志〉看摊丁入亩税制改革》,《中国地方志》2011 年第 9 期。

刘正山:《土地兼并的历史检视》,《经济学(季刊)》2007 年第 2 期。

刘志:《方法与实证:近代中国土地分配问题再研究》,《华东师范大学学报》(哲学社会科学版) 2020 年第 2 期。

柳斌:《〈旧唐书〉〈新唐书〉租庸调数额考》,《浙江师大学报》2000 年第 3 期。

龙登高、何国卿:《土改前夕地权分配的检验与解释》,《东南学术》2018 年第 4 期。

鲁西奇:《制度的地方差异性与统一性——隋代乡里制度及其实行》,《中国社会科学》2017 年第 10 期。

鲁西奇:《唐代乡里制度再认识》,《中国文化》2018 年第 2 期。

栾成显:《明代黄册人口登载事项考略》,《历史研究》1998 年第 2 期。

栾成显:《中国古代农村土地制度研究刍议》,《河北大学学报》(哲学社会科学版) 2008 年第 2 期。

毛寿龙:《现代治道与治道变革》,《南京社会科学》2001 年第 9 期。

蒙文通:《中国历代农产量的扩大和赋役制度及学术思想的演变》,《四川大学学报》(社会科学版) 1957 年第 2 期。

孟宪实:《唐朝政府的民间结社政策研究》,《北京理工大学学报》(社会科学版) 2001 年第 1 期。

南炳文：《嘉靖前期的大礼议》，《故宫博物院院刊》1983年第2期。

覃延欢：《略论明代藩王对明代经济发展的影响》，《中国经济史研究》1991年第2期。

秦晖：《封建社会的"关中模式"——土改前关中农村经济研析之一》，《中国经济史研究》1993年第1期。

秦晖：《"关中模式"的社会历史渊源：清初至民国——关中农村经济与社会史研析之二》，《中国经济史研究》1995年第1期。

秦晖：《中国经济史上的怪圈："抑兼并"与"不抑兼并"》，《战略与管理》1997年第4期。

任重、陈仪：《魏晋南北朝的里》，《西安交通大学学报》（社会科学版）2003年第2期。

施雪华、方盛举：《中国省级政府公共治理效能评价指标体系设计》，《政治学研究》2010年第2期。

史建云：《近代华北平原自耕农初探》，《中国经济史研究》1994年第1期。

史江：《宋代经济互助会社研究》，《中国社会经济史研究》2003年第2期。

史志宏：《从获鹿县审册看清代前期的土地集中和摊丁入地改革》，《河北大学学报》（哲学社会科学版）1984年第1期。

舒满君：《〈清代地权分配研究〉评介》，《中国社会经济史研究》2017年第2期。

宋坤、张恒：《明洪武三年处州府小黄册的发现及意义》，《历史研究》2020年第3期。

谭景玉：《宋代乡村社会"自治"论质疑》，《山东大学学报》（哲学社会科学版）2008年第6期。

汤勤福：《魏晋南北朝乡村聚落的变迁》，《中州学刊》2020年第8期。

唐力行、徐茂明：《明清以来徽州与苏州基层社会控制方式的比较研究》，《江海学刊》2006年第1期。

陶绪：《北宋差役与乡村下户——兼析"下户半曾差作役"》，《益阳师专学报》1991年第2期。

田传浩、方丽、张旋：《中国历史上的地权分配——基于鱼鳞图册的估计》,《中国农村研究》2013 年第 2 期。

田培栋:《论明代北方五省的赋役负担》,《首都师范大学学报》(社会科学版) 1995 年第 4 期。

万明、侯官响:《财政视角下的明代田赋折银征收——以〈万历会计录〉山西田赋资料为中心》,《文史哲》2013 年第 1 期。

汪圣铎:《北宋两税税钱的折科》,《许昌学院学报》1989 年第 2 期。

王棣:《北宋差役的变化和改革》,《华南师范大学学报》(社会科学版) 1984 年第 2 期。

王棣:《宋代乡里两级制度质疑》,《历史研究》1999 年第 4 期。

王文成、代琴:《元朝平宋之际的货币替代、纸币贬值与银钱比价——至元十七年江淮行钞废钱考》,《云南社会科学》2012 年第 3 期。

王旭:《论宋代基层区划:乡的边界及其划界原则》,《历史地理研究》2020 年第 2 期。

王永曾:《试论唐代敦煌的乡里》,《敦煌学辑刊》1994 年第 1 期。

吴海燕:《东晋南朝乡村社会组织与管理的变迁》,《河南机电高等专科学校学报》2003 年第 2 期。

武伯纶:《唐万年、长安县乡里考》,《考古学报》1963 年第 2 期。

夏邦、黄阿明:《明代官场常例钱初探》,《史林》2008 年第 4 期。

夏维中:《宋代乡村基层组织衍变的基本趋势——与〈宋代乡里两级制度质疑〉一文商榷》,《历史研究》2003 年第 4 期。

肖立军:《九边重镇与明之国运——兼析明末大起义首发于陕的原因》,《天津师大学报》(社会科学版) 1994 年第 2 期。

肖立军:《从财政角度看明朝的腐败与灭亡》,《历史教学》1994 年第 8 期。

肖立军:《明代财政制度中的起运与存留》,《南开学报》1997 年第 2 期。

徐畅:《何以善治:唐代京畿县乡的权力结构与社会治理》,《文史哲》2021 年第 4 期。

徐茂明:《明清时期江南社会基层组织演变述论》,《社会科学》2003 年第 4 期。

徐威:《20 世纪以来明代赋役制度研究综述》,《社会科学动态》2019 年第 3 期。

徐晓光：《元朝的钞法》，《内蒙古社会科学》（文史哲版）1995年第5期。

杨德华、杨永平：《元朝的货币政策和通货膨胀》，《云南民族学院学报》（哲学社会科学版）2001年第5期。

杨双利：《中国古代救荒口粮标准考论》，《农业考古》2021年第6期。

叶显恩：《关于徽州的佃仆制》，《中国社会科学》1981年第1期。

应宗华：《浅析明代粮长制度》，《南昌师范学院学报》2017年第3期。

余格格、郭永钦：《从〈赋役全书〉看薪俸工食银的核算与发放》，《历史档案》2021年第2期。

俞可平：《治理和善治：一种新的政治分析框架》，《南京社会科学》2001年第9期。

俞可平：《善治与幸福》，《马克思主义与现实》2011年第2期。

袁灿兴：《传统社会中的自治——以无锡华氏义庄为中心》，《儒道研究》2017年。

袁延胜：《东汉初年和末年人口数量》，《南都学坛》2004年第3期。

臧健：《南宋农村"生子不举"现象之分析》，《中国史研究》1995年第4期。

张爱萍：《废甲编区：清初衡山县里甲赋役改革与基层区划的重塑》，《清史研究》2020年第2期。

张晨光、杨园章：《北宋泉州衙前将吏王习墓记考释》，《文物春秋》2018年第3期。

张德信：《明代宗室人口俸禄及其对社会经济的影响》，《东岳论丛》1988年第1期。

张国刚：《唐代乡村基层组织及其演变》，《北京大学学报》（哲学社会科学版）2009年第5期。

张金龙：《北魏洛阳里坊制度探微》，《历史研究》1999年第6期。

张明富、黄咏梅：《"弃物"的另一面：明代宗室忧国述论》，《史学集刊》2022年第2期。

张铭心、陈浩：《唐代乡里制在于阗的实施及相关问题研究——以新出贞元七年和田汉文文书为中心》，《西域研究》2010年第4期。

张晓旭：《儒商的灵魂在于利与义的和谐统一——兼论北宋名臣范仲淹的

义庄实践》,《孔庙国子监论丛》2018年。

张正耀:《小小粮票见证时代大发展——细谈麻城粮票》,《档案记忆》2019年第9期。

章有义:《本世纪二三十年代我国地权分配的再估计》,《中国社会经济史研究》1988年第2期。

赵毅、丁亮:《明代上供物料的增长趋势与办纳方式的变迁——以浙江为中心》,《中国经济史研究》2015年第1期。

郑小春:《里老人与明代乡里纷争的解决:以徽州为中心》,《中国农史》2009年第4期。

周曲洋:《"结甲自实"与"打量画图":南宋经界法推行的两种路径》,《学术研究》2021年第7期。

周胤:《北魏洛阳城之"里""坊""乡"空间再探》,《历史教学(下半月刊)》2020年第6期。

朱瑞熙:《关于北宋乡村下户的差役和免役钱问题》,《史学月刊》1964年第9期。

后　　记

当 2022 年的最后一天，我写下本书初稿最后一个字的时候，一种难以言状的释然和轻松涌上心头。近 500 个日夜的奋战，终于完成这部不算成熟的关于中国古代乡村治理历史的书稿，也算是了却多年以来的一个学术夙愿。

任何中国人都会感受到祖国历史的悠久、中华文明的博大，作为从小浸润传统历史文化长大的我，虽然专业主攻的是政治学和国际政治学，但一直对中国历史情有独钟，自研究生时代起，就希望能有一天将历史学与政治学结合起来，系统研究中国古代历史中的政治现象。为此，自参加工作，走上教学科研岗位之日起，我就曾陆陆续续地研究过古代皇位继承制度、中国乡村治理等问题，规划过皇权、相权、央地关系、后宫政治、特务政治等历史政治学的相关议题，拟从多个领域入手开展研究，也曾经产出过一些零星的研究成果，并以学术讲座的方式在小范围内进行过传播。可惜的是，由于我另有其他繁重的教学科研任务，一直未能系统地开展关于古代历史政治的相对全面的研究。

本书之所以能够完成写作和出版，要感谢民政部政策研究中心、华中师范大学社会科学处和中国社会科学出版社的大力支持。华师社科处为本书出版提供了经费支持，使其得以最终面世。中国社会科学出版社在资源紧张的情况下，为本书出版提供了极大便利。民政部政策研究中心为我提供了一个研究课题，支持我从事关于乡村治理的历史透视和国际借鉴方面的研究，使我一了多年愿望，有机会对古代历史政治议题深入开展研究。

课题的原初规划是提供一本关于中国乡村治理的通俗性的科普版著

作，没有想到的是，在研究过程中，发现需要涉及的面太广、问题太多，不但需要从史料方面深入挖掘，力求论之有据，还要真正地将历史学与政治学结合起来，深入思考影响中国古代乡村治理的政治因素、权力因素、制度因素等方方面面的变量。在这种情况下，书稿完全超出了最初的课题规划，不但在容量上大大超过原有15万字的规模，而且不得不忍痛舍弃了乡村治理的国际比较借鉴研究，也不得不暂时割爱对当代中国基层治理极有启示和借鉴价值的近现代乡村治理研究，也许，这两个领域的研究将会列入我未来的中国传统历史与政治研究的工作规划。

虽然从事基层治理研究有年，但涉猎史学领域，按照历史学基本方法钩沉史料，叙述事件，记载过程，对我而言仍是一个极大的挑战。在研究过程中，笔者广泛借鉴了中国古代史、乡村治理史和中国农村研究等领域专家学者的研究成果，篇幅所限，无法一一列出，特此一并致谢。书中谬误之处，敬请方家批评指正。

胡宗山
2022年12月31日
于武昌南湖之滨